麦读
MyRead

走向上的路　追求正义与智慧

主编简介 |

李超，天津市高级人民法院民四庭法官，长期从事民商事审判工作，曾获全国法院学术讨论会三十年司法理论研究突出贡献奖。在《人民司法》《法律适用》《民商法论丛》《月旦民商法》等期刊发表论文30余篇，主要著作有：《民法解释与裁判思维》《保理合同纠纷裁判规则与典型案例》《公产房纠纷裁判思路与法律适用》《法院审理房屋买卖案件观点集成》《法院审理融资租赁案件观点集成》。

编著者（按姓氏笔画为序） |

于轶男　天津市高级人民法院民四庭法官

刘　阳　天津市高级人民法院民四庭法官助理

刘佳溢　大连海事大学法学院讲师

孙　超　天津市高级人民法院民四庭法官助理

李　垒　北京金诚同达律师事务所高级合伙人

李　超　天津市高级人民法院民四庭法官

李春雨　广州海事法院深圳法庭法官

李善川　天津市高级人民法院民四庭副庭长

张　昕　天津市高级人民法院民四庭法官

张洪川　天津市高级人民法院民四庭法官

陈文清　天津海事法院曹妃甸法庭法官

赵　伟　天津市高级人民法院民四庭法官

曹兴国　大连海事大学法学院副教授、硕士研究生导师

中华人民共和国法律注释书系列

TREATISES ON THE LAWS OF
THE PEOPLE'S REPUBLIC OF CHINA

海事海商法律适用注释书

李超 主编

APPLICATION
OF
MARITIME LAW
TREATISE

中国民主法制出版社

全国百佳图书出版单位

序　言

　　海事、海商纠纷案件由海事法院专门管辖，它是人民法院审理的民事案件中极富专业性的一个类型。根据1984年11月《全国人民代表大会常务委员会关于在沿海港口城市设立海事法院的决定》和《最高人民法院关于设立海事法院几个问题的决定》，我国自1985年6月始在上海、天津、广州、青岛、大连等地设立海事法院，海事、海商案件专门审判由此拉开序幕。我国是海洋大国，拥有广泛的海洋利益，海事、海商审判担负着服务保障海洋强国建设的重要任务。经过30余年的发展，我国已经成为世界上海事审判机构最多、最齐全的国家，同时也是海事、海商案件数量最多的国家。

　　作为调整海事、海商法律关系的海商法施行于1993年7月1日，至今已近30年，且其间未作修改，算是一部"长寿"的法律。海商法在制定过程中，大量吸收了国际公约和商事规则的内容，是我国海事立法的奠基之作。海商法颁布之时，我国的海事司法实践积累有限，海商法还属一门生僻学科，并且，那时我国的合同法、物权法、侵权责任法等民事基本法律尚未出台。而如今，随着对外贸易及航运业蓬勃发展，航运产业结构发生深刻变化，无论从船舶数量、船舶总吨位还是港口吞吐量来看，我国已经成为名副其实的航运大国。并且，民法典已然颁行，民事法律体系化取得巨大进步。此时，再回看海商法，作为一部国内民事法律，许多内容已不能适应现实的需要，不能回应航运技术和航运业态的新发展，其中的不足给司法实践带来诸多困扰。由此，我们迫切期待海商法的修订。

　　在海商法发展过程中，出现了许多独立形成的、体现其固有本质的规则和制度，诸如船舶优先权、海事赔偿责任限制、共同海损、海难救助等，这些规则和制度通常情况下只能适用海商法的规定，而不能适用一般民事法律。这体现了海商法的特殊性，或称之为固有性。与此同时，海商法具有很强的专业性和技术性，它是法学理论和航海技术、航运业务紧密联系的法律，尤其是在现代科学技术大量运用到船舶建造、海上运输、货物照管等航运各领域的今天，这种专业性和技术性愈加明显。正因这种特殊性和专业性，目前有关海商法的著述仍属"小众"。海事、海商司法实务工具书更是罕见，即便是简单的法律汇编亦不多见,以至于不少海事法院自行汇编资料供内部使用。由此,编写一本内容全面、分类合理、检索便捷的海事、海商司法实务工具书,成为我们的目标。

在市面可见的工具书中,以海商法条文释义书为主,但海事、海商纠纷类型很多,《民事案件案由规定》第七部分海事海商纠纷规定了55个第三级案由,从法律适用的角度来看,仅对海商法条文作注释,并不能满足海事、海商审判实践的需求。例如,海上、通海水域货物运输合同纠纷,海上货物运输合同包括江海或者海江之间的货物直达运输合同,合同所约定的装卸地点之一或者整个航程中至少有一段航路必须是海上,但是海商法第二条规定国内港口之间的海上货物运输,包括内河货物运输和沿海货物运输,不能适用海商法规定,而需要适用民法典关于运输合同的规定。在同一案由下,由于所涉港口不同,既有适用海商法的情况,也有适用民法典的情况。再如船舶建造合同纠纷,主要适用民法典承揽合同、建设工程施工合同的规定,而几乎不会适用海商法的规定。故此,参考《民事案件案由规定》以及《最高人民法院关于海事法院受理案件范围的规定》的规定,本书编写以海事、海商纠纷案件案由为检索入口,以海事、海商纠纷案件可能适用到的法律条文作为注释对象,而不仅仅限于海商法。

一般来说,海事案件有狭义和广义之分。狭义的海事案件仅指海事侵权纠纷案件。按照《最高人民法院关于海事法院受理案件范围的规定》,广义的海事案件则包括以下几类案件:(1)海事侵权纠纷案件,指在海上或者通海水域发生的、涉及船舶的,或者在航运、生产、作业过程中发生的非合同关系的人身、财产权益损害所提起的民事诉讼。(2)海商合同纠纷案件,指基于民事主体之间达成的在海上或者通海水域及其港口进行民商事活动的协议发生争议所提起的诉讼。(3)其他海事、海商纠纷案件,指法律规定由海事法院受理的,不能归类或简单归类于海事侵权纠纷或者海商合同纠纷的案件。此外,《民事案件案由规定》第十部分非诉讼程序案件案由第四十九条又将海事诉讼特别程序案件作为独立的第二级案由。参照这一分类标准,本书列海事侵权纠纷、海商合同纠纷、其他海事海商纠纷、海事诉讼特别程序案件四章,并将体现海商法特殊制度的船舶优先权、海事赔偿责任限制、诉讼时效作为附录部分。每个第三级案由作为独立的一节。为避免所录法律条文重复,部分相近或法律适用上几乎无异的第三级案由合并处理作为一节。在每个第三级案由之下,编辑整理法律适用所需的所有法律规范,将相关的条文按照一定的逻辑顺序重新编排条目,并将诉讼程序规范作为必备条目,收录与本案由相关的诉讼程序规定。在每个条目之下收录与之关联的法律、行政法规、司法解释、批复答复，以及可供参照的司法指导文件、部门规章、案例等。具体来说，本书内容主要包括以下四个部分。

第一部分是案由释义。该部分主要是方便读者理解本案由所涵盖的具体纠纷类型，为了保证释义的权威性和准确性，释义内容来自对最高人民法院研究室编著的《最高人民法院新民事案件案由规定理解与适用》一书的摘录。

第二部分是相关规定。该部分包括"相关立法""行政法规""司法解释""批复、答复""司法指导文件""部门规章""其他规定"。其中各栏目的范畴界定可参见本书"凡例"。有关海事、海商纠纷案件的审判，最高人民法院审判委员会通过的司法解释较多，内容庞杂。为了方便读者理解适用和检索便利，对于司法解释的重点条文，设"重点解读"栏目注释，注释内容来自该司法解释发布时最高人民法院有关部门答记者问实录以及负责起草司法解释的法官所撰写的理解与适用文章。

第三部分是案例。该部分包括"指导性案例""公报案例""典型案例"。"指导性案例"收录最高人民法院发布的有关海事、海商纠纷的指导性案例。《最高人民法院关于案例指导工作的规定》明确规定，最高人民法院发布的指导性案例，各级人民法院审判类似案例时应当参照。为便于读者全面掌握指导性案例的裁判要义，本书按照最高人民法院发布时的格式及内容，全文收录。"公报案例"收录《最高人民法院公报》刊载的海事、海商案例裁判摘要。"典型案例"主要收录《人民司法》《法律适用》《人民法院案例选》《涉外商事海事审判指导》中刊载的海事、海商案例，以及最高人民法院定期发布的海事、海商典型案例的裁判摘要。同时，对于在中国裁判文书网公布的具有代表性的海事、海商案件裁判文书，也作为"典型案例"的来源，提炼了裁判要旨。需要说明的是，除了"指导性案例"以外，其他媒介公布的案例并不具有"应当参照"的适用效果，考虑到每个案件具体情况不同，大可不必奉为圭臬，而更应作为一种"解题思路"来对待。

第四部分是适用要点。在每个条目的最后部分，编者对司法实务中的重点、难点问题作了简要的梳理、说明，意在提示法律适用时的注意事项。

本书与其他已出版的注释书不同：并不去探讨条文的立法沿革，而是从实务者的立场去关注法律适用问题；并不以某部法律条文为序，而是以案由为检索入口，分案由作注释。特别感谢"麦读MyRead"的曾健先生，正是他作为出版家的开放与包容，接纳了这种"差异性"，并完善了体例，本书才得以问世。同时，感谢本书编辑团队的高效和辛勤的付出。本书追求专业性和实用性，编者以海事审判一线办案法官为主，兼有专业研究人员，主要来自天津市高级人民法院民四庭、天津海事法院、广州海事法院、大连海事大学等。囿于编者学识陋见,书中错误和不当之处在所难免,尚祈读者批评指正。读者可通过发邮件至 tjfylichao@163.com 提出宝贵意见,以便再版时修正。

李 超

2022 年 6 月于天津

凡　例

【案由释义】最高人民法院研究室编著的《最高人民法院新民事案件案由规定理解与适用》(人民法院出版社 2021 年版) 中海事、海商纠纷案由释义摘要。

【相关立法】《中华人民共和国海商法》及与海事、海商相关的法律。例如,《中华人民共和国民法典》(20210101),"20210101"为法律施行时间 2021 年 1 月 1 日;《中华人民共和国海洋环境保护法》(19830301;20171105),"19830301"为法律施行时间 1983 年 3 月 1 日,"20171105"为截至目前法律最后一次修正后的施行时间 2017 年 11 月 5 日。

【行政法规】国务院制定的与海事、海商相关的法规。行政法规名称的标注格式与法律相同。

【司法解释】最高人民法院依法就法律适用问题作出的解释。最高人民法院制定并发布的司法解释具有法律效力。例如,《最高人民法院关于审理船舶碰撞纠纷案件若干问题的规定》(法释〔2008〕7 号,20080523;经法释〔2020〕18 号修正,20210101),"法释〔2008〕7 号"为司法解释最初的发文字号,"20080523"为司法解释施行时间 2008 年 5 月 23 日,"法释〔2020〕18 号"为司法解释最后一次修改的发文字号,"20210101"为司法解释最后一次修改后的施行时间 2021 年 1 月 1 日。对于司法解释中重点条文,摘录该司法解释发布时最高人民法院有关部门答记者问实录以及负责起草该司法解释的法官所撰写的理解与适用文章,附以【重点解读】。

【批复、答复】最高人民法院对于下级法院有关法律适用问题请示事项的批复、答复、复函,包括最高人民法院审判委员会讨论通过的具有司法解释性质的批复。例如,《最高人民法院关于承运人就海上货物运输向托运人、收货人或提单持有人要求赔偿的请求权时效期间的批复》(法释〔1997〕3 号,19970807),"法释〔1997〕3 号"为发文字号,"19970807"为批复的施行时间 1997 年 8 月 7 日。

【司法指导文件】最高人民法院及其相关部门发布的对海事、海商审判工作具有指导意义的通知、意见、会议纪要等文件。例如,最高人民法院民事审判第四庭《全国法院涉外商事海事审判工作座谈会会议纪要》[法(民四)明传(2021)60号,20211231],"法(民四)明传(2021)60号"为文件的发文字号,"20211231"为文件的发文时间2021年12月31日。

【部门规章】国务院所属的各部、委员会根据法律和行政法规制定的与海事、海商相关的规范性文件。例如,《中华人民共和国防治船舶污染内河水域环境管理规定》(交通运输部令2015年第25号,20160501),"交通运输部令2015年第25号"为发文字号,"20160501"为规章的施行时间2016年5月1日。

【其他规定】除法律、行政法规、司法解释、司法指导文件、部门规章等以外的与海事、海商相关的规定。

【指导性案例】最高人民法院审判委员会讨论通过并发布的有关海事、海商的指导性案例全文。例如,"指导案例127号:吕金奎等79人诉山海关船舶重工有限责任公司海上污染损害责任纠纷案(20191226)",即指最高人民法院发布的第127号指导性案例,"20191226"为案例发布时间2019年12月26日。

【公报案例】《最高人民法院公报》刊载的海事、海商案例裁判摘要。例如,中国太平洋财产保险股份有限公司海南分公司与中远航运股份有限公司、海南一汽海马汽车销售有限公司水路货物运输合同货损赔偿纠纷案(2012-8),"(2012-8)"指该案例刊载于《最高人民法院公报》2012年第8期。

【典型案例】最高人民法院、各海事法院及其上诉审高级人民法院审理的具有参考价值的海事、海商案例裁判摘要。例如,中国人民财产保险股份有限公司广州市分公司与天津鑫凤凰物流有限公司、天津津洋国际贸易有限公司港口货物保管合同纠纷案,(2020)津民终1226号,"(2020)津民终1226号"为案件的案号,包含收案年度、法院代字、类型代字、案件编号等信息。

【适用要点】海事、海商纠纷案由之下所列条目有关法律适用问题的简明阐释。

目　　录

第一章　海事侵权纠纷 ……………………………………………… 1

一、船舶碰撞损害责任纠纷;船舶触碰损害责任纠纷;船舶损坏
空中设施、水下设施损害责任纠纷 ……………………………… 3
　　1. 案由释义 ……………………………………………………… 3
　　2. 诉讼程序规范 ………………………………………………… 3
　　3. 承担赔偿责任的主体 ………………………………………… 7
　　4. 损害赔偿责任的承担 ………………………………………… 9
　　5. 损害赔偿的范围 ……………………………………………… 18
　　6. 责任承担方式及损失数额计算 ……………………………… 21
　　7. 碰撞发生后的救助义务 ……………………………………… 27
　　8. 特殊举证责任安排 …………………………………………… 28

二、船舶污染损害责任纠纷;海上、通海水域污染损害责任纠纷;
海上、通海水域养殖损害责任纠纷 ……………………………… 33
　　1. 案由释义 ……………………………………………………… 33
　　2. 诉讼程序规范 ………………………………………………… 33
　　3. 海洋环境损害赔偿纠纷的法律适用 ………………………… 41
　　4. 索赔主体 ……………………………………………………… 45
　　5. 承担赔偿责任的主体 ………………………………………… 49
　　6. 损害赔偿责任的承担 ………………………………………… 51
　　7. 损害赔偿范围 ………………………………………………… 62
　　8. 责任承担方式及损失数额计算 ……………………………… 64
　　9. 特殊举证责任安排 …………………………………………… 71

三、海上、通海水域财产损害责任纠纷 …………………………… 73
　　1. 案由释义 ……………………………………………………… 73
　　2. 诉讼程序规范 ………………………………………………… 73

3. 海上、通海水域财产损害责任的承担 ············ 74

4. 减责免责事由 ················ 78

5. 损失数额的计算 ················ 80

6. 未发生船舶碰撞而造成财产损害的责任承担 ········ 84

四、海上、通海水域人身损害责任纠纷 ············ 86

1. 案由释义 ················ 86

2. 诉讼程序规范 ················ 86

3. 海上、通海水域人身损害责任的承担 ········· 88

4. 减责免责事由 ················ 94

5. 损害赔偿范围与损失数额计算 ··········· 96

6. 高度危险责任 ················ 101

7. 未发生船舶碰撞而造成人身损害的责任承担 ······· 103

五、非法留置船舶、船载货物、船用燃油、船用物料损害责任
纠纷 ···················· 104

1. 案由释义 ················ 104

2. 诉讼程序规范 ················ 104

3. 船舶留置权 ················ 105

4. 承运人留置权 ················ 106

5. 出租人留置权 ················ 108

6. 海上拖航合同中承拖方留置权 ··········· 109

7. 依据民法典的规定对船舶、船载货物、船用燃油、船用
物料进行留置 ················ 109

六、海上、通海水域运输重大责任事故责任纠纷 ······· 112

1. 案由释义 ················ 112

2. 诉讼程序规范 ················ 112

3. 重大责任事故的具体形态 ············ 114

4. 重大责任事故的界定 ·············· 124

5. 侵权责任的承担 ················ 129

七、港口作业重大责任事故责任纠纷 ··········· 134

1. 案由释义 ················ 134

2. 诉讼程序规范 ················ 134

3. 港口作业重大责任事故的具体形态 ········· 135

4. 重大责任事故的界定 ············· 141

　　5. 侵权责任的承担 ·················· 144

八、海事请求担保纠纷 ·················· 146
　　1. 案由释义 ·················· 146
　　2. 诉讼程序规范 ·················· 146
　　3. 海事请求担保的方式 ·················· 147
　　4. 海事请求人的责任承担 ·················· 149

第二章　海商合同纠纷 ·················· 153

九、海上、通海水域货物运输合同纠纷 ·················· 155
　　1. 案由释义 ·················· 155
　　2. 诉讼程序规范 ·················· 155
　(一)海上货物运输合同 ·················· 156
　　3. 海上货物运输合同的订立 ·················· 156
　　4. 承运人的识别 ·················· 161
　　5. 托运人的识别 ·················· 168
　　6. 海上货物运输合同的效力 ·················· 172
　　7. 承运人的适航、管货义务 ·················· 173
　　8. 承运人的责任期间 ·················· 175
　　9. 承运人的赔偿责任 ·················· 180
　　10. 承运人的赔偿责任限制 ·················· 186
　　11. 实际承运人的责任 ·················· 188
　　12. 托运人的责任 ·················· 190
　　13. 提单的一般规定 ·················· 193
　　14. 货物的交付及检验 ·················· 203
　　15. 卸货港无人提货或者收货人迟延、拒绝提货的责任承担 ·········· 206
　　16. 无正本提单交付货物的责任 ·················· 211
　　17. 承运人的留置权 ·················· 229
　　18. 海上货物运输合同的变更与解除 ·················· 231
　　19. 国际货物多式联运合同的特别规定 ·················· 236
　(二)国内水路货物运输合同 ·················· 239
　　20. 水路货物运输合同的订立 ·················· 239
　　21. 水路货物运输合同的效力 ·················· 244
　　22. 承运人的义务 ·················· 249
　　23. 托运人的义务及赔偿责任 ·················· 253

24. 水路货物运输合同的变更与解除 ·············· 257

25. 货物的交付及检验 ························· 257

26. 承运人的赔偿责任 ······················· 259

27. 实际承运人的责任 ······················· 264

28. 承运人的留置权 ························· 265

29. 多式联运合同的特别规定 ·················· 269

十、航次租船合同纠纷 ·············· 271

1. 案由释义 ····························· 271

2. 诉讼程序规范 ························· 271

3. 航次租船合同的订立 ···················· 272

4. 出租人的义务 ························· 280

5. 承租人的义务 ························· 283

6. 承租人的合同解除权 ···················· 283

7. 滞期费和速遣费 ······················· 285

8. 卸货港的选定 ························· 287

9. 国内沿海、内河航次租船合同 ·············· 289

十一、海上、通海水域旅客运输合同纠纷；海上、通海水域行李

运输合同纠纷 ························· 293

1. 案由释义 ····························· 293

2. 诉讼程序规范 ························· 293

3. 海上、通海水域旅客、行李运输合同的订立 ···· 294

4. 海上、通海水域旅客、行李运输合同的效力 ···· 302

5. 承运人对旅客及行李的责任期间 ············ 303

6. 旅客的义务 ··························· 304

7. 承运人的义务及赔偿责任 ·················· 308

8. 海上、通海水域旅客、行李运输合同的变更与解除 ··· 319

9. 承运人的赔偿责任限额 ···················· 322

10. 实际承运人与承运人的责任区分 ············ 325

十二、船舶经营管理合同纠纷 ············ 327

1. 案由释义 ····························· 327

2. 诉讼程序规范 ························· 327

3. 船舶经营管理合同 ······················· 328

4. 海上运输和拖航业务专属经营 ·············· 329

　　5. 经营船舶管理业务条件及资质 ················· 330

十三、船舶买卖合同纠纷 ·········· 336
　　1. 案由释义 ······················ 336
　　2. 诉讼程序规范 ···················· 336
　　3. 船舶买卖合同的订立 ················· 337
　　4. 船舶的交付与风险负担 ··············· 339
　　5. 船舶的权利瑕疵担保责任 ·············· 342
　　6. 船舶的质量瑕疵担保责任 ·············· 342
　　7. 船舶价款的支付 ·················· 344
　　8. 船舶所有权保留 ·················· 345
　　9. 船舶买卖合同的解除与违约责任 ··········· 346

十四、船舶物料和备品供应合同纠纷 ········· 350
　　1. 案由释义 ······················ 350
　　2. 诉讼程序规范 ···················· 350
　　3. 船舶物料和备品供应合同的订立 ··········· 351
　　4. 船舶物料和备品的交付与风险负担 ·········· 352
　　5. 船舶物料和备品的瑕疵担保责任 ··········· 354
　　6. 船舶物料和备品价款的支付 ············· 357
　　7. 船舶物料和备品合同解除及违约责任承担 ······· 358

十五、船舶建造合同纠纷 ·············· 362
　　1. 案由释义 ······················ 362
　　2. 诉讼程序规范 ···················· 362
　　3. 船舶建造人与定造人的权利义务 ··········· 363
　　4. 船舶建造中的质量问题 ··············· 373
　　5. 船舶建造合同的变更与解除 ············· 379

十六、船舶修理合同纠纷;船舶改建合同纠纷;船舶拆解合同
　　纠纷 ······················· 382
　　1. 案由释义 ······················ 382
　　2. 诉讼程序规范 ···················· 382
　　3. 船舶修理合同、船舶改建合同、船舶拆解合同 ····· 383
　　4. 船舶修理期间发生事故的责任划分 ·········· 386
　　5. 修船人的留置权 ·················· 388
　　6. 船舶拆解的限制 ·················· 390

十七、船舶抵押合同纠纷 …………………………………… 393

    1. 案由释义 …………………………………………………… 393

    2. 诉讼程序规范 ……………………………………………… 393

    3. 船舶抵押权的设定 ………………………………………… 395

    4. 船舶抵押登记 ……………………………………………… 397

    5. 船舶抵押的范围 …………………………………………… 400

    6. 抵押船舶的处分 …………………………………………… 401

    7. 船舶抵押权的处分 ………………………………………… 402

    8. 船舶抵押权的实现 ………………………………………… 403

    9. 船舶抵押的受偿顺序 ……………………………………… 406

    10. 抵押船舶灭失的保护 …………………………………… 408

    11. 以船舶设定最高额抵押 ………………………………… 409

    12. 为其他债权人设定船舶抵押权的处理 ………………… 410

十八、船舶租用合同纠纷 …………………………………… 412

    1. 案由释义 …………………………………………………… 412

    2. 诉讼程序规范 ……………………………………………… 413

    3. 船舶租用合同的订立 ……………………………………… 414

  （一）定期租船合同纠纷 ……………………………………… 416

    4. 定期租船合同出租人的义务 ……………………………… 416

    5. 定期租船合同承租人的义务 ……………………………… 418

    6. 定期租船合同承租人的特别权利（指示、转租、获得海难

       救助款、留置权等权利） ………………………………… 420

    7. 船舶所有权转让的影响 …………………………………… 422

    8. 还船与最后航次 …………………………………………… 423

  （二）光船租赁合同纠纷 ……………………………………… 425

    9. 光船租赁出租人的交船义务 ……………………………… 425

    10. 光船租赁期间船舶的维修保养与保险 ………………… 426

    11. 光船租赁合同适用定期租船合同的规定 ……………… 426

    12. 光船租赁期间赔偿责任 ………………………………… 427

    13. 光船租赁合同下租金支付 ……………………………… 429

    14. 光船租赁合同下船舶转租限制 ………………………… 430

    15. 光船租赁期间抵押权设定限制 ………………………… 430

    16. 光船租购 ………………………………………………… 431

十九、船舶融资租赁合同纠纷 ················· 432

　　1. 案由释义 ····························· 432

　　2. 诉讼程序规范 ························· 432

　　3. 船舶融资租赁合同的订立 ············· 433

　　4. 船舶的交付与受领 ··················· 435

　　5. 承租人索赔权 ······················· 436

　　6. 船舶质量瑕疵担保责任 ··············· 437

　　7. 合同变更与转让限制 ················· 437

　　8. 船舶所有权归属 ····················· 438

　　9. 承租人船舶维修保养及租金支付义务 ··· 440

　　10. 船舶融资租赁合同的解除与损害赔偿 ··· 441

二十、海上、通海水域运输船舶承包合同纠纷;渔船承包合同

　　纠纷 ······························· 445

　　1. 案由释义 ····························· 445

　　2. 诉讼程序规范 ························· 445

　　3. 海上、通海水域运输船舶承包合同与渔船承包合同 ··· 446

二十一、船舶属具租赁合同纠纷;海运集装箱租赁合同纠纷 ······· 447

　　1. 案由释义 ····························· 447

　　2. 诉讼程序规范 ························· 447

　　3. 船舶属具、海运集装箱租赁合同的订立 ··· 448

　　4. 出租人义务 ························· 450

　　5. 承租人义务 ························· 451

　　6. 船舶属具与集装箱的转租 ············· 452

　　7. 合同的解除与损害赔偿 ··············· 453

二十二、港口货物保管合同纠纷 ··············· 456

　　1. 案由释义 ····························· 456

　　2. 诉讼程序规范 ························· 456

　　3. 港口货物保管合同的订立 ············· 458

　　4. 保管费及其他费用 ··················· 462

　　5. 存货人的义务 ······················· 464

　　6. 保管人的义务 ······················· 465

　　7. 保管人的危险通知义务及紧急处置权 ··· 467

　　8. 仓单及保管凭证 ····················· 468

9. 保管货物的提取 ·························· 469

10. 保管人的损害赔偿责任 ················ 474

11. 危险品货物保管 ····················· 476

二十三、船舶属具保管合同纠纷;海运集装箱保管合同纠纷 ····· 479

1. 案由释义 ··························· 479

2. 诉讼程序规范 ······················· 479

3. 船舶属具保管合同、海运集装箱保管合同 ····· 480

二十四、海上、通海水域货运代理合同纠纷 ············ 482

1. 案由释义 ··························· 482

2. 诉讼程序规范 ······················· 482

3. 海上货运代理合同关系的成立 ············ 483

4. 委托费用及报酬的支付 ················ 490

5. 货运代理人的义务及赔偿责任 ············ 494

6. 转委托行为的效力 ··················· 501

7. 货运代理合同关系中的隐名代理 ·········· 505

8. 货运代理合同关系中的间接代理 ·········· 506

9. 货运代理人扣单、扣货及留置权的行使 ······ 507

10. 实际托运人请求交付提单的权利 ·········· 512

11. 委托人的赔偿责任 ··················· 515

12. 委托合同的任意解除及合同终止 ·········· 516

二十五、船舶代理合同纠纷 ·················· 519

1. 案由释义 ··························· 519

2. 诉讼程序规范 ······················· 519

3. 船舶代理业务的条件及资质 ············· 520

4. 船舶代理人的选择权问题 ··············· 523

5. 船舶代理合同当事人的权利义务 ··········· 524

二十六、理货合同纠纷 ···················· 530

1. 案由释义 ··························· 530

2. 诉讼程序规范 ······················· 530

3. 港口理货业务经营人 ·················· 531

4. 理货合同 ··························· 533

二十七、船员劳务合同纠纷 ················ 535

1. 案由释义 ·································· 535
2. 诉讼程序规范 ······························ 535
3. 船员的一般规定 ···························· 548
4. 船员劳动合同与船员劳务合同的区分 ·········· 559
5. 船员的船舶优先权 ·························· 567
6. 船员劳动合同的订立、履行和解除 ············ 574
7. 船员的职业保障 ···························· 594
8. 船员的工资及劳动报酬 ······················ 601
9. 存在违法作业情形时船员工资报酬的保护 ······ 606
10. 船员的遣返 ······························· 607
11. 船员因劳务致害的责任承担 ················· 609

二十八、海难救助合同纠纷 ················ 620

1. 案由释义 ·································· 620
2. 诉讼程序规范 ······························ 620
3. 救助作业的构成要件 ························ 621
4. 雇佣救助合同 ······························ 624
5. 海难救助合同的订立与变更 ·················· 626
6. 立约代表权 ································· 630
7. 救助方的义务 ······························ 631
8. 海难救助合同的被救助方义务 ··············· 632
9. 救助报酬 ·································· 633
10. 特别补偿 ································· 636
11. 救助款项 ································· 638

二十九、海上、通海水域打捞合同纠纷 ········ 642

1. 案由释义 ·································· 642
2. 诉讼程序规范 ······························ 642
3. 海上、通海水域打捞合同 ···················· 643
4. 沉船沉物的打捞责任主体 ···················· 645
5. 外商参与打捞沉船沉物 ······················ 647

三十、海上、通海水域拖航合同纠纷 ·········· 651

1. 案由释义 ·································· 651
2. 诉讼程序规范 ······························ 651

3. 海上、通海水域拖航合同的订立 ⋯⋯⋯⋯⋯⋯ 652

4. 承拖方与被拖方的义务 ⋯⋯⋯⋯⋯⋯⋯⋯ 654

5. 海上拖航合同的解除 ⋯⋯⋯⋯⋯⋯⋯⋯⋯ 654

6. 海上拖航合同的履行 ⋯⋯⋯⋯⋯⋯⋯⋯⋯ 656

7. 承拖方的留置权 ⋯⋯⋯⋯⋯⋯⋯⋯⋯⋯⋯ 657

8. 海上拖航合同的责任承担 ⋯⋯⋯⋯⋯⋯⋯ 658

三十一、海上、通海水域保险合同纠纷;海上、通海水域保赔合同

纠纷 ⋯⋯⋯⋯⋯⋯⋯⋯⋯⋯⋯⋯⋯⋯⋯⋯⋯ 660

1. 案由释义 ⋯⋯⋯⋯⋯⋯⋯⋯⋯⋯⋯⋯⋯⋯ 660

2. 诉讼程序规范 ⋯⋯⋯⋯⋯⋯⋯⋯⋯⋯⋯⋯ 661

3. 海上保险和保赔保险合同的法律适用 ⋯⋯⋯ 662

4. 保险标的与保险事故 ⋯⋯⋯⋯⋯⋯⋯⋯⋯ 665

5. 保险金额与保险价值 ⋯⋯⋯⋯⋯⋯⋯⋯⋯ 668

6. 保险利益 ⋯⋯⋯⋯⋯⋯⋯⋯⋯⋯⋯⋯⋯⋯ 671

7. 重复保险 ⋯⋯⋯⋯⋯⋯⋯⋯⋯⋯⋯⋯⋯⋯ 673

8. 被保险人的告知义务 ⋯⋯⋯⋯⋯⋯⋯⋯⋯ 675

9. 保险人的说明义务 ⋯⋯⋯⋯⋯⋯⋯⋯⋯⋯ 678

10. 保险合同的订立 ⋯⋯⋯⋯⋯⋯⋯⋯⋯⋯⋯ 680

11. 预约保险合同 ⋯⋯⋯⋯⋯⋯⋯⋯⋯⋯⋯⋯ 684

12. 保证条款和保证义务 ⋯⋯⋯⋯⋯⋯⋯⋯⋯ 686

13. 保险合同的承保风险和除外责任 ⋯⋯⋯⋯ 689

14. 保险合同的转让 ⋯⋯⋯⋯⋯⋯⋯⋯⋯⋯⋯ 698

15. 保险合同的解除 ⋯⋯⋯⋯⋯⋯⋯⋯⋯⋯⋯ 701

16. 事故发生后被保险人的通知和施救义务 ⋯⋯ 704

17. 保险标的的损失和委付 ⋯⋯⋯⋯⋯⋯⋯⋯ 705

18. 保险人的保险赔偿义务 ⋯⋯⋯⋯⋯⋯⋯⋯ 706

19. 代位求偿权 ⋯⋯⋯⋯⋯⋯⋯⋯⋯⋯⋯⋯⋯ 707

三十二、海上、通海水域运输联营合同纠纷 ⋯⋯⋯⋯⋯ 716

1. 案由释义 ⋯⋯⋯⋯⋯⋯⋯⋯⋯⋯⋯⋯⋯⋯ 716

2. 诉讼程序规范 ⋯⋯⋯⋯⋯⋯⋯⋯⋯⋯⋯⋯ 716

3. 海上、通海水域运输联营合同 ⋯⋯⋯⋯⋯⋯ 717

三十三、船舶营运借款合同纠纷 ⋯⋯⋯⋯⋯⋯⋯⋯⋯ 722

1. 案由释义 ⋯⋯⋯⋯⋯⋯⋯⋯⋯⋯⋯⋯⋯⋯ 722

　　2. 诉讼程序规范 ┈┈┈┈┈┈┈┈┈┈┈┈┈┈┈┈┈┈┈┈┈ 722

　　3. 船舶营运借款合同的订立 ┈┈┈┈┈┈┈┈┈┈┈┈┈ 726

　　4. 船舶营运借款合同的效力 ┈┈┈┈┈┈┈┈┈┈┈┈┈ 729

　　5. 船舶营运借款合同的担保 ┈┈┈┈┈┈┈┈┈┈┈┈┈ 732

　　6. 借款合同中的利息计算 ┈┈┈┈┈┈┈┈┈┈┈┈┈┈┈ 739

　　7. 虚假诉讼的认定 ┈┈┈┈┈┈┈┈┈┈┈┈┈┈┈┈┈┈┈ 745

三十四、海事担保合同纠纷 ┈┈┈┈┈┈┈┈┈┈┈┈┈┈┈┈ 755

　　1. 案由释义 ┈┈┈┈┈┈┈┈┈┈┈┈┈┈┈┈┈┈┈┈┈┈┈ 755

　　2. 诉讼程序规范 ┈┈┈┈┈┈┈┈┈┈┈┈┈┈┈┈┈┈┈┈┈ 756

　　3. 海事担保的方式 ┈┈┈┈┈┈┈┈┈┈┈┈┈┈┈┈┈┈┈ 759

　　4. 为担保海事债权实现而发生的独立保函、信用证纠纷 ┈┈┈ 761

三十五、航道、港口疏浚合同纠纷；船坞、码头建造合同纠纷┈┈┈ 771

　　1. 案由释义 ┈┈┈┈┈┈┈┈┈┈┈┈┈┈┈┈┈┈┈┈┈┈┈ 771

　　2. 诉讼程序规范 ┈┈┈┈┈┈┈┈┈┈┈┈┈┈┈┈┈┈┈┈┈ 771

　　3. 航道、港口疏浚合同及船坞、码头建造合同的订立 ┈┈┈ 773

　　4. 航道、港口疏浚合同及船坞、码头建造合同的效力 ┈┈┈ 780

　　5. 发包人的权利及责任 ┈┈┈┈┈┈┈┈┈┈┈┈┈┈┈┈┈ 784

　　6. 承包人的义务及责任 ┈┈┈┈┈┈┈┈┈┈┈┈┈┈┈┈┈ 786

　　7. 勘察人、设计人的责任 ┈┈┈┈┈┈┈┈┈┈┈┈┈┈┈┈ 788

　　8. 航道、港口疏浚合同及船坞、码头建造合同的履行 ┈┈┈ 788

　　9. 航道、港口疏浚合同及船坞、码头建造合同的解除 ┈┈┈ 792

三十六、船舶检验合同纠纷 ┈┈┈┈┈┈┈┈┈┈┈┈┈┈┈┈ 795

　　1. 案由释义 ┈┈┈┈┈┈┈┈┈┈┈┈┈┈┈┈┈┈┈┈┈┈┈ 795

　　2. 诉讼程序规范 ┈┈┈┈┈┈┈┈┈┈┈┈┈┈┈┈┈┈┈┈┈ 795

　　3. 船舶检验合同 ┈┈┈┈┈┈┈┈┈┈┈┈┈┈┈┈┈┈┈┈┈ 796

　　4. 船舶检验的范围与类型 ┈┈┈┈┈┈┈┈┈┈┈┈┈┈┈ 799

第三章　其他海事海商纠纷 ┈┈┈┈┈┈┈┈┈┈┈┈┈┈ 821

三十七、港口作业纠纷 ┈┈┈┈┈┈┈┈┈┈┈┈┈┈┈┈┈┈ 823

　　1. 案由释义 ┈┈┈┈┈┈┈┈┈┈┈┈┈┈┈┈┈┈┈┈┈┈┈ 823

　　2. 诉讼程序规范 ┈┈┈┈┈┈┈┈┈┈┈┈┈┈┈┈┈┈┈┈┈ 823

　　3. 港口经营人的义务及责任 ┈┈┈┈┈┈┈┈┈┈┈┈┈ 824

　　4. 港口作业合同 ┈┈┈┈┈┈┈┈┈┈┈┈┈┈┈┈┈┈┈┈┈ 833

    5. 港口作业损害赔偿 ……………………………………………… 834

三十八、共同海损纠纷 ……………………………………………… 835

    1. 案由释义 …………………………………………………… 835

    2. 诉讼程序规范 ……………………………………………… 835

    3. 共同海损的构成要件 ……………………………………… 836

    4. 共同海损的举证责任 ……………………………………… 842

    5. 共同海损的分摊与过失 …………………………………… 843

    6. 共同海损的诉讼与理算 …………………………………… 846

三十九、海洋开发利用纠纷 ………………………………………… 850

    1. 案由释义 …………………………………………………… 850

    2. 诉讼程序规范 ……………………………………………… 850

    3. 海洋及通海可航水域的范围 ……………………………… 852

    4. 海洋、通海可航水域能源和矿产资源勘探、开发、输送纠纷 … 856

    5. 海岸带开发利用相关纠纷 ………………………………… 875

四十、船舶共有纠纷 ………………………………………………… 879

    1. 案由释义 …………………………………………………… 879

    2. 诉讼程序规范 ……………………………………………… 879

    3. 共有船舶登记 ……………………………………………… 880

    4. 船舶共有类型 ……………………………………………… 882

    5. 共有船舶的管理和处分 …………………………………… 883

    6. 共有船舶的分割与转让 …………………………………… 884

    7. 因共有船舶产生的债权债务关系的对外、对内效力 ………… 886

四十一、船舶权属纠纷 ……………………………………………… 887

    1. 案由释义 …………………………………………………… 887

    2. 诉讼程序规范 ……………………………………………… 887

    3. 船舶所有权的取得 ………………………………………… 888

    4. 船舶抵押权的取得 ………………………………………… 889

    5. 船舶留置权的取得 ………………………………………… 890

    6. 船舶优先权的取得 ………………………………………… 891

    7. 善意取得 …………………………………………………… 891

四十二、海运欺诈纠纷 ……………………………………………… 896

    1. 案由释义 …………………………………………………… 896

2. 诉讼程序规范 ·············· 896

3. 欺诈的认定及责任承担 ·············· 897

4. 海上保险欺诈的认定 ·············· 899

5. 凭保函签发清洁提单欺诈的认定 ·············· 901

6. 倒签提单欺诈的认定 ·············· 901

四十三、海事债权确权纠纷 ·············· 903

1. 案由释义 ·············· 903

2. 管辖 ·············· 903

3. 债权人申请债权确权的时间 ·············· 904

4. 对海事请求证据的审查 ·············· 907

5. 召开债权人会议 ·············· 909

6. 债权分配 ·············· 909

第四章 海事诉讼特别程序案件 ·············· 913

四十四、申请海事请求保全 ·············· 915

1. 案由释义 ·············· 915

2. 管辖 ·············· 916

3. 申请海事请求保全申请费 ·············· 918

4. 海事请求保全的申请 ·············· 919

5. 法院对海事请求保全申请的处理 ·············· 919

6. 申请海事请求保全后未进入诉讼、仲裁程序及保全错误的
处理 ·············· 920

7. 船舶扣押 ·············· 922

8. 船舶拍卖 ·············· 929

9. 船载货物、船用燃油及船用物料的扣押 ·············· 934

10. 船载货物、船用燃油及船用物料的拍卖 ·············· 935

四十五、申请海事支付令 ·············· 936

1. 案由释义 ·············· 936

2. 管辖 ·············· 936

3. 申请海事支付令申请费 ·············· 937

4. 海事支付令的申请 ·············· 937

5. 申请海事支付令的受理 ·············· 938

6. 海事支付令的审查 ·············· 938

7. 对海事支付令的异议审查 ·············· 939

8. 海事支付令的失效及处理 ·············· 940

9. 关于海事支付令的送达、期间及撤销的特殊规定 ·········· 942

四十六、申请海事强制令 ·············· 943

1. 案由释义 ·············· 943

2. 管辖 ·············· 943

3. 申请海事强制令申请费 ·············· 944

4. 海事强制令的申请 ·············· 945

5. 申请海事强制令的担保 ·············· 945

6. 海事强制令的审查及处理 ·············· 946

7. 海事强制令的复议及异议程序 ·············· 947

8. 拒不执行海事强制令的后果 ·············· 948

9. 海事强制令错误的处理 ·············· 948

四十七、申请海事证据保全 ·············· 949

1. 案由释义 ·············· 949

2. 管辖 ·············· 949

3. 申请海事证据保全申请费 ·············· 950

4. 海事证据保全的申请 ·············· 951

5. 申请海事证据保全的担保 ·············· 951

6. 海事证据保全的审查 ·············· 951

7. 海事证据保全的复议及异议程序 ·············· 952

8. 海事证据保全的措施 ·············· 952

9. 海事证据保全错误的处理 ·············· 953

10. 已保全的海事证据的使用 ·············· 953

四十八、申请设立海事赔偿责任限制基金 ·············· 954

1. 案由释义 ·············· 954

2. 管辖 ·············· 954

3. 申请设立海事赔偿责任限制基金申请费 ·············· 955

4. 设立海事赔偿责任限制基金的申请 ·············· 956

5. 设立海事赔偿责任限制基金的公告 ·············· 959

6. 设立海事赔偿责任限制基金的利害关系人异议 ·········· 961

7. 海事赔偿责任限制基金的设立 ·············· 962

8. 海事赔偿责任限制基金的设立错误 ·············· 973

9. 船舶油污损害责任限制的特殊规定 …………………………… 974

四十九、申请船舶优先权催告 ………………………………………… 978

    1. 案由释义 ……………………………………………………… 978

    2. 管辖 …………………………………………………………… 978

    3. 申请船舶优先权催告申请费 ………………………………… 978

    4. 船舶优先权催告的申请 ……………………………………… 979

    5. 船舶优先权催告的审查及复议 ……………………………… 980

    6. 船舶优先权催告的公示 ……………………………………… 980

    7. 船舶优先权催告的处理 ……………………………………… 981

五十、申请海事债权登记与受偿 ……………………………………… 982

    1. 案由释义 ……………………………………………………… 982

    2. 管辖 …………………………………………………………… 982

    3. 申请海事债权登记与受偿申请费 …………………………… 982

    4. 申请海事债权登记的公告程序 ……………………………… 983

    5. 海事债权登记的申请 ………………………………………… 983

    6. 海事债权登记的审查及处理 ………………………………… 984

    7. 债权人会议 …………………………………………………… 985

    8. 债权分配 ……………………………………………………… 985

附录一　船舶优先权 ……………………………………………………… 987

附录二　海事赔偿责任限制 …………………………………………… 997

附录三　诉讼时效 ……………………………………………………… 1024

第一章 海事侵权纠纷

一、船舶碰撞损害责任纠纷；船舶触碰损害责任纠纷；船舶损坏空中设施、水下设施损害责任纠纷

1. 案由释义

船舶碰撞损害责任纠纷，是指因船舶与船舶之间在海上或者与海相通的可航水域发生碰撞事故而引起的损害责任纠纷。船舶碰撞的概念在学理上有广义和狭义之分，我国法律和相关司法解释均采用了广义的船舶碰撞概念，即船舶碰撞是指一切船舶间相互直接或间接接触，致使一方或双方发生损害的事故。根据海商法的规定，船舶碰撞法律关系中的船舶应当包括海船和内河船，但是碰撞的一方必须为海船。内河船舶之间发生碰撞的，不适用海商法的规定。按照引起船舶碰撞的原因不同，可以将船舶碰撞分为过失碰撞、不可抗力或意外事故导致的碰撞、故意碰撞。

船舶触碰损害责任纠纷，是指船舶与船舶之外的设施或者障碍物发生触碰事故而引起的损害责任纠纷。例如，船舶触碰码头设施或者港口建筑物等造成的损害责任纠纷。

船舶损坏空中设施、水下设施损害责任纠纷，是指船舶在航行或停泊时，毁损在空中架设或者在海底、通海水域水下铺设的设施或者其他财产的纠纷。由于被触碰的物体多是用于输送油、水、电、气、通信等特殊用途，一旦遭受损害，其影响范围巨大，所以此类纠纷审理工作的重点是有关损害范围的确定以及损失数额计算的问题。

2. 诉讼程序规范

【相关立法】

(1)《中华人民共和国民事诉讼法》（19910409；20220101）

第三十一条　因船舶碰撞或者其他海事损害事故请求损害赔偿提起的诉讼，由碰撞发生地、碰撞船舶最先到达地、加害船舶被扣留地或者被告住所

地人民法院管辖。

(2)《中华人民共和国海事诉讼特别程序法》(20000701)

第六条 海事诉讼的地域管辖,依照《中华人民共和国民事诉讼法》的有关规定。

下列海事诉讼的地域管辖,依照以下规定:

(一)因海事侵权行为提起的诉讼,除依照《中华人民共和国民事诉讼法》第二十九条至第三十一条①的规定以外,还可以由船籍港所在地海事法院管辖;

……

第八十二条 原告在起诉时、被告在答辩时,应当如实填写《海事事故调查表》。

第八十三条 海事法院向当事人送达起诉状或者答辩状时,不附送有关证据材料。

第八十四条 当事人应当在开庭审理前完成举证。当事人完成举证并向海事法院出具完成举证说明书后,可以申请查阅有关船舶碰撞的事实证据材料。

第八十七条 海事法院审理船舶碰撞案件,应当在立案后一年内审结。有特殊情况需要延长的,由本院院长批准。

【司法解释】

(1)《最高人民法院关于海事法院受理案件范围的规定》(法释〔2016〕4号,20160301)

1. 船舶碰撞损害责任纠纷案件,包括浪损等间接碰撞的损害责任纠纷案件;

2. 船舶触碰海上、通海可航水域、港口及其岸上的设施或者其他财产的损害责任纠纷案件,包括船舶触碰码头、防波堤、栈桥、船闸、桥梁、航标、钻井平台等设施的损害责任纠纷案件;

3. 船舶损坏在空中架设或者在海底、通海可航水域敷设的设施或者其他财产的损害责任纠纷案件;

---

① 2021 年修正后的民事诉讼法第二十九条至第三十一条。

(2)《最高人民法院关于适用〈中华人民共和国海事诉讼特别程序法〉若干问题的解释》（法释〔2003〕3 号，20030201；经法释〔2008〕18 号修正，20081231）

第一条　在海上或者通海水域发生的与船舶或者运输、生产、作业相关的海事侵权纠纷、海商合同纠纷，以及法律或者相关司法解释规定的其他海事纠纷案件由海事法院及其上级人民法院专门管辖。

第六十一条　依据《中华人民共和国海商法》第一百七十条的规定提起的诉讼和因船舶触碰造成损害提起的诉讼，参照海事诉讼特别程序法关于审理船舶碰撞案件的有关规定审理。

(3)《最高人民法院关于审理船舶碰撞纠纷案件若干问题的规定》（法释〔2008〕7 号，20080523；经法释〔2020〕18 号修正，20210101）

第六条　碰撞船舶互有过失造成船载货物损失，船载货物的权利人对承运货物的本船提起违约赔偿之诉，或者对碰撞船舶一方或者双方提起侵权赔偿之诉的，人民法院应当依法予以受理。

(4)《最高人民法院关于审理发生在我国管辖海域相关案件若干问题的规定(一)》（法释〔2016〕16 号，20160802）

第一条　本规定所称我国管辖海域，是指中华人民共和国内水、领海、毗连区、专属经济区、大陆架，以及中华人民共和国管辖的其他海域。

第五条　因在我国管辖海域内发生海损事故，请求损害赔偿提起的诉讼，由管辖该海域的海事法院、事故船舶最先到达地的海事法院、船舶被扣押地或者被告住所地海事法院管辖。

因在公海等我国管辖海域外发生海损事故，请求损害赔偿在我国法院提起的诉讼，由事故船舶最先到达地、船舶被扣押地或者被告住所地海事法院管辖。

事故船舶为中华人民共和国船舶的，还可以由船籍港所在地海事法院管辖。

【司法指导文件】

(1)最高人民法院民事审判第四庭《全国法院涉外商事海事审判工作座谈会会议纪要》〔法(民四)明传(2021)60 号，20211231〕

89.【海上交通事故责任认定书的不可诉性】根据《中华人民共和国海上交通安全法》第八十五条第二款"海事管理机构应当自收到海上交通事故调

查报告之日起十五个工作日内作出事故责任认定书,作为处理海上交通事故的证据"的规定,海上交通事故责任认定行为不属于行政行为,海上交通事故责任认定书不宜纳入行政诉讼受案范围。海上交通事故责任认定书可以作为船舶碰撞纠纷等海事案件的证据,人民法院通过举证、质证程序对该责任认定书的证明力进行认定。

(2)最高人民法院《第二次全国涉外商事海事审判工作会议纪要》(法发〔2005〕26 号,20051226)

133. 船舶碰撞纠纷的当事人之间已经就船舶碰撞纠纷提起诉讼的,海事法院对船舶碰撞造成第三人财产损失赔偿纠纷案件应当中止审理,待船舶碰撞纠纷案件审理终结后恢复审理。

(3)最高人民法院民事审判第四庭《涉外商事海事审判实务问题解答(一)》(20040408)

114. 如何确定船舶碰撞损害赔偿纠纷案件的诉讼主体?

答:船舶的经营是多样和多变的,但是船舶所有人保证船舶处于安全航行技术状态的责任是不变的,除非船舶是处于光船租船的情况下。因此,在船舶发生碰撞事故后,就碰撞事故提起的诉讼的主体包括船舶所有人或者光船承租人。

115. 谁有权就船舶碰撞引起的船员人身伤亡赔偿纠纷案提起诉讼?

答:船舶碰撞事故造成涉外人身伤亡的,伤残船员和死亡船员的遗产继承人可以作为对外索赔的主体。船员外派单位可以协助索赔,但其不能成为对外索赔的主体;

外方付给的伤亡赔偿金,应归伤残船员或死者遗产继承人所有。

116. 水上交通事故致人死亡后,可否依照遗产继承的规定确定索赔的主体?

答:因水上交通事故致人死亡引起的赔偿纠纷,可以依照遗产继承的规定确定索赔的主体。

【典型案例】

外籍船舶在我国管辖海域外发生碰撞后,是否可以在诉前签订管辖权协议,合意选择我国法院行使管辖权?[朝鲜豆满江船舶会社与 C.S. 海运株式会社船舶碰撞损害责任纠纷案,(2018)沪民终 504 号]

关于管辖问题,本案当事人均为外国企业、碰撞事故发生地并非位于我国管辖海域,其他与纠纷有实际联系的地点均不在我国境内,但双方当事人在诉前签订管辖权协议,合意选择上海海事法院行使涉案纠纷管辖权,符合海事诉讼特别程序法第八条的规定。关于法律适用问题,本案当事人在我国法院诉讼过程中均选择适用中华人民共和国法律处理本案纠纷,根据意思自治原则,允许当事人在海事侵权纠纷中协议选择法律适用。

【适用要点】

在船舶碰撞案件中,存在一些特殊的程序规定,因为在该类案件审理中存在《海事事故调查表》这一特殊证据,故在举证期限和举证方式上需要有所注意。此外,因该类案件往往会涉及海事赔偿责任限制,因此在司法上还要注意与海事赔偿责任限制基金的相关司法程序相衔接。

船舶碰撞损害责任纠纷,船舶触碰损害责任纠纷,船舶损坏空中设施、水下设施损害责任纠纷均属于海事法院专门管辖的范畴。作为海事侵权案件,该类案件应由碰撞发生地、碰撞船舶最先到达地、加害船舶被扣留地或者被告住所地人民法院管辖,以及船籍港所在地海事法院管辖。因在我国管辖海域内发生海损事故,请求损害赔偿提起的诉讼,由管辖该海域的海事法院、事故船舶最先到达地的海事法院、船舶被扣押地或者被告住所地海事法院管辖;因在公海等我国管辖海域外发生海损事故,请求损害赔偿在我国法院提起的诉讼,由事故船舶最先到达地、船舶被扣押地或者被告住所地海事法院管辖。事故船舶为中华人民共和国船舶的,还可以由船籍港所在地海事法院管辖。

3. 承担赔偿责任的主体

【司法解释】

《最高人民法院关于审理船舶碰撞纠纷案件若干问题的规定》(法释〔2008〕7 号,20080523;经法释〔2020〕18 号修正,20210101)

第四条 船舶碰撞产生的赔偿责任由船舶所有人承担,碰撞船舶在光船租赁期间并经依法登记的,由光船承租人承担。

【重点解读】

船舶碰撞通常都是由于船长、船员驾驶或管理船舶的过失造成的。根据归属原则或者转承责任原则,雇佣船长、船员的船舶所有人应当对航行安全负责,故船舶所有人应当作为责任主体对外承担民事赔偿责任。但是,在光船租赁合同中,船舶所有人将没有配备船员的空船出租,仅仅保留了船舶的

所有权,由承租人配备所有船员,负责使用和经营船舶,船舶的航行安全也由
光船承租人负责,即船舶的占有、管理和使用经营权都暂时转移给了承租人。
在这种情况下,对外所发生的风险和责任也应当由光船承租人所承担。由于
我国船舶登记条例对光船租赁采取登记对抗原则,因此在光租情况下如果发
生船舶碰撞,碰撞船舶互有过失,只有当光船租赁关系经过依法登记时,船舶
所有人才不承担赔偿责任,而由该船舶的光船承租人承担赔偿责任。①

【司法指导文件】

最高人民法院《第二次全国涉外商事海事审判工作会议纪要》(法发
〔2005〕26 号,20051226)

130. 船舶所有人对船舶碰撞负有责任,船舶被光船租赁且依法登记的
除外。船舶经营人或者管理人对船舶碰撞有过失的,与船舶所有人或者光船
承租人承担连带责任,但不影响责任主体之间的追偿。

船舶所有人是指依法登记为船舶所有人的人;船舶没有依法登记的,指
实际占有船舶的人。

138. 强制打捞清除沉船沉物而产生的费用,由沉船沉物的所有人或者
经营人承担。

【典型案例】

**(1)船舶因操纵不当触碰生态环境保护科研项目设施的,船舶所有人、
船舶经营人是否应当承担损害赔偿责任?** [中国科学院水生生物研究所与
扬州润航船务有限公司等船舶触碰责任纠纷案,(2018)鄂72民初102号]

船舶因操纵不当触碰某研究所的养殖设施,导致该养殖设施内驯养、繁
育的珍贵鱼种严重受损,对长江流域生物多样性科研造成重大损失,该船舶
所有人、船舶经营人应当承担损害赔偿责任,就具体的赔偿数额,可通过司法
鉴定确认。

(2)小于 20 总吨船舶碰撞如何确认责任主体? [郑燕山与黄鹤年、周新
化海上人身损害赔偿纠纷案,(2008)海事初字第 11 号]

碰撞双方船舶吨位均小于 20 总吨,不属于海商法第三条所称的船舶范
畴,因此本案不适用海商法调整,相应地也不能适用《最高人民法院关于审

---

①　胡方:《〈关于审理船舶碰撞纠纷案件若干问题的规定〉的理解与适用》,载《人民
司法》2008 年第 11 期。

理船舶碰撞纠纷案件若干问题的规定》确定船舶碰撞的赔偿责任主体。海口海事法院认为,本案碰撞事故发生时肇事船舶登记所有人与实际所有人不一致的,应根据侵权和物权的相关规定,结合碰撞发生时肇事船舶的控制、管理和指挥状态,确定实际所有人为船舶碰撞的赔偿责任主体,承担赔偿责任,名义上的船舶登记所有人不承担赔偿责任。

【适用要点】

虽然海商法第一百六十八条、第一百六十九条在规定责任承担时都使用"船舶负赔偿责任""各船的赔偿责任"等表述,但是船舶作为物,其在法律上无法成为船舶碰撞或触碰中的责任主体,能成为主体的应该是经营船舶的主体。但航运实践中,船舶经营主体较为分散、复杂,存在着船舶所有人、光船承租人,以及船舶挂靠等船舶所有人与船舶实际管理人分离的情况,所以在司法实践中处理该类案件时,确定谁才是真正的责任主体就成为重要前提。从司法解释来看,目前明确的责任主体应为船舶所有人以及登记的光船承租人,对于"船舶经营人和管理人"是否应作为责任承担主体,最高人民法院认为因现有法律法规对两者概念的界定不够明确清晰,如规定其为责任主体会导致司法实践的混乱。① 可见,最高人民法院并非不认可将船舶经营人和管理人作为责任主体,只是认为现阶段仍不具备条件。

4. 损害赔偿责任的承担

【相关立法】

《中华人民共和国海商法》(19930701)

第一百六十七条　船舶发生碰撞,是由于不可抗力或者其他不能归责于任何一方的原因或者无法查明的原因造成的,碰撞各方互相不负赔偿责任。

第一百六十八条　船舶发生碰撞,是由于一船的过失造成的,由有过失的船舶负赔偿责任。

第一百六十九条　船舶发生碰撞,碰撞的船舶互有过失的,各船按照过失程度的比例负赔偿责任;过失程度相当或者过失程度的比例无法判定的,平均负赔偿责任。

互有过失的船舶,对碰撞造成的船舶以及船上货物和其他财产的损失,

---

① 胡方:《〈关于审理船舶碰撞纠纷案件若干问题的规定〉的理解与适用》,载《人民司法》2008 年第 11 期。

依照前款规定的比例负赔偿责任。碰撞造成第三人财产损失的,各船的赔偿责任均不超过其应当承担的比例。

互有过失的船舶,对造成的第三人的人身伤亡,负连带赔偿责任。一船连带支付的赔偿超过本条第一款规定的比例的,有权向其他有过失的船舶追偿。

第一百七十条 船舶因操纵不当或者不遵守航行规章,虽然实际上没有同其他船舶发生碰撞,但是使其他船舶以及船上的人员、货物或者其他财产遭受损失的,适用本章的规定。

第二百六十一条 有关船舶碰撞的请求权,时效期间为二年,自碰撞事故发生之日起计算;本法第一百六十九条第三款规定的追偿请求权,时效期间为一年,自当事人连带支付损害赔偿之日起计算。

【司法解释】

《最高人民法院关于审理船舶碰撞纠纷案件若干问题的规定》(法释〔2008〕7号,20080523;经法释〔2020〕18号修正,20210101)

第一条 本规定所称船舶碰撞,是指海商法第一百六十五条所指的船舶碰撞,不包括内河船舶之间的碰撞。

海商法第一百七十条所指的损害事故,适用本规定。

第二条 审理船舶碰撞纠纷案件,依照海商法第八章的规定确定碰撞船舶的赔偿责任。

第三条 因船舶碰撞导致船舶触碰引起的侵权纠纷,依照海商法第八章的规定确定碰撞船舶的赔偿责任。

非因船舶碰撞导致船舶触碰引起的侵权纠纷,依照民法通则的规定确定触碰船舶的赔偿责任,但不影响海商法第八章之外其他规定的适用。

第五条 因船舶碰撞发生的船上人员的人身伤亡属于海商法第一百六十九条第三款规定的第三人的人身伤亡。

【重点解读】

海商法第一百六十九条第三款规定,互有过失的船舶,对碰撞造成的第三人人身伤亡,负连带赔偿责任。一船连带支付的赔偿超过其责任比例的,有权向其他有过失的船舶追偿。但此条款并未明确第三人是否包括在碰撞船舶船上的船员、旅客和其他人员,从而引起了互有过失的船舶是否应当对当事船舶上的人员伤亡承担连带责任的不同理解,直接影响到对船上人员人身伤亡赔偿的法律适用问题。对此问题通过司法解释形式予以明确,对保护受害人的人身权益有着重要的意义。

经过论证认为，第一，在船舶碰撞法律关系中，只有发生碰撞的对应两方船舶(包括多船碰撞)是碰撞事故的直接当事人，其碰撞责任由船舶所有人承担。相对碰撞船舶而言，遭受人身伤亡的第三人应当是指除碰撞船舶以外、生命健康受到损害的所有当事人，包括碰撞船上的船员、旅客或其他人员。第二，确定碰撞船舶对人身伤亡承担连带责任的目的是充分体现生命价值的优先地位，保证受害人能够得到足额、充分的赔偿，将人身安全的保障与对人身伤亡的补救置于船舶侵权法律关系的中心地位。由碰撞船舶对船上人员的人身伤亡承担连带赔偿责任，使得船上人员既可以向其所在船舶索赔，也可以向发生碰撞的对方船舶全额索赔，有利于体现对船上人员生命权利的平等保护。第三，海商法第八章基本是参照 1910 年碰撞公约而制定的，自生效以来，各国对该条款中的第三人包括碰撞船舶船上人员的认识并未产生较大的分歧。从立法本意上分析，1910 年碰撞公约和我国海商法中所指的第三人的人身伤亡均包括了碰撞船舶船上人员的人身伤亡。因此，根据本规定，互有过失的船舶，对因碰撞造成船上人员的人身伤亡，应当负连带赔偿责任。①

第七条　船载货物的权利人因船舶碰撞造成其货物损失向承运货物的本船提起诉讼的，承运船舶可以依照海商法第一百六十九条第二款的规定主张按照过失程度的比例承担赔偿责任。

前款规定不影响承运人和实际承运人援用海商法第四章关于承运人抗辩理由和限制赔偿责任的规定。

【重点解读】

船舶发生碰撞，可能导致多种纠纷的出现，包括侵权损害赔偿纠纷、运输合同赔偿纠纷等。海商法第八章是针对船舶碰撞作出的特别规定。第一百六十九条第二款规定，互有过失的船舶，对碰撞造成的船舶以及船上货物和其他财产的损失，依照过失程度的比例负赔偿责任。这一法律规定一方面突破了传统的民法侵权理论，与民法通则第一百三十条②关于共同侵权人应当承担连带责任的归责原则不同；另一方面，碰撞船舶仅仅按照过失比例承担财产损失赔偿责任而并不是先承担连带责任后再进行追偿，这属于对船舶碰撞责任的特别规定，也是海商法第八章赋予承运船舶关于赔偿责任范围的特殊抗辩权。该规定充分体现了船舶碰撞纠纷特殊的赔偿责任承担原则，强调

---

①　胡方：《〈关于审理船舶碰撞纠纷案件若干问题的规定〉的理解与适用》，载《人民司法》2008 年第 11 期。

②　民法典施行后，民法通则被废止，相关内容见民法典第一千一百六十八条。

了过错责任原则,具有鲜明的海事特点,在审理船舶碰撞纠纷案件中应当优先适用。因此,只要是船载货物权利人向承运船舶提出的索赔,无论是何种诉因,承运船舶都可以将海商法第一百六十九条第二款的规定作为承担赔偿责任范围的抗辩理由。

根据《规定》①,船载货物权利人因船舶碰撞造成其财产损失向承运船舶提起索赔,无论何种诉因,承运船舶均有权援引海商法第一百六十九条的规定主张仅仅按照过失程度比例承担相应的赔偿责任,确定其赔偿范围。这种规定在充分体现海商法第八章立法本意的同时,既尊重了当事人对诉因的选择,也便于船舶碰撞纠纷的彻底解决。

需要注意的是,当船载货物权利人与承运船舶之间存在海上货物运输合同关系时,如果权利人以违约之诉向承运船舶提出索赔,承运船舶可以援引海商法第五十一条第一款关于承运人免责的规定,或者第五十六条关于单位赔偿责任限额的规定,以此作为减免责任的抗辩理由。但是,当权利人以侵权之诉向承运船舶提出索赔时,承运船舶是否可以援用上述抗辩理由,在审判实务中存在不同的认识。我们认为,根据海商法第五十八条的规定,就海上货物运输合同所涉及的货物灭失、损坏或者迟延交付对承运人提起的任何诉讼,不论海事请求人是否是合同的一方,也不论是根据合同还是根据侵权行为提起的,均适用本章关于承运人的抗辩理由和限制赔偿责任的规定。因此,即使权利人以侵权为由向承运船舶提出索赔,承运船舶在享有按照过失比例承担责任的抗辩权的同时,依然有权援引海商法第四章中关于承运人抗辩理由和限制赔偿责任的规定进行抗辩。②

第八条　碰撞船舶船载货物权利人或者第三人向碰撞船舶一方或者双方就货物或其他财产损失提出赔偿请求的,由碰撞船舶方提供证据证明过失程度的比例。无正当理由拒不提供证据的,由碰撞船舶一方承担全部赔偿责任或者由双方承担连带赔偿责任。

前款规定的证据指具有法律效力的判决书、裁定书、调解书和仲裁裁决书。对于碰撞船舶提交的国外的判决书、裁定书、调解书和仲裁裁决书,依照民事诉讼法第二百八十二条和第二百八十三条规定的程序审查。

【重点解读】

船舶碰撞事故发生后,依据海商法第一百六十九条第二款的规定,互有

---

①　此处全称为《最高人民法院关于审理船舶碰撞纠纷案件若干问题的规定》,本小节以下相关"重点解读"简称为《规定》。

②　胡方:《〈关于审理船舶碰撞纠纷案件若干问题的规定〉的理解与适用》,载《人民司法》2008 年第 11 期。

过失的船舶碰撞造成当事船舶船载货物和其他财产的损失,受害人只能按照各船舶的过失比例分别向各加害船舶索赔,但应当由谁提交证据证明过失程度的比例,海商法和海事诉讼特别程序法都没有明确规定。"谁主张,谁举证"是民事诉讼法有关举证责任的基本原则。碰撞责任比例的举证责任应该由谁承担呢?我们认为,首先,受害人并不是船舶碰撞事故的直接当事人,无法就船舶碰撞过失程度比例进行举证;其次,按照过失程度比例承担赔偿责任是法律赋予碰撞船舶的抗辩理由,如果碰撞船舶主张按照过失程度比例承担赔偿责任,应当对其主张承担相应的举证责任;最后,互有过失的船舶碰撞造成船载货物或者第三人的财产损失,基于海商法第一百六十九条关于比例责任的特殊规定倾向于保护船舶所有人,受害人无法要求碰撞一方承担全额赔偿责任,如果再要求受害人承担过失程度比例的举证责任有悖于公平原则。因此,综合当事人双方的举证能力,根据公平原则和诚实信用原则,应当由碰撞船舶方承担举证责任。

当船载货物权利人或者第三人向碰撞一方船舶或者双方船舶就财产损失提出赔偿请求时,碰撞船舶一方或者双方如果抗辩按照过失比例承担赔偿责任,就应当提供相应的证据证明过失程度的比例。通常情况下,如果碰撞船舶双方当事人已经通过诉讼或者仲裁的方式确定了碰撞事故责任比例,可以用具有法律效力的判决、裁定或者仲裁裁决作为证明过失程度比例的证据向船载货物权利人或者第三人承担财产损失的赔偿责任。但是,司法实践中有时会出现碰撞船舶仅仅抗辩按照过失比例对船载货物权利人或者第三人承担赔偿责任,但却怠于用诉讼或者仲裁等方式确定碰撞责任比例的情况。如果碰撞责任比例不确定,碰撞船舶对受害人的赔偿数额可能就无法确定。当船载货物的权利人或者第三人向碰撞船舶提出财产损失赔偿请求时,按照过失比例承担赔偿责任是法律赋予碰撞船舶的抗辩权利,碰撞船舶对于该抗辩主张负有举证责任。如果碰撞船舶仅主张承担比例责任,却并不提供具有法律效力的判决、裁决等证明过失程度比例,应当视其主动放弃法律赋予的抗辩权,除非其向法院举证已经就船舶碰撞纠纷另行提起了诉讼或者仲裁但尚未审理终结。为了督促碰撞船舶就碰撞事故责任比例尽快提起诉讼或者仲裁,防止碰撞船舶规避责任,互相推诿扯皮,迟迟不能确定碰撞比例,或者恶意串通拒不举证证明碰撞事故责任比例,使船载货物的权利人或者第三人的合法权益受到影响,也为了保障海商法第八章所确立的比例责任原则的具体实施,《规定》对碰撞船舶拒不提供证据证明过失比例应承担的不利后果作出了规定。当权利人或第三人仅向一方碰撞船舶提出索赔,而该碰撞船舶既不提供证据证明过失程度比例,也不就碰撞纠纷另行提起诉讼或者仲裁,视为其无正当理由拒不提供证据证明责任比例,应当由其承担全部赔偿责任;权利人或第三人向碰撞双方船舶提出索赔,而双方船舶都拒不提供证据证明其责任比例的,依照民法通则第一百三十条①的规定共同承担连带责任。

《规定》还进一步明确了证明过失责任比例的证据形式。该条款参照了海事诉讼特别程序法第一百一十三条、第一百一十五条以及《最高人民法院关于适用〈中华人民共和国海事诉讼特别程序法〉若干问题的解释》第八十八条有关债权证据的规定,并结合船舶碰撞纠纷的特点,将证明过失程度比例的证据形式限定为具有法律效力的判决书、裁定书、调解书和仲裁裁决书。考虑到碰撞船舶仅仅按照过失比例对船载货物的权利人或者第三人负赔偿责任是法定的赔偿原则,故只有法院或者仲裁机关作出的判决、裁定、调解书或者仲裁裁决中确定的碰撞船舶过失比例才应当成为确认碰撞船舶对外赔偿责任的依据。除此之外的其他证据,如碰撞船舶之间达成的和解协议等,只要请求人不予认可,都不能成为证明过失程度比例的证据。需要注意的是,碰撞船舶作为事故当事人,有权采用协议方式解决相互之间的碰撞纠纷,其自行达成的有关碰撞事故比例或者相互赔偿数额的协议在碰撞船舶之间是有效的。但是,船载货物权利人或者第三人并不是该协议的当事人,并不当然受该协议的约束,除非其同意接受该协议确定的责任比例,否则可能会导致碰撞船舶恶意串通损害权利人的合法权益。因此,碰撞船舶之间自行达成的和解协议与本规定中的法律文书作为证据的效力是不同的。在碰撞责任比例没有经过法院或仲裁机关审查确认的情况下,该协议不能直接作为碰撞船舶对外承担比例赔偿责任的依据,除非船载货物权利人或者第三人同意接受。②

第九条 因起浮、清除、拆毁由船舶碰撞造成的沉没、遇难、搁浅或被弃船舶及船上货物或者使其无害的费用提出的赔偿请求,责任人不能依照海商法第十一章的规定享受海事赔偿责任限制。

【重点解读】

因船舶碰撞可能会导致船舶或者船载货物的沉没、被弃,这些沉船沉物如果处于航行密集的航道、码头等地,会给航行安全带来极大的危险。为了公共安全和社会利益,必须对沉船沉物进行打捞清除。通常,沉船沉物的所

---

① 民法典施行后,民法通则被废止,相关内容见民法典第一千一百六十八条。
② 胡方:《〈关于审理船舶碰撞纠纷案件若干问题的规定〉的理解与适用》,载《人民司法》2008年第11期。

有人应当主动进行清除打捞,但是当其不主动履行这一义务时,海事主管机关有权委托打捞公司强制进行打捞清除,并根据海上交通安全法第四十条①的规定要求沉船沉物的所有人、经营人承担打捞费用。

　　对于因沉船沉物的清除打捞费用提出的赔偿请求,责任人能否依照海商法第十一章的规定享受海事赔偿责任限制在审判实务中存在不同的认识。我们认为,海商法第二百零七条基本参照了1976年海事索赔责任限制公约的规定,对责任人可以享受责任限制的海事赔偿请求作了列举式的规定。值得注意的是,公约将有关起浮、清除、毁坏沉没、遇难、搁浅、被弃船舶和船上货物或者使其无害的费用之赔偿请求列入了责任限制的范围,并规定缔约国可以对此作出保留,但是,海商法第二百零七条却并未将这种赔偿请求列入可以享受责任限制的海事请求范围,这主要是考虑到如果限制责任人对此类费用的赔偿责任,致使因经费不足导致不能有效清除打捞沉船沉物,必将对航行安全和环境保护构成威胁,不利于航运业的发展,这与设立海事赔偿责任限制的初衷是背道而驰的。结合我国的国情,在制定海商法时并未将因沉船沉物的清除打捞产生的赔偿请求纳入限制性债权的范围。因此,根据海商法第十一章的立法本意,《规定》明确规定责任人对因沉船沉物清除打捞提出的赔偿请求不能享受海事赔偿责任限制。②

【指导性案例】

指导案例31号:江苏炜伦航运股份有限公司诉米拉达玫瑰公司船舶碰撞损害赔偿纠纷案(20140626)

　　关键词　民事　船舶碰撞损害赔偿　合意违反航行规则　责任认定

　　裁判要点

　　航行过程中,当事船舶协商不以《1972年国际海上避碰规则》确立的规则交会,发生碰撞事故后,双方约定的内容以及当事船舶在发生碰撞事故时违反约定的情形,不应作为人民法院判定双方责任的主要依据,仍应当以前述规则为准据,在综合分析紧迫局面形成原因、当事船舶双方过错程度及处

---

① 1983年海上交通安全法第四十条规定:"对影响安全航行、航道整治以及有潜在爆炸危险的沉没物、漂浮物,其所有人、经营人应当在主管机关限定的时间内打捞清除。否则,主管机关有权采取措施强制打捞清除,其全部费用由沉没物、漂浮物的所有人、经营人承担。本条规定不影响沉没物、漂浮物的所有人、经营人向第三方索赔的权利。"本法已于2021年修订。

② 胡方:《〈关于审理船舶碰撞纠纷案件若干问题的规定〉的理解与适用》,载《人民司法》2008年第11期。

置措施恰当与否的基础上,对事故责任作出认定。

相关法条

《中华人民共和国海商法》第一百六十九条

基本案情

2008 年 6 月 3 日晚,原告江苏炜伦航运股份有限公司所有的"炜伦 06"轮与被告米拉达玫瑰公司所有的"MIRANDAROSE"轮(以下简称"玫瑰"轮)在各自航次的航程中,在上海港圆圆沙警戒区相遇。当日 23 时 27 分,由外高桥集装箱码头开出的另一艘外轮"里约热内卢快航"轮与"玫瑰"轮联系后开始实施追越。23 时 32 分,"里约热内卢快航"轮引航员呼叫"炜伦 06"轮和位于"炜伦 06"轮左前方约 0.2 海里的"正安 8"轮,要求两轮与其绿灯交会。"正安 8"轮予以拒绝并大角度向右调整航向,快速穿越到警戒区北侧驶离。"炜伦 06"轮则在"里约热内卢快航"轮引航员执意要求下,同意绿灯交会。"玫瑰"轮随即与"炜伦 06"轮联系,也要求绿灯交会,"炜伦 06"轮也回复同意。23 时 38 分,当"炜伦 06"轮行至"玫瑰"轮船艏偏左方向,发现"玫瑰"轮显示红灯,立即联系"玫瑰"轮,要求其尽快向左调整航行。"炜伦 06"轮随后开始减速,但"玫瑰"轮因"里约热内卢快航"轮追越尚未驶过让清,距离较近,无法向左调整航向。23 时 41 分,"炜伦 06"轮与"里约热内卢快航"轮近距离交会,位于"玫瑰"轮左前方,距离仅 0.2 海里。此时,"炜伦 06"轮、"玫瑰"轮均觉察危险,同时大角度向左转向。23 时 42 分"炜伦 06"轮右后部与"玫瑰"轮船艏右侧发生碰撞。事故造成原告遭受救助费、清污费、货物减损费、修理费等各项损失共计人民币 4504605.75 元。

原告遂以"玫瑰"轮违反双方关于"绿灯交会"的约定为由,诉请法院判令"玫瑰"轮承担 80% 的责任。被告则提出,原告应就涉案碰撞事故承担 90% 的责任,且原告主张的部分损失不合理。

裁判结果

上海海事法院于 2011 年 9 月 20 日作出(2010)沪海法海初字第 24 号民事判决:一、被告米拉达玫瑰公司应于本判决生效之日起十日内向原告江苏炜伦航运股份有限公司赔偿损失人民币 2252302.79 元;二、被告米拉达玫瑰公司应于本判决生效之日起十日内向原告江苏炜伦航运股份有限公司赔偿上述款项的利息损失,按照中国人民银行同期活期存款利率标准,从 2008 年 6 月 3 日起计算至判决生效之日止;三、对原告江苏炜伦航运股份有限公司的其他诉讼请求不予支持。宣判后,当事人双方均未上诉,判决已发生法律效力。

裁判理由

法院生效裁判认为:在两轮达成一致意见前,两轮交叉相遇时,本应"红灯交会"。"玫瑰"轮为了自己进北槽航道出口方便,首先提出"绿灯交会"的提议。该提议违背了《1972 年国际海上避碰规则》(以下简称《72 避碰规则》)规定的其应承担的让路义务。但是,"炜伦 06"轮同意了该违背规则的提议。此时,双方绿灯交会的意向应是指在整个避让过程中,双方都应始终向对方显示本船的绿灯舷侧。在这种特殊情况下,没有了《72 避碰规则》意义上的"让路船"和"直航船"。因此,当两轮发生碰撞危险时,两轮应具有同等的避免碰撞的责任,两轮均应按照《72 避碰规则》的相关规定,特别谨慎驾驶。但事实上,在达成绿灯交会的一致意向后,双方都认为对方会给自己让路,未能对所处水域的情况进行有效观察并对当时的局面和碰撞危险作出充分估计,直至紧迫危险形成后才采取行动,最终无法避免碰撞。综上,两轮均有瞭望疏忽、未使用安全航速、未能尽到特别谨慎驾驶的义务并尽早采取避免碰撞的行为,都违反了《72 避碰规则》中有关瞭望、安全航速和避免碰撞的行动等规定,对碰撞事故的发生责任相当,应各承担 50%的责任。

被告系"玫瑰"轮的船舶所有人,根据《最高人民法院关于审理船舶碰撞纠纷案件若干问题的规定》的规定,应就"玫瑰"轮在涉案碰撞事故中对原告造成的损失承担赔偿责任。法院根据双方提供的证据,核定了原告具体损失金额,按照被告应负的责任份额,依法作出如上判决。

【典型案例】

(1)对船舶碰撞及沉没事故引发的纠纷应如何判定船舶沉没的原因?
[厦门力鹏船运有限公司等与中海发展股份有限公司货轮公司船舶碰撞损害责任纠纷案,(2017)最高法民再 62 号]

法院在审理船舶碰撞及沉没事故引发的纠纷时,可对涉及航海、船舶驾驶、货物配载、集装箱系固等相关证据材料全面分析、充分论证,判定船舶沉没的原因,从而确定船舶因碰撞事故所应承担的过错责任比例。碰撞双方互负赔偿责任,均设立了海事赔偿责任限制基金,在认定双方损失后,根据"先抵销,后受偿"的原则,先将双方损失相互抵销,再到对方所设基金中受偿,符合海商法的规定。

(2)海事 VTS 中心发出的劝告、警告、指令或命令能否免除船长遵守相应航行规则并根据航行实际情况管理和驾驶船舶的职责和义务? [大连德利海运有限公司与浙江省海运集团温州海运有限公司船舶碰撞损害责任纠纷案,(2016)沪 72 民初 2044 号]

船舶交通管理系统,指由主管机关实施的、用于增进交通安全和提高交通效率及保护环境的服务系统。在上海港及周边往来船舶高度密集的水域，VTS 中心发挥着船舶动态监管、信息助航服务、联合行动协调、险情处置指挥等功能，对引导船舶安全航行、提升船舶进出港效率具有重要作用。中心向船舶发出的航行指令虽具有行政化色彩，但航行中的决策权并不因此发生转移。本案的裁判明确了在 VTS 中心对船舶进行监管和指挥时，船长基于对本船动态及当时海况的最直接了解和掌握，应根据实际情况作出最有利于船舶避碰或减损的决策，仍应担负保障安全驾驶和管理之责。

【适用要点】

在船舶碰撞中绝大多数案件都是因为过失造成，故意碰撞情况非常之少，因此该类纠纷无论是在公约中还是我国立法中，都以过失责任作为责任基础。在认定哪一方存在过失时，应当首先判断船舶是否存在实际过失，如实际过失不能确定则应以推定过失进行判断，其中又包括了法律推定过失和事实推定过失。① 此外，在认定过失时还应当结合《1972 避碰规则》等国际海事通行规则以及我国颁行的海上交通安全法、内河交通安全管理条例、内河避碰规则、海船船员值班规则、船舶最低安全配员规则等法律、行政法规及部门规章的具体规定，以准确界定碰撞或触碰的责任、确定过失比例。

5. 损害赔偿的范围

【相关立法】

《中华人民共和国民法典》（20210101）

第一千一百七十九条　侵害他人造成人身损害的，应当赔偿医疗费、护理费、交通费、营养费、住院伙食补助费等为治疗和康复支出的合理费用，以及因误工减少的收入。造成残疾的，还应当赔偿辅助器具费和残疾赔偿金；造成死亡的，还应当赔偿丧葬费和死亡赔偿金。

【司法解释】

(1)《最高人民法院关于审理发生在我国管辖海域相关案件若干问题的规定(二)》（法释〔2016〕17 号，20160802）

第一条　当事人因船舶碰撞、海洋污染等事故受到损害，请求侵权人赔偿渔船、渔具、渔货损失以及收入损失的，人民法院应予支持。

---

① 沈志先主编：《海事审判精要》，法律出版社 2011 年版，第 123~124 页。

当事人违反渔业法第二十三条,未取得捕捞许可证从事海上捕捞作业,依照前款规定主张收入损失的,人民法院不予支持。

(2)《最高人民法院关于审理船舶碰撞纠纷案件若干问题的规定》(法释〔2008〕7号,20080523;经法释〔2020〕18号修正,20210101)

第五条　因船舶碰撞发生的船上人员的人身伤亡属于海商法第一百六十九条第三款规定的第三人的人身伤亡。

(3)《最高人民法院关于审理船舶碰撞和触碰案件财产损害赔偿的规定》(法发〔1995〕17号,19950818;经法释〔2020〕18号修正,20210101)

一、请求人可以请求赔偿对船舶碰撞或者触碰所造成的财产损失,船舶碰撞或者触碰后相继发生的有关费用和损失,为避免或者减少损害而产生的合理费用和损失,以及预期可得利益的损失。

因请求人的过错造成的损失或者使损失扩大的部分,不予赔偿。

三、船舶损害赔偿分为全损赔偿和部分损害赔偿。

(一)船舶全损的赔偿包括:

船舶价值损失;

未包括在船舶价值内的船舶上的燃料、物料、备件、供应品,渔船上的捕捞设备、网具、渔具等损失;

船员工资、遣返费及其他合理费用。

(二)船舶部分损害的赔偿包括:合理的船舶临时修理费、永久修理费及辅助费用、维持费用,但应满足下列条件:

船舶应就近修理,除非请求人能证明在其他地方修理更能减少损失和节省费用,或者有其他合理的理由。如果船舶经临时修理可继续营运,请求人有责任进行临时修理;

船舶碰撞部位的修理,同请求人为保证船舶适航,或者因另外事故所进行的修理,或者与船舶例行的检修一起进行时,赔偿仅限于修理本次船舶碰撞的受损部位所需的费用和损失。

(三)船舶损害赔偿还包括:

合理的救助费,沉船的勘查、打捞和清除费用,设置沉船标志费用;

拖航费用,本航次的租金或者运费损失,共同海损分摊;

合理的船期损失;

其他合理的费用。

四、船上财产的损害赔偿包括:

船上财产的灭失或者部分损坏引起的贬值损失；

合理的修复或者处理费用；

合理的财产救助、打捞和清除费用，共同海损分摊；

其他合理费用。

五、船舶触碰造成设施损害的赔偿包括：

设施的全损或者部分损坏修复费用；

设施修复前不能正常使用所产生的合理的收益损失。

六、船舶碰撞或者触碰造成第三人财产损失的，应予赔偿。

七、除赔偿本金外，利息损失也应赔偿。

【司法指导文件】

(1)最高人民法院《第二次全国涉外商事海事审判工作会议纪要》（法发〔2005〕26号，20051226）

131.《中华人民共和国海商法》第一百六十九条第二款规定的第三人财产损失，是指除互有过失的船舶上所载货物或船员、旅客或船上其他人员的物品外，由于船舶碰撞事故所直接造成的其他财产损失。

132.《中华人民共和国海商法》第一百六十九条第三款规定的第三人的人身伤亡，包括碰撞当事船舶上的船员、旅客和其他人员的人身伤亡。

(2)最高人民法院民事审判第四庭《涉外商事海事审判实务问题解答（一）》（20040408）

150. 船舶触碰造成损害应当如何适用法律？

答：船舶触碰造成损害的，不属于《海商法》调整的范围。有关船舶触碰造成损害引起的侵权纠纷案件，应当适用《民法通则》①以及最高人民法院"关于审理船舶碰撞和触碰案件财产损害赔偿的规定"的规定确定各方当事人的权利义务以及损害赔偿责任范围等。

【典型案例】

船舶碰撞案件中，船舶发生部分损害的赔偿范围如何确定？［吴来洪与海南中海鸿兴盛船务有限公司等船舶碰撞损害赔偿案，(2009)广海法初字第317号］

船舶发生部分损害时，受损害方可以要求合理的船舶临时修理费、永久

---

① 民法典施行后，民法通则被废止，相关内容见民法典规定。

修理费及辅助费用、维持费用。"合理"显然不可能有一个放之所有案件而皆准的标准，而必须考察并取决于每一个案件的具体情况。原告向法庭提交的船舶修理合同书、修理费用单及收据等证据，一般可以直接作为认定渔船修理费的依据，但原告主张的修理费明显不在"合理"范围之内的不予采信。

【适用要点】

在船舶碰撞中赔偿范围主要是依据《最高人民法院关于审理船舶碰撞和触碰案件财产损害赔偿的规定》确定，主要包括船舶损失、船上财产损失、人身损害、船期损失、设施损害、第三人财产损失等。

6. 责任承担方式及损失数额计算

【相关立法】

《中华人民共和国民法典》(20210101)

第一百七十九条　承担民事责任的方式主要有：

(一)停止侵害；

(二)排除妨碍；

(三)消除危险；

(四)返还财产；

(五)恢复原状；

(六)修理、重作、更换；

(七)继续履行；

(八)赔偿损失；

(九)支付违约金；

(十)消除影响、恢复名誉；

(十一)赔礼道歉。

法律规定惩罚性赔偿的，依照其规定。

本条规定的承担民事责任的方式，可以单独适用，也可以合并适用。

第一千一百八十条　因同一侵权行为造成多人死亡的，可以以相同数额确定死亡赔偿金。

第一千一百八十二条　侵害他人人身权益造成财产损失的，按照被侵权人因此受到的损失或者侵权人因此获得的利益赔偿；被侵权人因此受到的损失以及侵权人因此获得的利益难以确定，被侵权人和侵权人就赔偿数额协商不一致，向人民法院提起诉讼的，由人民法院根据实际情况确定赔偿数额。

第一千一百八十四条 侵害他人财产的,财产损失按照损失发生时的市场价格或者其他合理方式计算。

【司法解释】

(1)《最高人民法院关于审理船舶碰撞和触碰案件财产损害赔偿的规定》(法发〔1995〕17号,19950818;经法释〔2020〕18号修正,20210101)

二、赔偿应当尽量达到恢复原状,不能恢复原状的折价赔偿。

八、船舶价值损失的计算,以船舶碰撞发生地当时类似船舶的市价确定;碰撞发生地无类似船舶市价的,以船舶船籍港类似船舶的市价确定,或者以其他地区类似船舶市价的平均价确定;没有市价的,以原船舶的造价或者购置价,扣除折旧(折旧率按年4—10%)计算;折旧后没有价值的按残值计算。

船舶被打捞后尚有残值的,船舶价值应扣除残值。

九、船上财产损失的计算:

(一)货物灭失的,按照货物的实际价值,即以货物装船时的价值加运费加请求人已支付的货物保险费计算,扣除可节省的费用;

(二)货物损坏的,以修复所需的费用,或者以货物的实际价值扣除残值和可节省的费用计算;

(三)由于船舶碰撞在约定的时间内迟延交付所产生的损失,按迟延交付货物的实际价值加预期可得利润与到岸时的市价的差价计算,但预期可得利润不得超过货物实际价值的10%;

(四)船上捕捞的鱼货,以实际的鱼货价值计算。鱼货价值参照海事发生时当地市价,扣除可节省的费用。

(五)船上渔具、网具的种类和数量,以本次出海捕捞作业所需量扣减现存量计算,但所需量超过渔政部门规定或者许可的种类和数量的,不予认定;渔具、网具的价值,按原购置价或者原造价扣除折旧费用和残值计算;

(六)旅客行李、物品(包括自带行李)的损失,属本船旅客的损失,依照海商法的规定处理;属他船旅客的损失,可参照旅客运输合同中有关旅客行李灭失或者损坏的赔偿规定处理;

(七)船员个人生活必需品的损失,按实际损失适当予以赔偿;

(八)承运人与旅客书面约定由承运人保管的货币、金银、珠宝、有价证券或者其他贵重物品的损失,依海商法的规定处理;船员、旅客、其他人员个人携带的货币、金银、珠宝、有价证券或者其他贵重物品的损失,不予认定;

(九)船上其他财产的损失,按其实际价值计算。

十、船期损失的计算:

期限:船舶全损的,以找到替代船所需的合理期间为限,但最长不得超过两个月;船舶部分损害的修船期限,以实际修复所需的合理期间为限,其中包括联系、住坞、验船等所需的合理时间;渔业船舶,按上述期限扣除休渔期为限,或者以一个渔汛期为限。

船期损失,一般以船舶碰撞前后各两个航次的平均净盈利计算;无前后各两个航次可参照的,以其他相应航次的平均净盈利计算。

渔船渔汛损失,以该渔船前 3 年的同期渔汛平均净收益计算,或者以本年内同期同类渔船的平均净收益计算。计算渔汛损失时,应当考虑到碰撞渔船在对船捕渔作业或者围网灯光捕渔作业中的作用等因素。

十一、租金或者运费损失的计算:

碰撞导致期租合同承租人停租或者不付租金的,以停租或者不付租金额,扣除可节省的费用计算。

因货物灭失或者损坏导致到付运费损失的,以尚未收取的运费金额扣除可节省的费用计算。

十二、设施损害赔偿的计算:

期限:以实际停止使用期间扣除常规检修的期间为限;

设施部分损坏或者全损,分别以合理的修复费用或者重新建造的费用,扣除已使用年限的折旧费计算;

设施使用的收益损失,以实际减少的净收益,即按停止使用前 3 个月的平均净盈利计算;部分使用并有收益的,应当扣减。

十三、利息损失的计算:

船舶价值的损失利息,从船期损失停止计算之日起至判决或者调解指定的应付之日止;

其他各项损失的利息,从损失发生之日或者费用产生之日起计算至判决或调解指定的应付之日止;

利息按本金性质的同期利率计算。

十四、计算损害赔偿的货币,当事人有约定的,依约定;没有约定的,按以下相关的货币计算:

按船舶营运或者生产经营所使用的货币计算;

船载进、出口货物的价值,按买卖合同或者提单、运单记明的货币计算;

以特别提款权计算损失的,按法院判决或者调解之日的兑换率换算成相应的货币。

（2）《最高人民法院关于审理人身损害赔偿案件适用法律若干问题的解释》（法释〔2003〕20 号，20040501；经法释〔2022〕14 号修正，20220501）

第六条 医疗费根据医疗机构出具的医药费、住院费等收款凭证，结合病历和诊断证明等相关证据确定。赔偿义务人对治疗的必要性和合理性有异议的，应当承担相应的举证责任。

医疗费的赔偿数额，按照一审法庭辩论终结前实际发生的数额确定。器官功能恢复训练所必要的康复费、适当的整容费以及其他后续治疗费，赔偿权利人可以待实际发生后另行起诉。但根据医疗证明或者鉴定结论确定必然发生的费用，可以与已经发生的医疗费一并予以赔偿。

第七条 误工费根据受害人的误工时间和收入状况确定。

误工时间根据受害人接受治疗的医疗机构出具的证明确定。受害人因伤致残持续误工的，误工时间可以计算至定残日前一天。

受害人有固定收入的，误工费按照实际减少的收入计算。受害人无固定收入的，按照其最近三年的平均收入计算；受害人不能举证证明其最近三年的平均收入状况的，可以参照受诉法院所在地相同或者相近行业上一年度职工的平均工资计算。

第八条 护理费根据护理人员的收入状况和护理人数、护理期限确定。

护理人员有收入的，参照误工费的规定计算；护理人员没有收入或者雇佣护工的，参照当地护工从事同等级别护理的劳务报酬标准计算。护理人员原则上为一人，但医疗机构或者鉴定机构有明确意见的，可以参照确定护理人员人数。

护理期限应计算至受害人恢复生活自理能力时止。受害人因残疾不能恢复生活自理能力的，可以根据其年龄、健康状况等因素确定合理的护理期限，但最长不超过二十年。

受害人定残后的护理，应当根据其护理依赖程度并结合配制残疾辅助器具的情况确定护理级别。

第九条 交通费根据受害人及其必要的陪护人员因就医或者转院治疗实际发生的费用计算。交通费应当以正式票据为凭；有关凭据应当与就医地点、时间、人数、次数相符合。

第十条 住院伙食补助费可以参照当地国家机关一般工作人员的出差伙食补助标准予以确定。

受害人确有必要到外地治疗，因客观原因不能住院，受害人本人及其陪护人员实际发生的住宿费和伙食费，其合理部分应予赔偿。

第十一条 营养费根据受害人伤残情况参照医疗机构的意见确定。

第十二条　残疾赔偿金根据受害人丧失劳动能力程度或者伤残等级,按照受诉法院所在地上一年度城镇居民人均可支配收入标准,自定残之日起按二十年计算。但六十周岁以上的,年龄每增加一岁减少一年;七十五周岁以上的,按五年计算。

受害人因伤致残但实际收入没有减少,或者伤残等级较轻但造成职业妨害严重影响其劳动就业的,可以对残疾赔偿金作相应调整。

第十三条　残疾辅助器具费按照普通适用器具的合理费用标准计算。伤情有特殊需要的,可以参照辅助器具配制机构的意见确定相应的合理费用标准。

辅助器具的更换周期和赔偿期限参照配制机构的意见确定。

第十四条　丧葬费按照受诉法院所在地上一年度职工月平均工资标准,以六个月总额计算。

第十五条　死亡赔偿金按照受诉法院所在地上一年度城镇居民人均可支配收入标准,按二十年计算。但六十周岁以上的,年龄每增加一岁减少一年;七十五周岁以上的,按五年计算。

第十六条　被扶养人生活费计入残疾赔偿金或者死亡赔偿金。

第十七条　被扶养人生活费根据扶养人丧失劳动能力程度,按照受诉法院所在地上一年度城镇居民人均消费支出标准计算。被扶养人为未成年人的,计算至十八周岁;被扶养人无劳动能力又无其他生活来源的,计算二十年。但六十周岁以上的,年龄每增加一岁减少一年;七十五周岁以上的,按五年计算。

被扶养人是指受害人依法应当承担扶养义务的未成年人或者丧失劳动能力又无其他生活来源的成年近亲属。被扶养人还有其他扶养人的,赔偿义务人只赔偿受害人依法应当负担的部分。被扶养人有数人的,年赔偿总额累计不超过上一年度城镇居民人均消费支出额。

第十八条　赔偿权利人举证证明其住所地或者经常居住地城镇居民人均可支配收入高于受诉法院所在地标准的,残疾赔偿金或者死亡赔偿金可以按照其住所地或者经常居住地的相关标准计算。

被扶养人生活费的相关计算标准,依照前款原则确定。

第十九条　超过确定的护理期限、辅助器具费给付年限或者残疾赔偿金给付年限,赔偿权利人向人民法院起诉请求继续给付护理费、辅助器具费或者残疾赔偿金的,人民法院应予受理。赔偿权利人确需继续护理、配制辅助器具,或者没有劳动能力和生活来源的,人民法院应当判令赔偿义务人继续给付相关费用五至十年。

第二十条　赔偿义务人请求以定期金方式给付残疾赔偿金、辅助器具费的,应当提供相应的担保。人民法院可以根据赔偿义务人的给付能力和提供担保的情况,确定以定期金方式给付相关费用。但是,一审法庭辩论终结前已经发生的费用、死亡赔偿金以及精神损害抚慰金,应当一次性给付。

第二十一条　人民法院应当在法律文书中明确定期金的给付时间、方式以及每期给付标准。执行期间有关统计数据发生变化的,给付金额应当适时进行相应调整。

定期金按照赔偿权利人的实际生存年限给付,不受本解释有关赔偿期限的限制。

第二十二条　本解释所称"城镇居民人均可支配收入""城镇居民人均消费支出""职工平均工资",按照政府统计部门公布的各省、自治区、直辖市以及经济特区和计划单列市上一年度相关统计数据确定。

"上一年度",是指一审法庭辩论终结时的上一统计年度。

第二十三条　精神损害抚慰金适用《最高人民法院关于确定民事侵权精神损害赔偿责任若干问题的解释》予以确定。

(3)《最高人民法院关于确定民事侵权精神损害赔偿责任若干问题的解释》(法释〔2001〕7号,20010310;经法释〔2020〕17号修正,20210101)

第一条　因人身权益或者具有人身意义的特定物受到侵害,自然人或者其近亲属向人民法院提起诉讼请求精神损害赔偿的,人民法院应当依法予以受理。

第五条　精神损害的赔偿数额根据以下因素确定:

(一)侵权人的过错程度,但是法律另有规定的除外;

(二)侵权行为的目的、方式、场合等具体情节;

(三)侵权行为所造成的后果;

(四)侵权人的获利情况;

(五)侵权人承担责任的经济能力;

(六)受理诉讼法院所在地的平均生活水平。

【典型案例】

船舶碰撞案件中,渔汛损失数额如何计算?［吴来洪与海南中海鸿兴盛船务有限公司等船舶碰撞损害赔偿案,(2009)广海法初字第317号］

个体渔船在生产经营中当然也会盈利,但由于粗放经营、欠缺有关的会计资料,要对其净收益进行严密的计算几乎不可能,审判实践中有时不得不采信村委会或渔政部门出具的证明,而这类证明往往只是对净收益的一个大约估算,无精确性可言。渔船渔汛损失,以该渔船前3年的同期渔汛平均净收益计算,或者以本年内同期同类渔船的平均净收益计算。在船舶碰撞案件审判过程中净收益计算通常委托专业的会计师进行。

【适用要点】

在船舶碰撞中确定损失计算标准主要是依据《最高人民法院关于审理船舶碰撞和触碰案件财产损害赔偿的规定》确定,但必须要注意到因碰撞发生的当事船舶上的船员、旅客和其他人员的人身伤亡也在船舶碰撞纠纷范围内,因此在计算该部分损害赔偿数额时应当结合人身损害相关法律及司法解释确定。

7. 碰撞发生后的救助义务

【相关立法】

(1)《中华人民共和国海商法》(19930701)

第一百六十六条 船舶发生碰撞,当事船舶的船长在不严重危及本船和船上人员安全的情况下,对于相碰的船舶和船上人员必须尽力施救。

碰撞船舶的船长应当尽可能将其船舶名称、船籍港、出发港和目的港通知对方。

(2)《中华人民共和国海上交通安全法》(19840101;20210901)

第七十三条 发生碰撞事故的船舶、海上设施,应当互通名称、国籍和登记港,在不严重危及自身安全的情况下尽力救助对方人员,不得擅自离开事故现场水域或者逃逸。

【行政法规】

《中华人民共和国内河交通安全管理条例》(20020801;20190302)

第四十六条 船舶、浮动设施遇险,应当采取一切有效措施进行自救。

船舶、浮动设施发生碰撞等事故,任何一方应当在不危及自身安全的情况下,积极救助遇险的他方,不得逃逸。

船舶、浮动设施遇险,必须迅速将遇险的时间、地点、遇险状况、遇险原因、救助要求,向遇险地海事管理机构以及船舶、浮动设施所有人、经营人报告。

【适用要点】

国际公约和我国立法均对船舶碰撞后的救助义务进行了规定,这是因为海上航行风险较大,碰撞船舶处于事故发生地的第一现场,有利于第一时间开展救援从而使受损船舶及人身、财产得到及时救助。而由救助所产生的相关费用及责任可在海难救助纠纷中予以解决。

8. 特殊举证责任安排

【相关立法】

《中华人民共和国海事诉讼特别程序法》(20000701)

第八十二条 原告在起诉时、被告在答辩时,应当如实填写《海事事故调查表》。

第八十三条 海事法院向当事人送达起诉状或者答辩状时,不附送有关证据材料。

第八十四条 当事人应当在开庭审理前完成举证。当事人完成举证并向海事法院出具完成举证说明书后,可以申请查阅有关船舶碰撞的事实证据材料。

第八十五条 当事人不能推翻其在《海事事故调查表》中的陈述和已经完成的举证,但有新的证据,并有充分的理由说明该证据不能在举证期间内提交的除外。

第八十六条 船舶检验、估价应当由国家授权或者其他具有专业资格的机构或者个人承担。非经国家授权或者未取得专业资格的机构或者个人所作的检验或者估价结论,海事法院不予采纳。

【司法解释】

(1)《最高人民法院关于适用〈中华人民共和国海事诉讼特别程序法〉若干问题的解释》(法释〔2003〕3号,20030201;经法释〔2008〕18号修正,20081231)

第五十六条 海事诉讼特别程序法第八十四条规定的当事人应当在开庭审理前完成举证的内容,包括当事人按照海事诉讼特别程序法第八十二条的规定填写《海事事故调查表》和提交有关船舶碰撞的事实证据材料。

前款规定的证据材料,当事人应当在一审开庭前向海事法院提供。

第五十七条 《海事事故调查表》属于当事人对发生船舶碰撞基本事实

的陈述。经对方当事人认可或者经法院查证属实,可以作为认定事实的依据。

第五十八条 有关船舶碰撞的事实证据材料指涉及船舶碰撞的经过、碰撞原因等方面的证据材料。

有关船舶碰撞的事实证据材料,在各方当事人完成举证后进行交换。当事人在完成举证前向法院申请查阅有关船舶碰撞的事实证据材料的,海事法院应予驳回。

第五十九条 海事诉讼特别程序法第八十五条规定的新的证据指非当事人所持有,在开庭前尚未掌握或者不能获得,因而在开庭前不能举证的证据。

第六十条 因船舶碰撞以外的海事海商案件需要进行船舶检验或者估价的,适用海事诉讼特别程序法第八十六条的规定。

(2)《最高人民法院关于审理船舶碰撞纠纷案件若干问题的规定》(法释〔2008〕7号,20080523;经法释〔2020〕18号修正,20210101)

第十条 审理船舶碰撞纠纷案件时,人民法院根据当事人的申请进行证据保全取得的或者向有关部门调查收集的证据,应当在当事人完成举证并出具完成举证说明书后出示。

【重点解读】

船舶碰撞案件尤其是碰撞后逃逸的案件,通常存在证据难以存留、直接证据少的特点,碰撞时间、碰撞海域都不易确定,多数情况下碰撞船舶互有过错,而当事人为减轻责任篡改证据材料的情况又屡见不鲜,从而直接影响了碰撞责任的认定。船舶碰撞案件的上述特点使民事诉讼法所规定的第一审普通程序审理船舶碰撞案件表现出了较大的不适应性,为了保证案件审理的公正和高效,海事诉讼特别程序法第八章第一节针对船舶碰撞案件的特点,专门制定了规范船舶碰撞案件的特殊的程序性规定。鉴于碰撞案件证据的特殊性和重要性,海事诉讼特别程序法规定双方当事人都必须如实填写《海事事故调查表》,并在开庭审理前完成全部举证。一旦出具完成举证说明书后,不能随意推翻原有陈述,而且只有在完成举证并出具完成举证说明书后,才可以申请查阅有关碰撞的事实证据材料。以上这些有关举证时限和禁止翻供的特殊规定,就是为了达到证据保密的目的,防止当事人作伪证,影响事故责任的正确认定,充分体现了船舶碰撞案件审理程序的特殊性。

由于船舶碰撞发生在海上,痕迹难以保留,证据难以取得,有关的航海日志、海图等证据材料也容易被篡改,故当事人可以依据海事诉讼特别程序法

第五章的规定申请海事证据保全,也可以依据民事诉讼法第六十四条①的规定申请向海事局等有关部门调查收集证据。虽然此类证据系当事人申请取得,但是为了避免此类证据被提出申请的当事人利用,在举证过程中作出对对方当事人不利的陈述,依据海事诉讼特别程序法第八章第一节中所确立的证据保密和禁止翻供的基本原则,此类证据只有在当事人完成举证并出具举证说明书后才可以出示。②

第十一条 船舶碰撞事故发生后,主管机关依法进行调查取得并经过事故当事人和有关人员确认的碰撞事实调查材料,可以作为人民法院认定案件事实的证据,但有相反证据足以推翻的除外。

【重点解读】

碰撞事故发生后,海事主管机关为行使海上交通安全法赋予的对海上交通事故的行政管理权,会主动收集、制作相关碰撞事实的调查材料,其中包括航海日志、轮机日志以及海事事故调查笔录等。对于此类调查材料能否作为诉讼过程中的证据材料及其效力问题,审判实践中存在不同的认识。我们认为,海事主管机关作为海上安全监督管理主管机关,通常都在第一时间介入事故调查,获取第一手的事故资料,其中经事故当事人和有关人员在海事局进行事故调查时所确认的有关碰撞过程调查材料,相比当事人在其后的法院诉讼过程中填写的《海事事故调查表》而言,往往更加真实、直观,因此应当可以作为认定案件事实的证据材料,除非有其他相反证据否定其证据效力。这一规定可以防止此后事故当事人因外在原因任意改变调查事实,有利于查明案件事实,提高诉讼效率。③

【司法指导文件】

(1)最高人民法院《第二次全国涉外商事海事审判工作会议纪要》(法发〔2005〕26 号,20051226)

134. 第三人因船舶碰撞造成的财产损失提出赔偿请求的,船舶碰撞纠纷的当事人对有关船舶碰撞中的过失程度比例承担举证责任。无法举证的,应承担举证不能的后果。

135. 船舶碰撞纠纷的当事人之间就过失程度比例达成协议的,可以按

---

① 2021 年修正后的民事诉讼法第六十七条。
② 胡方:《〈关于审理船舶碰撞纠纷案件若干问题的规定〉的理解与适用》,载《人民司法》2008 年第 11 期。
③ 胡方:《〈关于审理船舶碰撞纠纷案件若干问题的规定〉的理解与适用》,载《人民司法》2008 年第 11 期。

照约定的比例对第三人的财产损失承担相应的赔偿责任,但不得损害第三人的合法利益。

船舶碰撞纠纷的当事人之间仅就相互赔偿数额达成协议,而未明确相互过失程度比例的,按照赔偿数额确定的比例对第三人的财产损失承担相应的赔偿责任,但不得损害第三人的合法利益。

136. 海事法院根据当事人的申请向有关部门调查收集的证据,在当事人完成举证并出具完成举证说明书后出示。

137. 若无相反证据,船舶碰撞事故发生后,主管机关进行事故调查过程中由海事事故当事人确认的海事调查材料,可以作为海事法院认定案件事实的证据。

(2)最高人民法院民事审判第四庭《涉外商事海事审判实务问题解答(一)》(20040408)

153. 船舶碰撞事故,主管机关依海上交通安全法的规定查明原因和判明责任的性质是什么?

答:船舶碰撞事故发生后,主管机关依照海上交通安全法的规定查明事故原因和判明责任后,作出的具体的处罚决定,属于行政行为;对于主管机关查明的碰撞事故的原因,若无相反的证据,可以作为法院审理相关纠纷案件的证据材料。

154. 船舶碰撞纠纷案件一审缺席判决,二审中被告提供的相关证据能否采纳?

答:根据《海事诉讼特别程序法》的规定,船舶碰撞纠纷案件中当事人应当在法律规定的期限内完成举证。当事人在一审规定的举证期限内未提供的证据,在二审中提供的证据不予采纳;

经过法定程序送达,被告未提供证据,一审法院缺席判决的,二审中提供的证据不予采纳。

155. 从船上取得的航海日志等是否需经过公证认证程序?

答:海事法院采取保全措施从船舶上取得的航海日志等有关航行文件,无需经过公证认证等手续,可以作为定案的证据材料。

(3)《最高人民法院民事审判第四庭、中国海事局关于规范海上交通事故调查与海事案件审理工作的指导意见》(法民四〔2006〕第1号,20060119)

一、海事调查与海事诉讼

······

（七）海事法院在受理船舶碰撞案件中，为查明案件事实，经当事人申请，或者海事法院认为案件审理需要，在出具协助调查通知书后，可以向海事局调取船舶航行记录的信息资料。

（八）中国海事局及其所属机构与外国海事调查机关联合调查的证据材料，不属于海事局向海事法院提供的证据范畴。

（九）海上交通事故发生后，逃逸船舶拒绝接受海事调查或者诉讼中拒绝承认发生碰撞事故，受害船舶当事人有证据证明逃逸船舶当事人持有证据可以证明事故发生的相关事实，逃逸船舶无正当理由拒不提供的，海事法院在案件审理中根据《最高人民法院关于民事诉讼证据的若干规定》第七十五条①的规定，结合证明案件事实的有关证据，可以作出逃逸船舶妨碍举证的不利推定。

【公报案例】

受害人对与海上人身损害的发生系由侵权人导致应否承担举证责任？
[巴拿马易发航运公司与钟孝源等船舶碰撞损害赔偿纠纷案（2000-5）]

受害人应当对海上人身损害的发生系由侵权人造成承担举证责任，否则应承担不利后果；间接证据只有能够相互印证才能形成具有关联性的较为完整的证据链条，才能作为认定事实的依据；相互矛盾的间接证据，本身即减弱了证明效力，在审判中不足以作为认定事实的根据。

【适用要点】

《关于〈中华人民共和国海事诉讼特别程序法（草案）〉的说明》中明确，"因为船舶碰撞事故发生后，现场不能保存，证据容易失去，认定碰撞责任的重要证据船舶航行记录又很容易被伪造，为了防止责任人掩盖事实，编造假证，保证诉讼证据的客观性、关联性和合法性"，所以进行了特殊制度安排，一是填写《海事事故调查表》，要求当事人在开庭审理前作出对发生船舶碰撞基本事实的陈述，特别要注意的是原则上当事人在《海事事故调查表》所作陈述其不能推翻。二是对法院送达证据材料的特殊规定应予注意，海事法院向当事人送达起诉状或者答辩状时，不附送有关证据材料。

---

① 2019年修改该规定时将第七十五条改为第九十五条，内容为："一方当事人控制证据无正当理由拒不提交，对待证事实负有举证责任的当事人主张该证据的内容不利于控制人的，人民法院可以认定该主张成立。"

二、船舶污染损害责任纠纷;海上、通海水域污染损害责任纠纷;海上、通海水域养殖损害责任纠纷

1. 案由释义

船舶污染损害责任纠纷,是指船舶排放、泄漏、倾倒油类、污水或者其他有害物质,造成有关水域污染或者其他船舶、货物及其他财产损失的损害责任纠纷。船舶污染是除了海上石油勘探开发作业中固定和移动式平台以外的一切类型的机动和非机动船只造成的环境污染。按污染源的不同,可将其分为营运性排放造成的污染和事故性排放造成的污染两大类。按污染物性质的不同,可将其分为:(1)船舶油类作业和含油污水的排放;(2)船舶装运有毒液体物质的残余物和污水的排放;(3)船舶装运有害物质造成的污染;(4)船舶生活污水的排放;(5)船舶垃圾排放造成的污染;(6)船舶排气、船舶噪声、船舶防腐涂料及疫区载来的压载水等造成的污染。

海上、通海水域污染损害责任纠纷,是指海上或者通海水域的船舶以外的航运、生产、作业或者船舶建造、修理、拆解或者港口作业、建设,造成水域污染、滩涂污染或者他船、货物及其他财产损失的损害赔偿等责任的纠纷。这类纠纷与船舶污染损害责任纠纷的区别在于污染来源的不同:海上、通海水域污染包括陆源及其他来源的污染,而船舶污染的污染源来自船舶。

海上、通海水域养殖损害责任纠纷,是指因船舶航运或其他作业活动造成海上或者通海水域捕捞、养殖设施、水产养殖物损失而引起的损害赔偿等责任的纠纷。

2. 诉讼程序规范

【相关立法】

(1)《中华人民共和国民事诉讼法》(19910409;20220101)

第三十一条 因船舶碰撞或者其他海事损害事故请求损害赔偿提起的

诉讼,由碰撞发生地、碰撞船舶最先到达地、加害船舶被扣留地或者被告住所地人民法院管辖。

(2)《中华人民共和国海事诉讼特别程序法》(20000701)

第六条 海事诉讼的地域管辖,依照《中华人民共和国民事诉讼法》的有关规定。

下列海事诉讼的地域管辖,依照以下规定:

(一)因海事侵权行为提起的诉讼,除依照《中华人民共和国民事诉讼法》第二十九条至第三十一条①的规定以外,还可以由船籍港所在地海事法院管辖;

……

第七条 下列海事诉讼,由本条规定的海事法院专属管辖:

(一)因沿海港口作业纠纷提起的诉讼,由港口所在地海事法院管辖;

(二)因船舶排放、泄漏、倾倒油类或者其他有害物质,海上生产、作业或者拆船、修船作业造成海域污染损害提起的诉讼,由污染发生地、损害结果地或者采取预防污染措施地海事法院管辖;

(三)因在中华人民共和国领域和有管辖权的海域履行的海洋勘探开发合同纠纷提起的诉讼,由合同履行地海事法院管辖。

第九十七条 对船舶造成油污损害的赔偿请求,受损害人可以向造成油污损害的船舶所有人提出,也可以直接向承担船舶所有人油污损害责任的保险人或者提供财务保证的其他人提出。

油污损害责任的保险人或者提供财务保证的其他人被起诉的,有权要求造成油污损害的船舶所有人参加诉讼。

第一百零一条 船舶所有人、承租人、经营人、救助人、保险人在发生海事事故后,依法申请责任限制的,可以向海事法院申请设立海事赔偿责任限制基金。

船舶造成油污损害的,船舶所有人及其责任保险人或者提供财务保证的其他人为取得法律规定的责任限制的权利,应当向海事法院设立油污损害的海事赔偿责任限制基金。

设立责任限制基金的申请可以在起诉前或者诉讼中提出,但最迟应当在一审判决作出前提出。

---

① 2021年修正后的民事诉讼法第二十九条至第三十一条。

【行政法规】

(1)《防止拆船污染环境管理条例》(19880601;20170301)

第二十三条　因拆船污染直接遭受损害的单位或者个人,有权要求造成污染损害方赔偿损失。造成污染损害方有责任对直接遭受危害的单位或者个人赔偿损失。

赔偿责任和赔偿金额的纠纷,可以根据当事人的请求,由监督拆船污染的主管部门处理;当事人对处理决定不服的,可以向人民法院起诉。

当事人也可以直接向人民法院起诉。

(2)《防治船舶污染海洋环境管理条例》(20100301;20180319)

第五十五条　对船舶污染事故损害赔偿的争议,当事人可以请求海事管理机构调解,也可以向仲裁机构申请仲裁或者向人民法院提起民事诉讼。

【司法解释】

(1)《最高人民法院关于海事法院受理案件范围的规定》(法释〔2016〕4号,20160301)

4.船舶排放、泄漏、倾倒油类、污水或者其他有害物质,造成水域污染或者他船、货物及其他财产损失的损害责任纠纷案件;

5.船舶的航行或者作业损害捕捞、养殖设施及水产养殖物的责任纠纷案件;

65.污染海洋环境、破坏海洋生态责任纠纷案件;

66.污染通海可航水域环境、破坏通海可航水域生态责任纠纷案件;

(2)《最高人民法院关于适用〈中华人民共和国海事诉讼特别程序法〉若干问题的解释》(法释〔2003〕3号,20030201;经法释〔2008〕18号修正,20081231)

第一条　在海上或者通海水域发生的与船舶或者运输、生产、作业相关的海事侵权纠纷、海商合同纠纷,以及法律或者相关司法解释规定的其他海事纠纷案件由海事法院及其上级人民法院专门管辖。

第六十九条　海事法院根据油污损害的保险人或者提供财务保证的其他人的请求,可以通知船舶所有人作为无独立请求权的第三人参加诉讼。

(3)《最高人民法院关于审理船舶油污损害赔偿纠纷案件若干问题的规定》（法释〔2011〕14 号,20110701;经法释〔2020〕18 号修正,20210101）

第二条 当事人就油轮装载持久性油类造成的油污损害提起诉讼、申请设立油污损害赔偿责任限制基金,由船舶油污事故发生地海事法院管辖。

油轮装载持久性油类引起的船舶油污事故,发生在中华人民共和国领域和管辖的其他海域外,对中华人民共和国领域和管辖的其他海域造成油污损害或者形成油污损害威胁,当事人就船舶油污事故造成的损害提起诉讼、申请设立油污损害赔偿责任限制基金,由油污损害结果地或者采取预防油污措施地海事法院管辖。

(4)《最高人民法院关于审理发生在我国管辖海域相关案件若干问题的规定(一)》（法释〔2016〕16 号,20160802）

第一条 本规定所称我国管辖海域,是指中华人民共和国内水、领海、毗连区、专属经济区、大陆架,以及中华人民共和国管辖的其他海域。

第六条 在我国管辖海域内,因海上航运、渔业生产及其他海上作业造成污染,破坏海洋生态环境,请求损害赔偿提起的诉讼,由管辖该海域的海事法院管辖。

污染事故发生在我国管辖海域外,对我国管辖海域造成污染或污染威胁,请求损害赔偿或者预防措施费用提起的诉讼,由管辖该海域的海事法院或采取预防措施地的海事法院管辖。

【重点解读】

《规定》①第 2 条创新了油污损害赔偿纠纷案件集中管辖制度,对《油污公约》中的油污损害赔偿纠纷案件作出了由船舶油污事故发生地海事法院集中管辖的原则性规定。依照海事诉讼特别程序法第七条第(二)项,船舶污染海域案件,由污染发生地、损害结果地或者采取预防污染措施地海事法院管辖。这种分散的管辖机制,对实体纠纷案件的审理以及基金的分配极为不便,也不利于裁判尺度的统一。为此,根据审判实践的需要,《规定》以油污事故发生地海事法院集中管辖为原则,以油污损害结果地或者采取预防油污措施地海事法院集中管辖(危及我国的域外船舶油污事故引起的纠纷)为补充。这种在多种管辖连接点中进一步确定集中管辖优先顺序的规定,既有利于积极行使海事司法管辖权,又有利于统一裁判,是集中管辖特定海事

---

① 此处全称为《最高人民法院关于审理船舶油污损害赔偿纠纷案件若干问题的规定》,本小节以下相关"重点解读"简称为《规定》。

故系列案件的有益尝试,可以为今后规范与完善海事案件管辖制度所借鉴。

因《燃油公约》所规定的非持久性燃油或者非油轮装载燃油造成油污损害,由海商法第十一章、海事诉讼特别程序法第九章关于一般海事赔偿限制制度的规定所调整,《最高人民法院关于审理海事赔偿责任限制相关纠纷案件的若干规定》已对一般海事赔偿限制相关案件作了相对集中管辖的规定,因此,对于当事人就非持久性燃油或者非油轮装载燃油造成油污损害提起诉讼、申请设立海事赔偿责任限制基金,应遵循一般海事赔偿责任限制制度的规定。故《规定》没有对非持久性燃油或者非油轮装载燃油造成的油污损害的相关案件作出管辖规定。如果某一油轮同时泄漏持久性货油和非持久性燃油造成油污损害,则可能涉及《规定》第二条关于集中管辖的规定与上述一般海事赔偿责任限制相关案件管辖规定的协调,《规定》出于着力解决现实问题的初衷,没有对这一极端而又复杂的问题作出规定。若在司法实践中遇到类似问题,原则上有关法院应按照由最先受理同一事故相关案件的法院集中管辖的原则妥善协调可能出现的管辖争议。①

(5)《最高人民法院关于审理海洋自然资源与生态环境损害赔偿纠纷案件若干问题的规定》(法释〔2017〕23 号,20180115)

第二条 在海上或者沿海陆域内从事活动,对中华人民共和国管辖海域内海洋自然资源与生态环境造成损害,由此提起的海洋自然资源与生态环境损害赔偿诉讼,由损害行为发生地、损害结果地或者采取预防措施地海事法院管辖。

第三条 海洋环境保护法第五条规定的行使海洋环境监督管理权的机关,根据其职能分工提起海洋自然资源与生态环境损害赔偿诉讼,人民法院应予受理。

第四条 人民法院受理海洋自然资源与生态环境损害赔偿诉讼,应当在立案之日起五日内公告案件受理情况。

人民法院在审理中发现可能存在下列情形之一的,可以书面告知其他依法行使海洋环境监督管理权的机关:

(一)同一损害涉及不同区域或者不同部门;

(二)不同损害应由其他依法行使海洋环境监督管理权的机关索赔。

本规定所称不同损害,包括海洋自然资源与生态环境损害中不同种类和

---

① 刘寿杰、余晓汉:《〈关于审理船舶油污损害赔偿纠纷案件若干问题的规定〉的理解与适用》,载《人民司法》2011 年第 7 期。

同种类但可以明确区分属不同机关索赔范围的损害。

第五条　在人民法院依照本规定第四条的规定发布公告之日起三十日内,或者书面告知之日起七日内,对同一损害有权提起诉讼的其他机关申请参加诉讼,经审查符合法定条件的,人民法院应当将其列为共同原告;逾期申请的,人民法院不予准许。裁判生效后另行起诉的,人民法院参照《最高人民法院关于审理环境民事公益诉讼案件适用法律若干问题的解释》第二十八条的规定处理。

对于不同损害,可以由各依法行使海洋环境监督管理权的机关分别提起诉讼;索赔人共同起诉或者在规定期限内申请参加诉讼的,人民法院依照民事诉讼法第五十二条第一款的规定决定是否按共同诉讼进行审理。

第六条　依法行使海洋环境监督管理权的机关请求造成海洋自然资源与生态环境损害的责任者承担停止侵害、排除妨碍、消除危险、恢复原状、赔礼道歉、赔偿损失等民事责任的,人民法院应当根据诉讼请求以及具体案情,合理判定责任者承担民事责任。

第十条　人民法院判决责任者赔偿海洋自然资源与生态环境损失的,可以一并写明依法行使海洋环境监督管理权的机关受领赔款后向国库账户交纳。

发生法律效力的裁判需要采取强制执行措施的,应当移送执行。

(6)《最高人民法院关于审理环境民事公益诉讼案件适用法律若干问题的解释》(法释〔2015〕1号,20150107;经法释〔2020〕20号修正,20210101)

第二十八条　环境民事公益诉讼案件的裁判生效后,有权提起诉讼的其他机关和社会组织就同一污染环境、破坏生态行为另行起诉,有下列情形之一的,人民法院应予受理:

(一)前案原告的起诉被裁定驳回的;

(二)前案原告申请撤诉被裁定准许的,但本解释第二十六条规定的情形除外。

环境民事公益诉讼案件的裁判生效后,有证据证明存在前案审理时未发现的损害,有权提起诉讼的机关和社会组织另行起诉的,人民法院应予受理。

(7)《最高人民法院、最高人民检察院关于办理海洋自然资源与生态环境公益诉讼案件若干问题的规定》(法释〔2022〕15号,20220515)

第一条　本规定适用于损害行为发生地、损害结果地或者采取预防措施地在海洋环境保护法第二条第一款规定的海域内,因破坏海洋生态、海洋水产资源、海洋保护区而提起的民事公益诉讼、刑事附带民事公益诉讼和行政公益诉讼。

第二条 依据海洋环境保护法第八十九条第二款规定,对破坏海洋生态、海洋水产资源、海洋保护区,给国家造成重大损失的,应当由依照海洋环境保护法规定行使海洋环境监督管理权的部门,在有管辖权的海事法院对侵权人提起海洋自然资源与生态环境损害赔偿诉讼。

有关部门根据职能分工提起海洋自然资源与生态环境损害赔偿诉讼的,人民检察院可以支持起诉。

第三条 人民检察院在履行职责中发现破坏海洋生态、海洋水产资源、海洋保护区的行为,可以告知行使海洋环境监督管理权的部门依据本规定第二条提起诉讼。在有关部门仍不提起诉讼的情况下,人民检察院就海洋自然资源与生态环境损害,向有管辖权的海事法院提起民事公益诉讼的,海事法院应予受理。

第四条 破坏海洋生态、海洋水产资源、海洋保护区,涉嫌犯罪的,在行使海洋环境监督管理权的部门没有另行提起海洋自然资源与生态环境损害赔偿诉讼的情况下,人民检察院可以在提起刑事公诉时一并提起附带民事公益诉讼,也可以单独提起民事公益诉讼。

第五条 人民检察院在履行职责中发现对破坏海洋生态、海洋水产资源、海洋保护区的行为负有监督管理职责的部门违法行使职权或者不作为,致使国家利益或者社会公共利益受到侵害的,应当向有关部门提出检察建议,督促其依法履行职责。

有关部门不依法履行职责的,人民检察院依法向被诉行政机关所在地的海事法院提起行政公益诉讼。

【司法指导文件】

(1)最高人民法院民事审判第四庭《全国法院涉外商事海事审判工作座谈会会议纪要》[法(民四)明传(2021)60号,20211231]

82.【清污单位就清污费用提起民事诉讼的诉权】清污单位受海事行政机关指派完成清污作业后,清污单位就清污费用直接向污染责任人提起民事诉讼的,人民法院应予受理。

(2)最高人民法院民事审判第四庭《涉外商事海事审判实务问题解答(一)》(20040408)

101.油污损害赔偿纠纷案件管辖权如何确定?

答:因船舶排放、泄漏、倾倒油类或者其他有害物质,海上生产、作业或者拆船、修船作业造成海域污染损害提起的诉讼,由污染发生地、损害结果地或者采取预防、清除污染措施地的海事法院管辖。

前述损害的责任人设立赔偿责任限制基金的,索赔人就相关油污损害提出赔偿请求的,应当向设立基金的海事法院提起诉讼。

【部门规章】

《中华人民共和国防治船舶污染内河水域环境管理规定》(交通运输部令2015年第25号,20160501)

第十二条　船舶污染事故引起的污染损害赔偿争议,当事人可以申请海事管理机构调解。在调解过程中,当事人申请仲裁、向人民法院提起诉讼或者一方中途退出调解的,应当及时通知海事管理机构,海事管理机构应当终止调解,并通知其他当事人。

调解成功的,由各方当事人共同签署《船舶污染事故民事纠纷调解协议书》。调解不成或者在3个月内未达成调解协议的,应当终止调解。

【适用要点】

船舶污染损害责任纠纷,海上、通海水域污染损害责任纠纷,海上、通海水域养殖损害责任纠纷案件由海事法院专属管辖。作为海事侵权案件,该类案件应由碰撞发生地、碰撞船舶最先到达地、加害船舶被扣留地或者被告住所地人民法院管辖,以及船籍港所在地海事法院管辖。在我国管辖海域内,因海上航运、渔业生产及其他海上作业造成污染,破坏海洋生态环境,请求损害赔偿提起的诉讼,由管辖该海域的海事法院管辖。污染事故发生在我国管辖海域外,对我国管辖海域造成污染或污染威胁,请求损害赔偿或者预防措施费用提起的诉讼,由管辖该海域的海事法院或采取预防措施地的海事法院管辖。对于船舶油污损害赔偿纠纷案件,如当事人就油轮装载持久性油类造成的油污损害提起诉讼、申请设立油污损害赔偿责任限制基金,由船舶油污事故发生地海事法院管辖。油轮装载持久性油类引起的船舶油污事故,发生在中华人民共和国领域和管辖的其他海域外,对中华人民共和国领域和管辖的其他海域造成油污损害或者形成油污损害威胁,当事人就船舶油污事故造成的损害提起诉讼、申请设立油污损害赔偿责任限制基金,由油污损害结果地或者采取预防油污措施地海事法院管辖。

在案件的处理中,应当注意以下两个问题:第一,损害赔偿的诉讼解决与行政解决,因该类案件往往涉及海事行政主管部门的行政职责,因此在纠纷解决的过程中有的问题需要通过行政解决,而有的问题可以通过诉讼解决,还有的问题可以通过行政调解解决,所以应当注意按照法律规定采取相应的方式。第二,因存在着油污保险、海事赔偿责任限制等相关法律制度,在该类案件的处理中,还应注意与相关制度相互衔接,特别是船舶油污损害案件,因其涉及赔偿数额往往巨大,特别需要注意是否构成海事赔偿责任限制的问题。

3. 海洋环境损害赔偿纠纷的法律适用①

【相关立法】

(1)《中华人民共和国海洋环境保护法》(19830301;20171105)

第二条　本法适用于中华人民共和国内水、领海、毗连区、专属经济区、大陆架以及中华人民共和国管辖的其他海域。

在中华人民共和国管辖海域内从事航行、勘探、开发、生产、旅游、科学研究及其他活动,或者在沿海陆域内从事影响海洋环境活动的任何单位和个人,都必须遵守本法。

在中华人民共和国管辖海域以外,造成中华人民共和国管辖海域污染的,也适用本法。

(2)《中华人民共和国水污染防治法》(19841101;20180101)

第二条　本法适用于中华人民共和国领域内的江河、湖泊、运河、渠道、水库等地表水体以及地下水体的污染防治。

海洋污染防治适用《中华人民共和国海洋环境保护法》。

(3)《中华人民共和国渔业法》(19860701;20131228)

第四十七条　造成渔业水域生态环境破坏或者渔业污染事故的,依照《中华人民共和国海洋环境保护法》和《中华人民共和国水污染防治法》的规定追究法律责任。

---

① 船舶污染损害责任纠纷,海上、通海水域污染损害责任纠纷,海上、通海水域养殖损害责任纠纷均属于海洋环境损害赔偿纠纷案件,相关特别法规定较多,法律适用问题较为复杂,故单列"法律适用"条目。

【行政法规】

《防治船舶污染海洋环境管理条例》（20100301；20180319）

第二条　防治船舶及其有关作业活动污染中华人民共和国管辖海域适用本条例。

第五十条　船舶污染事故的赔偿限额依照《中华人民共和国海商法》关于海事赔偿责任限制的规定执行。但是，船舶载运的散装持久性油类物质造成中华人民共和国管辖海域污染的，赔偿限额依照中华人民共和国缔结或者参加的有关国际条约的规定执行。

前款所称持久性油类物质，是指任何持久性烃类矿物油。

【司法解释】

（1）《最高人民法院关于审理生态环境损害赔偿案件的若干规定（试行）》（法释〔2019〕8号，20190605；经法释〔2020〕17号修正，20210101）

第二条　下列情形不适用本规定：

（一）因污染环境、破坏生态造成人身损害、个人和集体财产损失要求赔偿的；

（二）因海洋生态环境损害要求赔偿的。

（2）《最高人民法院关于审理海洋自然资源与生态环境损害赔偿纠纷案件若干问题的规定》（法释〔2017〕23号，20180115）

第一条　人民法院审理为请求赔偿海洋环境保护法第八十九条第二款规定的海洋自然资源与生态环境损害而提起的诉讼，适用本规定。

第十一条　海洋自然资源与生态环境损害赔偿诉讼当事人达成调解协议或者自行达成和解协议的，人民法院依照《最高人民法院关于审理环境民事公益诉讼案件适用法律若干问题的解释》第二十五条的规定处理。

第十二条　人民法院审理海洋自然资源与生态环境损害赔偿纠纷案件，本规定没有规定的，适用《最高人民法院关于审理环境侵权责任纠纷案件适用法律若干问题的解释》《最高人民法院关于审理环境民事公益诉讼案件适用法律若干问题的解释》等相关司法解释的规定。

在海上或者沿海陆域内从事活动，对中华人民共和国管辖海域内海洋自然资源与生态环境形成损害威胁，人民法院审理由此引起的赔偿纠纷案件，参照适用本规定。

人民法院审理因船舶引起的海洋自然资源与生态环境损害赔偿纠纷案

件,法律、行政法规、司法解释另有特别规定的,依照其规定。

(3)《最高人民法院关于生态环境侵权案件适用禁止令保全措施的若干规定》(法释〔2021〕22 号,20220101)

第十三条 侵权行为实施地、损害结果发生地在中华人民共和国管辖海域内的海洋生态环境侵权案件中,申请人向人民法院申请禁令被申请人立即停止一定行为的,适用海洋环境保护法、海事诉讼特别程序法等法律和司法解释的相关规定。

(4)《最高人民法院关于审理船舶油污损害赔偿纠纷案件若干问题的规定》(法释〔2011〕14 号,20110701;经法释〔2020〕18 号修正,20210101)

第一条 船舶发生油污事故,对中华人民共和国领域和管辖的其他海域造成油污损害或者形成油污损害威胁,人民法院审理相关船舶油污损害赔偿纠纷案件,适用本规定。

第三十一条 本规定中下列用语的含义是:

(一)船舶,是指非用于军事或者政府公务的海船和其他海上移动式装置,包括航行于国际航线和国内航线的油轮和非油轮。其中,油轮是指为运输散装持久性货油而建造或者改建的船舶,以及实际装载散装持久性货油的其他船舶。

(二)油类,是指烃类矿物油及其残余物,限于装载于船上作为货物运输的持久性货油、装载用于本船运行的持久性和非持久性燃油,不包括装载于船上作为货物运输的非持久性货油。

(三)船舶油污事故,是指船舶泄漏油类造成油污损害,或者虽未泄漏油类但形成严重和紧迫油污损害威胁的一个或者一系列事件。一系列事件因同一原因而发生的,视为同一事故。

(四)船舶油污损害责任保险人或者财务保证人,是指海事事故中泄漏油类或者直接形成油污损害威胁的船舶一方的油污责任保险人或者财务保证人。

(五)油污损害赔偿责任限制基金,是指船舶所有人、船舶油污损害责任保险人或者财务保证人,对油轮装载持久性油类造成的油污损害申请设立的赔偿责任限制基金。

【批复、答复】

在我国登记的非航行国际航线的船舶在我国海域造成油污损害赔偿责任纠纷如何适用法律？

《最高人民法院关于非航行国际航线的我国船舶在我国海域造成油污损害的民事赔偿责任适用法律问题的请示的答复》（〔2008〕民四他字第 20 号，20080703）

山东省高级人民法院：

你院《关于非航行国际航线的我国船舶在我国海域造成油污损害的民事赔偿责任适用法律问题的请示》收悉。经研究，答复如下：

本案申请人锦州中信船务有限公司系中国法人，其所属的"恒冠 36"轮系在我国登记的非航行国际航线的船舶，其在威海海域与中国籍"辽长渔 6005"轮碰撞导致漏油发生污染，故本案不具有涉外因素，不适用我国加入的《1902 年国际油污损害民事责任公约》。

同意你院的倾向性意见，即本案应适用《中华人民共和国海商法》、《中华人民共和国海洋环境保护法》以及相关行政法规的规定确定当事人的责任，油污责任人可以依据《中华人民共和国海商法》第十一章的规定享有海事赔偿责任限制。

此复。

【司法指导文件】

最高人民法院《第二次全国涉外商事海事审判工作会议纪要》（法发〔2005〕26 号，20051226）

141. 我国加入的《1992 年国际油污损害民事责任公约》（以下简称 1992 年油污公约）适用于具有涉外因素的缔约国船舶油污损害赔偿纠纷，包括航行于国际航线的我国船舶在我国海域造成的油污损害赔偿纠纷。非航行于国际航线的我国船舶在我国海域造成的油污损害赔偿纠纷不适用该公约的规定。

142. 对于不受 1992 年油污公约调整的船舶油污损害赔偿纠纷，适用《中华人民共和国海商法》、《中华人民共和国海洋环境保护法》以及相关行政法规的规定确定当事人的责任；油污责任人亦可以依据《中华人民共和国海商法》第十一章的规定享有海事赔偿责任限制。

143. 对于受 1992 年油污公约调整的船舶油污损害赔偿纠纷，船舶所有人及其责任保险人或者提供财务保证的其他人为取得公约规定的责任限制的权利，向海事法院申请设立油污损害赔偿责任限制基金的，适用《中华人民共和国海事诉讼特别程序法》第九章的规定。

【部门规章】

《中华人民共和国防治船舶污染内河水域环境管理规定》(交通运输部令2015年第25号,20160501)

第二条　防治船舶及其作业活动污染中华人民共和国内河水域环境,适用本规定。

【典型案例】

在船舶燃油泄漏案件中应当如何适用法律?[陈炳浓与新韩投资有限公司船舶污染损害赔偿案,(2010)广海法初字第16号]

海商法是调整海上运输关系和船舶关系的特别法,而船舶油污产生的法律关系是在海上运输过程中产生的侵权关系,故应优先适用海商法。海洋环境保护法关于油污民事损害赔偿责任条款属于归责原则的规定,不能解决油污损害赔偿问题,特别是没有责任限制的规定,因此应适用海商法。

【适用要点】

海洋环境损害案件与一般环境损害案件相比,具有明显的特殊性,因此该类案件在适用法律上也存在特别法的特殊规定。根据特别法优于一般法的原则,应当优先适用特别法予以解决,如《最高人民法院关于审理生态环境损害赔偿案件的若干规定(试行)》就明确将海洋生态环境损害赔偿排除在适用范围之外。此外,该类案件在不同的法律、行政法规、规章中都明确了具体不同污染方式所依据的不同法律规范,应当结合具体情况确定适用法律。

4. 索赔主体

【相关立法】

(1)《中华人民共和国海洋环境保护法》(19830301;20171105)

第八十九条第二款　对破坏海洋生态、海洋水产资源、海洋保护区,给国家造成重大损失的,由依照本法规定行使海洋环境监督管理权的部门代表国家对责任者提出损害赔偿要求。

(2)《中华人民共和国海域使用管理法》(20020101)

第二十三条　海域使用权人依法使用海域并获得收益的权利受法律保护,任何单位和个人不得侵犯。

海域使用权人有依法保护和合理使用海域的义务;海域使用权人对不妨害其依法使用海域的非排他性用海活动,不得阻挠。

第四十四条　违反本法第二十三条规定,阻挠、妨害海域使用权人依法使用海域的,海域使用权人可以请求海洋行政主管部门排除妨害,也可以依法向人民法院提起诉讼;造成损失的,可以依法请求损害赔偿。

【行政法规】

(1)《防止拆船污染环境管理条例》(19880601;20170301)

第二十三条　因拆船污染直接遭受损害的单位或者个人,有权要求造成污染损害方赔偿损失。造成污染损害方有责任对直接遭受危害的单位或者个人赔偿损失。

(2)《防治船舶污染海洋环境管理条例》(20100301;20180319)

第五十三条　发生船舶油污事故,国家组织有关单位进行应急处置、清除污染所发生的必要费用,应当在船舶油污损害赔偿中优先受偿。

【司法解释】

(1)《最高人民法院关于审理海洋自然资源与生态环境损害赔偿纠纷案件若干问题的规定》(法释〔2017〕23 号,20180115)

第三条　海洋环境保护法第五条规定的行使海洋环境监督管理权的机关,根据其职能分工提起海洋自然资源与生态环境损害赔偿诉讼,人民法院应予受理。

第四条　人民法院受理海洋自然资源与生态环境损害赔偿诉讼,应当在立案之日起五日内公告案件受理情况。

人民法院在审理中发现可能存在下列情形之一的,可以书面告知其他依法行使海洋环境监督管理权的机关:

(一)同一损害涉及不同区域或者不同部门;

(二)不同损害应由其他依法行使海洋环境监督管理权的机关索赔。

本规定所称不同损害,包括海洋自然资源与生态环境损害中不同种类和同种类但可以明确区分属不同机关索赔范围的损害。

第五条　在人民法院依照本规定第四条的规定发布公告之日起三十日

内,或者书面告知之日起七日内,对同一损害有权提起诉讼的其他机关申请参加诉讼,经审查符合法定条件的,人民法院应当将其列为共同原告;逾期申请的,人民法院不予准许。裁判生效后另行起诉的,人民法院参照《最高人民法院关于审理环境民事公益诉讼案件适用法律若干问题的解释》第二十八条的规定处理。

对于不同损害,可以由各依法行使海洋环境监督管理权的机关分别提起诉讼;索赔人共同起诉或者在规定期限内申请参加诉讼的,人民法院依照民事诉讼法第五十二条第一款①的规定决定是否按共同诉讼进行审理。

(2)《最高人民法院、最高人民检察院关于办理海洋自然资源与生态环境公益诉讼案件若干问题的规定》(法释〔2022〕15号,20020515)

第二条 依据海洋环境保护法第八十九条第二款规定,对破坏海洋生态、海洋水产资源、海洋保护区,给国家造成重大损失的,应当由依照海洋环境保护法规定行使海洋环境监督管理权的部门,在有管辖权的海事法院对侵权人提起海洋自然资源与生态环境损害赔偿诉讼。

有关部门根据职能分工提起海洋自然资源与生态环境损害赔偿诉讼的,人民检察院可以支持起诉。

第三条 人民检察院在履行职责中发现破坏海洋生态、海洋水产资源、海洋保护区的行为,可以告知行使海洋环境监督管理权的部门依本规定第二条提起诉讼。在有关部门仍不提起诉讼的情况下,人民检察院就海洋自然资源与生态环境损害,向有管辖权的海事法院提起民事公益诉讼的,海事法院应予受理。

第四条 破坏海洋生态、海洋水产资源、海洋保护区,涉嫌犯罪的,在行使海洋环境监督管理权的部门没有另行提起海洋自然资源与生态环境损害赔偿诉讼的情况下,人民检察院可以在提起刑事公诉时一并提起附带民事公益诉讼,也可以单独提起民事公益诉讼。

【司法指导文件】

(1)最高人民法院《第二次全国涉外商事海事审判工作会议纪要》(法发〔2005〕26号,20051226)

144.因船舶油污直接遭受财产损失的公民、法人或其他组织,有权向油污责任人提起索赔诉讼。

---

① 2021年修正后的民事诉讼法第五十五条第一款。

145. 国家海事行政主管部门或其他企事业单位为防止或减轻油污损害而支出的费用,包括清污费用,可直接向油污责任人提起诉讼。

146.《中华人民共和国海洋环境保护法》授权的海洋环境监督管理部门,有权在授权范围内代表国家,就船舶油污造成的海洋环境损失向油污责任人提起诉讼。

（2）《最高人民法院民事审判第四庭、中国海事局关于规范海上交通事故调查与海事案件审理工作的指导意见》（法民四〔2006〕第 1 号,20060119）

三、防污管理与污染索赔

船舶油污事故发生后,海事局组织有关单位和个人参加清污作业的费用,油污责任人应当承担赔偿责任。海事法院在审理清污费用赔偿案件中,应当对此予以充分考虑。

【典型案例】

海事行政主管部门紧急采取防污清污措施指派清污公司清污后,海事行政主管部门是否具有索赔的主体资格?〔中华人民共和国珠海海事局与广西北海市浩骏船务有限公司、中国人民财产保险股份有限公司福建自贸试验区平潭片区分公司船舶污染损害责任纠纷案,(2016)粤 72 民初 1452 号〕

海事行政主管部门在海洋环境因船舶沉没而面临重大污染的情形下,可以安排清污公司采取避免或者减少污染损害的措施。向油污责任人主张索赔的主体可由当事人自行选择由清污公司或海事行政部门进行。海事行政主管部门根据海洋环境保护法第七十一条规定有权紧急采取防污清污措施,其指派清污公司进行防污清污,是其履行行政职责的体现。清污公司同意由海事行政部门统一索赔,确保了不会重复索赔,故海事行政主管部门具有索赔资格。

【适用要点】

首先,在该类案件中基于两类不同的诉讼存在两类不同诉讼主体,以私主体提起的诉讼和以行政主体代表国家提起的诉讼。第一类诉讼是典型的私益诉讼,凡是受到侵害的主体均有权向污染者主张损害赔偿责任。对于第二类诉讼,因学术界对其是否属于公益诉讼存在争议,因此此处暂将其称为准公益诉讼,该类主体的诉讼权利来源于法律规定,即海洋环境保护法第八十九条明确行使海洋环境监督管理权的部门代表国家对责任者提出损害赔偿要求,这一法律规定也在后续的司法解释及行政法规中得以贯彻。

因存在私益诉讼和准公益诉讼两类诉讼,所以同一损害行为发生后,可能出现同时起诉的情况,在这种情况下应当注意到私益和国家利益的平衡,还要注意侵权主体与被侵权主体的利益平衡,避免出现重复赔偿的情况。

此外,考虑到我国海洋环境监督管理部门存在区域和主管领域的不同,存在着同一损害会涉及不同区域和不同部门分别提起诉讼主张赔偿的情况。因此,在这种情况下也要充分平衡各方利益。

按照《最高人民法院、最高人民检察院关于办理海洋自然资源与生态环境公益诉讼案件若干问题的规定》,在原有海事行政部门代表国家提起公益诉讼外,又增加了检察机关提起海事公益诉讼的规定。在有关部门应当提起而不提起诉讼的情况下,人民检察院就海洋自然资源与生态环境损害,可以向有管辖权的海事法院提起民事公益诉讼。

5. 承担赔偿责任的主体

【相关立法】

(1)《中华人民共和国民法典》(20210101)

第一千二百二十九条 因污染环境、破坏生态造成他人损害的,侵权人应当承担侵权责任。

第一千二百三十三条 因第三人的过错污染环境、破坏生态的,被侵权人可以向侵权人请求赔偿,也可以向第三人请求赔偿。侵权人赔偿后,有权向第三人追偿。

(2)《中华人民共和国海洋环境保护法》(19830301;20171105)

第八十九条第一款 造成海洋环境污染损害的责任者,应当排除危害,并赔偿损失;完全由于第三者的故意或者过失,造成海洋环境污染损害的,由第三者排除危害,并承担赔偿责任。

【行政法规】

《防治船舶污染海洋环境管理条例》(20100301;20180319)

第四十八条 造成海洋环境污染损害的责任者,应当排除危害,并赔偿损失;完全由于第三者的故意或者过失,造成海洋环境污染损害的,由第三者排除危害,并承担赔偿责任。

【司法指导文件】

(1)最高人民法院《第二次全国涉外商事海事审判工作会议纪要》(法发〔2005〕26号,20051226)

149. 对于受1992年油污公约调整的船舶油污损害赔偿纠纷,因船舶油污造成损害的,由漏油船舶所有人承担赔偿责任。

对于不受1992年油污公约调整的油污损害赔偿纠纷,因船舶碰撞造成油污损害的,由碰撞船舶所有人承担连带赔偿责任,但不影响油污损害赔偿责任人之间的追偿。

(2)最高人民法院民事审判第四庭《涉外商事海事审判实务问题解答(一)》(20040408)

126. 如何理解1969年《油污公约》第4条规定的油污损害赔偿责任的规定?

答:根据我国加入的1969年《国际油污损害民事责任公约》的规定,两船或者多船均溢出或者排放油类因而造成损害时,所有有关船舶的所有人,除依照公约规定免责的,均应对不能合理划分的损害负连带责任。

【部门规章】

《中华人民共和国防治船舶污染内河水域环境管理规定》(交通运输部令2015年第25号,20160501)

第十一条第一款 船舶或者有关作业单位造成水域环境污染损害的,应当依法承担污染损害赔偿责任。

【典型案例】

(1)船舶发生碰撞事故造成燃油泄漏,非泄漏燃油的碰撞船舶是否应当承担赔偿责任?[交通运输部上海打捞局与普罗旺斯船东有限公司、法国达飞轮船有限公司、罗克韦尔航运有限公司海难救助与船舶污染损害责任纠纷案,(2018)最高法民再368号]

船舶发生碰撞事故造成燃油泄漏,打捞人员进行海滩救助及防污清污行动,碰撞双方均对油污损害承担赔偿责任。非漏油船舶一方的污染损害赔偿责任承担问题应当根据有关国家的国内法予以解决,按照过错承担相应责任。

（2）船舶油污责任险保险人应否成为油污损害赔偿责任的承担主体？

［福建省福州市百洋恒丰船舶服务有限公司与广西壮族自治区钦州市南方轮船有限公司、天安财产保险股份有限公司航运保险中心船舶污染损害责任纠纷案，(2019) 闽民终 1248 号］

船舶油污责任险保险人应与溢油船舶所有人对油污损害共同承担赔偿责任，这是由分摊风险、弥补损失的保险本质属性及强制险的公益属性决定的。在保险人未对溢油船舶所有人进行理赔的情况下，应先行对油污损害赔偿请求在其保险责任范围内承担理赔义务。保险人的油污责任险责任范围应根据保险合同约定和油污损害赔偿司法解释及相关国际公约共同来确定。

【适用要点】

虽然海洋环境保护法第八十九条第一款规定："造成海洋环境污染损害的责任者，应当排除危害，并赔偿损失；完全由于第三者的故意或者过失，造成海洋环境污染损害的，由第三者排除危害，并承担赔偿责任。"但民法典对这一规则已经作出了改变，依照其第一千二百三十三条的规定，因第三人的过错污染环境、破坏生态的，被侵权人可以向侵权人请求赔偿，也可以向第三人请求赔偿。侵权人赔偿后，有权向第三人追偿。

6. 损害赔偿责任的承担

【相关立法】

（1）《中华人民共和国海商法》（19930701）

第二百六十五条 有关船舶发生油污损害的请求权，时效期间为三年，自损害发生之日起计算；但是，在任何情况下时效期间不得超过从造成损害的事故发生之日起六年。

第二百六十六条 在时效期间的最后六个月内，因不可抗力或者其他障碍不能行使请求权的，时效中止。自中止时效的原因消除之日起，时效期间继续计算。

第二百六十七条 时效因请求人提起诉讼、提交仲裁或者被请求人同意履行义务而中断。但是，请求人撤回起诉、撤回仲裁或者起诉被裁定驳回的，时效不中断。

请求人申请扣船的，时效自申请扣船之日起中断。

自中断时起，时效期间重新计算。

（2）《中华人民共和国民法典》（20210101）

第一千一百六十五条　行为人因过错侵害他人民事权益造成损害的，应当承担侵权责任。

依照法律规定推定行为人有过错，其不能证明自己没有过错的，应当承担侵权责任。

第一千一百七十三条　被侵权人对同一损害的发生或者扩大有过错的，可以减轻侵权人的责任。

第一千二百三十一条　两个以上侵权人污染环境、破坏生态的，承担责任的大小，根据污染物的种类、浓度、排放量，破坏生态的方式、范围、程度，以及行为对损害后果所起的作用等因素确定。

（3）《中华人民共和国海洋环境保护法》（19830301；20171105）

第九十一条　完全属于下列情形之一，经过及时采取合理措施，仍然不能避免对海洋环境造成污染损害的，造成污染损害的有关责任者免予承担责任：

（一）战争；

（二）不可抗拒的自然灾害；

（三）负责灯塔或者其他助航设备的主管部门，在执行职责时的疏忽，或者其他过失行为。

（4）《中华人民共和国环境保护法》（19891226；20150101）

第六十六条　提起环境损害赔偿诉讼的时效期间为三年，从当事人知道或者应当知道其受到损害时起计算。

【行政法规】

（1）《防止拆船污染环境管理条例》（19880601；20170301）

第二十五条　因不可抗拒的自然灾害，并经及时采取防范和抢救措施，仍然不能避免造成污染损害的，免予承担赔偿责任。

（2）《防治船舶污染海洋环境管理条例》（20100301；20180319）

第四十九条　完全属于下列情形之一，经过及时采取合理措施，仍然不能避免对海洋环境造成污染损害的，免予承担责任：

（一）战争；

（二）不可抗拒的自然灾害；

（三）负责灯塔或者其他助航设备的主管部门，在执行职责时的疏忽，或者其他过失行为。

【司法解释】

(1)《最高人民法院关于审理船舶油污损害赔偿纠纷案件若干问题的规定》（法释〔2011〕14号，20110701；经法释〔2020〕18号修正，20210101）

第三条　两艘或者两艘以上船舶泄漏油类造成油污损害，受损害人请求各泄漏油船舶所有人承担赔偿责任，按照泄漏油数量及泄漏油类对环境的危害性等因素能够合理分开各自造成的损害，由各泄漏油船舶所有人分别承担责任；不能合理分开各自造成的损害，各泄漏油船舶所有人承担连带责任。但泄漏油船舶所有人依法免予承担责任的除外。

各泄漏油船舶所有人对受损害人承担连带责任的，相互之间根据各自责任大小确定相应的赔偿数额；难以确定责任大小的，平均承担赔偿责任。泄漏油船舶所有人支付超出自己应赔偿的数额，有权向其他泄漏油船舶所有人追偿。

【重点解读】

关于两艘以上船舶同时泄漏油类如何承担责任的问题。《规定》参照《油污公约》第四条、《燃油公约》第五条、侵权责任法第六十七条①的规定，区分污染损害能合理分开与不能合理分开两种情况，并强调对两船以上造成的油污损害，应尽可能合理分开各自造成的损害，只有在不能合理分开时，明确规定由各有关船舶的所有人对污染损害承担连带责任，防止实践中不当适用油污损害连带责任，同时也对各泄漏油船舶的所有人承担连带责任后的责任划分与追偿作出规定。《油污公约》和《燃油公约》仅规定泄漏油船舶所有人的责任，不涉及第三人的责任。《规定》按照公约的思路，明确规定油污受损害人对泄漏油船舶所有人的请求权。按照油污损害无过错责任原则，油污受损害人可以请求泄漏油船舶的所有人承担全部油污损害赔偿责任。②

第四条　船舶互有过失碰撞引起油类泄漏造成油污损害的，受损害人可以请求泄漏油船舶所有人承担全部赔偿责任。

第五条　油轮装载的持久性油类造成油污损害的，应依照《防治船舶污染海洋环境管理条例》《1992年国际油污损害民事责任公约》的规定确定赔偿限额。

---

①　民法典施行后，侵权责任法被废止，相关内容见民法典第一千二百三十一条。

②　刘寿杰、余晓汉：《〈关于审理船舶油污损害赔偿纠纷案件若干问题的规定〉的理解与适用》，载《人民司法》2011年第7期。

油轮装载的非持久性燃油或者非油轮装载的燃油造成油污损害的,应依照海商法关于海事赔偿责任限制的规定确定赔偿限额。

【重点解读】

关于油污赔偿责任限额。对油污赔偿责任限额制度,海商法、《防治船舶污染海洋环境管理条例》、《油污公约》、《燃油公约》均有所规定。《规定》遵循《防治船舶污染海洋环境管理条例》关于赔偿责任限额不分国际、国内航线并轨适用的规定,作出明确的适用指引:第一,对于油轮装载的持久性油类(货油和燃油)造成的油污损害,适用《油污公约》规定的赔偿限额。第二,对于油轮装载的非持久性燃油或者非油轮装载的燃油造成的油污损害,适用海商法关于一般海事赔偿责任限额的规定,即海商法第二百一十条的规定。

《规定》在重点解决责任限额问题的同时,将船舶所有人丧失责任限制的条件明确规定为:经证明油污损害是由于船舶所有人的故意或者明知可能造成此种损害而轻率地作为或者不作为造成的。此规定与《油污公约》第五条第二款、海商法第二百零九条的规定基本一致。故意或者明知可能造成此种损害而轻率地作为或者不作为,与我国民法理论中的故意,即直接故意与间接故意的含义相当。此种损害强调损害的同一性,只有故意或者轻率行为所欲造成的损害与实际发生的损害为同一损害,船舶所有人才丧失责任限制权利。①

第六条　经证明油污损害是由于船舶所有人的故意或者明知可能造成此种损害而轻率地作为或者不作为造成的,船舶所有人主张限制赔偿责任,人民法院不予支持。

第七条　油污损害是由于船舶所有人故意造成的,受损害人请求船舶油污损害责任保险人或者财务保证人赔偿,人民法院不予支持。

第八条　受损害人直接向船舶油污损害责任保险人或者财务保证人提起诉讼,船舶油污损害责任保险人或者财务保证人可以对受损害人主张船舶所有人的抗辩。

除船舶所有人故意造成油污损害外,船舶油污损害责任保险人或者财务保证人向受损害人主张其对船舶所有人的抗辩,人民法院不予支持。

【重点解读】

关于船舶油污损害责任保险人或者财务保证人的抗辩。《油污公约》、《燃油公约》在限制油污损害赔偿责任的同时增强了赔偿保障,专门规定了

---

① 刘寿杰、余晓汉:《〈关于审理船舶油污损害赔偿纠纷案件若干问题的规定〉的理解与适用》,载《人民司法》2011 年第 7 期。

船舶油污损害赔偿责任强制保险制度。我国《防治船舶污染海洋环境管理条例》在公约的基础上作出了更加严格的规定。公约还特别规定了油污受损人可以直接请求船舶油污责任保险人或者财务保证人赔偿。海事诉讼特别程序法第九十七条以及《最高人民法院关于适用〈中华人民共和国海事诉讼特别程序法〉若干问题的解释》第六十九条对油污受损害人直诉船舶油污责任保险人或者财务保证人作出了相应的程序性规定。目前，油污受损害人直诉船舶油污责任保险人或者财务保证人的基本制度较为健全，司法实践中的认识和具体把握也比较清晰，但对油污责任保险人或者财务保证人的抗辩权还存在一些模糊认识。我国法律明确规定受损害人可以直诉责任保险人，但对责任保险人的抗辩没有作出明确规定。按照一般责任保险的原理，责任保险人承保的标的是被保险人的责任，对责任保险人的直诉请求是以被保险人对受损害人的赔偿责任属于保险人的承保范围为前提，如果保险人对被保险人不应承担保险赔偿责任，则保险人也有权拒绝受损害人的直接索赔。然而，《油污公约》《燃油公约》为了对油污受损害人提供更加稳定、可预期的保护，明确规定了有别于各国一般国内法的强制责任保险、财务保证制度，即油污受损害人直诉油污责任保险人或者财务保证人的，油污责任保险人或者财务保证人作为被告可以援引被保险人（船舶所有人）对受损害人的抗辩，但不得援引其对船舶所有人的抗辩，即不得以其与船舶所有人之间的特别约定来对抗油污受损害人，这是油污强制责任保险与一般责任保险的重要区别。在船舶油污强制责任保险制度下，油污责任保险人或者财务保证人的抗辩仅限于以下三种情况：第一，船舶所有人对油污受损害人的免责、减责抗辩，如不可抗力、完全第三人故意、完全助航机构的疏忽、完全或部分受损害人过错等。第二，对船舶所有人故意的免责抗辩。第三，任何情况下的责任限制抗辩。除此之外，油污责任保险人或者财务保证人不得对油污受损害人主张其他抗辩，包括油污责任保险人或者财务保证人对船舶所有人除故意以外的抗辩。鉴于油污责任保险人或者财务保证人的责任限制抗辩并无争议，《规定》主要依照公约规定了前两项抗辩。①

第十八条　船舶取得有效的油污损害民事责任保险或者具有相应财务保证的，油污受损害人主张船舶优先权的，人民法院不予支持。

【重点解读】

关于船舶优先权问题。《规定》强调对于船舶取得有效的油污损害民事

---

① 刘寿杰、余晓汉：《〈关于审理船舶油污损害赔偿纠纷案件若干问题的规定〉的理解与适用》，载《人民司法》2011 年第 7 期。

责任保险或者具有相应财务保证的,油污受损害人主张船舶优先权,人民法院不予支持。这是对海商法第二十二条第二款所作的目的性扩张解释。海商法第二十二条第二款明确将"载运 2000 吨以上的散装货油的船舶,持有有效的证书,证明已经进行油污损害民事责任保险或者具有相应的财务保证的,对其造成的油污损害的赔偿请求"排除在船舶优先权之外。海商法的该条规定是与当时我国加入的 1969 年《国际油污损害民事责任公约》和现在取代该公约的《油污公约》规定的强制责任保险或保证制度相适应的。正是因为《油污公约》中的油污损害由法定强制保险或者财务保证予以保障,立法再无必要对油污损害赔偿请求赋予船舶优先权予以保障。自我国于 2009年实施《燃油公约》并颁布《防治船舶污染海洋环境管理条例》以来,我国的船舶油污强制责任保险或者财务保证制度又向更加严格的方向迈进了一步,该条例第五十三条①已将船舶油污强制责任保险或者财务保证制度拓展至1000 总吨以下载运非油类物质的船舶之外的其他在我国管辖海域内航行的船舶,已不仅限于海商法第二十二条第二款规定的船舶。根据这一新情况,遵循海商法的立法思路,对海商法第二十二条第二款相应作出必要的扩张解释,在不影响油污受损害人利益的前提下,适当减轻船舶所有人的负担。②

(2)《最高人民法院关于审理海洋自然资源与生态环境损害赔偿纠纷案件若干问题的规定》(法释〔2017〕23 号,20180115)

第六条　依法行使海洋环境监督管理权的机关请求造成海洋自然资源与生态环境损害的责任者承担停止侵害、排除妨碍、消除危险、恢复原状、赔礼道歉、赔偿损失等民事责任的,人民法院应当根据诉讼请求以及具体案情,合理判定责任者承担民事责任。

【司法指导文件】

最高人民法院民事审判第四庭《全国法院涉外商事海事审判工作座谈会会议纪要》[法(民四)明传(2021)60 号,20211231]

81.【养殖损害赔偿的责任承担】因船舶碰撞或者触碰、环境污染造成海上及通海可航水域养殖设施、养殖物受到损害的,被侵权人可以请求侵权人赔偿其由此造成的养殖设施损失、养殖物损失、恢复生产期间减少的收入损

---

①　2018 年修订后的《防治船舶污染海洋环境管理条例》第五十一条。

②　刘寿杰、余晓汉:《〈关于审理船舶油污损害赔偿纠纷案件若干问题的规定〉的理解与适用》,载《人民司法》2011 年第 7 期。

失,以及为排除妨害、消除危险、确定损失支出的合理费用。养殖设施损失和收入损失的计算标准可以依照或者参照《最高人民法院关于审理船舶油污损害赔偿纠纷案件若干问题的规定》的相关规定。

被侵权人就养殖损害主张赔偿时,应当提交证据证明其在事故发生时已经依法取得海域使用权证和养殖许可证;养殖未经相关行政主管部门许可的,人民法院对收入损失请求不予支持,但被侵权人举证证明其无需取得使用权及养殖许可的除外。

被侵权人擅自在港区、航道进行养殖,或者未依法采取安全措施,对养殖损害的发生有过错的,可以减轻或者免除侵权人的赔偿责任。

【指导性案例】

指导案例 127 号:吕金奎等 79 人诉山海关船舶重工有限责任公司海上污染损害责任纠纷案(20191226)

关键词　民事　海上污染损害责任　污染物排放标准

裁判要点

根据海洋环境保护法等有关规定,海洋环境污染中的"污染物"不限于国家或者地方环境标准明确列举的物质。污染者向海水水域排放未纳入国家或者地方环境标准的含有铁物质等成分的污水,造成渔业生产者养殖物损害的,污染者应当承担环境侵权责任。

相关法条

1.《中华人民共和国侵权责任法》第 65 条、第 66 条①

2.《中华人民共和国海洋环境保护法》(2017 年修正)第 94 条第 1 项(裁判时适用的是 2013 年修正的《中华人民共和国海洋环境保护法》第 95 条第 1 项)

基本案情

2010 年 8 月 2 日上午,秦皇岛山海关老龙头东海域海水出现异常。当日 11 时 30 分,秦皇岛市环境保护局接到举报,安排环境监察、监测人员,协同秦皇岛市山海关区渤海乡副书记、纪委书记等相关人员到达现场,对海岸情况进行巡查。根据现场巡查情况,海水呈红褐色、浑浊。秦皇岛市环境保护局的工作人员同时对海水进行取样监测,并于 8 月 3 日作出《监测报告》对海水水质进行分析,分析结果显示海水 pH 值 8.28、悬浮物 24mg/L、石油类

---

① 民法典施行后,侵权责任法被废止,相关内容见民法典第一千二百二十九条、第一千二百三十条。

0.082mg/L、化学需氧量 2.4mg/L、亚硝酸盐氮 0.032mg/L、氨氮 0.018mg/L、硝酸盐氮 0.223mg/L、无机氮 0.273mg/L、活性磷酸盐 0.006mg/L、铁 13.1mg/L。

大连海事大学海事司法鉴定中心(以下简称司法鉴定中心)接受法院委托,就涉案海域污染状况以及污染造成的养殖损失等问题进行鉴定。《鉴定意见》的主要内容:(一)关于海域污染鉴定。1. 鉴定人采取卫星遥感技术,选取 NOAA 卫星 2010 年 8 月 2 日北京时间 5 时 44 分和 9 时 51 分两幅图像,其中 5 时 44 分图像显示山海关船舶重工有限责任公司(以下简称山船重工公司)附近海域存在一片污染海水异常区,面积约 5 平方千米;9 时 51 分图像显示距山船重工公司以南约 4 千米海域存在污染海水异常区,面积约 10 平方千米。2. 对污染源进行分析,通过排除赤潮、大面积的海洋溢油等污染事故,确定卫星图像上污染海水异常区应由大型企业污水排放或泄漏引起。根据山船重工公司系山海关老龙头附近临海唯一大型企业,修造船舶会产生大量污水,船坞刨锈污水中铁含量很高,一旦泄漏将严重污染附近海域,推测出污染海水源地系山船重工公司,泄漏时间约在 2010 年 8 月 2 日北京时间 00 时至 04 时之间。3. 对养殖区受污染海水进行分析,确定了王丽荣等 21 人的养殖区地理坐标,并将上述当事人的养殖区地理坐标和污染水域的地理坐标一起显示在电子海图上,得出污染水域覆盖了全部养殖区的结论。(二)关于养殖损失分析。鉴定人对水质环境进行评价,得出涉案海域水质中悬浮物、铁及石油类含量较高,已远远超过《渔业水质标准》和《海水水质标准》,污染最严重的因子为铁,对渔业和养殖水域危害程度较大。同时,确定吕金国等人存在养殖损失。

山船重工公司对《鉴定意见》养殖损失部分发表质证意见,主要内容为认定海水存在铁含量超标的污染无任何事实根据和鉴定依据。1. 鉴定人评价养殖区水质环境的唯一依据是秦皇岛市环境保护局出具的《监测报告》,而该报告在格式和内容上均不符合《海洋监测规范》的要求,分析铁含量所采用的标准是针对地面水、地下水及工业废水的规定,《监测报告》对污染事实无任何证明力;2.《鉴定意见》采用的《渔业水质标准》和《海水水质标准》中,不存在对海水中铁含量的规定和限制,故铁含量不是判断海洋渔业水质标准的指标。即使铁含量是指标之一,其达到多少才能构成污染损害,亦无相关标准。

又查明,《鉴定意见》鉴定人之一在法院审理期间提交《分析报告》,主要内容:(一)介绍分析方法。(二)对涉案海域污水污染事故进行分析。1. 对山海关老龙头海域卫星图像分析和解译。2. 污染海水漂移扩散分析。3. 污染源分析。因卫星图像上污染海水异常区灰度值比周围海水稍低,故排除海洋赤潮可能;因山海关老龙头海域无油井平台,且 8 月 2 日前后未发生大型船舶碰撞、触礁搁浅事故,故排除海洋溢油可能。据此,推测污染海水区应由大型企业污水排放或泄漏引起,山船重工公司为山海关老龙头附近临海唯一大型企业,修造船舶会产生大量污水,船坞刨锈污水中铁含量较高,向外泄漏将造成附近海域严重污染。4. 养殖区受污染海水分析。将养殖区地理坐标和污染水域地理坐标一起显示在电子海图上,得出污染水域覆盖全部养殖区的结论。

吕金奎等 79 人诉至法院,以山船重工公司排放的大量红色污水造成扇贝大量死亡,使其受到重大经济损失为由,请求判令山船重工公司赔偿。

裁判结果

天津海事法院于 2013 年 12 月 9 日作出(2011)津海法事初字第 115 号民事判决:一、驳回原告吕金奎等 50 人的诉讼请求;二、驳回原告吕金国等 29 人的诉讼请求。宣判后,吕金奎等 79 人提出上诉。天津市高级人民法院于 2014 年 11 月 11 日作出(2014)津高民四终字第 22 号民事判决:一、撤销天津海事法院(2011)津海法事初字第 115 号民事判决;二、山海关船舶重工有限责任公司于本判决送达之日起十五日内赔偿王丽荣等 21 人养殖损失共计 1377696 元;三、驳回吕金奎等 79 人的其他诉讼请求。

裁判理由

法院生效裁判认为,《中华人民共和国侵权责任法》第六十六条规定,因污染环境发生纠纷,污染者应当就法律规定的不承担责任或者减轻责任的情形及其行为与损害之间不存在因果关系承担举证责任。吕金奎等 79 人应当就山船重工公司实施了污染行为、该行为使自己受到了损害之事实承担举证责任,并提交污染行为和损害之间可能存在因果关系的初步证据;山船重工公司应当就法律规定的不承担责任或者减轻责任的情形及行为与损害之间不存在因果关系承担举证责任。

关于山船重工公司是否实施污染行为。吕金奎等 79 人为证明污染事实发生,提交了《鉴定意见》《分析报告》《监测报告》以及秦皇岛市环境保护局出具的函件等予以证明。关于上述证据对涉案污染事实的证明力,原审法院依据吕金奎等 79 人的申请委托司法鉴定中心进行鉴定,该司法鉴定中心业务范围包含海事类司法鉴定,三位鉴定人均具有相应的鉴定资质,对鉴定单位和鉴定人的资质予以确认。而且,《分析报告》能够与秦皇岛市山海关区在《询问笔录》中的陈述以及秦皇岛市环境保护局出具的函件相互佐证,上述证据可以证实秦皇岛山海关老龙头海域在 2010 年 8 月 2 日发生污染的事实。《中华人民共和国海洋环境保护法》第九十五条第一项规定:"海洋环境污染损害,是指直接或者间接地把物质或者能量引入海洋环境,产生损害海洋生物资源、危害人体健康、妨碍渔业和海上其他合法活动、损害海水使用素质和减损环境质量等有害影响。"《鉴定意见》根据污染海水异常区灰度值比周围海水稍低的现象,排除海洋赤潮的可能;通过山海关老龙头海域无油井平台以及 2010 年 8 月 2 日未发生大型船舶碰撞、触礁搁浅等事实,排除海洋溢油的可能;进而,根据《监测报告》中海水呈红褐色、浑浊,铁含量为13.1mg/L 的监测结果,得出涉案污染事故系严重污水排放或泄漏导致的推论。同时,根据山船重工公司为山海关老龙头附近临海唯一大型企业以及公司的主营业务为船舶修造的事实,得出污染系山船重工公司在修造大型船舶过程中泄漏含铁量较高的刨锈污水导致的结论。山船重工公司虽不认可《鉴定意见》的上述结论,但未能提出足以反驳的相反证据和理由,故对《鉴定意见》中关于污染源分析部分的证明力予以确认,并据此认定山船重工公司实施了向海水中泄漏含铁量较高污水的污染行为。

关于吕金奎等 79 人是否受到损害。《鉴定意见》中海域污染鉴定部分在确定了王丽荣等 21 人养殖区域的基础上,进一步通过将养殖区地理坐标与污染海水区地理坐标一起显示在电子海图上的方式,得出污染海水区全部覆盖养殖区的结论。据此,认定王丽荣等 21 人从事养殖且养殖区域受到了污染。

关于污染行为和损害之间的因果关系。王丽荣等 21 人在完成上述证明责任的基础上,还应提交证明污染行为和损害之间可能存在因果关系的初步证据。《鉴定意见》对山海关老龙头海域水质进行分析,其依据秦皇岛市环境保护局出具的《监测报告》将该海域水质评价为悬浮物、铁物质及石油含量较高,污染最严重的因子为铁,对渔业和养殖水域危害程度较大。至此,王丽荣等 21 人已完成海上污染损害赔偿纠纷案件的证明责任。山船重工公司主张其非侵权行为人,应就法律规定的不承担责任或者减轻责任的情形及行为与损害之间不存在因果关系承担举证责任。山船重工公司主张因《鉴定意见》采用的评价标准中不存在对海水中铁含量的规定和限制,故铁不是评价海水水质的标准;且即使铁含量是标准之一,其达到多少才能构成污染损害亦无相关指标。对此,人民法院认为:第一,《中华人民共和国海洋环境保护法》明确规定,只要行为人将物质或者能量引入海洋造成损害,即视为污染;《中华人民共和国侵权责任法》第六十五条亦未将环境污染责任限定为排污超过国家标准或者地方标准。故,无论国家或地方标准中是否规定了某类物质的排放控制要求,或排污是否符合国家或地方规定的标准,只要能够确定污染行为造成环境损害,行为人就须承担赔偿责任。第二,我国现行有效评价海水水质的《渔业水质标准》和《海水水质标准》实施后长期未进行修订,其中列举的项目已不足以涵盖当今可能造成污染的全部物质。据此,《渔业水质标准》和《海水水质标准》并非判断某类物质是否造成污染损害的唯一依据。第三,秦皇岛市环境保护局亦在《秦皇岛市环保局复核意见》中表示,因国家对海水中铁物质含量未明确规定污染物排放标准,故是否影响海水养殖需相关部门专家进一步论证。本案中,出具《鉴定意见》的鉴定人具备海洋污染鉴定的专业知识,其通过对相关背景资料进行分析判断,作出涉案海域水质中铁物质对渔业和养殖水域危害程度较大的评价,具有科学性,应当作为认定涉案海域被铁物质污染的依据。

【典型案例】

当事人未直接排放污染物,是否可以不对污染后果承担相应的赔偿责任?［王勇、李艳玲与柏岚子村委会和王忠发海上、通海水域污染损害责任纠纷案,(2017)辽民终1312号］

当事人虽未有直接排放污染物的行为,但违反了国家保护环境防止污染的规定。其未采取环保措施就提供场地给案外人从事污染性生产加工的行为,与养殖物损失的发生有一定的因果关系,应当对污染后果承担相应的赔偿责任。受害人在从事养殖时未尽到充分注意义务,其本身具有一定的过错,依据民法则第一百三十一条①之规定,可以减轻侵害人的民事责任。受害人未取得合法的养殖资格,但非法养殖不必然导致民事实体权利不存在或灭失。民事实体权利受到侵害依然受法律保护,但非法养殖的养殖物损失应限定为成本损失。

【适用要点】

在只有一个责任主体的情况下,责任确定较为明确。但存在多个主体的情况下,特别是油污损害案件中,要根据我国法律及公约对于不同情况作出不同处理,比如因船舶碰撞造成油污损害案件中,多船碰撞导致多船泄漏、多船碰撞一船泄漏等要结合具体案情加以区别。

---

① 民法典施行后,民法通则被废止,相关内容见民法典第一千一百七十三条。

7. 损害赔偿范围

【相关立法】

《中华人民共和国民法典》(20210101)

第一千二百三十五条 违反国家规定造成生态环境损害的，国家规定的机关或者法律规定的组织有权请求侵权人赔偿下列损失和费用：

(一)生态环境受到损害至修复完成期间服务功能丧失导致的损失；

(二)生态环境功能永久性损害造成的损失；

(三)生态环境损害调查、鉴定评估等费用；

(四)清除污染、修复生态环境费用；

(五)防止损害的发生和扩大所支出的合理费用。

【司法解释】

(1)《最高人民法院关于审理海洋自然资源与生态环境损害赔偿纠纷案件若干问题的规定》(法释〔2017〕23号，20180115)

第七条 海洋自然资源与生态环境损失赔偿范围包括：

(一)预防措施费用，即为减轻或者防止海洋环境污染、生态恶化、自然资源减少所采取合理应急处置措施而发生的费用；

(二)恢复费用，即采取或者将要采取措施恢复或者部分恢复受损害海洋自然资源与生态环境功能所需费用；

(三)恢复期间损失，即受损害的海洋自然资源与生态环境功能部分或者完全恢复前的海洋自然资源损失、生态环境服务功能损失；

(四)调查评估费用，即调查、勘查、监测污染区域和评估污染等损害风险与实际损害所发生的费用。

(2)《最高人民法院关于审理船舶油污损害赔偿纠纷案件若干问题的规定》(法释〔2011〕14号，20110701;经法释〔2020〕18号修正，20210101)

第九条 船舶油污损害赔偿范围包括：

(一)为防止或者减轻船舶油污损害采取预防措施所发生的费用，以及预防措施造成的进一步灭失或者损害；

(二)船舶油污事故造成该船舶之外的财产损害以及由此引起的收入损失；

(三)因油污造成环境损害所引起的收入损失；

(四)对受污染的环境已采取或将要采取合理恢复措施的费用。

【重点解读】

赔偿范围与损失认定。根据《油污公约》《燃油公约》关于污染损害的限定,借鉴 1992 年国际油污基金组织的《索赔手册》(2005 年 4 月版)等国际普遍做法,可以将公约规定的污染损害大致分为五类:第一,清污等预防措施的费用及损失。第二,有形财产损害。第三,因有形财产损害所引起的收入损失,又称间接损失。第四,单纯因环境污染造成的收入损失,即理论上所称的纯经济损失。第五,自然资源等环境损害。公约规定的油污损害赔偿范围是封闭性的,仅限于该五项损失。其中,第二、三项损害是传统侵权法所规范的一般损害类型,不属于油污损害赔偿制度特别规范的重点,其他三项中的清污费用、纯经济损失、自然资源等环境损害,是油污损害赔偿制度的特点、难点和重点。《规定》对油污损害赔偿的特别规定主要体现在这三项损害方面。一是结合我国预防油污的实践,具体列明认定清污费用的合理性的规范因素。二是通过规范举证责任对单纯因环境污染所遭受的收入损失予以适度保护。三是明确规定对环境损害的赔偿应限于已实际采取或将要采取的合理恢复措施的费用,解决了我国司法实践中长期存在的渔业资源损失赔偿争议问题。①

【司法指导文件】

(1)最高人民法院《第二次全国涉外商事海事审判工作会议纪要》(法发〔2005〕26 号,20051226)

150. 油污损害赔偿范围包括:(1)船舶油污造成的公民、法人或其他组织的财产损失;(2)为防止或减轻污染支出的清污费用损失。清污费用的计算,应当结合污染范围、污染程度、溢油数量、清污人员和设备的费用以及有关证据合理认定;(3)因船舶油污造成的渔业资源和海洋资源损失,此种损失应限于已实际采取或将要采取的合理恢复措施的费用。

(2)最高人民法院民事审判第四庭《涉外商事海事审判实务问题解答(一)》(20040408)

156. 油污损害的赔偿范围如何确定?

答:根据我国加入的 1969 年《国际油污损害民事责任公约》的规定,污

---

① 刘寿杰、余晓汉:《〈关于审理船舶油污损害赔偿纠纷案件若干问题的规定〉的理解与适用》,载《人民司法》2011 年第 7 期。

染损害是指由于船舶溢出或排放油类,在船舶本身以外因污染而产生的灭失或损害、污染事件发生后为防止或减轻污染损害而由任何人所采取的任何合理措施的费用以及由于采取预防措施而造成的进一步灭失或损害。

【典型案例】

海上、通海水域污染损害责任纠纷案件中,环境损害赔偿的索赔范围是什么?[大连市海洋与渔业局与昂迪玛海运有限公司、博利塔尼亚汽船保险协会海上、通海水域污染损害责任纠纷案,(2015)民申字第 1637 号]

在具有涉外因素的海洋生态环境损害赔偿案件审理中,关键要确定索赔主体起诉顺位及索赔范围。人民法院应引导行使环境监督管理权的部门明晰索赔请求,统一法院在适用 1992 年《国际油污损害民事责任公约》时应准确解释关于环境损害赔偿的索赔范围仅限于合理的恢复措施的费用(含监测评估费用)。

【适用要点】

因为在案由设立时并未考虑起诉主体,因此在该类案件中存在准公益和私益都基于同一案由起诉、审理的情况。但从准公益和私益的角度其损害赔偿的范围是不同的,对于私益诉讼来说其赔偿范围应为因损害行为造成的人身及财产损失,并不能主张预防措施费用、恢复费用、恢复期间损失、调查评估费用等基于准公益诉讼所能主张的赔偿范围。

此外,还应注意从行政管理角度对因不同方式造成的污染分别加以规制,因此对于不同污染方式也存在着不同的具体规定,应当在一般规范的基础上,结合具体的特别规范明确损害赔偿范围。

8. 责任承担方式及损失数额计算

【相关立法】

《中华人民共和国民法典》(20210101)

第一百七十九条　承担民事责任的方式主要有:

(一)停止侵害;

(二)排除妨碍;

(三)消除危险;

(四)返还财产;

(五)恢复原状;

（六）修理、重作、更换；

（七）继续履行；

（八）赔偿损失；

（九）支付违约金；

（十）消除影响、恢复名誉；

（十一）赔礼道歉。

法律规定惩罚性赔偿的，依照其规定。

本条规定的承担民事责任的方式，可以单独适用，也可以合并适用。

第一千一百六十七条 侵权行为危及他人人身、财产安全的，被侵权人有权请求侵权人承担停止侵害、排除妨碍、消除危险等侵权责任。

第一千一百八十四条 侵害他人财产的，财产损失按照损失发生时的市场价格或者其他合理方式计算。

第一千二百三十二条 侵权人违反法律规定故意污染环境、破坏生态造成严重后果的，被侵权人有权请求相应的惩罚性赔偿。

第一千二百三十四条 违反国家规定造成生态环境损害，生态环境能够修复的，国家规定的机关或者法律规定的组织有权请求侵权人在合理期限内承担修复责任。侵权人在期限内未修复的，国家规定的机关或者法律规定的组织可以自行或者委托他人进行修复，所需费用由侵权人负担。

【司法解释】

(1)《最高人民法院关于审理海洋自然资源与生态环境损害赔偿纠纷案件若干问题的规定》（法释〔2017〕23 号，20180115）

第六条 依法行使海洋环境监督管理权的机关请求造成海洋自然资源与生态环境损害的责任者承担停止侵害、排除妨碍、消除危险、恢复原状、赔礼道歉、赔偿损失等民事责任的，人民法院应当根据诉讼请求以及具体案情，合理判定责任者承担民事责任。

第八条 恢复费用，限于现实修复实际发生和未来修复必然发生的合理费用，包括制定和实施修复方案和监测、监管产生的费用。

未来修复必然发生的合理费用和恢复期间损失，可以根据有资格的鉴定评估机构依据法律法规、国家主管部门颁布的鉴定评估技术规范作出的鉴定意见予以确定，但当事人有相反证据足以反驳的除外。

预防措施费用和调查评估费用，以实际发生和未来必然发生的合理费用计算。

责任者已经采取合理预防、恢复措施，其主张相应减少损失赔偿数额的，人民法院应予支持。

第九条 依照本规定第八条的规定难以确定恢复费用和恢复期间损失的,人民法院可以根据责任者因损害行为所获得的收益或者所减少支付的污染防治费用,合理确定损失赔偿数额。

前款规定的收益或者费用无法认定的,可以参照政府部门相关统计资料或者其他证据所证明的同区域同类生产经营者同期平均收入、同期平均污染防治费用,合理酌定。

(2)《最高人民法院关于审理船舶油污损害赔偿纠纷案件若干问题的规定》(法释〔2011〕14号,20110701;经法释〔2020〕18号修正,20210101)

第十条 对预防措施费用以及预防措施造成的进一步灭失或者损害,人民法院应当结合污染范围、污染程度、油类泄漏量、预防措施的合理性、参与清除油污人员及投入使用设备的费用等因素合理认定。

【重点解读】

关于清污等预防措施的费用及损失。在全球船舶油污损害赔偿实践中,清污费用所占比例一直是最高的,也是油污损害赔偿的主要内容之一。随着国家清污应急处理机制的健全与完善,清污费用在数额和比例上会越来越高,合理确定清污费用关系到鼓励清污、适当赔偿、兼顾其他污染损害实际受偿的程度等多重价值目标。为此,《规定》结合我国预防油污的实践,具体列出合理确定清污费用的规范性因素,指导审判实践。同时,《规定》借鉴1992年国际油污基金组织的《索赔手册》(2005年4月版)及国际赔偿实践,规定了划分救助措施费用与预防措施费用的初始目的和双重目的标准,具有较强的针对性和可操作性。船舶泄漏油类或者构成污染威胁等油污事故往往是伴随船舶火灾、爆炸、漂流失控、搁浅、沉没等海难事故而发生的。对船舶采取救助、防污措施,往往同时起到救助财产和防止、减少油污损害的效果,同时形成救助法律关系与油污损害赔偿法律关系,由此产生的救助措施费用与预防油污措施费用,分别属于救助合同与油污侵权,因此在法律适用、支付主体、保险与基金保障上均有所不同,如何区分这两类费用是国际上颇为棘手的问题。国际油污赔偿基金在适用油污责任公约和油污基金公约处理救助措施费用赔偿的实践中,逐渐形成了上述划分标准,《规定》予以合理吸收。①

第十一条 对遇险船舶实施防污措施,作业开始时的主要目的仅是为防

---

① 刘寿杰、余晓汉:《〈关于审理船舶油污损害赔偿纠纷案件若干问题的规定〉的理解与适用》,载《人民司法》2011年第7期。

止、减轻油污损害的,所发生的费用应认定为预防措施费用。

作业具有救助遇险船舶、其他财产和防止、减轻油污损害的双重目的,应根据目的的主次比例合理划分预防措施费用与救助措施费用;无合理依据区分主次目的的,相关费用应平均分摊。但污染危险消除后发生的费用不应列为预防措施费用。

第十二条　船舶泄漏油类污染其他船舶、渔具、养殖设施等财产,受损害人请求油污责任人赔偿因清洗、修复受污染财产支付的合理费用,人民法院应予支持。

受污染财产无法清洗、修复,或者清洗、修复成本超过其价值的,受损害人请求油污责任人赔偿合理的更换费用,人民法院应予支持,但应参照受污染财产实际使用年限与预期使用年限的比例作合理扣除。

第十三条　受损害人因其财产遭受船舶油污,不能正常生产经营的,其收入损失应以财产清洗、修复或者更换所需合理期间为限进行计算。

【重点解读】

关于间接经济损失。受损害人因其财产遭受污染不能正常生产所遭受的收入损失,属于间接经济损失。常见的情况是,渔船、渔网等渔具、养殖设施受污染后需要一段时间清洗、修复或更换,在此期间财产不能正常投入生产,按照一般侵权损害赔偿的原则以及国际油污损害赔偿实践,对这些间接损失的赔偿请求,应予以合理支持,难点在于结合具体案件适当认定合理期间。①

第十四条　海洋渔业、滨海旅游业及其他用海、临海经营单位或者个人请求因环境污染所遭受的收入损失,具备下列全部条件,由此证明收入损失与环境污染之间具有直接因果关系的,人民法院应予支持:

(一)请求人的生产经营活动位于或者接近污染区域;

(二)请求人的生产经营活动主要依赖受污染资源或者海岸线;

(三)请求人难以找到其他替代资源或者商业机会;

(四)请求人的生产经营业务属于当地相对稳定的产业。

【重点解读】

关于纯经济损失。《油污公约》《燃油公约》规定的环境损害赔偿包括两大项:因环境污染所遭受的利润损失、环境恢复费用。这里的利润损失,即系单纯因环境污染所遭受的收入损失,不依赖物的损坏而发生,理论上称为纯

---

① 刘寿杰、余晓汉:《〈关于审理船舶油污损害赔偿纠纷案件若干问题的规定〉的理解与适用》,载《人民司法》2011 年第 7 期。

经济损失。国际上对油污侵权引起的纯经济损失的索赔倾向予以限制,担心赔偿的闸门一旦打开,诉讼泛滥,赔偿范围过广,难以规制,不利于经济社会发展。因此,倾向于通过政策考量、类型化技术、因果关系理论等手段予以适当控制。公约的国际赔偿实践已经打开纯经济损失的闸门,采用法律技术手段予以适当控制,是应当和必要的。《规定》借鉴 1992 年国际油污基金组织的《索赔手册》(2005 年 4 月版)的规定,对纯经济损失的赔偿作出具体规定。其要点在于:一是规范举证责任,明确规定应由油污受损害人举证证明收入损失与环境污染之间具有直接因果关系,在因果关系上采取举证责任"正置"以适当控制纯经济损失索赔的闸门,这不同于一般环境污染损害赔偿的举证责任倒置的原则。二是具体列举证明和考虑因果关系的相关条件,特别强调所列明的四个条件缺一不可。这样规定的主要目的是对"靠海吃海"特殊群体的损失予以适度保护。①

第十五条 未经相关行政主管部门许可,受损害人从事海上养殖、海洋捕捞,主张收入损失的,人民法院不予支持;但请求赔偿清洗、修复、更换养殖或者捕捞设施的合理费用,人民法院应予支持。

第十六条 受损害人主张因其财产受污染或者因环境污染造成的收入损失,应以其前三年同期平均净收入扣减受损期间的实际净收入计算,并适当考虑影响收入的其他相关因素予以合理确定。

按照前款规定无法认定收入损失的,可以参考政府部门的相关统计数据和信息,或者同区域同类生产经营者的同期平均收入合理认定。

受损害人采取合理措施避免收入损失,请求赔偿合理措施的费用,人民法院应予支持,但以其避免发生的收入损失数额为限。

【重点解读】

关于收入损失的认定。《规定》借鉴 1992 年国际油污基金组织《索赔手册》(2005 年 4 月版)的相关规定和我国法院处理船舶碰撞等海事案件中认定收入损失的经验,对间接经济损失和纯经济损失(《规定》第十三条至第十五条规定的收入损失)中的两类收入损失及其替代费用的认定标准作出规定,指导审判实践和当事人诉讼举证。同时针对海事司法实践中关于海上无证养殖业者、无证捕捞业者的污染损失赔偿的争议,依照我国海域使用管理法、渔业法规定的海域使用许可证管理制度和物权法②等法律关于物权取得

---

① 刘寿杰、余晓汉:《〈关于审理船舶油污损害赔偿纠纷案件若干问题的规定〉的理解与适用》,载《人民司法》2011 年第 7 期。

② 民法典施行后,物权法被废止,相关内容见民法典规定。

的规定,无证养殖、捕捞的利润为非法收入,对该收入的主张不应予以支持。但当事人非法养殖、捕捞的行为,可由行政主管部门给予行政处罚,但并不影响其拥有现实财产的合法性,其财产遭受污染损害应依法获得赔偿。然而,我国自 2002 年实施海域使用管理法以来,因种种原因,沿海基层有较多渔民从事海上养殖等用海生产经营活动未取得许可证。考虑到这一实际情况,《规定》将法定的许可证条件放宽为未经相关行政主管部门许可,如果相关油污受损害人虽未取得许可证,但取得行政主管部门其他形式许可的,对其主张的收入损失,也可予以支持,以此适度缓和法律硬性规定与有些沿海基层群众无证用海现状之间的矛盾。①

第十七条 船舶油污事故造成环境损害的,对环境损害的赔偿应限于已实际采取或者将要采取的合理恢复措施的费用。恢复措施的费用包括合理的监测、评估、研究费用。

【重点解读】

关于自然资源等环境损害。《油污公约》《燃油公约》均规定:对环境损害的赔偿,应限于已实际采取或将要采取的合理恢复措施的费用。由于公约对环境损害的范围没有具体限定,我国海事司法实践中长期存在渔业资源直接损失和天然渔业资源损失是否应当予以赔偿的争论。依照 1982 年《联合国海洋法公约》第一条第一款第四项关于海洋环境的污染的定义和我国海洋环境保护法第九十五条第(一)项②关于海洋环境污染损害的定义,渔业资源损失属于环境损害的范畴。因此,渔业资源损失,应按公约规定的已实际采取或将要采取的合理恢复措施的费用予以赔偿,而不能以其他损失类型予以赔偿。③

【司法指导文件】

(1)最高人民法院民事审判第四庭《全国法院涉外商事海事审判工作座谈会会议纪要》[法(民四)明传(2021)60 号,20211231]

81.**【养殖损害赔偿的责任承担】**因船舶碰撞或者触碰、环境污染造成海上及通海可航水域养殖设施、养殖物受到损害的,被侵权人可以请求侵权人赔偿其由此造成的养殖设施损失、养殖物损失、恢复生产期间减少的收入损

---

① 刘寿杰、余晓汉:《〈关于审理船舶油污损害赔偿纠纷案件若干问题的规定〉的理解与适用》,载《人民司法》2011 年第 7 期。
② 2017 年修正后的海洋环境保护法第九十四条第(一)项。
③ 刘寿杰、余晓汉:《〈关于审理船舶油污损害赔偿纠纷案件若干问题的规定〉的理解与适用》,载《人民司法》2011 年第 7 期。

失,以及为排除妨害、消除危险、确定损失支出的合理费用。养殖设施损失和收入损失的计算标准可以依照或者参照《最高人民法院关于审理船舶油污损害赔偿纠纷案件若干问题的规定》的相关规定。

被侵权人就养殖损害主张赔偿时,应当提交证据证明其在事故发生时已经依法取得海域使用权证和养殖许可证;养殖未经相关行政主管部门许可的,人民法院对收入损失请求不予支持,但被侵权人举证证明其无需取得使用权及养殖许可的除外。

被侵权人擅自在港区、航道进行养殖,或者未依法采取安全措施,对养殖损害的发生有过错的,可以减轻或者免除侵权人的赔偿责任。

(2)最高人民法院《第二次全国涉外商事海事审判工作会议纪要》(法发〔2005〕26号,20051226)

150. 油污损害赔偿范围包括:(1)船舶油污造成的公民、法人或其他组织的财产损失;(2)为防止或减轻污染支出的清污费用损失。清污费用的计算,应当结合污染范围、污染程度、溢油数量、清污人员和设备的费用以及有关证据合理认定;(3)因船舶油污造成的渔业资源和海洋资源损失,此种损失应限于已实际采取或将要采取的合理恢复措施的费用。

151. 在船舶油污损害赔偿纠纷中,权利人就清污费用的请求与其他污染损害赔偿的请求按照法院所确定的债权数额比例受偿。

【典型案例】

未经相关行政主管部门许可从事海上养殖,遭受侵权损害主张收入损失的,人民法院是否支持?〔刘诗国与林安琪、浙江海升海运有限公司、张世其海上、通海水域养殖损害责任纠纷案,(2018)最高法民申 5945 号〕

未经相关行政主管部门许可从事海上养殖,遭受侵权损害主张收入损失的,人民法院不予支持,但请求赔偿修复、更换养殖设施的合理费用,人民法院应予支持。当对损失程度及数量的认定存在多份不同的评估或鉴定意见且分歧较大时,应当在结合日常经验的基础上运用专家辅助人制度综合评判评估或鉴定意见内容的客观性与合理性。

【适用要点】

因该类污染的处置及赔偿都具有较强的专业性,因此对于相关的赔偿数额计算标准都有较为明确的规定,但应注意到因我国加入的公约及海商法的规定,在确定最终赔偿数额时不应超过责任人应承担的责任限额。

9. 特殊举证责任安排

【相关立法】

《中华人民共和国民法典》(20210101)

第一千二百三十条　因污染环境、破坏生态发生纠纷,行为人应当就法律规定的不承担责任或者减轻责任的情形及其行为与损害之间不存在因果关系承担举证责任。

【行政法规】

《防止拆船污染环境管理条例》(19880601;20170301)

第二十四条　凡直接遭受拆船污染损害,要求赔偿损失的单位和个人,应当提交《污染索赔报告书》。报告书应当包括以下内容:

(一)受拆船污染损害的时间、地点、范围、对象,以及当时的气象、水文条件;

(二)受拆船污染损害的损失清单,包括品名、数量、单价、计算方法等;

(三)有关监测部门的鉴定。

【司法指导文件】

(1)最高人民法院民事审判第四庭《全国法院涉外商事海事审判工作座谈会会议纪要》[法(民四)明传(2021)60号,20211231]

81.【养殖损害赔偿的责任承担】被侵权人就养殖损害主张赔偿时,应当提交证据证明其在事故发生时已经依法取得海域使用权证和养殖许可证;养殖未经相关行政主管部门许可的,人民法院对收入损失请求不予支持,但被侵权人举证证明其无需取得使用权及养殖许可的除外。

(2)最高人民法院《第二次全国涉外商事海事审判工作会议纪要》(法发〔2005〕26号,20051226)

147.国家海事行政主管部门作出的调查报告,若无相反证据,可以作为海事法院审理案件的依据。

148.因船舶油污引起的损害赔偿诉讼,受损害人应对油污损害承担举证责任,责任人应对法律规定的免责事由及船舶油污与损害之间不存在因果关系承担举证责任。

【典型案例】

海上污染损害的被侵权人应如何完成举证责任? ［潘玉忠与中海石油(中国)有限公司天津分公司、绥中发电有限责任公司海上损害责任纠纷案,(2017)辽民终 452 号］

《最高人民法院关于审理环境侵权责任纠纷案件适用法律若干问题的解释》第六条规定,被侵权人根据侵权责任法第六十五条规定请求赔偿的,应当提供证明以下事实的证据材料:(一)污染者排放了污染物;(二)被侵权人的损害;(三)污染者排放的污染物或者其次生污染物与损害之间具有关联性。① 据此,诉请赔偿的被侵权人,依法应当首先承担上述三项内容的举证责任,而后由被告就法律规定的不承担责任或者减轻责任的情形及其行为与损害之间不存在因果关系承担举证责任,否则应当承担不利后果。被侵权人的海域使用权证书已到期,但颁发海域使用权证书的人民政府并未注销该证书和收回海域使用权,被侵权人在该海域养殖的扇贝应当视为合法财产。被侵权人应对其养殖区内是否存在污染物或污染物确系或可能来源于侵权人的排污口进行举证,即证明二者之间存在关联性。

【适用要点】

需要注意有关法律和行政法规对于海洋环境污染损害赔偿纠纷案件当事人举证责任的特别要求。遭受拆船污染损害的单位和个人要求赔偿的,应当提交《污染索赔报告书》。被侵权人就养殖损害主张赔偿时,应当提交依法取得的海域使用权证和养殖许可证。

---

① 2020 年修正后的《最高人民法院关于审理环境侵权责任纠纷案件适用法律若干问题的解释》第六条规定:"被侵权人根据民法典第七编第七章的规定请求赔偿的,应当提供证明以下事实的证据材料:(一)侵权人排放了污染物或者破坏了生态;(二)被侵权人的损害;(三)侵权人排放的污染物或者其次生污染物、破坏生态行为与损害之间具有关联性。"

三、海上、通海水域财产损害责任纠纷

1. 案由释义

海上、通海水域财产损害责任纠纷,是指因船舶航行,海上、通海水域进行的生产和作业造成船舶、货物及其他财产损失而产生的民事责任纠纷。海上、通海水域财产损害责任纠纷主要包括海上、通海水域航运以及海上、通海水域生产作业过程中,以及船舶建造、修理、拆解、港口作业及建设过程中,对他船、货物及其他财产造成损害的纠纷。此外,由于海上、通海水域中的沉船、沉物及其残骸、废弃物,海上、通海水域的临时或者永久性设施装置不当,而影响船舶航行,造成船舶、货物及其他财产损失而产生的纠纷,也属于海上、通海水域财产损害责任纠纷的范畴。

2. 诉讼程序规范

【相关立法】

(1)《中华人民共和国民事诉讼法》(19910409;20220101)

第三十一条 因船舶碰撞或者其他海事损害事故请求损害赔偿提起的诉讼,由碰撞发生地、碰撞船舶最先到达地、加害船舶被扣留地或者被告住所地人民法院管辖。

(2)《中华人民共和国海事诉讼特别程序法》(20000701)

第六条 海事诉讼的地域管辖,依照《中华人民共和国民事诉讼法》的有关规定。

下列海事诉讼的地域管辖,依照以下规定:

(一)因海事侵权行为提起的诉讼,除依照《中华人民共和国民事诉讼法》第二十九条至第三十一条①的规定以外，还可以由船籍港所在地海事法院管辖；

……

【司法解释】

(1)《最高人民法院关于海事法院受理案件范围的规定》(法释〔2016〕4号,20160301)

6. 航道中的沉船沉物及其残骸、废弃物,海上或者通海可航水域的临时或者永久性设施、装置,影响船舶航行,造成船舶、货物及其他财产损失和人身损害的责任纠纷案件;

(2)《最高人民法院关于适用〈中华人民共和国海事诉讼特别程序法〉若干问题的解释》(法释〔2003〕3 号,20030201;经法释〔2008〕18 号修正,20081231)

第一条 在海上或者通海水域发生的与船舶或者运输、生产、作业相关的海事侵权纠纷、海商合同纠纷,以及法律或者相关司法解释规定的其他海事纠纷案件由海事法院及其上级人民法院专门管辖。

【适用要点】

航道中的沉船沉物及其残骸、废弃物,海上或者通海可航水域的临时或者永久性设施、装置,影响船舶航行,造成船舶、货物及其他财产损失的责任纠纷,属于海上、通海水域财产损害责任纠纷案件,由海事法院管辖。因海上、通海水域财产损害责任纠纷提起的诉讼,由损害发生地、加害船舶最先到达地、加害船舶被扣留地、被告住所地及船籍港所在地海事法院管辖。

3. 海上、通海水域财产损害责任的承担

【相关立法】

(1)《中华人民共和国海商法》(19930701)

第一百六十九条 船舶发生碰撞,碰撞的船舶互有过失的,各船按照过失程度的比例负赔偿责任;过失程度相当或者过失程度的比例无法判定的,平均负赔偿责任。

---

① 2021 年修正后的民事诉讼法第二十九条至第三十一条。

互有过失的船舶,对碰撞造成的船舶以及船上货物和其他财产的损失,依照前款规定的比例负赔偿责任。碰撞造成第三人财产损失的,各船的赔偿责任均不超过其应当承担的比例。

互有过失的船舶,对造成的第三人的人身伤亡,负连带赔偿责任。一船连带支付的赔偿超过本条第一款规定的比例的,有权向其他有过失的船舶追偿。

(2)《中华人民共和国民法典》(20210101)

第一千一百六十五条 行为人因过错侵害他人民事权益造成损害的,应当承担侵权责任。

依照法律规定推定行为人有过错,其不能证明自己没有过错的,应当承担侵权责任。

第一千一百六十六条 行为人造成他人民事权益损害,不论行为人有无过错,法律规定应当承担侵权责任的,依照其规定。

第一千一百六十七条 侵权行为危及他人人身、财产安全的,被侵权人有权请求侵权人承担停止侵害、排除妨碍、消除危险等侵权责任。

第一千一百六十八条 二人以上共同实施侵权行为,造成他人损害的,应当承担连带责任。

第一千一百七十条 二人以上实施危及他人人身、财产安全的行为,其中一人或者数人的行为造成他人损害,能够确定具体侵权人的,由侵权人承担责任;不能确定具体侵权人的,行为人承担连带责任。

第一千一百七十一条 二人以上分别实施侵权行为造成同一损害,每个人的侵权行为都足以造成全部损害的,行为人承担连带责任。

第一千一百七十二条 二人以上分别实施侵权行为造成同一损害,能够确定责任大小的,各自承担相应的责任;难以确定责任大小的,平均承担责任。

第一千一百七十三条 被侵权人对同一损害的发生或者扩大有过错的,可以减轻侵权人的责任。

第一千一百七十四条 损害是因受害人故意造成的,行为人不承担责任。

第一千一百七十五条 损害是因第三人造成的,第三人应当承担侵权责任。

第一千一百七十七条 合法权益受到侵害,情况紧迫且不能及时获得国家机关保护,不立即采取措施将使其合法权益受到难以弥补的损害的,受害人可以在保护自己合法权益的必要范围内采取扣留侵权人的财物等合理措施;但是,应当立即请求有关国家机关处理。

受害人采取的措施不当造成他人损害的,应当承担侵权责任。

第一千一百七十八条 本法和其他法律对不承担责任或者减轻责任的情形另有规定的,依照其规定。

第一千一百八十六条 受害人和行为人对损害的发生都没有过错的,依照法律的规定由双方分担损失。

【典型案例】

(1)在判定主次责任时,应考量的因素有哪些? [杨某某与黄某某海上财产损害赔偿纠纷案,(2011)闽民终字第 90 号]

受害人过错是受害人自身可归责的基础,但双方行为的原因力强弱则直接作用于损害的发生与范围。在判定主次责任时,主要应考量双方行为对事故发生的原因力大小,而不是主观过错高低,但通常情况下过错高低与原因力大小是一致的。主次责任明确后,在确定具体的比例时,应综合其他因素自由裁量。如果侵权人也遭受了损失,在过失相抵二次适用时,仍应单独考察该规则的构成要件。

(2)无意思联络的数人,侵权行为相互结合造成同一损害后果,应如何承担责任? [杨振兴、陈光明、林光辉与福州开发区顺利建材有限公司码头设施损害赔偿纠纷案,(2010)闽民终字第 7 号]

各采砂船在被侵权人码头前沿水域或者其临近水域进行违法采砂作业,违法采砂侵权行为相互结合、共同作用,导致码头砂体流失、水深增大,最终整体失稳而坍塌。码头的坍塌并非单一采砂船的侵权行为所致,各采砂船的采砂行为对于损害结果的发生均存在因果关系,并直接结合导致码头坍塌事故的发生,各采砂船的采砂行为构成共同侵权,各侵权责任人应对损害后果承担连带赔偿责任。

(3)托运人未履行测试义务的违法行为与船舶沉没的损害事实的因果关系如何判断? [山东潍坊国际海运公司、幸运海航运有限公司与云浮硫铁矿企业集团公司船舶损害赔偿纠纷案,(1999)广海法事字第 115 号]

托运人在托运硫铁矿物时没有按照《国际海上危险货物运输规则》和《海运精选矿粉及含水矿产品安全管理暂行规定》的有关规定履行货物有关项目的测试义务,并将测试文件交给承运人,托运人对拟运的硫铁矿货物不履行测试义务的行为具有违法性。托运人作为专业的硫铁矿产品公司,应当也能够预见不履行测试义务在适运水分限不明的情况下会对承运船舶航行安全构成威胁,在主观上具有过错。但承运不明适运水分限的硫铁矿并不必然导致船舶沉没,适运水分限不明只是可能危及船舶航行安全的因素。船舶沉没的原因可能是:承运的硫铁矿超过了适运水分限、货物积载不当、气象和海况、船舶操纵或采取措施不当等因素。商检证书所示的货物含水率是货物品质的成分,与适运水分限没有直接的关系,且事实表明搁浅是船舶沉没的直接原因,在风浪中采取的冲滩措施对船舶的沉没起到决定性作用。索赔人没有举证证明托运人未履行测试义务的违法行为与船舶沉没的损害事实存在因果关系,应当承担举证不能的后果。

【适用要点】

海商法并未对海上、通海水域财产损害责任作出专门规定,但是依据该法第一百六十九条第二款的规定,互有过失的船舶,碰撞造成第三人财产损失的,各船的赔偿责任均不超过其过失程度应当承担的比例。该款规定可适用于海上、通海水域财产损害责任纠纷的情形。① 同时,民法典对财产损害的民事侵权责任构成及损害赔偿范围的一般性规定,可以适用于海上、通海水域财产损害责任纠纷案件的处理。海上、通海水域财产损害责任的归责原则没有明确规定,应当适用民法典侵权责任编的一般归责原则,即过错责任原则。在过错责任原则下,事实上的因果关系判断是基础,即只有在完成因果关系的认定之后,才有必要讨论行为人是否具有过错。如何判断因果关系,举证责任是关键,一般事实上的因果关系的举证责任在原告,即使某些特殊情形下侵权人承担不存在因果关系的举证责任,但亦需要受害人(原告)承担初步的因果关系举证责任,证明有事实上的牵连,该证明责任不一定达到一般证明的高度盖然性标准,可以是较低的证明标准。只有在证明因果关系的基础上,才有必要根据当事人的过错进行归责,除过错推定情形外,侵权人具有过错,也需要受害人(原告)承担举证证明责任。

适用共同侵权制度,侵权人可以是有意思联络的共同故意、共同过失的情形,也可以是无意思联络下,数个侵权人的侵害行为直接结合发生同一损害后果的情形,但该情形下须把握好"时空一致性"原则,即数个行为在同一时空下直接结合、密不可分导致损害后果的发生。共同侵权,承担连带责任

---

① 最高人民法院研究室编著:《最高人民法院新民事案件案由规定理解与适用》,人民法院出版社 2021 年版,第 580 页。

后,对于内部责任,涉及追偿权问题,适用民法典第一百七十八条的规定。与共同侵权相对应,注意共同危险行为、两种特殊的分别侵权行为之间的区分,后三者均属无意思联络下数人侵权行为,一般承担按份责任,只有在符合法定构成要件情况下才承担连带责任。其中,在构成共同危险行为时,共同危险行为人欲免责,应采取"因果关系确证说",即仅证明损害结果并非其造成是不够的,只有明确证明谁是具体造成损害结果的侵权行为人时才可以免责。

4. 减责免责事由

【相关立法】

《中华人民共和国民法典》(20210101)

第一百八十条 因不可抗力不能履行民事义务的,不承担民事责任。法律另有规定的,依照其规定。

不可抗力是不能预见、不能避免且不能克服的客观情况。

第一百八十一条 因正当防卫造成损害的,不承担民事责任。

正当防卫超过必要的限度,造成不应有的损害,正当防卫人应当承担适当的民事责任。

第一百八十二条 因紧急避险造成损害的,由引起险情发生的人承担民事责任。

危险由自然原因引起的,紧急避险人不承担民事责任,可以给予适当补偿。

紧急避险采取措施不当或者超过必要的限度,造成不应有的损害的,紧急避险人应当承担适当的民事责任。

第一千一百七十三条 被侵权人对同一损害的发生或者扩大有过错的,可以减轻侵权人的责任。

第一千一百七十四条 损害是因受害人故意造成的,行为人不承担责任。

第一千一百七十五条 损害是因第三人造成的,第三人应当承担侵权责任。

第一千一百七十七条 合法权益受到侵害,情况紧迫且不能及时获得国家机关保护,不立即采取措施将使其合法权益受到难以弥补的损害的,受害人可以在保护自己合法权益的必要范围内采取扣留侵权人的财物等合理措施;但是,应当立即请求有关国家机关处理。

受害人采取的措施不当造成他人损害的,应当承担侵权责任。

第一千一百七十八条 本法和其他法律对不承担责任或者减轻责任的情形另有规定的,依照其规定。

【典型案例】

(1)承拖方驾驶拖轮或管理拖轮的免责事由如何认定? [中国太平洋财产保险股份有限公司东莞分公司与天津众合泰富船务有限公司、天津开行海运有限公司海上财产损害责任纠纷案,(2018)辽民终61号]

海上气候变化是否属于不可抗力,应当根据案件具体事实予以认定;免责事由的认定应当遵循严格标准,不应作扩大解释。"驾驶拖轮或者管理拖轮中的过失"应仅限于文义解释,限制在驾驶拖轮或管理拖轮的具体操作事项中,不应当将指挥操作被拖轮包含在内。在承拖方相关行为不构成免责事项时,因被拖方自身的操作过失造成损失的,承拖方可依据海商法第一百六十二条第一款规定要求被拖方自行承担相应的过错责任。

(2)危险由自然原因引起的,紧急避险人不承担民事责任,可否给予适当补偿? [翁才泉与柯俊金海上财产损害赔偿纠纷案,广海法初字第367号]

危险是由自然原因引起的,紧急避险人可不承担民事责任,但不能采取不当的措施或者超出必要的限度。被告砍断绳索后又重新将原告机排捆绑固定,表明被告并没有采取不当的措施或者超过必要的限度,对此被告作为行为人不承担民事责任,但原告的财产因险情遭受损失,被告的财产因紧急避险行为免受损失,原告作为受害人有权要求原告作为受益人进行适当补偿。

【适用要点】

适用不可抗力制度,在侵权责任领域,因不可抗力不能履行民事义务的,不承担民事责任,但要求不可抗力系损害发生的唯一原因。对比违约责任领域,因不可抗力不能履行合同的,根据不可抗力的影响,部分或者全部免除责任。侵权和违约项下,不可抗力的效力是互不交叉,并行不悖的,侵权责任和违约责任项下不可抗力的几种情形,有免责的,有不免责的,有附条件免责的,也有减轻责任的,具体的侵权行为不一样,相应规定也不一样。还需指出的是,不可抗力是一个事件,包括自然现象和社会现象,不可抗力事件本身不能预见、不可避免并且不能克服,但不可抗力造成的损害,并非不可预见、不能避免并且不可克服。

适用过失相抵制度,相关侵权责任若采取过错归责原则,则被侵权人存在一般过失,即可适用过失相抵制度,减轻侵权人的责任。相关侵权责任若采取无过错归责原则,则被侵权人需存在重大过失,方可适用过失相抵制度,减轻侵权人的责任。对比违约责任,因违约责任一般为无过错责任,特殊情形为过错责任,但不管责任形式如何,只要对方对损失的发生也有过错的,违约方即可主张扣减相应的损失赔偿额。还需指出的是,适用过失相抵的情形通常仅发生一个损害,只是该损害系由侵权方和被侵权方的过错(或者违约方和受损方的过错)共同所致,若侵权方和被侵权方的过错分别造成不同的损害,则为两个不同的侵权行为和损害结果,不适用过失相抵制度。

5. 损失数额的计算

【相关立法】

(1)《中华人民共和国海商法》(19930701)

第五十五条 货物灭失的赔偿额,按照货物的实际价值计算;货物损坏的赔偿额,按照货物受损前后实际价值的差额或者货物的修复费用计算。

货物的实际价值,按照货物装船时的价值加保险费加运费计算。

前款规定的货物实际价值,赔偿时应当减去因货物灭失或者损坏而少付或者免付的有关费用。

(2)《中华人民共和国民法典》(20210101)

第一千一百八十四条 侵害他人财产的,财产损失按照损失发生时的市场价格或者其他合理方式计算。

【司法解释】

(1)《最高人民法院关于审理船舶碰撞和触碰案件财产损害赔偿的规定》(法发〔1995〕17号,19950818;经法释〔2020〕18号修正,20210101)

三、船舶损害赔偿分为全损赔偿和部分损害赔偿。

(一)船舶全损的赔偿包括:

船舶价值损失;

未包括在船舶价值内的船舶上的燃料、物料、备件、供应品,渔船上的捕捞设备、网具、渔具等损失;

船员工资、遣返费及其他合理费用。

(二)船舶部分损害的赔偿包括:合理的船舶临时修理费、永久修理费及辅助费用、维持费用,但应满足下列条件:

　　船舶应就近修理,除非请求人能证明在其他地方修理更能减少损失和节省费用,或者有其他合理的理由。如果船舶经临时修理可继续营运,请求人有责任进行临时修理;

　　船舶碰撞部位的修理,同请求人为保证船舶适航,或者因另外事故所进行的修理,或者与船舶例行的检修一起进行时,赔偿仅限于修理本次船舶碰撞的受损部位所需的费用和损失。

　　(三)船舶损害赔偿还包括:

　　合理的救助费,沉船的勘查、打捞和清除费用,设置沉船标志费用;

　　拖航费用,本航次的租金或者运费损失,共同海损分摊;

　　合理的船期损失;

　　其他合理的费用。

　　四、船上财产的损害赔偿包括:

　　船上财产的灭失或者部分损坏引起的贬值损失;

　　合理的修复或者处理费用;

　　合理的财产救助、打捞和清除费用,共同海损分摊;

　　其他合理费用。

　　五、船舶触碰造成设施损害的赔偿包括:

　　设施的全损或者部分损坏修复费用;

　　设施修复前不能正常使用所产生的合理的收益损失。

　　六、船舶碰撞或者触碰造成第三人财产损失的,应予赔偿。

　　七、除赔偿本金外,利息损失也应赔偿。

　　八、船舶价值损失的计算,以船舶碰撞发生地当时类似船舶的市价确定;碰撞发生地无类似船舶市价的,以船舶船籍港类似船舶的市价确定,或者以其他地区类似船舶市价的平均价确定;没有市价的,以原船舶的造价或者购置价,扣除折旧(折旧率按年4—10%)计算;折旧后没有价值的按残值计算。

　　船舶被打捞后尚有残值的,船舶价值应扣除残值。

　　九、船上财产损失的计算:

　　(一)货物灭失的,按照货物的实际价值,即以货物装船时的价值加运费加请求人已支付的货物保险费计算,扣除可节省的费用;

　　(二)货物损坏的,以修复所需的费用,或者以货物的实际价值扣除残值和可节省的费用计算;

　　(三)由于船舶碰撞在约定的时间内迟延交付所产生的损失,按迟延交付货物的实际价值加预期可得利润与到岸时的市价的差价计算,但预期可得利润不得超过货物实际价值的10%;

（四）船上捕捞的鱼货，以实际的鱼货价值计算。鱼货价值参照海事发生时当地市价，扣除可节省的费用。

（五）船上渔具、网具的种类和数量，以本次出海捕捞作业所需量扣减现存量计算，但所需量超过渔政部门规定或者许可的种类和数量的，不予认定；渔具、网具的价值，按原购置价或者原造价扣除折旧费用和残值计算；

（六）旅客行李、物品（包括自带行李）的损失，属本船旅客的损失，依照海商法的规定处理；属他船旅客的损失，可参照旅客运输合同中有关旅客行李灭失或者损坏的赔偿规定处理；

（七）船员个人生活必需品的损失，按实际损失适当予以赔偿；

（八）承运人与旅客书面约定由承运人保管的货币、金银、珠宝、有价证券或者其他贵重物品的损失，依海商法的规定处理；船员、旅客、其他人员个人携带的货币、金银、珠宝、有价证券或者其他贵重物品的损失，不予认定；

（九）船上其他财产的损失，按其实际价值计算。

十、船期损失的计算：

期限：船舶全损的，以找到替代船所需的合理期间为限，但最长不得超过两个月；船舶部分损害的修船期限，以实际修复所需的合理期间为限，其中包括联系、住坞、验船等所需的合理时间；渔业船舶，按上述期限扣除休渔期为限，或者以一个渔汛期为限。

船期损失，一般以船舶碰撞前后各两个航次的平均净盈利计算；无前后各两个航次可参照的，以其他相应航次的平均净盈利计算。

渔船渔汛损失，以该渔船前3年的同期渔汛平均净收益计算，或者以本年内同期同类渔船的平均净收益计算。计算渔汛损失时，应当考虑到碰撞渔船在对船捕渔作业或者围网灯光捕渔作业中的作用等因素。

十一、租金或者运费损失的计算：

碰撞导致期租合同承租人停租或者不付租金的，以停租或者不付租金额，扣除可节省的费用计算。

因货物灭失或者损坏导致到付运费损失的，以尚未收取的运费金额扣除可节省的费用计算。

十二、设施损害赔偿的计算：

期限：以实际停止使用期间扣除常规检修的期间为限；

设施部分损坏或者全损，分别以合理的修复费用或者重新建造的费用，扣除已使用年限的折旧费计算；

设施使用的收益损失，以实际减少的净收益，即按停止使用前3个月的平均净盈利计算；部分使用并有收益的，应当扣减。

十三、利息损失的计算：

船舶价值的损失利息，从船期损失停止计算之日起至判决或者调解指定的应付之日止；

其他各项损失的利息，从损失发生之日或者费用产生之日起计算至判决或调解指定的应付之日止；

利息按本金性质的同期利率计算。

十四、计算损害赔偿的货币，当事人有约定的，依约定；没有约定的，按以下相关的货币计算：

按船舶营运或者生产经营所使用的货币计算；

船载进、出口货物的价值，按买卖合同或者提单、运单记明的货币计算；

以特别提款权计算损失的，按法院判决或者调解之日的兑换率换算成相应的货币。

(2)《最高人民法院关于审理无正本提单交付货物案件适用法律若干问题的规定》（法释〔2009〕1 号,20090305；经法释〔2020〕18 号修正,20210101）

第六条　承运人因无正本提单交付货物造成正本提单持有人损失的赔偿额，按照货物装船时的价值加运费和保险费计算。

【司法指导文件】

最高人民法院《第二次全国涉外商事海事审判工作会议纪要》（法发〔2005〕26 号,20051226）

109. 提货人因无正本提单提货或者其他责任人因无正本提单放货承担的侵权赔偿责任，应当相当于权利人因此所遭受的实际损失。赔偿范围可以包括：(1) 货物装船时的价值。货物装船时的价值可以依据贸易合同约定的价格、结算单据或者核销单据确定，数额不一致的，依实际支付的货款额确定；(2) 实际支付的运费和保险费；(3) 实际发生的其他损失。

【适用要点】

海上、通海水域财产损害责任纠纷中，对于财产损失的计算标准和方法可以参照《最高人民法院关于审理船舶碰撞和触碰案件财产损害赔偿的规定》的有关规定。

根据海商法第五十五条的规定，承运人对责任期间货物损坏的赔偿额，有两种计算方法，按照货物受损前后实际价值的差额或者货物的修复费用计算。在审判实践中，若受损货物并未实际修复，则不宜按修复费用计算赔偿额,应当采用货物贬损率的计算方式,即按货物受损前后实际价值的差额,并排除市场价格波动对货损赔偿额的影响,这种计算方式符合海商法的规定,也为海事司法实践所采纳。

在海上货物运输过程中发生的财产损失纠纷,根据海商法第五十五条、第五十八条的规定,无论诉因的类型为侵权还是违约,货损灭失的赔偿额均按照货物的实际价值计算,即按照货物装船时的价值加保险费加运费计算。货物在运输途中被转卖的,按照提单持有人(货损索赔人)为买方的买卖合同约定的价格计算。当事人要求承运人赔偿货物交付或应当交付之日起至损失确定之日因价格变化造成的损失,或主张按照目的港出售价格计算实际价值差额的,人民法院不予支持。对货物之外的其他损失,在没有特别法予以规定的情况下,依照民法典第一千一百八十四条的规定予以认定。

6. 未发生船舶碰撞而造成财产损害的责任承担

【相关立法】

《中华人民共和国海商法》(19930701)

第一百七十条 船舶因操纵不当或者不遵守航行规章,虽然实际上没有同其他船舶发生碰撞,但是使其他船舶以及船上的人员、货物或者其他财产遭受损失的,适用本章的规定。

【司法解释】

(1)《最高人民法院关于适用〈中华人民共和国海事诉讼特别程序法〉若干问题的解释》(法释〔2003〕3号,20030201;经法释〔2008〕18号修正,20081231)

第六十一条 依据《中华人民共和国海商法》第一百七十条的规定提起的诉讼和因船舶触碰造成损害提起的诉讼,参照海事诉讼特别程序法关于审理船舶碰撞案件的有关规定审理。

(2)《最高人民法院关于审理船舶碰撞纠纷案件若干问题的规定》(法释〔2008〕7号,20080523;经法释〔2020〕18号修正,20210101)

第一条 本规定所称船舶碰撞,是指海商法第一百六十五条所指的船舶碰撞,不包括内河船舶之间的碰撞。

海商法第一百七十条所指的损害事故,适用本规定。

【适用要点】

两船舶之间未发生碰撞而发生财产损害,其性质不属于船舶碰撞纠纷,而应属于本案由所涉及纠纷。但考虑到两船舶虽未接触,但责任确定与赔偿的标准与碰撞后的后果并无二致,所以海商法及海事诉讼特别程序法的相关规定参照船舶碰撞处理,故在此特别予以明确。

四、海上、通海水域人身损害责任纠纷

1. 案由释义

海上、通海水域人身损害责任纠纷，是指因船舶航行，海上、通海水域进行的生产和作业造成人身伤害而产生的民事责任纠纷。海上、通海水域人身损害责任纠纷主要包括海上、通海水域航运以及海上、通海水域生产作业过程中，以及船舶建造、修理、拆解，港口作业及建设过程中，对他人人身造成损害的纠纷。此外，由于海上、通海水域中的沉船、沉物及其残骸、废弃物，海上、通海水域的临时或者永久性设施、装置，影响船舶航行，造成人身损害而产生的纠纷，也属于海上、通海水域人身损害责任纠纷的范畴。

2. 诉讼程序规范

【相关立法】

(1)《中华人民共和国民事诉讼法》(19910409；20220101)

第三十一条 因船舶碰撞或者其他海事损害事故请求损害赔偿提起的诉讼，由碰撞发生地、碰撞船舶最先到达地、加害船舶被扣留地或者被告住所地人民法院管辖。

(2)《中华人民共和国海事诉讼特别程序法》(20000701)

第六条 海事诉讼的地域管辖，依照《中华人民共和国民事诉讼法》的有关规定。

下列海事诉讼的地域管辖，依照以下规定：

（一）因海事侵权行为提起的诉讼，除依照《中华人民共和国民事诉讼

法》第二十九条至第三十一条①的规定以外,还可以由船籍港所在地海事法院管辖;

……

【司法解释】

(1)《最高人民法院关于海事法院受理案件范围的规定》(法释〔2016〕4号,20160301)

6. 航道中的沉船沉物及其残骸、废弃物,海上或者通海可航水域的临时或者永久性设施、装置,影响船舶航行,造成船舶、货物及其他财产损失和人身损害的责任纠纷案件;

7. 船舶航行、营运、作业等活动侵害他人人身权益的责任纠纷案件;

(2)《最高人民法院关于适用〈中华人民共和国海事诉讼特别程序法〉若干问题的解释》(法释〔2003〕3号,20030201;经法释〔2008〕18号修正,20081231)

第一条　在海上或者通海水域发生的与船舶或者运输、生产、作业相关的海事侵权纠纷、海商合同纠纷,以及法律或者相关司法解释规定的其他海事纠纷案件由海事法院及其上级人民法院专门管辖。

(3)《最高人民法院关于审理人身损害赔偿案件适用法律若干问题的解释》(法释〔2003〕20号,20040501;经法释〔2022〕14号修正,20220501)

第一条　因生命、身体、健康遭受侵害,赔偿权利人起诉请求赔偿义务人赔偿物质损害和精神损害的,人民法院应予受理。

本条所称"赔偿权利人",是指因侵权行为或者其他致害原因直接遭受人身损害的受害人以及死亡受害人的近亲属。

本条所称"赔偿义务人",是指因自己或者他人的侵权行为以及其他致害原因依法应当承担民事责任的自然人、法人或者非法人组织。

第二条　赔偿权利人起诉部分共同侵权人的,人民法院应当追加其他共同侵权人作为共同被告。赔偿权利人在诉讼中放弃对部分共同侵权人的诉讼请求的,其他共同侵权人对被放弃诉讼请求的被告应当承担的赔偿份额不承担连带责任。责任范围难以确定的,推定各共同侵权人承担同等责任。

人民法院应当将放弃诉讼请求的法律后果告知赔偿权利人,并将放弃诉

_____
① 2021年修正后的民事诉讼法第二十九条至第三十一条。

讼请求的情况在法律文书中叙明。

【司法指导文件】

最高人民法院民事审判第四庭《涉外商事海事审判实务问题解答(一)》 (20040408)

186. 什么人可以提起海上人身伤亡赔偿诉讼?

答:伤残者本人和死亡者的遗产继承人可以向海事法院提起海上人身伤亡赔偿的诉讼。根据《民事诉讼法》第十五条①的规定,伤亡者所在单位可以支持伤残者及死亡者遗产继承人起诉。赔偿费应赔付给伤残者本人、死者遗产继承人。因侵权引起的海上人身伤亡赔偿不受船员劳务合同的约束,劳务派出单位不能以双方签订劳务合同为由截留对外获得的人身伤亡赔偿费。但是,伤亡者所在单位或者其他单位或个人为处理伤亡事故所垫付的费用,可从赔偿费中返还。

【适用要点】

航道中的沉船沉物及其残骸、废弃物,海上或者通海可航水域的临时或者永久性设施、装置,影响船舶航行,造成人身损害的责任纠纷,船舶航行、营运、作业等活动侵害他人人身权益的责任纠纷,属于海上、通海水域财产损害责任纠纷案件,由海事法院管辖。因海上、通海水域人身损害责任纠纷提起的诉讼,由损害发生地、加害船舶最先到达地、加害船舶被扣留地、被告住所地及船籍港所在地海事法院管辖。

3. 海上、通海水域人身损害责任的承担

【相关立法】

(1)《中华人民共和国海商法》(19930701)

第一百六十九条 船舶发生碰撞,碰撞的船舶互有过失的,各船按照过失程度的比例负赔偿责任;过失程度相当或者过失程度的比例无法判定的,平均负赔偿责任。

互有过失的船舶,对碰撞造成的船舶以及船上货物和其他财产的损失,依照前款规定的比例负赔偿责任。碰撞造成第三人财产损失的,各船的赔偿责任均不超过其应当承担的比例。

----

① 2021年修正后的民事诉讼法第十五条。

互有过失的船舶,对造成的第三人的人身伤亡,负连带赔偿责任。一船连带支付的赔偿超过本条第一款规定的比例的,有权向其他有过失的船舶追偿。

(2)《中华人民共和国民法典》(20210101)

第一千一百六十五条　行为人因过错侵害他人民事权益造成损害的,应当承担侵权责任。

依照法律规定推定行为人有过错,其不能证明自己没有过错的,应当承担侵权责任。

第一千一百六十六条　行为人造成他人民事权益损害,不论行为人有无过错,法律规定应当承担侵权责任的,依照其规定。

第一千一百六十七条　侵权行为危及他人人身、财产安全的,被侵权人有权请求侵权人承担停止侵害、排除妨碍、消除危险等侵权责任。

第一千一百六十八条　二人以上共同实施侵权行为,造成他人损害的,应当承担连带责任。

第一千一百七十条　二人以上实施危及他人人身、财产安全的行为,其中一人或者数人的行为造成他人损害,能够确定具体侵权人的,由侵权人承担责任;不能确定具体侵权人的,行为人承担连带责任。

第一千一百七十一条　二人以上分别实施侵权行为造成同一损害,每个人的侵权行为都足以造成全部损害的,行为人承担连带责任。

第一千一百七十二条　二人以上分别实施侵权行为造成同一损害,能够确定责任大小的,各自承担相应的责任;难以确定责任大小的,平均承担责任。

第一千一百七十三条　被侵权人对同一损害的发生或者扩大有过错的,可以减轻侵权人的责任。

第一千一百七十四条　损害是因受害人故意造成的,行为人不承担责任。

第一千一百七十五条　损害是因第三人造成的,第三人应当承担侵权责任。

第一千一百七十七条　合法权益受到侵害,情况紧迫且不能及时获得国家机关保护,不立即采取措施将使其合法权益受到难以弥补的损害的,受害人可以在保护自己合法权益的必要范围内采取扣留侵权人的财物等合理措施;但是,应当立即请求有关国家机关处理。

受害人采取的措施不当造成他人损害的,应当承担侵权责任。

第一千一百七十八条 本法和其他法律对不承担责任或者减轻责任的情形另有规定的,依照其规定。

第一千一百八十六条 受害人和行为人对损害的发生都没有过错的,依照法律的规定由双方分担损失。

【司法解释】

《最高人民法院关于审理人身损害赔偿案件适用法律若干问题的解释》

(法释〔2003〕20 号,20040501;经法释〔2022〕14 号修正,20220501)

第一条 因生命、身体、健康遭受侵害,赔偿权利人起诉请求赔偿义务人赔偿物质损害和精神损害的,人民法院应予受理。

本条所称"赔偿权利人",是指因侵权行为或者其他致害原因直接遭受人身损害的受害人以及死亡受害人的近亲属。

本条所称"赔偿义务人",是指因自己或者他人的侵权行为以及其他致害原因依法应当承担民事责任的自然人、法人或者非法人组织。

第二条 赔偿权利人起诉部分共同侵权人的,人民法院应当追加其他共同侵权人作为共同被告。赔偿权利人在诉讼中放弃对部分共同侵权人的诉讼请求的,其他共同侵权人对被放弃诉讼请求的被告应当承担的赔偿份额不承担连带责任。责任范围难以确定的,推定各共同侵权人承担同等责任。

人民法院应当将放弃诉讼请求的法律后果告知赔偿权利人,并将放弃诉讼请求的情况在法律文书中叙明。

第三条 依法应当参加工伤保险统筹的用人单位的劳动者,因工伤事故遭受人身损害,劳动者或者其近亲属向人民法院起诉请求用人单位承担民事赔偿责任的,告知其按《工伤保险条例》的规定处理。

因用人单位以外的第三人侵权造成劳动者人身损害,赔偿权利人请求第三人承担民事赔偿责任的,人民法院应予支持。

第四条 无偿提供劳务的帮工人,在从事帮工活动中致人损害的,被帮工人应当承担赔偿责任。被帮工人承担赔偿责任后向有故意或者重大过失的帮工人追偿的,人民法院应予支持。被帮工人明确拒绝帮工的,不承担赔偿责任。

第五条 无偿提供劳务的帮工人因帮工活动遭受人身损害的,根据帮工人和被帮工人各自的过错承担相应的责任;被帮工人明确拒绝帮工的,被帮工人不承担赔偿责任,但可以在受益范围内予以适当补偿。

帮工人在帮工活动中因第三人的行为遭受人身损害的,有权请求第三人承担赔偿责任,也有权请求被帮工人予以适当补偿。被帮工人补偿后,可以向第三人追偿。

【司法指导文件】

(1)《最高人民法院关于国内水路货物运输纠纷案件法律问题的指导意见》(法发〔2012〕28号,20121224)

12. 挂靠船舶因侵权行为造成他人财产、人身损害,依据民法通则、侵权责任法、海商法和有关司法解释的规定,挂靠船舶的实际所有人和被挂靠企业应当承担连带赔偿责任。

(2)最高人民法院民事审判第四庭《涉外商事海事审判实务问题解答(一)》(20040408)

188. 侵权人如何承担海上人身伤亡赔偿责任?

答:海上人身伤亡侵权赔偿实行过错责任制。损害的发生完全是因一方的过错造成的,由该过错方承担全部责任;互有过错的,按照过错程度的比例承担责任;过错程度相当或者过错程度的比例无法判定的,由各自平均承担责任。

二人以上共同侵权造成他人损害的,侵权人承担连带责任,受害方可对侵权方提起连带之诉。其中一个侵权人连带支付的赔偿超过其应当承担的比例的,有权向其他有过错的侵权人追偿。

【典型案例】

(1)发生海上人身损害时,实际经营人与被挂靠人如何承担责任?[陈权与中山市船务货运有限公司船舶经营管理合同纠纷案,(2018)粤民终1946号]

船舶的实际经营人与被挂靠人对海上人身损害承担连带赔偿责任,被挂靠人在已完成对受害人及其近亲属的赔偿后,可依据其与挂靠人之间签订的船舶委托经营管理合同向挂靠人追偿。合同约定船舶在经营中造成的安全事故及产生的债务等一切责任均由挂靠人承担,因挂靠人实际经营使用船舶,被挂靠人未参与船舶的经营使用,故不属于免除其责任、加重对方责任、排除对方主要权利的格式条款,亦没有显失公平,挂靠人未依约向被挂靠人支付赔偿金构成违约,应承担相应的违约责任。当事人对人民法院已发生法律效力的裁判文书均应积极主动履行,因未按时履行生效判决而被法院强制执行所产生的申请执行费应自行负担,不得列入追偿的范围。

（2）事故发生后，死者亲属可否主张加害人承担打捞死者遗体的责任？[芮世福、周宗英与安徽省蚌埠市南方航运有限公司、芜湖市运达航运有限公司、胡文通通海水域人身损害责任纠纷案，（2015）武海法事字第 77 号]

如果未经死者亲属的许可，责任人对死者遗体的遗弃或者未尽到诸如搜寻、保管、收殓以及交付给死者亲属等义务，将直接导致死者亲属的感情创伤、精神痛苦和人格贬损，均构成对死者亲属的不法侵害，应承担相应的侵权责任。作为死者的亲属，有权要求责任人承担侵权责任。死者亲属一般会向法院主张死亡赔偿金、丧葬费、精神抚慰金、被扶养人生活费、误工费、交通费等费用，但是很少有人要求打捞死者遗体，死者亲属要求打捞遗体的权利的实现和保障需要借助一定的条件，也要受到一定的限制，因死者遗体也会出现解体、散失等情况，即使耗费巨大的人力物力也无法对死亡人员遗体进行有效的搜寻、打捞。尊重死者尊严，有效维护死者家属的合法权益，是法律的宗旨所在，但是，仍需考虑在实现受害人权益过程中，客观存在的巨大风险和必须付出的巨大经济代价。如果置打捞死亡人员过程中客观存在的巨大风险和必须付出的巨大经济代价于不顾，一味追求实际效果，不仅有违船舶航行的传统习惯，同时也不利于航运经济正常、有序地发展。

（3）码头作业事故导致的人身伤亡各责任人如何确定责任？[蒋永祥与宁波海运集团有限公司等通海水域人身损害责任纠纷案，（2013）甬海法事初字第 84 号]

海运公司、施美良系未尽到安全管理义务，星火代办处、柳菊芳则属于对吊机的维修与管理未尽到安全注意义务，各被告对事故的发生并无共同的意思联络，上述原因力竞合，才导致事故的发生，并不属于每一方的侵权行为都足以造成全部损害的情形，故各被告应在扣除蒋永祥的自负责任比例后，按原因力比例与过错程度承担相应的按份赔偿责任。

（4）一方未尽到安全保障义务，另一方未尽到谨慎驾驶义务，如何承担责任？[张慧与舟山市海峡汽车轮渡有限责任公司、舟山市汽车运输总公司普陀长运公司海上人身损害赔偿纠纷案，（2008）甬海法舟事初字第 3 号]

轮渡公司没有按规定做到登轮时、人车分离以及为运输服务对象提供一个安全的登轮环境，这一过错对汽车运输公司所属车辆挤压受害人受伤构成重大安全隐患，系事故发生前提条件，轮渡公司应对事故的发生负一定的责任。摆渡车辆有接受轮渡公司管理和指挥的义务，指挥人员的向右手势，使驾驶员产生向右前进的反应，事故发生时驾驶员并不因轮渡公司工作人员的指挥而丧失或者减少对大客车的控制权,驾驶员没有尽到必要的谨慎驾驶的义务,驾驶员所属汽车运输公司亦应当对事故负责。汽车运输公司所属车辆驾驶员的不谨慎驾驶和轮渡公司工作人员对车辆的错误指挥的直接结合系造成事故发生的直接原因,轮渡公司与汽车运输公司构成共同侵权,承担连带责任。本案中,法院在判令双方承担连带责任的同时,还综合双方对事故发生的过错程度,对双方承担连带责任的内部比例进行划分认定。

(5)装砂船与挖砂设施均违反内河交通安全管理条例,共同过失造成第三人损害,应如何承担责任?[方爱军等与陈业山等人身损害赔偿纠纷案,(2007)广海法初字第175号]

二人以上共同过失实施侵权行为,造成他人损害的,构成共同侵权,应当承担连带责任。"粤汕头货2081"船驾驶员李建和疏忽瞭望,在对挖砂设施未有全面了解的情况下,不走主航道而抄近路从挖砂设施尾部通过,违反了内河交通安全管理条例第十五条的规定;船员李建和擅自带与船舶航行、生产无关的人员匡小琴上船,并在无任何保护措施的情况下让其在驾驶甲板上活动,违反了内河交通安全管理条例第九条第二款的规定。挖砂设施未经检验和登记,其作业人员不具备相关适任证书,违反了内河交通安全管理条例第七条的规定;挖砂设施锚泊不当,在通航水域锚泊挖沙作业,锚索过长,作业时没有悬挂相应警示灯号,违反了内河交通安全管理条例第二十四条的规定。由于"粤汕头货2081"船和挖砂设施的上述过失行为,直接结合造成了"粤汕头货2081"船船尾舵叶被挖砂设施的锚绳钩住,导致在"粤汕头货2081"船上的匡小琴溺水死亡。"粤汕头货2081"船的所有人陈业山与挖砂设施的所有人陈沛鑫应当对其雇佣的过失造成匡小琴溺水死亡承担连带赔偿责任。匡小琴作为与"粤汕头货2081"船驾驶或作业无关的人员,擅自登船,且不识水性,在没有任何保护措施的情况下在驾驶甲板上活动,对其溺水死亡的发生也有一定过错。被侵权人对同一损害的发生或者扩大有过错的,可以减轻侵权人的责任。

【适用要点】

人身损害是指自然人的生命权、身体权及健康权遭受侵害。民法典对人身损害的民事侵权责任构成及损害赔偿问题作了一般性规定,对海上、通海水域人身损害责任纠纷案件的处理具有一般适用的效力。在海商法等特别法没有具体规定的情况下,有关损害赔偿的问题,应当适用民法典侵权责任编的一般规定。

适用连带责任,需有法律明确规定。民法典规定了共同侵权、共同危险、高度危险等情形下的连带责任承担,海商法也规定了拖航过程中承拖方或者被拖方的过失以及船舶碰撞中互有过失的船舶,造成的第三人人身伤亡,承担连带责任。相关司法指导文件也明确挂靠船舶因侵权行为造成他人人身损害,挂靠船舶的实际所有人和被挂靠企业应当承担连带赔偿责任。与此同时,在海上帮工、船员雇佣劳务期间,因第三人侵权造成的帮工人、提供劳务的一方人身伤害的,被帮工人、接受劳务一方还要与侵权人之间承担不真正连带责任。需要指出的是,连带责任下,连带责任人的责任份额根据各自责任大小确定,难以确定责任大小的,平均承担责任。实际承担责任超过自己责任份额的连带责任人,有权向其他连带责任人追偿。不真正连带责任下,最终责任只能归属于应当承担责任的那一个责任人,被帮工人、接受劳务一方不能因第三人过错主张免责。

对共同侵权连带责任内部份额的确定,应当根据各侵权人的过错和原因力来确定,考虑到共同侵权系过错归责原则,因此以过错程度比较为主,法律原因力比较为辅对于确定内部责任份额具有合理性,如果根据过错和原因力难以确定连带责任人责任大小的,可以视为各侵权人的过错程度和原因力大小相当。需要注意的是,有时被侵权人基于各种因素,仅起诉部分共同侵权人,因该类型诉讼属必要的不可分的共同诉讼,各侵权人属于必须共同进行诉讼的被告,法院应当依法追加其他共同侵权人为被告,被侵权人在诉讼中放弃对部分共同侵权人的赔偿请求,其他共同侵权人对被放弃赔偿请求的被告应当承担的赔偿份额不承担连带责任。

4. 减责免责事由

【相关立法】

《中华人民共和国民法典》(20210101)

第一百八十条 因不可抗力不能履行民事义务的,不承担民事责任。法律另有规定的,依照其规定。

不可抗力是不能预见、不能避免且不能克服的客观情况。

第一百八十一条 因正当防卫造成损害的,不承担民事责任。

正当防卫超过必要的限度,造成不应有的损害的,正当防卫人应当承担适当的民事责任。

第一百八十二条 因紧急避险造成损害的,由引起险情发生的人承担民事责任。

危险由自然原因引起的,紧急避险人不承担民事责任,可以给予适当补偿。

紧急避险采取措施不当或者超过必要的限度,造成不应有的损害的,紧急避险人应当承担适当的民事责任。

第一千一百七十三条　被侵权人对同一损害的发生或者扩大有过错的,可以减轻侵权人的责任。

第一千一百七十四条　损害是因受害人故意造成的,行为人不承担责任。

第一千一百七十五条　损害是因第三人造成的,第三人应当承担侵权责任。

第一千一百七十七条　合法权益受到侵害,情况紧迫且不能及时获得国家机关保护,不立即采取措施将使其合法权益受到难以弥补的损害的,受害人可以在保护自己合法权益的必要范围内采取扣留侵权人的财物等合理措施;但是,应当立即请求有关国家机关处理。

受害人采取的措施不当造成他人损害的,应当承担侵权责任。

第一千一百七十八条　本法和其他法律对不承担责任或者减轻责任的情形另有规定的,依照其规定。

【适用要点】

在侵权法上,正当防卫、紧急避险、职务授权行为、自助行为等具有正当合法性,排除了行为人行为的违法性,同时意外事件、不可抗力、受害人故意和第三人过错等情形下行为人没有实施致人损害的行为或者系受外力作用不可避免地造成损害,都可以作为免责事由阻却侵权责任构成或者承担。其中,对于受害人故意,应是损害完全系因为受害人的故意造成的,即受害人故意的行为是其损害发生的唯一原因,才能使行为人免责,并且受害人故意不仅是过错责任侵权行为类型的免责事由,很多情况下也是无过错责任原则的侵权行为类型的法定免责事由。如是受害人过失,则应在过失相抵制度中予以减轻行为人的责任。对于第三人过错,也要求第三人过错是造成损害的唯一原因,且第三人与行为人不存在隶属关系,行为人才能免责,如果第三人过错只是造成损害的部分原因,则可能构成共同侵权、共同危险行为,并在该制度下解决责任承担问题,此时并不适用第三人过错免责制度的规定。需要指出的是,在一些情形下,行为人主张对方也存在过错要求减免责任时,应注意区分对方过错与损害结果是否存在相当因果关系。例如,船长在船舶启动前未尽到足够的谨慎义务将潜水员撞死,潜水员不具备相关资质,但进行潜水作业是否具备资质,并非事故发生的直接和决定性的原因,该部分过错不构成对方主张减免责任的理由。

5. 损害赔偿范围与损失数额计算

【相关立法】

《中华人民共和国民法典》(20210101)

第一千一百七十九条 侵害他人造成人身损害的,应当赔偿医疗费、护理费、交通费、营养费、住院伙食补助费等为治疗和康复支出的合理费用,以及因误工减少的收入。造成残疾的,还应当赔偿辅助器具费和残疾赔偿金;造成死亡的,还应当赔偿丧葬费和死亡赔偿金。

第一千一百八十条 因同一侵权行为造成多人死亡的,可以以相同数额确定死亡赔偿金。

第一千一百八十一条 被侵权人死亡的,其近亲属有权请求侵权人承担侵权责任。被侵权人为组织,该组织分立、合并的,承继权利的组织有权请求侵权人承担侵权责任。

被侵权人死亡的,支付被侵权人医疗费、丧葬费等合理费用的人有权请求侵权人赔偿费用,但是侵权人已经支付该费用的除外。

第一千一百八十二条 侵害他人人身权益造成财产损失的,按照被侵权人因此受到的损失或者侵权人因此获得的利益赔偿;被侵权人因此受到的损失以及侵权人因此获得的利益难以确定,被侵权人和侵权人就赔偿数额协商不一致,向人民法院提起诉讼的,由人民法院根据实际情况确定赔偿数额。

第一千一百八十三条 侵害自然人人身权益造成严重精神损害的,被侵权人有权请求精神损害赔偿。

因故意或者重大过失侵害自然人具有人身意义的特定物造成严重精神损害的,被侵权人有权请求精神损害赔偿。

第一千一百八十七条 损害发生后,当事人可以协商赔偿费用的支付方式。协商不一致的,赔偿费用应当一次性支付;一次性支付确有困难的,可以分期支付,但是被侵权人有权请求提供相应的担保。

【司法解释】

(1)《最高人民法院关于审理人身损害赔偿案件适用法律若干问题的解释》(法释〔2003〕20号,20040501;经法释〔2022〕14号修正,20220501)

第六条 医疗费根据医疗机构出具的医药费、住院费等收款凭证,结合病历和诊断证明等相关证据确定。赔偿义务人对治疗的必要性和合理性有异议的,应当承担相应的举证责任。

医疗费的赔偿数额,按照一审法庭辩论终结前实际发生的数额确定。器官功能恢复训练所必要的康复费、适当的整容费以及其他后续治疗费,赔偿权利人可以待实际发生后另行起诉。但根据医疗证明或者鉴定结论确定必然发生的费用,可以与已经发生的医疗费一并予以赔偿。

第七条　误工费根据受害人的误工时间和收入状况确定。

误工时间根据受害人接受治疗的医疗机构出具的证明确定。受害人因伤致残持续误工的,误工时间可以计算至定残日前一天。

受害人有固定收入的,误工费按照实际减少的收入计算。受害人无固定收入的,按照其最近三年的平均收入计算;受害人不能举证证明其最近三年的平均收入状况的,可以参照受诉法院所在地相同或者相近行业上一年度职工的平均工资计算。

第八条　护理费根据护理人员的收入状况和护理人数、护理期限确定。

护理人员有收入的,参照误工费的规定计算;护理人员没有收入或者雇佣护工的,参照当地护工从事同等级别护理的劳务报酬标准计算。护理人员原则上为一人,但医疗机构或者鉴定机构有明确意见的,可以参照确定护理人员人数。

护理期限应计算至受害人恢复生活自理能力时止。受害人因残疾不能恢复生活自理能力的,可以根据其年龄、健康状况等因素确定合理的护理期限,但最长不超过二十年。

受害人定残后的护理,应当根据其护理依赖程度并结合配制残疾辅助器具的情况确定护理级别。

第九条　交通费根据受害人及其必要的陪护人员因就医或者转院治疗实际发生的费用计算。交通费应当以正式票据为凭;有关凭据应当与就医地点、时间、人数、次数相符合。

第十条　住院伙食补助费可以参照当地国家机关一般工作人员的出差伙食补助标准予以确定。

受害人确有必要到外地治疗,因客观原因不能住院,受害人本人及其陪护人员实际发生的住宿费和伙食费,其合理部分应予赔偿。

第十一条　营养费根据受害人伤残情况参照医疗机构的意见确定。

第十二条　残疾赔偿金根据受害人丧失劳动能力程度或者伤残等级,按照受诉法院所在地上一年度城镇居民人均可支配收入标准,自定残之日起按二十年计算。但六十周岁以上的,年龄每增加一岁减少一年;七十五周岁以上的,按五年计算。

受害人因伤致残但实际收入没有减少,或者伤残等级较轻但造成职业妨害严重影响其劳动就业的,可以对残疾赔偿金作相应调整。

第十三条 残疾辅助器具费按照普通适用器具的合理费用标准计算。伤情有特殊需要的,可以参照辅助器具配制机构的意见确定相应的合理费用标准。

辅助器具的更换周期和赔偿期限参照配制机构的意见确定。

第十四条 丧葬费按照受诉法院所在地上一年度职工月平均工资标准,以六个月总额计算。

第十五条 死亡赔偿金按照受诉法院所在地上一年度城镇居民人均可支配收入标准,按二十年计算。但六十周岁以上的,年龄每增加一岁减少一年;七十五周岁以上的,按五年计算。

第十六条 被扶养人生活费计入残疾赔偿金或者死亡赔偿金。

第十七条 被扶养人生活费根据扶养人丧失劳动能力程度,按照受诉法院所在地上一年度城镇居民人均消费支出标准计算。被扶养人为未成年人的,计算至十八周岁;被扶养人无劳动能力又无其他生活来源的,计算二十年。但六十周岁以上的,年龄每增加一岁减少一年;七十五周岁以上的,按五年计算。

被扶养人是指受害人依法应当承担扶养义务的未成年人或者丧失劳动能力又无其他生活来源的成年近亲属。被扶养人还有其他扶养人的,赔偿义务人只赔偿受害人依法应当负担的部分。被扶养人有数人的,年赔偿总额累计不超过上一年度城镇居民人均消费支出额。

第十八条 赔偿权利人举证证明其住所地或者经常居住地城镇居民人均可支配收入高于受诉法院所在地标准的,残疾赔偿金或者死亡赔偿金可以按照其住所地或者经常居住地的相关标准计算。

被扶养人生活费的相关计算标准,依照前款原则确定。

第十九条 超过确定的护理期限、辅助器具费给付年限或者残疾赔偿金给付年限,赔偿权利人向人民法院起诉请求继续给付护理费、辅助器具费或者残疾赔偿金的,人民法院应予受理。赔偿权利人确需继续护理、配制辅助器具,或者没有劳动能力和生活来源的,人民法院应当判令赔偿义务人继续给付相关费用五至十年。

第二十条 赔偿义务人请求以定期金方式给付残疾赔偿金、辅助器具费的,应当提供相应的担保。人民法院可以根据赔偿义务人的给付能力和提供担保的情况,确定以定期金方式给付相关费用。但是,一审法庭辩论终结前已经发生的费用、死亡赔偿金以及精神损害抚慰金,应当一次性给付。

第二十一条 人民法院应当在法律文书中明确定期金的给付时间、方式以及每期给付标准。执行期间有关统计数据发生变化的,给付金额应当适时进行相应调整。

定期金按照赔偿权利人的实际生存年限给付,不受本解释有关赔偿期限的限制。

第二十二条 本解释所称"城镇居民人均可支配收入""城镇居民人均消费支出""职工平均工资",按照政府统计部门公布的各省、自治区、直辖市以及经济特区和计划单列市上一年度相关统计数据确定。

"上一年度",是指一审法庭辩论终结时的上一统计年度。

第二十三条 精神损害抚慰金适用《最高人民法院关于确定民事侵权精神损害赔偿责任若干问题的解释》予以确定。

(2)《最高人民法院关于确定民事侵权精神损害赔偿责任若干问题的解释》(法释〔2001〕7号,20010310;经法释〔2020〕17号修正,20210101)

第五条 精神损害的赔偿数额根据以下因素确定:

(一)侵权人的过错程度,但是法律另有规定的除外;

(二)侵权行为的目的、方式、场合等具体情节;

(三)侵权行为所造成的后果;

(四)侵权人的获利情况;

(五)侵权人承担责任的经济能力;

(六)受理诉讼法院所在地的平均生活水平。

【典型案例】

(1)海上、通海水域人身损害赔偿责任纠纷案件中赔偿标准如何确定?

[刘晓明与杜胜海上人身损害赔偿纠纷案,(2012)辽民三终字第763号]

根据《最高人民法院关于审理人身损害赔偿案件适用法律若干问题的解释》的规定,受害人各项损失的计算应根据受诉法院地上一年度城市居民人均可支配收入或农村人均纯收入的标准确定。海事法院系专门法院,并非依据行政区划设立的地方法院,且具有跨行政区域管辖的特点,在不同省市设有派出法庭。派出法庭是派出法院的组成部分,不具有基层法院的地位,在海上人身损害赔偿中相关丧葬费、死亡赔偿金的计算,应当以海事法院的主要办事机构(总部住所地)所在地作为受诉法院所在地,并按相关标准进行确定。

（2）后续治疗费用应否待实际发生后方可主张权利？［陈学君与庄文强海上人身损害赔偿纠纷案，(2010)沪海法海初字第48号］

后续治疗费，即二次手术费。依据《最高人民法院关于审理人身损害赔偿案件适用法律若干问题的解释》的规定，医疗费的赔偿数额，按照一审法庭辩论终结前实际发生的数额确定。器官功能恢复训练所必要的康复费、适当的整容费以及其他后续治疗费，赔偿权利人可以待实际发生后另行起诉。但根据医疗证明或者鉴定结论确定必然发生的费用，可以与已经发生的医疗费一并予以赔偿。本案中原告所提供的鉴定意见书中仅是对后续手术费用进行了评估，意见中未明确该费用必然会发生，且评估出的费用仅是一个预估的费用，故原告对后续费用的必然发生举证不足，不予支持，但原告可待后续治疗费用实际发生后另行起诉。

【适用要点】

《最高人民法院关于审理人身损害赔偿案件适用法律若干问题的解释》经再次修正并于2022年5月1日施行，根据该司法解释，在人身损害赔偿中，无论城镇居民还是农村居民，残疾赔偿金、死亡赔偿金和被扶养人生活费的计算，均统一适用受诉法院所在地上一年度城镇居民人均可支配收入标准。但在此之前的司法实践中，均是根据案件的实际情况，结合受害人住所地、经常居住地等因素，确定适用城镇居民人均可支配收入（人均消费性支出）或者农村居民人均纯收入（人均年生活消费支出）的标准。例如，被扶养人生活费其性质应为受害人未来损失的一部分，与受害人实际情况相关联，在具体赔偿时系以受害人的情况确定采用城镇标准还是农村标准。若受害人虽然农村户口，但在城市经商、居住，其经常居住地和主要收入来源地均为城市，有关损害赔偿费用则根据当地城镇居民的相关标准计算。在司法解释修正前的司法实践中，也存在以相同数额确定死亡赔偿金的情形，但原则上仅适用于因同一侵权行为造成多人死亡的案件，且只是"可以"以相同数额确定死亡赔偿金，并非任何因同一侵权行为造成多人死亡的案件都"必须"或者"应当"以相同数额确定死亡赔偿金。需要注意的是，虽然新修正的司法解释，将在人身损害赔偿中死亡赔偿金的计算，统一适用受诉法院所在地上一年度城镇居民人均可支配收入标准，但也仅是针对死亡赔偿金，对死者在死亡前产生的医疗费、护理费等合理费用支出，以及丧葬费支出，宜根据实际支出情况单独计算，损失多少，赔偿多少。

需要注意的是，有时人身损害的发生与权利人起诉时间间隔较长，相关人身损害赔偿标准，应按一审法庭辩论终结时的上一统计年度，并非损害发生时受诉法院所在地上一统计年度的标准作为计算依据,当相关人身损害赔偿的责任限额有变动时,亦应采用最新的责任限额进行计算,以最大限度保护当事人的人身权益。

6. 高度危险责任

【相关立法】

《中华人民共和国民法典》(20210101)

第一千二百三十六条　从事高度危险作业造成他人损害的,应当承担侵权责任。

第一千二百三十九条　占有或者使用易燃、易爆、剧毒、高放射性、强腐蚀性、高致病性等高度危险物造成他人损害的,占有人或者使用人应当承担侵权责任;但是,能够证明损害是因受害人故意或者不可抗力造成的,不承担责任。被侵权人对损害的发生有重大过失的,可以减轻占有人或者使用人的责任。

第一千二百四十一条　遗失、抛弃高度危险物造成他人损害的,由所有人承担侵权责任。所有人将高度危险物交由他人管理的,由管理人承担侵权责任;所有人有过错的,与管理人承担连带责任。

第一千二百四十二条　非法占有高度危险物造成他人损害的,由非法占有人承担侵权责任。所有人、管理人不能证明对防止非法占有尽到高度注意义务的,与非法占有人承担连带责任。

第一千二百四十三条　未经许可进入高度危险活动区域或者高度危险物存放区域受到损害,管理人能够证明已经采取足够安全措施并尽到充分警示义务的,可以减轻或者不承担责任。

第一千二百四十四条　承担高度危险责任,法律规定赔偿限额的,依照其规定,但是行为人有故意或者重大过失的除外。

【典型案例】

(1)因水坝开闸放水致受害人被冲入大海溺亡的是否属于高度危险责任?〔陈光星、陈开时、陈开明、陈开定、陈开亮与临高县新盈镇人民政府、临高县水务局、临高县新盈镇彩桥村委会、王照豪海上、通海水域人身损害责任纠纷案,(2017)琼民终7号〕

水坝泄洪致人损害是因物件管理不善所引发,由此导致的人身损害应属于物件致人损害,本案应属于《最高人民法院关于审理人身损害赔偿案件适用法律若干问题的解释》第十六条①"道路、桥梁、隧道等人工建造的构筑物因维护、管理瑕疵致人损害"规定的情形。

(2)在船舶上进行的煤炭装卸作业是否属于高度危险作业？造成人员伤亡的应否适用无过错责任原则？［连云港东硕国际贸易有限公司与尤利乌斯海运有限公司海上人身损害责任纠纷案，(2012)沪高民四(海)终字第13号］

所谓高度危险作业，是指从事高空、高压、易燃、易爆、剧毒、放射性、高速运输工具等对周围环境有高度危险的作业，其特征在于：对周围环境有危险；该危险程度须为高度危险，仅一般危险不在其列。涉案装卸货物为煤炭，虽然货舱内聚集的一氧化碳等有毒气体可能会导致人窒息，但煤炭物理性质相对稳定，并不属于易燃、易爆或剧毒物质，装卸煤炭作业亦不会对周围环境构成高度危险，故涉案煤炭装卸作业不构成法律意义上的高度危险作业。非本船船员以外的其他人员上船后在货舱窒息死亡的，不适用无过错责任原则。

【适用要点】

船舶在航行中，是否属于高速运输，对周围环境是否具有高度危险？根据我国现行立法，如航空法、铁路法等，只有航空运输、铁路运输及部分公路运输可归属于高速运输范畴。海商法对船舶航行是否属于高度危险作业没有作出规定。目前，国内案例并没有将船舶海上运输列为高度危险作业的范畴，但有个别案例将船舶航行中引航员登引航梯造成的人身损害认定具有高度危险性，承担无过错责任。适用无过错责任原则，是对加害人最严格的责任，必须是法律明确规定的特殊侵权行为，而不能随意扩张其适用范围。无论是从船舶的航行速度，还是登引航梯行为本身，虽然具有一般的危险性，但并不属于法律明确规定的高度危险作业，而应当适用过错责任。

虽然船舶航行本身不属于高度危险作业范畴，但当船舶运输易燃、易爆、剧毒等高度危险物时，符合民法典第一千二百三十九条至第一千二百四十三条的规定造成海上人身损害时，依然应当承担高度危险责任。与此同时，虽然目前并没有核动力船舶进行海上运输等民事活动，但若符合条件，也应当依法承担高度危险责任，且该核动力船舶造成的核能损害不属于海事赔偿责任限制范围。

---

① 2020年修正《最高人民法院关于审理人身损害赔偿案件适用法律若干问题的解释》时，此条规定已删除，相关内容见民法典规定。

7. 未发生船舶碰撞而造成人身损害的责任承担

【相关立法】

《中华人民共和国海商法》（19930701）

第一百七十条 船舶因操纵不当或者不遵守航行规章，虽然实际上没有同其他船舶发生碰撞，但是使其他船舶以及船上的人员、货物或者其他财产遭受损失的，适用本章的规定。

【司法解释】

(1)《最高人民法院关于适用〈中华人民共和国海事诉讼特别程序法〉若干问题的解释》（法释〔2003〕3号，20030201；经法释〔2008〕18号修正，20081231）

第六十一条 依据《中华人民共和国海商法》第一百七十条的规定提起的诉讼和因船舶触碰造成损害提起的诉讼，参照海事诉讼特别程序法关于审理船舶碰撞案件的有关规定审理。

(2)《最高人民法院关于审理船舶碰撞纠纷案件若干问题的规定》（法释〔2008〕7号，20080523；经法释〔2020〕18号修正，20210101）

第一条 本规定所称船舶碰撞，是指海商法第一百六十五条所指的船舶碰撞，不包括内河船舶之间的碰撞。

海商法第一百七十条所指的损害事故，适用本规定。

【适用要点】

两船舶之间未发生碰撞而发生人身损害，其性质不属于船舶碰撞纠纷，而应属于本案由所涉及纠纷。但考虑到两船舶虽未接触，但责任确定及赔偿的标准与碰撞后的后果并无二致，所以海商法及海事诉讼特别程序法的相关规定参照船舶碰撞处理，故在此特别予以明确。

五、非法留置船舶、船载货物、船用燃油、船用物料损害责任纠纷

1. 案由释义

非法留置船舶、船载货物、船用燃油、船用物料损害责任纠纷,是指非法占有船舶、船载货物(包括待运海运货物)、船舶自用燃油和物料,造成船舶、船载货物或其他财产损失而引起的损害责任纠纷。非法留置船舶、船载货物、船用燃油、船用物料要与合法的船舶留置权相区分,其必须以不符合行使留置权的构成要件为前提。

2. 诉讼程序规范

【相关立法】

(1)《中华人民共和国民事诉讼法》(19910409;20220101)

第三十一条　因船舶碰撞或者其他海事损害事故请求损害赔偿提起的诉讼,由碰撞发生地、碰撞船舶最先到达地、加害船舶被扣留地或者被告住所地人民法院管辖。

(2)《中华人民共和国海事诉讼特别程序法》(20000701)

第六条　海事诉讼的地域管辖,依照《中华人民共和国民事诉讼法》的有关规定。

下列海事诉讼的地域管辖,依照以下规定:

(一)因海事侵权行为提起的诉讼,除依照《中华人民共和国民事诉讼法》第二十九条至第三十一条①的规定以外,还可以由船籍港所在地海事法院管辖;

……

----

① 2021 年修正后的民事诉讼法第二十九条至第三十一条。

【司法解释】

(1)《最高人民法院关于海事法院受理案件范围的规定》（法释〔2016〕4号,20160301）

8. 非法留置或者扣留船舶、船载货物和船舶物料、燃油、备品的责任纠纷案件;

(2)《最高人民法院关于适用〈中华人民共和国海事诉讼特别程序法〉若干问题的解释》（法释〔2003〕3号,20030201;经法释〔2008〕18号修正,20081231）

第一条　在海上或者通海水域发生的与船舶或者运输、生产、作业相关的海事侵权纠纷、海商合同纠纷,以及法律或者相关司法解释规定的其他海事纠纷案件由海事法院及其上级人民法院专门管辖。

【适用要点】

非法留置或者扣留船舶、船载货物和船舶物料、燃油、备品的责任纠纷案件,属于海事法院受案范围。因非法留置船舶、船载货物、船用燃油、船用物料损害责任纠纷提起的诉讼,由非法留置行为发生地、被告住所地及船籍港所在地海事法院管辖。

3. 船舶留置权

【相关立法】

《中华人民共和国海商法》（19930701）

第二十五条　船舶优先权先于船舶留置权受偿,船舶抵押权后于船舶留置权受偿。

前款所称船舶留置权,是指造船人、修船人在合同另一方未履行合同时,可以留置所占有的船舶,以保证造船费用或者修船费用得以偿还的权利。船舶留置权在造船人、修船人不再占有所造或者所修的船舶时消灭。

【典型案例】

已退伙的合伙人强行占有船舶是否构成非法留置?〔黄和根与包双通、陈庆凉非法留置船舶损害责任纠纷案,(2012)浙海终字第58号〕

船舶共有纠纷中,法院判决合伙关系终止,船舶归一方合伙人所有,其他合伙人在审理期间强行拖走并扣留船舶,属非法留置,构成侵权。作为渔轮合伙人和案件的原告,在前案诉讼过程中,完全可以通过申请法院扣押涉案渔轮,以保障今后生效判决的执行,其所采取的擅自强行拖走并扣留渔轮的措施,不构成合法的"自助"行为。非法留置船舶期间的损失,可依据司法鉴定报告、法院现场勘验、调查走访结果、其他证人证言综合确定。

【适用要点】

海商法第二十五条规定的船舶留置权是有明确的适用主体和适用范围的,仅可由造船人、修船人在合同另一方未履行合同时才能行使该权利,且留置船舶仅为基于合同建造或修船合同所占有的船舶。比如,船方有两条船舶分别签订修船合同在船厂进行维修,船方付清甲船维修费用,而未付乙船维修费用,那么船厂仅能对乙船行使船舶留置权。

4. 承运人留置权

【相关立法】

《中华人民共和国海商法》(19930701)

第八十七条 应当向承运人支付的运费、共同海损分摊、滞期费和承运人为货物垫付的必要费用以及应当向承运人支付的其他费用没有付清,又没有提供适当担保的,承运人可以在合理的限度内留置其货物。

第八十八条 承运人根据本法第八十七条规定留置的货物,自船舶抵达卸货港的次日起满六十日无人提取的,承运人可以申请法院裁定拍卖;货物易腐烂变质或者货物的保管费用可能超过其价值的,可以申请提前拍卖。

拍卖所得价款,用于清偿保管、拍卖货物的费用和运费以及应当向承运人支付的其他有关费用;不足的金额,承运人有权向托运人追偿;剩余的金额,退还托运人;无法退还、自拍卖之日起满一年又无人领取的,上缴国库。

【批复、答复】

承运人向托运人主张运费权利前是否必须先行行使货物留置权?

《最高人民法院关于青岛思锐国际物流有限公司与无锡富通摩托车有限公司海上货物运输合同欠付运费纠纷一案的请示的答复》(〔2008〕民四他字第5号,20080509)

上海市高级人民法院:

你院〔2007〕沪高民四(海)终字第75号《关于青岛思锐国际物流有限公

司与无锡富通摩托车有限公司海上货物运输合同欠付运费纠纷一案的请示》收悉。

经研究认为：

1. 根据《中华人民共和国海商法》第六十九条的规定，托运人应当按照约定向承运人支付运费。托运人与承运人可以约定运费由收货人支付；但是，此项约定应当在运输单证中载明。本案提单中记载的"运费到付"应视为承托双方对收货人支付运费的约定。

2. 托运人与承运人约定由收货人支付运费，属于当事人约定由第三人向债权人履行债务的情形。当目的港无人提货或者收货人拒绝提货时，应当视为第三人不履行债务。根据《中华人民共和国合同法》第六十五条①的规定，收货人未支付运费的，托运人应当履行支付的义务，承运人向托运人主张运费的请求应予支持。

3. 根据《中华人民共和国海商法》第八十七条的规定，应当向承运人支付的运费没有付清，又没有提供适当担保的，承运人可以在合理的限度内留置其货物，但并无法律规定承运人向托运人主张运费权利前必须先行行使货物留置权。

同意你院审委会倾向性意见，青岛思锐国际物流有限公司要求无锡富通摩托车有限公司支付运费的诉讼请求应予支持。

此复。

【典型案例】

因货物自身原因发生火灾，致使船舶遭受损失，承运人是否有权留置涉案货物？［宁波市镇海明鼎金属材料有限公司与逢原船务有限公司等非法留置船载货物损害责任纠纷案,(2014)甬海法商初字第 436 号]

第一，该种情况不属于海商法第八十七条所列承运人可留置的共同海损分摊。所谓共同海损，是指在同一海上航程中，当船舶、货物和其他财产遭遇共同危险时，为了共同安全，有意而合理地采取措施所造成的特殊牺牲支出的特殊费用，由各受益方按比例分摊的法律制度。本案中，被告主张的各项损失均系火灾直接导致的船舶损失，为单独海损，并非共同海损。第二，海上货物运输中，承运人主张其因火灾遭受的损失应由货方赔偿，应提供公安消防机构出具的事故调查报告，证明火灾系货方原因所致。由于承运人最终没有证据证明火灾是由货方原因所致，故相应损失也不属于"应当向承运人

---

① 民法典施行后,合同法被废止,相关内容见民法典第五百二十三条。

支付的其他费用"，故承运人无权留置相应船载货物。

【适用要点】

海上货物运输承运人对货物行使留置权首先要满足一般留置权行使的规定，即承运人的债权已届清偿期、承运人需合法占有运输货物、留置的货物须与被担保的债权具有牵连关系、留置运输货物的价值应与欠付的运输费用相当、当事人约定不得留置的货物不得留置。

此外，以下几个方面需要特别注意。第一，留置货物的主体仅为承运人。船代、货代乃至实际承运人均无权依据该条行使留置权。第二，留置货物必须为债务人所有。就目前来看，海商法第八十七条与民法典第八百三十六条关于承运人留置权在留置物的权属规定存在不同，民法典并不对留置物权属进行要求，而海商法则明确了留置的货物限定在应当向承运人支付相关费用没有付清又没有提供适当担保的民事主体所有的货物，鉴于海商法目前并未修改，因此在海上货物运输中承运人留置货物仍必须为债务人所有。第三，行使留置权仅限于本次运输产生的相关费用。

5. 出租人留置权

【相关立法】

《中华人民共和国海商法》（19930701）

第一百四十一条　承租人未向出租人支付租金或者合同约定的其他款项的，出租人对船上属于承租人的货物和财产以及转租船舶的收入有留置权。

【典型案例】

对于海商法第一百四十一条"船上属于承租人的货物和财产"应如何理解？[深圳市吉航运通物流有限公司与上海勋源海运有限公司非法留置船舶、船载货物、船用燃油、船用物料损害责任纠纷案，（2020）鲁民终 953 号]

海商法出租人留置权的正确适用，涉及"船上属于承租人的货物和财产"的准确理解。在相关法律以及司法解释没有作出明确规定的情况下，按照通常理解，"财产属于"的意思为"财产被谁所有"。故出租人所能留置的财产或者货物，仅能是承租人所有的财产。

【适用要点】

海商法第一百四十一条明确留置物的范围限于"承租人的货物和财产

以及转租船舶的收入",因此出租人在采取留置措施时,必须对留置物的权属进行甄别。

6. 海上拖航合同中承拖方留置权

【相关立法】

《中华人民共和国海商法》(19930701)

第一百六十一条　被拖方未按照约定支付拖航费和其他合理费用的,承拖方对被拖物有留置权。

【适用要点】

该留置权的基础是承托方占有被拖物,且始终保持连续占有的状态,一旦承托人失去对被拖物的实际占有则不能再行使该条所规定的留置权。此外,该留置权所担保的范围应为拖航费和其他合理费用,其中其他合理费用一般应理解为港口使费、引水费等应由被拖方承担但实际已经由承托方垫付的费用。

7. 依据民法典的规定对船舶、船载货物、船用燃油、船用物料进行留置

【相关立法】

《中华人民共和国民法典》(20210101)

第四百四十七条　债务人不履行到期债务,债权人可以留置已经合法占有的债务人的动产,并有权就该动产优先受偿。

前款规定的债权人为留置权人,占有的动产为留置财产。

第四百四十八条　债权人留置的动产,应当与债权属于同一法律关系,但是企业之间留置的除外。

第四百四十九条　法律规定或者当事人约定不得留置的动产,不得留置。

第四百五十条　留置财产为可分物的,留置财产的价值应当相当于债务的金额。

第四百五十一条　留置权人负有妥善保管留置财产的义务;因保管不善致使留置财产毁损、灭失的,应当承担赔偿责任。

第四百五十二条　留置权人有权收取留置财产的孳息。

前款规定的孳息应当先充抵收取孳息的费用。

第四百五十三条 留置权人与债务人应当约定留置财产后的债务履行期限;没有约定或者约定不明确的,留置权人应当给债务人六十日以上履行债务的期限,但是鲜活易腐等不易保管的动产除外。债务人逾期未履行的,留置权人可以与债务人协议以留置财产折价,也可以就拍卖、变卖留置财产所得的价款优先受偿。

留置财产折价或者变卖的,应当参照市场价格。

第四百五十四条 债务人可以请求留置权人在债务履行期限届满后行使留置权;留置权人不行使的,债务人可以请求人民法院拍卖、变卖留置财产。

第四百五十五条 留置财产折价或者拍卖、变卖后,其价款超过债权数额的部分归债务人所有,不足部分由债务人清偿。

第四百五十六条 同一动产上已经设立抵押权或者质权,该动产又被留置的,留置权人优先受偿。

第四百五十七条 留置权人对留置财产丧失占有或者留置权人接受债务人另行提供担保的,留置权消灭。

【典型案例】

(1)海商法第八十七条关于留置物须为债务人所有的规定是否为海运货物留置权成立的一般前提?[青岛三龙国际货运有限公司与广东中外运东江仓码有限公司船载货物损害责任纠纷案,(2016)粤民终 316 号]

海商法第八十七条关于留置物须为债务人所有的规定应理解为法律对货物运输合同项下承运人行使留置权的特殊要求,其本质是对债权人行使权利的限制,并非将所有权属性要求粘滞于留置物之上,故不能将所有权归属于债务人作为海运货物留置权成立的一般前提,而将其扩展适用至海上货物运输中的承运人以外的其他债权人主张留置权的场合。

(2)船舶买卖合同下出卖人对占有的船舶享有留置权的条件是什么?[乐清市江丰船务有限公司与南京连润运输贸易有限公司等船舶买卖合同纠纷案,(2016)浙民终 315 号]

物权法对于动产留置权的规定①,大大扩张了动产留置权的范围,且放宽了某些情形下债权与留置物之间牵连关系的条件限制。涉及动产留置权的设立、变动与消灭,依物权法规定处理,除非其他法律另有特别规定。船舶

---

① 在这个问题上,民法典沿袭了物权法的规定。

买卖合同下符合物权法动产留置权成立要件的,出卖人对占有的船舶享有留置权。

【适用要点】

海商法第二十五条所规定的船舶留置权明确仅适用于修建造船舶合同,修建造人在对方未履行合同时,可以留置所占有的船舶,并以未履行的造船费用或者修船费用为限。但船舶作为动产还存在其他被留置的可能,对船舶采取留置并非仅存在海商法规定的这一种情形,在其他情形下当然不能适用海商法第二十五条的规定,应当依据民法典动产留置权的有关规定予以判断。

六、海上、通海水域运输重大责任事故责任纠纷

1. 案由释义

　　海上、通海水域运输重大责任事故责任纠纷，是指因在海上、通海水域从事运输活动，或其他作业的过程中，给他人人身、财产，以及海上、通海水域环境等造成重大损害或其他重大不良后果而引起的损害赔偿纠纷。海上、通海水域运输重大责任的具体事故形态多样。具体形式可包括：船舶碰撞损害责任纠纷案件，包括浪损等间接碰撞的损害责任纠纷案件；船舶触碰海上、通海可航水域、港口及其岸上的设施或者其他财产的损害责任纠纷案件，包括船舶触碰码头、防波堤、栈桥、船闸、桥梁、航标、钻井平台等设施的损害责任纠纷案件；船舶损坏在空中架设或者在海底、通海可航水域敷设的设施或者其他财产的损害责任纠纷案件；船舶排放、泄漏、倾倒油类、污水或者其他有害物质，造成水域污染或者他船、货物及其他财产损失的损害责任纠纷案件；船舶的航行或者作业损害捕捞、养殖设施及水产养殖物的责任纠纷案件；船舶航行、营运、作业等活动侵害他人人身权益的责任纠纷案件；污染海洋环境、破坏海洋生态责任纠纷案件；污染通海可航水域环境、破坏通海可航水域生态责任纠纷案件等。

2. 诉讼程序规范

【相关立法】

《中华人民共和国海事诉讼特别程序法》(20000701)

　　第六条　海事诉讼的地域管辖，依照《中华人民共和国民事诉讼法》的有关规定。

　　下列海事诉讼的地域管辖，依照以下规定：

　　(一)因海事侵权行为提起的诉讼，除依照《中华人民共和国民事诉讼法》第

二十九条至第三十一条①的规定以外，还可以由船籍港所在地海事法院管辖；

……

【司法解释】

(1)《最高人民法院关于海事法院受理案件范围的规定》（法释〔2016〕4号，20160301）

1. 船舶碰撞损害责任纠纷案件，包括浪损等间接碰撞的损害责任纠纷案件；

2. 船舶触碰海上、通海可航水域、港口及其岸上的设施或者其他财产的损害责任纠纷案件，包括船舶触碰码头、防波堤、栈桥、船闸、桥梁、航标、钻井平台等设施的损害责任纠纷案件；

3. 船舶损坏在空中架设或者在海底、通海可航水域敷设的设施或者其他财产的损害责任纠纷案件；

4. 船舶排放、泄漏、倾倒油类、污水或者其他有害物质，造成水域污染或者他船、货物及其他财产损失的损害责任纠纷案件；

5. 船舶的航行或者作业损害捕捞、养殖设施及水产养殖物的责任纠纷案件；

7. 船舶航行、营运、作业等活动侵害他人人身权益的责任纠纷案件；

65. 污染海洋环境、破坏海洋生态责任纠纷案件；

66. 污染通海可航水域环境、破坏通海可航水域生态责任纠纷案件；

(2)《最高人民法院关于审理发生在我国管辖海域相关案件若干问题的规定(一)》（法释〔2016〕16号，20160802）

第一条　本规定所称我国管辖海域，是指中华人民共和国内水、领海、毗连区、专属经济区、大陆架，以及中华人民共和国管辖的其他海域。

第五条　因在我国管辖海域内发生海损事故，请求损害赔偿提起的诉讼，由管辖该海域的海事法院、事故船舶最先到达地的海事法院、船舶被扣押地或者被告住所地海事法院管辖。

因在公海等我国管辖海域外发生海损事故，请求损害赔偿在我国法院提起的诉讼，由事故船舶最先到达地、船舶被扣押地或者被告住所地海事法院管辖。

事故船舶为中华人民共和国船舶的，还可以由船籍港所在地海事法院

---

① 2021年修正后的民事诉讼法第二十九条至第三十一条。

管辖。

　　第六条　在我国管辖海域内,因海上航运、渔业生产及其他海上作业造成污染,破坏海洋生态环境,请求损害赔偿提起的诉讼,由管辖该海域的海事法院管辖。

　　污染事故发生在我国管辖海域外,对我国管辖海域造成污染或污染威胁,请求损害赔偿或者预防措施费用提起的诉讼,由管辖该海域的海事法院或采取预防措施地的海事法院管辖。

【适用要点】

　　海上、通海水域运输重大责任事故责任纠纷属于因海事侵权行为提起的诉讼,应当依照民事诉讼法第二十九条的规定,由侵权行为地或者被告住所地人民法院管辖,还应当依照海事诉讼特别程序法第六条第二款第一项的规定,由船籍港所在地海事法院管辖。海上、通海水域运输过程中的重大责任事故责任纠纷,从相关事故对环境的影响、案件审理的方便等角度考虑,不宜赋予此类案件当事人协议选择管辖法院的选择权。① 在确定案由时应注意,海上、通海水域运输重大责任事故责任纠纷应以造成重大责任事故这一后果为必要前提。例如,如果海上、通海水域运输过程中,事故形态表现为船舶碰撞、船舶触碰,但未造成重大责任事故,仍应分别确定为船舶碰撞损害责任纠纷、船舶触碰损害责任纠纷。

3. 重大责任事故的具体形态

【相关立法】

　　(1)《中华人民共和国海上交通安全法》(19840101;20210901)

　　第五十七条　除进行抢险或者生命救助外,客船应当按照船舶检验证书核定的载客定额载运乘客,货船载运货物应当符合船舶检验证书核定的载重线和载货种类,不得载运乘客。

　　第五十八条　客船载运乘客不得同时载运危险货物。

　　乘客不得随身携带或者在行李中夹带法律、行政法规或者国务院交通运输主管部门规定的危险物品。

　　第五十九条　客船应当在显著位置向乘客明示安全须知,设置安全标志

---

　　① 最高人民法院研究室编著:《最高人民法院新民事案件案由规定理解与适用》,人民法院出版社 2021 年版,第 678 页。

和警示,并向乘客介绍救生用具的使用方法以及在紧急情况下应当采取的应急措施。乘客应当遵守安全乘船要求。

第六十条 海上渡口所在地的县级以上地方人民政府应当建立健全渡口安全管理责任制,制定海上渡口的安全管理办法,监督、指导海上渡口经营者落实安全主体责任,维护渡运秩序,保障渡运安全。

海上渡口的渡运线路由渡口所在地的县级以上地方人民政府交通运输主管部门会同海事管理机构划定。渡船应当按照划定的线路安全渡运。

遇有恶劣天气、海况,县级以上地方人民政府或者其指定的部门应当发布停止渡运的公告。

第六十一条 船舶载运货物,应当按照有关法律、行政法规、规章以及强制性标准和技术规范的要求安全装卸、积载、隔离、系固和管理。

第六十二条 船舶载运危险货物,应当持有有效的危险货物适装证书,并根据危险货物的特性和应急措施的要求,编制危险货物应急处置预案,配备相应的消防、应急设备和器材。

第六十三条 托运人托运危险货物,应当将其正式名称、危险性质以及应当采取的防护措施通知承运人,并按照有关法律、行政法规、规章以及强制性标准和技术规范的要求妥善包装,设置明显的危险品标志和标签。

托运人不得在托运的普通货物中夹带危险货物或者将危险货物谎报为普通货物托运。

托运人托运的货物为国际海上危险货物运输规则和国家危险货物品名表上未列明但具有危险特性的货物的,托运人还应当提交有关专业机构出具的表明该货物危险特性以及应当采取的防护措施等情况的文件。

货物危险特性的判断标准由国家海事管理机构制定并公布。

第六十四条 船舶载运危险货物进出港口,应当符合下列条件,经海事管理机构许可,并向海事管理机构报告进出港口和停留的时间等事项:

(一)所载运的危险货物符合海上安全运输要求;

(二)船舶的装载符合所持有的证书、文书的要求;

(三)拟靠泊或者进行危险货物装卸作业的港口、码头、泊位具备有关法律、行政法规规定的危险货物作业经营资质。

海事管理机构应当自收到申请之时起二十四小时内作出许可或者不予许可的决定。

定船舶、定航线并且定货种的船舶可以申请办理一定期限内多次进出港口许可,期限不超过三十日。海事管理机构应当自收到申请之日起五个工作日内作出许可或者不予许可的决定。

海事管理机构予以许可的,应当通报港口行政管理部门。

第六十五条　船舶、海上设施从事危险货物运输或者装卸、过驳作业,应当编制作业方案,遵守有关强制性标准和安全作业操作规程,采取必要的预防措施,防止发生安全事故。

在港口水域外从事散装液体危险货物过驳作业的,还应当符合下列条件,经海事管理机构许可并核定安全作业区:

(一)拟进行过驳作业的船舶或者海上设施符合海上交通安全与防治船舶污染海洋环境的要求;

(二)拟过驳的货物符合安全过驳要求;

(三)参加过驳作业的人员具备法律、行政法规规定的过驳作业能力;

(四)拟作业水域及其底质、周边环境适宜开展过驳作业;

(五)过驳作业对海洋资源以及附近的军事目标、重要民用目标不构成威胁;

(六)有符合安全要求的过驳作业方案、安全保障措施和应急预案。

对单航次作业的船舶,海事管理机构应当自收到申请之时起二十四小时内作出许可或者不予许可的决定;对在特定水域多航次作业的船舶,海事管理机构应当自收到申请之日起五个工作日内作出许可或者不予许可的决定。

(2)《中华人民共和国海洋环境保护法》(19830301;20171105)

第十八条　国家根据防止海洋环境污染的需要,制定国家重大海上污染事故应急计划。

国家海洋行政主管部门负责制定全国海洋石油勘探开发重大海上溢油应急计划,报国务院环境保护行政主管部门备案。

国家海事行政主管部门负责制定全国船舶重大海上溢油污染事故应急计划,报国务院环境保护行政主管部门备案。

沿海可能发生重大海洋环境污染事故的单位,应当依照国家的规定,制定污染事故应急计划,并向当地环境保护行政主管部门、海洋行政主管部门备案。

沿海县级以上地方人民政府及其有关部门在发生重大海上污染事故时,必须按照应急计划解除或者减轻危害。

第七十一条　船舶发生海难事故,造成或者可能造成海洋环境重大污染损害的,国家海事行政主管部门有权强制采取避免或者减少污染损害的措施。

对在公海上因发生海难事故,造成中华人民共和国管辖海域重大污染损害后果或者具有污染威胁的船舶、海上设施,国家海事行政主管部门有权采取与实际的或者可能发生的损害相称的必要措施。

第八十九条 造成海洋环境污染损害的责任者,应当排除危害,并赔偿损失;完全由于第三者的故意或者过失,造成海洋环境污染损害的,由第三者排除危害,并承担赔偿责任。

对破坏海洋生态、海洋水产资源、海洋保护区,给国家造成重大损失的,由依照本法规定行使海洋环境监督管理权的部门代表国家对责任者提出损害赔偿要求。

第九十条 对违反本法规定,造成海洋环境污染事故的单位,除依法承担赔偿责任外,由依照本法规定行使海洋环境监督管理权的部门依照本条第二款的规定处以罚款;对直接负责的主管人员和其他直接责任人员可以处上一年度从本单位取得收入百分之五十以下的罚款;直接负责的主管人员和其他直接责任人员属于国家工作人员的,依法给予处分。

对造成一般或者较大海洋环境污染事故的,按照直接损失的百分之二十计算罚款;对造成重大或者特大海洋环境污染事故的,按照直接损失的百分之三十计算罚款。

对严重污染海洋环境、破坏海洋生态,构成犯罪的,依法追究刑事责任。

【行政法规】

(1)《防治船舶污染海洋环境管理条例》(20100301;20180319)

第二条 防治船舶及其有关作业活动污染中华人民共和国管辖海域适用本条例。

第三条 防治船舶及其有关作业活动污染海洋环境,实行预防为主、防治结合的原则。

第四条 国务院交通运输主管部门主管所辖港区水域内非军事船舶和港区水域外非渔业、非军事船舶污染海洋环境的防治工作。

海事管理机构依照本条例规定具体负责防治船舶及其有关作业活动污染海洋环境的监督管理。

第十条 船舶的结构、设备、器材应当符合国家有关防治船舶污染海洋环境的技术规范以及中华人民共和国缔结或者参加的国际条约的要求。

船舶应当依照法律、行政法规、国务院交通运输主管部门的规定以及中华人民共和国缔结或者参加的国际条约的要求,取得并随船携带相应的防治船舶污染海洋环境的证书、文书。

第十一条 中国籍船舶的所有人、经营人或者管理人应当按照国务院交通运输主管部门的规定,建立健全安全营运和防治船舶污染管理体系。

海事管理机构应当对安全营运和防治船舶污染管理体系进行审核,审核合格的,发给符合证明和相应的船舶安全管理证书。

第十二条 港口、码头、装卸站以及从事船舶修造的单位应当配备与其装卸货物种类和吞吐能力或者修造船舶能力相适应的污染监视设施和污染物接收设施,并使其处于良好状态。

第十三条 港口、码头、装卸站以及从事船舶修造、打捞、拆解等作业活动的单位应当制定有关安全营运和防治污染的管理制度,按照国家有关防治船舶及其有关作业活动污染海洋环境的规范和标准,配备相应的防治污染设备和器材。

港口、码头、装卸站以及从事船舶修造、打捞、拆解等作业活动的单位,应当定期检查、维护配备的防治污染设备和器材,确保防治污染设备和器材符合防治船舶及其有关作业活动污染海洋环境的要求。

第十四条 船舶所有人、经营人或者管理人应当制定防治船舶及其有关作业活动污染海洋环境的应急预案,并报海事管理机构备案。

港口、码头、装卸站的经营人以及有关作业单位应当制定防治船舶及其有关作业活动污染海洋环境的应急预案,并报海事管理机构和环境保护主管部门备案。

船舶、港口、码头、装卸站以及其他有关作业单位应当按照应急预案,定期组织演练,并做好相应记录。

第十五条 船舶在中华人民共和国管辖海域向海洋排放的船舶垃圾、生活污水、含油污水、含有毒有害物质污水、废气等污染物以及压载水,应当符合法律、行政法规、中华人民共和国缔结或者参加的国际条约以及相关标准的要求。

船舶应当将不符合前款规定的排放要求的污染物排入港口接收设施或者由船舶污染物接收单位接收。

船舶不得向依法划定的海洋自然保护区、海滨风景名胜区、重要渔业水域以及其他需要特别保护的海域排放船舶污染物。

第十六条 船舶处置污染物,应当在相应的记录簿内如实记录。

船舶应当将使用完毕的船舶垃圾记录簿在船舶上保留2年;将使用完毕的含油污水、含有毒有害物质污水记录簿在船舶上保留3年。

第十七条 船舶污染物接收单位从事船舶垃圾、残油、含油污水、含有毒有害物质污水接收作业,应当编制作业方案,遵守相关操作规程,并采取必要的防污染措施。船舶污染物接收单位应当将船舶污染物接收情况按照规定向海事管理机构报告。

第十八条 船舶污染物接收单位接收船舶污染物,应当向船舶出具污染物接收单证,经双方签字确认并留存至少2年。污染物接收单证应当注明作业双方名称、作业开始和结束的时间、地点,以及污染物种类、数量等内容。船舶应当将污染物接收单证保存在相应的记录簿中。

第十九条 船舶污染物接收单位应当按照国家有关污染物处理的规定处理接收的船舶污染物,并每月将船舶污染物的接收和处理情况报海事管理机构备案。

第二十条 从事船舶清舱、洗舱、油料供受、装卸、过驳、修造、打捞、拆解,污染危害性货物装箱、充罐,污染清除作业以及利用船舶进行水上水下施工等作业活动的,应当遵守相关操作规程,并采取必要的安全和防治污染的措施。

从事前款规定的作业活动的人员,应当具备相关安全和防治污染的专业知识和技能。

第二十一条 船舶不符合污染危害性货物适载要求的,不得载运污染危害性货物,码头、装卸站不得为其进行装载作业。

污染危害性货物的名录由国家海事管理机构公布。

第二十二条 载运污染危害性货物进出港口的船舶,其承运人、货物所有人或者代理人,应当向海事管理机构提出申请,经批准方可进出港口或者过境停留。

第二十三条 载运污染危害性货物的船舶,应当在海事管理机构公布的具有相应安全装卸和污染物处理能力的码头、装卸站进行装卸作业。

第二十四条 货物所有人或者代理人交付船舶载运污染危害性货物,应当确保货物的包装与标志等符合有关安全和防治污染的规定,并在运输单证上准确注明货物的技术名称、编号、类别(性质)、数量、注意事项和应急措施等内容。

货物所有人或者代理人交付船舶载运污染危害性不明的货物,应当委托有关技术机构进行危害性评估,明确货物的危害性质以及有关安全和防治污染要求,方可交付船舶载运。

第二十五条 海事管理机构认为交付船舶载运的污染危害性货物应当申报而未申报,或者申报的内容不符合实际情况的,可以按照国务院交通运输主管部门的规定采取开箱等方式查验。

海事管理机构查验污染危害性货物,货物所有人或者代理人应当到场,并负责搬移货物,开拆和重封货物的包装。海事管理机构认为必要的,可以径行查验、复验或者提取货样,有关单位和个人应当配合。

第二十六条 进行散装液体污染危害性货物过驳作业的船舶,其承运人、货物所有人或者代理人应当向海事管理机构提出申请,告知作业地点,并附送过驳作业方案、作业程序、防治污染措施等材料。

海事管理机构应当自受理申请之日起 2 个工作日内作出许可或者不予许可的决定。2 个工作日内无法作出决定的,经海事管理机构负责人批准,可以延长 5 个工作日。

第二十七条 依法获得船舶油料供受作业资质的单位,应当向海事管理机构备案。海事管理机构应当对船舶油料供受作业进行监督检查,发现不符合安全和防治污染要求的,应当予以制止。

第二十八条 船舶燃油供给单位应当如实填写燃油供受单证,并向船舶提供船舶燃油供受单证和燃油样品。

船舶和船舶燃油供给单位应当将燃油供受单证保存 3 年,并将燃油样品妥善保存 1 年。

第二十九条 船舶修造、水上拆解的地点应当符合环境功能区划和海洋功能区划。

第三十条 从事船舶拆解的单位在船舶拆解作业前,应当对船舶上的残余物和废弃物进行处置,将油舱(柜)中的存油驳出,进行船舶清舱、洗舱、测爆等工作。

从事船舶拆解的单位应当及时清理船舶拆解现场,并按照国家有关规定处理船舶拆解产生的污染物。

禁止采取冲滩方式进行船舶拆解作业。

第三十一条 禁止船舶经过中华人民共和国内水、领海转移危险废物。

经过中华人民共和国管辖的其他海域转移危险废物的,应当事先取得国务院环境保护主管部门的书面同意,并按照海事管理机构指定的航线航行,定时报告船舶所处的位置。

第三十二条 船舶向海洋倾倒废弃物,应当如实记录倾倒情况。返港后,应当向驶出港所在地的海事管理机构提交书面报告。

第三十三条 载运散装液体污染危害性货物的船舶和 1 万总吨以上的其他船舶,其经营人应当在作业前或者进出港口前与符合国家有关技术规范的污染清除作业单位签订污染清除作业协议,明确双方在发生船舶污染事故后污染清除的权利和义务。

与船舶经营人签订污染清除作业协议的污染清除作业单位应当在发生船舶污染事故后,按照污染清除作业协议及时进行污染清除作业。

(2)《中华人民共和国内河交通安全管理条例》(20020801;20190302)

第二条 在中华人民共和国内河通航水域从事航行、停泊和作业以及与内河交通安全有关的活动,必须遵守本条例。

第十四条 船舶在内河航行,应当悬挂国旗,标明船名、船籍港、载重线。按照国家规定应当报废的船舶、浮动设施,不得航行或者作业。

第十五条 船舶在内河航行,应当保持瞭望,注意观察,并采用安全航速航行。船舶安全航速应当根据能见度、通航密度、船舶操纵性能和风、浪、水流、航路状况以及周围环境等主要因素决定。使用雷达的船舶,还应当考虑雷达设备的特性、效率和局限性。

船舶在限制航速的区域和汛期高水位期间,应当按照海事管理机构规定的航速航行。

第十六条 船舶在内河航行时,上行船舶应当沿缓流或者航路一侧航行,下行船舶应当沿主流或者航路中间航行;在潮流河段、湖泊、水库、平流区域,应当尽可能沿本船右舷一侧航路航行。

第十七条 船舶在内河航行时,应当谨慎驾驶,保障安全;对来船动态不明、声号不统一或者遇有紧迫情况时,应当减速、停车或者倒车,防止碰撞。

船舶相遇,各方应当注意避让。按照船舶航行规则应当让路的船舶,必须主动避让被让路船舶;被让路船舶应当注意让路船舶的行动,并适时采取措施,协助避让。

船舶避让时,各方避让意图经统一后,任何一方不得擅自改变避让行动。

船舶航行、避让和信号显示的具体规则,由国务院交通主管部门制定。

第十八条 船舶进出内河港口,应当向海事管理机构报告船舶的航次计划、适航状态、船员配备和载货载客等情况。

第十九条 下列船舶在内河航行,应当向引航机构申请引航:

(一)外国籍船舶;

(二)1000总吨以上的海上机动船舶,但船长驾驶同一类型的海上机动船舶在同一内河通航水域航行与上一航次间隔2个月以内的除外;

(三)通航条件受限制的船舶;

(四)国务院交通主管部门规定应当申请引航的客船、载运危险货物的船舶。

第二十条 船舶进出港口和通过交通管制区、通航密集区或者航行条件受限制的区域,应当遵守海事管理机构发布的有关通航规定。

任何船舶不得擅自进入或者穿越海事管理机构公布的禁航区。

第二十一条 从事货物或者旅客运输的船舶,必须符合船舶强度、稳性、吃水、消防和救生等安全技术要求和国务院交通主管部门规定的载货或者载客条件。

任何船舶不得超载运输货物或者旅客。

第二十二条 船舶在内河通航水域载运或者拖带超重、超长、超高、超宽、半潜的物体,必须在装船或者拖带前24小时报海事管理机构核定拟航行的航路、时间,并采取必要的安全措施,保障船舶载运或者拖带安全。船舶需要护航的,应当向海事管理机构申请护航。

第二十三条 遇有下列情形之一时,海事管理机构可以根据情况采取限时航行、单航、封航等临时性限制、疏导交通的措施,并予公告:

(一)恶劣天气;

(二)大范围水上施工作业;

(三)影响航行的水上交通事故;

(四)水上大型群众性活动或者体育比赛;

(五)对航行安全影响较大的其他情形。

第二十四条 船舶应当在码头、泊位或者依法公布的锚地、停泊区、作业区停泊;遇有紧急情况,需要在其他水域停泊的,应当向海事管理机构报告。

船舶停泊,应当按照规定显示信号,不得妨碍或者危及其他船舶航行、停泊或者作业的安全。

船舶停泊,应当留有足以保证船舶安全的船员值班。

第二十五条 在内河通航水域或者岸线上进行下列可能影响通航安全的作业或者活动的,应当在进行作业或者活动前报海事管理机构批准:

(一)勘探、采掘、爆破;

(二)构筑、设置、维修、拆除水上水下构筑物或者设施;

(三)架设桥梁、索道;

(四)铺设、检修、拆除水上水下电缆或者管道;

(五)设置系船浮筒、浮趸、缆桩等设施;

(六)航道建设,航道、码头前沿水域疏浚;

(七)举行大型群众性活动、体育比赛。

进行前款所列作业或者活动,需要进行可行性研究的,在进行可行性研究时应当征求海事管理机构的意见;依照法律、行政法规的规定,需经其他有关部门审批的,还应当依法办理有关审批手续。

第二十六条 海事管理机构审批本条例第二十五条规定的作业或者活动,应当自收到申请之日起30日内作出批准或者不批准的决定,并书面通知申请人。

遇有紧急情况,需要对航道进行修复或者对航道、码头前沿水域进行疏浚的,作业人可以边申请边施工。

第二十七条　航道内不得养殖、种植植物、水生物和设置永久性固定设施。

划定航道,涉及水产养殖区的,航道主管部门应当征求渔业行政主管部门的意见;设置水产养殖区,涉及航道的,渔业行政主管部门应当征求航道主管部门和海事管理机构的意见。

第二十八条　在内河通航水域进行下列可能影响通航安全的作业,应当在进行作业前向海事管理机构备案:

(一)气象观测、测量、地质调查;

(二)航道日常养护;

(三)大面积清除水面垃圾;

(四)可能影响内河通航水域交通安全的其他行为。

第二十九条　进行本条例第二十五条、第二十八条规定的作业或者活动时,应当在作业或者活动区域设置标志和显示信号,并按照海事管理机构的规定,采取相应的安全措施,保障通航安全。

前款作业或者活动完成后,不得遗留任何妨碍航行的物体。

第三十条　从事危险货物装卸的码头、泊位,必须符合国家有关安全规范要求,并征求海事管理机构的意见,经验收合格后,方可投入使用。

禁止在内河运输法律、行政法规以及国务院交通主管部门规定禁止运输的危险货物。

第三十一条　载运危险货物的船舶,必须持有经海事管理机构认可的船舶检验机构依法检验并颁发的危险货物适装证书,并按照国家有关危险货物运输的规定和安全技术规范进行配载和运输。

第三十二条　船舶装卸、过驳危险货物或者载运危险货物进出港口,应当将危险货物的名称、特性、包装、装卸或者过驳的时间、地点以及进出港时间等事项,事先报告海事管理机构和港口管理机构,经其同意后,方可进行装卸、过驳作业或者进出港口;但是,定船、定线、定货的船舶可以定期报告。

第三十三条　载运危险货物的船舶,在航行、装卸或者停泊时,应当按照规定显示信号;其他船舶应当避让。

第三十四条　从事危险货物装卸的码头、泊位和载运危险货物的船舶,必须编制危险货物事故应急预案,并配备相应的应急救援设备和器材。

【适用要点】

"重大责任事故"包括多种侵权事故形态。根据具体事故的形态不同,在监管方面适用的法律可能也不同。如果是船舶碰撞、海上人身伤害、财产损失事故,应优先适用海上交通安全法来判断。如果是油污事故,则应适用海洋环境保护法和《防治船舶污染海洋环境管理条例》。

4. 重大责任事故的界定

【相关立法】

《中华人民共和国海上交通安全法》(19840101;20210901)

第八十一条 海上交通事故根据造成的损害后果分为特别重大事故、重大事故、较大事故和一般事故。事故等级划分的人身伤亡标准依照有关安全生产的法律、行政法规的规定确定;事故等级划分的直接经济损失标准,由国务院交通运输主管部门会同国务院有关部门根据海上交通事故中的特殊情况确定,报国务院批准后公布施行。

第八十二条 特别重大海上交通事故由国务院或者国务院授权的部门组织事故调查组进行调查,海事管理机构应当参与或者配合开展调查工作。

其他海上交通事故由海事管理机构组织事故调查组进行调查,有关部门予以配合。国务院认为有必要的,可以直接组织或者授权有关部门组织事故调查组进行调查。

海事管理机构进行事故调查,事故涉及执行军事运输任务的,应当会同有关军事机关进行调查;涉及渔业船舶的,渔业渔政主管部门、海警机构应当参与调查。

【行政法规】

(1)《防治船舶污染海洋环境管理条例》(20100301;20180319)

第三十四条 本条例所称船舶污染事故,是指船舶及其有关作业活动发生油类、油性混合物和其他有毒有害物质泄漏造成的海洋环境污染事故。

第三十五条 船舶污染事故分为以下等级:

(一)特别重大船舶污染事故,是指船舶溢油1000吨以上,或者造成直接经济损失2亿元以上的船舶污染事故;

(二)重大船舶污染事故,是指船舶溢油500吨以上不足1000吨,或者造成直接经济损失1亿元以上不足2亿元的船舶污染事故;

（三）较大船舶污染事故，是指船舶溢油 100 吨以上不足 500 吨，或者造成直接经济损失 5000 万元以上不足 1 亿元的船舶污染事故；

（四）一般船舶污染事故，是指船舶溢油不足 100 吨，或者造成直接经济损失不足 5000 万元的船舶污染事故。

第四十三条　船舶污染事故的调查处理依照下列规定进行：

（一）特别重大船舶污染事故由国务院或者国务院授权国务院交通运输主管部门等部门组织事故调查处理；

（二）重大船舶污染事故由国家海事管理机构组织事故调查处理；

（三）较大船舶污染事故和一般船舶污染事故由事故发生地的海事管理机构组织事故调查处理。

船舶污染事故给渔业造成损害的，应当吸收渔业主管部门参与调查处理；给军事港口水域造成损害的，应当吸收军队有关主管部门参与调查处理。

(2)《中华人民共和国内河交通安全管理条例》（20020801；20190302）

第五十条　船舶、浮动设施发生交通事故，其所有人或者经营人必须立即向交通事故发生地海事管理机构报告，并做好现场保护工作。

第五十一条　海事管理机构接到内河交通事故报告后，必须立即派员前往现场，进行调查和取证。

海事管理机构进行内河交通事故调查和取证，应当全面、客观、公正。

第五十二条　接受海事管理机构调查、取证的有关人员，应当如实提供有关情况和证据，不得谎报或者隐匿、毁灭证据。

第五十三条　海事管理机构应当在内河交通事故调查、取证结束后 30 日内，依据调查事实和证据作出调查结论，并书面告知内河交通事故当事人。

第五十四条　海事管理机构在调查处理内河交通事故过程中，应当采取有效措施，保证航路畅通，防止发生其他事故。

第五十五条　地方人民政府应当依照国家有关规定积极做好内河交通事故的善后工作。

第五十六条　特大内河交通事故的报告、调查和处理，按照国务院有关规定执行。

【部门规章】

《水上交通事故统计办法》（交通运输部令 2021 年第 23 号，20210901）

第二条　中华人民共和国管辖水域内发生的水上交通事故及中国籍船舶在中华人民共和国管辖水域以外发生的水上交通事故的统计和上报，适用本办法。

本办法所称水上交通事故，是指船舶在航行、停泊、作业过程中发生的造成人员伤亡、财产损失、水域环境污染损害的事件。

第五条　水上交通事故按照下列分类进行统计：

（一）碰撞事故；

（二）搁浅事故；

（三）触礁事故；

（四）触碰事故；

（五）浪损事故；

（六）火灾、爆炸事故；

（七）风灾事故；

（八）自沉事故；

（九）操作性污染事故；

（十）其他引起人员伤亡、直接经济损失或者水域环境污染的水上交通事故。

第六条　本办法第五条第（一）项至第（八）项规定的事故以及第（十）项规定的其他引起人员伤亡、直接经济损失的事故，按照人员伤亡、直接经济损失分为以下等级：

（一）特别重大事故，指造成30人以上死亡（含失踪）的，或者100人以上重伤的，或者1亿元以上直接经济损失的事故；

（二）重大事故，指造成10人以上30人以下死亡（含失踪）的，或者50人以上100人以下重伤的，或者5000万元以上1亿元以下直接经济损失的事故；

（三）较大事故，指造成3人以上10人以下死亡（含失踪）的，或者10人以上50人以下重伤的，或者1000万元以上5000万元以下直接经济损失的事故；

（四）一般事故，指造成1人以上3人以下死亡（含失踪）的，或者1人以上10人以下重伤的，或者1000万元以下直接经济损失的事故。

前款规定的事故发生在海上的，其等级划分的直接经济损失标准按照国务院批准的相关规定执行。

第七条　本办法第五条中引起水域环境污染的事故，按照船舶溢油数量、直接经济损失分为以下等级：

（一）特别重大事故，指船舶溢油1000吨以上致水域环境污染的，或者在海上造成2亿元以上、在内河造成1亿元以上直接经济损失的事故；

（二）重大事故，指船舶溢油500吨以上1000吨以下致水域环境污染的，或者在海上造成1亿元以上2亿元以下、在内河造成5000万元以上1亿元以下直接经济损失的事故；

（三）较大事故，指船舶溢油100吨以上500吨以下致水域环境污染的，或者在海上造成5000万元以上1亿元以下、在内河造成1000万元以上5000万元以下直接经济损失的事故；

（四）一般事故，指船舶溢油100吨以下致水域环境污染的，或者在海上造成5000万元以下、在内河造成1000万元以下直接经济损失的事故。

第八条　统计水上交通事故，应当符合以下基本计算方法：

（一）重伤人数参照国家有关人体伤害鉴定标准确定；

（二）死亡（含失踪）人数按事故发生后7日内的死亡（含失踪）人数进行统计；

（三）船舶溢油数量按实际流入水体的数量进行统计；

（四）除原油、成品油以外的其他污染危害性物质泄漏按直接经济损失划分事故等级；

（五）船舶沉没或者全损按发生沉没或者全损的船舶价值进行统计；

（六）直接经济损失按水上交通事故对船舶和其他财产造成的直接损失进行统计，包括船舶救助费、打捞费、清污费、污染造成的财产损失、货损、修理费、检（查勘）验费等；船舶全损时，直接经济损失还应包括船舶价值；

（七）一件事故造成的人员死亡（含失踪）、重伤、水域环境污染和直接经济损失如同时符合2个以上等级划分标准的，按最高事故等级进行统计。

第九条　两艘以上船舶之间发生撞击造成损害的，按碰撞事故统计，计算方法如下：

（一）事故件数统计为一件；

（二）伤亡人数、沉船艘数、船舶溢油数量、直接经济损失按发生伤亡、沉船、溢油及受损失的船舶方进行统计；

（三）事故等级按照所有当事船舶的人员伤亡、船舶溢油数量或者直接经济损失确定。

船舶发生碰撞事故，一方当事船舶逃逸，事故等级暂按另一方船舶的人员伤亡、船舶溢油数量或者直接经济损失确定。查获逃逸船舶，事故等级及统计要素有变化的，事故统计数据应当予以更正。

第十条　船舶搁置在浅滩上，造成停航或者损害的，按搁浅事故统计。

船舶发生事故后为减少损失主动抢滩的，事故种类按照搁浅前的事故种类、损失按最终造成的损失进行统计。

第十一条 船舶触碰礁石，或者搁置在礁石上，造成损害的，按触礁事故统计。触礁事故等级的计算方法参照搁浅事故等级的计算方法。

第十二条 船舶触碰岸壁、码头、航标、桥墩、浮动设施、钻井平台等水上水下建筑物或者沉船、沉物、木桩、鱼栅等碍航物并造成损害，按触碰事故统计。船舶本身和岸壁、码头、航标、桥墩、钻井平台、浮动设施、鱼栅等水上水下建筑物的人员伤亡和损失，均应当列入触碰事故的伤亡和直接经济损失。

第十三条 船舶因其他船舶兴波冲击造成损害，按浪损事故统计，其事故等级的计算方法参照船舶碰撞事故等级的计算方法。

第十四条 船舶因自然或者人为因素致使船舶失火或者爆炸造成损害，按火灾、爆炸事故统计。

第十五条 船舶遭受较强风暴袭击造成损失，按风灾事故统计，一艘船舶计为一件事故。

第十六条 船舶因超载、积载或者装载不当、操作不当、船体进水等原因或者不明原因造成船舶沉没、倾覆、全损，按自沉事故统计，但其他事故造成的船舶沉没除外。

第十七条 船舶因发生碰撞、搁浅、触礁、触碰、浪损、火灾、爆炸、风灾及自沉事故造成水域环境污染的，按照造成水域环境污染的事故种类统计。

船舶造成的前款规定情形之外的水域环境污染，按照操作性污染事故统计。

第十八条 影响适航性能的机件或者重要属具的损坏或者灭失，以及在船人员工伤、意外落水等事故，按照"其他引起人员伤亡、直接经济损失、水域环境污染的水上交通事故"统计。

第十九条 船舶因外来原因使舱内进水、失去浮力，导致货舱或者驳船的甲板、机动船最高一层连续甲板浸至二分之一以上，按沉没统计。

船舶因外来原因造成严重损害，推定为船舶全损的，按沉船统计。

十米以下的船舶发生沉没或者推定全损，不计入沉船或者全损艘数和吨位。

第二十条 船舶附属艇、筏发生的水上交通事故按其所属船舶事故统计。

第二十一条 船舶因发生交通事故需要在国外进行修理的，实际修船费用按照中国人民银行公布的同期人民币与外汇比价折合人民币计算。

【典型案例】

如何确定侵权事故是否为重大责任事故?［营口宏宇土石方工程有限公司与孙洪奎海上通海水域运输重大责任事故责任纠纷案,(2019)辽民终981号］

海上、通海水域运输重大责任事故责任纠纷案件与船舶碰撞、船舶污染损害责任纠纷等海事侵权案件本质是一致的,之所以确定为重大责任事故纠纷,其本质是为了突出对海上、通海水域运输安全作业责任的重视。在发生侵权事故时,需要损害达到一定程度,并依据有关部门的事故调查报告确认为重大责任事故时,才可适用本案由。本案中,营口海事局出具的水上交通事故调查结论书认为,"济宁籍干货船'鲁济宁货1925'轮在盘锦港荣兴港区防波堤西侧水域(北纬40度43.45分,东经121度56.52分)锚泊期间翻扣沉没,事故造成1人死亡、2人失踪,构成水上交通重大事故"。

【适用要点】

审理海上、通海水域运输重大责任事故责任纠纷案件,应当了解具有行政管理性质的法律和行政法规的规定。认定海上、通海水域运输重大责任事故可参考交通运输部《水上交通事故统计办法》的相关规定。需要注意的是,该案由与船舶污染损害责任纠纷,海上、通海水域污染损害责任纠纷,海上、通海水域养殖损害责任纠纷,海上、通海水域财产损害责任纠纷与海上、通海水域人身损害责任纠纷等案由存在竞合。人员伤亡、财产损失、水域环境污染损害达到一定程度,构成"重大责任事故"引起的侵权纠纷,适用本案由。此外,如因侵权行为导致侵权人因重大责任事故被追究刑事责任的,被侵权人另行提起的民事赔偿诉讼,也应当适用本案由。

5. 侵权责任的承担

【相关立法】

(1)《中华人民共和国海商法》(19930701)

第一百六十二条　在海上拖航过程中,承拖方或者被拖方遭受的损失,由一方的过失造成的,有过失的一方应当负赔偿责任;由双方过失造成的,各方按照过失程度的比例负赔偿责任。

虽有前款规定,经承拖方证明,被拖方的损失是由于下列原因之一造成的,承拖方不负赔偿责任:

(一)拖轮船长、船员、引航员或者承拖方的其他受雇人、代理人在驾驶

拖轮或者管理拖轮中的过失;

（二）拖轮在海上救助或者企图救助人命或者财产时的过失。

本条规定仅在海上拖航合同没有约定或者没有不同约定时适用。

第一百六十三条 在海上拖航过程中，由于承拖方或者被拖方的过失，造成第三人人身伤亡或者财产损失的，承拖方和被拖方对第三人负连带赔偿责任。除合同另有约定外，一方连带支付的赔偿超过其应当承担的比例的，对另一方有追偿权。

第一百六十五条 船舶碰撞，是指船舶在海上或者与海相通的可航水域发生接触造成损害的事故。

前款所称船舶，包括与本法第三条所指船舶碰撞的任何其他非用于军事的或者政府公务的船艇。

第一百六十六条 船舶发生碰撞，当事船舶的船长在不严重危及本船和船上人员安全的情况下，对于相碰的船舶和船上人员必须尽力施救。

碰撞船舶的船长应当尽可能将其船舶名称、船籍港、出发港和目的港通知对方。

第一百六十七条 船舶发生碰撞，是由于不可抗力或者其他不能归责于任何一方的原因或者无法查明的原因造成的，碰撞各方互相不负赔偿责任。

第一百六十八条 船舶发生碰撞，是由于一船的过失造成的，由有过失的船舶负赔偿责任。

第一百六十九条 船舶发生碰撞，碰撞的船舶互有过失的，各船按照过失程度的比例负赔偿责任;过失程度相当或者过失程度的比例无法判定的，平均负赔偿责任。

互有过失的船舶，对碰撞造成的船舶以及船上货物和其他财产的损失，依照前款规定的比例负赔偿责任。碰撞造成第三人财产损失的，各船的赔偿责任均不超过其应当承担的比例。

互有过失的船舶，对造成的第三人的人身伤亡，负连带赔偿责任。一船连带支付的赔偿超过本条第一款规定的比例的，有权向其他有过失的船舶追偿。

第一百七十条 船舶因操纵不当或者不遵守航行规章，虽然实际上没有同其他船舶发生碰撞，但是使其他船舶以及船上的人员、货物或者其他财产遭受损失的，适用本章的规定。

(2)《中华人民共和国民法典》（20210101）

第一千一百六十五条 行为人因过错侵害他人民事权益造成损害的，应当承担侵权责任。

依照法律规定推定行为人有过错，其不能证明自己没有过错的，应当承担侵权责任。

第一千一百六十六条　行为人造成他人民事权益损害，不论行为人有无过错，法律规定应当承担侵权责任的，依照其规定。

第一千一百六十七条　侵权行为危及他人人身、财产安全的，被侵权人有权请求侵权人承担停止侵害、排除妨碍、消除危险等侵权责任。

第一千一百六十八条　二人以上共同实施侵权行为，造成他人损害的，应当承担连带责任。

第一千一百七十条　二人以上实施危及他人人身、财产安全的行为，其中一人或者数人的行为造成他人损害，能够确定具体侵权人的，由侵权人承担责任；不能确定具体侵权人的，行为人承担连带责任。

第一千一百七十二条　二人以上分别实施侵权行为造成同一损害，能够确定责任大小的，各自承担相应的责任；难以确定责任大小的，平均承担责任。

第一千一百七十三条　被侵权人对同一损害的发生或者扩大有过错的，可以减轻侵权人的责任。

第一千一百七十四条　损害是因受害人故意造成的，行为人不承担责任。

第一千一百七十五条　损害是因第三人造成的，第三人应当承担侵权责任。

第一千一百八十二条　侵害他人人身权益造成财产损失的，按照被侵权人因此受到的损失或者侵权人因此获得的利益赔偿；被侵权人因此受到的损失以及侵权人因此获得的利益难以确定，被侵权人和侵权人就赔偿数额协商不一致，向人民法院提起诉讼的，由人民法院根据实际情况确定赔偿数额。

第一千一百八十四条　侵害他人财产的，财产损失按照损失发生时的市场价格或者其他合理方式计算。

【司法解释】

(1)《最高人民法院关于审理船舶油污损害赔偿纠纷案件若干问题的规定》(法释〔2011〕14 号，20110701；经法释〔2020〕18 号修正，20210101)

第一条　船舶发生油污事故，对中华人民共和国领域和管辖的其他海域造成油污损害或者形成油污损害威胁，人民法院审理相关船舶油污损害赔偿纠纷案件，适用本规定。

第二条　当事人就油轮装载持久性油类造成的油污损害提起诉讼、申请设立油污损害赔偿责任限制基金，由船舶油污事故发生地海事法院管辖。

油轮装载持久性油类引起的船舶油污事故,发生在中华人民共和国领域和管辖的其他海域外,对中华人民共和国领域和管辖的其他海域造成油污损害或者形成油污损害威胁,当事人就船舶油污事故造成的损害提起诉讼、申请设立油污损害赔偿责任限制基金,由油污损害结果地或者采取预防油污措施地海事法院管辖。

第三条 两艘或者两艘以上船舶泄漏油类造成油污损害,受损害人请求各泄漏油船舶所有人承担赔偿责任,按照泄漏油数量及泄漏油类对环境的危害性等因素能够合理分开各自造成的损害,由各泄漏油船舶所有人分别承担责任;不能合理分开各自造成的损害,各泄漏油船舶所有人承担连带责任。但泄漏油船舶所有人依法免于承担责任的除外。

各泄漏油船舶所有人对受损害人承担连带责任的,相互之间根据各自责任大小确定相应的赔偿数额;难以确定责任大小的,平均承担赔偿责任。泄漏油船舶所有人支付超出自己应赔偿的数额,有权向其他泄漏油船舶所有人追偿。

第四条 船舶互有过失碰撞引起油类泄漏造成油污损害的,受损害人可以请求泄漏油船舶所有人承担全部赔偿责任。

第五条 油轮装载的持久性油类造成油污损害的,应依照《防治船舶污染海洋环境管理条例》《1992年国际油污损害民事责任公约》的规定确定赔偿限额。

油轮装载的非持久性燃油或者非油轮装载的燃油造成油污损害的,应依照海商法关于海事赔偿责任限制的规定确定赔偿限额。

第六条 经证明油污损害是由于船舶所有人的故意或者明知可能造成此种损害而轻率地作为或者不作为造成的,船舶所有人主张限制赔偿责任,人民法院不予支持。

第七条 油污损害是由于船舶所有人故意造成的,受损害人请求船舶油污损害责任保险人或者财务保证人赔偿,人民法院不予支持。

第八条 受损害人直接向船舶油污损害责任保险人或者财务保证人提起诉讼,船舶油污损害责任保险人或者财务保证人可以对受损害人主张船舶所有人的抗辩。

除船舶所有人故意造成油污损害外,船舶油污损害责任保险人或者财务保证人向受损害人主张其对船舶所有人的抗辩,人民法院不予支持。

第九条 船舶油污损害赔偿范围包括:

(一)为防止或者减轻船舶油污损害采取预防措施所发生的费用,以及预防措施造成的进一步灭失或者损害;

(二)船舶油污事故造成该船舶之外的财产损害以及由此引起的收入

损失；

（三）因油污造成环境损害所引起的收入损失；

（四）对受污染的环境已采取或将要采取合理恢复措施的费用。

（2）《最高人民法院关于审理船舶碰撞纠纷案件若干问题的规定》（法释〔2008〕7 号，20080523；经法释〔2020〕18 号修正，20210101）

第一条　本规定所称船舶碰撞，是指海商法第一百六十五条所指的船舶碰撞，不包括内河船舶之间的碰撞。

海商法第一百七十条所指的损害事故，适用本规定。

第二条　审理船舶碰撞纠纷案件，依照海商法第八章的规定确定碰撞船舶的赔偿责任。

第三条　因船舶碰撞导致船舶触碰引起的侵权纠纷，依照海商法第八章的规定确定碰撞船舶的赔偿责任。

非因船舶碰撞导致船舶触碰引起的侵权纠纷，依照民法典的规定确定触碰船舶的赔偿责任，但不影响海商法第八章之外其他规定的适用。

第四条　船舶碰撞产生的赔偿责任由船舶所有人承担，碰撞船舶在光船租赁期间并经依法登记的，由光船承租人承担。

第五条　因船舶碰撞发生的船上人员的人身伤亡属于海商法第一百六十九条第三款规定的第三人的人身伤亡。

第六条　碰撞船舶互有过失造成船载货物损失，船载货物的权利人对承运货物的本船提起违约赔偿之诉，或者对碰撞船舶一方或者双方提起侵权赔偿之诉的，人民法院应当依法予以受理。

【适用要点】

判断事故民事责任的责任主体及损失计算，需根据事故的不同形态，去甄别不同的法律适用。以油污事故为例，符合适用《国际油污损害民事责任公约》规定条件的，优先适用公约的规定。公约不适用或未规定的，可以适用民法典的规定。海商法修改征求意见稿中已经增加规定了油污的内容，如后续最终通过后，亦应优先适用海商法的规定。责任事故，可能会涉及行为人的故意或重大过失，一般也会承担行政责任和刑事责任。在此情形下，如果受害方提出民事索赔，则行为人可能会丧失海事赔偿责任限制。

七、港口作业重大责任事故责任纠纷

1. 案由释义

港口作业,通常是指港口接受作业委托人的委托,对运抵或运离港口的各类货物进行装卸、驳运、仓储或保管、装拆集装箱等进行操作。在作业过程中给他人人身、财产、港口周遭环境等造成重大损害或其他重大不良后果而引起的损害赔偿纠纷,即为港口作业重大责任事故责任纠纷。

2. 诉讼程序规范

【相关立法】

(1)《中华人民共和国民事诉讼法》(19910409;20220101)

第三十四条 下列案件,由本条规定的人民法院专属管辖:

……

(二)因港口作业中发生纠纷提起的诉讼,由港口所在地人民法院管辖;

……

(2)《中华人民共和国海事诉讼特别程序法》(20000701)

第七条 下列海事诉讼,由本条规定的海事法院专属管辖:

(一)因沿海港口作业纠纷提起的诉讼,由港口所在地海事法院管辖;

……

【司法解释】

《最高人民法院关于海事法院受理案件范围的规定》(法释〔2016〕4号,20160301)

75. 港口作业纠纷案件;

【适用要点】

港口作业重大责任事故责任纠纷属于海事侵权案件,应当由海事法院专门管辖。因港口作业中发生重大责任事故责任纠纷提起的诉讼,由港口所在地人民法院管辖。如果是沿海港口作业纠纷提起的诉讼,应当由沿海港口所在地的海事法院管辖。如果港口作业纠纷并非发生于沿海的港口,而是发生在长江沿岸港口或其他与海相同的水域的港口,应当以民事诉讼法第三十四条第(二)项为依据,再根据最高人民法院关于各海事法院管辖区分划分的相关规定,确定由相应的海事法院管辖。港口作业重大责任事故责任纠纷案件具有专属管辖的性质,不能由当事人协议管辖。如果当事人就此类案件协议选择港口所在地以外的法院管辖,不论所选择的是海事法院还是其他法院,均属无效。

3. 港口作业重大责任事故的具体形态

【相关立法】

(1)《中华人民共和国港口法》(20040101;20181229)

第二十二条 从事港口经营,应当向港口行政管理部门书面申请取得港口经营许可,并依法办理工商登记。

港口行政管理部门实施港口经营许可,应当遵循公开、公正、公平的原则。

港口经营包括码头和其他港口设施的经营,港口旅客运输服务经营,在港区内从事货物的装卸、驳运、仓储的经营和港口拖轮经营等。

第二十三条 取得港口经营许可,应当有固定的经营场所,有与经营业务相适应的设施、设备、专业技术人员和管理人员,并应当具备法律、法规规定的其他条件。

第三十二条 港口经营人必须依照《中华人民共和国安全生产法》等有关法律、法规和国务院交通主管部门有关港口安全作业规则的规定,加强安全生产管理,建立健全安全生产责任制等规章制度,完善安全生产条件,采取保障安全生产的有效措施,确保安全生产。

港口经营人应当依法制定本单位的危险货物事故应急预案、重大生产安全事故的旅客紧急疏散和救援预案以及预防自然灾害预案,保障组织实施。

(2)《中华人民共和国海洋环境保护法》(19830301;20171105)

第六十九条 港口、码头、装卸站和船舶修造厂必须按照有关规定备有足够的用于处理船舶污染物、废弃物的接收设施,并使该设施处于良好状态。

装卸油类的港口、码头、装卸站和船舶必须编制溢油污染应急计划,并配备相应的溢油污染应急设备和器材。

第八十七条 违反本法规定,有下列行为之一的,由依照本法规定行使海洋环境监督管理权的部门予以警告,或者处以罚款:

(一)港口、码头、装卸站及船舶未配备防污设施、器材的;

(二)船舶未持有防污证书、防污文书,或者不按照规定记载排污记录的;

(三)从事水上和港区水域拆船、旧船改装、打捞和其他水上、水下施工作业,造成海洋环境污染损害的;

(四)船舶载运的货物不具备防污适运条件的。

有前款第(一)、(四)项行为之一的,处二万元以上十万元以下的罚款;有前款第(二)项行为的,处二万元以下的罚款;有前款第(三)项行为的,处五万元以上二十万元以下的罚款。

第八十九条 造成海洋环境污染损害的责任者,应当排除危害,并赔偿损失;完全由于第三者的故意或者过失,造成海洋环境污染损害的,由第三者排除危害,并承担赔偿责任。

对破坏海洋生态、海洋水产资源、海洋保护区,给国家造成重大损失的,由依照本法规定行使海洋环境监督管理权的部门代表国家对责任者提出损害赔偿要求。

第九十条 对违反本法规定,造成海洋环境污染事故的单位,除依法承担赔偿责任外,由依照本法规定行使海洋环境监督管理权的部门依照本条第二款的规定处以罚款;对直接负责的主管人员和其他直接责任人员可以处上一年度从本单位取得收入百分之五十以下的罚款;直接负责的主管人员和其他直接责任人员属于国家工作人员的,依法给予处分。

对造成一般或者较大海洋环境污染事故的,按照直接损失的百分之二十计算罚款;对造成重大或者特大海洋环境污染事故的,按照直接损失的百分之三十计算罚款。

对严重污染海洋环境、破坏海洋生态,构成犯罪的,依法追究刑事责任。

【行政法规】

《防治船舶污染海洋环境管理条例》(20100301;20180319)

第十二条 港口、码头、装卸站以及从事船舶修造的单位应当配备与其装卸货物种类和吞吐能力或者修造船舶能力相适应的污染监视设施和污染物接收设施,并使其处于良好状态。

第十三条 港口、码头、装卸站以及从事船舶修造、打捞、拆解等作业活动的单位应当制定有关安全营运和防治污染的管理制度,按照国家有关防治船舶及其有关作业活动污染海洋环境的规范和标准,配备相应的防治污染设备和器材。

港口、码头、装卸站以及从事船舶修造、打捞、拆解等作业活动的单位,应当定期检查、维护配备的防治污染设备和器材,确保防治污染设备和器材符合防治船舶及其有关作业活动污染海洋环境的要求。

第十四条 船舶所有人、经营人或者管理人应当制定防治船舶及其有关作业活动污染海洋环境的应急预案,并报海事管理机构备案。

港口、码头、装卸站的经营人以及有关作业单位应当制定防治船舶及其有关作业活动污染海洋环境的应急预案,并报海事管理机构和环境保护主管部门备案。

船舶、港口、码头、装卸站以及其他有关作业单位应当按照应急预案,定期组织演练,并做好相应记录。

【部门规章】

(1)《港口经营管理规定》(交通运输部令 2020 年第 21 号,20210201)

第七条 从事港口经营(港口拖轮经营除外),应当具备下列条件:

(一)有固定的经营场所;

(二)有与经营范围、规模相适应的港口设施、设备,其中:

1. 码头、客运站、库场、储罐、岸电、污水预处理设施等固定设施应当符合港口总体规划和法律、法规及有关技术标准的要求;

2. 为旅客提供上、下船服务的,应当具备至少能遮蔽风、雨、雪的候船和上、下船设施,并按相关规定配备无障碍设施;

3. 为船舶提供码头、过驳锚地、浮筒等设施的,应当有相应的船舶污染物、废弃物接收能力和相应污染应急处理能力,包括必要的设施、设备和器材;

(三)有与经营规模、范围相适应的专业技术人员、管理人员;

(四)有健全的经营管理制度和安全管理制度以及生产安全事故应急预案,应急预案经专家审查通过;依法设置安全生产管理机构或者配备专职安全管理人员。

(2)《港口危险货物安全管理规定》（交通运输部令 2019 年第 34 号，20191128）

第二十一条 从事危险货物港口作业的经营人（以下简称危险货物港口经营人）除满足《港口经营管理规定》规定的经营许可条件外，还应当具备以下条件：

（一）设有安全生产管理机构或者配备专职安全生产管理人员；

（二）具有健全的安全管理制度、岗位安全责任制度和操作规程；

（三）有符合国家规定的危险货物港口作业设施设备；

（四）有符合国家规定且经专家审查通过的事故应急预案和应急设施设备；

（五）从事危险化学品作业的，还应当具有取得从业资格证书的装卸管理人员。

第三十条 危险货物港口经营人应当根据《港口危险货物作业附证》上载明的危险货物品名，依据其危险特性，在作业场所设置相应的监测、监控、通风、防晒、调温、防火、灭火、防爆、泄压、防毒、中和、防潮、防雷、防静电、防腐、防泄漏以及防护围堤或者隔离操作等安全设施、设备，并保持正常、正确使用。

第三十一条 危险货物港口经营人应当按照国家标准、行业标准对其危险货物作业场所的安全设施、设备进行经常性维护、保养，并定期进行检测、检验，及时更新不合格的设施、设备，保证正常运转。维护、保养、检测、检验应当做好记录，并由有关人员签字。

第三十二条 危险货物港口经营人应当在其作业场所和安全设施、设备上设置明显的安全警示标志；同时还应当在其作业场所设置通信、报警装置，并保证其处于适用状态。

第三十三条 危险货物专用库场、储罐应当符合国家标准和行业标准，设置明显标志，并依据相关标准定期安全检测维护。

第三十四条 危险货物港口作业使用特种设备的，应当符合国家特种设备管理的有关规定，并按要求进行检验。

第三十五条 危险货物港口经营人使用管道输送危险货物的，应当建立输送管道安全技术档案，具备管道分布图，并对输送管道定期进行检查、检测，设置明显标志。

在港区内进行可能危及危险货物输送管道安全的施工作业，施工单位应当在开工的 7 日前书面通知管道所属单位，并与管道所属单位共同制定应急预案，采取相应的安全防护措施。管道所属单位应当指派专门人员到现场进行管道安全保护指导。

第三十六条 危险货物港口作业委托人应当向危险货物港口经营人提供委托人身份信息和完整准确的危险货物品名、联合国编号、危险性分类、包装、数量、应急措施及安全技术说明书等资料;危险性质不明的危险货物,应当提供具有相应资质的专业机构出具的危险货物危险特性鉴定技术报告。法律、行政法规规定必须办理有关手续后方可进行水路运输的危险货物,还应当办理相关手续,并向港口经营人提供相关证明材料。

危险货物港口作业委托人不得在委托作业的普通货物中夹带危险货物,不得匿报、谎报危险货物。

第三十七条 危险货物港口经营人不得装卸、储存未按本规定第三十六条规定提交相关资料的危险货物。对涉嫌在普通货物中夹带危险货物,或者将危险货物匿报或者谎报为普通货物的,所在地港口行政管理部门或者海事管理机构可以依法开拆查验,危险货物港口经营人应当予以配合。港口行政管理部门和海事管理机构应当将查验情况相互通报,避免重复开拆。

第三十九条 在港口作业的包装危险货物应当妥善包装,并在外包装上设置相应的标志。包装物、容器的材质以及包装的型式、规格、方法应当与所包装的货物性质、运输装卸要求相适应。材质、型式、规格、方法以及包装标志应当符合我国加入并已生效的有关国际条约、国家标准和相关规定的要求。

第四十条 危险货物港口经营人应当对危险货物包装和标志进行检查,发现包装和标志不符合国家有关规定的,不得予以作业,并应当及时通知或者退回作业委托人处理。

第四十一条 船舶载运危险货物进出港口,应当按照有关规定向海事管理机构办理申报手续。海事管理机构应当及时将有关申报信息通报所在地港口行政管理部门。

第四十二条 船舶危险货物装卸作业前,危险货物港口经营人应当与作业船舶按照有关规定进行安全检查,确认作业的安全状况和应急措施。

第四十三条 不得在港口装卸国家禁止通过水路运输的危险货物。

第四十四条 在港口内从事危险货物添加抑制剂或者稳定剂作业的单位,作业前应当将有关情况告知相关危险货物港口经营人和作业船舶。

第四十五条 危险货物港口经营人在危险货物港口装卸、过驳作业开始24小时前,应当将作业委托人以及危险货物品名、数量、理化性质、作业地点和时间、安全防范措施等事项向所在地港口行政管理部门报告。所在地港口行政管理部门应当在接到报告后24小时内作出是否同意作业的决定,通知报告人,并及时将有关信息通报海事管理机构。报告人在取得作业批准后72小时内未开始作业的,应当重新报告。未经所在地港口行政管理部门批准的,不得进行危险货物港口作业。

时间、内容和方式固定的危险货物港口装卸、过驳作业,经所在地港口行政管理部门同意,可以实行定期申报。

第四十六条　危险货物港口作业应当符合有关安全作业标准、规程和制度,并在具有从业资格的装卸管理人员现场指挥或者监控下进行。

第四十七条　两个以上危险货物港口经营人在同一港口作业区内进行危险货物港口作业,可能危及对方生产安全的,应当签订安全生产管理协议,明确各自的安全生产管理职责和应当采取的安全措施,并指定专职安全生产管理人员进行安全检查与协调。

第四十八条　危险货物港口经营人进行爆炸品、气体、易燃液体、易燃固体、易于自燃的物质、遇水放出易燃气体的物质、氧化性物质、有机过氧化物、毒性物质、感染性物质、放射性物质、腐蚀性物质的港口作业,应当划定作业区域,明确责任人并实行封闭式管理。作业区域应当设置明显标志,禁止无关人员进入和无关船舶停靠。

第四十九条　危险货物应当储存在港区专用的库场、储罐,并由专人负责管理;剧毒化学品以及储存数量构成重大危险源的其他危险货物,应当单独存放,并实行双人收发、双人保管制度。

危险货物的储存方式、方法以及储存数量,包括危险货物集装箱直装直取和限时限量存放,应当符合国家标准、行业标准或者国家有关规定。

第五十条　危险货物港口经营人经营仓储业务的,应当建立危险货物出入库核查、登记制度。

对储存剧毒化学品以及储存数量构成重大危险源的其他危险货物的,危险货物港口经营人应当将其储存数量、储存地点以及管理措施、管理人员等情况,依法报所在地港口行政管理部门和相关部门备案。

第五十一条　危险货物港口经营人应当建立危险货物作业信息系统,实时记录危险货物作业基础数据,包括作业的危险货物种类及数量、储存地点、理化特性、货主信息、安全和应急措施等,并在作业场所外异地备份。有关危险货物作业信息应当按要求及时准确提供相关管理部门。

第五十二条　危险货物港口经营人应当建立安全生产风险预防控制体系,开展安全生产风险辨识、评估,针对不同风险,制定具体的管控措施,落实管控责任。

第五十三条　危险货物港口经营人应当根据有关规定,进行重大危险源辨识,确定重大危险源级别,实施分级管理,并登记建档。危险货物港口经营人应当建立健全重大危险源安全管理规章制度,制定实施危险货物重大危险源安全管理与监控方案,制定应急预案,告知相关人员在紧急情况下应当采取的应急措施,定期对重大危险源进行安全评估。

第五十四条 危险货物港口经营人应当将本单位的重大危险源及有关安全措施、应急措施依法报送所在地港口行政管理部门和相关部门备案。

第五十五条 危险货物港口经营人在重大危险源出现本规定第二十九条规定的情形之一,可能影响重大危险源级别和风险程度的,应当对重大危险源重新进行辨识、分级、安全评估、修改档案,并及时报送所在地港口行政管理部门和相关部门重新备案。

第五十六条 危险货物港口经营人应当制定事故隐患排查制度,定期开展事故隐患排查,及时消除隐患,事故隐患排查治理情况应当如实记录,并向从业人员通报。

危险货物港口经营人应当将重大事故隐患的排查和处理情况及时向所在地港口行政管理部门备案。

【适用要点】

与“海上、通海水域运输重大责任事故责任纠纷”相类似,“港口作业重大责任事故”的事故形态,也包括人身伤害、财产损害、环境污染等几个方面。但不同的是,“港口作业重大责任事故”通常发生在港口范围内,且港口的所有人或经营人通常会成为争议事故的责任方之一。

4. 重大责任事故的界定

【相关立法】

《中华人民共和国海上交通安全法》(19840101;20210901)

第八十一条 海上交通事故根据造成的损害后果分为特别重大事故、重大事故、较大事故和一般事故。事故等级划分的人身伤亡标准依照有关安全生产的法律、行政法规的规定确定;事故等级划分的直接经济损失标准,由国务院交通运输主管部门会同国务院有关部门根据海上交通事故中的特殊情况确定,报国务院批准后公布施行。

第八十二条 特别重大海上交通事故由国务院或者国务院授权的部门组织事故调查组进行调查,海事管理机构应当参与或者配合开展调查工作。

其他海上交通事故由海事管理机构组织事故调查组进行调查,有关部门予以配合。国务院认为有必要的,可以直接组织或者授权有关部门组织事故调查组进行调查。

海事管理机构进行事故调查,事故涉及执行军事运输任务的,应当会同有关军事机关进行调查;涉及渔业船舶的,渔业渔政主管部门、海警机构应当参与调查。

【行政法规】

《防治船舶污染海洋环境管理条例》(20100301;20180319)

第三十四条　本条例所称船舶污染事故,是指船舶及其有关作业活动发生油类、油性混合物和其他有毒有害物质泄漏造成的海洋环境污染事故。

第三十五条　船舶污染事故分为以下等级:

(一)特别重大船舶污染事故,是指船舶溢油1000吨以上,或者造成直接经济损失2亿元以上的船舶污染事故;

(二)重大船舶污染事故,是指船舶溢油500吨以上不足1000吨,或者造成直接经济损失1亿元以上不足2亿元的船舶污染事故;

(三)较大船舶污染事故,是指船舶溢油100吨以上不足500吨,或者造成直接经济损失5000万元以上不足1亿元的船舶污染事故;

(四)一般船舶污染事故,是指船舶溢油不足100吨,或者造成直接经济损失不足5000万元的船舶污染事故。

第四十三条　船舶污染事故的调查处理依照下列规定进行:

(一)特别重大船舶污染事故由国务院或者国务院授权国务院交通运输主管部门等部门组织事故调查处理;

(二)重大船舶污染事故由国家海事管理机构组织事故调查处理;

(三)较大船舶污染事故和一般船舶污染事故由事故发生地的海事管理机构组织事故调查处理。

船舶污染事故给渔业造成损害的,应当吸收渔业主管部门参与调查处理;给军事港口水域造成损害的,应当吸收军队有关主管部门参与调查处理。

【部门规章】

《水上交通事故统计办法》(交通运输部令2021年第23号,20210901)

第二条　中华人民共和国管辖水域内发生的水上交通事故及中国籍船舶在中华人民共和国管辖水域以外发生的水上交通事故的统计和上报,适用本办法。

本办法所称水上交通事故,是指船舶在航行、停泊、作业过程中发生的造成人员伤亡、财产损失、水域环境污染损害的意外事件。

第五条 水上交通事故按照下列分类进行统计：

（一）碰撞事故；

（二）搁浅事故；

（三）触礁事故；

（四）触碰事故；

（五）浪损事故；

（六）火灾、爆炸事故；

（七）风灾事故；

（八）自沉事故；

（九）操作性污染事故；

（十）其他引起人员伤亡、直接经济损失或者水域环境污染的水上交通事故。

第六条第一款 本办法第五条第（一）项至第（八）项规定的事故以及第（十）项规定的其他引起人员伤亡、直接经济损失的事故，按照人员伤亡、直接经济损失分为以下等级：

（一）特别重大事故，指造成 30 人以上死亡（含失踪）的，或者 100 人以上重伤的，或者 1 亿元以上直接经济损失的事故；

（二）重大事故，指造成 10 人以上 30 人以下死亡（含失踪）的，或者 50 人以上 100 人以下重伤的，或者 5000 万元以上 1 亿元以下直接经济损失的事故；

（三）较大事故，指造成 3 人以上 10 人以下死亡（含失踪）的，或者 10 人以上 50 人以下重伤的，或者 1000 万元以上 5000 万元以下直接经济损失的事故；

（四）一般事故，指造成 1 人以上 3 人以下死亡（含失踪）的，或者 1 人以上 10 人以下重伤的，或者 1000 万元以下直接经济损失的事故。

【适用要点】

在具体案件中，海事法院在立案时，如何确定相关事故是否为"重大责任事故"并不明确。法院判决书中通常会载明事故调查报告，但并非所有的案件中调查报告均认定相关事故为"重大事故"。如果按照《水上交通事故统计办法》（20150101）的标准，部分法院裁判文书中描述的事故情况尚不构成"重大事故"。考虑到涉及港区范围内与装卸货作业相关的侵权类案由仅此一个，因此，实践中在确定案由时未必严格按照法律、行政法规或部门规章规定的"重大事故"的标准来进行认定。

5. 侵权责任的承担

【相关立法】

《中华人民共和国民法典》（20210101）

第九百二十九条　有偿的委托合同，因受托人的过错造成委托人损失的，委托人可以请求赔偿损失。无偿的委托合同，因受托人的故意或者重大过失造成委托人损失的，委托人可以请求赔偿损失。

受托人超越权限造成委托人损失的，应当赔偿损失。

第九百三十条　受托人处理委托事务时，因不可归责于自己的事由受到损失的，可以向委托人请求赔偿损失。

第一千一百六十五条　行为人因过错侵害他人民事权益造成损害的，应当承担侵权责任。

依照法律规定推定行为人有过错，其不能证明自己没有过错的，应当承担侵权责任。

第一千一百七十三条　被侵权人对同一损害的发生或者扩大有过错的，可以减轻侵权人的责任。

第一千一百八十六条　受害人和行为人对损害的发生都没有过错的，依照法律的规定由双方分担损失。

【典型案例】

（1）港口作业各方均有责任，如何划分责任比例？［唐树正、徐奎真等与苗恩宝、郑玉芳等港口作业重大责任事故责任纠纷案，（2016）最高法民申1042号］

本案系港口作业重大责任事故责任纠纷，审查的重点是唐炳华和苗春来在事故中的责任认定。二审法院判决确认，大连飞宇公司作为涉案货物的接收方和涉案码头的承租人承担40%责任，大连凯翔公司作为涉案码头的安全生产管理单位承担10%责任，唐炳华作为货车经营人承担30%责任，苗春来作为货车驾驶员承担20%责任。唐树正、徐奎真、蔡金红、唐吉喆对二审法院划分炳华和苗春来之间过错责任申请再审。关于唐炳华和苗春来责任比例划分问题，虽然大连市甘井子区安全监督管理局出具的《调查报告》认定苗春来的行为属于事故发生的直接原因，但本案划分苗春来和唐炳华之间的民事责任应当以双方形成的法律关系为基础，结合事故发生的经过，具体分析双方过错,综合认定双方责任。本案事故发生时,唐炳华作为货车经营人,在其陪同苗春来一起前往码头夜间装卸货物时,应当清楚苗春来不熟悉作业现场地理环境,且当天夜里有雾、能见度不好,在作业环境极为复杂的情况下,没有采取相应的保障措施,继续进行运输工作,导致货车倒车坠海事故的发生,其负有主要责任。苗春来作为驾驶员,未尽谨慎义务,在不熟悉作业现场地理环境情况下瞭望不够,导致货车倒车坠海,对事故发生负有次要责任。故二审法院认定唐炳华承担30%责任,苗春来承担20%责任,并无明显不当。

(2)港口作业各方均有违章作业的情形,责任如何承担?〔汪万兴与宁波雄镇建材实业有限公司港口作业重大责任事故责任纠纷案,(2013)甬海法事初字第63号〕

涉案"浙普26017"轮在码头装载货物过程中因超载及装载不当而侧翻沉没,本案属港口作业过程中的重大责任事故责任纠纷。根据法律规定,行为人因过错侵害他人民事权益,应当承担侵权责任;被侵权人对损害的发生也有过错的,可以减轻侵权人的责任。在涉案船舶装货过程中,"浙普26017"轮船方是其船舶自身装载量、装载过程的第一责任方,是现场装载作业过程的指挥者与控制者,但其船长无证任职,未能有效履行职责,配载不当,超载装货,"浙普26017"轮应对事故承担主要责任。雄镇码头未能恪尽职守,未能与受载船舶建立有效及时的沟通,未按船舶核定载重线标志控制该轮的载货量,促成该轮超载,且完货时未使船舶均匀积载而发生右倾。综合以上因素,法院认定被告应承担40%的次要责任。

【适用要点】

在港口作业重大责任事故所涉的案件中,港口所有人或经营人通常与船方或货方存在一定的委托作业合同关系。在只有委托方(船方)和作业方(港口方)的情况下,需要根据原告的诉因来具体判定是侵权责任还是违约责任。在一些案件中,如果存在"港口作业合同关系"以外的第三方,则需通过过错归责来厘定各方的责任。

八、海事请求担保纠纷

1. 案由释义

海事请求担保纠纷，是指申请人因在诉前或诉中申请海事法院采取海事请求保全、海事强制令、海事证据保全等措施，就是否存在错误，是否需对被请求人或者利害关系人因此所遭受的损失以其申请前述措施时提供的担保进行赔偿而产生的纠纷。海事请求担保纠纷属于侵权纠纷。

2. 诉讼程序规范

【相关立法】

《中华人民共和国海事诉讼特别程序法》（20000701）

第六条　海事诉讼的地域管辖，依照《中华人民共和国民事诉讼法》的有关规定。

下列海事诉讼的地域管辖，依照以下规定：

……

（六）因海事担保纠纷提起的诉讼，由担保物所在地、被告住所地海事法院管辖；因船舶抵押纠纷提起的诉讼，还可以由船籍港所在地海事法院管辖；

……

第十四条　海事请求保全不受当事人之间关于该海事请求的诉讼管辖协议或者仲裁协议的约束。

【司法解释】

《最高人民法院关于海事法院受理案件范围的规定》（法释〔2016〕4 号，20160301）

92. 起诉前就海事纠纷申请扣押船舶、船载货物、船用物料、船用燃油或者申请保全其他财产的案件；

93. 海事请求人申请财产保全错误或者请求担保数额过高引起的责任纠纷案件；

96. 因错误申请海事强制令、海事证据保全引起的责任纠纷案件；

【适用要点】

因海事担保纠纷提起的诉讼，由担保物所在地、被告住所地海事法院管辖；因船舶抵押纠纷提起的诉讼，还可以由船籍港所在地海事法院管辖。海事诉讼特别程序法第十四条规定，海事请求保全不受当事人之间关于该海事请求的诉讼管辖协议或者仲裁协议的约束。而海事请求担保纠纷系基于海事请求保全而产生，故海事请求担保纠纷也不受当事人之间关于该海事请求的诉讼管辖协议或者仲裁协议的约束。

3. 海事请求担保的方式

【相关立法】

《中华人民共和国海事诉讼特别程序法》(20000701)

第七十三条　海事担保包括本法规定的海事请求保全、海事强制令、海事证据保全等程序中所涉及的担保。

担保的方式为提供现金或者保证、设置抵押或者质押。

第七十四条　海事请求人的担保应当提交给海事法院；被请求人的担保可以提交给海事法院，也可以提供给海事请求人。

第七十五条　海事请求人提供的担保，其方式、数额由海事法院决定。被请求人提供的担保，其方式、数额由海事请求人和被请求人协商；协商不成的，由海事法院决定。

第七十六条　海事请求人要求被请求人就海事请求保全提供担保的数额，应当与其债权数额相当，但不得超过被保全的财产价值。

海事请求人提供担保的数额，应当相当于因其申请可能给被请求人造成的损失。具体数额由海事法院决定。

第七十七条　担保提供后，提供担保的人有正当理由的，可以向海事法院申请减少、变更或者取消该担保。

第七十九条　设立海事赔偿责任限制基金和先予执行等程序所涉及的担保，可以参照本章规定。

【司法解释】

《最高人民法院关于适用〈中华人民共和国海事诉讼特别程序法〉若干问题的解释》（法释〔2003〕3号，20030201；经法释〔2008〕18号修正，20081231）

第五十二条　海事诉讼特别程序法第七十七条规定的正当理由指：

（1）海事请求人请求担保的数额过高；

（2）被请求人已采取其他有效的担保方式；

（3）海事请求人的请求权消灭。

【适用要点】

海事请求担保的方式包括海事请求保全、海事强制令、海事证据保全等程序中所涉及的担保。担保的方式为现金或者保证、设置抵押或者质押。海事请求人的担保应当提交给海事法院；被请求人的担保可以提交给海事法院，也可以提供给海事请求人。海事请求人提供的担保，其方式、数额由海事法院决定。被请求人提供的担保，其方式、数额由海事请求人和被请求人协商；协商不成的，由海事法院决定。海事请求人要求被请求人就海事请求保全提供担保的数额，应当与其债权数额相当，但不得超过被保全的财产价值。海事请求人提供担保的数额，应当相当于因其申请可能给被请求人造成的损失。具体数额由海事法院决定。

担保提供后，提供担保的人有正当理由的，可以向海事法院申请减少、变更或者取消该担保。何谓"正当理由"？海事请求人请求担保的数额过高、被请求人已采取其他有效的担保方式、海事请求人的请求权消灭，均属于可以向海事法院申请减少、变更或者取消该担保的"正当理由"。海事请求担保与民法典中规定的商业合同担保虽然在某些方面有相同之处，如都具有随附性等特点，但是两者在性质上存在明显的差异。民法典中的担保是为了保证债务履行而设立，从属于主合同。而海事请求担保针对的是海事请求权。海事担保作为一种诉讼程序中的担保，它的设立突出体现了非自愿性，是海事请求人借助国家强制力从被请求方获得的，在诸多方面体现了国家强制力的干预，被请求人出具担保都是非自愿的。

在实践中，经常出现保赔协会为被认定负有责任的船东出具担保的情况。有的案件中海事请求人在接受该担保后，出于种种考虑，撤回对船东的起诉，直接起诉保赔协会并得到法院的认可。这种做法是不适当的。保赔协会出具的保函作为典型的海事担保一般是应申请人船东的要求而同海事请求人(扣船申请人)订立的在一定期限内、一定条件下代偿一定债务的合同。保赔协会履行保证责任应当以确定债务人的债务存在为基础。如果海事请求人撤回对债务人的起诉,而保赔协会缺少了赔偿的基础,这与它的随附性地位不相符。

4. 海事请求人的责任承担

【相关立法】

(1)《中华人民共和国海事诉讼特别程序法》(20000701)

第二十条　海事请求人申请海事请求保全错误的,应当赔偿被请求人或者利害关系人因此所遭受的损失。

第七十八条　海事请求人请求担保的数额过高,造成被请求人损失的,应当承担赔偿责任。

(2)《中华人民共和国民事诉讼法》(19910409;20220101)

第一百零八条　申请有错误的,申请人应当赔偿被申请人因保全所遭受的损失。

(3)《中华人民共和国民法典》(20210101)

第一千一百六十五条　行为人因过错侵害他人民事权益造成损害的,应当承担侵权责任。

依照法律规定推定行为人有过错,其不能证明自己没有过错的,应当承担侵权责任。

第一千一百六十六条　行为人造成他人民事权益损害,不论行为人有无过错,法律规定应当承担侵权责任的,依照其规定。

【典型案例】

(1)海事请求人向被请求人索要过高担保是否属于扣押船舶错误以及扣船保函提供方的保证责任?[中润投资集团有限公司、宁波甬发远洋渔业股份有限公司、中国平安财产保险股份有限公司福建分公司海事请求担保纠纷案,(2018)闽72民初223号]

因海事请求人要求过高担保的行为,致使有能力提供合理担保的被请求人,因无法在短期内提供过高担保,造成船舶扣押期限不合理延长。要求过高担保的行为与被请求人可能因之受到的损失存在因果关系。索要过高担保应属扣押船舶错误;海事请求人申请扣船时,负有善意申请扣船义务及对相对人合法权益的注意义务,海事请求人未尽义务,索要过高担保,损害被请求人的合法权益,属于滥用权利。

扣船担保设置的主要目的在于救济错误扣押船舶给被申请人造成的损失。保险公司作为专业担保机构有审查被担保人提出的申请是否有权利基础及担保金额是否合理的注意义务,违反该项注意义务,造成被保全人损失的,保险公司应在担保责任范围内承担损失的赔偿责任。

(2)受害船员申请扣押船舶时要求船东提供担保金的合理性,应否依据船员在不同诉讼阶段的过错予以判断?〔金友恩与田继前申请诉前财产保全损害责任纠纷案,(2016)浙 72 民初 2483 号〕

海事请求担保纠纷属于侵权纠纷案件,船东须证明受害船员实施了侵害行为,主观上存在过错,给船东造成损害及侵害行为与损害事实间存在因果关系。结合受害船员在各个诉讼阶段的不同主观心态和诉讼预期的情况,确定受害船员承担因请求担保的数额过高而造成船东损失的赔偿责任。要求船方提供的担保金数额过高不等于申请扣押船舶错误,不适用《最高人民法院关于适用〈中华人民共和国海事诉讼特别程序法〉若干问题的解释》第二十四条规定的申请扣押船舶错误造成的损失的计算方法。作为受害人的船员或港口作业人员,应当在申请扣押船舶时合理要求船方提供担保。在法院多次提醒受害人明确诉讼请求、避免保全风险的情况下,受害人仍然不降低担保要求,事后可能承担相应的赔偿责任。

(3)海事请求人根据有初步证据支持的债权数额要求被请求人就诉前海事请求保全提供担保,但该数额远高于法院判决所确定的债权额的,请求人是否应承担索要担保过高的赔偿责任?〔中山市港航企业集团有限公司与海口南青集装箱班轮公司扣押船舶错误、请求担保数额过高损害赔偿纠纷案,(2006)海事初字第 009 号〕

海事诉讼特别程序法规定海事请求人要求被请求人就海事请求保全提供担保的数额应当与其债权数额相当,"其债权数额"应理解为请求人要求提供担保时合理、善意确定的,并有初步证据支持的债权数额。除非请求人要求提供过高担保具有明显恶意,否则不应认定由其承担索要担保过高的赔偿责任。

【适用要点】

对于海事请求担保纠纷中海事请求人的侵权责任类型,法律并无明确规定,应当按照一般侵权行为的归责原则来处理。一般侵权行为以过错为归责原则,法律有特殊规定的才适用过错推定或无过错责任原则。海事请求人承担侵权责任,一般需要考虑海事请求人主观是否存在过错,客观行为是否具有违法性、损害事实客观存在以及损害事实与申请行为之间具有因果关系。需要注意的是,不能仅以保全申请人的诉讼请求是否得到支持作为判断申请保全是否错误的依据,否则对于当事人申请保全所应尽到的注意义务会过于严苛。有实务观点认为,只有在保全申请人对于申请保全存在重大过失的情况下才应承担侵权责任。

第二章　海商合同纠纷

九、海上、通海水域货物运输合同纠纷

1. 案由释义

海上、通海水域货物运输合同,是指承运人收取运费,负责将托运人托运的货物经海路及通海水域运输的合同。该合同当事人因该合同的订立、履行、变更和终止而产生的纠纷,即为海上、通海水域货物运输合同纠纷。海上、通海水域货物运输合同纠纷,具体包括远洋运输、含有海运区段的国际多式联运、沿海和内河运输,以及水水联运、水陆联运等水上货物运输合同纠纷。根据海商法第四章的规定,因海上货物运输合同而产生的纠纷,包括海上货物运输合同的成立、效力、货损货差、货物灭失、货物交付以及运费、运输单证、合同的解除、违约责任等纠纷。通海水域即与海相通的水域,包括我国的长江、珠江等。

水路货物运输合同,是指承运人以船舶经水路将货物从一港运至另一港的合同。水路货物运输合同纠纷仅指因经营性运输行为引起的纠纷。本部分涉及的国内水路货物运输合同纠纷,是指由海事法院专门管辖的沿海和内河水路货物运输合同纠纷。

2. 诉讼程序规范

【相关立法】

(1)《中华人民共和国民事诉讼法》(19910409;20220101)

第二十八条 因铁路、公路、水上、航空运输和联合运输合同纠纷提起的诉讼,由运输始发地、目的地或者被告住所地人民法院管辖。

(2)《中华人民共和国海事诉讼特别程序法》(20000701)

第六条 海事诉讼的地域管辖,依照《中华人民共和国民事诉讼法》的有关规定。

下列海事诉讼的地域管辖,依照以下规定:

......

(二)因海上运输合同纠纷提起的诉讼,除依照《中华人民共和国民事诉讼法》第二十八条①的规定以外,还可以由转运港所在地海事法院管辖;

......

【司法解释】

(1)《最高人民法院关于海事法院受理案件范围的规定》(法释〔2016〕4号,20160301)

25. 海上、通海可航水域货物运输合同纠纷案件,包括含有海运区段的国际多式联运、水陆联运等货物运输合同纠纷案件;

(2)《最高人民法院关于适用〈中华人民共和国海事诉讼特别程序法〉若干问题的解释》(法释〔2003〕3号,20030201;经法释〔2008〕18号修正,20081231)

第一条 在海上或者通海水域发生的与船舶或者运输、生产、作业相关的海事侵权纠纷、海商合同纠纷,以及法律或者相关司法解释规定的其他海事纠纷案件由海事法院及其上级人民法院专门管辖。

【适用要点】

包括含有海运区段的国际多式联运、水陆联运等货物运输合同纠纷在内的海上、通海水域货物运输合同纠纷案件属于海事法院受案范围,应由海事法院专门管辖。因海上、通海水域货物运输合同纠纷提起的诉讼,由运输始发地、目的地或者被告住所地及转运港所在地海事法院管辖。

(一)海上货物运输合同

3. 海上货物运输合同的订立

【相关立法】

《中华人民共和国海商法》(19930701)

第二条 本法所称海上运输,是指海上货物运输和海上旅客运输,包括

---

① 2021年修正后的民事诉讼法第二十八条。

海江之间、江海之间的直达运输。

本法第四章海上货物运输合同的规定,不适用于中华人民共和国港口之间的海上货物运输。

第四十一条 海上货物运输合同,是指承运人收取运费,负责将托运人托运的货物经海路由一港运至另一港的合同。

第四十二条 本章下列用语的含义:

(一)"承运人",是指本人或者委托他人以本人名义与托运人订立海上货物运输合同的人。

(二)"实际承运人",是指接受承运人委托,从事货物运输或者部分运输的人,包括接受转委托从事此项运输的其他人。

(三)"托运人",是指:

1.本人或者委托他人以本人名义或者委托他人为本人与承运人订立海上货物运输合同的人;

2.本人或者委托他人以本人名义或者委托他人为本人将货物交给与海上货物运输合同有关的承运人的人。

(四)"收货人",是指有权提取货物的人。

(五)"货物",包括活动物和由托运人提供的用于集装货物的集装箱、货盘或者类似的装运器具。

第四十三条 承运人或者托运人可以要求书面确认海上货物运输合同的成立。但是,航次租船合同应当书面订立。电报、电传和传真具有书面效力。

第一百六十四条 拖轮所有人拖带其所有的或者经营的驳船载运货物,经海路由一港运至另一港的,视为海上货物运输。

【行政法规】

《中华人民共和国国际海运条例》(20020101;20190302)

第二十一条 经营国际船舶运输业务和无船承运业务,不得有下列行为:

(一)以低于正常、合理水平的运价提供服务,妨碍公平竞争;

(二)在会计账簿之外暗中给予托运人回扣,承揽货物;

(三)滥用优势地位,以歧视性价格或者其他限制性条件给交易对方造成损害;

(四)其他损害交易对方或者国际海上运输市场秩序的行为。

【司法指导文件】

最高人民法院民事审判第四庭《涉外商事海事审判实务问题解答(一)》
(20040408)

125. 如何理解《海商法》关于海上运输规定的适用范围?

答:《海商法》第四章关于海上货物运输合同的规定,不适用于我国港口之间的海上货物运输。我国港口之间的海上货物运输应当适用《合同法》和《民法通则》①等有关法律的规定。

《海商法》第五章关于海上旅客运输合同的规定不仅适用于国际海上旅客运输的法律关系,也适用于国内沿海港口之间的海上旅客运输,包括位于江河、湖泊内的一港经海路至另一海港的直达旅客运输。

136. 军用船舶租给地方使用,在运输中发生纠纷如何适用法律?

答:用于军事的船舶,不属于我国《海商法》的调整范围。但是军事船舶为商业目的租给非军事单位用于商业运输的,仍应当适用我国《海商法》、《合同法》等有关法律调整当事人之间的权利义务关系。

【公报案例】

(1)提单以外的运输单证可否构成海上货物运输合同的证明?〔骏荣内衣有限公司与宏鹰国际货运(深圳)有限公司等海上货运代理合同纠纷案(2019-7)〕

承运人可以签发除提单以外的运输单证,这些单证必须包含合同当事人的承托意思表示才可以构成运输合同的证明,不具有承托意思表示的货代货物收据不构成海上货物运输合同的证明。就货代货物收据的内容而言,货代货物收据是相关国际货运代理协会制定并推荐作为其会员的国际货运代理人使用的格式单证,其本意并非作为承运人的运输单证,而只是作为货运代理人收到货物的证明。货运代理企业的权利义务依货运代理合同的约定确定,其承担违约责任应适用过错推定责任原则,货运代理企业证明其履行代理事项无过错的,无须对委托人的损失承担责任。

(2)内河货物运输和沿海货物运输能否适用海商法第四章的规定?〔中国太平洋财产保险股份有限公司海南分公司与中远航运股份有限公司、海南一汽海马汽车销售有限公司水路货物运输合同货损赔偿纠纷案(2012-8)〕

---

① 民法典施行后,合同法和民法通则被废止,相关内容见民法典规定。

海商法作为特别法,优先适用于海上货物运输合同纠纷的审理。依照海商法第二条第二款的规定,中华人民共和国港口之间的海上货物运输,包括内河货物运输和沿海货物运输,不能适用海商法第四章的规定,应当适用合同法的有关规定。

(3)从事国际海上集装箱班轮运输的承运人是否需要对托运人或者其货运代理人承担强制缔约义务? [马士基(中国)航运有限公司及其厦门分公司与厦门瀛海实业发展有限公司、中国厦门外轮代理有限公司国际海上货运代理经营权损害赔偿纠纷案(2011-10)]

公共运输履行着为社会公众提供运输服务的社会职能,具有公益性、垄断性等特征。为维护社会公众利益,合同法第二百八十九条①规定:"从事公共运输的承运人不得拒绝旅客、托运人通常、合理的运输要求。"国际海上集装箱班轮运输是服务于国际贸易的商事经营活动,不属于公用事业,不具有公益性,也不具有垄断性,故不属于公共运输。托运人或者其货运代理人请求从事国际海上集装箱班轮运输的承运人承担强制缔约义务,没有法律依据,应予驳回。

【典型案例】

(1)承托双方没有签订书面运输合同,如何认定海上货物运输合同关系? [中国人民财产保险股份有限公司天津市分公司与福建云联商船电子商务有限公司通海水域货物运输合同纠纷案,(2019)津民终294号]

在通海水域货物运输实践中,常存在承托双方没有签订书面运输合同,运单上显示的托运人为实际托运人的代理人,货物在承运期间发生货损后实际托运人向承运人主张权利时,承运人会抗辩实际托运人主体不适格,因此在有证据证明实际托运人和其代理人之间存在委托关系的情形下,应当认定实际托运人与承运人之间成立通海水域货物运输合同关系,实际托运人有权向承运人主张权利。

(2)无船承运人与实际承运人之间的合同能否突破至托运人? [泛太集运有限公司与青岛诺克来工贸有限公司、乐克来发展有限公司海上货物运输合同纠纷案,(2015)鲁民四终字第146号]

无船承运人与实际承运人签订的运输合同,尽管内容上包含了部分托运人利益,但并不是为作为第三人的托运人设立利益或为给付,因为托运人的

---

① 民法典施行后,合同法被废止,相关内容见民法典第八百一十条。

利益已经由其与无船承运人之间的运输合同与提单("House单")给予保障,不需要再重复"设立利益或为给付"。因此,无船承运人与实际承运人之间的合同不能突破至托运人。本案中,泛太集运公司不能依照其与达飞公司之间约定的滞箱费费率向托运人索赔,泛太集运公司应当在其自己出具的提单正面明确载明该票货物的滞箱费费率,而非在提单背面记载不确定的船公司的费率,如此方能证明达成合意。对于目的港堆存费,泛太集运公司基于对达飞公司的信任而不予审查是否为仓储方实际收取的费用,但其对托运人索赔时必须予以证明费用的接受主体为仓储方。对于货物的处理,泛太集运公司主张因向达飞公司发出弃货函,达飞公司拒绝披露货物的处理情况。但该主张不能突破至托运人,对托运人而言,其有权要求泛太集运公司首先处理货物,当货物残值不足以冲抵堆存费港杂费时才有权向托运人索赔。

(3)托运人回运货物的请求应否认定为向承运人发出的新的要约?〔浙江省绍兴县明星皮塑有限公司与万海航运股份有限公司海上货物运输合同纠纷案,(2006)沪高民四(海)终字第23号〕

国际海上货物运输合同中,当货物运抵目的港、尚未交付收货人前,托运人要求承运人将货物回运的情形,不属于合同法第三百零八条①中规定的返还货物的范畴,托运人不能援引该条文要求变更运输合同;托运人关于回运货物的请求,是为订立一个新的海上货物运输合同而发出的要约。在托运人与承运人没有达成新的回运协议的情况下,托运人要求追究承运人没有回运货物的责任,于法无据。

在目的港无人收货,持有提单的托运人明星公司又不亲自或者委托他人到目的港为货物办理清关手续的情况下,承运人万海公司根本无法将已处于海关监管下的货物擅自运回装货港。明星公司要实现将货物回运的目的,就必须亲自或者委托他人持涉案提单到目的港,先行为货物办理清关手续,然后才能够着手办理回运事宜。一旦明星公司到目的港为货物办理清关、提货手续后,涉案的运输合同就履行完毕。明星公司若需要万海公司将货物回运,必须同万海公司协商订立一个新的运输合同。即将货物运回装货港的要求是明星公司向万海公司发出的一个新的要约,万海公司可以视实际情况,选择承诺或者拒绝接受该要约。

---

① 民法典施行后,合同法被废止,相关内容见民法典第八百二十九条。

【适用要点】

海商法将合同履行范围限定在港口之间。海上货物运输合同所指向的运输方式只能是海运,合同所约定的装卸地点之一或者整个航程中至少有一段航程必须是海上,海上货物运输合同包括江海或者海江之间的货物直达运输合同。海商法作为特别法,优先适用于海上货物运输合同纠纷的审理。依照海商法第二条第二款的规定,中华人民共和国港口之间的海上货物运输,包括内河货物运输和沿海货物运输,不能适用海商法第四章的规定,应当适用民法典合同编的有关规定。

海上货物运输合同的成立及条款内容所依据的是有关国内立法和《海牙规则》《维斯比规则》《汉堡规则》等国际公约或双边协定。承运人有收取运费的权利,至于向谁收取并没有限定。运费的收取应当根据海上货物运输合同中关于有运费支付的约定,向托运人或者收货人收取。合同除符合法定解除条件外,还可在开航前或开航后任意解除,但应支付相对应的运费。

除航次租船合同以外的其他一般海上货物运输合同,并不要求书面形式。航次租船合同属于一种特殊的海上货物运输合同,海商法不承认口头航次租船合同的效力,对于没有书面凭证的航次租船合同当事人的权利不予保护。

4. 承运人的识别

【相关立法】

《中华人民共和国海商法》(19930701)

第四十二条　本章下列用语的含义:

(一)"承运人",是指本人或者委托他人以本人名义与托运人订立海上货物运输合同的人。

……

【行政法规】

《中华人民共和国国际海运条例》(20020101;20190302)

第七条　经营无船承运业务,应当向国务院交通主管部门办理提单登记,并交纳保证金。

前款所称无船承运业务,是指无船承运业务经营者以承运人身份接受托运人的货载,签发自己的提单或者其他运输单证,向托运人收取运费,通过国际船舶运输经营者完成国际海上货物运输,承担承运人责任的国际海上运输经营活动。

在中国境内经营无船承运业务,应当在中国境内依法设立企业法人。

第九条 国际船舶运输经营者、无船承运业务经营者,不得将依法取得的经营资格提供给他人使用。

第十条 国际船舶运输经营者、无船承运业务经营者依照本条例的规定取得相应的经营资格后,不再具备本条例规定的条件的,国务院交通主管部门应当立即取消其经营资格。

【司法指导文件】

最高人民法院《全国海事法院院长座谈会纪要》(20010911)

三、关于海上货物运输中承运人的认定及责任

《海商法》第四十二条规定了海上货物运输中承运人的定义,并规定提单是运输合同的证明。在提单作为唯一运输单证时,若提单没有抬头,除非签发人能证明代签的事实,否则应当以提单签发人作为承运人。

在审理海上货物运输纠纷案件中,要严格依照海商法和《中华人民共和国民法通则》①(以下简称民法通则)的规定确定承运人的责任,并准确把握海商法作为特别法与民法通则在法律适用上的关系。在认定承运人倒签、预借提单的事实后,承运人应承担与其违反法律规定的行为有直接因果关系的损害后果。在海上货物运输特别是大宗散装货物的运输纠纷案件中,根据海商法的规定,由于货物本身的质量或者潜在缺陷造成的货损和属于正常范围内的货物减量、耗损或重量误差,承运人不承担赔偿责任。

一般情况下,合法持有正本提单的人向承运人主张无单放货损失赔偿的,应定性为违约纠纷,承运人应当承担与无单放货行为有直接因果关系的损失赔偿责任。

【部门规章】

(1)《中华人民共和国国际海运条例实施细则》(交通运输部令 2019 年第 41 号,20191128)

第三条 《海运条例》和本实施细则中下列用语的含义是:

(一)国际船舶运输业务,是指国际船舶运输经营者使用自有或者经营的船舶、舱位,提供国际海上货物运输和旅客运输服务以及为完成这些服务而围绕其船舶、所载旅客或者货物开展的相关活动,包括签订有关协议、接受

---

① 民法典施行后,民法通则被废止,相关内容见民法典规定。

订舱、商定和收取客票票款和运费、签发客票和提单及其他相关运输单证、安排旅客上下船舶、安排货物装卸、安排保管、进行货物交接、安排中转运输和船舶进出港等活动。

(二)国际船舶运输经营者,包括中国国际船舶运输经营者和外国国际船舶运输经营者。其中,中国国际船舶运输经营者是指依据《海运条例》和本实施细则规定取得《国际船舶运输经营许可证》经营国际船舶运输业务的中国企业法人;外国国际船舶运输经营者是指依据外国法律设立经营进出中国港口国际船舶运输业务的外国企业。

(三)国际班轮运输业务,是指以自有或者经营的船舶,或者以《海运条例》第十一条第三款规定的方式,在固定的港口之间提供的定期国际海上货物或旅客运输。

(四)无船承运业务,是指《海运条例》第七条第二款规定的业务,包括为完成该项业务围绕其所承运的货物开展的下列活动:

(1)以承运人身份与托运人订立国际货物运输合同;

(2)以承运人身份接收货物、交付货物;

(3)签发提单或者其他运输单证;

(4)收取运费及其他服务报酬;

(5)向国际船舶运输经营者或者其他运输方式经营者为所承运的货物订舱和办理托运;

(6)支付运费或者其他运输费用;

(7)集装箱拆箱、集拼箱业务;

(8)其他相关的业务。

(五)无船承运业务经营者,包括中国无船承运业务经营者和外国无船承运业务经营者。其中中国无船承运业务经营者是指依照《海运条例》和本实施细则规定取得无船承运业务经营资格的中国企业法人;外国无船承运业务经营者是指依照外国法律设立并依照《海运条例》和本实施细则的相关规定取得经营进出中国港口货物无船承运业务资格的外国企业。

(六)国际船舶代理经营者,是指依照中国法律设立从事《海运条例》第二十三条规定业务的中国企业法人。

(七)国际船舶管理经营者,是指依照中国法律设立从事《海运条例》第二十四条规定业务的中国企业法人。

(八)外商常驻代表机构,是指外国企业或者其他经济组织在中国境内依法设立的,为其派出机构开展宣传、推介、咨询和联络活动的非营业性机构。

(九)企业商业登记文件,是指企业登记机关或者企业所在国有关当局签发的企业营业执照或者企业设立的证明文件。境外企业商业登记文件为复印件的,须有企业登记机关在复印件上的确认或者证明复印件与原件一致的公证文书。

(十)班轮公会协议,是指符合联合国《1974年班轮公会行动守则公约》定义的,由班轮公会成员之间以及班轮公会之间订立的各类协议。

(十一)运营协议,是指两个或者两个以上国际班轮运输经营者为稳定或者控制运价订立的关于在一条或者数条航线上增加或者减少船舶运力协议,以及其他协调国际班轮运输经营者共同行动的协议,包括具有上述性质内容的会议纪要;两个或者两个以上国际班轮运输经营者为提高运营效率订立的关于共同使用船舶、共同使用港口设施及其他合作经营协议和各类联盟协议、联营体协议。

(十二)运价协议,是指两个或者两个以上国际班轮运输经营者之间订立的关于收费项目及其费率、运价或者附加费等内容的协议,包括具有上述内容的会议纪要。

(十三)公布运价,是指国际班轮运输经营者和无船承运业务经营者运价本上载明的运价。运价本由运价、运价规则、承运人和托运人应当遵守的规定等内容组成。

(十四)协议运价,指国际班轮运输经营者与货主、无船承运业务经营者约定的运价,包括运价及其相关要素。协议运价以合同或者协议形式书面订立。

(十五)从业资历证明文件,是指被证明人具有3年以上从事国际海上运输或者国际海上运输辅助性经营活动经历的个人履历表。申请人须承诺对所提供从业资历的真实有效性负责。

第十一条　没有在中国港口开展国际班轮运输业务,但在中国境内承揽货物、签发提单或者其他运输单证、收取运费,通过租赁国际班轮运输经营者船舶舱位提供进出中国港口国际货物运输服务;或者利用国际班轮运输经营者提供的支线服务,在中国港口承揽货物后运抵外国港口中转的,应当按照本实施细则的有关规定,取得无船承运业务经营资格。但有《海运条例》第十一条第三款规定情形的除外。

第十三条　无船承运业务经营者申请提单登记时,提单抬头名称应当与申请人名称相一致。

提单抬头名称与申请人名称不一致的,申请人应当提供说明该提单确实为申请人制作、使用的相关材料,并附送申请人对申请登记提单承担承运人责任的书面声明。

第十四条 无船承运业务经营者使用两种或者两种以上提单的,各种提单均应登记。

国际班轮运输经营者和无船承运业务经营者的登记提单发生变更的,应当于新的提单使用之日起15日前将新的提单样本格式向交通运输部备案。

第十五条 无船承运业务经营申请者交纳保证金、取得保证金保函或者保证金责任保险并办理提单登记,依法取得无船承运业务经营资格后,交通运输部在其政府网站或者授权发布的网站公布无船承运业务经营者名称及其提单格式样本。

第二十三条 任何单位和个人不得擅自使用国际班轮运输经营者和无船承运业务经营者已经登记的提单。

第二十四条 无船承运业务经营者需要委托代理人签发提单或者相关单证的,应当委托依法取得经营资格或者办理备案的国际船舶运输经营者、无船承运业务经营者和国际海运辅助业务经营者代理上述事项。

前款规定的经营者不得接受未办理提单登记并交存保证金或者取得保证金保函、保证金责任保险的无船承运业务经营者的委托,为其代理签发提单。

第二十五条 国际班轮运输经营者与货主和无船承运业务经营者协议运价的,应当采用书面形式。协议运价号应当在提单或者相关单证上显示。

第二十六条 国际船舶运输经营者不得接受未办理提单登记并交纳保证金或者取得保证金保函、保证金责任保险的无船承运业务经营者提供的货物或者集装箱。

第二十七条 国际班轮运输经营者和无船承运业务经营者应当将其在中国境内的船舶代理人、签发提单代理人在交通运输部指定的媒体上公布。公布事项包括代理人名称、注册地、住所、联系方式。代理人发生变动的,应当于有关代理协议生效前7日内公布上述事项。

国际班轮运输经营者、无船承运业务经营者应当及时将公布代理事项的媒体名称向交通运输部备案。

(2)《交通运输部关于公布十项交通运输行政许可事项取消下放后事中事后监管措施的公告》(交通运输部公告2019年第15号,20190327)①

三、取消"无船承运业务审批"后的事中事后监管措施

取消审批后,改为备案,相关备案工作由省级交通运输主管部门实施。

---

① 依照《国务院关于取消和下放一批行政许可事项的决定》(国发〔2019〕6号),取消了无船承运业务审批,改为备案。

各省级交通运输主管部门可使用部级水路运输建设综合管理信息系统的统一流程办理备案等相关业务,如使用各自系统办理,必须与部级系统实现数据对接。交通运输部、上海市交通委员会已签发的《无船承运业务经营资格登记证》废止。

(一)加强无船承运企业备案管理,省级交通运输主管部门定期对外公布本省无船承运企业名单,做好动态管理。

(二)通过"双随机一公开"监管等方式,省级交通运输主管部门组织对本省无船承运业务经营者的运价备案和执行情况检查。

(三)省级交通运输主管部门应建立举报监督机制,调动公众监督积极性,对公众举报反映的问题,认真核实依法处理。

(四)将无船承运企业纳入水路运输市场信用信息管理,实施严重失信企业联合惩戒机制。省级交通运输主管部门负责本行政区域内无船承运经营企业信用信息归集工作,及时向社会公开信用记录。

(五)无船承运行业协会应发挥行业自律作用,引导企业守法经营,维护市场经营秩序。

(3)《交通运输部办公厅关于国际船舶运输及内地与港澳间海上运输业务相关审批备案事项的通知》(交办水函〔2019〕681号,20190514)

二、关于无船承运业务备案及保证金退还等事项

(一)备案内容及程序。

1. 从事无船承运业务的企业应当在相关经营活动开始后15日内,向注册所在地省级交通运输主管部门备案企业基本信息(包括公司名称、注册地、法人代表、联系方式等)。终止无船承运业务的企业,应向注册所在地省级交通运输主管部门办理终止经营的备案。无船承运企业为境外注册企业的,可任选一个经营业务实际发生口岸所在地省级交通运输主管部门办理相关备案手续。

2. 无船承运企业运价备案要求不变。

【公报案例】

如何理解海商法第五十一条规定的承运人?〔中国人民财产保险股份有限公司浙江省分公司诉上海瀚航集运有限公司海上货物运输合同货物灭失代位求偿纠纷案(2007—10)〕

根据海商法第五十一条的规定,海上货物运输合同的承运人对于在其责任期间内发生火灾事故造成货物灭失或者损坏的,不负赔偿责任。这里的

"承运人"是指本人或者委托他人以本人名义与托运人订立海上货物运输合同的人。

【典型案例】

(1) 如何识别无船承运人？［扬州天华光电科技有限公司与上海泷特国际物流有限公司海上货物运输合同纠纷案,(2012)沪高民四(海)终字第146号］

在无船承运人(即契约承运人)的认定中,应将行为人是否实际控制货物的流向与交付作为一个重要识别标准:行为人以本人名义签发无船承运人提单"出借"给他人使用,并实际控制涉案货物流转与交付的,应当认定该行为人为承运人。在此情况下,约定的费用是否与其承担的风险相当以及是否实际收取不影响其承运人身份的认定。被告签发了涉案无船承运人提单,并实际控制涉案货物的流向与交付,已符合无船承运人的典型特征,因此被告应当被认定为涉案运输的无船承运人。

(2) 向承运人签发海运提单的船舶期租人是否为实际承运人？［中化江苏连云港公司与美国博联集团公司、法国达飞轮船有限公司海上货物运输合同纠纷案,(2002)沪高民四海中字第110号］

根据海商法第四十二条规定,实际承运人的构成要件由"接受承运人委托或转委托"和"从事货物运输或者部分运输"两部分行为构成。船舶期租人向承运人签发自己提单的行为已构成其"接受承运人运输委托"的证明,问题是:船舶期租人是否符合"从事货物运输或者部分运输"的特征？目前法律对此并无明确规定。一方面,实际承运人应具备"实际从事运输"之特征,从而区别于承运人;另一方面,实际承运人也不等同于"船东"的概念。通常情况下,接受承运人运输货物委托或转委托的主体存在以下三种完成受托运输事项的方式:一是作为船东直接用自己的船完成运输;二是再委托他人运输货物,如向班轮订舱或航次租船等;三是通过期租或光租的船舶完成运输。上述第一种情况属于典型的实际承运人,实践中没有争议。第二种情况的特点是:受托人又以货方的主体地位委托船方完成实际运输。这更类似于委托运输环节的"中间人",不符合"实际从事运输"的特征。第三种情况的特点是:受托人通常以船方的主体地位对委托人签发自己的提单,受托人与最后船东之间的关系则更类似于财产租赁,而非委托运输。受托人对货方承担运输之权利义务,其行为性质属于"以租赁使用的船舶对外从事运输"。因此,将其定性为实际承运人更为合理,本案正属于这种情况。当然,在期租条件下可能存在期租船东以自己名义对外签发提单的极个别情况,此时向货方承担运输权利义务的就是船东,其是实际承运人,而期租人的法律地位则类似于第二种情况。

【适用要点】

承运人是海上货物运输合同的一方当事人,通常被称为"船方"。依据海商法第四十二条的规定,承运人是指本人或者委托他人以本人名义与托运人订立海上货物运输合同的人。委托他人订立合同的情况下,与托运人具体订立和签署海上货物运输合同的人,其身份是承运人的代表或代理人,而不是承运人。实际承运人是指接受承运人委托,从事货物运输或者部分运输的人,包括接受转委托从事此项运输的其他人。承运人通常是船舶所有人,也可以是船舶经营人、船舶承租人。船舶所有人是对船舶具有所有权的人。船舶所有人通常根据船舶登记进行确定,即依法登记为船舶所有人的人。船舶经营人是基于与船舶所有人或者船舶光船承租人之间的船舶经营协议而经营使用船舶的人。船舶承租人是指以航次租船、定期租船或者光船租赁的形式承租他人船舶的人。在租船运输情况下,认定提单承运人较为复杂,可以结合谁签发的提单、签发的是谁的提单、该航次是谁控制和占有运输的船舶、租船合同的相关约定、提单的签发形式等因素,来认定承运人。船舶经营人或者船舶承租人与第三者托运人订立海上货物运输合同时,相对于托运人而言,仍然是承运人。

5. 托运人的识别

【相关立法】

《中华人民共和国海商法》(19930701)

第四十二条 本章下列用语的含义:

……

(三)"托运人",是指:

1. 本人或者委托他人以本人名义或者委托他人为本人与承运人订立海上货物运输合同的人;

2. 本人或者委托他人以本人名义或者委托他人为本人将货物交给与海上货物运输合同有关的承运人的人。

……

【司法指导文件】

最高人民法院民事审判第四庭《全国法院涉外商事海事审判工作座谈会会议纪要》[法(民四)明传(2021)60号,20211231]

51.【托运人的识别】提单或者其他运输单证记载的托运人与向承运人或其代理人订舱的人不一致的,提单或者其他运输单证的记载对于承托双方仅具有初步的证明效力,人民法院应当结合运输合同的订立及履行情况准确认定托运人;有证据证明订舱人系接受他人委托并以他人名义或者为他人订舱的,人民法院应当根据海商法第四十二条第三项第1点的规定,认定该"他人"为托运人。

【公报案例】

当提单主体与海上货物运输合同主体不一致时,如何确定海上货物运输合同中的托运人?[浙江纺织公司诉台湾立荣公司海上货物运输合同无单放货纠纷案(2005-12)]

海商法第四十二条第(三)项规定的托运人,既可以是海上货物运输合同的缔约人,也可以是交货人。提单只是海上货物运输合同存在的证明,而且不是唯一的证明。当提单主体与海上货物运输合同主体不一致时,在没有书面合同的情况下,人民法院可以根据履行义务的实际情况来确定海上货物运输合同中的托运人。

【典型案例】

(1)提单上记载的托运人并未参与海上货物运输合同的签订,而仅为交货托运人,其应否承担目的港无人提货而产生的费用?[新鑫海航运有限公司与中国机械国际合作股份有限公司海上货物运输合同纠纷案,(2021)最高法民申5159号]

虽然中国机械公司在提单上被记载为托运人,但根据海商法第七十一条的规定,提单仅是运输合同的证明,而并非海上货物运输合同本身。根据原判决查明的事实,中国机械公司并未参与海上货物运输合同的签订,在运输合同履行过程中未对新鑫海公司发出过具体指令,亦未向新鑫海公司支付过运费,仅是案涉运输的交货托运人。本案中与新鑫海公司缔结海上货物运输合同的是海耀企业有限公司。新鑫海公司对上述事实并无异议。因目的港无人提货而产生的费用,承运人有权向契约托运人主张,新鑫海公司要求中国机械公司承担无人提货的各项损失没有法律依据。同时,案涉提单已退回新鑫海公司,现中国机械公司并未控制案涉集装箱,无须承担返还集装箱的责任。

(2)没有实际参与海上货物运输合同签订的实际托运人,应否承担目的港相关费用?[宁波鹏信国际货运代理有限公司与霸州市鑫松家具有限公司、天津纺织集团进出口股份有限公司海上货物运输合同纠纷案,(2020)津民终 910 号]

在鹏信公司出具提单样本所证明的海上货物运输合同项下,鑫松公司和天纺集团仅仅是实际托运人,并没有实际参与海上货物运输合同的签订,因此没有保证承运人在目的港顺利交付货物的默示担保义务,亦不应承担目的港相关费用的给付义务。契约托运人和实际托运人的界分,应重点考察业务磋商、合同履行和费用支付三个方面。实际托运人没有实际参与海上货物运输合同的签订,没有保证承运人在目的港顺利交付货物的默示担保义务,不应承担目的港相关费用的给付义务。在提单电放情形中,实际托运人向承运人出具的电放保函,性质是实际托运人向承运人做出放弃向承运人索赔的承诺,不能将其解释为实际托运人做出承担目的港相关费用的承诺。

(3)托运人怠于行使自身权利以致其地位、身份无法为承运人识别的,应承担何种法律后果?[浙江中瑞家具有限公司与上海捷永国际物流有限公司、吴江经济技术开发区物流中心海上货物运输合同纠纷案,(2012)沪海法商初字第 1302 号]

虽然我国法律及司法解释的相关规定对实际托运人的权利进行了特别保护,但在司法实践中应当平等保护双方当事人,准确适用相关法律规定,注意区分实际托运人与实际交货人。如果实际托运人怠于行使自身权利,未向承运人订舱、表明其实际托运人身份,亦未在货物交付出运后及时要求承运人签发提单,以致其地位、身份无法为承运人所识别,则其无权请求承运人赔偿由此造成的损失。

法院经审理认为,嘉豪公司向物流中心订舱,在订舱委托书中明确记载嘉豪公司为发货人(ship-per),并多次与物流中心确认提单记载内容,最终被记载为提单上的托运人。除嘉豪公司外,并无有效证据显示另有其他主体就涉案货物运输向物流中心订舱并请求将其记载为托运人,故应当认定嘉豪公司系向承运人订舱的托运人。反观原告中瑞公司,其从未在任何一个运输相关环节,直接抑或通过捷永公司向物流中心订舱、表明托运人身份、请求将其记载为提单上的托运人或要求签发提单,客观上阻碍了物流中心将原告中瑞公司识别为托运人或实际托运人。根据海商法第七十二条第一款的规定，承运人应当应托运人的要求签发提单。据此，承运人应当将提单签发给向其提出签单要求的托运人。嘉豪公司向物流中心订舱，要求将其作为托运人记载于提单之上，并在货物装船出运后多次向物流中心索要提单。因此，物流中心向嘉豪公司签发提单与法不悖。虽然原告中瑞公司遭受了货款损失，但该损失系由于贸易环节中其自身怠于规避风险，运输环节中其与货运代理人怠于表明托运人身份并行使签单请求权所造成，与物流中心无关。原告中瑞公司请求物流中心承担赔偿责任缺乏事实和法律依据，法院未予支持。捷永公司并非本案海上货物运输合同的一方当事人，亦不承担本案的赔偿责任。

（4）向承运人实际交付货物、接受承运人签发的提单并履行贸易合同项下向银行交单义务的人，是否具有托运人的主体资格？ [浙江省纺织品进出口集团公司与长荣国际储运股份有限公司海上货物运输合同纠纷案，（2003）沪高民四（海）终字第39号]

向承运人实际交付货物、接受承运人签发的提单并履行贸易合同项下向银行交单义务的人，因无人赎单并经银行退单后，作为提单的原始持有人，即使未被提单记载为托运人，亦未经提单相关指示背书，仍然具有托运人的主体资格。

在没有书面合同的情况下，对海上货物运输合同当事人的认定，可以根据双方当事人实际履行的事实等情况来确定，而不能完全取决于提单的记载。因为海上货物运输合同与提单不完全等同，提单只是运输合同的证明，但不是唯一证明。提单所记载的主体可能只是形式意义上的运输合同当事人。

【适用要点】

托运人是海上货物运输合同的另一方当事人。依据海商法第四十二条的规定，"托运人"是指本人或者委托他人以本人名义或者委托他人为本人与承运人订立海上货物运输合同的人；本人或者委托他人以本人名义或者委托他人为本人将货物交给与海上货物运输合同有关的承运人的人。当提单或者其他运输单证记载的托运人与向承运人或其代理人订舱的人不一致时，提单或者其他运输单证的记载对于承托双方仅具有初步的证明效力，对于托运人的认定，还应当结合运输合同的订立及履行情况，如果有证据证明订舱人系接受他人委托并以他人名义或者为他人订舱的，应当认定他人为托运人。

6. 海上货物运输合同的效力

【相关立法】

《中华人民共和国海商法》(19930701)

第四十四条　海上货物运输合同和作为合同凭证的提单或者其他运输单证中的条款，违反本章规定的，无效。此类条款的无效，不影响该合同和提单或者其他运输单证中其他条款的效力。将货物的保险利益转让给承运人的条款或者类似条款，无效。

第四十五条　本法第四十四条的规定不影响承运人在本章规定的承运人责任和义务之外，增加其责任和义务。

【典型案例】

货运代理人以自己代理的方式完成了海上货物运输合同项下的义务，行为是否有效？［上海威鸿国际货运有限公司与厦门贝品儿童用品有限公司海上货物运输合同纠纷案,(2009)闽民终字第745号]

双方当事人的本意是订立货运代理合同，但货运代理人在接受委托后，却以自己为承运人与委托人订立海上货物运输合同，该行为已构成自己代理。但鉴于本案货物运输为运费到付，并未加重委托人的负担，且货物实际上已经按照委托人的要求运抵目的港，货运代理人以自己代理的方式完成了海上货物运输合同项下的义务，该行为应认定有效。虽然货运代理人在履行过程中没有告诉委托人其真实身份，有违诚信，但该行为并未损害委托人的实际利益，也未造成双方的重大误解或显失公平，货物在目的港无人提货系因委托人未将案涉提单转交提单上载明的收货人，因此货运代理人的行为不构成欺诈，委托人要求解除案涉海上货物运输合同的理由不能成立。

【适用要点】

依照民法典第一百五十三条的规定，违反法律的强制性规定，民事法律行为无效。海商法第四章明确为法律的强制性规定，且为效力性强制性规定。海上货物运输合同、海运提单以及其他运输单证中的条款的规定，均不得违反海商法第四章的规定，违反上述规定的后果，即应认定为无效条款。如果在海上货物运输合同、海运提单以及其他运输单证中出现此种无效条款，其他条款并不因此当然无效，该合同、提单或运输单证仍然应认定为有效。将货物的保险利益转让给承运人的条款或者类似条款，通常会约定如果托运人或收货人已对货物在海上运输过程中货物灭失或损毁,损失只可向保险人索赔,而承运人不负赔偿责任,这种约定实质上减轻或免除了承运人的责任,而应被认定为无效。

承运人的责任和义务,在海商法第四章规定的范围内,只可增加,不能减少。

7. 承运人的适航、管货义务

【相关立法】

《中华人民共和国海商法》(19930701)

第四十七条　承运人在船舶开航前和开航当时,应当谨慎处理,使船舶处于适航状态,妥善配备船员、装备船舶和配备供应品,并使货舱、冷藏舱、冷气舱和其他载货处所适于并能安全收受、载运和保管货物。

第四十八条　承运人应当妥善地、谨慎地装载、搬移、积载、运输、保管、照料和卸载所运货物。

第四十九条　承运人应当按照约定的或者习惯的或者地理上的航线将货物运往卸货港。

船舶在海上为救助或者企图救助人命或者财产而发生的绕航或者其他合理绕航,不属于违反前款的规定的行为。

【司法指导文件】

(1)最高人民法院民事审判第四庭《全国法院涉外商事海事审判工作座谈会会议纪要》[法(民四)明传(2021)60号,20211231]

53.【承运人提供集装箱的适货义务】根据海商法第四十七条有关适货义务的规定,承运人提供的集装箱应符合安全收受、载运和保管所装载货物的要求。

因集装箱存在缺陷造成箱内货物灭失或者损坏的,承运人应当承担相应赔偿责任。承运人的前述义务不因海上货物运输合同中的不同约定而免除。

(2)《最高人民法院关于依法妥善审理涉新冠肺炎疫情民事案件若干问题的指导意见(三)》(法发〔2020〕20号,20200608)

11.承运人在船舶开航前和开航当时,负有谨慎处理使船舶处于适航状态的义务。承运人未谨慎处理,导致船舶因采取消毒、熏蒸等疫情防控措施不适合运载特定货物,或者持证健康船员的数量不能达到适航要求,托运人主张船舶不适航的,人民法院依法予以支持。

托运人仅以船舶曾经停靠过受疫情影响的地区或者船员中有人感染新冠肺炎为由,主张船舶不适航的,人民法院不予支持。

【典型案例】

(1)承运人有合理依据怀疑货物水分含量过高的基础上,应否支持其采取停航晒货等合理措施? [徐州天业金属资源有限公司与圣克莱蒙特航运股份公司、东京产业株式会社海上货物运输合同纠纷案,(2013)沪高民四(海)终字第24号]

中华人民共和国作为经修正的《1974年国际海上人命安全公约》的缔约国,《国际海运固体散装货物规则》(以下简称《散货规则》)依据该公约成为强制性规则,于2011年1月1日对中国生效;根据《散货规则》的规定,托运人在装载前须向船长或其代表提供易流态化货物的水分含量、适运水分极限等适当信息的声明与测试证书,以便能够采取必要的措施对货物进行妥善积载和安全运输;易流态化货物除装载于专门建造或装有专用设备的船舶上外,只有在实际含水量少于适运水分极限时方可装载运输。托运人和承运人提供的检验报告等证据均没有载明涉案货物中尺寸大于7毫米或者6.7毫米货物的适运水分极限和整批货物的适运水分极限,承运人有合理依据判断货物不适合安全运输,承运人有合理依据怀疑货物水分含量过高的基础上,应当支持其采取停航晒货等合理措施。船舶航行至达沃港,属于合理绕航。

(2)承运人主张他人过错致货损发生,是否同时须证明自身尽到妥善管货和管船义务? [法国达飞轮船股份有限公司与上海龙飞国际物流有限公司等海上货物运输合同纠纷案,(2011)沪高民四(海)终字第149号]

当事人提交的证明货损情况和货损原因的《检验报告》属于鉴定意见,并不具有当然的证明力,即使在形式上办理了公证认证手续,法院对检验程序的合法性、结论的科学合理性等仍需依法审查。海上货物运输合同纠纷中,集装箱在海上运输过程中发生倒塌落海事故。涉案4个集装箱的货重数据在首次录入时确实被录入错误,但已经在允许的合理时间内被成功更改,最终被船方、海关等采纳的均是正确的货重数据。同时,《检验报告》关于船方对发生事故的集装箱的绑扎符合系固手册的要求、涉案4个集装箱所列的货物超重的结论,依据不足,不能被采信。承运人主张过错在他人的同时需证明自己没有过错,在承运人无法证明自身尽到妥善管货和管船义务的前提下,无权要求数据申报相关人承担集装箱落海事故的损失赔偿责任。鉴于法国达飞公司始终未提交有效证据证明其自身已经尽了妥善的管货和管船义务,也无证据表明涉案集装箱落海事故与涉案 4 个集装箱的货重数据申报有关,故对法国达飞公司要求本案其他各方当事人承担集装箱落海事故的损失赔偿责任的主张,缺乏事实和法律依据,不能成立。

【适用要点】

保证船舶适航是承运人履行海上货物运输合同最基本的义务,不因海上货物运输合同中的不同约定而免除。承运人所承担的是一种谨慎处理使船舶适航的相对义务,而不是保证船舶绝对适航的义务,即只要承运人在船舶适航方面履行了谨慎的注意义务,即使船舶仍然存在潜在的缺陷,客观上并不适航,也不能认为承运人违反了适航义务。如果由于船长、船员以及其他承运人的受雇人员等的过失导致船舶不适航,仍应视为承运人未尽到适航的注意义务。同样地,对于在船货物的管理,承运人也并非亲力亲为,而是通过其所雇佣的船员、装卸公司、代理人等来完成,承运人对于雇佣人员的过失造成的货物灭失或毁损承担责任。承运人的管货义务应当贯穿于承运人的整个责任期间,即承运人对货物的整个掌控期间。承运人不得进行不合理的绕航,承运人负有按照约定航线将货物运至卸货港的义务。如果承托双方没有约定具体航线,或者约定不明时,承运人应当按照装卸两港之间通常习惯的航线运输。如果承托双方约定"自由绕航条款",对此类条款的效力也应具体判断,不能一概认为有此约定即能涵盖的绕航均为"合理绕航"。

8. 承运人的责任期间

【相关立法】

《中华人民共和国海商法》(19930701)

第四十六条 承运人对集装箱装运的货物的责任期间,是指从装货港接收货物时起至卸货港交付货物时止,货物处于承运人掌管之下的全部期间。承运人对非集装箱装运的货物的责任期间,是指从货物装上船时起至卸下船时止,货物处于承运人掌管之下的全部期间。在承运人的责任期间,货物发生灭失或者损坏,除本节另有规定外,承运人应当负赔偿责任。

前款规定,不影响承运人就非集装箱装运的货物,在装船前和卸船后所承担的责任,达成任何协议。

【批复、答复】

承运人对散装液体货物运输责任期间如何认定？

《最高人民法院关于南京石油运输有限公司与华泰财产保险股份有限公司石家庄分公司海上货运运输保险代位求偿一案有关适用法律问题的请示的复函》（〔2005〕民四他字第1-1号，20060511）

天津市高级人民法院：

你院经高法〔2005〕170号《关于南京石油运输有限公司与华泰财产保险股份有限公司石家庄分公司海上货运运输保险代位求偿一案有关适用法律问题的请示》收悉。经研究，答复如下：

1. 关于承运人对散装液体货物运输责任期间的认定。我国《海商法》第46条规定，承运人对于非集装箱装运的货物责任期间是从货物装上船时起至卸下船时止，货物处于承运人掌管之下的全部期间。由于散装液体货物在形态上不同于其他散装货物，因此，承运人对于散装液体货物运输的责任期间，应自装货港船舶输油管线与岸罐输油管线连接的法兰盘末端时起至卸货港船舶输油管线与岸罐输油管线连接的法兰盘末端时止，货物处于承运人掌管之下的全部期间。

2. 关于对散装液体货物交货数量证据效力的认定。在收货人未能提供有效证据证明货物短少发生在承运人责任期间的情况下，承运人提供的船舶干舱证书、空距报告，具有证明散装液体货物交货数量的效力。收货人提供的岸罐重量检验证书，除非经承运人同意，否则不具有证明散装液体货物交货数量的效力。

此复。

【司法指导文件】

最高人民法院民事审判第四庭《全国法院涉外商事海事审判工作座谈会会议纪要》[法（民四）明传（2021）60号，20211231]

55.【货损发生期间的举证】根据海商法第四十六条的规定，承运人对其责任期间发生的货物灭失或者损坏负赔偿责任。请求人在货物交付时没有根据海商法第八十一条的规定提出异议，之后又向承运人主张货损赔偿，如果可能发生货损的原因和区间存在多个，请求人仅举证证明货损可能发生在承运人责任期间，而不能排除货损发生于非承运人责任期间的，人民法院不予支持。

56.【承运人对大宗散装货物短少的责任承担】根据航运实践和航运惯

例,大宗散装货物运输过程中,因自然损耗、装卸过程中的散落残漏以及水尺计重等的计量允差等原因,往往会造成合理范围内的短少。如果卸货后货物出现短少,承运人主张免责并举证证明该短少属于合理损耗、计量允差以及相关行业标准或惯例的,人民法院原则上应当予以支持,除非有证据证明承运人对货物短少有不能免责的过失;如果卸货后货物短少超出相关行业标准或惯例,承运人又不能举证区分合理因素与不合理因素各自造成的损失,请求人要求承运人承担全部货物短少赔偿责任的,人民法院原则上应当予以支持。

【公报案例】

当事人没有约定装、卸港的交接计量方法,收货人主张货物短少,可否以岸罐计量数据为计量依据?[中国人民财产保险股份有限公司北京市直属支公司与银河海运有限公司、寰宇船务企业有限公司海上货物运输合同代位求偿纠纷案(2007-7)]

原油贸易合同和运输单证中没有约定装、卸港的交接计量方法,实际交接时采用了流量计计量、岸罐计量和油舱空距计量等多种不同的计量方式。在此情形下,收货人以卸货港岸罐计量证书的记载与提单记载不符主张货物短少,但其提供的岸罐计量数据发生在承运人的责任期间之外,也不能提供其他有效证据证明原油短少发生在承运人责任期间,承运人以装卸港船舱空距报告和干舱报告与提单相符进行抗辩的,原油实际交付的数量可以依据船舱空距报告和干舱报告确认。收货人提供的计量岸罐重量证书,除非经承运人同意,否则不具有证明原油交货数量的效力。

【典型案例】

(1)商检机构对同一批船载进口货物分别进行船上水尺计重和岸罐计重,二者结论不同,应当根据哪一份证据认定卸货数量?[中国人民财产保险股份有限公司广西壮族自治区分公司与西方全球公司海上货物运输合同纠纷案,(2019)最高法民再367号]

船上水尺计重和岸罐计重均是当前进出口船载货物常用的计重方式,理论上不存在哪种方式更可靠的问题。如果两种计量方式均符合测量规范,船上水尺计重在货物卸离船舶之前,只要船舶卸货干净彻底无遗漏,则该水尺计重数量可以准确反映承运人在船边交付货物的数量;岸罐计重在货物卸离船舶之后,只要从船边至岸罐货物输送无遗漏,则该岸罐计重数量也可准确反映承运人在船边交付货物的数量。无论上述哪种计量方式,作为一种测量技术,误差总是存在的。即使采用同一计量方式,如果不同检验人在同一时间相同条件下测量,或者同一检验人在相同条件下先后作两次测量,其测量结果也可能存在一定差距。这种差距的存在完全正常,符合技术的应有特征——误差总是存在的。技术相对于科学,前者只能相对准确,而后者能够做到精确。

就散装液体货物而言,保险人除非有证据证明船舶《空距报告》本身存在问题,否则应当根据《空距报告》确定承运人交货的数量。承运人对于散装液体货物运输的责任期间,应自装货港船舶输油管线与岸罐输油管线连接的法兰盘末端时起至卸货港船舶输油管线与岸罐输油管线连接的法兰盘末端时止,货物处于承运人掌管之下的全部期间。在收货人未能提供有效证据证明货物短少发生在承运人责任期间的情况下,承运人提供的船舶《空距报告》,具有证明散装液体货物交货数量的效力。收货人提供的岸罐重量检验证书,除非经承运人同意,否则不具有证明散装液体货物交货数量的效力。

根据委托一审法院调查的事实,《空距报告》上的署名人员薛殿旭确系浦东出入境检验检疫局工作人员,虽然《空距报告》上的签字并非其本人所签,但其本人实际参与了涉案货物的检验。全球公司在一审中提交的《船舶空距报告》《残油报告》《货舱检验报告》中的数据与该单位留存的业务资料中的数据一致。《空距报告》虽然不是商检机构最终出具的报告,但并不影响其对水尺计重的证明作用,仍能证明 CIQ 在卸货前对船上货物重量进行了测量并得出了测量结果。除非有证据证明仓容表不准确或者测量不符合技术规范等情形,否则应当采信其结论。《CIQ 重量证书》因其计重测量发生在承运人责任期间以外,在承运人举证证明其交货重量的情况下,《CIQ 重量证书》证明力不足以推翻卸货前船上计重的结果,不应作为证明承运人交付货物重量的证据。二审判决认定人保广西分公司提供的《CIQ 重量证书》等证据材料,不能证明涉案货物短少发生在全球公司的责任期间,亦不能证明全球公司交付的货物存在短少,故其应承担举证不能的法律后果,全球公司提供的《船舶空距报告》和《货舱检验报告》等,可以证明其向收货人交付的货物数量在合理允耗范围内,故其不承担赔偿责任是正确的。人保广西分公司关于《CIQ 重量证书》可以证明全球公司交付的货物存在短少且短量发生于承运人责任期间的主张不能成立。

（2）货物交付的实际履行情况与提单记载不相符对于承运人的责任期间有何影响? [A. P. 穆勒-马士基有限公司与中国人民财产保险股份有限公司沈阳市分公司、一审被告马士基(中国)航运有限公司和马士基(中国)航运有

限公司沈阳分公司海上货物运输合同纠纷案,(2015)民提字第225号]

海商法第四十六条规定,承运人对集装箱装运货物的责任期间,是指从装货港接收货物时起至卸货港交付货物时止,货物处于承运人掌管之下的全部期间。在承运人责任期间,货物发生灭失或者损坏,除本节另有规定外,承运人应当负赔偿责任。本案提单记载的集装箱货物交接方式为CY-CY,承运人应当按照提单记载在目的港堆场向收货人交付货物。但是,如果货物交付的实际履行情况与提单记载不相符,承运人并未在提单记载的地点完成交付,而是继续掌控货物,那么承运人的责任期间相应也应当延伸至其完成交付之时。承运人是否对货损承担责任,应当根据货物是否完成交付的实际履行情况进行认定,而不能仅凭提单的记载进行认定。

货运代理人康宁公司出具的《证明》并不能证明穆勒公司交付货物的实际履行情况,亦不能排除穆勒公司通过实际履行变更提单约定的情形。穆勒公司以货损发生区段超出了提单记载的运输区段为由,主张涉案货损并不属于承运人的责任期间,承运人不应承担赔偿责任,缺乏依据。穆勒公司并无充分证据证明其在货损发生之前已经完成货物的交付,即承运人并未按照提单记载的交接方式在目的港堆场交付货物,而是将交付货物的地点进行了延伸,涉案货物发生货损时,依然由穆勒公司掌控,穆勒公司对其掌控期间发生的货损应当承担赔偿责任。

【适用要点】

承运人对集装箱装运货物的责任期间的规定较为明确,即从装货港接收货物时起至卸货港交付货物时止。对于集装箱装运的货物,装港和卸港并不限于码头、港区的仓库或堆场,可以根据具体情况延伸至其他非港区地点,如在港区之外承运人用于接收、存放货物或集装箱的场站、仓库等。承运人对非集装箱装运的货物的责任期间,从货物装上船时起至卸下船时止。此种情况下,非集装箱装运的多为大宗散货,国际货物运输中的计量方式具有多样性,货物交接中承运人与收货人对于货物数量多有争议。我国《进出口商品数量重量检验鉴定管理办法》(2018年第二次修正)第十一条规定:"收发货人在办理进出口商品数量、重量检验报检手续时,应当根据实际情况并结合国际通行做法向海关申请下列检验项目:(一)衡器鉴重;(二)水尺计重;(三)容器计重:分别有船舱计重、岸罐计重、槽罐计重三种方式;(四)流量计重;(五)其它相关的检验项目。"其中,衡器鉴重最常采用的方式是岸磅计重,此种计重方式主要是计量固体货物的重量,这与水尺计重的适用货物类型一致。承运人对于非集装箱装运的货物责任期间是从货物装上船时起至卸下船时止,货物处于承运人掌管之下的全部期间。因此,货物计重方式的法律有效性必须以货物计重时尚处于承运人掌控期间为要件。故此,收货人提供的岸磅或岸罐重量证书,除非承运人同意,否则不具有证明散货货物交货数量的效力。

9. 承运人的赔偿责任

【相关立法】

《中华人民共和国海商法》(19930701)

第五十条 货物未能在明确约定的时间内,在约定的卸货港交付的,为迟延交付。

除依照本章规定承运人不负赔偿责任的情形外,由于承运人的过失,致使货物因迟延交付而灭失或者损坏的,承运人应当负赔偿责任。

除依照本章规定承运人不负赔偿责任的情形外,由于承运人的过失,致使货物因迟延交付而遭受经济损失的,即使货物没有灭失或者损坏,承运人仍然应当负赔偿责任。

承运人未能在本条第一款规定的时间届满六十日内交付货物,有权对货物灭失提出赔偿请求的人可以认为货物已经灭失。

第五十一条 在责任期间货物发生的灭失或者损坏是由于下列原因之一造成的,承运人不负赔偿责任:

(一)船长、船员、引航员或者承运人的其他受雇人在驾驶船舶或者管理船舶中的过失;

(二)火灾,但是由于承运人本人的过失所造成的除外;

(三)天灾,海上或者其他可航水域的危险或者意外事故;

(四)战争或者武装冲突;

(五)政府或者主管部门的行为、检疫限制或者司法扣押;

(六)罢工、停工或者劳动受到限制;

(七)在海上救助或者企图救助人命或者财产;

(八)托运人、货物所有人或者他们的代理人的行为;

(九)货物的自然特性或者固有缺陷;

(十)货物包装不良或者标志欠缺、不清;

(十一)经谨慎处理仍未发现的船舶潜在缺陷;

(十二)非由于承运人或者承运人的受雇人、代理人的过失造成的其他原因。

承运人依照前款规定免除赔偿责任的,除第(二)项规定的原因外,应当负举证责任。

第五十二条 因运输活动物的固有的特殊风险造成活动物灭失或者损害的,承运人不负赔偿责任。但是,承运人应当证明业已履行托运人关于运输活动物的特别要求,并证明根据实际情况,灭失或者损害是由于此种固有的特殊风险造成的。

第五十三条 承运人在舱面上装载货物,应当同托运人达成协议,或者符合航运惯例,或者符合有关法律、行政法规的规定。

承运人依照前款规定将货物装载在舱面上,对由于此种装载的特殊风险造成的货物灭失或者损坏,不负赔偿责任。

承运人违反本条第一款规定将货物装载在舱面上,致使货物遭受灭失或者损坏的,应当负赔偿责任。

第五十四条 货物的灭失、损坏或者迟延交付是由于承运人或者承运人的受雇人、代理人的不能免除赔偿责任的原因和其他原因共同造成的,承运人仅在其不能免除赔偿责任的范围内负赔偿责任;但是,承运人对其他原因造成的灭失、损坏或者迟延交付应当负举证责任。

第五十五条 货物灭失的赔偿额,按照货物的实际价值计算;货物损坏的赔偿额,按照货物受损前后实际价值的差额或者货物的修复费用计算。

货物的实际价值,按照货物装船时的价值加保险费加运费计算。

前款规定的货物实际价值,赔偿时应当减去因货物灭失或者损坏而少付或者免付的有关费用。

【司法指导文件】

(1)最高人民法院民事审判第四庭《全国法院涉外商事海事审判工作座谈会会议纪要》[法(民四)明传(2021)60号,20211231]

54.【"货物的自然特性或者固有缺陷"的认定】海商法第五十一条第一款第九项规定的"货物的自然特性或者固有缺陷"是指货物具有的本质的、固有的特性或者缺陷,表现为同类货物在同等正常运输条件下,即使承运人已经尽到海商法第四十八条规定的管货义务,采取了合理的谨慎措施仍无法防止损坏的发生。

(2)最高人民法院民事审判第四庭《涉外商事海事审判实务问题解答(一)》(20040408)

134. 如何理解《海商法》第50条规定的迟延交付构成的条件?

答:《海商法》规定的迟延交付仅限于海上货物运输合同的当事人在合同中明确约定了运输期限的情况。承运人应托运人的要求倒签提单的,不能构成迟延交付。

135.《海商法》规定的迟延交付所致的"经济损失"的含义是什么?

答:《海商法》规定的迟延交付所致的"经济损失"的含义是:虽然迟延交付没有造成货物的灭失或损坏,承运人仍需承担以下责任:(1)市场差价损失;(2)利息损失;(3)已经实际支付给第三人的违约损失,但应以在签订运输合同时承运人可以合理预见或者应当预见的因违反合同可能造成的损失为限定。

139. 司法扣押可否构成承运人免责的条件?

答:因承运人的民事责任引起的司法扣押,不能免除其对责任期间发生的货物灭失或者损坏引起的赔偿责任。

146. 对托运人负责装箱的集装箱货物发生短缺的,承运人是否应承担责任?

答:由托运人负责装箱的货物,从装箱托运后至交付收货人之前的期间内,如箱体和封志完好,收货人以承运人交付的货物短缺向承运人索赔的,承运人不承担赔偿责任;如箱体损坏或者封志破坏,箱内货物短缺,承运人应当承担赔偿责任,除非其能证明具有法律规定的免责的情节。

(3)最高人民法院《全国海事法院院长座谈会纪要》(20010911)

三、关于海上货物运输中承运人的认定及责任

……

在审理海上货物运输纠纷案件中,要严格依照海商法和《中华人民共和国民法通则》(以下简称民法通则)①的规定确定承运人的责任,并准确把握海商法作为特别法与民法通则在法律适用上的关系。在认定承运人倒签、预借提单的事实后,承运人应承担与其违反法律规定的行为有直接因果关系的损害后果。在海上货物运输特别是大宗散装货物的运输纠纷案件中,根据海商法的规定,由于货物本身的质量或者潜在缺陷造成的货损和属于正常范围内的货物减量、耗损或重量误差,承运人不承担赔偿责任。

一般情况下,合法持有正本提单的人向承运人主张无单放货损失赔偿的,应定性为违约纠纷,承运人应当承担与无单放货行为有直接因果关系的损失赔偿责任。

---

①　民法典施行后,民法通则被废止,相关内容见民法典规定。

【公报案例】

(1)海商法第五十五条规定的货物实际价值是否包括市价损失？［哈池曼海运公司与上海申福化工有限公司、日本德宝海运株式会社海上货物运输合同货损纠纷案（2016-2）］

海上货物运输合同的承运人对其责任期间发生的货损依照海商法第五十五条的规定承担赔偿责任。海商法第五十五条规定的货物实际价值不包括市价损失。根据我国海商法第五十五条的规定，承运人对责任期间货物损坏的赔偿额，有两种计算方法，按照货物受损前后实际价值的差额或者货物的修复费用计算。一审判决以货物修复费用计算货损赔偿额，但根据查明的事实，本案受损货物并未实际修复。二审采用实际价值差额法，但未扣除因货物市价下跌造成的损失。再审判决采用货物贬损率的计算方式，认定涉案货物的赔偿额，排除了市场价格波动对货损赔偿额的影响，符合海商法的规定，也为海事司法实践所采纳。本案完善了货损赔偿额的计算规则，有效规范了国际航运秩序，对今后司法实践具有重要的指导意义。

(2)发生在承运人责任期间之内的火灾，非因承运人本人的过失所致，承运人可否免责？［中国人民财产保险股份有限公司浙江省分公司与上海瀚航集运有限公司海上货物运输合同货物灭失代位求偿纠纷案（2007-10）］

根据海商法第四十六条的规定，承运人对集装箱装运的货物的责任期间，是指从装货港接收货物时起至卸货港交付货物时止，货物处于承运人掌管之下的全部期间。本案火灾发生在承运人责任期间之内，并且火灾的发生并非由于承运人本人的过失所造成。因此，承运人得以免责。

【典型案例】

(1)因承运人原因导致货物受损，承运人承担的赔偿责任范围应否限定为修复费用或货物实际损失？可否采用贬值率计算损失？［中国平安财产保险股份有限公司广西分公司与广东省江门市玉龙船务有限公司海上货物运输合同纠纷案，(2019)粤民终268、269号］

海上货物运输过程中，因承运人原因导致货物受损，承运人承担的赔偿责任范围应限定为修复费用或货物实际损失。贬值率计算方式排除了市场价格的变动因素，从平衡承运人与货方利益出发计算实际损失。结合合同违约赔偿之因果联系规则及合理预见规则，即使货物受损时市场价格上涨，亦可采用贬值率计算损失。

贬值率是在因承运人过错导致货物损失的情况下,计算承运人应承担的货物实际损失的一种计算方式。贬值率的计算公式为:(货物完好的市场价值-受损货物的销售价值)/货物完好的市场价值。例如,在合同价格为 6000元的情形下,运输途中因承运人原因受损,此时市场价格下降为 3000 元,转售价格为 2500 元,则承运人应承担的损失为 3000 元-2500 元,而不应计算为 6000 元-2500 元;另一种情形下,合同价格不变,若受损时市场价格上升为 10000 元,转售价格为 9000 元,则承运人应承担的损失为 10000 元-9000元。采用贬值率计算方式时,并不因市价上升,转售价格高于原合同价格6000 元,而认定承运人无须承担损失赔偿责任。从上述计算结果看,贬值率计算方式排除了市价波动对实际损失的影响。

(2)船舶沉没原因系设计上的潜在缺陷所致,承运人可否免责?援引海商法第五十一条第一款第(十一)项的免责事由,承运人有何举证证明责任?
[浙江省绍兴县金斯顿针纺织有限公司与日本三井株式会社海上货物运输合同纠纷案,(2016)浙民终 480 号]

"MOLCOMFORT"号事故系迄今以来人民法院审理海事案件所涉最大的集装箱船事故,受到了国际国内航运界广泛关注。本案的主要争议焦点在于承运人能否免除赔偿责任。承运人的免责制度是基于国际海上航运业的特殊风险而给予船舶所有人等航运从业者的特殊保护。我国海商法坚持与通行国际公约对接的立法精神,借鉴吸收《海牙规则》《汉堡规则》等国际公约的规定,形成了具有中国特色的海上货物运输合同规范。该法第五十一条第一款规定了十二项承运人免责事由,其中包括"经谨慎处理仍未发现的船舶潜在缺陷"。因涉案船舶沉没无法打捞,船上数据已随船舶一起沉没,本案一、二审法院根据日本船级社等机构对事故船姊妹船的调查报告和专家证人意见,结合船舶按时检验和保养、未发现设计缺陷、船舶处于适航状态等事实,认定涉案船舶沉没原因系设计上的潜在缺陷所致,承运人三井株式会社可以依据法律规定不负赔偿责任。至于托运人金斯顿公司的权利,则可以通过保险等途径予以保障。本判决系我国首次适用海商法第五十一条第一款第(十一)项的规定判决承运人免责的案件,引起了国际航运和海事司法界的关注,对于今后同类案件的审判实践具有一定的指导意义。

海商法第五十一条第一款第(十一)项规定,对于"经谨慎处理仍未发现的船舶潜在缺陷",承运人可以主张免责,但承运人需举证潜在缺陷与货物损失之间存在因果关系及已履行谨慎处理义务。对于因果关系的认定,如无法做到绝对的排除其他可能性,证明标准只需达到高度的盖然性即可。法院审查承运人举证是否充分,重点在于合理认定潜在缺陷和谨慎处理。这里的"谨慎处理"需满足以下两方面的要求:第一,承运人在船舶开航前和开航当时,已对船舶进行了谨慎处理,使船舶处于适航状态。第二,谨慎处理应达到一定的标准,这里的标准通常是指承运人采取法律或者行业规则惯例要求的方式进行定期检验、日常保养、检查和维修。如满足以上两方面"谨慎处理"的规定,仍未发现船舶潜在的缺陷,则可援引第五十一条第一款第(十一)项的免责事项。

(3)海商法第五十一条规定的"天灾"免责事由是否以"不可预见"为决定因素?[湖南中联国际贸易有限责任公司等与上海捷喜国际货物运输代理有限公司等海上货物运输合同纠纷案,(2014)沪高民四(海)终字第119号]

海商法第五十一条规定的"天灾"免责事由不以"不可预见"为决定因素。台风是否构成"天灾"需重点审查海况恶劣程度是否超出正常海上风险,并进一步审查其与损害结果的因果关系。

因近距离遭遇台风"梅花"的袭击,"尤利"轮当时长时间遭遇12级以上大风、船舶横摇35度以上的恶劣海况。其恶劣程度已非属正常的海上风险,足以构成我国海商法下"天灾"性质的"海上风险",由此造成的损失,承运人依法可以享受免责。法院同时认为,在台风已经有明显的转向趋势时,船长决定向东北济州岛方向离港避台是不够谨慎的,在避台决策上有过失,但属于船长在驾驶或者管理船舶中的过失,依法亦可免责。此外,虽然台风"梅花"带来的恶劣海况系涉案货损的最主要的决定性原因,但绑扎系固的缺陷使绑扎系统在恶劣海况面前更加容易受到损坏甚至提前崩溃,加重货损程度,因此认定涉案货损是由于绑扎系固的缺陷以及船舶遭遇恶劣海况的共同原因造成的,并酌定造成涉案货损的80%的原因力为恶劣海况,绑扎系固的缺陷占20%。虽然法院认定由上海恒鑫负责的绑扎系固工作存在缺陷,但基于合同相对性原则以及承运人对全程运输负责的法律规定,应当由上海捷喜公司作为涉案运输的承运人先行向货方承担赔偿责任。最终判定上海捷喜公司对货损承担20%的赔偿责任,而船东莫曼斯科免责。

【适用要点】

当承运人和托运人在海上货物运输合同中约定具体交货时间,承运人在该约定时间届满60日后仍未能交付货物,可以推定货物灭失,有权对货物灭失提出赔偿请求的权利人可以要求承运人对货物灭失承担赔偿责任。此种情况下,有权提出赔偿请求的权利人可以选择主张承运人承担迟延交付的违约责任,也可以选择主张货物灭失的赔偿责任。海商法第五十一条列举了承运人的十二项免责事由,承运人如果主张其中任何一项免责事由,应当负举证责任,证明货物损失是由该免责事由所导致,但是对于火灾,承运人只需证明货物损失是由火灾导致即可。对于活动物的运输,适用无过错推定责任,只要承运人能够证明其已经履行了托运人关于运输活动物的特别要求,并证明根据实际情况,灭失或者损害是由于此种固有的特殊风险造成的,即推定承运人无过错,而无须承担赔偿责任。需要注意的是,如果活动物的灭失或损害系因承运人违反适航、管货、不得绕航等法定义务所致,承运人仍需承担赔偿责任。在舱面载运货物,需要符合三种情况:承运人与具备托运人达成协议,符合航运惯例,符合有关法律、行政法规的规定。如果不属于这三种情况,承运人将货物装载于舱面,发生毁损和灭失的,承运人仍应承担赔偿责任。对于装载于舱面的货物,由于此种装载的特殊风险造成的损失,承运人不负赔偿责任,但是并不因此免除承运人对舱面货物应履行的谨慎处理使船舶适航及合理管货义务。

10. 承运人的赔偿责任限制

【相关立法】

《中华人民共和国海商法》(19930701)

第五十六条　承运人对货物的灭失或者损坏的赔偿限额,按照货物件数或者其他货运单位数计算,每件或者每个其他货运单位为666.67计算单位,或者按照货物毛重计算,每公斤为2计算单位,以二者中赔偿限额较高的为准。但是,托运人在货物装运前已经申报其性质和价值,并在提单中载明的,或者承运人与托运人已经另行约定高于本条规定的赔偿限额的除外。

货物用集装箱、货盘或者类似装运器具集装的,提单中载明装在此类装运器具中的货物件数或者其他货运单位数,视为前款所指的货物件数或者其他货运单位数;未载明的,每一装运器具视为一件或者一个单位。

装运器具不属于承运人所有或者非由承运人提供的,装运器具本身应当视为一件或者一个单位。

第五十七条　承运人对货物因迟延交付造成经济损失的赔偿限额,为所迟延交付的货物的运费数额。货物的灭失或者损坏和迟延交付同时发生的,承运人的赔偿责任限额适用本法第五十六条第一款规定的限额。

第五十八条　就海上货物运输合同所涉及的货物灭失、损坏或者迟延交付对承运人提起的任何诉讼,不论海事请求人是否合同的一方,也不论是根据合同或者是根据侵权行为提起的,均适用本章关于承运人的抗辩理由和限制赔偿责任的规定。

前款诉讼是对承运人的受雇人或者代理人提起的,经承运人的受雇人或者代理人证明,其行为是在受雇或者受委托的范围之内的,适用前款规定。

第五十九条 经证明,货物的灭失、损坏或者迟延交付是由于承运人的故意或者明知可能造成损失而轻率地作为或者不作为造成的,承运人不得援用本法第五十六条或者第五十七条限制赔偿责任的规定。

经证明,货物的灭失、损坏或者迟延交付是由于承运人的受雇人、代理人的故意或者明知可能造成损失而轻率地作为或者不作为造成的,承运人的受雇人或者代理人不得援用本法第五十六条或者第五十七条限制赔偿责任的规定。

【司法解释】

《最高人民法院关于审理无正本提单交付货物案件适用法律若干问题的规定》(法释〔2009〕1号,20090305;经法释〔2020〕18号修正,20210101)

第四条 承运人因无正本提单交付货物承担民事责任的,不适用海商法第五十六条关于限制赔偿责任的规定。

【司法指导文件】

(1)最高人民法院民事审判第四庭《全国法院涉外商事海事审判工作座谈会会议纪要》[法(民四)明传(2021)60号,20211231]

67.【港口经营人不能主张承运人的免责或者责任限制抗辩】根据海商法第五十八条、第六十一条的规定,就海上货物运输合同所涉及的货物灭失、损坏或者迟延交付提起的诉讼,有权适用关于承运人的抗辩理由和限制赔偿责任规定的为承运人、实际承运人、承运人和实际承运人的受雇人或者代理人。在现有法律规定下,港口经营人并不属于上述范围,其在港口作业中造成货物损失,托运人或者收货人直接以侵权起诉港口经营人,港口经营人援用海商法第五十八条、第六十一条的规定主张免责或者限制赔偿责任的,人民法院不予支持。

(2)最高人民法院《第二次全国涉外商事海事审判工作会议纪要》(法发〔2005〕26号,20051226)

102.承运人承担无正本提单放货责任,不得援引《中华人民共和国海商法》第五十六条关于限制赔偿责任的规定。

(3)最高人民法院民事审判第四庭《涉外商事海事审判实务问题解答（一）》(20040408)

140. 预借提单与倒签提单情况下，承运人可否享受海事赔偿责任限制权利？

答：承运人预借提单或者倒签提单的情况下，引起提单持有人或者收货人提起赔偿请求，承运人不得援引《海商法》关于海事赔偿责任限制的规定限制其赔偿责任。除非承运人能证明提单不是其本人签发。

【适用要点】

承运人的责任限制是指因承运人过失造成货物损失的情况下，将其赔偿责任限定在一定程度之内的一项制度。由于承运人责任限制是针对每件或每货运单位而言的，因此又称为单位责任限制。海商法规定的责任限制权利主体不仅包括承运人，还包括实际承运人，以及承运人、实际承运人的受雇人和代理人。关于货物灭失或损坏的赔偿责任限额为每件或每货运单位666.67计算单位（特别提款权），或者按照毛重计算每公斤2计算单位，以高者计。托运人在货物装运前已经申报了货物价值，并在提单中载明的，或与托运人另行约定了高于这一限额的除外。关于迟延履行交付货物的赔偿责任限制，以迟延交付部分的货物应收的运费为限额。承运人在某些情况下，也可能丧失责任限制的权利，如果经证明货物的灭失、损坏或者迟延交付是由于承运人的故意或者明知可能造成损失而轻率地作为或者不作为造成的，承运人不得援用限制赔偿责任的规定。例如，承运人无正本提单放货、承运人预借提单或倒签提单等情形，均可理解为属于"故意或者明知可能造成损失而轻率地作为或不作为"的情况，在此情况下引起提单持有人或者收货人就货物损失提起赔偿请求，承运人均无权主张责任限制。

11. 实际承运人的责任

【相关立法】

《中华人民共和国海商法》(19930701)

第六十条　承运人将货物运输或者部分运输委托给实际承运人履行的，承运人仍然应当依照本章规定对全部运输负责。对实际承运人承担的运输，承运人应当对实际承运人的行为或者实际承运人的受雇人、代理人在受雇或者受委托的范围内的行为负责。

虽有前款规定，在海上运输合同中明确约定合同所包括的特定的部分运输由承运人以外的指定的实际承运人履行的,合同可以同时约定,货物在指定的实际承运人掌管期间发生的灭失、损坏或者迟延交付,承运人不负赔偿责任。

第六十一条 本章对承运人责任的规定,适用于实际承运人。对实际承运人的受雇人、代理人提起诉讼的,适用本法第五十八条第二款和第五十九条第二款的规定。

第六十二条 承运人承担本章未规定的义务或者放弃本章赋予的权利的任何特别协议,经实际承运人书面明确同意的,对实际承运人发生效力;实际承运人是否同意,不影响此项特别协议对承运人的效力。

第六十三条 承运人与实际承运人都负有赔偿责任的,应当在此项责任范围内负连带责任。

第六十四条 就货物的灭失或者损坏分别向承运人、实际承运人以及他们的受雇人、代理人提出赔偿请求的,赔偿总额不超过本法第五十六条规定的限额。

第六十五条 本法第六十条至第六十四条的规定,不影响承运人和实际承运人之间相互追偿。

【司法指导文件】

(1)最高人民法院民事审判第四庭《全国法院涉外商事海事审判工作座谈会会议纪要》[法(民四)明传(2021)60号,20211231]

52.【实际承运人责任的法律适用】海商法是调整海上运输关系的特别法律规定,应当优先于一般法律规定适用。就海上货物运输合同所涉及的货物灭失或者损坏,提单持有人选择仅向实际承运人主张赔偿的,人民法院应当优先适用海商法有关实际承运人的规定;海商法没有规定的,适用其他法律规定。

(2)最高人民法院《第二次全国涉外商事海事审判工作会议纪要》(法发[2005]26号,20051226)

103. 承运人与实际承运人对无正本提单放货均负有赔偿责任的,依据《中华人民共和国海商法》第六十三条的规定,应当承担连带责任。

【公报案例】

订立有期租合同的实际承运人对无正本提单放货应当承担何种责任?
[富春航业股份有限公司、胜惟航业服份有限公司与鞍钢集团国际经济贸易公司海上运输无单放货纠纷再审案(2002-1)]

本案鞍钢公司据以起诉的提单是"盛扬"轮的期租船人莫帕提公司的代

理人大连外代所签发,提单亦是莫帕提公司的提单,提单上明确显示承运人为莫帕提公司。因此依照海商法的规定,富春公司作为承运船舶"盛扬"轮的船东,其与承运人莫帕提公司之间订有期租合同,并实际履行运输,应为本航次海上货物运输的实际承运人。鞍钢公司凭此提单诉富春公司海上货物运输合同纠纷,其诉权存在。但本案所涉货物运输中,除前述提单外,承运人莫帕提公司还签发给航次租船合同的租船人千金一一份提单。货物抵达目的港后,提货人向莫帕提公司出具银行担保,按照莫帕提公司的指令,凭银行担保和莫帕提公司签发给千金一的提单副本,船方将该货物交给了提货人,并在事后收回了莫帕提公司签发给千金一的提单正本。根据现有证据显示,装货港和卸货港的代理人均为承运人莫帕提公司委托,而根据期租船合同的约定,有关船舶营运的事宜,船方应听从租船人的指挥。故鞍钢公司主张富春公司参与无单放货的依据不充分。因此,船东富春公司对本案无单放货不应承担责任。

【适用要点】

根据海商法第六十一条规定,"本章对承运人责任的规定,适用于实际承运人",实际承运人与承运人的法律地位是相等的,实际承运人的责任应当指海商法第四章第二节所规定的责任。承运人的责任适用于实际承运人,仅指承运人的实体权利,而不包括运输合同中关于管辖的约定,经过实际承运人同意而放弃的权利或增加的义务对于实际承运人具有约束力。需要注意的是,只有承运人与实际承运人都负有赔偿责任的情况下,二者才承担连带责任。当承运人和实际承运人须负连带责任时,货物索赔人可以选择向承运人和实际承运人主张权利,也可以仅向一方主张权利。货物索赔人只能在法律规定的限制赔偿责任内向责任人主张权利,换言之,货物索赔人向实际承运人主张权利也应当受海商法第五十六条规定的限制。在承运人和实际承运人依照规定对货方承担连带赔偿责任之后,他们之间可以根据双方的合同约定来确定责任份额,向另一方追偿。

12. 托运人的责任

【相关立法】

《中华人民共和国海商法》(19930701)

第六十六条 托运人托运货物,应当妥善包装,并向承运人保证,货物装船时所提供的货物的品名、标志、包数或者件数、重量或者体积的正确性;由于包装不良或者上述资料不正确,对承运人造成损失的,托运人应当负赔偿责任。

承运人依照前款规定享有的受偿权利,不影响其根据货物运输合同对托运人以外的人所承担的责任。

第六十七条 托运人应当及时向港口、海关、检疫、检验和其他主管机关办理货物运输所需要的各项手续,并将已办理各项手续的单证送交承运人;因办理各项手续的有关单证送交不及时、不完备或者不正确,使承运人的利益受到损害的,托运人应当负赔偿责任。

第六十八条 托运人托运危险货物,应当依照有关海上危险货物运输的规定,妥善包装,作出危险品标志和标签,并将其正式名称和性质以及应当采取的预防危害措施书面通知承运人;托运人未通知或者通知有误的,承运人可以在任何时间、任何地点根据情况需要将货物卸下、销毁或者使之不能为害,而不负赔偿责任。托运人对承运人因运输此类货物所受到的损害,应当负赔偿责任。

承运人知道危险货物的性质并已同意装运的,仍然可以在该项货物对于船舶、人员或者其他货物构成实际危险时,将货物卸下、销毁或者使之不能为害,而不负赔偿责任。但是,本款规定不影响共同海损的分摊。

第六十九条 托运人应当按照约定向承运人支付运费。

托运人与承运人可以约定运费由收货人支付;但是,此项约定应当在运输单证中载明。

第七十条 托运人对承运人、实际承运人所遭受的损失或者船舶所遭受的损坏,不负赔偿责任;但是,此种损失或者损坏是由于托运人或者托运人的受雇人、代理人的过失造成的除外。

托运人的受雇人、代理人对承运人、实际承运人所遭受的损失或者船舶所遭受的损坏,不负赔偿责任;但是,这种损失或者损坏是由于托运人的受雇人、代理人的过失造成的除外。

【批复、答复】

提单中记载的"运费到付"能否视为承托双方对收货人支付运费的约定?

《最高人民法院关于青岛思锐国际物流有限公司与无锡富通摩托车有限公司海上货物运输合同欠付运费纠纷一案的请示的答复》(〔2008〕民四他字第 5 号,20080509)

上海市高级人民法院:

你院〔2007〕沪高民四(海)终字第 75 号《关于青岛思锐国际物流有限公

司与无锡富通摩托车有限公司海上货物运输合同欠付运费纠纷一案的请示》收悉。

经研究认为：

1. 根据《中华人民共和国海商法》第六十九条的规定，托运人应当按照约定向承运人支付运费。托运人与承运人可以约定运费由收货人支付；但是，此项约定应当在运输单证中载明。本案提单中记载的"运费到付"应视为承托双方对收货人支付运费的约定。

2. 托运人与承运人约定由收货人支付运费，属于当事人约定由第三人向债权人履行债务的情形。当目的港无人提货或者收货人拒绝提货时，应当视为第三人不履行债务。根据《中华人民共和国合同法》第六十五条①的规定，收货人未支付运费的，托运人应当履行支付的义务，承运人向托运人主张运费的请求应予支持。

3. 根据《中华人民共和国海商法》第八十七条的规定，应当向承运人支付的运费没有付清，又没有提供适当担保的，承运人可以在合理的限度内留置其货物，但并无法律规定承运人向托运人主张运费权利前必须先行行使货物留置权。

同意你院审委会倾向性意见，青岛思锐国际物流有限公司要求无锡富通摩托车有限公司支付运费的诉讼请求应予支持。

此复。

【适用要点】

托运人负有妥善包装货物、正确申报货物信息、及时办理货运手续并备齐单证的义务，如果由于货物包装不良或者信息不正确，或者未及时办理相关货运手续，造成货物毁损、灭失的，根据海商法第五十一条的规定，承运人无须承担赔偿责任。同时，如果因此给承运人造成损失，托运人应当承担赔偿责任，并且，托运人就此项义务所承担的是严格责任，即不论托运人是否具有过失，均应向承运人承担责任。对于危险货物的运输，如果托运人没有将危险货物的名称、性质等信息通知承运人，或者通知有误的，承运人对该货物有自由处置权。此种情况下，即使危险货物没有对船舶及人员造成损害，为了防范可能的危险，承运人无须通知托运人，可以自行处置。托运人不仅应对自己的行为负责，还应对其雇佣的人、代理人的过失负责，而受雇佣的人或代理人仅需要对自己的过失负责。

---

① 民法典施行后，合同法被废止，相关内容见民法典第五百二十三条。

13. 提单的一般规定

【相关立法】

《中华人民共和国海商法》(19930701)

第七十一条　提单,是指用以证明海上货物运输合同和货物已经由承运人接收或者装船,以及承运人保证据以交付货物的单证。提单中载明的向记名人交付货物,或者按照指示人的指示交付货物,或者向提单持有人交付货物的条款,构成承运人据以交付货物的保证。

第七十二条　货物由承运人接收或者装船后,应托运人的要求,承运人应当签发提单。

提单可以由承运人授权的人签发,提单由载货船船舶的船长签发的,视为代表承运人签发。

第七十三条　提单内容,包括下列各项:

(一)货物的品名、标志、包数或者件数、重量或者体积,以及运输危险货物时对危险性质的说明;

(二)承运人的名称和主营业所;

(三)船舶名称;

(四)托运人的名称;

(五)收货人的名称;

(六)装货港和在装货港接收货物的日期;

(七)卸货港;

(八)多式联运提单增列接收货物地点和交付货物地点;

(九)提单的签发日期、地点和份数;

(十)运费的支付;

(十一)承运人或者其代表的签字。

提单缺少前款规定的一项或者几项的,不影响提单的性质;但是,提单应当符合本法第七十一条的规定。

第七十四条　货物装船前,承运人已经应托运人的要求签发收货待运提单或者其他单证的,货物装船完毕,托运人可以将收货待运提单或者其他单证退还承运人,以换取已装船提单;承运人也可以在收货待运提单上加注承运船舶的船名和装船日期,加注后的收货待运提单视为已装船提单。

第七十五条　承运人或者代其签发提单的人,知道或者有合理的根据怀疑提单记载的货物的品名、标志、包数或者件数、重量或者体积与实际接收的货物不符，在签发已装船提单的情况下怀疑与已装船的货物不符，或者没有适当的方法核对提单记载的，可以在提单上批注，说明不符之处、怀疑的根据或者说明无法核对。

第七十六条 承运人或者代其签发提单的人未在提单上批注货物表面状况的，视为货物的表面状况良好。

第七十七条 除依照本法第七十五条的规定作出保留外，承运人或者代其签发提单的人签发的提单，是承运人已经按照提单所载状况收到货物或者货物已经装船的初步证据；承运人向善意受让提单的包括收货人在内的第三人提出的与提单所载状况不同的证据，不予承认。

第七十八条 承运人同收货人、提单持有人之间的权利、义务关系，依据提单的规定确定。

收货人、提单持有人不承担在装货港发生的滞期费、亏舱费和其他与装货有关的费用，但是提单中明确载明上述费用由收货人、提单持有人承担的除外。

第七十九条 提单的转让，依照下列规定执行：

（一）记名提单：不得转让；

（二）指示提单：经过记名背书或者空白背书转让；

（三）不记名提单：无需背书，即可转让。

第八十条 承运人签发提单以外的单证用以证明收到待运货物的，此项单证即为订立海上货物运输合同和承运人接收该单证中所列货物的初步证据。

承运人签发的此类单证不得转让。

【司法解释】

《最高人民法院关于审理海上货运代理纠纷案件若干问题的规定》（法释〔2012〕3号，20120501；经法释〔2020〕18号修正，20210101）

第十四条 人民法院在案件审理过程中，发现不具有无船承运业务经营资格的货运代理企业违反《中华人民共和国国际海运条例》的规定，以自己的名义签发提单、海运单或者其他运输单证的，应当向有关交通主管部门发出司法建议，建议交通主管部门予以处罚。

【批复、答复】

（1）未取得无船承运业务经营资格的经营者签发的提单是否有效？

《最高人民法院关于未取得无船承运业务经营资格的经营者与托运人订立的海上货物运输合同或签发的提单是否有效的请示的复函》（〔2007〕民

四他字第 19 号,20071128)

天津市高级人民法院:

你院关于未取得无船承运业务经营资格的经营者与托运人订立的海上货物运输合同或签发的提单是否有效的请示收悉。

根据《中华人民共和国国际海运条例》(以下简称《海运条例》)的规定,经营无船承运业务,应当向国务院交通主管部门办理提单登记,并交纳保证金。本案中深圳龙峰国际货运代理公司在未取得无船承运业务经营资格的情况下签发了未在交通主管部门登记的提单,违反了《海运条例》的规定,受理案件的法院应当向有关交通主管部门发出司法建议,建议交通主管部门予以处罚。但深圳龙峰国际货运代理公司收到货物后应托运人的要求签发提单的行为,不属于《中华人民共和国合同法》第五十二条第(五)项①规定的违反法律、行政法规的强制性规定的情形,该提单应认定为有效。

此复。

(2) 提单仲裁条款对保险人是否具有拘束力?

《最高人民法院关于中国人民财产保险股份有限公司深圳市分公司诉广州远洋运输公司海上货物运输合同货损纠纷一案仲裁条款效力问题的请示的复函》〔〔2005〕民四他字第 29 号,20051009〕

广东省高级人民法院:

你院粤高法民四他字第 7 号《关于中国人民财产保险股份有限公司深圳市分公司诉广州远洋运输公司海上货物运输合同货损纠纷一案仲裁条款效力问题的请示》收悉。经研究,答复如下:

本案提单仲裁条款是订立海上货物运输合同当事人为仲裁解决纠纷而订立的有效仲裁条款。作为保险人的中国人民财产保险股份有限公司深圳市分公司,依据保险合同在赔付被保险人即提单持有人深圳市华联粮油贸易有限公司提单项下的货物损失后,依法取得向作为承运人的广州远洋运输公司请求赔偿货物损失的代位求偿权利。由于保险人不是协商订立仲裁条款的当事人,仲裁条款并非保险人的意思表示,除非保险人明确表示接受,否则提单仲裁条款对保险人不具有约束力。本案争议发生后,保险人并未与承运人达成新的仲裁协议,因此本案提单仲裁条款不应约束保险人。同意你院的倾向性意见。

此复。

---

① 民法典施行后,合同法被废止,相关内容见民法典第一百五十三条。

【司法指导文件】

（1）最高人民法院民事审判第四庭《全国法院涉外商事海事审判工作座谈会会议纪要》[法（民四）明传（2021）60号，20211231]

57.【"不知条款"的适用规则】提单是承运人保证据以交付货物的单证，承运人应当在提单上如实记载货物状况，并按照记载向提单持有人交付货物。根据海商法第七十五条的规定，承运人或者代其签发提单的人，在签发已装船提单的情况下没有适当方法核对提单记载的，可以在提单上批注，说明无法核对。运输货物发生损坏，承运人依据提单记载的"不知条款"主张免除赔偿责任的，应当对其批注符合海商法第七十五条规定情形承担举证责任；有证据证明货物损坏原因是承运人违反海商法第四十七、第四十八条规定的义务，承运人援引"不知条款"主张免除其赔偿责任的，人民法院不予支持。

58.【承运人交付货物的依据】承运人没有签发正本提单，或者虽签发正本提单但已收回正本提单并约定采用电放交付货物的，承运人应当根据运输合同约定、托运人电放指示或者托运人以其他方式作出的指示交付货物。收货人仅凭提单样稿、提单副本等要求承运人交付货物的，人民法院不予支持。

59.【承运人凭指示提单交付时应合理谨慎审单】正本指示提单的持有人请求承运人向其交付货物，承运人应当合理谨慎地审查提单。承运人凭背书不连续的正本指示提单交付货物，请求人要求承运人承担因此造成损失的，人民法院应予支持，但承运人举证证明提单持有人通过背书之外其他合法方式取得提单权利的除外。

（2）最高人民法院民事审判第四庭《涉外商事海事审判实务问题解答（一）》（20040408）

98. 提单中并入条款对提单持有人的效力如何？

答：租船合同条款有效并入提单后，承运人和提单持有人（非托运人）的关系属于提单运输法律关系，而非租船合同法律关系。除非在并入条款中明示，租船合同中的仲裁条款、管辖权条款及法律适用条款并入提单，否则这些条款不能约束非承租人的提单持有人。

140. 预借提单与倒签提单情况下，承运人可否享受海事赔偿责任限制权利？

答：承运人预借提单或者倒签提单的情况下，引起提单持有人或者收货人提起赔偿请求，承运人不得援引《海商法》关于海事赔偿责任限制的规定限制其赔偿责任。除非承运人能证明提单不是其本人签发。

141. 如何看待承运人对运输货物的批注范围？

答：承运人或者代其签发提单的人，知道或者有合理的根据怀疑提单记载的货物的品名、标志、包数或者件数、重量或者体积与实际接收的货物不符，在签发已装船提单的情况下怀疑与已装船的货物不符，或者没有适当的方法核对提单记载的，可以在提单上批注，说明不符之处、怀疑的根据或者说明无法核对。承运人或代其签发提单的人未在提单上批注货物表面状况的，视为货物的表面状况良好。

在散装货物运输中，货物表面状况是指船方在签发提单时根据通常的观察方法以及通常应具备的知识用肉眼或者其他通常的、合理的检验方法，仅从外表所能观察到和发现的货物状况。对于货物内在的品质问题，不在此列。

142. 承运人在提单上的批注有什么法律后果？

答：承运人或代其签发提单的人在提单上对货物表面状况批注的，在目的港卸货时，如发现因批注的包装、污渍、渗漏等原因引起货损的，承运人可以免除其赔偿责任。

【公报案例】

(1) 提单持有人以其中一套正本提单换取提货单后的所谓提单转让行为对当事人是否产生拘束力？ [肯考帝亚农产品贸易（上海）有限公司与广东富虹油品有限公司、第三人中国建设银行股份有限公司湛江市分行所有权确认纠纷案（2012-1）]

根据海商法第七十九条第（三）项的规定，不记名指示提单可以经空白背书转让，但当提单持有人以其中一套正本提单换取提货单后，当事人已不可能将全套正本提单进行转让，故此后的所谓提单转让行为对当事人不产生拘束力。

物权法第二十三条①规定，动产物权的设立和转让，自交付时发生效力。交付是否完成是动产所有权转移与否的标准，动产由第三人占有时，则应根据物权法第二十六条②的规定进行指示交付。《最高人民法院关于适用〈中华人民共和国担保法〉若干问题的解释》③第八十八条规定，出质人以间接占有的财产出质的，以质押合同书面通知占有人时视为移交。根据该条规定精神，提单单的交付，仅意味着当事人的提货请求权进行了转移，在当事人未将

---

① 民法典施行后，物权法被废止，相关内容见民法典第二百二十四条。
② 民法典施行后，物权法被废止，相关内容见民法典第二百二十七条。
③ 经法释〔2020〕16号废止。

提货请求转移事实通知实际占有人时,提货单的交付并不构成物权法第二十六条所规定的指示交付。

(2)以装港空距报告证明其实际接收的货物或装船的货物与清洁提单记载不符,承运人应当承担何种责任? [中国人民财产保险股份有限公司北京市直属支公司与银河海运有限公司、寰宇船务企业有限公司海上货物运输合同代位求偿纠纷案(2007-7)]

承运人在履行海上货物运输合同的交货义务时,应当按照清洁提单关于货物的记载进行交货。即使承运人以装港空距报告证明其实际接收的货物或装船的货物与清洁提单记载不符,收货人仍有权依据海商法第七十七条的规定,按照提单记载内容向承运人提取货物。

提单中有关货物状况的资料是由托运人提供的,承运人当知道或有合理根据怀疑其接收或装船的货物与提单记载不符或无法核对时,可在提单上作出批注,一经批注便在一定程度上起到否定提单记载的作用,承运人可在其批注的项目和范围内免除责任。未作批注的清洁提单,足以表明承运人全部认可提单上有关货物的记载事项,承运人即应当按提单记载交付货物。提单是物权凭证,善意受让提单的人有理由信赖其要取得的货物就是提单记载的货物。承运人向善意受让提单的包括收货人在内的第三人提出的关于其实际接收或装船的货物与清洁提单记载状况不同的证据,不足以对抗提单的记载。如果承运人交付的货物与提单记载不符,承运人应负相应的责任。据此,即使本案承运人提交装港空距报告证明其实际接收的货物或装船的货物与提单记载不符,收货人仍有权按照提单记载向承运人提取货物。

(3)明知只有凭正本提单才能提取货物,却以虚假的理由商借提货单,然后实际办理了提货手续,应否承担侵权责任? [连云港外代公司与连云港港务局、港明实业公司、港明贸易公司无单放货侵权赔偿纠纷案(2006-7)]

港口经营人根据与作业委托人的合同,对进口货物负有部分监管职责。为了履行这一职责,港口经营人在交付货物时,应当对提货单进行审查,审查内容仅限于审查提货单上有无海关同意放行章。对提货单的持有人是否为单上记名的收货人或其代理人,港口经营人没有审查义务。

提货单一经开出,就等于承认持单人有提货权利。港口经营人根据提货单上的海关同意放行章,将货物交付给提货单的持有人,是正常放货行为,不存在过错。

明知只有凭正本提单才能提取货物,却以虚假理由从承运人或者承运人的代理人处商借提货单,然后用该提货单办理提货手续,是以非法手段侵占他人财产的行为。依照海商法第七十一条、民法通则第一百一十七条①之规定,行为人应当对由此给他人造成的经济损失承担侵权赔偿责任。

(4) 空白指示提单已经托运人背书,提单持有人享有何种权利?〔晓星香港有限公司与中国船务代理公司防城港公司等提单侵权纠纷案(2003-2)〕

提单是用以证明海上货物运输合同和货物已经由承运人接收或者装船,以及承运人保证据以交付货物的单证。提单中载明向记名人交付货物,或者按照指示人的指示交付货物,或者向提单持有人交付货物的条款,构成承运人据此交付货物的保证。本案中承运人签发的晓星公司凭以起诉的提单是空白指示提单,该提单已经托运人背书,故在目的港,承运人应当向持有提单的人交付货物。晓星公司作为正本提单的合法持有人,其对提单项下货物的权利,应当受到法律保护。防城外代作为船代公司,在未见正本提单的情况下,将部分货物放行,违反了凭提单放货的法律规定。外运公司作为货物到港后的报关代理人,在委托人未提交正本提单的情况下,为其办理报关业务,违反有关规定。梧州农行出具担保提货的担保函,违反国际贸易惯例。

但是本案所涉货物到达防城港是在1997年4月3日,在4月18日、6月6日和7月19日,六分公司向防城外代办理了提货手续。货物到港三个月后,即7月21日,晓星公司、智得公司、六分公司达成三方协议,对涉案货物货款的支付作出安排,改变了原来买卖合同货款的支付方式。三方当事人的意思表示真实,三方协议旨在促成买卖合同的实际履行。签订三方协议的行为表示晓星公司承认六分公司为该批货物的实际买方,认可了六分公司实际收货人的地位。可以认定,货物到港后,签订三方协议前,晓星公司已经确认了六分公司的提货行为。三方协议出现的理由,即晓星公司放弃退运的权利,认可了六分公司收货人的地位,只是要保证其得到货款。因此,晓星公司虽然持有提单,但已经无法再凭提单向有关方主张提单项下货物的权利。

【典型案例】

(1) 托运人未对指示提单进行背书指示,承运人向提单持有人放货应否承担责任?〔长荣海运股份有限公司与湖南华升工贸有限公司、深圳永航国际船务代理有限公司海上货物运输合同纠纷案,(2020)最高法民申6937号〕

华升公司作为案涉货物托运人,委托深圳德威国际货运代理有限公司办

---

① 民法典施行后,民法通则被废止,相关内容见民法典第一百七十九条。

理出口海运订舱,深圳市华展国际物流有限公司接受深圳德威国际货运代理有限公司委托后,向长荣公司的船务代理永航公司订舱。后永航公司以长荣公司代理人名义签发了指示提单,记载托运人为华升公司,收货人为凭指示,通知方系 MekikHaliEvTekstilSanayiVeTicaretA. S. 公司。根据海商法第七十一条有关"提单,是指用以证明海上货物运输合同和货物已经由承运人接收或者装船,以及承运人保证据以交付货物的单证"之规定,案涉提单可证明华升公司与长荣公司之间成立海上货物运输合同法律关系。提单自身的流转情况并不妨碍认定承运人和托运人之间业已存在的运输合同关系,长荣公司以华升公司已将提单交付给其国外客户,且已不再持有任何正本提单为由,主张其二者不再具有提单所证明的运输合同关系,不能成立。

海商法第七十九条第(二)项规定:"指示提单:经过记名背书或者空白背书转让"。长荣公司作为承运人,签发了以华升公司为托运人的指示提单,应视为长荣公司作出了必须凭托运人华升公司背书指示内容交付货物的承诺,其需要在交货时,审慎审查提单人是否具有合法资格。本案中,案涉货物运抵目的港后,长荣公司在提货人 PENTRADEIKE 公司持有的涉案正本提单仅有"PENTRADEIKE"背书,而未经托运人华升公司背书,且无其他证据证明 PENTRADEIKE 公司合法取得涉案正本提单的情况下,实施的放货行为显然违反了海上货物运输合同约定和指示提单应经托运人背书转让的法律规定。故长荣公司并未履行相应的审查义务,向 PENTRADEIKE 公司的交货行为系错误交付,应当承担违约责任。

(2)提单是否为所有权凭证?是否持有提单就对提单项下货物享有所有权?[中国建设银行股份有限公司广州荔湾支行与广东蓝粤能源发展有限公司、惠来粤东电力燃料有限公司、广东蓝海海运有限公司、蓝文彬信用证开证纠纷案,(2015)民提字第 126 号]

关于提单是否为所有权凭证问题。海商法第七十一条规定,提单是指用以证明海上货物运输合同和货物已经由承运人接收或者装船,以及承运人保证据以交付货物的单证。按照这一规定,提单既是证明运输合同成立的证据,也是承运人保证交付货物的单证。又根据海商法第七十八条第一款有关承运人同收货人、提单持有人之间的权利义务关系依据提单确定的规定,提单持有人享有提单载明的债权请求权,亦即提单是提单持有人请求承运人交付货物的债权请求权凭证,从这一意义上而言,提单是债权凭证。与此同时,在海上货物运输合同中,货物所有权人将货物交付给承运人并由承运人实际占有后,并未丧失所有权。既然货物所有权人对货物仍然享有所有权,其当然可以基于对货物的所有权请求承运人返还货物,此为基于所有权产生的原物返还请求权,属于物权请求权的范畴。提单是据以向承运人提取货物的唯一凭证,自然可以表征基于货物所有权所产生的原物返还请求权。从这一意义上说,提单亦系所有权凭证。由此可见,提单具有债权凭证与所有权凭证的双重属性。《最高人民法院关于审理无正本提单交付货物案件适用法律若干问题的规定》第三条第一款规定:"承运人因无正本提单交付货物造成正本提单持有人损失的,正本提单持有人可以要求承运人承担违约责任,或者承担侵权责任。"提单持有人之所以可以要求承运人承担违约责任,是基于提单的债权凭证属性,其系享有提单所载权利的债权人;而提单持有人之所以可以要求承运人承担侵权责任,是基于提单的所有权凭证属性,其系提单项下货物的所有权人或基于所有权所设定的他物权人。显然,该司法解释亦认可了提单具有所有权凭证和债权凭证的双重属性。

关于是否持有提单就对提单项下货物享有所有权问题。根据海商法第七十九条之规定,提单分为记名提单、指示提单和不记名提单。记名提单不得转让,而指示提单可以背书转让,不记名提单无须背书即可转让。不可转让的记名提单,只有提单上所记载的人享有交付货物的债权请求权及物权请求权。而可转让的指示提单和不记名提单流转给他人持有时,提单持有人是否当然就享有提单所表征的债权请求权及物权请求权,或者说谁持有提单谁是否当然就对提单项下货物享有所有权,不能一概而论,应区别情况作具体分析。提单本身既表征债权请求权又表征物权请求权,甚至系所有权凭证,这只是说明提单所具有的功能与属性。对承运人而言,一般情况下,提单是承运人决定放货与否的唯一凭证和依据,见单就可以放货,且见单就应该放货。至于提单持有人有无法律上的原因或依据,以及基于何种法律上的原因或依据而持有提单,均无须审查、无须过问。但是,对于提单持有人而言,其依法正当地向承运人行使提单权利,应具有法律上的原因或依据,亦即以一定的法律关系存在为前提。同样是交付提单,既可能是基于委托保管提单关系,也可能是基于货物买卖关系,还可能是基于设立提单权利质押或提单项下货物动产质押关系,等等。基于不同的法律关系,提单持有人享有不同的权利。如果仅仅是基于委托保管提单的法律关系,提单持有人固然可凭单要求承运人交付货物,但如其主张对货物享有所有权或他物权,则显然不具有合法性和正当性;在基于货物买卖关系的情况下,交付提单,就是转让提单所表征的债权请求权及物权请求权,构成物权法第二十六条①所规定的指示交

---

① 民法典施行后,物权法被废止,相关内容见民法典第二百二十七条。

付,产生提单项下货物所有权转移的法律效果;在基于设立提单权利质押关系的情况下,交付提单,产生提单权利质押设立的法律效果。也就是说,虽然提单的交付可以与提单项下货物的交付一样产生提单项下货物物权变动的法律效果,但提单持有人是否就因受领提单的交付而取得物权以及取得何种类型的物权,均取决于其所依据的合同如何约定。其中的道理与动产交付一样,动产占有人受领动产的交付,究竟是享有所有权、动产质权,还是基于合同关系的占有,均取决于当事人之间的合同如何约定。

(3) 存在两份正本提单时如何辨别真伪?[宁波佳佳进出口有限公司与地中海航运有限公司等海上货物运输合同纠纷案,(2008)沪高民四(海)终字第13号]

根据海商法的规定,承运人应当根据提单的记载向收货人交付货物。但本案涉案货物出现了两个收货人,各持有一套正本提单,所以必须首先查明哪套提单才是承运人出具给托运人的能够代表涉案货物凭证的合法提单。原本承运人对提单真伪的确认具有绝对的权威,但本案被告就是承运人,因此法院必须从其他环节来识别涉案提单的真伪。从真假提单的签发、流转和对价支付等环节来辨别,是判断提单真伪的一个有效的方法。根据当事人提交的证据可以证明,英国法院生效判决认定地中海航运向明辉公司和 TIL 公司就涉案指示提单项下的货物承担赔偿责任,地中海航运遂向明辉公司和 TIL 公司进行赔偿并取得涉案指示提单项下的货物权利。相反,宁波佳佳公司不能说明其持有记名提单的来历,也不能举证证明 TIL 公司及其上家 JMP 公司的合法存在,也没有提供证据证明其系通过支付对价的方式取得争议提单,故宁波佳佳公司持有的争议提单并非有效权利凭证,关于其持有的记名提单是涉案货物权利凭证的主张不能成立。

(4) 承运人明知货物在装船时有瑕疵而签发清洁提单应对货物短少承担何种责任?[中国人民保险公司北海分公司与广州远洋运输公司海上货物运输合同纠纷案,(1996)广海法商字第57号]

承运人明知货物在装船时有瑕疵而签发清洁提单,而后向提单持有人交付的货物数量短少,部分货物包装破损甚至漏空。其应对提单持有人承担赔偿责任。在货物保险人依据保险合同赔偿了提单持有人损失、取得权益转让的情况下,向保险人承担赔偿责任。又因承运人在装船时和装船后,已经知道装船货物短少以及破损,并向托运人和装船人提出过声明和抗议,但没有将货物短少和破损的情况在提单上作批注,承运人丧失了限制责任的权利。

【适用要点】

提单具有以下功能:海上货物运输合同的证明;物权凭证;承运人接收货物或将货物装船的证明。货物由承运人接收或者装船后,应托运人的要求,承运人应当签发提单。提单可以由承运人授权的人签发,提单由船长签发的,视为代表承运人签发。如果承运人无故拒绝签发提单,依照海事诉讼特别程序法第五十一条、第五十六条规定,托运人可以请求法院签发海事强制令,责令承运人签发提单。承运人或者代其签发提单的人,知道或者有合理的根据怀疑提单记载的货物与实际接收的货物不符,在签发已装船提单的情况下怀疑与已装船的货物不符,或者没有适当的方法核对提单记载的,可以在提单上批注。承运人在提单上所加的批注主要包括:直接或者间接表明所收货物与提单记载事项不符;在提单上声明对货物状况无法进行核对,即加注"不知条款"。承运人在提单上添加批注,应当清晰、准确、客观地反映货物实际状况。提单上出现不良批注,对于托运人结汇会产生很大影响,如果发生承运人滥用批注的情况,收货人、善意受让提单的第三人、托运人等受害人,有权向承运人主张因不适当批注而遭受的损失。除提单外,海运单也是重要的运输单证,它是证明海上运输货物由承运人接收或装船,且承运人保证将货物交给指定收货人的一种不可流通的书面运输单证。与提单相比,海运单有以下特征:海运单不是货物的物权凭证;海运单不具有流通性,不能转让,即使非法取得海运单也不能据以提货。

14. 货物的交付及检验

【相关立法】

《中华人民共和国海商法》(19930701)

第八十一条 承运人向收货人交付货物时,收货人未将货物灭失或者损坏的情况书面通知承运人的,此项交付视为承运人已经按照运输单证的记载交付以及货物状况良好的初步证据。

货物灭失或者损坏的情况非显而易见的,在货物交付的次日起连续七日内,集装箱货物交付的次日起连续十五日内,收货人未提交书面通知的,适用前款规定。

货物交付时,收货人已经会同承运人对货物进行联合检查或者检验的,无需就所查明的灭失或者损坏的情况提交书面通知。

第八十二条 承运人自向收货人交付货物的次日起连续六十日内,未收到收货人就货物因迟延交付造成经济损失而提交的书面通知的,不负赔偿责任。

第八十三条 收货人在目的港提取货物前或者承运人在目的港交付货物前,可以要求检验机构对货物状况进行检验;要求检验的一方应当支付检验费用,但是有权向造成货物损失的责任方追偿。

第八十四条 承运人和收货人对本法第八十一条和第八十三条规定的检验,应当相互提供合理的便利条件。

第八十五条 货物由实际承运人交付的,收货人依照本法第八十一条的规定向实际承运人提交的书面通知,与向承运人提交书面通知具有同等效力;向承运人提交的书面通知,与向实际承运人提交书面通知具有同等效力。

【司法指导文件】

最高人民法院民事审判第四庭《涉外商事海事审判实务问题解答(一)》(20040408)

146. 对托运人负责装箱的集装箱货物发生短缺的,承运人是否应承担责任?

答:由托运人负责装箱的货物,从装箱托运后至交付收货人之前的期间内,如箱体和封志完好,收货人以承运人交付的货物短缺向承运人索赔的,承运人不承担赔偿责任;如箱体损坏或者封志破坏,箱内货物短缺,承运人应当承担赔偿责任,除非其能证明具有法律规定的免责的情节。

147. 收货人未依照《海商法》第81条的规定将货物损坏或者灭失情况书面通知承运人的,将产生何种法律后果?

答:承运人向收货人交付货物时,收货人未将货物灭失或者损坏的情况书面通知承运人的,此项交付视为承运人已经按照运输单证的记载交付以及货物状况良好的初步证据。

货物灭失或者损坏的情况非显而易见的,在货物交付的次日起连续7日内,集装箱货物交付的次日起连续15日内,收货人未提交书面通知的,适用前款规定。

货物交付时,收货人已经会同承运人对货物进行联合检查或者检验的,无需就所查明的灭失或者损坏的情况提交书面通知。

收货人未在前述期间内将货物灭失或者损坏情况书面通知承运人,但有证据证明货物在承运人责任期间内确实发生灭失或者损坏的,收货人的索赔权不受影响。

【典型案例】

(1)在承、托双方对交付标准没有明确的书面约定的情况下,可否以干吨计重? [中国太平洋财产保险股份有限公司航运保险事业营运中心与德梅海运公司海上货物运输合同纠纷案,(2014)沪高民四(海)终字第137号]

在承、托双方对交付标准没有明确的书面约定的情况下,应当尊重实践中各方在各自合同项下的实际计重方式(湿吨)作为货物是否短量的计重标准更为妥当。客观实践、法律事实均表明,干吨计重所依赖的装、卸港货物水分含量证书记载的数据不仅要有其相应的准确性,同时必须为承、托双方明确约定,否则即使数据准确,也不能贸然地要求承运人承担在保证船舶航行安全义务范围之外的货物品质保障义务。也即干吨计重扩大了承运人的承运责任,将承运人的承运责任扩展至与运输无关的货物品质范畴。

根据涉案货物装卸两港水尺计重的数据,结合涉案航次的排水总量,并综合考虑了水尺计量的合理误差后,法院作出货物湿吨重量在运输过程中没有发生短少的认定。现有证据表明承运人德梅海运公司应该对涉案货物的湿吨重量负责,而货物的湿吨重量在承运人德梅海运公司的运输责任期间内没有发生短少,其无须向收货人承担赔偿责任。

(2)承运人对于货物的交付与货物所有权转移有无必然联系? [张家港市春江印染有限公司与上海东宏物流有限公司海上货物运输合同无单放货案,(2009)沪高民四(海)终字第185号]

《联合国国际货物销售合同公约》中,仅规定了“风险转移”章节,而没有涉及所有权的转移。国际贸易术语的主要作用也是确定货物的实际价格及其构成,以及确定风险转移的时间和地点,而不能据此推定货物所有权的转移时间。涉案贸易合同用的价格术语为FOB,“FOB船上交货(……指定装运港)”的定义是:当货物在指定的装运港越过船舷,卖方即完成交货。这意味着买方必须从该点起承担货物灭失或损坏的一切风险。该定义中并未涉及货物所有权的转移问题。物的交付和所有权的转移有时并不同步。即使在提单持有人提取货物之后,也不必然就取得了货物所有权,所有权取得的时间完全取决于贸易合同双方的约定。即使提单持有人通过付款赎单的方式取得提单,也不排除双方通过约定由卖方保留货物的所有权直至买方认可了货物的质量,完全接受了货物。就算卖方在贸易合同中的交付行为完成,买方提取了货物,并取得了货物所有权,也有可能双方又达成了退货协议,卖方退还货款,同时买方认可所有权又重新转移给了卖方。所以在国际贸易中,货物的交付与所有权转移没有必然的联系。

(3)承运人是否违反提单批注义务应如何认定?〔福建元成豆业有限公司与复兴航运有限公司海上财产损害责任纠纷案,(2017)闽72民初712号〕

提单持有人以承运人未履行提单批注义务导致其丧失拒付信用证项下货款权利为由提出索赔的案例。海商法对承运人签发提单时对货物状况的批注仅作了原则性规定,实践中对如何把握批注标准存在争议。本案结合国际贸易、国际海运实践进行全面剖析,正确解释海商法规定,明确货物的等级和品质指标不属于承运人提单批注的范围;对承运人就货物表面状况的判断要求应建立在与作业条件相适应的基础上;在货物非正常颗粒未集中板结成块的情形下,承运人未作出货物表面状况不良的判断符合正常智识和通常判断标准等三项规则,认定承运人签发清洁提单未违反提单批注义务,妥善平衡了船货双方的利益,维护了提单在国际贸易中的流通性。

【适用要点】

依照海商法的规定,承运人向收货人完成交付后,收货人如果发现货物灭失或者损坏有向承运人发出书面通知的义务。对于通知的形式及内容,海商法未作出明确规定,在实践中,由理货人员填写和出具的"货物残损单""货物溢短单"或者已注明了有关情况的"卸货报告""过驳清单"等单据,可以认为已经具备了书面通知的功能。在已经出具了这些单据的情况下,收货人一般也无须再另行向承运人提交书面通知。① 收货人发出的书面通知,对承运人和实际承运人具有同等效力。收货人应当及时提交书面通知:如果交付时发现货损应当及时提出;如果货损并非显而易见,应当在货物交付次日起连续七日内提出;集装箱货物自交付的次日起连续十五日内提出;货物迟延交付时,自货物交付次日起连续六十日内提出。

15. 卸货港无人提货或者收货人迟延、拒绝提货的责任承担

【相关立法】

《中华人民共和国海商法》(19930701)

第八十六条　在卸货港无人提取货物或者收货人迟延、拒绝提取货物

---

① 司玉琢、张永坚、蒋跃川编著:《中国海商法注释》,北京大学出版社2019年版,第149页。

的,船长可以将货物卸在仓库或者其他适当场所,由此产生的费用和风险由收货人承担。

【司法指导文件】

(1)最高人民法院民事审判第四庭《全国法院涉外商事海事审判工作座谈会会议纪要》[法(民四)明传(2021)60号,20211231]

61.【目的港无人提货的费用承担】提单持有人在目的港没有向承运人主张提货或者行使其他权利的,因无人提取货物而产生的费用和风险由托运人承担。承运人依据运输合同关系向托运人主张运费、堆存费、集装箱超期使用费或者其他因无人提取货物而产生费用的,人民法院应予支持。

65.【集装箱超期使用费标准的认定】承运人依据海上货物运输合同主张集装箱超期使用费,运输合同对集装箱超期使用费有约定标准的,人民法院可以按照该约定确定费用;没有约定标准,但承运人举证证明集装箱提供者网站公布的标准或者同类集装箱经营者网站公布的同期同地的市场标准的,人民法院可以予以采信。

根据民法典第五百八十四条规定的可合理预见规则和第五百九十一条规定的减损规则,承运人应当及时采取措施减少因集装箱超期使用对其造成的损失,故集装箱超期使用费赔偿额应在合理限度之内。人民法院原则上以同类新集装箱市价1倍为基准确定赔偿额,同时可以根据具体案情适当浮动或者调整。

66.【请求集装箱超期使用费的诉讼时效】承运人在履行海上货物运输合同过程中将集装箱作为运输工具提供给货方使用的,应当根据海上货物运输合同法律关系确定诉讼时效;承运人请求集装箱超期使用费的诉讼时效期间为一年,自集装箱免费使用期届满次日起开始计算。

(2)最高人民法院《第二次全国涉外商事海事审判工作会议纪要》(法发〔2005〕26号,20051226)

100.承运人依据《中华人民共和国海商法》第八十六条的规定,将货物在卸货港卸在港务公司或者仓储公司的,不构成无正本提单放货。

(3)《最高人民法院关于依法妥善审理涉新冠肺炎疫情民事案件若干问题的指导意见(三)》(法发〔2020〕20号,20200608)

13.目的港具有因疫情或者疫情防控措施被限制靠泊卸货等情形,导致承运人在目的港邻近的安全港口或者地点卸货,除合同另有约定外,托运人或者收货人请求承运人承担违约责任的,人民法院不予支持。

承运人卸货后未就货物保管作出妥善安排并及时通知托运人或者收货人,托运人或收货人请求承运人承担相应责任的,人民法院依法予以支持。

14. 因疫情或者疫情防控措施导致集装箱超期使用,收货人或者托运人请求调减集装箱超期使用费的,人民法院应尽可能引导当事人协商解决。协商不成的,人民法院可以结合案件实际情况酌情予以调减,一般应以一个同类集装箱重置价格作为认定滞箱费数额的上限。

【典型案例】

(1) 如何认定收货人是否负有支付集装箱超期使用费的义务? [厦门明祥达物流有限公司与法国达飞海运集团海上、通海水域货物运输合同纠纷案,(2017)最高法民申 1477 号]

提单上记载的收货人以其行为向承运人确认自己收货人的身份,货物因报关不实被目的港海关查扣,导致集装箱长期被占用,应当向承运人支付集装箱超期使用费。明祥达公司不仅是涉案海运单上记载的收货人,还向达飞公司支付了海运费,并于 2012 年 11 月 28 日以海运单上记载的收货人的名义向达飞深圳分公司发出《申请更改收货人保函》。根据以上事实,可以认定明祥达公司与达飞公司之间成立海上货物运输合同关系,明祥达公司在目的港已经行使了收货人的权利,有义务及时提取货物并将空载集装箱返还给承运人。明祥达公司在《申请更改收货人保函》中请求达飞公司将货物放给深圳市城辉裕达贸易有限公司,同时也承诺承担达飞公司因此操作而引起的任何费用、责任及风险。涉案货物在目的港因报关不实被海关查扣,导致集装箱长期被占用,明祥达公司应当赔偿达飞公司相应的集装箱超期使用费。

(2) 在目的港无人提货的情况下,承运人是否有权向托运人主张相应权利? [招商局物流集团(天津)有限公司、以星综合航运有限公司与合肥索尔特化工有限公司海上货物运输合同纠纷案,(2017)津民终 320 号]

在卸货港无人提取货物的情况下,承运人有权基于海上货物运输合同关系,向合同相对方托运人主张相应权利。招商局物流公司与以星航运公司形成海上货物运输合同关系,收货人系该合同所涉给付对象。在目的港始终无人持有涉案提单前来提货的情形下,就目的港产生的相关费用,以星航运公司有权向海上货物运输合同关系的相对方招商局物流公司主张相应权利。

海商法第八十七条、第八十八条虽规定承运人在应付运费、共同海损分摊、滞期费、为货物垫付的必要费用等费用未付清,又未提供适当担保时有权留置货物,但留置货物仅为承运人主张债权的方式之一,承运人不留置货物并不影响其向托运人主张运费的权利。

（3）涉案货物在目的港因超过存储期限无人提取而被海关当局作为弃货处理，承运人可否免除交付货物责任？［广州海德国际货运代理有限公司与福建英达华工贸有限公司海上货物运输合同纠纷案，(2017)粤民终 387 号］

涉案货物在目的港因超过存储期限无人提取而被海关当局作为弃货处理，承运人依法可以免除交付货物责任；境外买方未按时付款赎单，卖方在积极处理贸易纠纷的同时，也不能忽视自己作为提单持有人在海上货物运输合同中的权利与义务。不适当地将贸易风险转嫁到运输领域，可能导致"钱货两空"，损失难以弥补。

（4）承运人通过公告方式公布的滞箱费计算标准可否作为计算滞箱费的依据？［地中海航运有限公司与广州市木田木业有限公司海上货物运输合同滞箱费纠纷案，(2011)广海法初字第 522 号］

在滞箱费纠纷中常见的一种情况是，由于航运公司运价本中规定了高昂的滞箱费率，并且该费率随滞箱时间增长而惩罚性剧增，最终积累的滞箱费可能达到一个非常高的数字，甚至远远超过箱体本身价格的总和。虽然在我国并没有法律明确规定承运人有权收取滞箱费，但是承运人收取滞箱费已经成了一种行业惯例，也具有法律依据。承运人通常采取向社会公告的形式告知包括货主在内的任何有意愿与其签订海上货物运输合同的不特定对象，这符合航运习惯做法。因此，承运人采取社会公告方式公布的滞箱费计算标准应视为承运人和货主共同的意思表示，对双方均有约束力。滞箱费是责任人违反海上货物运输合同附随义务的赔偿责任，承运人通过公告方式公布的滞箱费计算标准可以作为计算滞箱费的依据，但应相应地扣减承运人未采取合理减损措施扩大的损失。

（5）在使用人无法短期内归还集装箱的情况下，承运人是否负有减少损失的义务？对过分高于损失的滞箱费如何调整？［中远集装箱运输有限公司与迪高乐有限公司海上货物运输合同纠纷案，(2009)广海法初字第 113 号］

承运人起诉要求托运人、收货人支付滞箱费所形成的法律关系，属于海上货物运输合同关系。托运人、收货人在提取集装箱时应主动了解集装箱的免费使用期和滞箱费收取标准，并及时交还，对于产生的滞箱费负有支付义务。虽然集装箱使用人有义务及时还箱，但是并不代表承运人可以毫无依据地收取滞箱费。承运人在诉讼中需要对其收取滞箱费的诉讼请求承担主要的举证责任,即提供充分的证据,证明其收取滞箱费是否符合合同约定或者法律规定。

滞箱费计收标准是在集装箱使用人没有依照约定期间归还集装箱而承担违约责任的情况下,对违约产生的损失赔偿额的计算方法,因不同时段计收相继递增的费率,具有惩罚性等违约金的特征。法院应根据集装箱的营运收益、集装箱自身的价值和承运人的实际损失等因素对滞箱费进行适当调整,对过分高于损失的滞箱费予以合理调整。在司法实践中,法院对滞箱费损失的调整有多种方式,例如,对承运人应当预见到涉案集装箱无法短期内归还的期间内的滞箱费不予支持,仅仅认定之前产生的部分滞箱费。以一个全新的同类型集装箱价值为限认定所产生的滞箱费。由于集装箱是种类物,在承运人可以预见到使用人无法短期内归还集装箱的情况下,承运人应积极采取减少损失的措施,另行购置或租用其他集装箱代替运营,而不应只是通过收取滞箱费的方式弥补损失,否则将有违公平原则。

(6)运输合同确因目的港疫情防控因素而无法正常履行的情况下,如何适用《最高人民法院关于依法妥善审理涉新冠肺炎疫情民事案件若干问题的指导意见(三)》第十三条的规定?[马士基有限公司与百鲜食品(福建)有限公司海上货物运输合同纠纷案,(2021)闽72民初165号]

本案运输合同确因目的港疫情防控因素而无法正常履行,马士基公司将货物安全存放在目的港的邻近港口厦门港后,根据《最高人民法院关于依法妥善审理涉新冠肺炎疫情民事案件若干问题的指导意见(三)》第十三条的规定,其本可以主张已履行完毕货物运输合同项下义务,且无须因此承担违约责任,但其仍坚持等到目的港具备卸货条件时,继续完成支线转运任务。马士基公司因疫情防控承受了额外成本负担,百鲜公司作为收货人,从马士基公司提供的海运服务中实际受益。综合考虑疫情防控措施对集装箱货物中转滞留的影响以及双方当事人就合同履行的受益情况等因素,根据公平原则,酌定百鲜公司补偿马士基公司集装箱中转港滞留费用的50%。一审判决百鲜公司向马士基公司支付补偿款,驳回马士基公司的其他诉讼请求。本案对航运企业克服疫情影响,坚持等待目的港具备卸货条件后完成运输合同全部义务的行为给予了正面评价和司法支持,在目前航运经济遭受疫情巨大影响的背景下,对鼓励航运企业恪尽职守、促进航运复苏具有积极作用。判决合理确定相关费用数额,平衡船货双方利益,依法保护进出口企业的合法权益,为促进疫情影响下国际贸易顺畅有序发展提供了有力保障。

【适用要点】

目的港无人提货的原因有很多,诸如,"运费到付"或者使用冷藏集装箱运输的情况下运费超过货值、贸易合同的变化或者货物价值行情下跌等。目的港迟延或无人提货,会使船方交付货物受阻,阻碍船舶的正常运营。根据海商法第八十六条规定,目的港无人提货或者收货人迟延、拒绝提货时,承运人或船长有权对货物行使处置权,由此产生的风险和费用由收货人承担。但这一规定并不意味着承运人可以以此对抗仓储保管人提出的仓储费用支付请求,对于港口货物保管而言,承运人是委托人。如果出现目的港无人提货的情况,承运人可能找不到收货人,承运人有权依据运输合同关系向托运人主张运费、堆存费、集装箱超期使用费或者其他因无人提取货物而产生的费用。关于集装箱超期使用费问题,如果运输合同对集装箱超期使用费有约定标准的,按照该约定来确定费用;如果没有约定标准,但承运人举证证明集装箱提供者网站公布的标准或者同类集装箱经营者网站公布的同期同地的市场标准的,也可以以此来作为费用标准。承运人所负有的义务是按照减损规则及时采取措施减少因集装箱超期使用对其造成的损失,所以,原则上以同类新集装箱市价 1 倍为基准确定赔偿额,适当浮动或者调整。

16. 无正本提单交付货物的责任

【司法解释】

《最高人民法院关于审理无正本提单交付货物案件适用法律若干问题的规定》(法释〔2009〕1 号,20090305;经法释〔2020〕18 号修正,20210101)

第一条 本规定所称正本提单包括记名提单、指示提单和不记名提单。

第二条 承运人违反法律规定,无正本提单交付货物,损害正本提单持有人提单权利的,正本提单持有人可以要求承运人承担由此造成损失的民事责任。

【重点解读】

提单是承运人保证据以交付货物的运输单证,但承运人无正本提单交付货物的构成要件和赔偿责任等问题,一般情况下法律对此并不作具体规定,通常是由司法机关基于法律原则通过具体案件的裁决来解决。因此,《规定》①在总结我国海事审判经验的基础上,根据相关法律规定,在第二条明确界定了承运人无正本提单交付货物的基本构成要件,即无正本提单交付货物的行为必须同时具备两个条件:一是承运人无正本提单交付货物的行为违反了法律规定,二是承运人无正本提单交付货物损害了正本提单持有人的权利。只要具备上述两个条件,即构成承运人违反法律规定无正本提单交付货物的赔偿责任。

需要说明的是,关于如何界定承运人无正本提单交付货物与《规定》第一条关于提单的适用范围的规定有关。海商法第七十一条规定的提单包括记名提单、指示提单、不记名提单。在海事审判实践中,对承运人应当凭指示提单、不记名提单交付货物的理解是一致的,但对于记名提单承运人是否也应当凭单交货,在理解和适用上并不统一。记名提单在性质上是否属于物权凭证,承运人是否也要凭单交货,是《规定》在起草过程中多次论证的一个重要问题。严格来讲,海商法第七十一条规定的承运人保证据以交付货物的运输凭证也应当包括记名提单,因为在运输合同的前提下,无论是记名提单,还是指示提单或者不记名提单,只要正本提单持有人作为收货人在目的港要求承运人按照提单的记载提取承运货物,此时的提单所体现的就是交付货物的凭证。凭单交货是承运人的保证义务,与订立和履行运输合同的目的相一致。正确理解海商法关于记名提单、指示提单、不记名提单均构成承运人据以交付货物的保证的规定,就是要在运输合同的基本框架下,弱化提单在交付货物环节中的物权凭证功能,严格按照海商法关于承运人应当根据提单的记载凭单交货的规定,对法律适用和相关问题作出准确理解和明确界定。正是基于这样的理解,《规定》将记名提单列为适用的范围。

准确理解承运人无正本提单交付货物的构成要件,还需要结合《规定》第二条关于正本提单持有人的规定。通常情况下,正本提单持有人主要包括持有记名提单的记名人、记名背书转让的指示提单受让人、空白背书转让的指示提单持有人、无须背书转让的不记名提单持有人,以及经合法转让持有正本提单的其他人,如银行持有的提单质押等情况。承运人无正本提单交付货物造成其损失的纠纷案件,包括收货人向承运人提起的诉讼、收货人向没有凭正本提单提取货物的提货人所提起的诉讼。具备上述条件,正本提单持有人就有权向承运人主张无正本提单交付货物的赔偿责任。②

---

①　此处全称为《最高人民法院关于审理无正本提单交付货物案件适用法律若干问题的规定》,本小节以下相关“重点解读”简称为《规定》。

②　刘寿杰:《〈关于审理无正本提单交付货物案件适用法律若干问题的规定〉的理解与适用》,载《人民司法》2009 年第 9 期。

第三条 承运人因无正本提单交付货物造成正本提单持有人损失的,正本提单持有人可以要求承运人承担违约责任,或者承担侵权责任。

正本提单持有人要求承运人承担无正本提单交付货物民事责任的,适用海商法规定;海商法没有规定的,适用其他法律规定。

【重点解读】

《规定》第三条规定,承运人因无正本提单交付货物造成正本提单持有人损失的,正本提单持有人可以要求承运人承担违约责任或者侵权责任。承运人无正本提单交付货物应当承担违约责任还是侵权责任,在海事审判实践中一直有不同的理解,裁判依据和标准也不统一。根据《规定》,无正本提单交付货物的行为发生在承运人履行海上货物运输过程中的货物交付环节,损害了提单持有人的权利,构成了请求权竞合。因此,《规定》参照合同法第一百二十二条①的规定,明确规定正本提单持有人有权选择依照海商法有关海上货物运输合同权利义务关系的规定,请求承运人承担违约责任,或者依照民法通则②的规定,请求承运人承担侵权责任。需要说明的是,《规定》中关于请求权竞合情况下选择侵权之诉适用的法律顺序与普通侵权之诉适用的法律顺序是不同的,普通侵权之诉首先适用的法律是民法通则,而《规定》在请求权竞合情况下选择的侵权之诉则不同,首先,选择适用的法律是海商法,只有在海商法没有规定的情况下,才选择适用其他的法律规定。其次,无正本提单交付货物的侵权是在履行合同中的侵权,属于合同框架内的侵权,不同于普通的民事侵权。因此,在审理无正本提单交付货物案件中所涉及的损害赔偿范围、承运人交付货物抗辩的认定以及诉讼时效的认定等问题时,应当按照特别法优于普通法的原则,首先适用海商法的规定。③

第四条 承运人因无正本提单交付货物承担民事责任的,不适用海商法第五十六条关于限制赔偿责任的规定。

【重点解读】

承运人无正本提单交付货物不享有责任限制的权利,涉及对海商法相关规定的理解,与承运人责任限制的立法本意有关。首先,承运人没有凭单交货行为发生在货物卸下船舶后的货物交付环节,仍然属于承运人的运输责任期间。海商法关于限制赔偿责任的规定,是以舷到舷的货物运输风险责任期间为前提的,立法目的体现了承运人与货主共同分担海上风险的基本原则。

---

① 民法典施行后,合同法被废止,相关内容见民法典第一百八十六条。
② 民法典施行后,民法通则被废止,相关内容见民法典规定。
③ 刘寿杰:《〈关于审理无正本提单交付货物案件适用法律若干问题的规定〉的理解与适用》,载《人民司法》2009 年第 9 期。

但是,承运人没有凭正本提单交付货物发生在陆上的交付环节,并不存在海上风险。其次,承运人无正本提单交付货物不存在舷到舷的海上风险的适用前提,明确承运人不享有限制赔偿责任,与海商法、海牙维斯比规则的立法本意相符,与国际海事司法的通常做法也保持一致。需要说明的是,在航运实务中,承运人因无正本提单交付货物造成的损失,船东互保协会和保险公司均不予以承保,因为这属于承运人可以预见的自己选择承担的商业风险,不能归类于货物运输中的海上保险风险,因此,承运人在无正本提单交付货物时要求提货人提交提货保函,目的就是要化解风险责任,对将来可能承担的赔偿责任有追偿的途径。同时,在海事审判实践中,对于承运人主张提货人因没有按照提货保函的承诺兑现担保责任而提起的诉讼,列明为海事法院受理案件的范围,因此,通过担保诉讼可以最终化解风险责任。①

第五条 提货人凭伪造的提单向承运人提取了货物,持有正本提单的收货人可以要求承运人承担无正本提单交付货物的民事责任。

【重点解读】

《规定》第 5 条规定,承运人凭伪造的正本提单交付货物的,正本提单持有人可以要求承运人承担无正本提单交付货物的民事责任。凭伪造的提单交付货物的,承运人是否应当承担赔偿责任,我国法律并没有明确规定,在审判实践中也存在着不同的认识和理解。本条的起草理由包括以下两个方面:首先,根据海商法的规定,承运人负有将承运的货物运至目的港并交给有权提取货物的收货人的义务,包括在货物交付过程中的提单审查义务,并承担由此产生的风险责任。因此,当有人凭伪造的提单从承运人手中骗走货物,给提单持有人造成损失的,应当先由承运人承担责任。因为承运人在货物交付中被他人以伪造的提单骗走货物,并不能免除承运人按照提单的记载向提单持有人交付货物的义务,运输合同并没有履行完结,造成了提单持有人凭单不能提取货物的后果。尽管承运人没有任何故意,但风险责任也应当由承运人承担,理由在于承运人的运输合同义务并没有解除,因此在责任承担上应比照无正本提单交付货物对待。其次,将伪造提单的风险责任分配给承运人承担,主要是基于法律的公平原则,有利于维护运输合同的履行,维系提单作为提货凭证的可信性依赖。同时,由于提单系由承运人签发,承运人具有辨别提单真伪的优势,由承运人承担此项风险责任也体现了合理性。②

---

① 刘寿杰:《〈关于审理无正本提单交付货物案件适用法律若干问题的规定〉的理解与适用》,载《人民司法》2009 年第 9 期。

② 刘寿杰:《〈关于审理无正本提单交付货物案件适用法律若干问题的规定〉的理解与适用》,载《人民司法》2009 年第 9 期。

第六条 承运人因无正本提单交付货物造成正本提单持有人损失的赔偿额,按照货物装船时的价值加运费和保险费计算。

【重点解读】

关于承运人的赔偿范围,《规定》比照海商法第五十五条的规定作出了具体解释。承运人无正本提单交付货物属于海上货物运输纠纷,根据海商法第五十五条的规定,承运人承担海上货物运输合同的赔偿责任仅包括造成货物实际价值的损失,对其他损失不予赔偿。海商法之所以如此规定,体现了对从事海上运输业特殊风险的倾斜性保护的立法原则,相关的国际海事公约以及各国海商法中也多作如此规定。由此可以看出,《规定》确立了对于无正本提单交付货物造成的损失仅限于货物实际价值损失的原则,对除此之外的其他损失不予考虑,这样规定与海商法的规定相一致。关于货物装船时价值的计算,审判实务中可以依据买卖合同约定的价格、报关单据、结算单据或者货物价款结算时的核销单据确定,如果数额不一致,应当按照提单持有人实际支付的货款确定。关于货物运费和货物保险费的计算,应当以实际支付的数额确定。①

第七条 承运人依照提单载明的卸货港所在地法律规定,必须将承运到港的货物交付给当地海关或者港口当局的,不承担无正本提单交付货物的民事责任。

【重点解读】

承运人依照提单载明的卸货港所在地法律规定,将承运到港的货物交付给当地海关或港口当局的,是否承担无正本提单交付货物的赔偿责任,在审判实践中有不同的理解。对此,《规定》主要参照了汉堡规则第四条第二款的规定。目前,在世界范围内,墨西哥以及南美洲部分国家的法律规定,承运到该国港口的货物必须交付给当地海关或者港口当局。由于上述法律规定,承运人在目的港无法履行在收货人提交正本提单之后交付货物的义务,只能向当地海关或者港口当局交付货物,由收货人持正本提单向海关或者港口当局提取货物。因此,承运人只要将货物运输到目的港,并按照当地的法律规定交付了货物,即视为完成了货物运输合同的货物交付义务,这种情况不应被视为无正本提单交付货物,承运人不应承担赔偿责任。②

第八条 承运到港的货物超过法律规定期限无人向海关申报,被海关提

---

① 刘寿杰:《〈关于审理无正本提单交付货物案件适用法律若干问题的规定〉的理解与适用》,载《人民司法》2009年第9期。

② 刘寿杰:《〈关于审理无正本提单交付货物案件适用法律若干问题的规定〉的理解与适用》,载《人民司法》2009年第9期。

取并依法变卖处理,或者法院依法裁定拍卖承运人留置的货物,承运人主张免除交付货物责任的,人民法院应予支持。

【重点解读】

承运人本可以向持有正本提单的收货人交付货物,但是在目的港如果出现因海关对到港的承运人没有交付的货物依法强制扣押或者变卖,或者法院根据承运人的请求裁定拍卖留置的货物,是否可以视为承运人完成了运输合同的履行义务,并免除承运人的交付义务?《规定》依据海关法第三十条关于扣押并变卖货物的规定,以及海商法第八十七条、第八十八条规定的收货人没有按照约定向承运人支付运费、共同海损分摊、滞期费和承运人为货物垫付的必要费用、应当向承运人支付的其他费用没有付清,在没有提供担保的情况下,承运人依法可以行使留置权的相关规定,规定在上述情况下虽然正本提单仍然在提单持有人手里,但是承运人可以免除向收货人交付部分货物或者全部货物的责任。如果提单持有人据此要求承运人承担赔偿责任的,法院不予支持。①

第九条　承运人按照记名提单托运人的要求中止运输、返还货物、变更到达地或者将货物交给其他收货人,持有记名提单的收货人要求承运人承担无正本提单交付货物民事责任的,人民法院不予支持。

【重点解读】

承运人按照记名提单托运人的要求变更货物运输合同的履行,持有记名提单的收货人是否有权要求承运人承担无正本提单交付货物的赔偿责任,这涉及记名提单记名人是否享有运输合同中途变更权的问题。根据海商法第七十九条的规定,记名提单不得转让。记名提单属于非流通转让的运输单证,并不涉及提单背书转让的问题,所以不具有物权凭证的效力,仅具备运输合同证明、接受和交付货物凭证三项功能。记名提单收货人的提单权利依附于记名提单的托运人,记名提单托运人享有对运输货物的支配权,所以根据合同法第三百零八条②的规定,在货物交付给收货人之前,记名提单托运人享有变更运输合同的权利,包括要求承运人中止货物运输、返还运输的货物、变更约定的货物到达地,或者指令承运人将货物交付给记名提单收货人以外的其他人的权利。需要说明的是,本条规定体现了在指导思想上弱化提单在运输环节的物权功能,强调提单在运输环节的货物交付单证功能的特点。应

---

① 刘寿杰:《〈关于审理无正本提单交付货物案件适用法律若干问题的规定〉的理解与适用》,载《人民司法》2009年第9期。

② 民法典施行后,合同法被废止,相关内容见民法典第八百二十九条。

当说,如果《规定》仅规范具有物权功能的提单,则只能对指示提单、不记名提单作出规定,并不涉及记名提单。但是,海上运输实践中记名提单、指示提单、不记名提单均存在,海商法对此也作出了明确规定。因此,在运输合同的框架内解决三种提单的凭单交货问题,可以根据《规定》中对记名提单持有人享有的合同变更权利的规定。①

第十条 承运人签发一式数份正本提单,向最先提交正本提单的人交付货物后,其他持有相同正本提单的人要求承运人承担无正本提单交付货物民事责任的,人民法院不予支持。

【重点解读】

根据海商法、国际商会跟单信用证的有关规定以及航运惯例,承运人可以签发一式数份正本提单,承运人收回一份正本提单并交付货物之后,运输合同即履行完毕,承运人不再负有交付货物的义务。正本提单的转让必须是数份提单一并转让,但是,在贸易实务中存在托运人或者买卖合同的卖方在提单买卖过程中进行欺诈的情况,即将数份正本提单分别卖给不同的买受人,出现了多个提单持有人均要求承运人交付货物的情况,即通常所说的"一女二嫁"。根据提单转让买受人的权利不能高于提单出让人权利的特点,出让人有权将整套提单转让于一人,只要承运人向最先提交的提单持有人交付了货物,由提单所证明的运输合同已经履行完毕,承运人无须承担再次交付货物的义务。持有其他相同正本提单的人只能依照提单转让的相对性原则向提单出让人索赔,无权要求承运人承担无正本提单交付货物的赔偿责任。②

第十一条 正本提单持有人可以要求无正本提单交付货物的承运人与无正本提单提取货物的人承担连带赔偿责任。

【重点解读】

在货物交付环节,因共同侵权造成无正本提单交付货物,是否应当承担连带责任?《规定》依据民法通则第一百三十条③的规定作出了规定。承运人之所以在没有收到正本提单的情况下交付货物,主要是为减少船舶到港之后的船期损失,接受收货人的请求所采取的一种协商交付货物的变通选择。无正本提单提取货物的人与运输合同的履行没有合同关系,所以其提取货物

① 刘寿杰:《〈关于审理无正本提单交付货物案件适用法律若干问题的规定〉的理解与适用》,载《人民司法》2009年第9期。

② 刘寿杰:《〈关于审理无正本提单交付货物案件适用法律若干问题的规定〉的理解与适用》,载《人民司法》2009年第9期。

③ 民法典施行后,民法通则被废止,相关内容见民法典第一千一百六十八条。

的行为构成了对提单持有人权利的侵害,应当承担侵权赔偿责任。根据民法通则第一百三十条的规定,承运人与无正本提单提取货物的人因共同实施无正本提单交付货物行为造成提单持有人损害的,正本提单持有人可以共同侵权为由要求其承担连带责任。无正本提单交付货物行为包括承运人故意交付货物与第三人故意提取货物两个方面,两者缺一不可,属于共同实施的侵权行为,应当承担连带责任。①

第十二条　向承运人实际交付货物并持有指示提单的托运人,虽然在正本提单上没有载明其托运人身份,因承运人无正本提单交付货物,要求承运人依据海上货物运输合同承担无正本提单交付货物民事责任的,人民法院应予支持。

【重点解读】

根据海商法第四十二条的规定,托运人包括两种情况:一是与承运人订立运输合同并在提单正面明确记载为托运人,二是将货物交给承运人,但依据买卖合同的约定由买方租船定舱,不在提单中记载为托运人。第二种情况的托运人是否享有诉权,涉及在 FOB 价格条款下中国企业利益的保护。如何理解实际托运人的诉权?首先,我国海商法关于实际托运人的立法本意,已经确立了实际承运人在运输合同中属于运输合同的缔约关系人。其次,在 FOB 价格条件下,通常由运输合同的契约托运人即买方租船定舱,实际托运人将货物交付给承运人,承运人向实际托运人即卖方签发提单,由实际托运人向开立信用证的银行交付提单等议付单证,提单经流转至买卖合同的买方,凭提单在目的港向承运人提货。整个过程是由实际托运人通过控制提单议付货款方式来实现的,因为承运人必须凭正本提单交付货物,契约托运人没有正本提单就无法提货。如果契约托运人允许承运人向实际托运人签发提单,实际上就等于把具有物权性质的提单质押给了作为卖方的实际托运人。因此,实际托运人虽然没有在提单上载明托运人身份,仅说明其没有处分提单和背书转让提单的权利,但享有通过法律赋予的实际托运人的地位凭正本提单向承运人主张货物的权利。承运人如果将货物交给非正本提单持有人,应当承担赔偿责任,这也是海商法通过规定实际托运人的法律地位,保护 FOB 价格条件下买卖合同中的卖方保证收到货款的立法本意。②

第十三条　在承运人未凭正本提单交付货物后,正本提单持有人与无正

① 刘寿杰:《〈关于审理无正本提单交付货物案件适用法律若干问题的规定〉的理解与适用》,载《人民司法》2009 年第 9 期。

② 刘寿杰:《〈关于审理无正本提单交付货物案件适用法律若干问题的规定〉的理解与适用》,载《人民司法》2009 年第 9 期。

本提单提取货物的人就货款支付达成协议,在协议款项得不到赔付时,不影响正本提单持有人就其遭受的损失,要求承运人承担无正本提单交付货物的民事责任。

【重点解读】

承运人在无正本提单交付货物后,正本提单持有人在没有重新占有货物的情况下与提货人就货款的支付进行协商,在协议款项没有得到赔付时,正本提单持有人是否可以依据提单的记载向承运人主张无正本提单交付货物的赔偿责任,涉及对提单物权效力的认识。《规定》明确规定,正本提单持有人与提货人就货物款项的支付虽然达成协议,但并不产生提单担保物权效力丧失的后果,正本提单持有人仍然享有提单项下的权利,除非提单持有人在协商中交还提单或者重新占有货物,否则不影响提单持有人的诉权,因为承运人并没有按照法律规定以及合同约定履行合同。本条包括三个方面的含义:一是提单持有人在承运人无正本提单交付货物后,可以自行与提货人对货物价款的支付进行协商。二是对提单持有人在协议约定的款项得不到赔付时,要求承运人承担赔偿责任的诉讼请求应予支持。三是由此造成部分损失的,承担部分损失的赔偿责任;造成全部损失的,承担全部损失的赔偿责任。①

【司法指导文件】

(1)最高人民法院民事审判第四庭《全国法院涉外商事海事审判工作座谈会会议纪要》[法(民四)明传(2021)60号,20211231]

58.【承运人交付货物的依据】承运人没有签发正本提单,或者虽签发正本提单但已收回正本提单并约定采用电放交付货物的,承运人应当根据运输合同约定、托运人电放指示或者托运人以其他方式作出的指示交付货物。收货人仅凭提单样稿、提单副本等要求承运人交付货物的,人民法院不予支持。

62.【无单放货纠纷的举证责任】托运人或者提单持有人向承运人主张无单放货损失赔偿的,应当提供初步证据证明其为合法的正本提单持有人、承运人未凭正本提单交付货物以及因此遭受的损失。承运人抗辩货物并未被交付的,应当举证证明货物仍然在其控制之下。

63.【承运人免除无单放货责任的举证】承运人援引《最高人民法院关于审理无正本提单交付货物案件适用法律若干问题的规定》第七条规定,主张

---

① 刘寿杰:《〈关于审理无正本提单交付货物案件适用法律若干问题的规定〉的理解与适用》,载《人民司法》2009年第9期。

不承担无单放货的民事责任的,应当提供该条规定的卸货港所在地法律,并举证证明其按照卸货港所在地法律规定,将承运到港的货物交付给当地海关或者港口当局后已经丧失对货物的控制权。

64.【无单放货诉讼时效的起算点】根据《最高人民法院关于审理无正本提单交付货物案件适用法律若干问题的规定》第十四条第一款的规定,正本提单持有人以无单放货为由向承运人提起的诉讼,时效期间为一年,从承运人应当向提单持有人交付之日起计算,即从该航次将货物运抵目的港并具备交付条件的合理日期起算。

(2)最高人民法院《第二次全国涉外商事海事审判工作会议纪要》(法发〔2005〕26号,20051226)

九、关于海上货物运输无正本提单放货纠纷案件

(一)承运人交付货物

97. 根据《中华人民共和国海商法》第七十一条的规定,承运人应当向持有记名提单的记名人交付货物。

98. 实际承运人应当凭承运人签发的正本提单向正本提单持有人交付货物。

99. 无船承运人作为承运人,应当凭其本人签发的正本提单交付货物。实际承运人应无船承运人请求,为履行海上运输合同签发本人提单的,根据本人签发提单的记载,应当在目的港或者中转港向无船承运人或其代理人交付货物。

100. 承运人依据《中华人民共和国海商法》第八十六条的规定,将货物在卸货港卸在港务公司或者仓储公司的,不构成无正本提单放货。

(二)赔偿责任

101. 承运人因无正本提单放货给正本提单持有人造成损失的,应当承担违约责任;提货人因无正本提单提货或者其他责任人因无正本提单放货给正本提单持有人造成损失的,无正本提单提货人或者其他责任人应当承担侵权责任。

102. 承运人承担无正本提单放货责任,不得援引《中华人民共和国海商法》第五十六条关于限制赔偿责任的规定。

103. 承运人与实际承运人对无正本提单放货均负有赔偿责任的,依据《中华人民共和国海商法》第六十三条的规定,应当承担连带责任。

104. 承运人倒签提单或者预借提单,不影响正本提单持有人向承运人主张无正本提单放货的权利。

105. 承运人凭伪造的正本提单放货,应当承担无正本提单放货的赔偿责任。

106. 承运人的代理人根据承运人的指示无正本提单放货,或者承运人的代理人超越代理权无正本提单放货后得到承运人追认的,由承运人承担无正本提单放货的赔偿责任。

(三)赔偿范围

107. 承运人承担的无正本提单放货违约赔偿责任,应当相当于承运人本人违反运输合同所造成的损失。赔偿范围可以包括:(1)货物装船时的价值。货物装船时的价值可以依据贸易合同约定的价格、结算单据或者核销单据确定,数额不一致的,依实际支付的货款额确定;(2)实际支付货款的利息损失;(3)实际支付的运费和保险费。

108. 无正本提单放货后,正本提单持有人虽然占有货物,但仍有损失的,承运人应当予以赔偿。

109. 提货人因无正本提单提货或者其他责任人因无正本提单放货承担的侵权赔偿责任,应当相当于权利人因此所遭受的实际损失。赔偿范围可以包括:(1)货物装船时的价值。货物装船时的价值可以依据贸易合同约定的价格、结算单据或者核销单据确定,数额不一致的,依实际支付的货款额确定;(2)实际支付的运费和保险费;(3)实际发生的其他损失。

(四)赔偿责任的免除

110. 有下列情况之一的,承运人不承担无正本提单放货的赔偿责任:(1)承运人有充分证据证明正本提单持有人认可无正本提单放货;(2)提单载明的卸货港所在地法律强制性规定到港的货物必须交付给当地海关或港口当局;(3)目的港无人提货,承运人按照托运人的指示交付货物。

无正本提单放货后,正本提单持有人已经占有货物但没有发生损失的,或者虽有损失但已经挽回,正本提单持有人向人民法院提起诉讼,请求承运人承担赔偿责任的,人民法院不予支持。

(五)举证责任、索赔请求人、诉讼时效

111. 正本提单持有人以承运人无正本提单放货为由提起诉讼,应当提交正本提单,并提供初步证据,证明凭正本提单在卸货港无法提取货物的事实或者承运人凭无正本提单放货的事实。

112. 根据《中华人民共和国海商法》第二百五十七条的规定,正本提单持有人以无正本提单放货为由向承运人提起的诉讼,时效期间为一年,从承运人应当交付货物之日起计算。

113. 根据《中华人民共和国民法通则》第九十二条、第一百三十五条①的规定,正本提单持有人以提货人无正本提单提货或者其他责任人无正本提单放货为由提起侵权诉讼的,时效期间为二年,从正本提单持有人知道或者应当知道货物被提取或者权利被侵害之日起计算。

114. 正本提单持有人向承运人主张权利的,诉讼时效期间中断适用《中华人民共和国海商法》第二百六十七条的规定;正本提单持有人向无正本提单提货人或者承运人以外的其他责任人主张权利的,诉讼时效期间中断适用《中华人民共和国民法通则》第一百四十条②的规定。

(3)最高人民法院民事审判第四庭《涉外商事海事审判实务问题解答(一)》(20040408)

132. 谁应当对无单放货损害赔偿纠纷承担责任?

答:合法的提单持有人主张海上货物运输无单放货损害赔偿的,应视不同的情况确定承担责任的主体:

(1)合法的提单持有人凭提单向承运人主张无单放货损失的,承运人应当承担因其无单放货行为造成的提单持有人的损失;

(2)实际承运人实施无单放货行为的,承运人和实际承运人应对合法的提单持有人因此造成的损失承担连带的赔偿责任;

(3)合法的提单持有人凭提单向实际提货的人提起侵权之诉的,实际提货人应当对其承担赔偿责任。

133. 如何认定无单放货纠纷案件的性质?

答:根据提单的性质,无单放货纠纷即可能产生违约的民事责任,也可能产生侵权的民事责任。在审判实践中应当掌握:一般情况下,在海上货物运输中合法的提单持有人向承运人请求无单放货损害赔偿的,视为违约;提单持有人向无单提货人主张权利的,以侵权论。

(4)最高人民法院《全国海事法院院长座谈会纪要》(20010911)

三、关于海上货物运输中承运人的认定及责任

……

一般情况下,合法持有正本提单的人向承运人主张无单放货损失赔偿

---

① 民法典施行后,民法通则被废止,相关内容见民法典第九百八十五条、第一百八十八条。

② 民法典施行后,民法通则被废止,相关内容见民法典第一百九十五条。

的,应定性为违约纠纷,承运人应当承担与无单放货行为有直接因果关系的损失赔偿责任。

【公报案例】

(1) 因无单放货使托运人不能收回货款,承运人应否向托运人承担赔偿责任?[浙江纺织公司与台湾立荣公司海上货物运输合同无单放货纠纷案(2005-12)]

因无单放货使托运人不能收回货款,承运人应当向托运人承担赔偿责任。托运人在启运港持未经贸易流转的正本提单起诉承运人的,不存在海上货物运输合同关系中可以凭提单向承运人主张提货权利的第三人,不需要解决提单持有人有无提货权的问题。

(2) 承运人应否向未持有记名提单的记名收货人交付货物?[美国总统轮船公司与万宝集团广州菲达电器厂、中国长城工业广州公司、原菲利(广州)工业有限公司无单放货纠纷案(2002-5)]

双方当事人争议的焦点,是本案应适用的准据法和本案系国际海上货物运输合同无单放货纠纷。海商法第二百六十九条规定:"合同当事人可以选择合同适用的法律,法律另有规定的除外。合同当事人没有选择的,适用与合同有最密切联系的国家的法律。"本案提单是双方当事人自愿选择使用的,提单首要条款中明确约定适用美国 1936 年《海上货物运输法》或海牙规则。对法律适用的这一选择,是双方当事人的真实意思表示,且不违反中华人民共和国的公共利益,是合法有效的,应当尊重。但是,由于海牙规则第一条规定,该规则仅适用于与具有物权凭证效力的运输单证相关的运输合同。本案提单是不可转让的记名提单,不具有物权凭证的效力。并且,海牙规则中对承运人如何交付记名提单项下的货物未作规定。因此解决本案的海上货物运输合同纠纷,不能适用海牙规则,只能适用美国 1936 年《海上货物运输法》。美国 1936 年《海上货物运输法》第三条第四款规定,该法中的任何规定都不得被解释为废除或限制适用美国《联邦提单法》。事实上,在适用美国 1936 年《海上货物运输法》确认涉及提单的法律关系时,只有同时适用与该法相关的美国《联邦提单法》,才能准确一致地判定当事人在提单证明的海上货物运输合同中的权利义务。因此,本案应当适用美国 1936 年《海上货物运输法》和美国《联邦提单法》。菲达厂在抗辩中主张对本案适用中国法律,不符合当事人在合同中的约定,最高人民法院不予支持。原审法院认定本案属侵权纠纷,并以侵权结果发生地在中国为由,对本案适用中国法律,不符合本案事实,是适用法律错误,应予纠正。

本案提单载明的托运人虽然是原审被上诉人长城公司、菲利公司,但长城公司和菲利公司仅是原审被上诉人菲达厂的出口代理人,各方当事人都承认菲达厂是涉案货物的实际托运人。菲达厂作为托运人,合法持有上诉人美轮公司签发的提单,因此提单所证明的菲达厂与美轮公司之间的国际海上货物运输合同,合法有效。记名提单与非记名提单不同。记名提单是不可转让的运输单证,不具有物权凭证效力;而非记名提单可以转让,具有物权凭证的效力。根据美国1936年《海上货物运输法》和美国《联邦提单法》第二条、第九条(b)款的规定,承运人有理由将货物交付给托运人在记名提单上记名的收货人。承运人向记名提单的记名收货人交付货物时,不负有要求记名收货人出示或提交记名提单的义务。原审上诉人美轮公司作为承运人,根据记名提单的约定,将货物交给记名收货人艺明公司,或者按照艺明公司的要求将货物交付给艺明公司指定的陆路承运人,这个交货行为符合上述美国法律的规定,是适当地履行了海上货物运输合同中交付货物的责任,并无过错。

原审被上诉人菲达厂在货物运抵目的港交付前,没有通知作为承运人的原审上诉人美轮公司停止向提单记名的收货人交付货物,由此产生的后果应当由菲达厂自己承担。菲达厂未能收回货款的损失,是其与艺明公司贸易中的风险,与美轮公司无关。原审判决认定美轮公司未正确履行凭正本提单交付货物的义务不当,判令美轮公司对菲达厂的货款损失承担赔偿责任错误,应予纠正。

【典型案例】

(1) 实际承运人依据目的港法律解锁涉案货物的行为是否具有过错,应否承担赔偿责任? [深圳市巡洋国际物流有限公司与地中海航运有限公司、南京卡安汽车配件有限公司海上货物运输合同纠纷案,(2019) 最高法民申4943号]

卡安公司委托巡洋公司出运涉案货物,巡洋公司向卡安公司签发了无船承运人提单。巡洋公司又向地中海公司订舱运输涉案货物,地中海公司向巡洋公司签发了海运提单。卡安公司系涉案货物托运人,巡洋公司为承运人,地中海公司为实际承运人。海商法第六十三条规定:"承运人与实际承运人都负有赔偿责任的,应当在此项责任范围内负连带责任。"依据该法有关承运人责任的相关规定,地中海公司作为涉案货物的实际承运人,其应否负赔偿责任应视其就涉案货物的灭失是否具有过错。

根据该提单的记载,托运人为巡洋公司,收货人为LFC公司。提单正面条款显示:"如果这是张可转让的正本提单(凭'凭指示'或'凭某人指示'),恰当背书必须由货方交付给承运人以交换货物或提货单(结清运费和其他费用)。如果是不可转让的提单,承运人将交付货物(在付清相关费用和运费后)或签发提货单以对应正本提单的提交或与装卸港或接收地的当地法律一致的做法都是可行的。""根据巴西海关规定,承运人的责任在货物进入海关监管后终止;承运人不承担提单未经出示交付货物的责任。"海运提单未标注"凭指示"或"凭某人指示",为不可转让的提单。承运人运费及相关费用付清后将涉案货物交付给提单指示的收货人,符合海运提单条款的约定。承运人在巴西联邦共和国外贸网货物系统中解锁涉案货物未收回海运正本提单,亦符合海运提单关于"承运人不承担提单未经出示交付货物的责任"之约定。《最高人民法院关于审理无正本提单交付货物案件适用法律若干问题的规定》第七条规定:"承运人依照提单载明的卸货港所在地法律规定,必须将承运到港的货物交付给当地海关或者港口当局的,不承担无正本提单交付货物的民事责任。"地中海公司解锁涉案货物的行为符合其与巡洋公司之间海上货物运输合同的约定,该公司对于涉案货损并无过错。巡洋公司主张因地中海公司无单放货,应承担涉案货损赔偿责任的再审理由不能成立。

(2)承运人援引《最高人民法院关于审理无正本提单交付货物案件适用法律若干问题的规定》第七条主张免责抗辩时,是否需要证明其在向当地海关或者港口当局交付货物后丧失对货物的控制权或货物在未经其允许的情况下被海关或港口当局擅自交付?[海宁富兴塑胶有限公司与宁波达源国际货运代理有限公司、顺翔船务代理(深圳)有限公司、太平船务(英国)有限公司海上货物运输合同纠纷案,(2019)浙民终422号]

随着南美国家进口货物清关政策的调整,实践中对相关国家港口允许承运人无单放货的法律及政策存在误读。例如,巴西(2013)1356号法令规定,在进口货物中执行先清关后提货的海关政策,其目的是提高货物清关效率,简化进口程序,但并没有规定在巴西可以无单放货。而且根据巴西实践,进口货物还需经承运人或其当地代理在巴西外贸货物系统(SiscomexCargo)对相关货物进行解锁后,进口商方能提取货物。这也充分说明,承运人将货物交给港口当局或海关后,仍然对货物交付具有控制权。

因此,承运人援引《最高人民法院关于审理无正本提单交付货物案件适用法律若干问题的规定》第七条主张免责抗辩时,应承担更加严格的举证责任。除证明卸货港所在地国家法律有必须将承运到港的货物交付给当地海关或者港口当局的相关规定外,还需证明其在向当地海关或者港口当局交付货物后丧失对货物的控制权,或者货物在未经其允许的情况下被海关或港口当局擅自交付。本案承运人通过巴西当地律师和公证员查询了巴西外贸货物系统的记录,证实了承运人并未同意放行货物,且案涉全套海运提单仍在其掌握之下,可以证明其对无单放货没有责任。本案确立了类似案件中船货双方的举证责任分配原则。

(3)对涉及信用证贸易融资因素的海上货物运输合同纠纷,能否确认信用证开证行可以享有正本提单人的法律地位和索赔权利?[中国银行股份有限公司日照岚山支行与天津西南海运有限公司等海上货物运输合同纠纷案,(2018)浙民终624号]

《最高人民法院关于审理无正本提单交付货物案件适用法律若干问题的规定》第二条并未将跟单信用证的开证行、具有商业利益的合作方等其他经合法流转持有正本提单的主体排除在外,岚山中行主张的垫付款项的实际损失金额未超出提单项下货物装船时的价值以及法律规定的无单放货的赔偿范围。

从文义、目的解释角度对涉及提单持有人定义、承运人无单放货赔偿责任的法律、司法解释规定进行解读,应当确认信用证开证行可以享有正本提单人的法律地位和索赔权利。海商法第五十五条仅规定了货物灭失赔偿额的上限和一般计算方法,银行在该规定限额以下主张实际垫付款损失,符合损失填补原则。随着银行为企业提供贸易融资服务方式的变化,银行通过对提单的占有来维护自身的合法权益,符合商业需要,承运人对无单放货仍然应当承担赔偿责任。

(4)涉巴西无单放货纠纷中实际承运人在放货流程中无过错的,应否与契约承运人承担连带赔偿责任?[南京卡安汽车配件有限公司与深圳市巡洋国际物流有限公司等海上货物运输合同纠纷案,(2018)沪民终451号]

巴西法律明确要求承运人凭单放货,虽然放货流程要求承运人在港口将货物交付至巴西海关监管场所,但承运人并未完全丧失对货物放行的控制权。在巴西无单放货纠纷中认定承运人责任时,应依照合同相对性原则,查清无船承运人和实际承运人在具体放货流程中所从事的具体行为,分别认定其是否符合无单放货构成要件。实际承运人在放货流程中无过错的,不应与契约承运人承担连带赔偿责任。

(5) 无单放货纠纷中的承运人单方回运货物,其应否就货物损失承担赔偿责任? [绍兴县奢客纺织品有限公司与上海欧达国际货运代理有限公司、欧达国际货运代理有限公司海上货物运输合同纠纷案,(2015)沪海法商初字第 2888 号]

海上货物运输合同无单放货纠纷中,判断承运人是否已向非正本提单持有人"交付货物"的核心是货物支配权是否发生转移。

涉案海上货物运输合同无单放货纠纷中,货物交易方式为 FOB,由收货人指定承运人并订舱。在准据法为中国法的情况下,承运人应当依据法律规定凭正本提单交付货物。原告仍持有全套正本提单,并在货物到港时即一再向承运人被告欧达公司强调其正本提单持有人的权利,明确要求被告欧达公司停止向记名收货人交付货物。现已查明涉案约定整箱交接的货物在目的港已被无正当理由拆箱,货物已由收货人完成进口清关,收货人还向被告欧达公司付清了相关运输费用,而被告欧达公司未提供任何有效证据证明涉案货物拆箱后在其持续控制之下,即使涉案货物目前在被告欧达公司控制之下,也不影响对被告欧达公司已经实施无单放货行为的认定。

被告欧达公司无单放货后,未在合理时间或者原告接受的时间内追回并交付涉案货物,并在未与原告达成退运协议的情况下擅自回运货物,原告作为正本提单持有人有权拒绝提货并要求被告欧达公司承担全部货物的赔偿责任。

(6) 承运人根据境外目的港法院生效的司法裁决或令状向收货人交付货物的,应否承担无正本提单交付货物民事责任? [南通开发区国际贸易有限公司与航运佳国际货运(上海)有限公司海上货物运输合同纠纷案,(2012)沪海法商初字第 606 号]

加拿大魁北克省梅冈迪克辖区高级法院分别于 2011 年 12 月 20 日和 22 日出具两份裁决书,申请人为精美衬衫公司及其破产管理人,裁决书宣布被告出具的涉案提单复印件及货运单复印件等材料可代替原件,作为领取涉案货物的凭据;命令接到申请人领取涉案物品要求的人员认可前述复印件为领取货物所需文件。被告在庭审中确认涉案货物已经根据上述裁决,交付收货人。

承运人虽然在没有收回全套正本提单的情况下将货物交付给了收货人,但承运人系根据目的港法院的司法裁决或令状而未凭正本提单交付货物的,其行为并不违法,也不违反我国公共秩序,承运人主观上也不存在过错,不应承担无正本提单交付货物的民事责任。

(7) 承运人凭伪造的正本提单放货,承运人应否对提单的合法持有人承担赔偿责任?[广东奥林磁电实业有限公司与东方海外货柜航运(中国)有限公司深圳分公司等海上货物运输合同纠纷案,(2006)广海法初字第 66 号]

凭正本提单交付货物是承运人的法定义务。承运人未对提单进行谨慎审查,凭伪造的正本提单放货,给提单的合法持有人造成损失,承运人应当承担赔偿责任。承运人凭伪造的提单放货已构成明知可能给提单的合法持有人造成损失而轻率地不作为,从而丧失享受海事赔偿责任限制的权利。

【适用要点】

凭正本提单放货既是承运人的权利,也是承运人的义务,承运人根据正本提单交付货物无须审查提单持有人的权利来源。对于提单持有人而言,取得提单就获得了提取提单项下货物的权利。一般情况下,托运人或者提单持有人向承运人主张无单放货损失赔偿的,应当提供初步证据证明其为合法的正本提单持有人、承运人未凭正本提单交付货物以及因此遭受的损失。承运人抗辩货物并未被交付的,应当举证证明货物仍然在其控制之下。提单持有人向承运人交还提单表明提单持有人放弃了依据正本提单要求承运人交付货物的权利,此时,即意味着丧失了要求承运人承担无单放货赔偿责任的权利依据。提单持有人虽然不能提交目的港提货不着的证据,但如果能够提供承运人将原本整箱交接的集装箱拆箱的证据,可以视为完成了初步的举证责任。此时,举证责任转移至承运人,为了证明并由于无单放货而拆箱,承运人必须举证证明货物尚在目的港,或者提供因其他不可归责于承运人的原因而拆箱的反驳证据,如目的港海关监管仓库的证明等。

承运人应当承担无单放货的赔偿责任,承运人倒签提单或者预借提单均不影响正本提单持有人向承运人主张无正本提单放货的权利。此外,对于无单放货的责任主体,自行签发提单的货运代理人应当承担承运人的无单放货责任,承运人的代理人应当为擅自无单放货行为承担侵权赔偿责任,有过错的实际承运人和承运人应当就无单放货承担连带赔偿责任,参与无单放货的货运代理人应与承运人承担连带赔偿责任。承运人依照提单载明的卸货港所在地法律规定,必须将承运到港的货物交付给当地海关或者港口当局的,不承担无正本提单交付货物的民事责任。但对于卸货港所在地是否存在这样的法律规定,承运人负有举证责任。此外,货物在目的港因政府行为或司法强制行为而被无单放货的,承运人一般也不承担赔偿责任。

17. 承运人的留置权

【相关立法】

《中华人民共和国海商法》(19930701)

第八十七条　应当向承运人支付的运费、共同海损分摊、滞期费和承运人为货物垫付的必要费用以及应当向承运人支付的其他费用没有付清,又没有提供适当担保的,承运人可以在合理的限度内留置其货物。

第八十八条　承运人根据本法第八十七条规定留置的货物,自船舶抵达卸货港的次日起满六十日无人提取的,承运人可以申请法院裁定拍卖;货物易腐烂变质或者货物的保管费用可能超过其价值的,可以申请提前拍卖。

拍卖所得价款,用于清偿保管、拍卖货物的费用和运费以及应当向承运人支付的其他有关费用;不足的金额,承运人有权向托运人追偿;剩余的金额,退还托运人;无法退还、自拍卖之日起满一年又无人领取的,上缴国库。

【司法解释】

《最高人民法院关于适用〈中华人民共和国海事诉讼特别程序法〉若干问题的解释》(法释〔2003〕3 号,20030201;经法释〔2008〕18 号修正,20081231)

第四十条　申请人依据《中华人民共和国海商法》第八十八条规定申请拍卖留置的货物的,参照海事诉讼特别程序法关于拍卖船载货物的规定执行。

【批复、答复】

承运人向托运人主张运费权利前是否必须先行行使货物留置权?

《最高人民法院关于青岛思锐国际物流有限公司与无锡富通摩托车有限公司海上货物运输合同欠付运费纠纷一案的请示的答复》(〔2008〕民四他字第 5 号,20080509)

上海市高级人民法院:

你院〔2007〕沪高民四(海)终字第 75 号《关于青岛思锐国际物流有限公司与无锡富通摩托车有限公司海上货物运输合同欠付运费纠纷一案的请示》收悉。

经研究认为:

1. 根据《中华人民共和国海商法》第六十九条的规定,托运人应当按照约定向承运人支付运费。托运人与承运人可以约定运费由收货人支付;但是,此项约定应当在运输单证中载明。本案提单中记载的"运费到付"应视为承托双方对收货人支付运费的约定。

2. 托运人与承运人约定由收货人支付运费,属于当事人约定由第三人向债权人履行债务的情形。当目的港无人提货或者收货人拒绝提货时,应当视为第三人不履行债务。根据《中华人民共和国合同法》第六十五条①的规定,收货人未支付运费的,托运人应当履行支付的义务,承运人向托运人主张运费的请求应予支持。

3. 根据《中华人民共和国海商法》第八十七条的规定,应当向承运人支付的运费没有付清,又没有提供适当担保的,承运人可以在合理的限度内留置其货物,但并无法律规定承运人向托运人主张运费权利前必须先行行使货物留置权。

同意你院审委会倾向性意见,青岛思锐国际物流有限公司要求无锡富通摩托车有限公司支付运费的诉讼请求应予支持。

此复。

【司法指导文件】

(1)最高人民法院民事审判第四庭《全国法院涉外商事海事审判工作座谈会会议纪要》[法(民四)明传(2021)60号,20211231]

60. 【承运人对货物留置权的行使】提单或者运输合同载明"运费预付"或者类似性质说明,承运人以运费尚未支付为由,根据海商法第八十七条对提单持有人的货物主张留置权的,人民法院不予支持,提单持有人与托运人相同的除外。

(2)最高人民法院民事审判第四庭《涉外商事海事审判实务问题解答(一)》(20040408)

143. 留置的货物如何进行拍卖程序?

答:承运人根据《海商法》的规定对留置的货物进行拍卖的,可以向海事法院提出申请,由海事法院裁定并执行。

144. 承运人不合理行使留置权的,应当通过何种程序得到赔偿?

答:承运人依照《海商法》的规定留置货物超过合理限度的,收货人可以向海事法院提起诉讼要求承运人予以赔偿。

---

① 民法典施行后,合同法被废止,相关内容见民法典第五百二十三条。

(3) 最高人民法院《全国海事法院院长座谈会纪要》(20010911)

四、关于留置权

沿海内河货物运输中,托运人或者收货人不支付运费、保管费以及其他运输费用的,依照《中华人民共和国合同法》①的规定,承运人对相应的运输货物享有留置权,除非当事人之间另有约定;但非中华人民共和国港口之间的海上货物运输,依照海商法的有关规定,应当向承运人支付的运费、共同海损分摊、滞期费和承运人为货物垫付的必要费用以及应当向承运人支付的其他费用没有付清,又没有提供适当担保的,承运人可以在合理的限度内留置债务人所有的货物。审判实践中应当注意不同的法律就留置权的行使所作的不同规定。

留置权的行使要以合法占有为前提。留置标的物在债权人行使留置权前已被法院应其他债权人的申请予以扣押的,或者债权人行使留置权后法院应其他债权人的申请对留置标的物进行扣押,留置权人的权利仍应当依法予以保护。

【适用要点】

当托运人或收货人不支付运费、滞期费、共同海损分摊和为货物垫付的必要费用以及应支付的其他费用,又没有提供适当担保的,承运人对处于其合法占有的货物有权在合理的限度内行使海运货物留置权。实践中,承运人往往不直接占有所运输的货物,而是通过其委托的实际承运人、港口经营人等间接占有货物,这种情况下,承运人仍有权对货物行使留置权。留置权所针对的对象,只能是属于债务人的货物。承运人应当依照海商法第八十八条的规定行使留置权,申请拍卖留置的货物的,参照海事诉讼特别程序法关于拍卖船载货物的规定执行。

18. 海上货物运输合同的变更与解除

【相关立法】

《中华人民共和国海商法》(19930701)

第八十九条 船舶在装货港开航前,托运人可以要求解除合同。但是,除合同另有约定外,托运人应当向承运人支付约定运费的一半;货物已经装船的,并应当负担装货、卸货和其他与此有关的费用。

---

① 民法典施行后,合同法被废止,相关内容见民法典规定。

第九十条 船舶在装货港开航前,因不可抗力或者其他不能归责于承运人和托运人的原因致使合同不能履行的,双方均可以解除合同,并互相不负赔偿责任。除合同另有约定外,运费已经支付的,承运人应当将运费退还给托运人;货物已经装船的,托运人应当承担装卸费用;已经签发提单的,托运人应当将提单退还承运人。

第九十一条 因不可抗力或者其他不能归责于承运人和托运人的原因致使船舶不能在合同约定的目的港卸货的,除合同另有约定外,船长有权将货物在目的港邻近的安全港口或者地点卸载,视为已经履行合同。

船长决定将货物卸载的,应当及时通知托运人或者收货人,并考虑托运人或者收货人的利益。

【司法指导文件】

《最高人民法院关于依法妥善审理涉新冠肺炎疫情民事案件若干问题的指导意见(三)》(法发〔2020〕20 号,20200608)

12. 船舶开航前,因疫情或者疫情防控措施出现以下情形,导致运输合同不能履行,承运人或者托运人请求依据《中华人民共和国海商法》第九十条的规定解除合同的,人民法院依法予以支持:(1)无法在合理期间内配备必要的船员、物料;(2)船舶无法到达装货港、目的港;(3)船舶一旦进入装货港或者目的港,无法再继续正常航行、靠泊;(4)货物被装货港或者目的港所在国家或者地区列入暂时禁止进出口的范围;(5)托运人因陆路运输受阻,无法在合理期间内将货物运至装货港码头;(6)因其他不能归责于承运人和托运人的原因致使合同不能履行的情形。

【指导性案例】

指导案例 108 号:浙江隆达不锈钢有限公司诉 A.P. 穆勒-马士基有限公司海上货物运输合同纠纷案(20190225)

关键词 民事 海上货物运输合同 合同变更 改港 退运 抗辩权
裁判要点

在海上货物运输合同中,依据合同法第三百零八条①的规定,承运人将货物交付收货人之前,托运人享有要求变更运输合同的权利,但双方当事人仍要遵循合同法第五条②规定的公平原则确定各方的权利和义务。托运人

---

① 民法典施行后,合同法被废止,相关内容见民法典第八百二十九条。
② 民法典施行后,合同法被废止,相关内容见民法典第六条。

行使此项权利时,承运人也可相应行使一定的抗辩权。如果变更海上货物运输合同难以实现或者将严重影响承运人正常营运,承运人可以拒绝托运人改港或者退运的请求,但应当及时通知托运人不能变更的原因。

相关法条

《中华人民共和国合同法》第 308 条

《中华人民共和国海商法》第 86 条

基本案情

2014 年 6 月,浙江隆达不锈钢有限公司(以下简称隆达公司)由中国宁波港出口一批不锈钢无缝产品至斯里兰卡科伦坡港,货物报关价值为366918.97 美元。隆达公司通过货代向 A.P. 穆勒-马士基有限公司(以下简称马士基公司)订舱,涉案货物于同年 6 月 28 日装载于 4 个集装箱内装船出运,出运时隆达公司要求做电放处理。2014 年 7 月 9 日,隆达公司通过货代向马士基公司发邮件称,发现货物运错目的地要求改港或者退运。马士基公司于同日回复,因货物距抵达目的港不足 2 天,无法安排改港,如需退运则需与目的港确认后回复。次日,隆达公司的货代询问货物退运是否可以原船带回,马士基公司于当日回复"原船退回不具有操作性,货物在目的港卸货后,需要由现在的收货人在目的港清关后,再向当地海关申请退运。海关批准后,才可以安排退运事宜"。2014 年 7 月 10 日,隆达公司又提出"这个货要安排退运,就是因为清关清不了,所以才退回宁波的,有其他办法吗"。此后,马士基公司再未回复邮件。

涉案货物于 2014 年 7 月 12 日左右到达目的港。马士基公司应隆达公司的要求于 2015 年 1 月 29 日向其签发了编号 603386880 的全套正本提单。根据提单记载,托运人为隆达公司,收货人及通知方均为 VENUS STEEL PVT LTD,起运港中国宁波,卸货港科伦坡。2015 年 5 月 19 日,隆达公司向马士基公司发邮件表示已按马士基公司要求申请退运。马士基公司随后告知隆达公司涉案货物已被拍卖。

裁判结果

宁波海事法院于 2016 年 3 月 4 日作出(2015)甬海法商初字第 534 号民事判决,认为隆达公司因未采取自行提货等有效措施导致涉案货物被海关拍卖,相应货损风险应由该公司承担,故驳回隆达公司的诉讼请求。一审判决后,隆达公司提出上诉。浙江省高级人民法院于 2016 年 9 月 29 日作出(2016)浙民终 222 号民事判决:撤销一审判决;马士基公司于判决送达之日起十日内赔偿隆达公司货物损失 183459.49 美元及利息。二审法院认为依据合同法第三百零八条,隆达公司在马士基公司交付货物前享有请求改港或退运的权利。在隆达公司提出退运要求后,马士基公司既未明确拒绝安排退运,也未通知隆达公司自行处理,对涉案货损应承担相应的赔偿责任,酌定责任比例为50%。马士基公司不服二审判决,向最高人民法院申请再审。最高人民法院于2017年12月29日作出(2017)最高法民再412号民事判决:撤销二审判决;维持一审判决。

裁判理由

最高人民法院认为,合同法与海商法有关调整海上运输关系、船舶关系的规定属于普通法与特别法的关系。根据海商法第八十九条的规定,船舶在装货港开航前,托运人可以要求解除合同。本案中,隆达公司在涉案货物海上运输途中请求承运人进行退运或者改港,因海商法未就航程中托运人要求变更运输合同的权利进行规定,故本案可适用合同法第三百零八条关于托运人要求变更运输合同权利的规定。基于特别法优先适用于普通法的法律适用基本原则,合同法第三百零八条规定的是一般运输合同,该条规定在适用于海上货物运输合同的情况下,应该受到海商法基本价值取向及强制性规定的限制。托运人依据合同法第三百零八条主张变更运输合同的权利不得致使海上货物运输合同中各方当事人利益显失公平,也不得使承运人违反对其他托运人承担的安排合理航线等义务,或剥夺承运人关于履行海上货物运输合同变更事项的相应抗辩权。

合同法总则规定的基本原则是合同法立法的准则,是适用于合同法全部领域的准则,也是合同法具体制度及规范的依据。依据合同法第三百零八条的规定,在承运人将货物交付收货人之前,托运人享有要求变更运输合同的权利,但双方当事人仍要遵循合同法第五条规定的公平原则确定各方的权利和义务。海上货物运输具有运输量大、航程预先拟定、航线相对固定等特殊性,托运人要求改港或者退运的请求有时不仅不易操作,还会妨碍承运人的正常营运或者给其他货物的托运人或收货人带来较大损害。在此情况下,如果要求承运人无条件服从托运人变更运输合同的请求,显失公平。因此,在海上货物运输合同下,托运人并非可以无限制地行使请求变更的权利,承运人也并非在任何情况下都应无条件服从托运人请求变更的指示。为合理平衡海上货物运输合同中各方当事人利益之平衡,在托运人行使要求变更权利的同时,承运人也相应地享有一定的抗辩权利。如果变更运输合同难以实现或者将严重影响承运人正常营运,承运人可以拒绝托运人改港或者退运的要求,但应当及时通知托运人不能执行的原因。如果承运人关于不能执行原因等抗辩成立,承运人未按照托运人退运或改港的指示执行则并无不当。

涉案货物采用的是国际班轮运输,载货船舶除运载隆达公司托运的4个集装箱外，还运载了其他货主托运的众多货物。涉案货物于2014年6月28日装船出运，于2014年7月12日左右到达目的港。隆达公司于2014年7月9日才要求马士基公司退运或者改港。马士基公司在航程已过大半，距离到达目的港只有两三天的时间，以航程等原因无法安排改港、原船退回不具有操作性为抗辩事由，符合案件事实情况，该抗辩事由成立，马士基公司未安排退运或者改港并无不当。

马士基公司将涉案货物运至目的港后，因无人提货，将货物卸载至目的港码头符合海商法第八十六条的规定。马士基公司于2014年7月9日通过邮件回复隆达公司距抵达目的港不足2日。隆达公司已了解货物到港的大体时间并明知涉案货物在目的港无人提货，但在长达8个月的时间里未采取措施处理涉案货物致其被海关拍卖。隆达公司虽主张马士基公司未尽到谨慎管货义务，但并未举证证明马士基公司存在管货不当的事实。隆达公司的该项主张缺乏依据。依据海商法第八十六条的规定，马士基公司卸货后所产生的费用和风险应由收货人承担，马士基公司作为承运人无需承担相应的风险。

【适用要点】

海商法第四章第六节仅规定了几种法定解除海上货物运输合同的情形，并未规定合同的约定解除问题。本节未作规定的，可以适用民法典合同编关于合同解除的相关规定。在装货港开航之前，托运人享有合同任意解除权，而一旦从装货港开航，托运人的此项权利即告消灭。在船舶于装货港开航前，如果因不可抗力或其他不能归责于承运人和托运人任何一方的原因致使合同履行不能履行的，双方均享有合同解除权。对于解除合同的后果，遵循了"损失自担"和"恢复原状"原则，运费已经支付的，承运人应当将运费退还给托运人；货物已经装船的，托运人应当承担装卸费用；已经签发提单的，托运人应当将提单退还承运人。因不可抗力或者其他不能归责于承运人和托运人的原因致使船舶不能在合同约定的目的港卸货的，船长有权将货物在目的港邻近的安全港口或者地点卸载，这是海商法赋予船长在特殊情况下代表承运人行使变更合同履行地的权利，在目的港邻近的安全港口或者地点卸载货物后，视为已经履行合同，合同的权利义务即告终止。当然，如果合同另有约定的，应当按照当事人之间的约定来处理，即遵循约定优先的原则。

19. 国际货物多式联运合同的特别规定

【相关立法】

《中华人民共和国海商法》（19930701）

第一百零二条 本法所称多式联运合同,是指多式联运经营人以两种以上的不同运输方式,其中一种是海上运输方式,负责将货物从接收地运至目的地交付收货人,并收取全程运费的合同。

前款所称多式联运经营人,是指本人或者委托他人以本人名义与托运人订立多式联运合同的人。

第一百零三条 多式联运经营人对多式联运货物的责任期间,自接收货物时起至交付货物时止。

第一百零四条 多式联运经营人负责履行或者组织履行多式联运合同,并对全程运输负责。

多式联运经营人与参加多式联运的各区段承运人,可以就多式联运合同的各区段运输,另以合同约定相互之间的责任。但是,此项合同不得影响多式联运经营人对全程运输所承担的责任。

第一百零五条 货物的灭失或者损坏发生于多式联运的某一运输区段的,多式联运经营人的赔偿责任和责任限额,适用调整该区段运输方式的有关法律规定。

第一百零六条 货物的灭失或者损坏发生的运输区段不能确定的,多式联运经营人应当依照本章关于承运人赔偿责任和责任限额的规定负赔偿责任。

【司法指导文件】

(1) 最高人民法院民事审判第四庭《全国法院涉外商事海事审判工作座谈会会议纪要》[法(民四) 明传(2021) 60 号,20211231]

68.【涉外多式联运合同经营人的"网状责任制"】具有涉外因素的多式联运合同,当事人可以协议选择多式联运合同适用的法律;当事人没有选择的,适用最密切联系原则确定适用法律。

当事人就多式联运合同协议选择适用或者根据最密切联系原则适用中华人民共和国法律,但货物灭失或者损坏发生在国外某一运输区段的,人民法院应当根据海商法第一百零五条的规定,适用该国调整该区段运输方式的有关法律规定,确定多式联运经营人的赔偿责任和责任限额,不能直接根据中华人民共和国有关调整该区段运输方式的法律予以确定;有关诉讼时效的认定,仍应当适用中华人民共和国相关法律规定。

（2）最高人民法院民事审判第四庭《涉外商事海事审判实务问题解答（一）》（20040408）

127. 国际多式联运合同纠纷应如何适用法律?

答:依照《海商法》的规定,国际多式联运的货物发生灭失或者损害的,多式联运经营人的赔偿责任和责任限额,适用调整该区段运输方式的有关国家或者地区的法律。该有关法律无法查明或者没有规定的,适用我国参加的国际公约和我国的相关法律。

145. 多式联运货物运输纠纷中如何承担责任?

答:多式联运的货物发生灭失或者损坏时,收货人可以向多式联运经营人提出索赔,也可以向负有责任的区段承运人提出索赔。收货人向多式联运经营人索赔的,多式联运经营人赔付后,可以向负有责任的区段承运人追偿。

【典型案例】

海商法第一百零五条规定的多式联运经营人"网状责任制",能否将其扩大解释适用于诉讼时效? ［新加坡长荣海运股份有限公司与第一产物保险股份有限公司、长荣海运股份有限公司国际货物多式联运合同纠纷案,（2018）最高法民再 196 号］

海商法第一百零五条规定:"货物的灭失或者损坏发生于多式联运的某一运输区段的,多式联运经营人的赔偿责任和责任限额,适用调整该区段运输方式的有关法律规定。"多式联运经营人新加坡长荣公司的赔偿责任和责任限额应适用墨西哥调整当地公路运输的民商事法律。海商法第一百零五条规定多式联运经营人赔偿采用"网状责任制",主要目的是尽可能使多式联运经营人的赔偿责任与各区段承运人的赔偿责任保持一致,尽量避免多式联运经营人在可向区段承运人追偿的损失数额之外对货损另作赔付,以促进多式联运的发展。在海商法中,承运人的赔偿责任、责任限额与有关（诉讼）时效属不同概念,分别规定于第四章（海上货物运输合同）与第十三章（时效）中,该法关于承运人赔偿责任的规定主要是(货物权利人)要求承运人赔偿的请求权成立的依据,而该法关于时效的规定则是请求权成立后权利人胜诉的依据;从该法整个体系和具体法条文义上看,该法第一百零五条不涉及诉讼时效,故难以将该条规定的"赔偿责任"扩大解释为涵盖诉讼时效。另从法源上考察,在海商法于 1992 年 11 月 7 日颁布前,国际上有关规则和公约主要有《1973 年多式联运单证统一规则》《1980 年联合国国际货物多式联运公约》《1991 年联合国贸易和发展会议/国际商会多式联运单证规则》,该三个国际规则和公约将多式联运经营人的责任形式分别规定为"网状责任制"、统一责任制、折中的"网状责任制"(介于"网状责任制"与统一责任制之间的责任形式),但均规定了单独的诉讼时效条款,其所规定的多式联运经营人的责任形式主要针对赔偿责任限额,并不涵盖诉讼时效。虽然相关国际规则和海商法规定多式联运经营人"网状责任制"具有其规范目标,但"网状责任制"在其具体条文中均没有得到全面贯彻,主要限于赔偿责任、责任限额,而不涉及诉讼时效。尽管全面推行多式联运经营人"网状责任制"有其合理性,但鉴于海商法第一百零五条规定的多式联运经营人"网状责任制"有其明确适用事项(赔偿责任和责任限额),在案件审理中尚不宜将该"网状责任制"扩大解释适用于诉讼时效。法律规定诉讼时效,基本上系以不同请求权所赖以发生的法律关系为标准相应作出不同规范。故对于有关多式联运合同的请求权,也应当基于其所涉法律关系相应确定诉讼时效的法律适用。

海商法没有规定有关多式联运合同的请求权的诉讼时效,本案多式联运合同项下货损赔偿请求权的诉讼时效期间,应当依据中华人民共和国在案涉运输行为发生当时所施行的法律规定即民法通则第一百三十五条①关于二年诉讼时效期间的规定予以确定。新加坡长荣公司主张第一产物公司请求其赔偿的诉讼时效应当适用案涉货损发生区段的法律即墨西哥法律,没有法律依据,本院不予支持。案涉货损发生于 2012 年 10 月 23 日,之后托运人(被保险人)华硕科技公司知道货损事实,保险人第一产物公司于 2013 年 10 月 18 日向一审法院起诉,应当认定第一产物公司起诉没有超过法定二年诉讼时效期间。

新加坡长荣公司的赔偿责任和责任限额均应当适用货损发生区段的法律即墨西哥法律。本案适用墨西哥法律的依据是海商法第一百零五条的规定,而不是各方当事人之间的约定,第一产物公司主张新加坡长荣公司在接受订舱和签发提单过程中应当向托运人特别提示墨西哥法律关于承运人责任限制的规定,没有事实和法律依据,本院不予支持。根据墨西哥《联邦道路桥梁和车辆运输法》第六十六条的规定,除非具有该条规定的免责情形,公路承运人原则上应对运输期间的货物损失负责;委托人如没有申报货物的价值,赔偿一般按每吨货物计算,责任限制为相当于墨西哥联邦区一般最低

---

① 民法典施行后,民法通则被废止,相关内容见民法典第一百八十八条。

工资 15 天的金额。新加坡长荣公司作为多式联运经营人,其赔偿责任应当根据该条法律规定确定。新加坡长荣公司没有举证证明其对案涉货损具有墨西哥《联邦道路桥梁和车辆运输法》第六十六条规定的免责情形,应当对案涉货物灭失承担赔偿责任。本案没有证据表明华硕科技公司、新加坡长荣公司分别作为案涉多式联运与墨西哥公路运输的委托人在托运时至货物装运前申报货物价值,新加坡长荣公司根据上述墨西哥法律的规定可以主张赔偿责任限制。

【适用要点】

　　海商法关于海上货物运输合同的规定,也适用于多式联运合同。当事人就多式联运合同协议选择适用或者根据最密切联系原则适用我国法律,但货物灭失或者损坏发生在国外某一运输区段的,应当适用该国调整该区段运输方式的有关法律规定,确定多式联运经营人的赔偿责任和责任限额,而不能直接适用我国有关调整该区段运输方式的法律。如果该国法律无法查明或者没有规定的,可以适用我国参加的国际公约和我国的相关法律。多式联运合同经营人的责任期间自接收货物时起至交付货物时止,对全程运输负责。多式联运经营人与参加多式联运的各区段承运人约定相互之间的责任合同仅在经营人之间有效,不影响多式联运经营人对全程运输所承担的责任。对于多式联运经营人的责任制度,主要是网状责任制和统一责任制两种,在此基础上又衍生出修正的统一责任制。对于这几种责任形式,可以由多式联运合同当事人根据情况在合同中选择适用。

(二)国内水路货物运输合同

20. 水路货物运输合同的订立

【相关立法】

《中华人民共和国民法典》(20210101)

　　第八百零九条　运输合同是承运人将旅客或者货物从起运地点运输到约定地点,旅客、托运人或者收货人支付票款或者运输费用的合同。

　　第八百一十条　从事公共运输的承运人不得拒绝旅客、托运人通常、合理的运输要求。

【司法解释】

《最高人民法院关于审理海上货运代理纠纷案件若干问题的规定》(法释〔2012〕3号,20120501;经法释〔2020〕18号修正,20210101)

第二条　人民法院审理海上货运代理纠纷案件,认定货运代理企业因处理海上货运代理事务与委托人之间形成代理、运输、仓储等不同法律关系的,应分别适用相关的法律规定。

【批复、答复】

水路货物运输合同纠纷应如何适用法律?

《最高人民法院关于"吕洪斌与浙江象山县荣宁船务公司水路货物运输合同纠纷一案有关适用法律问题的请示"的复函》(〔2005〕民四他字第48号,20060314)

湖北省高级人民法院:

你院〔2005〕鄂民四终字第41号关于吕洪斌与浙江象山县荣宁船务公司水路货物运输合同纠纷一案有关适用法律问题的请示收悉。经研究,答复如下:

本案是水路货物运输合同纠纷,应当适用《中华人民共和国合同法》①(以下简称《合同法》)等有关法律以及合同的约定确定各方当事人的权利义务。

根据你院认定的事实,吕洪斌为本案的实际托运人,运单上记载的托运人南海市西樵祥安货运贸易部仅为接受吕洪斌委托与承运人中国扬子江轮船股份有限公司(以下简称扬子江公司)签订合同的人。根据合同约定适用的《国内水路货物运输规则》(以下简称《货规》)的规定,收货人有权就水路货物运单上所载货物损坏、灭失或者迟延交付所造成的损害向承运人索赔。虽然吕洪斌向武汉海事法院提供了黄永明出具的证明其代理吕洪斌收货的"证明",法院并未予以认定,你院请示报告以及武汉海事法院民事判决中并未认定吕洪斌为涉案货物收货人的地位,亦未说明有证据证明吕洪斌因货损而产生损失,故尽管吕洪斌与承运人之间存在运输合同关系,但尚无证据证明吕洪斌对承运人具有货损请求权。你院应当在二审程序中对此事实予以查明。

在认定吕洪斌具有货损请求权的前提下,扬子江公司作为承运人签发了

---

① 民法典施行后,合同法被废止,相关内容见民法典规定。

涉案运单,吕洪斌与扬子江公司之间存在以运单为证明的水路货物运输合同关系。作为实际完成运输任务的浙江象山县荣宁船务公司(以下简称荣宁公司)应当作为该航次水路货物运输的实际承运人。根据《合同法》以及《货规》的规定,承运人应当对运输货物发生的货损承担赔偿责任。承运人将货物运输或者部分运输委托给实际承运人履行的,承运人仍然应当对全程运输负责。故扬子江公司作为本次运输的承运人,应当对吕洪斌的货物损失承担赔偿责任。《货规》还规定:承运人与实际承运人都负有赔偿责任的,应当在该项责任范围内承担连带责任。但根据你院请示报告中认定的事实,本案货损的发生是"希望"轮全部责任所致,荣宁公司对货物发生损失无过错,不应承担赔偿责任,故要求实际承运人荣宁公司对吕洪斌的损失承担连带赔偿责任缺乏事实依据和法律依据。

此复。

【司法指导文件】

(1)《最高人民法院关于国内水路货物运输纠纷案件法律问题的指导意见》(法发〔2012〕28号,20121224)

本指导意见中的国内水路货物运输纠纷是指由海事法院专门管辖的沿海和内河水路货物运输纠纷。

1. 人民法院审理国内水路货物运输合同纠纷案件,应当适用民法通则、合同法①等法律的有关规定,同时可以参照《国内水路货物运输规则》的有关规定。海商法第四章海上货物运输合同的规定,不适用于国内水路货物运输。人民法院参照《国内水路货物运输规则》确定当事人权利义务时,应当在判决书说理部分引用论述,但不应作为判决书引用的法律依据。

2. 当事人在国内水路货物运单或者其他运输合同文件中明确约定其权利义务适用《国内水路货物运输规则》规定的,人民法院可以按照《国内水路货物运输规则》的有关规定确定合同当事人的权利义务。

8. 没有运营资质的个体运输船舶的实际所有人,为了进入国内水路货物运输市场,规避国家有关水路运输经营资质的管理规定,将船舶所有权登记在具有水路运输经营资质的船舶运输企业名下,向该运输企业交纳管理费,并以该运输企业的名义从事国内水路货物运输活动,是国内水路货物运输中普遍存在的一种挂靠经营方式。这种挂靠经营方式导致挂靠船舶的所有权登记形同虚设,船舶管理混乱,被挂靠企业对挂靠船舶疏于安全管理,严

---

① 民法典施行后,民法通则和合同法被废止,相关内容见民法典规定。

重冲击了航运市场的安全秩序,导致大量国内水路货物运输纠纷的产生。人民法院在审理与船舶挂靠有关的合同纠纷时,应当严格依照现行船舶管理的法律规范确定法律关系,坚持合同相对性的基本原则,根据合同的签订主体和合同的履行等基本事实,准确认定合同当事人。

9. 挂靠船舶的实际所有人以自己的名义签订运输合同,应当认定其为运输合同承运人,承担相应的合同责任。

10. 挂靠船舶的实际所有人以被挂靠企业的名义签订运输合同,被挂靠企业亦签章予以确认,应当认定被挂靠企业为运输合同承运人,承担相应的合同责任。

11. 在没有签订水路货物运输合同的情形下,可以依照运单上承运人的记载判断运输合同的承运人。如果运单上仅仅加盖了承运船舶的船名章,应当认定该承运船舶的登记所有人为运输合同的承运人,承担相应的合同责任。

12. 挂靠船舶因侵权行为造成他人财产、人身损害,依据民法通则、侵权责任法①、海商法和有关司法解释的规定,挂靠船舶的实际所有人和被挂靠企业应当承担连带赔偿责任。

(2) 最高人民法院民事审判第四庭《涉外商事海事审判实务问题解答(一)》(20040408)

137. 沿海内河货物运输纠纷案件中,是否应适用《海商法》规定的共同海损的规定?

答:《海商法》关于共同海损的规定,应当适用于沿海内河货物运输的法律关系。但发生共同海损纠纷的船舶仅限于《海商法》规定的船舶。

【典型案例】

(1) 存在船舶挂靠的情况下,如何认定水路货物运输合同的承运人?
[深圳市港顺意达物流有限公司与贵港市振海船务有限责任公司海上、通海水域货物运输合同纠纷案,(2020)最高法民申 4135 号]

涉案货物运输是港顺意达公司的工作人员与"振海 777"轮船长黄居章直接联系的,港顺意达公司与振海公司未就涉案航次进行过联系,也未签订书面货物运输合同。涉案货物运输的相关货票、运单、货物交接单上加盖了承运船舶"振海 777"轮的船章。根据张锦钊与黄居章的船舶买卖合同,黄居

---

① 民法典施行后,民法通则和侵权责任法被废止,相关内容见民法典规定。

章取得了该船舶的实际所有权。"振海777"轮虽然挂靠在振海公司经营,但是登记船舶经营人并不能被视为当然的合同相对方,应当根据合同签订主体和合同履行等客观事实来综合认定合同当事人。《最高人民法院关于国内水路货物运输纠纷案件法律问题的指导意见》第十一条规定:"在没有签订水路货物运输合同的情形下,可以依照运单上承运人的记载判断运输合同的承运人。如果运单上仅仅加盖了承运船舶的船名章,应当认定该承运船舶的登记所有人为运输合同的承运人,承担相应的合同责任。"本案中,黄居章是挂靠船舶的实际所有人,虽然未与港顺意达公司签订书面货物运输合同,但是涉案货物运输的相关货票、运单承运人一栏加盖"振海777"轮船章,在货物运输过程中和事故处理过程中,一直是黄居章本人参与了事故处理,应当认定黄居章系实际承运人。港顺意达公司主张"振海777"轮船舶营运证件载明船舶经营人为振海公司,港顺意达公司与振海公司之间就存在事实合同关系的理由不能成立。另据原审查明,黄居章在与港顺意达公司联系涉案运输事宜时,从未表明自己代表振海公司,在涉案货物事故处理过程中,相关的事故调查、受损货物处理事宜均是黄居章进行沟通和处理,振海公司既未参与,也未提供相关授权。港顺意达公司未能举证证明黄居章是代表振海公司与其协商涉案货物运输合同事宜,故原审认定黄居章的行为不构成表见代理并无不当。原审认为港顺意达公司未能举证证明其与振海公司签订了涉案货物运输合同或者存在合同关系,应当承担举证不能的法律后果正确。

(2)船舶挂靠对外经营时,如何认定适格的责任主体? [深圳市鑫丰源物流有限公司与平南县顺辉船务有限责任公司水路货物运输合同纠纷案,(2014)粤高法民四终字第162号]

船舶挂靠对外经营时,登记船舶经营人并不能被视为应然的合同相对方,其是否能成为适格的责任主体,仍应从合同的订立、履行过程中体现的当事人意思表示以及客观事实来综合认定。

挂靠经营合同相对方的认定仍应遵循最基本的合同相对性原则和意思自治原则,不能只因船舶登记经营人为顺辉公司,其就应然地承担合同责任。从《最高人民法院关于国内水路货物运输纠纷案件法律问题的指导意见》第八条也可知悉,其对于挂靠经营也是强调合同相对性的,即要根据合同的签订主体和合同的履行等基本事实,准确认定合同当事人。而从本案的合同签订、履行、运费收取、船舶的实际使用、控制、货损之后的联系沟通等事实来看,鑫丰源公司的合同相对方均非顺辉公司,且也没有证据证明陈航斌的行为表见代理或职务代理顺辉公司,故相对于鑫丰源公司的合同相对方并非顺辉公司,顺辉公司无须向鑫丰源公司承担法律责任。

【适用要点】

海商法第四章"海上货物运输合同"的规定,不能直接适用于国内水路货物运输。人民法院审理国内水路货物运输合同纠纷案件,应当适用民法典合同编的相关规定。有关的司法指导文件曾明确,在审理国内水路货物运输合同纠纷案件时,可以参照《国内水路货物运输规则》的有关规定来确定当事人权利义务,但目前《国内水路货物运输规则》已经废止,需要引起注意。实践中,格式运单上如注明承运人、实际承运人、托运人、收货人的有关权利、义务适用《国内水路货物运输规则》,虽然《国内水路货物运输规则》已经失效,但可以将其视为当事人约定条款予以适用。应当依据民法典的规定,按照合同相对性的基本原则,来识别托运人和承运人。

21. 水路货物运输合同的效力

【行政法规】

《国内水路运输管理条例》(20130101;20170301)

第六条 申请经营水路运输业务,除本条例第七条规定的情形外,申请人应当符合下列条件:

(一)取得企业法人资格;

(二)有符合本条例第十三条规定的船舶,并且自有船舶运力符合国务院交通运输主管部门的规定;

(三)有明确的经营范围,其中申请经营水路旅客班轮运输业务的,还应当有可行的航线营运计划;

(四)有与其申请的经营范围和船舶运力相适应的海务、机务管理人员;

(五)与其直接订立劳动合同的高级船员占全部船员的比例符合国务院交通运输主管部门的规定;

(六)有健全的安全管理制度;

(七)法律、行政法规规定的其他条件。

第七条 个人可以申请经营内河普通货物运输业务。

申请经营内河普通货物运输业务的个人,应当有符合本条例第十三条规定且船舶吨位不超过国务院交通运输主管部门规定的自有船舶,并应当符合本条例第六条第六项、第七项规定的条件。

第八条 经营水路运输业务,应当按照国务院交通运输主管部门的规定,经国务院交通运输主管部门或者设区的市级以上地方人民政府负责水路运输管理的部门批准。

申请经营水路运输业务,应当向前款规定的负责审批的部门提交申请书和证明申请人符合本条例第六条或者第七条规定条件的相关材料。

负责审批的部门应当自受理申请之日起 30 个工作日内审查完毕,作出准予许可或者不予许可的决定。予以许可的,发给水路运输业务经营许可证件,并为申请人投入运营的船舶配发船舶营运证件;不予许可的,应当书面通知申请人并说明理由。

第十一条　外国的企业、其他经济组织和个人不得经营水路运输业务,也不得以租用中国籍船舶或者舱位等方式变相经营水路运输业务。

香港特别行政区、澳门特别行政区和台湾地区的企业、其他经济组织以及个人参照适用前款规定,国务院另有规定的除外。

【司法指导文件】

(1)《最高人民法院关于国内水路货物运输纠纷案件法律问题的指导意见》(法发〔2012〕28 号,20121224)

3. 根据《国内水路运输管理条例》和《国内水路运输经营资质管理规定》的有关规定,从事国内水路运输的企业和个人,应当达到并保持相应的经营资质条件,并在核定的经营范围内从事水路运输经营活动。没有取得国内水路运输经营资质的承运人签订的国内水路货物运输合同,人民法院应当根据合同法第五十二条第(五)项①的规定认定合同无效。

4. 国内水路货物运输合同无效,但是承运人已经按照运输合同的约定将货物安全运送到约定地点,承运人请求托运人或者收货人参照合同的约定支付运费,人民法院可以适当予以保护。

国内水路货物运输合同无效,而且运输过程中货物发生了毁损、灭失,托运人或者收货人向承运人主张损失赔偿的,人民法院可以综合考虑托运人或者收货人和承运人对合同无效和货物损失的过错程度,依法判定相应的民事责任。

5. 人民法院审理国内水路货物运输纠纷案件过程中发现从事国内水路货物运输的承运人没有取得相应的运输经营资质,应及时向相关行政主管机关发出司法建议。

---

① 民法典施行后,合同法被废止,相关内容见民法典第一百五十三条规定。

(2)最高人民法院民事审判第四庭《涉外商事海事审判实务问题解答（一）》（20040408）

130. 未取得水路运输许可证签订的合同是否具有法律效力?

答:根据国务院发布的《中华人民共和国水路运输管理条例》①的规定,交通主管部门对批准设立的水路运输企业和其他从事营业性运输的单位、个人,发给运输许可证;对批准设立的水路运输服务企业,发给运输服务许可证。根据《合同法》第五十二条②规定的原则,不具有运输许可证的单位和个人签订的运输合同为无效合同。

131. 期租船的承租人不具有交通部门发给的运输许可证,其签订的合同是否具有法律效力?

答:期租船人不具有水路运输许可证的情况下,以期租的船舶承运自己的货物,不违反法律法规以及交通部颁布的水路货物运输规则③的规定,该期租船合同是有效的;期租船人将期租的船舶转租,并以承运人(或者出租人)的身份与其他货主或者(转租)承租人签订的运输合同或者航次租船合同,应认定为无效合同。

(3)最高人民法院民事审判第四庭《全国法院涉外商事海事审判工作座谈会会议纪要》[法(民四)明传(2021)60 号,20211231]

69.【收货人的诉权】运输合同当事人约定收货人可直接向承运人请求交付货物,承运人未向收货人交付货物或者交付货物不符合合同约定,收货人请求承运人承担赔偿责任的,人民法院应予受理;承运人对托运人的抗辩,可以向收货人主张。

70.【合同无效的后果】没有取得国内水路运输经营资质的承运人签订的国内水路货物运输合同无效,承运人请求托运人或者收货人参照合同约定支付违约金的,人民法院不予支持。

没有取得国内水路运输经营资质的出租人签订的航次租船合同无效,出租人请求承租人或者收货人参照合同约定支付滞期费的,人民法院不予支持。

---

① 已被 2013 年 1 月 1 日起施行的《国内水路运输管理条例》废止。
② 民法典施行后,合同法被废止,相关内容见民法典规定。
③ 已废止,下同。

【部门规章】

《国内水路运输管理规定》(交通运输部令 2020 年第 4 号,20200501)

第五条 申请经营水路运输业务,除个人申请经营内河普通货物运输业务外,申请人应当符合下列条件:

(一)具备企业法人资格。

(二)有明确的经营范围,包括经营区域和业务种类。经营水路旅客班轮运输业务的,还应当有班期、班次以及拟停靠的码头安排等可行的航线营运计划。

(三)有符合本规定要求的船舶,且自有船舶运力应当符合附件 1 的要求。

(四)有符合本规定要求的海务、机务管理人员。

(五)有符合本规定要求的与其直接订立劳动合同的高级船员。

(六)有健全的安全管理机构及安全管理人员设置制度、安全管理责任制度、安全监督检查制度、事故应急处置制度、岗位安全操作规程等安全管理制度。

第六条 个人只能申请经营内河普通货物运输业务,并应当符合下列条件:

(一)经市场监督管理部门登记的个体工商户;

(二)有符合本规定要求的船舶,且自有船舶运力不超过 600 总吨;

(三)有安全管理责任制度、安全监督检查制度、事故应急处置制度、岗位安全操作规程等安全管理制度。

第十条 交通运输部实施省际危险品船运输、沿海省际客船运输、长江干线和西江航运干线水上运输距离 60 公里以上省际客船运输的经营许可。

其他内河省际客船运输的经营许可,由水路旅客运输业务经营者所在地省级水路运输管理部门实施,作出许可决定前应当与航线始发港、挂靠港、目的港所在地省级水路运输管理部门协商,协商不成的,应当报交通运输部决定。

省际普通货船运输、省内水路运输经营许可应当由设区的市级以上地方人民政府水路运输管理部门具体实施,具体权限由省级人民政府交通运输主管部门决定,向社会公布。

第三十六条 外商投资企业申请从事水路运输,除满足本规定第五条规定的经营资质条件外,还应当符合下列条件:

(一)拟经营的范围内,国内水路运输经营者无法满足需求;

(二)应当具有经营水路运输业务的良好业绩和运营记录。

【典型案例】

没有取得水路运输经营资质的承运人签订的国内水路货物运输合同是否有效? 承运人若已实际完成运输行为如何处理?[辽宁省营口锦达物流有限公司与河北省唐山市茂威船务有限公司水路货物运输合同纠纷案,(2015)津高民四终字第 6 号]

从事国内水路运输的企业和个人,应当达到并保持相应的经营资质条件,并在核定的经营范围内从事水路运输经营活动。对没有取得水路运输经营资质的承运人签订的国内水路货物运输合同,人民法院应当根据合同法第五十二条第(五)项①的规定认定无效。司法实践中,国内水路货物运输合同被认定为无效后,承运人若已实际完成运输行为,且在和托运人另行达成付款协议的情况下,法院应当认定付款协议的效力。

涉案合同被认定为无效,但锦达公司已为茂威公司提供了运输劳务,且货物已按合同约定安全运抵卸货港,因此,茂威公司对于其根据该合同取得的利益,即与运输相应的劳务价值,应当折价补偿。关于折价补偿的标准问题,《最高人民法院关于国内水路货物运输纠纷案件法律问题的指导意见》第四条规定,国内水路货物运输合同无效,但是承运人已经按照运输合同的约定将货物安全运到约定地点,承运人请求托运人或者收货人参照合同的约定支付运费,人民法院可以适当予以保护。

【适用要点】

沿海内河运输属于国家限制经营项目,设定水路运输许可的本意不仅在于维护水路运输经营者、旅客、货主的合法权益,更重要的是保护人民生命和财产安全的公共利益、沿海内河水域经营权控制的国家利益。水路运营资质不同于一般的"市场准入",应当严格把握。国内水路运输经营资质的行政许可审批是对市场准入条件的设定,当事人超越经营范围订立合同,人民法院不因此认定合同无效,但违反国家限制经营、特许经营以及法律、行政法规禁止经营规定的除外,因此,未取得《水路运输许可证》的运输企业所签订的沿海、内河货物运输合同属无效合同。

---

① 民法典施行后,合同法被废止,相关内容见民法典第一百五十三条规定。

22. 承运人的义务

【相关立法】

《中华人民共和国民法典》（20210101）

第八百一十一条　承运人应当在约定期限或者合理期限内将旅客、货物安全运输到约定地点。

第八百一十二条　承运人应当按照约定的或者通常的运输路线将旅客、货物运输到约定地点。

【行政法规】

《国内水路运输管理条例》（20130101；20170301）

第十三条　水路运输经营者投入运营的船舶应当符合下列条件：

（一）与经营者的经营范围相适应；

（二）取得有效的船舶登记证书和检验证书；

（三）符合国务院交通运输主管部门关于船型技术标准和船龄的要求；

（四）法律、行政法规规定的其他条件。

第十四条　水路运输经营者新增船舶投入运营的，应当凭水路运输业务经营许可证件、船舶登记证书和检验证书向国务院交通运输主管部门或者设区的市级以上地方人民政府负责水路运输管理的部门领取船舶营运证件。

从事水路运输经营的船舶应当随船携带船舶营运证件。

海事管理机构在现场监督检查时，发现从事水路运输的船舶不能提供有效的船舶营运证件的，应当通知有关主管部门依法处理。

第十六条　水路运输经营者不得使用外国籍船舶经营水路运输业务。但是，在国内没有能够满足所申请运输要求的中国籍船舶，并且船舶停靠的港口或者水域为对外开放的港口或者水域的情况下，经国务院交通运输主管部门许可，水路运输经营者可以在国务院交通运输主管部门规定的期限或者航次内，临时使用外国籍船舶运输。

在香港特别行政区、澳门特别行政区、台湾地区进行船籍登记的船舶，参照适用本条例关于外国籍船舶的规定，国务院另有规定的除外。

第十七条　水路运输经营者应当在依法取得许可的经营范围内从事水路运输经营。

第十八条　水路运输经营者应当使用符合本条例规定条件、配备合格船员的船舶，并保证船舶处于适航状态。

水路运输经营者应当按照船舶核定载客定额或者载重量载运旅客、货物,不得超载或者使用货船载运旅客。

第十九条 水路运输经营者应当依照法律、行政法规和国务院交通运输主管部门关于水路旅客、货物运输的规定、质量标准以及合同的约定,为旅客、货主提供安全、便捷、优质的服务,保证旅客、货物运输安全。

水路旅客运输业务经营者应当为其客运船舶投保承运人责任保险或者取得相应的财务担保。

第二十条 水路运输经营者运输危险货物,应当遵守法律、行政法规以及国务院交通运输主管部门关于危险货物运输的规定,使用依法取得危险货物适装证书的船舶,按照规定的安全技术规范进行配载和运输,保证运输安全。

第二十二条 货物班轮运输业务经营者应当在班轮航线开航的 7 日前,公布所使用的船舶以及班期、班次和运价。

货物班轮运输应当按照公布的班期、班次运行;变更班期、班次、运价或者停止经营部分或者全部班轮航线的,应当在 7 日前向社会公布。

第二十三条 水路运输经营者应当依照法律、行政法规和国家有关规定,优先运送处置突发事件所需的物资、设备、工具、应急救援人员和受到突发事件危害的人员,重点保障紧急、重要的军事运输。

出现关系国计民生的紧急运输需求时,国务院交通运输主管部门按照国务院的部署,可以要求水路运输经营者优先运输需要紧急运输的物资。水路运输经营者应当按照要求及时运输。

【部门规章】

《国内水路运输管理规定》(交通运输部令 2020 年第 4 号,20200501)

第七条 水路运输经营者投入运营的船舶应当符合下列条件:

(一)与水路运输经营者的经营范围相适应。从事旅客运输的,应当使用普通客船、客货船和滚装客船(统称为客船)运输;从事散装液体危险货物运输的,应当使用液化气体船、化学品船、成品油船和原油船(统称为危险品船)运输;从事普通货物运输、包装危险货物运输和散装固体危险货物运输的,可以使用普通货船运输。

(二)持有有效的船舶所有权登记证书、船舶国籍证书、船舶检验证书以及按照相关法律、行政法规规定证明船舶符合安全与防污染和入级检验要求的其他证书。

(三)符合交通运输部关于船型技术标准、船龄以及节能减排的要求。

第八条 除个体工商户外,水路运输经营者应当配备满足下列要求的专职海务、机务管理人员:

(一)海务、机务管理人员数量满足附件2的要求;

(二)海务、机务管理人员的从业资历与其经营范围相适应:

1. 经营普通货船运输的,应当具有不低于大副、大管轮的从业资历;

2. 经营客船、危险品船运输的,应当具有船长、轮机长的从业资历。

根据船舶最低安全配员标准,水路运输经营者经营的均为不需要配备船长、轮机长或者大副、大管轮的船舶,其配备的海务、机务管理人员应当具有不低于其所管理船舶船员的从业资历。

水路运输经营者委托船舶管理企业为其提供船舶海务、机务管理等服务的,按照《国内水路运输辅助业管理规定》的有关规定执行。

第九条 除个体工商户外,水路运输经营者按照有关规定应当配备的高级船员中,与其直接订立一年以上劳动合同的高级船员的比例应当满足下列要求:

(一)经营普通货船运输的,高级船员的比例不低于25%;

(二)经营客船、危险品船运输的,高级船员的比例不低于50%。

第二十条 水路运输经营者应当保持相应的经营资质条件,按照《国内水路运输经营许可证》核定的经营范围从事水路运输经营活动。

已取得省际水路运输经营资格的水路运输经营者和船舶,可凭省际水路运输经营资格从事相应种类的省内水路运输,但旅客班轮运输除外。

已取得沿海水路运输经营资格的水路运输经营者和船舶,可在满足航行条件的情况下,凭沿海水路运输经营资格从事相应种类的内河运输。

第二十一条 水路运输经营者不得出租、出借水路运输经营许可证件,或者以其他形式非法转让水路运输经营资格。

第二十二条 从事水路运输的船舶应当随船携带《船舶营业运输证》或者具有同等效力的可查验信息,不得转让、出租、出借或者涂改。《船舶营业运输证》遗失或者损毁的,应当及时向原配发机关申请补发。

第二十三条 水路运输经营者应该按照《船舶营业运输证》标定的载客定额、载货定额和经营范围从事旅客和货物运输,不得超载。

水路运输经营者使用客货船或者滚装客船载运危险货物时,不得载运旅客,但按照相关规定随船押运货物的人员和滚装车辆的司机除外。

第二十四条 水路运输经营者应当与托运人订立货物运输合同,对托运人身份信息进行查验。托运人托运货物时应当向水路运输经营者如实提供货物信息,托运危险货物的,还应当符合《船舶载运危险货物安全监督管理规定》的有关规定。

水路运输经营者收到实名举报或者相关证据证明托运人涉嫌在普通货物中夹带危险货物、谎报瞒报托运危险货物的,应当对相关货物进行检查。水路运输经营者发现存在上述情形或者托运人拒绝接受检查的,应当拒绝运输,并及时向水路运输管理部门和海事管理机构报告,未装船的还应当及时向拟装船的港口经营人、港口行政管理部门报告。

水路运输经营者应当对托运人身份信息、托运货物信息进行登记并保存至运输合同履行完毕后6个月。

第二十五条　水路运输经营者不得擅自改装客船、危险品船增加载客定额、载货定额或者变更从事散装液体危险货物运输的种类。

第二十八条　水路货物班轮运输业务经营者应当在班轮航线开航的7日前,向社会公布所使用的船舶以及班期、班次和运价。

货物班轮运输应当按照公布的班期、班次运行;变更班期、班次、运价(因不可抗力变更班期、班次的除外)或者停止经营部分或者全部班轮航线的,水路货物班轮运输业务经营者应当在变更或者停止经营的7日前向社会公布。

第三十四条　水路运输经营者应当依照法律、行政法规和国家有关规定,优先运送处置突发事件所需物资、设备、工具、应急救援人员和受到突发事件危害的人员,重点保障紧急、重要的军事运输。

水路运输经营者应当服从交通运输主管部门对关系国计民生物资紧急运输的统一组织协调,按照要求优先、及时运输。

水路运输经营者应当按照交通运输主管部门的要求建立运输保障预案,并建立应急运输、军事运输和紧急运输的运力储备。

【适用要点】

按照约定时间进行安全运输是承运人的一项主要义务。承运人应当在约定的期限内或者合理的期限内进行运输。如果合同对运输期限有明确规定的,应当在合同约定的期限内进行运输;如果合同没有规定明确期限,则应当在合理期限内进行运输。承运人应当在约定期限或者合理期限内,将托运人托运的货物运到目的地。如果由于承运人的原因造成货物不能按时到达目的地的,承运人就要承担迟延履行的违约责任。承运人在运输过程中,应当保证货物的安全,将货物运到约定的地点。承运人运输时要按照约定的或者通常的运输路线进行运输,这也是承运人的一项义务。在有的情况下,承运人不按通常的运输路线运输,进行合理的绕行也是准许的。主要有以下几种情况:一是由于运输合同中列明的一些具体的事由出现而发生的绕行。二是在法律规定的情形下,如船舶在海上为救助或者企图救助人命或者财产也可以合理地绕航。三是在运输过程中遇到危险,为了船舶、旅客或者货物的安全,承运人也可以进行绕行。

23. 托运人的义务及赔偿责任

【相关立法】

(1)《中华人民共和国民法典》(20210101)

第八百一十三条 旅客、托运人或者收货人应当支付票款或者运输费用。承运人未按照约定路线或者通常路线运输增加票款或者运输费用的,旅客、托运人或者收货人可以拒绝支付增加部分的票款或者运输费用。

第八百二十五条 托运人办理货物运输,应当向承运人准确表明收货人的姓名、名称或者凭指示的收货人,货物的名称、性质、重量、数量,收货地点等有关货物运输的必要情况。

因托运人申报不实或者遗漏重要情况,造成承运人损失的,托运人应当承担赔偿责任。

第八百二十六条 货物运输需要办理审批、检验等手续的,托运人应当将办理完有关手续的文件提交承运人。

第八百二十七条 托运人应当按照约定的方式包装货物。对包装方式没有约定或者约定不明确的,适用本法第六百一十九条的规定。

托运人违反前款规定的,承运人可以拒绝运输。

第八百二十八条 托运人托运易燃、易爆、有毒、有腐蚀性、有放射性等危险物品的,应当按照国家有关危险物品运输的规定对危险物品妥善包装,做出危险物品标志和标签,并将有关危险物品的名称、性质和防范措施的书面材料提交承运人。

托运人违反前款规定的,承运人可以拒绝运输,也可以采取相应措施以避免损失的发生,因此产生的费用由托运人负担。

(2)《中华人民共和国动物防疫法》(19980101;20210501)

第五十二条 经航空、铁路、道路、水路运输动物和动物产品的,托运人托运时应当提供检疫证明;没有检疫证明的,承运人不得承运。

进出口动物和动物产品,承运人凭进口报关单证或者海关签发的检疫单证运递。

从事动物运输的单位、个人以及车辆,应当向所在地县级人民政府农业农村主管部门备案,妥善保存行程路线和托运人提供的动物名称、检疫证明编号、数量等信息。具体办法由国务院农业农村主管部门制定。

运载工具在装载前和卸载后应当及时清洗、消毒。

(3)《中华人民共和国进出口商品检验法》(19890801;20210429)

第十二条 本法规定必须经商检机构检验的进口商品的收货人或者其代理人,应当在商检机构规定的地点和期限内,接受商检机构对进口商品的检验。商检机构应当在国家商检部门统一规定的期限内检验完毕,并出具检验证单。

【典型案例】

(1)托运人是否告知易流态化固体货物属性对于判断货损发生原因有何影响? [中意财产保险有限公司上海分公司与福建千祥船务有限公司海上、通海水域货物运输合同纠纷案,(2020)最高法民申 6312 号]

根据运单记载,建发公司是托运人,千祥公司是签发运单和实际运输货物的人。运单载明,涉案运输有关权利和义务适用《国内水路货物运输规则》。根据《国内水路货物运输规则》第三条第四款、第五款和第六条规定,千祥公司作为实际承运人,与中意公司的被保险人也即托运人建发公司成立水路货物运输合同关系。

关于建发公司是否未履行托运人义务,以及千祥公司是否应对短量和货损承担赔偿责任的问题。根据合同法第三百一十一条①规定,承运人对于运输过程中的货损承担赔偿责任,而承运人主张货损免责的事由仅局限于不可抗力、货物本身的自然性质或合理损耗、托运人或收货人的过错。本案中,案涉钛精矿虽然不在《交通运输部水路运输易流态化货物目录》,但原审判决根据《水路运输易流态化固体散装货物安全管理规定》第四条规定和钛精矿的特性,认定钛精矿属于易流态化固体并无不当。根据公估报告载明的原因分析,货损原因是船舱底板存在多处裂缝或破损,导致部分钛精矿粉在运输过程中由于船舶的震荡、颠簸而泄漏至船舱底板,即涉案货物系因渗漏至船舱而产生掏船、运费及选矿费等费用,故不论托运人建发公司是否履行告知货物属性的义务,均会必然发生。因此,建发公司未向承运人千祥公司告知钛精矿属于易流态化固体和提交取样、制样、送检及检测等文件,不是发生货

---

① 民法典施行后,合同法被废止,相关内容见民法典第八百三十二条。

损的原因。同时，根据运单载明的涉案运输有关权利和义务适用的《国内水路货物运输规则》规定，承运人应当使船舶处于适航状态。承运人在装载货物时，就可以观察出货物本身的部分自然属性，结合其作为实际承运人的地位，应熟悉"新泰安"轮的实际状况，应当知晓运输的货物可能会发生渗漏，结合公估报告载明的原因分析，原审判决千祥公司承担相应赔偿责任，并无不当。

(2)托运人瞒报危险品情况应否按照合同约定承担违约金责任？判断涉案违约金是否过高须考虑哪些因素？[上海泛亚航运有限公司与南通例如物流有限公司海上货物运输合同纠纷案，(2021)沪民终47号]

涉案订舱确认书中约定上海泛亚不接受任何具有爆炸、易燃、毒害、腐蚀、放射性等特性的危险品，如托运人发生瞒报危险品情况的，应支付违约金100000元/TEU。涉案货物为氧化锌，南通例如却将货物品名申报为面粉，无论是故意为之，还是误报品名，都属于涉案合同约定的瞒报行为。且案外行政处罚书已经认定南通例如将氧化锌申报为橡胶系将危险货物谎报或者匿报为普通货物托运(危险化学品以外的危险货物)，故氧化锌属于涉案合同约定的危险品。南通例如瞒报危险货物应当根据涉案合同的约定向上海泛亚支付违约金。南通例如关于氧化锌实际危害较小的理由不影响其因瞒报危险货物而应承担的违约金赔偿责任。

判断涉案违约金是否过高可以从以下几个方面予以考量：第一，瞒报危险货物运输对社会公共安全的危害性。本案所涉的瞒报危险货物运输的行为将会导致港口、船舶、船员、水生环境等处于共同危险的风险中。而一旦因为运输危险货物而发生着火、爆炸或环境污染等事故，往往会造成高额的财产损失、重大的人员伤亡以及不可逆转的水域污染。涉案运输虽未发生事故，但此类行为对社会公共安全的危害性巨大。第二，瞒报危险货物运输的过错。本案所涉的如实填报运输货物品名是诚信商人应尽之义务。而瞒报危险货物的行为有违诚信原则，将危险货物误报为一般货物是当事人主观上不够重视所导致，也有悖于诚实守信的社会价值取向。涉案违约金的约定不以事故发生为前提，带有明显的惩罚性，约定高额违约金的目的就在于敦促申报方如实申报货物品名。第三，瞒报危险货物导致的实际损失。鉴于瞒报危险货物运输的巨大危害性以及瞒报情况实践中存在难以被发现的情况，为了降低错误申报给海上货物运输所带来的安全隐患，世界主要班轮公司都在进一步提高对危险品货物申报的监管。涉案运输虽未发生事故，但在考量违约金数额时，不能仅以发生事故后产生的损失为标准，航运企业为应对错误申报问题投入的各类成本也应计算在内。实践中,由于航运企业投入的相应人力物力等成本不断提升,其对外公布的针对集装箱内危险品货物瞒报及误报情况收取相应违约金的标准也在不断提高。涉案 100000 元每箱的违约金标准并未明显高于行业收费。

(3) 滞期费与滞期损失有何区别? [王利与舒渝水路货物运输合同纠纷案,(2009) 鄂民四终字第 19 号]

水路货物运输不能适用海商法,但海商法学的有关理论对正确处理内河货运纠纷仍具借鉴意义。在诉讼中,由于原告未厘清滞期费与滞期损失的区别,导致其合法行使留置权遭受的损失不能在本诉中得到赔偿,故被告知可另行起诉。

滞期费与滞期损失的区别在于:第一,滞期费是因超过装卸时间事先约定的赔偿,而滞期损失是非因装卸作业造成的时间延误形成的损失。滞期损失与装卸时间无关,是因承租人的违约或过错导致被索赔。第二,滞期费的确定和计算在合同中已预先约定,故只要有超过装卸时间的事实即需支付。然而,权利人对滞期损失的主张需承担举证责任,即证明损失的存在及大小。第三,实践中,滞期损失的计算不受滞期费率的影响,而与日租金相当,且往往高于滞期费。

【适用要点】

托运人对于货物负有如实申报的义务。如果托运人所提供的情况与实际情况不符合,或者托运人遗漏重要的情况,致使承运人按照托运人申报的情况进行运输,结果给托运人造成损失,证明托运人对损失的产生是有过错的,所以理应由托运人自己承担损失,承运人可以不负任何责任。如果托运人的申报不实或者遗漏重要情况,给承运人造成损失的,托运人应当承担赔偿责任。关于申报内容的范围,并非货物运输的所有情况都属申报之列。除了货物的名称、性质、重量、数量及收货地点之外,应以"必要"为原则,即关系运输的安全、顺利、快捷等内容均为需要申报的必要内容。实务中需要注意申报过错与损害结果是否存在因果关系问题,损害的原因如果不仅有托运人申报过错,还包括承运人的过错,则需要区分责任。托运人在货物运输前应当办理货物的审批、检验检疫、港口准入等手续,在运输危险品时,还应当办理危险品运输的许可手续。如果不及时向承运人提供这些手续,就有可能造成运输的迟延,或者对承运人造成损失。对于托运人没有向承运人提供这些手续或者提供的手续不完备或者没有及时提供这些手续,给承运人造成损失的,托运人应当赔偿损失。

24. 水路货物运输合同的变更与解除

【相关立法】

《中华人民共和国民法典》(20210101)

第八百二十九条 在承运人将货物交付收货人之前,托运人可以要求承运人中止运输、返还货物、变更到达地或者将货物交给其他收货人,但是应当赔偿承运人因此受到的损失。

【适用要点】

货物运输合同成立后,托运人有权变更或者解除合同。这种变更或者解除可以不经过承运人同意,承运人也无权过问相对方变更和解除合同的原因,只要托运人提出变更或者解除合同,均应予以变更或者解除。托运人的单方变更合同的权利只能在运输合同成立后终止前这段时间内行使,如果货物已经交付给收货人,合同已经履行完毕,则托运人这种单方变更权利即告终止。如果收货人拒绝接受货物的,或者承运人无法同收货人联系的,托运人可以行使这项权利。如果承运人签发了可转让运输单证的(如指示提单),单证持有人在持有全套运输单证时也可以行使类似本条托运人的权利,但此种情况不属于民法典第八百二十九条的调整范围。如果托运人的指示不能执行的,承运人应当立即通知托运人。如果托运人提出变更运输合同在客观上不能履行或者不经济,承运人应当及时拒绝并通知托运人,人民法院应当以诚信原则和公平原则,公平合理地确定各方当事人之间的权利义务关系。

25. 货物的交付及检验

【相关立法】

(1)《中华人民共和国民法典》(20210101)

第八百三十条 货物运输到达后,承运人知道收货人的,应当及时通知收货人,收货人应当及时提货。收货人逾期提货的,应当向承运人支付保管费等费用。

第八百三十一条 收货人提货时应当按照约定的期限检验货物。对检验货物的期限没有约定或者约定不明确,依据本法第五百一十条的规定仍不能确定的,应当在合理期限内检验货物。收货人在约定的期限或者合理期限内对货物的数量、毁损等未提出异议的,视为承运人已经按照运输单证的记载交付的初步证据。

第八百三十七条 收货人不明或者收货人无正当理由拒绝受领货物的,承运人依法可以提存货物。

(2)《中华人民共和国公证法》(20060301;20180101)

第十二条 根据自然人、法人或者其他组织的申请,公证机构可以办理下列事务:

(一)法律、行政法规规定由公证机构登记的事务;

(二)提存;

(三)保管遗嘱、遗产或者其他与公证事项有关的财产、物品、文书;

(四)代写与公证事项有关的法律事务文书;

(五)提供公证法律咨询。

【典型案例】

采用"原来、原转、原交"的运输方式,货物铅封完好,承运人应否承担货物短少的责任?承运人和托运人就散装货物的交接方式没有作出特别约定的,如何处理?[中国人民财产保险股份有限公司江门市江海支公司与广东驳运公司等水路货物运输合同纠纷案,(2006)粤高法民四终字第291号]

本案水路货物运输合同约定,货物的重量约为3万吨(以托运数量为准),当事人均承认涉案货物由"橙云"轮未经衡重直接过驳至驳船。可见,涉案货物运输当事人之间没有明确货物交接的计量方法,也没有按照船舶水尺数计量过驳重量。水尺计重和过磅重量仅可以作为本案的参考,而不能作为证明本案货物重量短少的证据。货物运输当事人采用"原来、原转、原交"的运输方式,承运人只要保持在铅封完好的状态下交接货物,即推定货物没有发生短少。

国内水路货物运输在承运期间发生货物短少,其赔付问题认定的关键在于货物的接收方式。在水路货物散装运输条件下,如果承运人和托运人就货物的交接方式没有作出特别约定,应该以重量交接。但是如果承运人和托运人在合同明确约定不以重量交接的,就不能以重量计量数相比较的方式来认定货物是否发生短少。

【适用要点】

收货人接到承运人的通知,就应当及时提货,这是收货人的主要义务。

如果收货人在收到承运人提货通知后的规定时间内，或者没有规定时间而在合理时间内没有提取货物的，其应当向承运人支付逾期的保管费用；如果因为逾期提货给承运人造成损失的，收货人应当赔偿损失。如果在逾期提货期间，货物因发生不可抗力而毁损灭失的，承运人不负赔偿责任。收货人提货时，应当将提货凭证交给承运人。如果按照运输合同的规定或者提货凭证的规定，应当由收货人交付全部或者部分运费的，收货人只有在向承运人履行交付运费的义务后，才有权利提取货物。在实务中，常发生由于托运人与收货人之间贸易合同纠纷等原因，承运人在货物到达目的港之后无法向收货人交付获得的情况。民法典第八百三十七条规定了承运人对货物提存的权利："收货人不明或者收货人无正当理由拒绝受领货物的，承运人依法可以提存货物。""收货人不明"既包括收货人下落不明，还包括在货物运输终止时，托运人并没有向承运人指明收货人是谁，而承运人向托运人通知请求其作出指示，托运人逾期没有作出指示的情况。在货物被提存后，承运人应当及时通知托运人；在收货人明确的情况下，应当及时通知收货人。货物在提存后毁损、灭失的，承运人不承担货物毁损、灭失的风险。如果货物不适于提存或者提存费用过高的，承运人应当可以依法拍卖或者变卖货物，然后提存所得的价款。

26. 承运人的赔偿责任

【相关立法】

《中华人民共和国民法典》（20210101）

第八百三十二条　承运人对运输过程中货物的毁损、灭失承担赔偿责任。但是，承运人证明货物的毁损、灭失是因不可抗力、货物本身的自然性质或者合理损耗以及托运人、收货人的过错造成的，不承担赔偿责任。

第八百三十三条　货物的毁损、灭失的赔偿额，当事人有约定的，按照其约定；没有约定或者约定不明确，依据本法第五百一十条的规定仍不能确定的，按照交付或者应当交付时货物到达地的市场价格计算。法律、行政法规对赔偿额的计算方法和赔偿限额另有规定的，依照其规定。

第八百三十五条　货物在运输过程中因不可抗力灭失，未收取运费的，承运人不得请求支付运费；已经收取运费的，托运人可以请求返还。法律另有规定的，依照其规定。

【行政法规】

《关于不满 300 总吨船舶及沿海运输、沿海作业船舶海事赔偿限额的规定》(19940101)

第一条 根据《中华人民共和国海商法》第二百一十条规定,制定本规定。

第二条 本规定适用于超过 20 总吨、不满 300 总吨的船舶及 300 总吨以上从事中华人民共和国港口之间货物运输或者沿海作业的船舶。

第三条 除本规定第四条另有规定外,不满 300 总吨船舶的海事赔偿责任限制,依照下列规定计算赔偿限额:

(一)关于人身伤亡的赔偿请求;

1. 超过 20 总吨、21 总吨以下的船舶,赔偿限额为 54000 计算单位;

2. 超过 21 总吨的船舶,超过部分每吨增加 1000 计算单位。

(二)关于非人身伤亡的赔偿请求:

1. 超过 20 总吨、21 总吨以下的船舶,赔偿限额为 27500 计算单位;

2. 超过 21 总吨的船舶,超过部分每吨增加 500 计算单位。

第四条 从事中华人民共和国港口之间货物运输或者沿海作业的船舶,不满 300 总吨的,其海事赔偿限额依照本规定第三条规定的赔偿限额的 50% 计算;300 总吨以上的,其海事赔偿限额依照《中华人民共和国海商法》第二百一十条第一款规定的赔偿限额的 50% 计算。

第五条 同一事故中的当事船舶的海事赔偿限额,有适用《中华人民共和国海商法》第二百一十条或者本规定第三条规定的,其他当事船舶的海事赔偿限额应当同样适用。

【批复、答复】

船员私自承揽运输擅自开航的民事责任应否由轮船公司承担?

《最高人民法院关于船员私自承揽运输擅自开航的民事责任应否由轮船公司承担问题的答复》(法函〔1995〕43 号,19950421)

湖北省高级人民法院:

你院〔1995〕告申呈字第 1 号《关于国营四川涪陵轮船公司应否承担民事责任的请示》收悉。经研究,答复如下:

我国船舶航运主管部门对内河船舶船员的职责已有明确规定。在有关规定和运输企业的实务操作中,都没有给予船员(包括船长)对外承揽运输业务签订合同的职权。航行于我国境内各港口之间的船舶,除需服从所属航运企业内部职能部门的调度外,依据我国有关安全航行的法规的规定,还需经港务监督(或港航监督)部门的批准,办理进出港口签订手续。违反上述规定,船员私自承揽运输、擅自开航是超越职权范围的个人行为。"川陵四号"拖轮大副郑世荣图谋私利,私自承揽运输并对公司隐瞒事实,在公司调度室明确表示不同意出航的情况下,擅自开航,应对其超越职权范围的个人行为承担民事责任。轮船公司不应对船员的个人行为承担民事责任。

【司法指导文件】

最高人民法院民事审判第四庭《全国法院涉外商事海事审判工作座谈会会议纪要》[法(民四)明传(2021)60 号,20211231]

71.【内河船舶不得享受海事赔偿责任限制】海商法第十一章关于海事赔偿责任限制规定适用的船舶应当为海商法第三条规定的海船,不适用于内河船舶。海船的认定应当根据船舶检验证书记载的航行能力和准予航行航区予以确认,内河船舶的船舶性质及其准予航行航区不因船舶实际航行区域而改变。

【典型案例】

(1)国内水路货物运输合同无效,对于货损赔偿责任的认定是否有影响?[唐山中海宁兴物流有限公司与中国太平洋财产保险股份有限公司厦门分公司海上、通海水域货物运输合同纠纷案,(2017)最高法民再 69 号]

经营水路运输业务,应当经政府主管部门批准,发给水路运输业务经营许可证件;相关企业或个人不得未经许可擅自经营或者超越许可范围经营国内水路运输业务。沿海内河运输属于国家许可经营项目,中海公司没有取得政府主管部门颁发的国内水路运输经营许可证,作为承运人与建发公司订立国内水路货物运输合同,经营国内沿海货物运输,该合同应认定为无效。根据合同法第五十八条①的规定,合同无效后,因该合同取得的财产,应当予以返还;不能返还或者没有必要返还的,应当折价补偿。有过错的一方应当赔偿对方因此所受到的损失,双方都有过错的,应当各自承担相应的民事责任。本案系运输合同,即使合同无效,对于已经完成的运输货物亦无法返还,且涉案货物已经在运输途中灭失,故应当折价补偿。尽管中海公司与建发公司对于涉案运输合同无效均存在缔约过失,但涉案货物灭失系船舶碰撞沉没事故所致,并非缔约过失所造成的损失,与合同无效没有因果关系,合同无效并不

---

① 民法典施行后,合同法被废止,相关内容见民法典第一百五十七条。

影响货损赔偿责任的认定。建发公司作为托运人对船舶碰撞事故造成的货物灭失并无过错,中海公司亦未举证证明本案存在承运人可以减免责任的事由,故中海公司应当承担全部货损赔偿责任并无不当。

(2)涉案货物由厂家负责装箱、积载、绑扎、系固并铅封的,因货物在集装箱内未进行有效的绑扎、系固造成的货损,承运人应否承担赔偿责任?[北京康利石材有限公司与厦门中远国际货运有限公司、厦门中远国际货运有限公司泉州分公司水路货物运输合同纠纷案,(2014)民申字第577号]

康利公司为托运人、收货人,中阳公司为康利公司的货运代理人,厦门中货泉州分公司为合同承运人,泛亚公司为水路运输的实际承运人。合同法第三百一十一条①规定:"承运人对运输过程中货物的毁损、灭失承担损害赔偿责任,但承运人证明货物的毁损、灭失是因不可抗力、货物本身的自然性质或者合理损耗以及托运人、收货人的过错造成的,不承担损害赔偿责任。"涉案货物由厂家负责装箱、箱内积载、绑扎、系固并铅封。根据上述规定,本案货物在集装箱内未进行有效的绑扎、系固造成的货损,泛亚公司作为实际承运人、厦门中货泉州分公司作为合同承运人均不应承担赔偿责任。中阳公司系康利公司的货运代理人,并非运输合同的当事人,康利公司要求其承担赔偿责任亦缺乏事实和法律依据。

(3)双方当事人均提交了货损公估报告,如何认定货损?[江苏聚鸿航运有限公司与中国人寿财产保险股份有限公司天津市分公司、紫金财产保险股份有限公司南京分公司通海水域货物运输合同纠纷案,(2021)津民终231号]

人寿天津公司、聚鸿公司分别提交悦之公司公估报告、意简公司公估报告证明货损数额。两份公估报告确定的受损高线数量一致,均为370件;重量基本相当,悦之公司公估报告确定为799.2吨,意简公司公估报告确定为795.5吨。两份公估报告主要区别是对定损方式的认识不同,最终导致对货损金额的认定不同。悦之公司公估报告的公估人对受损高线进行现场查勘,根据高线实际锈蚀情况,对比了机械人工除锈、酸洗除锈、切割相应的受损部位等三种除锈方案,选取了成本最低的机械人工除锈方案,并在处理费用每吨100元至300元范围内折中确定为每吨150元。意简公司公估报告列举钢材货物表面的三种除锈方案后,未选取其中任一方案,反以"根据现场查勘情况,水湿圆钢及高线货物表面生锈,并不影响货物的正常使用"为由,对

---

① 民法典施行后,合同法被废止,相关内容见民法典第八百三十二条。

货物进行贬值处理,并"根据事故地区钢材市场行情,并结合我司处理同类案件的经验"估算每吨贬值70元。经对比两种定损方式,悦之公司公估报告选取的定损方式更切合涉案货物的实际受损情况,计算方法并无明显不当;意简公司公估报告的公估师未到现场查勘货物受损状况,亦未提供证明市场行情、类似案件定损方式的证明材料,其确定的贬值损失单价缺乏依据。据此,应当参照悦之公司公估报告作为计算货物损失的依据。

【适用要点】

承运人应当对运输过程中所发生的货物的毁损、灭失承担损害赔偿责任,承运人的这一责任不依过错归责,即赔偿责任的成立不以承运人在运输过程中存在过错为前提条件。货物的毁损、灭失是因不可抗力、货物本身的自然性质或者合理损耗以及托运人、收货人的过错造成的,承运人可以免责。承运人要求免除赔偿责任的,其需要就存在上述情形负举证责任。当事人对货物毁损、灭失的赔偿额或赔偿的计算方法有约定的,按照约定进行赔偿。实践中,当事人常常会采用保价运输的方式。所谓保价运输就是承运人处理托运人、收货人提出赔偿要求的一种方式,即托运人在办理托运货物的手续时或者与承运人签订合同时,向承运人要求进行保价运输,声明货物的价格,并支付保价费。这实际上是当事人之间对货物损害赔偿额的一种约定。一般情况下,保价额相当于货物的价值。托运人办理保价运输的,承运人应当按照实际损失进行赔偿,但最高不得超过保价额;实际损失低于保价额的,按照实际损失进行赔偿。当事人对赔偿额没有约定或者约定不明确的,则承运人赔偿的数额应当依照民法典第五百一十条的规定进行确定,如果依照民法典第五百一十条的规定仍不能确定的,则按照交付或者应当交付时货物到达地的市场价格计算。托运的货物在运输过程中因不可抗力灭失,承运人不承担货物的损害赔偿责任。对于承运人来说,运费的风险如何负担呢?未收取运费的,承运人不得请求支付运费;已经收取运费的,托运人可以请求返还。如果其他法律对于运费的处理另有特别规定的,依照其规定处理。此外,需要注意的是,海商法第十一章关于海事赔偿责任限制规定适用的船舶应当为海商法第三条规定的海船,不适用于内河船舶。

27. 实际承运人的责任

【相关立法】

《中华人民共和国民法典》(20210101)

第八百三十四条　两个以上承运人以同一运输方式联运的,与托运人订立合同的承运人应当对全程运输承担责任;损失发生在某一运输区段的,与托运人订立合同的承运人和该区段的承运人承担连带责任。

【司法指导文件】

《最高人民法院关于国内水路货物运输纠纷案件法律问题的指导意见》(法发〔2012〕28号,20121224)

6. 国内水路货物运输的合同承运人将全部或者部分运输委托给实际承运人履行,托运人或者收货人就全部或部分运输向合同承运人、实际承运人主张权利的,人民法院应当准确认定合同承运人和实际承运人的法律地位和法律责任。人民法院可以参照《国内水路货物运输规则》第四十六条的规定判定合同承运人和实际承运人的赔偿责任,充分保护国内水路货物运输合同托运人或者收货人的合法权益,减少当事人的讼累。

【典型案例】

《国内水路货物运输规则》废止后,可否根据当事人的约定适用承运人与实际承运人连带责任制度? [中国人民财产保险股份有限公司上海市分公司与江苏华隆海运有限公司、宋某某通海水域货物运输合同纠纷案,(2018)鄂民终1376号]

运单是托运人与承运人形成运输合同关系的表现形式,涉案运单上注明了关于托运人、承运人的权利、义务适用《国内水路货物运输规则》的相关规定,故《国内水路货物运输规则》的相关内容可视为承运人、实际承运人与托运人之间的运输合同关系的权利义务条款。《国内水路货物运输规则》虽已废止,但法院可根据各方当事人约定,适用《国内水路货物运输规则》中承运人与实际承运人连带责任制度。

人民法院为减少当事人讼累,参照原交通部制定的《国内水路货物运输规则》,判决承运人与实际承运人承担连带责任,是我国海事司法实践长期形成的裁判规则。2016年交通运输部宣布废止《国内水路货物运输规则》后,能否继续适用实际承运人制度,承运人与实际承运人是否承担连带责任,存在较大争议,导致司法裁判尺度不统一。本案中法院根据各方当事人约定,适用《国内水路货物运输规则》中承运人与实际承运人连带责任制度,有利于维护当事人的合法权益,有利于保持法律适用的稳定性,对于弥补现行法律漏洞具有积极意义。

【适用要点】

水路货物运输合同的承运人将全部或者部分运输委托给实际承运人履行,托运人或者收货人就全部或部分运输向合同承运人、实际承运人主张权利,要求承运人与实际承运人承担连带责任,如果承运人与实际承运人都负有赔偿责任的,应当在该项责任范围内承担连带责任。这样处理有利于保护国内水路货物运输合同托运人或者收货人的合法权益,减少当事人的讼累。《国内水路货物运输规则》已经废止,其规定的承运人与实际承运人连带责任制度无法作为法律渊源,但处理这类纠纷在法律适用上可以参照民法典第八百三十四条的规定。

28. 承运人的留置权

【相关立法】

(1)《中华人民共和国民法典》(20210101)

第四百四十七条 债务人不履行到期债务,债权人可以留置已经合法占有的债务人的动产,并有权就该动产优先受偿。前款规定的债权人为留置权人,占有的动产为留置财产。

第四百四十八条 债权人留置的动产,应当与债权属于同一法律关系,但是企业之间留置的除外。

第四百四十九条 法律规定或者当事人约定不得留置的动产,不得留置。

第四百五十条 留置财产为可分物的,留置财产的价值应当相当于债务的金额。

第八百三十六条 托运人或者收货人不支付运费、保管费或者其他费用的,承运人对相应的运输货物享有留置权,但是当事人另有约定的除外。

(2)《中华人民共和国海关法》(19870701;20210429)

第三十七条 海关监管货物,未经海关许可,不得开拆、提取、交付、发运、调换、改装、抵押、质押、留置、转让、更换标记、移作他用或者进行其他处置。

海关加施的封志,任何人不得擅自开启或者损毁。

人民法院判决、裁定或者有关行政执法部门决定处理海关监管货物的,应当责令当事人办结海关手续。

【司法指导文件】

(1)《最高人民法院关于国内水路货物运输纠纷案件法律问题的指导意见》(法发〔2012〕28号,20121224)

7. 国内水路货物运输合同履行完毕,托运人或者收货人没有按照约定支付运费、保管费或者其他运输费用,依照合同法第三百一十五条①的规定,承运人对相应的运输货物享有留置权。人民法院在审查承运人的留置权时,应当重点审查承运人留置货物的数量是否是在合理的限度之内,以及承运人留置的货物是否是其合法占有的货物。债务人对留置货物是否具有所有权并不必然影响承运人留置权的行使,除非运输合同当事人对承运人的留置权另有特殊约定。

(2)最高人民法院民事审判第四庭《涉外商事海事审判实务问题解答(一)》(20040408)

138. 沿海内河运输和非我国港口之间的海上货物运输的承运人留置货物有何不同规定?

答:沿海内河运输中,托运人或者收货人不支付运费、保管费以及其他运输费用的,依照《合同法》②的规定,承运人对相应的运输货物享有留置权,除非当事人之间另有约定;非我国港口之间的海上货物运输,依照《海商法》的有关规定,应当向承运人支付的运费、共同海损分摊、滞期费和承运人为货物垫付的必要费用以及应当向承运人支付的其他费用没有付清,又没有提供适当担保的,承运人可以在合理的限度内留置债务人所有的货物。审判实践中应当注意不同的法律规定就留置权的行使所作的不同规定。

(3)最高人民法院《全国海事法院院长座谈会纪要》(20010911)

四、关于留置权

沿海内河货物运输中,托运人或者收货人不支付运费、保管费以及其他

---

① 民法典施行后,合同法被废止,相关内容见民法典第八百三十六条。
② 民法典施行后,合同法被废止,相关内容见民法典规定。

运输费用的,依照《中华人民共和国合同法》①的规定,承运人对相应的运输货物享有留置权,除非当事人之间另有约定;但非中华人民共和国港口之间的海上货物运输,依照海商法的有关规定,应当向承运人支付的运费、共同海损分摊、滞期费和承运人为货物垫付的必要费用以及应当向承运人支付的其他费用没有付清,又没有提供适当担保的,承运人可以在合理的限度内留置债务人所有的货物。审判实践中应当注意不同的法律就留置权的行使所作的不同规定。

留置权的行使要以合法占有为前提。留置标的物在债权人行使留置权前已被法院应其他债权人的申请予以扣押的,或者债权人行使留置权后法院应其他债权人的申请对留置标的物进行扣押,留置权人的权利仍应当依法予以保护。

【典型案例】

托运人拖欠运费,承运人如何行使留置权?［中国外运阳光速航运输有限公司与南京邦达物流有限公司水路货物运输合同纠纷案,(2013)武海法商第 00197 号］

原告行使留置权所依据的债权,是否必须与留置的货物属于同一法律关系?本案中,原告阳光速航因被告邦达公司拖欠运费,留置了被告邦达公司托运的 10 个集装箱货物。其中,被告邦达公司就上述 2 票货物欠原告阳光速航运费共计 20020 元,就其他 27 票货物欠原告运费共计 516762 元。依照合同法第三百一十五条②规定,承运人行使留置权所依据的债权,必须与承运人留置的货物属于同一法律关系。本案中,被告邦达公司就 2 票货物欠原告阳光速航运费共计 20020 元,原告有权就被告所欠运费对该批货物行使留置权。但是,对于因承运其他 27 票货物所产生的运费,原告能否对该 2 票货物行使留置权的问题,是本案的关键争议所在。物权法第二百三十条③规定,债务人不履行到期债务,债权人可以留置已经合法占有的债务人的动产。同时,该法第二百三十一条④补充规定,债权人留置的动产,应当与债权属于同一法律关系。但是,对于企业间的留置,该条文引入了商事留置权的概念,对于企业间的留置,债权人留置的动产与债权可以不属于同一法律关系,即

---

① 民法典施行后,合同法被废止,相关内容见民法典规定。
② 民法典施行后,合同法被废止,相关内容见民法典第八百三十六条。
③ 民法典施行后,物权法被废止,相关内容见民法典第四百四十七条。
④ 民法典施行后,物权法被废止,相关内容见民法典第四百四十八条。

债权人可以留置债务人所有的、产生债务的其他财产。由于本案原、被告均为企业法人，则应当适用该法中关于企业间留置的规定。因此，原告有权就其他 27 票货物运输产生的运费，留置其依法占有的、被告邦达公司托运的 2 票货物。

原告留置的货物是否必须为被告所有？对于被告邦达公司托运的 2 票货物所产生的运费，依照合同法第三百一十五条之规定，原告作为承运人有权对相应的货物行使留置权，而不用考虑货物是否属于债务人所有。对于被告邦达公司托运的其他 27 票货物产生的运费，原告行使留置权应当适用物权法的相关规定。根据物权法第二百三十条规定，债权人可以留置已经合法占有的债务人的动产。对于"债务人的动产"的理解，是否必须要求是债务人所有的动产，是否包括债务人依法提交债权人的动产。对此，该条文并没有作出明确的界定。在水路货物运输实践中，货运代理环节越来越多，实际货主直接将货物交给承运人托运的情形较为少见，而且法律没有规定托运人必须为货物所有人，承运人并不关心真正的货主的身份，其义务是将托运人的货物安全及时运至目的地并交付给收货人，并有权要求托运人支付运费。而且，在航运实践中，承运人通常无法识别真正的货主，如果要求承运人只能留置债务人所有的动产，将会不当限制承运人行使留置权的机会，并损害承运人通过行使留置权而收取运费的权利。同时，物权法第一百零六条①关于善意取得的相关规定也涵盖所有权善意取得之外其他物权的善意取得，包括留置权的善意取得。因此，对于物权法第二百三十条"债务人的动产"的理解应做广义解释，既包括债务人所有的动产，也包括债务人提交给债权人合法占有的动产。同时，原、被告签订的合同第三条约定："被告邦达公司应当在提货或者接受货物前付清上述费用，否则，原告阳光速航或其代理人有权留置该货物或者留置被告邦达公司交付的任何其他货物或财产，由此产生的或引起的或有关的一切费用、风险、损失和责任，由被告邦达公司承担。"该约定没有违反法律的强制性规定，原告可以依照合同约定行使留置权。

原告为实现债权变卖留置货物是否适当？物权法第二百三十六条②规定："留置权人与债务人应当约定留置财产后的债务履行期间；没有约定或者约定不明确的，留置权人应当给债务人两个月以上履行债务的期间，但鲜活易腐等不易保管的动产除外。债务人逾期未履行的，留置权人可以与债务人协议以留置财产折价，也可以就拍卖、变卖留置财产所得的价款优先受偿。

---

① 民法典施行后，物权法被废止，相关内容见民法典第三百一十一条。
② 民法典施行后，物权法被废止，相关内容见民法典第四百五十三条。

留置财产折价或变卖的,应当参照市场价格。"本案中,原告阳光速航与被告邦达公司没有约定债务履行期间,而且留置的货物系白小麦,属易腐烂且不易保管的货物,可以不受两个月履行期限的限制。原告参照市场价格,以2300元/吨的价格将涉案货物进行变卖,其变卖行为并无不当,符合法律规定。

【适用要点】

海商法第八十七条与民法典第八百三十六条关于承运人的货物留置权规定有所不同。民法典第八百三十六条规定,"托运人或者收货人不支付运费、保管费或者其他费用的,承运人对相应的运输货物享有留置权",强调了运费、保管费或者其他费用系因运输而产生,并不以留置的货物必须是债务人的货物为条件,这一规定更有利于对承运人权益的保护。承运人留置货物的数量应当在合理的限度内,承运人留置的货物应当是其合法占有的货物。而债务人对留置货物是否具有所有权并不必然影响承运人留置权的行使,除非运输合同当事人对承运人的留置权另有特殊约定。

29. 多式联运合同的特别规定

【相关立法】

《中华人民共和国民法典》(20210101)

第八百三十八条　多式联运经营人负责履行或者组织履行多式联运合同,对全程运输享有承运人的权利,承担承运人的义务。

第八百三十九条　多式联运经营人可以与参加多式联运的各区段承运人就多式联运合同的各区段运输约定相互之间的责任;但是,该约定不影响多式联运经营人对全程运输承担的义务。

第八百四十条　多式联运经营人收到托运人交付的货物时,应当签发多式联运单据。按照托运人的要求,多式联运单据可以是可转让单据,也可以是不可转让单据。

第八百四十一条　因托运人托运货物时的过错造成多式联运经营人损失的,即使托运人已经转让多式联运单据,托运人仍然应当承担赔偿责任。

第八百四十二条　货物的毁损、灭失发生于多式联运的某一运输区段的,多式联运经营人的赔偿责任和责任限额,适用调整该区段运输方式的有关法律规定;货物毁损、灭失发生的运输区段不能确定的,依照本章规定承担赔偿责任。

【适用要点】

民法典合同编关于多式联运合同的规定与海商法第四章关于多式联运合同的规定,属于传统意义上的一般法与特别法的关系。民法典第八百四十条关于多式联运单据,第八百四十一条关于多式联运单据转让后托运人的责任,也可适用于包括国际海上货物运输在内的多式联运合同。如果能够确定货物的毁损、灭失发生在某一运输区段的,多式联运经营人的赔偿责任与责任限额,均适用调整该区段运输方式的有关法律规定。如果货物损失发生在多个运输区段,而且能够区分各自损失,可以根据损失分别适用不同区段的法律。如果货物毁损、灭失发生的运输区段不能确定的,多式联运经营人适用严格责任,只能依据民法典第八百三十二条规定主张免责抗辩。民法典没有赋予承运人在货运合同中享有赔偿责任限制的权利,但也没有规定承运人丧失赔偿责任限制的条件,如果货物损失发生在某一运输区段的,调整该区段运输的法律赋予承运人赔偿责任限制的,多式联运经营人享有的责任限额及丧失责任限制的条件均应适用调整该运输区段的法律。多式联运合同适用民法典规定时,无论因托运人过错导致多式联运经营人的损失发生在哪一个运输区段,多式联运经营人都有权向托运人主张赔偿。

十、航次租船合同纠纷

1. 案由释义

航次租船合同,又称为程租合同,是指船舶出租人向承租人提供船舶或者船舶的部分舱位,装运约定的货物,从一港运至另一港,由承租人按约定支付运费的合同。航次租船合同当事人因合同的订立、履行、变更和终止而产生的纠纷,即为航次租船合同纠纷。

2. 诉讼程序规范

【相关立法】

(1)《中华人民共和国民事诉讼法》(19910409;20220101)

第二十八条　因铁路、公路、水上、航空运输和联合运输合同纠纷提起的诉讼,由运输始发地、目的地或者被告住所地人民法院管辖。

(2)《中华人民共和国海事诉讼特别程序法》(20000701)

第六条　海事诉讼的地域管辖,依照《中华人民共和国民事诉讼法》的有关规定。

下列海事诉讼的地域管辖,依照以下规定:

……

(二)因海上运输合同纠纷提起的诉讼,除依照《中华人民共和国民事诉讼法》第二十八条①的规定以外,还可以由转运港所在地海事法院管辖;

……

---

①　2021年修正后的民事诉讼法第二十八条。

【司法解释】

(1)《最高人民法院关于海事法院受理案件范围的规定》(法释〔2016〕4号,20160301)

25. 海上、通海可航水域货物运输合同纠纷案件,包括含有海运区段的国际多式联运、水陆联运等货物运输合同纠纷案件;

(2)《最高人民法院关于适用〈中华人民共和国海事诉讼特别程序法〉若干问题的解释》(法释〔2003〕3 号,20030201;经法释〔2008〕18 号修正,20081231)

第五条 海事诉讼特别程序法第六条第二款(二)项规定的起运港、转运港和到达港指合同约定的或者实际履行的起运港、转运港和到达港。合同约定的起运港、转运港和到达港与实际履行的起运港、转运港和到达港不一致的,以实际履行的地点确定案件管辖。

【适用要点】

海上、通海水域货物运输合同包含航次租船合同,航次租船合同纠纷属于海事法院受案范围,由海事法院专门管辖。因航次租船合同纠纷提起的诉讼,可以由运输始发地、目的地、转运港所在地或者被告住所地海事法院管辖。

3. 航次租船合同的订立

【相关立法】

《中华人民共和国海商法》(19930701)

第九十二条 航次租船合同,是指船舶出租人向承租人提供船舶或者船舶的部分舱位,装运约定的货物,从一港运至另一港,由承租人支付约定运费的合同。

第九十三条 航次租船合同的内容,主要包括出租人和承租人的名称、船名、船籍、载货重量、容积、货名、装货港和目的港、受载期限、装卸期限、运费、滞期费、速遣费以及其他有关事项。

第九十四条 本法第四十七条和第四十九条的规定,适用于航次租船合同的出租人。

本章其他有关合同当事人之间的权利、义务的规定,仅在航次租船合同没有约定或者没有不同约定时,适用于航次租船合同的出租人和承租人。

第九十五条 对按照航次租船合同运输的货物签发的提单,提单持有人不是承租人的,承运人与该提单持有人之间的权利、义务关系适用提单的约定。但是,提单中载明适用航次租船合同条款的,适用该航次租船合同的条款。

第九十九条 承租人可以将其租用的船舶转租;转租后,原合同约定的权利和义务不受影响。

【批复、答复】

(1)提单背面并入租约中的仲裁条款对提单持有人是否具有约束力?

①《最高人民法院关于连云港祥顺矿产资源有限公司与尤格兰航运有限公司海上货物运输合同纠纷管辖权异议一案的请示的复函》[〔2013〕民四他字第1号,20130204]

天津市高级人民法院:

你院〔2012〕津高民四他字第5号《关于连云港祥顺矿产资源有限公司与尤格兰航运有限公司海上货物运输合同纠纷管辖权异议一案的请示》收悉。经研究,答复如下:

我院认为,尽管提单背面约定了提单正面所示租船合同中的仲裁条款并入提单,但提单背面并入条款的约定不产生约束提单持有人的效力。该提单正面并未载明租船合同中的仲裁条款并入提单。关于"运费按2010年9月19日1015NICKEL号租船合同支付"的记载,亦不能产生租船合同仲裁条款并入提单、约束提单持有人的法律效果。据此,尤格兰航运有限公司不能举证证明其与连云港祥顺矿产资源有限公司之间存在仲裁协议,尤格兰航运有限公司提出管辖权异议,没有事实依据。

同意你院的处理意见,本案是海上货物运输合同纠纷,应由海事法院专门管辖。涉案运输目的地位于天津海事法院管辖地域范围,天津海事法院对本案具有管辖权。

此复。

②《最高人民法院关于原告中国平安财产保险股份有限公司大连分公司与被告中远航运股份有限公司、广州远洋运输公司海上货物运输合同保险代位求偿案所涉仲裁条款是否有效的请示的复函》[〔2006〕民四他字第49号,20070126]

湖北省高级人民法院:

你院〔2006〕鄂民立他字第027-1号《关于原告中国平安财产保险股份有限公司大连分公司与被告中远航运股份有限公司、广州远洋运输公司海上货物运输合同保险代位求偿案所涉仲裁条款是否有效的请示》收悉。经研究答复如下：

根据你院查明的事实，涉案提单正面仅记载"2004年4月19日租约中条款、条件、除外责任等并入本提单"，并未明确记载将该租约中的仲裁条款并入提单。涉案提单背面记载的有关并入的格式条款并不能构成租约仲裁条款的有效并入。因此，可以认定涉案租约中的仲裁条款没有并入提单，中远航运股份有限公司、广州远洋运输公司依据该仲裁条款主张仲裁的理由不能成立，该仲裁条款对中国平安财产保险股份有限公司大连分公司不具有约束力。本案所涉海上货物运输卸货港为南通，属于武汉海事法院管辖范围，武汉海事法院对本案具有管辖权。同意你院关于武汉海事法院对本案具有管辖权的结论意见。

此复。

③《最高人民法院关于上诉人利比里亚·利比里亚力量船务公司与被上诉人中国·重庆新涪食品有限公司海上货物运输合同纠纷管辖权异议一案的请示的复函》〔〔2006〕民四他字第26号，20061221〕

湖北省高级人民法院：

你院鄂高法〔2006〕335号《关于上诉人利比里亚·利比里亚力量船务公司与被上诉人中国·重庆新涪食品有限公司海上货物运输合同纠纷管辖权异议一案的请示》收悉。经研究，答复如下：

本案利比里亚力量船务公司主张租约条款包括仲裁条款已经并入到提单中，但该仲裁条款是在提单背面记载，而未明确记载于提单正面，不应视为有效并入本案提单。因此，租约中的仲裁条款对本案提单持有人中国·重庆新涪食品有限公司不具有约束力。本案所涉海上货物运输目的港是南京，属于武汉海事法院管辖范围。中国·重庆新涪食品有限公司在武汉海事法院提起诉讼，武汉海事法院对本案具有管辖权。

本案实质是确认提单仲裁条款效力的案件，根据最高人民法院《关于人民法院处理与涉外仲裁及外国仲裁事项有关问题的通知》第一款关于"凡起诉到人民法院的涉外、涉港澳和涉台经济、海事海商纠纷案件，如果当事人在合同中订有仲裁条款或者事后达成仲裁协议，人民法院认为仲裁条款或者仲裁协议无效、失效或者内容不明确无法执行的，在决定受理一方当事人起诉之前，必须报请本辖区所属高级人民法院进行审查；如果高级人民法院同意受理，应将其审查意见报最高人民法院"的规定，需报请我院审批。武汉海事法院在尚未报请之前即作出管辖权裁定不当。同意你院的倾向性意见。

此复。

（2）提单虽将租约条款并入提单，但没有关于租约中的仲裁条款并入提单的明示记载，涉案提单能否产生租约仲裁条款并入提单的法律效果？

《最高人民法院关于上诉人德宝海运株式会社、哈池曼海运公司与被上诉人上海森福实业公司管辖异议一案的请示的复函》[〔2010〕民四他字第52号，20100907]

湖北省高级人民法院：

你院鄂高法〔2010〕206号《关于上诉人德宝海运株式会社、哈池曼海运公司与被上诉人上海森福实业有限公司管辖异议一案的请示报告》收悉。经研究，答复如下：

根据涉案提单正面记载："本次运输在德宝海运株式会社和作为租船人的住友公司于2007年12月27日在日本东京签订的租约下进行，除运费费率和支付条款外，此租约中的无论何种性质的所有条款适用于并约束与本运输有关的当事方的权利。"本院经审查认为，上海森福实业有限公司不是租约当事人。涉案提单虽将租约条款并入提单，但没有关于租约中的仲裁条款并入提单的明示记载，因此，涉案提单不能产生租约仲裁条款并入提单的法律效果，对上海森福实业有限公司不具有约束力。德宝海运株式会社在诉讼中提供的合同文本没有涉案租船人住友公司的签字或盖章，无法证明该合同为提单并入条款记载中所称的租约，也无法证明租约双方当事人已就仲裁约定达成一致意见。德宝海运株式会社与哈池曼海运公司主张涉案提单并入仲裁条款，对持有涉案提单的上海森福实业有限公司具有约束力的主张没有事实依据。同意你院的处理意见。涉案运输目的地为江阴港，根据有关法律规定，武汉海事法院对本案具有诉讼管辖权。

此复。

（3）航次租船合同未约定所适用的法律及规则，可否适用国际航运惯例？

《最高人民法院关于儋州永航不锈钢有限公司与大连泰嘉船务有限公司航次租船合同纠纷一案的请示报告的复函》（〔2010〕民四他字第4号，20100324）

海南省高级人民法院：

你院〔2009〕琼民三终字第18号《儋州永航不锈钢有限公司与大连泰嘉船务有限公司航次租船合同纠纷一案的请示报告》收悉。经研究，答复如下：

案涉红土镍矿属于联合国国际海事组织制定的《固体散装货物安全操作规则》（以下简称《BC规则》）所规定适用的货物，《BC规则》在国际海上固体散装货物运输中被普遍遵循,属于国际航运惯例。本案双方当事人在其签订的《镍矿运输合同》中未约定所适用的法律及规则,依照《中华人民共和国海商法》第二百六十八条第二款关于"中华人民共和国法律和中华人民共和国缔结或者参加的国际条约没有规定的,可以适用国际惯例"的规定,本案可以适用《BC规则》。

你院请示的其他问题,属于事实认定问题,请你院根据所查明的事实,依法予以认定。

此复。

(4)提单正面虽然载明租船合同仲裁条款并入本提单,但并没有明确记载被并入提单的租船合同当事人名称及订立日期,对提单持有人是否产生效力?

《最高人民法院关于原告太平洋财产保险股份有限公司上海分公司诉被告太阳海运有限公司、远洋货船有限公司、联合王国保赔协会海上货物运输合同纠纷管辖权异议案请示的复函》[〔2008〕民四他字第50号,20090224〕

湖北省高级人民法院:

你院鄂高法〔2008〕393号《关于原告太平洋财产保险股份有限公司上海分公司诉被告太阳海运有限公司、远洋货船有限公司、联合王国保赔协会海上货物运输合同纠纷管辖权异议案的请示》收悉。经研究,答复如下:

本案提单为租船合同项下的格式提单,提单正面虽然载明租船合同仲裁条款并入本提单,但并没有明确记载被并入提单的租船合同当事人名称及订立日期,属于被并入的租船合同不明确,被告主张租船合同中的仲裁条款并入提单没有事实依据,提单正面并入租船合同仲裁条款的记载不产生约束提单持有人及其保险人的合同效力,本案原告有权以保险代位求偿人身份提起诉讼。本案货物运输目的港为南通港,根据最高人民法院颁布的海事法院受理案件范围和管辖区域的有关规定,武汉海事法院对本案具有诉讼管辖权。同意你院审查处理意见,驳回被告管辖权异议,本案由武汉海事法院管辖。

此复。

(5)涉案提单是基于租船合同而签发,提单正面记载的仲裁条款是否属于租约仲裁条款并入提单?

《最高人民法院关于原告中国·北京埃力生进出口有限公司诉被告日本·太阳航行贸易有限公司、新加坡·松加船务有限公司海上运输合同管辖

权异议上诉一案的请示的复函》》〔〔2007〕民四他字第 14 号,20070929〕

湖北省高级人民法院：

你院鄂高法〔2007〕197 号《关于原告中国·北京埃力生进出口有限公司诉被告日本·太阳航行贸易有限公司、新加坡·松加船务有限公司海上运输合同管辖权异议上诉一案的请示》收悉。经研究,答复如下：

根据松加船务有限公司签发的提单记载：承运人为松加船务有限公司,通知人为北京埃力生进出口有限公司,收货人凭指示。提单正面约定："船东对货物的运费、空仓费、滞期费、司法扣押费用及代理律师的费用等享有留置权,即使货物已交付给承运人或提单持有人或保管人。如果租约未能足够包含上述条款,则提单项下所产生的任何纠纷应提交伦敦或纽约仲裁,船东/承运人享有选择权,具体按 SHELLVOY84 仲裁条款的规定。"松加船务有限公司认为提单仲裁条款对于提单持有人北京埃力生进出口有限公司具有效力,并以此为由提出管辖权异议。

本院认为,涉案提单是基于租船合同而签发,提单正面记载的仲裁条款不属于租约仲裁条款并入提单,应是提单仲裁条款的约定。根据海商法第九十五条的规定,作为承运人的松加船务有限公司与持有提单的北京埃力生进出口有限公司之间的权利、义务关系应当适用涉案提单的约定。虽然涉案提单正面约定因涉案提单所产生的任何纠纷应提交伦敦或纽约仲裁,但提单仲裁条款的约定属于承运人单方意思表示,对持有提单的北京埃力生进出口有限公司并不具有约束力。同意你院倾向性意见,武汉海事法院对此案具有诉讼管辖权。

此复。

【司法指导文件】

最高人民法院民事审判第四庭《涉外商事海事审判实务问题解答(一)》(20040408)

98. 提单中并入条款对提单持有人的效力如何？

答：租船合同条款有效并入提单后,承运人和提单持有人(非托运人)的关系属于提单运输法律关系,而非租船合同法律关系。除非在并入条款中明示,租船合同中的仲裁条款、管辖权条款及法律适用条款并入提单,否则这些条款不能约束非承租人的提单持有人。

129. 涉外租船合同中约定法律适用条款的效力？

答：租船合同是出租人与承租人之间经协商一致订立的,租船合同中明确约定适用的国际公约或者某一国家的法律,应为合法有效。除非该国际公约或者相关法律的适用违背我国的社会公共利益。

131. 期租船的承租人不具有交通部门发给的运输许可证,其签订的合同是否具有法律效力?

答:期租船人不具有水路运输许可证的情况下,以期租的船舶承运自己的货物,不违反法律法规以及交通部颁布的水路货物运输规则的规定,该期租船合同是有效的;期租船人将期租的船舶转租,并以承运人(或者出租人)的身份与其他货主或者(转租)承租人签订的运输合同或者航次租船合同,应认定为无效合同。

【公报案例】

实际承运人并非航次租船合同法律关系的当事人,承租人就航次租船合同可否向实际承运人提出赔偿请求?〔艾斯欧洲集团有限公司与连云港明日国际海运有限公司等航次租船合同纠纷案(2011-8)〕

航次租船合同的当事人为出租人和承租人。在航次租船合同有明确约定的情形下,出租人应当按照航次租船合同的约定履行义务,并履行海商法第四十七条、第四十九条规定的义务。在航次租船合同没有约定或者没有不同约定时,出租人和承租人的权利义务适用海商法第四章有关海上货物运输合同承运人和托运人权利义务的规定。承租人就航次租船合同提出索赔请求,根据合同相对性原则,应当由航次租船合同的出租人承担相应的责任。实际承运人并非航次租船合同法律关系的当事方,承租人就航次租船合同向实际承运人提出赔偿请求缺乏法律依据。

【典型案例】

(1)基于提单产生的请求权与基于航次租船合同产生的请求权发生竞合时,承租人可否选择以提单请求权起诉?〔华建公司与外迪爱慕公司海上货物运输合同纠纷案,(2013)津高民四终字第 84 号〕

华建公司能否依据提单的法律关系向外迪爱慕公司和南京远洋公司主张权利?华建公司是合法提单持有人,也是航次租船合同承租人。海商法第九十五条仅规制提单持有人与承租人不属于同一主体的情形,不能对该条款进行反面推论,即认定在提单持有人同时属于承租人情形下仅能适用航次租船合同的约定,从而否定该主体依据提单寻求救济的权利。且依据海商法的规定,基于提单产生的请求权与基于航次租船合同产生的请求权在法律适用上也存在很大不同,因此,当事人有权就上述两种请求权进行选择。故华建公司作为合法的提单持有人,有权依据提单法律关系提起本案诉讼。在此情况下,在无证据表明涉案提单是出租人本人或以出租人名义签发的情况下,出租人并非提单下的承运人。由于涉案运输船舶在事故发生时不存在光船租赁,涉案提单系装港船舶代理人代表运输船舶的船长签发,在无相反证据的情况下,船长系受雇于船舶所有人,因此,涉案运输船舶所有人外迪爱慕公司应当被认定为该提单下的承运人。此外,华建公司与通利公司签订的航次租船合同依法未并入提单,不能以此确定提单下的承运人及相关权利义务关系,故而外迪爱慕公司的相关主张不能成立。

(2)定期租船合同和航次租船合同应当如何界定区分?[广州福达企业集团有限公司与乐清市长虹船厂定期租船合同纠纷案,(2005)粤高法民四终字第 341 号]

定期租船合同和航次租船合同都称为租船合同,但航次租船合同属于运输合同的范畴。其与定期租船合同主要有以下区别:(1)航次租船合同中的出租人向承租人提供的是船舶全部或部分舱容,而定期租船合同中的出租人向承租人提供的是整艘船舶;(2)航次租船合同中,除装卸费或垫舱物料费等费用另有约定外,出租人得自负一切费用,定期租船合同中,除出租人承担船舶的维修保养等费用外,其他有关船舶营运的费用得由承租人承担;(3)航次租船合同中,船舶在出租人控制和支配下,从事合同约定的航程,定期租船合同中,在合同约定的租赁期间内,船舶在约定的航区内由承租人控制、调配、使用和收益;(4)航次租船合同中的出租人收取的是运费,通常按照货物的数量或重量来计算,而定期租船合同中的租金通常是按照船舶载货能力每吨每月计算,或按照船舶每月的租金率计算。

在实践中有时较难区分定期租船合同和航次租船合同,要综合考虑予以确定。一般来说,定期租船合同租金按租用船舶时间长短计算。本案中,涉案合同约定的是"运费",但《运输合同》同时约定原告每月提供不少于两航次 6000 吨盐酸或液碱给被告承运,因此,该运费具有租金的性质,可以视为租金。此外,更为重要的是,《运输合同》具有船舶租赁的性质,即原告负责船舶调度和营运。原告在租期内单独享有对被告提供的"达丰 6"轮的使用权,被告仅在原告无货可运的情况下才可以将该轮另租他人,而不能自由使用。因此,综合来看,涉案合同属于光船租赁合同。

【适用要点】

航次租船合同性质上属于货物运输合同,属于海上货物运输合同的一种形式,只是两种合同主体在称谓上有所不同。航次租船合同主体的权利义务同海上货物运输合同主体的权利义务相对应,即承租人提供货物并支付运费,出租人提供船舶并负责货物的运输,前者称作出租人和承租人,后者则称作承运人和托运人。航次租船合同的承租人支付给出租人的仍然是运费,而不是租金。航次租船合同具有以下特征:(1)承租人不负责船舶营运管理及其费用,船舶由出租人通过其任用的船长和船员占有、控制并由其经营管理。除非出租人不是船舶所有人、光船承租人和经营人,而是作为承租人以定期租船或者航次租船的形式与第三方出租人订立租船合同,又以航次租船形式将船舶转租给承租人,这种情况在实践中也较为常见,在这种情况下船舶由该第三方经营和管理。(2)航次租船合同一般会约定货物的名称、种类、数量以及装卸港口。(3)承租人可以租用船舶的全部舱位或者部分舱位,运费通常按货物的数量来计算。(4)出租人除对船舶负责外,还应对货物负责,出租人的适航、管货义务与海上货物运输合同承运人的义务并无差异,实践中也存在通过合同约定由承租人负责货物装卸、积载的情况。(5)航次租船合同一般会约定货物装卸的期限和装卸时间的计算办法,并计算滞期费和速遣费。

航次租船合同条款并入提单作何理解?(1)"并入条款"性质上仍是提单条款,通过并入条款承运人与提单持有人之间的权利义务关系适用航次租船合同的约定。但如果航次租船合同中的条款违反了海商法第四十四条、第四十五条的规定,则该条款不能并入提单。(2)如果并入提单的航次租船合同条款与提单中条款发生冲突,应优先适用提单中的条款。(3)如果并入条款过于简单,没有注明航次租船合同的日期,也没有明确将仲裁条款单独提出并入,则不属于有效并入。(4)"并入条款"应当是对提单未约定内容的补充,通常是装卸时间、滞期费、亏舱费等提单不作约定而躲在航次租船合同中约定的内容。

4. 出租人的义务

【相关立法】

《中华人民共和国海商法》(19930701)

第九十四条 本法第四十七条和第四十九条的规定,适用于航次租船合同的出租人。

本章其他有关合同当事人之间的权利、义务的规定,仅在航次租船合同没有约定或者没有不同约定时,适用于航次租船合同的出租人和承租人。

第九十六条 出租人应当提供约定的船舶;经承租人同意,可以更换船舶。但是,提供的船舶或者更换的船舶不符合合同约定的,承租人有权拒绝或者解除合同。

因出租人过失未提供约定的船舶致使承租人遭受损失的,出租人应当负赔偿责任。

【典型案例】

(1)出租人对单航次租船合同下承租人的转运损失是否可预见如何判定? [上海博强重工集团有限公司与安徽省腾达航运股份有限公司航次租船合同纠纷案,(2020)沪民终539号]

在航次租船合同项下,提供符合约定的适航船舶、在合理期间内将货物安全运输至目的港并完成交付是出租人的基本义务。一般情况下,出租人故意违约不能排除可预见性规则的适用,对承租人的转运损失可依据可预见性规则加以限制。判断出租人对单航次租船合同下承租人的转运损失是否可预见,除了从预见主体、预见时间、预见内容、预见能力四个方面把握外,还应基于出租人的特殊身份,考虑其对航程、货物的应有了解等综合认定。同时,承租人对出租人违约造成的转运损失仍负有合理的减损义务。

(2)能否以连环航次租船合同的某一租约环节没有签约从而否定已经签订航次租船合同的效力? 出租人未能按约定提供船舶,其对承租人寻找替代船舶运输多支出的运费及堆存费应否承担赔偿责任? [香港华基(国际)物流有限公司与上海浦东国际货运有限公司航次租船合同纠纷案,(2008)沪高民四(海)终字第236号]

我国海商法律对航次租船合同当事人的权利义务规定,除承运人提供适航船舶和不得随意绕航两项强制义务外,其余均属任意性规范。在航次租船合同中,法律赋予出租人和承租人很大的契约自由。华基公司与浦东公司签订航次租船合同,华基公司是承租人,浦东公司是出租人,浦东公司签订涉案租约后必须以自己的名义与实际出租人或船东签订租船合同,将华基公司出运货物的信息告知实际出租人或船东的代理人后,华基公司才能去实际出租人或船东代理人处打印订舱十联单,故有关订舱的询问应该解释为打印订舱十联单,其意是在督促浦东公司尽快与实际出租人或船东签订案外租约,以便履行涉案租船合同。根据海运实务和航运惯例,在连环航次租船合同和当事人没有特别约定的情况下,连环航次租船合同中每一个租约都是独立存在的,不能以连环航次租船合同的某一租约环节没有签约从而否定已经签订航次租船合同的效力。本案中,在双方没有约定以案外租约的签订为涉案航次租船合同生效成立的必要条件的情况下,华基公司的询问并不妨碍涉案航次租船合同的生效成立。

我国法律规定,因出租人过失没有提供约定的船舶致使承租人遭受损失的,出租人应当负赔偿责任。本案中,浦东公司作为航次租船合同的出租人和承运人,应当依约履行按时派遣船舶到港装货的义务。浦东公司在约定的时间内没有派遣船舶到港并造成华基公司的经济损失,其应当承担赔偿责任。在浦东公司不能按时提供船舶的情况下,华基公司临时寻找替代船舶富饶轮完成了运输并产生了堆存费。根据替代船舶的订舱委托书、提单、运费发票、银行付款凭证和上海外代关于其已经收取涉案货物运费的情况说明及堆存费发票等证据证明,替代船舶富饶轮的运费高于大宇轮,由此产生运费158194.12美元和堆存费人民币63277.64元的经济损失,浦东公司应承担赔偿责任。华基公司要求浦东公司赔偿富饶轮运费差价和堆存费损失及利息的上诉理由成立。

【适用要点】

承运人适航义务、不得进行不合理绕航义务的规定,强制适用于航次租船合同的出租人,不得通过合同约定减轻和免除上述义务。航次租船合同中没有约定的,海商法第四章规定的合同当事人之间的权利、义务,均应适用于航次租船合同的出租人和承租人。出租人负有提供船舶的义务,经承租人同意,出租人可以更换船舶。在出租人所提供或更换的船舶不符合约定时,承租人有权拒绝接受船舶或解除合同。所谓的"不符合约定"是指船舶的有关技术参数或其他条件不符合航次租船合同的约定,如船舶吨位、货仓类型、有无合同约定的装载用特种设备等。判断承租人是否享有合同解除权主要从合同目的的实现来考虑,只有船舶不符合合同约定的事项影响到合同的正常履行或货物的正常运输,或者明显会给承租人造成损失的,承租人才有权解除合同。因出租人过失未提供约定的船舶致使承租人遭受损失的情形主要包括:提供的船舶不能装载货物,致使采用其他船舶运输增加额外运费;船舶吊杆不符合约定致使另行租用岸吊产生额外费用;承租人解除合同后替代船舶运输货物所增加的运费;等等。出现上述情形,出租人均应向承租人承担赔偿责任。

5. 承租人的义务

【相关立法】

《中华人民共和国海商法》（19930701）

第一百条　承租人应当提供约定的货物;经出租人同意,可以更换货物,但是,更换的货物对出租人不利的,出租人有权拒绝或者解除合同。

因未提供约定的货物致使出租人遭受损失的,承租人应当负赔偿责任。

【适用要点】

承租人负有按照合同约定提供货物的义务,如果提供或更换的货物对出租人不利,出租人有权拒绝接收货物或解除合同。所谓的"对出租人不利",是指货物对船舶本身可能造成损害或者影响船舶航行安全,以及产生额外费用增加出租人的负担等情况。在此情况下,出租人遭受损失的,承租人应当负赔偿责任,承租人的这一责任是一种严格责任,并不要求其具有过失,只要客观上未能提供约定的货物致使出租人遭受损失,承租人均应承担赔偿责任。

6. 承租人的合同解除权

【相关立法】

《中华人民共和国海商法》（19930701）

第九十七条　出租人在约定的受载期限内未能提供船舶的,承租人有权解除合同。但是,出租人将船舶延误情况和船舶预期抵达装货港的日期通知承租人的,承租人应当自收到通知时起四十八小时内,将是否解除合同的决定通知出租人。

因出租人过失延误提供船舶致使承租人遭受损失的,出租人应当负赔偿责任。

【典型案例】

（1）国内港口间的航次租船合同是否适用海商法第九十七条"承租人应当自收到通知时起四十八小时内,将是否解除合同的决定通知出租人"的规定?[南通东锦船务有限公司与东莞市永轩建材有限公司航次租船合同纠纷案,（2020）鄂民终 307 号]

东锦公司主张,永轩公司在收到船舶延期到达的通知后未在四十八小时内作出解除合同的意思表示,在"国裕702"轮到达后还多次指令该船舶移泊和改航,故根据海商法第九十七条的规定,东锦公司并未违约。法院认为,海商法第二条规定:"本法所称海上运输,是指海上货物运输和海上旅客运输,包括海江之间、江海之间的直达运输。本法第四章海上货物运输合同的规定,不适用于中华人民共和国港口之间的海上货物运输。"对《航次运输合同》所涉运输路线为国内港口之间的货物运输这一事实,双方均不持异议,故海商法第九十七条的规定不适用于本案。东锦公司未能提供充分的证据证实"国裕702"轮到达锚地后根据永轩公司的指令多次移泊和改航,应承担举证不能的后果,且即使该事实属实,亦不影响东锦公司违约行为的成立。

(2)船舶延误后承租人未依照海商法第九十七条行使合同解除权,而与出租人重新签订协议,对于损失赔偿责任的承担有何影响?〔香港航宇国际船务有限公司与日照市翔海钢铁进出口有限公司、郇忠良等航次租船合同纠纷案,(2016)鲁民终484号〕

2013年9月13日,航宇公司与翔海公司签订航次租船合同,并于同年10月9日签订补充协议,二者共同确定了航宇公司与翔海公司之间存在船次租船合同关系。航次租船合同约定受载日期为2013年9月22日至9月25日,航宇公司的船舶实际于10月7日到达明古鲁港,在此情况下,翔海公司依照海商法第九十七条享有行使解除合同的权利。但翔海公司没有行使合同解除权,而是与航宇公司协商签订了补充协议,且该补充协议就继续履行原租船合同及支付船舶在雅加达港的滞期费达成了合意。

通过补充协议的记载可知,"SKY"轮迟延到港系翔海公司未能办好船舶转港手续导致该轮在雅加达港待货,补充协议第一条约定翔海公司向航宇公司支付9月27日至10月6日的滞期费2万美元,也进一步说明了该问题,补充协议合法有效。补充协议签订后,翔海公司一直未备妥货物,也未支付协议约定的2万美元。航宇公司多次催促翔海公司履行合同义务未果,于2013年10月25日向翔海公司发出租船合同解除通知书,通知翔海公司解除租船合同及补充协议。翔海公司收到解除通知书后,一直未能履行合同及补充协议约定的义务,航宇公司最终于11月2日1200时撤船。由于航宇公司已履行了通知义务,航宇公司解除租船合同及补充协议并无不当。

【适用要点】

出租人未能按照约定提供船舶,承租人享有合同解除权。航次租船合同一般有解约日的约定,解约日是船舶到达装货港或者约定地点并做好装货准备的最后期限,如果船舶在这一期限内仍未做好准备,承租人即有权解除合同,而不是指承租人解除合同的日期。解约日通常为受载期限的最后一天。海商法第九十七条第一款即规定这种情况。但在实践中,也有合同另作约定,即解约日为受载期限届满后的某一天,因此,如船舶在合同约定的受载期限与解约日之间到达装货港或者其他约定地点并做好装货准备,虽然出租人违约,承租人可以请求损害赔偿,但不能解除合同。① 除合同另有约定外,出租人未能使船舶在合同规定的解约日之前到达装货港口或者其他约定地点并做好装货准备的,不论何种原因,承租人均有权按照约定解除合同。如果承租人未提出解除合同,即使出租人明知船舶不能在解约日前到达约定地点,船舶仍应驶往约定地点。出租人将船舶延误情况和船舶预期抵达装货港的日期通知承租人的,承租人应当自收到通知时起四十八小时内,将是否解除合同的决定通知出租人。

7. 滞期费和速遣费

【相关立法】

《中华人民共和国海商法》(19930701)

第九十八条 航次租船合同的装货、卸货期限及其计算办法,超过装货、卸货期限后的滞期费和提前完成装货、卸货的速遣费,由双方约定。

【典型案例】

(1)航次租船合同存在相同效力的中英文合同文本,如何确认合同条款?出租人对滞期费和延误损失的举证证明责任有何不同? [香港新龙国际企业有限公司与绥芬河龙江商联进出口有限公司航次租船合同亏舱费、滞期费纠纷案,(2004)鄂民四终字第 55 号]

本案中,当事人之间存在相同效力的中英文合同文本,合同中涉及本案焦点的关键词句不一致。英文部分表述为"DETENTION",中文应译为"延误";中文部分表述为"滞期费",英文应译为"DEMURRAGE"。新龙公司和龙江公司分别属于中国香港和内地企业,中文是其共用的语言文字。根据我国合同法②对合同条款解释的有关规定,对本案航次租船合同的理解以中文为准更合理,而且合同中其他条款约定了装卸率,据此可认定该合同对滞期

---

① 司玉琢:《海商法》,法律出版社 2012 年版,第 201 页。
② 民法典施行后,合同法被废止,相关内容见民法典规定。

费作了约定。结合合同其他条款,合同第八条约定的备货应作广义理解,不仅包括将货物准备在装货码头,而且包括码头上装卸过程中的备货速度,这样解释才符合合同的本意和航运界对滞期费约定的习惯做法,因此,本案合同条款应理解为约定滞期费。

在航运实践中,船舶出租人对滞期费和延误损失的举证责任完全不同。滞期费是指承租人与船东约定同意支付的一笔"约定违约金"作为损害赔偿,船东只需根据合同约定的装卸时间计算标准索赔即可,此计算标准主要有:固定装卸时间,如15天装货,20天卸货;连续多少小时工作日、晴天工作日;装卸率等。延误损失也是承租人所造成的,是指与货物装卸工作无关的延误损失,船东需对损失的产生负举证责任,如同类船只在市场中每天可赚取的运费或租金,向其他出租人和承租人已赔付的租金等,举证相对困难。

本案航次租船合同为泊位租船合同还是港口租船合同是确定船方递交装货准备就绪通知书和滞期费起算的前提。参考理论界和国内外司法及仲裁实践,泊位租船合同应该在合同中具体约定泊位的序号或名称。在航运实务中,一个安全泊位英文表述为"ONE SAFE BERTH",简称ISB;一个安全港口英文表述为"ONE SAFE PORT",简称ISP。新龙公司也没有对合同中"ISBP"是对泊位的约定提供证据或提出合理的说明,本案合同以中文为准,中文表述并未提及泊位,故本案合同为港口租船合同。一般说来,船舶符合以下条件后,才能起算装卸时间:一是船舶到达装卸地点;二是船舶在各方面做好装卸货准备;三是准备就绪通知书已递交。船舶装卸时间在成功递交了"装货准备就绪通知书"后立即开始计算滞期费,但在合约中一般都明确规定在递交通知书后经过一段时间才起算装卸时间,这段时间称为自由时间或通知时间。本案合同约定采用的1976年修改的"金康"合同条款,法院根据当事人选择的"金康"合同条款,确定从8月4日0600时起算滞期费。

(2) 船方递交准备就绪通知书是否以对方接受为生效要件? 可否预先递交准备就绪通知书? [丹麦阿科特利斯卡贝特1912公司与中国杭州电化集团公司海上货物运输合同滞期费纠纷案,(2000)鄂经终字第72号]

装卸准备就绪通知书是指订有滞期与速遣规定的航次租船,在到达合同规定的港口或泊位后,船长代表船舶所有人向承租人或收货人或其代理人递交的说明该船已按合同约定抵达并已在各方面准备就绪可以装卸货物的通知书。其作用在于:船东表示愿意履行合同约定的装卸货义务,并做好装卸货准备;通知承租人或收货人或其代理人及时安排装卸货;起算装卸时间,作为判断承租人是否滞期的依据。递交准备就绪通知书的条件是:一、船舶已抵达合同约定的港口或泊位。二、船舶必须在各个方面做好装卸货的准备。准备就绪通知书应向承租人或指定的收货人或其代理人递交,而不能将通知交给自己的代理人,否则,可能造成非有效递交。一般情况下,递交准备就绪通知书不以承租人或收货人接受为生效条件。因为除书面通知外,也可采取口头通知的形式。

船舶到达装卸港口或泊位和船舶各方面做好装卸货的准备,是递交准备就绪通知书的两个必备条件,缺一不可。在1999年1月2日10:55时,案涉海汽轮尚未到达卸货港南通港内的习惯锚地,此时船方递交准备就绪通知书是一种预先递交,背离了船舶确已做好卸装货准备承租人可以卸货的客观事实,这种递交是无效的。

【适用要点】

滞期费和速遣费由船舶的出租人和承租人自行约定。航次租船合同中约定的装卸时间为可用装卸时间,是指允许承租人正常用于装卸作业的时间。装卸作业实际时间减去可用装卸时间,得数为正,即为滞期时间,得数为负,即为速遣时间。滞期时间具体计算方法主要有两种:一种是滞期时间连续计算,即"一旦滞期,永远滞期";另一种是滞期时间与装卸时间一样计算。滞期费按船舶滞期时间乘以合同约定的滞期费率计算。速遣时间的计算方法主要有两种:一种是速遣时间从货物装卸结束时起算至约定装卸时间届满之时,扣除按约定不计为装卸时间的节假日或因天气不良而不能进行装卸的时间;另一种是速遣时间从货物卸结束时起算至约定的装卸时间届满之时,中间不做扣减。速遣费按船舶速遣时间乘以合同约定的速遣费率计算。

8. 卸货港的选定

【相关立法】

《中华人民共和国海商法》(19930701)

第一百零一条 出租人应当在合同约定的卸货港卸货。合同订有承租人选择卸货港条款的,在承租人未按照合同约定及时通知确定的卸货港时,船长可以从约定的选卸港中自行选定一港卸货。承租人未按照合同约定及时通知确定的卸货港,致使出租人遭受损失的,应当负赔偿责任。出租人未按照合同约定,擅自选定港口卸货致使承租人遭受损失的,应当负赔偿责任。

【典型案例】

船舶靠泊的港口为非开放口岸，出租人与承租人对遭受的损失如何承担责任？[瑞隆国际海运有限公司与舟山永立船务有限公司航次租船合同纠纷案，(2019)鲁民终 2919 号]

瑞隆海运公司与永立船务公司之间构成航次租船合同关系，瑞隆海运公司为出租人，永立船务公司为承租人。涉案航次租船合同约定，由永立船务公司指定石岛港附近一个安全泊位卸货。永立船务公司在明知靖海禾丰渔港为非对外开放口岸的情况下，安排涉案船舶靠泊该渔港，存在过错。

2015 年 9 月 15 日，石岛边防检查站以涉案船舶擅自入境靠泊非对外开放口岸靖海禾丰渔港，并进行卸货作业为由，对船长处以 50000 元的罚款。2016 年 6 月 2 日，荣成海关以涉案船舶未向海关申报，擅自停靠未设立海关的靖海禾丰渔港，且未经海关同意将船上的货物卸下为由，对涉案船舶处以 95000 元的罚款。瑞隆海运公司称，涉案船舶靠泊其前不知晓靖海禾丰渔港为非开放口岸，其没有过错。法院经审理认为，首先，瑞隆海运公司作为国际船舶运输业务经营者，应当了解我国哪些港口为对外开放港口。其次，《国际航行船舶进出中华人民共和国口岸检查办法》(1995 年 3 月 21 日实施)第六条第一款规定："船方或其代理人应当在船舶预计抵达口岸 7 日前(航程不足 7 日的，在驶离上一口岸时)，填写《国际航行船舶进口岸申请书》，报请抵达口岸的港务监督机构审批。"第七条规定："船方或其代理人应当在船舶预计抵达口岸 24 小时前(航程不足 24 小时的，在驶离上一口岸时)，将抵达时间、停泊地点、靠泊移泊计划及船员、旅客的有关情况报告检查机关。"第八条第一款规定："船方或其代理人在船舶抵达口岸前未办妥进口岸手续的，须在船舶抵达口岸 24 小时内到检查机关办理进口岸手续。"根据上述规定，船方负有在船舶预计抵达口岸 7 日前报请抵达口岸的港务监督机构审批，并在船舶预计抵达口岸 24 小时前将抵达时间、停泊地点、靠泊移泊计划等有关情况报告检查机关的法定义务。上述法定义务并不因"船舶抵达口岸前未办妥进口岸手续的，须在船舶抵达口岸 24 小时内办理"的规定而免除。如果瑞隆海运公司履行了上述法定义务，其就可以知道将要靠泊的港口是否为对外开放口岸。最后，涉案船舶船长在发现永立船务公司安排的引水员并非正规的引水员后，仍然在该人的引领下靠泊靖海禾丰渔港，并在靠泊后卸下货物，其自身存在过错。由此，能够认定涉案船舶擅自靠泊非对外开放口岸靖海禾丰渔港，瑞隆海运公司存在过错。综上，瑞隆海运公司与永立船务公司对船舶违规挂靠靖海禾丰渔港承担同等责任。

【适用要点】

航次租船合同约定有承租人选择卸货港条款的,在承租人未按照合同约定及时通知确定的卸货港时,船长可以从约定的卸货港中自行选定一港卸货。承租人未按照合同约定及时通知确定卸货港,致使出租人遭受损失的,应当承担赔偿责任。承租人虽然有选择或指定港口和泊位的权利,但是这一权利并非不受限制,承租人应当保证其选择或指定的港口、泊位的安全性。

9. 国内沿海、内河航次租船合同①

【相关立法】

《中华人民共和国民法典》(20210101)
第八百零九条至第八百一十三条(略)
第八百二十五条至第八百三十七条(略)

【司法指导文件】

最高人民法院民事审判第四庭《全国法院涉外商事海事审判工作座谈会会议纪要》[法(民四)明传(2021)60号,20211231]

70.【合同无效的后果】没有取得国内水路运输经营资质的承运人签订的国内水路货物运输合同无效,承运人请求托运人或者收货人参照合同约定支付违约金的,人民法院不予支持。

没有取得国内水路运输经营资质的出租人签订的航次租船合同无效,出租人请求承租人或者收货人参照合同约定支付滞期费的,人民法院不予支持。

【典型案例】

(1)水路货物运单关于承托双方的权利义务适用已失效的《国内水路货物运输规则》的约定,是否有效?[江苏聚鸿航运有限公司与中国人寿财产保险股份有限公司天津市分公司海上、通海水域货物运输合同纠纷案,(2021)津民终232号]

2018年11月20日,聚鸿公司与晟瑞公司签订航次租船合同,晟瑞公司

---

① 相关的法律、法规、司法解释等内容参见本书"海上、通海水域货物运输合同纠纷"中的"(二)国内水路货物运输合同"部分。

为承租人，聚鸿公司为出租人，出租船舶为"鑫源鸿"轮，启运港京唐，到达港台州杨福。聚鸿公司是"鑫源鸿"轮登记的船舶所有人和经营人，具有水路货物运输资质。晟瑞公司为宁波浙金公司涉案货物的货运代理。涉案水路货物运单记载，本运单经承托双方签章后，具有合同效力，承运人与托运人、收货人之间的权利、义务和责任界限适用于《国内水路货物运输规则》及运价、规费的有关规定。据此，虽然《国内水路货物运输规则》已经失效，但其因运单约定而成为水路货物运输合同的组成部分，各方应当按照《国内水路货物运输规则》确定权利义务。代位行使收货人宁波浙金公司求偿权的人寿天津公司有权按照《国内水路货物运输规则》第四十四条"收货人有权就水路货物运单（以下简称运单）上所载货物损坏、灭失或者迟延交付所造成的损害向承运人索赔"的规定，向承运人聚鸿公司索赔。

（2）国内航次租船合同无效后，如何认定运费损失及滞期费损失？〔唐山曹妃甸港安国际船务有限公司与福建裕恒船务有限公司航次租船合同纠纷案，（2020）津民终 1239 号〕

航次租船合同中的运费及滞期费条款，作为双方协商一致慎重考虑后作出的决定，更加符合双方对运营成本及可预见损失的心理价值预期，不应因资质问题导致合同无效后，而进行全盘否定，在运输成本、滞期费损失大小无法确定时，人民法院可以参照该条款约定内容综合确定相应的劳务价值及损失。当存在背靠背的航次租船合同情况下，为避免发生当事人因合同无效而获得比合同有效额外的利益，还应将上述劳务价值及损失与承运人向其下游承运人实际支付的运费及滞期费进行比较，以数额低者进行认定。

航次租船合同中的运费及滞期费条款，作为双方协商一致慎重考虑后作出的决定，更加符合双方对运营成本及可预见损失的心理价值预期，不应因资质问题导致合同无效后，而进行全盘否定，在运输成本、滞期费损失大小无法确定时，人民法院可以参照该条款约定内容综合确定相应的劳务价值及损失。这样的参照处理，并不是将无效合同当作有效处理，而是寻找一种航次租船合同特点的成本计算方式，也即在成本大小难以计算的情况下，充分考虑双方当事人之间的利益平衡，以及承运人已将货物运输到目的港，且合同无效与运输成本的发生不具有因果关系，参照合同约定的运费条款对运输劳务价值进行综合认定，更具可操作性。与此同时，上下游当事人之间签订背靠背的航次租船合同在航业业普遍存在。一般来说，上游合同的运费标准要高于下游合同，但有些情况下当事人为保证船期，或者以低于市场成本价格来争取客户，以及针对运输过程中出现的各种纠纷，各方当事人之间的议价能力不同,都会出现下游合同约定的运费标准或者实际支付的运费高于上游合同的情形。为避免发生当事人因合同无效而获得比合同有效额外的利益,还应将参照上游合同认定的运输劳务价值与承运人向其下游承运人实际支付的运费进行比较,以数额低者进行认定。

航次租船合同无效后,滞期费条款因不属合同中独立存在的有关解决争议方法的条款,因而也归于无效,因此当事人不能依据无效条款主张滞期费。但是,合同条款无效虽然不能产生当事人所预期的法律效果,但并不是不产生任何法律后果,因两港装卸时间过长导致的滞期费损失,也可以称为船期损失,作为在履行合同过程中造成的损失,根据公平和诚实信用原则,应当予以赔偿,故当事人可主张相应的滞期费损失。该滞期费损失的赔偿与折价补偿运输劳务价值一样,应以实际损失为限,在损失大小难以计算时,可以参照合同滞期费条款进行综合认定,当存在背靠背的航次租船合同时,应对比承运人向其下游承运人实际支付的滞期费,以数额低者进行认定。

(3) 沿海航次租船合同项下违约金和船期损失可否同时主张? [福建海通发展股份有限公司与舟山港综合保税区烁宇物流有限公司航次租船合同纠纷案,(2017)津民终 380 号]

海通公司具有国内水路货物运输经营资质,其与烁宇公司签订的《航次租船合同》及补充协议是双方真实意思表示,合法有效,海通公司为出租人,烁宇公司为承租人。

关于海通公司诉请的船期损失问题。海通公司根据《航次租船合同》的约定,安排涉案船舶在受载期内的 2016 年 8 月 26 日 0735 时到达装港,烁宇公司因未备妥货物而向海通公司支付滞期费保证金,海通公司在装港留船等货,直至最终货物落空,海通公司解除《航次租船合同》,因此,海通公司诉请的船期损失系留船等货期间烁宇公司应支付的相应船期的费用。一般情况下,在船舶装卸作业超出租船合同约定的时间时,承租人应按照合同约定向出租人支付滞期费,在计算滞期费时应扣除合同约定的装卸货时间,但本案中,因货物落空导致涉案《航次租船合同》并未实际履行,装卸货行为亦未实际发生,海通公司诉请的船期损失与滞期费并非同一概念。至补充协议签署时,涉案船舶一直处于留船等货的状态,因此,该期间的费用烁宇公司应予支付。

关于海通公司诉请的运费损失问题。因烁宇公司未备妥货物导致涉案《航次租船合同》未能实际履行并最终解除,其应承担由此给海通公司造成的损失。同时涉案《航次租船合同》明确载明:"若货物落空,承运人有权解除合同,撤船且不退还预付的定金和预付的滞期费,托运人应另赔偿承运人总运费的 30%作为违约金。"由此可见,海通公司与烁宇公司在签订《航次租船合同》时已经对货物落空时双方的权利义务进行了明确约定。

关于烁宇公司承担船期损失与违约金是否存在重复计算问题。首先,本案中船期损失与违约金产生的基础不同,船期损失系基于烁宇公司在未备妥货物的情形下要求海通公司留船等货而发生,违约金系基于烁宇公司未按照合同约定履行主要义务致使《航次租船合同》解除而产生。其次,根据《航次租船合同》的约定,在货物落空的情形下,海通公司有权不退还烁宇公司预付的滞期费,烁宇公司还应另赔偿海通公司总运费的 30%作为违约金,即海通公司有权同时主张留船等货期间的费用和违约金。

【适用要点】

国内沿海、内河航次租船合同不适用海商法第四章(含航次租船合同)的规定,同时,在交通运输部废止《国内水路货物运输规则》后,国内沿海、内河航次租船合同纠纷无直接的法律可依。航次租船合同包含的货物运输合同与提单证明的海上货物运输合同是两种不同类别的合同,航次租船合同更强调遵循合同自由原则,而海上货物运输合同则体现很大程度的限制合同自由。目前,在处理国内沿海、内河航次租船合同纠纷案件时,在有约定时应充分尊重当事人的意思自治,而在没有约定时,当事人之间的权利义务应当适用民法典合同编的相关规定。如果当事人在国内沿海、内河航次租船合同中援引《国内水路货物运输规则》,使之成为合同组成部分,司法实践也是认可的。此时,承运人的责任期间当认定为合同履行过程中承运人保管货物的期间,既包括航行运输也包括装卸等货物处于承运人掌管之下的过程。航次租船合同有关装卸货物由货方负责的约定,并未免除在装卸货期间承运人对仍由其掌管之货物所负有的管货适货义务。

十一、海上、通海水域旅客运输合同纠纷;海上、通海水域行李运输合同纠纷

1. 案由释义

海上旅客运输合同,是指承运人以适合运送旅客的船舶经海路将旅客从一港运送至另一港,由旅客支付票款的合同。该合同当事人因合同订立、履行、变更和终止产生的纠纷,即为海上旅客运输合同纠纷。通海水域旅客运输合同,是指承运人以适合客运的船舶将旅客从国内通海水域一港口运至通海水域另一港口,而由旅客支付票款的合同。该合同当事人因合同订立、履行、变更和终止而产生的纠纷,即为通海水域旅客运输合同纠纷。

海上行李运输合同,是指承运人以适合运送行李的船舶经海路将行李从一港运送至另一港,由旅客支付票款的合同。该合同的当事人因该合同订立、履行、变更和终止而产生的纠纷,即为海上行李运输合同纠纷。通海水域行李运输合同,是指承运人以适合运送行李的船舶将行李从国内通海水域的港口运至通海水域另一港口,而由旅客支付票款的合同。该合同当事人因合同订立、履行、变更和终止而产生的纠纷,即为通海水域行李运输合同纠纷。

海上、通海水域旅客运输与海上、通海水域行李运输具有密切的关系,但是由于它们在损害后果上存在本质的区别,前者系人身伤害,而后者则是财产损害。

2. 诉讼程序规范

【相关立法】

(1)《中华人民共和国民事诉讼法》(19910409;20220101)

第二十八条　因铁路、公路、水上、航空运输和联合运输合同纠纷提起的诉讼,由运输始发地、目的地或者被告住所地人民法院管辖。

（2）《中华人民共和国海事诉讼特别程序法》（20000701）

第六条 海事诉讼的地域管辖，依照《中华人民共和国民事诉讼法》的有关规定。

下列海事诉讼的地域管辖，依照以下规定：

……

（二）因海上运输合同纠纷提起的诉讼，除依照《中华人民共和国民事诉讼法》第二十八条①的规定以外，还可以由转运港所在地海事法院管辖；

……

【司法解释】

（1）《最高人民法院关于海事法院受理案件范围的规定》（法释〔2016〕4号，20160301）

26. 海上、通海可航水域旅客和行李运输合同纠纷案件；

（2）《最高人民法院关于适用〈中华人民共和国海事诉讼特别程序法〉若干问题的解释》（法释〔2003〕3号，20030201；经法释〔2008〕18号修正，20081231）

第一条 在海上或者通海水域发生的与船舶或者运输、生产、作业相关的海事侵权纠纷、海商合同纠纷，以及法律或者相关司法解释规定的其他海事纠纷案件由海事法院及其上级人民法院专门管辖。

【适用要点】

海上、通海水域旅客和行李运输合同纠纷案件属于海事法院受案范围，应由海事法院专门管辖。因海上、通海水域旅客和行李运输合同纠纷提起的诉讼，由运输始发地、目的地或者被告住所地及转运港所在地海事法院管辖。

3. 海上、通海水域旅客、行李运输合同的订立

【相关立法】

（1）《中华人民共和国海商法》（19930701）

第一百零七条 海上旅客运输合同，是指承运人以适合运送旅客的船舶经海路将旅客及其行李从一港运送至另一港，由旅客支付票款的合同。

---

① 2021年修正后的民事诉讼法第二十八条。

第一百零八条　本章下列用语的含义:

(一)"承运人",是指本人或者委托他人以本人名义与旅客订立海上旅客运输合同的人。

(二)"实际承运人",是指接受承运人委托,从事旅客运送或者部分运送的人,包括接受转委托从事此项运送的其他人。

(三)"旅客",是指根据海上旅客运输合同运送的人;经承运人同意,根据海上货物运输合同,随船护送货物的人,视为旅客。

(四)"行李",是指根据海上旅客运输合同由承运人载运的任何物品和车辆,但是活动物除外。

(五)"自带行李",是指旅客自行携带、保管或者放置在客舱中的行李。

第一百一十条　旅客客票是海上旅客运输合同成立的凭证。

(2)《中华人民共和国民法典》(20210101)

第八百零九条　运输合同是承运人将旅客或者货物从起运地点运输到约定地点,旅客、托运人或者收货人支付票款或者运输费用的合同。

第八百一十条　从事公共运输的承运人不得拒绝旅客、托运人通常、合理的运输要求。

第八百一十四条　客运合同自承运人向旅客出具客票时成立,但是当事人另有约定或者另有交易习惯的除外。

【部门规章】

《水路旅客运输规则》(交通运输部令2014年第1号,20140102)

第三条　水路旅客运输合同、行李运输合同应本着自愿的原则签订;港口作业、服务合同应本着平等互利、协商一致的原则签订。

第五条　本规则下列用语的含义是:

(一)"水路旅客运输合同",是指承运人以适合运送旅客的船舶经水路将旅客及其自带行李从一港运送至另一港,由旅客支付票款的合同。

(二)"水路行李运输合同",是指承运人收取运费,负责将旅客托运的行李经水路由一港运送至另一港的合同。

(三)"港口作业、服务合同"(以下简称"作业合同"),是指港口经营人收取港口作业费,负责为承运人承运的旅客和行李提供候船、集散服务和装卸、仓储、驳运等作业的合同。

(四)"旅客",是指根据水路旅客运输合同运送的人;经承运人同意,根据水路货物运输合同,随船护送货物的人,视为旅客。

（五）"行李"，是指根据水路旅客运输合同或水路行李运输合同由承运人载运的任何物品和车辆。

（六）"自带行李"，是指旅客自行携带、保管的行李。

（七）"托运行李"，是指根据水路行李运输合同由承运人运送的行李。

（八）"承运人"，是指本人或者委托他人以本人名义与旅客签订水路旅客运输合同和水路行李运输合同的人。

（九）"港口经营人"，是指与承运人订立作业合同的人。

（十）"客运记录"，是指在旅客运输中发生意外或特殊情况所作记录的文字材料。它是客船与客运站有关客业业务移交的凭证。

第六条　旅客运输合同成立的凭证为船票，合同双方当事人——旅客和承运人买、卖船票后合同即成立。

第七条　船票应具备下列基本内容：

（一）承运人名称；

（二）船名、航次；

（三）起运港（站、点）（以下简称"起运港"）和到达港（站、点）（以下简称"到达港"）；

（四）舱室等级、票价；

（五）乘船日期、开船时间；

（六）上船地点（码头）。

第九条　行李运输合同成立的凭证为行李运单，合同双方当事人——旅客和承运人即时清结费用，填制行李运单后合同即成立。

第十条　行李运单应具备下列基本内容：

（一）承运人名称；

（二）船名、航次、船票号码；

（三）旅客姓名、地址、电话号码、邮政编码；

（四）行李名称；

（五）件数、重量、体积（长、宽、高）；

（六）包装；

（七）标签号码；

（八）起运港、到达港、换装港；

（九）运费、装卸费；

（十）特约事项。

第十五条　水路旅客运输合同、行李运输合同和作业合同的基本格式由交通部统一规定。交通部直属航运企业可自行印制水路运输合同、行李运输合同和作业合同;其他航运企业使用的合同由企业所在省(自治区、直辖市)交通主管部门印制、管理。

第十六条　船票是水路旅客运输合同成立的证明,是旅客乘船的凭证。

第十七条　船票分全价票和半价票。

第十八条　儿童身高超过1.2米但不超过1.5米者,应购买半价票,超过1.5米者,应购买全价票。

第十九条　革命伤残军人凭中华人民共和国民政部制发的革命伤残军人证,应给予优待购买半价票。

第二十条　没有工资收入的大、中专学生和研究生,家庭居住地和院校不在同一城市,自费回家或返校时,凭附有加盖院校公章的减价优待证的学生证每年可购买往返2次院校与家庭所在地港口间的学生减价票(以下简称"学生票")。学生票只限该航线的最低等级。

学生回家或返校,途中有一段乘坐其他交通工具的,经确认后,也可购买学生票。

应届毕业生从院校回家,凭院校的书面证明可购买一次学生票。新生入学凭院校的录取通知书,可购买一次从接到录取通知书的地点至院校所在地港口的学生票。

第二十一条　船票在承运人或其代理人所设的售票处发售,在未设站的停靠点,由客船直接发售。

第二十二条　要求乘船的人凭介绍信,可以一次购买或预订同一船名、航次、起迄港的团体票,团体票应在10张以上。

售票处发售团体票时,应在船票上加盖团体票戳记。

第二十三条　包房、包舱、包船按下列规定办理:

(一)包房,由售票处办理;

(二)包舱,经承运人同意后,由售票处办理;

(三)包船,由承运人办理。

包用人在办理包房、包舱、包船时,应预付全部票价款。

第一百零六条　船票票价根据航区特点、船舶类型、舱室设备等情况,由航运企业制定,报省级以上交通和物价主管部门审批。

第一百零七条　半价票价分别按各等级舱室票价的50%计算。

第一百零八条　学生票票价按该航线最低等级票价的50%计算。

第一百零九条　船票票价以元为单位,元以下的尾数进整到元。

第一百一十条　行李运价,由省级以上交通主管部门确定。

第一百一十一条　交通部直属航运企业的行李运价为:

每 100 千克行李运价,按同航线散席船票基准票价的 100% 计算。

其他航运企业的行李运价,可参照前款办法制定。

第一百一十二条 行李运费,按行李的计费重量和行李运价计算。

第一百一十三条 行李运费以元为单位,不足 1 元的尾数按 1 元进整。

第一百一十四条 行李计费重量按《行李计费重量表》确定。

第一百一十五条 空容器(包括木箱)内放有物品时,如整件实重大于空容器的计费重量,则以整件实重为其计费重量;如空容器的计费重量大于整件实重时,则以空容器的计费重量为其计费重量。

第一百一十六条 行李的计费重量以千克为单位。不足 1 千克的尾数按 1 千克进整。

第一百一十七条 行李自带、托运、装卸、搬运等发生的费用,均按计费重量计费。

第一百一十八条 行李运费发生多收或少收时,可在 30 天内由承运人予以多退少补,逾期不再退补。

第一百一十九条 包房、包舱运费,按所包客房、客舱的载客定额和其等级舱室票价计算。

第一百二十条 包船运费由以下两部分组成:

(一)客舱部分按所包客船乘客定额和各等级舱室票价计算;

(二)货舱部分按货舱、行李舱、邮件舱的载货定额(行李舱、邮件舱以其容积,按 1.133 立方米为 1 定额载重吨换算)和规定的客货轮货运运价计算。

包船期间的调船费和空驶费,分别按调船、空驶里程包船运费的 50% 计算。

包船因旅客上下船或行李、货物装卸发生的滞留费,由航运企业自行规定。

第一百二十一条 退票、退包费规定为:

(一)退票费,散席按每人每张每 10 元票价核收 1 元,不足 10 元按 10 元计算;卧席按每人每张 10 元票价核收 2 元,不足 10 元按 10 元计算。

(二)包房、包舱的退包费,按包房、包舱运价的 10% 计算,尾数不足 1 元的按 1 元计收。

(三)包船的退包费,在客船计划开航 72 小时以前退包,为包船运价的 10%;在 72 小时以内,48 小时以前退包,为包船运价的 20%;在 48 小时以内、24 小时以前退包,为包船运价的 30%。

第一百二十二条 其他杂费规定为:

(一)补票、补收运费、发售联运票手续费,每人每票 1 元;

(二)行李变更手续费,每人每票 2 元;

(三)送票费、码头票费、寄存费、保管费、自带行李搬运费、行李标签费,由各港航企业制订,报当地物价部门批准。

港航企业不得向旅客收取本条规定费目以外的杂费。

第一百二十三条　补票、补收运费的手续费及行李变更手续费的收入归办理方所得。

退票费全部归承运人所得。

第一百二十四条　港口作业费按下列规定计算:

(一)港口作业费分两部分:

1. 旅客运输作业费,按船票票款(扣除旅客港务费、客运附加费等)的 4%计算;

2. 行李运输作业费,按行李运费的 4%计算,由起运港统一结算,然后按起运港 3%、到达港 1%解缴。

(二)旅客港务费,每张船票 1 元;

(三)船舶的港口费用,按交通部或各地港口费收规则的规定计算。

第一百二十五条　托运的行李每装或卸(包括驳运)客船一次每 50 千克(不足 50 千克按 50 千克计算)收费 2 元。

第一百二十六条　售票代理费,按代售船票票款(扣除旅客港务费、客运附加费)的 1%计算。

第一百二十七条　行李托运或交付手续的代理费,分别按托运运费收入的 1%计算。

第一百二十八条　超限自带行李收费代理费,按自带行李运费收入的 2%计算。

第一百二十九条　其他客运业务代理费,按船票票款(扣除旅客港务费、客运附加费等)的 2%计算。

第一百三十条　退票代理费,按退票费的 50%计算。

【典型案例】

(1)海上旅客运输合同纠纷如何适用海商法的特别规定? [李小敏与中远海运客运有限公司海上、通海水域旅客运输合同纠纷案,(2020)最高法民申 2596 号]

本案系海上旅客运输合同纠纷,关于旅客运输合同当事人的权利义务,合同法①和海商法均作出了规定。从两部法律的关系看，海商法关于海上旅客运输合同的规定，属于合同法关于客运合同规定的特别规定。针对承运人承担赔偿责任的归责原则，海商法作出了不同于合同法的规定，故应当适用海商法的特别规定。

（2）如何认定海上旅客运输合同关系？ ［林庆伟、林庆、林玉红与中远海运客运有限公司海上旅客运输合同纠纷案，（2021）辽民终 98 号］

本案系承运人以适合运送旅客的船舶经由海路将旅客从一港运送至另一港，因旅客在运送途中死亡产生的纠纷，属于海上旅客运输合同纠纷。合同法②和海商法对旅客运输合同分别有相关规定，所不同的是，合同法规定的客运合同没有地域限制，而海商法规定的客运合同专指海上旅客运输合同。旅客乘坐中远公司的客轮经海路从大连到烟台，双方构成海上旅客运输合同关系。合同法和海商法均由全国人民代表大会制定，系同等级的法律，根据我国立法法关于法律适用的规定，同一机关制定的法律，特别规定与一般规定不一致的，适用特别规定，故本案应适用海商法的特别规定。

（3）旅客可否依据《水路旅客运输规则》的规定向承运人主张权利？ ［李小敏与中远海运客运有限公司海上、通海水域旅客运输合同纠纷案，（2019）鲁民终 1649 号］

李小敏上诉主张双方的权利义务适用《水路旅客运输规则》，提交了"普陀岛"轮船票进行证明。中远客运公司抗辩海上运输旅客与承运人之间的权利与义务适用海商法的规定。本案争议为海上旅客运输合同纠纷，旅客与承运人之间的权利与义务应适用与之对应的法律规定。海商法为法律，《水路旅客运输规则》为部门规章，《水路旅客运输规则》依据海商法等有关法律而制定，《水路旅客运输规则》是海商法的具体化，两者规定的内容、原则不矛盾，《水路旅客运输规则》有具体规定的，适用《水路旅客运输规则》，《水路旅客运输规则》没有规定的，适用海商法的规定。《水路旅客运输规则》第一百四十条第一款规定："在本规则第八条、第十一条规定的旅客及其行李的运送期间，因承运人或港口经营人的过失，造成旅客人身伤亡或行李灭失、损坏的，承运人或港口经营人应当负赔偿责任。"海商法第一百一十四条第一款规定："在本法第一百一十一条规定的旅客及其行李的运送期间，因承运

---

① 民法典施行后，合同法被废止，相关内容见民法典规定。
② 民法典施行后，合同法被废止，相关内容见民法典规定。

人或者承运人的受雇人、代理人在受雇或者受委托的范围内的过失引起事故,造成旅客人身伤亡或者行李灭失、损坏的,承运人应当负赔偿责任。"上述规定都是明确的,依据《水路旅客运输规则》或者海商法的规定,旅客在海上运送期间造成人身伤亡的,承运人承担赔偿责任的前提是承运人的过失引起的该事故,均需受损害方举证证明承运人在运送过程中存在过失。

【适用要点】

海商法第五章关于海上旅客运输合同的规则,对于通海水域的旅客运输合同具有参照适用的效力。民法典合同编关于运输合同的规定具有一般适用的效力。海上旅客运输合同纠纷主要适用海商法第五章的规定,国内港口之间的旅客运输应当适用民法典合同编关于运输合同的规定及其他相关规定。涉及具体情形时,可以直接适用《国内水路运输管理条例》等行政法规的规定,并要参照适用交通运输主管部门有关规章的规定。海上、通海水域行李运输合同纠纷案件适用法律的规则,同样如是。

承运人是海上、通海水域旅客运输合同的一方当事人,通常被称为"船方"。依据海商法的规定,承运人是指本人或者委托他人以本人名义与旅客订立海上旅客运输合同的人。实际承运人是指接受承运人委托,从事旅客运送或者部分运送的人,包括接受转委托从事此项运送的其他人。旅客是海上、通海水域旅客运输合同的另一方当事人。旅客是指根据海上旅客运输合同运送的人;经承运人同意,根据海上货物运输合同的约定,随船护送货物的人,也可以视为旅客。

旅客客票由于系由承运人单方面印制并签发,不能直接将其称为旅客运输合同,而仅是海上旅客运输合同成立的凭证。客票一经售出,运输合同即告成立。客票的主要内容一般包括承运人名称、船名、航次、起运港、到达港、舱室等级、票价、乘船日期、开船时间、上船地点等。客票有记名和不记名两种,一般来说,载明旅客姓名的客票为记名客票,不能转让;没有注明旅客姓名的客票为不记名客票,可以转让。行李运单一般为行李运输合同成立的凭证,旅客和承运人清结费用、填制行李运单后,行李运输合同即告成立。行李运单一般包括如下内容:承运人名称、船名、航次、船票号码、旅客姓名、地址、电话号码、行李名称、件数、重量、体积、包装、标签号码、起运港、到达港、换装港、运费、装卸费。

4. 海上、通海水域旅客、行李运输合同的效力

【相关立法】

《中华人民共和国海商法》(19930701)

第一百二十六条 海上旅客运输合同中含有下列内容之一的条款无效:

(一)免除承运人对旅客应当承担的法定责任;

(二)降低本章规定的承运人责任限额;

(三)对本章规定的举证责任作出相反的约定;

(四)限制旅客提出赔偿请求的权利。

前款规定的合同条款的无效,不影响合同其他条款的效力。

【部门规章】

《国内水路运输管理规定》(交通运输部令2020年第4号,20200501)

第五条 申请经营水路运输业务,除个人申请经营内河普通货物运输业务外,申请人应当符合下列条件:

(一)具备企业法人资格。

(二)有明确的经营范围,包括经营区域和业务种类。经营水路旅客班轮运输业务的,还应当有班期、班次以及拟停靠的码头安排等可行的航线营运计划。

(三)有符合本规定要求的船舶,且自有船舶运力应当符合附件1的要求。

(四)有符合本规定要求的海务、机务管理人员。

(五)有符合本规定要求的与其直接订立劳动合同的高级船员。

(六)有健全的安全管理机构及安全管理人员设置制度、安全管理责任制度、安全监督检查制度、事故应急处置制度、岗位安全操作规程等安全管理制度。

第三十六条 外商投资企业申请从事水路运输,除满足本规定第五条规定的经营资质条件外,还应当符合下列条件:

(一)拟经营的范围内,国内水路运输经营者无法满足需求;

(二)应当具有经营水路运输业务的良好业绩和运营记录。

【适用要点】

海商法第一百二十六条属于强制性规定,旅客和承运人就以下内容不能

以合同的形式加以变更:免除承运人对旅客应当承担的法定责任;降低海商法第五章规定的承运人责任限额;对海商法第五章规定的举证责任作出相反的约定;限制旅客提出赔偿请求的权利。以上规定的违反并不导致海上旅客运输合同的整体无效,而仅是部分条款无效。

5. 承运人对旅客及行李的责任期间

【相关立法】

《中华人民共和国海商法》(19930701)

第一百一十一条　海上旅客运输的运送期间,自旅客登船时起至旅客离船时止,客票票价含接送费用的,运送期间并包括承运人经水路将旅客从岸上接到船上和从船上送到岸上的时间,但是不包括旅客在港站内、码头上或者在港口其他设施内的时间。

旅客的自带行李,运送期间同前款规定,旅客自带行李以外的其他行李,运送期间自旅客将行李交付承运人或者承运人的受雇人、代理人时起至承运人或者承运人的受雇人、代理人交还旅客时止。

【部门规章】

《水路旅客运输规则》(交通运输部令2014年第1号,20140102)

第八条　旅客运输的运送期间,自旅客登船时起至旅客离船时止。船票票价含接送费用的,运送期间并包括承运人经水路将旅客从岸上接到船上和从船上送到岸上的期间,但是不包括旅客在港站内、码头上或者在港口其他设施内的时间。

旅客的自带行李,运送期间同前款规定。

第十一条　旅客的托运行李的运送期间,自旅客将行李交付承运人或港口经营人时起至承运人或港口经营人交还旅客时止。

【适用要点】

承运人对旅客运输的责任期间,从旅客自始发港登上船舶时起至旅客在目的港离开船舶时止,即从登船到离船,"登船"可以理解为自旅客从客票注明的始发港踏上船舷梯时起,"离船"可以理解为至旅客在客票注明的目的港离开舷梯踏上码头时止。如果客票还包含从岸上将旅客接到船上的费用和从船上送到岸上的费用,则这段时间也应当计入责任期间。但是,旅客在港站内、码头上或者在港口其他设施内的时间不得计入责任期间。换言之,在这段时间,承运人对旅客发生的损害负有赔偿责任,也不是依据海商法第五章的规定承担赔偿责任。承运人对旅客的自带行李的责任期间,与对旅客的责任期间相同。承运人对旅客托运的行李的责任期间,自旅客将行李交付承运人或港口经营人时起至承运人或港口经营人交还旅客时止。

6. 旅客的义务

【相关立法】

(1)《中华人民共和国海商法》(19930701)

第一百一十二条 旅客无票乘船、越级乘船或者超程乘船,应当按照规定补足票款,承运人可以按照规定加收票款;拒不交付的,船长有权在适当地点令其离船,承运人有权向其追偿。

第一百一十三条 旅客不得随身携带或者在行李中夹带违禁品或者易燃、易爆、有毒、有腐蚀性、有放射性以及有可能危及船上人身和财产安全的其他危险品。

承运人可以在任何时间、任何地点将旅客违反前款规定随身携带或者在行李中夹带的违禁品、危险品卸下、销毁或者使之不能为害,或者送交有关部门,而不负赔偿责任。

旅客违反本条第一款规定,造成损害的,应当负赔偿责任。

第一百一十九条 行李发生明显损坏的,旅客应当依照下列规定向承运人或者承运人的受雇人、代理人提交书面通知:

(一)自带行李,应当在旅客离船前或者离船时提交;

(二)其他行李,应当在行李交还前或者交还时提交。

行李的损坏不明显,旅客在离船时或者行李交还时难以发现的,以及行李发生灭失的,旅客应当在离船或者行李交还或者应当交还之日起十五内,向承运人或者承运人的受雇人、代理人提交书面通知。

旅客未依照本条第一、二款规定及时提交书面通知的,除非提出反证,视为已经完整无损地收到行李。

行李交还时,旅客已经会同承运人对行李进行联合检查或者检验的,无需提交书面通知。

(2)《中华人民共和国民法典》(20210101)

第八百一十三条 旅客、托运人或者收货人应当支付票款或者运输费用。承运人未按照约定路线或者通常路线运输增加票款或者运输费用的,旅客、托运人或者收货人可以拒绝支付增加部分的票款或者运输费用。

第八百一十五条　旅客应当按照有效客票记载的时间、班次和座位号乘坐。旅客无票乘坐、越程乘坐、越级乘坐或者持不符合减价条件的优惠客票乘坐的,应当补交票款,承运人可以按照规定加收票款;旅客不支付票款的,承运人可以拒绝运输。

实名制客运合同的旅客丢失客票的,可以请求承运人挂失补办,承运人不得再次收取票款和其他不合理费用。

第八百一十六条　旅客因自己的原因不能按照客票记载的时间乘坐的,应当在约定的期限内办理退票或者变更手续;逾期办理的,承运人可以不退票款,并不再承担运输义务。

第八百一十七条　旅客随身携带行李应当符合约定的限量和品类要求;超过限量或者违反品类要求携带行李的,应当办理托运手续。

第八百一十八条　旅客不得随身携带或者在行李中夹带易燃、易爆、有毒、有腐蚀性、有放射性以及可能危及运输工具上人身和财产安全的危险物品或者违禁物品。

旅客违反前款规定的,承运人可以将危险物品或者违禁物品卸下、销毁或者送交有关部门。旅客坚持携带或者夹带危险物品或者违禁物品的,承运人应当拒绝运输。

【部门规章】

《水路旅客运输规则》(交通运输部令2014年第1号,20140102)

第二十四条　旅客应按所持船票指定的船名、航次、日期和席位乘船。

重病人或精神病患者,应有人护送。

第二十五条　每一成人旅客可免费携带身高不超过1.2米的儿童一人。超过一人时,应按超过的人数购买半价票。

第二十六条　旅客漏船,如能赶到另一中途港乘上原船,而原船等级席位又未售出时,可乘坐原等级席位,否则,逐级降等乘坐,票价差额款不退。

第二十七条　每一旅客可免费携带总重量20千克(免费儿童减半),总体积0.3立方米的行李。

每一件自带行李,重量不得超过20千克;体积不得超过0.2立方米;长度不得超过1.5米(杆形物品2米)。

残疾旅客乘船,另可免费携带随身自用的非机动残疾人专用车一辆。

第二十八条　旅客可携带下列物品乘船:

(一)气体打火机5个,安全火柴20小盒。

（二）不超过 20 毫升的指甲油、去污剂、染发剂，不超过 100 毫升的酒精、香水、冷烫精，不超过 300 毫升的家用卫生杀虫剂、空气清新剂。

（三）军人、公安人员和猎人佩带的枪支和子弹（应有持枪证明）。

第二十九条　除本规则另有规定者外，下列物品不准旅客携带上船：

（一）违禁品或易燃、易爆、有毒、有腐蚀性、有放射性以及有可能危及船上人身和财产安全的其他危险品；

（二）各种有臭味、恶腥味的物品；

（三）灵柩、尸体、尸骨。

第三十条　旅客违反本规则第二十九条规定，造成损害的，应当负赔偿责任。

第三十一条　旅客自带行李超过免费规定的，应办理托运。经承运人同意的，也可自带上船，但应支付行李运费。

对超过免费规定的整件行李，计费时不扣除免费重量、体积和长度。

第三十二条　旅客可携带下列活动物乘船：

（一）警犬、猎犬（应有证明）；

（二）供科研或公共观赏的小动物（蛇除外）；

（三）鸡、鸭、鹅、兔、仔猪（10 千克以下）、羊羔、小狗、小猫、小猴等家禽家畜。

第三十三条　旅客携带的活动物，应符合下列条件，否则不得携带上船：

（一）警犬、猎犬应有笼咀牵绳；

（二）供科研或公共观赏的小动物，应装入笼内，笼底应有垫板；

（三）家禽家畜应装入容器。

第三十四条　旅客携带的活动物，由旅客自行看管，不得带入客房（舱），不得放出喂养。

第三十五条　旅客携带的活动物，应按行李运价支付运费。

第三十六条　旅客携带活动物的限量，由承运人自行制订。

第六十三条　行李运单是水路行李运输合同成立的证明，行李运单的提单联是旅客提取行李的凭证。

第六十四条　除法律、行政法规限制运输的物品，以及本规则有特别规定不能办理托运的物品外，其他物品均可办理行李托运。

第六十五条　在客船和港口条件允许或行李包装适合运输的情况下，家用电器、精密仪器、玻璃器皿及陶瓷制品等可办理托运。

第六十六条　下列物品不能办理托运：

（一）违禁品或易燃、易爆、有毒、有腐蚀性、有放射性以及有可能危及船上人身和财产安全的其他危险品；

（二）污秽品、易于损坏和污染其他行李和船舶设备的物品；

（三）货币、金银、珠宝、有价证券或其他贵重物品；

（四）活动物、植物；

（五）灵柩、尸体、尸骨。

第六十七条　托运的行李，每件重量不得超过50千克，体积不得超过0.5立方米，长度不得超过2.5米。

第六十八条　托运行李的包装应符合下列条件：

（一）行李的包装应完整、牢固、捆绑结实，适合运输；

（二）旅行包、手提袋和能加锁的箱类，应加锁；

（三）包装外部不拴挂其他物品；

（四）纸箱应有适当的内包装；

（五）易碎品、精密仪器及家用电器，应使用硬质材料包装，内部衬垫密实稳妥，并在明显处标明"不准倒置"等警示标志；

（六）胶片应使用金属容器包装。

第六十九条　旅客应在托运行李的外包装上写明姓名和起迄港名。

第七十条　旅客违反本规则第六十六条规定，致使行李损坏，承运人不负赔偿责任；造成客船及他人的损失时，应由旅客负责赔偿。

第七十一条　旅客遗失行李运单时，如能说明行李的特征和内容，并提出对行李拥有权的有力依据，经承运人确认后，可凭居民身份证并开具收据领取行李，原行李运单即行作废。

旅客遗失行李运单，在提出声明前，如行李已被他人冒领，承运人不负赔偿责任。

【适用要点】

旅客违反了海商法第一百一十三条第一款规定的义务并造成损害的，并不依过错归责，即不论旅客主观上是否具有过错，都应当负赔偿责任。承运人行使第二款规定的权利，同样不以旅客主观上是否具有过错为前提。

旅客对于行李灭失或损坏的索赔请求，应当在法定期限内提交书面通知：自带行李，应当在旅客离船前或者离船时提交通知；其他行李，应当在行李交还前或者交还时提交通知，行李的损坏不明显，旅客在离船时或者行李交还时难以发现的，以及行李发生灭失的，旅客应当在离船或者行李交还或者应当交还之日起十五日内提交通知。与此同时，承运人对行李灭失或损坏的赔偿不超过约定的免赔额。

7. 承运人的义务及赔偿责任

【相关立法】

(1)《中华人民共和国海商法》(19930701)

第一百零九条　本章关于承运人责任的规定,适用于实际承运人。本章关于承运人的受雇人、代理人责任的规定,适用于实际承运人的受雇人、代理人。

第一百一十四条　在本法第一百一十一条规定的旅客及其行李的运送期间,因承运人或者承运人的受雇人、代理人在受雇或者受委托的范围内过失引起事故,造成旅客人身伤亡或者行李灭失、损坏的,承运人应当负赔偿责任。

请求人对承运人或者承运人的受雇人、代理人的过失,应当负举证责任;但是,本条第三款和第四款规定的情形除外。

旅客的人身伤亡或者自带行李的灭失、损坏,是由于船舶的沉没、碰撞、搁浅、爆炸、火灾所引起或者是由于船舶的缺陷所引起的,承运人或者承运人的受雇人、代理人除非提出反证,应当视为其有过失。

旅客自带行李以外的其他行李的灭失或者损坏,不论由于何种事故所引起,承运人或者承运人的受雇人、代理人除非提出反证,应当视为其有过失。

第一百一十五条　经承运人证明,旅客的人身伤亡或者行李的灭失、损坏,是由于旅客本人的过失或者旅客和承运人的共同过失造成的,可以免除或者相应减轻承运人的赔偿责任。

经承运人证明,旅客的人身伤亡或者行李的灭失、损坏,是由于旅客本人的故意造成的,或者旅客的人身伤亡是由于旅客本人健康状况造成的,承运人不负赔偿责任。

第一百一十六条　承运人对旅客的货币、金银、珠宝、有价证券或者其他贵重物品所发生的灭失、损坏,不负赔偿责任。

旅客与承运人约定将前款规定的物品交由承运人保管的,承运人应当依照本法第一百一十七条的规定负赔偿责任;双方以书面约定的赔偿限额高于本法第一百一十七条的规定的,承运人应当按照约定的数额负赔偿责任。

第一百二十条　向承运人的受雇人、代理人提出的赔偿请求,受雇人或者代理人证明其行为是在受雇或者受委托的范围内的,有权援用本法第一百一十五条、第一百一十六条和第一百一十七条的抗辩理由和赔偿责任限制的规定。

(2)《中华人民共和国民法典》(20210101)

第八百一十一条　承运人应当在约定期限或者合理期限内将旅客、货物安全运输到约定地点。

第八百一十二条　承运人应当按照约定的或者通常的运输路线将旅客、货物运输到约定地点。

第八百一十九条　承运人应当严格履行安全运输义务,及时告知旅客安全运输应当注意的事项。旅客对承运人为安全运输所作的合理安排应当积极协助和配合。

第八百二十条　承运人应当按照有效客票记载的时间、班次和座位号运输旅客。承运人迟延运输或者有其他不能正常运输情形的,应当及时告知和提醒旅客,采取必要的安置措施,并根据旅客的要求安排改乘其他班次或者退票;由此造成旅客损失的,承运人应当承担赔偿责任,但是不可归责于承运人的除外。

第八百二十一条　承运人擅自降低服务标准的,应当根据旅客的请求退票或者减收票款;提高服务标准的,不得加收票款。

第八百二十二条　承运人在运输过程中,应当尽力救助患有急病、分娩、遇险的旅客。

第八百二十三条　承运人应当对运输过程中旅客的伤亡承担赔偿责任;但是,伤亡是旅客自身健康原因造成的或者承运人证明伤亡是旅客故意、重大过失造成的除外。

前款规定适用于按照规定免票、持优待票或者经承运人许可搭乘的无票旅客。

第八百二十四条　在运输过程中旅客随身携带物品毁损、灭失,承运人有过错的,应当承担赔偿责任。

旅客托运的行李毁损、灭失的,适用货物运输的有关规定。

【行政法规】

《国内水路运输管理条例》(20130101;20170301)

第十九条　水路运输经营者应当依照法律、行政法规和国务院交通运输主管部门关于水路旅客、货物运输的规定、质量标准以及合同的约定,为旅客、货主提供安全、便捷、优质的服务,保证旅客、货物运输安全。

水路旅客运输业务经营者应当为其客运船舶投保承运人责任保险或者取得相应的财务担保。

【部门规章】

(1)《水路旅客运输规则》(交通运输部令2014年第1号,20140102)

第十二条 承运人为履行运输合同,需要港口经营人提供泊位、候船、驳运、仓储设施,托运行李作业、旅客上下船、候船服务及其他工作等,应由承运人与港口经营人签订作业合同。

第三十七条 承运人应按旅客运输合同所指定的船名、航次、日期和席位运送旅客。

第三十八条 承运人在旅客上船前、下船后和在客船航行途中应对旅客所持的船票进行查验,并作出查验记号。

第三十九条 查验船票的内容如下:

(一)乘船人是否持有效船票;

(二)持用优待票的旅客是否有优待证明;

(三)超限自带行李是否已按规定付运费。

第四十条 乘船人无票在船上主动要求补票,承运人应向其补收自乘船港(不能证实时,自客船始发港)至到达港的全部票价款,并核收补票手续费。

在途中,承运人查出无票或持用失效船票或伪造、涂改船票者,除向乘船人补收自乘船港(不能证实时,自客船始发港)至到达港的全部票价款外,应另加收相同区段最低等级票价的100%的票款,并核收补票手续费。

第四十一条 在到达港,承运人查出无票或持用失效船票或伪造、涂改船票者,应向乘船人补收自客船始发港至到达港最低等级票价的400%的票款,并核收补票手续费。

第四十二条 在乘船港,承运人查出应购买全价票而购买半价票的儿童,应另售给全价票,原半价票给予退票,免收退票费。

第四十三条 在途中或到达港,承运人查出儿童未按规定购买船票的,应按下列规定处理:

(一)应购半价票而未购票的,补收半价票款,并核收补票手续费;

(二)应购全价票而购半价票的,补收全价票与半价票的票价差额款,并核收补票手续费;

(三)应购全价票而未购票的,应按本规则第四十条、第四十一条规定办理。

第四十四条 在途中或到达港,承运人查出持用优待票乘船的旅客不符合优待条件时,应向旅客补收自乘船港至到达港的全部票价款,并核收补票手续费。原船票作废。

第四十五条　旅客在检票后遗失船票,应按本规则第四十条规定在船上补票。

旅客补票后如在离船前找到原船票,可办理其所补船票的退票手续,并支付退票费。

旅客在离船后找到原船票,不能退票。

旅客在到达港出站前遗失船票,应按本规则第四十一条规定办理。

第四十六条　在乘船港,由于承运人或其代理人的责任使旅客降等级乘船时,承运人应将旅客的原船票收回,另换新票,退还票价差额款,免收退票费。

在途中,由于承运人或其代理人的责任使旅客降等级乘船时,承运人应填写客运记录,交旅客至到达港办理退还票价差额款的手续。

第四十七条　由于承运人或其代理人的责任使旅客升等级乘船时,承运人不应向旅客收取票价差额款。

第四十八条　旅客误乘客船时,除按本规则第四十条第一款的规定处理外,旅客可凭客船填写的客运记录,到下船港办理原船票的退票手续,并支付退票费。

第四十九条　旅客因病或临产必须在中途下船的,由承运人填写客运记录,交旅客至下船港办理退票手续,将旅客所持船票票价与旅客已乘区段票价的差额退还旅客,并向旅客核收退票费。

患病或临产旅客的护送人,也可按前款规定办理退票。

第五十条　承运人可以在任何时间、任何地点将旅客违反本规则第二十九条规定随身携带的违禁品、危险品卸下、销毁或者使之不能为害,或者送交有关部门,而不负赔偿责任。

第七十二条　承运人应提供足够的适合运输的行李舱,将旅客托运的行李及时、安全地运到目的港。

第七十三条　托运的行李,应与旅客同船运送。如来不及办理当班客船的托运手续时,经旅客同意,承运人也可给予办理下一班次客船的托运手续。

第七十四条　承运人对托运的行李,必要时可要求旅客开包查验,符合运输规定时,再办理托运手续,如旅客拒绝查验,则不予承运。

第七十五条　行李承运后至交付前,包装破损或松散时,承运人应负责修补,所需费用由责任方负担。

第七十六条　承运人查出在已经托运的行李中夹有违禁品或易燃、易爆、有毒、有腐蚀性、有放射性以及有可能危及船上人身和财产安全的其他危

险品时,除按本规则第五十条规定处理外,对行李的运杂费还应按下列规定处理:

(一)在起运港,运杂费不退;

(二)在船上或卸船港,应加收一次运杂费。

第七十七条　承运人查出托运的行李中夹带易于损坏和污染物品时,应按下列规定办理:

(一)在起运港,立即停止运输,并通知旅客进行处理,运杂费不退;

(二)在船上或卸船港,由承运人采取处理措施,除所需费用由旅客负担外,另加收一次运杂费。

第七十八条　承运的行李未能按规定的时间运到,旅客前来提取时,承运人应在行李运单上加盖"行李未到"戳记,并记录到达后的通知方法,行李到达后,应立即通知旅客。

第七十九条　托运的行李自运到后的第三日起计收保管费。

第八十条　行李在交付时,承运人应会同旅客对行李进行查验,经查验无误后再办理提取手续。

第八十一条　行李自运到之日起 10 天后旅客还未提取时,承运人应尽力查找物主;如超过 60 天仍无人提取时,即确定为无法交付物品。

第八十二条　对无法交付物品,承运人应按下列规定处理:

(一)一般物品,依法申请拍卖或交信托商店作价收购;

(二)没有变卖价值的物品,适当处理;

(三)军用品、危险品、法律和行政法规限制运输的物品、历史文物、机要文件及有价证券等,无偿移交当地主管部门处理。

第八十三条　无法交付物品处理后所得款额,应扣除保管费和处理费用,剩余款额由承运人代为保管 3 个月。在保管期内,旅客要求归还余款时,应出具证明,经确认后方可归还;逾期无人提取时,应上缴国库。

第一百三十三条　旅客在船上发生疾病或遭受伤害时,客船应尽力照顾和救护,必要时填写客运记录,将旅客移交前方港处理。

第一百三十四条　旅客在船上死亡,客船应填写客运记录,将死亡旅客移交前方港会同公安部门处理。

第一百三十五条　旅客在船上发生病危、伤害、死亡或失踪的,客船填写的客运记录应详细写明当事人的姓名、性别、年龄或特征,通讯地址及有关情况;准确记录事发的时间、地点及经过情况;如实报告客船所采取的措施及结果。

客运记录应取得两人以上的旁证;经过医生治疗的,应附有医生的"诊治记录",并由旅客本人或同行人签字。

第一百三十六条　在行李运送期间,发生行李灭失、短少、损坏等情况,承运人或港口经营人应编制行李运输事故记录。

行李运输事故记录必须在交接的当时编制,事后任何一方不得再行要求补编。

第一百三十七条　行李运输事故按其发生情况分为下列四类:

(一)灭失:托运的行李未按规定时间运到,承运人查找时间超过 30 天仍未找到的,即确定为行李灭失;

(二)短少:件数短少;

(三)损坏:湿损、破损、污损、折损等;

(四)其他。

第一百三十八条　旅客对其托运行李发生事故要求赔偿时,应填写行李赔偿要求书。提出赔偿的时效为旅客在离船或者行李交还或者应当交还之日起 15 天内,过期不能再行要求赔偿。

旅客未按照前款规定及时提交行李赔偿要求书的,除非提出反证,视为已经完整无损地收到行李。

行李交还时,旅客已经会同承运人对行李进行联合检查或者检验的,无需提交行李赔偿要求书。

第一百三十九条　承运人从接到行李的赔偿要求书之日起,应在 30 天内答复赔偿要求人:

(一)确定承运人或港口经营人不负赔偿责任时,应当填发拒绝赔偿通知书,赔偿要求人提出的单证文件不予退还。

(二)确定承运人或港口经营人应负赔偿责任时,应当填发承认赔偿通知书,赔偿要求人提出的单证文件不予退还。

第一百四十条　在本规则第八条、第十一条规定的旅客及其行李的运送期间,因承运人或港口经营人的过失,造成旅客人身伤亡或行李灭失、损坏的,承运人或港口经营人应当负赔偿责任。

旅客的人身伤亡或自带行李的灭失、损坏,是由于客船的沉没、碰撞、搁浅、爆炸、火灾所引起或者是由于客船的缺陷所引起的,承运人除非提出反证,应当视为其有过失。

旅客托运的行李的灭失或损坏、不论由于何种事故引起的,承运人或港口经营人除非提出反证,应当视为其有过失。

对本规则第三十二条规定旅客携带的活动物发生灭失的,按照本条第1、2、3 款规定处理。

第一百四十一条 经承运人或港口经营人证明，旅客的人身伤亡，是由于旅客本人的过失或者旅客和承运人或港口经营人的共同过失造成的，可以免除或者相应减轻承运人或港口经营人的赔偿责任。

第一百四十二条 因疾病、自杀、斗殴或犯罪行为而死亡或受伤者，以及非承运人或港口经营人过失造成的失踪者，承运人或港口经营人不承担赔偿责任。

由前款原因所发生的打捞、救助、医疗、通讯及船舶临时停靠港口的费用和一切善后费用，由旅客本人或所在单位或其亲属负担。

第一百四十三条 旅客的行李有下列情况的，承运人或港口经营人不负赔偿责任：

（一）不可抗力造成的损失；

（二）物品本身的自然性质引起的损耗、变质；

（三）本规则第二十九条，第六十六条所规定不准携带或托运的物品发生灭失、损耗、变质。

第一百四十四条 在行李运送期间，因承运人或港口经营人过失造成行李损坏的，承运人或港口经营人应负责整修，如损坏程度已失去原来使用价值，应按规定进行赔偿。

第一百四十五条 承运人或港口经营人对灭失的托运行李赔偿后，还应向旅客退还全部运杂费，并收回行李运单。

灭失的行李，赔偿后又找到的，承运人或港口经营人应通知索赔人前来领取。如索赔人同意领取时，则应撤消赔偿手续，收回赔偿款额和已退还的全部运杂费。

灭失的行李赔偿后部分找到的，可参照本条第2款精神办理。

第一百四十六条 如发现索赔人有以少报多、以次充好等行为时，应追回多赔款额。

(2)《国内水路运输管理规定》(交通运输部令 2020 年第 4 号，20200501)

第七条 水路运输经营者投入运营的船舶应当符合下列条件：

（一）与水路运输经营者的经营范围相适应。从事旅客运输的，应当使用普通客船、客货船和滚装客船(统称为客船)运输；从事散装液体危险货物运输的，应当使用液化气体船、化学品船、成品油船和原油船(统称为危险品船)运输；从事普通货物运输、包装危险货物运输和散装固体危险货物运输的，可以使用普通货船运输。

（二）持有有效的船舶所有权登记证书、船舶国籍证书、船舶检验证书以及按照相关法律、行政法规规定证明船舶符合安全与防污染和入级检验要求的其他证书。

（三）符合交通运输部关于船型技术标准、船龄以及节能减排的要求。

第八条　除个体工商户外,水路运输经营者应当配备满足下列要求的专职海务、机务管理人员:

（一）海务、机务管理人员数量满足附件2的要求;

（二）海务、机务管理人员的从业资历与其经营范围相适应:

1. 经营普通货船运输的,应当具有不低于大副、大管轮的从业资历;

2. 经营客船、危险品船运输的,应当具有船长、轮机长的从业资历。

根据船舶最低安全配员标准,水路运输经营者经营的均为不需要配备船长、轮机长或者大副、大管轮的船舶,其配备的海务、机务管理人员应当具有不低于其所管理船舶船员的从业资历。

水路运输经营者委托船舶管理企业为其提供船舶海务、机务管理等服务的,按照《国内水路运输辅助业管理规定》的有关规定执行。

第九条　除个体工商户外,水路运输经营者按照有关规定应当配备的高级船员中,与其直接订立一年以上劳动合同的高级船员的比例应当满足下列要求:

（一）经营普通货船运输的,高级船员的比例不低于25%;

（二）经营客船、危险品船运输的,高级船员的比例不低于50%。

第十条　交通运输部实施省际危险品船运输、沿海省际客船运输、长江干线和西江航运干线水上运输距离60公里以上省际客船运输的经营许可。

其他内河省际客船运输的经营许可,由水路旅客运输业务经营者所在地省级水路运输管理部门实施,作出许可决定前应当与航线始发港、挂靠港、目的港所在地省级水路运输管理部门协商,协商不成的,应当报交通运输部决定。

省际普通货船运输、省内水路运输经营许可应当由设区的市级以上地方人民政府水路运输管理部门具体实施,具体权限由省级人民政府交通运输主管部门决定,向社会公布。

第二十条　水路运输经营者应当保持相应的经营资质条件,按照《国内水路运输经营许可证》核定的经营范围从事水路运输经营活动。

已取得省际水路运输经营资格的水路运输经营者和船舶,可凭省际水路运输经营资格从事相应种类的省内水路运输,但旅客班轮运输除外。

已取得沿海水路运输经营资格的水路运输经营者和船舶,可在满足航行条件的情况下,凭沿海水路运输经营资格从事相应种类的内河运输。

第二十一条 水路运输经营者不得出租、出借水路运输经营许可证件，或者以其他形式非法转让水路运输经营资格。

第二十二条 从事水路运输的船舶应当随船携带《船舶营业运输证》或者具有同等效力的可查验信息，不得转让、出租、出借或者涂改。《船舶营业运输证》遗失或者损毁的，应当及时向原配发机关申请补发。

第二十三条 水路运输经营者应该按照《船舶营业运输证》标定的载客定额、载货定额和经营范围从事旅客和货物运输，不得超载。

水路运输经营者使用客货船或者滚装客船载运危险货物时，不得载运旅客，但按照相关规定随船押运货物的人员和滚装车辆的司机除外。

第二十五条 水路运输经营者不得擅自改装客船、危险品船增加载客定额、载货定额或者变更从事散装液体危险货物运输的种类。

第二十六条 水路旅客运输业务经营者应当拒绝携带或者托运国家规定的危险物品及其他禁止携带或者托运的物品的旅客乘船。船舶开航后发现旅客随船携带或者托运国家规定的危险物品及其他禁止携带或者托运的物品的，应当妥善处理，旅客应当予以配合。

水路旅客运输业务经营者应当向社会公布国家规定的不得随船携带或者托运的物品清单。

旅客应当持有效凭证乘船，遵守乘船相关规定，自觉接受安全检查。

第二十七条 水路旅客班轮运输业务经营者应当自取得班轮航线经营许可之日起60日内开航，并在开航的15日前通过媒体并在该航线停靠的各客运站点的明显位置向社会公布所使用的船舶、班期、班次、票价等信息。

旅客班轮应当按照公布的班期、班次运行。变更班期、班次、票价的（因不可抗力变更班期、班次的除外），水路旅客班轮运输业务经营者应当在变更的15日前向社会公布。停止经营部分或者全部班轮航线的，经营者应当在停止经营的30日前向社会公布，并报原许可机关备案。

第二十九条 水路旅客运输业务经营者应当向旅客提供客票。客票包括纸质客票、电子客票等乘船凭证，一般应当载明经营者名称、船舶名称、始发港、目的港、乘船时间、票价等基本信息。鼓励水路旅客运输业务经营者开展互联网售票。

水路旅客运输业务经营者应当以公布的票价销售客票，不得对相同条件的旅客实施不同的票价，不得以搭售、现金返还、加价等不正当方式变相变更公布的票价并获取不正当利益，不得低于客票载明的舱室或者席位等级安排旅客。

水路旅客运输业务经营者应当向旅客明示退票、改签等规定。

第三十条　水路旅客运输业务经营者应当按有关规定为军人、人民警察、国家综合性消防救援队伍人员、学生、老幼病残孕等旅客提供优先、优惠、免票等优待服务。具体办法由交通运输部另行制定。

第三十一条　水路运输经营者从事水路运输经营活动,应当依法经营,诚实守信,禁止以不合理的运价或者其他不正当方式、不规范行为争抢客源、货源及提供运输服务。

水路旅客运输业务经营者为招揽旅客发布信息,必须真实、准确,不得进行虚假宣传、误导旅客,对其在经营活动中知悉的旅客个人信息,应当予以保密。

第三十二条　水路旅客运输业务经营者应当配备具有相应业务知识和技能的乘务人员,保持船上服务设施和警告标识完好,为老幼病残孕等需要帮助的旅客提供无障碍服务,在船舶开航前播报旅客乘船安全须知,并及时向旅客播报特殊情况下的禁航等信息。

第三十三条　水路旅客运输业务经营者应当就运输服务中的下列事项,以明示的方式向旅客作出说明或者警示:

(一)不适宜乘坐客船的群体;

(二)正确使用相关设施、设备的方法;

(三)必要的安全防范和应急措施;

(四)未向旅客开放的经营、服务场所和设施、设备;

(五)可能危及旅客人身、财产安全的其他情形。

第三十四条　水路运输经营者应当依照法律、行政法规和国家有关规定,优先运送处置突发事件所需物资、设备、工具、应急救援人员和受到突发事件危害的人员,重点保障紧急、重要的军事运输。

水路运输经营者应当服从交通运输主管部门对关系国计民生物资紧急运输的统一组织协调,按照要求优先、及时运输。

水路运输经营者应当按照交通运输主管部门的要求建立运输保障预案,并建立应急运输、军事运输和紧急运输的运力储备。

【典型案例】

(1)受害人亲属在获得死亡赔偿金外是否还可以要求加害人赔偿精神损害抚慰金?［王才贵等与湛江市交通局地方公路管理总站等水上旅客运输人身损害赔偿案,(2008)粤高法民四终字第223号］

对于因承运人或者承运人的受雇人、代理人在受雇或者受委托的范围内过失引起事故,造成旅客人身伤亡、或者行李灭失、损坏的,旅客可以依据海商法第一百一十四条规定向承运人主张赔偿责任。同时,旅客还可以向承运人主张侵权责任。侵权人因侵权致人精神损害时,应承担停止侵害、恢复名誉、消除影响、赔礼道歉等责任,其中造成严重后果的,还应赔偿相应的精神损害抚慰金。在《最高人民法院关于审理人身损害赔偿案件适用法律若干问题的解释》中,死亡赔偿金已成为对损害造成的经济损失的一种物质补偿,与精神损害抚慰金是为了填补、抚慰家属失去亲人遭受的痛苦对其精神上的赔偿相比,死亡赔偿金已从精神损害抚慰金变为对死者家庭整体减少的收入的赔偿,因此受害人亲属在获得死亡赔偿金外,还可以要求加害人赔偿精神损害抚慰金。

(2)外籍邮轮公共场所中发生的旅客人身损害,能否以一般公共场所管理人的安全保障义务标准来衡量邮轮的安全保障义务? [原告与英国嘉年华邮轮有限公司(CARNIVAL PLC)海上人身损害责任纠纷案,(2016)沪72民初2336号]

原告(7岁,未成年)和其母购买旅游产品乘坐英国籍邮轮前往日韩游玩。邮轮航行至公海海域时,原告在邮轮泳池溺水导致一级伤残。原告之母作为法定代理人遂向法院提起诉讼,以邮轮公司为被告、以销售旅游产品的旅行社为第三人,以被告未尽到安全保障义务为由,主张由被告承担侵权责任。

外籍邮轮公共场所中发生的旅客人身损害责任纠纷案件,在未约定准据法、无共同经常居所地的情况下,应适用最密切联系原则综合考虑邮轮母港、受害人住所地等因素确定准据法。"侵权行为地"通常理解为与某一国家或特定法域直接相关的地理位置。邮轮是用于海上旅行观光的特殊交通工具,通常处于海上航行的动态过程中,不属于地理位置的范畴,因此发生在邮轮上的海上人身损害责任纠纷,通常不应将船舶本身确定为侵权行为地,而船舶的船旗国法更不能等同于侵权行为地法律。根据最密切联系原则,应综合考虑侵权行为发生地、侵权行为结果地、受害人的住所地和经常居住地、涉案船舶的船旗国、船舶所有人国籍、船舶经营人国籍、合同签订地、邮轮旅客运输的出发港和目的港、被告公司营业地等连接点,本案中较多的连接点集中于中国,且与本案具有最直接、真实的联系,对维护受害人的合法权益影响最大的因素均指向中国,故本案的准据法应当确定为中华人民共和国法律。

随着邮轮消费的普及,以一般公共场所管理人的安全保障义务标准来衡量以中国港口为母港的邮轮的安全保障义务亦属合理。关于责任承担,首先,被告在游客服务、安全保障方面既未参照中国法律,也未依据英国有关组织的规定或者建议配备救生员或者监管人员巡视以防范溺水事故发生,存在明显的过错。其次,被告仅在泳池边设置安全告示,未对儿童独自进入泳池采取任何询问或者劝阻等有效的措施,而是采取放任、不作为的态度,存在明显的管理失职。最后,被告主张邮轮泳池不配备救生员是国际惯例,但这一做法并未得到相关方及被告所在国英国有关部门的认可,与英国有关组织推荐的做法不符,更与中国相关法律相违背,对此法院不予认可。原告母亲作为法定监护人对未成年原告的人身安全看护不力,对损害亦有责任。法院判决被告按照80%的比例向原告赔偿各项损失。

【适用要点】

海商法第一百一十四条规定海上旅客运输的承运人责任基础是完全过失责任,这与海上货物运输合同有所不同,海上货物运输合同虽然也采用过失责任,但是由于航行过失免责的存在,该过失责任实质上是不完全过失责任。[①] 在举证责任上,原则上应由请求人举证,证明损失是由承运人或其受雇人、代理人的过失所致。但有两种情况加重了承运人的责任,采用过错推定归责原则。一种情况是旅客的人身伤亡或者自带行李灭失、损坏,并非由于船舶的沉没、碰撞、搁浅、爆炸、火灾所引起或者是由于船舶的缺陷所致;另一种情况是旅客自带行李以外的其他行李的灭失或者损坏,不论由于何种事故原因所导致。在这两种情况下,首先推定承运人有过失,承运人如果能够提出反证,则可以免除承运人的责任。

对于旅客的货币、金银、珠宝、有价证券或者其他贵重物品发生的灭失、损坏,不论这些物品是旅客随身携带,还是在行李中夹带,承运人均不负赔偿责任。但是如果当事人事先就旅客贵重物品的保管以书面形式约定,可以不受海商法第一百一十七条规定的赔偿限额限制。

8. 海上、通海水域旅客、行李运输合同的变更与解除

【部门规章】

《水路旅客运输规则》(交通运输部令 2014 年第 1 号,20140102)

第五十一条　在乘船港不办理船票的签证改乘手续。旅客要求变更乘船的班次、舱位等级或行程时,应先行退票并支付退票费,再另行购票。

第五十二条　旅客在旅行途中要求延程时,承运人应向旅客补收从原到

---

① 胡利玲主编:《中国海商法律制度》,中国民主法制出版社 2020 年版,第 65 页。

达港至新到达港的票价款,并核收补票手续费。客船满员时,不予延程。

第五十三条 对超程乘船的旅客(误乘者除外),承运人应向旅客补收超程区段最低等级票价的 200% 的票款,并核收补票手续费。

第五十四条 旅客在船上要求升换舱位等级时,承运人应向旅客补收升换区段所升等级同原等级票价的差额款,并核收补票手续费。

持用学生票的学生在船上要求升换舱位等级时,承运人应向其补收升换等级区段所升等级全票票价与学生票票价的差额款,并核收补票手续费。

第五十五条 持低等级半价票的儿童可与持高等级船票的成人共用一个铺位。如持低等级船票的成人与持高等级半价票的儿童共用一个铺位,由承运人对成人补收高等级与低等级票价的差额款,并核收补票手续费,儿童的半价票差额款不退,且不另供铺位。

第五十六条 在乘船港,旅客可在规定时限内退票,但应支付退票费。

超过本规则第五十七条规定的退票时限,不能退票。

第五十七条 在乘船港退票的时限规定为:

(一)内河航线在客船开航以前;沿海航线在客船规定开航时间 2 小时以前;

(二)团体票在客船规定开航时间 24 小时以前。

第五十八条 除本规则另有规定的外,旅客在中途港、到达港和船上不能退票。

第五十九条 包房、包舱、包船的包用人可在规定的时限内要求退包,但应支付退包费。

超过本规则第六十条规定的退包时限,不能退包。

第六十条 退包的时限规定为:

(一)包房、包舱退包,在客船规定开航时间 24 小时以前;

(二)包船退包,在客船计划开航时间 24 小时以前。

第六十一条 下列原因造成的退票或退包,承运人不得向旅客收取退票费或退包费:

(一)不可抗力;

(二)承运人或其代理人的责任。

第六十二条 在春运等客运繁忙季节,承运人可以暂停办理退票。

第八十四条 行李在装船前,旅客要求变更托运,应先解除托运,另行办理托运手续。

第八十五条 行李在装船前,旅客要求解除托运,承运人应将行李运单收回,加盖"变更托运"戳记,退还运杂费,核收行李变更手续费,并自托运之日起计收保管费。

第八十六条　行李装船后，不能办理变更、解除托运手续。如旅客要求由到达港运回原托运港或运至另一港，可委托承运人在到达港代办行李运回或运至另一港的手续，预付第二程运杂费（多退少补），其第一程交付的运杂费不退，并核收代办托运手续费。

第一百三十一条　由于不可抗力或承运人的责任造成客船停止航行时，承运人对旅客和行李的安排应按下列规定办理：

（一）在乘船（起运）港，退还全部船票票款和行李的运费；

（二）在中途停止航行，旅客要求中止旅行或提取行李时，退还未乘（运）区段的票款或运费；

（三）旅客要求从中途停止航行地点返回原乘船港或将行李运回原起运港，应免费运回，退还全部船票票款或行李运费。如在返回途中旅客要求下船或提取行李时，应将旅客所持船票票价或行李运单运价与自原乘船（起运）港至下船（卸船）港的船票票价或行李运价的差额款退还旅客。

第一百三十二条　由于不可抗力或承运人的责任造成客船停止航行，承运人安排旅客改乘其他客船时所发生的票价差额款，按多退少不补的原则办理。

【适用要点】

旅客与承运人之间更改旅客运输合同内容的行为，即为海上、通海水域旅客运输合同的变更，主要的变更形式有对客票的改签、延程、升换舱位等。海上、通海水域旅客运输合同的变更应该在条件允许的情况下进行，承运人还有权按照相关规定收取一定的手续费。旅客与承运人之间自愿终止合同效力的行为即为海上、通海水域旅客运输合同的解除，主要的表现形式是退票、包舱退包。因旅客自身原因退票的，一般不得超过法定或约定的期限，并支付相应的手续费。由于不可抗力或承运人的责任造成客船停止航行时旅客退票，在乘船港的，退还全部船票票款和行李的运费；在中途停止航行，退还未乘区段的票款或运费。旅客要求从中途停止航行地点返回原乘船港或将行李运回原起运港，应免费运回，退还全部船票票款或行李运费。如在返回途中旅客要求下船或提取行李时，应将旅客所持船票票价或行李运单运价与自原乘船港至下船港的船票票价或行李运价的差额款退还旅客。

9. 承运人的赔偿责任限额

【相关立法】

《中华人民共和国海商法》(19930701)

第一百一十七条 除本条第四款规定的情形外,承运人在每次海上旅客运输中的赔偿责任限额,依照下列规定执行:

(一)旅客人身伤亡的,每名旅客不超过 46666 计算单位;

(二)旅客自带行李灭失或者损坏的,每名旅客不超过 833 计算单位;

(三)旅客车辆包括该车辆所载行李灭失或者损坏的,每一车辆不超过 3333 计算单位;

(四)本款第(二)、(三)项以外的旅客其他行李灭失或者损坏的,每名旅客不超过 1200 计算单位。

承运人和旅客可以约定,承运人对旅客车辆和旅客车辆以外的其他行李损失的免赔额。但是,对每一车辆损失的免赔额不得超过 117 计算单位,对每名旅客的车辆以外的其他行李损失的免赔额不得超过 13 计算单位。在计算每一车辆或者每名旅客的车辆以外的其他行李的损失赔偿数额时,应当扣除约定的承运人免赔额。

承运人和旅客可以书面约定高于本条第一款规定的赔偿责任限额。

中华人民共和国港口之间的海上旅客运输,承运人的赔偿责任限额,由国务院交通主管部门制订,报国务院批准后施行。

第一百一十八条 经证明,旅客的人身伤亡或者行李的灭失、损坏,是由于承运人的故意或者明知可能造成损害而轻率地作为或者不作为造成的,承运人不得援用本法第一百一十六条和第一百一十七条限制赔偿责任的规定。

经证明,旅客的人身伤亡或者行李的灭失、损坏,是由于承运人的受雇人、代理人的故意或者明知可能造成损害而轻率地作为或者不作为造成的,承运人的受雇人、代理人不得援用本法第一百一十六条和第一百一十七条限制赔偿责任的规定。

第一百二十四条 就旅客的人身伤亡或者行李的灭失、损坏,分别向承运人、实际承运人以及他们的受雇人、代理人提出赔偿请求,赔偿总额不得超过本法第一百一十七条规定的限额。

第二百一十一条 海上旅客运输的旅客人身伤亡赔偿责任限制,按照 46666 计算单位乘以船舶证书规定的载客定额计算赔偿限额,但是最高不超过 25000000 计算单位。

中华人民共和国港口之间海上旅客运输的旅客人身伤亡,赔偿限额由国务院交通主管部门制定,报国务院批准后施行。

【行政法规】

(1)《中华人民共和国港口间海上旅客运输赔偿责任限额规定》(19940101)

第一条 根据《中华人民共和国海商法》第一百一十七条、第二百一十一条的规定,制定本规定。

第二条 本规定适用于中华人民共和国港口之间海上旅客运输。

第三条 承运人在每次海上旅客运输中的赔偿责任限额,按照下列规定执行:

(一)旅客人身伤亡的,每名旅客不超过4万元人民币;

(二)旅客自带行李灭失或者损坏的,每名旅客不超过800元人民币;

(三)旅客车辆包括该车辆所载行李灭失或者损坏的,每一车辆不超过3200元人民币;

(四)本款第(二)项、第(三)项以外的旅客其他行李灭失或者损坏的,每千克不超过20元人民币。

承运人和旅客可以书面约定高于本条第一款规定的赔偿责任限额。

第四条 海上旅客运输的旅客人身伤亡赔偿责任限制,按照4万元人民币乘以船舶证书规定的载客定额计算赔偿限额,但是最高不超过2100万元人民币。

第五条 向外籍旅客、华侨和港、澳、台胞旅客给付的赔偿金,可以兑换成该外国或者地区的货币。其汇率按照赔偿金给付之日中华人民共和国外汇管理部门公布的外汇牌价确定。

(2)《关于不满300总吨船舶及沿海运输、沿海作业船舶海事赔偿限额的规定》(19940101)

第一条 根据《中华人民共和国海商法》第二百一十条规定,制定本规定。

第二条 本规定适用于超过20总吨、不满300总吨的船舶及300总吨以上从事中华人民共和国港口之间货物运输或者沿海作业的船舶。

第三条 除本规定第四条另有规定外,不满300总吨船舶的海事赔偿责任限制,依照下列规定计算赔偿限额:

(一)关于人身伤亡的赔偿请求;

1. 超过20总吨、21总吨以下的船舶,赔偿限额为54000计算单位;

2. 超过 21 总吨的船舶,超过部分每吨增加 1000 计算单位。

(二)关于非人身伤亡的赔偿请求:

1. 超过 20 总吨、21 总吨以下的船舶,赔偿限额为 27500 计算单位;

2. 超过 21 总吨的船舶,超过部分每吨增加 500 计算单位。

第四条 从事中华人民共和国港口之间货物运输或者沿海作业的船舶,不满 300 总吨的,其海事赔偿限额依照本规定第三条规定的赔偿限额的 50% 计算;300 总吨以上的,其海事赔偿限额依照《中华人民共和国海商法》第二百一十条第一款规定的赔偿限额的 50% 计算。

第五条 同一事故中的当事船舶的海事赔偿限额,有适用《中华人民共和国海商法》第二百一十条或者本规定第三条规定的,其他当事船舶的海事赔偿限额应当同样适用。

【典型案例】

港口间海上旅客运输赔偿责任限额可否根据物价上涨指数予以相应调整? [张玉荣与青岛永顺达交通旅游开发有限公司、青岛积米崖交通旅游有限责任公司海上、通海水域旅客运输合同纠纷案,(2018)鲁 72 民初 1653 号]

根据海商法第一百一十七条第四款的规定,"中华人民共和国港口之间的海上旅客运输,承运人的赔偿责任限额,由国务院交通主管部门制定,报国务院批准后施行"。根据 1994 年 1 月 1 日施行的《中华人民共和国港口间海上旅客运输赔偿责任限额规定》第三条的规定,"承运人在每次海上旅客运输中的赔偿责任限额,按照下列规定执行:(一)旅客人身伤亡的,每名旅客不超过 4 万元人民币"。由于 1994 年以来物价变化较大,因此对于责任限额 4 万元,可以考虑物价上涨指数予以相应调整。自 1995 年起至 2018 年居民价格指数分别为 17.1、8.3、2.8、-0.8、-1.4、0.4、0.7、-0.8、1.2、3.9、1.8、1.5、4.8、5.9、-0.7、3.3、5.4、2.6、2.6、2.0、1.4、2.0、1.6、2.1,按 1994 年为 100 基数,2018 年物价上升为 192.07,则 1994 年的 4 万元限额应相应提升为 76828 元。承运人已提出赔偿责任限额请求,本案的海上旅客运输合同发生在我国港口之间,应根据国家的特殊规定享受赔偿责任限额。因此承运人应根据责任限额向原告赔偿 76828 元人民币。

【适用要点】

国际海上旅客运输的责任限额,按照海商法第一百一十七条的规定确定。关于国内港口之间的海上旅客运输的责任限额,按照海商法第一百一十七条的规定,由国务院交通主管部门制定,报国务院批准后施行。根据这一授权,原交通部制定了《中华人民共和国港口间海上旅客运输赔偿责任限额规定》。该规定对国内海上旅客运输的赔偿限额规定得很低,随着我国经济的迅速发展,人民生活水平日益提高,当时的限额已经明显不适应当今的形势,对其进行修改势在必行。① 司法实践中,有的法院对于国内海上旅客运输的赔偿限额按照物价上涨指数做相应调整。无论是在国际海上还是在国内海上旅客运输中,如经证明旅客的人身伤亡或者行李的灭失、损坏,是由于承运人的故意或者明知可能造成损害而轻率地作为或者不作为造成的,承运人不得援用海商法限制赔偿责任的规定。

10. 实际承运人与承运人的责任区分

【相关立法】

《中华人民共和国海商法》(19930701)

第一百二十一条　承运人将旅客运送或者部分运送委托给实际承运人履行的,仍然应当依照本章规定,对全程运送负责。实际承运人履行运送的,承运人应当对实际承运人的行为或者实际承运人的受雇人、代理人在受雇或者受委托的范围内的行为负责。

第一百二十二条　承运人承担本章未规定的义务或者放弃本章赋予的权利的任何特别协议,经实际承运人书面明确同意的,对实际承运人发生效力;实际承运人是否同意,不影响此项特别协议对承运人的效力。

第一百二十三条　承运人与实际承运人均负有赔偿责任的,应当在此项责任限度内负连带责任。

第一百二十五条　本法第一百二十一条至第一百二十四条的规定,不影响承运人和实际承运人之间相互追偿。

【部门规章】

《水路旅客运输规则》(交通运输部令 2014 年第 1 号,20140102)

第一百零一条　承运人可以将售票及客运业务委托港口经营人或其他代理人办理。

第一百零二条　售票代理的范围:售票及其流量流向统计。

第一百零三条　客运业务代理范围:

(一)办理行李托运和交付手续;

---

① 傅廷中:《海商法》(第 2 版),法律出版社 2017 年版,第 210 页。

（二）办理退票及包房、包舱退包手续；

（三）其他业务：制作客船航次上客报告单、客位通报；检票、验票、补票、补收运费；危险品查堵及处理；遗失物品、无法交付物品管理；旅客和行李发生意外情况的处理等。

第一百零四条　售票代理人和客运业务代理人，在委托代理权限内，以承运人的名义办理售票和客运有关业务，并按规定收取代理费，不得违反本规则有关规定向旅客收取其他费用。

第一百零五条　承运人和代理人确定代理事项后，应在平等互利、协商一致的原则下签订委托代理合同。

【适用要点】

实际承运人系接受承运人委托从事全部或部分旅客运送的人，包括接受转委托从事此项运送的其他人。在存在实际承运人的情况下，承运人仍然要对全部的旅客运送负责，即承运人应当对实际承运人的行为负责。如果承运人和实际承运人对旅客损害均有责任，二者须承担连带责任。同时，实际承运人以及受雇人、代理人也可以享受承运人的责任限额的利益。

十二、船舶经营管理合同纠纷

1. 案由释义

　　船舶经营管理合同,是指船舶经营人或管理人与船东签订的,依约定对船舶进行经营和管理,并由船东向船舶经营管理人支付服务费的合同。船舶经营管理合同的当事人因该合同的订立、履行、变更和终止而产生的纠纷,即为船舶经营管理合同纠纷。船舶经营管理合同纠纷案由包括船舶经营和船舶管理活动有关的合同纠纷。

2. 诉讼程序规范

【相关立法】

(1)《中华人民共和国民事诉讼法》(19910409;20220101)

　　第二十四条　因合同纠纷提起的诉讼,由被告住所地或者合同履行地人民法院管辖。

(2)《中华人民共和国海事诉讼特别程序法》(20000701)

　　第六条　海事诉讼的地域管辖,依照《中华人民共和国民事诉讼法》的有关规定。

　　下列海事诉讼的地域管辖,依照以下规定:

　　……

　　(七)因海船的船舶所有权、占有权、使用权、优先权纠纷提起的诉讼,由船舶所在地、船籍港所在地、被告住所地海事法院管辖。

【司法解释】

(1)《最高人民法院关于海事法院受理案件范围的规定》(法释〔2016〕4号,20160301)

17. 船舶经营管理合同(含挂靠、合伙、承包等形式)、航线合作经营合同纠纷案件;

(2)《最高人民法院关于适用〈中华人民共和国海事诉讼特别程序法〉若干问题的解释》(法释〔2003〕3 号,20030201;经法释〔2008〕18 号修正,20081231)

第一条 在海上或者通海水域发生的与船舶或者运输、生产、作业相关的海事侵权纠纷、海商合同纠纷,以及法律或者相关司法解释规定的其他海事纠纷案件由海事法院及其上级人民法院专门管辖。

【适用要点】

船舶经营管理合同纠纷案件属于海事法院受案范围,应由海事法院专门管辖。因船舶经营管理合同纠纷提起的诉讼,由船舶所在地、船籍港所在地、合同履行地以及被告住所地海事法院管辖。

3. 船舶经营管理合同

【相关立法】

《中华人民共和国民法典》(20210101)

第四百六十三条至第五百九十四条(略)

第四百六十七条 本法或者其他法律没有明文规定的合同,适用本编通则的规定,并可以参照适用本编或者其他法律最相类似合同的规定。

在中华人民共和国境内履行的中外合资经营企业合同、中外合作经营企业合同、中外合作勘探开发自然资源合同,适用中华人民共和国法律。

【典型案例】

船舶经营管理合同作为无名合同,应如何适用法律? [山东国大黄金股份有限公司与天津市津南区兆丰化工有限公司、天津开发区天意船务有限公司、崔文华、宫旭升(宫旭昇)、刘艳船舶经营管理合同纠纷案,(2017)鲁民终 1864 号]

船舶经营管理合同是指船舶所有权人根据国家规定或者经营需要,委托他人对船舶进行经营管理,双方对经营管理方式、船舶运营、安全责任、利润分配等事项作出约定所签订的合同。其基本内容是一方提供船舶,另一方负责船舶的经营管理,双方按照约定比例分担风险,分享收益,因此合同双方的法律关系实质上是一种合作关系。船舶经营管理合同属于无名合同,应当受合同法①总则的调整,同时,也要受有关部门规章的规范。有关部门规章对于船舶经营管理合同或者委托经营管理合同的主要内容作出明确规定,其出发点是加强船舶的安全管理,要求正规的船舶经营人必须对其经营管理的船舶承担安全管理责任,合同当事人应当遵照执行。

【适用要点】

船舶经营管理合同在海商法中没有明确规定。依据民法典第四百六十七条第一款的规定:"本法或者其他法律没有明文规定的合同,适用本编通则的规定,并可以参照适用本编或者其他法律最相类似合同的规定。"民法典合同编分则规定的典型合同与船舶经营管理合同有较大差异,因此,船舶经营管理合同纠纷应当适用民法典合同编通则的相关规定。

4. 海上运输和拖航业务专属经营

【相关立法】

《中华人民共和国海商法》(19930701)

第四条　中华人民共和国港口之间的海上运输和拖航,由悬挂中华人民共和国国旗的船舶经营。但是,法律、行政法规另有规定的除外。

非经国务院交通主管部门批准,外国籍船舶不得经营中华人民共和国港口之间的海上运输和拖航。

【行政法规】

《国内水路运输管理条例》(20130101;20170301)

第十六条　水路运输经营者不得使用外国籍船舶经营水路运输业务。但是,在国内没有能够满足所申请运输要求的中国籍船舶,并且船舶停靠的港口或者水域为对外开放的港口或者水域的情况下,经国务院交通运输主管部门许可,水路运输经营者可以在国务院交通运输主管部门规定的期限或者航次内,临时使用外国籍船舶运输。

---

① 民法典施行后,合同法被废止,相关内容见民法典规定。

在香港特别行政区、澳门特别行政区、台湾地区进行船籍登记的船舶,参照适用本条例关于外国籍船舶的规定,国务院另有规定的除外。

【部门规章】

《国内水路运输管理规定》(交通运输部令 2020 年第 4 号,20200501)

第三十八条　符合下列情形并经交通运输部批准,水路运输经营者可以租用外国籍船舶在中华人民共和国港口之间从事不超过两个连续航次或者期限为 30 日的临时运输:

(一)没有满足所申请的运输要求的中国籍船舶;

(二)停靠的港口或者水域为对外开放的港口或者水域。

第三十九条　租用外国籍船舶从事临时运输的水路运输经营者,应当向交通运输部提交申请书、运输合同、拟使用的外籍船舶及船舶登记证书、船舶检验证书等相关证书和能够证明符合本规定规定情形的相关材料。申请书应当说明申请事由、承运的货物、运输航次或者期限、停靠港口。

交通运输部应当自受理申请之日起 15 个工作日内,对申请事项进行审核。对符合规定条件的,作出许可决定并且颁发许可文件;对不符合条件的,不予许可,并书面通知申请人不予许可的理由。

第四十条　临时从事水路运输的外国籍船舶,应当遵守水路运输管理的有关规定,按照批准的范围和期限进行运输。

【适用要点】

沿海运输经营权是由国家赋予的一种特殊的权利,也是国家在航运领域实施国家保护主义的一种表现形式。在中华人民共和国港口之间进行的海上运输和拖航,由悬挂中华人民共和国国旗的船舶专属经营。这种限制并非绝对,在国内运力紧张时,如果获得国务院交通运输主管部门的批准,允许外国船舶从事我国的沿海运输。此外,该经营限制系行政许可,随着政策调整,许可范围可能会发生变化。

5. 经营船舶管理业务条件及资质

【行政法规】

(1)《中华人民共和国国际海运条例》(20020101;20190302)

第二十四条　国际船舶管理经营者接受船舶所有人或者船舶承租人、船舶经营人的委托,可以经营下列业务:

（一）船舶买卖、租赁以及其他船舶资产管理；

（二）机务、海务和安排维修；

（三）船员招聘、训练和配备；

（四）保证船舶技术状况和正常航行的其他服务。

第二十六条　外商可以依照有关法律、行政法规以及国家其他有关规定，投资经营国际船舶运输、国际船舶代理、国际船舶管理、国际海运货物装卸、国际海运货物仓储、国际海运集装箱站和堆场业务。

(2)《国内水路运输管理条例》（20130101；20170301）

第二十五条　运输船舶的所有人、经营人可以委托船舶管理业务经营者为其提供船舶海务、机务管理等服务。

第二十六条　申请经营船舶管理业务，申请人应当符合下列条件：

（一）取得企业法人资格；

（二）有健全的安全管理制度；

（三）有与其申请管理的船舶运力相适应的海务、机务管理人员；

（四）法律、行政法规规定的其他条件。

第二十七条　经营船舶管理业务，应当经设区的市级以上地方人民政府负责水路运输管理的部门批准。

申请经营船舶管理业务，应当向前款规定的部门提交申请书和证明申请人符合本条例第二十六条规定条件的相关材料。

受理申请的部门应当自受理申请之日起 30 个工作日内审查完毕，作出准予许可或者不予许可的决定。予以许可的，发给船舶管理业务经营许可证件，并向国务院交通运输主管部门备案；不予许可的，应当书面通知申请人并说明理由。

第二十八条　船舶管理业务经营者接受委托提供船舶管理服务，应当与委托人订立书面合同，并将合同报所在地海事管理机构备案。

船舶管理业务经营者应当按照国家有关规定和合同约定履行有关船舶安全和防止污染的管理义务。

【部门规章】

(1)《国内水路运输管理规定》（交通运输部令 2020 年第 4 号，20200501）

第八条　除个体工商户外，水路运输经营者应当配备满足下列要求的专职海务、机务管理人员：

（一）海务、机务管理人员数量满足附件 2 的要求；

（二）海务、机务管理人员的从业资历与其经营范围相适应：

1. 经营普通货船运输的，应当具有不低于大副、大管轮的从业资历；

2. 经营客船、危险品船运输的，应当具有船长、轮机长的从业资历。

根据船舶最低安全配员标准，水路运输经营者经营的均为不需要配备船长、轮机长或者大副、大管轮的船舶，其配备的海务、机务管理人员应当具有不低于其所管理船舶船员的从业资历。

水路运输经营者委托船舶管理企业为其提供船舶海务、机务管理等服务的，按照《国内水路运输辅助业管理规定》的有关规定执行。

(2)《国内水路运输辅助业管理规定》（交通运输部令 2014 年第 3 号，20140301）

第五条　申请经营船舶管理业务，申请人应当符合下列条件：

（一）具备企业法人资格；

（二）有符合本规定要求的海务、机务管理人员；

（三）有健全的安全管理机构和安全管理人员设置制度、安全管理责任制度、安全监督检查制度、事故应急处置制度、岗位安全操作规程等安全管理制度，以及与其申请管理的船舶种类相适应的船舶安全与防污染管理体系；

（四）法律、行政法规规定的其他条件。

第六条　船舶管理业务经营者应当配备满足下列要求的专职海务、机务管理人员：

（一）船舶管理业务经营者应当至少配备海务、机务管理人员各 1 人，配备的具体数量应当符合附件规定的要求；

（二）海务、机务管理人员的从业资历与其经营范围相适应，具有与管理的船舶种类和航区相对应的船长、轮机长的从业资历；

（三）海务、机务管理人员所具备的船舶安全管理、船舶设备管理、航海保障、应急处置等业务知识和管理能力与其经营范围相适应，身体条件与其职责要求相适应。

第七条　申请经营船舶管理业务或者变更船舶管理业务经营范围，应当向其所在地设区的市级人民政府水路运输管理部门提交申请书和证明申请人符合本规定要求的相关材料。

第八条　设区的市级人民政府水路运输管理部门收到申请后，应当依法核实或者要求申请人补正材料。并在受理申请之日起 5 个工作日内提出初步审查意见并将全部申请材料转报至省级人民政府水路运输管理部门。

省级人民政府水路运输管理部门应当依法对申请者的经营资质条件进

行审查。符合条件的,应当在 20 个工作日内作出许可决定,向申请人颁发《国内船舶管理业务经营许可证》;不符合条件的,不予许可,并书面通知申请人不予许可的理由。

《国内船舶管理业务经营许可证》应当通过全国水路运政管理信息系统核发,并逐步实现行政许可网上办理。

第九条 《国内船舶管理业务经营许可证》的有效期为 5 年。船舶管理业务经营者应当在证件有效期届满前的 30 日内向原许可机关提出换证申请。原许可机关应当依照本规定进行审查,符合条件的,予以换发。

第十条 发生下列情况后,船舶管理业务经营者应当在 15 个工作日内以书面形式向原许可机关备案,并提供相关证明材料:

(一)法定代表人或者主要股东发生变化;

(二)固定的办公场所发生变化;

(三)海务、机务管理人员发生变化;

(四)管理的船舶发生重大以上安全责任事故;

(五)接受管理的船舶或者委托管理协议发生变化。

第十一条 船舶管理业务经营者终止经营的,应当自终止经营之日起 15 个工作日内向原许可机关办理注销手续,交回许可证件。

第十二条 从事船舶代理、水路旅客运输代理、水路货物运输代理业务,应当自工商行政管理部门准予设立登记之日起 15 个工作日内,向其所在地设区的市级人民政府水路运输管理部门办理备案手续,并递交下列材料:

(一)备案申请表;

(二)《企业法人营业执照》复印件;

(三)法定代表人身份证明材料。

设区的市级人民政府水路运输管理部门应当建立档案,及时向社会公布备案情况。

第十三条 从事船舶代理、水路旅客运输代理、水路货物运输代理业务经营者的名称、固定办公场所及联系方式、法定代表人、经营范围等事项发生变更或者终止经营的,应当在变更或者终止经营之日起 15 个工作日内办理变更备案。

第十四条 船舶管理业务经营者应当保持相应的经营资质条件,按照《国内船舶管理业务经营许可证》核定的经营范围从事船舶管理业务。

第十五条 船舶管理业务经营者不得出租、出借船舶管理业务经营许可证件,或者以其他形式非法转让船舶管理业务经营资格。

第十六条 船舶管理业务经营者接受委托提供船舶管理服务,应当与委托人订立书面协议,载明委托双方当事人的权利义务。

船舶管理业务经营者应当将船舶管理协议报其所在地和船籍港所在地县级以上人民政府水路运输管理部门备案。

第十七条 船舶管理业务经营者应当按照国家有关规定和船舶管理协议约定,负责船舶的海务、机务和安全与防污染管理。

船舶管理业务经营者应当保持安全和防污染管理体系的有效性,履行有关船舶安全与防污染管理义务。

船舶管理经营业务经营者,应当委派其海务、机务管理人员定期登船检查船舶的安全技术性能、船员操作技能等情况,并在航海日志上作相应记录。普通货船的检查间隔不长于 6 个月,客船和危险品船的检查间隔不长于 3 个月。

第十八条 船舶管理业务经营者应当在船舶发生安全和污染责任事故的 3 个工作日内,将事故情况向其所在地县级以上人民政府水路运输管理部门报告。在事故调查部门查明事故原因后的 5 个工作日内,将事故调查的结论性意见向其所在地县级以上人民政府水路运输管理部门书面报告。

第十九条 船舶代理、水路旅客运输代理、水路货物运输代理业务经营者接受委托提供代理服务,应当与委托人订立书面合同,按照国家有关规定和合同约定办理代理业务。

第二十条 港口经营人不得为船舶所有人、经营人以及货物托运人、收货人指定水路运输辅助业务经营者,提供船舶、水路货物运输代理等服务。

第二十一条 港口经营人应当接受船舶所有人、经营人以及货物托运人、收货人自行办理船舶或者货物进出港口手续,并给予便利。

第二十二条 水路运输辅助业务经营者不得有以下行为:

(一)以承运人的身份从事水路运输经营活动;

(二)为未依法取得水路运输业务经营许可或者超越许可范围的经营者提供水路运输辅助服务;

(三)未订立书面合同、强行代理或者代办业务;

(四)滥用优势地位,限制委托人选择其他代理或者船舶管理服务提供者;

(五)发布虚假信息招揽业务;

(六)以不正当方式或者不规范行为提供其他水路运输辅助服务,扰乱市场秩序;

(七)法律、行政法规禁止的其他行为。

【典型案例】

法院生效裁判认定船舶的实际经营人与被挂靠人对海上人身损害承担连带赔偿责任,被挂靠人能否向挂靠人追偿?[陈权与中山市船务货运有限公司船舶经营管理合同纠纷案,(2018)粤民终1946号]

法院生效裁判认定船舶的实际经营人与被挂靠人对海上人身损害承担连带赔偿责任,被挂靠人在已完成对受害人及其近亲属的赔偿后,可依据其与挂靠人之间签订的船舶委托经营管理合同向挂靠人追偿。合同约定船舶在经营中造成的安全事故及产生的债务等一切责任均由挂靠人承担,因挂靠人实际经营使用船舶,被挂靠人未参与船舶的经营使用,故不属于免除其责任、加重对方责任、排除对方主要权利的格式条款,亦没有显失公平,挂靠人未依约向被挂靠人支付赔偿金构成违约,应承担相应的违约责任。当事人对人民法院已发生法律效力的裁判文书均应积极主动履行,因未按时履行生效判决而被法院强制执行所产生的申请执行费应自行负担,不得列入追偿的范围。

【适用要点】

船舶经营管理包含对船舶经营和管理两层含义。在船舶经营活动中,船舶经营人对船舶实际占有和控制,并可获取船舶收益,对外要承担船舶所有人的责任;而在船舶管理活动中,船舶管理人对船舶不享有直接的占有、控制和获取收益的权利,对外也不必承担船舶所有人的责任。船舶经营管理合同未在海商法、民法典明确规定,为无名合同,船舶经营管理合同纠纷案件应当适用民法典合同编通则的有关规定。有关行政法规及部门规章对于经营船舶管理业务条件及资质有较为明确的规定,有的规章还规定了船舶经营管理合同或者委托经营管理合同的主要内容,以及船舶经营管理人"不得有"的禁止性行为,这些规定主要是出于行政管理的需要,并不直接作为船舶经营管理合同案件的裁判依据,但对于判决船舶经营管理合同的当事人是否善意履行应尽的船舶管理义务具有参照意义。

十三、船舶买卖合同纠纷

1. 案由释义

船舶买卖合同,是指船舶出卖人交付船舶给买受人,由该买受人取得船舶所有权并支付价款的合同。船舶买卖合同当事人因合同的订立、履行、变更和终止而产生的纠纷,即为船舶买卖合同纠纷。

2. 诉讼程序规范

【相关立法】

《中华人民共和国民事诉讼法》(19910409;20220101)

第二十四条 因合同纠纷提起的诉讼,由被告住所地或者合同履行地人民法院管辖。

【司法解释】

(1)《最高人民法院关于海事法院受理案件范围的规定》(法释〔2016〕4号,20160301)

11. 船舶买卖合同纠纷案件;

(2)《最高人民法院关于适用〈中华人民共和国海事诉讼特别程序法〉若干问题的解释》(法释〔2003〕3号,20030201;经法释〔2008〕18号修正,20081231)

第一条 在海上或者通海水域发生的与船舶或者运输、生产、作业相关的海事侵权纠纷、海商合同纠纷,以及法律或者相关司法解释规定的其他海事纠纷案件由海事法院及其上级人民法院专门管辖。

【适用要点】

　　船舶买卖合同纠纷案件属于海事法院受案范围,应由海事法院专门管辖。因船舶买卖合同纠纷提起的诉讼,由船舶买卖合同履行地以及被告住所地海事法院管辖。在案由确定上,应注意区分船舶买卖合同纠纷与船舶权属纠纷,如果当事人是对船舶所有权的转让登记或者共有关系以及妨碍船舶所有权行使的情形提起诉讼,应当属于船舶权属纠纷。

3. 船舶买卖合同的订立

【相关立法】

(1)《中华人民共和国海商法》(19930701)

　　第三条　本法所称船舶,是指海船和其他海上移动式装置,但是用于军事的、政府公务的船舶和 20 总吨以下的小型船艇除外。

　　前款所称船舶,包括船舶属具。

(2)《中华人民共和国民法典》(20210101)

　　第五百九十五条　买卖合同是出卖人转移标的物的所有权于买受人,买受人支付价款的合同。

　　第五百九十六条　买卖合同的内容一般包括标的物的名称、数量、质量、价款、履行期限、履行地点和方式、包装方式、检验标准和方法、结算方式、合同使用的文字及其效力等条款。

【司法解释】

《最高人民法院关于审理买卖合同纠纷案件适用法律问题的解释》(法释〔2012〕8 号,20120701;经法释〔2020〕17 号修正,20210101)

　　第一条　当事人之间没有书面合同,一方以送货单、收货单、结算单、发票等主张存在买卖合同关系的,人民法院应当结合当事人之间的交易方式、交易习惯以及其他相关证据,对买卖合同是否成立作出认定。

　　对账确认函、债权确认书等函件、凭证没有记载债权人名称,买卖合同当事人一方以此证明存在买卖合同关系的,人民法院应予支持,但有相反证据足以推翻的除外。

【典型案例】

(1) 如何确定船舶买卖合同当事人? [耿丽、谢青林与武汉宝通江船运有限公司等船舶买卖合同纠纷案,(2018)最高法民申 2869 号]

关于耿丽是否为涉案《船舶买卖合同》的当事人,鉴定意见倾向于耿丽没有在涉案合同上签字。但结合耿丽本人对本案涉《船舶买卖合同》上有其签名是知情的,买卖合同签订后,该船在办理所有权人变更、挂靠、贷款等事项时耿丽均有参与并提供了协助,在上述事项办理过程中,耿丽未对合同签名提出任何异议,而且耿丽是该船舶登记所有人之一,故综合认定耿丽为涉案船舶买受人。

(2) 渔船对换协议应如何认定法律关系及其效力? [周亚仔与陈成、廖万君船舶买卖合同纠纷案,(2013)粤高法民四终字第 12、13 号]

我国为了保护渔业资源,对渔业资源和船舶实行分区域管理,不允许渔船跨区域作业,且捕捞许可证不允许转让,该规定属于管理性规定,不属于"法律、行政法规的强制性规定",不影响渔船所有权转移合同的效力。当事人以无处分权主张渔船对换协议无效,法院不予支持,因此导致标的物所有权不能转移的,买受人可要求出卖人承担违约责任。

(3) 能否仅以渔船权属登记情况否定存在渔船买卖关系? [许建毫、陈香与陈燕宏船舶买卖合同纠纷案,(2013)广海法初字第 1039 号]

渔业船舶所有权实行登记对抗制度,权属登记并非判断船舶转让与否的唯一依据,行为人不能仅凭渔船权属登记情况否定买受人主张的渔船买卖关系。关于涉案口头协议的定性。双方虽未签订书面协议,但行为人在收到购船款后将涉案渔船及其相关证书、证件交予买受人使用至今,二人所属的基层组织亦分别出具书面材料,证明其将涉案渔船出售给买受人;另外,比较涉案渔船造价与租金,买受人于交易当年向行为人一次性支付了与涉案渔船当时价值相近的款项,推断双方为买卖关系更符合常理。因此,涉案口头协议应定性为船舶买卖合同纠纷。

【适用要点】

船舶买卖合同属于一种特殊的买卖合同,包括新建船舶买卖合同、二手船买卖合同等。新建船舶买卖合同与二手船买卖合同不同的是,新建船舶买卖合同一般以船厂的合同文本为基础订立,合同内容相对完整,二手船买卖合同形式、内容相对不固定、不完整。实践中,二手船买卖合同引发的纠纷相对较多,需要结合实际履行情况对合同内容进行确定。另外,在船舶买卖合同中也存在一些"阴阳合同",如果不能举证证明双方另有约定的,原则上应以提交登记备案的合同为准。

4. 船舶的交付与风险负担

【相关立法】

《中华人民共和国民法典》(20210101)

第五百九十八条 出卖人应当履行向买受人交付标的物或者交付提取标的物的单证,并转移标的物所有权的义务。

第五百九十九条 出卖人应当按照约定或者交易习惯向买受人交付提取标的物单证以外的有关单证和资料。

第六百零一条 出卖人应当按照约定的时间交付标的物。约定交付期限的,出卖人可以在该交付期限内的任何时间交付。

第六百零二条 当事人没有约定标的物的交付期限或者约定不明确的,适用本法第五百一十条、第五百一十一条第四项的规定。

第六百零三条 出卖人应当按照约定的地点交付标的物。

当事人没有约定交付地点或者约定不明确,依据本法第五百一十条的规定仍不能确定的,适用下列规定:

(一)标的物需要运输的,出卖人应当将标的物交付给第一承运人以运交给买受人;

(二)标的物不需要运输,出卖人和买受人订立合同时知道标的物在某一地点的,出卖人应当在该地点交付标的物;不知道标的物在某一地点的,应当在出卖人订立合同时的营业地交付标的物。

第六百零四条 标的物毁损、灭失的风险,在标的物交付之前由出卖人承担,交付之后由买受人承担,但是法律另有规定或者当事人另有约定的除外。

第六百零五条 因买受人的原因致使标的物未按照约定的期限交付的,买受人应当自违反约定时起承担标的物毁损、灭失的风险。

第六百零八条 出卖人按照约定或者依据本法第六百零三条第二款第二项的规定将标的物置于交付地点,买受人违反约定没有收取的,标的物毁损、灭失的风险自违反约定时起由买受人承担。

第六百零九条 出卖人按照约定未交付有关标的物的单证和资料的,不影响标的物毁损、灭失风险的转移。

第六百一十条 因标的物不符合质量要求,致使不能实现合同目的的,买受人可以拒绝接受标的物或者解除合同。买受人拒绝接受标的物或者解除合同的,标的物毁损、灭失的风险由出卖人承担。

第六百一十一条 标的物毁损、灭失的风险由买受人承担的,不影响因出卖人履行义务不符合约定,买受人请求其承担违约责任的权利。

【司法解释】

《最高人民法院关于审理买卖合同纠纷案件适用法律问题的解释》(法释〔2012〕8 号,20120701;经法释〔2020〕17 号修正,20210101)

第四条 民法典第五百九十九条规定的"提取标的物单证以外的有关单证和资料",主要应当包括保险单、保修单、普通发票、增值税专用发票、产品合格证、质量保证书、质量鉴定书、品质检验证书、产品进出口检疫书、原产地证明书、使用说明书、装箱单等。

第五条 出卖人仅以增值税专用发票及税款抵扣资料证明其已履行交付标的物义务,买受人不认可的,出卖人应当提供其他证据证明交付标的物的事实。

合同约定或者当事人之间习惯以普通发票作为付款凭证,买受人以普通发票证明已经履行付款义务的,人民法院应予支持,但有相反证据足以推翻的除外。

第七条 出卖人就同一船舶、航空器、机动车等特殊动产订立多重买卖合同,在买卖合同均有效的情况下,买受人均要求实际履行合同的,应当按照以下情形分别处理:

(一)先行受领交付的买受人请求出卖人履行办理所有权转移登记手续等合同义务的,人民法院应予支持;

(二)均未受领交付,先行办理所有权转移登记手续的买受人请求出卖人履行交付标的物等合同义务的,人民法院应予支持;

(三)均未受领交付,也未办理所有权转移登记手续,依法成立在先合同的买受人请求出卖人履行交付标的物和办理所有权转移登记手续等合同义务的,人民法院应予支持;

(四)出卖人将标的物交付给买受人之一,又为其他买受人办理所有权转移登记,已受领交付的买受人请求将标的物所有权登记在自己名下的,人民法院应予支持。

【典型案例】

(1)交付完成前,非因买受人过错导致的试驾船舶损失由谁承担?［林欢与汕头市海逸船艇服务有限公司船舶买卖合同纠纷案,(2017)粤民终2925、2926号］

林欢与海逸公司签订《游艇销售合同》,约定林欢向海逸公司购买特定型号和配置的游艇,双方就游艇的质量、价款、履行地点、履行期限和履行方式等内容在合同中进行了具体约定,林欢和海逸公司成立船舶买卖合同关系,海逸公司为出卖人,林欢为买受人。《游艇销售合同》明确约定林欢需要将余款在交船之前一次性支付,履行顺序为先付款后交付游艇。根据这一约定,出卖人在买受人未付清余款前享有先履行抗辩权,出卖人未在合同约定期限交付船舶不构成违约。林欢未按合同约定支付游艇款,构成违约,依法不享有解除合同的权利。

船舶买卖的交付方式应按合同约定来判断,交付完成前,非因买受人过错导致的试驾船舶损失,由出卖人自行承担。

(2)签订船舶买卖合同时,船舶已被买受人行使留置权,能否认定船舶已经交付?［关安钢与施书铎、李民船舶买卖合同纠纷案,(2015)鲁民四终字第31号］

出卖人欠付买受人修船费等费用,买受人对涉案船舶行使留置权之后,双方签署了船舶买卖协议,在买卖协议生效之时,应视为出卖人将涉案船舶交付给买受人。

【适用要点】

船舶买卖合同中,出卖人应按照合同的约定将船舶交付给买受人,实践中,要注意在现实交付之外,还存在交易交付、占有改定和指示交付,这三种交付方式同样产生交付的效果。船舶买卖合同中交船期限是合同的重要条款,出卖人应按照合同约定的时间交船,除非存在不可抗力等免责情形。同时,出卖人应按照合同约定或交易习惯向买受人交付"有关单证和资料",出卖人违反该义务的,买受人可以单独诉请出卖人要求交付"有关单证和资料",并承担相应的违约责任。

5. 船舶的权利瑕疵担保责任

【相关立法】

《中华人民共和国民法典》(20210101)

第六百一十二条 出卖人就交付的标的物,负有保证第三人对该标的物不享有任何权利的义务,但是法律另有规定的除外。

第六百一十三条 买受人订立合同时知道或者应当知道第三人对买卖的标的物享有权利的,出卖人不承担前条规定的义务。

第六百一十四条 买受人有确切证据证明第三人对标的物享有权利的,可以中止支付相应的价款,但是出卖人提供适当担保的除外。

【适用要点】

权利瑕疵担保责任属于法定责任,以上关于瑕疵担保责任的规定不属于强制性规定,属于任意性规定,当事人可以就瑕疵担保责任作出特别约定。当事人之间的特别约定,不应违反法律的强制性规定和公序良俗,否则,可能导致该约定无效。

船舶出卖人的主要义务是将船舶的所有权完全地转移给买受人,出卖人须担保第三人不能对船舶主张任何权利。实践中,存在船舶属于第三人所有,或者属于出卖人与第三人共有、船舶设定抵押权等情形,对此,买受人可以依照合同的约定和权利瑕疵的情况,向出卖人主张实际履行、赔偿违约金、解除合同、损害赔偿等。

6. 船舶的质量瑕疵担保责任

【相关立法】

《中华人民共和国民法典》(20210101)

第六百一十五条 出卖人应当按照约定的质量要求交付标的物。出卖人提供有关标的物质量说明的,交付的标的物应当符合该说明的质量要求。

第六百一十六条 当事人对标的物的质量要求没有约定或者约定不明确,依据本法第五百一十条的规定仍不能确定的,适用本法第五百一十一条第一项的规定。

第六百一十七条 出卖人交付的标的物不符合质量要求的,买受人可以依据本法第五百八十二条至第五百八十四条的规定请求承担违约责任。

第六百一十八条 当事人约定减轻或者免除出卖人对标的物瑕疵承担

的责任,因出卖人故意或者重大过失不告知买受人标的物瑕疵的,出卖人无权主张减轻或者免除责任。

第六百二十条 买受人收到标的物时应当在约定的检验期限内检验。没有约定检验期限的,应当及时检验。

第六百二十一条 当事人约定检验期限的,买受人应当在检验期限内将标的物的数量或者质量不符合约定的情形通知出卖人。买受人怠于通知的,视为标的物的数量或者质量符合约定。

当事人没有约定检验期限的,买受人应当在发现或者应当发现标的物的数量或者质量不符合约定的合理期限内通知出卖人。买受人在合理期限内未通知或者自收到标的物之日起二年内未通知出卖人的,视为标的物的数量或者质量符合约定;但是,对标的物有质量保证期的,适用质量保证期,不适用该二年的规定。

出卖人知道或者应当知道提供的标的物不符合约定的,买受人不受前两款规定的通知时间的限制。

第六百二十二条 当事人约定的检验期限过短,根据标的物的性质和交易习惯,买受人在检验期限内难以完成全面检验的,该期限仅视为买受人对标的物的外观瑕疵提出异议的期限。

约定的检验期限或者质量保证期短于法律、行政法规规定期限的,应当以法律、行政法规规定的期限为准。

第六百二十三条 当事人对检验期限未作约定,买受人签收的送货单、确认单等载明标的物数量、型号、规格的,推定买受人已经对数量和外观瑕疵进行检验,但是有相关证据足以推翻的除外。

第六百二十四条 出卖人依照买受人的指示向第三人交付标的物,出卖人和买受人约定的检验标准与买受人和第三人约定的检验标准不一致的,以出卖人和买受人约定的检验标准为准。

【司法解释】

《最高人民法院关于审理买卖合同纠纷案件适用法律问题的解释》(法释〔2012〕8 号,20120701;经法释〔2020〕17 号修正,20210101)

第十二条 人民法院具体认定民法典第六百二十一条第二款规定的"合理期限"时,应当综合当事人之间的交易性质、交易目的、交易方式、交易习惯、标的物的种类、数量、性质、安装和使用情况、瑕疵的性质、买受人应尽的合理注意义务、检验方法和难易程度、买受人或者检验人所处的具体环境、自身技能以及其他合理因素,依据诚实信用原则进行判断。

民法典第六百二十一条第二款规定的"二年"是最长的合理期限。该期限为不变期间，不适用诉讼时效中止、中断或者延长的规定。

第十三条　买受人在合理期限内提出异议，出卖人以买受人已经支付价款、确认欠款数额、使用标的物等为由，主张买受人放弃异议的，人民法院不予支持，但当事人另有约定的除外。

第十四条　民法典第六百二十一条规定的检验期限、合理期限、二年期限经过后，买受人主张标的物的数量或者质量不符合约定的，人民法院不予支持。

出卖人自愿承担违约责任后，又以上述期限经过为由翻悔的，人民法院不予支持。

第十五条　买受人依约保留部分价款作为质量保证金，出卖人在质量保证期未及时解决质量问题而影响标的物的价值或者使用效果，出卖人主张支付该部分价款的，人民法院不予支持。

第十六条　买受人在检验期限、质量保证期、合理期限内提出质量异议，出卖人未按要求予以修理或者因情况紧急，买受人自行或者通过第三人修理标的物后，主张出卖人负担因此发生的合理费用的，人民法院应予支持。

【适用要点】

针对船舶质量问题，首先要区分是船舶买卖合同，还是船舶建造合同，不同的合同，由此产生的责任是不一样的。法律法规、造船惯例以及世界通行的标准造船合同没有对船舶质量缺陷作专门规定，出现质量问题时，一般需要通过鉴定的方式进行确认。在案件审理中，则需要结合合同条款、技术协议、图纸、说明书等个案的具体情况予以判定。在船舶买卖合同中，卖方的主要义务是交付符合要求的船舶，在船舶存在质量问题的情况下，买方可以通过主张要求修理和更换、减少价金、违约责任、解除合同等途径来寻求救济。

7. 船舶价款的支付

【相关立法】

《中华人民共和国民法典》(20210101)

第六百二十六条　买受人应当按照约定的数额和支付方式支付价款。对价款的数额和支付方式没有约定或者约定不明确的，适用本法第五百一十条、第五百一十一条第二项和第五项的规定。

第六百二十七条　买受人应当按照约定的地点支付价款。对支付地点没有约定或者约定不明确,依据本法第五百一十条的规定仍不能确定的,买受人应当在出卖人的营业地支付;但是,约定支付价款以交付标的物或者交付提取标的物单证为条件的,在交付标的物或者交付提取标的物单证的所在地支付。

第六百二十八条　买受人应当按照约定的时间支付价款。对支付时间没有约定或者约定不明确,依据本法第五百一十条的规定仍不能确定的,买受人应当在收到标的物或者提取标的物单证的同时支付。

【适用要点】

船舶买卖合同纠纷中,买方的主要义务是支付价款,买方应按照合同约定的数额、时间和地点履行支付价款义务。当事人双方在合同中未对价款交付时间作出约定的,法律有特别规定的,依照法律的特别规定;法律没有特别规定的,依照交易习惯;无交易习惯的,按照同时履行的原则,同时履行合同义务。

8. 船舶所有权保留

【相关立法】

《中华人民共和国民法典》(20210101)

第六百四十一条　当事人可以在买卖合同中约定买受人未履行支付价款或者其他义务的,标的物的所有权属于出卖人。

出卖人对标的物保留的所有权,未经登记,不得对抗善意第三人。

第六百四十二条　当事人约定出卖人保留合同标的物的所有权,在标的物所有权转移前,买受人有下列情形之一,造成出卖人损害的,除当事人另有约定外,出卖人有权取回标的物:

(一)未按照约定支付价款,经催告后在合理期限内仍未支付;

(二)未按照约定完成特定条件;

(三)将标的物出卖、出质或者作出其他不当处分。

出卖人可以与买受人协商取回标的物;协商不成的,可以参照适用担保物权的实现程序。

第六百四十三条　出卖人依据前条第一款的规定取回标的物后,买受人在双方约定或者出卖人指定的合理回赎期限内,消除出卖人取回标的物的事由的,可以请求回赎标的物。

买受人在回赎期限内没有回赎标的物,出卖人可以以合理价格将标的物出卖给第三人,出卖所得价款扣除买受人未支付的价款以及必要费用后仍有剩余的,应当返还买受人;不足部分由买受人清偿。

【司法解释】

《最高人民法院关于审理买卖合同纠纷案件适用法律问题的解释》(法释〔2012〕8 号,20120701;经法释〔2020〕17 号修正,20210101)

第二十六条 买受人已经支付标的物总价款的百分之七十五以上,出卖人主张取回标的物的,人民法院不予支持。

在民法典第六百四十二条第一款第三项情形下,第三人依据民法典第三百一十一条的规定已经善意取得标的物所有权或者其他物权,出卖人主张取回标的物的,人民法院不予支持。

第二十七条 民法典第六百三十四条第一款规定的"分期付款",系指买受人将应付的总价款在一定期限内至少分三次向出卖人支付。

分期付款买卖合同的约定违反民法典第六百三十四条第一款的规定,损害买受人利益,买受人主张该约定无效的,人民法院应予支持。

第二十八条 分期付款买卖合同约定出卖人在解除合同时可以扣留已受领价金,出卖人扣留的金额超过标的物使用费以及标的物受损赔偿额,买受人请求返还超过部分的,人民法院应予支持。

当事人对标的物的使用费没有约定的,人民法院可以参照当地同类标的物的租金标准确定。

【适用要点】

船舶所有权保留条款是指船舶买卖双方约定,买方在没有付清全部船舶价款之前,卖方保留对该船舶所有权的条款。通过买卖双方约定改变一般情况下所有权变动的规则。需要注意的是,如果双方约定,一方将船舶出租于另一方,待最后一笔租金支付完毕,将船舶所有权转移给承租人,在船舶所有权转移之前未涉及所有权转移的问题,故该种情况不涉及船舶所有权保留问题。

9. 船舶买卖合同的解除与违约责任

【相关立法】

《中华人民共和国民法典》(20210101)

第五百九十七条 因出卖人未取得处分权致使标的物所有权不能转移

的,买受人可以解除合同并请求出卖人承担违约责任。

法律、行政法规禁止或者限制转让的标的物,依照其规定。

第六百三十一条　因标的物的主物不符合约定而解除合同的,解除合同的效力及于从物。因标的物的从物不符合约定被解除的,解除的效力不及于主物。

第六百三十二条　标的物为数物,其中一物不符合约定的,买受人可以就该物解除。但是,该物与他物分离使标的物的价值显受损害的,买受人可以就数物解除合同。

第六百三十四条　分期付款的买受人未支付到期价款的数额达到全部价款的五分之一,经催告后在合理期限内仍未支付到期价款的,出卖人可以请求买受人支付全部价款或者解除合同。

出卖人解除合同的,可以向买受人请求支付该标的物的使用费。

【司法解释】

《最高人民法院关于审理买卖合同纠纷案件适用法律问题的解释》(法释〔2012〕8 号,20120701;经法释〔2020〕17 号修正,20210101)

第十七条　标的物质量不符合约定,买受人依照民法典第五百八十二条的规定要求减少价款的,人民法院应予支持。当事人主张以符合约定的标的物和实际交付的标的物按交付时的市场价值计算差价的,人民法院应予支持。

价款已经支付,买受人主张返还减价后多出部分价款的,人民法院应予支持。

第十八条　买卖合同对付款期限作出的变更,不影响当事人关于逾期付款违约金的约定,但该违约金的起算点应当随之变更。

买卖合同约定逾期付款违约金,买受人以出卖人接受价款时未主张逾期付款违约金为由拒绝支付该违约金的,人民法院不予支持。

买卖合同约定逾期付款违约金,但对账单、还款协议等未涉及逾期付款责任,出卖人根据对账单、还款协议等主张欠款时请求买受人依约支付逾期付款违约金的,人民法院应予支持,但对账单、还款协议等明确载有本金及逾期付款利息数额或者已经变更买卖合同中关于本金、利息等约定内容的除外。

买卖合同没有约定逾期付款违约金或者该违约金的计算方法,出卖人以买受人违约为由主张赔偿逾期付款损失,违约行为发生在 2019 年 8 月 19 日之前的,人民法院可以中国人民银行同期同类人民币贷款基准利率为基础,参照逾期罚息利率标准计算;违约行为发生在 2019 年 8 月 20 日之后的,人民法院可以违约行为发生时中国人民银行授权全国银行间同业拆借中心公布的一年期贷款市场报价利率(LPR)标准为基础,加计 30—50% 计算逾期付款损失。

第十九条 出卖人没有履行或者不当履行从给付义务,致使买受人不能实现合同目的,买受人主张解除合同的,人民法院应当根据民法典第五百六十三条第一款第四项的规定,予以支持。

第二十条 买卖合同因违约而解除后,守约方主张继续适用违约金条款的,人民法院应予支持;但约定的违约金过分高于造成的损失的,人民法院可以参照民法典第五百八十五条第二款的规定处理。

第二十一条 买卖合同当事人一方以对方违约为由主张支付违约金,对方以合同不成立、合同未生效、合同无效或者不构成违约等为由进行免责抗辩而未主张调整过高的违约金的,人民法院应当就法院若不支持免责抗辩,当事人是否需要主张调整违约金进行释明。

一审法院认为免责抗辩成立且未予释明,二审法院认为应当判决支付违约金的,可以直接释明并改判。

第二十二条 买卖合同当事人一方违约造成对方损失,对方主张赔偿可得利益损失的,人民法院在确定违约责任范围时,应当根据当事人的主张,依据民法典第五百八十四条、第五百九十一条、第五百九十二条、本解释第二十三条等规定进行认定。

第二十三条 买卖合同当事人一方因对方违约而获有利益,违约方主张从损失赔偿额中扣除该部分利益的,人民法院应予支持。

第二十四条 买受人在缔约时知道或者应当知道标的物质量存在瑕疵,主张出卖人承担瑕疵担保责任的,人民法院不予支持,但买受人在缔约时不知道该瑕疵会导致标的物的基本效用显著降低的除外。

第三十一条 出卖人履行交付义务后诉请买受人支付价款,买受人以出卖人违约在先为由提出异议的,人民法院应当按照下列情况分别处理:

(一)买受人拒绝支付违约金、拒绝赔偿损失或者主张出卖人应当采取减少价款等补救措施的,属于提出抗辩;

(二)买受人主张出卖人应支付违约金、赔偿损失或者要求解除合同的,应当提起反诉。

【典型案例】

（1）船舶买卖合同中出卖人未按照合同约定办理船舶所有权注销登记，买受人能否主张解除合同？［俞建庭与郑桂明船舶买卖合同纠纷案，（2018）最高法民申 2869 号］

船舶出卖人未按照合同的约定履行船舶所有权注销登记，构成违约。在船舶买受人诉请解除涉案船舶买卖合同，而非请求出卖人继续履行合同并承担违约责任时，由于双方已经办理船舶交接手续，买受人已经支付绝大多数船款，从维护市场交易的秩序与稳定等因素综合考量，不宜支持买受人解除涉案船舶买卖合同的主张。

（2）船舶出卖人未协助买受人办理所有权登记手续，买受人是否有权要求解除合同？［邱文成与南京成功船务有限公司船舶买卖合同纠纷案，（2007）闽民终字第 43 号］

船舶出卖人将船舶交付给买受人后，应当转移标的物所有权。我国对船舶采取以登记为权利公示的制度，因此除非买受人购买船舶只是为了占有而非经营，否则无法办理所有权登记，即无法取得具有排他性的所有权，也无法将船舶投入营运，买卖合同的目的自然要落空。在二手船舶所有权的转移中，包含原所有权的注销和新所有权的登记，因此，出卖人不仅要将原所有权注销，还负有协助买方办理新所有权登记的义务。在出卖人无法配合买受人办理所有权登记手续时，如果合同目的自然无法实现，买受人有权要求解除合同。

【适用要点】

船舶买卖合同的解除包括约定解除和法定解除，约定解除包括协议解除和约定解除权两种情形，实践中，需要结合船舶买卖协议约定的具体情形来判定是否享有解除权。法定解除一般是因不可抗力、预期违约、迟延履行、根本违约等原因，致使合同目的不能实现时，当事人可以选择行使法定解除权。

十四、船舶物料和备品供应合同纠纷

1. 案由释义

船舶物料和备品供应合同,是指供应商向船方提供船用物料和备品,船方向供应商支付货物价款的合同。船舶物料和备品种类繁多,依不同标准可做不同分类。根据物料和备品的自身形态,可分为燃润料及水、黑白金属、有色金属、金属制品、化学品、电工材料、各种工具等;根据物料和备品的用途,可分为甲板用品、轮机用品、消防救生设备、船舶电气设备、钢丝绳及索具、集装箱绑扎件、包括防爆工具在内的各种工具及其他常规物料。为保障船员在船上正常生活相关的生活物资,也属于船舶物料和备品的范畴。总之,船舶物料和备品是保障船舶正常营运、船员在船上正常生活的重要物资。

2. 诉讼程序规范

【相关立法】

《中华人民共和国民事诉讼法》(19910409;20220101)

第二十四条　因合同纠纷提起的诉讼,由被告住所地或者合同履行地人民法院管辖。

【司法解释】

《最高人民法院关于海事法院受理案件范围的规定》(法释〔2016〕4 号,20160301)

18. 与特定船舶营运相关的物料、燃油、备品供应合同纠纷案件;

【适用要点】

船舶物料和备品供应合同纠纷案件属于海事法院受案范围,应由海事法院专门管辖。因船舶物料和备品供应合同纠纷提起的诉讼,由合同履行地以及被告住所地海事法院管辖。在案由确定上,根据《最高人民法院关于海事法院受理案件范围的规定》第十三条的规定,船舶关键部件和专用物品的分包施工、委托建造、订制、买卖等合同纠纷案件属于海事法院受案范围,但船舶关键部件和专用物品为船舶的组成部分,不属于船舶物料和备品,其买卖合同不属于船舶物料和备品供应合同,不适用本案由。

3. 船舶物料和备品供应合同的订立

【相关立法】

《中华人民共和国民法典》(20210101)

第五百九十五条　买卖合同是出卖人转移标的物的所有权于买受人,买受人支付价款的合同。

第五百九十六条　买卖合同的内容一般包括标的物的名称、数量、质量、价款、履行期限、履行地点和方式、包装方式、检验标准和方法、结算方式、合同使用的文字及其效力等条款。

【司法解释】

《最高人民法院关于审理买卖合同纠纷案件适用法律问题的解释》(法释〔2012〕8号,20120701;经法释〔2020〕17号修正,20210101)

第一条　当事人之间没有书面合同,一方以送货单、收货单、结算单、发票等主张存在买卖合同关系的,人民法院应当结合当事人之间的交易方式、交易习惯以及其他相关证据,对买卖合同是否成立作出认定。

对账确认函、债权确认书等函件、凭证没有记载债权人名称,买卖合同当事人一方以此证明存在买卖合同关系的,人民法院应予支持,但有相反证据足以推翻的除外。

【典型案例】

(1)盖有船章的供油凭证,能否作为认定船舶物料和备品供应合同的直接依据?[大连海昌船运有限公司与宁波翔海燃料有限公司等船舶物料和备品供应合同纠纷案,(2013)浙海终字第90号]

没有签订书面供油合同,但在供油凭证上加盖了船方的船章,供油凭证可作为判断当事人之间构成供油关系的证明。供油凭证上盖有船方的船章,船章并非公司公章,只能是识别合同主体的初步证据。在涉案船舶存在光船租赁的情况下,且有证据证明实际受油方为船舶的承租人而非船舶所有人时,应由船舶承租人承担支付油款的责任。

(2)供油确认单能否直接证明供油合同主体的身份?［天津济盛船舶燃料有限公司与安徽省皖江轮船运输有限公司、安徽省芜湖市昌远船务有限公司买卖合同纠纷案,(2012)津高民四终字第 162 号］

供油确认单可以作为燃油供应合同成立以及供油义务已履行的依据,但供油确认单上,一方加盖船章的行为也只是作为接收人对供油行为完成及具体行为内容的确认,并不能因此认定盖章公司就一定是合同相对人,供油确认单对于供油合同主体的身份不具有直接的证明作用。

【适用要点】

在实践中,船舶物料和备品供应合同当事方存在不签订书面合同的情形,这种情况对认定合同成立、识别合同主体以及确认合同主要条款带来很大困难。在没有书面合同的情况下,一般应当将供油凭证、发票、收据等作为初步证据进行审查,在供应交付行为已经完成的情况下,在充分考量各方交易习惯和行业惯例的基础上认定合同是否成立,并适用民法典及买卖合同司法解释中关于合同约定不明的相关规定推定合同权利义务。

船舶物料和备品供应合同纠纷中,如何准确识别供应商的合同相对方是最突出的问题。在船舶经营中,存在光船租赁、挂靠经营、合伙经营、承包经营等方式,在由相关工作人员接受或供货凭证上仅加盖船名章的情况下,不能仅以签字或者盖船名章直接确定供油方的相对方,需要结合船舶实际经营情况判定合同相对方。

4. 船舶物料和备品的交付与风险负担

【相关立法】

《中华人民共和国民法典》(20210101)

第五百九十八条　出卖人应当履行向买受人交付标的物或者交付提取标的物的单证,并转移标的物所有权的义务。

第五百九十九条　出卖人应当按照约定或者交易习惯向买受人交付提取标的物单证以外的有关单证和资料。

第六百零一条　出卖人应当按照约定的时间交付标的物。约定交付期限的,出卖人可以在该交付期限内的任何时间交付。

第六百零二条 当事人没有约定标的物的交付期限或者约定不明确的,适用本法第五百一十条、第五百一十一条第四项的规定。

第六百零三条 出卖人应当按照约定的地点交付标的物。

当事人没有约定交付地点或者约定不明确,依据本法第五百一十条的规定仍不能确定的,适用下列规定:

(一)标的物需要运输的,出卖人应当将标的物交付给第一承运人以运交给买受人;

(二)标的物不需要运输,出卖人和买受人订立合同时知道标的物在某一地点的,出卖人应当在该地点交付标的物;不知道标的物在某一地点的,应当在出卖人订立合同时的营业地交付标的物。

第六百零四条 标的物毁损、灭失的风险,在标的物交付之前由出卖人承担,交付之后由买受人承担,但是法律另有规定或者当事人另有约定的除外。

第六百零五条 因买受人的原因致使标的物未按照约定的期限交付的,买受人应当自违反约定时起承担标的物毁损、灭失的风险。

第六百零八条 出卖人按照约定或者依据本法第六百零三条第二款第二项的规定将标的物置于交付地点,买受人违反约定没有收取的,标的物毁损、灭失的风险自违反约定时起由买受人承担。

第六百零九条 出卖人按照约定未交付有关标的物的单证和资料的,不影响标的物毁损、灭失风险的转移。

第六百一十条 因标的物不符合质量要求,致使不能实现合同目的的,买受人可以拒绝接受标的物或者解除合同。买受人拒绝接受标的物或者解除合同的,标的物毁损、灭失的风险由出卖人承担。

第六百一十一条 标的物毁损、灭失的风险由买受人承担的,不影响因出卖人履行义务不符合约定,买受人请求其承担违约责任的权利。

【司法解释】

《最高人民法院关于审理买卖合同纠纷案件适用法律问题的解释》(法释〔2012〕8 号,20120701;经法释〔2020〕17 号修正,20210101)

第四条 民法典第五百九十九条规定的"提取标的物单证以外的有关单证和资料",主要应当包括保险单、保修单、普通发票、增值税专用发票、产品合格证、质量保证书、质量鉴定书、品质检验证书、产品进出口检疫书、原产地证明书、使用说明书、装箱单等。

第五条 出卖人仅以增值税专用发票及税款抵扣资料证明其已履行交付标的物义务,买受人不认可的,出卖人应当提供其他证据证明交付标的物的事实。

合同约定或者当事人之间习惯以普通发票作为付款凭证,买受人以普通发票证明已经履行付款义务的,人民法院应予支持,但有相反证据足以推翻的除外。

【典型案例】

供应商迟延交付船舶物料和备品但未给船方造成损失的,应如何处理?[舟山嘉奕船务有限公司与宁波新海业救生设备有限公司船舶物料和备品供应合同纠纷案,(2012)浙海终字第61号]

迟延履行的情况下双方合同有约定应当从约定,如无相关约定应以实际损失作为迟延交付责任的判断标准。供应方迟延交付船舶物料和备品,但由于双方在合同中对迟延交付没有约定违约金的计算方式,船方亦未能举证证明存在损失,且没有对质量问题提出诉讼主张,故法院对船方要求减扣货款的请求不予支持。

【适用要点】

船舶物料和备品供应合同确定交付的时间、地点及风险转移的规则与一般的买卖合同确定规则基本一致。需要注意的是,在油品供应中一般都是直接加注于船舶,加注完成即完成交付义务。

5. 船舶物料和备品的瑕疵担保责任

【相关立法】

《中华人民共和国民法典》(20210101)

第六百一十二条　出卖人就交付的标的物,负有保证第三人对该标的物不享有任何权利的义务,但是法律另有规定的除外。

第六百一十三条　买受人订立合同时知道或者应当知道第三人对买卖的标的物享有权利的,出卖人不承担前条规定的义务。

第六百一十四条　买受人有确切证据证明第三人对标的物享有权利的,可以中止支付相应的价款,但是出卖人提供适当担保的除外。

第六百一十五条　出卖人应当按照约定的质量要求交付标的物。出卖人提供有关标的物质量说明的,交付的标的物应当符合该说明的质量要求。

第六百一十六条　当事人对标的物的质量要求没有约定或者约定不明确,依据本法第五百一十条的规定仍不能确定的,适用本法第五百一十一条第一项的规定。

第六百一十七条 出卖人交付的标的物不符合质量要求的,买受人可以依据本法第五百八十二条至第五百八十四条的规定请求承担违约责任。

第六百一十八条 当事人约定减轻或者免除出卖人对标的物瑕疵承担的责任,因出卖人故意或者重大过失不告知买受人标的物瑕疵的,出卖人无权主张减轻或者免除责任。

第六百二十条 买受人收到标的物时应当在约定的检验期限内检验。没有约定检验期限的,应当及时检验。

第六百二十一条 当事人约定检验期限的,买受人应当在检验期限内将标的物的数量或者质量不符合约定的情形通知出卖人。买受人怠于通知的,视为标的物的数量或者质量符合约定。

当事人没有约定检验期限的,买受人应当在发现或者应当发现标的物的数量或者质量不符合约定的合理期限内通知出卖人。买受人在合理期限内未通知或者自收到标的物之日起二年内未通知出卖人的,视为标的物的数量或者质量符合约定;但是,对标的物有质量保证期的,适用质量保证期,不适用该二年的规定。

出卖人知道或者应当知道提供的标的物不符合约定的,买受人不受前两款规定的通知时间的限制。

第六百二十二条 当事人约定的检验期限过短,根据标的物的性质和交易习惯,买受人在检验期限内难以完成全面检验的,该期限仅视为买受人对标的物的外观瑕疵提出异议的期限。

约定的检验期限或者质量保证期短于法律、行政法规规定期限的,应当以法律、行政法规规定的期限为准。

第六百二十三条 当事人对检验期限未作约定,买受人签收的送货单、确认单等载明标的物数量、型号、规格的,推定买受人已经对数量和外观瑕疵进行检验,但是有相关证据足以推翻的除外。

第六百二十四条 出卖人依照买受人的指示向第三人交付标的物,出卖人和买受人约定的检验标准与买受人和第三人约定的检验标准不一致的,以出卖人和买受人约定的检验标准为准。

【司法解释】

《最高人民法院关于审理买卖合同纠纷案件适用法律问题的解释》(法释〔2012〕8号,20120701;经法释〔2020〕17号修正,20210101)

第十二条 人民法院具体认定民法典第六百二十一条第二款规定的

"合理期限"时,应当综合当事人之间的交易性质、交易目的、交易方式、交易习惯、标的物的种类、数量、性质、安装和使用情况、瑕疵的性质、买受人应尽的合理注意义务、检验方法和难易程度、买受人或者检验人所处的具体环境、自身技能以及其他合理因素,依据诚实信用原则进行判断。

民法典第六百二十一条第二款规定的"二年"是最长的合理期限。该期限为不变期间,不适用诉讼时效中止、中断或者延长的规定。

第十三条　买受人在合理期限内提出异议,出卖人以买受人已经支付价款、确认欠款数额、使用标的物等为由,主张买受人放弃异议的,人民法院不予支持,但当事人另有约定的除外。

第十四条　民法典第六百二十一条规定的检验期限、合理期限、二年期限经过后,买受人主张标的物的数量或者质量不符合约定的,人民法院不予支持。

出卖人自愿承担违约责任后,又以上述期限经过为由翻悔的,人民法院不予支持。

第十五条　买受人依约保留部分价款作为质量保证金,出卖人在质量保证期未及时解决质量问题而影响标的物的价值或者使用效果,出卖人主张支付该部分价款的,人民法院不予支持。

第十六条　买受人在检验期限、质量保证期、合理期限内提出质量异议,出卖人未按要求予以修理或者因情况紧急,买受人自行或者通过第三人修理标的物后,主张出卖人负担因此发生的合理费用的,人民法院应予支持。

【典型案例】

船方因油品质量问题向供应商主张赔偿损失,应如何分配举证责任?
[宁波永正海运有限公司与中国船舶燃料连云港有限公司船舶物料和备品供应合同纠纷案,(2014)沪高民四(海)终字第23号]

供应方提供的油品存在质量问题,对船方因更换船用油产生的油耗损失,应予赔偿。本案当事人争议的关键在于重油灰分超标与永正海运所诉请的损失之间是否存在法定的因果关系。从现有证据来看,永正海运未提供相应证据排除引起设备故障的其他原因,也未充分举证证明重油灰分超标与涉案船舶主机设备故障之间存在直接因果关系,法院对其要求供应方赔偿主机设备损失的主张不予支持。关于永正海运诉请的船舶维修、更换配件和往返连云港驳油造成的船期损失、主机燃烧轻油差价损失、重油杂质多油分离浪费重油损失、68吨重油款利息损失等,法院认为永正海运未能举证证明上述损失已实际产生,以及重油灰分超标与上述损失之间存在因果关系,亦不予支持。

【适用要点】

涉及船舶物料及备品的质量及权利瑕疵所出现的纠纷,因海商法并未作出特别规定,因此应当依照民法典及买卖合同司法解释(2020年修正)的相关规定予以解决。在此类纠纷中有时会存在违约责任与侵权责任的竞合,应当在释明基础上根据当事人所做选择分别依据不同法律适用进行审理,当事人也应当根据所做选择组织证据。

6. 船舶物料和备品价款的支付

【相关立法】

《中华人民共和国民法典》(20210101)

第六百二十六条　买受人应当按照约定的数额和支付方式支付价款。对价款的数额和支付方式没有约定或者约定不明确的,适用本法第五百一十条、第五百一十一条第二项和第五项的规定。

第六百二十七条　买受人应当按照约定的地点支付价款。对支付地点没有约定或者约定不明确,依据本法第五百一十条的规定仍不能确定的,买受人应当在出卖人的营业地支付;但是,约定支付价款以交付标的物或者交付提取标的物单证为条件的,在交付标的物或者交付提取标的物单证的所在地支付。

第六百二十八条　买受人应当按照约定的时间支付价款。对支付时间没有约定或者约定不明确,依据本法第五百一十条的规定仍不能确定的,买受人应当在收到标的物或者提取标的物单证的同时支付。

【司法解释】

《最高人民法院关于审理买卖合同纠纷案件适用法律问题的解释》(法释〔2012〕8号,20120701;经法释〔2020〕17号修正,20210101)

第二十七条　民法典第六百三十四条第一款规定的"分期付款",系指买受人将应付的总价款在一定期限内至少分三次向出卖人支付。

分期付款买卖合同的约定违反民法典第六百三十四条第一款的规定,损害买受人利益,买受人主张该约定无效的,人民法院应予支持。

第二十八条　分期付款买卖合同约定出卖人在解除合同时可以扣留已受领价金,出卖人扣留的金额超过标的物使用费以及标的物受损赔偿额,买受人请求返还超过部分的,人民法院应予支持。

当事人对标的物的使用费没有约定的,人民法院可以参照当地同类标的物的租金标准确定。

【典型案例】

当事人未约定付款时间的应如何处理? [天津金港通商港湾建设有限公司与天津广源顺船舶燃料供应有限公司船舶物料供应合同纠纷案,(2011)津高民四终字第 36 号]

买受人应当按照约定的时间支付价款。依照相关规定,对支付时间没有约定或者约定不明确,当事人可以协议补充;不能达成补充协议的,按照合同相关条款或者交易习惯确定。在此情况下,价款支付时间仍不能确定的,买受人应当在收到标的物或者提取标的物单证的同时支付。故在案涉船舶物料供应合同中,在当事人之间没有长期船舶物料供应合同且无证据证明双方交易习惯的情况下,接受供应一方应在接受所提供船舶物料的同时,履行相应付款义务。

【适用要点】

依约支付价款是船舶物料及备品供应合同中船方主要合同义务,但因该类案件中大量存在没有书面合同的情形,价款支付时间就会发生争议。根据民法典第六百二十八条规定,在双方无法形成一致意见,且没有惯例可以遵循的情况下应当以"收到标的物或者提取标的物单证"作为支付时间。

7. 船舶物料和备品合同解除及违约责任承担

【相关立法】

《中华人民共和国民法典》(20210101)

第五百六十二条 当事人协商一致,可以解除合同。

当事人可以约定一方解除合同的事由。解除合同的事由发生时,解除权人可以解除合同。

第五百六十三条 有下列情形之一的,当事人可以解除合同:

(一)因不可抗力致使不能实现合同目的;

(二)在履行期限届满前,当事人一方明确表示或者以自己的行为表明不履行主要债务;

(三)当事人一方迟延履行主要债务,经催告后在合理期限内仍未履行;

(四)当事人一方迟延履行债务或者有其他违约行为致使不能实现合同

目的;

(五)法律规定的其他情形。

以持续履行的债务为内容的不定期合同,当事人可以随时解除合同,但是应当在合理期限之前通知对方。

第五百六十四条 法律规定或者当事人约定解除权行使期限,期限届满当事人不行使的,该权利消灭。

法律没有规定或者当事人没有约定解除权行使期限,自解除权人知道或者应当知道解除事由之日起一年内不行使,或者经对方催告后在合理期限内不行使的,该权利消灭。

第五百六十五条 当事人一方依法主张解除合同的,应当通知对方。合同自通知到达对方时解除;通知载明债务人在一定期限内不履行债务则合同自动解除,债务人在该期限内未履行债务的,合同自通知载明的期限届满时解除。对方对解除合同有异议的,任何一方当事人均可以请求人民法院或者仲裁机构确认解除行为的效力。

当事人一方未通知对方,直接以提起诉讼或者申请仲裁的方式依法主张解除合同,人民法院或者仲裁机构确认该主张的,合同自起诉状副本或者仲裁申请书副本送达对方时解除。

第五百六十六条 合同解除后,尚未履行的,终止履行;已经履行的,根据履行情况和合同性质,当事人可以请求恢复原状或者采取其他补救措施,并有权请求赔偿损失。

合同因违约解除的,解除权人可以请求违约方承担违约责任,但是当事人另有约定的除外。

主合同解除后,担保人对债务人应当承担的民事责任仍应当承担担保责任,但是担保合同另有约定的除外。

第五百七十七条 当事人一方不履行合同义务或者履行合同义务不符合约定的,应当承担继续履行、采取补救措施或者赔偿损失等违约责任。

第五百九十七条 因出卖人未取得处分权致使标的物所有权不能转移的,买受人可以解除合同并请求出卖人承担违约责任。

法律、行政法规禁止或者限制转让的标的物,依照其规定。

【司法解释】

《最高人民法院关于审理买卖合同纠纷案件适用法律问题的解释》(法释〔2012〕8 号,20120701;经法释〔2020〕17 号修正,20210101)

第十七条 标的物质量不符合约定,买受人依照民法典第五百八十二条的规定要求减少价款的，人民法院应予支持。当事人主张以符合约定的标的物和实际交付的标的物按交付时的市场价值计算差价的，人民法院应予支持。

价款已经支付，买受人主张返还减价后多出部分价款的，人民法院应予支持。

第十八条　买卖合同对付款期限作出的变更，不影响当事人关于逾期付款违约金的约定，但该违约金的起算点应当随之变更。

买卖合同约定逾期付款违约金，买受人以出卖人接受价款时未主张逾期付款违约金为由拒绝支付该违约金的，人民法院不予支持。

买卖合同约定逾期付款违约金，但对账单、还款协议等未涉及逾期付款责任，出卖人根据对账单、还款协议等主张欠款时请求买受人依约支付逾期付款违约金的，人民法院应予支持，但对账单、还款协议等明确载有本金及逾期付款利息数额或者已经变更买卖合同中关于本金、利息等约定内容的除外。

买卖合同没有约定逾期付款违约金或者该违约金的计算方法，出卖人以买受人违约为由主张赔偿逾期付款损失，违约行为发生在 2019 年 8 月 19 日之前的，人民法院可以中国人民银行同期同类人民币贷款基准利率为基础，参照逾期罚息利率标准计算；违约行为发生在 2019 年 8 月 20 日之后的，人民法院可以违约行为发生时中国人民银行授权全国银行间同业拆借中心公布的一年期贷款市场报价利率（LPR）标准为基础，加计 30—50% 计算逾期付款损失。

第十九条　出卖人没有履行或者不当履行从给付义务，致使买受人不能实现合同目的，买受人主张解除合同的，人民法院应当根据民法典第五百六十三条第一款第四项的规定，予以支持。

第二十条　买卖合同因违约而解除后，守约方主张继续适用违约金条款的，人民法院应予支持；但约定的违约金过分高于造成的损失的，人民法院可以参照民法典第五百八十五条第二款的规定处理。

第二十一条　买卖合同当事人一方以对方违约为由主张支付违约金，对方以合同不成立、合同未生效、合同无效或者不构成违约等为由进行免责抗辩而未主张调整过高的违约金的，人民法院应当就法院若不支持免责抗辩，当事人是否需要主张调整违约金进行释明。

一审法院认为免责抗辩成立且未予释明，二审法院认为应当判决支付违约金的，可以直接释明并改判。

第二十二条　买卖合同当事人一方违约造成对方损失，对方主张赔偿可得利益损失的,人民法院在确定违约责任范围时,应当根据当事人的主张,依据民法典第五百八十四条、第五百九十一条、第五百九十二条、本解释第二十三条等规定进行认定。

第二十三条 买卖合同当事人一方因对方违约而获有利益,违约方主张从损失赔偿额中扣除该部分利益的,人民法院应予支持。

第二十四条 买受人在缔约时知道或者应当知道标的物质量存在瑕疵,主张出卖人承担瑕疵担保责任的,人民法院不予支持,但买受人在缔约时不知道该瑕疵会导致标的物的基本效用显著降低的除外。

第三十一条 出卖人履行交付义务后诉请买受人支付价款,买受人以出卖人违约在先为由提出异议的,人民法院应当按照下列情况分别处理:

(一)买受人拒绝支付违约金、拒绝赔偿损失或者主张出卖人应当采取减少价款等补救措施的,属于提出抗辩;

(二)买受人主张出卖人应支付违约金、赔偿损失或者要求解除合同的,应当提起反诉。

【适用要点】

船舶物料和备品供应合同,作为特殊的买卖合同,在合同解除和合同违约责任的判定中,可以直接适用民法典买卖合同的相关规定。由于船舶物料和备品自身的形态和特性,在交付的过程中,不易发现质量问题,很多问题都是在使用过程中才发现,对于这些问题,一般都需要通过专业的检测部门作出鉴定,依照检验机构的报告来界定供应商是否存在责任及责任大小。因船舶物料和备品质量问题主张损害赔偿责任,在认定船舶物料和备品存在质量问题的前提下,还需要证明船舶物料和备品存在质量问题与损失之间存在因果关系。

十五、船舶建造合同纠纷

1. 案由释义

　　船舶建造合同,是指船舶建造人按约定条件建造船舶,由定造人支付价款的合同。该合同当事人因合同的订立、履行、变更和终止而产生的纠纷,即为船舶建造合同纠纷。

2. 诉讼程序规范

【相关立法】

　　《中华人民共和国民事诉讼法》(19910409;20220101)

　　第二十四条　因合同纠纷提起的诉讼,由被告住所地或者合同履行地人民法院管辖。

【司法解释】

　　(1)《最高人民法院关于海事法院受理案件范围的规定》(法释〔2016〕4号,20160301)

　　12. 船舶工程合同纠纷案件;

　　109. 本规定中的船舶工程系指船舶的建造、修理、改建、拆解等工程及相关的工程监理;本规定中的船舶关键部件和专用物品,系指舱盖板、船壳、龙骨、甲板、救生艇、船用主机、船用辅机、船用钢板、船用油漆等船舶主体结构、重要标志性部件以及专供船舶或者船舶工程使用的设备和材料。

　　(2)《最高人民法院关于适用〈中华人民共和国海事诉讼特别程序法〉若干问题的解释》(法释〔2003〕3号,20030201;经法释〔2008〕18号修正,20081231)

　　第一条　在海上或者通海水域发生的与船舶或者运输、生产、作业相关

的海事侵权纠纷、海商合同纠纷,以及法律或者相关司法解释规定的其他海事纠纷案件由海事法院及其上级人民法院专门管辖。

【适用要点】

船舶建造合同纠纷案件属于海事法院受案范围,应由海事法院专门管辖。因船舶建造合同纠纷提起的诉讼,由船舶建造合同履行地以及被告住所地海事法院管辖。需要注意船舶建造合同纠纷与船舶买卖合同纠纷两个案由的区别:船舶建造合同体现按照约定条件建造船舶的过程,属于广义的承揽合同范畴;而船舶买卖合同仅要求移转船舶的所有权,属于买卖合同的范畴。

3. 船舶建造人与定造人的权利义务

【相关立法】

(1)《中华人民共和国海商法》(19930701)

第二十五条 船舶优先权先于船舶留置权受偿,船舶抵押权后于船舶留置权受偿。

前款所称船舶留置权,是指造船人、修船人在合同另一方未履行合同时,可以留置所占有的船舶,以保证造船费用或者修船费用得以偿还的权利。船舶留置权在造船人、修船人不再占有所造或者所修的船舶时消灭。

(2)《中华人民共和国民法典》(20210101)

第七百七十条 承揽合同是承揽人按照定作人的要求完成工作,交付工作成果,定作人支付报酬的合同。

承揽包括加工、定作、修理、复制、测试、检验等工作。

第七百七十一条 承揽合同的内容一般包括承揽的标的、数量、质量、报酬,承揽方式,材料的提供,履行期限,验收标准和方法等条款。

第七百七十二条 承揽人应当以自己的设备、技术和劳力,完成主要工作,但是当事人另有约定的除外。

承揽人将其承揽的主要工作交由第三人完成的,应当就该第三人完成的工作成果向定作人负责;未经定作人同意的,定作人也可以解除合同。

第七百七十三条 承揽人可以将其承揽的辅助工作交由第三人完成。承揽人将其承揽的辅助工作交由第三人完成的,应当就该第三人完成的工作成果向定作人负责。

第七百七十四条　承揽人提供材料的,应当按照约定选用材料,并接受定作人检验。

第七百七十五条　定作人提供材料的,应当按照约定提供材料。承揽人对定作人提供的材料应当及时检验,发现不符合约定时,应当及时通知定作人更换、补齐或者采取其他补救措施。

承揽人不得擅自更换定作人提供的材料,不得更换不需要修理的零部件。

第七百七十六条　承揽人发现定作人提供的图纸或者技术要求不合理的,应当及时通知定作人。因定作人怠于答复等原因造成承揽人损失的,应当赔偿损失。

第七百七十七条　定作人中途变更承揽工作的要求,造成承揽人损失的,应当赔偿损失。

第七百七十八条　承揽工作需要定作人协助的,定作人有协助的义务。定作人不履行协助义务致使承揽工作不能完成的,承揽人可以催告定作人在合理期限内履行义务,并可以顺延履行期限;定作人逾期不履行的,承揽人可以解除合同。

第七百七十九条　承揽人在工作期间,应当接受定作人必要的监督检验。定作人不得因监督检验妨碍承揽人的正常工作。

第七百八十条　承揽人完成工作的,应当向定作人交付工作成果,并提交必要的技术资料和有关质量证明。定作人应当验收该工作成果。

第七百八十一条　承揽人交付的工作成果不符合质量要求的,定作人可以合理选择请求承揽人承担修理、重作、减少报酬、赔偿损失等违约责任。

第七百八十二条　定作人应当按照约定的期限支付报酬。对支付报酬的期限没有约定或者约定不明确,依据本法第五百一十条的规定仍不能确定的,定作人应当在承揽人交付工作成果时支付;工作成果部分交付的,定作人应当相应支付。

第七百八十三条　定作人未向承揽人支付报酬或者材料费等价款的,承揽人对完成的工作成果享有留置权或者有权拒绝交付,但是当事人另有约定的除外。

第七百八十四条　承揽人应当妥善保管定作人提供的材料以及完成的工作成果,因保管不善造成毁损、灭失的,应当承担赔偿责任。

第七百八十五条　承揽人应当按照定作人的要求保守秘密,未经定作人许可,不得留存复制品或者技术资料。

第七百八十六条　共同承揽人对定作人承担连带责任,但是当事人另有约定的除外。

第七百八十七条　定作人在承揽人完成工作前可以随时解除合同,造成承揽人损失的,应当赔偿损失。

第七百八十八条　建设工程合同是承包人进行工程建设,发包人支付价款的合同。

建设工程合同包括工程勘察、设计、施工合同。

第七百八十九条　建设工程合同应当采用书面形式。

第七百九十条　建设工程的招标投标活动,应当依照有关法律的规定公开、公平、公正进行。

第七百九十一条　发包人可以与总承包人订立建设工程合同,也可以分别与勘察人、设计人、施工人订立勘察、设计、施工承包合同。发包人不得将应当由一个承包人完成的建设工程支解成若干部分发包给数个承包人。

总承包人或者勘察、设计、施工承包人经发包人同意,可以将自己承包的部分工作交由第三人完成。第三人就其完成的工作成果与总承包人或者勘察、设计、施工承包人向发包人承担连带责任。承包人不得将其承包的全部建设工程转包给第三人或者将其承包的全部建设工程支解以后以分包的名义分别转包给第三人。

禁止承包人将工程分包给不具备相应资质条件的单位。禁止分包单位将其承包的工程再分包。建设工程主体结构的施工必须由承包人自行完成。

第七百九十二条　国家重大建设工程合同,应当按照国家规定的程序和国家批准的投资计划、可行性研究报告等文件订立。

第七百九十三条　建设工程施工合同无效,但是建设工程经验收合格的,可以参照合同关于工程价款的约定折价补偿承包人。

建设工程施工合同无效,且建设工程经验收不合格的,按照以下情形处理:

(一)修复后的建设工程经验收合格的,发包人可以请求承包人承担修复费用;

(二)修复后的建设工程经验收不合格的,承包人无权请求参照合同关于工程价款的约定折价补偿。

发包人对因建设工程不合格造成的损失有过错的,应当承担相应的责任。

第七百九十四条　勘察、设计合同的内容一般包括提交有关基础资料和概预算等文件的期限、质量要求、费用以及其他协作条件等条款。

第七百九十五条　施工合同的内容一般包括工程范围、建设工期、中间交工工程的开工和竣工时间、工程质量、工程造价、技术资料交付时间、材料和设备供应责任、拨款和结算、竣工验收、质量保修范围和质量保证期、相互协作等条款。

第七百九十六条 建设工程实行监理的,发包人应当与监理人采用书面形式订立委托监理合同。发包人与监理人的权利和义务以及法律责任,应当依照本编委托合同以及其他有关法律、行政法规的规定。

第七百九十七条 发包人在不妨碍承包人正常作业的情况下,可以随时对作业进度、质量进行检查。

第七百九十八条 隐蔽工程在隐蔽以前,承包人应当通知发包人检查。发包人没有及时检查的,承包人可以顺延工程日期,并有权请求赔偿停工、窝工等损失。

第七百九十九条 建设工程竣工后,发包人应当根据施工图纸及说明书、国家颁发的施工验收规范和质量检验标准及时进行验收。验收合格的,发包人应当按照约定支付价款,并接收该建设工程。

建设工程竣工经验收合格后,方可交付使用;未经验收或者验收不合格的,不得交付使用。

第八百条 勘察、设计的质量不符合要求或者未按照期限提交勘察、设计文件拖延工期,造成发包人损失的,勘察人、设计人应当继续完善勘察、设计,减收或者免收勘察、设计费并赔偿损失。

第八百零一条 因施工人的原因致使建设工程质量不符合约定的,发包人有权请求施工人在合理期限内无偿修理或者返工、改建。经过修理或者返工、改建后,造成逾期交付的,施工人应当承担违约责任。

第八百零二条 因承包人的原因致使建设工程在合理使用期限内造成人身损害和财产损失的,承包人应当承担赔偿责任。

第八百零三条 发包人未按照约定的时间和要求提供原材料、设备、场地、资金、技术资料的,承包人可以顺延工程日期,并有权请求赔偿停工、窝工等损失。

第八百零四条 因发包人的原因致使工程中途停建、缓建的,发包人应当采取措施弥补或者减少损失,赔偿承包人因此造成的停工、窝工、倒运、机械设备调迁、材料和构件积压等损失和实际费用。

第八百零五条 因发包人变更计划,提供的资料不准确,或者未按照期限提供必需的勘察、设计工作条件而造成勘察、设计的返工、停工或者修改设计,发包人应当按照勘察人、设计人实际消耗的工作量增付费用。

第八百零六条 承包人将建设工程转包、违法分包的,发包人可以解除合同。

发包人提供的主要建筑材料、建筑构配件和设备不符合强制性标准或者不履行协助义务,致使承包人无法施工,经催告后在合理期限内仍未履行相应义务的,承包人可以解除合同。

合同解除后,已经完成的建设工程质量合格的,发包人应当按照约定支付相应的工程价款;已经完成的建设工程质量不合格的,参照本法第七百九十三条的规定处理。

第八百零七条 发包人未按照约定支付价款的,承包人可以催告发包人在合理期限内支付价款。发包人逾期不支付的,除根据建设工程的性质不宜折价、拍卖外,承包人可以与发包人协议将该工程折价,也可以请求人民法院将该工程依法拍卖。建设工程的价款就该工程折价或者拍卖的价款优先受偿。

第八百零八条 本章没有规定的,适用承揽合同的有关规定。

【司法解释】

《最高人民法院关于审理建设工程施工合同纠纷案件适用法律问题的解释(一)》(法释〔2020〕25 号,20210101)

第一条 建设工程施工合同具有下列情形之一的,应当依据民法典第一百五十三条第一款的规定,认定无效:

(一)承包人未取得建筑业企业资质或者超越资质等级的;

(二)没有资质的实际施工人借用有资质的建筑施工企业名义的;

(三)建设工程必须进行招标而未招标或者中标无效的。

承包人因转包、违法分包建设工程与他人签订的建设工程施工合同,应当依据民法典第一百五十三条第一款及第七百九十一条第二款、第三款的规定,认定无效。

第二条 招标人和中标人另行签订的建设工程施工合同约定的工程范围、建设工期、工程质量、工程价款等实质性内容,与中标合同不一致,一方当事人请求按照中标合同确定权利义务的,人民法院应予支持。

招标人和中标人在中标合同之外就明显高于市场价格购买承建房产、无偿建设住房配套设施、让利、向建设单位捐赠财物等另行签订合同,变相降低工程价款,一方当事人以该合同背离中标合同实质性内容为由请求确认无效的,人民法院应予支持。

第三条 当事人以发包人未取得建设工程规划许可证等规划审批手续为由,请求确认建设工程施工合同无效的,人民法院应予支持,但发包人在起诉前取得建设工程规划许可证等规划审批手续的除外。

发包人能够办理审批手续而未办理，并以未办理审批手续为由请求确认建设工程施工合同无效的，人民法院不予支持。

第四条 承包人超越资质等级许可的业务范围签订建设工程施工合同，在建设工程竣工前取得相应资质等级，当事人请求按照无效合同处理的，人民法院不予支持。

第五条 具有劳务作业法定资质的承包人与总承包人、分包人签订的劳务分包合同，当事人请求确认无效的，人民法院依法不予支持。

第六条 建设工程施工合同无效，一方当事人请求对方赔偿损失的，应当就对方过错、损失大小、过错与损失之间的因果关系承担举证责任。

损失大小无法确定，一方当事人请求参照合同约定的质量标准、建设工期、工程价款支付时间等内容确定损失大小的，人民法院可以结合双方过错程度、过错与损失之间的因果关系等因素作出裁判。

第七条 缺乏资质的单位或者个人借用有资质的建筑施工企业名义签订建设工程施工合同，发包人请求出借方与借用方对建设工程质量不合格等因出借资质造成的损失承担连带赔偿责任的，人民法院应予支持。

第八条 当事人对建设工程开工日期有争议的，人民法院应当分别按照以下情形予以认定：

（一）开工日期为发包人或者监理人发出的开工通知载明的开工日期；开工通知发出后，尚不具备开工条件的，以开工条件具备的时间为开工日期；因承包人原因导致开工时间推迟的，以开工通知载明的时间为开工日期。

（二）承包人经发包人同意已经实际进场施工的，以实际进场施工时间为开工日期。

（三）发包人或者监理人未发出开工通知，亦无相关证据证明实际开工日期的，应当综合考虑开工报告、合同、施工许可证、竣工验收报告或者竣工验收备案表等载明的时间，并结合是否具备开工条件的事实，认定开工日期。

第九条 当事人对建设工程实际竣工日期有争议的，人民法院应当分别按照以下情形予以认定：

（一）建设工程经竣工验收合格的，以竣工验收合格之日为竣工日期；

（二）承包人已经提交竣工验收报告，发包人拖延验收的，以承包人提交验收报告之日为竣工日期；

（三）建设工程未经竣工验收，发包人擅自使用的，以转移占有建设工程之日为竣工日期。

第十条 当事人约定顺延工期应当经发包人或者监理人签证等方式确

认,承包人虽未取得工期顺延的确认,但能够证明在合同约定的期限内向发包人或者监理人申请过工期顺延且顺延事由符合合同约定,承包人以此为由主张工期顺延的,人民法院应予支持。

当事人约定承包人未在约定期限内提出工期顺延申请视为工期不顺延的,按照约定处理,但发包人在约定期限后同意工期顺延或者承包人提出合理抗辩的除外。

第十九条 当事人对建设工程的计价标准或者计价方法有约定的,按照约定结算工程价款。

因设计变更导致建设工程的工程量或者质量标准发生变化,当事人对该部分工程价款不能协商一致的,可以参照签订建设工程施工合同时当地建设行政主管部门发布的计价方法或者计价标准结算工程价款。

建设工程施工合同有效,但建设工程经竣工验收不合格的,依照民法典第五百七十七条规定处理。

第二十条 当事人对工程量有争议的,按照施工过程中形成的签证等书面文件确认。承包人能够证明发包人同意其施工,但未能提供签证文件证明工程量发生的,可以按照当事人提供的其他证据确认实际发生的工程量。

第二十一条 当事人约定,发包人收到竣工结算文件后,在约定期限内不予答复,视为认可竣工结算文件的,按照约定处理。承包人请求按照竣工结算文件结算工程价款的,人民法院应予支持。

第二十二条 当事人签订的建设工程施工合同与招标文件、投标文件、中标通知书载明的工程范围、建设工期、工程质量、工程价款不一致,一方当事人请求将招标文件、投标文件、中标通知书作为结算工程价款的依据的,人民法院应予支持。

第二十三条 发包人将依法不属于必须招标的建设工程进行招标后,与承包人另行订立的建设工程施工合同背离中标合同的实质性内容,当事人请求以中标合同作为结算建设工程价款依据的,人民法院应予支持,但发包人与承包人因客观情况发生了在招标投标时难以预见的变化而另行订立建设工程施工合同的除外。

第二十四条 当事人就同一建设工程订立的数份建设工程施工合同均无效,但建设工程质量合格,一方当事人请求参照实际履行的合同关于工程价款的约定折价补偿承包人的,人民法院应予支持。

实际履行的合同难以确定,当事人请求参照最后签订的合同关于工程价款的约定折价补偿承包人的,人民法院应予支持。

第二十五条 当事人对垫资和垫资利息有约定,承包人请求按照约定返还垫资及其利息的,人民法院应予支持,但是约定的利息计算标准高于垫资时的同类贷款利率或者同期贷款市场报价利率的部分除外。

当事人对垫资没有约定的,按照工程欠款处理。

当事人对垫资利息没有约定,承包人请求支付利息的,人民法院不予支持。

第二十六条　当事人对欠付工程价款利息计付标准有约定的,按照约定处理。没有约定的,按照同期同类贷款利率或者同期贷款市场报价利率计息。

第二十七条　利息从应付工程价款之日开始计付。当事人对付款时间没有约定或者约定不明的,下列时间视为应付款时间:

(一)建设工程已实际交付的,为交付之日;

(二)建设工程没有交付的,为提交竣工结算文件之日;

(三)建设工程未交付,工程价款也未结算的,为当事人起诉之日。

第二十八条　当事人约定按照固定价结算工程价款,一方当事人请求对建设工程造价进行鉴定的,人民法院不予支持。

第二十九条　当事人在诉讼前已经对建设工程价款结算达成协议,诉讼中一方当事人申请对工程造价进行鉴定的,人民法院不予准许。

第三十条　当事人在诉讼前共同委托有关机构、人员对建设工程造价出具咨询意见,诉讼中一方当事人不认可该咨询意见申请鉴定的,人民法院应予准许,但双方当事人明确表示受该咨询意见约束的除外。

第三十一条　当事人对部分案件事实有争议的,仅对有争议的事实进行鉴定,但争议事实范围不能确定,或者双方当事人请求对全部事实鉴定的除外。

第三十二条　当事人对工程造价、质量、修复费用等专门性问题有争议,人民法院认为需要鉴定的,应当向负有举证责任的当事人释明。当事人经释明未申请鉴定,虽申请鉴定但未支付鉴定费用或者拒不提供相关材料的,应当承担举证不能的法律后果。

一审诉讼中负有举证责任的当事人未申请鉴定,虽申请鉴定但未支付鉴定费用或者拒不提供相关材料,二审诉讼中申请鉴定,人民法院认为确有必要的,应当依照民事诉讼法第一百七十条第一款第三项的规定处理。

第三十三条　人民法院准许当事人的鉴定申请后,应当根据当事人申请及查明案件事实的需要,确定委托鉴定的事项、范围、鉴定期限等,并组织当事人对争议的鉴定材料进行质证。

第三十四条　人民法院应当组织当事人对鉴定意见进行质证。鉴定人将当事人有争议且未经质证的材料作为鉴定依据的,人民法院应当组织当事人就该部分材料进行质证。经质证认为不能作为鉴定依据的,根据该材料作出的鉴定意见不得作为认定案件事实的依据。

第三十五条 与发包人订立建设工程施工合同的承包人,依据民法典第八百零七条的规定请求其承建工程的价款就工程折价或者拍卖的价款优先受偿的,人民法院应予支持。

第三十六条 承包人根据民法典第八百零七条规定享有的建设工程价款优先受偿权优于抵押权和其他债权。

第三十七条 装饰装修工程具备折价或者拍卖条件,装饰装修工程的承包人请求工程价款就该装饰装修工程折价或者拍卖的价款优先受偿的,人民法院应予支持。

第三十八条 建设工程质量合格,承包人请求其承建工程的价款就工程折价或者拍卖的价款优先受偿的,人民法院应予支持。

第三十九条 未竣工的建设工程质量合格,承包人请求其承建工程的价款就其承建工程部分折价或者拍卖的价款优先受偿的,人民法院应予支持。

第四十条 承包人建设工程价款优先受偿的范围依照国务院有关行政主管部门关于建设工程价款范围的规定确定。

承包人就逾期支付建设工程价款的利息、违约金、损害赔偿金等主张优先受偿的,人民法院不予支持。

第四十一条 承包人应当在合理期限内行使建设工程价款优先受偿权,但最长不得超过十八个月,自发包人应当给付建设工程价款之日起算。

第四十二条 发包人与承包人约定放弃或者限制建设工程价款优先受偿权,损害建筑工人利益,发包人根据该约定主张承包人不享有建设工程价款优先受偿权的,人民法院不予支持。

第四十三条 实际施工人以转包人、违法分包人为被告起诉的,人民法院应当依法受理。

实际施工人以发包人为被告主张权利的,人民法院应当追加转包人或者违法分包人为本案第三人,在查明发包人欠付转包人或者违法分包人建设工程价款的数额后,判决发包人在欠付建设工程价款范围内对实际施工人承担责任。

第四十四条 实际施工人依据民法典第五百三十五条规定,以转包人或者违法分包人怠于向发包人行使到期债权或者与该债权有关的从权利,影响其到期债权实现,提起代位权诉讼的,人民法院应予支持。

【典型案例】

(1)实践中如何界定船舶建造合同与船舶买卖合同?[江苏东方重工有限公司与南京两江海运股份有限公司船舶建造合同纠纷案,(2013)津高民四终字第 58 号]

实践中签订的合同往往兼具买卖与承揽特性,合同认定存在易混淆的情形,因此,对于船舶建造合同性质认定,还应结合造船实践以及承揽合同和买卖合同的区分标准,按照合同解释规则,结合合同目的、合同有关条款所体现的权利义务特征等各种标准,综合予以认定。承揽合同是承揽人按照定作人的要求完成工作,交付工作成果,定作人给付报酬的合同。承揽合同区别于买卖合同的特征为,其以承揽人完成一定工作并交付工作成果为目的,且其完成的工作成果应当符合定作人的要求,此外承揽合同还对承揽人具有一定的人身属性。

具体来说,船舶建造合同如符合以下四个要件,则应判定为承揽性质,否则应按照船舶买卖合同处理。第一,从合同目的来看,承揽合同的目的是制作、交付工作成果,因此承揽性质的船舶建造合同应以完成特定船舶建造并交付为目的,而非仅为交付船舶、转移船舶所有权。第二,船厂按照船东对建造船舶的具体标准、参数进行建造。这一方面表现为双方在合同中对于船舶参数的明确约定,另一方面表现为船东对于船舶建造图纸的审核、确认。第三,船东对船厂造船的过程进行监造、验收。第四,合同约定船舶建造由船厂独立完成,或由其完成主要部分,且未经船东同意不得擅自将主要部件的建造交给第三人完成。

(2)船舶建造合同的性质如何认定? 可否适用买卖合同的有关规定?[福建国安船业有限公司与莆田市忠湄轮渡有限责任公司船舶建造合同纠纷案,(2018)闽 72 民初 13 号]

经招标,原告、被告于 2012 年 2 月 3 日签订《仿古船建造合同》,约定被告委托原告建造一艘净吨位 135 吨的双体仿古旅游船,合同价款采固定价格方式。《仿古船建造合同》采取固定单价的价款计付方式;船舶建造所用材料、机电设备、属具由建造方自行购入;合同第九条第 9.1 款明确约定建造期内船舶所有权属于建造方。所以案涉船舶建造合同兼具买卖合同、承揽合同的双重属性。买卖合同司法解释关于反诉、抗辩区分的规定,实际上可以直接适用于本案。出卖人履行交付义务后诉请买受人支付价款,买受人以出卖人违约在先为由提出异议的,人民法院应当按照下列情况分别处理:(一)买受人拒绝支付违约金、拒绝赔偿损失或者主张出卖人应当采取减少价款等补救措施的,属于提出抗辩;(二)买受人主张出卖人应当支付违约金、赔偿损失或者要求解除合同的,应当提起反诉。被告提出的违约金主张依法应作为单独的诉讼请求提起反诉,不得仅作为抗辩提出。

【适用要点】

船舶建造合同当事人为船舶建造人与船舶定造人,船舶建造人又称船舶承揽人,通常指船厂家;船舶定造人又称购买人,通常指船舶公司。船舶建造合同通常为格式合同。关于船舶建造合同的性质,实践中存在争议。一般认为,船舶建造合同属于广义的承揽合同范畴,并与建设工程合同非常类似。在法律适用上,船舶建造合同纠纷应当适用民法典有关承揽合同的规定,并参照适用民法典有关建设工程合同的规定及相关司法解释。但是需要注意的是,考虑到船舶建造合同多在标准格式基础上订立,因此,实践中当事人之间相当一部分争议问题均可以从船舶建造合同中找到答案,即可以从案涉合同的具体约定上分析其合同性质,如果属于兼具承揽和买卖关系的复合合同,自然应当适用相对应合同关系的法律规定。

4. 船舶建造中的质量问题

【相关立法】

(1)《中华人民共和国民法典》(20210101)

第六百一十条 因标的物不符合质量要求,致使不能实现合同目的的,买受人可以拒绝接受标的物或者解除合同。买受人拒绝接受标的物或者解除合同的,标的物毁损、灭失的风险由出卖人承担。

第六百一十七条 出卖人交付的标的物不符合质量要求的,买受人可以依据本法第五百八十二条至第五百八十四条的规定请求承担违约责任。

第六百二十一条 当事人约定检验期限的,买受人应当在检验期限内将标的物的数量或者质量不符合约定的情形通知出卖人。买受人怠于通知的,视为标的物的数量或者质量符合约定。

当事人没有约定检验期限的,买受人应当在发现或者应当发现标的物的数量或者质量不符合约定的合理期限内通知出卖人。买受人在合理期限内未通知或者自收到标的物之日起二年内未通知出卖人的,视为标的物的数量或者质量符合约定;但是,对标的物有质量保证期的,适用质量保证期,不适用该二年的规定。

出卖人知道或者应当知道提供的标的物不符合约定的,买受人不受前两款规定的通知时间的限制。

第六百二十二条　当事人约定的检验期限过短,根据标的物的性质和交易习惯,买受人在检验期限内难以完成全面检验的,该期限仅视为买受人对标的物的外观瑕疵提出异议的期限。

约定的检验期限或者质量保证期短于法律、行政法规规定期限的,应当以法律、行政法规规定的期限为准。

第七百七十一条　承揽合同的内容一般包括承揽的标的、数量、质量、报酬,承揽方式,材料的提供,履行期限,验收标准和方法等条款。

第七百八十条　承揽人完成工作的,应当向定作人交付工作成果,并提交必要的技术资料和有关质量证明。定作人应当验收该工作成果。

第七百八十一条　承揽人交付的工作成果不符合质量要求的,定作人可以合理选择请求承揽人承担修理、重作、减少报酬、赔偿损失等违约责任。

第七百九十五条　施工合同的内容一般包括工程范围、建设工期、中间交工工程的开工和竣工时间、工程质量、工程造价、技术资料交付时间、材料和设备供应责任、拨款和结算、竣工验收、质量保修范围和质量保证期、相互协作等条款。

第七百九十九条　建设工程竣工后,发包人应当根据施工图纸及说明书、国家颁发的施工验收规范和质量检验标准及时进行验收。验收合格的,发包人应当按照约定支付价款,并接收该建设工程。

建设工程竣工经验收合格后,方可交付使用;未经验收或者验收不合格的,不得交付使用。

第八百条　勘察、设计的质量不符合要求或者未按照期限提交勘察、设计文件拖延工期,造成发包人损失的,勘察人、设计人应当继续完善勘察、设计,减收或者免收勘察、设计费并赔偿损失。

第八百零一条　因施工人的原因致使建设工程质量不符合约定的,发包人有权请求施工人在合理期限内无偿修理或者返工、改建。经过修理或者返工、改建后,造成逾期交付的,施工人应当承担违约责任。

(2)《中华人民共和国产品质量法》(19930901;20181229)

第二十六条　生产者应当对其生产的产品质量负责。

产品质量应当符合下列要求:

(一)不存在危及人身、财产安全的不合理的危险,有保障人体健康和人身、财产安全的国家标准、行业标准的,应当符合该标准;

（二）具备产品应当具备的使用性能，但是，对产品存在使用性能的瑕疵作出说明的除外；

（三）符合在产品或者其包装上注明采用的产品标准，符合以产品说明、实物样品等方式表明的质量状况。

第四十条 售出的产品有下列情形之一的，销售者应当负责修理、更换、退货；给购买产品的消费者造成损失的，销售者应当赔偿损失：

（一）不具备产品应当具备的使用性能而事先未作说明的；

（二）不符合在产品或者其包装上注明采用的产品标准的；

（三）不符合以产品说明、实物样品等方式表明的质量状况的。

销售者依照前款规定负责修理、更换、退货、赔偿损失后，属于生产者的责任或者属于向销售者提供产品的其他销售者（以下简称供货者）的责任的，销售者有权向生产者、供货者追偿。

销售者未按照第一款规定给予修理、更换、退货或者赔偿损失的，由市场监督管理部门责令改正。

生产者之间，销售者之间，生产者与销售者之间订立的买卖合同、承揽合同有不同约定的，合同当事人按照合同约定执行。

第四十一条 因产品存在缺陷造成人身、缺陷产品以外的其他财产（以下简称他人财产）损害的，生产者应当承担赔偿责任。

生产者能够证明有下列情形之一的，不承担赔偿责任：

（一）未将产品投入流通的；

（二）产品投入流通时，引起损害的缺陷尚不存在的；

（三）将产品投入流通时的科学技术水平尚不能发现缺陷的存在的。

第四十二条 由于销售者的过错使产品存在缺陷，造成人身、他人财产损害的，销售者应当承担赔偿责任。

销售者不能指明缺陷产品的生产者也不能指明缺陷产品的供货者的，销售者应当承担赔偿责任。

第四十三条 因产品存在缺陷造成人身、他人财产损害的，受害人可以向产品的生产者要求赔偿，也可以向产品的销售者要求赔偿。属于产品的生产者的责任，产品的销售者赔偿的，产品的销售者有权向产品的生产者追偿。属于产品的销售者的责任，产品的生产者赔偿的，产品的生产者有权向产品的销售者追偿。

第四十六条 本法所称缺陷，是指产品存在危及人身、他人财产安全的不合理的危险；产品有保障人体健康和人身、财产安全的国家标准、行业标准的，是指不符合该标准。

【司法解释】

《最高人民法院关于审理建设工程施工合同纠纷案件适用法律问题的解释(一)》(法释〔2020〕25号,20210101)

第十一条 建设工程竣工前,当事人对工程质量发生争议,工程质量经鉴定合格的,鉴定期间为顺延工期期间。

第十二条 因承包人的原因造成建设工程质量不符合约定,承包人拒绝修理、返工或者改建,发包人请求减少支付工程价款的,人民法院应予支持。

第十三条 发包人具有下列情形之一,造成建设工程质量缺陷,应当承担过错责任:

(一)提供的设计有缺陷;

(二)提供或者指定购买的建筑材料、建筑构配件、设备不符合强制性标准;

(三)直接指定分包人分包专业工程。

承包人有过错的,也应当承担相应的过错责任。

第十四条 建设工程未经竣工验收,发包人擅自使用后,又以使用部分质量不符合约定为由主张权利的,人民法院不予支持;但是承包人应当在建设工程的合理使用寿命内对地基基础工程和主体结构质量承担民事责任。

第十五条 因建设工程质量发生争议的,发包人可以以总承包人、分包人和实际施工人为共同被告提起诉讼。

第十六条 发包人在承包人提起的建设工程施工合同纠纷案件中,以建设工程质量不符合合同约定或者法律规定为由,就承包人支付违约金或者赔偿修理、返工、改建的合理费用等损失提出反诉的,人民法院可以合并审理。

第十七条 有下列情形之一,承包人请求发包人返还工程质量保证金的,人民法院应予支持:

(一)当事人约定的工程质量保证金返还期限届满;

(二)当事人未约定工程质量保证金返还期限的,自建设工程通过竣工验收之日起满二年;

(三)因发包人原因建设工程未按约定期限进行竣工验收的,自承包人提交工程竣工验收报告九十日后当事人约定的工程质量保证金返还期限届满;当事人未约定工程质量保证金返还期限的,自承包人提交工程竣工验收报告九十日后起满二年。

发包人返还工程质量保证金后,不影响承包人根据合同约定或者法律规定履行工程保修义务。

第十八条 因保修人未及时履行保修义务,导致建筑物毁损或者造成人身损害、财产损失的,保修人应当承担赔偿责任。

保修人与建筑物所有人或者发包人对建筑物毁损均有过错的,各自承担相应的责任。

【典型案例】

(1)船厂是否可以基于侵权法主张船舶建造合同下的权益?〔瓦锡兰芬兰有限公司、西特福船运公司与荣成市西霞口船业有限公司、颖勤发动机(上海)有限公司船舶设备买卖侵权纠纷案,(2016)最高法民再16号〕

西霞口船业与瓦锡兰公司在涉案主机供货合同中具体约定了主机等设备的技术规范、设备部件保修(修理和更换)、违约责任与赔偿范围、纠纷解决方式、处理纠纷的准据法等。瓦锡兰公司在履行合同过程中向西霞口船业提供含有二手翻新旧曲轴和其他部分旧部件的主机,但未发现主机存在不良技术性能,由此引起的纠纷涉及瓦锡兰公司是否可以按合同约定提供含有部分旧部件的主机、是否应当更换整个主机还是仅应更换旧曲轴等部分旧部件以及是否必须更换旧曲轴、如何承担责任等问题,均属于双方合同约定的范围。合同双方当事人应当遵守合同约定,全面履行合同,根据合同约定处理合同争议,西霞口船业不能只要求供应商按照合同约定提供主机,而不按照合同约定处理主机或者其零部件瑕疵的保修问题,涉案主机修理或者更换也需要根据合同约定来处理。西霞口船业请求瓦锡兰公司"按合同约定提供同样的主发动机、推进系统一台套",这明显是基于合同约定提出的请求。西霞口船业请求赔偿主机更换费用、船舶贬值与维持费用等损失,也分别是基于其请求按合同约定提供同样主发动机而进一步主张的费用、基于其所称瓦锡兰公司提供旧主机的瑕疵给付而产生的额外费用和可得利益损失,均属于违约损失(合同履行利益)的范畴,在性质上属于合同债权。尽管瓦锡兰公司在履行合同过程中存在故意提供旧主机之嫌,西霞口船业诉请的给付属合同履行利益的性质并不由此改变。本案没有证据表明瓦锡兰公司提供旧主机使西霞口船业遭受合同履行本身及可得利益等合同债权之外的损害。

侵权责任法①并没有将合同债权列入该法保护范围,亦即侵权责任法不调整违约行为。除非合同一方当事人的行为违反合同约定,又同时侵害侵权责任法所保护的民事权益,构成违约责任与侵权责任竞合,合同对方当事人无权针对一方的违约行为提起侵权责任之诉。合同相对人之间单纯的合同

---

① 民法典施行后,侵权责任法被废止,相关内容见民法典规定。

债权属于合同法调整范围,而不属于侵权责任法调整范围。对于单纯合同履行利益,原则上应坚持根据合同法①保护,而不应支持当事人寻求侵权责任救济。西霞口船业就其合同履行利益损失请求合同相对方瓦锡兰公司承担侵权责任,一、二审法院予以支持,没有法律依据,应予以纠正。合同法的基本价值是私法自治,允许合同当事人在不违反法律强制规定的前提下自由约定责任承担、权利救济等权利义务关系。侵权责任法是保护合同债权以外的民事权益的强行法,如果将侵权责任法随意拓展适用于合同债权,准许合同当事人以侵权责任之诉规避合同的有效约定而使合同形同虚设,势必损害私法自治的实现,混淆侵权责任法与合同法的规范体系,削弱当事人对权利义务的可预期性。

(2)船舶建造合同中质保期的约定可否免除产品质量法下的侵权责任?
[无锡市安泰动力机械有限公司与南通友好海运有限公司、浙江华夏船舶制造有限公司船舶建造合同违约赔偿案,(2009)浙海终字第108号]

2007年4月29日,南通公司与华夏公司签订船舶建造合同一份,约定南通公司向华夏公司定购新建钢质货轮一艘,其中主机型号为X8300ZCB无锡柴油机、3998马力;质量保证"船舶交接后十个月内为本船保修期,在保修期内,乙方(华夏公司)对船体、机械设备、电气设备等,凡属乙方施工质量及材料缺陷、安装工艺等问题引起的种种故障、损坏,乙方应予以免费修理或更换,但甲方(南通公司)应提前通知乙方,乙方应迅速答复并及时处理,由于甲方在船舶使用过程中因操作不当所引起上述事宜的故障、损坏及连带损害,乙方不予以负责和承担"。其间,安泰公司向华夏公司提供型号为X8320ZC4B-1船用主机一台,随附柴油机技术证明书、检验合格证和电渣熔铸曲轴钢件产品证书各一份。同年12月7日南通公司办理取得"友润"轮船舶所有权证书。2008年9月24日2115时,该轮抵长江口水域时,机舱主机故障紧急停航,后经机舱人员检查发现主机曲轴断裂,未能自行修复,遂抛锚并电告公司和上海海事部门,并产生一系列损失。

本案船舶建造合同除约定检验方式以船检部门检验合格为准外,对于船舶及其设备的内在质量缺陷,约定了10个月的质量保证条款。质量保证期是购买者(包括加工承揽合同中的定作人)与生产者或销售者(包括加工承揽合同中的承揽人)针对产品本身的质量问题,约定由生产者、销售者或承揽人负责修理、更换、退货的期限,是合同关系下物的瑕疵担保责任期限。本

---

① 民法典施行后,合同法被废止,相关内容见民法典规定。

案"友润"轮主机曲轴断裂是由于主机内在质量缺陷所引起,造成了南通公司各项财产损失,已不仅仅是主机本身质量不符合约定的问题。我国产品质量法第四十三条规定,因产品存在缺陷造成人身、他人财产损害的,受害人可以向产品的生产者要求赔偿,也可以向产品的销售者要求赔偿。可见对于产品缺陷造成他人财产损失的,应不受产品购销或承揽定作双方所约定的质量保证期限的约束。故本案中,南通公司与华夏公司虽约定了 10 个月的质量保证期,但该约定并不免除华夏公司、安泰公司分别作为主机曲轴的销售者和生产者,对其生产销售的缺陷产品所造成的财产损失应承担的赔偿责任。且南通公司与安泰公司、华夏公司签订的更换曲轴协议明确"确定哪方责任,则损失由哪方承担",未涉及质量保证期问题,因曲轴断裂系本身缺陷所致,故安泰公司对南通公司由此造成的损失承担赔偿责任。

【适用要点】

船舶建造合同质量问题是常见争议问题之一。交船之前,双方会对船舶进行检验,对发现的质量问题协商解决的方案;在交船之后的一段时间内,如发现质量问题,亦可依据船舶建造合同向船厂索赔,或依据产品质量法等向设备厂商提出索赔。涉外的船舶建造合同约定适用英国法的情形较多,而英国法下认可合同中的质量担保期限等责任限制条款的效力。因此,如发现产品质量的时间较晚,可能无法依据船舶建造合同提出索赔,因而实践中出现一些依据产品质量法进行索赔的案例。

5. 船舶建造合同的变更与解除

【相关立法】

《中华人民共和国民法典》(20210101)

第五百三十三条 合同成立后,合同的基础条件发生了当事人在订立合同时无法预见的、不属于商业风险的重大变化,继续履行合同对于当事人一方明显不公平的,受不利影响的当事人可以与对方重新协商;在合理期限内协商不成的,当事人可以请求人民法院或者仲裁机构变更或者解除合同。

人民法院或者仲裁机构应当结合案件的实际情况,根据公平原则变更或者解除合同。

第五百四十三条 当事人协商一致,可以变更合同。

第五百四十四条 当事人对合同变更的内容约定不明确的,推定为未变更。

第五百六十二条 当事人协商一致,可以解除合同。

当事人可以约定一方解除合同的事由。解除合同的事由发生时,解除权人可以解除合同。

第五百六十三条 有下列情形之一的,当事人可以解除合同:

(一)因不可抗力致使不能实现合同目的;

(二)在履行期限届满前,当事人一方明确表示或者以自己的行为表明不履行主要债务;

(三)当事人一方迟延履行主要债务,经催告后在合理期限内仍未履行;

(四)当事人一方迟延履行债务或者有其他违约行为致使不能实现合同目的;

(五)法律规定的其他情形。

以持续履行的债务为内容的不定期合同,当事人可以随时解除合同,但是应当在合理期限之前通知对方。

第五百六十六条 合同解除后,尚未履行的,终止履行;已经履行的,根据履行情况和合同性质,当事人可以请求恢复原状或者采取其他补救措施,并有权请求赔偿损失。

合同因违约解除的,解除权人可以请求违约方承担违约责任,但是当事人另有约定的除外。

主合同解除后,担保人对债务人应当承担的民事责任仍应当承担担保责任,但是担保合同另有约定的除外。

【典型案例】

(1)船舶建造合同解除后返还造船款及利息需缴纳的税款由谁负担?

[江苏东方造船有限公司与德国北德意志州银行船舶建造合同纠纷案,(2011)沪高民四(海)终字第 144 号]

船舶建造合同解除后,应根据相关税法确定预付款利息所得税的纳税义务人和扣缴义务人。船舶建造合同或预付款保函对税款承担另有约定的,从其约定。本案中,原告作为扣缴义务人支付了国家强制扣缴的外国企业所得税,又将全额购船预付款及利息返还给被告。原告虽诉请被告返还不当得利,但其提供的证据是《船舶建造合同》、合同转让通知确认函、解除合同、扣缴税款凭证等。上述证据证明的事实为:原告按照合同履行建造船舶义务,履行解除合同后的返还预付款及利息的义务,被告所得预付款和利息均属合同当事人约定所得之款项,被告取得该款项有合法根据。《船舶建造合同》明确约定,在合同被取消时,预付款连同利息应足额偿还给定造方。预付款保函则进一步明确,如果发生税款,则应补足差额。因此,根据合同约定,对于被告应当承担的外国企业所得税,原告也应当补足其差额,确保被告能够依据合同约定全额收取购船预付款本金,以及按照11%计算的全额利息。而且,根据缔约情况看,在涉案《船舶建造合同》订立时,订约各方已经充分预见在履约或解约时,可能发生的税款情形,并对此作了明确约定,根据合同自由原则、合同正义原则、合同诚信原则和合同严守原则,原告向被告全额返还预付款及利息的行为当属履行合同义务之行为,被告收取全额预付款和利息行为确有合同约定之根据,因此,原告诉请不当得利缺乏证据,原告要求返还扣缴税款及利息的诉请不予支持。

(2)如何区分船舶建造合同履行过程中的商业风险和情势变更?[交银金融租赁有限责任公司与湖北绿能鄂海船舶修造股份有限公司、中国长江航运有限责任公司船舶建造合同纠纷案,(2016)沪72民初436号]

造船合同属于典型的履行期长、波动范围大的合同类型,原材料设备价格、航运市场行情等的波动都会对合同履行产生巨大影响,商业风险较为集中。本案裁判明确了船舶建造过程中,商业风险与情势变更的区分标准。限定情势变更的适用需满足客观情况发生变化、当事人不能预见、不可归责于当事人、也非不可抗力导致、发生在合同成立后履行完毕前、继续履行显失公平等要件。单纯市场行情的常规波动属于商业运行中的正常波动和风险,企业应通过加强市场行情的分析预判、严格合同履行管理和控制等途径加以防控。

【适用要点】

船舶建造合同由于资金大、周期长,在很多方面与工程建设项目相类似,合同履行过程中船舶建造、航运市场会出现较大的波动。实践中船舶建造合同大多数会基于某一标准合同格式,相关内容已经反映了当事方的真实意思表示且当事方应当具有一定的预期,法院原则上应减少司法干预,谨慎适用情势变更的法律规定。

航运经济周期性波动比较大,在船舶建造期间可能会发生船价的大幅波动。在航运市场下跌的情况下,境外船东可能会想尽办法解除船舶建造合同。船东在解除建造合同后,随之而来的是造船款以及约定利息的退还问题。而中国基于外汇管制问题,在对外大额付汇之前均需要解决税务问题(通常需要代扣代缴)。为此,境外仲裁案件中也时常发生退款所涉税务问题的衍生争议,应首先根据双方合同约定来判断税款的承担,如无明确约定则需要适用中国法律、双边税务条约来确定。

十六、船舶修理合同纠纷；船舶改建合同纠纷；船舶拆解合同纠纷

1. 案由释义

船舶修理合同，是指船舶修理人对船舶进行船体修缮、机件更换、增减等补正措施，以使船舶保持可航性和可营运性，由船舶所有人向船舶修理人支付修理费用的合同。船舶修理合同当事人因合同的订立、履行、变更和终止产生的纠纷，即为船舶修理合同纠纷。

船舶改建合同，是指船舶修造人按约定对船舶的船体及用途等进行改造，由委托人向船舶修造人支付改建费用的合同。船舶改建合同当事人因该合同的订立、履行、变更和终止产生的纠纷，即为船舶改建合同纠纷。

船舶拆解合同，是指船舶拆解人按照船舶所有人的指示拆船，船舶所有人向其支付费用的合同。船舶拆解合同当事人因该合同的订立、履行、变更和终止而产生的纠纷，即为船舶拆解合同纠纷。

2. 诉讼程序规范

【相关立法】

《中华人民共和国民事诉讼法》（19910409；20220101）

第二十四条　因合同纠纷提起的诉讼，由被告住所地或者合同履行地人民法院管辖。

【司法解释】

(1)《最高人民法院关于海事法院受理案件范围的规定》（法释〔2016〕4号，20160301）

12. 船舶工程合同纠纷案件；

109. 本规定中的船舶工程系指船舶的建造、修理、改建、拆解等工程及

相关的工程监理;本规定中的船舶关键部件和专用物品,系指舱盖板、船壳、龙骨、甲板、救生艇、船用主机、船用辅机、船用钢板、船用油漆等船舶主体结构、重要标志性部件以及专供船舶或者船舶工程使用的设备和材料。

(2)《最高人民法院关于适用〈中华人民共和国海事诉讼特别程序法〉若干问题的解释》(法释〔2003〕3 号,20030201;经法释〔2008〕18 号修正,20081231)

第一条　在海上或者通海水域发生的与船舶或者运输、生产、作业相关的海事侵权纠纷、海商合同纠纷,以及法律或者相关司法解释规定的其他海事纠纷案件由海事法院及其上级人民法院专门管辖。

【适用要点】

船舶修理、改建、拆解合同纠纷案件属于海事法院受案范围,应由海事法院专门管辖。因船舶修理、改建、拆解合同纠纷提起的诉讼,由合同履行地以及被告住所地海事法院管辖。

3. 船舶修理合同、船舶改建合同、船舶拆解合同

【相关立法】

(1)《中华人民共和国海商法》(19930701)

第二十五条　船舶优先权先于船舶留置权受偿,船舶抵押权后于船舶留置权受偿。

前款所称船舶留置权,是指造船人、修船人在合同另一方未履行合同时,可以留置所占有的船舶,以保证造船费用或者修船费用得以偿还的权利。船舶留置权在造船人、修船人不再占有所造或者所修的船舶时消灭。

(2)《中华人民共和国民法典》(20210101)

第七百七十条至第七百八十七条(略)

【典型案例】

(1) 船舶拆解合同费用约定不明时如何处理?〔福建鸿业船艇有限公司与厦门市海沧区人民政府嵩屿街道办事处船舶拆解合同纠纷案,(2021)闽72 民初 163 号〕

被告与原告签订案涉合同,主要内容如下:被告委托原告拆解鳌冠社区

14 艘运水船。被告将船舶行驶到原告厂区或原告指定拆解点。原告在拆解时,应采取必要的安全措施,确保周边环境及人员的安全,应采取防尘、减噪、截油污措施,以防由于施工所引起的灰尘、噪声、油污危害,相关措施、责任及费用由原告承担。被告自接到上述资料 30 天内审查完毕并上报被告指定审核单位。工程量按现场实际发生量经被告、监理单位签证确认为准,工程最终结算以被告委托指定的审核单位审定结算价为准,如超出 32.97 万元,则以 32.97 万元为最终审核价;如未达到 32.97 万元,则以实际发生工程量结算。2020 年 7 月 17 日,海沧财政审核中心对案涉船舶拆解服务项目作出《财审报告》,审核结论为:"施工单位结算报审价为 329710.95 元,建设单位审核价为 329710.95 元,现结算审核价为 210544.08 元,核减 119166.87 元。"但《财审报告》在其"审核说明"第 3 点表示"本项目审核未含钢筋、发电机等回收利用价值,未考虑现场施工环境等影响因素,请建设单位结合项目特点自行考虑"。

双方对是否应将"现场施工环境影响因素"纳入价款结算考虑范围存在争议。法院认为,海沧财政审核中心《财审报告》的内容表明,其审核结论并非全面性的工程价款审核结论,尚有两个因素没有考虑在内,一是回收物的利用价值,二是现场施工环境影响因素,该报告还表示"请建设单位(被告)结合项目特点自行考虑"该两个因素。从常理上讲,回收物价值的归属、现场施工环境影响因素,明显是与施工方的施工成本、施工难易程度密切相关的,理应纳入价款结算考虑范围。而且,案涉合同约定价款结算以审核单位的审核意见为准,则审核单位的所有审核意见作为一个整体,对原告、被告均有约束力。被告接受审核意见中关于 210544.08 元价款这一部分的意见,但不接受审核意见中关于"现场施工环境影响因素"这一部分的意见,实系对审核意见进行人为切割,不符合案涉合同第十条第四款约定的计价规则。综上,应当将"现场施工环境影响因素"纳入价款结算考虑范围。法院确认,被告基于现场施工环境对工程价款的影响因素,应在《财审报告》审核的 210544.08 元价款之外另支付原告 55000 元价款。

(2)当事人可否依据船舶改建合同主张建设工程价款优先受偿权?〔武汉莱锐建筑劳务有限公司与武汉名扬空间装饰设计工程有限公司、张国平船舶改建合同纠纷案,(2018)鄂 72 民初 693 号〕

被告名扬公司(甲方)与原告莱锐公司(乙方)签订《女神号旅游船商业综合体装饰项目内部合同》约定,女神号旅游船商业综合体为一座门楼连接廊桥,三层商业船一艘,两层宴席船一艘,船体改造以及内外装饰工程。后因被告皇室公司与案外人武汉长江轮船有限公司发生纠纷,原告莱锐公司被迫停止施工。原告就欠付款项向法院提起诉讼,其中一项诉讼请求为"原告莱锐公司对装修工程款在 1050532 元范围内享有优先受偿权"。法院认为,本案系船舶改建合同纠纷,本案的法律关系应由合同法①调整。原告莱锐公司主张建设工程价款优先受偿权无法律依据,本院亦不予支持。

(3)合同中既有船舶修理又有船舶改建的内容,其合同性质如何认定?
[舟山富生船舶修造有限公司与宁波江北中洋运输有限公司船舶改建合同纠纷案,(2014)甬海法商初字第 479 号]

中洋公司与富生公司签订《船舶改建合同》,约定:富生公司对中洋公司的"中洋1"轮依据舟山市定海新马船舶设计所的设计并经船检批准的双壳船油船设计图纸和施工方案进行施工,其他项目还有全船双层底压载水舱去污、除锈、油漆、换锅炉,以及其他修理项目。法院认定,中洋公司将其所有的"中洋1"轮交由富生公司进行改建与维修,双方之间成立承揽合同关系,双方订立的船舶改建合同系双方真实意思表示,合法有效,双方均应遵照执行。

【适用要点】

海商法对于船舶修理合同、船舶改建合同、船舶拆解合同没有具体规定。从合同性质上说,船舶修理合同、船舶改建合同、船舶拆解合同均属于承揽合同的范畴。在法律适用上,船舶修理合同纠纷、船舶改建合同纠纷、船舶拆解合同纠纷应直接适用民法典合同编第十七章有关承揽合同的规定,在该章无具体规定时要适用合同编通则部分的规定。司法解释中涉及承揽合同的规定对于上述纠纷也具有适用效力。

船舶改建合同与船舶修理合同,性质上均是承揽合同,但其区别在于是否对船体以及用途进行改变。如果改变了船体及用途,则为改建合同;如果未改变船体及用途,仅仅是恢复其性能,则应为修理合同。但实践中,也可能存在一个合同中同时安排修理和改建的情况。例如,船舶需要进干坞大修,与此同时,船东也会趁此机会对船舶的装卸设备进行改造。

与船舶建造合同的性质争议(承揽合同、买卖合同、建设工程)相比,由于船舶改建合同通常不涉及船舶所有权的变动,因此,实践中不存在买卖合同的争议问题。但是,在实际案例中,不少主体所签署的船舶改建合同名称为工程合同,合同价款亦是比照建设工程项目,实践中应考虑合同实际的内

---

① 民法典施行后,合同法被废止,相关内容见民法典规定。

容来准确判定合同性质、法律适用。

船舶拆解合同是按照约定条件拆解船舶,从而使船舶在物理上消灭,与船舶改建合同、船舶修理合同存在区别。但船舶拆解合同与船舶改建合同、船舶修理合同的性质均为承揽合同,在厘定合同价款时应考虑合同履行过程的特定情况。例如,船舶拆解合同有时会与废钢船、二手船买卖合同产生一定的联系。

4. 船舶修理期间发生事故的责任划分

【相关立法】

(1)《中华人民共和国海商法》(19930701)

第三十五条 船长负责船舶的管理和驾驶。

船长在其职权范围内发布的命令,船员、旅客和其他在船人员都必须执行。

船长应当采取必要的措施,保护船舶和在船人员、文件、邮件、货物以及其他财产。

第三十九条 船长管理船舶和驾驶船舶的责任,不因引航员引领船舶而解除。

(2)《中华人民共和国民法典》(20210101)

第七百八十四条 承揽人应当妥善保管定作人提供的材料以及完成的工作成果,因保管不善造成毁损、灭失的,应当承担赔偿责任。

【部门规章】

(1)《中华人民共和国海船船员值班规则》(交通运输部令2020年第14号,20200706)

第九十三条 在港内值班时,值班驾驶员应当做到下列内容:

......

(十)在船上进行明火作业及修理工作时,采取必要的预防措施;

......

第九十九条 交、接班轮机员应当清楚交接下列事项:

(一)当日的常规命令,有关船舶操作、保养工作、船舶机械或者控制设备修理的特殊命令;

......

（六）获准从事或者协助机器修理的人员及其工作地点和修理项目,以及其他获准上船的人员;

......

（2）《中华人民共和国内河船舶船员值班规则》（交通运输部令2020年第15号,20200706）

第三十六条 船舶修理时,值班船员应当督促从事高空、舷外、临水、明火作业以及封闭舱室内工作人员严格执行相关安全制度。

（3）《中华人民共和国内河海事行政处罚规定》（交通运输部令2021年第20号,20210811）

第二十四条 违反《内河交通安全管理条例》和《危险化学品安全管理条例》第四十五条的规定,船舶配载和运输危险货物不符合国家有关法律、法规、规章的规定和国家标准,或者未按照危险化学品的特性采取必要安全防护措施的,依照《危险化学品安全管理条例》第八十六条的规定,责令改正,对船舶所有人或者经营人处以5万元以上10万元以下的罚款;拒不改正的,责令停航整顿。

本条前款所称不符合国家有关法律、法规、规章的规定和国家标准,并按照危险化学品的特性采取必要安全防护措施的,包括下列情形:

......

（九）装载易燃液体、挥发性易燃易爆散装化学品和液化气体的船舶在修理前不按照规定通风测爆;

......

【公报案例】

船舶所有权人因在修船舶在修理厂发生火灾向修理厂主张违约责任,如何分配举证责任? ［荷属安的列斯东方航运有限公司与中国澄西船舶修造厂船舶修理合同纠纷案（2008-12）］

船舶虽然在修理厂进行修理,但并非全船属于修理厂的修理范围,船员始终保持全编在岗状态。在此情况下发生火灾,船方主张修理厂对火灾损失承担违约责任的,应当对起火点位于船舶修理合同范围之内、修理厂存在不履行合同或者不按约定履行合同的违约行为、火灾损失的存在以及修理厂的违约行为与火灾损失的发生之间存在因果关系等问题承担举证责任。船方不能就上述问题举证的,人民法院对其诉讼请求不予支持。

【适用要点】

船舶修理期间通常涉及明火作业,实践中有不少案例涉及船舶修理期间的火灾事故的责任,也有一些案例涉及船舶修理期间沉没的争议,其责任到底如何划分,存在争议。总体上应当首先根据船舶修理合同的约定、修理的具体工作范围、修理方式(干坞大修还是泊位小修)等,对各方责任、举证责任进行具体判断。修理合同约定不明的,案件应该直接适用民法典合同编第十七章有关承揽合同的规定。

5. 修船人的留置权

【相关立法】

(1)《中华人民共和国海商法》(19930701)

第二十五条 船舶优先权先于船舶留置权受偿,船舶抵押权后于船舶留置权受偿。

前款所称船舶留置权,是指造船人、修船人在合同另一方未履行合同时,可以留置所占有的船舶,以保证造船费用或者修船费用得以偿还的权利。船舶留置权在造船人、修船人不再占有所造或者所修的船舶时消灭。

(2)《中华人民共和国民法典》(20210101)

第四百四十七条 债务人不履行到期债务,债权人可以留置已经合法占有的债务人的动产,并有权就该动产优先受偿。

前款规定的债权人为留置权人,占有的动产为留置财产。

第四百四十八条 债权人留置的动产,应当与债权属于同一法律关系,但是企业之间留置的除外。

第四百四十九条 法律规定或者当事人约定不得留置的动产,不得留置。

第四百五十条 留置财产为可分物的,留置财产的价值应当相当于债务的金额。

第四百五十一条 留置权人负有妥善保管留置财产的义务;因保管不善致使留置财产毁损、灭失的,应当承担赔偿责任。

第四百五十二条 留置权人有权收取留置财产的孳息。

前款规定的孳息应当先充抵收取孳息的费用。

第四百五十三条 留置权人与债务人应当约定留置财产后的债务履行

期限;没有约定或者约定不明确的,留置权人应当给债务人六十日以上履行债务的期限,但是鲜活易腐等不易保管的动产除外。债务人逾期未履行的,留置权人可以与债务人协议以留置财产折价,也可以就拍卖、变卖留置财产所得的价款优先受偿。

留置财产折价或者变卖的,应当参照市场价格。

第四百五十四条 债务人可以请求留置权人在债务履行期限届满后行使留置权;留置权人不行使的,债务人可以请求人民法院拍卖、变卖留置财产。

第四百五十五条 留置财产折价或者拍卖、变卖后,其价款超过债权数额的部分归债务人所有,不足部分由债务人清偿。

第四百五十六条 同一动产上已经设立抵押权或者质权,该动产又被留置的,留置权人优先受偿。

第四百五十七条 留置权人对留置财产丧失占有或者留置权人接受债务人另行提供担保的,留置权消灭。

【司法解释】

《最高人民法院关于扣押与拍卖船舶适用法律若干问题的规定》(法释〔2015〕6号,20150301)

第二十二条 海事法院拍卖、变卖船舶所得价款及其利息,先行拨付海事诉讼特别程序法第一百一十九条第二款规定的费用后,依法按照下列顺序进行分配:

(一)具有船舶优先权的海事请求;

(二)由船舶留置权担保的海事请求;

(三)由船舶抵押权担保的海事请求;

(四)与被拍卖、变卖船舶有关的其他海事请求。

依据海事诉讼特别程序法第二十三条第二款的规定申请扣押船舶的海事请求人申请拍卖船舶的,在前款规定海事请求清偿后,参与船舶价款的分配。

依照前款规定分配后的余款,按照民事诉讼法及相关司法解释的规定执行。

【典型案例】

修船人在船舶被他人侵占后是否享有船舶留置权? 〔台州市园山船务工程有限公司与舟山宏浚港口工程有限公司、舟山市安达船务有限公司船舶

修理合同纠纷案,(2015)浙海终字第3号]

船舶修理合同的委托方并非船舶所有人,不影响修船人在对方不履行合同义务时依法留置所修船舶;修船人在船舶被他人强行取回时,虽未形成到期债权,但因发生了债权不能实现的危险,合同履行期依法提前届至,故侵权行为发生时修船人对该船享有留置权;修船人在船舶被他人侵占后,虽丧失对船舶的占有,但仍可基于物上请求权对该船主张船舶留置权。

【适用要点】

修船人的留置权,包括海商法中规定的船舶留置权以及民法典中规定的留置权,海商法中规定的船舶留置权属于特别法,优先于民法典的规定。一般来说留置权在丧失船舶占有之后消灭,但如果丧失占有并非出于权利人自身的真实意思表示,其留置权并不当然消灭。

6. 船舶拆解的限制

【相关立法】

《中华人民共和国水污染防治法》(19841101;20180101)

第六十一条 港口、码头、装卸站和船舶修造厂所在地市、县级人民政府应当统筹规划建设船舶污染物、废弃物的接收、转运及处理处置设施。

港口、码头、装卸站和船舶修造厂应当备有足够的船舶污染物、废弃物的接收设施。从事船舶污染物、废弃物接收作业,或者从事装载油类、污染危害性货物船舱清洗作业的单位,应当具备与其运营规模相适应的接收处理能力。

第六十二条 船舶及有关作业单位从事有污染风险的作业活动,应当按照有关法律法规和标准,采取有效措施,防止造成水污染。海事管理机构、渔业主管部门应当加强对船舶及有关作业活动的监督管理。

船舶进行散装液体污染危害性货物的过驳作业,应当编制作业方案,采取有效的安全和污染防治措施,并报作业地海事管理机构批准。

禁止采取冲滩方式进行船舶拆解作业。

【行政法规】

(1)《防治船舶污染海洋环境管理条例》(20100301;20180319)

第三十条 从事船舶拆解的单位在船舶拆解作业前,应当对船舶上的残余物和废弃物进行处置,将油舱(柜)中的存油驳出,进行船舶清舱、洗舱、测爆等工作。

从事船舶拆解的单位应当及时清理船舶拆解现场,并按照国家有关规定处理船舶拆解产生的污染物。

禁止采取冲滩方式进行船舶拆解作业。

(2)《防止拆船污染环境管理条例》(19880601;20170301)

第六条　设置拆船厂,必须编制环境影响报告书(表)。其内容包括:拆船厂的地理位置、周围环境状况、拆船规模和条件、拆船工艺、防污措施、预期防治效果等。未依法进行环境影响评价的拆船厂,不得开工建设。

环境保护部门在批准环境影响报告书(表)前,应当征求各有关部门的意见。

第七条　监督拆船污染的主管部门有权对拆船单位的拆船活动进行检查,被检查单位必须如实反映情况,提供必要的资料。

监督拆船污染的主管部门有义务为被检查单位保守技术和业务秘密。

第十条　拆船单位必须配备或者设置防止拆船污染必需的拦油装置、废油接收设备、含油污水接收处理设施或者设备、废弃物回收处置场等,并经批准环境影响报告书(表)的环境保护部门验收合格,发给验收合格证后,方可进船拆解。

第十一条　拆船单位在废船拆解前,必须清除易燃、易爆和有毒物质;关闭海底阀和封闭可能引起油污水外溢的管道。垃圾、残油、废油、油泥、含油污水和易燃易爆物品等废弃物必须送到岸上集中处理,并不得采用渗坑、渗井的处理方式。

废油船在拆解前,必须进行洗舱、排污、清舱、测爆等工作。

第十二条　在水上进行拆船作业的拆船单位和个人,必须事先采取有效措施,严格防止溢出、散落水中的油类和其他漂浮物扩散。

在水上进行拆船作业,一旦出现溢出、散落水中的油类和其他漂浮物,必须及时收集处理。

第十三条　排放洗舱水、压舱水和舱底水,必须符合国家和地方规定的排放标准;排放未经处理的洗舱水、压舱水和舱底水,还必须经过监督拆船污染的主管部门批准。

监督拆船污染的主管部门接到拆船单位申请排放未经处理的洗舱水、压舱水和舱底水的报告后,应当抓紧办理,及时审批。

第十四条　拆下的船舶部件或者废弃物,不得投弃或者存放水中;带有污染物的船舶部件或者废弃物,严禁进入水体。未清洗干净的船底和油柜必须拖到岸上拆解。

拆船作业产生的电石渣及其废水,必须收集处理,不得流入水中。

船舶拆解完毕,拆船单位和个人应当及时清理拆船现场。

【部门规章】

《中华人民共和国船舶及其有关作业活动污染海洋环境防治管理规定》
(交通运输部令 2017 年第 15 号,20170523)

第四十四条 禁止采取冲滩方式进行船舶拆解作业。

第四十五条 进行船舶拆解、打捞、修造和其他水上水下船舶施工作业的,应当遵守相关操作规程,并采取必要的安全和防治污染措施。

第四十六条 在进行船舶拆解和船舶油舱修理作业前,作业单位应当将船舶上的残余物和废弃物进行有效处置,将燃油舱、货油舱中的存油驳出,进行洗舱、清舱、测爆等工作,并按照规定取得船舶污染物接收单证和有效的测爆证书。

船舶燃油舱、货油舱中的存油需要通过过驳方式交付储存的,应当遵守本规定关于散装液体污染危害性货物过驳作业的要求。

修造船厂应当建立防治船舶污染海洋环境管理制度,采取必要防护措施,防止船舶修造期间造成海洋环境污染。

第四十七条 在船坞内进行船舶修造作业的,修造船厂应当将坞内污染物清理完毕,确认不会造成水域污染后,方可沉起浮船坞或者开启坞门。

第四十八条 船舶拆解、打捞、修造或者其他水上水下船舶施工作业结束后,应当及时清除污染物,并将作业全过程产生的污染物的清除处理情况一并向海事管理机构报告,海事管理机构可以视情况进行现场核实。

【适用要点】

船舶拆解业务存在多角度的监管,包括拆解工艺、环保、补贴、退税等。"冲滩拆解"的工艺时常将含油废水直接排放、废油泄漏在滩涂和海水中、石棉和玻璃纤维、重金属、多氯联苯毒等危险废物也直接废弃在滩涂上,对水体造成污染。早在国家发改委公布的《产业结构调整指导目录(2011 年本)》(20110601)就将其列为淘汰工艺,并在前述多部法律文件中被明令禁止使用。除了专门针对拆解作业制定的行政法规之外,其他环境相关的法律法规也对水上拆解作业的地点、作业前的污染物处置和油舱测爆工作、船舶油舱存油的过驳作业等作出相应的规定。

十七、船舶抵押合同纠纷

1. 案由释义

船舶抵押合同,是指为担保债务的履行,债务人或者第三人不转移船舶的占有,将该船舶抵押给债权人,当债务人不履行到期债务或者发生当事人约定的实现抵押权的情形,债权人有权就该船舶优先受偿而设定船舶抵押权的书面合同。船舶抵押合同当事人因该抵押合同的订立、履行、变更和终止而产生的纠纷,即为船舶抵押合同纠纷。

2. 诉讼程序规范

【相关立法】

(1)《中华人民共和国民事诉讼法》(19910409;20220101)

第二十四条　因合同纠纷提起的诉讼,由被告住所地或者合同履行地人民法院管辖。

(2)《中华人民共和国海事诉讼特别程序法》(20000701)

第六条　海事诉讼的地域管辖,依照《中华人民共和国民事诉讼法》的有关规定。

下列海事诉讼的地域管辖,依照以下规定:

……

(六)因海事担保纠纷提起的诉讼,由担保物所在地、被告住所地海事法院管辖;因船舶抵押纠纷提起的诉讼,还可以由船籍港所在地海事法院管辖;

……

【司法解释】

(1)《最高人民法院关于海事法院受理案件范围的规定》(法释〔2016〕4号,20160301)

21. 船舶抵押合同纠纷案件;

(2)《最高人民法院关于适用〈中华人民共和国海事诉讼特别程序法〉若干问题的解释》(法释〔2003〕3号,20030201;经法释〔2008〕18号修正,20081231)

第一条 在海上或者通海水域发生的与船舶或者运输、生产、作业相关的海事侵权纠纷、海商合同纠纷,以及法律或者相关司法解释规定的其他海事纠纷案件由海事法院及其上级人民法院专门管辖。

【批复、答复】

船舶抵押合同为从合同时,债权人同时起诉主债务人和抵押人地方人民法院应否受理?

《最高人民法院关于船舶抵押合同为从合同时债权人同时起诉主债务人和抵押人地方人民法院应否受理请示的复函》(〔2002〕民四他字第37号,20030106)

山东省高级人民法院:

你院鲁高法函〔2002〕51号《关于船舶抵押合同为从合同时,债权人同时起诉主债务人和抵押人,地方人民法院应否受理的请示》收悉。经研究,同意你院倾向性意见。现答复如下:

船舶抵押合同纠纷案件应由海事法院专门管辖。船舶抵押合同为从合同时,债权人同时起诉主债务人和抵押人的船舶抵押合同纠纷案件,一律由海事法院管辖;债权人直接起诉船舶抵押人的船舶抵押合同纠纷案件,亦应由海事法院管辖;地方法院受理的上述案件,应当移送有关海事法院。

此复。

【典型案例】

(1)当事人之间就船舶抵押借款合同约定了单方面、开放式管辖权条款,我国海事法院是否有管辖权?[法国巴黎银行(BNPPARIBAS)与光汇宝石油轮有限公司(BRIGHTOILGEMTANKERLTD.)船舶抵押借款合同纠纷案,(2019)琼72民初22号]

当事人之间就船舶抵押借款合同约定了单方面、开放式管辖权条款,一方在有权向全球任何国家或地区的法院起诉的情况下,自愿主动选择到我国海事法院提起诉讼的,当事人选择的海事法院具有管辖权。

(2)实现船舶抵押权案件是否应由海事法院专门管辖?〔中信银行股份有限公司厦门分行申请实现船舶抵押权案,(2014)厦海法民特字第1号〕

实现船舶抵押权案件仍应由海事法院专门管辖。一是船舶抵押权纠纷属于应由海事法院专门管辖的海事案件,不应由基层人民法院受理。二是海事法院在建制上虽为中级人民法院,但却只审理一审海事海商案件。申请拍卖船舶实现船舶担保物权的,由船舶所在地或船籍港所在地的海事法院管辖。

【适用要点】

船舶抵押权虽也属于抵押权范畴,但因其抵押物为船舶,具有特殊性和专业性,因此对于该类案件明确为专属管辖,由海事法院进行审理。而实现船舶抵押权一般在司法程序中以申请拍卖扣押船舶案件出现,其亦应由海事法院专属管辖。因船舶抵押合同纠纷提起的诉讼,由抵押船舶所在地、船籍港所在地、被告住所地海事法院管辖。

3. 船舶抵押权的设定

【相关立法】

(1)《中华人民共和国海商法》(19930701)

第十二条　船舶所有人或者船舶所有人授权的人可以设定船舶抵押权。

船舶抵押权的设定,应当签订书面合同。

第十六条　船舶共有人就共有船舶设定抵押权,应当取得持有三分之二以上份额的共有人的同意,共有人之间另有约定的除外。

船舶共有人设定的抵押权,不因船舶的共有权的分割而受影响。

第二百七十一条　船舶抵押权适用船旗国法律。

船舶在光船租赁以前或者光船租赁期间,设立船舶抵押权的,适用原船舶登记国的法律。

(2)《中华人民共和国民法典》(20210101)

第四百条　设立抵押权,当事人应当采用书面形式订立抵押合同。

抵押合同一般包括下列条款:

（一）被担保债权的种类和数额；

（二）债务人履行债务的期限；

（三）抵押财产的名称、数量等情况；

（四）担保的范围。

【典型案例】

（1）抵押权人是否事先实地查看船舶对于抵押权的设立有无影响？［王德法与江苏姜堰农村商业银行股份有限公司、费圣松、江苏华航物流有限公司案外人执行异议之诉案，(2019)鄂民终784号］

根据物权法第二十四条①"船舶、航空器和机动车等物权的设立、变更、转让和消灭，未经登记，不得对抗善意第三人"的规定，船舶实际所有人未经登记，不得对抗抵押权人对抵押船舶享有的抵押权。因设立船舶抵押权无须转移船舶占有，抵押权人事先实地查看船舶主要目的是核实船舶实际物理状况，以避免抵押权人承担船舶实际物理状况与船舶登记不符等商业风险。在船舶实际存在情况下，抵押权人不事先实地查看船舶并不影响抵押权的设立，也不能由此认定抵押权人并非善意第三人。

（2）在国外设立的船舶抵押权的优先受偿效力如何依法确定？［大宇造船海洋株式会社与西达克凌公司船舶抵押合同纠纷案，2016年全国法院海事审判十大典型案例之十］

法院可根据我国海商法第十四章有关涉外关系法律适用的相关规定，依照船旗国法律认定船舶抵押权的效力，确认在国外设立的船舶抵押权的优先受偿效力。

【适用要点】

依照海商法第十二条的规定，船舶所有人或者船舶所有人授权的人可以设定船舶抵押权。但对于船舶抵押合同的具体法律规则，海商法并无具体规定，有关船舶抵押合同的纠纷，应该适用民法典的相关规定。设定船舶抵押需要签订船舶抵押合同，该合同与一般抵押合同一样，均为要式合同，需要以书面形式明确各方权利义务关系。如果不签订书面合同，设定的抵押权则不能成立，同时也无法办理抵押登记。对于非船舶所有人或者船舶所有人授权的人所签订的船舶抵押合同，根据民法典的规定，不能当然认定合同无效，但

---

① 民法典施行后，物权法被废止，相关内容见民法典第二百二十五条。

不发生担保物权的效力。此外,因为海商法规定船舶所有人授权的人可以设定抵押权,在实践中还有可能存在表见代理的问题,需结合相关法律辨别。

在涉外案件中,对于船舶抵押案件要区别于一般的抵押案件,以船旗国法律作为准据法。

4. 船舶抵押登记

【相关立法】

(1)《中华人民共和国海商法》(19930701)

第十三条　设定船舶抵押权,由抵押权人和抵押人共同向船舶登记机关办理抵押权登记;未经登记的,不得对抗第三人。

船舶抵押权登记,包括下列主要项目:

(一)船舶抵押权人和抵押人的姓名或者名称、地址;

(二)被抵押船舶的名称、国籍、船舶所有权证书的颁发机关和证书号码;

(三)所担保的债权数额、利息率、受偿期限。

船舶抵押权的登记状况,允许公众查询。

第十四条　建造中的船舶可以设定船舶抵押权。

建造中的船舶办理抵押权登记,还应当向船舶登记机关提交船舶建造合同。

(2)《中华人民共和国民法典》(20210101)

第二百二十五条　船舶、航空器和机动车等的物权的设立、变更、转让和消灭,未经登记,不得对抗善意第三人。

【行政法规】

《中华人民共和国船舶登记条例》(19950101;20140729)

第六条　船舶抵押权、光船租赁权的设定、转移和消灭,应当向船舶登记机关登记;未经登记的,不得对抗第三人。

第八条　中华人民共和国港务监督机构是船舶登记主管机关。

各港的港务监督机构是具体实施船舶登记的机关(以下简称船舶登记机关),其管辖范围由中华人民共和国港务监督机构确定。

第二十条　对20总吨以上的船舶设定抵押权时,抵押权人和抵押人应当持下列文件到船籍港船舶登记机关申请办理船舶抵押权登记:

（一）双方签字的书面申请书；

（二）船舶所有权登记证书或者船舶建造合同；

（三）船舶抵押合同。

该船舶设定有其他抵押权的，还应当提供有关证明文件。

船舶共有人就共有船舶设定抵押权时，还应当提供三分之二以上份额或者约定份额的共有人的同意证明文件。

第二十一条 对经审查符合本条例规定的，船籍港船舶登记机关应当自收到申请之日起7日内将有关抵押人、抵押权人和船舶抵押情况以及抵押登记日期载入船舶登记簿和船舶所有权登记证书，并向抵押权人核发船舶抵押权登记证书。

第二十二条 船舶抵押权登记，包括下列主要事项：

（一）抵押权人和抵押人的姓名或者名称、地址；

（二）被抵押船舶的名称、国籍，船舶所有权登记证书的颁发机关和号码；

（三）所担保的债权数额、利息率、受偿期限。

船舶登记机关应当允许公众查询船舶抵押权的登记状况。

第二十三条 船舶抵押权转移时，抵押权人和承转人应当持船舶抵押权转移合同到船籍港船舶登记机关申请办理抵押权转移登记。

对经审查符合本条例规定的，船籍港船舶登记机关应当将承转人作为抵押权人载入船舶登记簿和船舶所有权登记证书，并向承转人核发船舶抵押权登记证书，封存原船舶抵押权登记证书。

办理船舶抵押权转移前，抵押权人应当通知抵押人。

第二十四条 同一船舶设定二个以上抵押权的，船舶登记机关应当按照抵押权登记申请日期的先后顺序进行登记，并在船舶登记簿上载明登记日期。

登记申请日期为登记日期；同日申请的，登记日期应当相同。

第四十一条 船舶抵押合同解除，抵押权人和抵押人应当持船舶所有权登记证书、船舶抵押权登记证书和经抵押权人签字的解除抵押合同的文件，到船籍港船舶登记机关办理注销登记。对经审查符合本条例规定的，船籍港船舶登记机关应当注销其在船舶所有权登记证书和船舶登记簿上的抵押登记的记录。

【司法指导文件】

最高人民法院《全国海事法院院长座谈会纪要》（20010911）

二、关于船舶所有权、抵押权未经登记不得对抗第三人的问题

在审理有关海事案件中，涉及船舶所有权或者抵押权未经登记的，应当根据不同情况依法处理：

3. 对设定船舶抵押权但没有依法进行抵押权登记的抵押权人，可以根据与船舶所有人之间设定的船舶抵押权到期债权，请求拍卖该船舶清偿债务；但是，其提出的针对第三人的抵押权主张或者抗辩，法院依法不应支持和保护，即在其他债权人参加对拍卖船舶所得价款清偿时，未经登记的船舶抵押权不能优先于已登记的船舶抵押权和其他海事债权受偿。

【典型案例】

（1）船舶抵押权登记存在瑕疵时，第三人能否因善意取得抵押船舶？ [中国农业银行股份有限公司福安市赛岐经济开发区支行与闽东丛贸船舶实业有限公司、福建省南安市延平海运有限公司在建船舶抵押权纠纷案，（2016）闽民终1518号]

船舶抵押权已经过合法登记，但因登记存在瑕疵导致其公示效力丧失或下降，第三人的善意取得即有机会突破登记的对抗效力而获得认可。不能苛求第三人为表明其善意而提高注意义务，穷尽办法去履行登记查询义务。

（2）船舶抵押的担保范围是以抵押登记的债权数额为准，还是应以合同约定的担保范围为准？ [江苏靖江农村商业银行股份有限公司东兴支行与胡某某等金融借款合同及船舶抵押合同纠纷案，（2020）苏72民初19号]

船舶抵押担保范围的认定规则，即当合同约定的船舶抵押担保范围同抵押登记不一致的，应以合同约定为准。我国部分地区船舶抵押登记机关囿于技术条件通常只将主债权金额登记于船舶抵押权证书上，导致船舶抵押担保范围是否及于利息、罚息等其他费用产生争议。参照《全国法院民商事审判工作会议纪要》中不动产物权的担保范围认定规则，船舶抵押担保范围应以当事人的合同约定为依据，为人民法院认定船舶抵押担保范围提供了有针对性的裁判指引，同时也能促进海事部门进一步完善船舶抵押登记制度，有利于规范船舶融资秩序，保障航运金融安全和航运业健康发展。

【适用要点】

船舶及在建船舶设定抵押权均应当办理登记,未经登记的船舶抵押不影响抵押合同的效力,但因未进行登记,故该抵押权不具有公示效力,不能对抗第三人。根据船舶登记条例的规定,办理船舶抵押的登记机关为中华人民共和国港务监督机构。

5. 船舶抵押的范围

【相关立法】

(1)《中华人民共和国海商法》(19930701)

第十一条 船舶抵押权,是指抵押权人对于抵押人提供的作为债务担保的船舶,在抵押人不履行债务时,可以依法拍卖,从卖得的价款中优先受偿的权利。

第十四条 建造中的船舶可以设定船舶抵押权。

建造中的船舶办理抵押权登记,还应当向船舶登记机关提交船舶建造合同。

(2)《中华人民共和国民法典》(20210101)

第三百九十五条 债务人或者第三人有权处分的下列财产可以抵押:

……

(五)正在建造的建筑物、船舶、航空器;

(六)交通运输工具;

(七)法律、行政法规未禁止抵押的其他财产。

抵押人可以将前款所列财产一并抵押。

第三百九十九条 下列财产不得抵押:

……

(四)所有权、使用权不明或者有争议的财产;

(五)依法被查封、扣押、监管的财产;

(六)法律、行政法规规定不得抵押的其他财产。

【司法解释】

《最高人民法院关于适用〈中华人民共和国民法典〉有关担保制度的解释》(法释〔2020〕28号,20210101)

第三十七条 当事人以所有权、使用权不明或者有争议的财产抵押,经审查构成无权处分的,人民法院应当依照民法典第三百一十一条的规定处理。

当事人以依法被查封或者扣押的财产抵押,抵押权人请求行使抵押权,经审查查封或者扣押措施已经解除的,人民法院应予支持。抵押人以抵押权设立时财产被查封或者扣押为由主张抵押合同无效的,人民法院不予支持。

以依法被监管的财产抵押的,适用前款规定。

第四十一条　抵押权依法设立后,抵押财产被添附,添附物归第三人所有,抵押权人主张抵押权效力及于补偿金的,人民法院应予支持。

抵押权依法设立后,抵押财产被添附,抵押人对添附物享有所有权,抵押权人主张抵押权的效力及于添附物的,人民法院应予支持,但是添附导致抵押财产价值增加的,抵押权的效力不及于增加的价值部分。

抵押权依法设立后,抵押人与第三人因添附成为添附物的共有人,抵押权人主张抵押权的效力及于抵押人对共有物享有的份额的,人民法院应予支持。

本条所称添附,包括附合、混合与加工。

【适用要点】

根据法律规定,船舶及在建船舶可以设定抵押权,但船舶、在建船舶所有权、使用权不明或者有争议以及依法被查封、扣押、监管的财产船舶、在建船舶不能设定抵押权。对于船舶,特别是在建舰船因其尚处于建造过程中,产生的添附应当依据《最高人民法院关于适用〈中华人民共和国民法典〉有关担保制度的解释》的规定处理。

6. 抵押船舶的处分

【相关立法】

(1)《中华人民共和国海商法》(19930701)

第十七条　船舶抵押权设定后,未经抵押权人同意,抵押人不得将被抵押船舶转让给他人。

(2)《中华人民共和国民法典》(20210101)

第四百零六条　抵押期间,抵押人可以转让抵押财产。当事人另有约定的,按照其约定。抵押财产转让的,抵押权不受影响。

抵押人转让抵押财产的,应当及时通知抵押权人。抵押权人能够证明抵押财产转让可能损害抵押权的,可以请求抵押人将转让所得的价款向抵押权人提前清偿债务或者提存。转让的价款超过债权数额的部分归抵押人所有,不足部分由债务人清偿。

【司法解释】

《最高人民法院关于适用〈中华人民共和国民法典〉有关担保制度的解释》(法释〔2020〕28号,20210101)

第四十三条 当事人约定禁止或者限制转让抵押财产但是未将约定登记,抵押人违反约定转让抵押财产,抵押权人请求确认转让合同无效的,人民法院不予支持;抵押财产已经交付或者登记,抵押权人请求确认转让不发生物权效力的,人民法院不予支持,但是抵押权人有证据证明受让人知道的除外;抵押权人请求抵押人承担违约责任的,人民法院依法予以支持。

当事人约定禁止或者限制转让抵押财产且已经将约定登记,抵押人违反约定转让抵押财产,抵押权人请求确认转让合同无效的,人民法院不予支持;抵押财产已经交付或者登记,抵押权人主张转让不发生物权效力的,人民法院应予支持,但是因受让人代替债务人清偿债务导致抵押权消灭的除外。

【适用要点】

海商法明确规定未经抵押权人同意禁止转让抵押船舶,而民法典改变了物权法第一百九十一条关于抵押物转让规定,这就与现行海商法发生了冲突。鉴于海商法目前仍未修改,且其明确禁止转让,故在现阶段根据特别法优于一般法的原则,对于船舶抵押的转让问题仍应延续海商法禁止转让的规定。

7. 船舶抵押权的处分

【相关立法】

(1)《中华人民共和国海商法》(19930701)

第十八条 抵押权人将被抵押船舶所担保的债权全部或者部分转让他人的,抵押权随之转移。

(2)《中华人民共和国民法典》(20210101)

第四百零七条 抵押权不得与债权分离而单独转让或者作为其他债权的担保。债权转让的,担保该债权的抵押权一并转让,但是法律另有规定或者当事人另有约定的除外。

第四百零九条 抵押权人可以放弃抵押权或者抵押权的顺位。抵押权人与抵押人可以协议变更抵押权顺位以及被担保的债权数额等内容。但是，抵押权的变更未经其他抵押权人书面同意的，不得对其他抵押权人产生不利影响。

债务人以自己的财产设定抵押，抵押权人放弃该抵押权、抵押权顺位或者变更抵押权的，其他担保人在抵押权人丧失优先受偿权益的范围内免除担保责任，但是其他担保人承诺仍然提供担保的除外。

【司法解释】

《最高人民法院关于适用〈中华人民共和国民法典〉有关担保制度的解释》（法释〔2020〕28 号,20210101）

第三十九条 主债权被分割或者部分转让，各债权人主张就其享有的债权份额行使担保物权的，人民法院应予支持，但是法律另有规定或者当事人另有约定的除外。

主债务被分割或者部分转移，债务人自己提供物的担保，债权人请求以该担保财产担保全部债务履行的，人民法院应予支持；第三人提供物的担保，主张对未经其书面同意转移的债务不再承担担保责任的，人民法院应予支持。

【适用要点】

海商法规定"债权全部或者部分转让他人的，抵押权随之转移"，该规定与民法典规定抵押权转让的从属性是一致的。但民法典明确允许当事人另行约定，而海商法对此未予明确，对此，海商法未予明确的事项与民法典并不冲突，因此在船舶抵押合同中如当事人对船舶抵押权转让有特别约定的，法院应予准许。

8. 船舶抵押权的实现

【相关立法】

(1)《中华人民共和国海商法》(19930701)

第十一条 船舶抵押权，是指抵押权人对于抵押人提供的作为债务担保的船舶，在抵押人不履行债务时，可以依法拍卖，从卖得的价款中优先受偿的权利。

（2）《中华人民共和国民法典》（20210101）

第四百零一条 抵押权人在债务履行期限届满前，与抵押人约定债务人不履行到期债务时抵押财产归债权人所有的，只能依法就抵押财产优先受偿。

第四百一十一条 债务人不履行到期债务或者发生当事人约定的实现抵押权的情形，抵押权人可以与抵押人协议以抵押财产折价或者以拍卖、变卖该抵押财产所得的价款优先受偿。协议损害其他债权人利益的，其他债权人可以请求人民法院撤销该协议。

抵押权人与抵押人未就抵押权实现方式达成协议的，抵押权人可以请求人民法院拍卖、变卖抵押财产。

抵押财产折价或者变卖的，应当参照市场价格。

第四百一十三条 抵押财产折价或者拍卖、变卖后，其价款超过债权数额的部分归抵押人所有，不足部分由债务人清偿。

第四百一十九条 抵押权人应当在主债权诉讼时效期间行使抵押权；未行使的，人民法院不予保护。

【司法解释】

《最高人民法院关于适用〈中华人民共和国民法典〉有关担保制度的解释》（法释〔2020〕28号，20210101）

第四十四条第一款 主债权诉讼时效期间届满后，抵押权人主张行使抵押权的，人民法院不予支持；抵押人以主债权诉讼时效期间届满为由，主张不承担担保责任的，人民法院应予支持。主债权诉讼时效期间届满前，债权人仅对债务人提起诉讼，经人民法院判决或者调解后未在民事诉讼法规定的申请执行时效期间内对债务人申请强制执行，其向抵押人主张行使抵押权的，人民法院不予支持。

第四十五条 当事人约定当债务人不履行到期债务或者发生当事人约定的实现担保物权的情形，担保物权人有权将担保财产自行拍卖、变卖并就所得的价款优先受偿的，该约定有效。因担保人的原因导致担保物权人无法自行对担保财产进行拍卖、变卖，担保物权人请求担保人承担因此增加的费用的，人民法院应予支持。

当事人依照民事诉讼法有关"实现担保物权案件"的规定，申请拍卖、变卖担保财产，被申请人以担保合同约定仲裁条款为由主张驳回申请的，人民法院经审查后，应当按照以下情形分别处理：

（一）当事人对担保物权无实质性争议且实现担保物权条件已经成就

的,应当裁定准许拍卖、变卖担保财产;

(二)当事人对实现担保物权有部分实质性争议的,可以就无争议的部分裁定准许拍卖、变卖担保财产,并告知可以就有争议的部分申请仲裁;

(三)当事人对实现担保物权有实质性争议的,裁定驳回申请,并告知可以向仲裁机构申请仲裁。

债权人以诉讼方式行使担保物权的,应当以债务人和担保人作为共同被告。

第六十八条 债务人或者第三人与债权人约定将财产形式上转移至债权人名下,债务人不履行到期债务,债权人有权对财产折价或者以拍卖、变卖该财产所得价款偿还债务的,人民法院应当认定该约定有效。当事人已经完成财产权利变动的公示,债务人不履行到期债务,债权人请求参照民法典关于担保物权的有关规定就该财产优先受偿的,人民法院应予支持。

债务人或者第三人与债权人约定将财产形式上转移至债权人名下,债务人不履行到期债务,财产归债权人所有的,人民法院应当认定该约定无效,但是不影响当事人有关提供担保的意思表示的效力。当事人已经完成财产权利变动的公示,债务人不履行到期债务,债权人请求对该财产享有所有权的,人民法院不予支持;债权人请求参照民法典关于担保物权的规定对财产折价或者以拍卖、变卖该财产所得的价款优先受偿的,人民法院应予支持;债务人履行债务后请求返还财产,或者请求对财产折价或者以拍卖、变卖所得的价款清偿债务的,人民法院应予支持。

债务人与债权人约定将财产转移至债权人名下,在一定期间后再由债务人或者其指定的第三人以交易本金加上溢价款回购,债务人到期不履行回购义务,财产归债权人所有的,人民法院应当参照第二款规定处理。回购对象自始不存在的,人民法院应当依照民法典第一百四十六条第二款的规定,按照其实际构成的法律关系处理。

【司法指导文件】

最高人民法院民事审判第四庭《全国法院涉外商事海事审判工作座谈会会议纪要》[法(民四)明传(2021)60号,20211231]

78.【挂靠船舶的扣押】对挂靠船舶享有抵押权、留置权和船舶优先权等担保物权的债权人申请扣押挂靠船舶,挂靠船舶实际所有人主张解除扣押的,人民法院不予支持,有证据证明债权人非善意第三人的除外。

【典型案例】

在船舶被第三国法院扣押时船舶抵押权人为行使抵押权而申请法院扣押船舶的行为是否构成对船舶权益的侵害？[深圳市华新股份有限公司与新加坡欧力士船务有限公司等船舶权益案,(2005)粤高法立民终字第530号]

船舶抵押关系中,被抵押船舶不转移占有,仍在船舶所有人或经营人的直接控制下,船舶抵押权人对船舶的维护、保养和使用不负责任,也不负有在抵押船舶被扣押时提供担保以释放船舶的义务。在抵押人不履行债务或无力履行债务时,抵押权人有权申请扣押船舶,并有权进一步通过拍卖船舶实现债权。因此,在船舶被第三国法院扣押时,抵押权人向第三国法院申请暂时不予放船、轮候扣押、支持拍卖均为依法行使抵押权的行为,并不构成对船舶权益的侵害。

【适用要点】

船舶抵押权只能通过海事法院最终以拍卖方式,在拍卖所得价款中优先受偿实现,而不通过当事人自己拍卖、变卖来实现。在诉讼策略上,抵押权人可以提起船舶抵押合同纠纷的诉讼案件,也可以直接提起实现担保物权案件中申请拍卖扣押船舶的非诉案件,但要注意的是,在诉讼案件中,法院会就各方之间的实体争议进行审理,并作出裁判,债权人可基于生效判决申请强制执行。而在非诉程序中,如当实现担保物权有实质性争议时,则要根据《最高人民法院关于适用〈中华人民共和国民事诉讼法〉的解释》第三百七十条第(三)项规定裁定驳回申请,并告知申请人向人民法院提起诉讼,重新回到诉讼程序中解决。

9. 船舶抵押的受偿顺序

【相关立法】

(1)《中华人民共和国海商法》(19930701)

第十九条 同一船舶可以设定两个以上抵押权,其顺序以登记的先后为准。

同一船舶设定两个以上抵押权的,抵押权人按照抵押权登记的先后顺序,从船舶拍卖所得价款中依次受偿。同日登记的抵押权,按照同一顺序受偿。

第二十五条第一款 船舶优先权先于船舶留置权受偿,船舶抵押权后于船舶留置权受偿。

(2)《中华人民共和国民法典》(20210101)

第四百一十四条 同一财产向两个以上债权人抵押的,拍卖、变卖抵押财产所得的价款依照下列规定清偿:

(一)抵押权已经登记的,按照登记的时间先后确定清偿顺序;

(二)抵押权已经登记的先于未登记的受偿;

(三)抵押权未登记的,按照债权比例清偿。

其他可以登记的担保物权,清偿顺序参照适用前款规定。

第四百一十五条 同一财产既设立抵押权又设立质权的,拍卖、变卖该财产所得的价款按照登记、交付的时间先后确定清偿顺序。

第四百一十六条 动产抵押担保的主债权是抵押物的价款,标的物交付后十日内办理抵押登记的,该抵押权人优先于抵押物买受人的其他担保物权人受偿,但是留置权人除外。

【典型案例】

船舶抵押权与保证担保并存情况下,债权人能否先于船舶抵押权要求保证人承担保证责任? [山东荣成农村商业银行股份有限公司龙须岛支行与李耀钊等船舶抵押合同纠纷案,(2016)鲁民终2473号]

在物的担保与人的担保并存的情况下,债权人有权自主决定实现担保权顺位。根据物权法第一百七十六条①规定,被担保的债权既有物的担保又有人的担保的,债权人应当按照约定实现债权,即赋予了债权人在合同中选择实现担保权顺位的权利。物权法这一规定改变了担保法第二十八条②关于保证人对物的担保以外的债权承担保证责任,并在债权人放弃担保物权的范围内免除保证责任的规定。由于物权法后于担保法生效,按照新法优于旧法的原则,应适用物权法的规定。本案在确认当事人意思自治的基础上,认定当事人约定的人的担保可以先于物的担保的合同效力,支持债权人先于物的担保实现人的担保,为借款合同项下提供物的担保与人的担保提供了指引,有利于相关担保人明确自己的权利、义务与风险,谨慎处分自己的权利。

---

① 民法典施行后,物权法被废止,相关内容见民法典第三百九十二条。

② 民法典施行后,担保法被废止,相关内容见民法典第三百九十二条。

【适用要点】

船舶抵押权受偿时,应注意同一抵押船舶存在多个抵押权,以及同时存在船舶留置权、船舶抵押权、船舶优先权等情况,应当依法定受偿顺序受偿。

10. 抵押船舶灭失的保护

【相关立法】

(1)《中华人民共和国海商法》(19930701)

第十五条 除合同另有约定外,抵押人应当对被抵押船舶进行保险;未保险的,抵押权人有权对该船舶进行保险,保险费由抵押人负担。

第二十条 被抵押船舶灭失,抵押权随之消灭。由于船舶灭失得到的保险赔偿,抵押权人有权优先于其他债权人受偿。

(2)《中华人民共和国民法典》(20210101)

第四百零八条 抵押人的行为足以使抵押财产价值减少的,抵押权人有权请求抵押人停止其行为;抵押财产价值减少的,抵押权人有权请求恢复抵押财产的价值,或者提供与减少的价值相应的担保。抵押人不恢复抵押财产的价值,也不提供担保的,抵押权人有权请求债务人提前清偿债务。

【司法解释】

《最高人民法院关于适用〈中华人民共和国民法典〉有关担保制度的解释》(法释〔2020〕28号,20210101)

第四十二条 抵押权依法设立后,抵押财产毁损、灭失或者被征收等,抵押权人请求按照原抵押权的顺位就保险金、赔偿金或者补偿金等优先受偿的,人民法院应予支持。

给付义务人已经向抵押人给付了保险金、赔偿金或者补偿金,抵押权人请求给付义务人向其给付保险金、赔偿金或者补偿金的,人民法院不予支持,但是给付义务人接到抵押权人要求向其给付的通知后仍然向抵押人给付的除外。

抵押权人请求给付义务人向其给付保险金、赔偿金或者补偿金的,人民法院可以通知抵押人作为第三人参加诉讼。

【适用要点】

海商法第十五条规定了抵押船舶保险制度,对于预防抵押风险具有重要意义,特别是在船舶灭失的情况下,抵押权人可以在保险赔偿中优先受偿。但要注意到该制度并非强制性规定,而是任意性规定。

11. 以船舶设定最高额抵押

【相关立法】

《中华人民共和国民法典》(20210101)

第四百二十条 为担保债务的履行,债务人或者第三人对一定期间内将要连续发生的债权提供担保财产的,债务人不履行到期债务或者发生当事人约定的实现抵押权的情形,抵押权人有权在最高债权额限度内就该担保财产优先受偿。

最高额抵押权设立前已经存在的债权,经当事人同意,可以转入最高额抵押担保的债权范围。

第四百二十一条 最高额抵押担保的债权确定前,部分债权转让的,最高额抵押权不得转让,但是当事人另有约定的除外。

第四百二十二条 最高额抵押担保的债权确定前,抵押权人与抵押人可以通过协议变更债权确定的期间、债权范围以及最高债权额。但是,变更的内容不得对其他抵押权人产生不利影响。

第四百二十三条 有下列情形之一的,抵押权人的债权确定:

(一)约定的债权确定期间届满;

(二)没有约定债权确定期间或者约定不明确,抵押权人或者抵押人自最高额抵押权设立之日起满二年后请求确定债权;

(三)新的债权不可能发生;

(四)抵押权人知道或者应当知道抵押财产被查封、扣押;

(五)债务人、抵押人被宣告破产或者解散;

(六)法律规定债权确定的其他情形。

第四百二十四条 最高额抵押权除适用本节规定外,适用本章第一节的有关规定。

【司法解释】

《最高人民法院关于适用〈中华人民共和国民法典〉有关担保制度的解释》(法释〔2020〕28号,20210101)

第十五条 最高额担保中的最高债权额,是指包括主债权及其利息、违约金、损害赔偿金、保管担保财产的费用、实现债权或者实现担保物权的费用等在内的全部债权,但是当事人另有约定的除外。

登记的最高债权额与当事人约定的最高债权额不一致的,人民法院应当依据登记的最高债权额确定债权人优先受偿的范围。

第三十条　最高额保证合同对保证期间的计算方式、起算时间等有约定的,按照其约定。

最高额保证合同对保证期间的计算方式、起算时间等没有约定或者约定不明,被担保债权的履行期限均已届满的,保证期间自债权确定之日起开始计算;被担保债权的履行期限尚未届满的,保证期间自最后到期债权的履行期限届满之日起开始计算。

前款所称债权确定之日,依照民法典第四百二十三条的规定认定。

【适用要点】

海商法并未就最高额抵押作出规定,但在实践中却存在着大量以船舶作为抵押物设立最高额抵押的情形,对此应适用民法典及相关司法解释的有关规定予以解决。

12. 为其他债权人设定船舶抵押权的处理

【相关立法】

《中华人民共和国民法典》(20210101)

第六百九十五条第一款　债权人和债务人未经保证人书面同意,协商变更主债权债务合同内容,减轻债务的,保证人仍对变更后的债务承担保证责任;加重债务的,保证人对加重的部分不承担保证责任。

第六百九十六条第一款　债权人转让全部或者部分债权,未通知保证人的,该转让对保证人不发生效力。

第六百九十七条第二款　第三人加入债务的,保证人的保证责任不受影响。

第六百九十九条　同一债务有两个以上保证人的,保证人应当按照保证合同约定的保证份额,承担保证责任;没有约定保证份额的,债权人可以请求任何一个保证人在其保证范围内承担保证责任。

第七百条　保证人承担保证责任后,除当事人另有约定外,有权在其承担保证责任的范围内向债务人追偿,享有债权人对债务人的权利,但是不得损害债权人的利益。

第七百零一条　保证人可以主张债务人对债权人的抗辩。债务人放弃抗辩的,保证人仍有权向债权人主张抗辩。

第七百零二条 债务人对债权人享有抵销权或者撤销权的,保证人可以在相应范围内拒绝承担保证责任。

【司法解释】

《最高人民法院关于适用〈中华人民共和国民法典〉有关担保制度的解释》(法释〔2020〕28 号,20210101)

第十六条第二款 主合同当事人协议以新贷偿还旧贷,旧贷的物的担保人在登记尚未注销的情形下同意继续为新贷提供担保,在订立新的贷款合同前又以该担保财产为其他债权人设立担保物权,其他债权人主张其担保物权顺位优先于新贷债权人的,人民法院不予支持。

第二十条 人民法院在审理第三人提供的物的担保纠纷案件时,可以适用民法典第六百九十五条第一款、第六百九十六条第一款、第六百九十七条第二款、第六百九十九条、第七百条、第七百零一条、第七百零二条等关于保证合同的规定。

【适用要点】

我国法律并未禁止以船舶为其他债权人设定船舶抵押,故船舶所有人或者船舶所有人授权的人可以依法为其他债权人设定抵押。在设定抵押时,除要遵守海商法关于船舶抵押的一般规则外,还应适用民法典及司法解释中关于为其他债权人设定抵押权的有关规定。

十八、船舶租用合同纠纷

1. 案由释义

海商法第六章是关于船舶租用合同的规定。依据第六章中第一百二十八条的规定,船舶租用合同包括定期租船合同和光船租赁合同,均应以书面形式订立。亦即在现行海商法体系下,船舶租用合同是指定期租船合同和光船租赁合同。而航次租船合同即程租合同,虽然也存在船舶出租人将船舶或者船舶的部分舱位出租给承租人的情形,但在相关措辞的使用上与海上货物运输合同存在一些差别。例如,海上货物运输合同的双方分别被称为承运人和托运人,航次租船合同的双方分别被称为出租人和承租人;海上货物运输合同项下的主要费用被称为运费,航次租船合同项下的主要费用则被称为租金等。但从双方的主要权利义务来看,航次租船合同双方当事人的主要权利义务与海上货物运输合同并无本质区别,都是由合同一方收取相关费用,负责将合同相对方托运的货物经海路由一港运至另一港。因此,现行海商法在结构体系上,航次租船合同被置于第四章,即"海上货物运输合同"一章,定性为海上货物运输合同。

（1）定期租船合同纠纷

定期租船合同,是指船舶出租人向承租人提供约定的由出租人配备船员的船舶,由承租人在约定的期间内按照约定的用途使用,并支付租金的合同。定期租船合同的内容,主要包括出租人和承租人的名称、船名、船籍、船级、吨位、容积、船速、燃料消耗、航区、用途、租船期间、交船和还船的时间和地点及条件、租金及其支付,以及其他有关事项。定期租船合同纠纷即为船舶出租人与承租人就租船合同的订立、履行、变更和终止产生的争议。

（2）光船租赁合同纠纷

光船租赁合同,是指船舶出租人向承租人提供不配备船员的船舶,在约定的期间内由承租人占有、使用和营运,并向出租人支付租金的合同。光船租赁合同的内容,主要包括出租人和承租人的名称、船名、船籍、船级、吨位、容积、航区、用途、租船期间、交船和还船的时间和地点及条件、船舶检验、船舶的保养维修、租金及其支付、船舶保险、合同解除的时间和条件,以及其他有关事项。光船租赁合同纠纷即为船舶出租人与承租人就租船合同的订立、履行、变更和终止产生的争议。

2. 诉讼程序规范

【相关立法】

(1)《中华人民共和国民事诉讼法》(19910409;20220101)

第二十四条　因合同纠纷提起的诉讼,由被告住所地或者合同履行地人民法院管辖。

(2)《中华人民共和国海事诉讼特别程序法》(20000701)

第六条　海事诉讼的地域管辖,依照《中华人民共和国民事诉讼法》的有关规定。

下列海事诉讼的地域管辖,依照以下规定:

……

(三)因海船租用合同纠纷提起的诉讼,由交船港、还船港、船籍港所在地、被告住所地海事法院管辖;

……

【司法解释】

(1)《最高人民法院关于海事法院受理案件范围的规定》(法释〔2016〕4号,20160301)

22. 船舶租用合同(含定期租船合同、光船租赁合同等)纠纷案件;

(2)《最高人民法院关于适用〈中华人民共和国海事诉讼特别程序法〉若干问题的解释》(法释〔2003〕3号,20030201;经法释〔2008〕18号修正,20081231)

第一条　在海上或者通海水域发生的与船舶或者运输、生产、作业相关的海事侵权纠纷、海商合同纠纷,以及法律或者相关司法解释规定的其他海事纠纷案件由海事法院及其上级人民法院专门管辖。

【适用要点】

船舶租用合同(含定期租船合同、光船租赁合同等)纠纷案件属于海事法院受案范围,应由海事法院专门管辖。因船舶租用合同纠纷提起的诉讼,一般由交船港、还船港、船籍港所在地、被告住所地海事法院管辖。该类案件属于当事人可以协议选择管辖法院的案件,当事人可以就被告住所地,合同履行地,合同签订地,原告住所地,标的物所在地,交船港、还船港、船籍港所在地等书面协议选择有管辖权的海事法院管辖。

3. 船舶租用合同的订立

【相关立法】

(1)《中华人民共和国海商法》(19930701)

第一百二十七条 本章关于出租人和承租人之间权利、义务的规定,仅在船舶租用合同没有约定或者没有不同约定时适用。

第一百二十八条 船舶租用合同,包括定期租船合同和光船租赁合同,均应当书面订立。

第一百二十九条 定期租船合同,是指船舶出租人向承租人提供约定的由出租人配备船员的船舶,由承租人在约定的期间内按照约定的用途使用,并支付租金的合同。

第一百三十条 定期租船合同的内容,主要包括出租人和承租人的名称、船名、船籍、船级、吨位、容积、船速、燃料消耗、航区、用途、租船期间、交船和还船的时间和地点以及条件、租金及其支付,以及其他有关事项。

第一百四十四条 光船租赁合同,是指船舶出租人向承租人提供不配备船员的船舶,在约定的期间内由承租人占有、使用和营运,并向出租人支付租金的合同。

第一百四十五条 光船租赁合同的内容,主要包括出租人和承租人的名称、船名、船籍、船级、吨位、容积、航区、用途、租船期间、交船和还船的时间和地点以及条件、船舶检验、船舶的保养维修、租金及其支付、船舶保险、合同解除的时间和条件,以及其他有关事项。

(2)《中华人民共和国民法典》(20210101)

第七百零三条 租赁合同是出租人将租赁物交付承租人使用、收益,承租人支付租金的合同。

第七百零四条 租赁合同的内容一般包括租赁物的名称、数量、用途、租赁期限、租金及其支付期限和方式、租赁物维修等条款。

【司法指导文件】

最高人民法院民事审判第四庭《涉外商事海事审判实务问题解答(一)》
(20040408)

129. 涉外租船合同中约定法律适用条款的效力?

答:租船合同是出租人与承租人之间经协商一致订立的,租船合同中明确约定适用的国际公约或者某一国家的法律,应为合法有效。除非该国际公约或者相关法律的适用违背我国的社会公共利益。

131. 期租船的承租人不具有交通部门发给的运输许可证,其签订的合同是否具有法律效力?

答:期租船人不具有水路运输许可证的情况下,以期租的船舶承运自己的货物,不违反法律法规以及交通部颁布的水路货物运输规则的规定,该期租船合同是有效的;期租船人将期租的船舶转租,并以承运人(或者出租人)的身份与其他货主或者(转租)承租人签订的运输合同或者航次租船合同,应认定为无效合同。

【典型案例】

(1)如何识别船舶租用合同?[上海中谷物流股份有限公司与福建省石狮市恒信船务有限公司定期租船合同纠纷案,(2020)沪72民初73号]

合同性质除以合同名称加以识别外,更主要的是依其约定的权利义务内容从实质上作出认定。案涉《国内水路货物运输合同》约定了承运期间、装卸期限,还约定了装卸费、靠离泊费由原告承担,原告负责装卸港安全泊位等,这与海上货物运输合同中托运人只支付运费、不安排装卸泊位、不承担装卸费用、不负责装卸时间存在明显区别。合同中关于被告在租赁期间需每天两次向原告发送船舶位置、船舶应服从原告的管理调度、抵离港需向原告报告等,恰是定期租船合同下承租人的主要权利构成。原、被告所签订的合同名为水路货物运输合同,实为定期租船合同。

(2)实践中如何区分定期租船合同和航次租船合同?[广州福达企业集团有限公司与乐清市长虹船厂定期租船合同案,(2005)广海法初字第162号]

在实践中有时较难区分定期租船合同和航次租船合同,要综合考虑予以确定。一般来说,定期租船合同租金按租用船舶时间长短计算。本案中,涉案合同约定的是"运费",但《运输合同》同时约定广州福达企业集团有限公司每月提供不少于两航次6000吨盐酸或液碱给乐清市长虹船厂承运,因此,该运费具有租金的性质,可以视为租金。此外,更为重要的是,《运输合同》具有船舶租赁的性质,即广州福达企业集团有限公司负责船舶调度和营运。广州福达企业集团有限公司在租期内单独享有对乐清市长虹船厂提供的"达丰6"轮的使用权,乐清市长虹船厂仅在广州福达企业集团有限公司无货可运的情况下才可以将该轮另租他人,而不能自由使用。因此,综合来看,涉案合同属于光船租赁合同。

【适用要点】

船舶租用合同均应当以书面形式订立,即均为要式合同。根据民法典第四百六十九条的规定,书面形式是合同书、信件、电报、电传、传真等可以有形地表现所载内容的形式。以电子数据交换、电子邮件等方式能够有形地表现所载内容,并可以随时调取查用的数据电文,视为书面形式。因此除当事人正式签订的合同书外,其他书面形式,如双方往来函件、传真、电子邮件以及通过即时通信工具(如微信、QQ 等)所达成的协商一致的内容,均可以构成合同的一部分。

合同性质除以合同名称加以识别外,更主要的是依其约定的权利义务内容从实质上作出认定。在航运实践中,还存在"航次期租"这一租船合同形式,其多使用定期租船合同形式,合同亦约定按照船舶完成该航次货物运输任务所实际使用的时间来计算租金。因此本书认为,"航次期租合同"更符合定期租船合同性质,应当定性为定期租船合同。

船舶租用合同采合同自由原则,海商法对当事人之间的权利、义务均为非强制性规定,仅在合同没有约定或者没有不同约定时适用。

(一)定期租船合同纠纷

4. 定期租船合同出租人的义务

【相关立法】

《中华人民共和国海商法》(19930701)

第一百三十一条　出租人应当按照合同约定的时间交付船舶。

出租人违反前款规定的,承租人有权解除合同,出租人将船舶延误情况和船舶预期抵达交船港的日期通知承租人的,承租人应当自接到通知时起四十八小时内,将解除合同或者继续租用船舶的决定通知出租人。

因出租人过失延误提供船舶致使承租人遭受损失的,出租人应当负赔偿责任。

第一百三十二条 出租人交付船舶时,应当做到谨慎处理,使船舶适航。交付的船舶当适于约定的用途。

出租人违反前款规定的,承租人有权解除合同,并有权要求赔偿因此遭受的损失。

第一百三十三条 船舶在租期内不符合约定的适航状态或者其他状态,出租人应当采取可能采取的合理措施,使之尽快恢复。

船舶不符合约定的适航状态或者其他状态而不能正常营运连续满二十四小时的,对因此而损失的营运时间,承租人不付租金,但是上述状态是由承租人造成的除外。

【典型案例】

(1)船舶在租期内不符合约定的适航状态或者其他状态,出租人应承担何种责任?［姜文祥与徐建华定期租船合同纠纷案,(2018)浙民终 1178 号］

定期租船合同中,船舶在租期内不符合约定的适航状态或者其他状态,出租人应当采取可能采取的合理措施,使之尽快恢复。出租人怠于履行出租人义务导致船舶持续处于不适航状态,承租人有权以合同目的不能实现为由解除合同。定期租船合同以使用船舶为目的,已经被承租人享用的效益不能返还。合同解除之前的租金按照实际使用期限计算。

(2)如何判断出租人提供的船舶是否符合合同约定?［浙江神源海洋工程有限公司与汕头市达濠建筑总公司定期租船合同纠纷案,(2017)粤民终 2459 号］

根据涉案船舶租赁合同的记载,双方当事人在签订合同时已经确认租赁船舶完全符合现场施工要求,3 艘船舶于 2013 年 12 月 13 日到达施工现场时均符合合同第一条记载的船舶参数,且实际进行了施工作业。承租人主张涉案船组的施工能力远未达到签订合同时承诺的标准,一方面合同并未记载涉案船组施工能力应达到的具体标准,每月适运及施工时间 550 小时只是计算租金的标准,未达到该标准的后果是扣减租金而非认定施工能力不达标;另一方面承租人提供的证据不足以认定出租人对涉案船组挖泥量有过承诺的事实,且没有证据证明出租人的描述是涉案租赁合同成立的前提条件,承租人关于出租人提供的船舶不符合合同约定的抗辩理由不能成立。

(3)不良船况阻碍定期租船合同目的的实现,承租人是否可以行使解除权?[上海中船重工万邦航运有限公司与上海中化思多而特船务有限公司定期租船合同纠纷案,(2011)沪高民四(海)终字第153号]

定期租船合同,承租人在出租人未按时交船以及交船时船舶不适航情形下,享有法定解约权。承租人使用船舶期间,该轮本身故障不断,多次发生安全事故,存在安全隐患,同时承租人的货主拒绝使用该轮,多家码头拒绝该轮停靠,这种客观状况导致该轮已无法满足承租人实现租赁该轮的合同目的。该轮在租期中的不良船况阻碍了合同目的的实现,承租人享有法定解除权。

【适用要点】

出租人负有按时交付船舶的义务,出租人违反该义务,承租人有权解除合同。如果出租人将船舶延误的情况和船舶预期抵达交船港的日期通知了承租人,承租人应自接到通知时起48小时内将是否解除合同的决定通知出租人,这通常被称为"质询条款"。如果承租人决定继续租用船舶,出租人在上述通知中所述的船舶预计抵达日期应被视为新的约定交船时间。如果承租人未在接到通知后48小时内将是否解除合同的决定通知出租人的,视为承租人放弃了解除合同的选择权,合同将继续有效。

出租人有使船舶适航的义务,但是该义务不是绝对的,而是"谨慎处理",而且谨慎处理使船舶适航的时间节点限于"交付船舶时"。船舶于租期内发生不适航情形,承租人无权直接解除合同。此时出租人有义务采取可能采取的合理措施,使之尽快恢复(实践中的维修条款)。如果船舶不符合约定的适航状态或者其他状态而不能正常营运连续满24小时的,对因此而损失的营运时间,承租人有权不付租金(实践中的停租条款)。

5. 定期租船合同承租人的义务

【相关立法】

(1)《中华人民共和国海商法》(19930701)

第一百三十四条 承租人应当保证船舶在约定航区内的安全港口或者地点之间从事约定的海上运输。

承租人违反前款规定的,出租人有权解除合同,并有权要求赔偿因此遭受的损失。

第一百三十五条 承租人应当保证船舶用于运输约定的合法的货物。

承租人将船舶用于运输活动物或者危险货物的,应当事先征得出租人的同意。

承租人违反本条第一款或者第二款的规定致使出租人遭受损失的,应当负赔偿责任。

第一百四十条 承租人应当按照合同约定支付租金。承租人未按照合同约定支付租金的,出租人有权解除合同,并有权要求赔偿因此遭受的损失。

(2)《中华人民共和国民法典》(20210101)

第七百一十一条 承租人未按照约定的方法或者未根据租赁物的性质使用租赁物,致使租赁物受到损失的,出租人可以解除合同并请求赔偿损失。

第七百二十二条 承租人无正当理由未支付或者迟延支付租金的,出租人可以请求承租人在合理期限内支付;承租人逾期不支付的,出租人可以解除合同。

【典型案例】

(1)承租人违反合同约定支付租金且未将船舶安排在安全的海域航行应承担何种责任?[中威轮船公司、陈震、陈春与商船三井株式会社定期租船合同及侵权损害赔偿纠纷案,(2010)民申字第1269号]

本案纠纷的产生年代久远,双方当事人均提供了大量的证据支持其主张。法院经过多次开庭,对所有证据逐一认证,使案件事实的认定具有充分的证据支持。关于案件定性,承租人并未按照合同约定支付租金,且未将两轮安排在安全的海域航行,反而将中国籍的两轮安排在日本沿海航行,致使两轮被日本军方扣留,承租人不仅违反了合同约定,而且其违约行为与两轮的毁损和灭失之间有法律上的因果关系,构成对两轮财产权利人的侵权。

(2)承租人未按合同约定履行义务应当承担何种责任?[刘昭教与罗国峰、罗海川船舶租用合同纠纷案,(2017)琼72民初245号]

承租人未能按照约定及时支付租金,同时违反合同约定超航区进行经营,租赁期间没有对船舶及其设备尽到良好保养维护义务,船舶适航证书过期仍在运营,船舶配员严重不足,导致船舶在涉案航次中船舶主机第三缸曲轴突然断裂造成主机停机,船舶失去动力而漂失,无法向原告交还所租赁船舶,显属违约,出租人有权要求承租人支付所拖欠船舶租金及利息和船舶灭失损失。

【适用要点】

在约定航区内的安全港口或者地点之间从事约定的海上运输属于承租人在定期租船合同下的义务,如果承租人要求船舶超出航区限制进行营运,或者指定了一个不安全港口,出租人或者船长首先有权拒绝,并可以要求承租人重新作出符合合同约定的航区限制的营运指示或者重新指定安全港口。

如果承租人将船舶用于运输活动物或者危险货物,应当事先征得出租人的同意,在承租人指示船舶装运上述货物时,出租人或者船长有权拒绝装运,但不得解除合同。

承租人应当按照合同约定的租金率以及支付租金的币种、方式、时间和地点等,准时、足额地支付租金,这是承租人的基本义务。承租人违反支付租金的义务,出租人有权解除合同,即"撤船"。但如果承租人未按约定支付除租金外的其他费用,出租人不享有解除合同的权利。

6. 定期租船合同承租人的特别权利(指示、 转租、获得海难救助款、留置权等权利)

【相关立法】

(1)《中华人民共和国海商法》(19930701)

第一百三十六条 承租人有权就船舶的营运向船长发出指示,但是不得违反定期租船合同的约定。

第一百三十七条 承租人可以将租用的船舶转租,但是应当将转租的情况及时通知出租人。租用的船舶转租后,原租船合同约定的权利和义务不受影响。

第一百三十九条 在合同期间,船舶进行海难救助的,承租人有权获得扣除救助费用、损失赔偿、船员应得部分以及其他费用后的救助款项的一半。

第一百四十一条 承租人未向出租人支付租金或者合同约定的其他款项的,出租人对船上属于承租人的货物和财产以及转租船舶的收入有留置权。

(2)《中华人民共和国民法典》(20210101)

第四百四十七条 债务人不履行到期债务,债权人可以留置已经合法占有的债务人的动产,并有权就该动产优先受偿。

前款规定的债权人为留置权人,占有的动产为留置财产。

第四百四十九条 法律规定或者当事人约定不得留置的动产,不得留置。

第四百五十条　留置财产为可分物的,留置财产的价值应当相当于债务的金额。

第四百五十一条　留置权人负有妥善保管留置财产的义务;因保管不善致使留置财产毁损、灭失的,应当承担赔偿责任。

第四百五十二条　留置权人有权收取留置财产的孳息。

前款规定的孳息应当先充抵收取孳息的费用。

第四百五十三条　留置权人与债务人应当约定留置财产后的债务履行期限;没有约定或者约定不明确的,留置权人应当给债务人六十日以上履行债务的期限,但是鲜活易腐等不易保管的动产除外。债务人逾期未履行的,留置权人可以与债务人协议以留置财产折价,也可以就拍卖、变卖留置财产所得的价款优先受偿。

留置财产折价或者变卖的,应当参照市场价格。

第四百五十四条　债务人可以请求留置权人在债务履行期限届满后行使留置权;留置权人不行使的,债务人可以请求人民法院拍卖、变卖留置财产。

第四百五十五条　留置财产折价或者拍卖、变卖后,其价款超过债权数额的部分归债务人所有,不足部分由债务人清偿。

【典型案例】

(1)船长听从承租人指示安排积载造成的损失由谁承担?［中国人民财产保险股份有限公司上海市分公司与中远航运股份有限公司定期租船合同纠纷、保险代位求偿权纠纷案,(2009)浙海终字第 145 号］

定期租船合同中的当事人享有充分的订约自由,关于货物积载的责任归属,应当取决于双方租船合同的特别约定。根据双方租约第八条的约定,货物操作所带来的风险应由承租人承担,船长仅起到监督的作用,虽然涉案航次的配载图是由船长、大副制作并审核盖章,但并不代表出租人需对此承担责任,本案损失是因船长听从承租人指示安排配载所造成的,故出租人有权向承租人索赔。

(2)出租人能否以承租人未向其交纳租金或运费等为由留置涉案船载货物?［青岛益海安航物流有限公司与上海勖源海运有限公司、宁波鸿勖海运有限公司非法留置船舶、船载货物、船用燃油、船用物料损害责任纠纷案,(2018)鲁 72 民初 1615 号］

期租合同背景下,出租人可以依据海商法关于出租人留置权的规定来行使留置权。海商法出租人留置权的正确适用,涉及"船上属于承租人的货物和财产"的准确理解。在相关法律以及司法解释没有作出明确规定的情况下,按照通常理解,"财产属于"的意思为"财产被谁所有",出租人所能留置的财产或者货物,仅能是承租人所有的财产。就本案而言,船载货物不属于承租人的财产,出租人不能以承租人未向其交纳租金或运费等为由留置涉案船载货物。

【适用要点】

如果承租人向船长发出的指示违反了租船合同的约定,船长可以拒绝。如果船长听从了承租人就船舶营运作出的不符合合同约定的指示,并致使出租人遭受损失的,承租人应当承担赔偿责任。

承租人在租期内有权转租船舶,但是应当将转租的情况及时通知出租人。转租合同与原租船合同是两个独立的合同,根据合同相对性,转租合同当事方的权利义务对原租船合同的出租方没有约束力。

承租人有权获得的救助款项范围包括船舶进行海难救助所获得的救助报酬、酬金以及特别补偿。对于"船员应得部分",我国现行法律尚未对船员是否有权要求分得部分救助款项作出明确规定。但是有些国家的法律明确规定,当船舶进行海难救助时,对于所获得的救助款项,船员有权要求分得其中的一部分。

承租人未按合同约定履行支付租金和有关款项的义务,出租人对船上属于承租人的货物和财产(如燃油)以及承租人转租船舶的收入享有留置权,出租人有权留置的货物和财产必须"属于承租人"所有。

7. 船舶所有权转让的影响

【相关立法】

(1)《中华人民共和国海商法》(19930701)

第一百三十八条 船舶所有人转让已经租出的船舶的所有权,定期租船合同约定的当事人的权利和义务不受影响,但是应当及时通知承租人。船舶所有权转让后,原租船合同由受让人和承租人继续履行。

(2)《中华人民共和国民法典》(20210101)

第七百二十五条 租赁物在承租人按照租赁合同占有期限内发生所有权变动的,不影响租赁合同的效力。

【适用要点】

船舶在租期内所有权变更不影响定期租船合同,船舶所有人有权在租期内转让船舶的所有权,且无须征得承租人的同意。船舶转让后,船舶受让人取代原出租人的地位享有出租人的权利,并履行出租人的义务。原船舶所有人应当将船舶转让的事实及时通知承租人,以便承租人向船舶受让人履行租船合同所约定的义务,并主张租船合同所约定的权利。

8. 还船与最后航次

【相关立法】

(1)《中华人民共和国海商法》(19930701)

第一百四十二条　承租人向出租人交还船舶时,该船舶应当具有与出租人交船时相同的良好状态,但是船舶本身的自然磨损除外。

船舶未能保持与交船时相同的良好状态的,承租人应当负责修复或者给予赔偿。

第一百四十三条　经合理计算,完成最后航次的日期约为合同约定的还船日期,但可能超过合同约定的还船日期的,承租人有权超期用船以完成该航次。超期期间,承租人应当按照合同约定的租金率支付租金;市场的租金率高于合同约定的租金率的,承租人应当按照市场租金率支付租金。

(2)《中华人民共和国民法典》(20210101)

第七百零九条　承租人应当按照约定的方法使用租赁物。对租赁物的使用方法没有约定或者约定不明确,依据本法第五百一十条的规定仍不能确定的,应当根据租赁物的性质使用。

第七百一十条　承租人按照约定的方法或者根据租赁物的性质使用租赁物,致使租赁物受到损耗的,不承担赔偿责任。

第七百一十一条　承租人未按照约定的方法或者未根据租赁物的性质使用租赁物,致使租赁物受到损失的,出租人可以解除合同并请求赔偿损失。

第七百三十三条　租赁期限届满,承租人应当返还租赁物。返还的租赁物应当符合按照约定或者根据租赁物的性质使用后的状态。

【典型案例】

超过最后航次日期期间的租金损失如何确定?［于洪成、王飞与福州港航务工程处定期租船合同纠纷案,(2015)民申字第 1923 号］

关于租船期限届满后的租金,案涉《租船合同》第五条明确约定,租期结束后,洪瑞公司应将船舶交还福州航道局。而实际上洪瑞公司经福州航道局催促才开始拖航,已超过福州航道局限定的最后期限。根据海商法第一百四十三条的规定,承租人超期还船,应当按照合同约定的租金率支付租金,市场的租金率高于合同约定的租金率的,承租人应当按照市场租金率支付租金。一、二审法院根据福州航道局 2011 年 4 月 8 日函的内容,参照《租船合同》租金标准计算的租金损失,认定洪瑞公司承担无故拖延期间的租金损失并无不当,洪瑞公司关于租金的申请理由不能成立。

【适用要点】

承租人还船时,除正常的自然磨损外,船舶应当具有与出租人交船时相同的良好状态。一般情况下,船体轻微的凹痕或锈蚀、船底附着海生物、船舶机器或缆绳等在正常使用情况下产生的磨损等,均应视为船舶的自然磨损;但诸如因船舶装运化学品导致的船舱壁和船舱内其他结构的严重腐蚀等,就不属于自然磨损,而应认定为"损坏"。如果在还船时存在超出自然磨损范围的损坏的,出租人仍需接收船舶,但有权要求承租人自行选择是修复船舶还是赔偿损失;如果承租人选择修复船舶的,修理期间的船期损失也应由承租人予以赔偿。需要注意的是,只要是非因出租人应负责的原因所产生的船舶损坏,承租人都有义务负责修复或者给予赔偿,并不要求承租人对船舶损坏具有过错。

对于最后航次,承租人应举证证明事先经过了合理计算,如果事后因为某些意料不到的原因使得最后航次结束的时间大大延长,使还船日期远远超过合同约定的还船日期的,承租人仍有权完成该航次。否则,除超期天数仍应按照本条规定由承租人按照合同租金率和市场租金率两者中较高者支付租金外,承租人还应赔偿出租人因此而遭受的损失,如出租人不能履行下一个租船合同而对下一个承租人所负的赔偿。

（二）光船租赁合同纠纷

9. 光船租赁出租人的交船义务

【相关立法】

(1)《中华人民共和国海商法》（19930701）

第一百四十六条　出租人应当在合同约定的港口或者地点，按照合同约定的时间，向承租人交付船舶以及船舶证书。交船时，出租人应当做到谨慎处理，使船舶适航。交付的船舶应当适于合同约定的用途。

出租人违反前款规定的，承租人有权解除合同，并有权要求赔偿因此遭受的损失。

(2)《中华人民共和国民法典》（20210101）

第七百零八条　出租人应当按照约定将租赁物交付承租人，并在租赁期限内保持租赁物符合约定的用途。

【典型案例】

如何判断船舶是否适航?［尤才林与尤韶华光船租赁合同纠纷案，(2021)最高法民申 1126 号］

根据海商法第一百四十六条的规定，出租人应当在合同约定的港口或者地点，按照合同约定的时间，向承租人交付船舶以及船舶证书；交船时，出租人应当做到谨慎处理，使船舶适航。根据原审判决查明的事实，案涉船舶交付时处于适航状态，尤才林、尤韶华没有提交证据证明船舶交付时存在质量问题。《浙江省船舶检验局宁波船检处海船营运检验质量控制表》虽然认定案涉船舶舱口盖实际与设计图纸不一致并要求整改，但 2019 年 5 月 23 日案涉船舶仍然取得船舶适航证书，原审判决依据上述事实认定案涉船舶建造符合相应规范规程，且不存在严重质量瑕疵具有事实依据。

【适用要点】

出租人向承租人交付的船舶应为合同约定的船舶，同时应交付船舶证书。船舶交付的时间和地点，应严格按照合同约定。同时，交船时，出租人应当做到谨慎处理，使船舶适航，换言之，出租人该义务的时间节点限于"交船时",如果交船后船舶发生不适航的情形,不视为出租人违反了谨慎处理使船舶适航的义务。

10. 光船租赁期间船舶的维修保养与保险

【相关立法】

《中华人民共和国海商法》(19930701)

第一百四十七条 在光船租赁期间,承租人负责船舶的保养、维修。

第一百四十八条 在光船租赁期间,承租人应当按照合同约定的船舶价值,以出租人同意的保险方式为船舶进行保险,并负担保险费用。

【典型案例】

光船承租期间船舶的维修、保养费用由谁负担?[常德利通海运有限公司与日照市畅通海运有限责任公司光船租赁合同纠纷案,(2021)鲁民终 1530 号]

根据《船舶光租合同》约定,光船承租期间,船舶的保养、维修由承租人负责,出租人负责船舶证书的年检及承担费用,该约定费用是指年检过程中为取得年检证书或获取年检手续向法定船舶检验部门缴纳的费用,当事人为通过年检或获取年检手续对船舶的维修、保养不属于《船舶光租合同》约定的应由出租人承担的费用。不论承租人维修、保养的目的是否为了顺利通过年检,该笔费用均属于对承租船舶的维修、保养费用,依法、依合同约定均应由承租人承担。

【适用要点】

在光船租赁期间,对船舶的保养维修属于承租人的义务。如果发生船舶损坏,承租人应负责修复,维修保养费用应由承租人承担。

在光船租赁期间,无论是船壳险、船舶保赔保险,还是油污责任保险、残骸清除责任保险等强制保险,均由承租人负责,但船舶的保险价值应为合同约定的船舶价值,保险方式为出租人同意的方式。

11. 光船租赁合同适用定期租船合同的规定

【相关立法】

《中华人民共和国海商法》(19930701)

第一百五十三条 本法第一百三十四条、第一百三十五条第一款、第一百四十二条和第一百四十三条的规定,适用于光船租赁合同。

【典型案例】

光租承租人运输违法货物的责任承担如何适用法律? [舟山汇航海运有限公司与东营泉运石油化工有限公司光船租赁合同纠纷案,(2015)甬海法商初字第 805 号]

承租人光租出租人船舶,违反租船合同约定走私石油导致船舶被扣押,且拖欠出租人租金。法院认为,根据海商法第一百五十三条、第一百三十五条第一款及第三款的规定,由于承租人责任致使船舶被扣押,承租人应正常支付光租期间的租金;对于光租期满后的租金,应按照市场租金率赔偿原告的损失直至船舶实际返还之日。

【适用要点】

光船租赁合同的出租人与承租人的权利义务,在很多方面与定期租船合同非常类似甚至完全相同,因此海商法第一百三十四条、第一百三十五条第一款、第一百四十二条和第一百四十三条关于定期租船合同的规定,适用于光船租赁合同。

12. 光船租赁期间赔偿责任

【相关立法】

(1)《中华人民共和国海商法》(19930701)

第一百四十九条　在光船租赁期间,因承租人对船舶占有、使用和营运的原因使出租人的利益受到影响或者遭受损失的,承租人应当负责消除影响或者赔偿损失。

因船舶所有权争议或者出租人所负的债务致使船舶被扣押的,出租人应当保证承租人的利益不受影响;致使承租人遭受损失的,出租人应当负赔偿责任。

(2)《中华人民共和国民法典》(20210101)

第七百二十三条　因第三人主张权利,致使承租人不能对租赁物使用、收益的,承租人可以请求减少租金或者不支付租金。

第三人主张权利的,承租人应当及时通知出租人。

【典型案例】

(1)光船租赁合同履行过程中船舶沉没,承租人的责任范围如何?[天津滨海津浩海运有限公司与防城港市富航海运有限公司光船租赁合同纠纷案,(2020)津民终1236号]

依照海商法光船租赁合同章节的法律规定,出租人负有向承租人交付适航船舶、船舶证书的法律责任,承租人负有配备适任船员、安全营运船舶的法律责任。船舶沉没事故原因中,船舶配员不足、在船人员未有效履行工作职责、船舶超载均属于承租人责任范围。《沉船调查报告》认定,"富航66"轮沉没系因船舶配员不足,在船人员未有效履行工作职责,管理严重缺位,船舶超载,货舱未保持风雨密,遭遇大风浪舱内进水导致船舶浮性、稳定性丧失而沉没的一起单船责任事故。上述事故原因中,船舶配员不足、在船人员未有效履行工作职责、船舶超载均属于承租人津浩公司的责任范围。法院综合双方的过错程度及对事故发生的影响程度,认定应由津浩公司对本次事故负主要责任,富航公司负次要责任,并酌定责任比例为7:3,承租人应赔偿出租人船舶沉没造成的损失。

(2)因出租人对外负债的原因船舶被扣押,扣押期间的损失由谁承担?[江苏南通海运股份有限公司与广西防城港市金隆达海运有限公司、林贻凯光船租赁合同纠纷案,(2019)浙72民初1815号]

光租期间,因出租人对外负债的原因,船舶先后被法院扣押六次计23天,该期间的租金损失应由出租人自行承担,其他损失,包括船员工资支出、伙食费支出、轻油损耗,理应由出租人赔偿。

【适用要点】

光船租赁期间,承租人对船舶占有、使用和营运不得侵害出租人利益,否则应消除影响或者赔偿损失。出租人亦不得因船舶权属争议或所负债务影响承租人对船舶占有、使用和营运的权利,如果船舶被扣押,出租人应采取诸如提供担保或者履行债务等方式尽快使船舶解除扣押,如果因船舶扣押导致承租人遭受损失,出租人应负赔偿责任。

13. 光船租赁合同下租金支付

【相关立法】

(1)《中华人民共和国海商法》(19930701)

第一百五十二条　承租人应当按照合同约定支付租金。承租人未按照合同约定的时间支付租金连续超过七日的,出租人有权解除合同,并有权要求赔偿因此遭受的损失。

船舶发生灭失或者失踪的,租金应当自船舶灭失或者得知其最后消息之日起停止支付,预付租金应当按照比例退还。

(2)《中华人民共和国民法典》(20210101)

第七百二十一条　承租人应当按照约定的期限支付租金。对支付租金的期限没有约定或者约定不明确,依据本法第五百一十条的规定仍不能确定,租赁期限不满一年的,应当在租赁期限届满时支付;租赁期限一年以上的,应当在每届满一年时支付,剩余期限不满一年的,应当在租赁期限届满时支付。

【典型案例】

(1)承租人未按合同约定支付租金,出租人享有何种权利?［毛子林、余富兵等与林小明光船租赁合同纠纷案,(2018)浙72民初865号］

因承租人未按约定向出租人支付涉案船舶租金的行为已构成违约,出租人依约有权收回涉案船舶。据此,在无相反证据的情况下,涉案船舶于2017年8月12日晚由出租人收回,光船租赁合同关系自此解除,出租人将该船舶从广东湛江开往广州的行为不构成违约,承租人应向出租人支付船舶租金及利息。

(2)光船租赁期间船舶灭失的,租金支付至何时?［缪廉芳与薛弟弟光船租赁合同纠纷案,(2016)闽72民初360号］

出租人已将船舶实际交付承租人,而船舶在租用期间却发生翻扣事件导致被拆解清除,承租人显然无法交还船舶,已构成违约,应承担相应的违约责任,按照合同约定的船舶估价赔偿出租人因船舶灭失遭受的财产损失。另外,承租人应根据合同约定的每月租金数额按比例支付自2015年7月15日至船舶灭失之日8月9日共计26日的租金。

【适用要点】

承租人按照合同约定的租金率、币种、时间、地点和方式等支付租金是承租人的基本合同义务,承租人未按照合同约定的时间支付租金连续超过七日的,不论承租人是否有过失,出租人都有权解除合同,并有权要求赔偿损失。船舶在租期内发生灭失或者失踪,合同实质上已经无法履行,因此,承租人有权自船舶灭失或得知其最后消息之日起停止支付租金;预付租金应当按照比例退还。

14. 光船租赁合同下船舶转租限制

【相关立法】

(1)《中华人民共和国海商法》(19930701)

第一百五十条 在光船租赁期间,未经出租人书面同意,承租人不得转让合同的权利和义务或者以光船租赁的方式将船舶进行转租。

(2)《中华人民共和国民法典》(20210101)

第七百一十六条 承租人经出租人同意,可以将租赁物转租给第三人。承租人转租的,承租人与出租人之间的租赁合同继续有效;第三人造成租赁物损失的,承租人应当赔偿损失。

承租人未经出租人同意转租的,出租人可以解除合同。

【适用要点】

光船租赁期间,未经出租人书面同意,承租人不得转让合同的权利和义务或者以光船租赁的方式将船舶进行转租,但并未限制承租人以定期租船的方式将船舶转租。

15. 光船租赁期间抵押权设定限制

【相关立法】

(1)《中华人民共和国海商法》(19930701)

第一百五十一条 未经承租人事先书面同意,出租人不得在光船租赁期间对船舶设定抵押权。

出租人违反前款规定,致使承租人遭受损失的,应当负赔偿责任。

(2)《中华人民共和国民法典》(20210101)

第四百零五条 抵押权设立前,抵押财产已经出租并转移占有的,原租赁关系不受该抵押权的影响。

【典型案例】

船舶存在抵押权对于进行光船租赁登记有何影响?[黄骅市利舟船务有限公司与赵海辉光船租赁合同纠纷案,(2020)津民终358号]

船舶抵押权在双方订立光租合同时就已存在,且船舶抵押权的信息在船舶所有权证书上应有明确记载,承租人在订立光租合同时只需具备基本的谨慎注意就可得知,出租人对此无从隐瞒。同时,根据海事局复函,个人可以申请光船租赁登记,已抵押船舶在征得抵押权人同意的情况下,可以进行光船租赁登记,因此存在抵押权并不必然导致无法进行光船租赁登记。一审法院认为出租人在订立光租合同时不存在隐瞒船舶抵押权的违约行为,该行为与承租人未取得光船租赁登记证书之间也不具有相当因果关系。

【适用要点】

未经承租人事先书面同意,出租人在光船租赁期间对船舶设定抵押权致使承租人遭受损失的,应当负赔偿责任,该赔偿责任不因承租人对船舶抵押一事在事先或者事后知情而受影响。只要没有取得承租人的事先书面同意,即便出租人事后将设定船舶抵押权的情况告知了承租人仍属出租人违约。当然,如果船舶被光租之前已经设定抵押权,并事先告知承租人,即应视为承租人已对船舶设定抵押权予以认可。

16. 光船租购

【相关立法】

《中华人民共和国海商法》(19930701)

第一百五十四条 订有租购条款的光船租赁合同,承租人按照合同约定向出租人付清租购费时,船舶所有权即归于承租人。

【适用要点】

光船租赁合同如订有租购条款,承租人按照合同约定向出租人付清租购费时,船舶所有权即归于承租人,是否进行船舶所有权变更登记不影响承租人的船舶所有权,但是未经登记,不得对抗善意第三人。

十九、船舶融资租赁合同纠纷

1. 案由释义

　　融资租赁合同,是指出租人根据承租人对出卖人、租赁物的选择,向出卖人购买租赁物,提供给承租人使用,承租人支付租金的合同。融资租赁合同涉及三方主体与两个合同。虽然融资租赁合同的缔约方仅涉及出租人和承租人两方,但合同的履行却涉及出租人、承租人和出卖人三方主体。融资租赁合同的履行,既涉及出租人与承租人之间的融资租赁合同,也涉及出租人和出卖人之间的买卖合同。由于融资租赁合同兼具融资与融物的双重属性,其与租赁合同、借款合同、保留所有权的分期付款买卖合同、抵押担保合同在某些方面均存在一定的相似性。船舶融资租赁合同具有融资租赁合同的基本属性,不过是标的物指向了具体的船舶,是指出租人根据承租人对出卖人、船舶的选择,向出卖人购买船舶,提供给承租人使用,承租人支付租金的合同。当事人之间因合同的订立、履行、变更和终止而产生的纠纷为船舶融资租赁合同纠纷。船舶融资租赁一般与光船租赁相关。出租人包括银行或船东、船厂等。在银行为出租人的情况下,银行先以购买人的身份出现,按照承租人对出卖人、船舶的要求购买船舶,再将船舶光租给光船承租人,由光船承租人营运所得以租金形式支付给银行。承租人依约定支付的租金全额偿付银行的融资成本和应得的合理利润后,再依据合同约定和履行情况最终确定船舶的归属。船东或船厂作为光船租赁的出租人时,与银行的前述操作并无本质区别。

2. 诉讼程序规范

【相关立法】

《中华人民共和国民事诉讼法》(19910409;20220101)

　　第二十四条　因合同纠纷提起的诉讼,由被告住所地或者合同履行地人民法院管辖。

【司法解释】

(1)《最高人民法院关于海事法院受理案件范围的规定》（法释〔2016〕4号,20160301)

23. 船舶融资租赁合同纠纷案件;

(2)《最高人民法院关于适用〈中华人民共和国民事诉讼法〉的解释》（法释〔2015〕5号,20150204;经法释〔2022〕11号修正,20220410)

第十九条 财产租赁合同、融资租赁合同以租赁物使用地为合同履行地。合同对履行地有约定的,从其约定。

【适用要点】

船舶融资租赁合同纠纷属于典型的海商案件,该类纠纷由海事法院专门管辖。海事诉讼的地域管辖应依照民事诉讼法有关地域管辖的规定确定有管辖权的海事法院。融资租赁合同以租赁物使用地为合同履行地,合同对履行地有约定的,从其约定。因船舶融资租赁合同纠纷提起的诉讼,应当由被告住所地或者租赁物使用地或约定的履行地的海事法院管辖。

3. 船舶融资租赁合同的订立

【相关立法】

《中华人民共和国民法典》(20210101)

第七百三十五条 融资租赁合同是出租人根据承租人对出卖人、租赁物的选择,向出卖人购买租赁物,提供给承租人使用,承租人支付租金的合同。

第七百三十六条 融资租赁合同的内容一般包括租赁物的名称、数量、规格、技术性能、检验方法,租赁期限,租金构成及其支付期限和方式、币种,租赁期限届满租赁物的归属等条款。

融资租赁合同应当采用书面形式。

【司法解释】

《最高人民法院关于审理融资租赁合同纠纷案件适用法律问题的解释》（法释〔2014〕3号,20140301;经法释〔2020〕17号修正,20210101)

第一条 人民法院应当根据民法典第七百三十五条的规定,结合标的物的性质、价值、租金的构成以及当事人的合同权利和义务,对是否构成融资租赁法律关系作出认定。

对名为融资租赁合同,但实际不构成融资租赁法律关系的,人民法院应按照其实际构成的法律关系处理。

第二条 承租人将其自有物出卖给出租人,再通过融资租赁合同将租赁物从出租人处租回的,人民法院不应仅以承租人和出卖人系同一人为由认定不构成融资租赁法律关系。

【典型案例】

(1)如何认定船舶融资租赁合同关系?〔江苏银业融资租赁有限公司与林夕船舶融资租赁合同纠纷案,(2018)鄂民终254号〕

确定法律关系的性质,一是要看双方所签合同所具有的法律特征,二是要看合同当事人的真实意思表示。本案所涉合同名称为《船舶融资租赁合同》,为有名合同,合同约定了先买卖船舶再租赁的相关权利义务及事项安排。从船舶所有人处购买船舶再出租给原船舶所有人,符合法律规定,其合同法律特征为融资租赁合同。双方明确约定《船舶买卖合同》为《船舶融资租赁合同》的附属合同,是为了船舶融资而签订的,购买船舶后,通过租赁的方式收取租金,从而收回购船本金及利息,实现投资收益,银业公司没有单独购买船舶这一合同目的。林夕等认为本案应为船舶买卖合同关系的理由不成立,本案的法律关系性质为船舶融资租赁合同纠纷。

(2)当事人可否通过其他协议另行约定终止船舶融资租赁合同项下的权利义务?〔民生金融租赁股份有限公司与广东蓝海海运有限公司船舶融资租赁合同纠纷案,(2015)津高民四终字第40号〕

涉案融资租赁合同、光船租赁合同以及加速到期协议和光船租赁终止协议均依法成立,且未违反法律法规的强制性规定,也未侵犯其他第三人的合法权益,应认定为有效合同,对双方当事人均具有约束力。根据合同法第九十一条①规定,合同当事人可以约定终止合同项下权利义务。本案中,加速到期协议和光船租赁终止协议确认终止融资租赁系列协议,据此,本院认定融资租赁系列协议终止,双方应按照加速到期协议和光船租赁终止协议的约定履行结算和清理义务。涉案光船租赁终止协议约定被告负责办理各项船舶变更登记手续,但被告拒不履行该义务,应承担相应的违约责任。广东蓝

---

① 民法典施行后,合同法被废止,相关内容见民法典第五百五十七条。

海海运有限公司于判决生效之日起十日内按照具有法律效力的光船租赁终止协议的约定履行"蓝海盛会"轮光船租赁注销登记义务。

【适用要点】

对船舶融资租赁合同的认定,不应囿于合同名称,应结合标的物的性质、价值、租金的构成以及当事人的合同权利和义务综合判断,船舶融资租赁合同中,承租人和出卖人可以为同一人。

4. 船舶的交付与受领

【相关立法】

《中华人民共和国民法典》(20210101)

第七百三十九条 出租人根据承租人对出卖人、租赁物的选择订立的买卖合同,出卖人应当按照约定向承租人交付标的物,承租人享有与受领标的物有关的买受人的权利。

第七百四十条 出卖人违反向承租人交付标的物的义务,有下列情形之一的,承租人可以拒绝受领出卖人向其交付的标的物:

(一)标的物严重不符合约定;

(二)未按照约定交付标的物,经承租人或者出租人催告后在合理期限内仍未交付。

承租人拒绝受领标的物的,应当及时通知出租人。

【司法解释】

《最高人民法院关于审理融资租赁合同纠纷案件适用法律问题的解释》
(法释〔2014〕3号,20140301;经法释〔2020〕17号修正,20210101)

第三条 承租人拒绝受领租赁物,未及时通知出租人,或者无正当理由拒绝受领租赁物,造成出租人损失,出租人向承租人主张损害赔偿的,人民法院应予支持。

【适用要点】

实践中,应注重审查承租人拒绝受领船舶是否符合法定条件,拒绝受领船舶的原因系出卖人还是出租人导致,同时应允许出卖人或出租人在合理期限内采取必要的补救措施,尽可能地促进船舶融资租赁合同的正常履行,避免程度较轻的违约行为导致承租人拒绝受领船舶并引发更多纠纷。

5. 承租人索赔权

【相关立法】

《中华人民共和国民法典》(20210101)

第七百四十一条 出租人、出卖人、承租人可以约定,出卖人不履行买卖合同义务的,由承租人行使索赔的权利。承租人行使索赔权利的,出租人应当协助。

第七百四十二条 承租人对出卖人行使索赔权利,不影响其履行支付租金的义务。但是,承租人依赖出租人的技能确定租赁物或者出租人干预选择租赁物的,承租人可以请求减免相应租金。

第七百四十三条 出租人有下列情形之一,致使承租人对出卖人行使索赔权利失败的,承租人有权请求出租人承担相应的责任:

(一)明知租赁物有质量瑕疵而不告知承租人;

(二)承租人行使索赔权利时,未及时提供必要协助。

出租人怠于行使只能由其对出卖人行使的索赔权利,造成承租人损失的,承租人有权请求出租人承担赔偿责任。

第七百四十八条 出租人应当保证承租人对租赁物的占有和使用。

出租人有下列情形之一的,承租人有权请求其赔偿损失:

(一)无正当理由收回租赁物;

(二)无正当理由妨碍、干扰承租人对租赁物的占有和使用;

(三)因出租人的原因致使第三人对租赁物主张权利;

(四)不当影响承租人对租赁物占有和使用的其他情形。

【适用要点】

承租人不是船舶买卖合同的当事人,承租人向出卖人行使索赔权需要出租人与出卖人的一致同意,出租人应予协助。承租人可以视出卖人违约程度,要求出卖人修理、折价补偿、支付违约金、解除合同并赔偿损失等。承租人对出卖人行使索赔权不影响其向出租人支付租金的义务,除非承租人依赖出租人的技能确定船舶或者出租人干预对船舶的选择。如果出租人过错妨碍承租人对出卖人行使索赔权利,出租人应承担赔偿责任。如果出租人的过错影响了承租人对船舶的占有和使用,应承担赔偿责任。

6. 船舶质量瑕疵担保责任

【相关立法】

《中华人民共和国民法典》(20210101)

第七百四十四条 出租人根据承租人对出卖人、租赁物的选择订立的买卖合同,未经承租人同意,出租人不得变更与承租人有关的合同内容。

第七百四十七条 租赁物不符合约定或者不符合使用目的的,出租人不承担责任。但是,承租人依赖出租人的技能确定租赁物或者出租人干预选择租赁物的除外。

【司法解释】

《最高人民法院关于审理融资租赁合同纠纷案件适用法律问题的解释》(法释〔2014〕3号,20140301;经法释〔2020〕17号修正,20210101)

第八条 租赁物不符合融资租赁合同的约定且出租人实施了下列行为之一,承租人依照民法典第七百四十四条、第七百四十七条的规定,要求出租人承担相应责任的,人民法院应予支持:

(一)出租人在承租人选择出卖人、租赁物时,对租赁物的选定起决定作用的;

(二)出租人干预或者要求承租人按照出租人意愿选择出卖人或者租赁物的;

(三)出租人擅自变更承租人已经选定的出卖人或者租赁物的。

承租人主张其系依赖出租人的技能确定租赁物或者出租人干预选择租赁物的,对上述事实承担举证责任。

【适用要点】

出租人一般不承担船舶质量瑕疵担保责任,除非承租人变更与承租人有关的买卖合同内容,或对船舶的选择和确定承租人依赖出租人的技能,或者出租人干预了对船舶的选择。

7. 合同变更与转让限制

【相关立法】

《中华人民共和国民法典》(20210101)

第七百四十四条 出租人根据承租人对出卖人、租赁物的选择订立的买卖合同,未经承租人同意,出租人不得变更与承租人有关的合同内容。

【司法解释】

《最高人民法院关于审理融资租赁合同纠纷案件适用法律问题的解释》
(法释〔2014〕3 号,20140301;经法释〔2020〕17 号修正,20210101)

第四条 出租人转让其在融资租赁合同项下的部分或者全部权利,受让方以此为由请求解除或者变更融资租赁合同的,人民法院不予支持。

【适用要点】

船舶买卖合同的内容并非出租人自行决定的,而是根据承租人对出卖人、租赁物的选择,与出卖人订立。船舶买卖合同中与承租人有关的内容未经承租人同意,出租人无权变更,否则可能影响船舶融资租赁合同的履行。同理,出租人转让其在融资租赁合同项下的部分或者全部权利,受让方无权解除或者变更融资租赁合同,否则可能影响船舶融资租赁合同目的的实现。

8. 船舶所有权归属

【相关立法】

《中华人民共和国民法典》(20210101)

第七百四十五条 出租人对租赁物享有的所有权,未经登记,不得对抗善意第三人。

第七百五十七条 出租人和承租人可以约定租赁期限届满租赁物的归属;对租赁物的归属没有约定或者约定不明确,依据本法第五百一十条的规定仍不能确定的,租赁物的所有权归出租人。

第七百五十九条 当事人约定租赁期限届满,承租人仅需向出租人支付象征性价款的,视为约定的租金义务履行完毕后租赁物的所有权归承租人。

第七百六十条 融资租赁合同无效,当事人就该情形下租赁物的归属有约定的,按照其约定;没有约定或者约定不明确的,租赁物应当返还出租人。但是,因承租人原因致使合同无效,出租人不请求返还或者返还后会显著降低租赁物效用的,租赁物的所有权归承租人,由承租人给予出租人合理补偿。

【典型案例】

在合同约定的船舶所有权发生转移的条件尚未成就的情况下,船舶的权属如何确定?〔南方国际租赁有限公司与天津市港龙国际海运有限公司、天津市滨海天保疏浚工程有限公司船舶权属纠纷案,(2011)津高民四终字第189号〕

关于"港龙1"轮的所有权归属问题。涉案《融资租赁合同》系港龙海运公司与南方租赁公司的真实意思表示,内容不违反法律规定,依法具有法律效力,双方均应依合同约定的内容行使权利、履行义务。在合同约定的船舶所有权发生转移的条件尚未成就即港龙海运公司尚未依约履行完毕合同约定义务的情况下,港龙海运公司不能依据合同约定取得"港龙1"轮的所有权。

"港龙1"轮虽已经登记在天保疏浚公司名下,但天保疏浚公司并未支付合同约定的对价,且并未提交证据证明其系基于主观善意而取得"港龙1"轮的所有权。港龙海运公司将"港龙1"轮变更至天保疏浚公司名下的行为,依法应认定无效。

鉴于南方租赁公司作为中外合资企业,其中方股份所占比例不足50%,南方租赁公司申请对"港龙1"轮进行所有权登记,违反了船舶登记条例的规定,南方租赁公司请求港龙海运公司、天保疏浚公司协助其办理"港龙1"轮过户手续的主张,依法不能成立,不应予以支持。船舶登记条例第二条第一款规定:"下列船舶应当依照本条例规定进行登记:……(二)依据中华人民共和国法律设立的主要营业所在中华人民共和国境内的企业法人的船舶。但是,在该法人的注册资本中有外商出资的,中方投资人的出资额不得低于百分之五十。……"确认"港龙1"轮所有权为南方租赁公司享有,但该判项只约束南方租赁公司与天保疏浚公司,不能对抗善意第三人。

【适用要点】

融资租赁的船舶,出租人享有所有权,承租人享有租赁期间占有使用的权利,出租人对船舶的所有权未经登记不得对抗善意第三人。船舶融资租赁合同正常履行的情况下,对租赁期届满船舶所有权的归属,出租人和承租人可以约定。如果当事人约定租赁期限届满,承租人仅需向出租人支付象征性价款的,依法认定约定的租金义务履行完毕后船舶所有权归承租人。出租人和承租人没有约定或者约定不明确,才适用合同漏洞填补规则处理。如果船舶融资租赁合同被解除或被认定无效,则分别适用合同解除规则和民法典第七百六十条的规定。

9. 承租人船舶维修保养及租金支付义务

【相关立法】

《中华人民共和国民法典》(20210101)

第七百五十条 承租人应当妥善保管、使用租赁物。

承租人应当履行占有租赁物期间的维修义务。

第七百五十一条 承租人占有租赁物期间,租赁物毁损、灭失的,出租人有权请求承租人继续支付租金,但是法律另有规定或者当事人另有约定的除外。

第七百五十二条 承租人应当按照约定支付租金。承租人经催告后在合理期限内仍不支付租金的,出租人可以请求支付全部租金;也可以解除合同,收回租赁物。

【司法解释】

《最高人民法院关于审理融资租赁合同纠纷案件适用法律问题的解释》(法释〔2014〕3号,20140301;经法释〔2020〕17号修正,20210101)

第九条 承租人逾期履行支付租金义务或者迟延履行其他付款义务,出租人按照融资租赁合同的约定要求承租人支付逾期利息、相应违约金的,人民法院应予支持。

第十条 出租人既请求承租人支付合同约定的全部未付租金又请求解除融资租赁合同的,人民法院应告知其依照民法典第七百五十二条的规定作出选择。

出租人请求承租人支付合同约定的全部未付租金,人民法院判决后承租人未予履行,出租人再行起诉请求解除融资租赁合同、收回租赁物的,人民法院应予受理。

【典型案例】

出租人未取得船舶所有权对于融资租赁合同的履行有何影响? 〔华融金融租赁股份有限公司与浙江海宇船务商贸有限公司、王加成等船舶融资租赁合同纠纷案,(2015)甬海法商初字第1027号〕

华融公司与海宇公司、王某、邬某、恒宇公司签订的融资租赁合同及华融公司与海宇公司、恒宇公司签订的船舶建造合同,系各方当事人的真实意思表示,合法有效,应受法律保护。华融公司未取得涉案船舶所有权不影响其与海宇公司间的融资租赁合同关系,各方当事人应全面履行各自合同义务。海宇公司依约应向华融公司支付租金但逾期未付,华融公司有权要求其依约立即支付全部到期租金及其为实现债权而支付的律师费用等,王某、邬某应依约对上述债务承担连带保证责任。华融公司主张按照租金总额116343120.4元扣除已付租金、保证金及利息、华融公司尚未投放的造船款及其从恒宇公司处收回的款项,海宇公司尚欠华融公司租金70227851.11元,该计算方法符合约定,不违反法律规定,予以保护。至于海宇公司与恒宇公司间的债权债务关系,可另择合法途径解决。

【适用要点】

承租人应按照约定的方式和船舶性质的要求妥善保管、使用船舶,并承担维修保养义务。除法律另有规定或者当事人另有约定外,承租人承担船舶租赁期间毁损、灭失的风险,船舶毁损、灭失的,承租人应继续支付租金。承租人未按照约定支付租金,经催告后在合理期限内仍不支付的,出租人有权在请求支付全部租金和解除合同收回租赁物两种救济方式之间择一行使。

10. 船舶融资租赁合同的解除与损害赔偿

【相关立法】

《中华人民共和国民法典》(20210101)

第七百五十二条 承租人应当按照约定支付租金。承租人经催告后在合理期限内仍不支付租金的,出租人可以请求支付全部租金;也可以解除合同,收回租赁物。

第七百五十三条 承租人未经出租人同意,将租赁物转让、抵押、质押、投资入股或者以其他方式处分的,出租人可以解除融资租赁合同。

第七百五十四条 有下列情形之一的,出租人或者承租人可以解除融资租赁合同:

(一)出租人与出卖人订立的买卖合同解除、被确认无效或者被撤销,且未能重新订立买卖合同;

(二)租赁物因不可归责于当事人的原因毁损、灭失,且不能修复或者确定替代物;

(三)因出卖人的原因致使融资租赁合同的目的不能实现。

第七百五十五条 融资租赁合同因买卖合同解除、被确认无效或者被撤销而解除,出卖人、租赁物系由承租人选择的,出租人有权请求承租人赔偿相应损失;但是,因出租人原因致使买卖合同解除、被确认无效或者被撤销的除外。

出租人的损失已经在买卖合同解除、被确认无效或者被撤销时获得赔偿的,承租人不再承担相应的赔偿责任。

第七百五十六条　融资租赁合同因租赁物交付承租人后意外毁损、灭失等不可归责于当事人的原因解除的,出租人可以请求承租人按照租赁物折旧情况给予补偿。

第七百五十八条　当事人约定租赁期限届满租赁物归承租人所有,承租人已经支付大部分租金,但是无力支付剩余租金,出租人因此解除合同收回租赁物,收回的租赁物的价值超过承租人欠付的租金以及其他费用的,承租人可以请求相应返还。

当事人约定租赁期限届满租赁物归出租人所有,因租赁物毁损、灭失或者附合、混合于他物致使承租人不能返还的,出租人有权请求承租人给予合理补偿。

【司法解释】

《最高人民法院关于审理融资租赁合同纠纷案件适用法律问题的解释》
(法释〔2014〕3号,20140301;经法释〔2020〕17号修正,20210101)

第五条　有下列情形之一,出租人请求解除融资租赁合同的,人民法院应予支持:

(一)承租人未按照合同约定的期限和数额支付租金,符合合同约定的解除条件,经出租人催告后在合理期限内仍不支付的;

(二)合同对于欠付租金解除合同的情形没有明确约定,但承租人欠付租金达到两期以上,或者数额达到全部租金百分之十五以上,经出租人催告后在合理期限内仍不支付的;

(三)承租人违反合同约定,致使合同目的不能实现的其他情形。

第六条　因出租人的原因致使承租人无法占有、使用租赁物,承租人请求解除融资租赁合同的,人民法院应予支持。

第十条　出租人既请求承租人支付合同约定的全部未付租金又请求解除融资租赁合同的,人民法院应告知其依照民法典第七百五十二条的规定作出选择。

出租人请求承租人支付合同约定的全部未付租金,人民法院判决后承租人未予履行,出租人再行起诉请求解除融资租赁合同、收回租赁物的,人民法院应予受理。

第十一条 出租人依照本解释第五条的规定请求解除融资租赁合同,同时请求收回租赁物并赔偿损失的,人民法院应予支持。

前款规定的损失赔偿范围为承租人全部未付租金及其他费用与收回租赁物价值的差额。合同约定租赁期间届满后租赁物归出租人所有的,损失赔偿范围还应包括融资租赁合同到期后租赁物的残值。

第十二条 诉讼期间承租人与出租人对租赁物的价值有争议的,人民法院可以按照融资租赁合同的约定确定租赁物价值;融资租赁合同未约定或者约定不明的,可以参照融资租赁合同约定的租赁物折旧以及合同到期后租赁物的残值确定租赁物价值。

承租人或者出租人认为依前款确定的价值严重偏离租赁物实际价值的,可以请求人民法院委托有资质的机构评估或者拍卖确定。

【典型案例】

(1)确定租赁物价值应以哪一时间节点为准? [四川坤成船务有限公司、重庆铭佳轮船有限公司、刘薇、秦铭与成都金控融资租赁有限公司船舶融资租赁合同纠纷案,(2020)鄂民终684号]

关于涉案船舶价值应当如何确定的问题,法院认为,租赁物价值应根据出租人收回租赁物之时的价值确定,而不是以一审判决作出之时的租赁物价值作为出租人收回租赁物的价值。出租人收回租赁物后,租赁物价值的涨跌以及租赁物的维护、保管等费用均由出租人承担。市场价值评估报告的评估基准日分别与出租人取回船舶日期相符,且评估公司具有评估资质,评估程序合法,其出具的评估报告可以作为认定涉案船舶价值的依据。

(2)因承租人原因导致船舶被拍卖,承租人应向出租人承担何种责任? [华融金融租赁股份有限公司与厦门力鹏船运有限公司船舶融资租赁合同纠纷案,(2012)甬海法商初字第398号]

华融公司系经中国银行业监督管理委员会浙江监管局批准的可以从事融资租赁业务的非银行金融机构,其按照力鹏公司对船舶建造人和船舶的选择定作了"力鹏31"轮,取得所有权并办理了光船租赁登记,力鹏公司为承租人,涉案船舶融资租赁合同合法有效。力鹏公司在租用船舶期间因经营不善致"力鹏31"轮被拍卖,侵犯了华融公司对"力鹏31"轮的所有权,华融公司依约有权解除合同,收回租赁物并要求力鹏公司支付到期租金、违约金、赔偿经济损失,判决支持华融公司的诉讼请求。

【适用要点】

理论上,融资租赁合同具有"不可解约性"。承租人未经出租人同意,将船舶转让、抵押、质押、投资入股或者以其他方式处分的,出租人可以解除船舶融资租赁合同,但是如果当事人没有明确约定,不宜仅因承租人擅自转租船舶就支持出租人解除合同的请求。在出租人和承租人均可解除船舶融资租赁合同的情形下,同样要注意有"未能重新订立买卖合同""不能修复或者确定替代物""合同的目的不能实现"的限制。

如果约定租赁期限届满后船舶归承租人所有,承租人无力支付剩余租金导致出租人收回船舶,出租人收回船舶所得不直接归出租人所有,超出承租人欠付剩余租金及其他费用的,属于出租人获得的超额赔偿利益,应返还给承租人,当然,不足部分仍应由承租人清偿。

二十、海上、通海水域运输船舶承包合同纠纷;渔船承包合同纠纷

1. 案由释义

海上、通海水域运输船舶承包合同,是指船舶所有人、船舶的合法占有人将船舶交给承包人进行经营管理,由承包人交纳承包费的合同。当事人因此类合同的订立、履行、变更和终止而发生的纠纷,为海上、通海水域运输船舶承包合同纠纷。

渔船承包合同,是指渔船的船舶所有人或合法占有渔船的人将渔船交给承包人进行经营管理,由承包人交纳承包费的合同。当事人因此类合同的订立、履行、变更和终止而发生的纠纷,为渔船承包合同纠纷。

2. 诉讼程序规范

【相关立法】

《中华人民共和国民事诉讼法》(19910409;20220101)

第二十四条 因合同纠纷提起的诉讼,由被告住所地或者合同履行地人民法院管辖。

【司法解释】

(1)《最高人民法院关于海事法院受理案件范围的规定》(法释〔2016〕4号,20160301)

14. 船舶工程经营合同(含挂靠、合伙、承包等形式)纠纷案件;

17. 船舶经营管理合同(含挂靠、合伙、承包等形式)、航线合作经营合同纠纷案件;

(2)《最高人民法院关于适用〈中华人民共和国海事诉讼特别程序法〉若干问题的解释》（法释〔2003〕3 号，20030201；经法释〔2008〕18 号修正，20081231）

第一条　在海上或者通海水域发生的与船舶或者运输、生产、作业相关的海事侵权纠纷、海商合同纠纷，以及法律或者相关司法解释规定的其他海事纠纷案件由海事法院及其上级人民法院专门管辖。

【适用要点】

海上、通海水域运输船舶承包合同纠纷，渔船承包合同纠纷属于海商案件，该类纠纷应当由海事法院专门管辖。地域管辖应依照民事诉讼法有关地域管辖的规定确定有管辖权的海事法院。因海上、通海水域运输船舶承包合同纠纷，渔船承包合同纠纷提起的诉讼，应当由被告住所地或者合同履行地的海事法院管辖。

3. 海上、通海水域运输船舶承包合同与渔船承包合同

【相关立法】

《中华人民共和国民法典》（20210101）

第四百六十三条至第五百九十四条（略）

第四百六十七条　本法或者其他法律没有明文规定的合同，适用本编通则的规定，并可以参照适用本编或者其他法律最相类似合同的规定。

在中华人民共和国境内履行的中外合资经营企业合同、中外合作经营企业合同、中外合作勘探开发自然资源合同，适用中华人民共和国法律。

【适用要点】

海上、通海水域运输船舶承包合同，渔船承包合同并非有名合同，主要适用民法典合同通则的有关规定，并可以参照法律最相类似合同的规定。例如，农业承包合同、林业承包合同、渔业承包合同、牧业承包合同、农村土地承包合同以及建设工程承包合同中体现出的有关承包合同的一般法理，均可以作为参考。海上、通海水域运输船舶承包及渔船承包的经营模式，已经逐渐成为历史，因此而产生的承包合同纠纷也越来越少，在海事海商纠纷下专设两个承包合同案由，对司法实践意义不大。

二十一、船舶属具租赁合同纠纷;海运集装箱租赁合同纠纷

1. 案由释义

租赁合同,是指出租人将租赁物交付承租人使用、收益,承租人支付租金的合同。

船舶属具租赁合同具有租赁合同的一般属性,是以船舶属具为租赁物的租赁合同,具体而言,是由船舶属具的所有人或合法占有人将船舶属具交付承租人使用、收益,由承租人支付租金,租赁期满承租人将船舶属具完好交付出租人的合同。船舶属具是指附属于船舶的各种船用用具或机械,包括铀链、起描机、绳索、罗经、消防与救生设备等。依据海商法第三条第二款的规定,船舶的概念是将船舶属具包括在内的。

海运集装箱租赁合同具有租赁合同的一般属性,是以海运集装箱为租赁物的租赁合同。具体而言,是海运集装箱的所有人或合法占有人与承租人签订租赁合同或用箱协议,由海运集装箱的所有人或合法占有人将海运集装箱交付承租人使用、收益,由承租人支付租金,租赁期满承租人将海运集装箱完好交还出租人的合同。集装箱租赁合同的内容一般包括集装箱的型号及数量、租金支付、交箱、还箱、租赁期限、保险、转租、违约责任等。承租人一般是海运承运人、物流公司等。

2. 诉讼程序规范

【相关立法】

《中华人民共和国民事诉讼法》(19910409;20220101)

第二十四条 因合同纠纷提起的诉讼,由被告住所地或者合同履行地人民法院管辖。

【司法解释】

(1)《最高人民法院关于海事法院受理案件范围的规定》(法释〔2016〕4号,20160301)

28.海上、通海可航水域运输集装箱租用合同纠纷案件;

(2)《最高人民法院关于适用〈中华人民共和国民事诉讼法〉的解释》(法释〔2015〕5号,20150204;经法释〔2022〕11号修正,20220410)

第十九条 财产租赁合同、融资租赁合同以租赁物使用地为合同履行地。合同对履行地有约定的,从其约定。

(3)《最高人民法院关于适用〈中华人民共和国海事诉讼特别程序法〉若干问题的解释》(法释〔2003〕3号,20030201;经法释〔2008〕18号修正,20081231)

第一条 在海上或者通海水域发生的与船舶或者运输、生产、作业相关的海事侵权纠纷、海商合同纠纷,以及法律或者相关司法解释规定的其他海事纠纷案件由海事法院及其上级人民法院专门管辖。

【适用要点】

船舶属具租赁合同纠纷与海运集装箱租赁合同纠纷属于典型的海商案件,该类纠纷由海事法院专门管辖。海事诉讼的地域管辖应依照民事诉讼法有关地域管辖的规定确定有管辖权的海事法院。财产租赁合同以租赁物使用地为合同履行地,合同对履行地有约定的从其约定。因船舶属具租赁合同纠纷与海运集装箱租赁合同纠纷提起的诉讼,一般应由被告住所地或者租赁物使用地或约定的履行地相应辖区的海事法院管辖。该类案件属于当事人可以协议选择管辖法院的案件,当事人可以就被告住所地、合同履行地、合同签订地、原告住所地、标的物所在地通过书面协议选择由有管辖权的海事法院管辖。

3. 船舶属具、海运集装箱租赁合同的订立

【相关立法】

(1)《中华人民共和国海商法》(19930701)

第三条 本法所称船舶,是指海船和其他海上移动式装置,但是用于军

事的、政府公务的船舶和 20 总吨以下的小型船艇除外。

前款所称船舶,包括船舶属具。

第四十二条 本章下列用语的含义:

……

(五)"货物",包括活动物和由托运人提供的用于集装货物的集装箱、货盘或者类似的装运器具。

(2)《中华人民共和国民法典》(20210101)

第七百零三条 租赁合同是出租人将租赁物交付承租人使用、收益,承租人支付租金的合同。

第七百零四条 租赁合同的内容一般包括租赁物的名称、数量、用途、租赁期限、租金及其支付期限和方式、租赁物维修等条款。

第七百零五条 租赁期限不得超过二十年。超过二十年的,超过部分无效。

租赁期限届满,当事人可以续订租赁合同;但是,约定的租赁期限自续订之日起不得超过二十年。

第七百零六条 当事人未依照法律、行政法规规定办理租赁合同登记备案手续的,不影响合同的效力。

第七百零七条 租赁期限六个月以上的,应当采用书面形式。当事人未采用书面形式,无法确定租赁期限的,视为不定期租赁。

第七百二十条 在租赁期限内因占有、使用租赁物获得的收益,归承租人所有,但是当事人另有约定的除外。

第七百二十五条 租赁物在承租人按照租赁合同占有期限内发生所有权变动的,不影响租赁合同的效力。

第七百三十条 当事人对租赁期限没有约定或者约定不明确,依据本法第五百一十条的规定仍不能确定的,视为不定期租赁;当事人可以随时解除合同,但是应当在合理期限之前通知对方。

第七百三十四条 租赁期限届满,承租人继续使用租赁物,出租人没有提出异议的,原租赁合同继续有效,但是租赁期限为不定期。

租赁期限届满,房屋承租人享有以同等条件优先承租的权利。

【适用要点】

船舶属具租赁合同与海运集装箱租赁合同本质上均为动产租赁合同,其区别主要体现在租赁物的不同。相比海运集装箱租赁合同纠纷,船舶属具租赁合同纠纷在司法实践中较为少见。除合同另有约定外,二者的法律适用、出租人与承租人的权利义务等基本上是一致的。

除另有约定外,租期内船舶属具/集装箱的收益归承租人所有。根据买卖不破租赁原则,船舶属具、集装箱在租期内的所有权变动不影响租赁合同的效力。

4. 出租人义务

【相关立法】

《中华人民共和国民法典》(20210101)

第七百零八条 出租人应当按照约定将租赁物交付承租人,并在租赁期限内保持租赁物符合约定的用途。

第七百一十二条 出租人应当履行租赁物的维修义务,但是当事人另有约定的除外。

第七百一十三条 承租人在租赁物需要维修时可以请求出租人在合理期限内维修。出租人未履行维修义务的,承租人可以自行维修,维修费用由出租人负担。因维修租赁物影响承租人使用的,应当相应减少租金或者延长租期。

因承租人的过错致使租赁物需要维修的,出租人不承担前款规定的维修义务。

第七百二十三条 因第三人主张权利,致使承租人不能对租赁物使用、收益的,承租人可以请求减少租金或者不支付租金。

第三人主张权利的,承租人应当及时通知出租人。

【适用要点】

出租人应按照合同约定的名称、数量、交付方式、时间和地点向承租人交付船舶属具/集装箱。租赁合同具有继续性,出租人交付的船舶属具/集装箱应在租期内符合约定的用途,使承租人能够正常使用和收益。除另有约定外,船舶属具/集装箱在租赁期间损坏,出租人应及时维修。出租人不能及时维修的,承租人可以自行维修,维修的费用应由出租人负担。因维修船舶属具/集装箱影响承租人使用的,承租人有权请求减少租金或延长租期;因第三人主张权利影响承租人对船舶属具/集装箱使用、收益的,承租人可以请求减少租金或者不支付租金。

5. 承租人义务

【相关立法】

《中华人民共和国民法典》(20210101)

第七百零九条　承租人应当按照约定的方法使用租赁物。对租赁物的使用方法没有约定或者约定不明确,依据本法第五百一十条的规定仍不能确定的,应当根据租赁物的性质使用。

第七百一十条　承租人按照约定的方法或者根据租赁物的性质使用租赁物,致使租赁物受到损耗的,不承担赔偿责任。

第七百一十四条　承租人应当妥善保管租赁物,因保管不善造成租赁物毁损、灭失的,应当承担赔偿责任。

第七百二十一条　承租人应当按照约定的期限支付租金。对支付租金的期限没有约定或者约定不明确,依据本法第五百一十条的规定仍不能确定,租赁期限不满一年的,应当在租赁期限届满时支付;租赁期限一年以上的,应当在每届满一年时支付,剩余期限不满一年的,应当在租赁期限届满时支付。

第七百三十三条　租赁期限届满,承租人应当返还租赁物。返还的租赁物应当符合按照约定或者根据租赁物的性质使用后的状态。

【典型案例】

(1)未订立书面海运集装箱租赁合同的,当事人的权利义务如何确定?
[天津布克荷尔有限公司与艾克雷特物流发展有限公司海运集装箱租赁合同纠纷案,(2016)津民终199号]

当事人虽未就涉案油罐租赁订立书面合同,但出租人向承租人出具了报价单,承租人未提出异议并依放箱单实际提取、使用涉案集装箱,双方当事人之间合同关系成立。依据报价单中关于费率等事项的具体约定,能够认定双方当事人之间的合同性质为海运集装箱租赁合同。在当事人之间存在海运集装箱租赁合同关系的情况下,出租人既可以依据报价单中"如果收货人拒绝付款,我们将要求托运人支付或者协助索要"的约定向收货人、托运人索要费用,也可以在收货人、托运人均予拒付的情况下依据其与承租人之间实际存在的海运集装箱租赁合同关系向承租方索要。

(2)租赁期间内对集装箱进行维修的费用如何负担？〔海特租赁（上海）有限公司与浙江天子股份有限公司海运集装箱租赁合同纠纷案,（2019）沪72民初3041号〕

合同约定,设备须处于良好状况（自然老化除外）下方可以办理退租,出租人在出租给下一承租人前对设备进行全面综合检验,并将检验的书面结论和损坏（如有）通知承租人。如在收到损坏通知之日起5个工作日内承租人未同意维修评估或报废声明或未进行联合检验,则视为承租人同意维修评估或报废声明,出租人应有权立即进行必要的维修或将设备作报废处理,有关费用由承租人承担。出租人检验后,依据合同约定要求承租人就涉案集装箱维修估价费进行确认,承租人未予确认,也未根据合同约定提出联合检验的要求。在此情况下,出租人自行安排对集装箱进行维修并支付了维修费用,该费用应当由承租人承担。

【适用要点】

承租人应按约定或根据船舶属具/集装箱的性质,对船舶属具/集装箱进行使用,并履行妥善保管义务,否则应承担赔偿责任。因海上航行具有一定风险,船舶属具/集装箱在租赁期间内的正常损耗,如船舶属具/集装箱的锈蚀、因风浪导致的变形等,属于正常损耗,承租人不承担责任。承租人负有按照约定支付租金和租期届满后返还船舶属具/集装箱的义务,返还的船舶属具/集装箱应当符合按照约定或者根据租赁物的性质使用后的状态。

6. 船舶属具与集装箱的转租

【相关立法】

《中华人民共和国民法典》（20210101）

第七百一十六条　承租人经出租人同意,可以将租赁物转租给第三人。承租人转租的,承租人与出租人之间的租赁合同继续有效;第三人造成租赁物损失的,承租人应当赔偿损失。

承租人未经出租人同意转租的,出租人可以解除合同。

第七百一十七条　承租人经出租人同意将租赁物转租给第三人,转租期限超过承租人剩余租赁期限的,超过部分的约定对出租人不具有法律约束力,但是出租人与承租人另有约定的除外。

第七百一十八条　出租人知道或者应当知道承租人转租,但是在六个月内未提出异议的,视为出租人同意转租。

第七百一十九条　承租人拖欠租金的,次承租人可以代承租人支付其欠付的租金和违约金,但是转租合同对出租人不具有法律约束力的除外。

次承租人代为支付的租金和违约金,可以充抵次承租人应当向承租人支付的租金;超出其应付的租金数额的,可以向承租人追偿。

【适用要点】

承租人对船舶属具/集装箱的转租应经出租人同意,根据合同相对性原则,转租合同对出租人不具有约束力。

7. 合同的解除与损害赔偿

【相关立法】

《中华人民共和国民法典》(20210101)

第七百一十一条　承租人未按照约定的方法或者未根据租赁物的性质使用租赁物,致使租赁物受到损失的,出租人可以解除合同并请求赔偿损失。

第七百一十三条　承租人在租赁物需要维修时可以请求出租人在合理期限内维修。出租人未履行维修义务的,承租人可以自行维修,维修费用由出租人负担。因维修租赁物影响承租人使用的,应当相应减少租金或者延长租期。

因承租人的过错致使租赁物需要维修的,出租人不承担前款规定的维修义务。

第七百一十五条　承租人经出租人同意,可以对租赁物进行改善或者增设他物。

承租人未经出租人同意,对租赁物进行改善或者增设他物的,出租人可以请求承租人恢复原状或者赔偿损失。

第七百二十二条　承租人无正当理由未支付或者迟延支付租金的,出租人可以请求承租人在合理期限内支付;承租人逾期不支付的,出租人可以解除合同。

第七百二十四条　有下列情形之一,非因承租人原因致使租赁物无法使用的,承租人可以解除合同:

(一)租赁物被司法机关或者行政机关依法查封、扣押;

(二)租赁物权属有争议;

(三)租赁物具有违反法律、行政法规关于使用条件的强制性规定情形。

第七百二十九条　因不可归责于承租人的事由,致使租赁物部分或者全部毁损、灭失的,承租人可以请求减少租金或者不支付租金;因租赁物部分或者全部毁损、灭失,致使不能实现合同目的的,承租人可以解除合同。

第七百三十一条 租赁物危及承租人的安全或者健康的,即使承租人订立合同时明知该租赁物质量不合格,承租人仍然可以随时解除合同。

【典型案例】

适用英国法时,如何确定海运集装箱租赁合同的解除时间? [海洋环球有限公司与韩进海运有限公司海上集装箱租赁合同纠纷案,(2016)津72民初875号]

海洋公司与韩进公司签订的协议中,不排除英国外其他国家法院的管辖权,且涉案诉争的集装箱堆存在天津港,海洋公司提起诉讼,符合我国民事诉讼法第二百六十五条①中诉讼标的物所在地在我国领域内,我国对于案件具有管辖权的规定。

原告委托本院向中国政法大学外国法查明研究中心就适用的法律进行查明。中国政法大学外国法查明研究中心出具相关法律意见认为,"英国法承认缔约自由以及合同约束力,同时也存在有限的例外,除非出现有限的例外,英国法都承认合同条款的有效性。涉案合同内容在英国法下不存在有限例外情形,合同双方均应恪守约定,履行各自义务,否则应按约承担违约责任。涉案《集装箱长期租赁协议》的承租人向出租人发出终止合同的函,该行为已经构成了拒绝履行合同义务的违约行为。但当原告收到《终止协议的函》后,合同并非自动终止效力。只有当原告作出接受被告终止合同的意思表示后,合同才会终止。若原告未作出意思表示,提起司法程序是一种严重的对抗,在此进行合理的意思推断,推断原告具有终止合同并进行对抗的意思表示"。根据《最高人民法院关于贯彻执行〈中华人民共和国民法通则〉若干问题的意见(试行)》②第一百九十三条的规定,该份法律意见系外国法查明的合法途径,可予采纳。涉案合同在英国法下合法有效,双方均应按约履行。本案中,被告于2016年9月9日向原告发出书面通知终止履行《集装箱长期租赁协议》,但原告并未向被告作出终止合同的意思表示。因此,在英国法下自原告向本院提起诉讼之日起(2016年10月11日)视为原、被告之间《集装箱长期租赁协议》解除,被告应当自该日起向原告返还承租的集装箱。故,被告应当向原告返还2830个集装箱。

---

① 2021年修正后的民事诉讼法第二百七十二条。
② 已废止。

【适用要点】

出租人或承租人违反合同义务,应承担过错责任。承租人未按照约定的方法或者未根据船舶属具/集装箱的性质使用租赁物属于根本违约行为,致使船舶属具/集装箱损害的,出租人可以解除合同并请求赔偿损失。承租人无正当理由未支付或者迟延支付租金且经出租人请求逾期仍未支付的,出租人可以解除合同。非因承租人原因致使租赁物无法使用或因不可归责于承租人的事由导致船舶属具/集装箱部分或者全部毁损、灭失而不能实现合同目的的,承租人可以解除合同。如船舶属具/集装箱危及承租人安全或者健康的,无论承租人订立合同时是否明知,承租人仍然可以随时解除合同。

二十二、港口货物保管合同纠纷

1. 案由释义

保管合同,是指保管人保管寄存人交付的保管物,并向寄存人返还该物的合同。第三人对保管物主张权利的,除依法对保管物采取保全或者执行措施外,保管人应当履行向寄存人而非第三人返还保管物的义务。港口货物一般是指在港区内并且没有装载于进出港船舶上的货物的总称。包括港口陆域中的货物和港口驳运中的货物。港口货物保管合同则是指港口与委托人签订货物保管合同或仓储合同,或涉及货物保管内容的港口作业合同,约定由其保管委托人交存的货物,并依约定向委托人,或委托人指示的人,或合同约定的其他人交付货物的合同。

2. 诉讼程序规范

【相关立法】

(1)《中华人民共和国民事诉讼法》(19910409;20220101)
第三十四条 下列案件,由本条规定的人民法院专属管辖:
……
(二)因港口作业中发生纠纷提起的诉讼,由港口所在地人民法院管辖;
……

(2)《中华人民共和国海事诉讼特别程序法》(20000701)
第七条 下列海事诉讼,由本条规定的海事法院专属管辖:
(一)因沿海港口作业纠纷提起的诉讼,由港口所在地海事法院管辖;
……

【司法解释】

《最高人民法院关于海事法院受理案件范围的规定》（法释〔2016〕4号，20160301）

32. 港口货物堆存、保管、仓储合同纠纷案件；

【典型案例】

当事人协议约定港口货物保管合同的管辖法院是否有效？〔中国长城资产管理公司广州办事处与防城港务集团有限公司港口货物保管合同纠纷案，(2016)最高法民辖终295号〕

质权人长城公司广州办、出质人蓝粤公司、监管人防城港务公司共同签订《动产质押监管协议》。该合同约定，蓝粤公司同意将其享有所有权的货物质押给长城公司广州办，双方均同意将质物交由防城港务公司监管，防城港务公司同意接受长城公司广州办的委托并按照其指示监管质物；当质物的实际价值等于长城公司广州办要求的最低价值时，蓝粤公司应当事先向长城公司广州办提出提货申请，并追加或补充保证金或归还融资款项或者向长城公司广州办事先提供与《质物种类、价格、最低要求通知书》要求相符的质物交付防城港务公司占有、监管，经长城公司广州办同意后凭其签发的《放货通知书》，向防城港务公司办理提货；在监管期间，防城港务公司未按约定办理放货的，如果给蓝粤公司和长城公司广州办造成损失的，承担实际损失的赔偿责任，但长城公司广州办享有优先受偿权；因蓝粤公司原因，质物本身受到司法机关或政府或任何管辖机构的限制或禁止的或违反本协议给防城港务公司和长城公司广州办造成损失的，应承担全部的赔偿责任；长城公司广州办因违反协议给防城港务公司、蓝粤公司造成损失的，承担实际损失的赔偿责任等。上述内容清楚显示，质权人长城公司广州办与监管人防城港务公司之间的权利、义务符合合同法①关于保管合同的规定。基于质押监管的货物为港区内货物，故涉诉纠纷应当定性为港口货物保管合同纠纷。港口货物保管合同纠纷案件由海事法院专门管辖，鉴于《动产质押监管协议》中有关该协议项下争议以"向甲方所在地有管辖权的法院起诉"方式解决的管辖约定，违反了民事诉讼法专属管辖的规定，故该约定应为无效。

---

① 民法典施行后，合同法被废止，相关内容见民法典规定。

【适用要点】

港口货物堆存、保管、仓储合同纠纷案件属于海事法院受案范围。法律法规对于港口货物保管合同纠纷的地域管辖未作特别规定，但是，考虑到港口作业实践中当事人之间一般签订有港口作业合同，以及案件审理和当事人诉讼的便利性，可以参照海事诉讼特别程序法第七条第（一）项的规定，确定沿海港口货物保管合同纠纷由港口所在地海事法院管辖。如果纠纷发生在长江沿岸港口，则应依据民事诉讼法第三十四条第（二）项的规定，按照最高人民法院关于各海事法院管辖区分划分的规定，确定相应的海事法院管辖。

3. 港口货物保管合同的订立

【相关立法】

(1)《中华人民共和国民法典》(20210101)

第八百八十八条　保管合同是保管人保管寄存人交付的保管物，并返还该物的合同。

寄存人到保管人处从事购物、就餐、住宿等活动，将物品存放在指定场所的，视为保管，但是当事人另有约定或者另有交易习惯的除外。

第八百九十条　保管合同自保管物交付时成立，但是当事人另有约定的除外。

第九百零四条　仓储合同是保管人储存存货人交付的仓储物，存货人支付仓储费的合同。

第九百零五条　仓储合同自保管人和存货人意思表示一致时成立。

(2)《中华人民共和国港口法》(20040101;20181229)

第三条　本法所称港口，是指具有船舶进出、停泊、靠泊，旅客上下，货物装卸、驳运、储存等功能，具有相应的码头设施，由一定范围的水域和陆域组成的区域。

港口可以由一个或者多个港区组成。

第二十二条　从事港口经营，应当向港口行政管理部门书面申请取得港口经营许可，并依法办理工商登记。

港口行政管理部门实施港口经营许可，应当遵循公开、公正、公平的原则。

港口经营包括码头和其他港口设施的经营，港口旅客运输服务经营，在港区内从事货物的装卸、驳运、仓储的经营和港口拖轮经营等。

第二十五条 国务院交通主管部门应当制定港口理货服务标准和规范。

经营港口理货业务,应当按照规定报港口行政管理部门备案。

港口理货业务经营人应当公正、准确地办理理货业务;不得兼营本法第二十二条第三款规定的货物装卸经营业务和仓储经营业务。

【典型案例】

(1)港口货物保管合同纠纷与仓储合同纠纷如何区分?[营口新港矿石码头有限公司、中国铁路物资哈尔滨有限公司与营口新港矿石码头有限公司、中国铁路物资哈尔滨有限公司港口货物保管合同纠纷案,(2015)民提字第13号]

中铁物资公司从力高资源公司购买煤炭后,用船舶运至营口港,中铁物资公司为装卸及存储货物与营口新港公司签订《进口煤炭仓储协议》,将货物卸载、保管于营口新港公司经营的港区内。中铁物资公司向黑龙江省哈尔滨市中级人民法院起诉称,营口新港公司在交付部分仓储货物后,拒绝出库剩余货物,由此造成中铁物资公司的经济损失。请求营口新港公司继续履行交付义务或赔偿等值货款,并赔偿因不能正常出库造成的经济损失。营口新港公司在答辩期内提出管辖权异议,认为本案系港口货物保管合同纠纷,属于海商合同纠纷,应由海事法院专门管辖。该案管辖权异议问题经最高人民法院再审审理认为,基于涉案货物存储于营口港区的事实,中铁物资公司与营口新港公司之间就涉案货物已形成仓储合同关系。原《最高人民法院关于海事法院受理案件范围的若干规定》第二条第二十一项规定,港口货物保管合同纠纷案件由海事法院专门管辖。依据此规定,凡基于货物存储于港口内的事实所形成的仓储合同关系,均认定为港口货物保管合同,与货物是否临时仓储于港区或存港待运并无关联。依据特别规定优先的原则,在海事法院受案范围特别规定此类仓储协议为港口货物保管合同的情形下,案涉仓储合同关系应进一步认定为港口货物保管合同关系。由此引发的纠纷属于海商合同纠纷。

(2)如何判断港口保管合同的存货人,仓储物的所有人是否必然为存货人?[天津富泉科技发展有限公司与中建材集团进出口有限公司港口货物保管合同纠纷案,(2022)津民终5号]

港口货物保管合同纠纷,应适用仓储合同及保管合同的法律规定。仓储合同的当事人为存货人和保管人,按照合同相对性原则,存货人负有给付仓储费的义务。仓储合同仅属于提供服务类而非移转物之所有权类的合同,保管人仅是代存货人对物进行占有,仓储合同并不规范物的所有权问题。与之对应的,货物所有人并不必然为存货人,并不必然负担仓储费给付义务。富泉公司主张其与中建材公司形成仓储合同关系,须证明中建材公司为存货人而己方为保管人,才可能进一步向中建材公司主张堆存费。在案证据仅能证明中建材公司系案涉货物的进口代理人、提单记载的收货人,而不能证明其为案涉货物仓储合同的存货人。富泉公司关于双方成立仓储合同关系的主张,不能成立。

(3)合同中"30天内提货可以享受免收仓储费的优惠"的约定,是否可以理解为当事人订立的为无偿保管合同?［中国人民财产保险股份有限公司广州市分公司与天津鑫凤凰物流有限公司、天津津洋国际贸易有限公司港口货物保管合同纠纷案,(2020)津民终1226号］

人保广州公司为涉案海上货物运输保险合同的保险人,俊杰公司为被保险人,俊杰公司享有保险单项下的保险利益。人保广州公司基于保险合同向俊杰公司支付了保险赔款后,在保险赔偿范围内有权代位行使俊杰公司对鑫凤凰公司请求赔偿的权利。

俊杰公司与鑫凤凰公司签订的《协议书》附件约定,码头仓储费"免30天、31-45天0.4元/吨/天、46-60天0.5元/吨/天、60天以上另议"。按照这一约定,鑫凤凰公司并非提供无偿的仓储服务,俊杰公司如果在30天内提货可以享受免收仓储费的优惠,但这一约定表明俊杰公司与鑫凤凰公司之间仍为有偿合同,不能理解为无偿合同。仓储合同与保管合同有所区别,仓储合同为有偿合同,仓储作为一种商业活动,保管人为存货人仓储物品,提供仓储服务,存货人要获得保管人的服务,需要以支付相应的仓储费为代价。俊杰公司与鑫凤凰公司签订的《协议书》包含鑫凤凰公司为俊杰公司提供仓储服务的内容,双方成立仓储合同关系。一审判决认定俊杰公司与鑫凤凰公司成立无偿保管合同欠妥,应予纠正。依照合同法第三百九十四条①规定:"储存期间,因保管人保管不善造成仓储物毁损、灭失的,保管人应当承担损害赔偿责任。因仓储物的性质、包装不符合约定或者超过有效储存期造成仓储物变质、损坏的,保管人不承担损害赔偿责任。"保管人责任依过错责任归责,鑫凤凰公司如果不存在保管不善造成仓储物毁损、灭失的情形,无须承担损害赔偿责任。人保广州公司主张鑫凤凰公司承担无过错违约赔偿责任,不能成立。

---

① 民法典施行后,合同法被废止,相关内容见民法典第九百一十七条。

【适用要点】

仓储合同是一种特殊的保管合同,具有保管合同的基本特征,同时又具有自己的特殊特征。保管合同是典型的实践合同(有约定的除外),保管合同除双方当事人达成合意外,还必须由寄存人交付保管物,合同从保管物交付起成立。而仓储合同为诺成合同,仓储合同自保管人和存货人意思表示一致时成立。仓储合同为非要式合同,可以是书面形式、口头形式或者其他形式。无论采用何种形式,只要符合合同成立的要求,合同即告成立,无须以交付仓储物作为合同成立的要件。保管人和存货人意思表示一致即受合同约束,任何一方不按照合同约定履行义务,都要承担违约责任。

港口货物受港务部门的控制或监管。在港口经营管理实务中,还存在港口货物的仓储业务。由于仓储也属于保管行为,因此本条所指的港口货物保管合同纠纷,应当包括港口货物仓储合同纠纷。在法律适用上,港口货物保管合同纠纷案件主要应当适用民法典合同编"保管合同"章和"仓储合同"章的规定。

在双方当事人已经形成仓储合同关系的情况下,因货物储存于港区内,所涉及的仓储协议应认定为港口货物保管合同,而无论货物是否临时仓储于港区或存港待运。港口货物保管合同作为仓储合同,应当自港口经营人与存货人意思表示一致时成立并生效。经营进出口贸易的存货人经常会与港口经营人就一定期间的港口货物保管订一份总合同,存货人在该期间多次将即将装船或者已经卸船的不同货物交付给港口经营人保管,只要不存在导致合同无效的情形,该合同应当自订立之时成立并生效。这类合同中往往约定,针对每批货物再另行订立单次货物保管合同。单次货物保管合同通常约定,该合同自货物交付港口经营人时成立并生效。人民法院以该约定确定单次货物保管合同的成立和效力。

在国际海上货物运输中,货物运抵目的港后卸载并堆存于码头,由港口经营人负责保管,收货人换领提货单并办理清关、报检等手续后,凭提货单向港口经营人请求提取货物。在收货人未就货物堆存与港口经营人另行签订合同的情况下,就货物在港口的堆存、仓储,港口经营人是否与提货人之间成立事实上的保管合同关系,应注意以下几个方面的问题:(1)港口货物保管人收取货物的委托方或交付货物的主体。(2)提货单并非收货人与港口经营人之间成立保管合同的证明。国际航运实践中,提货单是收货人凭正本提单向承运人或其代理人换领的,据以向港口经营人提取货物的凭证。港口经营人向提货单持有人交付货物的根据是其与承运人之间的港口作业合同并接受承运人的指令,其并不因此形成与收货人之间的事实合同关系。(3)收货人向港口经营人交纳码头堆存费也并非必然使二者之间成立保管合同关系。

4. 保管费及其他费用

【相关立法】

(1)《中华人民共和国民法典》(20210101)

第八百八十九条 寄存人应当按照约定向保管人支付保管费。

当事人对保管费没有约定或者约定不明确,依据本法第五百一十条的规定仍不能确定的,视为无偿保管。

第九百零二条 有偿的保管合同,寄存人应当按照约定的期限向保管人支付保管费。

当事人对支付期限没有约定或者约定不明确,依据本法第五百一十条的规定仍不能确定的,应当在领取保管物的同时支付。

第九百零三条 寄存人未按照约定支付保管费或者其他费用的,保管人对保管物享有留置权,但是当事人另有约定的除外。

(2)《中华人民共和国港口法》(20040101;20181229)

第二十八条 港口经营人应当在其经营场所公布经营服务的收费项目和收费标准;未公布的,不得实施。

港口经营性收费依法实行政府指导价或者政府定价的,港口经营人应当按照规定执行。

【典型案例】

仓储物所有权的变更对于保管人行使留置权有何影响? [揭阳市中油油品经销有限公司与东莞市东洲国际石化仓储有限公司港口货物保管合同纠纷案,(2017)最高法民申 76 号]

振海公司与东洲公司于 2010 年 11 月 18 日签订《合同》,由东洲公司根据振海公司的指令向振海公司提供装卸、储存、转罐等服务,约定振海公司违约时,东洲公司可对存放货物行使留置权。振海公司于 2012 年 12 月 13 日出具《关于混合芳烃保税入罐的委托说明》,告知东洲公司将有 41937.047 吨混合芳烃储存于振海公司租用的储罐中,并于 12 月 14 日指定涉案 4 个储罐接卸上述货物。2013 年 1 月 9 日,振海公司作为承租方、东洲公司作为出租方、斯纳克公司作为货权方签订《三方协议》，约定涉案货物存放于振海公司向东洲公司租赁的储罐，储存期限至振海公司向斯纳克公司付清全部货款及相关费用，斯纳克公司发出《货权转移》转让给中油公司止，仓储期限内的仓储、操作等相关费用由振海公司承担。该协议还约定，振海公司和东洲公司按照双方签订的《合同》享受权利并承担义务和风险。如振海公司未能按时支付相关费用，东洲公司有权要求斯纳克公司支付。2013 年 1 月 17 日，涉案货物到港并储存在东洲公司。后经多次转让，2013 年 4 月 26 日，广东中石油国际事业有限公司和中油公司共同向东洲公司出具《货权转移证明》，将涉案 41937.047 吨货物所有权转移给中油公司，从 2013 年 1 月 17 日起产生的仓储等费用由中油公司负担。同日，东洲公司出具《货物收货证明书》。2013 年 4 月 26 日、5 月 6 日、5 月 15 日、5 月 28 日，中油公司与振海公司共同向东洲公司出具四份《货权转移证明》，分别将涉案 41937.047 吨货物中的 1 万吨、2 万吨、1000 吨和 2700 吨的所有权转移给振海公司，上述货物从 2013 年 1 月 17 日起产生的仓储等费用均由振海公司负担。东洲公司就上述货物分别出具了《货物出库证明书》。振海公司亦已经实际提取了上述货物。2013 年 11 月 1 日，中油公司向东洲公司发送《发货通知书》，告知东洲公司剩余的 8237.047 吨货物仓储费用由中油公司承担。

最高人民法院经审查认为，仓储物所有权的变更并不影响振海公司与东洲公司之间的合同关系。因振海公司欠付该《合同》项下的仓储费用，东洲公司行使的是《合同》项下的货物留置权，所针对的是该《合同》项下振海公司所有的欠付费用，而并不仅仅是中油公司应承担的费用。东洲公司有权在合法占有的涉案全部货物中留置与债权数额价值相当的货物，该留置权的行使并不因其中部分货物所有权的变更而受到影响。

【适用要点】

寄存人根据合同约定向保管人支付保管费用是有偿保管合同中寄存人的义务。寄存人除支付保管费外，还应按照合同约定支付"其他费用"。"其他费用"是指保管人为保管保管物而实际支出的必要费用。寄存人违反约定不支付保管费报酬以及其他费用的，保管人对保管物享有留置权，即以该财产折价或者以拍卖、变卖该财产的价款优先受偿的权利。留置期间，根据民法典第四百五十一条的规定，留置权人负有妥善保管留置财产的义务；因保管不善使留置财产毁损、灭失的，应当承担赔偿责任。同时根据民法典第四百五十二条的规定，留置权人有权收取留置财产的孳息。

5. 存货人的义务

【相关立法】

《中华人民共和国民法典》(20210101)

第八百九十三条 寄存人交付的保管物有瑕疵或者根据保管物的性质需要采取特殊保管措施的,寄存人应当将有关情况告知保管人。寄存人未告知,致使保管物受损失的,保管人不承担赔偿责任;保管人因此受损失的,除保管人知道或者应当知道且未采取补救措施外,寄存人应当承担赔偿责任。

第八百九十八条 寄存人寄存货币、有价证券或者其他贵重物品的,应当向保管人声明,由保管人验收或者封存;寄存人未声明的,该物品毁损、灭失后,保管人可以按照一般物品予以赔偿。

第九百零六条 储存易燃、易爆、有毒、有腐蚀性、有放射性等危险物品或者易变质物品的,存货人应当说明该物品的性质,提供有关资料。

存货人违反前款规定的,保管人可以拒收仓储物,也可以采取相应措施以避免损失的发生,因此产生的费用由存货人负担。

保管人储存易燃、易爆、有毒、有腐蚀性、有放射性等危险物品的,应当具备相应的保管条件。

【部门规章】

《港口危险货物安全管理规定》(交通运输部令2019年第34号,20191128)

第三十六条 危险货物港口作业委托人应当向危险货物港口经营人提供委托人身份信息和完整准确的危险货物品名、联合国编号、危险性分类、包装、数量、应急措施及安全技术说明书等资料;危险性质不明的危险货物,应当提供具有相应资质的专业机构出具的危险货物危险特性鉴定技术报告。法律、行政法规规定必须办理有关手续后方可进行水路运输的危险货物,还应当办理相关手续,并向港口经营人提供相关证明材料。

危险货物港口作业委托人不得在委托作业的普通货物中夹带危险货物,不得匿报、谎报危险货物。

【适用要点】

特殊货物存货人对保管人负有告知义务主要存在于以下情形:其一,保管物有瑕疵的,一般是指保管物品本身存有破坏性或者毁坏性缺陷的情形。

其二,根据保管物的性质,一般是指保管物属于易燃、易爆、有毒、有腐蚀性、有放射性等危险物品或者易变质物品需要采取特殊保管措施的情形。其三,存货人寄存货币、有价证券或者其他贵重物品的,应当向保管人声明,由保管人验收或者封存。

存货人违反告知义务,致使保管物遭受损失的,保管人不承担赔偿责任。由于保管物本身的性质或者瑕疵使保管人的人身、财产遭受损失的,除保管人知道或者应当知道而未采取补救措施外,存货人还应当承担赔偿责任。如果港口经营人知道或者应当知道该货物需要采取特殊保管措施,却因故意或者过失而没有采取相应措施,可以相应减轻存货人的赔偿责任。对于因保管物的性质或者瑕疵而给第三人造成损害的,存货人也应当负侵权赔偿责任。

6. 保管人的义务

【相关立法】

《中华人民共和国民法典》(20210101)

第八百九十二条　保管人应当妥善保管保管物。

当事人可以约定保管场所或者方法。除紧急情况或者为维护寄存人利益外,不得擅自改变保管场所或者方法。

第八百九十四条　保管人不得将保管物转交第三人保管,但是当事人另有约定的除外。

保管人违反前款规定,将保管物转交第三人保管,造成保管物损失的,应当承担赔偿责任。

第八百九十五条　保管人不得使用或者许可第三人使用保管物,但是当事人另有约定的除外。

第九百零七条　保管人应当按照约定对入库仓储物进行验收。保管人验收时发现入库仓储物与约定不符合的,应当及时通知存货人。保管人验收后,发生仓储物的品种、数量、质量不符合约定的,保管人应当承担赔偿责任。

第九百一十二条　保管人发现入库仓储物有变质或者其他损坏的,应当及时通知存货人或者仓单持有人。

第九百一十三条　保管人发现入库仓储物有变质或者其他损坏,危及其他仓储物的安全和正常保管的,应当催告存货人或者仓单持有人作出必要的处置。因情况紧急,保管人可以作出必要的处置;但是,事后应当将该情况及时通知存货人或者仓单持有人。

【典型案例】

港口货物保管的责任期间如何认定?[中国太平洋财产保险股份有限公司深圳分公司与中储粮油脂工业东莞有限公司港口货物保管合同纠纷案,(2011)粤高法民四终字第54号]

双方当事人的争议焦点是涉案货物有无在《油脂中转协议》项下中储粮油脂公司的责任期间发生短少。本案《油脂中转协议》属于仓储合同,合同法第三百八十四条①规定保管人应当按照约定对入库仓储物进行验收,保管人验收时发现入库仓储物与约定不符的,应当及时通知存货人,保管人验收后,发生仓储物品种、数量、质量不符合约定的,保管人应当承担损害赔偿责任。可见,合同法关于仓储合同保管人和存货人之间的责任期间划分是以入库为界线。涉案《油脂中转协议》约定以涉案货物入罐为风险分担界限,寄存人要求保管人承担卸货前至入罐后涉案货物数量短少的赔偿责任没有合同依据和法律依据。

【适用要点】

民法典规定了保管人负有验收义务,保管人应当按照约定对入库仓储物进行验收。对仓储物进行验收是为了划分对仓储物出现的瑕疵的责任承担。若经验收后,保管人认可仓储物符合约定的,则此后仓储物出现的各种瑕疵和风险由保管人承担;若在验收时发现仓储物与约定不符,存在瑕疵,对此瑕疵保管人无义务承担赔偿责任。故民法典关于仓储合同保管人和存货人之间的责任期间划分是以入库为界线。仓储人对货物的保管责任期间应当自货物入库开始。货物在保管之前已存在质量、数量等问题,货损原因非为保管人保管不善,寄存人无权要求保管人承担损害赔偿责任。

货物验收是港口经营人对存货人送交保管的货物进行检验与核查,以确定其处于适于保管的良好状态的过程,也是港口经营人按合同约定履行保管义务,在保管期限届满后将处于完善状态的货物交还存货人的必要前提。港口经营人对货物进行验收,既是合同义务,也是合同权利,如果其对接收的仓储物不予验收,可以视为对其权利的放弃。在司法实践中,港口经营人是否依约定对货物进行验收是确定其应否承担赔偿责任的重要依据,验收后发生的仓储物品种、数量不符合约定的,港口经营人应当承担赔偿责任。关于仓储物的质量不符合约定的赔偿责任审查,首先按照合同约定确定质量问题。

① 民法典施行后,合同法被废止,相关内容见民法典第九百零七条。

如果约定不明确,又不能达成补充协议的,按照合同相关条款或者交易习惯确定,仍不能确定的,依照民法典第五百一十一条第(一)项确定质量问题。确定货物存在质量问题后,再结合质量问题在货物交付保管时是否显而易见、是否存在潜伏期、保管人的验收方式和保管方法是否符合约定或者法定等因素,认定港口经营人的赔偿责任。对于存货人提供的包装不符合约定造成货物灭失、损坏的,港口经营人是否承担赔偿责任,也决定于该包装问题在货物交付保管时是否显而易见、港口经营人是否履行了适当的提示义务等。

7. 保管人的危险通知义务及紧急处置权

【相关立法】

《中华人民共和国民法典》(20210101)

第九百一十二条 保管人发现入库仓储物有变质或者其他损坏的,应当及时通知存货人或者仓单持有人。

第九百一十三条 保管人发现入库仓储物有变质或者其他损坏,危及其他仓储物的安全和正常保管的,应当催告存货人或者仓单持有人作出必要的处置。因情况紧急,保管人可以作出必要的处置;但是,事后应当将该情况及时通知存货人或者仓单持有人。

【适用要点】

港口经营人是否需要保养和管理货物,视港口货物保管合同的约定而定。当事人没有约定的,原则上港口经营人不承担对货物的保养和管理义务,即只要港口经营人提供的仓库、堆场符合合同约定,实施的保管行为符合仓库、堆场的经营规范,则对于货物因自身性质发生的变质、损坏不承担赔偿责任。但是,港口经营人发现货物有变质、损坏情形的,应当通知存货人或者仓单持有人,对怠于通知引发的损失应承担赔偿责任。保管人的异状通知义务属于保管人应负担的附随义务。如果义务人违反附随义务,则对权利人能发生损害赔偿的请求权。因此,保管人对仓储物发现变质或者损坏的情形,违反通知义务的,应对违反该义务引起的损害承担损害赔偿责任。违反附随义务使当事人依合同可实现的利益落空,造成损害,因此,义务违反人应承担该损害的赔偿责任。就保管人违反通知义务的情形,在提取仓储物时,如果保管人不能交付未变质或未损坏的仓储物,则对于该变质和损坏造成的仓储物的贬值损失需要承担损害赔偿责任。保管人未及时通知的,则对于怠于通知引发的损失也应承担损害赔偿责任。

8. 仓单及保管凭证

【相关立法】

《中华人民共和国民法典》(20210101)

第八百九十一条 寄存人向保管人交付保管物的,保管人应当出具保管凭证,但是另有交易习惯的除外。

第九百零八条 存货人交付仓储物的,保管人应当出具仓单、入库单等凭证。

第九百零九条 保管人应当在仓单上签名或者盖章。仓单包括下列事项:

(一)存货人的姓名或者名称和住所;

(二)仓储物的品种、数量、质量、包装及其件数和标记;

(三)仓储物的损耗标准;

(四)储存场所;

(五)储存期限;

(六)仓储费;

(七)仓储物已经办理保险的,其保险金额、期间以及保险人的名称;

(八)填发人、填发地和填发日期。

第九百一十条 仓单是提取仓储物的凭证。存货人或者仓单持有人在仓单上背书并经保管人签名或者盖章的,可以转让提取仓储物的权利。

【典型案例】

提货人持未经合法背书转让的仓单是否具有提货权? [永泓仓储物流(上海)有限公司与营口港务集团保税货物储运有限公司港口货物保管合同纠纷案,(2016)辽民终376号]

营口港储运公司就存储于营口港保税物流中心仓库内的未锻轧纯铝出具两份仓单,仓单内容包括船名、货物名称、货物品牌、重量、件数、通关状态。仓单同时记载,上述货物已卸船,并在营口港储运公司处仓储,凭此仓单正本办理出库手续,此仓单正本一份。两份仓单上有营口港储运公司印章及该公司员工王某某的签字。永泓公司从仓储代理新中港公司处取得两份仓单后,持仓单向营口港储运公司主张提货,永泓公司提供的上述仓单原件未记载存货人、仓单持有人的信息及背书情况,亦没有营口港储运公司作为保管人在仓单上的签字或者盖章的背书信息。营口港储运公司未予答复,永泓公司遂提起诉讼。人民法院经审查认为,仓单背书系仓单权利人处分仓单权利的证明,仓单持有人不能证明其合法受让了仓单记载的权利,法律不予保护。而永泓公司持有的仓单并未记载背书信息,既不存在寄存人的处分意思,也不存在新中港公司关于永泓公司合法持有仓单的说明,不能证明永泓公司是经过仓单权利人处分取得了仓单权利。永泓公司与涉案仓储合同不具有利害关系,故驳回永泓公司的起诉。

【适用要点】

仓单是保管人在收到存货人交付的仓储物时向存货人给付的表示收到一定数量仓储物的有价证券。民法典规定仓单应记载存货人的名称或者姓名,但未记载该信息的仓单,只要能明确特定的仓储物,在不影响确认仓单性质以及存货人与保管人权利义务的情况下,仍属于该法调整的有效仓单。民法典没有规定不记名仓单,无论仓单是否记载存货人信息,其均应遵循该仓单流转方式,仓单转让才能有效。不同于海商法中的提单,仓单只有一种法定流转方式——仓单背书及经保管人签字或者盖章。在我国目前仓储业风险防控技术、仓储市场征信系统尚不完善的情况下,未记载存货人信息的仓单在审判实践中不宜被认定为不记名仓单。未记载存货人信息的仓单持有人向保管人主张提货的,仍应向保管人出示经存货人或合法仓单持有人在仓单上背书并经保管人签字或者盖章的正本仓单。仓单未经背书以及保管人签字或者盖章的,即使是正本仓单持有人,亦无法享有仓单权利,保管人可以拒绝交付仓储物。

就非进口货物,存货人可以凭港口经营人出具的仓单或者入库单等存货凭证向港口经营人主张放货。仓单受让人在提货时向港口经营人出示的仓单,应符合上述法律规定的"存货人或者仓单持有人在仓单上背书并经保管人签名或者盖章"的要求。对于进口货物,提货人应当向港口经营人出示港口经营人签发的仓单(或者其他存货凭证,以下相同)和加盖海关放行章的提货单,港口经营人才能放货。在仓单与提货单的权利主体分离而产生的要求港口经营人放货的诉讼中,因仓单与提货单都是提货凭证,在目前没有明确法律规定的情况下,主张提货的人应当通过诉讼确认自己为货物所有权人。港口经营人在海关准予放行后,可以向该货物所有权人放货。

9. 保管货物的提取

【相关立法】

《中华人民共和国民法典》(20210101)

第八百九十六条 第三人对保管物主张权利的,除依法对保管物采取保全或者执行措施外,保管人应当履行向寄存人返还保管物的义务。

第三人对保管人提起诉讼或者对保管物申请扣押的,保管人应当及时通知寄存人。

第八百九十九条　寄存人可以随时领取保管物。

当事人对保管期限没有约定或者约定不明确的,保管人可以随时请求寄存人领取保管物;约定保管期限的,保管人无特别事由,不得请求寄存人提前领取保管物。

第九百条　保管期限届满或者寄存人提前领取保管物的,保管人应当将原物及其孳息归还寄存人。

第九百一十一条　保管人根据存货人或者仓单持有人的要求,应当同意其检查仓储物或者提取样品。

第九百一十四条　当事人对储存期限没有约定或者约定不明确的,存货人或者仓单持有人可以随时提取仓储物,保管人也可以随时请求存货人或者仓单持有人提取仓储物,但是应当给予必要的准备时间。

第九百一十五条　储存期限届满,存货人或者仓单持有人应当凭仓单、入库单等提取仓储物。存货人或者仓单持有人逾期提取的,应当加收仓储费;提前提取的,不减收仓储费。

第九百一十六条　储存期限届满,存货人或者仓单持有人不提取仓储物的,保管人可以催告其在合理期限内提取;逾期不提取的,保管人可以提存仓储物。

【典型案例】

(1)受让人通过指示交付取得货物所有权,能否向仓储人行使返还原物请求权要求提取货物?［天津港交易市场有限责任公司与天津港远航国际矿石码头有限公司、天津裕玺实业有限公司、天津滨海港湾集团有限公司、北京中物储国际物流科技有限公司天津分公司港口货物保管合同纠纷案,(2019)津民终232号］

滨海港湾公司与远航码头公司之间成立港口货物保管合同关系,滨海港湾公司为存货人,远航码头公司为保管人。交易市场公司主张,通过与裕玺实业公司签订《购销合同》《货权转让证明》,其已取得涉案"顽石"轮10万吨铁矿的所有权,远航码头公司应当凭交易市场公司的放货通知单办理货物出库手续、交付货物。物权法第二十六条①规定:"动产物权设立和转让前,第

---

①　民法典施行后,物权法被废止,相关内容见民法典第二百二十七条。

三人依法占有该动产的,负有交付义务的人可以通过转让请求第三人返还原物的权利代替交付。"依照这一规定,让与动产物权之时,如果让与人的动产由第三人占有,让与人可以将其享有的对第三人的返还请求权让与给受让人,通过指示交付来代替现实交付。据已查明的事实,中物储天津分公司代理滨海港湾公司将涉案货物存入远航码头公司货场后,裕玺实业公司通过与滨海港湾公司签订《购销合同》《货权转让协议》,约定滨海港湾公司将"顽石"轮10万吨涉案货物的货权转让给裕玺实业公司。交易市场公司通过与裕玺实业公司签订《购销合同》《货权转让证明》,约定裕玺实业公司将"顽石"轮10万吨涉案货物的货权转让给交易市场公司。上述合同的对价已支付完成。通过上述合同,滨海港湾公司与裕玺实业公司、裕玺实业公司与交易市场公司已就动产物权的转让达成了合意;在动产物权的转让之前该动产已被保管人远航码头公司占有;从《货权转让协议》《货权转让证明》的内容上看,当事人之间已就"转让请求第三人返还原物的权利"达成一致意见,涉案货物已经完成指示交付。《货权转让证明》生效时即动产交付之时,又依照物权法第二十三条①的规定,"动产物权的设立和转让,自交付时发生效力,但法律另有规定的除外",交易市场公司通过次第买卖取得了动产物权。依照物权法第二十六条的规定,交易市场公司有权向货物保管人远航码头公司请求返还涉案货物。

对于远航码头公司,交易市场公司起诉请求其交付涉案货物并办理出库手续,其实质是行使返还原物请求权即通常所说的"提货权"。远航码头公司作为占有媒介人,也是返还请求权让与的第三人,基于港口货物保管合同占有涉案货物,裕玺实业公司、滨海港湾公司转让的返还原物请求权性质上属于债权请求权范畴,尽管债权的返还请求权与债权转让不完全相同,但为避免出现远航码头公司交付错误,有必要参照合同法第八十条第一款②的规定向其通知货权转移情况。但通知第三人的行为并非动产物权变动的生效要件,让与人即使没有通知第三人,也不影响指示交付所产生的动产物权变动的效力。中物储天津分公司及远航码头公司出具的《存货证明》,各方当事人对于这一证据的形成过程尚有争议,但从其内容来看,能够反映出远航码头公司已经知悉涉案货物所有权已发生变动。即便《存货证明》不能准确体现指示交付及货权转移通知的性质,交易市场公司向一审法院起诉请求远航码头公司交付货物的行为,也可以起到代通知的效果。在交易市场行使返

---

① 民法典施行后,物权法被废止,相关内容见民法典第二百二十四条。
② 民法典施行后,合同法被废止,相关内容见民法典第五百四十六条第一款。

还原物请求权的情况下,远航码头公司负有向其交付货物的义务。

指示交付为交易便捷,由此带来的动产物权变动无须占有媒介人作出意思表示,但同时也应保护占有媒介人在原占有媒介关系中的抗辩利益。指示交付的动产物权变动后,远航码头公司可以援引合同法第八十二条①的规定,基于港口货物保管合同关系得以向滨海港湾公司主张的抗辩,向交易市场公司主张。远航码头公司关于交易市场公司应支付涉案货物港口费、堆存费的抗辩是成立的,但考虑到远航码头公司在本案中并未反诉主张港口货物保管合同项下保管人应获得的费用,港口费、堆存费的具体金额尚无法确定,并且远航码头公司在二审中陈述,其已向一审法院另案主张港口货物保管费用,并要求对涉案货物行使留置权,关于港口费、堆存费的争议可以经由法定程序另行解决,本判决确定的给付义务亦不产生对抗远航码头公司依法行使留置权的效果。

(2)提货单权利人与仓单持有人分离时,港口经营人向谁交付货物?

[中化国际(控股)股份有限公司与大连港股份有限公司港口货物保管合同纠纷案,(2018)辽民终462号]

2013年2月21日,中化新加坡公司与沈阳东方公司签订铁矿粉《买卖合同》,中化新加坡公司将货物委托运输(运输工具为"蓝月亮"轮)后取得指示提单。因沈阳东方公司未支付货款,中化新加坡公司于2013年9月30日将货物转卖给中化公司,中化公司以提单换取了提货单,并向海关缴纳了关税。"蓝月亮"轮承载的铁矿粉运至大连港后卸于大连港公司的矿石码头,由大连港公司依据其与沈阳东方公司签订的《委托港口作业合同》及单次《港口作业合同》仓储保管。其后,大连港公司根据沈阳东方公司提供的货物过户证明和其与中铁公司签订的《仓储合同》向中铁公司出具了入库证明。就涉案货物的所有权,生效裁判文书确认属于中化公司所有。中化公司要求大连港公司配合提取货物被拒,遂诉至法院。人民法院经审查认为,仓储合同不以存货人是仓储物的所有权人为前提,港口经营人在签订港口货物保管合同时没有识别仓储物所有权人的法定义务。在仓储合同未实际履行或无法继续履行时,港口经营人作为海关监管的企业法人,在海关准予放行后,经生效判决确认的进口货物所有权人有权要求其交付货物。

---

① 民法典施行后,合同法被废止,相关内容见民法典第五百四十八条。

【适用要点】

海事司法实践中,时常发生如何确定港口经营人保管或仓储货物时应向谁交付货物的问题。应当注意的是:(1)保管合同和仓储合同仅属于提供服务类而非移转物之所有权类的合同,保管人仅是代寄存人或存货人对物进行占有,该类合同并不规范物的所有权问题。国际贸易和航运实践中,与保管人建立保管或仓储合同的,既可能是买方或其代理人,也可能是承运人或其代理人,还可能是卖方或其代理人。在保管或仓储合同的订立和履行过程中,对保管人课以识别物之所有权人的义务实属苛刻。要求保管人仅可与货物所有权人订立合同、仅应将货物交还货物所有权人,因保管人确无识别物之归属的能力,此要求超出了保管人的能力范围。(2)民法典在保管合同和仓储合同的相关规定中对寄存人或存货人的身份或资格并未进行任何限定,更未限定与保管人建立保管或仓储合同关系的寄存人或存货人必须为保管物或仓储物的所有权人。在向保管人交付货物之时,并不限定向保管人交付货物者必须为货物的所有权人。(3)如果出现第三人对保管物主张权利的,依据民法典第八百九十六条的规定,除依法对保管物采取保全或者执行外,保管人应当履行向存货人返还保管物的义务。如果非保管合同相对方的提单持有人认为贸易合同中的相对方存在违约,基于合同的相对性,应向贸易合同相对方提出主张。如果提单持有人仍持有提货单而货物已被交付系无单放货所致,其应依无单放货的相关规定寻求救济。持有提单之事实,不能当然赋予提单持有人可不顾违约责任或侵权责任之事实要件和法律基础而任意或无限主张物之返还或赔偿的权利,不能当然赋予其获得优于港口经营人基于合同对案涉货物合法占有的权利,亦无法当然消灭港口经营人应负的向寄存人返还货物的合同义务。(4)国际贸易和航运实践中,必须依据贸易合同、运输合同、仓储合同以及可能存在于各环节的代理合同等不同的法律关系,分别对应确定相关主体的权利和义务。①

在贸易合同法律关系中,卖方未能就货款支付方式进行合理安排以保障其货款的清偿,未能通过与买方和仓储人签订三方协议或其他合理方式就货物控制进行妥善约定,买方收到货物后卖方未能收到货款的商业风险,一般不能当然转嫁至其他合同法律关系下的相关当事人。而如果将港口经营人视为承运人交付货物环节中的最后一环,或者说将港口经营人视为承运人角

---

① 最高人民法院研究室编著:《最高人民法院新民事案件案由规定理解与适用》,人民法院出版社2021年版,第625页。

色的延伸,则港口应依据海商法及最高人民法院相关海事司法解释的规定,确定其所保管或仓储货物的交付对象。①

10. 保管人的损害赔偿责任

【相关立法】

《中华人民共和国民法典》(20210101)

第八百九十七条 保管期内,因保管人保管不善造成保管物毁损、灭失的,保管人应当承担赔偿责任。但是,无偿保管人证明自己没有故意或者重大过失的,不承担赔偿责任。

第九百零七条 保管人应当按照约定对入库仓储物进行验收。保管人验收时发现入库仓储物与约定不符合的,应当及时通知存货人。保管人验收后,发生仓储物的品种、数量、质量不符合约定的,保管人应当承担赔偿责任。

第九百一十五条 储存期限届满,存货人或者仓单持有人应当凭仓单、入库单等提取仓储物。存货人或者仓单持有人逾期提取的,应当加收仓储费;提前提取的,不减收仓储费。

第九百一十六条 储存期限届满,存货人或者仓单持有人不提取仓储物的,保管人可以催告其在合理期限内提取;逾期不提取的,保管人可以提存仓储物。

第九百一十七条 储存期内,因保管不善造成仓储物毁损、灭失的,保管人应当承担赔偿责任。因仓储物本身的自然性质、包装不符合约定或者超过有效储存期造成仓储物变质、损坏的,保管人不承担赔偿责任。

【典型案例】

(1)港口货物保管合同中货损原因的举证责任如何分配? [中国人民财产保险股份有限公司佛山市分公司与上海国际港务(集团)股份有限公司龙吴分公司港口货物保管合同纠纷案,(2012)沪高民四(海)终字第145号]

恒兴公司与龙吴公司签订仓储合同,约定龙吴公司为恒兴公司所有的进口鱼粉提供装卸、堆存服务。后涉案货物在龙吴公司仓库门口进行拆箱理货。恒兴公司委托上海英翔货运代理有限公司派员前往现场进行抽样检查。经检验后发现部分货物存在发红受损现象,并向恒兴公司予以汇报。恒兴公

---

① 最高人民法院研究室编著:《最高人民法院新民事案件案由规定理解与适用》,人民法院出版社2021年版,第626页。

司派员至货物堆放现场,并于同日向龙吴公司出具港口作业委托单,委托单上明确注明要求对货物进行"挑剔转栈"。恒兴公司向人保佛山分公司发出出险通知书,就货损情况予以通报。涉案货损发生后,人保佛山分公司就涉案货损向恒兴公司实际赔付,由此取得代位求偿权成讼。案件争议焦点为涉案货损是否发生在龙吴公司责任期间内及龙吴公司是否存在管货过失。人保佛山分公司主张货损发生在货物堆放于龙吴公司仓库期间,首先应证明货物在进入仓库之前系完好货物。人保佛山分公司用以证明该目的的唯一证据系码头理货报告。涉案货物系由聚乙烯编织袋紧密包装,只有在打开外包装的前提下,才能发现有轻微的变色变味情况。鉴于理货公司在理货过程不会对货物进行拆包检验,因此即使理货当时货损已经发生,也难以在理货报告中得到反映。故人保佛山分公司的理货报告难以作为涉案货物进入仓库之前品质完好的证明,人保佛山分公司未提供证据排除货损进入仓库前即已发生的可能性,应承担举证不能的法律后果。此外,涉案货物进行过"挑剔转栈"。从常理看,该措施系对存在质量问题的货物进行分拣所用,而恒兴公司已向龙吴公司提出上述申请,亦佐证了货损在此之前已经发生并被发现的事实。货物在拆箱进入仓库之前,作为存货人的恒兴公司已自行委派相关人员至现场进行抽样检验,并已获知货物质量存在问题的事实,故人保佛山分公司的索赔主张未获支持。

(2)存货人逾期提货后发生货损,货损原因举证责任如何分配? [布瑞特保险有限公司等八家保险公司与营口港股份有限公司粮食分公司、营口港股份有限公司港口货物保管合同纠纷案,(2015)大海商初字第376号]

大连哥伦比亚公司自巴西购买59010.605吨大豆,运输至我国营口港。2011年6月10日,大连哥伦比亚公司与营口港粮食分公司签订《港口货物控货合同》,约定:1.营口港粮食分公司负责对大连哥伦比亚公司进口的由"贝伦威尔"轮承运的约59010.605吨大豆储存、保管、控货。2.货方在卸船后30天内将货物提离港口。逾期不提取货物,承担货物倒仓、通风、储存等有关费用及货物损失的风险。货物在卸船期间,营口港粮食分公司发现大豆热损严重,再次要求货方于30日内提货,但货方一直未予提货。至同年10月,大豆热损已相当严重,无法加工成标准油料。大连哥伦比亚公司向原告布瑞特保险有限公司等八家保险公司报险并索赔,2014年八家保险公司支付了保险和解款,赔付后以保管人营口港粮食分公司(营口港务公司的分公司,没有独立法人资格)、营口港务公司未尽到妥善保管责任为由提起港口货物保管合同纠纷之诉。法院认为,货损即大豆热损至不能正常加工的结果发生于货物入仓 30 天之后,且原告并未举证证明货物入仓 30 天后发生的货物损失是由于货物品质因素之外其他原因导致的,涉案货损系由货物自身品质性质造成的可能性较高。综上所述,原告应举证证明涉案货损系被告未尽到妥善保管义务造成的。本案原告未完成此举证责任,应依法承担不利后果。

【适用要点】

仓储人的归责原则适用过错推定责任原则,即货物在仓储人保管过程中,一旦发生货损则首先推定仓储人有过错,仓储人有义务举证证明存在免责事由,否则应当承担货损责任。同时,民法典规定了保管人免责条款即因仓储物的性质、包装不符合约定或者超过有效储存期造成仓储物变质、损坏的,保管人不承担损害赔偿责任。因此在保管人存在免责事由时,保管人不承担赔偿责任,除非存货人能够提出相反的证据。在港口货物保管合同明确约定存储期的情况下,逾期提货后保管人是否尽到妥善管货义务的举证责任在存货人。除非存货人举证证明货损系保管人未尽到妥善保管义务致使货物品质因素之外的其他原因导致的,否则应自行承担责任。

11. 危险品货物保管

【相关立法】

(1)《中华人民共和国民法典》(20210101)

第九百零六条 储存易燃、易爆、有毒、有腐蚀性、有放射性等危险物品或者易变质物品的,存货人应当说明该物品的性质,提供有关资料。

存货人违反前款规定的,保管人可以拒收仓储物,也可以采取相应措施以避免损失的发生,因此产生的费用由存货人负担。

保管人储存易燃、易爆、有毒、有腐蚀性、有放射性等危险物品的,应当具备相应的保管条件。

(2)《中华人民共和国港口法》(20040101;20181229)

第三十二条 港口经营人必须依照《中华人民共和国安全生产法》等有关法律、法规和国务院交通主管部门有关港口安全作业规则的规定,加强安全生产管理,建立健全安全生产责任制等规章制度,完善安全生产条件,采取保障安全生产的有效措施,确保安全生产。

港口经营人应当依法制定本单位的危险货物事故应急预案、重大生产安全事故的旅客紧急疏散和救援预案以及预防自然灾害预案,保障组织实施。

【部门规章】

《港口危险货物安全管理规定》(交通运输部令 2019 年第 34 号,20191128)

第三十六条 危险货物港口作业委托人应当向危险货物港口经营人提供委托人身份信息和完整准确的危险货物品名、联合国编号、危险性分类、包装、数量、应急措施及安全技术说明书等资料;危险性质不明的危险货物,应当提供具有相应资质的专业机构出具的危险货物危险特性鉴定技术报告。法律、行政法规规定必须办理有关手续后方可进行水路运输的危险货物,还应当办理相关手续,并向港口经营人提供相关证明材料。

危险货物港口作业委托人不得在委托作业的普通货物中夹带危险货物,不得匿报、谎报危险货物。

第三十八条 发生下列情形之一的,危险货物港口经营人应当及时处理并报告所在地港口行政管理部门:

(一)发现未申报或者申报不实、申报有误的危险货物;

(二)在普通货物或者集装箱中发现夹带危险货物;

(三)在危险货物中发现性质相抵触的危险货物,且不满足国家标准及行业标准中有关积载、隔离、堆码要求。

对涉及船舶航行、作业安全的相关信息,港口行政管理部门应当及时通报所在地海事管理机构。

第四十条 危险货物港口经营人应当对危险货物包装和标志进行检查,发现包装和标志不符合国家有关规定的,不得予以作业,并应当及时通知或者退回作业委托人处理。

第四十九条 危险货物应当储存在港区专用的库场、储罐,并由专人负责管理;剧毒化学品以及储存数量构成重大危险源的其他危险货物,应当单独存放,并实行双人收发、双人保管制度。

危险货物的储存方式、方法以及储存数量,包括危险货物集装箱直装直取和限时限量存放,应当符合国家标准、行业标准或者国家有关规定。

第五十条 危险货物港口经营人经营仓储业务的,应当建立危险货物出入库核查、登记制度。

对储存剧毒化学品以及储存数量构成重大危险源的其他危险货物的,危险货物港口经营人应当将其储存数量、储存地点以及管理措施、管理人员等情况,依法报所在地港口行政管理部门和相关部门备案。

【适用要点】

　　保管货物为危险品的,存货人对保管人负有较为严格的告知义务。存货人应当向港口经营人告知完整准确的危险货物物品名、危险性分类、包装、数量、应急措施及安全技术说明书等资料,在危险货物危险性质不明时,应当提供具有相应资质的专业机构出具的危险货物危险特性鉴定技术报告。危险品货物的保管应当依照有关危险品安全管理的法律、行政法规的规定来确定合同当事人的法定义务。

二十三、船舶属具保管合同纠纷;海运集装箱保管合同纠纷

1. 案由释义

保管合同,是指保管人保管寄存人交付的保管物,并返还该物的合同。保管合同自保管物交付时成立,但是当事人另有约定的除外。保管合同既可能是有偿合同,也可能是无偿合同。对保管费有约定的,寄存人应当按照约定向保管人支付保管费。当事人对保管费没有约定或者约定不明确,且依据民法典第五百一十条的规定仍不能确定的,视为无偿保管。

船舶属具保管合同具有保管合同的一般属性,是以船舶属具为标的物的保管合同,一般为有偿合同。具体而言,是由船舶属具的所有人或合法占有人将锚链、起锚机、绳索、罗经、消防与救生设备等各种船用用具或机械交付保管人保管,由寄存人支付保管费,保管人依约定向寄存人返还船舶属具。

海运集装箱保管合同具有保管合同的一般属性,是以海运集装箱为标的物的保管合同,一般为有偿合同。

2. 诉讼程序规范

【相关立法】

《中华人民共和国民事诉讼法》(19910409;20220101)

第二十四条　因合同纠纷提起的诉讼,由被告住所地或者合同履行地人民法院管辖。

【司法解释】

(1)《最高人民法院关于海事法院受理案件范围的规定》(法释〔2016〕4号,20160301)

35. 海运集装箱仓储、堆存、保管合同纠纷案件;

(2)《最高人民法院关于适用〈中华人民共和国海事诉讼特别程序法〉若干问题的解释》(法释〔2003〕3 号,20030201;经法释〔2008〕18 号修正,20081231)

第一条 在海上或者通海水域发生的与船舶或者运输、生产、作业相关的海事侵权纠纷、海商合同纠纷,以及法律或者相关司法解释规定的其他海事纠纷案件由海事法院及其上级人民法院专门管辖。

【适用要点】

船舶属具保管合同纠纷、海运集装箱保管合同纠纷均属于海商案件,应当由海事法院专门管辖。需要注意船舶属具的判定,船舶属具一般是指船舶上所必需的物品,通常包括船舶用的锁链、锚、绳索、罗经、海图、消防与救生设备等用具。如果不属于船舶属具而是一般动产的保管而引发的争议,则可能不属于海事法院专门管辖。当事人之间专门针对集装箱订立保管合同的情形在实践中并不常见,注意区分当事人之间的纠纷是承运人与托运人之间的运输合同纠纷、出租人与承租人之间的集装箱租赁合同纠纷,还是相关方与港口经营人之间因集装箱引起的保管合同纠纷。船舶属具保管合同纠纷、海运集装箱保管合同纠纷均属于当事人可以协议选择管辖法院的案件。

3. 船舶属具保管合同、海运集装箱保管合同①

【相关立法】

(1)《中华人民共和国海商法》(19930701)

第三条 本法所称船舶,是指海船和其他海上移动式装置,但是用于军事的、政府公务的船舶和 20 总吨以下的小型船艇除外。

前款所称船舶,包括船舶属具。

第四十二条 本章下列用语的含义:

……

(五)"货物",包括活动物和由托运人提供的用于集装货物的集装箱、货盘或者类似的装运器具。

---

① 对于船舶属具保管合同、海运集装箱保管合同的寄存人(存货人)与保管人之间的权利义务及责任承担等问题可参考本书"港口货物保管合同纠纷"部分。

(2)《中华人民共和国民法典》（20210101）

第八百八十八条至第九百一十八条（略）

【部门规章】

《国际航线集装箱港口收费办法》（交运发〔1992〕29号，19920101）

第九条　集装箱堆存费

空、重集装箱以及拆箱后装箱前的货物，在港口发生的堆存费计收办法和标准，由各港口根据本港情况自订，报交通部备案。

【适用要点】

海商法并未对船舶属具保管合同纠纷、海运集装箱保管合同纠纷作专门规定，因其法律属性属于保管合同，故审理船舶属具保管合同纠纷、海运集装箱保管合同纠纷案件，确定当事人义务关系应当依据民法典第十四章保管合同、第二十二章仓储合同的规定。

二十四、海上、通海水域货运代理合同纠纷

1. 案由释义

海上、通海水域货运代理合同,是指货运代理企业接受委托人的委托,办理与海上、通海水域与货物运输有关的货运代理事务,并就所提供的服务向委托人收取约定报酬的合同。货运代理企业接受委托人委托,处理与海上货物运输有关的货运代理事务内容繁多,一般来说,货运代理企业提供的典型的货运代理业务包括:(1)提供订舱、报关、报检、报验、保险服务;(2)提供货物的包装、监装、监卸、集装箱装拆箱、分拨、中转服务;(3)缮制、交付有关单证并进行费用结算;(4)提供仓储、短途陆路运输服务;(5)处理其他海上货运代理事务。货运代理企业因履行前述事务与委托人之间发生的纠纷,则属于典型的海上、通海水域货运代理合同纠纷。

2. 诉讼程序规范

【相关立法】

《中华人民共和国民事诉讼法》(19910409;20220101)

第二十四条 因合同纠纷提起的诉讼,由被告住所地或者合同履行地人民法院管辖。

【司法解释】

(1)《最高人民法院关于海事法院受理案件范围的规定》(法释〔2016〕4号,20160301)

27. 海上、通海可航水域货运代理合同纠纷案件;

(2)《最高人民法院关于审理海上货运代理纠纷案件若干问题的规定》
（法释〔2012〕3 号,20120501;经法释〔2020〕18 号修正,20210101）

第一条　本规定适用于货运代理企业接受委托人委托处理与海上货物运输有关的货运代理事务时发生的下列纠纷:

（一）因提供订舱、报关、报检、报验、保险服务所发生的纠纷;

（二）因提供货物的包装、监装、监卸、集装箱装拆箱、分拨、中转服务所发生的纠纷;

（三）因缮制、交付有关单证、费用结算所发生的纠纷;

（四）因提供仓储、陆路运输服务所发生的纠纷;

（五）因处理其他海上货运代理事务所发生的纠纷。

第十三条　因本规定第一条所列纠纷提起的诉讼,由海事法院管辖。

第十四条　人民法院在案件审理过程中,发现不具有无船承运业务经营资格的货运代理企业违反《中华人民共和国国际海运条例》的规定,以自己的名义签发提单、海运单或者其他运输单证的,应当向有关交通主管部门发出司法建议,建议交通主管部门予以处罚。

【适用要点】

海上、通海水域货运代理合同纠纷属于海商案件,该类纠纷应当由海事法院专门管辖。因海上、通海水域货运代理合同纠纷提起的诉讼,应当由被告住所地或者合同履行地的海事法院管辖。为避免司法实践中出现管辖权争议,《最高人民法院关于审理海上货运代理纠纷案件若干问题的规定》第一条采取概括和列举的方式对货运代理企业接受委托人委托处理与海上货物运输有关的货运代理事务时发生的纠纷作出了界定,并明确此类纠纷由海事法院管辖。

3. 海上货运代理合同关系的成立

【相关立法】

《中华人民共和国民法典》（20210101）

第九百一十九条　委托合同是委托人和受托人约定,由受托人处理委托人事务的合同。

第九百二十条　委托人可以特别委托受托人处理一项或者数项事务,也可以概括委托受托人处理一切事务。

【司法解释】

《最高人民法院关于审理海上货运代理纠纷案件若干问题的规定》(法释〔2012〕3号,20120501;经法释〔2020〕18号修正,20210101)

第一条 本规定适用于货运代理企业接受委托人委托处理与海上货物运输有关的货运代理事务时发生的下列纠纷:

(一)因提供订舱、报关、报检、报验、保险服务所发生的纠纷;

(二)因提供货物的包装、监装、监卸、集装箱装拆箱、分拨、中转服务所发生的纠纷;

(三)因缮制、交付有关单证、费用结算所发生的纠纷;

(四)因提供仓储、陆路运输服务所发生的纠纷;

(五)因处理其他海上货运代理事务所发生的纠纷。

第二条 人民法院审理海上货运代理纠纷案件,认定货运代理企业因处理海上货运代理事务与委托人之间形成代理、运输、仓储等不同法律关系的,应分别适用相关的法律规定。

【重点解读】

实践中很多货运代理纠纷的产生都是基于货运代理企业与委托人之间的委托关系,此时可以适用合同法关于委托合同的规定以及民法通则关于代理的规定,①但对于货运代理企业在办理业务过程中为委托人提供仓储、陆路运输等服务而发生的纠纷,应当如何适用法律存在争议,原因在于对委托人和货运代理企业之间法律关系的认识问题。一种观点认为,委托人与货运代理企业之间的法律关系不是有名合同,但与合同法第二十一章规定的委托合同最为类似。根据合同法第一百二十四条关于无名合同如何适用法律的规定,此类纠纷可以参照适用合同法第二十一章或者其他章节的规定。据此,就有可能涉及合同法关于运输合同和仓储合同等章节的适用。另一种观点则认为,当事人之间形成合同法规定的委托合同关系,应直接适用第二十一章的规定,在此情况下,仓储和运输都属于委托合同履行过程中的相关环节,没有必要单独适用专门的法律规定。我们认为,《规定》②所调整的海上货运代理纠纷本质上是产生于由数个典型合同的部分而构成的法律关系,这种法律关系属于无名合同的一种,因此在适用法律时应分解各构成部分,分

---

① 民法典施行后,合同法和民法通则被废止,"重点解读"中所涉相关内容见民法典规定。

② 此处全称为《最高人民法院关于审理海上货运代理纠纷案件若干问题的规定》,本小节以下相关"重点解读"简称为《规定》。

别适用各部分有名合同的规范。货运代理企业与进出口货物的发货人或者收货人约定,货运代理企业以受托人身份办理委托事务,对外以委托人名义从事直接代理或间接代理行为,并收取报酬的,应认定双方形成海上货运代理合同关系,应当适用合同法有关委托合同和民法通则关于代理的有关规定。在处理委托事务过程中,货运代理企业利用自有的运输工具、设备提供货物仓储和运输服务的,由于合同法对运输合同、仓储合同当事人之间的权利义务已作出专门规定,设定了不同的规则,此时应当直接适用合同法有关运输合同和仓储合同的规定确定双方当事人的责任。因此,海上货运代理纠纷案件的法律适用不能一概而论,人民法院应根据当事人的诉请和查明的事实认定货运代理企业因处理委托事务与委托人之间形成的代理、运输、仓储等不同法律关系,并分别适用与之相关的法律规定。需要注意的是,《规定》在第二条使用了"等"字作为概括,表明货运代理企业与委托人之间的法律关系并不限于代理、运输、仓储这三种法律关系,可能还包括其他法律关系。如,货运代理企业接受委托对货物进行了包装、提供了熏蒸服务,此时就可能与委托人之间形成承揽合同关系。随着货运代理企业业务范围的不断扩大,由此形成的法律关系会更加复杂,《规定》未将法律关系限定于代理、运输和仓储关系就是考虑了今后可能发生的种种变化。①

第三条 人民法院应根据书面合同约定的权利义务的性质,并综合考虑货运代理企业取得报酬的名义和方式、开具发票的种类和收费项目、当事人之间的交易习惯以及合同实际履行的其他情况,认定海上货运代理合同关系是否成立。

第四条 货运代理企业在处理海上货运代理事务过程中以自己的名义签发提单、海运单或者其他运输单证,委托人据此主张货运代理企业承担承运人责任的,人民法院应予支持。

货运代理企业以承运人代理人名义签发提单、海运单或者其他运输单证,但不能证明取得承运人授权,委托人据此主张货运代理企业承担承运人责任的,人民法院应予支持。

【重点解读】

依照《规定》第四条,货运代理企业签发的提单对其身份的认定具有决定性作用,这是因为提单是国际海上货物运输的主要单证,是海上运输合同关系的证明,因此提单通常是人民法院确定当事人是否具有承运人法律地位

① 王彦君、傅晓强:《〈关于审理海上货运代理纠纷案件若干问题的规定〉的理解与适用》,载《人民司法》2012年第11期。

的主要依据。由于货运代理业务的广泛性以及进出口业务的需要,货运代理企业在处理货运代理业务时有权以自己名义或承运人的代理人名义等多种身份签发提单。出于行政管理的需要,货运代理企业能否作为签发提单的主体应当符合法律规定的条件。依照国际海运条例第七条第一款的规定,经营无船承运业务,应当向国务院交通主管部门办理提单登记,并交纳保证金;第二十六条规定,未办理提单登记并交纳保证金的,不得从事无船承运业务,也不能以自己名义签发提单。但是实践中货运代理企业未经登记签发提单的情况非常普遍,如果一律因其不具备经营资格而否认其签发的提单效力,必然对贸易环节和海上运输产生重大的消极影响。2007 年 11 月最高人民法院民四庭以民四他字第 19 号复函对天津市高级人民法院就此问题的请示作出明确答复,货运代理企业未取得无船承运经营资格签发提单的行为属于违反行政法规的违法行为,应受到相应的行政处罚,但不影响其签发的提单的效力。因此,货运代理企业以自己名义签发提单的效力问题已得以解决。目前实践中亟待解决的问题是,货运代理企业在履行海上货运代理合同过程中签发了提单,此时应当如何认定货运代理企业的法律地位。《规定》第四条针对实践中最为常见的两种纠纷类型作出了明文规定。

第一种情况是,货运代理企业虽然接受委托人的委托并以代理人的名义从事相关业务,但该货运代理企业最终却以承运人的身份签发运输单证,这等于货运代理企业与委托人之间缔结了以海上货物运输单证为证明的运输合同。在纠纷发生时,委托人主张货运代理企业承担承运人责任的,货运代理企业应当按照海商法第四章的规定承担承运人的法律责任。第二种情况是,货运代理企业虽然未承运人的身份签发运输单证,而是以承运人代理人的名义签发运输单证,但其不能证明取得相关承运人的授权,即不能证明其代签行为的合法性,实际上是以货运代理人之名行承运人之实,意在逃避其承运人责任。依照民法通则关于代理的规定,代理人以被代理人名义从事代理行为需以获得被代理人的授权为前提,没有代理权、超越代理权或者代理权终止后的行为,只有经过被代理人追认,被代理人才承担民事责任。未经追认的行为,由行为人承担民事责任。至于行为人承担的是合同责任还是无效合同的责任,民法通则并未明确规定。为保障国际贸易的正常运行,维护提单的法律地位,货运代理企业签发的提单不应认定无效。委托人依据海上运输合同关系请求货运代理企业承担责任的,货运代理企业应当承担承运人责任。①

第六条 一方当事人根据双方的交易习惯,有理由相信行为人有权代表对方当事人订立海上货运代理合同,该方当事人依据民法典第一百七十二条的规定主张合同成立的,人民法院应予支持。

第十五条 本规定不适用于与沿海、内河货物运输有关的货运代理纠纷案件。

【重点解读】

《规定》所规范的海上货运代理纠纷是指与国际海上货物运输有关的货运代理纠纷,即货运代理企业接受进出口货物的发货人或收货人的委托,处理与国际海上货物运输有关的货运代理事务过程中发生的纠纷,并不包括与沿海、内河货物运输有关的货运代理纠纷。排除对沿海、内河货运代理纠纷适用的原因在于国内水路货运代理与国际海上货运代理具有明显不同的特点。交通运输部 2009 年修正的《中华人民共和国水路运输服务业管理规定》(以下简称《水路运输服务规定》)对为国内水路运输提供水路运输服务及相关业务活动的水路运输服务业作出了规定,包括船舶代理和客货代理两部分内容。依照《水路运输服务规定》第二十三条的规定,水路运输服务企业不得以本人名义为他人托运、承运货物,收取运费的差价。据此,从事国内货运代理的服务企业只能以代理人身份提供有关服务,不可能出现国际货运代理业务中的隐名代理问题,同时国内货运代理企业也不可能作为无船承运人成为运输合同的当事人。鉴于《规定》系针对国际海上货运代理纠纷作出的特别规定,对于国内水路货运代理并无适用余地,故《规定》第十五条明确排除对国内货运代理纠纷案件的适用。②

【公报案例】

货运代理合同中委托方向受托方出具空白委托书,因委托事项实施发生争议的,责任应如何承担?[中国外运上海公司与深圳江南经济开发总公司货运代理合同纠纷案(1995-2)]

货运委托书的填写是委托方的责任而非受委托方的义务。江南公司向上海外运提交了盖有本公司公章的空白货运委托书,因而应承担本案委托不明的过错责任;上海外运当着海湾公司周石渠经理的面,将提单交给买方香

---

① 王彦君、傅晓强:《〈关于审理海上货运代理纠纷案件若干问题的规定〉的理解与适用》,载《人民司法》2012 年第 11 期。

② 王彦君、傅晓强:《〈关于审理海上货运代理纠纷案件若干问题的规定〉的理解与适用》,载《人民司法》2012 年第 11 期。

港东如行有限公司收货人谭启伦,买卖双方对此行为均未表示异议,因而上海外运这一交单行为并无不当。货运代理合同中,由委托方向受托方出具载明委托事项的委托书,受托方应当依照委托书的内容履行合同。受托方违反委托事项或者超出委托事项的代理行为,给委托方带来损失的,应当承担赔偿责任。但是由于委托事项的填写是委托方的义务而非受托方的义务,委托方向受托人出具空白委托书的,即为委托不明,可视为委托人对受托人代理实施发生的委托事项同意负完全责任。由此可见,委托方向受托方出具空白委托书的,因委托事项实施发生的争议,应当由委托方承担。

【典型案例】

(1)如何判断货代企业的法律地位以及当事人之间的真实法律关系? [上海奥南国际物流有限公司宁波分公司与绍兴舒豪纺织科技有限公司海上、通海水域货运代理合同纠纷案,(2020)最高法民申 6023 号]

由于奥南宁波分公司与舒豪公司之间没有签订书面代理合同,故对舒豪公司与奥南宁波分公司之间是否成立货运代理合同关系的问题,应从是否存在舒豪公司委托奥南宁波分公司实际从事货运代理业务的事实进行认定。从双方往来情况看,奥南宁波分公司微信联系货物出口运输事宜时,向舒豪公司提出了报价单。在舒豪公司认为报价高而将拖车报关单独委托他人办理的情况下,舒豪公司以 2500 元价格委托奥南宁波分公司办理其他事宜,继续履行货物外运事宜。奥南宁波分公司向舒豪公司发送订舱确认书、送货码头信息等指示,舒豪公司按照指示另行安排他人提箱、装箱乃至送至码头堆场,并最终按照奥南宁波分公司完成的订舱将货物交付承运人。事后,奥南宁波分公司就此订舱、出具箱单、堆存等向舒豪公司开具了发票,要求奥南宁波分公司支付相应代理费用。

(2)货代企业未办理提单登记即开展无船承运人业务以承运人名义签发提单的情况下,如何认定合同关系? [宁波柯泰医疗器械有限公司与上海展宸国际货物运输代理有限公司海上、通海水域货物运输合同纠纷案,(2020)最高法民再 214 号]

根据相关行政法规和部门规章的规定,货运代理企业依法可以无船承运人和货代代理人两种身份进行经营活动。实践中,货运代理企业亦存在未办理提单登记即开展无船承运业务以承运人名义签发提单的情况。因国际海运条例及其实施细则的上述规则系针对无船承运业务的行政管理性规定,而非旨在规制提单效力的效力性强制性规定,2007 年 11 月 28 日最高人民法院作出的《关于未取得无船承运业务经营资格的经营者与托运人订立的海上货物运输合同或签发的提单是否有效的请示的复函》(〔2007〕民四他字第19号)即认定,货运代理企业在该情形下签发的提单应认定为有效。与此同理,展宸公司在未取得无船承运人资质的情况下以承运人名义签发的案涉提单亦当认定为有效。根据海商法第七十一条有关"提单,是指用以证明海上货物运输合同……的单证"的规定,法院认定柯泰公司与展宸公司存在海上货物运输合同关系。

(3) 实践中如何判断货代公司的法律地位? [湖南新时代国际货运有限公司广州分公司与广州民生国际货物运输代理有限公司等货运代理合同纠纷案,(2006)粤高法民四终字第267号]

判断货代公司的法律地位,一般有以下四条判断标准:(1)货运代理委托合同中对货代公司法律地位的约定。若货代公司在约定中自愿承担承运人的责任,其为承运人。(2)货代收入的取得方式。货代公司若向货主收取代理费或佣金,其为货运代理人;若赚取运费差价,则为承运人。(3)提单的签发方式。货代公司若以签单代理人的身份签发提单,且签单行为是有合法授权的,其为货运代理人;若以自己的名义签发承运人性质的提单,则为承运人;若虽以签单代理人的身份签发提单,但不能证明签单行为有合法授权,或被代理人的"承运人"是实际存在的,则视为承运人。(4)以往业务操作的习惯做法。当货代公司与货主之间存在长期合作关系,并已形成合作定式,则以所确定的身份作为正确判断货代公司法律地位的重要参考依据。

(4) 海上货运代理合同关系的成立是否以订立书面合同为必要条件? [宁波联合集团进出口股份有限公司与雅致国际货运代理(上海)有限公司等海上货运代理合同违约赔偿纠纷案,(2009)甬海法商初字第227号]

在海上货运代理合同纠纷中,当事人双方虽没有签订书面运输合同,但仍可根据经过公证的电子邮件、提单、报关单、装箱单、商业发票、银行退单通知等形成的相互印证的证据链条及涉案货物的实际履行状态来认定海上货运代理合同关系是否成立。本案中,原告与被告雅致公司虽无书面合同,但创富公司代原告向雅致公司联系涉案货物的出运事宜的事实清楚,涉案货物亦已运抵目的港。虽涉案集装箱已清空流转,但涉案货物并非被承运人无正本提单放货,相反系被目的港有效法律令状所扣押。因此,原告未证明由于承运人的过错导致原告的损失,更未证明由于被告雅致公司的过错或违约行为导致原告不能或难以向承运人行使偿权,故原告要求被告雅致公司承担赔偿责任无事实依据。

(5)货运代理合同没有约定履行顺序的如何履行?［广州浩航国际货运代理有限公司深圳分公司与汕头市辉航货运有限公司货运代理合同纠纷案,(2006)广海法初字第 209 号］

货运代理合同为双务合同,受托方负有代理订舱、转交运输单证等义务,委托方负有支付费用的义务。本案所涉托运单和提单均记载运费支付方式为运费预付。运费预付意味着在货物出运时委托方即负有支付运费的义务。本案中双方并无关于交付提单和支付运费的先后顺序,应认定为双方同时履行。受托人实际已经取得提单,其在委托人不支付运费时拒绝交付提单,并无不当。

【适用要点】

货运代理企业可以以无船承运人和货运代理人两种身份从事经营活动。实践中,货运代理企业处理两种业务的操作流程大致相同,海上货运代理合同关系往往与海上货物运输合同关系发生混淆。如何准确判断货运代理企业与委托人之间的法律关系,是法院审理此类纠纷经常遇到的难题。在审理过程中,人民法院应根据书面合同约定的权利义务的性质,并综合考虑货运代理企业取得报酬的名义和方式、开具发票的种类和收费项目、当事人之间的交易习惯以及合同实际履行的其他情况,认定海上货运代理合同关系是否成立。一般而言,如果签发了无船承运人提单、多式联运提单的,其身份分为无船承运人、多式联运经营人,其与货主之间的合同为运输合同,而非货运代理人。

4. 委托费用及报酬的支付

【相关立法】

《中华人民共和国民法典》(20210101)

第九百二十一条 委托人应当预付处理委托事务的费用。受托人为处理委托事务垫付的必要费用,委托人应当偿还该费用并支付利息。

第九百二十八条 受托人完成委托事务的,委托人应当按照约定向其支付报酬。

因不可归责于受托人的事由,委托合同解除或者委托事务不能完成的,委托人应当向受托人支付相应的报酬。当事人另有约定的,按照其约定。

【司法解释】

《最高人民法院关于审理海上货运代理纠纷案件若干问题的规定》（法释〔2012〕3 号，20120501；经法释〔2020〕18 号修正，20210101）

第九条　货运代理企业按照概括委托权限完成海上货运代理事务，请求委托人支付相关合理费用的，人民法院应予支持。

【重点解读】

《规定》第九条采用"合理费用"的表述，意在表明货运代理企业可以请求委托人返还垫付的必要费用以及支付合理的报酬，同时也强调费用支出必须以完成货物进出口事务所发生的合理费用为限。对于非正常费用和额外费用，货运代理企业代为垫付之前，应当征得委托人的同意，否则委托人有权予以拒绝。在委托人对费用提出异议时，货运代理企业对于费用支出的合理性负有举证责任。实践中还可能出现的问题是在委托人—货运代理人甲—货运代理人乙—第三人的多层转委托中，各层货运代理人的利润是否属于合理费用？如果对此收费方式予以支持，显然会侵害委托人的利益，增加委托人的费用负担，亦不符合合同法关于受托人亲自处理委托事务的原则。对此可以采取以下处理方式：在关于费用及报酬无其他约定的前提下，若转委托经同意，可以允许货运代理人甲在支付给货运代理人乙费用之外请求一定数额的报酬；若转委托未经同意，则委托人仅支付货运代理人甲支付给货运代理人乙的费用，货运代理人甲不得请求额外费用。此种处理方案有助于遏止转委托，否则层层转托，层层差额，既不利于保护货主的利益，也助长了转委托的发生。当然，如果货运代理人甲与货运代理人乙之间相互串通，向货运代理人乙支付的费用过高，则委托人可以主张该费用不合理，并提出证据证明有关费用应当按照处理某一具体事务的市场标准来确定。①

【公报案例】

委托人应否向货运代理人偿还合理的垫付的海运费？［中国外运上海公司与深圳江南经济开发总公司货运代理合同纠纷案（1995–2）］

买卖合同与货运代理合同是两个法律关系。买卖合同的 FOB 价格条款仅约束买卖双方，并不影响货运代理人依据货运代理合同向委托人收取在代理行为中实际发生的费用，包括为委托人的利益所垫付的费用。委托人有义

---

① 王彦君、傅晓强：《〈关于审理海上货运代理纠纷案件若干问题的规定〉的理解与适用》，载《人民司法》2012 年第 11 期。

务在货运委托书上注明运费支付方式,如果委托人未予明确,导致提单上未载明运费支付方式,船公司按照惯例视为"运费预付"并向代理订舱的货运代理人收取海运费的,委托人应向货运代理人偿还垫付的海运费。

【典型案例】

(1)货运代理人垫付目的港发生的集装箱超期使用费,是否属于为完成委托事项而支付的合理、必要费用?[伟航集运(深圳)有限公司与深圳市中亿货运代理有限公司海上货运代理合同纠纷案,(2017)最高法民再104号]

根据伟航公司与中亿公司就涉案货物在目的港无人提取及补充托运人信息进行沟通的往来邮件、地中海公司网站的集装箱动态查询结果,在中亿公司未提供相反证据的情况下,可以认定涉案载货集装箱因无人提取仍滞留在目的港。地中海公司作为提供涉案集装箱的承运人,因集装箱被超期占有,遭受损失,享有索赔权利。地中海公司可向订舱的伟航公司主张索赔,也可以依据法律规定通过留置和拍卖涉案货物实现债权,上述选择属于地中海公司的权利而非义务,伟航公司向地中海公司赔付涉案货物在目的港产生的费用并无不当。伟航公司已向承运人垫付了因目的港无人提货所造成的集装箱超期使用费损失,根据合同法第三百九十八条①关于"受托人为处理委托事项垫付的必要费用,委托人应当偿还该费用及其利息"的规定,伟航公司为处理中亿公司委托事项所垫付的集装箱超期使用费,中亿公司作为委托人应当偿还。但集装箱超期使用费的合理金额应根据集装箱被占用期间给集装箱提供者造成的损失进行判断。集装箱提供者在集装箱被长期占用的情况下,可以通过重置新箱的方式避免损失扩大,集装箱超期使用所造成的实际损失累计上限不应超过市场上同期同等规格的新集装箱重置价格。结合航运实践,酌情认定承运人地中海公司因涉案集装箱被长期占用所遭受的损失为每个40英尺集装箱30000元,2个集装箱的超期使用费损失共计60000元,对伟航公司超过此数额的请求部分不予支持。

(2)货运代理人为委托人利益垫付的集装箱修箱费用,委托人应否偿还?[徐永飞与辽宁金通国际货运代理有限公司等海上、通海水域货运代理合同纠纷案,(2014)辽民三终字第85号]

金通代理公司与徐永飞签订的代理合同系双方真实意思的表示,合同成立、有效。金通代理公司在按照合同约定办理相关石材货物的进口报关、提

---

① 民法典施行后,合同法被废止,相关内容见民法典第九百二十一条。

货及陆上运输事宜中,为完成委托事务垫付了修箱费。合同仅约定原告金通代理公司配合第一被告处理修箱费事宜,并未约定金通代理公司不能垫付修箱费,金通代理公司为尽快提取并运输货物而垫付修箱费是为保护徐永飞的利益采取的行动,为徐永飞避免了延期提货可能导致的损失,故修箱费是金通代理公司为完成委托事务垫付的必要费用。

(3)当事人可否基于其投资项目无法履行,而免除其在海上货运代理合同下对受托人应承担的合同义务? [上海捷喜国际货物运输代理有限公司与重庆市公路工程(集团)股份有限公司海上货运代理合同纠纷案,(2016)沪民终4号]

2014年11月12日,捷喜货代公司与重庆公路公司签订运输协议,约定由捷喜货代公司代重庆公路公司办理161台车辆设备的出运事宜,装货港为中国上海港,卸货港为也门荷台达港(HODEIDAH)。货物运抵目的港顺利交货后,重庆公路公司未能按约向捷喜货代公司支付运输协议下的应付费用。2015年2月4日,重庆公路公司向捷喜货代公司出具付款承诺书,称由于也门局势不稳定和沙特国王突然离世,其无法在约定时间内从沙特项目基金收到工程预付款,故而拖欠捷喜货代公司费用,并承诺将于2015年3月2日前付清所有拖欠费用,但此后并未支付。庭审中,重庆公路公司以目的港所在国也门发生战乱为由,主张援引不可抗力免责。经查,涉案货物原本将用于重庆公路公司在也门承接的阿姆兰—亚丁高速公路项目建设,该项目团队人员在2015年3月的也门撤侨事件中已撤回国内,项目因此搁置。法院审理认为,目的港所在国发生战乱,影响的是公路建设项目,重庆公路公司的偿付能力因此受到波及,但其不能因为无法收到公路建设项目下的合同款项而免除向捷喜货代公司承担的付款义务。故判决重庆公路公司支付所拖欠的费用。

本案海上货物运输合同目的地也门是"一带一路"沿线国家之一,所运送的货物系用于国内企业通过海外竞标承接的重大基础设施建设项目。纠纷的产生与也门局势突变存在关联,因此准确划分合同当事人在类似事件下的责任界限和风险负担,对依法保障企业海外投资利益,鼓励和促进企业参与"一带一路"建设具有现实意义。本案判决明确了海上货运代理合同的委托人不能因其投资项目无法履行,而免除其在海上货运代理合同下对受托人应承担的合同义务,避免海外投资建设领域的意外风险向为之提供物流保障服务的航运产业链不当转嫁。该原则也同样适用于海上货物运输合同以及为海外投资项目提供诸如物资、融资等的其他相关合同的履行场合。

【适用要点】

货运代理人在履行货代事务过程中垫付相关费用后向委托人要求偿付的案件,是海上货运代理合同纠纷的主要类型之一。该类案件的审理思路为:双方对费用结算如有约定,则从约定;如无约定,应坚持从严审查费用的原则。垫付的费用必须以完成货物进出口事务所发生的合理费用为限,对于非正常费用和额外费用,货运代理人代为垫付之前,应当征得委托人的同意。此外,认定费用的具体数额时,还应综合考虑费用是否已实际发生、是否已实际支付给有权收取费用的主体等方面的事实。

5. 货运代理人的义务及赔偿责任

【相关立法】

(1)《中华人民共和国海商法》(19930701)

第七十条 托运人对承运人、实际承运人所遭受的损失或者船舶所遭受的损坏,不负赔偿责任;但是,此种损失或者损坏是由于托运人或者托运人的受雇人、代理人的过失造成的除外。

托运人的受雇人、代理人对承运人、实际承运人所遭受的损失或者船舶所遭受的损坏,不负赔偿责任;但是,这种损失或者损坏是由于托运人的受雇人、代理人的过失造成的除外。

(2)《中华人民共和国民法典》(20210101)

第九百二十二条 受托人应当按照委托人的指示处理委托事务。需要变更委托人指示的,应当经委托人同意;因情况紧急,难以和委托人取得联系的,受托人应当妥善处理委托事务,但是事后应当将该情况及时报告委托人。

第九百二十四条 受托人应当按照委托人的要求,报告委托事务的处理情况。委托合同终止时,受托人应当报告委托事务的结果。

第九百二十七条 受托人处理委托事务取得的财产,应当转交给委托人。

第九百二十九条 有偿的委托合同,因受托人的过错造成委托人损失的,委托人可以请求赔偿损失。无偿的委托合同,因受托人的故意或者重大过失造成委托人损失的,委托人可以请求赔偿损失。

受托人超越权限造成委托人损失的,应当赔偿损失。

第九百三十二条 两个以上的受托人共同处理委托事务的,对委托人承担连带责任。

【司法解释】

《最高人民法院关于审理海上货运代理纠纷案件若干问题的规定》(法释〔2012〕3 号,20120501;经法释〔2020〕18 号修正,20210101)

第十条 委托人以货运代理企业处理海上货运代理事务给委托人造成损失为由,主张由货运代理企业承担相应赔偿责任的,人民法院应予支持,但货运代理企业证明其没有过错的除外。

【重点解读】

合同法第一百零七条规定,当事人一方不履行合同义务或者履行合同义务不符合约定,该方当事人即应承担违约责任。这是合同法关于违约责任适用无过错责任原则的一般性规定。同时,针对几类特定的合同,如赠与合同、保管合同、仓储合同、委托合同以及客运合同中承运人对旅客自带物品的毁损责任,合同法规定违约方应承担过错责任。在委托合同一章中,合同法第四百零六条规定,有偿的委托合同,因受托人的过错给委托人造成损失的,委托人可以要求赔偿损失。无偿的委托合同,因受托人的故意或者重大过失给委托人造成损失的,委托人可以要求赔偿损失。依照该规定,受托人的违约责任应适用过错责任原则,并应区分有偿合同和无偿合同两种情形,认定受托人的过错程度。此条虽然确立了过错原则,但关于过错的举证责任却不明确。究竟是按照过错责任原则由委托人对受托人的过错承担举证责任,还是依据过错推定原则,根据委托人遭受损害的事实推定受托人具有过错,实行举证责任倒置,转由受托人证明损害不是由其过错所致,进而免除违约责任?考虑到货运代理行业的实际情况,从保护委托人利益出发,《规定》采纳了过错推定原则。委托人举证证明货运代理企业因处理委托事务造成其财产损失的,即推定货运代理企业对损失的发生具有过错,货运代理企业要免除责任应当证明已履行谨慎处理委托事务的义务,对损害的发生没有过错。作出这一规定的主要理由在于,过错推定原则是将加害事实和无过错事实的证明责任分配给最知情而又最能主动详尽地提供情况的当事人,符合民事案件的特点和规律,有助于迅速全面地获取证据,查清事实,明确责任。货运代理企业从事的是向委托人提供服务并收取相应报酬的经营活动。在货运代理合同履行过程中,委托人将相关事务交由货运代理企业处理,其对损失发生的原因难以知晓,而货运代理企业对各个环节最为清楚,并直接掌握合同履行过程中产生的有关证据。因此,对货运代理合同关系适用过错推定原则符合公平原则,有利于保护委托人,强化货运代理企业作为专业代理人的服务意识和法律意识。①

第十一条 货运代理企业未尽谨慎义务,与未在我国交通主管部门办理提单登记的无船承运业务经营者订立海上货物运输合同,造成委托人损失的,应承担相应的赔偿责任。

【重点解读】

国际海运条例第七条第一款规定,经营无船承运业务,应当向国务院交通主管部门办理提单登记,并交纳保证金。依照此规定,在我国从事无船承运业务以提单登记备案为条件,未经登记备案的无船承运人不得在我国经营无船承运业务。但是在实践中大量无船承运人未进行提单登记即开展无船承运业务,且在货运代理实务中,货运代理企业接受订舱委托后,选择未进行提单登记的无船承运人订立海上货物运输合同的情况时有发生。在发生无单放货等纠纷时,委托人往往由于该无船承运人清偿能力不足而不能得到赔偿或足额赔偿。在此情况下,货运代理企业因不当选任承运人应如何承担责任? 对此,司法实践中存在不同的认识。一种观点认为,货运代理企业作为专业的运输业务辅助者,起到联系贸易和航运之间的桥梁作用,且常常兼营无船承运业务,应当明知国际海运条例关于无船承运业务经营资格的相关规定,因此,货运代理企业在接受委托进行订舱时,负有选任适格承运人的义务。货运代理企业未选任适格承运人的,违反了其对委托人所负有的义务,且对此具有过错,依法应承担违约责任。而无船承运人明知其不具有经营资质依然接受订舱,当然具有过错。在此情况下构成双方共同过错,货运代理企业及无船承运人应当对委托人的损失承担连带赔偿责任。另一种观点认为,委托人和无船承运人之间的运输合同仍属有效,且提单项下的货损或无单放货与提单是否登记之间并无因果关系,即货损或无单放货与货运代理企业的不当选任之间并无因果关系,故货运代理企业无须承担违约责任。

我们认为,货运代理企业作为受托人负有谨慎处理委托事务的义务,作为专业代理人应保证其选择的无船承运人具有无船承运经营资格。货运代理企业未能选任具有经营资格的无船承运人,即可以认定其有过错,对委托人遭受的损失应承担违约赔偿责任。就诉讼而言,委托人就其损失既可以依照海上运输合同关系对无船承运人提起违约或侵权诉讼,也可以依据海上货运代理合同直接起诉货运代理企业。此时货运代理企业与无船承运人并非承担连带责任,而是构成不真正连带债务,应分别对委托人遭受的损失负责。

---

① 王彦君、傅晓强:《〈关于审理海上货运代理纠纷案件若干问题的规定〉的理解与适用》,载《人民司法》2012年第11期。

当然,如果委托人能够证明货运代理企业与无船承运人恶意串通侵害其合法权益,依照民法通则第六十六条的规定,货运代理企业和无船承运人应承担连带责任。

关于货运代理企业的赔偿范围,《规定》没有特别的限定,人民法院可以根据案件的具体情况酌定相应的赔偿范围。《规定》意在通过这一条款的实施,促使货运代理企业规范其经营行为,净化当前较为混乱的货运代理市场。相信《规定》实施之后,货运代理企业应会趋利避害,谨慎选择具有经营资格的无船承运人,避免因选任不当而承担的风险和责任。①

第十二条　货运代理企业接受未在我国交通主管部门办理提单登记的无船承运业务经营者的委托签发提单,当事人主张由货运代理企业和无船承运业务经营者对提单项下的损失承担连带责任的,人民法院应予支持。

货运代理企业承担赔偿责任后,有权向无船承运业务经营者追偿。

【重点解读】

在航运实务中,货运代理企业接受不具有经营资格的无船承运人的委托代为签发提单的现象时有发生,这种情况下,货运代理企业的法律地位系承运人的代理人。在司法实践中,运输的货物通常是在国外(或境外)被无单放货,国内的卖方无法正常收取货款,而国外(或境外)的无船承运人往往是注册资本极低、事发后人去楼空的公司,国内卖方无法从无船承运人处得到赔偿,遂以货运代理企业为被告提起诉讼。在此情况下,对于货运代理企业如何承担责任存在不同的观点。一种观点认为,依据民法通则第六十七条的规定,代理人知道被委托代理的事项违法仍然进行代理活动的,或者被代理人知道代理人的代理行为违法不表示反对的,由被代理人和代理人负连带责任。国际海运条例系行政法规,故货运代理企业违反行政法规代签提单即构成违法代理,应适用民法通则第六十七条的规定,与无船承运人承担连带责任。另一种观点认为,民法通则第六十七条规定的违法代理,指的应当是违反法律、行政法规的强制性规定,故上述情况并不构成违法代理。并且,货运代理企业签发提单的行为与提单项下的货损或无单放货没有因果关系。因此,货运代理企业不应承担责任。此类行为实质上是违反行政管理法规的行为,应由行政机关进行行政处罚,法院可以就此提出司法建议。《规定》第十二条采纳了违法代理观点,确认货运代理企业应与无船承运人对提单项下的损失承担连带责任。除以民法通则违法代理为依据外,还出于司法政策的考

---

① 王彦君、傅晓强:《〈关于审理海上货运代理纠纷案件若干问题的规定〉的理解与适用》,载《人民司法》2012年第11期。

虑,目前无船承运人经营不规范,未依照行政法规进行备案取得相应的资质即开展经营活动,而货运代理企业作为专业代理人明知无船承运人不具有资质依然为其代理,对市场的不规范经营起到了推波助澜的作用。从规范行业秩序、保护运输合同相对方的角度考虑,应加大对货运代理企业违规操作的惩治力度,强化和配合行政机关对市场的管理和规范。

需要注意的是,《规定》所涉及的违法代理系指货运代理企业接受不具有经营资格的无船承运人的委托代理签发提单,既然作为委托人的无船承运人不具有相应资质,货运代理企业作为代理人从事的行为当然是违法的,双方应当承担连带责任。但《规定》的此项条文并没有涉及如下问题:无船承运人进行了提单登记,取得经营无船业务的资格,但在某一具体业务中其委托货运代理企业签发的提单并非其登记的提单,而是未经登记备案的其他格式的提单,此时货运代理企业是否也构成违法代理而承担责任?关于这一问题,《规定》并未明确,留待实践中做进一步研究。①

【司法指导文件】

《最高人民法院关于依法妥善审理涉新冠肺炎疫情民事案件若干问题的指导意见(三)》(法发〔2020〕20 号,20200608)

15. 货运代理企业以托运人名义向承运人订舱后,承运人因疫情或者疫情防控措施取消航次或者变更航期,托运人主张由货运代理企业赔偿损失的,人民法院不予支持。但货运代理企业未尽到勤勉和谨慎义务,未及时就航次取消、航期变更通知托运人,或者在配合托运人处理相关后续事宜中存在过错,托运人请求货运代理企业承担相应责任的,人民法院依法予以支持。

【公报案例】

货运代理人依据货运代理合同承担责任的归责原则?[骏荣内衣有限公司诉宏鹰国际货运(深圳)有限公司等海上货运代理合同纠纷案(2019-7)]

货运代理人的权利义务依货运代理合同的约定确定,其承担违约责任应适用过错推定责任原则,货运代理人证明其履行代理事项无过错的,无须对委托人的损失承担责任。

本案应审查的是宏鹰深圳公司是否已经完整、妥善履行其受托事项,是否对涉案货物的交付具有过错。从宏鹰深圳公司与骏荣公司的货运代理合

---

① 王彦君、傅晓强:《〈关于审理海上货运代理纠纷案件若干问题的规定〉的理解与适用》,载《人民司法》2012 年第 11 期。

同关系看,宏鹰深圳公司向骏荣公司收取的费用为起运港码头费用,本案货物已经正常出运,就上述费用所涉事项,宏鹰深圳公司已经依约完成。骏荣公司在收到孔雀公司财务危机的信息之后,确实向宏鹰深圳公司发出请求,请求其控制货物,但如前所述,就海上货物运输事项而言,宏鹰深圳公司的身份为宏鹰英国公司的代理,其并无义务接受骏荣公司的指令向美总公司请求扣留货物。并且,本案查明的事实显示,宏鹰深圳公司已协助骏荣公司将扣货指令发送给宏鹰英国公司和宏鹰香港公司,其在处理委托事项上并无过错。根据《最高人民法院关于审理海上货运代理纠纷案件若干问题的规定》第十条的相关规定,宏鹰深圳公司无须对骏荣公司的损失承担赔偿责任。

【典型案例】

(1)在无单放货发生后,货运代理人有意模糊货运代理人与承运人的身份区别,且误导货物处理情况,导致卖方未能在诉讼时效期间内向承运人索赔而丧失胜诉权,如何承担赔偿责任?〔泛亚班拿国际运输代理(中国)有限公司厦门分公司与福建华禧进出口有限责任公司海上、通海水域货运代理合同纠纷案,(2019)最高法民申6348号〕

委托合同是建立在双方当事人彼此信任的基础之上。委托人之所以选择特定的受托人处理其事务,是基于对受托人的能力、资格、品行等方面的信任。受托人按照约定处理委托事务是受托人的主要合同义务。同时,受托人在处理委托事务过程中,还应当依照诚信履行原则,尽到通知、协助等附随义务。

本案中,华禧公司向承运人交付了案涉货物,后在持有正本提单的情况下货物被买方提走,华禧公司未收到货款,损失客观存在。华禧公司可以向承运人主张赔偿责任,也可以向德国买方主张支付货款,但因自身对承运人和货运代理身份识别能力限制和泛亚班拿厦门公司的误导导致超过一年诉讼时效,丧失对承运人的胜诉权,客观上少了一条追回损失的重要途径。华禧公司作为从事进出口贸易的专业性公司,应具备基本的国际贸易、国际货物运输、海运提单等知识,能够区分货运代理人和承运人的身份,对于向承运人索赔的一年诉讼时效也应有基本的了解。华禧公司错失对承运人主张权利的诉讼时效,主要过错在其自身。本案无单放货发生后,泛亚班拿厦门公司虽声称协助华禧公司与外方沟通,但其有意模糊货运代理人与承运人的身份区别,且误导货物处理情况等,导致华禧公司未能在诉讼时效期间内向承运人索赔而丧失胜诉权,存在明显过错,违反了诚实信用原则和后合同义务,酌定其对华禧公司损失承担20%的过错责任。

（2）货运代理人的报告义务为法定义务，是否以委托人请求为前提？ [浙江盛发纺织印染有限公司与宁波元亨物流有限公司等海上货运代理合同纠纷案，(2015)民申字第 2851 号]

关于元亨公司履行货运代理合同是否存在过错的问题。本案是实际托运人与货运代理企业之间，因提单交付引发的纠纷，应适用《最高人民法院关于审理海上货运代理纠纷案件若干问题的规定》以及合同法①有关委托合同的规定。《最高人民法院关于审理海上货运代理纠纷案件若干问题的规定》第八条规定实际托运人有权请求货运代理企业向其交付提单，但不能由此得出实际托运人未主动请求，货运代理企业就无须交付或可以将提单交给他人的结论。合同法第四百零一条规定了受托人的报告义务，第四百零四条规定了受托人交付财产义务。因此，受托人办理受托事项取得了成果，应主动报告委托人并将该成果交付给委托人，该义务并不以委托人请求为前提。在涉案当事人业务员之间的 QQ 记录中，从 2013 年 1 月开始，就出现了盛发公司向元亨公司询问提单，或指示其向买方交付提单的内容，元亨公司关于盛发公司乃至整个宁波地区的 FOB 卖方都存在不通过提单控制货权，自愿接受买方不付款商业风险的主张，证据不足。元亨公司在取得承运人签发的提单后，没有及时向实际托运人报告，擅自转交 RAMCOS. BFABRICCO. LTD，故法院认定其履行与盛发公司之间的货运代理合同存在过错，并无不当。

（3）货运代理企业在履行货运代理合同过程中通知义务的责任范围如何？ [江苏共筑石化工程有限公司与锦程国际物流在线服务有限公司海上货运代理合同纠纷案，(2017)辽民终 171 号]

货运代理企业在履行货运代理合同过程中，对货物不能清关的通知义务，与作为出口方和进口方的委托方附有的了解出口目的国的清关手续并办理贸易环节所需文件的义务，不存在先通知后注意的依附关系。货运代理企业完成举证责任，能够证明其已经完成货运代理合同约定的所有义务，并对委托方主张的损失不存在过错，不对委托方诉请的损失承担赔偿责任。

（4）货运代理人有违谨慎义务导致损失发生应如何承担赔偿责任？ [宁波高新区安立特电气科技有限公司与宁波中升国际货运代理有限公司海上货运代理合同纠纷案，(2014)甬海法商初字第 5 号]

委托人存在认识错误，未向货运代理人作出正确指示，货运代理人未尽

---

① 民法典施行后，合同法被废止，相关内容见民法典规定。

谨慎义务,没有及时发现目的地国家与港口的矛盾,故马尼拉最终被定为目的港系由双方共同促成。双方在目的港错误的事实上存在同等的过错,对此应各负50%的责任,双方应按该责任比例赔偿委托人的货物价值及仓储费用。

(5)货运代理人代理无船承运人签发未经我国交通主管部门登记备案的提单的,是否应承担连带赔偿责任?[厦门金华南进出口有限公司与厦门闽建航货运代理有限公司、百利宏物流有限公司海上货物运输合同纠纷案,(2012)厦海法商初字第10号]

货运代理人代理签发了未在我国交通主管部门办理登记的无船承运人提单,货运代理人应与无船承运人承担连带赔偿责任。事实上,货运代理人与托运人之间没有运输合同关系,故其不可能对托运人承担运输责任。换言之,即使货运代理人与托运人之间可能成立货运代理合同关系,但货运代理合同并不能成为认定双方承担连带责任的依据。

【适用要点】

《最高人民法院关于审理海上货运代理纠纷案件若干问题的规定》在参照原合同法有偿委托合同规定的基础上,进一步明确了在海上货运代理合同法律关系中适用过错推定责任原则,即货运代理人应就其处理委托事务中没有过错承担举证责任。如果货运代理人不能证明其没有过错,则应推定其负赔偿责任。具体到选任无船承运人方面,货运代理人如未选择符合国际海运条例规定的适格国际海上运输的经营者,即可被认定为未尽到合理谨慎义务,存在过错。

6. 转委托行为的效力

【相关立法】

《中华人民共和国民法典》(20210101)

第九百二十三条 受托人应当亲自处理委托事务。经委托人同意,受托人可以转委托。转委托经同意或者追认的,委托人可以就委托事务直接指示转委托的第三人,受托人仅就第三人的选任及其对第三人的指示承担责任。转委托未经同意或者追认的,受托人应当对转委托的第三人的行为承担责任;但是,在紧急情况下受托人为了维护委托人的利益需要转委托第三人的除外。

【司法解释】

《最高人民法院关于审理海上货运代理纠纷案件若干问题的规定》(法释〔2012〕3号,20120501;经法释〔2020〕18号修正,20210101)

第五条 委托人与货运代理企业约定了转委托权限,当事人就权限范围内的海上货运代理事务主张委托人同意转委托的,人民法院应予支持。

没有约定转委托权限,货运代理企业或第三人以委托人知道货运代理企业将海上货运代理事务转委托或部分转委托第三人处理而未表示反对为由,主张委托人同意转委托的,人民法院不予支持,但委托人的行为明确表明其接受转委托的除外。

【重点解读】

依照合同法关于委托合同的规定,一般情况下,委托合同的受托人应当亲自处理委托事项,不能擅自将委托事务转交他人处理,否则有违委托合同以信任关系为前提的本质要求。但在特定情况下,法律亦允许受托人将委托事务转委托第三人。但是在海上货运代理市场上,层层转委托的连环代理司空见惯,这是货运代理企业经营的乱象之一,极易引发纠纷。货运代理企业通过转委托赚取了中间利益,但在纠纷发生后却互相推卸责任,委托人难于确定责任人,也给此类案件的审理造成困难。为保护委托人的合法权益,厘清当事人之间的法律关系,《规定》采取的立场是从严认定转委托行为,不轻易认定受托人的转委托行为获得委托人的同意。

合同法第四百条规定,只有经委托人同意,受托人才可以转委托。但如何认定经委托人同意,法律并未作出明确规定。《规定》依据合同法的立法精神,结合司法实践作出了解释。如果双方当事人约定了转委托权限,货运代理企业在约定权内转委托他人办理相关事务,当事人主张转委托经委托人同意的,应予以认定。如果仅仅是委托人知道货运代理企业将相关事务转委托他人而没有表示反对的,则不认定为转委托经同意。例如,委托人明知所委托的货运代理企业没有报关资质,报关事项肯定要委托报关行完成,且知道货运代理企业实际委托报关行的情况,不能据此推定委托人同意转委托,委托人不作为并不构成默认。此项规定有利于遏制货运代理企业在收取委托人的相关费用后以转委托为由逃避责任的不当行为。在发生纠纷时,货运代理企业应当首先对委托人承担合同责任,其后再向对其负有义务的责任人进行追偿。

人民法院确定转委托是否经委托人同意,应以委托人的明示为原则,即委托人以书面或口头方式表示其同意转委托的意思,但在特定条件下,委托人以积极的行为表明其接受转委托的,亦应当认定转委托经同意。例如,委托人与第三人直接进行交单并结算费用,依据委托人的行为,可以确认其认可次受托人的法律地位,表明其同意接受受托人的转委托行为。人民法院以委托人的行为认定委托人同意转委托的应当严格掌握。《规定》在第五条第二款但书部分特别以"明确"一词作为限定语,意在强调不能以委托人的通常行为确定其同意转委托。在货代业务中,委托人通常会按照受托人的指令与第三人之间就货运代理实务进行联系(如接受下家货运代理企业转交的单证,或仅仅向下家货运代理企业支付费用、委托人将货物交给集装箱车队等)。我们认为,不能轻易以这些行为确认委托人同意转委托,除非有其他充分证据予以证明。综上,在确定转委托是否经委托人同意这一问题上,应以限制层层转委托行为、保护委托人利益为原则,这也要求货运代理企业在业务操作过程中,如因特定原因不能处理委托事务而需要转托他人的,必须明确告知委托人,征得委托人的书面同意,以防日后发生纠纷时货运代理企业对转委托的第三人的行为承担责任。①

【典型案例】

(1)转委托中委托人知道而未表示反对的,能否认定为同意转委托?

[临沂裕隆食品有限公司与嘉宏航运(天津)有限公司、嘉宏航运(天津)有限公司青岛分公司海上货运代理合同纠纷案,(2012)鲁民四终字第127号]

法院在审理货运代理合同下委托人主张受托人给其造成损失时,适用过错推定责任原则,由作为受托人的货运代理企业对其没有过错负举证责任。转委托应严格以委托人明示同意为要件,知道而未表示反对的不予认定为明示同意。

本案中,青岛嘉宏提供其与福瑞公司之间的电子邮件证明福瑞公司仅通知原收货人提交保函,并未通知青岛嘉宏需要保函,其不存在过错。对此涉及青岛嘉宏转委托的福瑞公司的行为效力。原告主张青岛嘉宏转委托福瑞公司未经其同意,因福瑞公司行为导致退运失败,青岛嘉宏应当承担责任。青岛嘉宏抗辩原告实际知道其将退运及租船订舱事宜转委托福瑞公司处理并直接与其有业务联系,应当视为认可转委托效力。对此,法院认为,青岛嘉宏的转委托事宜未经原告同意,其应当对转委托的福瑞公司的行为承担责任,福瑞公司在办理委托事务中的过错也应当视同为青岛嘉宏的过错。

---

① 王彦君、傅晓强:《〈关于审理海上货运代理纠纷案件若干问题的规定〉的理解与适用》,载《人民司法》2012年第11期。

(2) 受托人将货运代理事务部分转委托第三人处理时,如何认定委托人、受委托人和第三人之间的法律关系? [上海海胜国际物流有限公司与上海和芳货运代理有限公司货运代理合同纠纷案,(2009)沪高民四(海)终字第74号]

本案中爱之顿公司委托原告代理涉案两个集装箱货物的出口运输事宜,原告接受委托并办理了受托事项,其中原告将部分货代事务转委托被告办理,被告接受委托后办理了提箱、短途运输、集港等货代事务。虽然被告在庭审中辩称接受其他公司委托,但未提供证据予以证明,而委托人爱之顿公司并未明确表示同意转委托,也否认与被告间存在直接的委托运输关系,故委托人爱之顿公司与原告、原告与被告之间成立各自独立的货运代理委托关系。

(3) 未经委托合同原委托人的同意,受托人转委托给第三人的,转委托受托人能否直接向原委托人主张权利而主张报酬? [厦门好来翔国际货运代理有限公司与青岛莱西进出口公司货运代理合同纠纷案,(2006)厦海法商初字第224号]

转委托受托人与原委托人不存在直接的权利义务关系,未经委托合同原委托人的同意,受托人转委托给第三人的,转委托受托人不能直接向原委托人主张权利而主张报酬。

本案中,原告以海上货运代理合同纠纷起诉被告,要求被告支付海运费和港杂费。对此,原告应当举证证明其与被告之间存在货运代理合同关系及被告欠付相应海运费和港杂费的事实。本案中原告不能举证其与被告有货运代理书面合同,也无法举证双方对诉称的海运费、港杂费的支付有过约定。原告持有货物报关单及出口收汇核销单,上面记载的单证权利人虽然是被告,但凭此并不足以认定双方之间存在货运代理合同关系。特别是作为单证权利人的被告已举证证明在原、被告间还有一个第三人,被告货代业务是委托该第三人,第三人再委托原告。原告认为该第三人起居间作用,但原告并未对居间合同进行举证,原告也不能举证证明其与被告间对海运等相关单证存在往来传真或确认等在货代业务交涉过程中能够证明二者直接发生货代关系的书面材料。在实践中,货代业务存在层层委托的现象,"层层转托,认人不认单"是货代业务的特点。就本案而言,原告不能跨过第三人向被告主张海运费及港杂费,原告的合同相对人是第三人,原告只能向该第三人主张。从转委托的角度看,本案中也没有证据表明转委托经过委托人被告同意,因此在原告与被告间不存在委托事项及相应费用报酬的权利义务关系。原告的诉讼请求因原告不能举证原、被告间存在货代合同关系而不能得到支持。

【适用要点】

在海上货运代理市场上，层层转委托的连环代理并不少见，且往往在出现问题追究责任时纠纷成讼。如何认定转委托行为的效力成为该类案件的关键所在。《最高人民法院关于审理海上货运代理纠纷案件若干问题的规定》对转委托认定的规定，体现了从严把握转委托成立的认定原则，即除非双方有明确约定，否则很难认定受托方具有转委托权限。当转委托不成立时，即使受托的货运代理企业本身在履行货代事务中并无过错，其仍需承担所有下家受托方因过错造成的赔偿责任。

7. 货运代理合同关系中的隐名代理

【相关立法】

《中华人民共和国民法典》（20210101）

第九百二十五条　受托人以自己的名义，在委托人的授权范围内与第三人订立的合同，第三人在订立合同时知道受托人与委托人之间的代理关系的，该合同直接约束委托人和第三人；但是，有确切证据证明该合同只约束受托人和第三人的除外。

【典型案例】

隐名代理情形下，合同效力是否可以直接约束委托人和第三人？［广东航星国际物流有限公司与让学志、陈振强海上货运代理合同纠纷案,（2013）粤高法民四终字第 58 号］

本案并没有证据证明让学志曾授权陈振强委托他人完成该票货物运输事务，也没有证据证明让学志在该票货物办理运输前知悉陈振强委托航星公司的事实并进行了追认。让学志在该票货物办理运输后向航星公司支付105420 元款项的行为，是迫于货物在目的港被留置的压力而为之，并非出于其自愿，故也不能构成让学志对陈振强委托航星公司的行为予以追认的证据。因此，本案的事实并不符合合同法第四百零二条①规定的适用条件。对于该票货物而言，让学志与航星公司之间亦不存在委托合同关系，故让学志不应对涉讼各票货物运输所产生的费用向航星公司承担清偿责任。

---

① 民法典施行后，合同法被废止，相关内容见民法典第九百二十五条。

　　隐名代理法律关系的认定应严格适用法律规定,符合第三人在订立合同时知道受托人与委托人之间的代理关系情形的,方可成立隐名代理。隐名代理的法律后果是合同效力直接约束委托人和第三人,而非同时约束委托人、受托人和第三人。

【适用要点】

　　民法典的隐名代理制度源于外贸代理制度的实践,也主要适用于外贸代理,在适用于其他委托合同时应严格适用。根据合同相对性,委托合同对第三人没有约束力,而受托人以自己名义与第三人签订的合同,一般对委托人亦无约束力。但根据民法典第九百二十五条规定,虽然受托人以自己名义与第三人签订合同,符合下列条件的,该合同直接约束委托人和第三人:(1)受托人以自己名义与第三人订立合同;(2)该合同在委托人的授权范围内;(3)第三人在订立合同时知道受托人与委托人之间的代理关系;(4)没有证据显示该合同只约束受托人与第三人。

8. 货运代理合同关系中的间接代理

【相关立法】

《中华人民共和国民法典》(20210101)

　　第九百二十六条　受托人以自己的名义与第三人订立合同时,第三人不知道受托人与委托人之间的代理关系的,受托人因第三人的原因对委托人不履行义务,受托人应当向委托人披露第三人,委托人因此可以行使受托人对第三人的权利。但是,第三人与受托人订立合同时如果知道该委托人就不会订立合同的除外。

　　受托人因委托人的原因对第三人不履行义务,受托人应当向第三人披露委托人,第三人因此可以选择受托人或者委托人作为相对人主张其权利,但是第三人不得变更选定的相对人。

　　委托人行使受托人对第三人的权利的,第三人可以向委托人主张其对受托人的抗辩。第三人选定委托人作为其相对人的,委托人可以向第三人主张其对受托人的抗辩以及受托人对第三人的抗辩。

【典型案例】

目的港无人提货产生相关费用,承运人可否基于货代的披露向托运人追偿?［A.P. 穆勒–马士基有限公司与宁波太平国际贸易联运有限公司、浙江义乌中国小商品城贸易有限责任公司、温岭市骏越进出口有限公司海上货物运输合同纠纷案,(2012)甬海法商初字第88号］

货物长期滞留卸货港无人提货,船公司索赔港口堆存费、集装箱超期使用费等目的港费用而引发的纠纷中,作为承运人的船公司,在支付上述目的港费用之后,有权基于货物运输合同关系即承托关系向托运人追偿。而托运人的最终确定,须依赖于货运代理人的有效披露。被披露的委托人,既可能是真实的托运人,也可能是上一级的货运代理人。

【适用要点】

民法典第九百二十六条规定了间接代理制度。该条是间接代理的特殊情形,适用范围要严格把握,不能过于宽泛,否则将对行纪制度造成较大冲击。该条主要包括委托人的介入权和第三人的选择权,二者均属于形成权。委托人行使介入权后,合同将直接约束委托人和第三人,受托人退出委托合同当事人的地位。同理,第三人行使选择权后,合同直接约束第三人和其选择的委托人或受托人,未被选择的一方退出委托合同当事人的地位。

9. 货运代理人扣单、扣货及留置权的行使

【相关立法】

《中华人民共和国民法典》(20210101)

第四百四十七条　债务人不履行到期债务,债权人可以留置已经合法占有的债务人的动产,并有权就该动产优先受偿。

前款规定的债权人为留置权人,占有的动产为留置财产。

第四百四十八条　债权人留置的动产,应当与债权属于同一法律关系,但是企业之间留置的除外。

第四百四十九条　法律规定或者当事人约定不得留置的动产,不得留置。

第四百五十条　留置财产为可分物的,留置财产的价值应当相当于债务的金额。

第四百五十一条　留置权人负有妥善保管留置财产的义务;因保管不善致使留置财产毁损、灭失的,应当承担赔偿责任。

第四百五十二条　留置权人有权收取留置财产的孳息。

前款规定的孳息应当先充抵收取孳息的费用。

【司法解释】

《最高人民法院关于审理海上货运代理纠纷案件若干问题的规定》（法释〔2012〕3号，20120501；经法释〔2020〕18号修正，20210101）

第七条　海上货运代理合同约定货运代理企业交付处理海上货运代理事务取得的单证以委托人支付相关费用为条件，货运代理企业以委托人未支付相关费用为由拒绝交付单证的，人民法院应予支持。

合同未约定或约定不明确，货运代理企业以委托人未支付相关费用为由拒绝交付单证的，人民法院应予支持，但提单、海运单或者其他运输单证除外。

【重点解读】

在实际业务操作中，货运代理企业接受委托人委托办理完货物报关和出运事宜后，因委托人未及时支付货运代理企业垫付的相关费用，常常采取扣留核销单等单证的方式促使委托人支付费用，由此引发纠纷。此类纠纷实际涉及货运代理企业可否依照合同法第六十六条规定，行使同时履行抗辩权的问题。对此，司法实践有不同的认识，且争议较大。一种观点认为，货运代理企业不享有同时履行抗辩权，拒绝交付单证的行为构成违约。因为依照委托合同的规定，受托人只有在完成所有委托事务后，才有权取得报酬。而货运代理企业交付相应的单证是完成委托事务的一项内容（货运代理合同的目的在于货物的顺利出口、报关、运输、取得单证以结汇）。因为两项权利的行使是有先后次序的，故货运代理企业不能援用同时履行抗辩权拒绝交付单证。另一种观点认为，同时履行抗辩权作为合同法所确立的一项基本规则，应适用于各类有名合同。在满足行使同时履行抗辩权的条件下，货运代理企业当然有权行使该项权利。

我们认为，货运代理企业处理委托事务的行为属于商事活动，其与委托人签订的海上货运代理合同属于有偿的委托合同。委托人支付相关费用与货运代理企业处理受托事务分别是双方当事人的主要义务，构成对待给付。货运代理企业安排货物出运并取得相关的单证，实际上已经完成了委托事务。而且在实际业务操作中，货运代理企业为完成委托事务常常预先垫付海运费等相关费用，依照合同法的规定委托人应当预付处理委托事务的费用，在受托人垫付的情况下，委托人负有费用返还之义务，与货运代理企业向委托人转交取得财产的义务构成对待给付义务。在委托人拒绝支付垫付费用的情况下，货运代理企业当然可以行使同时履行抗辩权,拒绝交付相应的单证。同时,从货代业务实践考虑,货运代理业务涉及的货物通常是在承运人的掌控之下,而货运代理企业只有通过持有单证才能有效地维护自身的利益。赋予货运代理企业拒绝交单的权利,能够更好地保护货运代理企业,促进行业的持续发展。基于以上理由,司法解释确认了货运代理企业可以行使同时履行抗辩权,拒绝交付有关单证,并具体设置了两款。第一款依据的是合同法"有约定从约定"的基本规则,即海上货运代理合同中对于货运代理企业交付单证和委托人支付费用互为给付条件作了明确规定,该约定对双方当事人具有约束力,委托人未履行费用支付义务而请求货运代理企业交付单证的,货运代理企业有权予以拒绝。第二款是针对合同没有明确约定或约定不明的情形。在满足同时履行抗辩权的条件下,货运代理企业在委托人履行其义务之前有权拒绝交付单证。需要强调的是,在办理货运代理事务过程中会涉及核销单、报关单以及提单等运输单证。鉴于运输单证往往涉及国际贸易的结算,赋予货运代理企业拒绝交付提单等运输单证的权利将直接影响国际贸易的顺利进行,而且货运代理企业扣留核销单、报关单的行为基本上可以保护其合法权益,故司法解释明确规定,货运代理企业不得以行使同时履行抗辩权为由拒绝交付提单等运输单证,否则将构成违约并应承担相应的赔偿责任。①

【司法指导文件】

最高人民法院《全国海事法院院长座谈会纪要》(20010911)

四、关于留置权

沿海内河货物运输中,托运人或者收货人不支付运费、保管费以及其他运输费用的,依照《中华人民共和国合同法》②的规定,承运人对相应的运输货物享有留置权,除非当事人之间另有约定;但非中华人民共和国港口之间的海上货物运输,依照海商法的有关规定,应当向承运人支付的运费、共同海损分摊、滞期费和承运人为货物垫付的必要费用以及应当向承运人支付的其他费用没有付清,又没有提供适当担保的,承运人可以在合理的限度内留置债务人所有的货物。审判实践中应当注意不同的法律就留置权的行使所作的不同规定。

留置权的行使要以合法占有为前提。留置标的物在债权人行使留置权

---

① 《最高人民法院民四庭负责人就〈关于审理海上货运代理纠纷案件若干问题的规定〉答记者问》。

② 民法典施行后,合同法被废止,相关内容见民法典规定。

前已被法院应其他债权人的申请予以扣押的,或者债权人行使留置权后法院应其他债权人的申请对留置标的物进行扣押,留置权人的权利仍应当依法予以保护。

【典型案例】

(1)货运代理企人在合同未明确约定可以扣留提单的情况下,以未付费用为由扣留提单,是否应当承担相应的赔偿责任?[天津美好物流集团有限公司与天津君隆泰华国际货运代理有限公司货运代理合同纠纷案,(2020)津民终 964 号]

君隆公司为美好公司实际安排了涉案两票货物的订舱事宜,双方具有事实上的货运代理合同关系。涉案争议发生于后一票货物运输,君隆公司以美好公司未付清费用为由扣押了该票货物运输的提单。对此,依照《最高人民法院关于审理海上货运代理纠纷案件若干问题的规定》第七条的规定,只有在货运代理合同中有明确约定的情形下,货运代理企业才能以委托人未支付相关费用为由扣押提单。根据本案现有证据,君隆公司不能证明双方已就上述事项达成合意,也不能证明其所主张的双方已形成"见款放单"交易模式,故法院认为君隆公司扣押提单违反法律规定,应当承担相应赔偿责任。

(2)在不确定委托人是否不履行到期债务的情况下,货运代理人能否对货物行使留置权?[上海宜运国际货物运输代理有限公司与杭州发时达电子有限公司海上货运代理合同纠纷案,(2013)沪高民四(海)终字第 142 号]

法院认为,宜运货代现有证据不能排除与杭州发时达约定的货代业务中不包括送货,也无证据证明双方就先付款后送货的结算方式达成特别约定。在货物价值高于货代费用的情况下,宜运货代也无证据证明杭州发时达对系争货物作出了明确的弃货表示。同时,从本案查明的事实来看,宜运货代主张 2012 年 11 月 14 日将涉案货物送入建雪骋公司仓库系其行使留置权,而2013 年 3 月 18 日双方当事人就货代费用还在进行协商。宜运货代就杭州发时达是否不履行到期债务未能举证证明的情况下,即主张对价值高于其诉请金额的系争货物行使留置权,与法律法规对于留置权的规定相悖。

(3)货物价值远高于代理人对委托人的债权金额时,货运代理人能否行使对货物的留置权?[浙江新韦进出口有限公司与上海高飞集装箱储运有限公司海上货运代理合同纠纷案,(2013)沪高民四(海)终字第 141 号]

法院认为,根据高飞公司出具的保证书,高飞公司应在 2012 年 6 月 29

日、6月30日分两次归还所扣押的集装箱,现高飞公司在收到两次付款后,仍扣押涉案集装箱中货物并不合理。高飞公司虽称其系基于债权行使对涉案货物的留置权,但即使根据高飞公司在一审中提交的运费等结欠费用确认书的记载,高飞公司确认截至2012年6月30日禹硕公司对其债务金额为人民币219879元,则在取得涉案人民币18万元之后,禹硕公司尚欠其债务金额应为人民币39879元,而涉案集装箱内货物价值为14136.34美元,远超过高飞公司所称对禹硕公司债权金额,故高飞公司扣押涉案集装箱箱内货物的行为于法有悖,不予支持。

(4)货运代理企业依法行使的"扣单"行为是否构成"胁迫"?〔康科德联合有限公司与艾莎国际货物运输代理(上海)有限公司其他海事海商纠纷案,(2017)沪72民初2381号〕

原、被告均系货运代理企业。原告作为收货方的代理,委托案外人捷世隆深圳公司办理涉案运输,捷世隆深圳公司又转委托被告办理。原告与捷世隆深圳公司,以及被告与捷世隆深圳公司之间分别成立货运代理合同关系。在被告与"捷世隆公司"的代理协议中约定了双方各自义务履行的先后顺序,即"捷世隆公司"支付前一账期的业务费用在先,被告交付此后"捷世隆公司"委托业务中取得的海洋提单在后。因此,在"捷世隆公司"欠付到期债务时,被告扣单行为性质上是行使合同法第六十七条①规定的"先履行抗辩权"。虽然在被告扣单时,系争款项17725.38美元中有部分债务尚未届清偿期,但由于此时捷世隆深圳公司负责人失联、欠付员工多月工资、高管起诉要求终止劳动合同关系,经营已出现严重异常,有丧失履行债务能力的可能,因此被告亦有权行使合同法第六十八条②规定的"不安抗辩权",暂时中止履行。此外,被告的扣单行为的对象始终是捷世隆深圳公司,由于原告的利益在客观上受到了影响,原告主动找到被告进行协商,因此,被告不具有"胁迫"原告的故意。在原告向其支付的款项到账之前,被告释放了前四票海洋提单,仅扣留了最后一票提单,因此也不属于过度维权,并无不当。故,被告的扣单行为是其对抗捷世隆深圳公司违约行为的一种救济手段,应当受到法律保护。

综上,法院认为,联系"胁迫"的构成要件与本案事实,被告的扣单行为是阻却违法性的维权行为,既不具有"胁迫"的故意,也不具有"胁迫"的违法

---

① 民法典施行后,合同法被废止,相关内容见民法典第五百二十六条。
② 民法典施行后,合同法被废止,相关内容见民法典第五百二十七条。

性,因此不构成对原告的"胁迫"。

【适用要点】

货运代理人处理委托事务的行为属于商事活动,其与委托人签订的海上货运代理合同属于有偿的委托合同。在实际业务操作中,货运代理人为完成委托事务常常预先垫付海运费等相关费用,依照民法典的规定委托人应当预付处理委托事务的费用,在受托人垫付的情况下,委托人负有费用返还之义务,与货运代理人向委托人转交取得财产的义务构成对待给付义务。在委托人拒绝支付垫付费用的情况下,货运代理人当然可以行使同时履行抗辩权,拒绝交付相应的单证。但是拒绝交付单证的范围有限制,只有双方有明确约定的情况下才可以以扣留提单、海运单或者其他运输单证,否则将构成违约并应承担相应的赔偿责任。

10. 实际托运人请求交付提单的权利

【相关立法】

《中华人民共和国海商法》(19930701)

第四十二条 本章下列用语的含义:

(一)"承运人",是指本人或者委托他人以本人名义与托运人订立海上货物运输合同的人。

(二)"实际承运人",是指接受承运人委托,从事货物运输或者部分运输的人,包括接受转委托从事此项运输的其他人。

(三)"托运人",是指:

1. 本人或者委托他人以本人名义或者委托他人为本人与承运人订立海上货物运输合同的人;

2. 本人或者委托他人以本人名义或者委托他人为本人将货物交给与海上货物运输合同有关的承运人的人。

(四)"收货人",是指有权提取货物的人。

(五)"货物",包括活动物和由托运人提供的用于集装货物的集装箱、货盘或者类似的装运器具。

第七十二条 货物由承运人接收或者装船后,应托运人的要求,承运人应当签发提单。

提单可以由承运人授权的人签发,提单由载货船船舶的船长签发的,视为代表承运人签发。

【司法解释】

《最高人民法院关于审理海上货运代理纠纷案件若干问题的规定》（法释〔2012〕3号,20120501;经法释〔2020〕18号修正,20210101）

第八条 货运代理企业接受契约托运人的委托办理订舱事务,同时接受实际托运人的委托向承运人交付货物,实际托运人请求货运代理企业交付其取得的提单、海运单或者其他运输单证的,人民法院应予支持。

契约托运人是指本人或者委托他人以本人名义或者委托他人为本人与承运人订立海上货物运输合同的人。

实际托运人是指本人或者委托他人以本人名义或者委托他人为本人将货物交给与海上货物运输合同有关的承运人的人。

【重点解读】

司法解释的这一规定实际涉及海商法关于海上货物运输合同的一个基本问题。依照国际贸易中的FOB价格条件,国外的买方负责租船订舱,国内的卖方按照买方的要求将货物交至买方指定的船上。在实际业务中,国外买方通常委托国内货运代理企业代为订舱。为操作的便利,国内卖方通常会委托货运代理企业向承运人交付货物。货运代理企业完成上述受托事务后应从承运人处取得代表货物权利的提单。依照提单法律制度,提单具有物权凭证的性质,占有提单即控制了货物,因此提单的交付对于贸易双方至关重要。目前,我国货物出口多采用FOB价格条件,出口方能否取得提单直接关涉到我国众多出口企业的经济利益。

要求承运人签发提单是法律赋予托运人的一项权利。依据海商法第四十二条第（三）项之规定,托运人可以分为契约托运人和实际托运人。契约托运人是与承运人订立运输合同的人,实际托运人是指将货物实际交付给承运人的人。在FOB贸易条件下,买方为契约托运人,卖方为实际托运人。海商法第七十二条规定,"应托运人的要求,承运人应当签发提单",在同时面对契约托运人和实际托运人时,承运人应向哪一个托运人签发提单,法律规定的并不明确,这也是海商法的不足之处。经研究,我们认为,依据海商法第七十二条的规定,国内卖方作为实际托运人亦有权请求承运人签发提单。这一结论虽然突破了合同相对性原则,即承运人应当将提单交付给与其订立海上货物运输合同的契约托运人,而非与其不具有运输合同关系的实际托运人。但该结论并不违反海商法的规定,实际托运人的地位正是海商法基于海商业务的特殊性而特别设定的。更为重要的是,如此规定并未损害国外买方的利益,却能有效地保护国内卖方的合法权益,为我国的对外出口提供有力的保障。

基于上述分析,实际托运人与契约托运人同样具有请求海运承运人交付提单等运输单证的权利,在货运代理企业分别接受契约托运人和实际托运人委托时,应将运输单证交付给哪一方呢?我们认为 FOB 贸易条件实际是单证的买卖,买方按照约定支付价款与卖方交付单证构成对待给付义务,也就是说卖方取得运输单证是其请求买方支付货款的前提条件,否则贸易合同将无法履行。据此,可以认为买卖双方已经约定应由卖方取得运输单证以保证贸易合同的履行。因此,实际托运人有优先于契约托运人向货运代理企业主张交付单证的权利。实践中,有些实际托运人可能怠于向货运代理企业请求交付单证,此时货运代理企业应履行报告义务,及时询问实际托运人如何处理单证,取得实际托运人的书面授权,从而保护自己的合法权益,避免介入买卖双方的贸易纠纷之中。①

【典型案例】

货运代理企业在分别接受契约托运人和实际托运人委托的情况下,应将其取得的提单首先交付给谁? [上海裕冠国际贸易有限公司与宁波万户国际货运代理有限公司海上、通海水域货运代理合同纠纷案,(2020)浙民终 1333 号]

货运代理企业既接受契约托运人的委托,又接受实际托运人的委托出运货物,依据《最高人民法院关于审理海上货运代理纠纷案件若干问题的规定》第八条的规定,实际托运人有权要求货运代理企业交付正本提单,货运代理企业在取得提单后亦应首先交给实际托运人。但本案中,货运代理企业在实际托运人未明确表示不需要正本提单的情况下,即将正本提单直接交付契约托运人,致使实际托运人丧失货物控制权,对实际托运人未能及时收回货款存在明显过错。同时,实际托运人未及时行使权利,在货物出运后近六个月才向货运代理企业主张交付提单,对自身损失亦有一定过错。法院依据双方当事人过错大小,认定货运代理企业对实际托运人的损失承担 60% 的赔偿责任,并无不妥。

【适用要点】

在 FOB 贸易条件下,买方为契约托运人,卖方为实际托运人。货运代理企业在分别接受契约托运人和实际托运人委托的情况下,应首先将其取得的提单交付给实际托运人。实践中有些实际托运人可能怠于向货运代理企业

---

① 《最高人民法院民四庭负责人就〈关于审理海上货运代理纠纷案件若干问题的规定〉答记者问》。

请求交付单证,此时货运代理企业应履行报告义务,及时询问实际托运人如何处理单证,取得实际托运人的书面确认,从而保护自己的合法权益,避免介入买卖双方的贸易纠纷之中。

11. 委托人的赔偿责任

【相关立法】

《中华人民共和国民法典》(20210101)

第九百三十条　受托人处理委托事务时,因不可归责于自己的事由受到损失的,可以向委托人请求赔偿损失。

第九百三十一条　委托人经受托人同意,可以在受托人之外委托第三人处理委托事务。因此造成受托人损失的,受托人可以向委托人请求赔偿损失。

【典型案例】

(1) 委托人未履行如实告知义务,造成货运代理人损失的,是否应承担赔偿责任? [天津浩之航国际货运代理有限公司与天津岩瑞国际货运代理有限公司海上、通海水域货运代理合同纠纷案,(2019)最高法民申 3708 号]

本案岩瑞公司与浩之航公司于 2016 年 1 月 12 日签订了《货运代理协议》,浩之航公司为委托人,岩瑞公司为受托人,双方之间形成了货物代理法律关系。案涉《货运代理协议》第五条第二款约定,浩之航公司订舱出运危险品、化工品、冷藏品等货物时,必须事先声明并以书面形式告知岩瑞公司。浩之航公司委托岩瑞公司向马士基天津公司订舱出运案涉电动车,经岩瑞公司询问案涉货物是否包含电池并提醒进行危险品申报,浩之航公司仍称案涉货物没有电池。浩之航公司没有如实告知货物的实际情况,违反了危险品申报义务,导致岩瑞公司被马士基天津公司收取 10000 美元罚金。根据合同法第四百零七条①的规定,受托人处理委托事务时,因不可归责于自己的事由受到损失的,可以向委托人要求赔偿损失。浩之航公司作为国际货物代理公司,应当依照海商法第六十六条、第六十八条的规定,负有正确申报和危险品托运的通知义务。浩之航公司委托岩瑞公司向马士基天津公司订舱出运案涉电动车,经岩瑞公司询问案涉货物是否包含电池并提醒进行危险品申报,浩之航公司仍称案涉货物没有电池。浩之航公司没有如实告知货物的实际情况,违反了危险品申报义务,导致岩瑞公司被马士基天津公司收取 10000

---

① 民法典施行后,合同法被废止,相关内容见民法典第九百三十条。

美元违约金。岩瑞公司在处理浩之航公司的委托事务时,因不可归责于自己的事由受到损失,有权向浩之航公司要求赔偿损失。

（2）因委托人的过错造成的费用损失,货运代理人可否向委托人追偿? [宁波天福国际货运代理有限公司与宁波外代新华国际货运有限公司海上货运代理合同纠纷案,(2014)浙海终字第 10 号]

外代新华公司与天福公司之间的海上货运代理合同关系合法有效。双方协议约定,天福公司在委托外代新华公司办理的出口货物中,不得夹带国家规定的禁止出口的物品。而根据知识产权海关保护条例第三条第一款的规定,国家禁止侵犯知识产权的货物进出口。因涉案货物系冒牌货物,侵犯了知识产权,属于国家规定的禁止出口的物品,故天福公司违反了双方协议约定,应承担相应的违约责任。且根据合同法第三百九十八条、第四百零七条①的规定,外代新华公司亦有权向天福公司主张为处理委托事务垫付的必要费用及利息。因处理冒牌货物产生的必要费用由仲裁裁决书予以确认,外代新华公司为此支付了人民币 132077.84 元(按照欧元兑人民币汇率 8.26 折算),故外代新华公司主张该费用应由天福公司承担,予以支持。因双方未约定垫付费用的利息损失标准,对外代新华公司主张的利息损失按照中国人民银行同期贷款利率标准自外代新华公司起诉之日起予以保护。

【适用要点】

委托合同是建立在双方当事人彼此信任的基础之上。委托人之所以选择特定的货运代理人处理其事务,货运代理人接受委托,均是基于对双方能力、资格、品行等方面的信任。合同双方应按照约定全面履行主要合同义务。同时,在处理委托事务过程中,还应当依照诚信履行原则,尽到通知、协助、如实告知等附随义务。货运代理人处理委托事务时,因不可归责于自己的事由受到损失的,可以向委托人请求赔偿损失。

12. 委托合同的任意解除及合同终止

【相关立法】

《中华人民共和国民法典》(20210101)

第五百六十三条　有下列情形之一的,当事人可以解除合同:

---

① 民法典施行后,合同法被废止,相关内容见民法典第九百二十一条、第九百三十条。

（一）因不可抗力致使不能实现合同目的；

（二）在履行期限届满前，当事人一方明确表示或者以自己的行为表明不履行主要债务；

（三）当事人一方迟延履行主要债务，经催告后在合理期限内仍未履行；

（四）当事人一方迟延履行债务或者有其他违约行为致使不能实现合同目的；

（五）法律规定的其他情形。

以持续履行的债务为内容的不定期合同，当事人可以随时解除合同，但是应当在合理期限之前通知对方。

第五百八十四条　当事人一方不履行合同义务或者履行合同义务不符合约定，造成对方损失的，损失赔偿额应当相当于因违约所造成的损失，包括合同履行后可以获得的利益；但是，不得超过违约一方订立合同时预见到或者应当预见到的因违约可能造成的损失。

第九百三十三条　委托人或者受托人可以随时解除委托合同。因解除合同造成对方损失的，除不可归责于该当事人的事由外，无偿委托合同的解除方应当赔偿因解除时间不当造成的直接损失，有偿委托合同的解除方应当赔偿对方的直接损失和合同履行后可以获得的利益。

第九百三十四条　委托人死亡、终止或者受托人死亡、丧失民事行为能力、终止的，委托合同终止；但是，当事人另有约定或者根据委托事务的性质不宜终止的除外。

第九百三十五条　因委托人死亡或者被宣告破产、解散，致使委托合同终止将损害委托人利益的，在委托人的继承人、遗产管理人或者清算人承受委托事务之前，受托人应当继续处理委托事务。

第九百三十六条　因受托人死亡、丧失民事行为能力或者被宣告破产、解散，致使委托合同终止的，受托人的继承人、遗产管理人、法定代理人或者清算人应当及时通知委托人。因委托合同终止将损害委托人利益的，在委托人作出善后处理之前，受托人的继承人、遗产管理人、法定代理人或者清算人应当采取必要措施。

【典型案例】

委托合同双方当事人是否均享有合同任意解除权？［杭州惠添纺织品有限公司与上海汇航捷讯网络科技有限公司海上货运代理合同纠纷案，(2019)沪72民初3039号］

原告委托被告办理货物拖车运输，被告接受委托并为原告寻找车队，原、被告双方之间成立海上货运代理合同关系,应当按照约定履行各自的义务。此后,被告为原告多方寻找车队并将情况及时反馈给原告,应视为被告已妥善地履行了合同义务。被告在履行合同过程中并无违约行为。涉案货运代理合同解除的原因并非在于被告,而在于原告单方行使了任意解除权,故被告不存在违约行为。

【适用要点】

合同的解除包括约定解除和法定解除。其中,法定解除包括一般法定解除和特殊法定解除,委托合同的任意解除权就属于一种特殊的法定解除权。对比约定解除权和一般法定解除权,委托合同的任意解除权具有如下特征:第一,双方当事人均可随时行使。无论是在无偿合同中还是在有偿合同中,委托人或者受托人均可以行使,且可随时行使。第二,无须提供证明事由。第三,行使一方可能需赔偿对方损失。在一般的法定解除中,合同解除后要根据合同双方的违约情况来承担赔偿责任,违约方需要对守约方进行赔偿,或者两者都违约的情况下分别承担相应责任。而委托合同的任意解除权一般不存在违约责任适用之余地,一方行使任意解除权解除合同,给对方造成损失的,由行使解除权一方向对方进行赔偿。

二十五、船舶代理合同纠纷

1. 案由释义

船舶代理合同具有委托合同的一般法律属性,是指船舶代理人接受船方的委托,代为办理与船舶营运有关的事务、船舶进出港手续等事务的合同。该合同当事人因合同的订立、履行、变更和终止而产生的纠纷,即为船舶代理合同纠纷。船舶代理人一般为法人机构,必须取得相关资质才可从事船舶代理业务。航运实践中,船舶代理机构接受船舶所有人或者船舶承租人、船舶经营人的委托,可以经营下列业务:办理船舶进出港口手续,联系安排引航、靠泊和装卸;代签提单、运输合同,代办接受订舱业务;办理船舶、集装箱以及货物的报关手续;承揽货物、组织货载,办理货物、集装箱的托运和中转;代收运费,代办结算;组织客源,办理有关海上旅客运输业务等。在船舶代理机构代办业务涉及订舱业务、承揽货物、组织客源等事务时,需根据合同约定的委托事项和合同履行情况,甄别船舶代理人是接受船方的委托还是货方的委托,从而确定其从事的是船舶代理业务还是货运代理业务。

2. 诉讼程序规范

【相关立法】

《中华人民共和国民事诉讼法》(19910409;20220101)

第二十四条　因合同纠纷提起的诉讼,由被告住所地或者合同履行地人民法院管辖。

【司法解释】

《最高人民法院关于海事法院受理案件范围的规定》（法释〔2016〕4号，20160301）

19. 船舶代理合同纠纷案件；

【适用要点】

船舶代理人接受船方的委托，代为办理船舶有关营运业务和进出港手续等业务的过程中产生的纠纷属于船舶代理合同纠纷，该纠纷属于海事法院受理案件范围，应由海事法院专门管辖。因船舶代理合同纠纷提起的诉讼，应当由被告住所地或者合同履行地的海事法院管辖。

3. 船舶代理业务的条件及资质

【行政法规】

(1)《中华人民共和国国际海运条例》（20020101；20190302）

第二条　本条例适用于进出中华人民共和国港口的国际海上运输经营活动以及与国际海上运输相关的辅助性经营活动。

前款所称与国际海上运输相关的辅助性经营活动，包括本条例分别规定的国际船舶代理、国际船舶管理、国际海运货物装卸、国际海运货物仓储、国际海运集装箱站和堆场等业务。

第二十三条　国际船舶代理经营者接受船舶所有人或者船舶承租人、船舶经营人的委托，可以经营下列业务：

（一）办理船舶进出港口手续，联系安排引航、靠泊和装卸；

（二）代签提单、运输合同，代办接受订舱业务；

（三）办理船舶、集装箱以及货物的报关手续；

（四）承揽货物、组织货载，办理货物、集装箱的托运和中转；

（五）代收运费，代办结算；

（六）组织客源，办理有关海上旅客运输业务；

（七）其他相关业务。

国际船舶代理经营者应当按照国家有关规定代扣代缴其所代理的外国国际船舶运输经营者的税款。

第二十五条　外商在中国境内投资经营国际海上运输业务以及与国际海上运输相关的辅助性业务，适用本章规定；本章没有规定的，适用本条例其他有关规定。

第二十六条 外商可以依照有关法律、行政法规以及国家其他有关规定,投资经营国际船舶运输、国际船舶代理、国际船舶管理、国际海运货物装卸、国际海运货物仓储、国际海运集装箱站和堆场业务。

第二十七条 外国国际船舶运输经营者以及外国国际海运辅助企业在中国境内设立的常驻代表机构,不得从事经营活动。

(2)《国内水路运输管理条例》(20130101;20170301)

第二条 经营国内水路运输以及水路运输辅助业务,应当遵守本条例。

本条例所称国内水路运输(以下简称水路运输),是指始发港、挂靠港和目的港均在中华人民共和国管辖的通航水域内的经营性旅客运输和货物运输。

本条例所称水路运输辅助业务,是指直接为水路运输提供服务的船舶管理、船舶代理、水路旅客运输代理和水路货物运输代理等经营活动。

第十一条 外国的企业、其他经济组织和个人不得经营水路运输业务,也不得以租用中国籍船舶或者舱位等方式变相经营水路运输业务。

香港特别行政区、澳门特别行政区和台湾地区的企业、其他经济组织以及个人参照适用前款规定,国务院另有规定的除外。

第二十四条 水路运输经营者应当按照统计法律、行政法规的规定报送统计信息。

第二十九条 水路运输经营者可以委托船舶代理、水路旅客运输代理、水路货物运输代理业务的经营者,代办船舶进出港手续等港口业务,代为签订运输合同,代办旅客、货物承揽业务以及其他水路运输代理业务。

第三十条 船舶代理、水路旅客运输代理业务的经营者应当自企业设立登记之日起 15 个工作日内,向所在地设区的市级人民政府负责水路运输管理的部门备案。

第三十一条 船舶代理、水路旅客运输代理、水路货物运输代理业务的经营者接受委托提供代理服务,应当与委托人订立书面合同,按照国家有关规定和合同约定办理代理业务,不得强行代理,不得为未依法取得水路运输业务经营许可或者超越许可范围的经营者办理代理业务。

第三十二条 本条例第十二条、第十七条的规定适用于船舶管理业务经营者。本条例第十一条、第二十四条的规定适用于船舶管理、船舶代理、水路旅客运输代理和水路货物运输代理业务经营活动。

国务院交通运输主管部门应当依照本条例的规定制定水路运输辅助业务的具体管理办法。

【部门规章】

《中华人民共和国国际海运条例实施细则》(交通运输部令 2019 年第 41 号,20191128)

第三条 《海运条例》和本实施细则中下列用语的含义是:
……

(六)国际船舶代理经营者,是指依照中国法律设立从事《海运条例》第二十三条规定业务的中国企业法人。
……

第七条 经营国际船舶代理业务的企业,应当在开业后 30 日内向交通运输部报备企业名称、注册地、联系方式、企业统一社会信用代码等信息。交通运输部定期在其政府网站或者授权发布的网站发布国际船舶代理业务经营者名称。

从事国际船舶代理业务的企业变更企业信息或者不再从事国际船舶代理经营活动的,应当在信息变更或者停止经营活动的 15 日内,向交通运输部备案。

第二十七条 国际班轮运输经营者和无船承运业务经营者应当将其在中国境内的船舶代理人、签发提单代理人在交通运输部指定的媒体上公布。公布事项包括代理人名称、注册地、住所、联系方式。代理人发生变动的,应当于有关代理协议生效前 7 日内公布上述事项。

国际班轮运输经营者、无船承运业务经营者应当及时将公布代理事项的媒体名称向交通运输部备案。

【适用要点】

实践中,船舶代理人一般为法人机构,必须取得相关资质才可从事船舶代理业务。相关行政法规及部门规章明确规定,中资国际船舶代理企业实施备案制度,中外合资国际船舶代理企业实施审批制度,有的规章还规定了船舶代理人的业务范围、禁止性行为等,这些规定主要是出于行政管理的需要,并不直接作为船舶代理合同案件的裁判依据。船舶代理合同未在海商法、民法典中明确规定,为无名合同,船舶代理合同纠纷案件应当适用民法典合同编通则的有关规定,并参照适用与其相类似的委托合同的相关规定。

4. 船舶代理人的选择权问题

【相关立法】

《中华人民共和国民法典》(20210101)

第九百二十六条 受托人以自己的名义与第三人订立合同时,第三人不知道受托人与委托人之间的代理关系的,受托人因第三人的原因对委托人不履行义务,受托人应当向委托人披露第三人,委托人因此可以行使受托人对第三人的权利。但是,第三人与受托人订立合同时如果知道该委托人就不会订立合同的除外。

受托人因委托人的原因对第三人不履行义务,受托人应当向第三人披露委托人,第三人因此可以选择受托人或者委托人作为相对人主张其权利,但是第三人不得变更选定的相对人。

委托人行使受托人对第三人的权利的,第三人可以向委托人主张其对受托人的抗辩。第三人选定委托人作为其相对人的,委托人可以向第三人主张其对受托人的抗辩以及受托人对第三人的抗辩。

【典型案例】

(1)港口作业方向船舶代理人主张港口费用,是否可以依据间接代理的有关规定?〔天津港集装箱码头有限公司与大连威兰德国际船舶代理有限公司天津分公司等港口作业合同纠纷案,(2014)津高民四终字第91-109号〕

威兰德香港公司未取得国际班轮运输经营资格登记证,其所占舱位在国内港口产生的相关费用通过其委托代理人进行支付。威兰德香港公司与威兰德公司通过签订船舶代理协议及议定书,形成委托合同关系,威兰德香港公司是委托人,威兰德公司是受托人。东方码头公司作为港口作业方,就涉案航次直接向威兰德天津公司提供港口作业服务。威兰德天津公司作为威兰德公司的分支机构,其以自己的名义实际支付涉案航次靠泊天津港期间威兰德香港公司所占舱位产生的港口费用。本案中,没有证据显示在涉案航次港口作业期间,威兰德天津公司曾向东方码头公司告知委托人系威兰德香港公司,直到本案成讼后,威兰德天津公司才向东方码头公司披露这一事实。据此,应适用合同法第四百零三条①间接代理之规定。根据该条第二款,受托人因委托人的原因对第三人不履行义务,受托人应当向第三人披露委托

---

① 民法典施行后,合同法被废止,相关内容见民法典第九百二十六条。

人,第三人可以行使选择权。本案诉讼期间,在威兰德天津公司、威兰德公司向东方码头公司披露委托人为威兰德香港公司后,东方码头公司并未申请变更诉讼主体,应视为其有效行使了选择权,威兰德天津公司负有向东方码头公司支付港口费用的义务。由于威兰德天津公司不具备法人资格,因此威兰德公司作为其总公司亦应承担责任。

(2)船舶代理人支付港口费用为间接代理,第三人可否依其披露行使选择权? [龙口港外轮代理有限公司与宏达航运有限公司、天津鑫沃国际货运代理有限公司船舶代理合同纠纷案,(2016)鲁72民初817号]

宏达公司虽以自己的名义与龙口外代订立了涉案船舶代理合同,但其订立涉案合同系受鑫沃公司委托,在其因委托人鑫沃公司的原因不能对龙口外代履行付款义务的情况下,及时向龙口外代披露了委托人鑫沃公司;而龙口外代在宏达公司履行披露义务后,选择委托人鑫沃公司作为相对方主张其权利,依照合同法第四百零三条①的规定,鑫沃公司作为委托人应履行相应付款义务。

【适用要点】

选择权是指受托人因委托人的原因对第三人不履行义务,在受托人披露委托人后,第三人可选择要求委托人履行合同债务,也可选择要求受托人履行合同债务。赋予第三人选择权的理论依据一方面是借鉴英美法系代理制度的等同理论,另一方面是平衡委托人、受托人和第三人利益所需。值得注意的是,选择权属于形成权,第三人行使选择权后,合同将直接约束第三人和第三人选择的委托人或受托人,未被选择的委托人或受托人不再是委托合同的当事人。对于选择的相对人,第三人不得变更,即使相对人不能履行合同,只能算作正常的商业风险,由第三人自己承担,不得转嫁。

5. 船舶代理合同当事人的权利义务

【相关立法】

《中华人民共和国民法典》(20210101)

第九百一十九条 委托合同是委托人和受托人约定,由受托人处理委托人事务的合同。

---

① 民法典施行后,合同法被废止,相关内容见民法典第九百二十六条。

第九百二十条 委托人可以特别委托受托人处理一项或者数项事务,也可以概括委托受托人处理一切事务。

第九百二十一条 委托人应当预付处理委托事务的费用。受托人为处理委托事务垫付的必要费用,委托人应当偿还该费用并支付利息。

第九百二十二条 受托人应当按照委托人的指示处理委托事务。需要变更委托人指示的,应当经委托人同意;因情况紧急,难以和委托人取得联系的,受托人应当妥善处理委托事务,但是事后应当将该情况及时报告委托人。

第九百二十三条 受托人应当亲自处理委托事务。经委托人同意,受托人可以转委托。转委托经同意或者追认的,委托人可以就委托事务直接指示转委托的第三人,受托人仅就第三人的选任及其对第三人的指示承担责任。转委托未经同意或者追认的,受托人应当对转委托的第三人的行为承担责任;但是,在紧急情况下受托人为了维护委托人的利益需要转委托第三人的除外。

第九百二十四条 受托人应当按照委托人的要求,报告委托事务的处理情况。委托合同终止时,受托人应当报告委托事务的结果。

第九百二十五条 受托人以自己的名义,在委托人的授权范围内与第三人订立的合同,第三人在订立合同时知道受托人与委托人之间的代理关系的,该合同直接约束委托人和第三人;但是,有确切证据证明该合同只约束受托人和第三人的除外。

第九百二十七条 受托人处理委托事务取得的财产,应当转交给委托人。

第九百二十八条 受托人完成委托事务的,委托人应当按照约定向其支付报酬。

因不可归责于受托人的事由,委托合同解除或者委托事务不能完成的,委托人应当向受托人支付相应的报酬。当事人另有约定的,按照其约定。

第九百二十九条 有偿的委托合同,因受托人的过错造成委托人损失的,委托人可以请求赔偿损失。无偿的委托合同,因受托人的故意或者重大过失造成委托人损失的,委托人可以请求赔偿损失。

受托人超越权限造成委托人损失的,应当赔偿损失。

第九百三十条 受托人处理委托事务时,因不可归责于自己的事由受到损失的,可以向委托人请求赔偿损失。

第九百三十一条 委托人经受托人同意,可以在受托人之外委托第三人处理委托事务。因此造成受托人损失的,受托人可以向委托人请求赔偿损失。

第九百三十二条 两个以上的受托人共同处理委托事务的,对委托人承担连带责任。

第九百三十三条 委托人或者受托人可以随时解除委托合同。因解除合同造成对方损失的,除不可归责于该当事人的事由外,无偿委托合同的解除方应当赔偿因解除时间不当造成的直接损失,有偿委托合同的解除方应当赔偿对方的直接损失和合同履行后可以获得的利益。

第九百三十五条 因委托人死亡或者被宣告破产、解散,致使委托合同终止将损害委托人利益的,在委托人的继承人、遗产管理人或者清算人承受委托事务之前,受托人应当继续处理委托事务。

【行政法规】

《中华人民共和国国境卫生检疫法实施细则》(19890306;20190302)

第二十三条 船舶代理应当在受入境检疫的船舶到达以前,尽早向卫生检疫机关通知下列事项:

(一)船名、国籍、预定到达检疫锚地的日期和时间;

(二)发航港、最后寄港;

(三)船员和旅客人数;

(四)货物种类。

港务监督机关应当将船舶确定到达检疫锚地的日期和时间尽早通知卫生检疫机关。

第三十二条 船舶代理应当在受出境检疫的船舶启航以前,尽早向卫生检疫机关通知下列事项:

(一)船名、国籍、预定开航的日期和时间;

(二)目的港、最初寄港;

(三)船员名单和旅客名单;

(四)货物种类。

港务监督机关应当将船舶确定开航的日期和时间尽早通知卫生检疫机关。

船舶的入境、出境检疫在同一港口实施时,如果船员、旅客没有变动,可以免报船员名单和旅客名单;有变动的,报变动船员、旅客名单。

【部门规章】

《中华人民共和国国际海运条例实施细则》(交通运输部令2019年第41号,20191128)

第三十一条 国际船舶代理经营者、国际船舶管理经营者,不得有下列行为：

（一）以非正常、合理的收费水平提供服务，妨碍公平竞争；

（二）在会计账簿之外暗中给予客户回扣，以承揽业务；

（三）滥用优势地位，限制交易当事人自主选择国际海运辅助业务经营者，或者以其相关产业的垄断地位诱导交易当事人，排斥同业竞争；

（四）其他不正当竞争行为。

【典型案例】

（1）受托人主张其以自己名义订立的合同直接约束委托人和第三人，应否就第三人在订立合同时知道受托人与委托人之间的代理关系承担举证责任？［深圳中理外轮理货有限公司与韩进海运（中国）有限公司、韩进海运（中国）有限公司深圳分公司理货合同和船舶代理合同纠纷案，（2017）粤民终 2330 号］

韩进公司主张其作为韩进海运株式会社的代理人签订涉案理货合同及船舶代理协议，并非本案合同当事人，亦非本案适格被告。经查，涉案理货合同和船舶代理协议系由韩进公司分别与中理公司和深圳外代公司签订，韩进公司主张根据合同法第四百零二条①关于"受托人以自己的名义，在委托人的授权范围内与第三人订立的合同，第三人在订立合同时知道受托人与委托人之间的代理关系的，该合同直接约束委托人和第三人，但有确切证据证明该合同只约束受托人和第三人的除外"的规定，涉案合同直接约束韩进海运与中理公司和深圳外代公司，其应提供证据证明中理公司和深圳外代公司在签订合同时知道韩进海运与韩进公司之间就涉案业务存在代理关系。根据本案查明的情况，韩进公司与韩进海运签订的《代理协议》约定"韩进公司应作为独立协议方对第三方代表其个人利益行事，并维持其独立于韩进海运的合法存在"；并且，韩进公司没有任何证据能够证明其在订立合同时向中理公司和深圳外代公司表明了其作为韩进海运代理人的身份。韩进公司主张涉案合同应直接拘束韩进海运与中理公司和深圳外代公司缺乏依据，不能成立。韩进公司是在我国注册的独立法人，具有独立的权利能力和行为能力，其以自己名义与中理公司和深圳外代公司签订理货合同和船舶代理协议，根据合同相对性原则，本案应认定韩进公司为涉案协议的当事人。

---

① 民法典施行后，合同法被废止，相关内容见民法典第九百二十五条。

（2）以舱位互换方式经营国际班轮运输的船公司，船舶代理人是否有义务审查其经营资格？［天津港集装箱码头有限公司与大连威兰德国际船舶代理有限公司天津分公司等港口作业合同纠纷案，（2014）津高民四终字第91-109号］

以舱位互换方式经营国际班轮运输的船公司，应当取得国际班轮运输经营资格，并独立承担相关责任。由于在舱位互换经营模式下，各船公司是独立的承运人，除船舶使用费应由整条船舶所属船公司或其代理人承担外，各船公司所占舱位上承运集装箱产生的港口费用，应由各船公司或其代理人独立承担。国际船舶代理人作为专业代理主体，其应该负有审慎审查国际班轮经营者也即船方的资格的义务，在其代理船方从事相关业务之前，必须查明船方的资质是否符合我国相关法律的规定，否则，应该承担相应的过错责任。

（3）船舶代理企业未尽谨慎义务代理未在交通部备案的无船承运人签发提单，或者签发未在交通部备案的提单，其应否对提单项下的损失承担连带责任？［中国人民财产保险股份有限公司天津市分公司与天津阿达尼公司国际船舶代理有限公司海上货物运输合同保险代位求偿纠纷案，（2013）津民四终字第51号］

承运人就涉案货物签发了清洁提单，货物在承运人责任期间发现货损，且并未提及承运人免责事由，承运人应当对货损负赔偿责任。被告阿达尼公司以志富船务代理人名义签发提单，但未能证明其取得志富船务授权，且未能证明志富船务对被告阿达尼公司签发提单的行为进行了追认。原告主张被告阿达尼公司承担承运人责任，法院予以支持。即使被告阿达尼公司取得了志富船务的合法授权，由于被告阿达尼公司接受未在我国交通主管部门办理提单登记的无船承运业务经营者的委托签发提单，被告阿达尼公司也应对提单项下的损失承担连带责任。

本案判决的主要依据是船舶代理企业未取得无船承运人的合法授权，当船舶代理企业能够证明其取得无船承运人的合法授权，但该无船承运人系未在我国交通主管部门办理提单登记而不具有经营资格的无船承运人，此种情况下，依照《最高人民法院关于审理海上货运代理纠纷案件若干问题的规定》第十二条的规定，船舶代理企业是承担连带责任，而不应该单独裁判由船舶代理企业承担承运人责任。

(4)船舶代理人在订舱业务中应对货物信息转述的真实性负责,其还应否对货物本身的真实性承担责任?〔地中海航运有限公司与天津港集船务代理有限公司船舶代理合同纠纷案,(2015)津海法商初字第168号〕

由于订舱代理人并非货物的所有人,其向承运人所作的货物描述均来自托运人提供的信息,船舶代理人仅是将托运人提供的货物信息向承运人进行转达,只要如实转达就完成了自身的义务,对货物本身是否符合约定不承担责任。无论从合同条款的文义还是交易习惯的角度进行解释,"货物描述真实准确"应为订舱代理人就货物信息向承运人进行转述时的真实准确,而非保证货物本身状况的真实准确。

(5)船舶代理人是否享有遇险船舶的订约代表权?〔广州海上救助打捞局与大连顺诚船务有限责任公司海难救助报酬纠纷案,(2001)广海法深字第30号〕

遇险船舶的订约代表权,是指船舶在海上遇到紧急风险时,有两个签订救助合同的法定代表权,即遇险船舶的船长有权代表船东,以及船长和船东有权就船载财产代表财产所有人与救助人签订救助合同。就此,海商法第一百七十五条第二款规定:"遇险船舶的船长有权代表船舶所有人订立救助合同。遇险船舶的船长和船舶所有人有权代表船上财产所有人订立救助合同。"从法律规定可以看出,遇险船舶的订约代表权仅限于船长和船东,不包括船舶代理人。因此,原告据此起诉船舶代理人不符合法律规定,无法得到支持。

【适用要点】

在委托合同中,当事人可自由约定双方的权利义务关系,只要不违反法律、行政法规的强制性规定,不违背公序良俗,不损害国家和公共利益,当事人约定的义务即为有效。同时,法律也对当事人设定了义务,这些法定义务均直接约束委托合同的双方当事人。就委托人而言,其法定义务主要包括预付和偿还委托费用的义务、承受委托法律效果的义务、不得擅自重复委托的义务、对意外风险所致损害的赔偿义务等;而就受托人而言,其法定义务主要包括依委托人的指示处理委托事务的义务、亲自处理委托事务的义务、报告义务、披露义务、转交财产的义务以及基于诚信原则产生的信义、保密义务等。

二十六、理货合同纠纷

1. 案由释义

理货合同,是指理货人为船方或货方提供理货服务,船方或货方向理货人支付相应报酬或费用的合同。航运实践中的理货,是指船方或货方在装货港或卸货港收受和交付货物时,委托港口的理货人代理完成的在港口对货物进行数量清点、货物残损检查、指导货物装舱积载,并制作有关单证等工作。理货人在理货业务中所使用和出具的单证称为理货单证,理货单证的主要种类包括:理货委托书,计量单、现场记录、日报单、待时记录、货物溢短单、货物残损单、货物积载图,以及分港卸货单、货物分舱单、分标志单、货物查询单等。

理货分为公证性理货和交接性理货。公证性理货是理货部门应车(船)方申请,代车(船)方办理理货工作,理货人只提供签证,证明货物交接实际情况,并不负担货物溢缺、残缺责任。交接性理货由交接双方各自派出理货人员代表本单位办理货物交接手续,并指导装卸人员合理堆踩,分票清楚,分清残损原因。例如,港口的库场理货,就是将出口货物交给船方,进口货物接卸入库、保管、转运、交付货主等,在交接过程中对货物的短溢、残损等情况如实记录,并取得责任方的确认。外轮理货是一项具有公正性的工作,对货物数量和残损能够起到公证的作用,所出具的单证具有法律效力。理货工作必须遵循实事求是的原则、船边交货的原则和一次鉴定原则。

2. 诉讼程序规范

【相关立法】

《中华人民共和国民事诉讼法》(19910409;20220101)

第二十四条 因合同纠纷提起的诉讼,由被告住所地或者合同履行地人民法院管辖。

【司法解释】

《最高人民法院关于海事法院受理案件范围的规定》(法释〔2016〕4号,20160301)

29. 海上、通海可航水域运输理货合同纠纷案件;

【适用要点】

理货合同纠纷属于典型的海商案件,该类纠纷应当由海事法院专门管辖。地域管辖应依照民事诉讼法有关地域管辖的规定确定有管辖权的海事法院。因理货合同纠纷提起的诉讼,应当由被告住所地或者合同履行地的海事法院管辖。

3. 港口理货业务经营人

【相关立法】

《中华人民共和国港口法》(20040101;20181229)

第二十五条 国务院交通主管部门应当制定港口理货服务标准和规范。

经营港口理货业务,应当按照规定报港口行政管理部门备案。

港口理货业务经营人应当公正、准确地办理理货业务;不得兼营本法第二十二条第三款规定的货物装卸经营业务和仓储经营业务。

第四十五条 港口经营人、港口理货业务经营人有本法规定的违法行为的,依照有关法律、行政法规的规定纳入信用记录,并予以公示。

【部门规章】

《港口经营管理规定》(交通运输部令2020年第21号,20210201)

第三条 本规定下列用语的含义是:

……

(三)港口理货业务经营人,是指为委托人提供货物交接过程中的点数和检查货物表面状况的理货服务的组织和个人。

……

第五条 国家鼓励港口经营性业务实行多家经营、公平竞争。港口经营人、港口理货业务经营人不得实施垄断行为。任何组织和部门不得以任何形式实施地区保护和部门保护。

第十六条 为船舶提供岸电、燃物料、生活品供应、水上船员接送及船舶污染物(含油污水、残油、洗舱水、生活污水及垃圾)接收、围油栏供应服务等船舶港口服务的单位,港口设施设备和机械租赁维修业务的单位以及港口理货业务经营人,应当向港口行政管理部门办理备案手续。港口行政管理部门应当建立备案情况档案。

从事船舶港口服务、港口设施设备和机械租赁维修的经营人以及港口理货业务经营人名称、固定经营场所、法定代表人、经营范围等事项发生变更或者终止经营的,应当在变更或者终止经营之日起 15 个工作日内办理变更备案。

第十七条 港口理货业务经营人不得兼营港口货物装卸经营业务和仓储经营业务。

第十八条 港口行政管理部门及相关部门应当保证港口公用基础设施的完好、畅通。

港口经营人、港口理货业务经营人以及从事船舶港口服务、港口设施设备和机械租赁维修的经营人应当按照核定的功能使用和维护港口经营设施、设备,并使其保持正常状态。

为国际航线船舶服务的码头(包括过驳锚地、浮筒),应当具备对外开放资格。

第三十条 港口经营人、港口理货业务经营人以及从事船舶港口服务、港口设施设备和机械租赁维修的经营人从事港口经营和理货等业务,应当遵守有关法律、法规、规章以及相关服务标准和规范的规定,依法履行合同约定的义务,公正、准确地办理港口经营和理货等业务,为客户提供公平、良好的服务。

第三十二条 港口经营人、港口理货业务经营人以及从事船舶港口服务、港口设施设备和机械租赁维修的经营人不得采取不正当手段,排挤竞争对手,限制或者妨碍公平竞争;不得对具有同等条件的服务对象实行歧视;不得以任何手段强迫他人接受其提供的港口服务。

第四十条 港口经营人、港口理货业务经营人以及从事船舶港口服务、港口设施设备和机械租赁维修的经营人有违反本规定行为的,港口行政管理部门依照有关法律、行政法规的规定将其信用信息录入水路运输信用信息管理系统,并予以公示。

【适用要点】

港口理货业务经营人,是指为委托人提供货物交接过程中的点数和检查货物表面状况的理货服务的组织和个人。港口理货业务经营人作为市场主体,享有商事主体正当的权利义务,履行法律规定的安全保障义务,并依法有序经营。根据交通运输部 2020 年修正发布的《港口经营管理规定》的规定,行政主管部门已经取消港口理货的经营许可,将经营港口理货业务许可改为备案,取消港口理货业务许可条件和许可程序等相关条款,并相应增加备案管理要求。有关部门对港口理货业务经营人的监管对于理货合同的效力不会产生影响。

4. 理货合同

【相关立法】

《中华人民共和国民法典》(20210101)

第四百六十七条 本法或者其他法律没有明文规定的合同,适用本编通则的规定,并可以参照适用本编或者其他法律最相类似合同的规定。

在中华人民共和国境内履行的中外合资经营企业合同、中外合作经营企业合同、中外合作勘探开发自然资源合同,适用中华人民共和国法律。

第五百七十七条 当事人一方不履行合同义务或者履行合同义务不符合约定的,应当承担继续履行、采取补救措施或者赔偿损失等违约责任。

第九百二十条 委托人可以特别委托受托人处理一项或者数项事务,也可以概括委托受托人处理一切事务。

第九百二十二条 受托人应当按照委托人的指示处理委托事务。需要变更委托人指示的,应当经委托人同意;因情况紧急,难以和委托人取得联系的,受托人应当妥善处理委托事务,但是事后应当将该情况及时报告委托人。

第九百二十四条 受托人应当按照委托人的要求,报告委托事务的处理情况。委托合同终止时,受托人应当报告委托事务的结果。

第九百二十八条 受托人完成委托事务的,委托人应当按照约定向其支付报酬。

因不可归责于受托人的事由,委托合同解除或者委托事务不能完成的,委托人应当向受托人支付相应的报酬。当事人另有约定的,按照其约定。

第九百三十条 受托人处理委托事务时,因不可归责于自己的事由受到损失的,可以向委托人请求赔偿损失。

【部门规章】

(1)《港口经营管理规定》（交通运输部令 2020 年第 21 号，20210201）

第三十一条 港口经营人、港口理货业务经营人以及从事船舶港口服务的经营人应当遵守国家有关港口经营价格和收费的规定，应当在其经营场所公布经营服务收费项目和收费标准，并通过多种渠道公开，使用国家规定的港口经营票据。

(2)《港口收费计费办法》（交水规〔2019〕2 号，20190401）

第三条 港口收费包括实行政府定价、政府指导价和市场调节价的经营服务性收费，其中实行政府定价的港口收费包括货物港务费、港口设施保安费；实行政府指导价的港口收费包括引航（移泊）费、拖轮费、停泊费和围油栏使用费；实行市场调节价的港口收费包括港口作业包干费、库场使用费、船舶供应服务费、船舶污染物接收处理服务费、理货服务费。

上述收费项目均应单独设项计收，港口经营人和引航机构不得超出以上范围另行设立港口收费项目。

港口经营人和引航机构要建立收费目录清单制度，采取公示栏、公示牌、价目表（册）或电子显示屏、电子触摸屏等方式，主动公示收费项目、对应服务内容和收费标准，接受社会监督。收费公示栏（含公示牌、电子显示屏、电子触摸屏等）要长期固定设置在收费场所以及港区内方便阅读的地方，尽可能独立置放，位置明显，字体端正规范。

【适用要点】

理货合同，是指提供理货服务的理货方，与船方、港方或者货方之间，就货物计数、检查货物残损、指导装舱积载、制作有关单证等事项达成的协议。理货的目的是对货物进出仓库或者装船、卸船及交付时的数量、状况等事实进行客观的记录，以保证相关货物的操作顺利进行，为船方、港方或者货方提供完成运输和交易所需的信息和单证。但理货人对货物的实际溢短、残损等不负责。审理理货合同纠纷案件的法律依据主要是民法典合同编关于委托合同的相关规定。实践中，如果因为理货方提供的理货服务不符合合同或者行业要求，或者理货方未按约获得报酬等，可能产生理货合同纠纷。在"放管服"的大背景下，港口收费逐渐由政府定价转向市场化定价。目前，港口理货服务费实行市场调节价。

二十七、船员劳务合同纠纷

1. 案由释义

船员劳务合同,是指船员与船舶所有人(包括光船承租人、船舶管理人、船舶经营人)就船员在船上提供服务,船舶所有人向船员支付工资或报酬的合同。此处的船员劳务合同是从广义上理解,既包括狭义的船员劳务合同即雇佣合同,也包括船员劳动合同。

2. 诉讼程序规范

【相关立法】

(1)《中华人民共和国海事诉讼特别程序法》(20000701)

第六条　海事诉讼的地域管辖,依照《中华人民共和国民事诉讼法》的有关规定。

下列海事诉讼的地域管辖,依照以下规定:

……

(五)因海船的船员劳务合同纠纷提起的诉讼,由原告住所地、合同签订地、船员登船港或者离船港所在地、被告住所地海事法院管辖;

……

(2)《中华人民共和国劳动法》(19950101;20181229)

第七十七条　用人单位与劳动者发生劳动争议,当事人可以依法申请调解、仲裁、提起诉讼,也可以协商解决。

调解原则适用于仲裁和诉讼程序。

第七十八条　解决劳动争议,应当根据合法、公正、及时处理的原则,依法维护劳动争议当事人的合法权益。

第七十九条 劳动争议发生后,当事人可以向本单位劳动争议调解委员会申请调解;调解不成,当事人一方要求仲裁的,可以向劳动争议仲裁委员会申请仲裁。当事人一方也可以直接向劳动争议仲裁委员会申请仲裁。对仲裁裁决不服的,可以向人民法院提起诉讼。

第八十条 在用人单位内,可以设立劳动争议调解委员会。劳动争议调解委员会由职工代表、用人单位代表和工会代表组成。劳动争议调解委员会主任由工会代表担任。

劳动争议经调解达成协议的,当事人应当履行。

第八十一条 劳动争议仲裁委员会由劳动行政部门代表、同级工会代表、用人单位方面的代表组成。劳动争议仲裁委员会主任由劳动行政部门代表担任。

第八十二条 提出仲裁要求的一方应当自劳动争议发生之日起六十日内向劳动争议仲裁委员会提出书面申请。仲裁裁决一般应在收到仲裁申请的六十日内作出。对仲裁裁决无异议的,当事人必须履行。

第八十三条 劳动争议当事人对仲裁裁决不服的,可以自收到仲裁裁决书之日起十五日内向人民法院提起诉讼。一方当事人在法定期限内不起诉又不履行仲裁裁决的,另一方当事人可以申请人民法院强制执行。

第八十四条 因签订集体合同发生争议,当事人协商解决不成,当地人民政府劳动行政部门可以组织有关各方协调处理。

因履行集体合同发生争议,当事人协商解决不成的,可以向劳动争议仲裁委员会申请仲裁;对仲裁裁决不服的,可以自收到仲裁裁决书之日起十五日内向人民法院提起诉讼。

(3)《中华人民共和国劳动合同法》(20080101;20130701)

第五十六条 用人单位违反集体合同,侵犯职工劳动权益的,工会可以依法要求用人单位承担责任;因履行集体合同发生争议,经协商解决不成的,工会可以依法申请仲裁、提起诉讼。

第七十七条 劳动者合法权益受到侵害的,有权要求有关部门依法处理,或者依法申请仲裁、提起诉讼。

(4)《中华人民共和国劳动争议调解仲裁法》(20080501)

第二条 中华人民共和国境内的用人单位与劳动者发生的下列劳动争议,适用本法:

(一)因确认劳动关系发生的争议;

（二）因订立、履行、变更、解除和终止劳动合同发生的争议；

（三）因除名、辞退和辞职、离职发生的争议；

（四）因工作时间、休息休假、社会保险、福利、培训以及劳动保护发生的争议；

（五）因劳动报酬、工伤医疗费、经济补偿或者赔偿金等发生的争议；

（六）法律、法规规定的其他劳动争议。

第五条　发生劳动争议，当事人不愿协商、协商不成或者达成和解协议后不履行的，可以向调解组织申请调解；不愿调解、调解不成或者达成调解协议后不履行的，可以向劳动争议仲裁委员会申请仲裁；对仲裁裁决不服的，除本法另有规定的外，可以向人民法院提起诉讼。

第六条　发生劳动争议，当事人对自己提出的主张，有责任提供证据。与争议事项有关的证据属于用人单位掌握管理的，用人单位应当提供；用人单位不提供的，应当承担不利后果。

第七条　发生劳动争议的劳动者一方在十人以上，并有共同请求的，可以推举代表参加调解、仲裁或者诉讼活动。

第十条　发生劳动争议，当事人可以到下列调解组织申请调解：

（一）企业劳动争议调解委员会；

（二）依法设立的基层人民调解组织；

（三）在乡镇、街道设立的具有劳动争议调解职能的组织。

企业劳动争议调解委员会由职工代表和企业代表组成。职工代表由工会成员担任或者由全体职工推举产生，企业代表由企业负责人指定。企业劳动争议调解委员会主任由工会成员或者双方推举的人员担任。

第十四条　经调解达成协议的，应当制作调解协议书。

调解协议书由双方当事人签名或者盖章，经调解员签名并加盖调解组织印章后生效，对双方当事人具有约束力，当事人应当履行。

自劳动争议调解组织收到调解申请之日起十五日内未达成调解协议的，当事人可以依法申请仲裁。

第十五条　达成调解协议后，一方当事人在协议约定期限内不履行调解协议的，另一方当事人可以依法申请仲裁。

第十六条　因支付拖欠劳动报酬、工伤医疗费、经济补偿或者赔偿金事项达成调解协议，用人单位在协议约定期限内不履行的，劳动者可以持调解协议书依法向人民法院申请支付令。人民法院应当依法发出支付令。

第二十一条　劳动争议仲裁委员会负责管辖本区域内发生的劳动争议。

劳动争议由劳动合同履行地或者用人单位所在地的劳动争议仲裁委员

会管辖。双方当事人分别向劳动合同履行地和用人单位所在地的劳动争议仲裁委员会申请仲裁的,由劳动合同履行地的劳动争议仲裁委员会管辖。

第二十二条　发生劳动争议的劳动者和用人单位为劳动争议仲裁案件的双方当事人。

劳务派遣单位或者用工单位与劳动者发生劳动争议的,劳务派遣单位和用工单位为共同当事人。

第二十三条　与劳动争议案件的处理结果有利害关系的第三人,可以申请参加仲裁活动或者由劳动争议仲裁委员会通知其参加仲裁活动。

第二十七条　劳动争议申请仲裁的时效期间为一年。仲裁时效期间从当事人知道或者应当知道其权利被侵害之日起计算。

前款规定的仲裁时效,因当事人一方向对方当事人主张权利,或者向有关部门请求权利救济,或者对方当事人同意履行义务而中断。从中断时起,仲裁时效期间重新计算。

因不可抗力或者有其他正当理由,当事人不能在本条第一款规定的仲裁时效期间申请仲裁的,仲裁时效中止。从中止时效的原因消除之日起,仲裁时效期间继续计算。

劳动关系存续期间因拖欠劳动报酬发生争议的,劳动者申请仲裁不受本条第一款规定的仲裁时效期间的限制;但是,劳动关系终止的,应当自劳动关系终止之日起一年内提出。

第二十九条　劳动争议仲裁委员会收到仲裁申请之日起五日内,认为符合受理条件的,应当受理,并通知申请人;认为不符合受理条件的,应当书面通知申请人不予受理,并说明理由。对劳动争议仲裁委员会不予受理或者逾期未作出决定的,申请人可以就该劳动争议事项向人民法院提起诉讼。

第四十三条　仲裁庭裁决劳动争议案件,应当自劳动争议仲裁委员会受理仲裁申请之日起四十五日内结束。案情复杂需要延期的,经劳动争议仲裁委员会主任批准,可以延期并书面通知当事人,但是延长期限不得超过十五日。逾期未作出仲裁裁决的,当事人可以就该劳动争议事项向人民法院提起诉讼。

仲裁庭裁决劳动争议案件时,其中一部分事实已经清楚,可以就该部分先行裁决。

第四十四条　仲裁庭对追索劳动报酬、工伤医疗费、经济补偿或者赔偿金的案件,根据当事人的申请,可以裁决先予执行,移送人民法院执行。

仲裁庭裁决先予执行的,应当符合下列条件:

(一)当事人之间权利义务关系明确;

（二）不先予执行将严重影响申请人的生活。

劳动者申请先予执行的，可以不提供担保。

第四十七条 下列劳动争议，除本法另有规定的外，仲裁裁决为终局裁决，裁决书自作出之日起发生法律效力：

（一）追索劳动报酬、工伤医疗费、经济补偿或者赔偿金，不超过当地月最低工资标准十二个月金额的争议；

（二）因执行国家的劳动标准在工作时间、休息休假、社会保险等方面发生的争议。

第四十八条 劳动者对本法第四十七条规定的仲裁裁决不服的，可以自收到仲裁裁决书之日起十五日内向人民法院提起诉讼。

第四十九条 用人单位有证据证明本法第四十七条规定的仲裁裁决有下列情形之一，可以自收到仲裁裁决书之日起三十日内向劳动争议仲裁委员会所在地的中级人民法院申请撤销裁决：

（一）适用法律、法规确有错误的；

（二）劳动争议仲裁委员会无管辖权的；

（三）违反法定程序的；

（四）裁决所根据的证据是伪造的；

（五）对方当事人隐瞒了足以影响公正裁决的证据的；

（六）仲裁员在仲裁该案时有索贿受贿、徇私舞弊、枉法裁决行为的。

人民法院经组成合议庭审查核实裁决有前款规定情形之一的，应当裁定撤销。

仲裁裁决被人民法院裁定撤销的，当事人可以自收到裁定书之日起十五日内就该劳动争议事项向人民法院提起诉讼。

第五十条 当事人对本法第四十七条规定以外的其他劳动争议案件的仲裁裁决不服的，可以自收到仲裁裁决书之日起十五日内向人民法院提起诉讼；期满不起诉的，裁决书发生法律效力。

第五十一条 当事人对发生法律效力的调解书、裁决书，应当依照规定的期限履行。一方当事人逾期不履行的，另一方当事人可以依照民事诉讼法的有关规定向人民法院申请执行。受理申请的人民法院应当依法执行。

【司法解释】

(1)《最高人民法院关于海事法院受理案件范围的规定》（法释〔2016〕4号，20160301）

24. 船员劳动合同、劳务合同（含船员劳务派遣协议）项下与船员登船、在船服务、离船遣返相关的报酬给付及人身伤亡赔偿纠纷案件；

(2)《最高人民法院关于适用〈中华人民共和国海事诉讼特别程序法〉若干问题的解释》（法释〔2003〕3 号，20030201；经法释〔2008〕18 号修正，20081231）

第八条　因船员劳务合同纠纷直接向海事法院提起的诉讼，海事法院应当受理。

(3)《最高人民法院关于审理涉船员纠纷案件若干问题的规定》（法释〔2020〕11 号，20200929）

第一条　船员与船舶所有人之间的劳动争议不涉及船员登船、在船工作、离船遣返，当事人直接向海事法院提起诉讼的，海事法院告知当事人依照《中华人民共和国劳动争议调解仲裁法》的规定处理。

第二条　船员与船舶所有人之间的劳务合同纠纷，当事人向原告住所地、合同签订地、船员登船港或者离船港所在地、被告住所地海事法院提起诉讼的，海事法院应予受理。

第五条　与船员登船、在船工作、离船遣返无关的劳动争议提交劳动争议仲裁委员会仲裁，仲裁庭根据船员的申请，就船员工资和其他劳动报酬、工伤医疗费、经济补偿或赔偿金裁决先予执行的，移送地方人民法院审查。

船员申请扣押船舶的，仲裁庭应将扣押船舶申请提交船籍港所在地或者船舶所在地的海事法院审查，或交地方人民法院委托船籍港所在地或者船舶所在地的海事法院审查。

(4)《最高人民法院关于扣押与拍卖船舶适用法律若干问题的规定》（法释〔2015〕6 号，20150301）

第四条　海事请求人申请扣押船舶的，海事法院应当责令其提供担保。但因船员劳务合同、海上及通海水域人身损害赔偿纠纷申请扣押船舶，且事实清楚、权利义务关系明确的，可以不要求提供担保。

(5)《最高人民法院关于审理劳动争议案件适用法律问题的解释（一）》（法释〔2020〕26 号，20210101）

第一条　劳动者与用人单位之间发生的下列纠纷，属于劳动争议，当事人不服劳动争议仲裁机构作出的裁决，依法提起诉讼的，人民法院应予受理：

（一）劳动者与用人单位在履行劳动合同过程中发生的纠纷；

（二）劳动者与用人单位之间没有订立书面劳动合同，但已形成劳动关系后发生的纠纷；

（三）劳动者与用人单位因劳动关系是否已经解除或者终止，以及应否支付解除或者终止劳动关系经济补偿金发生的纠纷；

（四）劳动者与用人单位解除或者终止劳动关系后，请求用人单位返还其收取的劳动合同定金、保证金、抵押金、抵押物发生的纠纷，或者办理劳动者的人事档案、社会保险关系等移转手续发生的纠纷；

（五）劳动者以用人单位未为其办理社会保险手续，且社会保险经办机构不能补办导致其无法享受社会保险待遇为由，要求用人单位赔偿损失发生的纠纷；

（六）劳动者退休后，与尚未参加社会保险统筹的原用人单位因追索养老金、医疗费、工伤保险待遇和其他社会保险待遇而发生的纠纷；

（七）劳动者因为工伤、职业病，请求用人单位依法给予工伤保险待遇发生的纠纷；

（八）劳动者依据劳动合同法第八十五条规定，要求用人单位支付加付赔偿金发生的纠纷；

（九）因企业自主进行改制发生的纠纷。

第二条　下列纠纷不属于劳动争议：

（一）劳动者请求社会保险经办机构发放社会保险金的纠纷；

（二）劳动者与用人单位因住房制度改革产生的公有住房转让纠纷；

（三）劳动者对劳动能力鉴定委员会的伤残等级鉴定结论或者对职业病诊断鉴定委员会的职业病诊断鉴定结论的异议纠纷；

（四）家庭或者个人与家政服务人员之间的纠纷；

（五）个体工匠与帮工、学徒之间的纠纷；

（六）农村承包经营户与受雇人之间的纠纷。

第三条　劳动争议案件由用人单位所在地或者劳动合同履行地的基层人民法院管辖。

劳动合同履行地不明确的，由用人单位所在地的基层人民法院管辖。

法律另有规定的，依照其规定。

第四条　劳动者与用人单位均不服劳动争议仲裁机构的同一裁决，向同一人民法院起诉的，人民法院应当并案审理，双方当事人互为原告和被告，对双方的诉讼请求，人民法院应当一并作出裁决。在诉讼过程中，一方当事人撤诉的，人民法院应当根据另一方当事人的诉讼请求继续审理。双方当事人就同一仲裁裁决分别向有管辖权的人民法院起诉的，后受理的人民法院应当将案件移送给先受理的人民法院。

第五条 劳动争议仲裁机构以无管辖权为由对劳动争议案件不予受理,当事人提起诉讼的,人民法院按照以下情形分别处理:

(一)经审查认为该劳动争议仲裁机构对案件确无管辖权的,应当告知当事人向有管辖权的劳动争议仲裁机构申请仲裁;

(二)经审查认为该劳动争议仲裁机构有管辖权的,应当告知当事人申请仲裁,并将审查意见书面通知该劳动争议仲裁机构;劳动争议仲裁机构仍不受理,当事人就该劳动争议事项提起诉讼的,人民法院应予受理。

第六条 劳动争议仲裁机构以当事人申请仲裁的事项不属于劳动争议为由,作出不予受理的书面裁决、决定或者通知,当事人不服依法提起诉讼的,人民法院应当分别情况予以处理:

(一)属于劳动争议案件的,应当受理;

(二)虽不属于劳动争议案件,但属于人民法院主管的其他案件,应当依法受理。

第七条 劳动争议仲裁机构以申请仲裁的主体不适格为由,作出不予受理的书面裁决、决定或者通知,当事人不服依法提起诉讼,经审查确属主体不适格的,人民法院不予受理;已经受理的,裁定驳回起诉。

第八条 劳动争议仲裁机构为纠正原仲裁裁决错误重新作出裁决,当事人不服依法提起诉讼的,人民法院应当受理。

第九条 劳动争议仲裁机构仲裁的事项不属于人民法院受理的案件范围,当事人不服依法提起诉讼的,人民法院不予受理;已经受理的,裁定驳回起诉。

第十条 当事人不服劳动争议仲裁机构作出的预先支付劳动者劳动报酬、工伤医疗费、经济补偿或者赔偿金的裁决,依法提起诉讼的,人民法院不予受理。

用人单位不履行上述裁决中的给付义务,劳动者依法申请强制执行的,人民法院应予受理。

第十一条 劳动争议仲裁机构作出的调解书已经发生法律效力,一方当事人反悔提起诉讼的,人民法院不予受理;已经受理的,裁定驳回起诉。

第十二条 劳动争议仲裁机构逾期未作出受理决定或仲裁裁决,当事人直接提起诉讼的,人民法院应予受理,但申请仲裁的案件存在下列事由的除外:

(一)移送管辖的;

(二)正在送达或者送达延误的;

（三）等待另案诉讼结果、评残结论的；

（四）正在等待劳动争议仲裁机构开庭的；

（五）启动鉴定程序或者委托其他部门调查取证的；

（六）其他正当事由。

当事人以劳动争议仲裁机构逾期未作出仲裁裁决为由提起诉讼的，应当提交该仲裁机构出具的受理通知书或者其他已接受仲裁申请的凭证、证明。

第十三条 劳动者依据劳动合同法第三十条第二款和调解仲裁法第十六条规定向人民法院申请支付令，符合民事诉讼法第十七章督促程序规定的，人民法院应予受理。

依据劳动合同法第三十条第二款规定申请支付令被人民法院裁定终结督促程序后，劳动者就劳动争议事项直接提起诉讼的，人民法院应当告知其先向劳动争议仲裁机构申请仲裁。

依据调解仲裁法第十六条规定申请支付令被人民法院裁定终结督促程序后，劳动者依据调解协议直接提起诉讼的，人民法院应予受理。

第十四条 人民法院受理劳动争议案件后，当事人增加诉讼请求的，如该诉讼请求与讼争的劳动争议具有不可分性，应当合并审理；如属独立的劳动争议，应当告知当事人向劳动争议仲裁机构申请仲裁。

第十五条 劳动者以用人单位的工资欠条为证据直接提起诉讼，诉讼请求不涉及劳动关系其他争议的，视为拖欠劳动报酬争议，人民法院按照普通民事纠纷受理。

第十六条 劳动争议仲裁机构作出仲裁裁决后，当事人对裁决中的部分事项不服，依法提起诉讼的，劳动争议仲裁裁决不发生法律效力。

第十七条 劳动争议仲裁机构对多个劳动者的劳动争议作出仲裁裁决后，部分劳动者对仲裁裁决不服，依法提起诉讼的，仲裁裁决对提起诉讼的劳动者不发生法律效力；对未提起诉讼的部分劳动者，发生法律效力，如其申请执行的，人民法院应当受理。

第十八条 仲裁裁决的类型以仲裁裁决书确定为准。仲裁裁决书未载明该裁决为终局裁决或者非终局裁决，用人单位不服该仲裁裁决向基层人民法院提起诉讼的，应当按照以下情形分别处理：

（一）经审查认为该仲裁裁决为非终局裁决的，基层人民法院应予受理；

（二）经审查认为该仲裁裁决为终局裁决的，基层人民法院不予受理，但应告知用人单位可以自收到不予受理裁定书之日起三十日内向劳动争议仲裁机构所在地的中级人民法院申请撤销该仲裁裁决；已经受理的，裁定驳回起诉。

第十九条 仲裁裁决书未载明该裁决为终局裁决或者非终局裁决,劳动者依据调解仲裁法第四十七条第一项规定,追索劳动报酬、工伤医疗费、经济补偿或者赔偿金,如果仲裁裁决涉及数项,每项确定的数额均不超过当地月最低工资标准十二个月金额的,应当按照终局裁决处理。

第二十条 劳动争议仲裁机构作出的同一仲裁裁决同时包含终局裁决事项和非终局裁决事项,当事人不服该仲裁裁决向人民法院提起诉讼的,应当按照非终局裁决处理。

第二十一条 劳动者依据调解仲裁法第四十八条规定向基层人民法院提起诉讼,用人单位依据调解仲裁法第四十九条规定向劳动争议仲裁机构所在地的中级人民法院申请撤销仲裁裁决的,中级人民法院应当不予受理;已经受理的,应当裁定驳回申请。

被人民法院驳回起诉或者劳动者撤诉的,用人单位可以自收到裁定书之日起三十日内,向劳动争议仲裁机构所在地的中级人民法院申请撤销仲裁裁决。

第二十二条 用人单位依据调解仲裁法第四十九条规定向中级人民法院申请撤销仲裁裁决,中级人民法院作出的驳回申请或者撤销仲裁裁决的裁定为终审裁定。

第二十三条 中级人民法院审理用人单位申请撤销终局裁决的案件,应当组成合议庭开庭审理。经过阅卷、调查和询问当事人,对没有新的事实、证据或者理由,合议庭认为不需要开庭审理的,可以不开庭审理。

中级人民法院可以组织双方当事人调解。达成调解协议的,可以制作调解书。一方当事人逾期不履行调解协议的,另一方可以申请人民法院强制执行。

第二十四条 当事人申请人民法院执行劳动争议仲裁机构作出的发生法律效力的裁决书、调解书,被申请人提出证据证明劳动争议仲裁裁决书、调解书有下列情形之一,并经审查核实的,人民法院可以根据民事诉讼法第二百三十七条规定,裁定不予执行:

(一)裁决的事项不属于劳动争议仲裁范围,或者劳动争议仲裁机构无权仲裁的;

(二)适用法律、法规确有错误的;

(三)违反法定程序的;

(四)裁决所根据的证据是伪造的;

(五)对方当事人隐瞒了足以影响公正裁决的证据的;

(六)仲裁员在仲裁该案时有索贿受贿、徇私舞弊、枉法裁决行为的;

（七）人民法院认定执行该劳动争议仲裁裁决违背社会公共利益的。

人民法院在不予执行的裁定书中，应当告知当事人在收到裁定书之次日起三十日内，可以就该劳动争议事项向人民法院提起诉讼。

第二十五条 劳动争议仲裁机构作出终局裁决，劳动者向人民法院申请执行，用人单位向劳动争议仲裁机构所在地的中级人民法院申请撤销的，人民法院应当裁定中止执行。

用人单位撤回撤销终局裁决申请或者其申请被驳回的，人民法院应当裁定恢复执行。仲裁裁决被撤销的，人民法院应当裁定终结执行。

用人单位向人民法院申请撤销仲裁裁决被驳回后，又在执行程序中以相同理由提出不予执行抗辩的，人民法院不予支持。

第二十六条 用人单位与其它单位合并的，合并前发生的劳动争议，由合并后的单位为当事人；用人单位分立为若干单位的，其分立前发生的劳动争议，由分立后的实际用人单位为当事人。

用人单位分立为若干单位后，具体承受劳动权利义务的单位不明确的，分立后的单位均为当事人。

第二十七条 用人单位招用尚未解除劳动合同的劳动者，原用人单位与劳动者发生的劳动争议，可以列新的用人单位为第三人。

原用人单位以新的用人单位侵权为由提起诉讼的，可以列劳动者为第三人。

原用人单位以新的用人单位和劳动者共同侵权为由提起诉讼的，新的用人单位和劳动者列为共同被告。

第二十八条 劳动者在用人单位与其他平等主体之间的承包经营期间，与发包方和承包方双方或者一方发生劳动争议，依法提起诉讼的，应当将承包方和发包方作为当事人。

第二十九条 劳动者与未办理营业执照、营业执照被吊销或者营业期限届满仍继续经营的用人单位发生争议的，应当将用人单位或者其出资人列为当事人。

第三十条 未办理营业执照、营业执照被吊销或者营业期限届满仍继续经营的用人单位，以挂靠等方式借用他人营业执照经营的，应当将用人单位和营业执照出借方列为当事人。

第三十一条 当事人不服劳动争议仲裁机构作出的仲裁裁决，依法提起诉讼，人民法院审查认为仲裁裁决遗漏了必须共同参加仲裁的当事人的，应当依法追加遗漏的人为诉讼当事人。

被追加的当事人应当承担责任的，人民法院应当一并处理。

第四十九条 在诉讼过程中,劳动者向人民法院申请采取财产保全措施,人民法院经审查认为申请人经济确有困难,或者有证据证明用人单位存在欠薪逃匿可能的,应当减轻或者免除劳动者提供担保的义务,及时采取保全措施。

人民法院作出的财产保全裁定中,应当告知当事人在劳动争议仲裁机构的裁决书或者在人民法院的裁判文书生效后三个月内申请强制执行。逾期不申请的,人民法院应当裁定解除保全措施。

第五十一条 当事人在调解仲裁法第十条规定的调解组织主持下达成的具有劳动权利义务内容的调解协议,具有劳动合同的约束力,可以作为人民法院裁判的根据。

当事人在调解仲裁法第十条规定的调解组织主持下仅就劳动报酬争议达成调解协议,用人单位不履行调解协议确定的给付义务,劳动者直接提起诉讼的,人民法院可以按照普通民事纠纷受理。

第五十二条 当事人在人民调解委员会主持下仅就给付义务达成的调解协议,双方认为有必要的,可以共同向人民调解委员会所在地的基层人民法院申请司法确认。

(6)《最高人民法院关于人民法院对经劳动争议仲裁裁决的纠纷准予撤诉或驳回起诉后劳动争议仲裁裁决从何时起生效的解释》(法释〔2000〕18号,20000719)

为正确适用法律审理劳动争议案件,对人民法院裁定准予撤诉或驳回起诉后,劳动争议仲裁裁决从何时起生效的问题解释如下:

第一条 当事人不服劳动争议仲裁裁决向人民法院起诉后又申请撤诉,经人民法院审查准予撤诉的,原仲裁裁决自人民法院裁定送达当事人之日起发生法律效力。

第二条 当事人因超过起诉期间而被人民法院裁定驳回起诉的,原仲裁裁决自起诉期间届满之次日起恢复法律效力。

第三条 因仲裁裁决确定的主体资格错误或仲裁裁决事项不属于劳动争议,被人民法院驳回起诉的,原仲裁裁决不发生法律效力。

【批复、答复】

用人单位与劳动者之间因社会保险引发的争议是否属于人民法院受理民事案件的范围?

《最高人民法院研究室关于王某与某公司劳动争议纠纷申请再审一案

适用法律问题的答复》（法研〔2011〕31 号,20110309）

甘肃省高级人民法院:

你院〔2010〕甘民申字第 416 号《关于王某与某公司劳动争议纠纷申请再审一案适用法律问题的请示》收悉。经研究,答复如下:

原则同意你院审委会的第一种意见,即根据《中华人民共和国劳动法》、《社会保险费征缴暂行条例》的有关规定,征缴社会保险费属于社会保险费征缴部门的法定职责,不属于人民法院受理民事案件的范围。另,建议你院可结合本案向有关社会保险费征缴部门发出司法建议,建议其针对当前用人单位与劳动者之间因社会保险引发争议所涉及的保险费征缴问题,加强调查研究,妥善处理类似问题,依法保护有关当事人的合法权益。

此复。

【适用要点】

因船员劳务合同纠纷提起的诉讼,由原告住所地、合同签订地、船员登船港或者离船港所在地、被告住所地海事法院管辖。

针对船员的诉讼请求,首先应当判断是否涉及上船服务、是否与船舶优先权有关。对于船员非因上船服务而产生的劳动争议案件以及非船员与船舶所有人或用工单位因劳动合同发生的争议,因均不涉及船舶优先权问题,属于一般劳动争议案件,应按照劳动法的规定与普通劳动争议案件一样实行仲裁前置。

对于船员劳动合同纠纷,如果与船员登船、在船工作、离船遣返无关,即争议不涉及船舶优先权问题的,法院应当告知当事人依照劳动争议调解仲裁法的规定,按"先裁后审"、"一裁两审"的程序处理。而对于船员劳务合同纠纷,因不属于劳动争议,仍由有管辖权的海事法院受理。与船员登船、在船工作、离船遣返无关的劳动争议提交劳动争议仲裁委员会仲裁,仲裁庭根据船员的申请,就船员工资和其他劳动报酬、工伤医疗费、经济补偿或赔偿金裁决先予执行的,移送地方人民法院审查。船员申请扣押船舶的,仲裁庭将扣押船舶申请提交船籍港所在地或者船舶所在地的海事法院审查,或交地方人民法院委托船籍港所在地或者船舶所在地的海事法院审查。需要注意的是,船员提出的诉讼请求可能同时涵盖与船舶优先权有关的事项和与船舶优先权无关的事项,为方便船员诉讼,避免要求船员拆分诉讼请求分别通过仲裁前置和直接诉讼的方式解决争议,海事法院可以对两类请求一并予以受理。

3. 船员的一般规定

【相关立法】

(1)《中华人民共和国海商法》(19930701)

第三十一条　船员,是指包括船长在内的船上一切任职人员。

第三十二条　船长、驾驶员、轮机长、轮机员、电机员、报务员,必须由持有相应适任证书的人担任。

第三十三条　从事国际航行的船舶的中国籍船员,必须持有中华人民共和国港务监督机构颁发的海员证和有关证书。

第三十四条　船员的任用和劳动方面的权利、义务,本法没有规定的,适用有关法律、行政法规的规定。

第三十五条　船长负责船舶的管理和驾驶。

船长在其职权范围内发布的命令,船员、旅客和其他在船人员都必须执行。

船长应当采取必要的措施,保护船舶和在船人员、文件、邮件、货物以及其他财产。

第三十六条　为保障在船人员和船舶的安全,船长有权对在船上进行违法、犯罪活动的人采取禁闭或者其他必要措施,并防止其隐匿、毁灭、伪造证据。

船长采取前款措施,应当制作案情报告书,由船长和两名以上在船人员签字,连同人犯送交有关当局处理。

第三十七条　船长应当将船上发生的出生或者死亡事件记入航海日志,并在两名证人的参加下制作证明书。死亡证明书应当附有死者遗物清单。死者有遗嘱的,船长应当予以证明。死亡证明书和遗嘱由船长负责保管,并送交家属或者有关方面。

第三十八条　船舶发生海上事故,危及在船人员和财产的安全时,船长应当组织船员和其他在船人员尽力施救。在船舶的沉没、毁灭不可避免的情况下,船长可以作出弃船决定;但是,除紧急情况外,应当报经船舶所有人同意。

弃船时,船长必须采取一切措施,首先组织旅客安全离船,然后安排船员离船,船长应当最后离船。在离船前,船长应当指挥船员尽力抢救航海日志、机舱日志、油类记录簿、无线电台日志、本航次使用过的海图和文件,以及贵重物品、邮件和现金。

第三十九条　船长管理船舶和驾驶船舶的责任,不因引航员引领船舶而解除。

第四十条 船长在航行中死亡或者因故不能执行职务时,应当由驾驶员中职务最高的人代理船长职务;在下一个港口开航前,船舶所有人应当指派新船长接任。

(2)《中华人民共和国劳动法》(19950101;20181229)

第三条 劳动者享有平等就业和选择职业的权利、取得劳动报酬的权利、休息休假的权利、获得劳动安全卫生保护的权利、接受职业技能培训的权利、享受社会保险和福利的权利、提请劳动争议处理的权利以及法律规定的其他劳动权利。

劳动者应当完成劳动任务,提高职业技能,执行劳动安全卫生规程,遵守劳动纪律和职业道德。

【行政法规】

《中华人民共和国船员条例》(20070901;20200327)

第四条 本条例所称船员,是指依照本条例的规定取得船员适任证书的人员,包括船长、高级船员、普通船员。

本条例所称船长,是指依照本条例的规定取得船长任职资格,负责管理和指挥船舶的人员。

本条例所称高级船员,是指依照本条例的规定取得相应任职资格的大副、二副、三副、轮机长、大管轮、二管轮、三管轮、通信人员以及其他在船舶上任职的高级技术或者管理人员。

本条例所称普通船员,是指除船长、高级船员外的其他船员。

第五条 船员应当依照本条例的规定取得相应的船员适任证书。

申请船员适任证书,应当具备下列条件:

(一)年满18周岁(在船实习、见习人员年满16周岁)且初次申请不超过60周岁;

(二)符合船员任职岗位健康要求;

(三)经过船员基本安全培训。

参加航行和轮机值班的船员还应当经过相应的船员适任培训、特殊培训,具备相应的船员任职资历,并且任职表现和安全记录良好。

国际航行船舶的船员申请适任证书的,还应当通过船员专业外语考试。

第六条 申请船员适任证书,可以向任何有相应船员适任证书签发权限的海事管理机构提出书面申请,并附送申请人符合本条例第五条规定条件的证明材料。对符合规定条件并通过国家海事管理机构组织的船员任职考试的,海事管理机构应当发给相应的船员适任证书及船员服务簿。

第七条 船员适任证书应当注明船员适任的航区(线)、船舶类别和等级、职务以及有效期限等事项。

参加航行和轮机值班的船员适任证书的有效期不超过5年。

船员服务簿应当载明船员的姓名、住所、联系人、联系方式、履职情况以及其他有关事项。

船员服务簿记载的事项发生变更的,船员应当向海事管理机构办理变更手续。

第八条 中国籍船舶的船长应当由中国籍船员担任。

第九条 中国籍船舶在境外遇有不可抗力或者其他特殊情况,无法满足船舶最低安全配员要求,需要由本船下一级船员临时担任上一级职务时,应当向海事管理机构提出申请。海事管理机构根据拟担任上一级船员职务船员的任职资历、任职表现和安全记录,出具相应的证明文件。

第十条 曾经在军用船舶、渔业船舶上工作的人员,或者持有其他国家、地区船员适任证书的船员,依照本条例的规定申请船员适任证书的,海事管理机构可以免除船员培训和考试的相应内容。具体办法由国务院交通主管部门另行规定。

第十一条 以海员身份出入国境和在国外船舶上从事工作的中国籍船员,应当向国家海事管理机构指定的海事管理机构申请中华人民共和国海员证。

申请中华人民共和国海员证,应当符合下列条件:

(一)是中华人民共和国公民;

(二)持有国际航行船舶船员适任证书或者有确定的船员出境任务;

(三)无法律、行政法规规定禁止出境的情形。

第十二条 海事管理机构应当自受理申请之日起7日内做出批准或者不予批准的决定。予以批准的,发给中华人民共和国海员证;不予批准的,应当书面通知申请人并说明理由。

第十三条 中华人民共和国海员证是中国籍船员在境外执行任务时表明其中华人民共和国公民身份的证件。中华人民共和国海员证遗失、被盗或者损毁的,应当向海事管理机构申请补发。船员在境外的,应当向中华人民共和国驻外使馆、领馆申请补发。

中华人民共和国海员证的有效期不超过5年。

第十四条 持有中华人民共和国海员证的船员,在其他国家、地区享有按照当地法律、有关国际条约以及中华人民共和国与有关国家签订的海运或者航运协定规定的权利和通行便利。

第十五条 在中国籍船舶上工作的外国籍船员,应当依照法律、行政法规和国家其他有关规定取得就业许可,并持有国务院交通主管部门规定的相应证书和其所属国政府签发的相关身份证件。

在中华人民共和国管辖水域航行、停泊、作业的外国籍船舶上任职的外国籍船员,应当持有中华人民共和国缔结或者加入的国际条约规定的相应证书和其所属国政府签发的相关身份证件。

第十六条 船员在船工作期间,应当符合下列要求:

(一)携带本条例规定的有效证件;

(二)掌握船舶的适航状况和航线的通航保障情况,以及有关航区气象、海况等必要的信息;

(三)遵守船舶的管理制度和值班规定,按照水上交通安全和防治船舶污染的操作规则操纵、控制和管理船舶,如实填写有关船舶法定文书,不得隐匿、篡改或者销毁有关船舶法定证书、文书;

(四)参加船舶应急训练、演习,按照船舶应急部署的要求,落实各项应急预防措施;

(五)遵守船舶报告制度,发现或者发生险情、事故、保安事件或者影响航行安全的情况,应当及时报告;

(六)在不严重危及自身安全的情况下,尽力救助遇险人员;

(七)不得利用船舶私载旅客、货物,不得携带违禁物品。

第十七条 船长在其职权范围内发布的命令,船舶上所有人员必须执行。

高级船员应当组织下属船员执行船长命令,督促下属船员履行职责。

第十八条 船长管理和指挥船舶时,应当符合下列要求:

(一)保证船舶和船员携带符合法定要求的证书、文书以及有关航行资料;

(二)制订船舶应急计划并保证其有效实施;

(三)保证船舶和船员在开航时处于适航、适任状态,按照规定保障船舶的最低安全配员,保证船舶的正常值班;

(四)执行海事管理机构有关水上交通安全和防治船舶污染的指令,船舶发生水上交通事故或者污染事故的,向海事管理机构提交事故报告;

(五)对本船船员进行日常训练和考核,在本船船员的船员服务簿内如实记载船员的履职情况;

（六）船舶进港、出港、靠泊、离泊,通过交通密集区、危险航区等区域,或者遇有恶劣天气和海况,或者发生水上交通事故、船舶污染事故、船舶保安事件以及其他紧急情况时,应当在驾驶台值班,必要时应当直接指挥船舶;

（七）保障船舶上人员和临时上船人员的安全;

（八）船舶发生事故,危及船舶上人员和财产安全时,应当组织船员和船舶上其他人员尽力施救;

（九）弃船时,应当采取一切措施,首先组织旅客安全离船,然后安排船员离船,船长应当最后离船,在离船前,船长应当指挥船员尽力抢救航海日志、机舱日志、油类记录簿、无线电台日志、本航次使用过的航行图和文件,以及贵重物品、邮件和现金。

第十九条　船长、高级船员在航次中,不得擅自辞职、离职或者中止职务。

第二十条　船长在保障水上人身与财产安全、船舶保安、防治船舶污染水域方面,具有独立决定权,并负有最终责任。

船长为履行职责,可以行使下列权力:

（一）决定船舶的航次计划,对不具备船舶安全航行条件的,可以拒绝开航或者续航;

（二）对船员用人单位或者船舶所有人下达的违法指令,或者可能危及有关人员、财产和船舶安全或者可能造成水域环境污染的指令,可以拒绝执行;

（三）发现引航员的操纵指令可能对船舶航行安全构成威胁或者可能造成水域环境污染时,应当及时纠正、制止,必要时可以要求更换引航员;

（四）当船舶遇险并严重危及船舶上人员的生命安全时,船长可以决定撤离船舶;

（五）在船舶的沉没、毁灭不可避免的情况下,船长可以决定弃船,但是,除紧急情况外,应当报经船舶所有人同意;

（六）对不称职的船员,可以责令其离岗。

船舶在海上航行时,船长为保障船舶上人员和船舶的安全,可以依照法律的规定对在船舶上进行违法、犯罪活动的人采取禁闭或者其他必要措施。

【批复、答复】

船员擅自开航是否属于超越职权范围的个人行为,轮船公司应否对船员的个人行为承担民事责任?

《最高人民法院关于船员私自承揽运输擅自开航的民事责任应否由轮

船公司承担问题的答复》（法函〔1995〕43号,19950421）

湖北省高级人民法院:

你院〔1995〕告申呈字第1号《关于国营四川涪陵轮船公司应否承担民事责任的请示》收悉。经研究,答复如下:

我国船舶航运主管部门对内河船舶船员的职责已有明确规定。在有关规定和运输企业的实务操作中,都没有给予船员(包括船长)对外承揽运输业务签订合同的职权。航行于我国境内各港口之间的船舶,除需服从所属航运企业内部职能部门的调度外,依据我国有关安全航行的法规的规定,还需经港务监督(或港航监督)部门的批准,办理进出港口签订手续。违反上述规定,船员私自承揽运输、擅自开航是超越职权范围的个人行为。"川陵四号"拖轮大副郑世荣图谋私利,私自承揽运输并对公司隐瞒事实,在公司调度室明确表示不同意出航的情况下,擅自开航,应对其超越职权范围的个人行为承担民事责任。轮船公司不应对船员的个人行为承担民事责任。

【部门规章】

《中华人民共和国渔业船员管理办法》（农业农村部令2022年第1号,20220107）

第四条 渔业船员实行持证上岗制度。渔业船员应当按照本办法的规定接受培训,经考试或考核合格、取得相应的渔业船员证书后,方可在渔业船舶上工作。

在远洋渔业船舶上工作的中国籍船员,还应当按照有关规定取得中华人民共和国海员证。

第五条 渔业船员分为职务船员和普通船员。

职务船员是负责船舶管理的人员,包括以下五类:

(一)驾驶人员,职级包括船长、船副、助理船副;

(二)轮机人员,职级包括轮机长、管轮、助理管轮;

(三)机驾长;

(四)电机员;

(五)无线电操作员。

职务船员证书分为海洋渔业职务船员证书和内陆渔业职务船员证书,具体等级职级划分见附件1。

普通船员是职务船员以外的其他船员。普通船员证书分为海洋渔业普通船员证书和内陆渔业普通船员证书。

第六条 渔业船员培训包括基本安全培训、职务船员培训和其他培训。

基本安全培训是指渔业船员都应当接受的任职培训,包括水上求生、船舶消防、急救、应急措施、防止水域污染、渔业安全生产操作规程等内容。

职务船员培训是指职务船员应当接受的任职培训,包括拟任岗位所需的专业技术知识、专业技能和法律法规等内容。

其他培训是指远洋渔业专项培训和其他与渔业船舶安全和渔业生产相关的技术、技能、知识、法律法规等培训。

第七条 申请渔业普通船员证书应当具备以下条件:

(一)年满18周岁(在船实习、见习人员年满16周岁)且初次申请不超过60周岁;

(二)符合渔业船员健康标准(见附件2);

(三)经过基本安全培训。

符合以上条件的,由申请者向渔政渔港监督管理机构提出书面申请。渔政渔港监督管理机构应当组织考试或考核,对考试或考核合格的,自考试成绩或考核结果公布之日起10个工作日内发放渔业普通船员证书。

第八条 申请渔业职务船员证书应当具备以下条件:

(一)持有渔业普通船员证书或下一级相应职务船员证书;

(二)初次申请不超过60周岁;

(三)符合任职岗位健康条件要求;

(四)具备相应的任职资历条件(见附件3),且任职表现和安全记录良好;

(五)完成相应的职务船员培训,在远洋渔业船舶上工作的驾驶和轮机人员,还应当接受远洋渔业专项培训。

符合以上条件的,由申请者向渔政渔港监督管理机构提出书面申请。渔政渔港监督管理机构应当组织考试或考核,对考试或考核合格的,自考试成绩或考核结果公布之日起10个工作日内发放相应的渔业职务船员证书。

第九条 航海、海洋渔业、轮机管理、机电、船舶通信等专业的院校毕业生申请渔业职务船员证书,具备本办法第八条规定的健康及任职资历条件的,可申请考核。经考核合格,按以下规定分别发放相应的渔业职务船员证书:

(一)高等院校本科毕业生按其所学专业签发一级船副、一级管轮、电机员、无线电操作员证书;

(二)高等院校专科(含高职)毕业生按其所学专业签发二级船副、二级管轮、电机员、无线电操作员证书;

(三)中等专业学校毕业生按其所学专业签发助理船副、助理管轮、电机员、无线电操作员证书。

内陆渔业船舶接收相应专业毕业生任职的,参照前款规定执行。

第十条 曾在军用船舶、交通运输船舶等非渔业船舶上任职的船员申请渔业船员证书,应当参加考核。经考核合格,由渔政渔港监督管理机构换发相应的渔业普通船员证书或渔业职务船员证书。

第十一条 申请海洋渔业船舶一级驾驶人员、一级轮机人员、电机员、无线电操作员证书以及远洋渔业职务船员证书的,由省级以上渔政渔港监督管理机构组织考试、考核、发证;其他渔业船员证书的考试、考核、发证权限由省级渔政渔港监督管理机构制定并公布,报农业农村部备案。

第十二条 渔业船员考试包括理论考试和实操评估。海洋渔业船员考试大纲由农业农村部统一制定并公布。内陆渔业船员考试大纲由省级渔政渔港监督管理机构根据本辖区的具体情况制定并公布。

渔业船员考核可由渔政渔港监督管理机构根据实际需要和考试大纲,选取适当科目和内容进行。

第十三条 渔业船员证书的有效期不超过5年。证书有效期满,持证人需要继续从事相应工作的,应当向有相应管理权限的渔政渔港监督管理机构申请换发证书。渔政渔港监督管理机构可以根据实际需要和职务知识技能更新情况组织考核,对考核合格的,换发相应渔业船员证书。

渔业船员证书期满5年后,持证人需要从事渔业船员工作的,应当重新申请原等级原职级证书。

第十四条 有效期内的渔业船员证书损坏或丢失的,应当凭损坏的证书原件或在原发证机关所在地报纸刊登的遗失声明,向原发证机关申请补发。补发的渔业船员证书有效期应当与原证书有效期一致。

第十五条 渔业船员证书格式由农业农村部统一制定。远洋渔业职务船员证书由农业农村部印制;其他渔业船员证书由省级渔政渔港监督管理机构印制。

第十六条 禁止伪造、变造、转让渔业船员证书。

第十七条 海洋渔业船舶应当满足本办法规定的职务船员最低配员标准(附件4)。内陆渔业船舶船员最低配员标准由各省级人民政府渔业行政主管部门根据本地情况制定,报农业农村部备案。

持有高等级职级船员证书的船员可以担任低等级职级船员职务。

渔业船舶所有人或经营人可以根据作业安全和管理的需要,增加职务船员的配员。

第十八条 渔业船舶在境外遇有不可抗力或其他持证人不能履行职务

的特殊情况,导致无法满足本办法规定的职务船员最低配员标准时,具备以下条件的船员,可以由船舶所有人或经营人向船籍港所在地省级渔政渔港监督管理机构申请临时担任上一职级职务:

(一)持有下一职级相应证书;

(二)申请之日前 5 年内,具有 6 个月以上不低于其船员证书所记载船舶、水域、职务的任职资历;

(三)任职表现和安全记录良好。

渔政渔港监督管理机构根据拟担任上一级职务船员的任职情况签发特免证明。特免证明有效期不得超过 6 个月,不得延期,不得连续申请。渔业船舶抵达中国第一个港口后,特免证明自动失效。失效的特免证明应当及时缴回签发机构。

一艘渔业船舶上同时持有特免证明的船员不得超过 2 人。

第十九条 中国籍渔业船舶的船长应当由中国籍公民担任。

外国籍公民在中国籍渔业船舶上工作,应当持有所属国政府签发的相关身份证件,在我国依法取得就业许可,并按本办法的规定取得渔业船员证书。持有中华人民共和国缔结或者加入的国际条约的缔约国签发的外国职务船员证书的,应当按照国家有关规定取得承认签证。承认签证的有效期不得超过被承认职务船员证书的有效期,当被承认职务船员证书失效时,相应的承认签证自动失效。

第二十条 渔业船舶所有人或经营人应当为在渔业船舶上工作的渔业船员建立基本信息档案,并报船籍港所在地渔政渔港监督管理机构或渔政渔港监督管理机构委托的服务机构备案。

渔业船员变更的,渔业船舶所有人或经营人应当在出港前 10 个工作日内报船籍港所在地渔政渔港监督管理机构或渔政渔港监督管理机构委托的服务机构备案,并及时变更渔业船员基本信息档案。

第二十一条 渔业船员在船工作期间,应当符合下列要求:

(一)携带有效的渔业船员证书;

(二)遵守法律法规和安全生产管理规定,遵守渔业生产作业及防治船舶污染操作规程;

(三)执行渔业船舶的管理制度和值班规定;

(四)服从船长及上级职务船员在其职权范围内发布的命令;

(五)参加渔业船舶应急训练、演习,落实各项应急预防措施;

(六)及时报告发现的险情、事故或者影响航行、作业安全的情况;

(七)在不严重危及自身安全的情况下,尽力救助遇险人员;

(八)不得利用渔业船舶私载、超载人员和货物,不得携带违禁物品;

(九)职务船员不得在生产航次中擅自辞职、离职或者中止职务。

第二十二条 渔业船员在船舶航行、作业、锚泊时应当按照规定值班。值班船员应当履行以下职责:

(一)熟悉并掌握船舶的航行与作业环境、航行与导航设施设备的配备和使用、船舶的操控性能、本船及邻近船舶使用的渔具特性,随时核查船舶的航向、船位、船速及作业状态;

(二)按照有关的船舶避碰规则以及航行、作业环境要求保持值班瞭望,并及时采取预防船舶碰撞和污染的相应措施;

(三)如实填写有关船舶法定文书;

(四)在确保航行与作业安全的前提下交接班。

第二十三条 船长是渔业安全生产的直接责任人,在组织开展渔业生产、保障水上人身与财产安全、防治渔业船舶污染水域和处置突发事件方面,具有独立决定权,并履行以下职责:

(一)确保渔业船舶和船员携带符合法定要求的证书、文书以及有关航行资料;

(二)确保渔业船舶和船员在开航时处于适航、适任状态,保证渔业船舶符合最低配员标准,保证渔业船舶的正常值班;

(三)服从渔政渔港监督管理机构依据职责对渔港水域交通安全和渔业生产秩序的管理,执行有关水上交通安全和防治船舶污染等规定;

(四)确保渔业船舶依法进行渔业生产,正确合法使用渔具渔法,在船人员遵守相关资源养护法律法规,按规定填写渔捞日志,并按规定开启和使用安全通导设备;

(五)在渔业船员证书内如实记载渔业船员的履职情况;

(六)按规定办理渔业船舶进出港报告手续;

(七)船舶进港、出港、靠泊、离泊,通过交通密集区、危险航区等区域,或者遇有恶劣天气和海况,或者发生水上交通事故、船舶污染事故、船舶保安事件以及其他紧急情况时,应当在驾驶台值班,必要时应当直接指挥船舶;

(八)发生水上安全交通事故、污染事故、涉外事件、公海登临和港口国检查时,应当立即向渔政渔港监督管理机构报告,并在规定的时间内提交书面报告;

(九)全力保障在船人员安全,发生水上安全事故危及船上人员或财产安全时,应当组织船员尽力施救;

(十)弃船时,船长应当最后离船,并尽力抢救渔捞日志、轮机日志、油类记录簿等文件和物品；

（十一）在不严重危及自身船舶和人员安全的情况下，尽力履行水上救助义务。

第二十四条 船长履行职责时，可以行使下列权力：

（一）当渔业船舶不具备安全航行条件时，拒绝开航或者续航；

（二）对渔业船舶所有人或经营人下达的违法指令，或者可能危及船员、财产或船舶安全，以及造成渔业资源破坏和水域环境污染的指令，可以拒绝执行；

（三）当渔业船舶遇险并严重危及船上人员的生命安全时，决定船上人员撤离渔业船舶；

（四）在渔业船舶的沉没、毁灭不可避免的情况下，报经渔业船舶所有人或经营人同意后弃船，紧急情况除外；

（五）责令不称职的船员离岗。

船长在其职权范围内发布的命令，船舶上所有人员必须执行。

第五十条 本办法中下列用语的含义是：

渔业船员，是指服务于渔业船舶，具有固定工作岗位的人员。

船舶长度，是指公约船长，即《渔业船舶国籍证书》所登记的"船长"。

主机总功率，是指所有用于推进的发动机持续功率总和，即《渔业船舶国籍证书》所登记"主机总功率"。

【典型案例】

因驾船过失导致事故，船公司能否要求船长承担民事赔偿责任？［深圳市源达船务有限公司与杨延春船员劳务合同纠纷案，（2008）广海法初字第118号］

在船员劳务合同履行过程中，因驾船过失导致事故，船长无须就相关事故损失向船公司承担民事赔偿责任。杨延春担任"富通2"轮船长，疏忽瞭望，导致船舶偏离航道而搁浅的事故，已有国家海事行政主管部门的结论性意见和行政处罚决定，即构成搁浅小事故、对杨延春处以罚款和扣留船员适任证书。杨延春作为"富通2"轮船长，仅是船公司聘请的劳务人员，双方权利义务关系的主要体现是杨延春向船公司提供劳务、船公司向其发放工资，杨延春不应对船公司的经营损失承担责任。

船公司对其公司运作以及公司员工负有管理的权利与责任，可以依法制定和完善公司的规章制度，并要求其员工遵守，以保障员工享有劳动权利、履行劳动义务。但是，对于船公司在制定、修改或者决定有关劳动报酬、工作时间、劳动安全卫生、劳动纪律以及劳动定额管理等直接涉及劳动者切身利益的规章制度或者重大事项时，应当经职工代表大会或者全体职工讨论，提出方案和意见，与工会或者职工代表平等协商确定。对于直接涉及劳动者切身利益的规章制度和重大事项，船公司应当公示或者告知劳动者，以使劳动者知悉其具体内容，以便切实遵循。船公司制定的《船员奖惩规定》，显然直接涉及劳动者的切身利益，并且，没有证据显示船公司在制定《船员奖惩规定》等规章制度时，经过了职工代表大会或者全体职工讨论，亦无证据显示这些规章制度是船公司与工会或职工代表平等协商确定的。船公司不得依据其单方制定、船员并不知情的内部规章制度对船员进行处罚。

【适用要点】

从劳动法的角度讲，船员和船长均属于劳动者。船员条例第四条第一款对于船员的定义十分明确："本条例所称船员，是指依照本条例的规定取得船员适任证书的人员，包括船长、高级船员、普通船员。"如果船员与用人单位之间成立劳动合同关系，而非雇佣合同关系，船员应当具备劳动者的身份，船员和用人单位之间的关系应当纳入劳动法调整的范围。法院审理船员劳动合同纠纷案件应当注意既要以劳动法、劳动合同法的规定作为总的指导原则，又要注意把握海商法、船员条例等特别法的规定，关注船员作为劳动者的特殊性。海商法、船员条例等对于船员的特别规定，是确认劳动者权利义务的重要依据，同时也是判断劳动合同履行过程中劳动者是否具有过错的重要依据。

4. 船员劳动合同与船员劳务合同的区分

【司法解释】

(1)《最高人民法院关于审理涉船员纠纷案件若干问题的规定》(法释〔2020〕11号,20200929)

第一条　船员与船舶所有人之间的劳动争议不涉及船员登船、在船工作、离船遣返，当事人直接向海事法院提起诉讼的，海事法院告知当事人依照《中华人民共和国劳动争议调解仲裁法》的规定处理。

第二条　船员与船舶所有人之间的劳务合同纠纷，当事人向原告住所地、合同签订地、船员登船港或者离船港所在地、被告住所地海事法院提起诉讼的，海事法院应予受理。

第三条　船员服务机构仅代理船员办理相关手续，或者仅为船员提供就业信息,且不属于劳务派遣情形,船员服务机构主张其与船员仅成立居间或委托合同关系的,应予支持。

第十七条 船员与船舶所有人之间的劳动合同具有涉外因素,当事人请求依照《中华人民共和国涉外民事关系法律适用法》第四十三条确定应适用的法律的,应予支持。

船员与船舶所有人之间的劳务合同,当事人没有选择应适用的法律,当事人主张适用劳务派出地、船舶所有人主营业地、船旗国法律的,应予支持。

船员与船员服务机构之间,以及船员服务机构与船舶所有人之间的居间或委托协议,当事人未选择应适用的法律,当事人主张适用与该合同有最密切联系的法律的,应予支持。

第十八条 本规定中的船舶所有人,包括光船承租人、船舶管理人、船舶经营人。

(2)《最高人民法院关于审理劳动争议案件适用法律问题的解释(一)》(法释〔2020〕26 号,20210101)

第三十二条 用人单位与其招用的已经依法享受养老保险待遇或者领取退休金的人员发生用工争议而提起诉讼的,人民法院应当按劳务关系处理。

企业停薪留职人员、未达到法定退休年龄的内退人员、下岗待岗人员以及企业经营性停产放长假人员,因与新的用人单位发生用工争议而提起诉讼的,人民法院应当按劳动关系处理。

【批复、答复】

具有从事对外劳务合作经营资格的船员外派服务机构是否为劳动者的用工单位?

《最高人民法院关于仰海水与北京市鑫裕盛船舶管理有限公司之间是否为劳动合同关系的请示的复函》(〔2011〕民四他字第 4 号,20110503)

天津市高级人民法院:

你院〔2011〕津高民四他字第 2 号《关于仰海水与北京市鑫裕盛船舶管理有限公司之间是否为劳动合同关系的请示报告》收悉。经研究,答复如下:

北京鑫裕盛船舶管理公司(以下简称鑫裕盛公司)与 Ofer Ships Management Inc 及 Ofer(Ships Hoding)Ltd 签订《船员招募合同》,约定鑫裕盛公司为其招募合格船员。2008 年 7 月 14 日,鑫裕盛公司与仰海水签订《船员聘用合同》,约定鑫裕盛公司负责仰海水的外派工作、监督仰海水在外派期间的行为并协助其办理出境手续及相关证件。2008 年 7 月 15 日,鑫裕盛公司安排仰海水前往以色列 Ofer(Ships Hoding)Ltd 所属的"ZIM LIVOR- NO"轮工作,之后,Ofer Ships Management Inc 与仰海水签订《船员雇佣合同》。根据上述合同约定,鑫裕盛公司为劳务派遣单位,Ofer Ships Management Inc 及 Ofer(Ships Hoding)Ltd 为用人单位,仰海水为劳动者。

我国《劳动合同法》第五十八条规定:"劳务派遣单位是本法所称用人单位,应当履行用人单位对劳动者的义务。劳务派遣单位与被派遣劳动者订立的劳动合同,除应当载明本法第十七条规定的事项外,还应当载明被派遣劳动者的用工单位以及派遣期限、工作岗位等情况。"根据上述规定,劳务派遣单位属于用人单位的,应当履行用人单位对劳动者的义务。根据交通运输部颁布的《船员服务管理规定》,船员服务机构向船员提供船员服务业务,应当与船员签订船员服务协议。本案鑫裕盛公司是具有从事对外劳务合作经营资格的船员外派服务机构,不是劳动者的用工单位。因此,仰海水与鑫裕盛公司签订的《船员聘用合同》为船员服务合同,不属于船员劳务合同,也不属于船员劳动合同,不适用《劳动合同法》的规定。对涉案纠纷,按照鑫裕盛公司与仰海水签订的《船员聘用合同》约定,并根据有关法律规定,依法审理。

此复。

【其他规定】

《海峡两岸渔船船员劳务合作协议》(201003)

为维护海峡两岸渔船船员、渔船船主正当权益,促进两岸渔船船员劳务合作,海峡两岸关系协会与财团法人海峡交流基金会就两岸渔船船员劳务合作事宜,经平等协商,达成协议如下:

一、合作范围

双方同意在符合双方各自雇用渔船船员规定下,进行近海、远洋渔船船员(以下简称船员)劳务合作,并对近海与远洋劳务合作分别采取不同的管理方式。

二、合作方式

双方同意两岸船员劳务合作应通过双方各自确定的经营主体办理,并各自建立风险保证制度约束其经营主体。

三、合同(契约)要件

双方同意商定船员劳务合作合同(契约)要件。

四、权益保障

(一)双方同意保障船员以下基本权益:

1. 船员受签订合同(契约)议定的工资保护;
2. 同船同职务船员在船上享有相同福利及劳动保护;
3. 在指定场所休息、整补或回港避险;
4. 人身意外及医疗保险;
5. 往返交通费;
6. 船主应履行合同(契约)的义务;
7. 双方商定的其他权益。

(二)双方同意保障渔船船主(以下简称船主)以下基本权益:
1. 船员体检及技能培训应符合双方各自规定;
2. 船员应遵守相关管理规定;
3. 船员应接受船主、船长合理的指挥监督;
4. 船员应履行合同(契约)的义务;
5. 双方商定的其他权益。

五、核发证件

双方同意各自核发船员身份或查验证件。

六、协调机制

双方同意各自建立船员、船主申诉制度和两岸船员劳务合作突发事件处理机制,并指导经营主体解决劳务纠纷和突发事件。

如遇重大安全事件等情形,双方应及时通报,共同采取措施,妥善处理。并严格处理违反协议的经营主体。

七、交流互访

双方同意定期进行工作会晤、交流互访,评估协议执行情况。

八、文书格式

双方同意信息通报、查询及业务联系,使用商定的文书格式。

九、联系主体

(一)本协议议定事项,由双方业务主管部门指定的联络人相互联系实施,经双方同意可指定其他单位负责实施。

(二)本协议其他事宜,由海峡两岸关系协会与财团法人海峡交流基金会联系。

十、协议履行及变更

(一)双方应遵守协议。协议附件与本协议具有同等效力。

(二)协议变更,应经双方协商同意,并以书面方式确认。

十一、争议解决

因适用本协议所生争议,双方应尽速协商解决。

十二、未尽事宜

本协议如有未尽事宜,双方可以适当方式另行商定。

十三、签署生效

本协议自签署之日起各自完成相关准备后生效,最迟不超过九十日。

本协议于十二月二十二日签署,一式四份,双方各执两份。

附件:

海峡两岸渔船船员劳务合作具体安排

根据本协议第二条、第三条、第四条、第五条、第六条,双方议定具体安排如下:

一、经营主体

大陆方面经营主体为业务主管部门核准的渔船船员劳务合作经营公司,台湾方面经营主体为业务主管部门核准的中介机构。

双方将在协议签署后尽快交换并公布经营主体名单。

二、合同(契约)种类

两岸船员劳务合作须签订以下合同(契约):

(一)经营公司与中介机构签订劳务合作合同(契约);

(二)经营公司与船员签订外派劳务合同(契约);

(三)船主与船员签订劳务合同(契约);

(四)中介机构与船主签订委托劳务合同(契约)。

三、合同(契约)要件

(一)经营公司与中介机构签订劳务合作合同(契约)要件如下:

1. 船主名称、服务船舶名称、作业渔场区域、拟雇佣船员的职务及合同(契约)期限;

2. 船员资格条件及应遵守事项;

3. 应给付船员工资额度及支付方式;船员人身意外及医疗保险;船员往返双方口岸及返乡交通费分担标准;

4. 船员及船主基本权益保障事项;

5. 船主及船员违约处理;

6. 可归责船员或船主的故意或重大过失行为造成对方损失,由经营公司与船员或中介机构与船主负连带赔偿责任;

7. 纠纷调处及违反合同(契约)处理;

8. 其他经双方议定事项。

(二)船主与船员签订劳务合同(契约)要件如下:

1. 船主名称、船员姓名及其住址、服务船舶名称、作业渔场区域、船员的职务及合同(契约)期限;

2. 船员工资、人身意外及医疗保险、交通费和支付方式;

3. 船员劳动保护、在暂置场所休息和避险的权利、食宿、福利;

4. 船员遵守事项;

5. 船主提供福利;

6. 纠纷调处及违反合同(契约)处理;

7. 其他经双方议定事项。

四、证件查验

近海船员须持登轮作业证件领取当地查验证件;远洋船员须持海员证件。在双方商定的过渡期内,近海船员可持登轮作业证件或身份证件领取当地查验证件。

五、船员人身意外及医疗保险

双方共同议定船员人身意外及医疗保险等事项。

六、转船程序

双方同意严格界定船员合理转船和违规转船事项,具体程序由双方商定。

七、接驳船舶

双方同意船员接驳船舶须符合对客船等有关技术安全标准要求,并持有相关主管部门颁发的可搭载非本船船员人数的证明文件。

八、近海船员登船港口

大陆方面近海船员登船港口为:福建省福州平潭东澳、厦门东渡同益、漳州漳浦旧镇、泉州惠安崇武、莆田湄州宫下、宁德霞浦三沙、宁德福鼎沙埕;浙江省舟山沈家门、温州霞关。

近海登船港口可视需要调整,并知会对方。

九、暂置场所

(一)台湾方面岸置处所为:宜兰县南方澳渔港、基隆市八斗子渔港、新竹市新竹渔港、台中县梧栖渔港、高雄市前镇渔港及屏东县东港渔港。

(二)台湾方面划设暂置区域之渔港为:基隆市长潭里渔港、外木山渔港;台北县淡水第二渔港、富基渔港、磺港渔港、野柳渔港、东澳渔港、龟吼渔港、万里渔港、深澳渔港、鼻头渔港、龙洞渔港、澳底渔港;桃园县永安渔港;云林县箔子寮渔港;台南县将军渔港;台南市安平渔港;高雄县兴达渔港;台东县伽蓝渔港、新港渔港、大武渔港、小港渔港;花莲县花莲渔港;宜兰县大溪渔港、大里渔港、石城渔港、乌石渔港、梗枋渔港;澎湖县马公渔港、锁港渔港、桶盘渔港、山水渔港、龙门渔港、鸟屿渔港、竹湾渔港、风柜东渔港、潭门渔港、七美渔港、虎井渔港、南北寮渔港、沙港东渔港、赤崁渔港、吉贝渔港、横礁渔港、合界渔港、小门渔港、大池渔港、赤马渔港、内垵北渔港、内垵南渔港、外垵渔港、将军南渔港、东屿坪渔港、花屿渔港;连江县东引中柱港、莒光青帆渔港、福澳渔港、北竿后澳渔港。

(三)船员第一次进港台湾方面查验渔港为:宜兰县南方澳渔港、大溪第二渔港;基隆市八斗子渔港;台北县淡水第二渔港、澳底渔港、野柳渔港、磺港渔港、深澳渔港;桃园县永安渔港;新竹市新竹渔港;台中县梧栖渔港;云林县箔子寮渔港;台南县将军渔港;台南市安平渔港;高雄县兴达渔港;高雄市高雄港第二港口;屏东县东港渔港;台东县伽蓝渔港、新港渔港;花莲县花莲渔港;澎湖县马公渔港、桶盘渔港、龙门渔港、鸟屿渔港、潭门渔港、七美渔港、虎井渔港、赤崁渔港、吉贝渔港、小门渔港、内垵南渔港、外垵渔港、将军南渔港、东屿坪渔港、花屿渔港;连江县东引中柱港、福澳渔港。

暂置场所可视需要调整,并知会对方。

十、过渡安排

本协议签署生效后,双方应尽快交换经营主体风险保证制度等相关规定。台湾方面负责将已在台湾近海渔船工作的大陆船员进行登记并与大陆方面交流有关资讯。同时,台湾船主应根据规定为已在台湾近海渔船作业尚未办理保险的大陆船员办理保险,并要求上述船员合同(契约)期满后返回大陆。如需雇用,需依本协议办理。

【典型案例】

(1)对于船员因与上下船和在船服务无直接关系的劳动争议纠纷,海事法院是否有管辖权?[董立舰与中远海运船员管理有限公司大连分公司劳动合同纠纷案,(2020)最高法民申580号]

根据《最高人民法院关于海事法院受理案件范围的规定》第二十四项的规定,船员劳动合同、劳务合同(含船员劳务派遣协议)项下与船员登船、在船服务、离船遣返相关的报酬给付及人身伤亡赔偿纠纷案件属于海事法院的受理案件范围。该条规定对海事法院受理该类案件的范围进行具体限制,排除海事法院受理船员因与上下船和在船服务无直接关系的纠纷。本案中,董立舰提出的七项诉讼请求属于其与用人单位之间就不在船期间的社会保险、福利、经济补偿等发生的争议,与船员上下船和在船服务并不相关,故本案不属于海事法院的受理范围。海事诉讼特别程序法第六条第二款第(五)项规定,"因海船的船员劳务合同纠纷提起的诉讼,由原告住所地、合同签订地……被告住所地海事法院管辖"。该条规定系对船员劳务合同纠纷案件地域管辖的规定,并未明确船员劳务合同纠纷的具体范围。《最高人民法院关于海事法院受理案件范围的规定》对海事法院受理的船员劳动合同、劳务合同纠纷范围进行了限制,与海事诉讼特别程序法并不冲突。故董立舰关于依据海事诉讼特别程序法等相关法律规定,主张案涉纠纷属于海事法院受案范围,不予支持。

劳动争议调解仲裁法第五条规定:"发生劳动争议,当事人不愿协商、协商不成或者达成和解协议后不履行的,可以向调解组织申请调解;不愿调解、调解不成或者达成调解协议后不履行的,可以向劳动争议仲裁委员会申请仲裁;对仲裁裁决不服的,除本法另有规定的外,可以向人民法院提起诉讼。"根据上述规定,劳动争议仲裁系诉讼的前置程序。本案中,董立舰系在未提交证据材料证明其已申请劳动争议仲裁的情况下,直接向海事法院提起诉讼。法院根据相关法律规定裁定驳回董立舰的起诉,并释明可向其他主管机关申请解决。

(2) 当事人提起的涉及确认违法解除劳动合同及请求赔偿金的船员劳务合同纠纷,可否由海事法院一并管辖?[沧州渤海新区福海渔业有限公司与赵福来船员劳务合同纠纷案,(2018)津民终 229 号]

针对船员诉请中既包含与船员登船、在船服务、离船遣返相关的报酬给付,又包含确认解除劳动合同及支付经济赔偿金等诉求的纠纷,法院从保护船员权益、减少当事人诉累角度,可以由海事法院一并管辖。长期以来,海事审判实务针对船员诉请中既包含与船员登船、在船服务、离船遣返相关的报酬给付,又包含确认解除劳动合同及支付经济赔偿金等诉求的纠纷,是由海事法院一并管辖还是拆分诉讼,做法不一。《最高人民法院关于审理涉船员纠纷案件若干问题的规定》规定,为方便船员诉讼,针对此种情形,应避免要求船员拆分诉讼请求分别通过仲裁前置和直接诉讼的方式解决争议。本案受理时该司法解释尚未出台,但法官从保护船员权益、减少当事人诉累角度,依法认定纠纷由海事法院一并管辖。此做法契合了司法解释精神,方便当事人诉讼,使船员不需再辗转于劳动仲裁委、地方法院和海事法院之间进行立案,降低船员主张权利的成本和诉累,更好地保护船员的权益。

(3) 船员外派劳务合同是否属于劳动法调整范围?[张美珍等与福建省泉州中泉国际经济技术合作(集团)有限公司船员劳务合同纠纷案,(2013)厦海法商初字第 1 号]

渔船船员劳务合作经营公司组织未与其建立劳动关系的渔船船员赴我

国台湾地区渔船工作的,应依照《海峡两岸渔船船员劳务合作协议》与渔船船员签订外派劳务合同。涉台渔船船员外派劳务合同是一种平等主体之间基于合同而建立的民事法律关系,应认定为船员服务合同,属民法调整的范围,而不属于劳动法调整。本案中,张伟新在外派劳务之前并未与被告中泉公司建立劳动关系。本案合同中也无原告和被告之间关于支付工资、办理社会保险等体现劳动权利义务的具体约定。张伟新与被告中泉公司所签订的外派劳务合同既有别于劳动合同,也有别于仅提供订约机会的居间合同,而应属于服务合同。

【适用要点】

　　长期以来,在海事立法和海事审判领域,只有广义的船员劳务合同纠纷的概念。即"船员劳务合同"既涵盖了船员劳务合同,也可以称为船员雇佣合同,主要包括境外船公司与中国船员、境外船公司与外国船员之间的合同,从事沿海内河运输的个人船东、从事渔业捕捞的个人船东等临时雇用船员提供服务等形式,同时涵盖船员劳动合同纠纷。这两类争议一直是由海事法院直接受理。2016年《最高人民法院关于海事法院受理案件范围的规定》正式将"船员劳动合同"与"船员劳务合同"进行了区分。《最高人民法院关于审理涉船员纠纷案件若干问题的规定》对于两类不同性质的争议应分别确定何种不同的争议解决方式作出了明确规定,对于船员劳动合同纠纷,如果与船员登船、在船工作、离船遣返无关,即争议不涉及船舶优先权问题的,应当依照《中华人民共和国劳动争议调解仲裁法》的规定,"先裁后审"。而对于船员劳务合同纠纷,因不属于劳动争议,依该司法解释第二条规定,仍由有管辖权的海事法院受理。另外一个需要注意的问题是,具有从事对外劳务合作经营资格的船员外派服务机构,不是劳动者的用工单位,其与船员签订的船员服务合同,既不属于船员劳务合同,也不属于船员劳动合同,不适用劳动合同法的规定。

5. 船员的船舶优先权

【相关立法】

《中华人民共和国海商法》(19930701)

　　第二十一条　船舶优先权,是指海事请求人依照本法第二十二条的规定,向船舶所有人、光船承租人、船舶经营人提出海事请求,对产生该海事请求的船舶具有优先受偿的权利。

　　第二十二条　下列各项海事请求具有船舶优先权:

（一）船长、船员和在船上工作的其他在编人员根据劳动法律、行政法规或者劳动合同所产生的工资、其他劳动报酬、船员遣返费用和社会保险费用的给付请求；

（二）在船舶营运中发生的人身伤亡的赔偿请求；

（三）船舶吨税、引航费、港务费和其他港口规费的缴付请求；

（四）海难救助的救助款项的给付请求；

（五）船舶在营运中因侵权行为产生的财产赔偿请求。

载运2000吨以上的散装货油的船舶，持有有效的证书，证明已经进行油污损害民事责任保险或者具有相应的财务保证的，对其造成的油污损害的赔偿请求，不属于前款第（五）项规定的范围。

第二十三条 本法第二十二条第一款所列各项海事请求，依照顺序受偿。但是，第（四）项海事请求，后于第（一）项至第（三）项发生的，应当先于第（一）项至第（三）项受偿。

本法第二十二条第一款第（一）、（二）、（三）、（五）项中有两个以上海事请求的，不分先后，同时受偿；不足受偿的，按照比例受偿。第（四）项中有两个以上海事请求的，后发生的先受偿。

第二十四条 因行使船舶优先权产生的诉讼费用，保存、拍卖船舶和分配船舶价款产生的费用，以及为海事请求人的共同利益而支付的其他费用，应当从船舶拍卖所得价款中先行拨付。

第二十五条 船舶优先权先于船舶留置权受偿，船舶抵押权后于船舶留置权受偿。

前款所称船舶留置权，是指造船人、修船人在合同另一方未履行合同时，可以留置所占有的船舶，以保证造船费用或者修船费用得以偿还的权利。船舶留置权在造船人、修船人不再占有所造或者所修的船舶时消灭。

第二十六条 船舶优先权不因船舶所有权的转让而消灭。但是，船舶转让时，船舶优先权自法院应受让人申请予以公告之日起满六十日不行使的除外。

第二十七条 本法第二十二条规定的海事请求权转移的，其船舶优先权随之转移。

第二十八条 船舶优先权应当通过法院扣押产生优先权的船舶行使。

第二十九条 船舶优先权，除本法第二十六条规定的外，因下列原因之一而消灭：

（一）具有船舶优先权的海事请求，自优先权产生之日起满一年不行使；

（二）船舶经法院强制出售；

（三）船舶灭失。

前款第（一）项的一年期限，不得中止或者中断。

第三十条 本节规定不影响本法第十一章关于海事赔偿责任限制规定的实施。

【司法解释】

《最高人民法院关于审理涉船员纠纷案件若干问题的规定》（法释〔2020〕11号，20200929）

第六条 具有船舶优先权的海事请求，船员未依照《中华人民共和国海商法》第二十八条的规定请求扣押产生船舶优先权的船舶，仅请求确认其在一定期限内对该产生船舶优先权的船舶享有优先权的，应予支持。

前款规定的期限自优先权产生之日起以一年为限。

【重点解读】

海商法规定，船舶优先权通过扣押船舶的方式来行使。但一律要求通过扣押船舶来行使船舶优先权，近年来出现了一些引发思考的新现象。一是船员请求的各项费用的数额较低，与船舶的价值、扣押船舶对船舶造成的不利影响严重不成比例，且船东与船员一般能就拖欠的工资达成分期或延期付款协议；二是船员在向法院主张船舶优先权时船舶下落不明，船舶优先权无法行使；三是虽然明知船舶下落，但因船舶正在国外进行生产经营或躲避债务，致使扣押措施无法实施；四是船舶已经因其他原因被扣押，无须再行扣押等。为此，海事审判中逐渐出现了一些将船舶优先权的确认和船舶优先权的行使相分离的做法，即船员仅请求对具有优先权性质的债权进行司法确认，并未同时申请对船舶进行扣押的，予以准许。支持这种做法的观点认为，这既有利于船员权益的保护，也有利于通过船舶正常持续经营清偿最终债务，对船员和船东均有利。反对这种做法的观点认为，第一，船舶优先权具有隐蔽性，如允许当事人仅请求确认船舶优先权而不扣船，船舶优先权无法让外人知悉，司法确认的结果并不一定能为外界所知，将可能损害在后发生的其他海事债权人的利益。对船舶进行扣押，也有利于后续债权人了解船舶动态，避免后续债权人为不可预见的船舶优先权承担责任。第二，船舶优先权本质上是一项程序性权利，必须通过扣押船舶这种特定程序来行使。如允许仅请求确认船舶优先权，与船舶优先权的本质不符。在行使优先权的方式上，应公平对待所有具有船舶优先权的债权人。为达到更好的公示效果，以及最大限度避免为其他法院强制出售或者转让公告期届满导致的船舶优先权消灭，船员应通过申请扣押船舶的方式行使船舶优先权。

上述两种观点都具有一定合理性。该问题的实质在于如何平衡船员、船东和其他海事债权人三者之间的利益。考虑到:第一,船舶优先权因船员提供劳动或劳务而产生,即使司法不对相关事实进行确认,船舶担保物权的权利人或将来的买受人在行使相关权利时,船员仍有权提出优先权请求。司法不进行确认并不意味着这些权利不存在或者消失;第二,船员在行使船舶优先权即申请海事法院扣押船舶时,海事法院不可能对船员提出的申请不作任何审查,对海事债权是否与争议船舶相关、海事债权的数额、海事债权的产生时间等核心事实,海事法院允许扣船申请前也存在一个审查和确认的过程,第六条的规定不过是提前对相关事实进行了确认;第三,确实存在船员无法知悉船舶下落、船舶在国外不便扣押等客观情况,通过先司法确认的方式可以最大限度保护船员的利益,也不会增加船东和其他债权人的负担。因此,第六条规定,海事法院对船员不要求扣押船舶、仅请求确认船舶优先权的申请,应予支持。因船舶优先权自产生之日起一年内不行使即告消灭,因此第六条第二款规定船员所要求的期限自优先权产生之日起以一年为限。①

第七条　具有船舶优先权的海事请求,船员未申请限制船舶继续营运,仅申请对船舶采取限制处分、限制抵押等保全措施的,应予支持。船员主张该保全措施构成《中华人民共和国海商法》第二十八条规定的船舶扣押的,不予支持。

【重点解读】

至于具体扣押的方式,即"活扣"是否也构成海商法第二十八条规定的船舶扣押,实务界和理论界也一直存在争论。一种意见认为,"死扣"船舶具有对外公示船舶优先权的作用,"活扣"却不能起到这种效果。"活扣"不利于后续债权人了解船舶动态,可能损害后续其他海事债权人的利益。另一种意见认为,"活扣"也具备一定的公示效力,"活扣"有利于船舶继续经营,通过"放水养鱼",有利于船东清偿包括船员的工资债权在内的各项债权,实现船员利益、船东利益和其他债权人利益的多赢局面。考虑到:第一,船员具有船舶优先权性质的债权产生后,即使因客观原因暂时无法对船舶进行"死扣",但司法解释已经赋予了船员先行只确认其优先权的权利,船员的利益已经得到了一定程度的保障;第二,对船舶进行扣押后才能进行拍卖,从而最终保障船舶优先权的实现,而对船舶仅采取"活扣"措施,无法实现对船舶的拍卖,从而无法保障船舶优先权的实现;第三,扣船公约对扣船使用的是"ar-

---

①　《统一裁判尺度、保障船员权益、规范引导航运市场秩序——最高人民法院民四庭负责人就〈最高人民法院关于审理涉船员纠纷案件若干问题的规定〉答记者问》。

rest"这一表述,"死扣"才符合"arrest"的本意。司法解释第七条规定,"活扣"不构成海商法第二十八条所规定的船舶扣押。①

第八条 因登船、在船工作、离船遣返产生的下列工资、其他劳动报酬,船员主张船舶优先权的,应予支持:

(一)正常工作时间的报酬或基本工资;

(二)延长工作时间的加班工资,休息日、法定休假日加班工资;

(三)在船服务期间的奖金、相关津贴和补贴,以及特殊情况下支付的工资等;

(四)未按期支付上述款项产生的孳息。

《中华人民共和国劳动法》和《中华人民共和国劳动合同法》中规定的相关经济补偿金、赔偿金,未依据《中华人民共和国劳动合同法》第八十二条之规定签订书面劳动合同而应支付的双倍工资,以及因未按期支付本款规定的前述费用而产生的孳息,船员主张船舶优先权的,不予支持。

【重点解读】

海商法规定船员工资、其他劳动报酬具有船舶优先权性质,但对具有船舶优先权性质的船员工资、其他劳动报酬的范围如何理解,船员工资、其他劳动报酬的各项具体构成是否均具有船舶优先权,是司法实践中争论最大的问题之一。一般说来,船员薪酬由在航工资性薪酬和保障性薪酬两大部分构成,"上船有薪,下船无薪"是国际航运界通行的惯例。正常在船工作期间产生的报酬或基本工资,延长工作时间的加班工资,休息日、法定休假日加班工资,在船服务期间的奖金、相关津贴和补贴,特殊情况下支付的工资,以及未按期支付上述款项产生的孳息,因为均与登船、在船工作、离船遣返相关,均属附着于船上的随船债务,故均属于具有船舶优先权性质的工资债权。至于劳动法、劳动合同法中规定的相关经济补偿金、赔偿金,未签订书面劳动合同而应支付的双倍工资,以及因迟延支付而产生的相应孳息等,因并非直接产生于在船工作期间,在已经对船员的相关加班工资、奖金、相关津补贴及孳息赋予船舶优先权属性的前提下,为适度兼顾其他对船舶享有担保物权的权利人的利益,司法解释规定相关经济补偿金、赔偿金及其孳息等不具有船舶优先权的性质。至于待派工资、休假工资是否具有船舶优先权属性,司法解释条文起草过程中还存在较大争议,对该问题暂未作规定。②

---

① 《统一裁判尺度、保障船员权益、规范引导航运市场秩序——最高人民法院民四庭负责人就〈最高人民法院关于审理涉船员纠纷案件若干问题的规定〉答记者问》。

② 《统一裁判尺度、保障船员权益、规范引导航运市场秩序——最高人民法院民四庭负责人就〈最高人民法院关于审理涉船员纠纷案件若干问题的规定〉答记者问》。

第九条 船员因登船、在船工作、离船遣返而产生的工资、其他劳动报酬、船员遣返费用、社会保险费用,船舶所有人未依约支付,第三方向船员垫付全部或部分费用,船员将相应的海事请求权转让给第三方,第三方就受让的海事请求权请求确认或行使船舶优先权的,应予支持。

【典型案例】

(1)船舶未能出海是否影响船员就劳动报酬主张船舶优先权?[尹庆荣与刘宗曾船员劳务合同纠纷案,(2017)最高法民申2520号]

根据海商法第二十二条第一款第(一)项的规定,"船长、船员和在船上工作的其他在编人员根据劳动法律、行政法规或者劳动合同所产生的工资、其他劳动报酬、船员遣返费用和社会保险费用的给付请求"具有船舶优先权。船员雇佣合同约定,刘宗曾作为"鲁寿渔65695"号渔船大车提供劳务。刘宗曾在本案中主张船舶优先权符合法律规定的主体资格。刘宗曾在签订该合同后即到"鲁寿渔65695"号渔船上从事机器修理保养等出海准备工作。虽然涉案船舶在船员雇佣合同签订后没有实际出海,但刘宗曾为船舶出海做准备工作,已经上船提供劳务,属于海商法第二十二条第一款第(一)项规定的"在船上工作"。至于船舶因何种原因未能出海并不影响船舶优先权的认定。

(2)内河船舶船员的劳务报酬请求权是否享有船舶优先权?[方振彬与方殿银船员劳务合同纠纷案,(2019)鄂民终781号]

海商法第二十二条规定了享有船舶优先权的债权种类。但根据海商法第三条规定,"本法所称船舶,是指海船和其他海上移动式装置,但是用于军事的、政府公务的船舶和20总吨以下的小型船艇除外",而涉案属内河船舶,不是海船,因此,不适用海商法第二十二条的规定,船员称其对涉案船舶享有船舶优先权的主张没有法律依据,法院不予支持。

(3)欠付劳动报酬发生在船舶转让之前的,劳动者就劳动报酬是否享有船舶优先权?[杨海华与姚海洪、被告张蓓娟船员劳务合同纠纷案,(2017)沪民终158号]

劳动者在渔船上工作,雇主出具了工资的欠条,故其应当按照约定支付工资。虽然雇主将渔船转让给第三人,但是劳动者的工作是发生在渔船转让之前的,故劳动者就劳动报酬享有船舶优先权。船舶优先权是指海事请求人依照海商法的规定,向船舶所有人、光船承租人、船舶经营人提出海事请求,对产生该海事请求的船舶具有优先受偿的权利。由于渔民雇佣市场和渔船管理不规范,在判断渔民的劳动报酬能否享有船舶优先权时,除了考察请求是否属于船舶优先权的法定范围外,还需特别审查渔船是否符合"海船"定义。

(4)劳动者主张对二倍工资差额及经济补偿金享有船舶优先权,应否获得支持?[郑凯章与广西防城港瑞达海运有限公司船员劳务合同纠纷案,(2016)桂民终 225 号]

涉案"瑞达 166"号船属于海商法第三条所规定的海船,根据海商法第二十二条第一款第(一)项的规定"下列各项海事请求具有船舶优先权:(一)船长、船员和在船上工作的其他在编人员根据劳动法律、行政法规或者劳动合同所产生的工资、其他劳动报酬、船员遣返费用和社会保险费用的给付请求",该条文实际上明确了劳动者对船舶具有船舶优先权的海事请求范围应当是工资、其他劳动报酬、船员遣返费用和社会保险费用,其中"工资、其他劳动报酬"体现的是劳动的价值,而郑凯章所诉请的二倍工资差额虽然名为"工资",但并非是劳动者通过劳动力付出所应当获得的劳动报酬,而是法律所规定的特别款项,对用人单位来说具有惩罚性质;同样,经济补偿金也是对用人单位违反劳动合同法等相关法律而依法应向劳动者承担的带有惩罚性质的赔偿责任,亦非劳动者提供劳动的价值体现,因此,二倍工资差额及经济补偿金均不具有工资和其他劳动报酬的性质,不符合海商法第二十二条的规定,不能对船舶享有船舶优先权。

【适用要点】

船舶优先权是法律赋予海事请求权人的一种以船舶为标的的特殊担保物权,并非任何海事请求都可以成为船舶优先权的担保对象。海商法第二十二条第一款第(一)项规定了船员工资、劳动报酬及其他相关费用的给付请求为船舶优先权的担保对象。在船工作期间产生的报酬或基本工资,延长工作时间的加班工资,休息日、法定休假日加班工资,在船服务期间的奖金、相关津贴和补贴,特殊情况下支付的工资,以及未按期支付上述款项产生的孳息,均与登船、在船工作、离船遣返有关,属于具有船舶优先权性质的工资债权。对于劳动法、劳动合同法规定的经济补偿金、赔偿金,未签订书面劳动合同而应支付的双倍工资,以及因迟延支付而产生的相应孳息等,因并非直接产生于在船工作期间,不具有船舶优先权的性质。海商法第二十二条规定的"在船上工作的其他在编人员",主要指受船舶所有人、光船承租人或者船舶经营人雇佣的、在船上从事非船员工作的其他专职人员。但不包括虽然在船上工作而并非由船舶所有人、光船承租人或者船舶经营人雇佣的人员,如随船的货物押运人、在船上的船厂检修人员、船舶检验人员等。

6. 船员劳动合同的订立、履行和解除

【相关立法】

(1)《中华人民共和国劳动法》(19950101;20181229)

第十六条 劳动合同是劳动者与用人单位确立劳动关系、明确双方权利和义务的协议。

建立劳动关系应当订立劳动合同。

第十七条 订立和变更劳动合同,应当遵循平等自愿、协商一致的原则,不得违反法律、行政法规的规定。

劳动合同依法订立即具有法律约束力,当事人必须履行劳动合同规定的义务。

第十八条 下列劳动合同无效:

(一)违反法律、行政法规的劳动合同;

(二)采取欺诈、威胁等手段订立的劳动合同。

无效的劳动合同,从订立的时候起,就没有法律约束力。确认劳动合同部分无效的,如果不影响其余部分的效力,其余部分仍然有效。

劳动合同的无效,由劳动争议仲裁委员会或者人民法院确认。

第十九条 劳动合同应当以书面形式订立,并具备以下条款:

(一)劳动合同期限;

(二)工作内容;

(三)劳动保护和劳动条件;

(四)劳动报酬;

(五)劳动纪律;

(六)劳动合同终止的条件;

(七)违反劳动合同的责任。

劳动合同除前款规定的必备条款外,当事人可以协商约定其他内容。

第二十条 劳动合同的期限分为有固定期限、无固定期限和以完成一定的工作为期限。

劳动者在同一用人单位连续工作满十年以上,当事人双方同意续延劳动合同的,如果劳动者提出订立无固定期限的劳动合同,应当订立无固定期限

的劳动合同。

第二十一条 劳动合同可以约定试用期。试用期最长不得超过六个月。

第二十二条 劳动合同当事人可以在劳动合同中约定保守用人单位商业秘密的有关事项。

第二十三条 劳动合同期满或者当事人约定的劳动合同终止条件出现,劳动合同即行终止。

第二十四条 经劳动合同当事人协商一致,劳动合同可以解除。

第二十五条 劳动者有下列情形之一的,用人单位可以解除劳动合同:

(一)在试用期间被证明不符合录用条件的;

(二)严重违反劳动纪律或者用人单位规章制度的;

(三)严重失职,营私舞弊,对用人单位利益造成重大损害的;

(四)被依法追究刑事责任的。

第二十六条 有下列情形之一的,用人单位可以解除劳动合同,但是应当提前三十日以书面形式通知劳动者本人:

(一)劳动者患病或者非因工负伤,医疗期满后,不能从事原工作也不能从事由用人单位另行安排的工作的;

(二)劳动者不能胜任工作,经过培训或者调整工作岗位,仍不能胜任工作的;

(三)劳动合同订立时所依据的客观情况发生重大变化,致使原劳动合同无法履行,经当事人协商不能就变更劳动合同达成协议的。

第二十七条 用人单位濒临破产进行法定整顿期间或者生产经营状况发生严重困难,确需裁减人员的,应当提前三十日向工会或者全体职工说明情况,听取工会或者职工的意见,经向劳动行政部门报告后,可以裁减人员。

用人单位依据本条规定裁减人员,在六个月内录用人员的,应当优先录用被裁减的人员。

第二十八条 用人单位依据本法第二十四条、第二十六条、第二十七条的规定解除劳动合同的,应当依照国家有关规定给予经济补偿。

第二十九条 劳动者有下列情形之一的,用人单位不得依据本法第二十六条、第二十七条的规定解除劳动合同:

(一)患职业病或者因工负伤并被确认丧失或者部分丧失劳动能力的;

(二)患病或者负伤,在规定的医疗期内的;

(三)女职工在孕期、产期、哺乳期内的;

(四)法律、行政法规规定的其他情形。

第三十条 用人单位解除劳动合同,工会认为不适当的,有权提出意见。

如果用人单位违反法律、法规或者劳动合同，工会有权要求重新处理；劳动者申请仲裁或者提起诉讼的，工会应当依法给予支持和帮助。

第三十一条 劳动者解除劳动合同，应当提前三十日以书面形式通知用人单位。

第三十二条 有下列情形之一的，劳动者可以随时通知用人单位解除劳动合同：

（一）在试用期内的；

（二）用人单位以暴力、威胁或者非法限制人身自由的手段强迫劳动的；

（三）用人单位未按照劳动合同约定支付劳动报酬或者提供劳动条件的。

第三十三条 企业职工一方与企业可以就劳动报酬、工作时间、休息休假、劳动安全卫生、保险福利等事项，签订集体合同。集体合同草案应当提交职工代表大会或者全体职工讨论通过。

集体合同由工会代表职工与企业签订；没有建立工会的企业，由职工推举的代表与企业签订。

第三十四条 集体合同签订后应当报送劳动行政部门；劳动行政部门自收到集体合同文本之日起十五日内未提出异议的，集体合同即行生效。

第三十五条 依法签订的集体合同对企业和企业全体职工具有约束力。职工个人与企业订立的劳动合同中劳动条件和劳动报酬等标准不得低于集体合同的规定。

（2）《中华人民共和国劳动合同法》（20080101；20130701）

第三条 订立劳动合同，应当遵循合法、公平、平等自愿、协商一致、诚实信用的原则。

依法订立的劳动合同具有约束力，用人单位与劳动者应当履行劳动合同约定的义务。

第七条 用人单位自用工之日起即与劳动者建立劳动关系。用人单位应当建立职工名册备查。

第八条 用人单位招用劳动者时，应当如实告知劳动者工作内容、工作条件、工作地点、职业危害、安全生产状况、劳动报酬，以及劳动者要求了解的其他情况；用人单位有权了解劳动者与劳动合同直接相关的基本情况，劳动者应当如实说明。

第九条 用人单位招用劳动者，不得扣押劳动者的居民身份证和其他证件，不得要求劳动者提供担保或者以其他名义向劳动者收取财物。

第十条 建立劳动关系,应当订立书面劳动合同。

已建立劳动关系,未同时订立书面劳动合同的,应当自用工之日起一个月内订立书面劳动合同。

用人单位与劳动者在用工前订立劳动合同的,劳动关系自用工之日起建立。

第十一条 用人单位未在用工的同时订立书面劳动合同,与劳动者约定的劳动报酬不明确的,新招用的劳动者的劳动报酬按照集体合同规定的标准执行;没有集体合同或者集体合同未规定的,实行同工同酬。

第十二条 劳动合同分为固定期限劳动合同、无固定期限劳动合同和以完成一定工作任务为期限的劳动合同。

第十三条 固定期限劳动合同,是指用人单位与劳动者约定合同终止时间的劳动合同。

用人单位与劳动者协商一致,可以订立固定期限劳动合同。

第十四条 无固定期限劳动合同,是指用人单位与劳动者约定无确定终止时间的劳动合同。

用人单位与劳动者协商一致,可以订立无固定期限劳动合同。有下列情形之一,劳动者提出或者同意续订、订立劳动合同的,除劳动者提出订立固定期限劳动合同外,应当订立无固定期限劳动合同:

(一)劳动者在该用人单位连续工作满十年的;

(二)用人单位初次实行劳动合同制度或者国有企业改制重新订立劳动合同时,劳动者在该用人单位连续工作满十年且距法定退休年龄不足十年的;

(三)连续订立二次固定期限劳动合同,且劳动者没有本法第三十九条和第四十条第一项、第二项规定的情形,续订劳动合同的。

用人单位自用工之日起满一年不与劳动者订立书面劳动合同的,视为用人单位与劳动者已订立无固定期限劳动合同。

第十五条 以完成一定工作任务为期限的劳动合同,是指用人单位与劳动者约定以某项工作的完成为合同期限的劳动合同。

用人单位与劳动者协商一致,可以订立以完成一定工作任务为期限的劳动合同。

第十六条 劳动合同由用人单位与劳动者协商一致,并经用人单位与劳动者在劳动合同文本上签字或者盖章生效。

劳动合同文本由用人单位和劳动者各执一份。

第十七条 劳动合同应当具备以下条款:

（一）用人单位的名称、住所和法定代表人或者主要负责人；

（二）劳动者的姓名、住址和居民身份证或者其他有效身份证件号码；

（三）劳动合同期限；

（四）工作内容和工作地点；

（五）工作时间和休息休假；

（六）劳动报酬；

（七）社会保险；

（八）劳动保护、劳动条件和职业危害防护；

（九）法律、法规规定应当纳入劳动合同的其他事项。

劳动合同除前款规定的必备条款外，用人单位与劳动者可以约定试用期、培训、保守秘密、补充保险和福利待遇等其他事项。

第十八条　劳动合同对劳动报酬和劳动条件等标准约定不明确，引发争议的，用人单位与劳动者可以重新协商；协商不成的，适用集体合同规定；没有集体合同或者集体合同未规定劳动报酬的，实行同工同酬；没有集体合同或者集体合同未规定劳动条件等标准的，适用国家有关规定。

第十九条　劳动合同期限三个月以上不满一年的，试用期不得超过一个月；劳动合同期限一年以上不满三年的，试用期不得超过二个月；三年以上固定期限和无固定期限的劳动合同，试用期不得超过六个月。

同一用人单位与同一劳动者只能约定一次试用期。

以完成一定工作任务为期限的劳动合同或者劳动合同期限不满三个月的，不得约定试用期。

试用期包含在劳动合同期限内。劳动合同仅约定试用期的，试用期不成立，该期限为劳动合同期限。

第二十条　劳动者在试用期的工资不得低于本单位相同岗位最低档工资或者劳动合同约定工资的百分之八十，并不得低于用人单位所在地的最低工资标准。

第二十一条　在试用期中，除劳动者有本法第三十九条和第四十条第一项、第二项规定的情形外，用人单位不得解除劳动合同。用人单位在试用期解除劳动合同的，应当向劳动者说明理由。

第二十二条　用人单位为劳动者提供专项培训费用，对其进行专业技术培训的，可以与该劳动者订立协议，约定服务期。

劳动者违反服务期约定的，应当按照约定向用人单位支付违约金。违约金的数额不得超过用人单位提供的培训费用。用人单位要求劳动者支付的违约金不得超过服务期尚未履行部分所应分摊的培训费用。

用人单位与劳动者约定服务期的,不影响按照正常的工资调整机制提高劳动者在服务期期间的劳动报酬。

第二十三条 用人单位与劳动者可以在劳动合同中约定保守用人单位的商业秘密和与知识产权相关的保密事项。

对负有保密义务的劳动者,用人单位可以在劳动合同或者保密协议中与劳动者约定竞业限制条款,并约定在解除或者终止劳动合同后,在竞业限制期限内按月给予劳动者经济补偿。劳动者违反竞业限制约定的,应当按照约定向用人单位支付违约金。

第二十四条 竞业限制的人员限于用人单位的高级管理人员、高级技术人员和其他负有保密义务的人员。竞业限制的范围、地域、期限由用人单位与劳动者约定,竞业限制的约定不得违反法律、法规的规定。

在解除或者终止劳动合同后,前款规定的人员到与本单位生产或者经营同类产品、从事同类业务的有竞争关系的其他用人单位,或者自己开业生产或者经营同类产品、从事同类业务的竞业限制期限,不得超过二年。

第二十五条 除本法第二十二条和第二十三条规定的情形外,用人单位不得与劳动者约定由劳动者承担违约金。

第二十六条 下列劳动合同无效或者部分无效:

(一)以欺诈、胁迫的手段或者乘人之危,使对方在违背真实意思的情况下订立或者变更劳动合同的;

(二)用人单位免除自己的法定责任、排除劳动者权利的;

(三)违反法律、行政法规强制性规定的。

对劳动合同的无效或者部分无效有争议的,由劳动争议仲裁机构或者人民法院确认。

第二十七条 劳动合同部分无效,不影响其他部分效力的,其他部分仍然有效。

第二十八条 劳动合同被确认无效,劳动者已付出劳动的,用人单位应当向劳动者支付劳动报酬。劳动报酬的数额,参照本单位相同或者相近岗位劳动者的劳动报酬确定。

第二十九条 用人单位与劳动者应当按照劳动合同的约定,全面履行各自的义务。

第三十条 用人单位应当按照劳动合同约定和国家规定,向劳动者及时足额支付劳动报酬。

用人单位拖欠或者未足额支付劳动报酬的,劳动者可以依法向当地人民法院申请支付令,人民法院应当依法发出支付令。

第三十一条　用人单位应当严格执行劳动定额标准,不得强迫或者变相强迫劳动者加班。用人单位安排加班的,应当按照国家有关规定向劳动者支付加班费。

第三十二条　劳动者拒绝用人单位管理人员违章指挥、强令冒险作业的,不视为违反劳动合同。

劳动者对危害生命安全和身体健康的劳动条件,有权对用人单位提出批评、检举和控告。

第三十三条　用人单位变更名称、法定代表人、主要负责人或者投资人等事项,不影响劳动合同的履行。

第三十四条　用人单位发生合并或者分立等情况,原劳动合同继续有效,劳动合同由承继其权利和义务的用人单位继续履行。

第三十五条　用人单位与劳动者协商一致,可以变更劳动合同约定的内容。变更劳动合同,应当采用书面形式。

变更后的劳动合同文本由用人单位和劳动者各执一份。

第三十六条　用人单位与劳动者协商一致,可以解除劳动合同。

第三十七条　劳动者提前三十日以书面形式通知用人单位,可以解除劳动合同。劳动者在试用期内提前三日通知用人单位,可以解除劳动合同。

第三十八条　用人单位有下列情形之一的,劳动者可以解除劳动合同:

(一)未按照劳动合同约定提供劳动保护或者劳动条件的;

(二)未及时足额支付劳动报酬的;

(三)未依法为劳动者缴纳社会保险费的;

(四)用人单位的规章制度违反法律、法规的规定,损害劳动者权益的;

(五)因本法第二十六条第一款规定的情形致使劳动合同无效的;

(六)法律、行政法规规定劳动者可以解除劳动合同的其他情形。

用人单位以暴力、威胁或者非法限制人身自由的手段强迫劳动者劳动的,或者用人单位违章指挥、强令冒险作业危及劳动者人身安全的,劳动者可以立即解除劳动合同,不需事先告知用人单位。

第三十九条　劳动者有下列情形之一的,用人单位可以解除劳动合同:

(一)在试用期间被证明不符合录用条件的;

(二)严重违反用人单位的规章制度的;

(三)严重失职,营私舞弊,给用人单位造成重大损害的;

(四)劳动者同时与其他用人单位建立劳动关系,对完成本单位的工作任务造成严重影响,或者经用人单位提出,拒不改正的;

(五)因本法第二十六条第一款第一项规定的情形致使劳动合同无

效的;

(六)被依法追究刑事责任的。

第四十条　有下列情形之一的,用人单位提前三十日以书面形式通知劳动者本人或者额外支付劳动者一个月工资后,可以解除劳动合同:

(一)劳动者患病或者非因工负伤,在规定的医疗期满后不能从事原工作,也不能从事由用人单位另行安排的工作的;

(二)劳动者不能胜任工作,经过培训或者调整工作岗位,仍不能胜任工作的;

(三)劳动合同订立时所依据的客观情况发生重大变化,致使劳动合同无法履行,经用人单位与劳动者协商,未能就变更劳动合同内容达成协议的。

第四十一条　有下列情形之一,需要裁减人员二十人以上或者裁减不足二十人但占企业职工总数百分之十以上的,用人单位提前三十日向工会或者全体职工说明情况,听取工会或者职工的意见后,裁减人员方案经向劳动行政部门报告,可以裁减人员:

(一)依照企业破产法规定进行重整的;

(二)生产经营发生严重困难的;

(三)企业转产、重大技术革新或者经营方式调整,经变更劳动合同后,仍需裁减人员的;

(四)其他因劳动合同订立时所依据的客观经济情况发生重大变化,致使劳动合同无法履行的。

裁减人员时,应当优先留用下列人员:

(一)与本单位订立较长期限的固定期限劳动合同的;

(二)与本单位订立无固定期限劳动合同的;

(三)家庭无其他就业人员,有需要扶养的老人或者未成年人的。

用人单位依照本条第一款规定裁减人员,在六个月内重新招用人员的,应当通知被裁减的人员,并在同等条件下优先招用被裁减的人员。

第四十二条　劳动者有下列情形之一的,用人单位不得依照本法第四十条、第四十一条的规定解除劳动合同:

(一)从事接触职业病危害作业的劳动者未进行离岗前职业健康检查,或者疑似职业病病人在诊断或者医学观察期间的;

(二)在本单位患职业病或者因工负伤并被确认丧失或者部分丧失劳动能力的;

(三)患病或者非因工负伤,在规定的医疗期内的;

(四)女职工在孕期、产期、哺乳期的;

(五)在本单位连续工作满十五年,且距法定退休年龄不足五年的;

(六)法律、行政法规规定的其他情形。

第四十三条 用人单位单方解除劳动合同,应当事先将理由通知工会。用人单位违反法律、行政法规规定或者劳动合同约定的,工会有权要求用人单位纠正。用人单位应当研究工会的意见,并将处理结果书面通知工会。

第四十四条 有下列情形之一的,劳动合同终止:

(一)劳动合同期满的;

(二)劳动者开始依法享受基本养老保险待遇的;

(三)劳动者死亡,或者被人民法院宣告死亡或者宣告失踪的;

(四)用人单位被依法宣告破产的;

(五)用人单位被吊销营业执照、责令关闭、撤销或者用人单位决定提前解散的;

(六)法律、行政法规规定的其他情形。

第四十五条 劳动合同期满,有本法第四十二条规定情形之一的,劳动合同应当续延至相应的情形消失时终止。但是,本法第四十二条第二项规定丧失或者部分丧失劳动能力劳动者的劳动合同的终止,按照国家有关工伤保险的规定执行。

第四十六条 有下列情形之一的,用人单位应当向劳动者支付经济补偿:

(一)劳动者依照本法第三十八条规定解除劳动合同的;

(二)用人单位依照本法第三十六条规定向劳动者提出解除劳动合同并与劳动者协商一致解除劳动合同的;

(三)用人单位依照本法第四十条规定解除劳动合同的;

(四)用人单位依照本法第四十一条第一款规定解除劳动合同的;

(五)除用人单位维持或者提高劳动合同约定条件续订劳动合同,劳动者不同意续订的情形外,依照本法第四十四条第一项规定终止固定期限劳动合同的;

(六)依照本法第四十四条第四项、第五项规定终止劳动合同的;

(七)法律、行政法规规定的其他情形。

第四十七条 经济补偿按劳动者在本单位工作的年限,每满一年支付一个月工资的标准向劳动者支付。六个月以上不满一年的,按一年计算;不满六个月的,向劳动者支付半个月工资的经济补偿。

劳动者月工资高于用人单位所在直辖市、设区的市级人民政府公布的本地区上年度职工月平均工资三倍的,向其支付经济补偿的标准按职工月平均工资三倍的数额支付,向其支付经济补偿的年限最高不超过十二年。

本条所称月工资是指劳动者在劳动合同解除或者终止前十二个月的平均工资。

第四十八条 用人单位违反本法规定解除或者终止劳动合同,劳动者要求继续履行劳动合同的,用人单位应当继续履行;劳动者不要求继续履行劳动合同或者劳动合同已经不能继续履行的,用人单位应当依照本法第八十七条规定支付赔偿金。

第四十九条 国家采取措施,建立健全劳动者社会保险关系跨地区转移接续制度。

第五十条 用人单位应当在解除或者终止劳动合同时出具解除或者终止劳动合同的证明,并在十五日内为劳动者办理档案和社会保险关系转移手续。

劳动者应当按照双方约定,办理工作交接。用人单位依照本法有关规定应当向劳动者支付经济补偿的,在办结工作交接时支付。

用人单位对已经解除或者终止的劳动合同的文本,至少保存二年备查。

第五十一条 企业职工一方与用人单位通过平等协商,可以就劳动报酬、工作时间、休息休假、劳动安全卫生、保险福利等事项订立集体合同。集体合同草案应当提交职工代表大会或者全体职工讨论通过。

集体合同由工会代表企业职工一方与用人单位订立;尚未建立工会的用人单位,由上级工会指导劳动者推举的代表与用人单位订立。

第五十二条 企业职工一方与用人单位可以订立劳动安全卫生、女职工权益保护、工资调整机制等专项集体合同。

第五十三条 在县级以下区域内,建筑业、采矿业、餐饮服务业等行业可以由工会与企业方面代表订立行业性集体合同,或者订立区域性集体合同。

第五十四条 集体合同订立后,应当报送劳动行政部门;劳动行政部门自收到集体合同文本之日起十五日内未提出异议的,集体合同即行生效。

依法订立的集体合同对用人单位和劳动者具有约束力。行业性、区域性集体合同对当地本行业、本区域的用人单位和劳动者具有约束力。

第五十五条 集体合同中劳动报酬和劳动条件等标准不得低于当地人民政府规定的最低标准;用人单位与劳动者订立的劳动合同中劳动报酬和劳动条件等标准不得低于集体合同规定的标准。

第五十六条 用人单位违反集体合同,侵犯职工劳动权益的,工会可以依法要求用人单位承担责任;因履行集体合同发生争议,经协商解决不成的,工会可以依法申请仲裁、提起诉讼。

第五十七条 经营劳务派遣业务应当具备下列条件：

(一)注册资本不得少于人民币二百万元；

(二)有与开展业务相适应的固定的经营场所和设施；

(三)有符合法律、行政法规规定的劳务派遣管理制度；

(四)法律、行政法规规定的其他条件。

经营劳务派遣业务,应当向劳动行政部门依法申请行政许可；经许可的,依法办理相应的公司登记。未经许可,任何单位和个人不得经营劳务派遣业务。

第五十八条 劳务派遣单位是本法所称用人单位,应当履行用人单位对劳动者的义务。劳务派遣单位与被派遣劳动者订立的劳动合同,除应当载明本法第十七条规定的事项外,还应当载明被派遣劳动者的用工单位以及派遣期限、工作岗位等情况。

劳务派遣单位应当与被派遣劳动者订立二年以上的固定期限劳动合同,按月支付劳动报酬；被派遣劳动者在无工作期间,劳务派遣单位应当按照所在地人民政府规定的最低工资标准,向其按月支付报酬。

第五十九条 劳务派遣单位派遣劳动者应当与接受以劳务派遣形式用工的单位(以下称用工单位)订立劳务派遣协议。劳务派遣协议应当约定派遣岗位和人员数量、派遣期限、劳动报酬和社会保险费的数额与支付方式以及违反协议的责任。

用工单位应当根据工作岗位的实际需要与劳务派遣单位确定派遣期限,不得将连续用工期限分割订立数个短期劳务派遣协议。

第六十条 劳务派遣单位应当将劳务派遣协议的内容告知被派遣劳动者。

劳务派遣单位不得克扣用工单位按照劳务派遣协议支付给被派遣劳动者的劳动报酬。

劳务派遣单位和用工单位不得向被派遣劳动者收取费用。

第六十一条 劳务派遣单位跨地区派遣劳动者的,被派遣劳动者享有的劳动报酬和劳动条件,按照用工单位所在地的标准执行。

第六十二条 用工单位应当履行下列义务：

(一)执行国家劳动标准,提供相应的劳动条件和劳动保护；

(二)告知被派遣劳动者的工作要求和劳动报酬；

(三)支付加班费、绩效奖金,提供与工作岗位相关的福利待遇；

(四)对在岗被派遣劳动者进行工作岗位所必需的培训；

(五)连续用工的,实行正常的工资调整机制。

用工单位不得将被派遣劳动者再派遣到其他用人单位。

第六十三条　被派遣劳动者享有与用工单位的劳动者同工同酬的权利。用工单位应当按照同工同酬原则，对被派遣劳动者与本单位同类岗位的劳动者实行相同的劳动报酬分配办法。用工单位无同类岗位劳动者的，参照用工单位所在地相同或者相近岗位劳动者的劳动报酬确定。

劳务派遣单位与被派遣劳动者订立的劳动合同和与用工单位订立的劳务派遣协议，载明或者约定的向被派遣劳动者支付的劳动报酬应当符合前款规定。

第六十四条　被派遣劳动者有权在劳务派遣单位或者用工单位依法参加或者组织工会，维护自身的合法权益。

第六十五条　被派遣劳动者可以依照本法第三十六条、第三十八条的规定与劳务派遣单位解除劳动合同。

被派遣劳动者有本法第三十九条和第四十条第一项、第二项规定情形的，用工单位可以将劳动者退回劳务派遣单位，劳务派遣单位依照本法有关规定，可以与劳动者解除劳动合同。

第六十六条　劳动合同用工是我国的企业基本用工形式。劳务派遣用工是补充形式，只能在临时性、辅助性或者替代性的工作岗位上实施。

前款规定的临时性工作岗位是指存续时间不超过六个月的岗位；辅助性工作岗位是指为主营业务岗位提供服务的非主营业务岗位；替代性工作岗位是指用工单位的劳动者因脱产学习、休假等原因无法工作的一定期间内，可以由其他劳动者替代工作的岗位。

用工单位应当严格控制劳务派遣用工数量，不得超过其用工总量的一定比例，具体比例由国务院劳动行政部门规定。

第六十七条　用人单位不得设立劳务派遣单位向本单位或者所属单位派遣劳动者。

第六十八条　非全日制用工，是指以小时计酬为主，劳动者在同一用人单位一般平均每日工作时间不超过四小时，每周工作时间累计不超过二十四小时的用工形式。

第六十九条　非全日制用工双方当事人可以订立口头协议。

从事非全日制用工的劳动者可以与一个或者一个以上用人单位订立劳动合同；但是，后订立的劳动合同不得影响先订立的劳动合同的履行。

第七十条　非全日制用工双方当事人不得约定试用期。

第七十一条　非全日制用工双方当事人任何一方都可以随时通知对方终止用工。终止用工，用人单位不向劳动者支付经济补偿。

第七十二条 非全日制用工小时计酬标准不得低于用人单位所在地人民政府规定的最低小时工资标准。

非全日制用工劳动报酬结算支付周期最长不得超过十五日。

第八十条 用人单位直接涉及劳动者切身利益的规章制度违反法律、法规规定的,由劳动行政部门责令改正,给予警告;给劳动者造成损害的,应当承担赔偿责任。

第八十一条 用人单位提供的劳动合同文本未载明本法规定的劳动合同必备条款或者用人单位未将劳动合同文本交付劳动者的,由劳动行政部门责令改正;给劳动者造成损害的,应当承担赔偿责任。

第八十二条 用人单位自用工之日起超过一个月不满一年未与劳动者订立书面劳动合同的,应当向劳动者每月支付二倍的工资。

用人单位违反本法规定不与劳动者订立无固定期限劳动合同的,自应当订立无固定期限劳动合同之日起向劳动者每月支付二倍的工资。

第八十三条 用人单位违反本法规定与劳动者约定试用期的,由劳动行政部门责令改正;违法约定的试用期已经履行的,由用人单位以劳动者试用期满月工资为标准,按已经履行的超过法定试用期的期间向劳动者支付赔偿金。

第八十四条 用人单位违反本法规定,扣押劳动者居民身份证等证件的,由劳动行政部门责令限期退还劳动者本人,并依照有关法律规定给予处罚。

用人单位违反本法规定,以担保或者其他名义向劳动者收取财物的,由劳动行政部门责令限期退还劳动者本人,并以每人五百元以上二千元以下的标准处以罚款;给劳动者造成损害的,应当承担赔偿责任。

劳动者依法解除或者终止劳动合同,用人单位扣押劳动者档案或者其他物品的,依照前款规定处罚。

第八十五条 用人单位有下列情形之一的,由劳动行政部门责令限期支付劳动报酬、加班费或者经济补偿;劳动报酬低于当地最低工资标准的,应当支付其差额部分;逾期不支付的,责令用人单位按应付金额百分之五十以上百分之一百以下的标准向劳动者加付赔偿金:

(一)未按照劳动合同的约定或者国家规定及时足额支付劳动者劳动报酬的;

(二)低于当地最低工资标准支付劳动者工资的;

(三)安排加班不支付加班费的;

(四)解除或者终止劳动合同,未依照本法规定向劳动者支付经济补偿的。

第八十六条 劳动合同依照本法第二十六条规定被确认无效,给对方造成损害的,有过错的一方应当承担赔偿责任。

第八十七条 用人单位违反本法规定解除或者终止劳动合同的,应当依照本法第四十七条规定的经济补偿标准的二倍向劳动者支付赔偿金。

第八十八条 用人单位有下列情形之一的,依法给予行政处罚;构成犯罪的,依法追究刑事责任;给劳动者造成损害的,应当承担赔偿责任:

(一)以暴力、威胁或者非法限制人身自由的手段强迫劳动的;

(二)违章指挥或者强令冒险作业危及劳动者人身安全的;

(三)侮辱、体罚、殴打、非法搜查或者拘禁劳动者的;

(四)劳动条件恶劣、环境污染严重,给劳动者身心健康造成严重损害的。

第八十九条 用人单位违反本法规定未向劳动者出具解除或者终止劳动合同的书面证明,由劳动行政部门责令改正;给劳动者造成损害的,应当承担赔偿责任。

第九十条 劳动者违反本法规定解除劳动合同,或者违反劳动合同中约定的保密义务或者竞业限制,给用人单位造成损失的,应当承担赔偿责任。

第九十一条 用人单位招用与其他用人单位尚未解除或者终止劳动合同的劳动者,给其他用人单位造成损失的,应当承担连带赔偿责任。

第九十二条 违反本法规定,未经许可,擅自经营劳务派遣业务的,由劳动行政部门责令停止违法行为,没收违法所得,并处违法所得一倍以上五倍以下的罚款;没有违法所得的,可以处五万元以下的罚款。

劳务派遣单位、用工单位违反本法有关劳务派遣规定的,由劳动行政部门责令限期改正;逾期不改正的,以每人五千元以上一万元以下的标准处以罚款,对劳务派遣单位,吊销其劳务派遣业务经营许可证。用工单位给被派遣劳动者造成损害的,劳务派遣单位与用工单位承担连带赔偿责任。

第九十三条 对不具备合法经营资格的用人单位的违法犯罪行为,依法追究法律责任;劳动者已经付出劳动的,该单位或者其出资人应当依照本法有关规定向劳动者支付劳动报酬、经济补偿、赔偿金;给劳动者造成损害的,应当承担赔偿责任。

第九十四条 个人承包经营违反本法规定招用劳动者,给劳动者造成损害的,发包的组织与个人承包经营者承担连带赔偿责任。

第九十五条 劳动行政部门和其他有关主管部门及其工作人员玩忽职守、不履行法定职责,或者违法行使职权,给劳动者或者用人单位造成损害的,应当承担赔偿责任;对直接负责的主管人员和其他直接责任人员,依法给予行政处分;构成犯罪的,依法追究刑事责任。

第九十六条 事业单位与实行聘用制的工作人员订立、履行、变更、解除或者终止劳动合同,法律、行政法规或者国务院另有规定的,依照其规定;未作规定的,依照本法有关规定执行。

第九十七条 本法施行前已依法订立且在本法施行之日存续的劳动合同,继续履行;本法第十四条第二款第三项规定连续订立固定期限劳动合同的次数,自本法施行后续订固定期限劳动合同时开始计算。

本法施行前已建立劳动关系,尚未订立书面劳动合同的,应当自本法施行之日起一个月内订立。

本法施行之日存续的劳动合同在本法施行后解除或者终止,依照本法第四十六条规定应当支付经济补偿的,经济补偿年限自本法施行之日起计算;本法施行前按照当时有关规定,用人单位应当向劳动者支付经济补偿的,按照当时有关规定执行。

【行政法规】

《中华人民共和国船员条例》(20070901;20200327)

第二十三条 船员用人单位应当依照有关劳动合同的法律、法规和中华人民共和国缔结或者加入的有关船员劳动与社会保障国际条约的规定,与船员订立劳动合同。

船员用人单位不得招用未取得本条例规定证件的人员上船工作。

第二十四条 船员工会组织应当加强对船员合法权益的保护,指导、帮助船员与船员用人单位订立劳动合同。

【司法解释】

《最高人民法院关于审理劳动争议案件适用法律问题的解释(一)》(法释[2020]26号,20210101)

第三十三条 外国人、无国籍人未依法取得就业证件即与中华人民共和国境内的用人单位签订劳动合同,当事人请求确认与用人单位存在劳动关系的,人民法院不予支持。

持有《外国专家证》并取得《外国人来华工作许可证》的外国人,与中华人民共和国境内的用人单位建立用工关系的,可以认定为劳动关系。

第三十四条 劳动合同期满后,劳动者仍在原用人单位工作,原用人单位未表示异议的,视为双方同意以原条件继续履行劳动合同。一方提出终止劳动关系的,人民法院应予支持。

根据劳动合同法第十四条规定,用人单位应当与劳动者签订无固定期限劳动合同而未签订的,人民法院可以视为双方之间存在无固定期限劳动合同关系,并以原劳动合同确定双方的权利义务关系。

第三十五条 劳动者与用人单位就解除或者终止劳动合同办理相关手续、支付工资报酬、加班费、经济补偿或者赔偿金等达成的协议,不违反法律、行政法规的强制性规定,且不存在欺诈、胁迫或者乘人之危情形的,应当认定有效。

前款协议存在重大误解或者显失公平情形,当事人请求撤销的,人民法院应予支持。

第三十六条 当事人在劳动合同或者保密协议中约定了竞业限制,但未约定解除或者终止劳动合同后给予劳动者经济补偿,劳动者履行了竞业限制义务,要求用人单位按照劳动者在劳动合同解除或者终止前十二个月平均工资的30%按月支付经济补偿的,人民法院应予支持。

前款规定的月平均工资的30%低于劳动合同履行地最低工资标准的,按照劳动合同履行地最低工资标准支付。

第三十七条 当事人在劳动合同或者保密协议中约定了竞业限制和经济补偿,当事人解除劳动合同时,除另有约定外,用人单位要求劳动者履行竞业限制义务,或者劳动者履行了竞业限制义务后要求用人单位支付经济补偿的,人民法院应予支持。

第三十八条 当事人在劳动合同或者保密协议中约定了竞业限制和经济补偿,劳动合同解除或者终止后,因用人单位的原因导致三个月未支付经济补偿,劳动者请求解除竞业限制约定的,人民法院应予支持。

第三十九条 在竞业限制期限内,用人单位请求解除竞业限制协议的,人民法院应予支持。

在解除竞业限制协议时,劳动者请求用人单位额外支付劳动者三个月的竞业限制经济补偿的,人民法院应予支持。

第四十条 劳动者违反竞业限制约定,向用人单位支付违约金后,用人单位要求劳动者按照约定继续履行竞业限制义务的,人民法院应予支持。

第四十一条 劳动合同被确认为无效,劳动者已付出劳动的,用人单位应当按照劳动合同法第二十八条、第四十六条、第四十七条的规定向劳动者支付劳动报酬和经济补偿。

由于用人单位原因订立无效劳动合同,给劳动者造成损害的,用人单位应当赔偿劳动者因合同无效所造成的经济损失。

第四十二条 劳动者主张加班费的,应当就加班事实的存在承担举证责任。但劳动者有证据证明用人单位掌握加班事实存在的证据,用人单位不提供的,由用人单位承担不利后果。

第四十三条 用人单位与劳动者协商一致变更劳动合同,虽未采用书面形式,但已经实际履行了口头变更的劳动合同超过一个月,变更后的劳动合同内容不违反法律、行政法规且不违背公序良俗,当事人以未采用书面形式为由主张劳动合同变更无效的,人民法院不予支持。

第四十四条 因用人单位作出的开除、除名、辞退、解除劳动合同、减少劳动报酬、计算劳动者工作年限等决定而发生的劳动争议,用人单位负举证责任。

第四十五条 用人单位有下列情形之一,迫使劳动者提出解除劳动合同的,用人单位应当支付劳动者的劳动报酬和经济补偿,并可支付赔偿金:

(一)以暴力、威胁或者非法限制人身自由的手段强迫劳动的;

(二)未按照劳动合同约定支付劳动报酬或者提供劳动条件的;

(三)克扣或者无故拖欠劳动者工资的;

(四)拒不支付劳动者延长工作时间工资报酬的;

(五)低于当地最低工资标准支付劳动者工资的。

第四十六条 劳动者非因本人原因从原用人单位被安排到新用人单位工作,原用人单位未支付经济补偿,劳动者依据劳动合同法第三十八条规定与新用人单位解除劳动合同,或者新用人单位向劳动者提出解除、终止劳动合同,在计算支付经济补偿或赔偿金的工作年限时,劳动者请求把在原用人单位的工作年限合并计算为新用人单位工作年限的,人民法院应予支持。

用人单位符合下列情形之一的,应当认定属于"劳动者非本人原因从原用人单位被安排到新用人单位工作":

(一)劳动者仍在原工作场所、工作岗位工作,劳动合同主体由原用人单位变更为新用人单位;

(二)用人单位以组织委派或任命形式对劳动者进行工作调动;

(三)因用人单位合并、分立等原因导致劳动者工作调动;

(四)用人单位及其关联企业与劳动者轮流订立劳动合同;

(五)其他合理情形。

第四十七条 建立了工会组织的用人单位解除劳动合同符合劳动合同法第三十九条、第四十条规定,但未按照劳动合同法第四十三条规定事先通知工会,劳动者以用人单位违法解除劳动合同为由请求用人单位支付赔偿金的,人民法院应予支持,但起诉前用人单位已经补正有关程序的除外。

第四十八条　劳动合同法施行后，因用人单位经营期限届满不再继续经营导致劳动合同不能继续履行，劳动者请求用人单位支付经济补偿的，人民法院应予支持。

第五十条　用人单位根据劳动合同法第四条规定，通过民主程序制定的规章制度，不违反国家法律、行政法规及政策规定，并已向劳动者公示的，可以作为确定双方权利义务的依据。

用人单位制定的内部规章制度与集体合同或者劳动合同约定的内容不一致，劳动者请求优先适用合同约定的，人民法院应予支持。

第五十三条　用人单位对劳动者作出的开除、除名、辞退等处理，或者因其他原因解除劳动合同确有错误的，人民法院可以依法判决予以撤销。

对于追索劳动报酬、养老金、医疗费以及工伤保险待遇、经济补偿金、培训费及其他相关费用等案件，给付数额不当的，人民法院可以予以变更。

【部门规章】

《中华人民共和国渔业船员管理办法》（农业农村部令 2022 年第 1 号，20220107）

第三十条　渔业船舶所有人或经营人应当依法与渔业船员订立劳动合同。

渔业船舶所有人或经营人，不得招用未持有相应有效渔业船员证书的人员上船工作。

【典型案例】

(1) 船长未按照公司规章制度清仓，船舶所有人能否依据该规章制度解除劳动合同？［刘疆福与重庆市泽胜船务（集团）有限公司船员劳务合同纠纷案，(2020) 最高法民申 2445 号］

根据泽胜公司于 2014 年 9 月编制的《管理制度汇编》的规定，"船长根据公司要求，组织员工对液货舱的清仓工作。负责清仓、洗舱的初验工作"。刘疆福作为船长，应当履行船长职责，根据泽胜公司指令完成洗舱工作，以保证船舱在下一个航次装载货物时处于清洁状态。涉案船舶装载货物为化学物品，刘疆福认为洗舱属于危险作业，可以委托有清洗资质的第三方清洗船舱，以履行其船长职责，但其却拒绝洗舱，以至于影响了下一航次货物的装载时间，并且经公司协调仍拒绝完成船舱的清洗工作，致使泽胜公司紧急调动了另一轮船的轮船长及船员更换到刘疆福所在船舶，方才完成船舱清洗工作，给泽胜公司造成了经济损失。因此，刘疆福拒绝洗舱的行为严重违反了公司的规章制度,根据其与泽胜公司签订的《劳动合同书》第八条的约定,在刘疆福严重违反劳动纪律或者泽胜公司建立的规章制度的情况下,泽胜公司可以解除劳动合同。法院根据泽胜公司提交的《制度管理汇编》,认定泽胜公司对于公司规章制度的制定、修改、废止等程序作出了明确、具体的规定,由此合理推定泽胜公司制定的规章制度系通过民主程序形成且程序不违反国家法律、行政法规及政策规定。

(2)在多重劳务派遣中,如何认定用工单位和用人单位?[孟少雄与上海五洲邮轮管理有限公司海上人身损害赔偿纠纷案,(2009)沪高民四(海)终字第238号]

劳动合同法对劳务派遣进行专章规定,明确提出用工单位和用人单位的概念,并对两者的权利、义务作出明确界定。在多重派遣中,除第一重派遣的派遣单位为用人单位外,其后的多次派遣,接受派遣的单位同时又是下一重的派遣单位,均应认定为用工单位。如果接受派遣的单位又将劳动者派遣到其他单位,从保护劳动者和强化用工单位责任的角度出发,第一重派遣中的接受派遣单位仍将被认定为是用工单位,劳动者有权向其主张赔偿责任。

(3)用人单位因自然灾害、经营困难、停产歇业等原因无法及时足额支付劳动报酬并经所在单位工会或职工代表同意的,是否视为无故拖欠劳动报酬,劳动者能否据此主张经济补偿金?[张亮与港海(天津)建设股份有限公司船员劳务合同纠纷案,(2019)津72民初895号]

船员在依据劳动合同法第三十八条第一款第(二)项(即未及时足额支付劳动报酬)解除船员劳务合同后,船公司应向船员支付一定数额的经济补偿金。在司法实践中,上述规定存在例外情况,根据劳动部〔1995〕226号《对〈工资支付暂行规定〉有关问题的补充规定》第四条规定和天津高院相关指导意见,用人单位因自然灾害、经营困难、停产歇业等原因无法及时足额支付劳动报酬并经所在单位工会或职工代表同意的,不视为无故拖欠劳动报酬,劳动者不能据此主张经济补偿金。本案中,虽然港海公司已依法进入重整程序,客观上存在生产经营困难的情况,但未能提供充分有效的证据证明其拖欠船员劳动报酬已经过工会或职工代表的同意,不符合"无故拖欠"的例外情形。因此,张某某等船员有权请求港海公司依法支付经济补偿金。

（4）外派船员与境外雇主之间劳动争议如何确定准据法？［孙杰与厦门中远海运劳务合作有限公司、东方海外货柜航运有限公司船员劳务合同纠纷案，（2018）闽72民初880号］

应将外派船员与境外雇主之间的关系定性为劳动关系，允许涉外劳动合同当事人协议选择准据法。若依据当事人选择或依保护性冲突规范指向外国法时，该法律选择的结果不得低于劳动者依本应适用的强制法规定可以得到的保护或利益。并非劳动关系所涉及之全部事项皆可适用强制性规范，须此类事项为法律基于保护劳动者的目的而作出的有别于合同法基本原理的特别规定事项。集体合同既是当事人之间权利义务的安排，也是确立劳动雇佣标准的依据。集体合同与个人合同约定不一致时，应当按照有利于维护劳动者权益原则进行解释，个别劳动合同只有在规定了比集体合同更为优越的条件时方可取代集体合同的规定。

孙杰与东方海外公司签订的船员雇佣协议性质上属于劳动合同，但依据劳动合同法第二条的规定，该法仅适用于中华人民共和国境内的企业等组织与劳动者之间的劳动合同，因东方海外公司系我国香港特别行政区的法人，故其与孙杰签订的船员雇佣协议不适用劳动合同法的规定。法院认为孙杰分别与两被告签订的合同，是平等民事主体之间的法律行为，应适用合同法及合同的约定确定各方当事人的权利和义务。

关于东方海外公司是否应承担船员雇佣协议约定义务的问题。东方海外公司辩称其仅作为船舶所有人的代理与孙杰签订船员雇佣协议，其不是本案的责任主体，该合同的权利义务应由船舶所有人承担。法院经审查认为，船员雇佣协议明确约定东方海外公司与香港三会签订的集体谈判协议的条款适用于船员雇佣协议，即集体谈判协议的条款并入船员雇佣协议，集体谈判协议的内容对东方海外公司及船员均具有法律约束力。该集体谈判协议约定东方海外公司作为雇主，应承担包括支付船员工资在内的协议所约定的所有责任。东方海外公司辩称其不是责任主体，与合同约定不符。

（5）在船员劳动合同纠纷案件中，对于形成于域外船舶上的证据是否必须经过公证、认证？［赵延龙与福建省恒利渔业有限公司船员劳动合同纠纷案，（2016）闽72民初357号］

本案双方均为国内当事人，但案件重要事实又多发生在从事远洋捕捞的渔船上，当事人（尤其是船员）举证存在较大困难。随着全球化的深入推进，我国日益融入世界经济，大到投资基建，小到渔业捕捞，相应涉外纠纷逐年增长。若未经公证、认证，则一律不得作为证据使用，那么势必将造成法律事实与客观事实的严重扭曲。本案中,双方对域外证据未经公证、认证没有异议,同时也不存在侵害案外人利益的情形,故法院对其证明力予以确认。但对于当事人有异议的证据,由于此类船员劳动(劳务)合同纠纷案件诉讼标的额较小,双方均为国内当事人,涉案证据又多形成于国外,若双方对域外证据既不认可,又不公证、认证,法院应当如何处理? 客观上看,此类案件中的域外证据可以分为两类,一类是形成于他国领土上的证据,另一类则是形成于域外船舶上的证据。对于前者,公证、认证具有可操作性,若未经公证、认证,则其证明力自然会受到一定影响,此时应综合衡量本案其他证据作出审慎认定。对于后者,由于船舶时常处于航行中,有时位于他国领海,有时又已航至公海,证据形成的具体地点往往难以证明,要求证据办理公证、认证难以操作。即使最终能够完成,也必将耗费与诉讼标的额并不对称的成本,难谓合理。基于此,本案合议庭大胆认定形成于域外船舶上的证据,原则上无须公证、认证,但应按照国内证据的认定规则从严审核。该案的审理,对涉远洋渔业案件中出现的域外证据效力这一典型问题进行了灵活处理。

【适用要点】

船员与用人单位订立、履行、终止劳动合同应当遵守劳动法、劳动合同法的规定,同时应当遵守我国缔结或者加入的有关船员劳动与社会保障国际条约的规定。在船员主张支付工资、劳动报酬的案件中,船员往往把派遣机构与船东作为共同被告,而船东大多下落不明或不参与审理。在劳务派遣的情况下,船员派遣单位是船员的用人单位,与派遣机构签订劳务派遣协议的单位是船员的用工单位,应当依照劳动合同法关于劳务派遣的规定处理。如果存在多重劳务派遣,因该行为本身具有违法性,第一重派遣单位为用人单位,中间的派遣单位和最终使用船员的用工单位应当连带承担用工单位对劳动者的法律责任。在存在船员劳务外派法律关系时,船员主张劳动者的相关权利,此类纠纷应参考《最高人民法院关于仰海水与北京市鑫裕盛船舶管理有限公司之间是否为劳动合同关系的请示的复函》确立的原则来判断外派机构与船员之间是否存在劳动合同关系。

7. 船员的职业保障

【相关立法】

(1)《中华人民共和国海上交通安全法》(19840101;20210901)

第十三条　中国籍船员和海上设施上的工作人员应当接受海上交通安

全以及相应岗位的专业教育、培训。

中国籍船员应当依照有关船员管理的法律、行政法规的规定向海事管理机构申请取得船员适任证书,并取得健康证明。

外国籍船员在中国籍船舶上工作的,按照有关船员管理的法律、行政法规的规定执行。

船员在船舶上工作,应当符合船员适任证书载明的船舶、航区、职务的范围。

第十四条　中国籍船舶的所有人、经营人或者管理人应当为其国际航行船舶向海事管理机构申请取得海事劳工证书。船舶取得海事劳工证书应当符合下列条件:

(一)所有人、经营人或者管理人依法招用船员,与其签订劳动合同或者就业协议,并为船舶配备符合要求的船员;

(二)所有人、经营人或者管理人已保障船员在船舶上的工作环境、职业健康保障和安全防护、工作和休息时间、工资报酬、生活条件、医疗条件、社会保险等符合国家有关规定;

(三)所有人、经营人或者管理人已建立符合要求的船员投诉和处理机制;

(四)所有人、经营人或者管理人已就船员遣返费用以及在船就业期间发生伤害、疾病或者死亡依法应当支付的费用提供相应的财务担保或者投保相应的保险。

海事管理机构商人力资源社会保障行政部门,按照各自职责对申请人及其船舶是否符合前款规定条件进行审核。经审核符合规定条件的,海事管理机构应当自受理申请之日起十个工作日内颁发海事劳工证书;不符合规定条件的,海事管理机构应当告知申请人并说明理由。

海事劳工证书颁发及监督检查的具体办法由国务院交通运输主管部门会同国务院人力资源社会保障行政部门制定并公布。

(2)《中华人民共和国劳动法》(19950101;20181229)

第三条　劳动者享有平等就业和选择职业的权利、取得劳动报酬的权利、休息休假的权利、获得劳动安全卫生保护的权利、接受职业技能培训的权利、享受社会保险和福利的权利、提请劳动争议处理的权利以及法律规定的其他劳动权利。

劳动者应当完成劳动任务,提高职业技能,执行劳动安全卫生规程,遵守劳动纪律和职业道德。

第四条 用人单位应当依法建立和完善规章制度,保障劳动者享有劳动权利和履行劳动义务。

第七条 劳动者有权依法参加和组织工会。

工会代表和维护劳动者的合法权益,依法独立自主地开展活动。

第八条 劳动者依照法律规定,通过职工大会、职工代表大会或者其他形式,参与民主管理或者就保护劳动者合法权益与用人单位进行平等协商。

第三十六条 国家实行劳动者每日工作时间不超过八小时、平均每周工作时间不超过四十四小时的工时制度。

第三十七条 对实行计件工作的劳动者,用人单位应当根据本法第三十六条规定的工时制度合理确定其劳动定额和计件报酬标准。

第三十八条 用人单位应当保证劳动者每周至少休息一日。

第三十九条 企业因生产特点不能实行本法第三十六条、第三十八条规定的,经劳动行政部门批准,可以实行其他工作和休息办法。

第四十条 用人单位在下列节日期间应当依法安排劳动者休假:

(一)元旦;

(二)春节;

(三)国际劳动节;

(四)国庆节;

(五)法律、法规规定的其他休假节日。

第四十一条 用人单位由于生产经营需要,经与工会和劳动者协商后可以延长工作时间,一般每日不得超过一小时;因特殊原因需要延长工作时间的,在保障劳动者身体健康的条件下延长工作时间每日不得超过三小时,但是每月不得超过三十六小时。

第四十二条 有下列情形之一的,延长工作时间不受本法第四十一条规定的限制:

(一)发生自然灾害、事故或者因其他原因,威胁劳动者生命健康和财产安全,需要紧急处理的;

(二)生产设备、交通运输线路、公共设施发生故障,影响生产和公众利益,必须及时抢修的;

(三)法律、行政法规规定的其他情形。

第四十三条 用人单位不得违反本法规定延长劳动者的工作时间。

第四十四条 有下列情形之一的,用人单位应当按照下列标准支付高于劳动者正常工作时间工资的工资报酬:

(一)安排劳动者延长工作时间的,支付不低于工资的百分之一百五十

的工资报酬;

（二）休息日安排劳动者工作又不能安排补休的,支付不低于工资的百分之二百的工资报酬;

（三）法定休假日安排劳动者工作的,支付不低于工资的百分之三百的工资报酬。

第四十五条　国家实行带薪年休假制度。

劳动者连续工作一年以上的,享受带薪年休假。具体办法由国务院规定。

第五十二条　用人单位必须建立、健全劳动安全卫生制度,严格执行国家劳动安全卫生规程和标准,对劳动者进行劳动安全卫生教育,防止劳动过程中的事故,减少职业危害。

第五十三条　劳动安全卫生设施必须符合国家规定的标准。

新建、改建、扩建工程的劳动安全卫生设施必须与主体工程同时设计、同时施工、同时投入生产和使用。

第五十四条　用人单位必须为劳动者提供符合国家规定的劳动安全卫生条件和必要的劳动防护用品,对从事有职业危害作业的劳动者应当定期进行健康检查。

第五十五条　从事特种作业的劳动者必须经过专门培训并取得特种作业资格。

第五十六条　劳动者在劳动过程中必须严格遵守安全操作规程。

劳动者对用人单位管理人员违章指挥、强令冒险作业,有权拒绝执行;对危害生命安全和身体健康的行为,有权提出批评、检举和控告。

第五十七条　国家建立伤亡事故和职业病统计报告和处理制度。县级以上各级人民政府劳动行政部门、有关部门和用人单位应当依法对劳动者在劳动过程中发生的伤亡事故和劳动者的职业病状况,进行统计、报告和处理。

第五十八条　国家对女职工和未成年工实行特殊劳动保护。

未成年工是指年满十六周岁未满十八周岁的劳动者。

第五十九条　禁止安排女职工从事矿山井下、国家规定的第四级体力劳动强度的劳动和其他禁忌从事的劳动。

第六十条　不得安排女职工在经期从事高处、低温、冷水作业和国家规定的第三级体力劳动强度的劳动。

第六十一条　不得安排女职工在怀孕期间从事国家规定的第三级体力劳动强度的劳动和孕期禁忌从事的劳动。对怀孕七个月以上的女职工,不得安排其延长工作时间和夜班劳动。

第六十二条　女职工生育享受不少于九十天的产假。

第六十三条　不得安排女职工在哺乳未满一周岁的婴儿期间从事国家规定的第三级体力劳动强度的劳动和哺乳期禁忌从事的其他劳动,不得安排其延长工作时间和夜班劳动。

第六十四条　不得安排未成年工从事矿山井下、有毒有害、国家规定的第四级体力劳动强度的劳动和其他禁忌从事的劳动。

第六十五条　用人单位应当对未成年工定期进行健康检查。

第六十六条　国家通过各种途径,采取各种措施,发展职业培训事业,开发劳动者的职业技能,提高劳动者素质,增强劳动者的就业能力和工作能力。

第六十七条　各级人民政府应当把发展职业培训纳入社会经济发展的规划,鼓励和支持有条件的企业、事业组织、社会团体和个人进行各种形式的职业培训。

第六十八条　用人单位应当建立职业培训制度,按照国家规定提取和使用职业培训经费,根据本单位实际,有计划地对劳动者进行职业培训。

从事技术工种的劳动者,上岗前必须经过培训。

第六十九条　国家确定职业分类,对规定的职业制定职业技能标准,实行职业资格证书制度,由经备案的考核鉴定机构负责对劳动者实施职业技能考核鉴定。

第七十条　国家发展社会保险事业,建立社会保险制度,设立社会保险基金,使劳动者在年老、患病、工伤、失业、生育等情况下获得帮助和补偿。

第七十一条　社会保险水平应当与社会经济发展水平和社会承受能力相适应。

第七十二条　社会保险基金按照保险类型确定资金来源,逐步实行社会统筹。用人单位和劳动者必须依法参加社会保险,缴纳社会保险费。

第七十三条　劳动者在下列情形下,依法享受社会保险待遇:

(一)退休;

(二)患病、负伤;

(三)因工伤残或者患职业病;

(四)失业;

(五)生育。

劳动者死亡后,其遗属依法享受遗属津贴。

劳动者享受社会保险待遇的条件和标准由法律、法规规定。

劳动者享受的社会保险金必须按时足额支付。

第七十四条　社会保险基金经办机构依照法律规定收支、管理和运营社会保险基金,并负有使社会保险基金保值增值的责任。

社会保险基金监督机构依照法律规定,对社会保险基金的收支、管理和运营实施监督。

社会保险基金经办机构和社会保险基金监督机构的设立和职能由法律规定。

任何组织和个人不得挪用社会保险基金。

第七十五条　国家鼓励用人单位根据本单位实际情况为劳动者建立补充保险。

国家提倡劳动者个人进行储蓄性保险。

第七十六条　国家发展社会福利事业,兴建公共福利设施,为劳动者休息、休养和疗养提供条件。

用人单位应当创造条件,改善集体福利,提高劳动者的福利待遇。

(3)《中华人民共和国劳动合同法》(20080101;20130701)

第四条　用人单位应当依法建立和完善劳动规章制度,保障劳动者享有劳动权利、履行劳动义务。

用人单位在制定、修改或者决定有关劳动报酬、工作时间、休息休假、劳动安全卫生、保险福利、职工培训、劳动纪律以及劳动定额管理等直接涉及劳动者切身利益的规章制度或者重大事项时,应当经职工代表大会或者全体职工讨论,提出方案和意见,与工会或者职工代表平等协商确定。

在规章制度和重大事项决定实施过程中,工会或者职工认为不适当的,有权向用人单位提出,通过协商予以修改完善。

用人单位应当将直接涉及劳动者切身利益的规章制度和重大事项决定公示,或者告知劳动者。

第五条　县级以上人民政府劳动行政部门会同工会和企业方面代表,建立健全协调劳动关系三方机制,共同研究解决有关劳动关系的重大问题。

第六条　工会应当帮助、指导劳动者与用人单位依法订立和履行劳动合同,并与用人单位建立集体协商机制,维护劳动者的合法权益。

【行政法规】

《中华人民共和国船员条例》(20070901;20200327)

第二十一条　船员用人单位和船员应当按照国家有关规定参加工伤保险、医疗保险、养老保险、失业保险以及其他社会保险,并依法按时足额缴纳各项保险费用。

船员用人单位应当为在驶往或者驶经战区、疫区或者运输有毒、有害物质的船舶上工作的船员,办理专门的人身、健康保险,并提供相应的防护措施。

第二十二条 船舶上船员生活和工作的场所,应当符合国家船舶检验规范中有关船员生活环境、作业安全和防护的要求。

船员用人单位应当为船员提供必要的生活用品、防护用品、医疗用品,建立船员健康档案,并为船员定期进行健康检查,防治职业疾病。

船员在船工作期间患病或者受伤的,船员用人单位应当及时给予救治;船员失踪或者死亡的,船员用人单位应当及时做好相应的善后工作。

第三十一条 申请在船舶上工作的船员,应当按照国务院交通主管部门的规定,完成相应的船员基本安全培训、船员适任培训。

在危险品船、客船等特殊船舶上工作的船员,还应当完成相应的特殊培训。

第三十六条 从事代理船员办理申请培训、考试、申领证书(包括外国海洋船舶船员证书)等有关手续,代理船员用人单位管理船员事务,提供船舶配员等船员服务业务的机构(以下简称船员服务机构)应当建立船员档案,加强船舶配员管理,掌握船员的培训、任职资历、安全记录、健康状况等情况并将上述情况定期报监管机构备案。关于船员劳务派遣业务的信息报劳动保障行政部门备案,关于其他业务的信息报海事管理机构备案。

船员用人单位直接招用船员的,应当遵守前款的规定。

第三十七条 船员服务机构应当向社会公布服务项目和收费标准。

第三十八条 船员服务机构为船员提供服务,应当诚实守信,不得提供虚假信息,不得损害船员的合法权益。

第三十九条 船员服务机构为船员用人单位提供船舶配员服务,应当按照相关法律、行政法规的规定订立合同。

船员服务机构为船员用人单位提供的船员受伤、失踪或者死亡的,船员服务机构应当配合船员用人单位做好善后工作。

【部门规章】

《中华人民共和国渔业船员管理办法》(农业农村部令 2022 年第 1 号,20220107)

第三十一条 渔业船舶所有人或经营人应当依法为渔业船员办理保险。

第三十二条 渔业船舶所有人或经营人应当保障渔业船员的生活和工作场所符合《渔业船舶法定检验规则》对船员生活环境、作业安全和防护的要求,并为船员提供必要的船上生活用品、防护用品、医疗用品,建立船员健康档案,为船员定期进行健康检查和心理辅导,防治职业疾病。

第三十三条 渔业船员在船上工作期间受伤或者患病的,渔业船舶所有人或经营人应当及时给予救治;渔业船员失踪或者死亡的,渔业船舶所有人或经营人应当及时做好善后工作。

第三十四条 渔业船舶所有人或经营人是渔业安全生产的第一责任人,应当保证安全生产所需的资金投入,建立健全安全生产责任制,按照规定配备船员和安全设备,确保渔业船舶符合安全适航条件,并保证船员足够的休息时间。

【适用要点】

用人单位和劳动者必须依法参加社会保险,船员用人单位和船员应当按照国家有关规定参加工伤保险、医疗保险、养老保险、失业保险以及其他社会保险,为船员依法按时足额缴纳各项保险费用是用人单位的法定义务。相对于陆地,海上的工作条件更加艰苦,船员在船期间的劳动保护、劳动条件和职业危害防护要求应当更高。船员条例第二十一条、第二十二条对此专门进行了规定,船员如果在驶往或者驶经战区、疫区或者运输有毒、有害物质的船舶上工作,用人单位应当提供专门的人身、健康保险,并提供相应的防护措施;船员用人单位应当为船员提供必要的生活用品、防护用品、医疗用品,定期进行健康检查,防治职业疾病。基于船员的特殊职业风险,有实务观点认为,用人单位在劳动合同中承诺为船员办理商业保险,而实际未办理,可以判令用人单位"替代保险公司承担保险合同下的赔偿责任"①。

8. 船员的工资及劳动报酬

【相关立法】

(1)《中华人民共和国劳动法》(19950101;20181229)

第四十六条 工资分配应当遵循按劳分配原则,实行同工同酬。

工资水平在经济发展的基础上逐步提高。国家对工资总量实行宏观调控。

第四十七条 用人单位根据本单位的生产经营特点和经济效益,依法自主确定本单位的工资分配方式和工资水平。

---

① 沈志先主编:《海事审判精要》,法律出版社2011年版,第181页。

第四十八条 国家实行最低工资保障制度。最低工资的具体标准由省、自治区、直辖市人民政府规定,报国务院备案。

用人单位支付劳动者的工资不得低于当地最低工资标准。

第四十九条 确定和调整最低工资标准应当综合参考下列因素:

(一)劳动者本人及平均赡养人口的最低生活费用;

(二)社会平均工资水平;

(三)劳动生产率;

(四)就业状况;

(五)地区之间经济发展水平的差异。

第五十条 工资应当以货币形式按月支付给劳动者本人。不得克扣或者无故拖欠劳动者的工资。

第五十一条 劳动者在法定休假日和婚丧假期间以及依法参加社会活动期间,用人单位应当依法支付工资。

(2)《中华人民共和国劳动合同法》(20080101;20130701)

第十一条 用人单位未在用工的同时订立书面劳动合同,与劳动者约定的劳动报酬不明确的,新招用的劳动者的劳动报酬按照集体合同规定的标准执行;没有集体合同或者集体合同未规定的,实行同工同酬。

第十八条 劳动合同对劳动报酬和劳动条件等标准约定不明确,引发争议的,用人单位与劳动者可以重新协商;协商不成的,适用集体合同规定;没有集体合同或者集体合同未规定劳动报酬的,实行同工同酬;没有集体合同或者集体合同未规定劳动条件等标准的,适用国家有关规定。

第二十条 劳动者在试用期的工资不得低于本单位相同岗位最低档工资或者劳动合同约定工资的百分之八十,并不得低于用人单位所在地的最低工资标准。

第二十二条 用人单位为劳动者提供专项培训费用,对其进行专业技术培训的,可以与该劳动者订立协议,约定服务期。

劳动者违反服务期约定的,应当按照约定向用人单位支付违约金。违约金的数额不得超过用人单位提供的培训费用。用人单位要求劳动者支付的违约金不得超过服务期尚未履行部分所应分摊的培训费用。

用人单位与劳动者约定服务期的,不影响按照正常的工资调整机制提高劳动者在服务期期间的劳动报酬。

第二十八条 劳动合同被确认无效,劳动者已付出劳动的,用人单位应当向劳动者支付劳动报酬。劳动报酬的数额,参照本单位相同或者相近岗位劳动者的劳动报酬确定。

第三十条 用人单位应当按照劳动合同约定和国家规定,向劳动者及时足额支付劳动报酬。

用人单位拖欠或者未足额支付劳动报酬的,劳动者可以依法向当地人民法院申请支付令,人民法院应当依法发出支付令。

第三十一条 用人单位应当严格执行劳动定额标准,不得强迫或者变相强迫劳动者加班。用人单位安排加班的,应当按照国家有关规定向劳动者支付加班费。

第五十五条 集体合同中劳动报酬和劳动条件等标准不得低于当地人民政府规定的最低标准;用人单位与劳动者订立的劳动合同中劳动报酬和劳动条件等标准不得低于集体合同规定的标准。

第五十八条 劳务派遣单位是本法所称用人单位,应当履行用人单位对劳动者的义务。劳务派遣单位与被派遣劳动者订立的劳动合同,除应当载明本法第十七条规定的事项外,还应当载明被派遣劳动者的用工单位以及派遣期限、工作岗位等情况。

劳务派遣单位应当与被派遣劳动者订立二年以上的固定期限劳动合同,按月支付劳动报酬;被派遣劳动者在无工作期间,劳务派遣单位应当按照所在地人民政府规定的最低工资标准,向其按月支付报酬。

第六十条 劳务派遣单位应当将劳务派遣协议的内容告知被派遣劳动者。

劳务派遣单位不得克扣用工单位按照劳务派遣协议支付给被派遣劳动者的劳动报酬。

劳务派遣单位和用工单位不得向被派遣劳动者收取费用。

第六十一条 劳务派遣单位跨地区派遣劳动者的,被派遣劳动者享有的劳动报酬和劳动条件,按照用工单位所在地的标准执行。

第六十二条 用工单位应当履行下列义务:

(一)执行国家劳动标准,提供相应的劳动条件和劳动保护;

(二)告知被派遣劳动者的工作要求和劳动报酬;

(三)支付加班费、绩效奖金,提供与工作岗位相关的福利待遇;

(四)对在岗被派遣劳动者进行工作岗位所必需的培训;

(五)连续用工的,实行正常的工资调整机制。

用工单位不得将被派遣劳动者再派遣到其他用人单位。

第六十三条 被派遣劳动者享有与用工单位的劳动者同工同酬的权利。用工单位应当按照同工同酬原则,对被派遣劳动者与本单位同类岗位的劳动者实行相同的劳动报酬分配办法。用工单位无同类岗位劳动者的,参照用工单位所在地相同或者相近岗位劳动者的劳动报酬确定。

劳务派遣单位与被派遣劳动者订立的劳动合同和与用工单位订立的劳务派遣协议,载明或者约定的向被派遣劳动者支付的劳动报酬应当符合前款规定。

第七十二条 非全日制用工小时计酬标准不得低于用人单位所在地人民政府规定的最低小时工资标准。

非全日制用工劳动报酬结算支付周期最长不得超过十五日。

第八十五条 用人单位有下列情形之一的,由劳动行政部门责令限期支付劳动报酬、加班费或者经济补偿;劳动报酬低于当地最低工资标准的,应当支付其差额部分;逾期不支付的,责令用人单位按应付金额百分之五十以上百分之一百以下的标准向劳动者加付赔偿金:

(一)未按照劳动合同的约定或者国家规定及时足额支付劳动者劳动报酬的;

(二)低于当地最低工资标准支付劳动者工资的;

(三)安排加班不支付加班费的;

(四)解除或者终止劳动合同,未依照本法规定向劳动者支付经济补偿的。

第九十三条 对不具备合法经营资格的用人单位的违法犯罪行为,依法追究法律责任;劳动者已经付出劳动的,该单位或者其出资人应当依照本法有关规定向劳动者支付劳动报酬、经济补偿、赔偿金;给劳动者造成损害的,应当承担赔偿责任。

【行政法规】

《中华人民共和国船员条例》(20070901;20200327)

第二十五条 船员用人单位应当根据船员职业的风险性、艰苦性、流动性等因素,向船员支付合理的工资,并按时足额发放给船员。任何单位和个人不得克扣船员的工资。

船员用人单位应当向在劳动合同有效期内的待派船员,支付不低于船员用人单位所在地人民政府公布的最低工资。

第二十六条 船员在船工作时间应当符合国务院交通主管部门规定的标准,不得疲劳值班。

船员除享有国家法定节假日的假期外,还享有在船舶上每工作2个月不少于5日的年休假。

船员用人单位应当在船员年休假期间,向其支付不低于该船员在船工作期间平均工资的报酬。

【司法解释】

(1)《最高人民法院关于审理涉船员纠纷案件若干问题的规定》(法释〔2020〕11 号,20200929)

第十一条　对于船员工资构成是否涵盖船员登船、在船工作、离船遣返期间的工作日加班工资、休息日加班工资、法定休假日加班工资,当事人有约定并主张依据约定确定双方加班工资的,应予支持。但约定标准低于法定最低工资标准的,不予支持。

第十二条　标准工时制度下,船员就休息日加班主张加班工资,船舶所有人举证证明已做补休安排,不应按法定标准支付加班工资的,应予支持。综合计算工时工作制下,船员对综合计算周期内的工作时间总量超过标准工作时间总量的部分主张加班工资的,应予支持。

船员就法定休假日加班主张加班工资,船舶所有人抗辩对法定休假日加班已做补休安排,不应支付法定休假日加班工资的,对船舶所有人的抗辩不予支持。双方另有约定的除外。

第十三条　当事人对船员工资或其他劳动报酬的支付标准、支付方式未作约定或约定不明,当事人主张以同工种、同级别、同时期市场的平均标准确定的,应予支持。

(2)《最高人民法院关于审理劳动争议案件适用法律问题的解释（一）》(法释〔2020〕26 号,20210101)

第四十一条　劳动合同被确认为无效,劳动者已付出劳动的,用人单位应当按照劳动合同法第二十八条、第四十六条、第四十七条的规定向劳动者支付劳动报酬和经济补偿。

由于用人单位原因订立无效劳动合同,给劳动者造成损害的,用人单位应当赔偿劳动者因合同无效所造成的经济损失。

第四十二条　劳动者主张加班费的,应当就加班事实的存在承担举证责任。但劳动者有证据证明用人单位掌握加班事实存在的证据,用人单位不提供的,由用人单位承担不利后果。

【适用要点】

由于海上运输和渔业生产工作性质及生产方式的特殊性,船员往往无法采用标准工时制度,工资计付方式需要根据行业特点有专门的构成方式。船员的工作时间一般采取综合工时工作制计算。综合计算工时工作制下,船员对综合计算周期内的工作时间总量超过标准工作时间总量的部分主张加班工资的,人民法院应予支持。船员就法定休假日加班主张加班工资,即使船舶所有人抗辩对法定休假日加班已做休假安排,仍应向劳动者支付法定休假日加班工资,双方另有约定的除外。关于加班事实,初步举证责任在劳动者一方。但劳动者有证据证明用人单位掌握加班事实存在的证据,用人单位不提供的,由用人单位承担不利后果。对于社会保险金及经济补偿金,应当适用劳动法、劳动合同法有关规定来处理。

9. 存在违法作业情形时船员工资报酬的保护

【相关立法】

《中华人民共和国劳动合同法》(20080101;20130701)

第九十三条　对不具备合法经营资格的用人单位的违法犯罪行为,依法追究法律责任;劳动者已经付出劳动的,该单位或者其出资人应当依照本法有关规定向劳动者支付劳动报酬、经济补偿、赔偿金;给劳动者造成损害的,应当承担赔偿责任。

【司法解释】

《最高人民法院关于审理涉船员纠纷案件若干问题的规定》(法释〔2020〕11号,20200929)

第十四条　船员因受欺诈、受胁迫在禁渔期、禁渔区或使用禁用的工具、方法捕捞水产品,或者捕捞珍稀、濒危海洋生物,或者进行其他违法作业,对船员主张的登船、在船工作、离船遣返期间的船员工资、其他劳动报酬,应予支持。

船舶所有人举证证明船员对违法作业自愿且明知的,对船员的上述请求不予支持。

船舶所有人或者船员的行为应受行政处罚或涉嫌刑事犯罪的,依照相关法定程序处理。

【典型案例】

在禁渔期进行违法作业,船员是否有权主张工资及其他劳动报酬?〔单永生与李晓峰船员劳务合同纠纷案,(2021)辽72民初1049号〕

本案系因单永生为李晓峰出海摘海货工资未能给付而发生的纠纷,属于船员劳务合同纠纷。单永生受李晓峰雇佣,为其提供出海捕捞和摘网服务,工作期间为 2020 年 3 月 20 日至 2020 年 7 月初,根据《最高人民法院关于审理涉船员纠纷案件若干问题的规定》第十四条的规定,船员因受欺诈、受胁迫在禁渔期进行违法作业,对船员主张的登船、在船工作、离船遣返期间的船员工资、其他劳动报酬,应予支持。船舶所有人举证证明船员对违法作业自愿且明知的,对船员上述请求不予支持。2020 年 5 月 1 日至 2020 年 9 月 1 日为法定的禁渔期,原告自认其为李晓峰提供劳务的船舶于 2020 年 5 月 10 日因在禁渔期违法作业而被海警发现并处以罚款,故单永生对于 2020 年 5 月 10 日之后至 2020 年 7 月初禁渔期出海作业系明知。故,对于该期间单永生主张的劳务费用,法院不予支持。

【适用要点】

海事审判实践中,在违法作业情形下对于船员的工资报酬是否予以支持争议较大。一种意见认为,对于违法捕捞,特别是禁渔期禁止捕捞,几乎是所有渔船船员都知道的禁令。如果船员知悉参与违法作业存在无法获得工资报酬的风险,船员愿意参与违法作业的现象将大幅度下降,意图违法捕捞的渔船船东将面临无人可雇的局面,违法作业数量将因此大大减少,这对于海洋生态环境的保护和逐步恢复是有利的。另一种意见认为,船员是弱势群体,即使进行违法作业一般也是受船东指派。船员与船舶所有人之间的劳动或劳务关系,有关部门与船舶所有人、船员之间形成的行政管理关系,属不同性质的法律关系,存在违法作业情形时对船员的工资报酬仍应予以保护。《最高人民法院关于审理涉船员纠纷案件若干问题的规定》第十四条对于这个问题予以了明确规定,船员因受欺诈、受胁迫而违法作业,船员主张相关工资和其他报酬的,对船员的请求应予支持。但船舶所有人举证证明船员对违法作业自愿且明知的,对船员的请求不予支持。船东或船员的行为应受行政处罚或构成刑事犯罪的,则依照相关法定程序处理。

10. 船员的遣返

【行政法规】

《中华人民共和国船员条例》(20070901;20200327)

第二十七条　船员在船工作期间,有下列情形之一的,可以要求遣返:

(一)船员的劳动合同终止或者依法解除的;

(二)船员不具备履行船上岗位职责能力的;

（三）船舶灭失的；

（四）未经船员同意，船舶驶往战区、疫区的；

（五）由于破产、变卖船舶、改变船舶登记或者其他原因，船员用人单位、船舶所有人不能继续履行对船员的法定或者约定义务的。

第二十八条　船员可以从下列地点中选择遣返地点：

（一）船员接受招用的地点或者上船任职的地点；

（二）船员的居住地、户籍所在地或者船籍登记国；

（三）船员与船员用人单位或者船舶所有人约定的地点。

第二十九条　船员的遣返费用由船员用人单位支付。遣返费用包括船员乘坐交通工具的费用、旅途中合理的食宿及医疗费用和30公斤行李的运输费用。

第三十条　船员的遣返权利受到侵害的，船员当时所在地民政部门或者中华人民共和国驻境外领事机构，应当向船员提供援助；必要时，可以直接安排船员遣返。民政部门或者中华人民共和国驻境外领事机构为船员遣返所垫付的费用，船员用人单位应当及时返还。

【典型案例】

受新冠肺炎疫情影响船员遣返回国产生的酒店隔离费用是否属于遣返费用？ [沧州渤海新区福海渔业有限公司与王政翔船员劳务合同纠纷案，（2021）辽民终2352号]

船员遣返费用是指为将船员遣返回国或者遣送到其他地点而支付的费用，船员遣返费用应由用人单位支付。2020年年初至今，受新冠肺炎疫情的影响，我国各地政府采取回国入境隔离政策，即王政翔回国后为执行国家公共政策，进入酒店隔离，是其被遣返回国过程中必然发生的合理费用，属于船员遣返费用，且王政翔在酒店隔离期间支付住宿费、餐饮费6300元数额合理，综上，因疫情被隔离产生的住宿费及餐饮费6300元应由用人单位福海渔业公司支付。

【适用要点】

船员条例第二十七条列举了船员在船工作期间可以要求遣返的具体情形：船员的劳动合同终止或者依法解除的；船员不具备履行船上岗位职责能力的；船舶灭失的；未经船员同意，船舶驶往战区、疫区的；由于破产、变卖船舶、改变船舶登记或者其他原因，船员用人单位、船舶所有人不能继续履行对船员的法定或者约定义务的。要求遣返是船员的权利，支付船员的遣返费用是用人单位的义务。船员的遣返费用,是指为将船员遣送回国或者遣送到其他地点而支付的费用,具体内容包括差旅费、行李运送费用及其他有关费用。

11. 船员因劳务致害的责任承担

【相关立法】

(1)《中华人民共和国民法典》(20210101)

第一千一百九十二条 个人之间形成劳务关系,提供劳务一方因劳务造成他人损害的,由接受劳务一方承担侵权责任。接受劳务一方承担侵权责任后,可以向有故意或者重大过失的提供劳务一方追偿。提供劳务一方因劳务受到损害的,根据双方各自的过错承担相应的责任。

提供劳务期间,因第三人的行为造成提供劳务一方损害的,提供劳务一方有权请求第三人承担侵权责任,也有权请求接受劳务一方给予补偿。接受劳务一方补偿后,可以向第三人追偿。

(2)《中华人民共和国劳动合同法》(20080101;20130701)

第八十八条 用人单位有下列情形之一的,依法给予行政处罚;构成犯罪的,依法追究刑事责任;给劳动者造成损害的,应当承担赔偿责任:

(一)以暴力、威胁或者非法限制人身自由的手段强迫劳动的;

(二)违章指挥或者强令冒险作业危及劳动者人身安全的;

(三)侮辱、体罚、殴打、非法搜查或者拘禁劳动者的;

(四)劳动条件恶劣、环境污染严重,给劳动者身心健康造成严重损害的。

第九十三条 对不具备合法经营资格的用人单位的违法犯罪行为,依法追究法律责任;劳动者已经付出劳动的,该单位或者其出资人应当依照本法有关规定向劳动者支付劳动报酬、经济补偿、赔偿金;给劳动者造成损害的,应当承担赔偿责任。

第九十四条 个人承包经营违反本法规定招用劳动者,给劳动者造成损害的,发包的组织与个人承包经营者承担连带赔偿责任。

【行政法规】

《工伤保险条例》(20040101;20110101)

第十四条 职工有下列情形之一的,应当认定为工伤:

(一)在工作时间和工作场所内,因工作原因受到事故伤害的;

（二）工作时间前后在工作场所内，从事与工作有关的预备性或者收尾性工作受到事故伤害的；

（三）在工作时间和工作场所内，因履行工作职责受到暴力等意外伤害的；

（四）患职业病的；

（五）因工外出期间，由于工作原因受到伤害或者发生事故下落不明的；

（六）在上下班途中，受到非本人主要责任的交通事故或者城市轨道交通、客运轮渡、火车事故伤害的；

（七）法律、行政法规规定应当认定为工伤的其他情形。

第十五条　职工有下列情形之一的，视同工伤：

（一）在工作时间和工作岗位，突发疾病死亡或者在 48 小时之内经抢救无效死亡的；

（二）在抢险救灾等维护国家利益、公共利益活动中受到伤害的；

（三）职工原在军队服役，因战、因公负伤致残，已取得革命伤残军人证，到用人单位后旧伤复发的。

职工有前款第（一）项、第（二）项情形的，按照本条例的有关规定享受工伤保险待遇；职工有前款第（三）项情形的，按照本条例的有关规定享受除一次性伤残补助金以外的工伤保险待遇。

第十六条　职工符合本条例第十四条、第十五条的规定，但是有下列情形之一的，不得认定为工伤或者视同工伤：

（一）故意犯罪的；

（二）醉酒或者吸毒的；

（三）自残或者自杀的。

第十七条　职工发生事故伤害或者按照职业病防治法规定被诊断、鉴定为职业病，所在单位应当自事故伤害发生之日或者被诊断、鉴定为职业病之日起 30 日内，向统筹地区社会保险行政部门提出工伤认定申请。遇有特殊情况，经报社会保险行政部门同意，申请时限可以适当延长。

用人单位未按前款规定提出工伤认定申请的，工伤职工或者其近亲属、工会组织在事故伤害发生之日或者被诊断、鉴定为职业病之日起 1 年内，可以直接向用人单位所在地统筹地区社会保险行政部门提出工伤认定申请。

按照本条第一款规定应当由省级社会保险行政部门进行工伤认定的事项，根据属地原则由用人单位所在地的设区的市级社会保险行政部门办理。

用人单位未在本条第一款规定的时限内提交工伤认定申请，在此期间发生符合本条例规定的工伤待遇等有关费用由该用人单位负担。

第十八条 提出工伤认定申请应当提交下列材料:

(一)工伤认定申请表;

(二)与用人单位存在劳动关系(包括事实劳动关系)的证明材料;

(三)医疗诊断证明或者职业病诊断证明书(或者职业病诊断鉴定书)。

工伤认定申请表应当包括事故发生的时间、地点、原因以及职工伤害程度等基本情况。

工伤认定申请人提供材料不完整的,社会保险行政部门应当一次性书面告知工伤认定申请人需要补正的全部材料。申请人按照书面告知要求补正材料后,社会保险行政部门应当受理。

第十九条 社会保险行政部门受理工伤认定申请后,根据审核需要可以对事故伤害进行调查核实,用人单位、职工、工会组织、医疗机构以及有关部门应当予以协助。职业病诊断和诊断争议的鉴定,依照职业病防治法的有关规定执行。对依法取得职业病诊断证明书或者职业病诊断鉴定书的,社会保险行政部门不再进行调查核实。

职工或者其近亲属认为是工伤,用人单位不认为是工伤的,由用人单位承担举证责任。

第二十条 社会保险行政部门应当自受理工伤认定申请之日起60日内作出工伤认定的决定,并书面通知申请工伤认定的职工或者其近亲属和该职工所在单位。

社会保险行政部门对受理的事实清楚、权利义务明确的工伤认定申请,应当在15日内作出工伤认定的决定。

作出工伤认定决定需要以司法机关或者有关行政主管部门的结论为依据的,在司法机关或者有关行政主管部门尚未作出结论期间,作出工伤认定决定的时限中止。

社会保险行政部门工作人员与工伤认定申请人有利害关系的,应当回避。

第二十一条 职工发生工伤,经治疗伤情相对稳定后存在残疾、影响劳动能力的,应当进行劳动能力鉴定。

第二十二条 劳动能力鉴定是指劳动功能障碍程度和生活自理障碍程度的等级鉴定。

劳动功能障碍分为十个伤残等级,最重的为一级,最轻的为十级。

生活自理障碍分为三个等级:生活完全不能自理、生活大部分不能自理和生活部分不能自理。

劳动能力鉴定标准由国务院社会保险行政部门会同国务院卫生行政部

门等部门制定。

　　第二十三条　劳动能力鉴定由用人单位、工伤职工或者其近亲属向设区的市级劳动能力鉴定委员会提出申请,并提供工伤认定决定和职工工伤医疗的有关资料。

　　第二十四条　省、自治区、直辖市劳动能力鉴定委员会和设区的市级劳动能力鉴定委员会分别由省、自治区、直辖市和设区的市级社会保险行政部门、卫生行政部门、工会组织、经办机构代表以及用人单位代表组成。

　　劳动能力鉴定委员会建立医疗卫生专家库。列入专家库的医疗卫生专业技术人员应当具备下列条件:

　　(一)具有医疗卫生高级专业技术职务任职资格;

　　(二)掌握劳动能力鉴定的相关知识;

　　(三)具有良好的职业品德。

　　第二十五条　设区的市级劳动能力鉴定委员会收到劳动能力鉴定申请后,应当从其建立的医疗卫生专家库中随机抽取 3 名或者 5 名相关专家组成专家组,由专家组提出鉴定意见。设区的市级劳动能力鉴定委员会根据专家组的鉴定意见作出工伤职工劳动能力鉴定结论;必要时,可以委托具备资格的医疗机构协助进行有关的诊断。

　　设区的市级劳动能力鉴定委员会应当自收到劳动能力鉴定申请之日起 60 日内作出劳动能力鉴定结论,必要时,作出劳动能力鉴定结论的期限可以延长 30 日。劳动能力鉴定结论应当及时送达申请鉴定的单位和个人。

　　第二十六条　申请鉴定的单位或者个人对设区的市级劳动能力鉴定委员会作出的鉴定结论不服的,可以在收到该鉴定结论之日起 15 日内向省、自治区、直辖市劳动能力鉴定委员会提出再次鉴定申请。省、自治区、直辖市劳动能力鉴定委员会作出的劳动能力鉴定结论为最终结论。

　　第二十七条　劳动能力鉴定工作应当客观、公正。劳动能力鉴定委员会组成人员或者参加鉴定的专家与当事人有利害关系的,应当回避。

　　第二十八条　自劳动能力鉴定结论作出之日起 1 年后,工伤职工或者其近亲属、所在单位或者经办机构认为伤残情况发生变化的,可以申请劳动能力复查鉴定。

　　第二十九条　劳动能力鉴定委员会依照本条例第二十六条和第二十八条的规定进行再次鉴定和复查鉴定的期限,依照本条例第二十五条第二款的规定执行。

　　第三十条　职工因工作遭受事故伤害或者患职业病进行治疗,享受工伤医疗待遇。

职工治疗工伤应当在签订服务协议的医疗机构就医,情况紧急时可以先到就近的医疗机构急救。

治疗工伤所需费用符合工伤保险诊疗项目目录、工伤保险药品目录、工伤保险住院服务标准的,从工伤保险基金支付。工伤保险诊疗项目目录、工伤保险药品目录、工伤保险住院服务标准,由国务院社会保险行政部门会同国务院卫生行政部门、食品药品监督管理部门等部门规定。

职工住院治疗工伤的伙食补助费,以及经医疗机构出具证明,报经办机构同意,工伤职工到统筹地区以外就医所需的交通、食宿费用从工伤保险基金支付,基金支付的具体标准由统筹地区人民政府规定。

工伤职工治疗非工伤引发的疾病,不享受工伤医疗待遇,按照基本医疗保险办法处理。

工伤职工到签订服务协议的医疗机构进行工伤康复的费用,符合规定的,从工伤保险基金支付。

第三十一条 社会保险行政部门作出认定为工伤的决定后发生行政复议、行政诉讼的,行政复议和行政诉讼期间不停止支付工伤职工治疗工伤的医疗费用。

第三十二条 工伤职工因日常生活或者就业需要,经劳动能力鉴定委员会确认,可以安装假肢、矫形器、假眼、假牙和配置轮椅等辅助器具,所需费用按照国家规定的标准从工伤保险基金支付。

第三十三条 职工因工作遭受事故伤害或者患职业病需要暂停工作接受工伤医疗的,在停工留薪期内,原工资福利待遇不变,由所在单位按月支付。

停工留薪期一般不超过 12 个月。伤情严重或者情况特殊,经设区的市级劳动能力鉴定委员会确认,可以适当延长,但延长不得超过 12 个月。工伤职工评定伤残等级后,停发原待遇,按照本章的有关规定享受伤残待遇。工伤职工在停工留薪期满后仍需治疗的,继续享受工伤医疗待遇。

生活不能自理的工伤职工在停工留薪期需要护理的,由所在单位负责。

第三十四条 工伤职工已经评定伤残等级并经劳动能力鉴定委员会确认需要生活护理的,从工伤保险基金按月支付生活护理费。

生活护理费按照生活完全不能自理、生活大部分不能自理或者生活部分不能自理 3 个不同等级支付,其标准分别为统筹地区上年度职工月平均工资的 50%、40% 或者 30%。

第三十五条 职工因工致残被鉴定为一级至四级伤残的,保留劳动关系,退出工作岗位,享受以下待遇:

（一）从工伤保险基金按伤残等级支付一次性伤残补助金,标准为:一级伤残为 27 个月的本人工资,二级伤残为 25 个月的本人工资,三级伤残为 23 个月的本人工资,四级伤残为 21 个月的本人工资;

（二）从工伤保险基金按月支付伤残津贴,标准为:一级伤残为本人工资的 90%,二级伤残为本人工资的 85%,三级伤残为本人工资的 80%,四级伤残为本人工资的 75%。伤残津贴实际金额低于当地最低工资标准的,由工伤保险基金补足差额;

（三）工伤职工达到退休年龄并办理退休手续后,停发伤残津贴,按照国家有关规定享受基本养老保险待遇。基本养老保险待遇低于伤残津贴的,由工伤保险基金补足差额。

职工因工致残被鉴定为一级至四级伤残的,由用人单位和职工个人以伤残津贴为基数,缴纳基本医疗保险费。

第三十六条　职工因工致残被鉴定为五级、六级伤残的,享受以下待遇:

（一）从工伤保险基金按伤残等级支付一次性伤残补助金,标准为:五级伤残为 18 个月的本人工资,六级伤残为 16 个月的本人工资;

（二）保留与用人单位的劳动关系,由用人单位安排适当工作。难以安排工作的,由用人单位按月发给伤残津贴,标准为:五级伤残为本人工资的 70%,六级伤残为本人工资的 60%,并由用人单位按照规定为其缴纳应缴纳的各项社会保险费。伤残津贴实际金额低于当地最低工资标准的,由用人单位补足差额。

经工伤职工本人提出,该职工可以与用人单位解除或者终止劳动关系,由工伤保险基金支付一次性工伤医疗补助金,由用人单位支付一次性伤残就业补助金。一次性工伤医疗补助金和一次性伤残就业补助金的具体标准由省、自治区、直辖市人民政府规定。

第三十七条　职工因工致残被鉴定为七级至十级伤残的,享受以下待遇:

（一）从工伤保险基金按伤残等级支付一次性伤残补助金,标准为:七级伤残为 13 个月的本人工资,八级伤残为 11 个月的本人工资,九级伤残为 9 个月的本人工资,十级伤残为 7 个月的本人工资;

（二）劳动、聘用合同期满终止,或者职工本人提出解除劳动、聘用合同的,由工伤保险基金支付一次性工伤医疗补助金,由用人单位支付一次性伤残就业补助金。一次性工伤医疗补助金和一次性伤残就业补助金的具体标准由省、自治区、直辖市人民政府规定。

第三十八条　工伤职工工伤复发,确认需要治疗的,享受本条例第三十条、第三十二条和第三十三条规定的工伤待遇。

第三十九条　职工因工死亡，其近亲属按照下列规定从工伤保险基金领取丧葬补助金、供养亲属抚恤金和一次性工亡补助金：

（一）丧葬补助金为6个月的统筹地区上年度职工月平均工资；

（二）供养亲属抚恤金按照职工本人工资的一定比例发给由因工死亡职工生前提供主要生活来源、无劳动能力的亲属。标准为：配偶每月40%，其他亲属每人每月30%，孤寡老人或者孤儿每人每月在上述标准的基础上增加10%。核定的各供养亲属的抚恤金之和不应高于因工死亡职工生前的工资。供养亲属的具体范围由国务院社会保险行政部门规定；

（三）一次性工亡补助金标准为上一年度全国城镇居民人均可支配收入的20倍。

伤残职工在停工留薪期内因工伤导致死亡的，其近亲属享受本条第一款规定的待遇。

一级至四级伤残职工在停工留薪期满后死亡的，其近亲属可以享受本条第一款第（一）项、第（二）项规定的待遇。

第四十条　伤残津贴、供养亲属抚恤金、生活护理费由统筹地区社会保险行政部门根据职工平均工资和生活费用变化等情况适时调整。调整办法由省、自治区、直辖市人民政府规定。

第四十一条　职工因工外出期间发生事故或者在抢险救灾中下落不明的，从事故发生当月起3个月内照发工资，从第4个月起停发工资，由工伤保险基金向其供养亲属按月支付供养亲属抚恤金。生活有困难的，可以预支一次性工亡补助金的50%。职工被人民法院宣告死亡的，按照本条例第三十九条职工因工死亡的规定处理。

第四十二条　工伤职工有下列情形之一的，停止享受工伤保险待遇：

（一）丧失享受待遇条件的；

（二）拒不接受劳动能力鉴定的；

（三）拒绝治疗的。

第四十三条　用人单位分立、合并、转让的，承继单位应当承担原用人单位的工伤保险责任；原用人单位已经参加工伤保险的，承继单位应当到当地经办机构办理工伤保险变更登记。

用人单位实行承包经营的，工伤保险责任由职工劳动关系所在单位承担。

职工被借调期间受到工伤事故伤害的，由原用人单位承担工伤保险责任，但原用人单位与借调单位可以约定补偿办法。

企业破产的,在破产清算时依法拨付应当由单位支付的工伤保险待遇费用。

第四十四条　职工被派遣出境工作,依据前往国家或者地区的法律应当参加当地工伤保险的,参加当地工伤保险,其国内工伤保险关系中止;不能参加当地工伤保险的,其国内工伤保险关系不中止。

第四十五条　职工再次发生工伤,根据规定应当享受伤残津贴的,按照新认定的伤残等级享受伤残津贴待遇。

【司法解释】

(1)《最高人民法院关于审理涉船员纠纷案件若干问题的规定》(法释〔2020〕11 号,20200929)

第四条　船舶所有人以被挂靠单位的名义对外经营,船舶所有人未与船员签订书面劳动合同,其聘用的船员因工伤亡,船员主张被挂靠单位为承担工伤保险责任的单位的,应予支持。船舶所有人与船员成立劳动关系的除外。

第十五条　船员因劳务受到损害,船舶所有人举证证明船员自身存在过错,并请求判令船员自担相应责任的,对船舶所有人的抗辩予以支持。

第十六条　因第三人的原因遭受工伤,船员对第三人提起民事诉讼请求民事赔偿,第三人以船员已获得工伤保险待遇为由,抗辩其不应承担民事赔偿责任的,对第三人的抗辩不予支持。但船员已经获得医疗费用的,对船员关于医疗费用的诉讼请求不予支持。

(2)《最高人民法院关于审理人身损害赔偿案件适用法律若干问题的解释》(法释〔2003〕20 号,20040501;经法释〔2022〕14 号修正,20220501)

第三条　依法应当参加工伤保险统筹的用人单位的劳动者,因工伤事故遭受人身损害,劳动者或者其近亲属向人民法院起诉请求用人单位承担民事赔偿责任的,告知其按《工伤保险条例》的规定处理。

因用人单位以外的第三人侵权造成劳动者人身损害,赔偿权利人请求第三人承担民事赔偿责任的,人民法院应予支持。

(3)《最高人民法院关于审理工伤保险行政案件若干问题的规定》(法释〔2014〕9 号,20140901)

第八条　职工因第三人的原因受到伤害,社会保险行政部门以职工或者其近亲属已经对第三人提起民事诉讼或者获得民事赔偿为由,作出不予受理工伤认定申请或者不予认定工伤决定的,人民法院不予支持。

职工因第三人的原因受到伤害,社会保险行政部门已经作出工伤认定,职工或者其近亲属未对第三人提起民事诉讼或者尚未获得民事赔偿,起诉要求社会保险经办机构支付工伤保险待遇的,人民法院应予支持。

职工因第三人的原因导致工伤,社会保险经办机构以职工或者其近亲属已经对第三人提起民事诉讼为由,拒绝支付工伤保险待遇的,人民法院不予支持,但第三人已经支付的医疗费用除外。

【批复、答复】

因第三人造成工伤的劳动者或其亲属在获得民事赔偿后是否还可以获得工伤保险补偿?

《最高人民法院关于因第三人造成工伤的职工或其亲属在获得民事赔偿后是否还可以获得工伤保险补偿问题的答复》(〔2006〕行他字第12号,20061228)

新疆维吾尔自治区高级人民法院生产建设兵团分院:

你院《关于因第三人造成工伤死亡的亲属在获得高于工伤保险待遇的民事赔偿后是否还可以获得工伤保险补偿问题的请示报告》收悉。经研究,答复如下:

原则同意你院审判委员会的倾向性意见。即根据《中华人民共和国安全生产法》第四十八条以及《最高人民法院关于审理人身损害赔偿案件适用法律若干问题的解释》第十二条①的规定,因第三人造成工伤的职工或其近亲属,从第三人处获得民事赔偿后,可以按照《工伤保险条例》第三十七条②的规定,向工伤保险机构申请工伤保险待遇补偿。

此复。

【公报案例】

劳动者获得用人单位为其购买的意外伤害保险赔付后,是否有权再向用人单位主张工伤保险待遇?[安民重、兰自姣与深圳市水湾远洋渔业有限公司船员劳务合同纠纷案(2017-12)]

《工伤保险条例》第二条第一款规定,中华人民共和国境内的企业、事业单位、社会团体、民办非企业单位、基金会、律师事务所、会计师事务所等组织

---

① 2022年修正后为第三条。
② 2010年修订后为第三十九条。

和有雇工的个体工商户应当依照本条例规定参加工伤保险,为本单位全部职工或者雇工缴纳工伤保险费。根据该规定,为职工缴纳工伤保险费是水湾公司的法定义务,该法定义务不得通过任何形式予以免除或变相免除。《工伤保险条例》第六十二条第二款又进一步规定:"依照本条例规定应当参加工伤保险而未参加工伤保险的用人单位职工发生工伤的,由该用人单位按照本条例规定的工伤保险待遇项目和标准支付费用。"在水湾公司未为安东卫缴纳工伤保险费的情况下,水湾公司应向安东卫的父母安民重和兰自姣支付工伤保险待遇。水湾公司为安东卫购买的商业性意外伤害保险,性质上是水湾公司为安东卫提供的一种福利待遇,不能免除水湾公司作为用人单位负有的法定的缴纳工伤保险费的义务或支付工伤保险待遇的义务。法律及司法解释并不禁止受工伤的职工或其家属获得双重赔偿。《最高人民法院关于审理工伤保险行政案件若干问题的规定》第八条第一款规定:"职工因第三人的原因受到伤害,社会保险行政部门以职工或者其近亲属已经对第三人提起民事诉讼或者获得民事赔偿为由,作出不予受理工伤认定申请或者不予认定工伤决定的,人民法院不予支持",第三款规定:"职工因第三人的原因导致工伤,社会保险经办机构以职工或者其近亲属已经对第三人提起民事诉讼为由,拒绝支付工伤保险待遇的,人民法院不予支持,但第三人已经支付的医疗费用除外",由此可见,上述规定并不禁止受工伤的职工同时获得民事赔偿和工伤保险待遇赔偿。

【典型案例】

劳动者非因第三人侵权死亡的,其近亲属起诉请求用人单位承担民事赔偿责任的,应如何处理?[唐素云、吕肖雅、刘明銮、吕立桂与宁波经济开发区龙盛航运有限公司海事海商纠纷案,(2017)浙民终 683 号]

依法应当参加工伤保险统筹的用人单位的劳动者非因第三者侵权死亡的,其近亲属起诉请求用人单位承担民事赔偿责任的,应按《工伤保险条例》的规定处理。用人单位未参加工伤保险统筹的,应按工伤保险待遇项目和标准向劳动者支付相应费用。劳动者近亲属主张用人单位支付的费用系劳动者可获取的保险赔偿款的,对此负有举证责任。龙盛公司作为用人单位,应当为吕洋投保工伤保险,但龙盛公司仅为吕洋缴纳了部分社会保险,工伤保险处于中断参保状态,依照《工伤保险条例》第六十二条第二款的规定,应当参加工伤保险而未参加工伤保险的用人单位职工发生工伤的,用人单位按照该条例的工伤保险待遇项目和标准支付费用。

【适用要点】

船员因劳务受到损害请求赔偿的案件，首先需要区分船员与用人单位之间是劳动合同还是劳务合同（雇佣合同）。如果是劳动争议纠纷，船员已参加工伤保险统筹的，应当依照《工伤保险条例》的相关规定处理。在司法实践中，因第三人造成工伤的职工或其近亲属，从第三人处获得民事赔偿后，仍然可以按照《工伤保险条例》第三十七条的规定，向工伤保险机构申请工伤保险待遇补偿。如果是劳务合同纠纷，则应当依照民法典第一千一百九十二条以及《最高人民法院关于审理人身损害赔偿案件适用法律若干问题的解释》中有关劳务关系的规定处理。在船员劳务合同纠纷中，船员因劳务受到损害依过错归责，如果船舶所有人能够举证证明船员自身存在过错，并请求判令船员自担相应责任的，对船舶所有人的主张应予支持。

二十八、海难救助合同纠纷

1. 案由释义

海难救助,是指对遭遇海难的船舶、货物和客货运费的全部或组成部分,由外来力量对其进行救助的行为,而不论这种行为发生在任何水域。实施救助的外来力量可以是从事救助工作的专业救助人,也可以是邻近或过往的船只。海难救助的形式主要包括三种,即纯救助、合同救助(一般采用标准格式合同)和雇佣救助。纯救助情形下救助方与被救助方无救助协议,救助采用"无效果,无报酬"原则。合同救助也采用"无效果,无报酬"原则,但救助方与被救助方一般签订有标准格式合同,因为救助开始时最终的救助效果尚未确定,故合同中对救助报酬的具体数额一般不作约定,或者仅约定救助报酬的支付方式。该种救助方式是当今海难救助最普遍采用的形式。随着航运实践的发展,雇佣救助(又称实际费用救助)形式也越来越多。雇佣救助一般采用书面合同,约定以救助方所实际使用的人力和设备,并根据实际耗费的时间计算报酬。

2. 诉讼程序规范

【相关立法】

《中华人民共和国民事诉讼法》(19910409;20220101)

第三十二条　因海难救助费用提起的诉讼,由救助地或者被救助船舶最先到达地人民法院管辖。

【司法解释】

(1)《最高人民法院关于海事法院受理案件范围的规定》(法释〔2016〕4号,20160301)

72. 海难救助纠纷案件;

(2)《最高人民法院关于适用〈中华人民共和国海事诉讼特别程序法〉若干问题的解释》（法释〔2003〕3 号，20030201；经法释〔2008〕18 号修正，20081231）

第一条 在海上或者通海水域发生的与船舶或者运输、生产、作业相关的海事侵权纠纷、海商合同纠纷，以及法律或者相关司法解释规定的其他海事纠纷案件由海事法院及其上级人民法院专门管辖。

【适用要点】

海难救助合同纠纷案件属于海事法院受案范围，应由海事法院专门管辖。因海难救助合同纠纷提起的诉讼，由救助地或者被救助船舶最先到达地的海事法院管辖。该类案件属于当事人可以协议选择管辖法院的案件，当事人可以就被告住所地、合同履行地、合同签订地、原告住所地、标的物所在地书面协议选择有管辖权的海事法院管辖。

3. 救助作业的构成要件

【相关立法】

《中华人民共和国海商法》（19930701）

第一百七十一条 本章规定适用于在海上或者与海相通的可航水域，对遇险的船舶和其他财产进行的救助。

第一百七十二条 本章下列用语的含义：

（一）"船舶"，是指本法第三条所称的船舶和与其发生救助关系的任何其他非用于军事的或者政府公务的船艇。

（二）"财产"，是指非永久地和非有意地依附于岸线的任何财产，包括有风险的运费。

（三）"救助款项"，是指依照本章规定，被救助方应当向救助方支付的任何救助报酬、酬金或者补偿。

第一百七十三条 本章规定，不适用于海上已经就位的从事海底矿物资源的勘探、开发或者生产的固定式、浮动式平台和移动式近海钻井装置。

第一百七十四条 船长在不严重危及本船和船上人员安全的情况下，有义务尽力救助海上人命。

第一百八十条 确定救助报酬，应当体现对救助作业的鼓励，并综合考虑下列各项因素：

（一）船舶和其他财产的获救的价值；

（二）救助方在防止或者减少环境污染损害方面的技能和努力；

（三）救助方的救助成效；

（四）危险的性质和程度；

（五）救助方在救助船舶、其他财产和人命方面的技能和努力；

（六）救助方所用的时间、支出的费用和遭受的损失；

（七）救助方或者救助设备所冒的责任风险和其他风险；

（八）救助方提供救助服务的及时性；

（九）用于救助作业的船舶和其他设备的可用性和使用情况；

（十）救助设备的备用状况、效能和设备的价值。

救助报酬不得超过船舶和其他财产的获救价值。

第一百八十五条　在救助作业中救助人命的救助方，对获救人员不得请求酬金，但是有权从救助船舶或者其他财产、防止或者减少环境污染损害的救助方获得的救助款项中，获得合理份额。

第一百九十一条　同一船舶所有人的船舶之间进行的救助，救助方获得救助款项的权利适用本章规定。

第一百九十二条　国家有关主管机关从事或者控制的救助作业，救助方有权享受本章规定的关于救助作业的权利和补偿。

【司法指导文件】

最高人民法院民事审判第四庭《涉外商事海事审判实务问题解答（一）》（20040408）

128. 如何理解《海商法》规定的海难救助的适用范围？

答：《海商法》第九章"海难救助"的规定不适用于船长、船员对遇险的本船及船上人员、旅客、货物或者其他财产的救助。

【典型案例】

(1)对被制裁船舶采取救助行为是否属于海难救助？［营口港务集团有限公司与利泉船务有限公司海难救助合同纠纷案,(2018)辽72民初674号］

依照海商法第一百七十一条"本章规定适用于在海上或者与海相通的可航水域,对遇险的船舶和其他财产进行的救助"的规定,海难救助的条件包括：1. 被救物为法律所承认的船舶和其他财产；2. 被救物处于危险之中；3. 救助方实施了救助行为；4. 救助行为发生在海上或者与海相通的可航水域。……本案被救物为利泉公司所有的"海燕8"轮,根据营口市海上搜救中心的说明及营口港公司的庭审陈述,"海燕8"轮因涉嫌走私朝鲜煤炭,而被联合国列入禁止入港制裁名单,船舶所有人及管理人的负责人被羁押候审,船舶长期在海上漂泊,无供给,船员生命安全受到威胁,出于人道主义考虑,营口市海上搜救中心在收到"海燕8"轮船员的救助申请后,安排救助船将船员接下船。"海燕8"轮因此处于无船员值守、无动力的失控状态,随时有碰撞、倾覆、威胁航道安全的危险。营口港公司安排拖轮对"海燕8"轮进行现场应急监护,在发现走锚情况下实施破冰航行及拖拽监护作业,将船拖至码头停靠,属于救助行为。其行为发生在营口港仙人岛港区航道和航道南侧浅滩水域,属于海上区域,故营口港公司对"海燕8"轮实施的作业行为构成海难救助。

(2)交通运输部东海救助局所属救助船舶采取救助措施后可否主张酬金?〔交通运输部东海救助局与杰德有限责任公司海难救助合同纠纷案,(2014)沪海法商初字第908号〕

关于救助作业的内容,根据在案有效证据及交通运输部东海救助局、杰德有限责任公司的确认,交通运输部东海救助局所有的"东海救116"轮无惧恶劣天气和海况,施放救助艇为遇险船舶"JADE"轮自行放下并载有12名船员的救生筏拖带至"东海救116"轮舷旁,使12名遇险船员安全登船,脱离危险,系一起成功的海上人命救助案例……虽然交通运输部东海救助局依法不能就海上人命救助向杰德有限责任公司请求酬金,但根据海商法第一百八十五条的规定,交通运输部东海救助局作为在救助作业中救助人命的救助方,不应向杰德有限责任公司请求酬金,但有权从救助船舶或其他财产、防止或者减少环境污染损害的救助方获得的救助款项中,获得合理的份额。故交通运输部东海救助局仍有权通过其他合法途径获得合理的补偿。

(3)对搁浅船舶采取救助是否构成海上危险?〔中华人民共和国湛江海事局与莱尔海外公司及广西先林进出口有限公司海难救助合同纠纷案,(2012)广海法初字第959号〕

莱尔公司主张,"宾丹之星"轮的搁浅不构成海上危险……广州海事法院认为,"宾丹之星"轮搁浅时,该轮装载有货物29991.723吨,其抵达湛江港后移往2号引水锚地因抛锚船众多找不到合适的安全锚位,即当时船舶承载货物重量较大,周围其他船舶较多,施救有一定的难度。同时,莱尔公司提交的事故报告称,"宾丹之星"轮搁浅后,立即测量船舶周围水深,发现9舱左处水深小于船舶吃水。这表明,当时"宾丹之星"轮系9舱左边单边搁浅,平稳性不好,增加了施救的难度。湛江海上搜寻救助分中心于2013年8月6日出具的"宾丹之星"轮搁浅的有关情况记载:"宾丹之星"轮搁浅,附近海域气象海况及搁浅位置底质情况为海图水深-2.7米。2012年2月8日最高潮时为2344时、潮高为4.27米,2012年2月9日最低潮时为0616时、潮高为0.44米。即搁浅地点低潮时露出水面2.7米,且施救时为接近最高潮时,必须抓紧时间施救,以免耽误时机,可见搁浅地较为危险,当时的救助时机比较紧迫。莱尔公司、先林公司于庭后提交的情况说明中也提及,船舶搁浅时,情况较为紧急。由此可见,"宾丹之星"轮面临的危险是客观存在的。

【适用要点】

海难救助作业的构成要件为①:(1)需为法律认可的救助标的,根据海商法第一百七十一条规定法律认可的救助标的为"船舶"和"其他财产"。(2)救助标的处于危险之中,这种危险必须是真实的,但并不要求船舶和货物等其他财产遭遇共同危险。在我国司法实践中,船舶搁浅、翻沉、航行过程中起火、碰撞后货舱进水面临倾覆及集装箱散落、辅机故障且配员严重不足、停泊区域存在大风大雾天气频发、锚地通航环境复杂、避风条件不良、进出港渔船较多等安全隐患以及处于无船员值守、无动力的失控状态等都被认定存在"遇险"情形。(3)救助方实施了救助行为,包括脱浅、灭火、救离等,既包括船舶或货物未脱离船员占有而由第三方救援,以及船舶或货物脱离船员占有而由第三方救援情形。对于救助主体,海商法并未对其予以限定。这里需要重点阐释两种特殊主体,即同一船舶所有人(姊妹船之间)和国家有关主管机关。姊妹船之间的救助。依照海商法第一百九十一条规定,同一船舶所有人的船舶之间进行的救助,救助方获得救助款项的权利适用本章规定。国家有关主管机关的救助。依照海商法第一百九十二条规定,国家有关主管机关从事或者控制的救助作业,救助方有权享受本章规定的关于救助作业的权利和补偿。(4)救助行为发生在海上或者与海相通的可航水域。在此应注意,在港内对堆存货物签订合同实施救助等发生在上述区域以外的情形,不构成"海难救助合同"。

4. 雇佣救助合同

【相关立法】

《中华人民共和国海商法》(19930701)

第一百七十一条 本章规定适用于在海上或者与海相通的可航水域,对

---

① 胡正良主编:《海事法》(第3版),北京大学出版社2016年版,第111页及以下;傅旭梅主编:《中华人民共和国海商法诠释》,人民法院出版社1995年版,第295页。

遇险的船舶和其他财产进行的救助。

第一百七十五条 救助方与被救助方就海难救助达成协议,救助合同成立。

遇险船舶的船长有权代表船舶所有人订立救助合同。遇险船舶的船长或者船舶所有人有权代表船上财产所有人订立救助合同。

第一百七十九条 救助方对遇险的船舶和其他财产的救助,取得效果的,有权获得救助报酬;救助未取得效果的,除本法第一百八十二条或者其他法律另有规定或者合同另有约定外,无权获得救助款项。

【典型案例】

雇佣救助合同应否属于海难救助合同范畴?[浙江满洋船务有限公司与宁波鸿勋海运有限公司、上海勋源海运有限公司海难救助合同纠纷案,(2017)浙72民初686号]

根据海商法第一百七十九条的规定,除"无效果无报酬"救助报酬支付原则外,也允许当事人对救助报酬的确定另行约定,本案当事人之间约定了救助报酬费率,鸿勋公司、勋源公司也承诺支付因委托内容产生的相关费用,在救助过程中有指导救助行为。因此,本案救助合同并不属于海商法规定的"无效果无报酬"救助合同,而属于雇佣救助合同。满洋公司主张的费用,均系履行涉案雇佣救助合同而产生,均属对"鸿源02"轮的船、货及对该轮构成环境污染损害危险进行的救助,均属海商法第二百零八条第(一)项规定的救助款项。据此,该报酬对鸿勋公司、勋源公司而言,应属非限制性债权。同理,根据海商法第二十二条第一款第(四)项,满洋公司就其海难救助报酬享有船舶优先权。但根据海商法第二十九条第一款第(一)项的规定,满洋公司的船舶优先权自结束救助之日起已超过一年,依法消灭。

【适用要点】

海难救助合同通常采取"无效果无报酬"原则,但实践中还存在雇佣合同救助,是该原则的例外情形,该种情况下并不违反海商法第一百七十九条关于救助报酬获得的规定。雇佣救助合同可适用海商法第九章下第一百七十五条(救助合同的订立)、第一百七十六条(救助合同的变更)、第一百七十七条(救助方的义务)、第一百七十八条(被救助方的义务)规定,而不能适用第一百八十条(被救助方的义务)、第一百八十一条(获救价值的确定)、第一百八十三条(救助报酬的分摊)规定。

5. 海难救助合同的订立与变更

【相关立法】

《中华人民共和国海商法》(19930701)

第一百七十五条 救助方与被救助方就海难救助达成协议,救助合同成立。

遇险船舶的船长有权代表船舶所有人订立救助合同。遇险船舶的船长或者船舶所有人有权代表船上财产所有人订立救助合同。

第一百七十六条 有下列情形之一,经一方当事人起诉或者双方当事人协议仲裁的,受理争议的法院或者仲裁机构可以判决或者裁决变更救助合同:

(一)合同在不正当的或者危险情况的影响下订立,合同条款显失公平的;

(二)根据合同支付的救助款项明显过高或者过低于实际提供的救助服务的。

【指导案例】

指导案例 110 号:交通运输部南海救助局诉阿昌格罗斯投资公司、香港安达欧森有限公司上海代表处海难救助合同纠纷案(20190225)

关键词 民事 海难救助合同 雇佣救助 救助报酬

裁判要点

1.《1989 年国际救助公约》和我国海商法规定救助合同"无效果无报酬",但均允许当事人对救助报酬的确定可以另行约定。若当事人明确约定,无论救助是否成功,被救助方均应支付报酬,且以救助船舶每马力小时和人工投入等作为计算报酬的标准时,则该合同系雇佣救助合同,而非上述国际公约和我国海商法规定的救助合同。

2. 在《1989 年国际救助公约》和我国海商法对雇佣救助合同没有具体规定的情况下,可以适用我国合同法①的相关规定确定当事人的权利义务。

相关法条

《中华人民共和国合同法》第八条、第一百零七条

《中华人民共和国海商法》第一百七十九条

---

① 民法典施行后,合同法被废止,相关内容见民法典规定。

基本案情

交通运输部南海救助局(以下简称南海救助局)诉称:"加百利"轮在琼州海峡搁浅后,南海救助局受阿昌格罗斯投资公司(以下简称投资公司)委托提供救助、交通、守护等服务,但投资公司一直未付救助费用。请求法院判令投资公司和香港安达欧森有限公司上海代表处(以下简称上海代表处)连带支付救助费用7240998.24元及利息。

法院经审理查明:投资公司所属"加百利"轮系希腊籍油轮,载有卡宾达原油54580吨。2011年8月12日0500时左右在琼州海峡北水道附近搁浅,船舶及船载货物处于危险状态,严重威胁海域环境安全。事故发生后,投资公司立即授权上海代表处就"加百利"轮搁浅事宜向南海救助局发出紧急邮件,请南海救助局根据经验安排两艘拖轮进行救助,并表示同意南海救助局的报价。

8月12日2040时,上海代表处通过电子邮件向南海救助局提交委托书,委托南海救助局派出"南海救116"轮和"南海救101"轮到现场协助"加百利"轮出浅,承诺无论能否成功协助出浅,均同意按每马力小时3.2元的费率付费,计费周期为拖轮自其各自的值班待命点备车开始起算至上海代表处通知任务结束、拖轮回到原值班待命点为止。"南海救116"轮和"南海救101"轮只负责拖带作业,"加百利"轮脱浅作业过程中如发生任何意外南海救助局无需负责。另,请南海救助局派遣一组潜水队员前往"加百利"轮探摸,费用为:陆地调遣费10000元;水上交通费55000元;作业费每8小时40000元,计费周期为潜水员登上交通船开始起算,到作业完毕离开交通船上岸为止。8月13日,投资公司还提出租用"南海救201"轮将其两名代表从海口运送至"加百利"轮。南海救助局向上海代表处发邮件称,"南海救201"轮费率为每马力小时1.5元,根据租用时间计算总费用。

与此同时,为预防危险局面进一步恶化造成海上污染,湛江海事局决定对"加百利"轮采取强制过驳减载脱浅措施。经湛江海事局组织安排,8月18日"加百利"轮利用高潮乘潮成功脱浅,之后安全到达目的港广西钦州港。

南海救助局实际参与的救助情况如下:

南海救助局所属"南海救116"轮总吨为3681,总功率为9000千瓦(12240马力)。"南海救116"轮到达事故现场后,根据投资公司的指示,一直在事故现场对"加百利"轮进行守护,共工作155.58小时。

南海救助局所属"南海救101"轮总吨为4091,总功率为13860千瓦(18850马力)。该轮未到达事故现场即返航。南海救助局主张该轮工作时间共计13.58小时。

南海救助局所属"南海救 201"轮总吨为 552,总功率为 4480 千瓦(6093 马力)。8 月 13 日,该轮运送 2 名船东代表登上搁浅船,工作时间为 7.83 小时。8 月 16 日,该轮运送相关人员及设备至搁浅船,工作时间为 7.75 小时。8 月 18 日,该轮将相关人员及行李运送上过驳船,工作时间为 8.83 小时。

潜水队员未实际下水作业,工作时间为 8 小时。

另查明涉案船舶的获救价值为 30531856 美元,货物的获救价值为 48053870 美元,船舶的获救价值占全部获救价值的比例为 38.85%。

裁判结果

广州海事法院于 2014 年 3 月 28 日作出(2012)广海法初字第 898 号民事判决:一、投资公司向南海救助局支付救助报酬 6592913.58 元及利息;二、驳回南海救助局的其他诉讼请求。投资公司不服一审判决,提起上诉。广东省高级人民法院于 2015 年 6 月 16 日作出(2014)粤高法民四终字第 117 号民事判决:一、撤销广州海事法院(2012)广海法初字第 898 号民事判决;二、投资公司向南海救助局支付救助报酬 2561346.93 元及利息;三、驳回南海救助局的其他诉讼请求。南海救助局不服二审判决,申请再审。最高人民法院于 2016 年 7 月 7 日作出(2016)最高法民再 61 号民事判决:一、撤销广东省高级人民法院(2014)粤高法民四终字第 117 号民事判决;二、维持广州海事法院(2012)广海法初字第 898 号民事判决。

裁判理由

最高人民法院认为,本案系海难救助合同纠纷。中华人民共和国加入了《1989 年国际救助公约》(以下简称救助公约),救助公约所确立的宗旨在本案中应予遵循。因投资公司是希腊公司,"加百利"轮为希腊籍油轮,本案具有涉外因素。各方当事人在诉讼中一致选择适用中华人民共和国法律,根据《中华人民共和国涉外民事关系法律适用法》第三条的规定,适用中华人民共和国法律对本案进行审理。我国海商法作为调整海上运输关系、船舶关系的特别法,应优先适用。海商法没有规定的,适用我国合同法等相关法律的规定。

海难救助是一项传统的国际海事法律制度,救助公约和我国海商法对此作了专门规定。救助公约第十二条、海商法第一百七十九条规定了"无效果无报酬"的救助报酬支付原则,救助公约第十三条、海商法第一百八十条及第一百八十三条在该原则基础上进一步规定了报酬的评定标准与具体承担。上述条款是对当事人基于"无效果无报酬"原则确定救助报酬的海难救助合同的具体规定。与此同时,救助公约和我国海商法均允许当事人对救助报酬的确定另行约定。因此,在救助公约和我国海商法规定的"无效果无报酬"救助合同之外,还可以依当事人的约定形成雇佣救助合同。

　　根据本案查明的事实,投资公司与南海救助局经过充分磋商,明确约定无论救助是否成功,投资公司均应支付报酬,且"加百利"轮脱浅作业过程中如发生任何意外,南海救助局无需负责。依据该约定,南海救助局救助报酬的获得与否和救助是否有实际效果并无直接联系,而救助报酬的计算,是以救助船舶每马力小时,以及人工投入等事先约定的固定费率和费用作为依据,与获救财产的价值并无关联。因此,本案所涉救助合同不属于救助公约和我国海商法所规定的"无效果无报酬"救助合同,而属雇佣救助合同。

　　关于雇佣救助合同下的报酬支付条件及标准,救助公约和我国海商法并未作具体规定。一、二审法院依据海商法第一百八十条规定的相关因素对当事人在雇佣救助合同中约定的固定费率予以调整,属适用法律错误。本案应依据我国合同法的相关规定,对当事人的权利义务予以规范和确定。南海救助局以其与投资公司订立的合同为依据,要求投资公司全额支付约定的救助报酬并无不当。

　　综上,二审法院以一审判决确定的救助报酬数额为基数,依照海商法的规定,判令投资公司按照船舶获救价值占全部获救财产价值的比例支付救助报酬,适用法律和处理结果错误,应予纠正。一审判决适用法律错误,但鉴于一审判决对相关费率的调整是以当事人的合同约定为基础,南海救助局对此并未行使相关诉讼权利提出异议,一审判决结果可予维持。

【适用要点】

　　海难救助合同属于非要式合同,但订立海难救助合同,应经双方当事人协商一致。故此,民法典关于民事法律行为有效的规定、合同订立的相关规则均得以适用。如同其他海事合同,在海难救助实践中标准合同文本亦得到广泛采用。目前通行的标准合同文本为《劳氏海难救助协议标准格式》(LOF),此外,我国也存在《中国海事仲裁委员会救助合同标准格式》(CMAC)。上述文本均属于"无效果、无补偿"合同。

　　由于救助合同往往在危险情况下订立,当事人难以掌握事发的实际情况,易于沦为救助方或订约代表人的牟利工具,侵害合同自由原则,故此,海商法第一百七十六条允许在两种情形下由相关法院或仲裁机构判决或裁决变更海难救助合同:第一,合同在不正当的或者危险情况的影响下订立,合同条款显失公平的。民法典施行后,新的一般法下"显失公平"制度变更为"一方利用对方处于危困状态、缺乏判断能力等情形,致使民事法律行为成立时显失公平的"(民法典第一百五十一条),由于一方当事人利用对方处于危困状态、缺乏判断能力等情形均属于"不正当",解释上可以囊括海难救助合同下"主观影响"型"显失公平"在内,但仍难以涵盖纯粹"客观情势影响"型"显失公平"在内。第二,根据合同支付的救助款项明显过高或者过低于实际提供的救助服务的。按照司法评注的观点,该情形主要是指合同订立背景和手法虽无异常情况,但救助作业实施完毕后,实际提供救助服务大大背离于救助报酬,导致一方当事人难以接受的情形①。

6. 立约代表权

【相关立法】

(1)《中华人民共和国海商法》(19930701)

第一百七十五条　救助方与被救助方就海难救助达成协议,救助合同成立。

遇险船舶的船长有权代表船舶所有人订立救助合同。遇险船舶的船长或者船舶所有人有权代表船上财产所有人订立救助合同。

(2)《中华人民共和国民法典》(20210101)

第一百六十二条　代理人在代理权限内,以被代理人名义实施的民事法律行为,对被代理人发生效力。

第一百六十三条　代理包括委托代理和法定代理。

委托代理人按照被代理人的委托行使代理权。法定代理人依照法律的规定行使代理权。

第一百六十四条　代理人不履行或者不完全履行职责,造成被代理人损害的,应当承担民事责任。

代理人和相对人恶意串通,损害被代理人合法权益的,代理人和相对人应当承担连带责任。

【典型案例】

非书面形式的海难救助合同如何认定?[中华人民共和国湛江海事局与莱尔海外公司及广西先林进出口有限公司海难救助合同纠纷案,(2012)广海法初字第959号]

莱尔公司(遇险船舶所有人)提交的事故报告及其出具的确认函表明,

---

① 傅旭梅主编:《中华人民共和国海商法诠释》,人民法院出版社1995年版,第309页。

"宾丹之星"轮发生搁浅事故后,其立即向湛江海事局的交管中心报告,要求经济救助,构成要约行为。湛江海事局随后组织和指挥其自有的及湛江港船舶分公司、湛江引航站、中海湛江分公司的船舶和技术人员对"宾丹之星"轮及船载货物进行紧急救助,构成承诺,因此,双方当事人就救助事项意思表示真实一致,依照海商法第一百七十五条"救助方与被救助方就海难救助达成协议,救助合同成立。遇险船舶的船长有权代表船舶所有人订立救助合同。遇险船舶的船长或者船舶所有人有权代表船上财产所有人订立救助合同"的规定,并经莱尔公司、先林公司(船上货方)于庭后提交的情况说明确认,莱尔公司代表莱尔公司、先林公司共同处理船舶救助及后续事宜,湛江海事局与莱尔公司、先林公司之间的救助合同关系成立。该合同没有违反我国现行法律、行政法规的强制性规定,应合法有效,双方当事人均应依约履行。

【适用要点】

海商法第一百七十五条第二款规定了两类立约代表权:第一,遇险船舶船长为船东的立约代表权。第二,遇险船舶船长或船东为船上财产所有人的立约代表权。但同时要注意,对立约代表权的行使也有所限制,具体体现在以下三个方面:第一,船长或船东在订立海难救助合同行使立约代表权时,应以明示方式或可得推知方式表示其代表主体包括船上财产所有人等相关方;第二,如船长或船东行使立约代表权存在履行不当、与救助方恶意串通等行为,损害船上财产所有人等相关方权益的,则可适用民法典第一百六十四条"代理人不当行为的法律后果"追究代理人(及救助方)的民事责任;第三,如行使立约代表权订立的救助合同系在不正当的或者危险情况的影响下订立、合同条款显失公平,或者根据合同支付的救助款项明显过高或者过低于实际提供的救助服务,则相关方可行使海商法第一百七十六条赋予的权利,请求法院或者仲裁机构变更海难救助合同。

7. 救助方的义务

【相关立法】

《中华人民共和国海商法》(19930701)

第一百七十七条 在救助作业过程中,救助方对被救助方负有下列义务:

(一)以应有的谨慎进行救助;

(二)以应有的谨慎防止或者减少环境污染损害;

（三）在合理需要的情况下，寻求其他救助方援助；

（四）当被救助方合理地要求其他救助方参与救助作业时，接受此种要求，但是要求不合理的，原救助方的救助报酬金额不受影响。

【适用要点】

对于海商法第一百七十七条的理解，主要注意以下几个方面：第一，"应有的谨慎"指主观上建立小心、认真、仔细的作业事项。第二，第三项中"合理需要"的理解，只要救助方能够自己完成救助作业，救助方就没有义务寻求其他救助方的援助。第三，第四项中如果被救助方的此种要求不合理，救助方是否应当接受的问题。按照通行的观点，结合海商法第一百七十七条第四项"要求不合理的，原救助方的救助报酬金额不受影响"的规定，应认定救助方仍应当接受，除非能证明此种参与会立即导致重大救助事故，如果救助方接受的，则其救助报酬金额不受影响。

8. 海难救助合同的被救助方义务

【相关立法】

《中华人民共和国海商法》（19930701）

第一百七十八条　在救助作业过程中，被救助方对救助方负有下列义务：

（一）与救助方通力合作；

（二）以应有的谨慎防止或者减少环境污染损害；

（三）当获救的船舶或者其他财产已经被送至安全地点时，及时接受救助方提出的合理的移交要求。

【适用要点】

对于海商法第一百七十八条的理解，主要注意以下两个方面：第一，关于与救助方通力合作的义务，要求被救助方积极、主动配合救助方进行救助作业，此处要注意作为被救助方的船舶所有人在必要时有义务申请船旗国政府同意接受遇险船舶进入国籍国所在的避难港或其他避难地。同时，被救助方还应当告知救助方便于救助作业开展的合理、必要的意见、建议。第二，关于"合理移交"义务，指只要被救物已经送至一个安全地点，被救助方应当及时接受救助方的移交要求。

9. 救助报酬

【相关立法】

《中华人民共和国海商法》(19930701)

第一百七十九条 救助方对遇险的船舶和其他财产的救助,取得效果的,有权获得救助报酬;救助未取得效果的,除本法第一百八十二条或者其他法律另有规定或者合同另有约定外,无权获得救助款项。

第一百八十条 确定救助报酬,应当体现对救助作业的鼓励,并综合考虑下列各项因素:

(一)船舶和其他财产的获救的价值;

(二)救助方在防止或者减少环境污染损害方面的技能和努力;

(三)救助方的救助成效;

(四)危险的性质和程度;

(五)救助方在救助船舶、其他财产和人命方面的技能和努力;

(六)救助方所用的时间、支出的费用和遭受的损失;

(七)救助方或者救助设备所冒的责任风险和其他风险;

(八)救助方提供救助服务的及时性;

(九)用于救助作业的船舶和其他设备的可用性和使用情况;

(十)救助设备的备用状况、效能和设备的价值。

救助报酬不得超过船舶和其他财产的获救价值。

第一百八十一条 船舶和其他财产的获救价值,是指船舶和其他财产获救后的估计价值或者实际出卖的收入,扣除有关税款和海关、检疫、检验费用以及进行卸载、保管、估价、出卖而产生的费用后的价值。

前款规定的价值不包括船员的获救的私人物品和旅客的获救的自带行李的价值。

第一百八十三条 救助报酬的金额,应当由获救的船舶和其他财产的各所有人,按照船舶和其他各项财产各自的获救价值占全部获救价值的比例承担。

第一百八十四条 参加同一救助作业的各救助方的救助报酬,应当根据本法第一百八十条规定的标准,由各方协商确定;协商不成的,可以提请受理争议的法院判决或者经各方协议提请仲裁机构裁决。

【典型案例】

在没有合同约定的情况下应如何认定救助报酬的数额?［江苏稳强海洋工程有限公司与洋浦国信海洋船务有限公司、第三人中国人民财产保险股份有限公司上海市分公司海难救助纠纷案,(2017)鄂 72 民初 889 号］

稳强公司对"恒裕"轮进行了有效施救,其救助行为应予鼓励,依法应得到相应报酬,依据"无效果无报酬"原则,按照我国海商法第一百八十条规定的报酬评定标准,根据被救助船舶"恒裕"轮处于的危险程度,稳强公司投入救助的及时性、生产工具多样性、救助船、货和防止或者减少环境污染损害方面技能和努力,以及救助成效等因素确定救助报酬。

【适用要点】

救助报酬的原则及例外。救助报酬是海难救助合同的核心内容。海商法海难救助一章中采用多个条文对其获得、确定、分摊及争议解决等事项予以规定。应明确"无效果无报酬"系海难救助的基本原则。依照海商法第一百七十九条,除法律(包括海商法第一百八十二条)另有规定、合同(包括雇佣救助合同)另有约定外,海难救助合同采取"无效果无报酬"原则,即只有海难救助合同取得效果,救助方才有权获得救助报酬。对于"效果"的理解,直接效果应当可以取得报酬,而对于最终救助成功起到积极作用的间接效果,只要最终实现救助的后果都可以认为是符合"效果"认定。此外,诸如守护救助并未发生明显可见的救助效果,但该种救助对于有效降低危险程度、促进船员积极采取自救措施,如最终遇险船舶及其他财产成功获救,这种救助行为也应认为存在效果。此外,即使救助"效果"并非使整船或全船货物获救,也就是获救的仅为一部分也可以认定为存在救助"效果"。但要注意,"无效果无报酬"原则只是海难救助合同的一般原则,其例外情形为:第一,法律另有规定。如海商法第一百八十二条规定了特别补偿制度,即对构成环境污染损害危险的船舶或者船上货物进行的救助,即使救助船舶及其他财产未成功,亦可取得特别补偿。第二,合同另有约定,如雇佣救助合同。

救助报酬的确定考量因素。依照海商法第一百八十条,确定救助报酬应当体现对救助作业的鼓励。此外,该条规定了十项考量因素。第一,船舶和其他财产的获救的价值。结合海商法第一百八十一条规定,船舶和其他财产的获救的价值是指船舶和其他财产获救后的估计价值或者实际出卖的收入,扣除有关税款和海关、检疫、检验费用以及进行卸载、保管、估价、出卖而产生的费用后的价值,但不包括船员的获救的私人物品和旅客的获救的自带行李的价值。结合海商法第一百八十条第二款"救助报酬不得超过船舶和其他财产的获救价值"的规定,本项考量因素是救助报酬的上限。第二,救助方在防止或者减少环境污染损害方面的技能和努力。救助对环境构成污染损害的船舶和其他财产,其难度大于普通救助,故设置本项考量因素充分考虑了对海洋环境保护的鼓励。第三,救助方的救助成效。对此应结合"无效果无报酬"原则予以认定,应考量通过救助行为使被救助方最终获救财产价值与不采取救助所可能发生的损失之间的比例。第四,危险的性质和程度。风险越大,则救助难度越大。第五,救助方在救助船舶、其他财产和人命方面的技能和努力。在救助人命方面,如果财产救助方同时救助了人命,则应提高救助报酬。如果救助方仅救助了人命,则无权获得救助报酬,但可以依照海商法第一百八十五条获得合理份额。第六,救助方所用的时间、支出的费用和遭受的损失。第七,救助方或者救助设备所冒的责任风险和其他风险。"责任风险"指救助方因参与海难救助可能产生的第三方赔偿责任。"其他风险"包括自身风险在内。第八,救助方提供救助服务的及时性。及时性对救助往往至关重要,故如果救助方及时提供救助,将获得较高救助报酬。相反,如救助迟缓导致救助时机丧失,则应酌情予以扣减救助报酬。第九,用于救助作业的船舶和其他设备的可用性和使用情况。第十,救助设备的备用状况、效能和设备的价值。一般来说专业救助船舶和其他设备通常获得的救助报酬会高于非专业救助船舶。

救助报酬的分摊。关于获救的船舶和其他财产的各所有人承担的责任形态,依照民法典第一百七十八条第三款"连带责任,由法律规定或者当事人约定"之规定,由于海商法第一百八十三条并未规定连带责任,故应为按份责任。

救助报酬争议的解决。依照海商法第一百八十四条规定,如果多个救助方参与救助作业,即可能面临如何分配救助报酬问题。参加同一救助作业的各救助方的救助报酬,应当根据海商法第一百八十条规定的标准,由各方协商确定;协商不成的,可以提请受理争议的法院判决或者经各方协议提请仲裁机构裁决。依照海商法第一百八十条第二款规定,无论在何种情形下,各救助方能获得的总救助报酬均不得超过获救财产的价值。

10. 特别补偿

【相关立法】

(1)《中华人民共和国海商法》(19930701)

第一百八十二条 对构成环境污染损害危险的船舶或者船上货物进行的救助,救助方依照本法第一百八十条规定获得的救助报酬,少于依照本条规定可以得到的特别补偿的,救助方有权依照本条规定,从船舶所有人处获得相当于救助费用的特别补偿。

救助人进行前款规定的救助作业,取得防止或者减少环境污染损害效果的,船舶所有人依照前款规定应当向救助方支付的特别补偿可以另行增加,增加的数额可以达到救助费用的百分之三十。受理争议的法院或者仲裁机构认为适当,并且考虑到本法第一百八十条第一款的规定,可以判决或者裁决进一步增加特别补偿数额;但是,在任何情况下,增加部分不得超过救助费用的百分之一百。

本条所称救助费用,是指救助方在救助作业中直接支付的合理费用以及实际适用救助设备、投入救助人员的合理费用。确定救助费用应当考虑本法第一百八十条第一款第(八)、(九)、(十)项的规定。

在任何情况下,本条规定的全部特别补偿,只有在超过救助方依照本法第一百八十条规定能够获得的救助报酬时,方可支付,支付金额为特别补偿超过救助报酬的差额部分。

由于救助方的过失未能防止或者减少环境污染损害的,可以全部或者部分地剥夺救助方获得特别补偿的权利。

本条规定不影响船舶所有人对其他被救助方的追偿权。

(2)《中华人民共和国海洋环境保护法》(19830301;20171105)

第七十一条 船舶发生海难事故,造成或者可能造成海洋环境重大污染损害的,国家海事行政主管部门有权强制采取避免或者减少污染损害的措施。

对在公海上因发生海难事故,造成中华人民共和国管辖海域重大污染损害后果或者具有污染威胁的船舶、海上设施,国家海事行政主管部门有权采取与实际的或者可能发生的损害相称的必要措施。

第八十九条 造成海洋环境污染损害的责任者,应当排除危害,并赔偿损失;完全由于第三者的故意或者过失,造成海洋环境污染损害的,由第三者排除危害,并承担赔偿责任。

对破坏海洋生态、海洋水产资源、海洋保护区,给国家造成重大损失的,由依照本法规定行使海洋环境监督管理权的部门代表国家对责任者提出损害赔偿要求。

【行政法规】

《防治船舶污染海洋环境管理条例》(20100301;20180319)

第四十一条　发生船舶污染事故,海事管理机构可以采取清除、打捞、拖航、引航、过驳等必要措施,减轻污染损害。相关费用由造成海洋环境污染的船舶、有关作业单位承担。

需要承担前款规定费用的船舶,应当在开航前缴清相关费用或者提供相应的财务担保。

【典型案例】

环境污染损害危险的特别补偿如何适用? [烟台打捞局与世界航运船舶有限公司海难救助合同纠纷案,(2020)鲁72民初236号]

根据海商法第一百八十条、第一百八十二条,确定救助款项应当体现对专业救助作业的鼓励和对消除环境污染损害危险效果的肯定。轮船搁浅既存在较大海上交通安全隐患,又严重威胁周围海域生态环境,情况十分危急。烟台打捞局具有海上一级打捞单位资质、潜水作业一级(空气、混合气)资质和中国海洋石油工程专业承包一级资质,在防止和减少环境污染损害方面具有行业内高级水平,并在具体进行本次救助中的潜水、抽油作业中体现了专业的技能和努力。烟台打捞局为实施救助活动投入了人力、设备和时间,并且支出了船舶租赁费、设备运费等。烟台打捞局提供的救助服务具有及时性,取得了防止环境污染损害效果。

【适用要点】

特别补偿制度是海难救助合同中的独有内容,系为救助具有环境污染危险的海难而规定的具有补偿性质的费用,以鼓励救助人在救助作业中尽力防止和减轻环境污染,该制度构成"无效果无报酬"原则的例外情形之一。

关于"救助报酬不充分",此系特别补偿制度适用的前提,包括救助方的救助因没有效果而无权获得救助报酬、救助方有权获得的救助报酬小于其付出的救助费用。至于何为"救助费用",依照海商法第一百八十二条第三款规定,指救助方在救助作业中直接支付的合理费用以及实际适用救助设备、投入救助人员的合理费用。确定救助费用应当考虑救助方提供救助服务的及时性、用于救助作业的船舶和其他设备的可用性和使用情况、救助设备的备用状况、效能和设备的价值。

关于"奖励条款",为维护人类环境利益,特别补偿制度不要求救助环境取得效果。但是,如果对环境的救助取得效果,则有权获得奖励。其幅度有两个:一是高于救助费用,但增额不超过救助费用的30%。二是司法机构在认为适当并考量确定救助报酬的十项因素情形下,进一步予以增加至:增额超过救助费用的30%,但最高不超过救助费用的100%。

关于实际支付意义下的"特别补偿条款",前述条款,仅系确定"名义特别补偿数额"的相关规定,不意味着船舶所有人必须支付这些特别补偿。依照海商法第一百八十二条第四款,特别补偿只有在超过救助报酬时,方可支付,支付金额为特别补偿超过救助报酬的差额部分。

关于"特别补偿的义务主体",依照海商法第一百八十二条第一款规定,为"船舶所有人",即使船舶本身并未产生污染损害,产生污染损害的是船载货物,义务主体仍不改变。但依照海商法第一百八十二条第六款规定,船舶所有人承担责任并不妨碍其向其他被救助方(包括引起环境污染损害的船载货物所有人)予以追偿。

11. 救助款项

【相关立法】

《中华人民共和国海商法》(19930701)

第一百八十七条　由于救助方的过失致使救助作业成为必需或者更加困难的,或者救助方有欺诈或者其他不诚实行为的,应当取消或者减少向救助方支付的救助款项。

第一百八十八条　被救助方在救助作业结束后,应当根据救助方的要求,对救助款项提供满意的担保。

在不影响前款规定的情况下,获救船舶的船舶所有人应当在获救的货物交还前,尽力使货物的所有人对其应当承担的救助款项提供满意的担保。

在未根据救助人的要求对获救的船舶或者其他财产提供满意的担保以前,未经救助方同意,不得将获救的船舶和其他财产从救助作业完成后最初到达的港口或者地点移走。

第一百八十九条　受理救助款项请求的法院或者仲裁机构,根据具体情况,在合理的条件下,可以裁定或者裁决被救助方向救助方先行支付适当的金额。

被救助方根据前款规定先行支付金额后,其根据本法第一百八十八条规定提供的担保金额应当相应扣减。

第一百九十条 对于获救满九十日的船舶和其他财产,如果被救助方不支付救助款项也不提供满意的担保,救助方可以申请法院裁定强制拍卖;对于无法保管、不易保管或者保管费用可能超过其价值的获救的船舶和其他财产,可以申请提前拍卖。

拍卖所得价款,在扣除保管和拍卖过程中的一切费用后,依照本法规定支付救助款项;剩余的金额,退还被救助方;无法退还、自拍卖之日起满一年又无人认领的,上缴国库;不足的金额,救助方有权向被救助方追偿。

【司法指导文件】

最高人民法院民事审判第四庭《全国法院涉外商事海事审判工作座谈会会议纪要》[法(民四)明传(2021)60号,20211231]

84.【同一船舶所有人的船舶相互救助情况下的救助款项请求权】同一船舶所有人的船舶之间进行救助,救助方的救助款项不应被取消或者减少,除非其存在海商法第一百八十七条规定的情形。

【典型案例】

雇佣救助合同中约定对于被救助船舶"不得移走"的表述应如何理解?
[宁波鸿勋海运有限公司、上海勋源海运有限公司与秦皇岛金茂源纸业有限公司、洋浦中良海运有限公司、浙江满洋船务工程有限公司海事海商纠纷案,(2019)浙民终54号]

海商法第一百八十八条第三款规定:在未根据救助人的要求对获救的船舶或者其他财产提供满意的担保以前,未经救助方同意,不得将获救的船舶和其他财产从救助作业完成后最初到达的港口或者地点移走。上述法律规定并未明确排除对雇佣救助合同的适用,故在雇佣救助合同没有相反约定的情况下,该条款应当适用于本案救助。关于该条款不适用雇佣救助的上诉理由缺乏法律依据,不予支持。本案满洋公司已对案涉船舶、货物成功施行救助,根据上述法律规定,满洋公司在未获满意担保前,金茂源公司不得将所获救货物自满洋公司处移走。上述条款中"不得移走"的表述虽然没有明确解释为留置权,即没有明确赋予救助人变卖获救货物从而受偿的权利,但显然满洋公司通过占有货物实际实现了担保的作用。故金茂源公司与满洋公司通过协商签订了《货物救助报酬协议》,支付了247500元救助报酬后取回了货物。该协议系双方真实意思表示，内容并不违反法律强制性规定，应认定有效。之后宁波海事法院作出 686 号判决书，认定救助报酬的支付主体为鸿勋公司、勋源公司，即金茂源公司并无义务支付救助报酬，但该判决并不影响满洋公司在未获得救助报酬前占有案涉货物的权利。故满洋公司向金茂源公司收取的救助报酬不应被认定为不当得利。宁波海事法院认定金茂源公司向满洋公司支付的救助报酬可视为其按海商法第一百八十八条规定向满洋公司提供的担保，有相应依据。

【适用要点】

救助款项的取消或减少是指在一定基础上的减少，因此在适用本条时首先应在依照海商法第一百八十条、第一百八十二条审查认定救助报酬，然后再根据救助方的过失在此基础上确定取消或减少的数额。

因每一个被救助方仅负有按照获救财产价值比例支付救助报酬的义务，故对救助方而言存在一定风险，故此，海商法第一百八十八条设置了担保条款，依照该条规定，首先，被救助方在救助作业结束后，应当根据救助方的要求，对救助款项提供满意的担保。固然，如救助方未提出要求，则被救助方无义务提供担保。获救船舶的船舶所有人在获救的货物交还前，负有尽力使货物的所有人对其应当承担的救助款项提供满意的担保。此处所以用"尽力"，也表明船舶所有人并非"必须"保证使货物的所有人提供满意的担保。

依照海商法第一百八十八条第三款，赋予救助方的权利并非留置权，但其性质类似于留置权。从解释上而言，这一权利针对的救助款项包括救助报酬、酬金和特别补偿。此外，其价值与救助款项的数额应基本相当，不应明显超过该数额。

由于救助可能产生巨额费用，故海商法第一百八十九条赋予救助方要求被救助方先行支付部分救助款项的权利，依照该条规定，受理救助款项请求的法院或者仲裁机构，根据具体情况，在合理的条件下，可以裁定或者裁决被救助方向救助方先行支付适当的金额。被救助方根据前款规定先行支付金额后，其根据本法第一百八十八条规定提供的担保金额应当相应扣减。"合理的条件"应当符合鼓励救助的原则，同时考量救助成本、救助效果，并结合被救助方支付能力等综合确定。

在船舶和其他财产获救已满九十日，被救助方不支付救助款项也不提供满意的担保的情形下，依照海商法第一百九十条第一款规定，救助方可以申请法院裁定强制拍卖。但如果存在无法保管、不易保管或者保管费用可能超过其价值的获救的船舶和其他财产，不受九十日限制，救助方可以提前拍卖。

就上述拍卖所得价款,依照海商法第一百九十条第二款规定,应在扣除保管和拍卖过程中的一切费用后支付救助款项,也包括拖欠期间该款项的利息。如尚有余额则退还被救助方。如果无法退还、自拍卖之日起一年又无人认领,则上缴国库。不足以清偿救助方的救助款项的,救助方还有权向被救助方予以追偿。

二十九、海上、通海水域打捞合同纠纷

1. 案由释义

海上、通海水域打捞合同,是指打捞人提供人员、技术和设备,对海上、通海水域的沉船、沉物等沉没物及水上漂浮物实施相关打捞,包括扫测、探摸等行为,沉没物和漂浮物的所有人、经营人向打捞人支付相关费用和报酬的合同。船舶所有人、经营人自行与打捞人就打捞事宜经平等协商一致订立的打捞合同,以及经海事行政主管机关要求船舶所有人、经营人限期打捞,船舶所有人、经营人与打捞人经协商一致订立的打捞合同。海上、通海水域打捞合同性质上属于承揽合同。

2. 诉讼程序规范

【相关立法】

《中华人民共和国民事诉讼法》(19910409;20220101)

第二十四条　因合同纠纷提起的诉讼,由被告住所地或者合同履行地人民法院管辖。

【司法解释】

(1)《最高人民法院关于海事法院受理案件范围的规定》(法释〔2016〕4号,20160301)

73. 海上、通海可航水域打捞清除纠纷案件;

(2)《最高人民法院关于适用〈中华人民共和国海事诉讼特别程序法〉若干问题的解释》(法释〔2003〕3号,20030201;经法释〔2008〕18号修正,20081231)

第一条　在海上或者通海水域发生的与船舶或者运输、生产、作业相关

的海事侵权纠纷、海商合同纠纷,以及法律或者相关司法解释规定的其他海事纠纷案件由海事法院及其上级人民法院专门管辖。

【适用要点】

海上、通海水域打捞合同属于典型的海商案件,该类纠纷应当由海事法院专门管辖。地域管辖应依照民事诉讼法有关地域管辖的规定确定有管辖权的海事法院。因海上、通海水域打捞合同纠纷提起的诉讼,应当由被告住所地或者合同履行地的海事法院管辖。该类案件属于当事人可以协议选择管辖法院的案件。

3. 海上、通海水域打捞合同

【相关立法】

(1)《中华人民共和国民法典》(20210101)

第四百六十七条 本法或者其他法律没有明文规定的合同,适用本编通则的规定,并可以参照适用本编或者其他法律最类似合同的规定。

在中华人民共和国境内履行的中外合资经营企业合同、中外合作经营企业合同、中外合作勘探开发自然资源合同,适用中华人民共和国法律。

第七百七十条至第七百八十七条(略)

(2)《中华人民共和国海上交通安全法》(19840101;20210901)

第四十八条 在中华人民共和国管辖海域内进行施工作业,应当经海事管理机构许可,并核定相应安全作业区。取得海上施工作业许可,应当符合下列条件:

(一)施工作业的单位、人员、船舶、设施符合安全航行、停泊、作业的要求;

(二)有施工作业方案;

(三)有符合海上交通安全和防治船舶污染海洋环境要求的保障措施、应急预案和责任制度。

从事施工作业的船舶应当在核定的安全作业区内作业,并落实海上交通安全管理措施。其他无关船舶、海上设施不得进入安全作业区。

在港口水域内进行采掘、爆破等可能危及港口安全的作业,适用港口管理的法律规定。

第一百一十七条 本法下列用语的含义是:

……

施工作业,是指勘探、采掘、爆破,构筑、维修、拆除水上水下构筑物或者设施,航道建设、疏浚(航道养护疏浚除外)作业,打捞沉船沉物。

……

【行政法规】

《中华人民共和国打捞沉船管理办法》(19571011)

第二条 除军事舰艇和木帆船外,在中华人民共和国领海和内河的沉船,包括沉船本体、船上器物以及货物都适用本办法。

第三条 下列沉船应当进行打捞:

(一)妨碍船舶航行、航道整治或者工程建筑的沉船;

(二)有修复使用价值的沉船;

(三)虽无修复使用价值而有拆卸利用价值的沉船。

第九条 打捞和解体清除沉船必须经过批准,批准权限如下:

(一)500总吨以上或者300匹指示马力以上的沉船由交通部批准。

(二)不满前项规定的沉船,由有关港(航)务主管机关批准,并由各该港(航)务主管机关依其行政系统分别报请交通部或者有关省人民委员会备案。

第十条 未经过批准,任何人都不得擅自打捞或拆除沉船。偶然捞获的沉没物资应当送当地港(航)务主管机关处理,由各该机关酌情给予奖励。

第十一条 有修复价值而不严重妨碍航行安全的沉船,不得解体。申请解体沉船必须提出该沉船确无修复价值的可靠勘测资料。解体打捞或者清除机动船舶,不得在水下破坏主副机、锅炉等物,应当尽量完整捞起,并经有关港(航)务主管机关鉴定后,才可以处理。

【适用要点】

打捞合同为无名合同,并未规定在海商法、民法典中,打捞合同在性质上属于承揽合同,应当适用民法典合同编第十七章承揽合同的相关规定。打捞合同属于诺成合同,双方当事人意思表示一致时合同成立。外商参与打捞中国沿海水域沉船沉物,可以与中方打捞人签订共同打捞合同,依照合同约定的双方权利和义务,实施打捞活动。

打捞沉船沉物属于施工作业,而在中华人民共和国管辖海域内进行施工作业的,均应经海事管理机构许可,并核定相应安全作业区。打捞沉船沉物属海事管理机构许可事项,但海上、通海水域打捞合同的订立无须审批,未取得许可打捞沉船沉物的行为不影响合同效力,但影响打捞合同的履行。

4. 沉船沉物的打捞责任主体

【相关立法】

《中华人民共和国海上交通安全法》(19840101;20210901)

第五十一条 碍航物的所有人、经营人或者管理人应当按照有关强制性标准和技术规范的要求及时设置警示标志,向海事管理机构报告碍航物的名称、形状、尺寸、位置和深度,并在海事管理机构限定的期限内打捞清除。碍航物的所有人放弃所有权的,不免除其打捞清除义务。

不能确定碍航物的所有人、经营人或者管理人的,海事管理机构应当组织设置标志、打捞或者采取相应措施,发生的费用纳入部门预算。

【行政法规】

《中华人民共和国打捞沉船管理办法》(19571011)

第四条 严重危害船舶安全航行的沉船,有关港(航)务主管机关有权立即进行打捞或者解体清除,但是所采取措施应即通知沉船所有人,如果沉船所有人不明或者无法通知时,应当在当地和中央报纸上公告。

第五条 妨碍船舶航行、航道整治或者工程建筑的沉船,有关港(航)务主管机关应当根据具体情况规定申请期限和打捞期限,通知或公告沉船所有人。

沉船所有人必须在规定期限以内提出申请和进行打捞;否则,有关港(航)务主管机关可以进行打捞或者予以解体清除。

第六条 其他不属于第五条规定范围的沉船,沉船所有人应当自船舶沉没之日起一年以内提出打捞计划和完工期限,经有关港(航)务主管机关批准后进行打捞。

第七条 沉船所有人除遇有特殊情况向有关港(航)务主管机关申请延期并经核准外,在下列情况下即丧失各该沉船的所有权:

(一)妨碍船舶航行、航道整治或者工程建筑的沉船,在申请期限以内没有申请或者声明放弃;或者打捞期限届满,而没有完成打捞;

(二)其他不属于第五条规定范围的沉船自沉没之日起一年以内没有申请打捞;或者完工期限已经届满,而没有打捞。

第八条 有关港(航)务主管机关根据第四条规定所捞起的船体、船用器物、货物或者解体所得的钢材、机件等,在无法或者不易保管的情况下,可以作价处理。

沉船所有人自船舶沉没之日起一年以内，可以申请发还捞起的原物或者处理原物所得的价款，过期如不申请即丧失其所有权。

沉船所有人在领回原物或者价款时，应当偿还有关打捞、保管和处理等费用。

第十二条　全国各地沉船勘测工作，由交通部打捞专业机构负责进行，但是有关港(航)务主管机关因业务上的需要，也可以自行勘测。其他机关、企业、个人必须经有关港(航)务主管机关批准才可以进行沉船勘测工作，并应将勘测结果抄送原批准机关。

【典型案例】

沉船沉物的打捞责任主体有哪些? [深圳市海隆实业有限公司与广东省东莞市水上运输总公司石龙水上运输公司强制打捞及清除油污纠纷案，(2002)广海法初字第 106 号]

关于沉船沉物的打捞责任主体，《打捞沉船管理办法》规定只有沉船所有人一个责任主体，而海上交通安全法则规定由沉没物所有人或经营人两个种类主体，《打捞沉船管理办法》是 1957 年由国务院批准交通部发布实施，效力级别上属于部门规章，而海上交通安全法则是由全国人大常委会发布，效力级别上属于法律。因此，无论是从法律适用的从新原则，还是从法律适用的上位法效力高于下位法效力的角度上看，都应该适用海上交通安全法。

【适用要点】

沉船沉物的所有人、经营人对沉船沉物负有清除打捞的义务，也是对因清除打捞费用提出赔偿请求负有义务的责任人。因船舶碰撞可能会导致船舶或者船载货物的沉没、被弃，沉船沉物如果处于航行密集的航道、码头附近，会给航行安全带来极大风险，为了公共安全和社会利益，有必要及时对沉船沉物进行清除打捞。一般情况下，沉船沉物的所有人、经营人应当主动承担清除打捞义务，当其不主动履行义务时，海事管理机构有权委托专业打捞公司进行打捞清除，发生的费用由沉船沉物的所有人、经营人负担。碍航的沉船沉物的所有人放弃所有权的，不免除其打捞清除义务。海商法未将打捞沉船沉物产生的赔偿请求纳入限制性债权的范围，责任人对于因沉船沉物的清除打捞费用提出的赔偿请求不能享受海事赔偿责任限制。

5. 外商参与打捞沉船沉物

【行政法规】

《关于外商参与打捞中国沿海水域沉船沉物管理办法》(19920712;20201129)

第一条 为加强对外商参与打捞中国沿海水域沉船沉物活动的管理,保障有关各方的合法权益,制定本办法。

第二条 本办法适用于外商参与打捞中国沿海水域具有商业价值的沉船沉物活动。

沉船沉物的所有人自行打捞或者聘请打捞机构打捞其在中国沿海水域的沉船沉物,不适用本办法。

第三条 本办法下列用语的定义:

(一)外商,是指外国的企业或者其他经济组织或者个人。

(二)沿海水域,是指中华人民共和国内海、领海和属于中华人民共和国管辖的其他海域。

(三)沉船沉物,是指沉没于中国沿海水域水面以下或者淤埋海底泥面以下的各类船舶和器物,包括沉船沉物的主体及其设备、所载的全部货物或者其他物品。

具有重要军事价值的沉没舰船和武器装备及被确认为文物的沉船沉物不在外商参与打捞的对象之列。

(四)打捞作业,是指根据共同打捞合同或者打捞企业合同,对沉船沉物进行的各种施工活动,包括扫测探摸、实施打捞及相关的活动。

(五)打捞作业者,是指具体实施打捞作业的单位或者个人。

第四条 中国政府依法保护参与打捞中国沿海水域沉船沉物的中外双方(以下简称参与打捞的中外双方)的应得收益和其他合法权益。

参与打捞的中外双方的一切活动必须遵守中华人民共和国的有关法律、法规和规章,接受中国政府有关主管部门的管理与监督。

第五条 国务院交通运输主管部门主管有关外商参与打捞中国沿海水域沉船沉物的事宜。

第六条 外商参与打捞中国沿海水域沉船沉物,可以采取下列方式:

(一)与中方打捞人签订共同打捞合同,依照合同规定的双方权利和义务,实施打捞活动;

(二)与中方打捞人成立打捞企业,实施打捞活动。

第七条 共同打捞合同和打捞企业合同必须有明确的打捞标的。参与打捞的中外双方在打捞过程中发现的不属于合同标的的其他沉船沉物,不得擅自实施打捞。

第八条 国务院交通运输主管部门负责统一组织与外商洽谈打捞中国沿海水域沉船沉物的事宜,确立打捞项目,并组织中方打捞人与外商依法签订共同打捞合同或者打捞企业合同;涉及军事禁区、军事管理区的,应当符合《中华人民共和国军事设施保护法》的有关规定。

第九条 外商与中方打捞人签订共同打捞合同,应当符合《中华人民共和国合同法》的有关规定。共同打捞合同签订后,外商应当按照规定向市场监督管理部门申请营业登记,并向当地税务机关办理税务登记手续。

第十条 外商参与在中华人民共和国内海或者领海内打捞沉船沉物,应当承担打捞作业期间的全部费用和经济风险。中方打捞人负责与有关部门的协调,办理必要的手续及打捞作业期间的监护。

外商参与在中华人民共和国内海、领海外属中华人民共和国管辖的其他海域内打捞沉船沉物,应当承担扫测探摸阶段的全部费用和经济风险。需要打捞的,由中外双方按照合同规定实施打捞。

第十一条 外商为履行共同打捞合同所需船舶、设备及劳务,在同等条件下应当优先向中方打捞人租用和雇佣。

第十二条 外商参与打捞中国沿海水域沉船沉物的捞获物(以下简称捞获物)应当按照下列方式处理:

(一)在中华人民共和国内海或者领海内捞获的沉船沉物,属中华人民共和国所有,外商根据共同打捞合同或者打捞企业合同的规定,从捞获物或者其折价中取得收益;

中方打捞人根据国家有关规定或者打捞企业合同的规定从捞获物或者其折价中取得收益。

(二)在中华人民共和国内海、领海外属中华人民共和国管辖的其他海域内捞获的沉船沉物,由参与打捞的中外双方按照合同规定的比例对捞获物或者其折价进行分成。

(三)捞获物中夹带有文物或者在打捞作业活动中发现文物的,应当立即报告当地文物行政管理部门,由文物行政管理部门按照中华人民共和国有关文物保护的法律、法规处理,并给有关人员适当的奖励。

第十三条 外商依法取得的捞获物可以按照国际市场价格由中国政府有关部门收购或者由外商依法纳税并办理海关手续后运往国外。

外商所得外汇收入或者其他收益,可以在纳税后依法汇往国外。

第十四条　打捞作业者在实施打捞作业前,应当按照《中华人民共和国海上交通安全法》的有关规定申请发布航行警告。

国务院交通运输主管部门应当将打捞作业的起止时间、地理位置等情况通报国家海洋局等有关部门。

打捞作业者实施打捞作业时,必须在港务监督核准的作业区域内进行,并按照港务监督的要求报告有关活动情况。实施打捞作业不得使用危害海洋资源、海洋环境、海底设施、海上军事设施和其他损害中华人民共和国利益的方法。

第十五条　实施打捞作业应当自始至终有参与打捞的中外双方的有关人员参加,双方共同负责捞获物的登记和保管工作。

第十六条　所有捞获物应当在中国政府主管部门指定的地点接受有关部门的检查。

第十七条　违反本办法打捞中国沿海水域沉船沉物的,港务监督有权责令其停止打捞作业,并可给予警告、罚款的处罚,其中已给国家和他人造成损失的,应当承担赔偿责任。

罚款数额按照国家有关海上交通管理处罚的规定执行。

第十八条　香港、澳门、台湾的企业、个人及其他经济组织参与打捞中国沿海水域的沉船沉物,参照本办法执行。

【适用要点】

长期以来,我国对沿海水域的沉船沉物打捞实行排他式经营的方式,只能由悬挂中华人民共和国国旗的船舶经营。改革开放以后,国家开始逐步放宽政策,有限度地允许外商参与沿海水域沉船沉物的打捞活动。1992年颁布的《关于外商参与打捞中国沿海水域沉船沉物管理办法》,为外商参与沉船沉物打捞活动的管理确立了基本的原则和制度框架。外商参与打捞中国沿海水域沉船沉物有特殊的要求,外商参与打捞中国沿海水域沉船沉物,可以采取与中方打捞人签订共同打捞合同或者与中方打捞人成立打捞企业的方式。适用的水域系我国沿海水域,包括我国内海、领海和管辖的专属经济区和大陆架。外商参与在我国内海或者领海内打捞沉船沉物,应当承担打捞作业期间的全部费用和经济风险。外商参与在我国内海、领海外属中华人民共和国管辖的其他海域内打捞沉船沉物,应当承担扫测探摸阶段的全部费用和经济风险。在我国内海或者领海内捞获的沉船沉物,属我国所有,外商根据共同打捞合同或者打捞企业合同的规定,从捞获物或者其折价中取得收益;在我国内海、领海外属我国管辖的其他海域内捞获的沉船沉物,由参与打捞的中外双方按照合同规定的比例对捞获物或者其折价进行分成;捞获物中夹带有文物或者在打捞作业活动中发现文物的,由文物行政管理部门按照我国有关文物保护的法律、法规处理。

三十、海上、通海水域拖航合同纠纷

1. 案由释义

海上、通海水域拖航合同,是指承托方用拖轮将被拖物经海上、通海水域从一地拖至另一地,由被拖方支付拖航费的合同。被拖方未按照约定支付拖航费和其他合理费用的,承拖方对被拖物享有留置权。按起拖地和目的地的不同,可分为沿海拖航合同和国际拖航合同。海上拖航合同的主要内容,主要包括承拖方和被拖方的名称、拖轮和被拖物的名称和主要尺度、拖轮马力、起拖地和目的地、起拖日期、拖航费及其支付方式等。承拖方在起拖前和起拖当时,应当谨慎处理,使拖轮适航、适拖,船员适任,配置拖航索具和配备供应品以及该航次必备的其他装置、设备。被拖方在起拖前和起拖当时,应使被拖物处于适拖状态,并向承拖方如实说明被拖物的情况,提供被拖物适合拖航的证书和有关文件。

2. 诉讼程序规范

【相关立法】

《中华人民共和国民事诉讼法》(19910409;20220101)

第二十四条　因合同纠纷提起的诉讼,由被告住所地或者合同履行地人民法院管辖。

【司法解释】

(1)《最高人民法院关于海事法院受理案件范围的规定》(法释〔2016〕4号,20160301)

30. 海上、通海可航水域拖航合同纠纷案件;

(2)《最高人民法院关于适用〈中华人民共和国海事诉讼特别程序法〉若干问题的解释》(法释〔2003〕3 号,20030201;经法释〔2008〕18 号修正,20081231)

第一条 在海上或者通海水域发生的与船舶或者运输、生产、作业相关的海事侵权纠纷、海商合同纠纷,以及法律或者相关司法解释规定的其他海事纠纷案件由海事法院及其上级人民法院专门管辖。

【适用要点】

海上、通海水域拖航合同属于海事法院受案范围,由海事法院专门管辖。地域管辖应依照民事诉讼法有关地域管辖的规定确定有管辖权的海事法院。因海上、通海水域拖航合同提起的诉讼,一般应当由被告住所或者合同履行地的海事法院管辖。该类案件属于当事人可以协议选择管辖法院的案件,当事人可以就被告住所、合同履行地、合同签订地、原告住所地、标的物所在地书面协议选择有管辖权的海事法院管辖。

3. 海上、通海水域拖航合同的订立

【相关立法】

《中华人民共和国海商法》(19930701)

第一百五十五条 海上拖航合同,是指承拖方用拖轮将被拖物经海路从一地拖至另一地,而由被拖方支付拖航费的合同。

本章规定不适用于在港区内对船舶提供的拖轮服务。

第一百五十六条 海上拖航合同应当书面订立。海上拖航合同的内容,主要包括承拖方和被拖方的名称和住所、拖轮和被拖物的名称和主要尺度、拖轮马力、起拖地和目的地、起拖日期、拖航费及其支付方式,以及其他有关事项。

第一百六十四条 拖轮所有人拖带其所有的或者经营的驳船载运货物,经海路由一港运至另一港的,视为海上货物运输。

【典型案例】

(1)存在多份书面拖航合同,如何认定拖航合同当事人?〔上海统宝船务有限公司、广州打捞局与中船澄西船舶修造有限公司、永安财产保险股份有限公司湖北分公司海上拖航合同纠纷案,(2014)鄂民四终字第 00026 号〕

本案存在两份各自独立的书面海上拖航合同。两份合同的主体、起拖地、目的地各不相同,对拖航费用及违约责任的约定亦不相同。第一份系澄西公司与统宝公司订立,被拖方澄西公司,承拖方统宝公司,从双水拆船公司拖至张家港;第二份由统宝公司与广州打捞局订立,被拖方统宝公司,承拖方广州打捞局,从珠海高栏港拖至上海浏河口段。澄西公司与广州打捞局未订立书面海上拖航合同。认定海上拖航合同的当事人,应当依据合同法第三十六条①的规定:"法律、行政法规规定或者当事人约定采用书面形式订立合同,当事人未采用书面形式但一方已经履行主要义务,对方接受的,该合同成立。"广州打捞局实施拖航行为系履行其与统宝公司之间的合同义务,未接收过澄西公司的任何指示,未从澄西公司处获得拖航费,澄西公司亦从未向广州打捞局支付拖航费。故广州打捞局作为承拖方的主要义务拖航,与澄西公司作为受拖方的主要义务支付拖航费,均非向对方履行,未见双方有要约、要约邀请、承诺的行为,未见双方有一致的意思表示,亦无法从各自的行为中推定双方有订立合同的意愿,故两者不成立事实上的合同关系。广州打捞局不是澄西公司海上拖航合同的当事人,不构成澄西公司违约之诉的适格被告,澄西公司与统宝公司的海上拖航合同对广州打捞局不具有法律约束力。

(2)当事人以口头方式订立的海上拖航合同能否成立?［乐忠方与舟山向往采运有限公司拖航作业合同纠纷案,(2003)甬海舟商初字第 207 号］

当事人以口头方式建立了拖航作业合同关系,尽管合同的形式不符合法律规定,但其内容却不违反法律规定并已实际履行,故该合同成立。但该合同的履行又因拖轮和趸船未办理海上适拖证书而违反海商法的有关规定。因此,损失是由双方过失所造成的,双方应当根据自己的过错程度分担损失。

【适用要点】

海商法关于海上拖航合同的规定,不适用于在港区内对船舶提供的拖航服务。港区内的拖带船舶性质上应当属于港航服务的范畴,在港区内的拖船服务中,拖船要听从被拖船的指挥。海商法第一百五十六条规定海上拖航合同应当以书面形式订立,此为法律规定的要式合同,实践中的海上拖航合同也多以书面形式订立。有关的航行公会或拖轮公司根据托航行为的特殊性,制定出被广泛使用的格式合同,当事人可以选择使用某一合同格式。其中,影响较大的合同格式,如由国际救助同盟、欧洲拖船所有人协会和波罗的海国际航运公会共同推荐的国际海上托航协议、1986 年英国关于拖航和其他

---

① 民法典施行后,合同法被废止,相关内容见民法典第四百九十条。

服务的标准条款、1951年荷兰拖航条款,以及中国海洋工程服务有限公司的拖航合同和中国拖轮公司的拖航合同等。实践中,对于当事人以口头形式订立的海上拖航合同,判断其是否成立一般应当依照民法典第四百九十条第二款的规定来认定:"法律、行政法规规定或者当事人约定合同应当采用书面形式订立,当事人未采用书面形式但是一方已经履行主要义务,对方接受时,该合同成立。"

在海上拖航的情况下,承拖方提供的船舶仅仅是一种拖带工具,被拖物并不装载于船舶之上,而如果拖轮所有人拖带其自有的或者经营的驳船载运他人的货物,经海路由一港运至另一港,应视为海上货物运输,适用海商法第四章的规定。

4. 承拖方与被拖方的义务

【相关立法】

《中华人民共和国海商法》(19930701)

第一百五十七条 承拖方在起拖前和起拖当时,应当谨慎处理,使拖轮处于适航、适拖状态,妥善配备船员,配置拖航索具和配备供应品以及该航次必备的其他装置、设备。

被拖方在起拖前和起拖当时,应当做好被拖物的拖航准备,谨慎处理,使被拖物处于适拖状态,并向承拖方如实说明被拖物的情况,提供有关检验机构签发的被拖物适合拖航的证书和有关文件。

【适用要点】

承拖方和被拖方的适航、适拖义务均是一种谨慎处理的相对义务,而非绝对义务。通常情况下,承拖方应当确保拖轮有足够的动力满足被拖物的需求,拖轮具备适航和适拖两方面要求,拖航设备符合合同约定;被拖方向承拖方如实告知被拖物的具体情况,并按照法定程序取得海事部门签发的"适拖证书"后,即认为被拖方履行了谨慎处理的被拖物适拖义务。

5. 海上拖航合同的解除

【相关立法】

(1)《中华人民共和国海商法》(19930701)

第一百五十八条 起拖前,因不可抗力或者其他不能归责于双方的原因致使合同不能履行的,双方均可以解除合同,并互相不负赔偿责任。除合同另有约定外,拖航费已经支付的,承拖方应当退还给被拖方。

第一百五十九条　起拖后,因不可抗力或者其他不能归责于双方的原因致使合同不能继续履行的,双方均可以解除合同,并互相不负赔偿责任。

(2)《中华人民共和国民法典》(20210101)

第五百六十三条　有下列情形之一的,当事人可以解除合同:

(一)因不可抗力致使不能实现合同目的;

(二)在履行期限届满前,当事人一方明确表示或者以自己的行为表明不履行主要债务;

(三)当事人一方迟延履行主要债务,经催告后在合理期限内仍未履行;

(四)当事人一方迟延履行债务或者有其他违约行为致使不能实现合同目的;

(五)法律规定的其他情形。

以持续履行的债务为内容的不定期合同,当事人可以随时解除合同,但是应当在合理期限之前通知对方。

第五百六十六条　合同解除后,尚未履行的,终止履行;已经履行的,根据履行情况和合同性质,当事人可以请求恢复原状或者采取其他补救措施,并有权请求赔偿损失。

合同因违约解除的,解除权人可以请求违约方承担违约责任,但是当事人另有约定的除外。

主合同解除后,担保人对债务人应当承担的民事责任仍应当承担担保责任,但是担保合同另有约定的除外。

【适用要点】

在拖航的过程中,如果发生不可抗力或者其他不能归责于双方当事人的原因致使被拖物无法起拖或者起拖后被拖物不能拖至目的地,承拖方和被拖方均享有合同解除权,此种情况下,双方均不存在过错,相互之间不负赔偿责任。不可抗力指不能预见、不能避免、不能克服的客观情况。一般来说,不可抗力包括自然原因的不可抗力,如地震、海啸、台风、洪水等自然灾害;社会原因的不可抗力,如战争、罢工、骚乱、封锁禁运等。对于不可抗力导致的后果,依照民法典第五百九十条的规定,"当事人一方因不可抗力不能履行合同的,根据不可抗力的影响,部分或者全部免除责任",并不必然产生完全不负赔偿责任的后果。但民法典第五百九十条同时规定"法律另有规定的除外",海商法第一百五十八条、第一百五十九条即为法律的特殊规定,因不可抗力或者其他不能归责于双方的原因致使拖航合同不能履行的,承拖方和被拖方互相不负赔偿责任。

6. 海上拖航合同的履行

【相关立法】

《中华人民共和国海商法》(19930701)

第一百六十条　因不可抗力或者其他不能归责于双方的原因致使被拖物不能拖至目的地的,除合同另有约定外,承拖方可以在目的地的邻近地点或者拖轮船长选定的安全的港口或者锚泊地,将被拖物移交给被拖方或者其代理人,视为已经履行合同。

【典型案例】

因不可抗力或者其他不能归责于双方的原因致使拖航合同不能继续履行,当事人对于拖航费的给付另有约定时,拖航费应如何确定?[南京远航船务有限公司与中港第二航务工程局第三工程公司海上拖航合同纠纷案,(2000)武海法宁商字第91号]

本案是拖航合同纠纷,应当优先适用海商法的规定。依照海商法第一百六十条规定,发生法定情形,除合同另有约定外,承拖方可以就近或者选定安全的港口或者锚泊地,将被拖物移交给被拖方,视为已经履行合同。本案承拖船舶发生主缆绳断裂,无法继续履行合同,承拖人、被拖人共同协商,同意将被拖物拖至其他港口并交付给被拖人,符合海商法第一百六十条规定,应当视为已经履行合同。按照文意理解,发生此类情况,即可收取全部拖航费。但是,海商法第一百六十条并非强制性规定,当事人可以自行约定。本案当事人在合同中也作了明确约定,承拖人可在此情况下按自起拖港至交付的港口或地方所行驶的距离占原计划全部拖航的距离的比例取得相应款项,本案被拖人实际上未预付拖航费,故承拖人可以按照实际拖航距离与约定的全程距离的比例索取报酬。

由此,解决类似问题需要遵循一个原则:看有无合同约定,有则按约定处理;没有约定,未收取拖航费的,则按照已经完成的工作量考虑拖航费,已经收取全部拖航费的,不予退还。

【适用要点】

在拖航过程中,如果发生因不可抗力或者其他不能归责于双方的原因致使被拖物不能拖至目的地的,承拖方可以在目的地邻近地点或拖航船长选定的安全地点,将被拖物移交后视为已经履行了合同,合同另有约定的除外。实践中,争议的问题主要是如何判定被拖物的地点是否为合适的"邻近地点"。应当根据案件的具体情况,综合考量该地点是否安全,被拖物的移交、成本是否经济等因素,该地点距离原目的地的距离远近并非判断合适的"邻近地点"的唯一因素,甚至不是最重要的因素,对于地点的选择权在于承拖方或者拖轮船长。

7. 承拖方的留置权

【相关立法】

(1)《中华人民共和国海商法》(19930701)

第一百六十一条 被拖方未按照约定支付拖航费和其他合理费用的,承拖方对被拖物有留置权。

(2)《中华人民共和国民法典》(20210101)

第四百四十七条 债务人不履行到期债务,债权人可以留置已经合法占有的债务人的动产,并有权就该动产优先受偿。

前款规定的债权人为留置权人,占有的动产为留置财产。

第四百四十八条 债权人留置的动产,应当与债权属于同一法律关系,但是企业之间留置的除外。

第四百五十一条 留置权人负有妥善保管留置财产的义务;因保管不善致使留置财产毁损、灭失的,应当承担赔偿责任。

第四百五十三条 留置权人与债务人应当约定留置财产后的债务履行期限;没有约定或者约定不明确的,留置权人应当给债务人六十日以上履行债务的期限,但是鲜活易腐等不易保管的动产除外。债务人逾期未履行的,留置权人可以与债务人协议以留置财产折价,也可以就拍卖、变卖留置财产所得的价款优先受偿。

留置财产折价或者变卖的,应当参照市场价格。

第四百五十四条 债务人可以请求留置权人在债务履行期限届满后行使留置权;留置权人不行使的,债务人可以请求人民法院拍卖、变卖留置财产。

第四百五十五条 留置财产折价或者拍卖、变卖后,其价款超过债权数额的部分归债务人所有,不足部分由债务人清偿。

第四百五十六条 同一动产上已经设立抵押权或者质权,该动产又被留置的,留置权人优先受偿。

第四百五十七条　留置权人对留置财产丧失占有或者留置权人接受债务人另行提供担保的,留置权消灭。

【适用要点】

如果被拖方未按合同约定支付拖航费或合同约定的其他费用,包括因行使此项留置权所产生的任何支出和费用,承拖方有权留置被拖物。承拖方行使留置权的前提是被拖物尚在承拖方占有之下,一旦被拖物脱离承拖方的实际占有,承拖方即不再享有对被拖物的留置权。需要注意的是,拖航费的支付请求并不属于船舶优先权所担保的海事请求,承拖方行使留置权应当适用民法典有关留置权的规定。

8. 海上拖航合同的责任承担

【相关立法】

《中华人民共和国海商法》(19930701)

第一百六十二条　在海上拖航过程中,承拖方或者被拖方遭受的损失,由一方的过失造成的,有过失的一方应当负赔偿责任;由双方过失造成的,各方按照过失程度的比例负赔偿责任。

虽有前款规定,经承拖方证明,被拖方的损失是由于下列原因之一造成的,承拖方不负赔偿责任:

(一)拖轮船长、船员、引航员或者承拖方的其他受雇人、代理人在驾驶拖轮或者管理拖轮中的过失;

(二)拖轮在海上救助或者企图救助人命或者财产时的过失。

本条规定仅在海上拖航合同没有约定或者没有不同约定时适用。

第一百六十三条　在海上拖航过程中,由于承拖方或者被拖方的过失,造成第三人人身伤亡或者财产损失的,承拖方和被拖方对第三人负连带赔偿责任。除合同另有约定外,一方连带支付的赔偿超过其应当承担的比例的,对另一方有追偿权。

【典型案例】

海上拖航合同是否可以约定免除承托方的过失赔偿责任,其效力如何?
[中国平安财产保险股份有限公司上海分公司与交通运输部南海救助局海上、通海水域拖航合同纠纷案,(2019)粤民终 1289 号]

案涉拖航协议书中第四条第四款约定了免除南海救助局因过失造成

"泰鑫1"轮损失的赔偿责任。该条款不能因违反海商法第一百一百五十七条规定的法定义务而无效。首先,海商法第一百六十二条规定的是拖航合同过失责任制项下的合同约定优先原则。该条文第三款规定按文意应理解为在承拖方和被拖方达成的海上拖航合同已经对双方遭受损失的赔偿责任如何承担达成明确约定的情况下,应首先适用合同约定,在合同没有约定或者没有不同约定时才适用第一百六十二条第一款、第二款的过失责任条款。其次,海商法第七章海上拖航合同,虽然规定的也是拖航合同项下过失责任制,但并无第四章海上货物运输合同第四十四条规定的无效责任条款,即合同中约定的免责条款不能因对第一百五十七条规定的法定义务的违反而无效。最后,海商法第七章海上拖航合同是参考国外立法实例和标准合同拟定的,鉴于海上拖航是一种风险很大的海上作业,第一百六十二条的过失责任制度并不是强制性的,只是在合同没有约定或没有不同约定时才适用。在海商法对过失责任制已有明确规定的情况下,海上拖航合同免责条款不应再适用合同法第五十二条和第五十三条①认定其效力。

【适用要点】

按照海商法第一百六十二条第一款、第一百六十三条的规定,在海上拖航过程中,承拖方与被拖方之间的损害赔偿责任一般情况下依过错责任归责。如果损失由拖航中的一方当事人过错所致,则有过错的一方承担赔偿责任;如果损失由双方过错造成,双方按照各自过错比例承担赔偿责任;如果由于承拖方和被拖方的过错,造成第三人人身伤亡或者财产损失的,承拖方和被拖方对第三人承担连带赔偿责任,如果合同没有相反约定的,拖航合同的一方对另一方享有追偿权。海商法第一百六十二条第二款又规定了承拖方两项免责事由,免责情形发生的举证证明责任在承拖方,故对承拖方责任的归责原则,又并非完全的过错责任原则。海商法第一百六十二条的规定为任意性规定,当事人可以对双方责任归责原则作出特别约定,约定优先适用。

---

① 民法典施行后,合同法被废止,相关内容见民法典规定。

三十一、海上、通海水域保险合同纠纷;海上、通海水域保赔合同纠纷

1. 案由释义

海上、通海水域保险合同,是指保险人按照约定,对被保险人遭受保险事故造成保险标的的损失和产生的责任负责赔偿,而由被保险人支付保险费的合同。该合同当事人因合同的订立、履行、变更和终止而产生的纠纷,即为海上、通海水域保险合同纠纷。根据海商法第二百一十六条第二款的规定,海上保险合同所指向的保险事故,是指保险人与被保险人约定的任何海上事故,包括与海上航行有关的发生于内河或者陆上的事故。可以作为海上、通海水域保险合同保险标的的包括:(1)船舶;(2)货物;(3)船舶营运收入,包括运费、租金、旅客票款;(4)货物预期利润;(5)船员工资和其他报酬;(6)对第三人的责任;(7)由于发生保险事故可能受到损失的其他财产和产生的责任、费用。

保赔保险是保障与赔偿责任险的简称,是由船舶所有人、承租人等作为会员组成的相互保险组织(最常见的为船东互保协会,简称 P&I Club),收取入会船的会费,为会员可能承担的责任提供保险的一种保险方式。海上、通海水域保赔合同当事人因合同的订立、履行、变更和终止而产生的纠纷,即为海上、通海水域保赔合同纠纷。船东互保协会提供保赔保险服务不以营利为目的,其承保的风险一般是船舶保险人不承保的风险,主要包括对人的责任、对物的责任、对费用的责任、油污责任、清理沉船沉物的责任和根据拖带合同产生的责任等。随着实践的发展和船东所承担责任风险的增多,互保协会也发展出一些新的险别,不同的互保协会章程各不相同,承保的风险虽不尽一致,但大同小异。船东互保协会实行的是会员制,不以营利为目的,还对会员提供保险赔偿之外的相关服务。目前世界上 95% 以上的远洋商船都参加了互保协会,保赔保险成为海上保险中的重要险种之一。

2. 诉讼程序规范

【相关立法】

《中华人民共和国海事诉讼特别程序法》(20000701)

第六条 海事诉讼的地域管辖，依照《中华人民共和国民事诉讼法》的有关规定。

下列海事诉讼的地域管辖，依照以下规定：

……

（四）因海上保赔合同纠纷提起的诉讼，由保赔标的物所在地、事故发生地、被告住所地海事法院管辖；

……

【司法解释】

(1)《最高人民法院关于海事法院受理案件范围的规定》(法释〔2016〕4号，20160301)

40. 海上保险、保赔合同纠纷案件；

(2)《最高人民法院关于适用〈中华人民共和国民事诉讼法〉的解释》(法释〔2015〕5号，20150204；经法释〔2022〕11号修正，20220410)

第二十一条 因财产保险合同纠纷提起的诉讼，如果保险标的物是运输工具或者运输中的货物，可以由运输工具登记注册地、运输目的地、保险事故发生地人民法院管辖。

因人身保险合同纠纷提起的诉讼，可以由被保险人住所地人民法院管辖。

(3)《最高人民法院关于适用〈中华人民共和国海事诉讼特别程序法〉若干问题的解释》(法释〔2003〕3号，20030201；经法释〔2008〕18号修正，20081231)

第六条 海事诉讼特别程序法第六条第二款(四)项的保赔标的物所在地指保赔船舶的所在地。

【适用要点】

海上、通海水域保险合同纠纷与海上、通海水域保赔合同纠纷均属于海配员规则》、《油船安全生产管理规则》等有关规定,对"隆伯6"轮触礁沉没事故造成的损失应当承担责任。中国船东互保协会已经垫付了本应由南京宏油船务有限公司支付的清污打捞费用,南京宏油船务有限公司应当向中国船东互保协会返还该笔费用及相应利息。

此复。

【其他规定】

《中国保险监督管理委员会关于船东互保协会问题的复函》(保监办函〔2003〕78号,20030515)

湖北省高级人民法院:

你院〔2003〕鄂民四终字第6号文收悉。经研究,作出如下答复:

根据《中华人民共和国保险法》第二条、第九条,以及《国务院关于成立中国保险监督管理委员会的通知》的规定,中国保险监督管理委员会负责对全国商业保险进行监督管理。船东互保协会从事的活动不属于《中华人民共和国保险法》第二条规定的商业保险行为,因此,不属于中国保险监督管理委员会的监管范围。

【典型案例】

海商法诉讼时效中断的规定如何适用?[哈尔滨空调股份有限公司与中国太平洋财产保险股份有限公司黑龙江分公司海上、通海水域保险合同纠纷案,(2018)最高法民申6054号]

当事人主张,针对"诉讼时效因当事人一方提出要求而中断"的情形,虽然海商法未作规定,但《民法通则》第一百四十条[1]、《民法总则》第一百九十五条[2]等均作了明确规定。根据《最高人民法院关于审理海上保险纠纷案件若干问题的规定》第一条"审理海上保险合同纠纷案件,适用海商法的规定;海商法没有规定的,适用保险法的有关规定;海商法、保险法均没有规定的,适用合同法等其他相关法律的规定"[3]的规定,原告向被告提出请求即发生时效中断的法律效果。法院认为,海商法第二百六十七条第一款关于诉讼时效中断的规定不属于《最高人民法院关于审理海上保险纠纷案件若干问题

---

[1]　民法典施行后,民法通则被废止,相关内容见民法典第一百九十五条。

[2]　民法典施行后,民法总则被废止,相关内容见民法典第一百九十五条。

[3]　经法释〔2020〕18号修改为"审理海上保险合同纠纷案件,适用海商法的规定;海商法没有规定的,适用保险法的有关规定;海商法、保险法均没有规定的,适用民法典等其他相关法律的规定"。

的规定》第一条关于"海商法、保险法均没有规定的"而应予"适用合同法等其他相关法律的规定"之情形。原告虽数次向太平洋保险公司发出保险赔付请求书,但该行为并不属于海商法第二百六十七条第一款所规定的时效中断的情形。

【适用要点】

海上保险合同纠纷案件,优先适用海商法的规定,只有在海商法对特定事项没有规定时,才可以适用保险法或者民法典的规定。对于"海商法没有规定"的认定,不应当泛化,不能认为海商法对某一事项的某一要素没有规定,就属于海商法没有规定。

同时,因保赔协会在性质上属于非营利的相互保险组织,其从事的保险活动,不属于我国保险法第二条规定的商业保险活动,因而保赔协会与会员之间签订的保险合同不适用我国保险法规定,应当适用我国民法典有关合同等的一般规定。然而,民法典对保险关系没有针对性的规定,因此,中国船东互保协会在其章程中已经选择适用海商法,此种法律适用的选择,实际上是将海商法的规定作为合同条款的一部分并入了保赔协会与会员之间的保险合同,应当对当事人具有约束力。

4. 保险标的与保险事故

【相关立法】

《中华人民共和国海商法》(19930701)

第二百一十六条 海上保险合同,是指保险人按照约定,对被保险人遭受保险事故造成保险标的的损失和产生的责任负责赔偿,而由被保险人支付保险费的合同。

前款所称保险事故,是指保险人与被保险人约定的任何海上事故,包括与海上航行有关的发生于内河或者陆上的事故。

第二百一十八条 下列各项可以作为保险标的:

(一)船舶;

(二)货物;

(三)船舶营运收入,包括运费、租金、旅客票款;

(四)货物预期利润;

(五)船员工资和其他报酬;

(六)对第三人的责任;

（七）由于发生保险事故可能受到损失的其他财产和产生的责任、费用。

保险人可以将对前款保险标的的保险进行再保险。除合同另有约定外，原被保险人不得享有再保险的利益。

【司法解释】

《最高人民法院关于审理海上保险纠纷案件若干问题的规定》（法释〔2006〕10 号，20070101;经法释〔2020〕18 号修正,20210101）

第二条 审理非因海上事故引起的港口设施或者码头作为保险标的的保险合同纠纷案件,适用保险法等法律的规定。

【重点解读】

在法律适用的问题上,实务中遇到的问题是审理港口设施或者码头等作为保险标的的保险合同纠纷案件是否属于海商法调整的海上保险合同纠纷案件。对此存在不同的认识,我们认为,尽管在《最高人民法院关于海事法院受理案件范围的若干规定》中将有关海上设施保险合同纠纷案件列为海事法院受案范围,但是并不意味着此类案件必须适用海商法。依照海商法的规定,海上保险合同中所称的保险事故是指保险人与被保险人约定的任何海上事故,包括与海上航行有关的发生于内河或者陆上的事故。港口设施或者码头作为保险标的的保险事故虽然可能来自海上的风险,但并不都属于海上事故,如保险事故可能是因海啸或者其他自然灾害引起的,这应该属于一般海上风险造成的保险事故,与船舶的海上航行无关。海商法调整的海上保险合同中的保险事故应当仅限于与航行有关的海上事故,其他海上风险引起的保险事故,不应由海商法调整,应当适用保险法的有关规定。此类案件的法律适用应当予以明确,审理非因海上事故引起的港口设施或者码头作为保险标的的保险合同纠纷案件,适用保险法等法律的规定。①

第三条 审理保险人因发生船舶触碰港口设施或者码头等保险事故,行使代位请求赔偿权利向造成保险事故的第三人追偿的案件,适用海商法的规定。

【重点解读】

在法律适用问题上,应当特别注意的是,发生船舶触碰港口设施或者码头的事故,保险人依据保险合同赔付被保险人后,可以向有责任的第三人提起追偿诉讼。该追偿诉讼是船舶触碰港口设施或者码头的事故引起的纠纷,

---

① 王淑梅:《〈关于审理海上保险纠纷案件若干问题的规定〉的理解与适用》,载《人民司法》2006 年第 12 期。

当然属于海事纠纷案件，应当适用海商法的规定。但是，海商法有关船舶碰撞一章的规定，并不适用于船舶触碰。因此，实践中对于船舶触碰引起的损害赔偿纠纷，应适用民法通则①有关侵权纠纷的民事责任确定当事人的责任，判定触碰事故的责任人承担全部赔偿责任。我们认为，虽然海商法关于碰撞的规定仅限于船舶之间的碰撞，对船舶触碰港口设施或者码头没有规定，但船舶触碰港口设施或者码头，对船舶来说，是属于海上航行中发生的事故，是典型的海事侵权纠纷案件，应当适用海商法的规定。除碰撞责任外，海商法中关于海事赔偿责任限制、船舶优先权等制度均应适用。故本规定中规定对因船舶触碰港口设施或者码头造成的损害，保险人在赔付被保险人后向第三人提起追偿诉讼的，应当适用海商法等有关法律的规定，第三人有权援引海商法规定的责任限制等进行抗辩，保险人有权依据海商法的规定，主张船舶优先权。②

【公报案例】

保险公司对承运人无单放货造成的提货不着是否应承担赔偿责任？
[中国抽纱公司上海进出口公司与中国太平洋保险公司上海分公司海上货物运输保险合同纠纷案（2001-3）]

提货不着虽然是本案海上货物运输保险合同中约定的一种风险，但并非所有的提货不着都应当由保险人承担赔偿责任。海上货物运输保险合同中的风险，一般是指货物在运输过程中因外来原因造成的风险，既包括自然因素造成的风险，也包括人为因素造成的风险。但是，凡海上货物运输保险合同所指的风险，都应当具备不可预见性和责任人不确定性的特征。托运人、承运人、收货人等利用接触、控制保险货物的便利，故意毁损、丢弃或无单放行以至提货不着，是确定的责任人不正确履行职责而发生的可以预见的事故。本案是因承运人银风公司无单放货，造成持有正本提单的被上诉人抽纱公司提货不着。无单放货虽然能导致提货不着，但这种提货不着不具有海上货物运输保险的风险特征，故不属于保险合同约定承保的风险。

---

① 民法典施行后，民法通则被废止，相关内容见民法典规定。
② 王淑梅：《〈关于审理海上保险纠纷案件若干问题的规定〉的理解与适用》，载《人民司法》2006年第12期。

【典型案例】

对于作为海上保险合同标的的船舶作何理解? [中国人民财产保险股份有限公司航运保险运营中心与泰州三福船舶工程有限公司船舶建造保险合同纠纷案,(2017)最高法民再 242 号]

双方当事人因履行船舶建造保险合同而发生纠纷。对于该纠纷是否适用海商法的规定,首先应当根据保险船舶是否属于该法规定的船舶予以确定。海商法第三条第一款规定:"本法所称船舶,是指海船和其他海上移动式装置,但是用于军事的、政府公务的船舶和 20 总吨以下的小型船艇除外。"除该法第十四条规定建造中船舶的抵押权外,该法所规定的船舶原则上应限于基本建成而具有航海能力的船舶。该法第十二章"海上保险合同"没有对保险标的之一的船舶另作特别定义,该章规定的船舶应当根据该法第三条关于船舶的一般规定认定为具有航海能力的船舶。对于船舶建造险所承保的船舶是否属于海商法规定的船舶,需要根据其是否具有航海能力分阶段相应认定。三福公司于 2011 年 5 月 14 日向人保航运中心投保涉案船舶建造险,当时造船材料尚未移上船台,远未建成为海商法一般意义上的船舶,且涉案保险事故及其原因发生在船舶基本建成前的建造与设计阶段,本案纠纷不应适用海商法的规定。

【适用要点】

保险合同所承保的保险事故是否能够构成海商法第二百一十六条第二款所指的保险事故是相关保险合同是否首先适用《海商法》的关键,因此,对"海上事故"的理解尤为关键。根据海商法第二百一十六条第二款的文义解释,以及《最高人民法院关于审理海上保险纠纷案件若干问题的规定》第二条所阐释的精神,海上事故应当与海上航行有关,这是认定海上事故的核心。而对于建造中的船舶,按照海上航行的标准,如果其不具备下水条件,则其发生的事故与海上航行无关,因而不适用海商法的规定。只有当其建造到一定程度,具备海商法意义上的船舶(至少成为海上移动式装置)时,才可能被作为海上保险的标的,其风险才能作为海商法所调整的海上保险所适用的保险事故。

5. 保险金额与保险价值

【相关立法】

(1)《中华人民共和国海商法》(19930701)

第二百一十九条　保险标的的保险价值由保险人与被保险人约定。

保险人与被保险人未约定保险价值的,保险价值依照下列规定计算:

(一)船舶的保险价值,是保险责任开始时船舶的价值,包括船壳、机器、设备的价值,以及船上燃料、物料、索具、给养、淡水的价值和保险费的总和;

(二)货物的保险价值,是保险责任开始时货物在起运地的发票价格或者非贸易商品在起运地的实际价值以及运费和保险费的总和;

(三)运费的保险价值,是保险责任开始时承运人应收运费总额和保险费的总和;

(四)其他保险标的的保险价值,是保险责任开始时保险标的的实际价值和保险费的总和。

第二百二十条 保险金额由保险人与被保险人约定。保险金额不得超过保险价值;超过保险价值的,超过部分无效。

第二百三十八条 保险人赔偿保险事故造成的损失,以保险金额为限。保险金额低于保险价值的,在保险标的发生部分损失时,保险人按照保险金额与保险价值的比例负赔偿责任。

第二百三十九条 保险标的在保险期间发生几次保险事故所造成的损失,即使损失金额的总和超过保险金额,保险人也应当赔偿。但是,对发生部分损失后未经修复又发生全部损失的,保险人按照全部损失赔偿。

第二百四十一条 保险金额低于共同海损分摊价值的,保险人按照保险金额同分摊价值的比例赔偿共同海损分摊。

(2)《中华人民共和国保险法》(19951001;20150424)

第十八条 保险合同应当包括下列事项:

(一)保险人的名称和住所;

(二)投保人、被保险人的姓名或者名称、住所,以及人身保险的受益人的姓名或者名称、住所;

(三)保险标的;

(四)保险责任和责任免除;

(五)保险期间和保险责任开始时间;

(六)保险金额;

(七)保险费以及支付办法;

(八)保险金赔偿或者给付办法;

(九)违约责任和争议处理;

(十)订立合同的年、月、日。

投保人和保险人可以约定与保险有关的其他事项。

受益人是指人身保险合同中由被保险人或者投保人指定的享有保险金请求权的人。投保人、被保险人可以为受益人。

保险金额是指保险人承担赔偿或者给付保险金责任的最高限额。

第五十五条 投保人和保险人约定保险标的的保险价值并在合同中载明的,保险标的发生损失时,以约定的保险价值为赔偿计算标准。

投保人和保险人未约定保险标的的保险价值的,保险标的发生损失时,以保险事故发生时保险标的的实际价值为赔偿计算标准。

保险金额不得超过保险价值。超过保险价值的,超过部分无效,保险人应当退还相应的保险费。

保险金额低于保险价值的,除合同另有约定外,保险人按照保险金额与保险价值的比例承担赔偿保险金的责任。

【司法指导文件】

最高人民法院民事审判第四庭《全国法院涉外商事海事审判工作座谈会会议纪要》[法(民四)明传(2021)60号,20211231]

十二、关于保险合同纠纷案件的审理

72.**【不定值保险的认定及保险价值的举证责任】**海上保险合同仅约定保险金额,未约定保险价值的,为不定值保险。保险事故发生后,应当根据海商法第二百一十九条第二款的规定确定保险价值。

海上保险合同没有约定保险价值,被保险人请求保险人按照损失金额或者保险金额承担保险赔偿责任,保险人以保险价值高于保险合同约定的保险金额为由,主张根据海商法第二百三十八条的规定承担比例赔偿责任的,应当就保险价值承担举证责任。保险人举证不能的,人民法院可以认定保险金额与保险价值一致。

73.**【超额保险的认定及举证责任】**海上保险合同明确约定了保险价值,保险事故发生后,保险人以保险合同中约定的保险金额明显高于保险标的的实际价值为由,主张根据海商法第二百一十九条第二款的规定确定保险价值,就超出该保险价值部分免除赔偿责任的,人民法院不予支持;但保险人提供证据证明,被保险人在签订保险合同时存在故意隐瞒或者虚报保险价值的除外。

海上保险合同没有约定保险价值,保险事故发生后,保险人主张根据海商法第二百一十九条第二款的规定确定保险价值,并以保险合同中约定的保险金额明显高于保险价值为由,主张对超过保险价值部分免除保险赔偿责任的,人民法院应予支持。但被保险人提供证据证明,保险人在签订保险合同时明知保险金额明显超过根据海商法第二百一十九条第二款确定的保险价值的除外。

【典型案例】

海上保险合同对于保险价值可否不作约定?〔中国人民财产保险股份有限公司航运保险运营中心与青岛金城远洋渔业有限公司海上与通海水域保险合同纠纷案,(2021)最高法民申 4 号〕

保险价值是双方当事人协商约定条款,并不属于保险合同的格式条款,且允许当事人对该条款不作约定,保险价值一栏为空白,应视为双方仅对保险金额进行了约定,并未对保险价值进行约定,应当按照海商法第二百一十九条第二款第(一)项的规定确定船舶保险价值。

【适用要点】

如果当事人在投保单中只填写了保险金额,而未填写保险价值,不能就此适用"不利解释"规则,认定为保险金额与保险价值一致,而应视为双方仅对保险金额进行了约定,并未对保险价值进行约定,应当按照海商法第二百一十九条第二款第(一)项的规定确定船舶保险价值。

同时,对于定值保险,原则上不应当认定存在超额的定值保险,除非保险人提供证据证明被保险人在签订保险合同时存在故意隐瞒或者虚报保险价值的情况。实践中,海上货物运输保险经常以货物价值的110%投保,以此涵盖货物价值损失之外可能产生的目的港费用等。对此,应当视为保险人对此行业惯例知情,不应当认为被保险人虚报保险价值。

6. 保险利益

【相关立法】

《中华人民共和国保险法》(19951001;20150424)

第十二条　人身保险的投保人在保险合同订立时,对被保险人应当具有保险利益。

财产保险的被保险人在保险事故发生时,对保险标的应当具有保险利益。

人身保险是以人的寿命和身体为保险标的的保险。

财产保险是以财产及其有关利益为保险标的的保险。

被保险人是指其财产或者人身受保险合同保障,享有保险金请求权的人。投保人可以为被保险人。

保险利益是指投保人或者被保险人对保险标的具有的法律上承认的利益。

【司法解释】

《最高人民法院关于适用〈中华人民共和国保险法〉若干问题的解释（二）》（法释〔2013〕14号，20130608；经法释〔2020〕18号修正，20210101）

第一条　财产保险中，不同投保人就同一保险标的分别投保，保险事故发生后，被保险人在其保险利益范围内依据保险合同主张保险赔偿的，人民法院应予支持。

【批复、答复】

如何认定当事人对货物具有保险利益？

《最高人民法院关于济宁九龙国际贸易有限公司与永安财产保险股份有限公司济宁中心支公司海上保险合同纠纷一案的请示的复函》（〔2012〕民四他字第44号，20121109）

山东省高级人民法院：

你院〔2012〕鲁民四终字第7号《关于济宁九龙国际贸易有限公司与永安财产保险股份有限公司济宁中心支公司海上保险合同纠纷一案的请示》收悉。

经研究，同意你院审判委员会认为济宁九龙国际贸易有限公司（以下简称九龙公司）具有保险利益的少数意见。理由如下：依照《中华人民共和国保险法》（2002年）第十二条第三款的规定，保险利益是指投保人对保险标的具有的法律上承认的利益。只要投保人对保险标的具有法律上的经济利害关系，即可认定其具有保险利益。虽然九龙公司与国外买方口头约定货物出口的价款条件为FOB，但涉案货物买卖双方并没有严格按照FOB价格条件履行，主要表现为：货物运输险实际由卖方九龙公司投保；货物在运输途中发生损失后，九龙公司接受国外买方从货款中扣除货物损失，即实际承担了货物运输途中的损失。涉案货物买卖双方的实际履行表明其已经变更了FOB价格条件下由买方投保运输险和货物在装运港越过船舷后风险转移给买方的做法。九龙公司实际承担了货物运输途中的风险与损失，与货物具有法律上经济利害关系，因此应当认定其对货物具有保险利益。

至于保险人永安财产保险股份有限公司济宁中心支公司最终是否应当承担保险赔付责任，请你院在查明事实后依法认定。

此复。

【司法指导文件】

(1)最高人民法院《第二次全国涉外商事海事审判工作会议纪要》(法发〔2005〕26号,20051226)

123.订立保险合同时被保险人对保险标的不具有保险利益但发生保险事故时被保险人对保险标的的具有保险利益的,保险人应当对被保险人承担保险赔偿责任;订立保险合同时被保险人对保险标的的有保险利益但保险事故发生时不具有保险利益的,保险人对被保险人不承担保险赔偿责任。

(2)最高人民法院民事审判第四庭《涉外商事海事审判实务问题解答(一)》(20040408)

157.如何界定海上保险利益?

答:海上保险利益是指投保人对保险标的具有的法律上承认的利益,即被保险人对保险标的具有法律上的经济利害关系。船舶所有人、船舶抵押权人、船舶保险人,货物的买方、卖方、承运人、货物保险人和提单质权人等均可以作为具有保险利益的人。

【适用要点】

虽然在FOB价格条款下,卖方和托运人在货物越过船舷或者装上船舶后,其运输风险转移给收货人,但如果买卖合同对运输风险有额外的约定,导致卖方可能因保险事故而遭受损失,此时,不能认定作为投保人的卖方已经丧失了保险利益,只要投保人对保险标的具有法律上的经济利害关系,即可认定其具有保险利益。

同时,实践中,对于承运人买海上货物运输保险以涵盖其运输责任风险的做法,主流的观点认为承运人同样具有保险利益,只是需要防止其不当得利的情形发生。

7. 重复保险

【相关立法】

(1)《中华人民共和国海商法》(19930701)

第二百二十五条　被保险人对同一保险标的就同一保险事故向几个保险人重复订立合同,而使该保险标的的保险金额总和超过保险标的的价值的,除合同另有约定外,被保险人可以向任何保险人提出赔偿请求。被保人获得的赔偿金额总和不得超过保险标的的受损价值。各保险人按照其承保的保险金额同保险金额总和的比例承担赔偿责任。任何一个保险人支付的赔偿金额超过其应当承担的赔偿责任的,有权向未按照其应当承担的赔偿责任支付赔偿金额的保险人追偿。

(2)《中华人民共和国保险法》(19951001;20150424)

第五十六条　重复保险的投保人应当将重复保险的有关情况通知各保险人。

重复保险的各保险人赔偿保险金的总和不得超过保险价值。除合同另有约定外,各保险人按照其保险金额与保险金额总和的比例承担赔偿保险金的责任。

重复保险的投保人可以就保险金额总和超过保险价值的部分,请求各保险人按比例返还保险费。

重复保险是指投保人对同一保险标的、同一保险利益、同一保险事故分别与两个以上保险人订立保险合同,且保险金额总和超过保险价值的保险。

【典型案例】

重复保险分摊是否以向责任人主张代位求偿为前提? [葡萄牙忠诚保险有限公司与史带财产保险股份有限公司海上保险合同纠纷案,(2015)沪海法商初字第 3049 号]

当事人之间存在法定的重复保险法律关系。原告向被保险人已经作出的赔付是合理和谨慎的,被告在其保险合同项下对被保险人也负有赔偿责任且原告向被保险人作出的赔付解除了被告的赔偿责任。因此,原告的分摊请求权成立。分摊保险人可以行使针对被保险人的合同抗辩,但与被保险人向其他保险人自由求偿的权利冲突的抗辩除外。重复保险分摊请求权的行使不以行使过代位求偿权为前提。因此,对被告的相关抗辩不予采纳。

【适用要点】

关于重复保险,海商法与保险法的规定并不完全一致。海商法的规定没有强调就同一保险利益重复投保,这是立法层面的缺失。同时,海商法规定被保险人可以向任何保险人提出赔偿请求,这表明海商法在保险人之间采取了连带赔偿模式,并规定保险人之间的追偿机制,这与保险法规定的比例赔偿模式不同。

8. 被保险人的告知义务

【相关立法】

(1)《中华人民共和国海商法》(19930701)

第二百二十二条　合同订立前,被保险人应当将其知道的或者在通常业务中应当知道的有关影响保险人据以确定保险费率或者确定是否同意承保的重要情况,如实告知保险人。

保险人知道或者在通常业务中应当知道的情况,保险人没有询问的,被保险人无需告知。

第二百二十三条　由于被保险人的故意,未将本法第二百二十二条第一款规定的重要情况如实告知保险人的,保险人有权解除合同,并不退还保险费。合同解除前发生保险事故造成损失的,保险人不负赔偿责任。

不是由于被保险人的故意,未将本法第二百二十二条第一款规定的重要情况如实告知保险人的,保险人有权解除合同或者要求相应增加保险费。保险人解除合同的,对于合同解除前发生保险事故造成的损失,保险人应当负赔偿责任;但是,未告知或者错误告知的重要情况对保险事故的发生有影响的除外。

(2)《中华人民共和国保险法》(19951001;20150424)

第十六条　订立保险合同,保险人就保险标的或者被保险人的有关情况提出询问的,投保人应当如实告知。

投保人故意或者因重大过失未履行前款规定的如实告知义务,足以影响保险人决定是否同意承保或者提高保险费率的,保险人有权解除合同。

前款规定的合同解除权,自保险人知道有解除事由之日起,超过三十日不行使而消灭。自合同成立之日起超过二年的,保险人不得解除合同;发生保险事故的,保险人应当承担赔偿或者给付保险金的责任。

投保人故意不履行如实告知义务的,保险人对于合同解除前发生的保险事故,不承担赔偿或者给付保险金的责任,并不退还保险费。

投保人因重大过失未履行如实告知义务,对保险事故的发生有严重影响的,保险人对于合同解除前发生的保险事故,不承担赔偿或者给付保险金的责任,但应当退还保险费。

保险人在合同订立时已经知道投保人未如实告知的情况的,保险人不得解除合同;发生保险事故的,保险人应当承担赔偿或者给付保险金的责任。

保险事故是指保险合同约定的保险责任范围内的事故。

【司法解释】

《最高人民法院关于审理海上保险纠纷案件若干问题的规定》（法释〔2006〕10号，20070101；经法释〔2020〕18号修正，20210101）

第四条 保险人知道被保险人未如实告知海商法第二百二十二条第一款规定的重要情况，仍收取保险费或者支付保险赔偿，保险人又以被保险人未如实告知重要情况为由请求解除合同的，人民法院不予支持。

【重点解读】

最大诚信原则是海上保险合同的基本原则。该项原则首先体现在合同订立阶段，要求被保险人履行如实告知义务。海商法第二百二十二条规定了被保险人的如实告知义务，第二百二十三条规定了被保险人故意不履行该项义务时保险人具有解除合同的权利。被保险人并非故意不履行如实告知义务的，保险人具有解除合同或者要求增加保险费的权利。实践中尽管被保险人未履行如实告知义务，但保险人不主张解除合同的情况也是经常存在的。如果保险人没有主张解除合同，而是收取了保险费，则应当认定其选择继续履行合同，应当承担保险赔偿责任；如果保险人知道被保险人未履行如实告知义务，在发生保险事故后进行了保险赔付，即不得以被保险人未履行如实告知义务为由，要求被保险人退还已支付的保险赔偿金。故本规定中对海商法的规定作出了进一步的细化，既解决了实务中存在的问题，也便于操作。保险人知道被保险人未如实告知海商法第二百二十二条第一款规定的重要情况，仍收取保险费或者支付保险赔偿，保险人以被保险人未如实告知重要情况为由请求解除合同的，人民法院不予支持。①

【司法指导文件】

（1）最高人民法院《第二次全国涉外商事海事审判工作会议纪要》（法发〔2005〕26号，20051226）

117. 保险人知道或者应当知道被保险人故意不履行《中华人民共和国海商法》第二百二十二条第一款规定的如实告知义务，仍继续收取保险费或者支付保险赔款的，不得再以被保险人未如实告知重要情况为由行使《中华人民共和国海商法》第二百二十三条规定的解除合同的权利。

---

① 王淑梅：《〈关于审理海上保险纠纷案件若干问题的规定〉的理解与适用》，载《人民司法》2006年第12期。

(2)最高人民法院民事审判第四庭《涉外商事海事审判实务问题解答(一)》(20040408)

158. 保险合同中当事人具有何种告知义务？当事人未尽告知义务的法律后果是什么？

答：海上保险中被保险人应当将在保险合同订立前可能影响一个谨慎的保险人据以确定保险费率或者确定是否承保的重要情况告知保险人；

由于被保险人的故意，未将重要情况如实告知保险人的，保险人有权解除合同，并不退还保险费。合同解除前发生保险事故造成损失的，保险人不负赔偿责任；不是由于被保险人的故意，未履行告知义务的，保险人有权解除合同或者要求相应增加保险费。保险人解除合同的，对于合同解除前发生保险事故造成的损失，保险人应当负赔偿责任；但是，未告知或者错误告知的重要情况对保险事故的发生有影响的除外。

海上保险的保险人有义务将保险单中免除其责任的条款特别告知投保人。未尽此项义务的，保险单中的负责条款不具有法律效力；保险人在其向被保险人提供的保险单中声明的保险条款和免除责任条款，一经投保人签字确认，视为保险人履行特别告知义务。

【公报案例】

投保人违反最大诚信原则如何认定？［江苏外企公司诉上海丰泰保险公司海上货物运输保险合同纠纷案(2005-11)］

被保险人在投保时至保险合同成立前，未向保险人告知其所知或者在通常业务过程中应知的、足以影响保险人作出是否承保以及如何确定保险费决定的一切重要情况，违反了最大诚信原则，保险人可以因此宣告保险合同无效。

【适用要点】

不同于保险法的询问告知模式，海商法规定了被保险人在订立保险合同时的主动告知义务。但实践中，从事海上保险的保险人并不完全依靠被保险人的主动告知，其仍会要求被保险人填写投保单等文件。此时，如果保险人对投保单中填写的信息应当有合理的怀疑，或者应当进一步询问而未询问，可以认定保险人知道或者应当知道被保险人存在未履行告知义务的情况，此时，不得再以被保险人未如实告知重要情况为由行使海商法第二百二十三条规定的解除合同的权利。

9. 保险人的说明义务

【相关立法】

(1)《中华人民共和国保险法》(19951001;20150424)

第十七条 订立保险合同,采用保险人提供的格式条款的,保险人向投保人提供的投保单应当附格式条款,保险人应当向投保人说明合同的内容。

对保险合同中免除保险人责任的条款,保险人在订立合同时应当在投保单、保险单或者其他保险凭证上作出足以引起投保人注意的提示,并对该条款的内容以书面或者口头形式向投保人作出明确说明;未作提示或者明确说明的,该条款不产生效力。

(2)《中华人民共和国民法典》(20210101)

第四百九十六条 格式条款是当事人为了重复使用而预先拟定,并在订立合同时未与对方协商的条款。

采用格式条款订立合同的,提供格式条款的一方应当遵循公平原则确定当事人之间的权利和义务,并采取合理的方式提示对方注意免除或者减轻其责任等与对方有重大利害关系的条款,按照对方的要求,对该条款予以说明。提供格式条款的一方未履行提示或者说明义务,致使对方没有注意或者理解与其有重大利害关系的条款的,对方可以主张该条款不成为合同的内容。

第四百九十八条 对格式条款的理解发生争议的,应当按照通常理解予以解释。对格式条款有两种以上解释的,应当作出不利于提供格式条款一方的解释。格式条款和非格式条款不一致的,应当采用非格式条款。

【司法解释】

《最高人民法院关于适用〈中华人民共和国保险法〉若干问题的解释(二)》(法释〔2013〕14号,20130608;经法释〔2020〕18号修正,20210101)

第九条 保险人提供的格式合同文本中的责任免除条款、免赔额、免赔率、比例赔付或者给付等免除或者减轻保险人责任的条款,可以认定为保险法第十七条第二款规定的"免除保险人责任的条款"。

保险人因投保人、被保险人违反法定或者约定义务,享有解除合同权利的条款,不属于保险法第十七条第二款规定的"免除保险人责任的条款"。

第十条 保险人将法律、行政法规中的禁止性规定情形作为保险合同免责条款的免责事由,保险人对该条款作出提示后,投保人、被保险人或者受益人以保险人未履行明确说明义务为由主张该条款不生效的,人民法院不予支持。

第十一条　保险合同订立时,保险人在投保单或者保险单等其他保险凭证上,对保险合同中免除保险人责任的条款,以足以引起投保人注意的文字、字体、符号或者其他明显标志作出提示的,人民法院应当认定其履行了保险法第十七条第二款规定的提示义务。

保险人对保险合同中有关免除保险人责任条款的概念、内容及其法律后果以书面或者口头形式向投保人作出常人能够理解的解释说明的,人民法院应当认定保险人履行了保险法第十七条第二款规定的明确说明义务。

第十二条　通过网络、电话等方式订立的保险合同,保险人以网页、音频、视频等形式对免除保险人责任条款予以提示和明确说明的,人民法院可以认定其履行了提示和明确说明义务。

第十三条　保险人对其履行了明确说明义务负举证责任。

投保人对保险人履行了符合本解释第十一条第二款要求的明确说明义务在相关文书上签字、盖章或者以其他形式予以确认的,应当认定保险人履行了该项义务。但另有证据证明保险人未履行明确说明义务的除外。

【批复、答复】

海上保险合同格式条款未作提示说明的,应如何解释?

《最高人民法院关于中国人民保险公司青岛市分公司与巴拿马浮山航运有限公司船舶保险合同纠纷一案的复函》(〔2002〕民四他字第12号,20021225)

山东省高级人民法院:

你院鲁高法函〔2002〕24号《关于中国人民保险公司青岛市分公司与巴拿马浮山航运有限公司船舶保险合同纠纷一案的请示》收悉。经研究,答复如下:

关于巴拿马浮山航运有限公司所属的"浮山"轮与"继承者"轮在青岛主航道发生的无接触碰撞是否属于船舶碰撞的问题,根据最高人民法院法发〔1995〕17号《关于审理船舶碰撞和触碰案件财产损害赔偿的规定》第十六条的规定,船舶碰撞包括两艘或者两艘以上船舶之间发生接触或者无接触的碰撞。"浮山轮"投保了"一切险",船舶保险条款属于格式条款,该条款第一条订明的碰撞责任包括因被保险船舶与其他船舶碰撞而引起被保险人应负的法律赔偿责任,订立船舶保险合同时保险人并未向被保险人明示船舶碰撞排除无接触碰撞。根据诚信原则和《中华人民共和国和合同法》第四十一条①的规定,对格式条款有两种以上解释的,应当作出不利于提供格式条款一方的解释。因此,本案船舶保险条款所指碰撞应当包括无接触碰撞。

此复。

【公报案例】

海上保险合同中免除保险人责任条款效力如何认定? [丰海公司与海南人保海运货物保险合同纠纷案(2006-5)]

保险单是典型的格式合同。保险人作为提供格式合同的一方,应当遵循公平原则确定合同的权利和义务,并采取合理方式提请对方注意免除保险人责任的条款,否则该免责条款无效。依据保险法第十六条和第十七条的规定,保险合同中规定有关于保险人责任免除条款的,保险人在订立合同时应向投保人明确说明,未明确说明的该条款不产生效力。另外,对于保险合同的条款,保险人与投保人、被保险人或者受益人有争议时,人民法院或者仲裁机关应作出有利于被保险人和受益人的解释。据此,在保险合同中,当事人对免责条款约定不明时,若保险人未将某种损失情形在除外责任中列明,订立合同时也未对投保人明确告知的,那么发生该情形时,保险人不能主张免除责任。保险行业主管机关在保险事故发生之后对保险合同条款所作的解释,不能作为此案认定该条款含义的根据。

【适用要点】

由于海上保险合同是典型的基于保险人单方事先拟定的保险条款签订的合同,因此,保险人要承担对保险合同的说明义务,同时,如果未明确说明,在对合同条款有两种及两种以上合理解释的情况下,应当做有利于被保险人的解释,此谓不利解释原则。当然,该解释方法是第二位适用的,是在采用文义解释等其他解释方法后,仍有两种及两种以上的含义解释,才可以适用。

10. 保险合同的订立

【相关立法】

《中华人民共和国海商法》(19930701)

第二百一十七条 海上保险合同的内容,主要包括下列各项:

---

① 民法典施行后,合同法被废止,相关内容见民法典第四百九十八条。

(一)保险人名称；

(二)被保险人名称；

(三)保险标的；

(四)保险价值；

(五)保险金额；

(六)保险责任和除外责任；

(七)保险期间；

(八)保险费。

第二百二十一条　被保险人提出保险要求，经保险人同意承保，并就海上保险合同的条款达成协议后，合同成立。保险人应当及时向被保险人签发保险单或者其他保险单证，并在保险单或者其他保险单证中载明当事人双方约定的合同内容。

第二百二十四条　订立合同时，被保险人已经知道或者应当知道保险标的已经因发生保险事故而遭受损失的，保险人不负赔偿责任，但是有权收取保险费；保险人已经知道或者应当知道保险标的已经不可能因发生保险事故而遭受损失的，被保险人有权收回已经支付的保险费。

第二百三十四条　除合同另有约定外，被保险人应当在合同订立后立即支付保险费；被保险人支付保险费前，保险人可以拒绝签发保险单证。

【司法解释】

《最高人民法院关于审理海上保险纠纷案件若干问题的规定》(法释〔2006〕10号，20070101；经法释〔2020〕18号修正，20210101)

第十条　保险人与被保险人在订立保险合同时均不知道保险标的已经发生保险事故而遭受损失，或者保险标的已经不可能因发生保险事故而遭受损失的，不影响保险合同的效力。

【重点解读】

海上保险合同的主要内容之一是保险人按照约定对被保险人遭受保险事故造成保险标的的损失和产生的责任负责赔偿。海商法第二百二十四条规定，订立合同时，被保险人知道或者应当知道保险标的已经因发生保险事故而遭受损失的，保险人不负赔偿责任，但是有权收取保险费；保险人知道或者应当知道保险标的已经不可能因发生保险事故而遭受损失的，被保险人有权收回已经支付的保险费。但如果订立合同时保险人以及被保险人都不知道保险标的已经发生保险事故的如何处理？海商法并未对此作出规定。从文字上看似乎这种情况是不会存在的，如果保险标的已经发生事故，保险人就不会接受被保险人的投保。但是海上保险有其特殊性。海上运输中,由于船舶运输的特殊性,船舶所有人或者货物所有人可能与船舶或者货物分处于不同的地方。在与保险人签订保险合同时,被保险人(船舶所有人或者货物所有人)不知道船舶已经安全抵达目的港,或者不知道货物已经被安全运送到目的港。在保险人同样不知情的情况下,如果双方签订了保险合同,不影响保险合同的效力;已经发生保险事故的,保险人应当负保险赔偿责任,但有权收取保险费;未发生保险事故的,保险人依然有权要求被保险人按照约定支付保险费。因此,在本规定中规定:保险人与被保险人在订立保险合同时均不知道保险标的已经发生保险事故而遭受损失,或者保险标的已经不可能因发生保险事故而遭受损失的,不影响保险合同的效力。这样的规定对于保险人和被保险人来说都是公平的。①

【司法指导文件】

最高人民法院民事审判第四庭《涉外商事海事审判实务问题解答(一)》(20040408)

149. 如何理解有关保险条款中船舶碰撞的含义?

答:船舶保险条款中规定了船舶碰撞属于保险责任范围,其中的碰撞包括船舶在海上或者与海相通的可航水域发生接触造成损害的事故,即直接碰撞,也包括《海商法》第一百七十条规定的船舶因操纵不当或者不遵守航行规章,虽然实际上没有同其他船舶发生碰撞,但是使其他船舶以及船上的人员、货物或其他财产遭受损失的间接碰撞。

161. 倒签保险凭证的情况下,保险责任期间自何时开始?

答:倒签保险凭证的情况下,保险人的责任自保单上显示的时间开始起算。保险人与被保险人之间对责任起止时间有特别约定的,从其约定。

163. 在订立保险合同时,保险人和被保险人均不知道保险标的已经发生保险事故而遭受损失,或者已经不可能发生保险事故而遭受损失的,是否影响保险合同的效力?

答:在订立海上货物运输保险合同时,保险人和被保险人均不知道保险标的的已经发生保险事故而遭受损失或者已经不可能发生保险事故而遭受损失的,不影响保险合同的效力。

---

① 王淑梅:《〈关于审理海上保险纠纷案件若干问题的规定〉的理解与适用》,载《人民司法》2006 年第 12 期。

【公报案例】

保单签发与否对保险合同的成立有何影响？［卫勤俭诉中保财产保险有限公司台山市支公司、中国农业银行台山市支行下川营业所渔船保险合同纠纷案(2001-3)］

保险代理人是指根据保险人的委托,在保险人授权的范围内代为办理保险业务,并依法向保险人收取代理手续费的单位或者个人。根据民法通则①第六十三条"代理人在代理权限内,以被代理人的名义实施民事法律行为。被代理人对代理人的代理行为,承担民事责任"的规定,保险代理人代理行为的后果应归属于保险人。海商法第二百二十一条规定:"被保险人提出保险要求,经保险人同意承保,并就海上保险合同的条款达成协议后,合同成立……"在缔结海上保险合同时,通常是由被保险人填写投保单并交之于保险人或其代理人作为保险合同的要约,保险人或其代理人接受投保单并同意承保构成承诺。但海上保险合同并非要式合同,只要被保险人投保意思和保险人承保意思真实且一致,保险合同就成立。因此,即使投保单是由保险代理人而非被保险人填写,但被保险人向保险代理人明确提出投保请求并缴纳保险费足以表明其投保的意思,保险代理人收受保险费并代为填写投保单和办理相关手续的行为也表明其同意承保的意思,双方虽未就保险条款进行协商,但按商业惯例应认为双方已按渔船保险格式合同达成了协议,保险合同成立。合同成立后,保险人应当及时向被保险人签发保险单或者其他保险单证,但保险单或其他保险单证签发与否并不影响保险合同的成立。

【典型案例】

外籍船舶可否投保沿海内河运输保险,外籍船舶投保的沿海内河船舶保险合同是否有效？［中港集团上海港口工程装备有限公司与中国人民财产保险股份有限公司上海市浦东支公司保险合同赔偿纠纷案,(2006)沪海法商初字第405号］

沿海内河船舶保险条款作为合同条款并不具有强制性适用的属性。根据海商法第四条规定,外籍船舶在经过国家交通主管部门的批准后也可经营中国各港口间的海上运输。本案的"幸运港"轮即属于此种情形,对于此类外籍船舶投保沿海内河运输保险我国法律法规并无明确的禁止性规定。因此,只要合同内容不违反法律或行政法规的禁止性规定,合同即为有效。本

---

① 民法典施行后,民法通则被废止,相关内容见民法典规定。

案当事人将"幸运港"轮投保和承保沿海内河船舶保险属于其意思自治范围,双方在保险合同的订立过程中对于保险标的为巴拿马籍是明知的,却仍然选择沿海内河船舶保险条款,并已实际履行保险合同,从鼓励交易和推定当事人在缔约当时均不希望合同不能成立或不能履行的原则出发,可以认定双方当事人已经默示排除了此条款的适用或使该条款不发生效力,沿海内河船舶的其他条款仍适用于"幸运港"轮。案涉沿海内河船舶保险合同成立,沿海内河船舶保险单上记载的内容对双方当事人具有约束力。

【适用要点】

保险合同在保险人与被保险人就保险条款达成合意之后便成立,保险单证只是保险合同成立的证明。同时,保险承保的一定是风险,即可能发生的事故,因此,如果事故已经发生,原则上已经不存在保险的必要,除非保险人与被保险人在订立保险合同时均不知道保险标的已经或者不可能发生保险事故。

11. 预约保险合同

【相关立法】

(1)《中华人民共和国海商法》(19930701)

第二百三十一条 被保险人在一定期间分批装运或者接受货物的,可以与保险人订立预约保险合同。预约保险合同应当由保险人签发预约保险单证加以确认。

第二百三十二条 应被保险人要求,保险人应当对依据预约保险合同分批装运的货物分别签发保险单证。

保险人分别签发的保险单证的内容与预约保险单证的内容不一致的,以分别签发的保险单证为准。

第二百三十三条 被保险人知道经预约保险合同保险的货物已经装运或者到达的情况时,应当立即通知保险人。通知的内容包括装运货物的船名、航线、货物价值和保险金额。

(2)《中华人民共和国民法典》(20210101)

第四百九十五条 当事人约定在将来一定期限内订立合同的认购书、订购书、预订书等,构成预约合同。

当事人一方不履行预约合同约定的订立合同义务的,对方可以请求其承担预约合同的违约责任。

【批复、答复】

预约保险合同能否直接产生保险合同义务?

《最高人民法院关于长春大成玉米开发公司与中国人民保险公司吉林省分公司海上保险合同纠纷一案的请示的复函》(〔2001〕民四他字第 25 号,20011107)

辽宁省高级人民法院:

你院〔2001〕辽经一终字第 13 号请示报告收悉,经研究,答复如下:

本案中预约保险合同是当事人就长期货物运输保险达成的一种协议。投保人长春大成玉米开发有限公司(以下简称大成公司)依据该协议向中国人民保险公司吉林省分公司(以下简称保险公司)投保,保险公司在协议约定的期限内不得拒绝投保人大成公司的投保,投保人大成公司也要在协议约定的期限内将其出运的货物全部在保险公司投保,这应是预约保险合同的对等义务,但预约保险合同不具备我国《海商法》第二百一十七条规定的海上保险合同的全部内容,故其不能直接产生保险合同义务,大成公司不能据此向保险公司主张保险权益。

本案中,大成公司向保险公司投保时,已经知道四份保险单项下货物全部随船沉没,货损事故已经发生。同意你院审判委员会多数人意见,根据我国《海商法》第二百二十四条的规定,保险公司不应承担保险赔偿责任。

此复。

【司法指导文件】

(1)最高人民法院《第二次全国涉外商事海事审判工作会议纪要》(法发〔2005〕26 号,20051226)

122. 被保险人已经知道依据预约保险合同分批装运的货物发生保险事故仍以正常情况通知保险人签发保险单证的,保险人可以免除保险赔偿责任。合同另有约定的除外。

(2)最高人民法院民事审判第四庭《涉外商事海事审判实务问题解答(一)》(20040408)

162. 如何认定预约保险合同中保险人和被保险人的权利义务?

答:根据《海商法》的规定,分别签发的保险单证的内容与预约保险单证的内容不一致的,以分别签发的保险单证为准。被保险人已经知道经预约保险合同保险的货物发生保险事故的,应当立即通知保险人。保险人未得到通知而签发了保险单证的,保险人可以免除保险赔偿责任。

【适用要点】

关于预约保险合同,存在观点分歧。一种观点认为预约保险本身就是一个有效的保险合同,只要该合同成立,保险合同即告成立,与货物是否装上船、被保险人是否履行申报义务无关。货物装上船的时间,是保险责任开始的时间,并不是保险合同成立的时间。申报的作用更多地体现在保险费的计算上。另一种观点则认为预约保险合同是预约合同,即约定双方将来订立保险合同的合同。本案中,最高人民法院采取了后一种观点,但在学界,持前一种观点的也不少。另外,在部分案件中,也有观点认为预约保险合同即是保险合同。如在(2009)浙海终字第12号案中,浙江省高级人民法院认为:"涉案货物没有单独签发保险单,预约保险单即为当事人之间的保险合同,预约合同签发后,化纤公司的告知义务即告终止。"

12. 保证条款和保证义务

【相关立法】

《中华人民共和国海商法》(19930701)

第二百三十五条 被保险人违反合同约定的保证条款时,应当立即书面通知保险人。保险人收到通知后,可以解除合同,也可以要求修改承保条件、增加保险费。

【司法解释】

《最高人民法院关于审理海上保险纠纷案件若干问题的规定》(法释〔2006〕10号,20070101;经法释〔2020〕18号修正,20210101)

第六条 保险人以被保险人违反合同约定的保证条款未立即书面通知保险人为由,要求从违反保证条款之日起解除保险合同的,人民法院应予支持。

【重点解读】

除合同订立阶段要求被保险人履行如实告知义务外,最大诚信原则还体现在合同履行阶段,要求被保险人履行保证的义务。我国海商法借鉴英国《1906年海上保险法》的规定,规定了被保险人违反保证时的法律后果,但是未规定何谓保证条款,导致在审判实务中经常发生对被保险人是否构成违反保证条款的争议。在本规定起草过程中,曾试图对保证条款进行定义。经研究认为,作为最高人民法院起草的司法解释,对保证条款作定义性的规定不妥。海商法第二百三十五条规定了被保险人违反合同约定的保证条款时,应当立即书面通知保险人,并赋予保险人在收到通知后有解除合同或者要求修改合同(修改承保条件、增加保险费)的权利。实践中大量存在被保险人违反了保证条款而不通知保险人的情况,此种情形中,保险人的权利应当不低于海商法第二百三十五条的规定。这里的问题在于此种情况下合同的解除日如何确定。依照合同法的规定,一方当事人主张解除合同的应当通知对方,合同自通知到达时解除。但是在海上保险合同中,依据海商法的规定,因被保险人违反保证条款解除合同的,保险人没有通知被保险人的义务。加之保证条款的重要性,规定自保证条款被违反之日合同解除并不违反海商法规定的原则。故本规定中明确保险人可以被保险人违反合同约定的保证条款未立即书面通知为由主张从违反保证条款之日起解除合同。①

第七条　保险人收到被保险人违反合同约定的保证条款书面通知后仍支付保险赔偿,又以被保险人违反合同约定的保证条款为由请求解除合同的,人民法院不予支持。

【重点解读】

在保证条款被违反的情况下保险人取得解除合同的权利。但实务中尽管被保险人违反了保证条款,保险人不主张解除合同的情况也是经常存在的。如果保险人在发生保险事故后进行了保险赔付,即不得以被保险人违反保证条款为由,要求被保险人退还已支付的保险赔偿金。即在保险人收到被保险人违反保证条款的通知后,仍选择继续履行合同,支付保险赔偿的,不得再行使解除合同的权利。②

第八条　保险人收到被保险人违反合同约定的保证条款的书面通知后,就修改承保条件、增加保险费等事项与被保险人协商未能达成一致的,保险合同于违反保证条款之日解除。

【重点解读】

海商法规定在被保险人违反保证条款后,保险人可以选择要求修改承保条件、增加保险费,即选择继续履行保险合同,只是这需要通过双方协商达成一致,而协商结果不是确定的。故规定如果双方未能就修改合同的事宜达成

---

①　王淑梅:《〈关于审理海上保险纠纷案件若干问题的规定〉的理解与适用》,载《人民司法》2006年第12期。

②　王淑梅:《〈关于审理海上保险纠纷案件若干问题的规定〉的理解与适用》,载《人民司法》2006年第12期。

一致的,合同仍于被保险人违反保证条款之日起解除。在本规定起草过程中,有观点认为,既然赋予保险人与被保险人协商的机会,那么,协商期间发生保险事故的,保险人就应承担保险赔偿责任,除非被保险人违反保证条款与保险事故之间存在因果关系。此种观点没有被本规定采纳。虽然海商法规定在被保险人违反保证条款后,保险人可以选择解除合同或者要求修改承保条件、增加保险费,但根据保证必须严格遵守、违反保证之日起保险人解除保险赔偿责任的性质考虑,在协商期间发生保险事故的,要求保险人承担保险赔偿责任,与保证条款的重要性不符。因为从被保险人违反保证条款之日,保险合同的基础已经动摇,除非保险人主动放弃解除合同的权利,合同的效力应当处于待定的状态。故在本规定中明确了保险人收到被保险人违反合同约定的保证条款通知后,就修改承保条件、增加保险费等事项与被保险人未能协商达成一致时,保险合同于违反保证条款之日解除。这样的规定既可以避免被保险人滥用协商的权利,也符合保证条款的重要地位。①

【司法指导文件】

最高人民法院《第二次全国涉外商事海事审判工作会议纪要》(法发〔2005〕26 号,20051226)

118. 被保险人违反合同约定的保证条款但未立即书面通知保险人的,从违反保证条款之日起,保险人有权解除合同,但对于被保险人违反保证条款之前发生的保险事故造成的损失,保险人应负赔偿责任。合同解除前被保险人尚未支付保险费的,保险人有权按照比例收取合同解除前的保险费。保险人已经全部收取保险费的,不予退还。

119. 保险人收到被保险人违反合同约定的保证条款通知后,仍收取保险费或者支付保险赔偿的,不得再以被保险人违反合同约定的保证条款为由,行使《中华人民共和国海商法》第二百三十五条规定的解除合同的权利。

保险人根据《中华人民共和国海商法》第二百三十五条的规定要求修改承保条件、增加保险费,被保险人不同意的,保险人可以以书面形式解除合同。

【适用要点】

我国海商法规定了被保险人违反保险条款的后果,但未规定如何判断保

---

① 王淑梅:《〈关于审理海上保险纠纷案件若干问题的规定〉的理解与适用》,载《人民司法》2006 年第 12 期。

证条款的标准,这是立法上的一个缺陷。某一保险合同条款构成海上保险保证条款需要满足一定的形式要件和实质要件,"形式要件"是指合同条款的内容是一项声明或者承诺,且以明确保证的方式表达;"实质要件"是指保证以保险合同当事人的明确合意为基础,条款内容需要明确清楚地反映出保险合同当事人具有将一项声明或者承诺作为保证的意图,而且希望将这项声明或者承诺的成就与否与保险合同的效力相关联起来。

13. 保险合同的承保风险和除外责任

【相关立法】

《中华人民共和国海商法》(19930701)

第二百四十二条 对于被保险人故意造成的损失,保险人不负赔偿责任。

第二百四十三条 除合同另有约定外,因下列原因之一造成货物损失的,保险人不负赔偿责任:

(一)航行迟延、交货迟延或者行市变化;

(二)货物的自然损耗、本身的缺陷和自然特性;

(三)包装不当。

第二百四十四条 除合同另有约定外,因下列原因之一造成保险船舶损失的,保险人不负赔偿责任:

(一)船舶开航时不适航,但是在船舶定期保险中被保险人不知道的除外;

(二)船舶自然磨损或者锈蚀。

运费保险比照适用本条的规定。

【司法解释】

《最高人民法院关于审理海上保险纠纷案件若干问题的规定》(法释〔2006〕10 号,20070101;经法释〔2020〕18 号修正,20210101)

第十一条 海上货物运输中因承运人无正本提单交付货物造成的损失不属于保险人的保险责任范围。保险合同当事人另有约定的,依约定。

【重点解读】

在海上货物运输合同的履行中,经常发生承运人在目的港没有收回正本提单即将货物交付出去的情况,这就是海上运输中经常发生的无单放货。发生承运人无单放货后,作为正本提单持有人的货主,与承运人之间存在运输合同关系,与保险人之间存在保险合同关系。出于某种考虑,货主可能放弃对承运人提起诉讼,而是选择向保险合同的保险人要求就投保的货物运输险提出保险赔偿。而无单放货是否属于保险人的保险责任范围,是海事审判中存在争议的问题,曾出现过不同的做法。依据海商法的规定,海上保险合同中保险人承担的保险责任应当是与海上航行有关的发生于内河或者陆上的事故。而无单放货属于承运人违反法律规定实施的不当行为,不应当在保险人的保险责任范围之内,除非双方当事人在保险合同中有明确的约定,保险人自愿承担无单放货的保险赔偿责任,否则保险人将不承担因承运人无单放货造成的被保险人的损失。①

【批复、答复】

(1)一切险"的承保风险应否为非列明风险?

《最高人民法院关于大众保险股份有限公司苏州中心支公司、大众保险股份有限公司与苏州浙申实业有限公司海上货物运输保险合同案适用法律问题的请示的复函》(民四他字〔2007〕第 8 号,20070724)

湖北省高级人民法院:

你院鄂高法〔2007〕115 号《关于大众保险股份有限公司苏州中心支公司、大众保险股份有限公司与苏州浙申实业有限公司海上货物运输保险合同案适用法律问题的请示》收悉。

经研究认为:根据你院查明的事实,大众保险股份有限公司苏州中心支公司与苏州浙申实业有限公司之间的海上货物运输保险合同合法有效,双方的权利义务应当受保险单及所附保险条款的约束。依照本案"海洋运输货物保险条款"的规定,一切险除平安险和水渍险的各项责任外,还包括被保险货物在运输途中由于外来原因所致的全部或部分损失。保险条款中还列明了保险人不负赔偿责任的五项除外责任条款。因此,"一切险"的承保风险应当为非列明风险,如保险标的的损失系运输途中的外来原因所致,且并无证据证明该损失属于保险条款规定的除外责任之列,则应当认定保险事故属于一切险的责任范围。同意你院倾向性意见的处理结果。

此复。

---

① 王淑梅:《〈关于审理海上保险纠纷案件若干问题的规定〉的理解与适用》,载《人民司法》2006 年第 12 期。

(2)保险船舶发生保险事故后造成第三者船舶沉没而引起的清理航道费用是否属于直接损失,是否属于保险责任?

《最高人民法院关于保险船舶发生保险事故后造成第三者船舶沉没而引起的清理航道费用是否属于直接损失的复函》(〔2000〕交他字第12号,20010218)

上海市高级人民法院:

你院〔2000〕沪高经终字第367号《关于保险船舶发生保险事故后造成第三者船舶沉没而引起的清理航道费用是否属直接损失的请示》收悉。经研究同意你院审判委员会的倾向性意见,即根据中国人民银行《沿海、内河船舶保险条款》和《沿海、内河船舶保险条款解释》的有关规定,保险船舶发生保险事故造成第三者船舶沉没而引起的清理航道费用不属于直接损失,亦不属于保险责任。

此复。

(3)保险条款一切险中的"提货不着"险如何理解,无单放货是否属于保险理赔的责任范围?

《最高人民法院关于中国上海抽纱进出口公司与中国太平洋保险公司上海分公司海上货物运输保险合同纠纷请示的复函》(〔2000〕交他字第8号,20010103)

上海市高级人民法院:

你院〔2000〕沪高经终字第280号关于《中国抽纱上海进出口公司与中国太平洋保险公司上海分公司海上货物运输保险合同纠纷一案的请示》收悉。经研究,答复如下:

1. 关于无单放货是否属于保险理赔的责任范围问题。我们认为,根据保险条款,保险条款一切险中的"提货不着"险并不是指所有的提货不着。无单放货是承运人违反凭单交货义务的行为,是其自愿承担的一种商业风险,而非货物在海运途中因外来原因所致的风险,不是保险合同约定由保险人应承保的风险;故无单放货不属于保险理赔的责任范围。

2. 关于在承运人和保险人均有赔偿责任的情况下,保险人取得代位求偿权后,向承运人代位求偿的诉讼时效如何计算的问题。我们认为,保险人取得的代位求偿权是被保险人移转的债权,保险人取代被保险人的法律地位后,对承运人享有的权利范围不得超过被保险人;凡承运人得以对抗被保险人而享有的抗辩权同样可以对抗保险人,该抗辩权包括因诉讼时效超过而拒绝赔付的抗辩权。保险人只能在被保险人有权享有的时效期间提起诉讼,即保险人取代被保险人向承运人代位求偿的诉讼时效亦为 1 年,应自承运人交付或应当交付货物之日起计算。

此复。

【司法指导文件】

(1)最高人民法院《第二次全国涉外商事海事审判工作会议纪要》(法发〔2005〕26 号,20051226)

120. 船舶航次保险中,保险船舶应保证开航时适航。被保险人违反此项规定的,从违反之日起,保险人不负赔偿责任。

在船舶定期保险中,被保险人明知船舶不适航而同意开航的,保险人对此种不适航造成的损失,不负赔偿责任。

(2)最高人民法院民事审判第四庭《涉外商事海事审判实务问题解答(一)》(20040408)

165. 保险船舶发生保险事故造成第三者船舶沉没引起的清理航道费用是否属于保险责任范围?

答:保险船舶发生保险事故造成第三者船舶沉没而引起的清理航道费用,不属于保险人保险责任范围。

166. 海上货物运输无单放货是否属于保险理赔范围?

答:根据保险条款,保险条款中一切险中的“提货不着”并不是指所有的提货不着。无单放货是承运人违反凭提单交付货物义务的行为,是其自愿承担的一种商业风险,而非货物在海上运输中因外来原因所致的风险,不是保险合同约定由保险人应承担的风险。海上货物运输无单放货不属于保险理赔的责任范围。

【指导性案例】

指导案例 52 号:海南丰海粮油工业有限公司诉中国人民财产保险股份有限公司海南省分公司海上货物运输保险合同纠纷案(20150415)

关键词　民事　海事　海上货物运输保险合同　一切险　外来原因

裁判要点

海上货物运输保险合同中的“一切险”,除包括平安险和水渍险的各项责任外,还包括被保险货物在运输途中由于外来原因所致的全部或部分损失。在被保险人不存在故意或者过失的情况下,由于相关保险合同中除外责任条款所列明情形之外的其他原因,造成被保险货物损失的,可以认定属于导致被保险货物损失的"外来原因"，保险人应当承担运输途中由该外来原因所致的一切损失。

相关法条

《中华人民共和国保险法》第三十条

基本案情

1995 年 11 月 28 日，海南丰海粮油工业有限公司（以下简称丰海公司）在中国人民财产保险股份有限公司海南省分公司（以下简称海南人保）投保了由印度尼西亚籍"哈卡"轮（HAGAAG）所运载的自印度尼西亚杜迈港至中国洋浦港的 4999.85 吨桶装棕榈油，投保险别为一切险，货价为 3574892.75 美元，保险金额为 3951258 美元，保险费为 18966 美元。投保后，丰海公司依约向海南人保支付了保险费，海南人保向丰海公司发出了起运通知，签发了海洋货物运输保险单，并将海洋货物运输保险条款附于保单之后。根据保险条款规定，一切险的承保范围除包括平安险和水渍险的各项责任外，海南人保还"负责被保险货物在运输途中由于外来原因所致的全部或部分损失"。该条款还规定了 5 项除外责任。上述投保货物是由丰海公司以 CNF 价格向新加坡丰益私人有限公司（以下简称丰益公司）购买的。根据买卖合同约定，发货人丰益公司与船东代理梁国际代理有限公司（以下简称梁国际）签订一份租约。该租约约定由"哈卡"轮将丰海公司投保的货物 5000 吨棕榈油运至中国洋浦港，将另 1000 吨棕榈油运往香港。

1995 年 11 月 29 日，"哈卡"轮的期租船人、该批货物的实际承运人印度尼西亚 PT. SAMUDERA INDRA 公司（以下简称 PSI 公司）签发了编号为 DM/YPU/1490/95 的已装船提单。该提单载明船舶为"哈卡"轮，装货港为印度尼西亚杜迈港，卸货港为中国洋浦港，货物唛头为 BATCH NO. 80211/95，装货数量为 4999.85 吨，清洁，运费已付。据查，发货人丰益公司将运费支付给梁国际，梁国际已将运费支付给 PSI 公司。1995 年 12 月 14 日，丰海公司向其开证银行付款赎单，取得了上述投保货物的全套（3 份）正本提单。1995 年 11 月 23 日至 29 日，"哈卡"轮在杜迈港装载 31623 桶、净重 5999.82 吨四海牌棕榈油启航后，由于"哈卡"轮船东印度尼西亚 PT. PERUSAHAAN PEL-AYARAN BAHTERA BINTANG SELATAN 公司（以下简称 BBS 公司）与该轮的期租船人 PSI 公司之间因船舶租金发生纠纷，"哈卡"轮中止了提单约定的航程并对外封锁了该轮的动态情况。

为避免投保货物的损失，丰益公司、丰海公司、海南人保多次派代表参加"哈卡"轮船东与期租船人之间的协商，但由于船东以未收到租金为由不肯透露"哈卡"轮行踪，多方会谈未果。此后，丰益公司、丰海公司通过多种渠道交涉并多方查找"哈卡"轮行踪,海南人保亦通过其驻外机构协助查找"哈卡"轮。直至 1996 年 4 月,"哈卡"轮走私至中国汕尾被我海警查获。根据广州市人民检察院穗检刑免字(1996)64 号《免予起诉决定书》的认定,1996 年 1 月至 3 月,"哈卡"轮船长埃里斯·伦巴克根据 BBS 公司指令,指挥船员将其中 11325 桶、2100 多吨棕榈油转载到属同一船公司的"依瓦那"和"萨拉哈"货船上运走销售,又让船员将船名"哈卡"轮涂改为"伊莉莎 2"号(ELIZA Ⅱ)。1996 年 4 月,更改为"伊莉莎 2"号的货船载剩余货物 20298 桶棕榈油走私至中国汕尾,4 月 16 日被我海警查获。上述 20298 桶棕榈油已被广东省检察机关作为走私货物没收上缴国库。1996 年 6 月 6 日丰海公司向海南人保递交索赔报告书,8 月 20 日丰海公司再次向海南人保提出书面索赔申请,海南人保明确表示拒赔。丰海公司遂诉至海口海事法院。

丰海公司是海南丰源贸易发展有限公司和新加坡海源国际有限公司于 1995 年 8 月 14 日开办的中外合资经营企业。该公司成立后,就与海南人保建立了业务关系。1995 年 10 月 1 日至同年 11 月 28 日(本案保险单签发前)就发生了 4 笔进口棕榈油保险业务,其中 3 笔投保的险别为一切险,另 1 笔为"一切险附加战争险"。该 4 笔保险均发生索赔,其中有因为一切险范围内的货物短少、破漏发生的赔付。

裁判结果

海口海事法院于 1996 年 12 月 25 日作出(1996)海商初字第 096 号民事判决:一、海南人保应赔偿丰海公司保险价值损失 3593858.75 美元;二、驳回丰海公司的其他诉讼请求。宣判后,海南人保提出上诉。海南省高级人民法院于 1997 年 10 月 27 日作出(1997)琼经终字第 44 号民事判决:撤销一审判决,驳回丰海公司的诉讼请求。丰海公司向最高人民法院申请再审。最高人民法院于 2003 年 8 月 11 日以(2003)民四监字第 35 号民事裁定,决定对本案进行提审,并于 2004 年 7 月 13 日作出(2003)民四提字第 5 号民事判决:一、撤销海南省高级人民法院(1997)琼经终字第 44 号民事判决;二、维持海口海事法院(1996)海商初字第 096 号民事判决。

裁判理由

最高人民法院认为:本案为国际海上货物运输保险合同纠纷,被保险人、保险货物的目的港等均在中华人民共和国境内,原审以中华人民共和国法律作为解决本案纠纷的准据法正确,双方当事人亦无异议。

丰海公司与海南人保之间订立的保险合同合法有效,双方的权利义务应受保险单及所附保险条款的约束。本案保险标的已经发生实际全损,对此发货人丰益公司没有过错,亦无证据证明被保险人丰海公司存在故意或过失。

保险标的的损失是由于"哈卡"轮船东 BBS 公司与期租船人之间的租金纠纷,将船载货物运走销售和走私行为造成的。本案争议的焦点在于如何理解涉案保险条款中一切险的责任范围。

二审审理中,海南省高级人民法院认为,根据保险单所附的保险条款和保险行业惯例,一切险的责任范围包括平安险、水渍险和普通附加险(即偷窃提货不着险、淡水雨淋险、短量险、沾污险、渗漏险、碰损破碎险、串味险、受潮受热险、钩损险、包装破损险和锈损险),中国人民银行《关于〈海洋运输货物保险"一切险"条款解释的请示〉的复函》亦作了相同的明确规定。可见,丰海公司投保货物的损失不属于一切险的责任范围。此外,鉴于海南人保与丰海公司有长期的保险业务关系,在本案纠纷发生前,双方曾多次签订保险合同,并且海南人保还作过一切险范围内的赔付,所以丰海公司对本案保险合同的主要内容、免责条款及一切险的责任范围应该是清楚的,故认定一审判决适用法律错误。

根据涉案"海洋运输货物保险条款"的规定,一切险除了包括平安险、水渍险的各项责任外,还负责被保险货物在运输过程中由于各种外来原因所造成的损失。同时保险条款中还明确列明了五种除外责任,即:①被保险人的故意行为或过失所造成的损失;②属于发货人责任所引起的损失;③在保险责任开始前,被保险货物已存在的品质不良或数量短差所造成的损失;④被保险货物的自然损耗、本质缺陷、特性以及市价跌落、运输迟延所引起的损失;⑤本公司海洋运输货物战争险条款和货物运输罢工险条款规定的责任范围和除外责任。从上述保险条款的规定看,海洋运输货物保险条款中的一切险条款具有如下特点:

1. 一切险并非列明风险,而是非列明风险。在海洋运输货物保险条款中,平安险、水渍险为列明的风险,而一切险则为平安险、水渍险再加上未列明的运输途中由于外来原因造成的保险标的的损失。

2. 保险标的的损失必须是外来原因造成的。被保险人在向保险人要求保险赔偿时,必须证明保险标的的损失是因为运输途中外来原因引起的。外来原因可以是自然原因,亦可以是人为的意外事故。但是一切险承保的风险具有不确定性,要求是不能确定的、意外的、无法列举的承保风险。对于那些预期的、确定的、正常的危险,则不属于外来原因的责任范围。

3. 外来原因应当限于运输途中发生的,排除了运输发生以前和运输结束后发生的事故。只要被保险人证明损失并非因其自身原因,而是由于运输途中的意外事故造成的,保险人就应当承担保险赔偿责任。

根据保险法的规定,保险合同中规定有关于保险人责任免除条款的,保险人在订立合同时应当向投保人明确说明，未明确说明的，该条款仍然不能产生效力。据此，保险条款中列明的除外责任虽然不在保险人赔偿之列，但是应当以签订保险合同时，保险人已将除外责任条款明确告知被保险人为前提。否则，该除外责任条款不能约束被保险人。

关于中国人民银行的复函意见。在保监委成立之前，中国人民银行系保险行业的行政主管机关。1997年5月1日，中国人民银行致中国人民保险公司《关于〈海洋运输货物保险"一切险"条款解释的请示〉的复函》中，认为一切险承保的范围是平安险、水渍险及被保险货物在运输途中由于外来原因所致的全部或部分损失。并且进一步提出：外来原因仅指偷窃、提货不着、淡水雨淋等。1998年11月27日，中国人民银行在对《中保财产保险有限公司关于海洋运输货物保险条款解释》的复函中，再次明确一切险的责任范围包括平安险、水渍险及被保险货物在运输途中由于外来原因所致的全部或部分损失。其中外来原因所致的全部或部分损失是指11种一般附加险。鉴于中国人民银行的上述复函不是法律法规，亦不属于行政规章。根据《中华人民共和国立法法》的规定，国务院各部、委员会、中国人民银行、国家审计署以及具有行政管理职能的直属机构，可以根据法律和国务院的行政法规、决定、命令，在本部门的权限范围内，制定规章；部门规章规定的事项应当属于执行法律或者国务院的行政法规、决定、命令的事项。因此，保险条款亦不在职能部门有权制定的规章范围之内，故中国人民银行对保险条款的解释不能作为约束被保险人的依据。另外，中国人民银行关于一切险的复函属于对保险合同条款的解释。而对于平等主体之间签订的保险合同，依法只有人民法院和仲裁机构才有权作出约束当事人的解释。为此，上述复函不能约束被保险人。要使该复函所做解释成为约束被保险人的合同条款，只能是将其作为保险合同的内容附在保险单中。之所以产生中国人民保险公司向主管机关请示一切险的责任范围，主管机关对此作出答复，恰恰说明对于一切险的理解存在争议。而依据保险法第三十一条的规定，对于保险合同的条款，保险人与投保人、被保险人或者受益人有争议时，人民法院或者仲裁机关应当作有利于被保险人和受益人的解释。作为行业主管机关作出对本行业有利的解释，不能适用于非本行业的合同当事人。

综上，应认定本案保险事故属一切险的责任范围。二审法院认为丰海公司投保货物的损失不属一切险的责任范围错误，应予纠正。丰海公司的再审申请理由依据充分，应予支持。

【典型案例】

(1)如何理解海商法第二百四十四条中"开航"的含义? [曲荣模与中国大地财产保险股份有限公司威海中心支公司、中国大地财产保险股份有限公司石岛支公司海上保险合同纠纷案,(2017)最高法民再 413 号]

涉案事故系由台风、船东的疏忽、船长和船员的疏忽三个原因共同造成,其中台风是主要原因。涉案保险条款已明确约定船东疏忽不属其列明的承保范围。由于保险人未根据保险法第十七条第二款规定就免除保险人责任条款向曲某某明确说明,案涉除外责任条款不生效。案涉船舶在港内移泊不属于海商法第二百四十四条第一款第(一)项规定的"船舶开航",大地保险石岛支公司根据该条规定主张免除保险赔偿责任缺乏事实依据。在造成涉案事故的三个原因中,台风与船长船员的疏忽属于承保风险,而船东的疏忽为非承保风险。在保险事故系由承保风险和非承保风险共同作用而发生的情况下,根据各项风险(原因)对事故发生的影响程度,法院酌定大地保险石岛支公司对涉案事故承担 75%的保险赔偿责任。最高人民法院再审判决大地保险石岛支公司给付曲荣模保险赔偿款 450 万元及其利息,大地保险威海支公司承担补充给付责任。

(2)在被保险人举证证明发生了保险责任条款约定的事故时,保险人是否可以依据除外责任条款的约定主张免责? [永安财产保险股份有限公司泰州中心支公司与泰州市长鑫运输有限公司通海水域保险合同纠纷案,(2017)最高法民再 269 号]

根据涉案保险单的记载,"长鑫顺 888"轮航行区域为沿海,涉案保险合同属于海商法第二百一十六条规定的海上保险合同。涉案保险条款第三条约定了保险人承担保险责任的范围,第六条约定了保险人不承担保险责任的除外情形,分别属于海商法第二百一十七条第(六)项规定的"保险责任和除外责任",二者都是海上保险实务中常见的合同条款。保险责任条款主要约定保险人负责赔偿的风险项目,除外责任条款则用于明确保险人不承担保险赔偿责任的风险项目。两类条款从正反两个角度对承保风险的范围进行明确约定。在被保险人举证证明发生了保险责任条款约定的事故时,保险人仍有权依据除外责任条款的约定主张免责,只是需要对其主张的免责事实承担举证责任。根据涉案保险条款第六条第(三)项的约定,因台风自然灾害造成的损失、费用和责任,保险人不负责赔偿。该项除外责任条款的约定是明确的,只要保险人举证证明损失是由于台风造成的,即可免于承担保险责任,不存在两种以上的解释。

【适用要点】

在我国,因承运人无单放货造成的收货人或者提单持有人的损失,被视为商业风险,不属于保险人承保的海上风险。同时,不同于船舶保险中的一切险条款承保的是列明风险,货物运输保险条款的"一切险"条款为非列明风险,只要证明事故是外来原因造成的,原则上保险人应当承担保险赔偿责任。

14. 保险合同的转让

【相关立法】

(1)《中华人民共和国海商法》(19930701)

第二百二十九条 海上货物运输保险合同可以由被保险人背书或者以其他方式转让,合同的权利、义务随之转移。合同转让时尚未支付保险费的,被保险人和合同受让人负连带支付责任。

第二百三十条 因船舶转让而转让船舶保险合同的,应当取得保险人同意。未经保险人同意,船舶保险合同从船舶转让时起解除;船舶转让发生在航次之中的,船舶保险合同至航次终了时解除。

合同解除后,保险人应当将自合同解除之日起至保险期间届满之日止的保险费退还被保险人。

(2)《中华人民共和国保险法》(19951001;20150424)

第四十九条 保险标的转让的,保险标的的受让人承继被保险人的权利和义务。

保险标的转让的,被保险人或者受让人应当及时通知保险人,但货物运输保险合同和另有约定的合同除外。

因保险标的的转让导致危险程度显著增加的,保险人自收到前款规定的通知之日起三十日内,可以按照合同约定增加保险费或者解除合同。保险人解除合同的,应当将已收取的保险费,按照合同约定扣除自保险责任开始之日起至合同解除之日止应收的部分后,退还投保人。

被保险人、受让人未履行本条第二款规定的通知义务的,因转让导致保险标的危险程度显著增加而发生的保险事故,保险人不承担赔偿保险金的责任。

【司法解释】

《最高人民法院关于审理海上保险纠纷案件若干问题的规定》(法释〔2006〕10号,20070101;经法释〔2020〕18号修正,20210101)

第九条 在航次之中发生船舶转让的,未经保险人同意转让的船舶保险合同至航次终了时解除。船舶转让时起至航次终了时止的船舶保险合同的权利、义务由船舶出让人享有、承担,也可以由船舶受让人继受。

船舶受让人根据前款规定向保险人请求赔偿时,应当提交有效的保险单证及船舶转让合同的证明。

【重点解读】

根据海商法的规定,因船舶转让而转让船舶保险合同的,应当取得保险人同意,否则保险合同从船舶转让时起解除。但船舶转让发生在航次之中的,保险合同至航次终了时解除。也就是说,船舶转让开始到航次终了这段期间,尽管船舶转让未经保险人同意,保险合同对保险人还是有约束力的。问题是船舶转让之日起至航次终了时止这段时间内船舶保险合同权利义务的承受方以何种途径向保险人求偿。实务中船舶转让发生在航次之中时,如果船舶转让后发生保险事故,已经取得船舶价款的船舶出让人可能不向保险人提出保险赔偿请求,而新的买受人又因其不是保险合同的当事人而无法向保险人行使保险赔偿请求权。对此有必要在本规定中加以规定,在船舶出让人不行使保险合同项下权利时,船舶受让人只要提供船舶转让的证明以及保险单证,也可以径向保险人行使保险赔偿请求权。在本规定起草过程中,有意见认为这样的规定可能会导致船舶出让人和受让人均向保险人主张保险合同项下的权利。我们认为这种担心是不必要的。实务中船舶转让发生在航次之中时,如果船舶转让后发生保险事故,已经取得船舶价款的船舶出让人依然有权依据保险合同向保险人提出保险赔偿请求,这是海商法的规定。尽管其已经签订船舶买卖合同,但此时船舶证书尚未变更船舶所有人,所以不存在出让人不具有保险利益的问题。本规定解决的是出让人不向保险人提出保险赔偿请求的情况下,新的买受人可以行使保险合同项下的权利。再者,无论是船舶买卖合同的出让人还是受让人向保险人提出保险赔偿,都必须提交保险合同,不存在同时出现船舶出让人和受让人都向保险人请求保险赔偿的情况。所以本规定规定,在航次之中发生船舶转让的,未经保险人同意转让的船舶保险合同至航次终了时解除。船舶转让时起至航次终了时止的船舶保险合同的权利、义务由船舶出让人享有、承担,也可以由船舶受让人继受。但要求船舶受让人根据前款规定向保险人请求赔偿时,应当提交有效的保险单证及船舶转让合同的证明。①

【司法指导文件】

(1) 最高人民法院《第二次全国涉外商事海事审判工作会议纪要》（法发〔2005〕26 号,20051226)

121. 船舶转让发生在航次之中的,船舶保险合同至航次终了时解除。船舶转让时起至航次终了时止的船舶保险合同的权利、义务转让给船舶受让人。

船舶受让人根据前款规定向保险人请求保险赔偿时,应当提交有效的保险单证。

(2) 最高人民法院民事审判第四庭《涉外商事海事审判实务问题解答（一）》(20040408)

164. 船舶转让对保险合同有哪些影响?

答:因船舶转让而转让船舶保险合同的,应当取得保险人同意。未经保险人同意,船舶保险合同从船舶转让时起解除;

船舶转让发生在航次之中的,船舶保险合同至航次终了时解除。自船舶转让时起至航次终了时止的船舶保险合同的权利、义务转让给船舶受让人。

【典型案例】

用工主体是否有权受让死亡员工的保险金请求权? 〔宁波顶盛船务有限公司与浙商财产保险股份有限公司舟山中心支公司海上保险合同纠纷案,(2020)浙 72 民初 1067 号〕

审查船员意外伤害保险索赔权利转让协议的效力时,应当从严掌握,用工主体系保险合同关系下的投保人,不符合保险法解释三第十三条规定的"第三人"范畴,应当适用合同法第九十七条②关于债权转让的一般规定。结合公平原则和保险法第三十九条的特殊规定,用工主体应当支付合理对价才能认定债权转让有效。

【适用要点】

对于海上货物运输保险合同和船舶保险合同的转让,海商法设计了不同

---

① 王淑梅:《〈关于审理海上保险纠纷案件若干问题的规定〉的理解与适用》,载《人民司法》2006 年第 12 期。

② 民法典施行后,合同法被废止,相关内容见民法典第五百六十六条。

的规定,这主要是由于两种合同转让对保险标的的风险影响不同所致:对于海上货物运输保险合同,因货物在运输途中处于承运人的控制之下,其合同的转让不会对保险标的的风险产生影响。而船舶保险合同的转让,意味着经营或者控制船舶的主体发生了变化,这是影响船舶营运风险的一个重要因素,因而必须经过保险人的同意,保险合同才能继续有效。这与保险法规定的风险变更时的通知义务以及保险人相应的合同解除权是一致的。当然,对于船舶保险合同,如果转让时船舶正处于某一航次的航程中,则保险合同至该航次终了时解除。

15. 保险合同的解除

【相关立法】

(1)《中华人民共和国海商法》(19930701)

第二百二十六条　保险责任开始前,被保险人可以要求解除合同,但是应当向保险人支付手续费,保险人应当退还保险费。

第二百二十七条　除合同另有约定外,保险责任开始后,被保险人和保险人均不得解除合同。

根据合同约定在保险责任开始后可以解除合同的,被保险人要求解除合同,保险人有权收取自保险责任开始之日起至合同解除之日止的保险费,剩余部分予以退还;保险人要求解除合同,应当将自合同解除之日起至保险期间届满之日止的保险费退还被保险人。

第二百二十八条　虽有本法第二百二十七条规定,货物运输和船舶的航次保险,保险责任开始后,被保险人不得要求解除合同。

第二百五十五条　发生保险事故后,保险人有权放弃对保险标的的权利,全额支付合同约定的保险赔偿,以解除对保险标的的义务。

保险人行使前款规定的权利,应当自收到被保险人有关赔偿损失的通知之日起的七日内通知被保险人;被保险人在收到通知前,为避免或者减少损失而支付的必要的合理费用,仍然应当由保险人偿还。

(2)《中华人民共和国保险法》(19951001;20150424)

第十五条　除本法另有规定或者保险合同另有约定外,保险合同成立后,投保人可以解除合同,保险人不得解除合同。

第五十条　货物运输保险合同和运输工具航程保险合同,保险责任开始后,合同当事人不得解除合同。

第五十二条 在合同有效期内,保险标的的危险程度显著增加的,被保险人应当按照合同约定及时通知保险人,保险人可以按照合同约定增加保险费或者解除合同。保险人解除合同的,应当将已收取的保险费,按照合同约定扣除自保险责任开始之日起至合同解除之日止应收的部分后,退还投保人。

被保险人未履行前款规定的通知义务的,因保险标的的危险程度显著增加而发生的保险事故,保险人不承担赔偿保险金的责任。

第五十八条 保险标的发生部分损失的,自保险人赔偿之日起三十日内,投保人可以解除合同;除合同另有约定外,保险人也可以解除合同,但应当提前十五日通知投保人。

合同解除的,保险人应当将保险标的的未受损失部分的保险费,按照合同约定扣除自保险责任开始之日起至合同解除之日止应收的部分后,退还投保人。

【司法解释】

《最高人民法院关于审理海上保险纠纷案件若干问题的规定》(法释〔2006〕10号,20070101;经法释〔2020〕18号修正,20210101)

第五条 被保险人未按照海商法第二百三十四条的规定向保险人支付约定的保险费的,保险责任开始前,保险人有权解除保险合同,但保险人已经签发保险单证的除外;保险责任开始后,保险人以被保险人未支付保险费请求解除合同的,人民法院不予支持。

【重点解读】

保险费的支付是海上保险合同中被保险人的一项重要义务。依照海商法的规定,除保险合同另有约定外,被保险人应当在合同订立后立即支付保险费。但海商法没有规定被保险人违反此项规定后保险赔偿责任的承担,只是规定在被保险人支付保险费之前,保险人可以拒绝签发保险单证。尽管保险人有权拒绝签发保险单证,但此时保险合同已经成立,保险责任也可能已经开始,因为保险人的责任开始时间是在保险合同中约定的。海上保险合同的成立、保险费的支付以及保险责任开始的时间可以是不同的。依照海商法的规定,一旦保险责任开始,保险人不得解除合同。保险责任开始之前如果被保险人未履行支付保险费的义务,应当赋予保险人解除合同的权利。但海上货物运输保险与船舶保险的情况不同,海上货物运输保险中的保险单是可以转让的,有权向保险人要求赔偿的被保险人可能不是与保险人签订保险合同的人,如果保险人已经签发了可转让的保险单,即使被保险人(签订保险合同的人)未支付保险费,在保险责任开始前保险人也无权解除保险合同。因此规定被保险人未按照海商法第二百三十四条的规定向保险人支付约定的保险费的,保险责任开始前,保险人有权解除保险合同,但保险人已经签发保险单证的除外;保险责任开始后,保险人以被保险人未支付保险费请求解除合同的,人民法院不予支持。这样的规定既强调了被保险人支付保险费的义务,也考虑到海上货物运输保险的特殊性,维持了保险单证依法可以转让的性质。①

第十二条　发生保险事故后,被保险人为防止或者减少损失而采取的合理措施没有效果,要求保险人支付由此产生的合理费用的,人民法院应予支持。

【重点解读】

根据海商法的规定,被保险人为防止或者减少保险标的的损失而支出的必要的合理费用,应当由保险人在保险标的的损失赔偿之外另行支付。违反此项规定造成扩大的损失,保险人不负赔偿责任。实务中被保险人尽管采取了合理措施,但不一定都能防止或者减少损失。如果被保险人能够证明其采取的措施是合理的,即使没有防止或者减少损失,因采取措施而支出的必要的合理费用,也应当由保险人承担。因为海商法还规定被保险人应当采取合理措施,防止或者减少损失。被保险人不采取措施的,对于扩大的损失,保险人不负赔偿责任。从这一规定看,有必要强调只要是合理的费用,即使没有效果,保险人也应当承担该项费用。因此,本规定中特别强调,被保险人为防止或者减少损失而采取的合理措施即使没有效果,如要求保险人支付由此产生的合理费用的,人民法院也应支持。②

【适用要点】

海商法和保险法赋予了保险人在特定情形下的法定合同解除权,其背后的原因主要是当保险标的的风险状况发生变化,原本的保险合同基础就产生了变化,因而类似于情势变更,需要赋予当事人合同变更或者解除的权利。但对于因被保险人未支付保费而主张解除保险合同权利的情形,则受到一定的限制,即在保险人已经签发保险单证的情况下,考虑到货物运输保险合同的转让不需要经保险人的同意,此时,保险人不能就此解除保险合同。

---

① 王淑梅:《〈关于审理海上保险纠纷案件若干问题的规定〉的理解与适用》,载《人民司法》2006年第12期。

② 王淑梅:《〈关于审理海上保险纠纷案件若干问题的规定〉的理解与适用》,载《人民司法》2006年第12期。

16. 事故发生后被保险人的通知和施救义务

【相关立法】

(1)《中华人民共和国海商法》(19930701)

第二百三十六条 一旦保险事故发生,被保险人应当立即通知保险人,并采取必要的合理措施,防止或者减少损失。被保险人收到保险人发出的有关采取防止或者减少损失的合理措施的特别通知的,应当按照保险人通知的要求处理。

对于被保险人违反前款规定所造成的扩大的损失,保险人不负赔偿责任。

第二百四十条 被保险人为防止或者减少根据合同可以得到赔偿的损失而支出的必要的合理费用,为确定保险事故的性质、程度而支出的检验、估价的合理费用,以及为执行保险人的特别通知而支出的费用,应当由保险人在保险标的损失赔偿之外另行支付。

保险人对前款规定的费用的支付,以相当于保险金额的数额为限。

保险金额低于保险价值的,除合同另有约定外,保险人应当按照保险金额与保险价值的比例,支付本条规定的费用。

(2)《中华人民共和国保险法》(19951001;20150424)

第五十七条 保险事故发生时,被保险人应当尽力采取必要的措施,防止或者减少损失。

保险事故发生后,被保险人为防止或者减少保险标的的损失所支付的必要的、合理的费用,由保险人承担;保险人所承担的费用数额在保险标的的损失赔偿金额以外另行计算,最高不超过保险金额的数额。

【适用要点】

海商法和保险法都规定了被保险人在事故发生后的通知和减损义务,如果未尽到上述义务,将承担不利的法律后果。同时,对于因采取减损措施而产生的额外费用,保险人应当在保险标的的损失赔偿金额以外另行计算,最高不超过保险金额的数额。

17. 保险标的的损失和委付

【相关立法】

《中华人民共和国海商法》(19930701)

第二百四十五条　保险标的发生保险事故后灭失,或者受到严重损坏完全失去原有形体、效用,或者不能再归被保险人所拥有的,为实际全损。

第二百四十六条　船舶发生保险事故后,认为实际全损已经不可避免,或者为避免发生实际全损所需支付的费用超过保险价值的,为推定全损。

货物发生保险事故后,认为实际全损已经不可避免,或者为避免发生实际全损所需支付的费用与继续将货物运抵目的地的费用之和超过保险价值的,为推定全损。

第二百四十七条　不属于实际全损和推定全损的损失,为部分损失。

第二百四十八条　船舶在合理时间内未从被获知最后消息的地点抵达目的地,除合同另有约定外,满两个月后仍没有获知其消息的,为船舶失踪。船舶失踪视为实际全损。

第二百四十九条　保险标的发生推定全损,被保险人要求保险人按照全部损失赔偿的,应当向保险人委付保险标的。保险人可以接受委付,也可以不接受委付,但是应当在合理的时间内将接受委付或者不接受委付的决定通知被保险人。

委付不得附带任何条件。委付一经保险人接受,不得撤回。

第二百五十条　保险人接受委付的,被保险人对委付财产的全部权利和义务转移给保险人。

【司法指导文件】

最高人民法院《第二次全国涉外商事海事审判工作会议纪要》(法发〔2005〕26 号,20051226)

124. 保险人根据《中华人民共和国海商法》第二百四十九条的规定不接受委付的,不影响被保险人要求保险人按照全部损失赔偿的权利。

【适用要点】

被保险人在索赔推定全损时,有委付保险标的的义务,但保险人是否接受委付,不影响被保险人要求保险人按照全部损失赔偿的权利。

18. 保险人的保险赔偿义务

【相关立法】

(1)《中华人民共和国海商法》(19930701)

第二百三十七条　发生保险事故造成损失后,保险人应当及时向被保险人支付保险赔偿。

(2)《中华人民共和国保险法》(19951001;20150424)

第二十三条　保险人收到被保险人或者受益人的赔偿或者给付保险金的请求后,应当及时作出核定;情形复杂的,应当在三十日内作出核定,但合同另有约定的除外。保险人应当将核定结果通知被保险人或者受益人;对属于保险责任的,在与被保险人或者受益人达成赔偿或者给付保险金的协议后十日内,履行赔偿或者给付保险金义务。保险合同对赔偿或者给付保险金的期限有约定的,保险人应当按照约定履行赔偿或者给付保险金义务。

保险人未及时履行前款规定义务的,除支付保险金外,应当赔偿被保险人或者受益人因此受到的损失。

任何单位和个人不得非法干预保险人履行赔偿或者给付保险金的义务,也不得限制被保险人或者受益人取得保险金的权利。

第二十四条　保险人依照本法第二十三条的规定作出核定后,对不属于保险责任的,应当自作出核定之日起三日内向被保险人或者受益人发出拒绝赔偿或者拒绝给付保险金通知书,并说明理由。

第二十五条　保险人自收到赔偿或者给付保险金的请求和有关证明、资料之日起六十日内,对其赔偿或者给付保险金的数额不能确定的,应当根据已有证明和资料可以确定的数额先予支付;保险人最终确定赔偿或者给付保险金的数额后,应当支付相应的差额。

【典型案例】

(1)海上保险合同中关于不支付保费则保险人有权终止合同的特别约定是否具有拘束力? [威来船务有限公司与中国人民财产保险股份有限公司航运保险运营中心海上保险合同纠纷案,(2017)沪民终244号]

保险人能否依据保险费特别约定不承担保险赔偿责任。特别约定载明:"如投保人(或被保险人)没有按照约定的日期缴付约定的保险费,保险人有权从投保人(或被保险人)违约当天起终止本保险合同。对自违约之日起所发生的任何事故损失和费用不承担赔偿责任。"保险合同既是射幸合同又是双务合同，双方当事人基于偶然事件互负并不对等的给付义务。特别约定系当事人基于保险合同的特性约定的合同终止情形，由当事人协商一致形成，不违背法律禁止性规定，对合同双方均有约束力。原告直至 2014 年 4 月 4 日凌晨涉案船舶沉没后于当日补缴第三期保险费，若在保险合同履行过程中，投保人或被保险人均可在保险事故发生后通过补缴保险费方式获得赔偿，对保险人显失公平。因此，原告违背合同约定，也不符合保险合同作为射幸合同的基本特性，被告有权主张保险合同终止并且不承担保险赔偿责任。

（2）船舶未配备持有适任证书的船员导致发生事故，保险人可否免除赔偿责任？[陈梅花与中国人民财产保险股份有限公司高淳支公司等通海水域保险合同纠纷案，（2018）津民终 392 号]

在航运实践中，船员取得适任证书是预防船舶驾驶操作不当、确保船舶安全的重要举措。根据海事行政部门的认定，船员操作不当是造成事故的直接原因。当班船员未持有《内河船舶船员适任证书》违规驾驶船舶是诱使该行为最主要的实质上的原因，故应认定当班驾驶员未持有《内河船舶船员适任证书》违规驾驶船舶对事故发生具有直接的因果关系，涉案船舶未配备适任船员，构成船舶不适航。根据《中国人民财产保险股份有限公司沿海内河船舶保险条款（2009 年版）》第三条第一款规定，因船舶不适航造成的损失，保险人不负赔偿责任。故一审法院判决驳回陈梅花的诉讼请求。

【适用要点】

保险人有及时核定损失和作出保险赔付的义务，对此海商法仅有原则性的规定，更具体的规定主要体现于保险法中。如果保险人未及时履行赔付义务，被保险人可以索赔相应的损失。

19. 代位求偿权

【相关立法】

（1）《中华人民共和国海商法》（19930701）

第二百五十一条　保险事故发生后，保险人向被保险人支付保险赔偿前，可以要求被保险人提供与确认保险事故性质和损失程度有关的证明和资料。

第二百五十二条　保险标的发生保险责任范围内的损失是由第三人造

成的,被保险人向第三人要求赔偿的权利,自保险人支付赔偿之日起,相应转移给保险人。

被保险人应当向保险人提供必要的文件和其所需要知道的情况,并尽力协助保险人向第三人追偿。

第二百五十三条 被保险人未经保险人同意放弃向第三人要求赔偿的权利,或者由于过失致使保险人不能行使追偿权利的,保险人可以相应扣减保险赔偿。

第二百五十四条 保险人支付保险赔偿时,可以从应支付的赔偿额中相应扣减被保险人已经从第三人取得的赔偿。

保险人从第三人取得的赔偿,超过其支付的保险赔偿的,超过部分应当退还给被保险人。

第二百五十六条 除本法第二百五十五条的规定外,保险标的发生全损,保险人支付全部保险金额的,取得对保险标的的全部权利;但是,在不足额保险的情况下,保险人按照保险金额与保险价值的比例取得对保险标的的部分权利。

(2)《中华人民共和国保险法》(19951001;20150424)

第六十条 因第三者对保险标的的损害而造成保险事故的,保险人自向被保险人赔偿保险金之日起,在赔偿金额范围内代位行使被保险人对第三者请求赔偿的权利。

前款规定的保险事故发生后,被保险人已经从第三者取得损害赔偿的,保险人赔偿保险金时,可以相应扣减被保险人从第三者已取得的赔偿金额。

保险人依照本条第一款规定行使代位请求赔偿的权利,不影响被保险人就未取得赔偿的部分向第三者请求赔偿的权利。

第六十一条 保险事故发生后,保险人未赔偿保险金之前,被保险人放弃对第三者请求赔偿的权利的,保险人不承担赔偿保险金的责任。

保险人向被保险人赔偿保险金后,被保险人未经保险人同意放弃对第三者请求赔偿的权利的,该行为无效。

被保险人故意或者因重大过失致使保险人不能行使代位请求赔偿的权利的,保险人可以扣减或者要求返还相应的保险金。

第六十二条 除被保险人的家庭成员或者其组成人员故意造成本法第六十条第一款规定的保险事故外,保险人不得对被保险人的家庭成员或者其组成人员行使代位请求赔偿的权利。

第六十三条 保险人向第三者行使代位请求赔偿的权利时,被保险人应当向保险人提供必要的文件和所知道的有关情况。

第六十四条　保险人、被保险人为查明和确定保险事故的性质、原因和保险标的的损失程度所支付的必要的、合理的费用,由保险人承担。

第六十五条　保险人对责任保险的被保险人给第三者造成的损害,可以依照法律的规定或者合同的约定,直接向该第三者赔偿保险金。

责任保险的被保险人给第三者造成损害,被保险人对第三者应负的赔偿责任确定的,根据被保险人的请求,保险人应当直接向该第三者赔偿保险金。被保险人怠于请求的,第三者有权就其应获赔偿部分直接向保险人请求赔偿保险金。

责任保险的被保险人给第三者造成损害,被保险人未向该第三者赔偿的,保险人不得向被保险人赔偿保险金。

责任保险是指以被保险人对第三者依法应负的赔偿责任为保险标的的保险。

第六十六条　责任保险的被保险人因给第三者造成损害的保险事故而被提起仲裁或者诉讼的,被保险人支付的仲裁或者诉讼费用以及其他必要的、合理的费用,除合同另有约定外,由保险人承担。

(3)《中华人民共和国海事诉讼特别程序法》(20000701)

第九十三条　因第三人造成保险事故,保险人向被保险人支付保险赔偿后,在保险赔偿范围内可以代位行使被保险人对第三人请求赔偿的权利。

第九十四条　保险人行使代位请求赔偿权利时,被保险人未向造成保险事故的第三人提起诉讼的,保险人应当以自己的名义向该第三人提起诉讼。

第九十五条　保险人行使代位请求赔偿权利时,被保险人已经向造成保险事故的第三人提起诉讼的,保险人可以向受理该案的法院提出变更当事人的请求,代位行使被保险人对第三人请求赔偿的权利。

被保险人取得的保险赔偿不能弥补第三人造成的全部损失的,保险人和被保险人可以作为共同原告向第三人请求赔偿。

第九十六条　保险人依照本法第九十四条、第九十五条的规定提起诉讼或者申请参加诉讼的,应当向受理该案的海事法院提交保险人支付保险赔偿的凭证,以及参加诉讼应当提交的其他文件。

第九十七条　对船舶造成油污损害的赔偿请求,受损害人可以向造成油污损害的船舶所有人提出,也可以直接向承担船舶所有人油污损害责任的保险人或者提供财务保证的其他人提出。

油污损害责任的保险人或者提供财务保证的其他人被起诉的,有权要求造成油污损害的船舶所有人参加诉讼。

【司法解释】

《最高人民法院关于审理海上保险纠纷案件若干问题的规定》(法释〔2006〕10 号,20070101;经法释〔2020〕18 号修正,20210101)

第十三条 保险人在行使代位请求赔偿权利时,未依照海事诉讼特别程序法的规定,向人民法院提交其已经向被保险人实际支付保险赔偿凭证的,人民法院不予受理;已经受理的,裁定驳回起诉。

【重点解读】

保险人在依据保险合同赔付被保险人后,依法取得向造成保险事故的第三人追偿的权利。海商法第二百五十二条第一款规定:"保险标的发生保险责任范围内的损失是由第三人造成的,被保险人向第三人要求赔偿的权利,自保险人支付赔偿之日起,相应转移给保险人。"为保障海商法规定的具体实施,海事诉讼特别程序法对海上保险人行使代位赔偿请求权也作出了具体的规定,因第三人造成的保险事故,保险人向被保险人支付保险赔偿后,在保险赔偿范围内可以代位行使被保险人对第三人请求赔偿的权利。被保险人未向造成保险事故的第三人提起诉讼的,保险人应当以自己的名义向该第三人提起诉讼。该法第九十六条则明确要求保险人依法提起诉讼或者申请参加诉讼的,应当向受理该案的海事法院提交其支付保险赔偿的凭证,以及参加诉讼应当提交的其他文件,即保险人在实际赔付被保险人后,才取得代位赔偿请求权。实务中,对于保险人尚未依照海商法和海事诉讼特别程序法的规定,取得实际赔付被保险人的凭证即向法院提起对第三人追偿诉讼的,法院的做法不统一。有的法院以裁定的方式,驳回保险人的起诉。有的法院以判决的方式,驳回保险人的诉讼请求。

依照民事诉讼法的规定,原告应当是与本案有利害关系的人。保险人在支付保险赔偿前,尚未取得代位赔偿请求权,其起诉不符合受理条件,应当裁定不予受理。已经受理的,不应作出实体判决,而应从程序上驳回其起诉。如果将来保险人实际赔付了被保险人,还可以向第三人提起追偿诉讼。如果以判决驳回诉讼请求,根据一事不再理的原则,保险人难以再向第三人追偿。因此有必要规范法院在审理此类案件中的做法,即明确规定保险人在行使代位赔偿请求权时,未依照海事诉讼特别程序法的规定,向法院提交已经向被保险人实际支付保险赔偿凭证的,法院不予受理;已经受理的,裁定驳回起诉。①

第十四条　受理保险人行使代位请求赔偿权利纠纷案件的人民法院应当仅就造成保险事故的第三人与被保险人之间的法律关系进行审理。

【重点解读】

法院审理保险人行使代位赔偿请求权案件时,造成保险事故的第三人经常对原告(保险人)与被保险人之间的保险合同的效力提出异议,认为该保险合同无效,保险人不应对被保险人进行保险赔付。法院审理此类案件时是否应当审查保险人与被保险人之间保险合同的效力? 对此问题存在不同的认识及做法。一种意见认为对于保险合同的效力应予审查,理由是:保险人取得代位赔偿请求权是基于与被保险人订立的保险合同。如果该保险合同无效,保险人就不应向被保险人支付保险赔偿,也就不存在保险人向第三人追偿的问题。另一种意见认为法院不应对保险人与被保险人之间的保险合同进行审查。保险人提起的追偿诉讼与保险合同是两个不同的法律关系,不应在同一案件中解决,且提出保险合同无效的第三方责任人也不是保险合同的当事人。经过论证,认为审理此类案件的法院应当仅就保险人与第三人之间的法律关系进行审理,即使第三人对保险合同的效力提出异议,法院也不应审理,理由为:保险人依据保险合同赔付被保险人取得代位赔偿请求权后,向造成保险标的损失的第三人提起追偿诉讼,其与第三人之间的关系应当是另一法律关系。如保险人基于海上货物运输保险合同行使代位赔偿请求权的,保险人与第三人之间即为海上货物运输合同关系。如保险人基于船舶碰撞行使代位赔偿请求权的,其与第三人之间即为船舶碰撞损害赔偿法律关系。保险人与第三人之间的法律关系、保险人与被保险人之间的保险合同法律关系是不同的。如果允许第三人对保险合同提出异议,等于允许合同外的人对合同效力提出异议。如果法院审理第三人与保险人之间的海上货物运输合同纠纷的同时,还要审查保险人与被保险人之间的保险合同效力,则因保险合同的另一方(即被保险人)不是本案当事人存在障碍。无论保险合同是否有效,保险人是否应该赔付,向第三人提起的追偿诉讼的基础法律关系是第三人与被保险人之间原有的法律关系,第三人是否应当承担责任与保险合同的效力无关,而应当依据调整第三人与被保险人之间关系的法律确定。对于第三人来说,其责任是确定的,只是赔付给被保险人还是赔付给保险人

---

①　王淑梅:《〈关于审理海上保险纠纷案件若干问题的规定〉的理解与适用》,载《人民司法》2006 年第 12 期。

的问题,不存在不公平之说。受理保险人行使代位赔偿请求权纠纷案件的人民法院应当仅就造成保险事故的第三人与被保险人之间的法律关系进行审理。①

第十五条 保险人取得代位请求赔偿权利后,以被保险人向第三人提起诉讼、提交仲裁、申请扣押船舶或者第三人同意履行义务为由主张诉讼时效中断的,人民法院应予支持。

【重点解读】

依据海商法的规定,就海上货物运输向承运人要求赔偿的请求权,时效期间为一年。而有关海上保险合同向保险人要求赔偿的请求权,时效期间为两年。在发生保险事故后,如被保险人在一年以后(未超过保险合同两年的诉讼时效期间)向保险人提起诉讼,保险人在实际赔付了被保险人后,向有责任的承运人提起追偿诉讼的,时效期间已经超过法律规定的一年。这就使保险人面临尴尬,在赔付被保险人后,向有责任的承运人追偿时诉讼时效已经超过法律规定的期间。海事诉讼特别程序法中关于保险人行使代位赔偿请求权的规定就意在解决以上问题,在保险人依据保险合同赔付被保险人之前,如果被保险人已经向有责任的第三人提起诉讼、提交仲裁或者第三人同意履行义务时构成诉讼时效中断,在保险人支付保险赔偿后,被保险人取得的诉讼时效中断的权利适用于保险人,也符合保险人代位赔偿请求权的性质。②

第十六条 保险人取得代位请求赔偿权利后,主张享有被保险人因申请扣押船舶取得的担保权利的,人民法院应予支持。

【重点解读】

合法的提单持有人在提取货物时发现货物损坏或者短少等,依据海事诉讼特别程序法的规定,有权申请扣押承运船舶。及时扣押船舶,可以充分保护海事请求人的合法权益。但保险人依据保险合同向被保险人(提单持有人/海事请求人)支付保险赔偿取得代位赔偿请求权后,保险人应当以自己的名义向第三人提起追偿诉讼。如果不允许保险人享有被保险人通过扣押船舶取得的权利(包括取得的担保、引起诉讼时效中断),保险人则可能失去从有责任的承运人或者船舶所有人处获得赔偿的机会,这样会对保险人造成事实上的不公平。故本规定规定了保险人在实际赔付被保险人后,保险人可

---

① 王淑梅:《〈关于审理海上保险纠纷案件若干问题的规定〉的理解与适用》,载《人民司法》2006年第12期。

② 王淑梅:《〈关于审理海上保险纠纷案件若干问题的规定〉的理解与适用》,载《人民司法》2006年第12期。

以享有被保险人通过扣押船舶取得的权利,以符合保险人代位赔偿请求权的性质。①

【批复、答复】

在保险人未明确表示接受提单仲裁条款的情况下,该仲裁条款对保险人是否具有约束力?

《最高人民法院关于中国人民保险公司厦门市分公司与中波轮船股份公司保险代位求偿纠纷管辖权问题的请示的复函》(民四他字〔2004〕第43号,20041202)

广东省高级人民法院:

你院〔2003〕粤高法民四他字第3号《关于中国人民保险公司厦门市分公司与中波轮船股份公司保险代位求偿纠纷管辖权问题的请示报告》收悉。经研究,答复如下:

本案提单背面仲裁条款约定:"托运人、承运人、租船人和(或)收货人在本提单项下发生的任何争议,应当适用英国1979年仲裁法及以后历次修订案提交伦敦仲裁。Alan Buridge先生担任独任仲裁员"。审查该仲裁条款效力,应适用当事人明确约定的法律,即英国1979年仲裁法以及以后历次修订案。

提单仲裁条款是提单关系当事人为协商解决提单项下纠纷而订立的,是独立于提单项下权利义务的程序性条款。本案保险人中国人民保险公司厦门市分公司(以下简称厦门保险公司)依据保险合同取得代位求偿权后,本案提单中约定的实体权利义务相应转移给厦门保险公司。在厦门保险公司未明确表示接受提单仲裁条款的情况下,该仲裁条款对厦门保险公司不具有约束力。广州海事法院对本案具有管辖权。

此复。

【司法指导文件】

(1)最高人民法院《全国法院民商事审判工作会议纪要》(法〔2019〕254号,20191108)

98.【仲裁协议对保险人的效力】被保险人和第三者在保险事故发生前达成的仲裁协议,对行使保险代位求偿权的保险人是否具有约束力,实务中

---

①　王淑梅:《〈关于审理海上保险纠纷案件若干问题的规定〉的理解与适用》,载《人民司法》2006年第12期。

存在争议。保险代位求偿权是一种法定债权转让,保险人在向被保险人赔偿保险金后,有权行使被保险人对第三者请求赔偿的权利。被保险人和第三者在保险事故发生前达成的仲裁协议,对保险人具有约束力。考虑到涉外民商事案件的处理常常涉及国际条约、国际惯例的适用,相关问题具有特殊性,故具有涉外因素的民商事纠纷案件中该问题的处理,不纳入本条规范的范围。

(2)最高人民法院《第二次全国涉外商事海事审判工作会议纪要》(法发〔2005〕26号,20051226)

125. 受理保险人行使代位请求赔偿权纠纷的法院应当仅就第三者与被保险人之间的法律关系进行审理,第三者对保险人行使代位请求赔偿权利依据的保险合同效力提出异议的,海事法院不予审查。

126. 保险人向被保险人支付保险赔偿前,被保险人向第三者提起诉讼、提交仲裁或者第三者同意履行义务导致诉讼时效中断时,效力及于保险人。

127. 保险人向被保险人实际赔付保险赔偿取得代位请求赔偿权利后,被保险人与第三者之间就解决纠纷达成的管辖协议以及仲裁协议对保险人不具有约束力。

(3)最高人民法院民事审判第四庭《涉外商事海事审判实务问题解答(一)》(20040408)

159. 保险人行使代位请求赔偿权利应当具备哪些条件?

答:保险人在行使代位请求赔偿权利时,应当依照《海事诉讼特别程序法》的有关规定,向受理案件的海事法院提交其已经按照保险合同的约定支付给被保险人赔偿金的证明,而无需提交被保险人签署的权益转让书。保险人仅提交了被保险人签署的权益转让书但未提交该证明的,其代位行使请求赔偿的权利不予支持。

160. 保险人行使代位请求赔偿权利应当限定在什么范围?

答:保险人超出保险责任范围给付保险赔偿的,在第三人提出明确而有效抗辩时,对超出保险责任范围的赔付,保险人不能行使代位请求赔偿的权利。

【适用要点】

在我国,对保险代位求偿权采取法定的债权转让的观点,因此,在保险人作出保险赔付之后,其依法相应获得被保险人对负有责任的第三人的债权,而且可以以自己的名义向第三人提起代位求偿权之诉。如果被保险人已经向造成保险事故的第三人提起诉讼的,保险人可以向受理该案的法院提出变更当事人的请求,代位行使被保险人对第三人请求赔偿的权利。作为已经作出赔付的证明,保险人在行使代位请求赔偿权时,应当向人民法院提交其已经向被保险人实际支付保险赔偿凭证。

值得注意的是,虽然我国对保险代位求偿权采取了法定债权转让的观点,但对于保险人和第三人在保险事故发生前达成的仲裁协议,目前的司法实践采取了双轨的立场,即对于非涉外的保险案件,被保险人和第三者在保险事故发生前达成的仲裁协议,对保险人具有约束力。而对于涉外案件,则相反。

三十二、海上、通海水域运输联营合同纠纷

1. 案由释义

海上、通海水域运输联营合同,是指船舶所有人或经营人、货物所有人、港口经营人、货运代理企业、船舶代理机构等,经平等协商一致,为追求一定的经济利益约定实行联合经营所达成的合同。海上、通海水域运输联营经营方式,涉及船方、船代、货方、货代、港口等多方当事人。海上、通海水域运输联营合同不同于海商法意义下的多式联运合同。多式联运合同,是指多式联运经营人以两种以上的不同运输方式,其中一种是海上运输方式,负责将货物从接收地运至目的地交付收货人,并收取全程运费的合同。两者的主要区别在于:运输联营合同可能是多方当事人共同签订的一份合同,各当事人均为合同主体,而多式联运合同下主要是多式联运经营人与托运人两者之间订立合同;运输联营合同可以涵盖运输,但不以运输为限,但多式联运经营人与托运人之间一般限于运输事务。

2. 诉讼程序规范

【相关立法】

《中华人民共和国民事诉讼法》(19910409;20220101)

第二十四条 因合同纠纷提起的诉讼,由被告住所地或者合同履行地人民法院管辖。

【司法解释】

《最高人民法院关于海事法院受理案件范围的规定》(法释〔2016〕4号,20160301)

17. 船舶经营管理合同(含挂靠、合伙、承包等形式)、航线合作经营合同

纠纷案件；

【适用要点】

因海上、通海水域运输联营合同纠纷提起的诉讼,由海事法院专门管辖。因海上、通海水域运输联营合同纠纷提起的诉讼,一般应当由被告住所地或者合同履行地的海事法院管辖。该类案件属于当事人可以协议选择管辖法院的案件,当事人可以就被告住所地、合同履行地、合同签订地、原告住所地、标的物所在地书面协议选择有管辖权的海事法院管辖。

3. 海上、通海水域运输联营合同

【相关立法】

(1)《中华人民共和国民法典》(20210101)

第四百六十三条至第五百九十四条(略)

第四百六十七条 本法或者其他法律没有明文规定的合同,适用本编通则的规定,并可以参照适用本编或者其他法律最相类似合同的规定。

在中华人民共和国境内履行的中外合资经营企业合同、中外合作经营企业合同、中外合作勘探开发自然资源合同,适用中华人民共和国法律。

(2)《中华人民共和国全民所有制工业企业法》(19880801;20090827)

第三十四条 企业有权依照法律和国务院规定与其他企业、事业单位联营,向其他企业、事业单位投资,持有其他企业的股份。

企业有权依照国务院规定发行债券。

【行政法规】

(1)《全民所有制工业企业转换经营机制条例》(19920723;20110108)

第十六条 企业享有联营、兼并权。

企业有权按照下列方式与其他企业、事业单位联营:

(一)与其他企业、事业单位组成新的经济实体、独立承担民事责任、具备法人条件的,经政府有关部门核准登记,取得法人资格;

(二)与其他企业、事业单位共同经营,联营各方按照出资比例或者协议的约定,承担民事责任;

(三)与其他企业、事业单位订立联营合同,确立各方的权利和义务。联营各方各自独立经营、各自承担民事责任。

企业按照自愿、有偿的原则,可以兼并其他企业,报政府主管部门备案。

(2)《中华人民共和国国际海运条例》(20020101;20190302)

第二十八条 国务院交通主管部门应利害关系人的请求或者自行决定,可以对下列情形实施调查:

(一)经营国际班轮运输业务的国际船舶运输经营者之间订立的涉及中国港口的班轮公会协议、运营协议、运价协议等,可能对公平竞争造成损害的;

(二)经营国际班轮运输业务的国际船舶运输经营者通过协议产生的各类联营体,其服务涉及中国港口某一航线的承运份额,持续 1 年超过该航线总运量的 30%,并可能对公平竞争造成损害的;

(三)有本条例第二十一条规定的行为之一的;

(四)可能损害国际海运市场公平竞争的其他行为。

【司法指导文件】

《最高人民法院关于审理联营合同纠纷案件若干问题的解答》[法(经)发〔1990〕27 号,19901112]①

三、关于联营合同的主体资格认定问题

(一)联营合同的主体应当是实行独立核算,能够独立承担民事责任的企业法人和事业法人。

个体工商户、农村承包经营户、个人合伙,以及不具备法人资格的私营企业和其他经济组织与企业法人或者事业法人联营的,也可以成为联营合同的主体。

(二)企业法人、事业法人的分支机构不具备法人条件的,未经法人授权,不得以自己的名义对外签订联营合同;擅自以自己名义对外签订联营合同且未经法人追认的,应当确认无效。

党政机关和隶属党政机关编制序列的事业单位、军事机关、工会、共青团、妇联、文联、科协和各种协会、学会及民主党派等,不能成为联营合同的主体。

四、关于联营合同中的保底条款问题

(一)联营合同中的保底条款,通常是指联营一方虽向联营体投资,并参

---

① 根据《最高人民法院关于废止部分司法解释及相关规范性文件的决定》(法释〔2020〕16 号)的规定,该规范性文件已于 2021 年 1 月 1 日废止,但鉴于有关联营合同规定较少,该规范性文件的有关内容可供参考。

与共同经营,分享联营的盈利,但不承担联营的亏损责任,在联营体亏损时,仍要收回其出资和收取固定利润的条款。保底条款违背了联营活动中应当遵循的共负盈亏、共担风险的原则,损害了其他联营方和联营体的债权人的合法权益,因此,应当确认无效。联营企业发生亏损的,联营一方依保底条款收取的固定利润,应当如数退出,用于补偿联营的亏损,如无亏损,或补偿后仍有剩余的,剩余部分可作为联营的盈余,由双方重新商定合理分配或按联营各方的投资比例重新分配。

(二)企业法人、事业法人作为联营一方向联营体投资,但不参加共同经营,也不承担联营的风险责任,不论盈亏均按期收回本息,或者按期收取固定利润的,是名为联营,实为借贷,违反了有关金融法规,应当确认合同无效。除本金可以返还外,对出资方已经取得或者约定取得的利息应予收缴,对另一方则应处以相当于银行利息的罚款。

(三)金融信托投资机构作为联营一方依法向联营体投资的,可以按照合同约定分享固定利润,但亦应承担联营的亏损责任。

五、关于在联营期间退出联营的处理问题

(一)组成法人型联营体或者合伙型联营体的一方或者数方在联营期间中途退出联营的,如果联营体并不因此解散,应当清退退出方作为出资投入的财产。原物存在的,返还原物;原物已不存在或者返还确有困难的,折价偿还。退出方对于退出前联营所得的盈利和发生的债务,应当按照联营合同的约定或者出资比例分享和分担。合伙型联营体的退出方还应对退出前联营的全部债务承担连带清偿责任。如果联营体因联营一方或者数方中途退出联营而无法继续存在的,可以解除联营合同,并对联营的财产和债务作出处理。

(二)不符合法律规定或合同约定的条件而中途退出联营的,退出方应当赔偿由此给联营体造成的实际经济损失。但如联营其他方对此也有过错的,则应按联营各方的过错大小,各自承担相应的经济责任。

六、关于联营合同的违约金、赔偿金的计算问题

根据民法通则第一百一十二条第二款规定,联营合同订明违约金数额或比例的,按照合同的约定处理。约定的违约金数额或比例过高的,人民法院可根据实际经济损失酌减;约定的违约金不足补偿实际经济损失的,可由赔偿金补足。联营合同订明赔偿金计算方法的,按照约定的计算方法及实际情况计算过错方应支付的赔偿金。联营合同既未订明违约金数额或比例,又未订明赔偿金计算方法的,应由过错方赔偿实际经济损失。

七、关于联营合同解除后的财产处理问题

(一)联营体为企业法人的,联营体因联营合同的解除而终止。联营的

财产经过清算清偿债务有剩余的,按照约定或联营各方的出资比例进行分配。

联营体为合伙经营组织的,联营合同解除后,联营的财产经清偿债务有剩余的,按照联营合同约定的盈余分配比例,清退投资,分配利润。联营合同未约定,联营各方又协商不成的,按照出资比例进行分配。

(二)在清退联营投资时,联营各方原投入的设备、房屋等固定资产,原物存在的,返还原物;原物已不存在或者返还原物确有困难的,作价还款。

(三)联营体在联营期间购置的房屋、设备等固定资产不能分割的,可以作价变卖后进行分配。变卖时,联营各方有优先购买权。

(四)联营体在联营期间取得的商标权、专权利,解除联营合同后的归属及归属后的经济补偿,应当根据《中华人民共和国商标法》、《中华人民共和国专利法》的有关规定处理。商标权应当归联营一方享有。专利权可以归联营一方享有,也可以归联营各方共同享有。联营一方单独享有商标权、专利权的,应当给予其他联营方适当的经济补偿。

八、关于无效联营收益的处理问题

联营合同被确认无效后,联营体在联营合同履行期间的收益,应先用于清偿联营的债务及补偿无过错方因合同无效所遭受的经济损失。

当事人恶意串通,损害国家利益、集体或第三人的合法利益,或者因合同内容违反国家利益或社会公共利益而导致联营合同无效的,根据民法通则第六十一条第二款和第一百三十四条第三款规定,对联营体在联营合同履行期间的收益,应当作为非法所得予以收缴,收归国家、集体所有或者返还第三人,对联营各方还可并处罚款;构成犯罪的,移送公安、检察机关查处。

九、关于联营各方对联营债务的承担问题

(一)联营各方对联营债务的责任应依联营的不同形式区别对待:

1. 联营体是企业法人的,以联营体的全部财产对外承担民事责任。联营各方对联营体的责任则以各自认缴的出资额为限。对抽逃认缴资金以逃避债务的,人民法院除应责令抽逃者如数缴回外,还可对责任人员处以罚款。

2. 联营体是合伙经营组织的,可先以联营体的财产清偿联营债务。联营体的财产不足以抵债的,由联营各方按照联营合同约定的债务承担比例,以各自所有或经营管理的财产承担民事责任;合同未约定债务承担比例,联营各方又协商不成的,按照出资比例或盈余分配比例确认联营各方应承担的责任。

合伙型联营各方应当依照有关法律、法规的规定或者合同的约定对联营债务负连带清偿责任。

3. 联营是协作型的,联营各方按照合同的约定,分别以各自所有或经营管理的财产承担民事责任。

(二)农业集体经济组织以提供自己所有的土地使用权参加合伙型联营的,应当按照联营合同的约定承担联营债务,如合同未约定债务承担比例的,可参照出资比例或者盈余分配比例承担。

(三)以提供技术使用权作为合伙型联营投资的联营一方,应当按照联营合同的约定承担联营债务,如其自己所有的或者经营管理的财产不足清偿联营债务的,可以一定期限的技术使用权折价抵偿债务。

【典型案例】

联营一方不及时告知另一方合同履行的进展情况给对方造成损失,联营一方应否承担赔偿责任?〔北京重汽华沃工程机械有限公司与上海庆岱进出口有限公司海上运输联营合同纠纷案,(2014)沪高民四(海)终字第158号〕

本案系海上运输联营合同纠纷。双方签订的合作协议合法有效,根据涉案合同的约定,上海庆岱收到保证金后,即时安排船舶的安装、调试工作,而对该船管线等施工配置及其他流动资金由上海庆岱和北京华沃共同承担,故该款项实为合同履行的预付款。但由于合同明确约定,如J公司未看中船舶,则由上海庆岱在三个工作日内退还保证金,现有证据证明J公司已经明确表示未看中涉案船舶,故上海庆岱有义务向北京华沃予以退还。根据诚实信用原则,北京华沃在履行合同过程中,有义务及时向上海庆岱通报有关合同履行的进展情况,而北京华沃在明知J公司不满意涉案船舶,而上海庆岱已经并将继续投入资金对涉案船舶进行修理的情况下,未及时将J公司的意见通知上海庆岱,且在电子邮件往来中要求上海庆岱继续修船,显然存在过错。法院综合考量涉案证据所证事实,酌定北京华沃的过错给上海庆岱造成的损失约为100000元,该款项可以从保证金中予以抵扣。

【适用要点】

海上、通海水域运输联营行为,涉及多方当事人,如船舶所有人、货物所有人、港口经营人,以及货运代理和船舶代理机构等。法院在审理有关运输联营合同纠纷案件中,应首先按照合同的约定,确定联营方的权利、义务和责任。相关权利义务约定不明时,应适用民法典合同编通则的相关规定,并可以参照适用合同编或者其他法律最相类似合同的规定。

三十三、船舶营运借款合同纠纷

1. 案由释义

　　船舶营运借款合同,是指船舶所有人、承租人、经营人、管理人等为船舶的日常经营、运输生产,向贷款人借款,到期返还借款并支付利息的合同。船舶营运借款合同性质上属于借款合同纠纷,但此类借款合同对款项用途有着明确的约定,即所借款项系用于与船舶的日常经营、运输生产相关的目的。如果所借款项不是用于船舶的日常经营、运输生产,则不属于船舶营运借款合同,所产生的纠纷仅仅是一般借款合同纠纷。

2. 诉讼程序规范

【相关立法】

　　《中华人民共和国民事诉讼法》(19910409;20220101)

　　第二十四条　因合同纠纷提起的诉讼,由被告住所地或者合同履行地人民法院管辖。

【司法解释】

　　(1)《最高人民法院关于海事法院受理案件范围的规定》(法释〔2016〕4号,20160301)

　　49. 为购买、建造、经营特定船舶而发生的借款合同纠纷案件;

　　(2)《最高人民法院关于适用〈中华人民共和国海事诉讼特别程序法〉若干问题的解释》(法释〔2003〕3号,20030201;经法释〔2008〕18号修正,20081231)

　　第一条　在海上或者通海水域发生的与船舶或者运输、生产、作业相关

的海事侵权纠纷、海商合同纠纷，以及法律或者相关司法解释规定的其他海事纠纷案件由海事法院及其上级人民法院专门管辖。

第十条 与船舶担保或者船舶优先权有关的借款合同纠纷，由被告住所地、合同履行地、船舶的船籍港、船舶所在地的海事法院管辖。

(3)《最高人民法院关于审理民间借贷案件适用法律若干问题的规定》
（法释〔2015〕18号，20150901；经法释〔2020〕17号修正，20210101）

第三条 借贷双方就合同履行地未约定或者约定不明确，事后未达成补充协议，按照合同相关条款或者交易习惯仍不能确定的，以接受货币一方所在地为合同履行地。

第四条 保证人为借款人提供连带责任保证，出借人仅起诉借款人的，人民法院可以不追加保证人为共同被告；出借人仅起诉保证人的，人民法院可以追加借款人为共同被告。

保证人为借款人提供一般保证，出借人仅起诉保证人的，人民法院应当追加借款人为共同被告；出借人仅起诉借款人的，人民法院可以不追加保证人为共同被告。

第五条 人民法院立案后，发现民间借贷行为本身涉嫌非法集资等犯罪的，应当裁定驳回起诉，并将涉嫌非法集资等犯罪的线索、材料移送公安或者检察机关。

公安或者检察机关不予立案，或者立案侦查后撤销案件，或者检察机关作出不起诉决定，或者经人民法院生效判决认定不构成非法集资等犯罪，当事人又以同一事实向人民法院提起诉讼的，人民法院应予受理。

第六条 人民法院立案后，发现与民间借贷纠纷案件虽有关联但不是同一事实的涉嫌非法集资等犯罪的线索、材料的，人民法院应当继续审理民间借贷纠纷案件，并将涉嫌非法集资等犯罪的线索、材料移送公安或者检察机关。

第七条 民间借贷纠纷的基本案件事实必须以刑事案件的审理结果为依据，而该刑事案件尚未审结的，人民法院应当裁定中止诉讼。

第八条 借款人涉嫌犯罪或者生效判决认定其有罪，出借人起诉请求担保人承担民事责任的，人民法院应予受理。

第二十二条 法人的法定代表人或者非法人组织的负责人以单位名义与出借人签订民间借贷合同，有证据证明所借款项系法定代表人或者负责人个人使用，出借人请求将法定代表人或者负责人列为共同被告或者第三人的，人民法院应予准许。

法人的法定代表人或者非法人组织的负责人以个人名义与出借人订立民间借贷合同，所借款项用于单位生产经营，出借人请求单位与个人共同承担责任的，人民法院应予支持。

【司法指导文件】

最高人民法院《全国法院民商事审判工作会议纪要》（法〔2019〕254号，20191108）

十二、关于民刑交叉案件的程序处理

会议认为，近年来，在民间借贷、P2P等融资活动中，与涉嫌诈骗、合同诈骗、票据诈骗、集资诈骗、非法吸收公众存款等犯罪有关的民商事案件的数量有所增加，出现了一些新情况和新问题。在审理案件时，应当依照《最高人民法院关于在审理经济纠纷案件中涉及经济犯罪嫌疑若干问题的规定》《最高人民法院关于审理非法集资刑事案件具体应用法律若干问题的解释》《最高人民法院、最高人民检察院、公安部关于办理非法集资刑事案件适用法律若干问题的意见》以及民间借贷司法解释等规定，处理好民刑交叉案件之间的程序关系。

128.【分别审理】同一当事人因不同事实分别发生民商事纠纷和涉嫌刑事犯罪，民商事案件与刑事案件应当分别审理，主要有下列情形：

（1）主合同的债务人涉嫌刑事犯罪或者刑事裁判认定其构成犯罪，债权人请求担保人承担民事责任的；

（2）行为人以法人、非法人组织或者他人名义订立合同的行为涉嫌刑事犯罪或者刑事裁判认定其构成犯罪，合同相对人请求该法人、非法人组织或者他人承担民事责任的；

（3）法人或者非法人组织的法定代表人、负责人或者其他工作人员的职务行为涉嫌刑事犯罪或者刑事裁判认定其构成犯罪，受害人请求该法人或者非法人组织承担民事责任的；

（4）侵权行为人涉嫌刑事犯罪或者刑事裁判认定其构成犯罪，被保险人、受益人或者其他赔偿权利人请求保险人支付保险金的；

（5）受害人请求涉嫌刑事犯罪的行为人之外的其他主体承担民事责任的。

审判实践中出现的问题是，在上述情形下，有的人民法院仍然以民商事案件涉嫌刑事犯罪为由不予受理，已经受理的，裁定驳回起诉。对此，应予纠正。

129.【涉众型经济犯罪与民商事案件的程序处理】2014年颁布实施的

《最高人民法院、最高人民检察院、公安部关于办理非法集资刑事案件适用法律若干问题的意见》和2019年1月颁布实施的《最高人民法院、最高人民检察院、公安部关于办理非法集资刑事案件若干问题的意见》规定的涉嫌集资诈骗、非法吸收公众存款等涉众型经济犯罪，所涉人数众多、当事人分布地域广、标的额特别巨大、影响范围广，严重影响社会稳定，对于受害人就同一事实提起的以犯罪嫌疑人或者刑事被告人为被告的民事诉讼，人民法院应当裁定不予受理，并将有关材料移送侦查机关、检察机关或者正在审理该刑事案件的人民法院。受害人的民事权利保护应当通过刑事追赃、退赔的方式解决。正在审理民商事案件的人民法院发现有上述涉众型经济犯罪线索的，应当及时将犯罪线索和有关材料移送侦查机关。侦查机关作出立案决定前，人民法院应当中止审理；作出立案决定后，应当裁定驳回起诉；侦查机关未及时立案的，人民法院必要时可以将案件报请党委政法委协调处理。除上述情形人民法院不予受理外，要防止通过刑事手段干预民商事审判，搞地方保护，影响营商环境。

当事人因租赁、买卖、金融借款等与上述涉众型经济犯罪无关的民事纠纷，请求上述主体承担民事责任的，人民法院应予受理。

130.【民刑交叉案件中民商事案件中止审理的条件】人民法院在审理民商事案件时，如果民商事案件必须以相关刑事案件的审理结果为依据，而刑事案件尚未审结的，应当根据《民事诉讼法》第150条第5项①的规定裁定中止诉讼。待刑事案件审结后，再恢复民商事案件的审理。如果民商事案件不是必须以相关的刑事案件的审理结果为依据，则民商事案件应当继续审理。

【典型案例】

借款人名下有无登记船舶、在建船舶对于案件管辖有何影响？〔芜湖腾飞运贸有限公司与芜湖县十连航运有限公司、宦教荣船舶营运借款合同纠纷案,（2015）民申字第944号〕

宦教荣于2013年5月4日向十连公司出具的《借条》载明借款294.8万元用于造船及经营。即使宦教荣名下没有登记船舶，也没有在建船舶，其也可以将借款投入他人所有或经营船舶的营运活动中，腾飞公司认为宦教荣名下并无登记船舶，也没有在建船舶，并不能推翻上述《借条》所载明的借款用途。一、二审法院据此认定本案为船舶营运借款合同纠纷，属于海事法院受理案件的范围，并无不当。

---

① 2021年修正后的民事诉讼法第一百五十三条第（五）项。

【适用要点】

船舶营运借款合同纠纷属于海事法院受理案件范围,在以船舶营运借款合同纠纷为案由时,必须确定借款用途是与船舶营运有关,否则不能适用这一案由。因船舶营运借款合同纠纷提起的诉讼,一般应当由被告住所地或者合同履行地的海事法院管辖。该类案件属于当事人可以协议选择管辖法院的案件,当事人可以就被告住所地、合同履行地、合同签订地、原告住所地、标的物所在地书面协议选择有管辖权的海事法院管辖。

3. 船舶营运借款合同的订立

【相关立法】

《中华人民共和国民法典》(20210101)

第六百六十七条 借款合同是借款人向贷款人借款,到期返还借款并支付利息的合同。

第六百六十八条 借款合同应当采用书面形式,但是自然人之间借款另有约定的除外。

借款合同的内容一般包括借款种类、币种、用途、数额、利率、期限和还款方式等条款。

第六百六十九条 订立借款合同,借款人应当按照贷款人的要求提供与借款有关的业务活动和财务状况的真实情况。

第六百七十二条 贷款人按照约定可以检查、监督借款的使用情况。借款人应当按照约定向贷款人定期提供有关财务会计报表或者其他资料。

第六百七十三条 借款人未按照约定的借款用途使用借款的,贷款人可以停止发放借款、提前收回借款或者解除合同。

第六百七十五条 借款人应当按照约定的期限返还借款。对借款期限没有约定或者约定不明确,依据本法第五百一十条的规定仍不能确定的,借款人可以随时返还;贷款人可以催告借款人在合理期限内返还。

第六百七十九条 自然人之间的借款合同,自贷款人提供借款时成立。

【司法解释】

《最高人民法院关于审理民间借贷案件适用法律若干问题的规定》(法释〔2015〕18号,20150901;经法释〔2020〕17号修正,20210101)

第一条 本规定所称的民间借贷,是指自然人、法人和非法人组织之间进行资金融通的行为。

经金融监管部门批准设立的从事贷款业务的金融机构及其分支机构,因发放贷款等相关金融业务引发的纠纷,不适用本规定。

第二条 出借人向人民法院提起民间借贷诉讼时,应当提供借据、收据、欠条等债权凭证以及其他能够证明借贷法律关系存在的证据。

当事人持有的借据、收据、欠条等债权凭证没有载明债权人,持有债权凭证的当事人提起民间借贷诉讼的,人民法院应予受理。被告对原告的债权人资格提出有事实依据的抗辩,人民法院经审查认为原告不具有债权人资格的,裁定驳回起诉。

第九条 自然人之间的借款合同具有下列情形之一的,可以视为合同成立:

(一)以现金支付的,自借款人收到借款时;

(二)以银行转账、网上电子汇款等形式支付的,自资金到达借款人账户时;

(三)以票据交付的,自借款人依法取得票据权利时;

(四)出借人将特定资金账户支配权授权给借款人的,自借款人取得对该账户实际支配权时;

(五)出借人以与借款人约定的其他方式提供借款并实际履行完成时。

第十四条 原告以借据、收据、欠条等债权凭证为依据提起民间借贷诉讼,被告依据基础法律关系提出抗辩或者反诉,并提供证据证明债权纠纷非民间借贷行为引起的,人民法院应当依据查明的案件事实,按照基础法律关系审理。

当事人通过调解、和解或者清算达成的债权债务协议,不适用前款规定。

第十五条 原告仅依据借据、收据、欠条等债权凭证提起民间借贷诉讼,被告抗辩已经偿还借款的,被告应当对其主张提供证据证明。被告提供相应证据证明其主张后,原告仍应就借贷关系的存续承担举证责任。

被告抗辩借贷行为尚未实际发生并能作出合理说明的,人民法院应当结合借贷金额、款项交付、当事人的经济能力、当地或者当事人之间的交易方式、交易习惯、当事人财产变动情况以及证人证言等事实和因素,综合判断查证借贷事实是否发生。

第十六条 原告仅依据金融机构的转账凭证提起民间借贷诉讼,被告抗辩转账系偿还双方之前借款或者其他债务的,被告应当对其主张提供证据证明。被告提供相应证据证明其主张后,原告仍应就借贷关系的成立承担举证责任。

第十七条 依据《最高人民法院关于适用〈中华人民共和国民事诉讼

法〉的解释》第一百七十四条第二款之规定,负有举证责任的原告无正当理由拒不到庭,经审查现有证据无法确认借贷行为、借贷金额、支付方式等案件主要事实的,人民法院对原告主张的事实不予认定。

第二十二条　法人的法定代表人或者非法人组织的负责人以单位名义与出借人签订民间借贷合同,有证据证明所借款项系法定代表人或者负责人个人使用,出借人请求将法定代表人或者负责人列为共同被告或者第三人的,人民法院应予准许。

法人的法定代表人或者非法人组织的负责人以个人名义与出借人订立民间借贷合同,所借款项用于单位生产经营,出借人请求单位与个人共同承担责任的,人民法院应予支持。

【典型案例】

如何区分民间借贷关系和合伙关系? [戴云与唐美英、周群船舶营运借款合同纠纷案,(2017)鄂民终 2302 号]

借贷是指自然人、法人、其他组织之间及其相互之间进行资金融通的行为。合法的民间借贷关系受法律保护。合伙是指两个以上公民、法人或其他组织之间按照协议共同出资、共同经营、共享收益、共担风险的关系。"共担风险"是合伙关系的核心特征。周群在答辩中称,其与唐美英之间的经济纠纷并非借款而是合伙。关于这一点,从戴云、周群出具给唐美英的 200 万元收条上称唐美英为"股东",以及戴云、周群于 2011 年 3 月 21 日出具的承诺书上有关于"共同出资"的表述而得以初步印证,其他书证均表述涉案欠款为"购船款"。但戴云、周群于 2016 年 3 月 21 日出具的承诺书载明有"按年投入的 30% 作为年回报"的内容。由此可见,唐美英与戴云、周群之间缺少"共担风险"的约定,其不符合合伙的规定,而系"明为合伙,实为借贷"关系。

【适用要点】

当事人之间是否成立借款合同关系是此类案件审理的难点和重点,人民法院审理此类案件时,应结合借贷金额、款项交付、当事人的经济能力、当地或者当事人之间的交易方式、交易习惯、当事人财产变动情况以及证人证言等事实和因素,综合判断查证借贷事实是否发生,进而确定借贷关系的当事人身份、债权数额、权利义务关系等。

4. 船舶营运借款合同的效力

【相关立法】

《中华人民共和国民法典》(20210101)

第一百四十三条 具备下列条件的民事法律行为有效：

(一)行为人具有相应的民事行为能力；

(二)意思表示真实；

(三)不违反法律、行政法规的强制性规定，不违背公序良俗。

第一百四十四条 无民事行为能力人实施的民事法律行为无效。

第一百四十五条 限制民事行为能力人实施的纯获利益的民事法律行为或者与其年龄、智力、精神健康状况相适应的民事法律行为有效；实施的其他民事法律行为经法定代理人同意或者追认后有效。

相对人可以催告法定代理人自收到通知之日起三十日内予以追认。法定代理人未作表示的，视为拒绝追认。民事法律行为被追认前，善意相对人有撤销的权利。撤销应当以通知的方式作出。

第一百四十六条 行为人与相对人以虚假的意思表示实施的民事法律行为无效。

以虚假的意思表示隐藏的民事法律行为的效力，依照有关法律规定处理。

第一百四十七条 基于重大误解实施的民事法律行为，行为人有权请求人民法院或者仲裁机构予以撤销。

第一百四十八条 一方以欺诈手段，使对方在违背真实意思的情况下实施的民事法律行为，受欺诈方有权请求人民法院或者仲裁机构予以撤销。

第一百四十九条 第三人实施欺诈行为，使一方在违背真实意思的情况下实施的民事法律行为，对方知道或者应当知道该欺诈行为的，受欺诈方有权请求人民法院或者仲裁机构予以撤销。

第一百五十条 一方或者第三人以胁迫手段，使对方在违背真实意思的情况下实施的民事法律行为，受胁迫方有权请求人民法院或者仲裁机构予以撤销。

第一百五十一条 一方利用对方处于危困状态、缺乏判断能力等情形，致使民事法律行为成立时显失公平的，受损害方有权请求人民法院或者仲裁机构予以撤销。

第一百五十二条 有下列情形之一的，撤销权消灭：

（一）当事人自知道或者应当知道撤销事由之日起一年内、重大误解的当事人自知道或者应当知道撤销事由之日起九十日内没有行使撤销权；

（二）当事人受胁迫，自胁迫行为终止之日起一年内没有行使撤销权；

（三）当事人知道撤销事由后明确表示或者以自己的行为表明放弃撤销权。

当事人自民事法律行为发生之日起五年内没有行使撤销权的，撤销权消灭。

第一百五十三条 违反法律、行政法规的强制性规定的民事法律行为无效。但是，该强制性规定不导致该民事法律行为无效的除外。

违背公序良俗的民事法律行为无效。

第一百五十四条 行为人与相对人恶意串通，损害他人合法权益的民事法律行为无效。

第一百五十五条 无效的或者被撤销的民事法律行为自始没有法律约束力。

第一百五十六条 民事法律行为部分无效，不影响其他部分效力的，其他部分仍然有效。

第一百五十七条 民事法律行为无效、被撤销或者确定不发生效力后，行为人因该行为取得的财产，应当予以返还；不能返还或者没有必要返还的，应当折价补偿。有过错的一方应当赔偿对方由此所受到的损失；各方都有过错的，应当各自承担相应的责任。法律另有规定的，依照其规定。

【司法解释】

《最高人民法院关于审理民间借贷案件适用法律若干问题的规定》（法释〔2015〕18 号，20150901；经法释〔2020〕17 号修正，20210101）

第十条 法人之间、非法人组织之间以及它们相互之间为生产、经营需要订立的民间借贷合同，除存在民法典第一百四十六条、第一百五十三条、第一百五十四条以及本规定第十三条规定的情形外，当事人主张民间借贷合同有效的，人民法院应予支持。

第十一条 法人或者非法人组织在本单位内部通过借款形式向职工筹集资金，用于本单位生产、经营，且不存在民法典第一百四十四条、第一百四十六条、第一百五十三条、第一百五十四条以及本规定第十三条规定的情形，当事人主张民间借贷合同有效的，人民法院应予支持。

第十二条 借款人或者出借人的借贷行为涉嫌犯罪，或者已经生效的裁判认定构成犯罪，当事人提起民事诉讼的，民间借贷合同并不当然无效。人民法院应当依据民法典第一百四十四条、第一百四十六条、第一百五十三条、第一百五十四条以及本规定第十三条之规定，认定民间借贷合同的效力。

担保人以借款人或者出借人的借贷行为涉嫌犯罪或者已经生效的裁判认定构成犯罪为由，主张不承担民事责任的，人民法院应当依据民间借贷合同与担保合同的效力、当事人的过错程度，依法确定担保人的民事责任。

第十三条 具有下列情形之一的，人民法院应当认定民间借贷合同无效：

（一）套取金融机构贷款转贷的；

（二）以向其他营利法人借贷、向本单位职工集资，或者以向公众非法吸收存款等方式取得的资金转贷的；

（三）未依法取得放贷资格的出借人，以营利为目的向社会不特定对象提供借款的；

（四）出借人事先知道或者应当知道借款人借款用于违法犯罪活动仍然提供借款的；

（五）违反法律、行政法规强制性规定的；

（六）违背公序良俗的。

【司法指导文件】

最高人民法院《全国法院民商事审判工作会议纪要》（法〔2019〕254号，20191108）

52.【高利转贷】民间借贷中，出借人的资金必须是自有资金。出借人套取金融机构信贷资金又高利转贷给借款人的民间借贷行为，既增加了融资成本，又扰乱了信贷秩序，根据民间借贷司法解释第14条第1项①的规定，应当认定此类民间借贷行为无效。人民法院在适用该条规定时，应当注意把握以下几点：一是要审查出借人的资金来源。借款人能够举证证明在签订借款合同时出借人尚欠银行贷款未还的，一般可以推定为出借人套取信贷资金，但出借人能够举反证予以推翻的除外；二是从宽认定"高利"转贷行为的标准，只要出借人通过转贷行为牟利的，就可以认定为是"高利"转贷行为；三是对该条规定的"借款人事先知道或者应当知道的"要件，不宜把握过苛。实践中，只要出借人在签订借款合同时存在尚欠银行贷款未还事实的，一般可以认为满足了该条规定的"借款人事先知道或者应当知道"这一要件。

53.【职业放贷人】未依法取得放贷资格的以民间借贷为业的法人，以及

---

① 2020年修正后为第十三条第（一）项。

以民间借贷为业的非法人组织或者自然人从事的民间借贷行为,应当依法认定无效。同一出借人在一定期间内多次反复从事有偿民间借贷行为的,一般可以认定为是职业放贷人。民间借贷比较活跃的地方的高级人民法院或者经其授权的中级人民法院,可以根据本地区的实际情况制定具体的认定标准。

【适用要点】

船舶营运借款合同纠纷属于合同纠纷案件,在审理此类纠纷案件过程中,要首先审查合同是否存在无效的情形,注意无效与可撤销、未生效、效力待定等合同效力形态之间的区别,准确认定合同效力,并结合已查明的案件事实及当事人诉讼请求,确定相应的民事责任。

5. 船舶营运借款合同的担保

【相关立法】

(1)《中华人民共和国海商法》(19930701)

第十一条　船舶抵押权,是指抵押权人对于抵押人提供的作为债务担保的船舶,在抵押人不履行债务时,可以依法拍卖,从卖得的价款中优先受偿的权利。

第十二条　船舶所有人或者船舶所有人授权的人可以设定船舶抵押权。

船舶抵押权的设定,应当签订书面合同。

第十三条　设定船舶抵押权,由抵押权人和抵押人共同向船舶登记机关办理抵押权登记;未经登记的,不得对抗第三人。

船舶抵押权登记,包括下列主要项目:

(一)船舶抵押权人和抵押人的姓名或者名称、地址;

(二)被抵押船舶的名称、国籍、船舶所有权证书的颁发机关和证书号码;

(三)所担保的债权数额、利息率、受偿期限。

船舶抵押权的登记状况,允许公众查询。

第十四条　建造中的船舶可以设定船舶抵押权。

建造中的船舶办理抵押权登记,还应当向船舶登记机关提交船舶建造合同。

第十五条　除合同另有约定外,抵押人应当对被抵押船舶进行保险;未保险的,抵押权人有权对该船舶进行保险,保险费由抵押人负担。

第十六条　船舶共有人就共有船舶设定抵押权,应当取得持有三分之二以上份额的共有人的同意,共有人之间另有约定的除外。

船舶共有人设定的抵押权,不因船舶的共有权的分割而受影响。

第十七条　船舶抵押权设定后,未经抵押权人同意,抵押人不得将被抵押船舶转让给他人。

第十八条　抵押权人将被抵押船舶所担保的债权全部或者部分转让他人的,抵押权随之转移。

第十九条　同一船舶可以设定两个以上抵押权,其顺序以登记的先后为准。

同一船舶设定两个以上抵押权的,抵押权人按照抵押权登记的先后顺序,从船舶拍卖所得价款中依次受偿。同日登记的抵押权,按照同一顺序受偿。

第二十条　被抵押船舶灭失,抵押权随之消灭。由于船舶灭失得到的保险赔偿,抵押权人有权优先于其他债权人受偿。

(2)《中华人民共和国民法典》(20210101)

第三百八十六条　担保物权人在债务人不履行到期债务或者发生当事人约定的实现担保物权的情形,依法享有就担保财产优先受偿的权利,但是法律另有规定的除外。

第三百八十六条至第四百五十七条(略)

第六百八十一条　保证合同是为保障债权的实现,保证人和债权人约定,当债务人不履行到期债务或者发生当事人约定的情形时,保证人履行债务或者承担责任的合同。

第六百八十一条至第七百零二条(略)

【司法解释】

(1)《最高人民法院关于审理民间借贷案件适用法律若干问题的规定》(法释〔2015〕18 号,20150901;经法释〔2020〕17 号修正,20210101)

第四条　保证人为借款人提供连带责任保证,出借人仅起诉借款人的,人民法院可以不追加保证人为共同被告;出借人仅起诉保证人的,人民法院可以追加借款人为共同被告。

保证人为借款人提供一般保证,出借人仅起诉保证人的,人民法院应当追加借款人为共同被告;出借人仅起诉借款人的,人民法院可以不追加保证人为共同被告。

第二十条　他人在借据、收据、欠条等债权凭证或者借款合同上签名或者盖章，但是未表明其保证人身份或者承担保证责任，或者通过其他事实不能推定其为保证人，出借人请求其承担保证责任的，人民法院不予支持。

第二十一条　借贷双方通过网络贷款平台形成借贷关系，网络贷款平台的提供者仅提供媒介服务，当事人请求其承担担保责任的，人民法院不予支持。

网络贷款平台的提供者通过网页、广告或者其他媒介明示或者有其他证据证明其为借贷提供担保，出借人请求网络贷款平台的提供者承担担保责任的，人民法院应予支持。

第二十三条　当事人以订立买卖合同作为民间借贷合同的担保，借款到期后借款人不能还款，出借人请求履行买卖合同的，人民法院应当按照民间借贷法律关系审理。当事人根据法庭审理情况变更诉讼请求的，人民法院应当准许。

按照民间借贷法律关系审理作出的判决生效后，借款人不履行生效判决确定的金钱债务，出借人可以申请拍卖买卖合同标的物，以偿还债务。就拍卖所得的价款与应偿还借款本息之间的差额，借款人或者出借人有权主张返还或者补偿。

（2）《最高人民法院关于适用〈中华人民共和国民法典〉有关担保制度的解释》（法释〔2020〕28号，20210101）

第一条至第七十一条（略）

【司法指导文件】

最高人民法院《全国法院民商事审判工作会议纪要》（法〔2019〕254号，20191108）

四、关于担保纠纷案件的审理

会议认为，要注意担保法及其司法解释与物权法对独立担保、混合担保、担保期间等有关制度的不同规定，根据新的规定优于旧的规定的法律适用规则，优先适用物权法的规定。① 从属性是担保的基本属性，要慎重认定独立担保行为的效力，将其严格限定在法律或者司法解释明确规定的情形。要根据区分原则，准确认定担保合同效力。要坚持物权法定、公示公信原则，区分

---

① 民法典施行后，本"司法指导文件"中所涉担保法、物权法等被废止，相关内容见民法典规定。

不动产与动产担保物权在物权变动、效力规则等方面的异同,准确适用法律。要充分发挥担保对缓解融资难融资贵问题的积极作用,不轻易否定新类型担保、非典型担保的合同效力及担保功能。

(一)关于担保的一般规则

54.【独立担保】从属性是担保的基本属性,但由银行或者非银行金融机构开立的独立保函除外。独立保函纠纷案件依据《最高人民法院关于审理独立保函纠纷案件若干问题的规定》处理。需要进一步明确的是:凡是由银行或者非银行金融机构开立的符合该司法解释第1条、第3条规定情形的保函,无论是用于国际商事交易还是用于国内商事交易,均不影响保函的效力。银行或者非银行金融机构之外的当事人开立的独立保函,以及当事人有关排除担保从属性的约定,应当认定无效。但是,根据"无效法律行为的转换"原理,在否定其独立担保效力的同时,应当将其认定为从属性担保。此时,如果主合同有效,则担保合同有效,担保人与主债务人承担连带保证责任。主合同无效,则该所谓的独立担保也随之无效,担保人无过错的,不承担责任;担保人有过错的,其承担民事责任的部分,不应超过债务人不能清偿部分的三分之一。

55.【担保责任的范围】担保人承担的担保责任范围不应当大于主债务,是担保从属性的必然要求。当事人约定的担保责任的范围大于主债务的,如针对担保责任约定专门的违约责任、担保责任的数额高于主债务、担保责任约定的利息高于主债务利息、担保责任的履行期先于主债务履行期届满,等等,均应当认定大于主债务部分的约定无效,从而使担保责任缩减至主债务的范围。

56.【混合担保中担保人之间的追偿问题】被担保的债权既有保证又有第三人提供的物的担保的,担保法司法解释第38条明确规定,承担了担保责任的担保人可以要求其他担保人清偿其应当分担的份额。但《物权法》第176条并未作出类似规定,根据《物权法》第178条关于"担保法与本法的规定不一致的,适用本法"的规定,承担了担保责任的担保人向其他担保人追偿的,人民法院不予支持,但担保人在担保合同中约定可以相互追偿的除外。

57.【借新还旧的担保物权】贷款到期后,借款人与贷款人订立新的借款合同,将新贷用于归还旧贷,旧贷因清偿而消灭,为旧贷设立的担保物权也随之消灭。贷款人以旧贷上的担保物权尚未进行涂销登记为由,主张对新贷行使担保物权的,人民法院不予支持,但当事人约定继续为新贷提供担保的除外。

58.【担保债权的范围】以登记作为公示方式的不动产担保物权的担保

范围,一般应当以登记的范围为准。但是,我国目前不动产担保物权登记,不同地区的系统设置及登记规则并不一致,人民法院在审理案件时应当充分注意制度设计上的差别,作出符合实际的判断:一是多数省区市的登记系统未设置"担保范围"栏目,仅有"被担保主债权数额(最高债权数额)"的表述,且只能填写固定数字。而当事人在合同中又往往约定担保物权的担保范围包括主债权及其利息、违约金等附属债权,致使合同约定的担保范围与登记不一致。显然,这种不一致是由于该地区登记系统设置及登记规则造成的该地区的普遍现象。人民法院以合同约定认定担保物权的担保范围,是符合实际的妥当选择。二是一些省区市不动产登记系统设置与登记规则比较规范,担保物权登记范围与合同约定一致在该地区是常态或者普遍现象,人民法院在审理案件时,应当以登记的担保范围为准。

59.【主债权诉讼时效届满的法律后果】抵押权人应当在主债权的诉讼时效期间内行使抵押权。抵押权人在主债权诉讼时效届满前未行使抵押权,抵押人在主债权诉讼时效届满后请求涂销抵押权登记的,人民法院依法予以支持。

以登记作为公示方法的权利质权,参照适用前款规定。

(二)关于不动产担保物权

60.【未办理登记的不动产抵押合同的效力】不动产抵押合同依法成立,但未办理抵押登记手续,债权人请求抵押人办理抵押登记手续的,人民法院依法予以支持。因抵押物灭失以及抵押物转让他人等原因不能办理抵押登记,债权人请求抵押人以抵押物的价值为限承担责任的,人民法院依法予以支持,但其范围不得超过抵押权有效设立时抵押人所应当承担的责任。

61.【房地分别抵押】根据《物权法》第182条之规定,仅以建筑物设定抵押的,抵押权的效力及于占用范围内的土地;仅以建设用地使用权抵押的,抵押权的效力亦及于其上的建筑物。在房地分别抵押,即建设用地使用权抵押给一个债权人,而其上的建筑物又抵押给另一个人的情况下,可能产生两个抵押权的冲突问题。基于"房地一体"规则,此时应当将建筑物和建设用地使用权视为同一财产,从而依照《物权法》第199条的规定确定清偿顺序:登记在先的先清偿;同时登记的,按照债权比例清偿。同一天登记的,视为同时登记。应予注意的是,根据《物权法》第200条的规定,建设用地使用权抵押后,该土地上新增的建筑物不属于抵押财产。

62.【抵押权随主债权转让】抵押权是从属于主合同的从权利,根据"从随主"规则,债权转让的,除法律另有规定或者当事人另有约定外,担保该债权的抵押权一并转让。受让人向抵押人主张行使抵押权,抵押人以受让人不是抵押合同的当事人、未办理变更登记等为由提出抗辩的,人民法院不予支持。

（三）关于动产担保物权

63.【流动质押的设立与监管人的责任】在流动质押中，经常由债权人、出质人与监管人订立三方监管协议，此时应当查明监管人究竟是受债权人的委托还是受出质人的委托监管质物，确定质物是否已经交付债权人，从而判断质权是否有效设立。如果监管人系受债权人的委托监管质物，则其是债权人的直接占有人，应当认定完成了质物交付，质权有效设立。监管人违反监管协议约定，违规向出质人放货、因保管不善导致质物毁损灭失，债权人请求监管人承担违约责任的，人民法院依法予以支持。

如果监管人系受出质人委托监管质物，表明质物并未交付债权人，应当认定质权未有效设立。尽管监管协议约定监管人系受债权人的委托监管质物，但有证据证明其并未履行监管职责，质物实际上仍由出质人管领控制的，也应当认定质物并未实际交付，质权未有效设立。此时，债权人可以基于质押合同的约定请求质押人承担违约责任，但其范围不得超过质权有效设立时质押人所应当承担的责任。监管人未履行监管职责的，债权人也可以请求监管人承担违约责任。

64.【浮动抵押的效力】企业将其现有的以及将有的生产设备、原材料、半成品及产品等财产设定浮动抵押后，又将其中的生产设备等部分财产设定了动产抵押，并都办理了抵押登记的，根据《物权法》第 199 条的规定，登记在先的浮动抵押优先于登记在后的动产抵押。

65.【动产抵押权与质权竞存】同一动产上同时设立质权和抵押权的，应当参照适用《物权法》第 199 条的规定，根据是否完成公示以及公示先后情况来确定清偿顺序：质权有效设立、抵押权办理了抵押登记的，按照公示先后确定清偿顺序；顺序相同的，按照债权比例清偿；质权有效设立，抵押权未办理抵押登记的，质权优先于抵押权；质权未有效设立，抵押权未办理抵押登记的，因此时抵押权已经有效设立，故抵押权优先受偿。

根据《物权法》第 178 条规定的精神，担保法司法解释第 79 条第 1 款不再适用。

（四）关于非典型担保

66.【担保关系的认定】当事人订立的具有担保功能的合同，不存在法定无效情形的，应当认定有效。虽然合同约定的权利义务关系不属于物权法规定的典型担保类型，但是其担保功能应予肯定。

67.【约定担保物权的效力】债权人与担保人订立担保合同，约定以法律、行政法规未禁止抵押或者质押的财产设定以登记作为公示方法的担保，因无法定的登记机构而未能进行登记的,不具有物权效力。当事人请求按照担保合同的约定就该财产折价、变卖或者拍卖所得价款等方式清偿债务的,人民法院依法予以支持,但对其他权利人不具有对抗效力和优先性。

71.【让与担保】债务人或者第三人与债权人订立合同,约定将财产形式上转让至债权人名下,债务人到期清偿债务,债权人将该财产返还给债务人或第三人,债务人到期没有清偿债务,债权人可以对财产拍卖、变卖、折价偿还债权的,人民法院应当认定合同有效。合同如果约定债务人到期没有清偿债务,财产归债权人所有的,人民法院应当认定该部分约定无效,但不影响合同其他部分的效力。

当事人根据上述合同约定,已经完成财产权利变动的公示方式转让至债权人名下,债务人到期没有清偿债务,债权人请求确认财产归其所有的,人民法院不予支持,但债权人请求参照法律关于担保物权的规定对财产拍卖、变卖、折价优先偿还其债权的,人民法院依法予以支持。债务人因到期没有清偿债务,请求对该财产拍卖、变卖、折价偿还所欠债权人合同项下债务的,人民法院亦应依法予以支持。

【典型案例】

未经登记的船舶抵押借款合同有效,能否对抗善意第三人?［廖永文与庞富强船舶营运借款合同纠纷案,(2016)桂72民初255号］

原告福清支行与被告航运公司因借贷而签订了抵押借款合同,在福清市交通局同意抵押的情况下,合同约定借款抵押物为被告所有的"融航116号"船。虽然原、被告双方未在船舶登记机关办理该船舶的抵押登记手续,但根据海商法第十三条第一款、《借款合同条例》第四条和船舶登记条例第六条的规定,仍应认定该抵押合同对原、被告具有法律约束力。但原告依据该合同取得的船舶抵押权不能对抗第三人。

【适用要点】

法院在审理借款合同中有关担保纠纷的案件时,要坚持区分原则,准确认定担保合同效力。要坚持物权法定、公示公信原则,区分不动产与动产担保物权在物权变动、效力规则等方面的异同,准确适用法律。关于船舶抵押权的设定及其效力,根据我国海商法的相关规定,设定船舶抵押权,由抵押权人和抵押人共同向船舶登记机关办理抵押权登记,未经登记的,抵押借款合同有效,但不得对抗第三人。

6. 借款合同中的利息计算

【相关立法】

《中华人民共和国民法典》（20210101）

第六百七十条　借款的利息不得预先在本金中扣除。利息预先在本金中扣除的，应当按照实际借款数额返还借款并计算利息。

第六百七十一条　贷款人未按照约定的日期、数额提供借款，造成借款人损失的，应当赔偿损失。

借款人未按照约定的日期、数额收取借款的，应当按照约定的日期、数额支付利息。

第六百七十四条　借款人应当按照约定的期限支付利息。对支付利息的期限没有约定或者约定不明确，依据本法第五百一十条的规定仍不能确定，借款期间不满一年的，应当在返还借款时一并支付；借款期间一年以上的，应当在每届满一年时支付，剩余期间不满一年的，应当在返还借款时一并支付。

第六百七十六条　借款人未按照约定的期限返还借款的，应当按照约定或者国家有关规定支付逾期利息。

第六百七十七条　借款人提前返还借款的，除当事人另有约定外，应当按照实际借款的期间计算利息。

第六百八十条　禁止高利放贷，借款的利率不得违反国家有关规定。

借款合同对支付利息没有约定的，视为没有利息。

借款合同对支付利息约定不明确，当事人不能达成补充协议的，按照当地或者当事人的交易方式、交易习惯、市场利率等因素确定利息；自然人之间借款的，视为没有利息。

【司法解释】

《最高人民法院关于审理民间借贷案件适用法律若干问题的规定》（法释〔2015〕18 号，20150901；经法释〔2020〕17 号修正，20210101）

第二十四条　借贷双方没有约定利息，出借人主张支付利息的，人民法院不予支持。

自然人之间借贷对利息约定不明，出借人主张支付利息的，人民法院不予支持。除自然人之间借贷的外，借贷双方对借贷利息约定不明，出借人主张利息的，人民法院应当结合民间借贷合同的内容，并根据当地或者当事人的交易方式、交易习惯、市场报价利率等因素确定利息。

第二十五条　出借人请求借款人按照合同约定利率支付利息的，人民法院应予支持，但是双方约定的利率超过合同成立时一年期贷款市场报价利率四倍的除外。

前款所称"一年期贷款市场报价利率"，是指中国人民银行授权全国银行间同业拆借中心自 2019 年 8 月 20 日起每月发布的一年期贷款市场报价利率。

第二十六条　借据、收据、欠条等债权凭证载明的借款金额，一般认定为本金。预先在本金中扣除利息的，人民法院应当将实际出借的金额认定为本金。

第二十七条　借贷双方对前期借款本息结算后将利息计入后期借款本金并重新出具债权凭证，如果前期利率没有超过合同成立时一年期贷款市场报价利率四倍，重新出具的债权凭证载明的金额可认定为后期借款本金。超过部分的利息，不应认定为后期借款本金。

按前款计算，借款人在借款期间届满后应当支付的本息之和，超过以最初借款本金与以最初借款本金为基数、以合同成立时一年期贷款市场报价利率四倍计算的整个借款期间的利息之和的，人民法院不予支持。

第二十八条　借贷双方对逾期利率有约定的，从其约定，但是以不超过合同成立时一年期贷款市场报价利率四倍为限。

未约定逾期利率或者约定不明的，人民法院可以区分不同情况处理：

（一）既未约定借期内利率，也未约定逾期利率，出借人主张借款人自逾期还款之日起参照当时一年期贷款市场报价利率标准计算的利息承担逾期还款违约责任的，人民法院应予支持；

（二）约定了借期内利率但是未约定逾期利率，出借人主张借款人自逾期还款之日起按照借期内利率支付资金占用期间利息的，人民法院应予支持。

第二十九条　出借人与借款人既约定了逾期利率，又约定了违约金或者其他费用，出借人可以选择主张逾期利息、违约金或者其他费用，也可以一并主张，但是总计超过合同成立时一年期贷款市场报价利率四倍的部分，人民法院不予支持。

第三十条　借款人可以提前偿还借款，但是当事人另有约定的除外。

借款人提前偿还借款并主张按照实际借款期限计算利息的，人民法院应予支持。

第三十一条　本规定施行后，人民法院新受理的一审民间借贷纠纷案件,适用本规定。

2020 年 8 月 20 日之后新受理的一审民间借贷案件,借贷合同成立于 2020 年 8 月 20 日之前,当事人请求适用当时的司法解释计算自合同成立到 2020 年 8 月 19 日的利息部分的,人民法院应予支持;对于自 2020 年 8 月 20 日到借款返还之日的利息部分,适用起诉时本规定的利率保护标准计算。

本规定施行后,最高人民法院以前作出的相关司法解释与本规定不一致 的,以本规定为准。

【司法指导文件】

(1)最高人民法院《全国法院民商事审判工作会议纪要》(法〔2019〕254 号,20191108)

(三)关于借款合同

人民法院在审理借款合同纠纷案件过程中,要根据防范化解重大金融风 险、金融服务实体经济、降低融资成本的精神,区别对待金融借贷与民间借 贷,并适用不同规则与利率标准。要依法否定高利转贷行为、职业放贷行为 的效力,充分发挥司法的示范、引导作用,促进金融服务实体经济。要注意 到,为深化利率市场化改革,推动降低实体利率水平,自 2019 年 8 月 20 日 起,中国人民银行已经授权全国银行间同业拆借中心于每月 20 日(遇节假日 顺延)9 时 30 分公布贷款市场报价利率(LPR),中国人民银行贷款基准利率 这一标准已经取消。因此,自此之后人民法院裁判贷款利息的基本标准应改 为全国银行间同业拆借中心公布的贷款市场报价利率。应予注意的是,贷款 利率标准尽管发生了变化,但存款基准利率并未发生相应变化,相关标准仍 可适用。

51.【变相利息的认定】金融借款合同纠纷中,借款人认为金融机构以服 务费、咨询费、顾问费、管理费等为名变相收取利息,金融机构或者由其指定 的人收取的相关费用不合理的,人民法院可以根据提供服务的实际情况确定 借款人应否支付或者酌减相关费用。

(2)《最高人民法院关于修改〈最高人民法院关于审理民间借贷案件适 用法律若干问题的规定〉中关于借款利息规定的建议的回复》(20190709)

沈雪冰同志:

您寄来的《关于修改〈最高人民法院关于审理民间借贷案件适用法律若 干问题的规定〉中关于借款利息规定的建议》(以下简称《借款利息建议》) 收悉。经研究,回复如下:

您在《借款利息建议》中紧密结合自身工作,分析了《最高人民法院关于审理民间借贷案件适用法律若干问题的规定》第二十六条关于利率规定存在的问题、修改理由等,并以此为基础提出了对该条进行修改的建议。您的这些分析和建议,充分体现了您对这一司法解释规定的重视和对人民法院审判工作的关心。在此,向您表示衷心感谢。

改革开放以来,我国市场经济日益繁荣,各类市场主体对资金的需求日益增加。作为正规金融合理补充的民间借贷,一定程度上解决了部分社会融资需求,增强了经济运行的自我调整和适应能力,在拓宽融资渠道、推动经济较快发展方面发挥着积极作用。与此同时,全国各地人民法院受理民间借贷案件数量逐年递增,并呈现出"井喷式"上升趋势,给人民法院民事审判工作带来巨大挑战。我院在深入研究民间借贷案件审判工作中新情况新问题,不断总结审判实践经验,充分征求院外相关部门意见的基础上,于2015年8月6日发布了《最高人民法院关于审理民间借贷案件适用法律若干问题的规定》,这一司法解释的颁布实施,为统一裁判标准、完善民间借贷立法、促进民间借贷规范发展的进程中迈出了重要一步,在审判实践中发挥着重要指导作用。

近年来,社会上不断出现披着民间借贷外衣,通过"虚增债务""伪造证据""恶意制造违约""收取高额费用"等方式非法侵占财物的"套路贷"诈骗等新型犯罪,侵害了人民群众的合法权益,扰乱了金融市场秩序,影响了社会和谐稳定。许多法院通过多种形式反映此类问题较为突出,给民事审判工作带来压力和挑战。有鉴于此,我院又在2018年及时下发了《关于依法妥善审理民间借贷案件的通知》(法〔2018〕215号)(以下简称《通知》),要求人民法院在审判实践中严格区分民间借贷行为与诈骗等犯罪行为,切实提高对"套路贷"诈骗等犯罪行为的警觉,加强对民间借贷行为与诈骗等犯罪行为的甄别,发现涉嫌违法犯罪线索、材料的,要及时依法处理。民间借贷行为本身涉及违法犯罪的,应当裁定驳回起诉,并将涉嫌犯罪的线索、材料移送公安机关或检察机关。特别是针对利率问题,《通知》强调,要依法严守法定利率红线。要从严把握法定利率的司法红线。对于各种以"利息""违约金""服务费""中介费""保证金""延期费"等突破或变相突破法定利率红线的,应当依法不予支持。对于"出借人主张系以现金方式支付大额贷款本金","借款人抗辩所谓现金支付本金系出借人预先扣除的高额利息"的,要加强对出借人主张的现金支付款项来源、交付情况等证据的审查,依法认定借贷本金数额和高额利息扣收事实。发现交易平台、交易对手、交易模式等以"创新"为名行高利贷之实的,应当及时采取发送司法建议函等有效方式,坚决予以遏制。

利率的高低设计与实体经济发展密切相关，也与人民法院依法妥善审理相关纠纷案件密切相关。您在建议中提出的有关民间借贷利率存在的问题和分析的理由，我们将高度重视，并及时开展相关调研。在充分听取有关方面意见建议的基础上，根据形势发展需要，适时启动相关司法解释的修订工作。

感谢您对人民法院工作的大力支持。

(3)《最高人民法院关于依法妥善审理民间借贷案件的通知》（法〔2018〕215 号，20180801）

三、依法严守法定利率红线。《最高人民法院关于审理民间借贷案件适用法律若干问题的规定》依法确立了法定利率的司法红线，应当从严把握。人民法院在民间借贷纠纷案件审理过程中，对于各种以"利息""违约金""服务费""中介费""保证金""延期费"等突破或变相突破法定利率红线的，应当依法不予支持。对于"出借人主张系以现金方式支付大额贷款本金""借款人抗辩所谓现金支付本金系出借人预先扣除的高额利息"的，要加强对出借人主张的现金支付款项来源、交付情况等证据的审查，依法认定借贷本金数额和高额利息扣收事实。发现交易平台、交易对手、交易模式等以"创新"为名行高利贷之实的，应当及时采取发送司法建议函等有效方式，坚决予以遏制。

【其他规定】

中国人民银行《关于中国人民银行决定改革完善贷款市场报价利率 (LPR) 形成机制有关事宜的公告》（中国人民银行公告〔2019〕第 15 号，20190816）

为深化利率市场化改革，提高利率传导效率，推动降低实体经济融资成本，中国人民银行决定改革完善贷款市场报价利率(LPR)形成机制，现就有关事宜公告如下：

一、自 2019 年 8 月 20 日起，中国人民银行授权全国银行间同业拆借中心于每月 20 日(遇节假日顺延)9 时 30 分公布贷款市场报价利率，公众可在全国银行间同业拆借中心和中国人民银行网站查询。

二、贷款市场报价利率报价行应于每月 20 日(遇节假日顺延)9 时前，按公开市场操作利率(主要指中期借贷便利利率)加点形成的方式，向全国银行间同业拆借中心报价。全国银行间同业拆借中心按去掉最高和最低报价后算术平均的方式计算得出贷款市场报价利率。

三、为提高贷款市场报价利率的代表性,贷款市场报价利率报价行类型在原有的全国性银行基础上增加城市商业银行、农村商业银行、外资银行和民营银行,此次由 10 家扩大至 18 家,今后定期评估调整。

四、将贷款市场报价利率由原有 1 年期一个期限品种扩大至 1 年期和 5 年期以上两个期限品种。银行的 1 年期和 5 年期以上贷款参照相应期限的贷款市场报价利率定价,1 年期以内、1 年至 5 年期贷款利率由银行自主选择参考的期限品种定价。

五、自即日起,各银行应在新发放的贷款中主要参考贷款市场报价利率定价,并在浮动利率贷款合同中采用贷款市场报价利率作为定价基准。存量贷款的利率仍按原合同约定执行。各银行不得通过协同行为以任何形式设定贷款利率定价的隐性下限。

六、中国人民银行将指导市场利率定价自律机制加强对贷款市场报价利率的监督管理,对报价行的报价质量进行考核,督促各银行运用贷款市场报价利率定价,严肃处理银行协同设定贷款利率隐性下限等扰乱市场秩序的违规行为。中国人民银行将银行的贷款市场报价利率应用情况及贷款利率竞争行为纳入宏观审慎评估(MPA)。

【典型案例】

民间借贷纠纷中的利率问题,如何适用司法保护上限的有关规定? [蔡招强、苏渊秀与农泽志船舶营运借款合同纠纷案,(2021)桂民终 954 号]

民间借贷中受法律保护的利息上限,2020 年新修正规定之前为是年利率标准为 24%,新修正规定之后为 LPR 的四倍,超过部分均不予保护。对于当事人已经按照年利率 36% 支付的利息,其中超过年利率 24% 至 36% 或 4 倍 LPR 的利息部分,在双方借款关系已清算完毕的情况下,法律不予干预,但在双方的借款关系并未最终结算完毕并诉诸法院,请求法院进行裁判时,法院应当严格依照法律的规定对当事人约定的利率以及已经支付的利息进行调整。因此,本案借款利息应分段分别按照年利率 24%、4 倍 LPR 计算。由于 2015 年 9 月 1 日施行《最高人民法院关于审理民间借贷案件适用法律若干问题的规定》后,最高人民法院于 1991 年 8 月 13 日发布的《关于人民法院审理借贷案件的若干意见》已不再适用。本案纠纷发生在 2015 年 9 月 1 日施行的《最高人民法院关于审理民间借贷案件适用法律若干问题的规定》之后,根据该司法解释规定,本案不应适用最高人民法院于 1991 年 8 月 13 日发布的《关于人民法院审理借贷案件的若干意见》,一审判决仍适用该规定存在不当,但将本案借款利息调整为分段分别按年利率 24%、4 倍 LPR 计算正确。

【适用要点】

在司法实务层面上将借贷行为区分为金融借贷和民间借贷,适用不同的裁判规则和利率保护标准。为避免合同在履行过程中的风险,民间借贷利率的司法保护上限经常会成为借贷双方约定利率的重要参考,并辐射性地影响金融市场的资金定价,过高或者过低地划定保护上限的标准,均不利于民间借贷平稳健康发展,也不利于金融市场秩序稳定。考虑到我国司法实践中长期以来对民间借贷利率不超过银行同类贷款利率的 4 倍的上限规定的接受程度,新修正的《最高人民法院关于审理民间借贷案件适用法律若干问题的规定》第二十五条第一款明确规定:"出借人请求借款人按照合同约定利率支付利息的,人民法院应予支持,但是双方约定的利率超过合同成立时一年期贷款市场报价利率四倍的除外。"

7. 虚假诉讼的认定

【相关立法】

《中华人民共和国民事诉讼法》(19910409;20220101)

第一百一十五条 当事人之间恶意串通,企图通过诉讼、调解等方式侵害他人合法权益的,人民法院应当驳回其请求,并根据情节轻重予以罚款、拘留;构成犯罪的,依法追究刑事责任。

【司法解释】

《最高人民法院关于审理民间借贷案件适用法律若干问题的规定》(法释〔2015〕18 号,20150901;经法释〔2020〕17 号修正,20210101)

第十八条 人民法院审理民间借贷纠纷案件时发现有下列情形之一的,应当严格审查借贷发生的原因、时间、地点、款项来源、交付方式、款项流向以及借贷双方的关系、经济状况等事实,综合判断是否属于虚假民事诉讼:

(一)出借人明显不具备出借能力;

(二)出借人起诉所依据的事实和理由明显不符合常理;

(三)出借人不能提交债权凭证或者提交的债权凭证存在伪造的可能;

(四)当事人双方在一定期限内多次参加民间借贷诉讼;

(五)当事人无正当理由拒不到庭参加诉讼,委托代理人对借贷事实陈述不清或者陈述前后矛盾；

（六）当事人双方对借贷事实的发生没有任何争议或者诉辩明显不符合常理；

（七）借款人的配偶或者合伙人、案外人的其他债权人提出有事实依据的异议；

（八）当事人在其他纠纷中存在低价转让财产的情形；

（九）当事人不正当放弃权利；

（十）其他可能存在虚假民间借贷诉讼的情形。

第十九条 经查明属于虚假民间借贷诉讼，原告申请撤诉的，人民法院不予准许，并应当依据民事诉讼法第一百一十二条①之规定，判决驳回其请求。

诉讼参与人或者其他人恶意制造、参与虚假诉讼，人民法院应当依据民事诉讼法第一百一十一条、第一百一十二条和第一百一十三条②之规定，依法予以罚款、拘留；构成犯罪的，应当移送有管辖权的司法机关追究刑事责任。

单位恶意制造、参与虚假诉讼的，人民法院应当对该单位进行罚款，并可以对其主要负责人或者直接责任人员予以罚款、拘留；构成犯罪的，应当移送有管辖权的司法机关追究刑事责任。

【司法指导文件】

(1)《最高人民法院关于深入开展虚假诉讼整治工作的意见》（法〔2021〕281号，20211110）

为进一步加强虚假诉讼整治工作，维护司法秩序、实现司法公正、树立司法权威，保护当事人合法权益，营造公平竞争市场环境，促进社会诚信建设，根据《中华人民共和国民法典》《中华人民共和国刑法》《中华人民共和国民事诉讼法》等规定，结合工作实际，制定本意见。

一、提高思想认识，强化责任担当。整治虚假诉讼工作，是党的十八届四中全会部署的重大任务，是人民法院肩负的政治责任、法律责任和社会责任，对于建设诚信社会、保护群众权利、保障经济发展、维护司法权威、建设法治国家具有重要意义。各级人民法院要坚持以习近平新时代中国特色社会主义思想为指导，深入学习贯彻习近平法治思想，依法贯彻民事诉讼诚实信用

---

① 2021年修正后的民事诉讼法第一百一十五条。

② 2021年修正后的民事诉讼法第一百一十四条、第一百一十五条、第一百一十六条。

原则,坚持制度的刚性,扎紧制度的笼子,压缩虚假诉讼存在的空间,铲除虚假诉讼滋生的土壤,积极引导人民群众依法诚信诉讼,让法安天下、德润人心,大力弘扬诚实守信的社会主义核心价值观。

二、精准甄别查处,依法保护诉权。单独或者与他人恶意串通,采取伪造证据、虚假陈述等手段,捏造民事案件基本事实,虚构民事纠纷,向人民法院提起民事诉讼,损害国家利益、社会公共利益或者他人合法权益,妨害司法秩序的,构成虚假诉讼。向人民法院申请执行基于捏造的事实作出的仲裁裁决、调解书及公证债权文书,在民事执行过程中以捏造的事实对执行标的提出异议、申请参与执行财产分配的,也属于虚假诉讼。诉讼代理人、证人、鉴定人、公证人等与他人串通,共同实施虚假诉讼的,属于虚假诉讼行为人。在整治虚假诉讼的同时,应当依法保护当事人诉权。既要防止以保护当事人诉权为由,放松对虚假诉讼的甄别、查处,又要防止以整治虚假诉讼为由,当立案不立案,损害当事人诉权。

三、把准特征表现,做好靶向整治。各级人民法院要积极总结司法实践经验,准确把握虚假诉讼的特征表现,做到精准施治、靶向整治。对存在下列情形的案件,要高度警惕、严格审查,有效防范虚假诉讼:原告起诉依据的事实、理由不符合常理;诉讼标的额与原告经济状况严重不符;当事人之间存在亲属关系、关联关系等利害关系,诉讼结果可能涉及案外人利益;当事人之间不存在实质性民事权益争议,在诉讼中没有实质性对抗辩论;当事人的自认不符合常理;当事人身陷沉重债务负担却以明显不合理的低价转让财产、以明显不合理的高价受让财产或者放弃财产权利;认定案件事实的证据不足,当事人却主动迅速达成调解协议,请求人民法院制作调解书;当事人亲历案件事实却不能完整准确陈述案件事实或者陈述前后矛盾等。

四、聚焦重点领域,加大整治力度。民间借贷纠纷,执行异议之诉,劳动争议,离婚析产纠纷,诉离婚案件一方当事人的财产纠纷,企业破产纠纷,公司分立(合并)纠纷,涉驰名商标的商标纠纷,涉拆迁的离婚、分家析产、继承、房屋买卖合同纠纷,涉房屋限购和机动车配置指标调控等宏观调控政策的买卖合同、以物抵债纠纷等各类纠纷,是虚假诉讼易发领域。对上述案件,各级人民法院应当重点关注、严格审查,加大整治虚假诉讼工作力度。

五、坚持分类施策,提高整治实效。人民法院认定为虚假诉讼的案件,原告申请撤诉的,不予准许,应当根据民事诉讼法第一百一十二条①规定,驳回其诉讼请求。虚假诉讼行为情节恶劣、后果严重或者多次参与虚假诉讼、制

① 2021年修正后的民事诉讼法第一百一十五条。

造系列虚假诉讼案件的,要加大处罚力度。虚假诉讼侵害他人民事权益的,行为人应当承担赔偿责任。人民法院在办理案件过程中发现虚假诉讼涉嫌犯罪的,应当依法及时将相关材料移送刑事侦查机关;公职人员或者国有企事业单位人员制造、参与虚假诉讼的,应当通报所在单位或者监察机关;律师、基层法律服务工作者、鉴定人、公证人等制造、参与虚假诉讼的,可以向有关行政主管部门、行业协会发出司法建议,督促及时予以行政处罚或者行业惩戒。司法工作人员利用职权参与虚假诉讼的,应当依法从严惩处,构成犯罪的,应当依法从严追究刑事责任。

六、加强立案甄别,做好警示提醒。立案阶段,可以通过立案辅助系统、中国裁判文书网等信息系统检索案件当事人是否有关联案件,核查当事人身份信息。当事人存在多件未结案件、关联案件或者发现其他可能存在虚假诉讼情形的,应当对当事人信息进行重点核实。发现存在虚假诉讼嫌疑的,应当对行为人进行警示提醒,并在办案系统中进行标记,提示审判和执行部门重点关注案件可能存在虚假诉讼风险。

七、坚持多措并举,查明案件事实。审理涉嫌虚假诉讼的案件,在询问当事人之前或者证人作证之前,应当要求当事人、证人签署保证书。保证书应当载明据实陈述、如有虚假陈述愿意接受处罚等内容。负有举证责任的当事人拒绝到庭、拒绝接受询问或者拒绝签署保证书,待证事实又欠缺其他证据证明的,对其主张的事实不予认定。证人拒绝签署保证书的,不得作证,自行承担相关费用。涉嫌通过虚假诉讼损害国家利益、社会公共利益或者他人合法权益的案件,人民法院应当调查收集相关证据,查明案件基本事实。

八、慎查调解协议,确保真实合法。当事人对诉讼标的无实质性争议,主动达成调解协议并申请人民法院出具调解书的,应当审查协议内容是否符合案件基本事实、是否违反法律规定、是否涉及案外人利益、是否规避国家政策。调解协议涉及确权内容的,应当在查明权利归属的基础上决定是否出具调解书。不能仅以当事人可自愿处分民事权益为由,降低对调解协议所涉法律关系真实性、合法性的审查标准,尤其要注重审查调解协议是否损害国家利益、社会公共利益或者他人合法权益。当事人诉前达成调解协议,申请司法确认的,应当着重审查调解协议是否存在违反法律、行政法规强制性规定、违背公序良俗或者侵害国家利益、社会公共利益、他人合法权益等情形;诉前调解协议内容涉及物权、知识产权确权的,应当裁定不予受理,已经受理的,应当裁定驳回申请。

九、严格依法执行,严防虚假诉讼。在执行异议、复议、参与分配等程序中应当加大对虚假诉讼的查处力度。对可能发生虚假诉讼的情形应当重点审查。从诉讼主体、证据与案件事实的关联程度、各证据之间的联系等方面，全面审查案件事实及法律关系的真实性，综合判断是否存在以捏造事实对执行标的提出异议、申请参与分配或者其他导致人民法院错误执行的行为。对涉嫌虚假诉讼的案件，应当传唤当事人、证人到庭，就相关案件事实当庭询问。主动向当事人释明参与虚假诉讼的法律后果，引导当事人诚信诉讼。认定为虚假诉讼的案件，应当裁定不予受理或者驳回申请；已经受理的，应当裁定驳回其请求。

十、加强执行审查，严查虚假非诉法律文书。重点防范依据虚假仲裁裁决、仲裁调解书、公证债权文书等非诉法律文书申请执行行为。在非诉法律文书执行中，当事人存在通过恶意串通、捏造事实等方式取得生效法律文书申请执行嫌疑的，应当依法进行严格实质审查。加大依职权调取证据力度，结合当事人关系、案件事实、仲裁和公证过程等多方面情况审查判断相关法律文书是否存在虚假情形，是否损害国家利益、社会公共利益或者他人合法权益。存在上述情形的，应当依法裁定不予执行，必要时可以向仲裁机构或者公证机关发出司法建议。

十一、加强证据审查，查处虚假执行异议之诉。执行异议之诉是当前虚假诉讼增长较快的领域，要高度重视执行异议之诉中防范和惩治虚假诉讼的重要性、紧迫性。正确分配举证责任，无论是案外人执行异议之诉还是申请执行人执行异议之诉，均应当由案外人就其对执行标的享有足以排除强制执行的民事权益承担举证责任。严格审查全案证据的真实性、合法性、关联性，对涉嫌虚假诉讼的案件，可以通过传唤案外人到庭陈述、通知当事人提交原始证据、依职权调查核实等方式，严格审查案外人权益的真实性、合法性。

十二、厘清法律关系，防止恶意串通逃避执行。执行异议之诉涉及三方当事人之间多个法律关系，利益冲突主要发生在案外人与申请执行人之间，对于被执行人就涉案外人权益相关事实的自认，应当审慎认定。被执行人与案外人具有亲属关系、关联关系等利害关系，诉讼中相互支持，缺乏充分证据证明案外人享有足以排除强制执行的民事权益的，不应支持案外人主张。案外人依据执行标的被查封、扣押、冻结后作出的另案生效确权法律文书，提起执行异议之诉主张排除强制执行的，应当注意审查是否存在当事人恶意串通等事实。

十三、加强甄别查处，防范虚假民间借贷诉讼。民间借贷是虚假诉讼较为活跃的领域，要审慎审查民间借贷案件，依照《最高人民法院关于审理民间借贷案件适用法律若干问题的规定》的有关规定，准确甄别、严格防范、严厉惩治虚假民间借贷诉讼。对涉嫌虚假诉讼的民间借贷案件，当事人主张以现金方式支付大额借款的,应当对出借人现金来源、取款凭证、交付情况等细节事实进行审查,结合出借人经济能力、当地交易习惯、交易过程是否符合常理等事实对借贷关系作出认定。当事人主张通过转账方式支付大额借款的,应当对是否存在"闭环"转账、循环转账、明走账贷款暗现金还款等事实进行审查。负有举证责任的原告无正当理由拒不到庭,经审查现有证据无法确认借贷行为、借贷金额、支付方式等案件基本事实的,对原告主张的事实不予认定。

十四、严查借贷本息,依法整治违法民间借贷。对涉嫌虚假诉讼的民间借贷案件,应当重点审查借贷关系真实性、本金借贷数额和利息保护范围等问题。虚构民间借贷关系,逃避执行、逃废债务的,对原告主张不应支持。通过"断头息"、伪造证据等手段,虚增借贷本金的,应当依据出借人实际出借金额认定借款本金数额。以"罚息""违约金""服务费""中介费""保证金""延期费"等名义从事高利贷的,对于超过法定利率保护上限的利息,不予保护。

十五、严审合同效力,整治虚假房屋买卖诉讼。为逃废债务、逃避执行、获得非法拆迁利益、规避宏观调控政策等非法目的,虚构房屋买卖合同关系提起诉讼的,应当认定合同无效。买受人虚构购房资格参与司法拍卖房产活动且竞拍成功,当事人、利害关系人以违背公序良俗为由主张该拍卖行为无效的,应予支持。买受人虚构购房资格导致拍卖行为无效的,应当依法承担赔偿责任。

十六、坚持查假纠错,依法救济受害人的权利。对涉嫌虚假诉讼的案件,可以通知与案件裁判结果可能存在利害关系的人作为第三人参加诉讼。对查处的虚假诉讼案件,应当依法对虚假诉讼案件生效裁判进行纠错。对造成他人损失的虚假诉讼案件,受害人请求虚假诉讼行为人承担赔偿责任的,应予支持。虚假诉讼行为人赔偿责任大小可以根据其过错大小、情节轻重、受害人损失大小等因素作出认定。

十七、依法认定犯罪,从严追究虚假诉讼刑事责任。虚假诉讼行为符合刑法和司法解释规定的定罪标准的,要依法认定为虚假诉讼罪等罪名,从严追究行为人的刑事责任。实施虚假诉讼犯罪,非法占有他人财产或者逃避合法债务,又构成诈骗罪、职务侵占罪、拒不执行判决、裁定罪、贪污罪等犯罪的,依照处罚较重的罪名定罪并从重处罚。对于多人结伙实施的虚假诉讼共同犯罪中罪责最突出的主犯、有虚假诉讼违法犯罪前科再次实施虚假诉讼犯罪的被告人,要充分体现从严,控制缓刑、免予刑事处罚的适用范围。

十八、保持高压态势,严惩"套路贷"虚假诉讼犯罪。及时甄别、依法严厉打击"套路贷"中的虚假诉讼违法犯罪行为,符合黑恶势力认定标准的,应当依法认定。对于被告人实施"套路贷"违法所得的一切财物,应当予以追缴或者责令退赔,依法保护被害人的财产权利。保持对"套路贷"虚假诉讼违法犯罪的高压严打态势,将依法严厉打击"套路贷"虚假诉讼违法犯罪作为常态化开展扫黑除恶斗争的重要内容,切实维护司法秩序和人民群众合法权益,满足人民群众对公平正义的心理期待。

十九、做好程序衔接,保持刑民协同。经审理认为民事诉讼当事人的行为构成虚假诉讼犯罪的,作出生效刑事裁判的人民法院应当及时函告审理或者执行该民事案件的人民法院。生效刑事裁判认定构成虚假诉讼犯罪的,有关人民法院应当及时依法启动审判监督程序对相关民事判决、裁定、调解书予以纠正。当事人、案外人以生效刑事裁判认定构成虚假诉讼犯罪为由对生效民事判决、裁定、调解书申请再审的,应当依法及时进行审查。

二十、加强队伍建设,提升整治能力。各级人民法院要及时组织法院干警学习掌握中央和地方各项经济社会政策;将甄别和查处虚假诉讼纳入法官培训范围;通过典型案例分析、审判业务交流、庭审观摩等多种形式,提高法官甄别和查处虚假诉讼的司法能力;严格落实司法责任制,对参与虚假诉讼的法院工作人员依规依纪严肃处理,建设忠诚干净担当的人民法院队伍。法院工作人员利用职权与他人共同实施虚假诉讼行为,构成虚假诉讼罪的,依法从重处罚,同时构成其他犯罪的,依照处罚较重的规定定罪并从重处罚。法院工作人员不正确履行职责,玩忽职守,致使虚假诉讼案件进入诉讼程序,导致公共财产、国家和人民利益遭受重大损失,符合刑法规定的犯罪构成要件的,依照玩忽职守罪、执行判决、裁定失职罪等罪名定罪处罚。

二十一、强化配合协调,形成整治合力。各级人民法院要积极探索与人民检察院、公安机关、司法行政机关等职能部门建立完善虚假诉讼案件信息共享机制、虚假诉讼违法犯罪线索移送机制、虚假诉讼刑民交叉案件协调惩治机制、整治虚假诉讼联席会议机制等工作机制;与各政法单位既分工负责、又沟通配合,推动建立信息互联共享、程序有序衔接、整治协调配合、制度共商共建的虚假诉讼整治工作格局。

二十二、探索信用惩戒,助力诚信建设。各级人民法院要积极探索建立虚假诉讼"黑名单"制度。建立虚假诉讼失信人名单信息库,在"立、审、执"环节自动识别虚假诉讼人员信息,对办案人员进行自动提示、自动预警,提醒办案人员对相关案件进行重点审查。积极探索虚假诉讼人员名单向社会公开和信用惩戒机制,争取与征信机构的信息数据库对接,推动社会信用体系建设。通过信用惩戒增加虚假诉讼人员违法成本,积极在全社会营造不敢、不能、不愿虚假诉讼的法治环境,助力诚信社会建设,保障市场经济平稳、有序、高效发展。

二十三、开展普法宣传,弘扬诉讼诚信。各级人民法院要贯彻落实"谁执法谁普法"的普法责任制要求,充分发挥人民法院处于办案一线的优势,深入剖析虚假诉讼典型案例,及时向全社会公布,加大宣传力度,弘扬诚实信用民事诉讼原则,彰显人民法院严厉打击虚假诉讼的决心,增强全社会对虚假诉讼违法行为的防范意识,对虚假诉讼行为形成强大震慑。通过在诉讼服务大厅、诉讼服务网、12368热线、移动微法院等平台和"人民法院民事诉讼风险提示书"等途径,告知诚信诉讼义务,释明虚假诉讼法律责任,引导当事人依法诚信诉讼,让公正司法、全民守法、诚实守信的理念深深植根于人民群众心中。

二十四、本意见自2021年11月10日起施行。

(2)《最高人民法院关于防范和制裁虚假诉讼的指导意见》(法发〔2016〕13号,20160620)

当前,民事商事审判领域存在的虚假诉讼现象,不仅严重侵害案外人合法权益,破坏社会诚信,也扰乱了正常的诉讼秩序,损害司法权威和司法公信力,人民群众对此反映强烈。各级人民法院对此要高度重视,努力探索通过多种有效措施防范和制裁虚假诉讼行为。

1. 虚假诉讼一般包含以下要素:(1)以规避法律、法规或国家政策谋取非法利益为目的;(2)双方当事人存在恶意串通;(3)虚构事实;(4)借用合法的民事程序;(5)侵害国家利益、社会公共利益或者案外人的合法权益。

2. 实践中,要特别注意以下情形:(1)当事人为夫妻、朋友等亲近关系或者关联企业等共同利益关系;(2)原告诉请司法保护的标的额与其自身经济状况严重不符;(3)原告起诉所依据的事实和理由明显不符合常理;(4)当事人双方无实质性民事权益争议;(5)案件证据不足,但双方仍然主动迅速达成调解协议,并请求人民法院出具调解书。

3. 各级人民法院应当在立案窗口及法庭张贴警示宣传标识,同时在"人民法院民事诉讼风险提示书"中明确告知参与虚假诉讼应当承担的法律责任,引导当事人依法行使诉权,诚信诉讼。

4. 在民间借贷、离婚析产、以物抵债、劳动争议、公司分立(合并)、企业破产等虚假诉讼高发领域的案件审理中,要加大证据审查力度。对可能存在虚假诉讼的,要适当加大依职权调查取证力度。

5. 涉嫌虚假诉讼的,应当传唤当事人本人到庭,就有关案件事实接受询问。除法定事由外,应当要求证人出庭作证。要充分发挥民事诉讼法司法解释有关当事人和证人签署保证书规定的作用,探索当事人和证人宣誓制度。

6. 诉讼中,一方对另一方提出的于己不利的事实明确表示承认,且不符合常理的,要做进一步查明,慎重认定。查明的事实与自认的事实不符的,不予确认。

7. 要加强对调解协议的审查力度。对双方主动达成调解协议并申请人民法院出具调解书的,应当结合案件基础事实,注重审查调解协议是否损害国家利益、社会公共利益或者案外人的合法权益;对人民调解协议司法确认案件,要按照民事诉讼法司法解释要求,注重审查基础法律关系的真实性。

8. 在执行公证债权文书和仲裁裁决书、调解书等法律文书过程中,对可能存在双方恶意串通、虚构事实的,要加大实质审查力度,注重审查相关法律文书是否损害国家利益、社会公共利益或者案外人的合法权益。如果存在上述情形,应当裁定不予执行。必要时,可向仲裁机构或者公证机关发出司法建议。

9. 加大公开审判力度,增加案件审理的透明度。对与案件处理结果可能存在法律上利害关系的,可适当依职权通知其参加诉讼,避免其民事权益受到损害,防范虚假诉讼行为。

10. 在第三人撤销之诉、案外人执行异议之诉、案外人申请再审等案件审理中,发现已经生效的裁判涉及虚假诉讼的,要及时予以纠正,保护案外人诉权和实体权利;同时也要防范有关人员利用上述法律制度,制造虚假诉讼,损害原诉讼中合法权利人利益。

11. 经查明属于虚假诉讼,原告申请撤诉的,不予准许,并应当根据民事诉讼法第一百一十二条①的规定,驳回其请求。

12. 对虚假诉讼参与人,要适度加大罚款、拘留等妨碍民事诉讼强制措施的法律适用力度;虚假诉讼侵害他人民事权益的,虚假诉讼参与人应当承担赔偿责任;虚假诉讼违法行为涉嫌虚假诉讼罪、诈骗罪、合同诈骗罪等刑事犯罪的,民事审判部门应当依法将相关线索和有关案件材料移送侦查机关。

13. 探索建立虚假诉讼失信人名单制度。将虚假诉讼参与人列入失信人名单,逐步开展与现有相关信息平台和社会信用体系接轨工作,加大制裁力度。

14. 人民法院工作人员参与虚假诉讼的,要依照法官法、法官职业道德基本准则和法官行为规范等规定,从严处理。

---

① 2021年修正后的民事诉讼法第一百一十五条。

15. 诉讼代理人参与虚假诉讼的,要依法予以制裁,并应当向司法行政部门、律师协会或者行业协会发出司法建议。

16. 鉴定机构、鉴定人参与虚假诉讼的,可以根据情节轻重,给予鉴定机构、鉴定人训诫、责令退还鉴定费用、从法院委托鉴定专业机构备选名单中除名等制裁,并应当向司法行政部门或者行业协会发出司法建议。

17. 要积极主动与有关部门沟通协调,争取支持配合,探索建立多部门协调配合的综合治理机制。要通过向社会公开发布虚假诉讼典型案例等多种形式,震慑虚假诉讼违法行为。

18. 各级人民法院要及时组织干警学习了解中央和地方的各项经济社会政策,充分预判有可能在司法领域反映出来的虚假诉讼案件类型,也可以采取典型案例分析、审判业务交流、庭审观摩等多种形式,提高甄别虚假诉讼的司法能力。

【典型案例】

如何识别和认定虚假诉讼行为? [徐卿与大连万腾汉资航运有限公司、第三人黑龙江农垦大荒能源有限公司船舶抵押合同纠纷案,(2017)辽72民初918号]

虚假诉讼是行为人利用伪造证据、捏造事实、虚构法律关系等方式,通过提起民事诉讼,破坏法院正常审判活动的途径,利用法院的民事裁判权和强制执行权,促使法院作出错误的判决或裁定,从而使自己或他人达到获得财产性利益目的的行为。本案中,法院综合认定存在虚假诉讼行为,不准许徐卿的撤诉申请,并依照民事诉讼法第一百一十二条①、海事诉讼特别程序法第一百一十六条规定,判决驳回徐卿对万腾汉资的全部诉讼请求。

【适用要点】

法院在审理案件时,要依法全面、客观地审核双方当事人提交的全部证据,从各证据与案件事实的关联程度、各证据之间的联系等方面进行综合审查判断。对形式有瑕疵的证据,要结合其他证据认定是否存在真实法律关系,同时要根据当事人间关系以及当事人陈述的事实细节经过等因素综合判断。发现有虚假诉讼嫌疑的,要及时依职权调查取证,查清事实真相。在虚假诉讼行为人的行为达不到虚假诉讼罪入罪标准时,应根据民事诉讼相关法律来确定行为人应承担的法律责任。

---

① 2021年修正后的民事诉讼法第一百一十五条。

三十四、海事担保合同纠纷

1. 案由释义

海事担保合同,是指为保障相关权利人海事债权的实现,由债务人或第三人以其财产向债权人提供担保,依照约定或法定的顺序、方式担保相关权利人的海事债权得到清偿的合同。海事担保合同具有多种表现方式。例如,根据海商法第一百八十八条规定,被救助方在救助作业结束后,应当根据救助方的要求,对救助款项提供满意的担保。在不影响前款规定的情况下,获救船舶的船舶所有人应当在获救的货物交还前,尽力使货物的所有人对其应当承担的救助款项提供满意的担保。在未根据救助人的要求对获救的船舶或者其他财产提供满意的担保以前,未经救助方同意,不得将获救的船舶和其他财产从救助作业完成后最初到达的港口或者地点移走。海商法第二百零二条第一款、第二款规定,经利益关系人要求,各分摊方应当提供共同海损担保。以提供保证金方式进行共同海损担保的,保证金应当交由海损理算师以保管人名义存入银行。

除却以上情形,根据《最高人民法院关于海事法院受理案件范围的规定》涉及的与海事海商有关担保的规定,也是海事担保合同的重要表现形式,主要包括:港口货物抵押、质押等担保合同纠纷案件;海运集装箱抵押、质押等担保合同纠纷案件;港航设备设施抵押、质押等担保合同纠纷案件;以船舶、海运集装箱、港航设备设施设定担保的借款合同纠纷案件(但当事人仅就借款合同纠纷起诉的案件除外);为担保海上运输、船舶买卖、船舶工程、港口生产经营相关债权实现而发生的担保合同纠纷等案件;海洋开发利用设备设施抵押、质押等担保合同纠纷案件;以海洋开发利用设备设施设定担保的借款合同纠纷案件(但当事人仅就借款合同纠纷起诉的案件除外);为担保海洋及通海可航水域工程建设、海洋开发利用等海上生产经营相关债权实现而发生的担保、独立保函、信用证等纠纷案件;申请实现以船舶、船载货物、船用物料、海运集装箱、港航设备设施、海洋开发利用设备设施等财产为担保物的担保物权案件等。当事人因该合同的签订、履行、变更、终止而产生的纠纷,即为海事担保合同纠纷。

2. 诉讼程序规范

【相关立法】

《中华人民共和国民事诉讼法》(19910409;20220101)

第二十四条　因合同纠纷提起的诉讼,由被告住所地或者合同履行地人民法院管辖。

【司法解释】

(1)《最高人民法院关于海事法院受理案件范围的规定》(法释〔2016〕4号,20160301)

33. 港口货物抵押、质押等担保合同纠纷案件;

36. 海运集装箱抵押、质押等担保合同纠纷案件;

47. 港航设备设施抵押、质押等担保合同纠纷案件;

48. 以船舶、海运集装箱、港航设备设施设定担保的借款合同纠纷案件,但当事人仅就借款合同纠纷起诉的案件除外;

50. 为担保海上运输、船舶买卖、船舶工程、港口生产经营相关债权实现而发生的担保、独立保函、信用证等纠纷案件;

60. 海洋开发利用设备设施抵押、质押等担保合同纠纷案件;

61. 以海洋开发利用设备设施设定担保的借款合同纠纷案件,但当事人仅就借款合同纠纷起诉的案件除外;

62. 为担保海洋及通海可航水域工程建设、海洋开发利用等海上生产经营相关债权实现而发生的担保、独立保函、信用证等纠纷案件;

105. 申请实现以船舶、船载货物、船用物料、海运集装箱、港航设备设施、海洋开发利用设备设施等财产为担保物的担保物权案件;

(2)《最高人民法院关于适用〈中华人民共和国民法典〉有关担保制度的解释》(法释〔2020〕28号,20210101)

第二十一条　主合同或者担保合同约定了仲裁条款的,人民法院对约定仲裁条款的合同当事人之间的纠纷无管辖权。

债权人一并起诉债务人和担保人的,应当根据主合同确定管辖法院。

债权人依法可以单独起诉担保人且仅起诉担保人的,应当根据担保合同确定管辖法院。

(3)《最高人民法院关于审理独立保函纠纷案件若干问题的规定》(法释〔2016〕24号,20161201;经法释〔2020〕18号修正,20210101)

第二十一条 受益人和开立人之间因独立保函而产生的纠纷案件,由开立人住所地或被告住所地人民法院管辖,独立保函载明由其他法院管辖或提交仲裁的除外。当事人主张根据基础交易合同争议解决条款确定管辖法院或提交仲裁的,人民法院不予支持。

独立保函欺诈纠纷案件由被请求止付的独立保函的开立人住所地或被告住所地人民法院管辖,当事人书面协议由其他法院管辖或提交仲裁的除外。当事人主张根据基础交易合同或独立保函的争议解决条款确定管辖法院或提交仲裁的,人民法院不予支持。

(4)《最高人民法院关于审理信用证纠纷案件若干问题的规定》(法释〔2005〕13号,20060101;经法释〔2020〕18号修正,20210101)

第十一条 当事人在起诉前申请中止支付信用证项下款项符合下列条件的,人民法院应予受理:

(一)受理申请的人民法院对该信用证纠纷案件享有管辖权;

(二)申请人提供的证据材料证明存在本规定第八条的情形;

(三)如不采取中止支付信用证项下款项的措施,将会使申请人的合法权益受到难以弥补的损害;

(四)申请人提供了可靠、充分的担保;

(五)不存在本规定第十条的情形。

当事人在诉讼中申请中止支付信用证项下款项的,应当符合前款第(二)、(三)、(四)、(五)项规定的条件。

【典型案例】

(1)托运人为换取清洁提单向承运人出具的保函是否属于海事担保?
[福州天恒船务有限公司与远大物产集团有限公司、宁波中盟钢铁有限公司等海上货物运输合同纠纷管辖权异议案,(2011)民提字第313号]

托运人要求承运人签发清洁提单而出具的保函,属于运输合同项下托运人的特别承诺,仍应归属运输合同法律关系,不是海事诉讼特别程序法第六条第二款第(六)项规定的"海事担保";运输合同以外的第三人为此出具的保函,属于担保法①规定的"保证",以及海事诉讼特别程序法上述条款规定的"海事担保"。二者的法律适用以及相关纠纷的管辖依据也相应不同。

(2)非对称管辖权条款是否有效?［益利船务有限公司与施某某等光船租赁担保合同纠纷案,(2020)闽民辖终 114 号］

协议确定管辖法院是意思自治原则在民事诉讼法领域的体现,当事人达成的管辖协议只要不违反法律强制性规定,且系双方当事人真实意思表示,原则上应认定有效。非对称管辖权条款(asymmetric jurisdiction clause)允许一方(通常是债权人方)在多于一个司法管辖区内提起诉讼,但规定另一方(通常是债务人方)只可以在一个特定司法管辖区的法院提起诉讼。涉案《个人担保书》有关管辖权的约定为非对称排他管辖权条款,即仅在债权人选择香港法院起诉时,香港法院享有排他管辖权,但不排除债权人选择向香港以外的其他法院起诉的权利。该条款应认定为有效。益利船务有限公司未选择香港法院起诉,而是选择厦门海事法院起诉,符合合同约定和内地法律规定。

【适用要点】

债权人一并起诉债务人和担保人的,应当根据主合同确定管辖法院。债权人依法可以单独起诉担保人且仅起诉担保人的,应当根据担保合同确定管辖法院。因合同纠纷提起的诉讼,由被告住所地或者合同履行地人民法院管辖。如果是涉及港口货物、海运集装箱、港航设备设施、海洋开发利用设备设施抵押、质押等的海事担保合同纠纷案件,应由担保物所在地的海事法院管辖;涉及以船舶为担保的,可以由船籍港所在地海事法院管辖;涉及为担保海洋及通海可航水域工程建设、海洋开发利用等海上生产经营相关债权实现而发生独立保函、信用证等纠纷案件,应以《最高人民法院关于审理独立保函纠纷案件若干问题的规定》《最高人民法院关于审理信用证纠纷案件若干问题的规定》的相关规定确定地域管辖,并最终依据海事法院地域管辖划分的规则确定有管辖权的海事法院。

---

① 民法典施行后,担保法被废止,相关内容见民法典规定。

3. 海事担保的方式①

【相关立法】

(1)《中华人民共和国海商法》(19930701)

第八十七条 应当向承运人支付的运费、共同海损分摊、滞期费和承运人为货物垫付的必要费用以及应当向承运人支付的其他费用没有付清,又没有提供适当担保的,承运人可以在合理的限度内留置其货物。

第一百八十八条 被救助方在救助作业结束后,应当根据救助方的要求,对救助款项提供满意的担保。

在不影响前款规定的情况下,获救船舶的船舶所有人应当在获救的货物交还前,尽力使货物的所有人对其应当承担的救助款项提供满意的担保。

在未根据救助人的要求对获救的船舶或者其他财产提供满意的担保以前,未经救助方同意,不得将获救的船舶和其他财产从救助作业完成后最初到达的港口或者地点移走。

第二百零二条 经利益关系人要求,各分摊方应当提供共同海损担保。

以提供保证金方式进行共同海损担保的,保证金应当交由海损理算师以保管人名义存入银行。

保证金的提供、使用或者退还,不影响各方最终的分摊责任。

(2)《中华人民共和国民法典》(20210101)

第三百八十六条 担保物权人在债务人不履行到期债务或者发生当事人约定的实现担保物权的情形,依法享有就担保财产优先受偿的权利,但是法律另有规定的除外。

第三百八十七条至第四百五十七条(略)

第六百八十一条 保证合同是为保障债权的实现,保证人和债权人约定,当债务人不履行到期债务或者发生当事人约定的情形时,保证人履行债务或者承担责任的合同。

第六百八十二条至第七百零二条(略)

---

① 海事担保所争议的担保形式为抵押合同的相关规定参见船舶抵押合同章节。

【司法解释】

《最高人民法院关于适用〈中华人民共和国民法典〉有关担保制度的解释》(法释〔2020〕28 号,20210101)

第一条至第七十一条(略)

【典型案例】

(1)被扣押船舶提供的反担保函的法律性质如何认定?对于以船舶作为担保物但未设立船舶抵押权,在船舶所有权发生转移的情形下,担保权人能否实现其担保利益?[中国大地财产保险股份有限公司福建分公司与福建海通发展股份有限公司海事担保合同纠纷案,(2017)最高法民再 239 号]

《反担保函》载明海通公司愿意以"宁顺 9"轮作为担保物为大地保险福建分公司承担因于 2010 年 5 月 26 日向广州海事法院出具担保函,担保赔偿由此造成的大地保险福建分公司非保险责任事故损失的支出。此后,大地保险福建分公司于 2010 年 6 月 10 日,向湛江港公司出具《担保函》。虽然《反担保函》担保的担保函与大地保险福建分公司出具的《担保函》从形式上看,在出具时间和出具对象上不一致,但大地保险福建分公司出具《担保函》提供的担保系海事担保,该种担保作为一种财产保全担保属于程序法意义上的担保,与实体法意义上的担保有所不同。依据海事诉讼特别程序法第七十四条的规定,海事被请求人的担保可以提交给海事法院,也可以提供给海事请求人。

海事被请求人的担保无论是提交给海事法院还是提供给海事请求人,都应当被认定为有效。以船舶作为担保物的海事担保若未设立船舶抵押,但系当事人真实意思表示所作出的承诺,且不违反法律或者社会公共利益,具备法律规定的民事法律行为的实质要件与形式要件,应认定为有效的非典型担保。在担保物被转让的情形下,海事担保人的担保责任不应随担保物转让而解除,亦不能以此逃避担保责任,海事担保权人有权要求担保人以该担保物正常转让价款承担担保责任。

(2)海事担保所附条件是否影响担保责任的承担?[温州市交通投资集团有限公司等与中国人民财产保险股份有限公司温岭支公司海事担保合同纠纷案,(2015)浙海终字第 128 号]

当事人对合同的效力可以约定附条件。附生效条件的合同,自条件成就时生效。附解除条件的合同,自条件成就时失效。附条件合同所附条件应为将来发生的、不确定的,并由当事人议定而非法定的事实,且不得与合同主要内容相矛盾。案涉担保函所附"属于保险责任"的条件,既非将来发生的事实,也非双方当事人约定的事实。"属于保险责任"也并非不确定的事实,且直接与保函内容相冲突。故担保函所附"属于保险责任"的条件不产生法律效力。

【适用要点】

应注意海事担保合同纠纷和海事请求担保纠纷两个案由之间的区别:海事请求担保纠纷主要是当事人为申请海事强制措施,包括海事请求保全、海事强制令、海事证据保全等措施提供担保所引发的纠纷。而海事担保合同纠纷主要是当事人从事海商交易中为担保债权人债权的实现,因担保合同的签订、履行、变更和终止而产生的纠纷。海事债权担保的主要方式包括抵押、质押、保证、独立保函、信用证等。如果所争议的担保形式为船舶抵押合同纠纷,则应以船舶抵押合同纠纷确定案由。审理海事担保合同纠纷案件的法律依据主要是海商法、民法典及《最高人民法院关于适用〈中华人民共和国民法典〉有关担保制度的解释》的有关规定。

4. 为担保海事债权实现而发生的独立保函、信用证纠纷

【司法解释】

(1)《最高人民法院关于适用〈中华人民共和国民法典〉有关担保制度的解释》(法释〔2020〕28 号,20210101)

第二条　当事人在担保合同中约定担保合同的效力独立于主合同,或者约定担保人对主合同无效的法律后果承担担保责任,该有关担保独立性的约定无效。主合同有效的,有关担保独立性的约定无效不影响担保合同的效力;主合同无效的,人民法院应当认定担保合同无效,但是法律另有规定的除外。

因金融机构开立的独立保函发生的纠纷,适用《最高人民法院关于审理独立保函纠纷案件若干问题的规定》。

第六十条　在跟单信用证交易中,开证行与开证申请人之间约定以提单作为担保的,人民法院应当依照民法典关于质权的有关规定处理。

在跟单信用证交易中,开证行依据其与开证申请人之间的约定或者跟单信用证的惯例持有提单,开证申请人未按照约定付款赎单,开证行主张对提单项下货物优先受偿的,人民法院应予支持;开证行主张对提单项下货物享

有所有权的,人民法院不予支持。

在跟单信用证交易中,开证行依据其与开证申请人之间的约定或者跟单信用证的惯例,通过转让提单或者提单项下货物取得价款,开证申请人请求返还超出债权部分的,人民法院应予支持。

前三款规定不影响合法持有提单的开证行以提单持有人身份主张运输合同项下的权利。

(2)《最高人民法院关于审理独立保函纠纷案件若干问题的规定》(法释〔2016〕24 号,20161201;经法释〔2020〕18 号修正,20210101)

第一条 本规定所称的独立保函,是指银行或非银行金融机构作为开立人,以书面形式向受益人出具的,同意在受益人请求付款并提交符合保函要求的单据时,向其支付特定款项或在保函最高金额内付款的承诺。

前款所称的单据,是指独立保函载明的受益人应提交的付款请求书、违约声明、第三方签发的文件、法院判决、仲裁裁决、汇票、发票等表明发生付款到期事件的书面文件。

独立保函可以依保函申请人的申请而开立,也可以依另一金融机构的指示而开立。开立人依指示开立独立保函的,可以要求指示人向其开立用以保障追偿权的独立保函。

第二条 本规定所称的独立保函纠纷,是指在独立保函的开立、撤销、修改、转让、付款、追偿等环节产生的纠纷。

第三条 保函具有下列情形之一,当事人主张保函性质为独立保函的,人民法院应予支持,但保函未载明据以付款的单据和最高金额的除外:

(一)保函载明见索即付;

(二)保函载明适用国际商会《见索即付保函统一规则》等独立保函交易示范规则;

(三)根据保函文本内容,开立人的付款义务独立于基础交易关系及保函申请法律关系,其仅承担相符交单的付款责任。

当事人以独立保函记载了对应的基础交易为由,主张该保函性质为一般保证或连带保证的,人民法院不予支持。

当事人主张独立保函适用民法典关于一般保证或连带保证规定的,人民法院不予支持。

第四条 独立保函的开立时间为开立人发出独立保函的时间。

独立保函一经开立即生效,但独立保函载明生效日期或事件的除外。

独立保函未载明可撤销,当事人主张独立保函开立后不可撤销的,人民法院应予支持。

第五条　独立保函载明适用《见索即付保函统一规则》等独立保函交易示范规则，或开立人和受益人在一审法庭辩论终结前一致援引的，人民法院应当认定交易示范规则的内容构成独立保函条款的组成部分。

不具有前款情形，当事人主张独立保函适用相关交易示范规则的，人民法院不予支持。

第六条　受益人提交的单据与独立保函条款之间、单据与单据之间表面相符，受益人请求开立人依据独立保函承担付款责任的，人民法院应予支持。

开立人以基础交易关系或独立保函申请关系对付款义务提出抗辩的，人民法院不予支持，但有本规定第十二条情形的除外。

第七条　人民法院在认定是否构成表面相符时，应当根据独立保函载明的审单标准进行审查；独立保函未载明的，可以参照适用国际商会确定的相关审单标准。

单据与独立保函条款之间、单据与单据之间表面上不完全一致，但并不导致相互之间产生歧义的，人民法院应当认定构成表面相符。

第八条　开立人有独立审查单据的权利与义务，有权自行决定单据与独立保函条款之间、单据与单据之间是否表面相符，并自行决定接受或拒绝接受不符点。

开立人已向受益人明确表示接受不符点，受益人请求开立人承担付款责任的，人民法院应予支持。

开立人拒绝接受不符点，受益人以保函申请人已接受不符点为由请求开立人承担付款责任的，人民法院不予支持。

第九条　开立人依据独立保函付款后向保函申请人追偿的，人民法院应予支持，但受益人提交的单据存在不符点的除外。

第十条　独立保函未同时载明可转让和据以确定新受益人的单据，开立人主张受益人付款请求权的转让对其不发生效力的，人民法院应予支持。独立保函对受益人付款请求权的转让有特别约定的，从其约定。

第十一条　独立保函具有下列情形之一，当事人主张独立保函权利义务终止的，人民法院应予支持：

（一）独立保函载明的到期日或到期事件届至，受益人未提交符合独立保函要求的单据；

（二）独立保函项下的应付款项已经全部支付；

（三）独立保函的金额已减额至零；

（四）开立人收到受益人出具的免除独立保函项下付款义务的文件；

(五)法律规定或者当事人约定终止的其他情形。

独立保函具有前款权利义务终止的情形,受益人以其持有独立保函文本为由主张享有付款请求权的,人民法院不予支持。

第十二条 具有下列情形之一的,人民法院应当认定构成独立保函欺诈:

(一)受益人与保函申请人或其他人串通,虚构基础交易的;

(二)受益人提交的第三方单据系伪造或内容虚假的;

(三)法院判决或仲裁裁决认定基础交易债务人没有付款或赔偿责任的;

(四)受益人确认基础交易债务已得到完全履行或者确认独立保函载明的付款到期事件并未发生的;

(五)受益人明知其没有付款请求权仍滥用该权利的其他情形。

第十三条 独立保函的申请人、开立人或指示人发现有本规定第十二条情形的,可以在提起诉讼或申请仲裁前,向开立人住所地或其他对独立保函欺诈纠纷案件具有管辖权的人民法院申请中止支付独立保函项下的款项,也可以在诉讼或仲裁过程中提出申请。

第十四条 人民法院裁定中止支付独立保函项下的款项,必须同时具备下列条件:

(一)止付申请人提交的证据材料证明本规定第十二条情形的存在具有高度可能性;

(二)情况紧急,不立即采取止付措施,将给止付申请人的合法权益造成难以弥补的损害;

(三)止付申请人提供了足以弥补被申请人因止付可能遭受损失的担保。

止付申请人以受益人在基础交易中违约为由请求止付的,人民法院不予支持。

开立人在依指示开立的独立保函项下已经善意付款的,对保障该开立人追偿权的独立保函,人民法院不得裁定止付。

第十五条 因止付申请错误造成损失,当事人请求止付申请人赔偿的,人民法院应予支持。

第十六条 人民法院受理止付申请后,应当在四十八小时内作出书面裁定。裁定应当列明申请人、被申请人和第三人,并包括初步查明的事实和是否准许止付申请的理由。

裁定中止支付的,应当立即执行。

止付申请人在止付裁定作出后三十日内未依法提起独立保函欺诈纠纷诉讼或申请仲裁的,人民法院应当解除止付裁定。

第十七条 当事人对人民法院就止付申请作出的裁定有异议的,可以在裁定书送达之日起十日内向作出裁定的人民法院申请复议。复议期间不停止裁定的执行。

人民法院应当在收到复议申请后十日内审查,并询问当事人。

第十八条 人民法院审理独立保函欺诈纠纷案件或处理止付申请,可以就当事人主张的本规定第十二条的具体情形,审查认定基础交易的相关事实。

第十九条 保函申请人在独立保函欺诈诉讼中仅起诉受益人的,独立保函的开立人、指示人可以作为第三人申请参加,或由人民法院通知其参加。

第二十条 人民法院经审理独立保函欺诈纠纷案件,能够排除合理怀疑地认定构成独立保函欺诈,并且不存在本规定第十四条第三款情形的,应当判决开立人终止支付独立保函项下被请求的款项。

第二十一条 受益人和开立人之间因独立保函而产生的纠纷案件,由开立人住所地或被告住所地人民法院管辖,独立保函载明其他法院管辖或提交仲裁的除外。当事人主张根据基础交易合同争议解决条款确定管辖法院或提交仲裁的,人民法院不予支持。

独立保函欺诈纠纷案件由被请求止付的独立保函的开立人住所地或被告住所地人民法院管辖,当事人书面协议由其他法院管辖或提交仲裁的除外。当事人主张根据基础交易合同或独立保函的争议解决条款确定管辖法院或提交仲裁的,人民法院不予支持。

第二十二条 涉外独立保函未载明适用法律,开立人和受益人在一审法庭辩论终结前亦未就适用法律达成一致的,开立人和受益人之间因涉外独立保函而产生的纠纷适用开立人经常居所地法律;独立保函由金融机构依法登记设立的分支机构开立的,适用分支机构登记地法律。

涉外独立保函欺诈纠纷,当事人就适用法律不能达成一致的,适用被请求止付的独立保函的开立人经常居所地法律;独立保函由金融机构依法登记设立的分支机构开立的,适用分支机构登记地法律;当事人有共同经常居所地的,适用共同经常居所地法律。

涉外独立保函止付保全程序,适用中华人民共和国法律。

第二十三条 当事人约定在国内交易中适用独立保函,一方当事人以独立保函不具有涉外因素为由,主张保函独立性的约定无效的,人民法院不予支持。

第二十四条 对于按照特户管理并移交开立人占有的独立保函开立保

证金,人民法院可以采取冻结措施,但不得扣划。保证金账户内的款项丧失开立保证金的功能时,人民法院可以依法采取扣划措施。

开立人已履行对外支付义务的,根据该开立人的申请,人民法院应当解除对开立保证金相应部分的冻结措施。

第二十五条　本规定施行后尚未终审的案件,适用本规定;本规定施行前已经终审的案件,当事人申请再审或者人民法院按照审判监督程序再审的,不适用本规定。

(3)《最高人民法院关于审理信用证纠纷案件若干问题的规定》(法释〔2005〕13 号,20060101;经法释〔2020〕18 号修正,20210101)

第一条　本规定所指的信用证纠纷案件,是指在信用证开立、通知、修改、撤销、保兑、议付、偿付等环节产生的纠纷。

第二条　人民法院审理信用证纠纷案件时,当事人约定适用相关国际惯例或者其他规定的,从其约定;当事人没有约定的,适用国际商会《跟单信用证统一惯例》或者其他相关国际惯例。

第三条　开证申请人与开证行之间因申请开立信用证而产生的欠款纠纷、委托人和受托人之间因委托开立信用证产生的纠纷、担保人为申请开立信用证或者委托开立信用证提供担保而产生的纠纷以及信用证项下融资产生的纠纷,适用本规定。

第四条　因申请开立信用证而产生的欠款纠纷、委托开立信用证纠纷和因此产生的担保纠纷以及信用证项下融资产生的纠纷应当适用中华人民共和国相关法律。涉外合同当事人对法律适用另有约定的除外。

第五条　开证行在作出付款、承兑或者履行信用证项下其他义务的承诺后,只要单据与信用证条款、单据与单据之间在表面上相符,开证行应当履行在信用证规定的期限内付款的义务。当事人以开证申请人与受益人之间的基础交易提出抗辩的,人民法院不予支持。具有本规定第八条的情形除外。

第六条　人民法院在审理信用证纠纷案件中涉及单证审查的,应当根据当事人约定适用的相关国际惯例或者其他规定进行;当事人没有约定的,应当按照国际商会《跟单信用证统一惯例》以及国际商会确定的相关标准,认定单据与信用证条款、单据与单据之间是否在表面上相符。

信用证项下单据与信用证条款之间、单据与单据之间在表面上不完全一致,但并不导致相互之间产生歧义的,不应认定为不符点。

第七条　开证行有独立审查单据的权利和义务,有权自行作出单据与信用证条款、单据与单据之间是否在表面上相符的决定,并自行决定接受或者拒绝接受单据与信用证条款、单据与单据之间的不符点。

开证行发现信用证项下存在不符点后，可以自行决定是否联系开证申请人接受不符点。开证申请人决定是否接受不符点，并不影响开证行最终决定是否接受不符点。开证行和开证申请人另有约定的除外。

开证行向受益人明确表示接受不符点的，应当承担付款责任。

开证行拒绝接受不符点时，受益人以开证申请人已接受不符点为由要求开证行承担信用证项下付款责任的，人民法院不予支持。

第八条 凡有下列情形之一的，应当认定存在信用证欺诈：

（一）受益人伪造单据或者提交记载内容虚假的单据；

（二）受益人恶意不交付货物或者交付的货物无价值；

（三）受益人和开证申请人或者其他第三方串通提交假单据，而没有真实的基础交易；

（四）其他进行信用证欺诈的情形。

第九条 开证申请人、开证行或者其他利害关系人发现有本规定第八条的情形，并认为将会给其造成难以弥补的损害时，可以向有管辖权的人民法院申请中止支付信用证项下的款项。

第十条 人民法院认定存在信用证欺诈的，应当裁定中止支付或者判决终止支付信用证下款项，但有下列情形之一的除外：

（一）开证行的指定人、授权人已按照开证行的指令善意地进行了付款；

（二）开证行或者其指定人、授权人已对信用证项下票据善意地作出了承兑；

（三）保兑行善意地履行了付款义务；

（四）议付行善意地进行了议付。

第十一条 当事人在起诉前申请中止支付信用证项下款项符合下列条件的，人民法院应予受理：

（一）受理申请的人民法院对该信用证纠纷案件享有管辖权；

（二）申请人提供的证据材料证明存在本规定第八条的情形；

（三）如不采取中止支付信用证项下款项的措施，将会使申请人的合法权益受到难以弥补的损害；

（四）申请人提供了可靠、充分的担保；

（五）不存在本规定第十条的情形。

当事人在诉讼中申请中止支付信用证项下款项的，应当符合前款第（二）、（三）、（四）、（五）项规定的条件。

第十二条 人民法院接受中止支付信用证项下款项申请后，必须在四十八小时内作出裁定;裁定中止支付的,应当立即开始执行。

人民法院作出中止支付信用证项下款项的裁定,应当列明申请人、被申请人和第三人。

第十三条　当事人对人民法院作出中止支付信用证项下款项的裁定有异议的,可以在裁定书送达之日起十日内向上一级人民法院申请复议。上一级人民法院应当自收到复议申请之日起十日内作出裁定。

复议期间,不停止原裁定的执行。

第十四条　人民法院在审理信用证欺诈案件过程中,必要时可以将信用证纠纷与基础交易纠纷一并审理。

当事人以基础交易欺诈为由起诉的,可以将与案件有关的开证行、议付行或者其他信用证法律关系的利害关系人列为第三人;第三人可以申请参加诉讼,人民法院也可以通知第三人参加诉讼。

第十五条　人民法院通过实体审理,认定构成信用证欺诈并且不存在本规定第十条的情形的,应当判决终止支付信用证项下的款项。

第十六条　保证人以开证行或者开证申请人接受不符点未征得其同意为由请求免除保证责任的,人民法院不予支持。保证合同另有约定的除外。

第十七条　开证申请人与开证行对信用证进行修改未征得保证人同意的,保证人只在原保证合同约定的或者法律规定的期间和范围内承担保证责任。保证合同另有约定的除外。

【司法指导文件】

(1)《最高人民法院关于当前人民法院审理信用证纠纷案件应当注意问题的通知》(法明传〔2009〕499号,20090724)

各省、自治区、直辖市高级人民法院:

我院法释〔2005〕13号《关于审理信用证纠纷案件若干问题的规定》自2006年1月1日起实施以来,为各级人民法院审理信用证纠纷案件提供了具有可操作性的法律依据,取得了较好的法律效果和社会效果。然而,自2008年全球金融危机爆发以来,各地人民法院受理的信用证纠纷案件又有上升趋势,部分人民法院在审理信用证纠纷案件的过程中,特别是在裁定中止支付信用证项下款项的问题上,没有严格执行我院《关于审理信用证纠纷案件若干问题的规定》的相关规定。为此,在充分调研的基础上,我院结合审判实践,就当前人民法院审理信用证纠纷案件应当注意的几个问题通知如下:

一、各级人民法院应当进一步明确审理信用证纠纷案件的内部分工,将信用证纠纷案件包括申请中止支付信用证项下款项案件统一交负责审理涉外民商事案件的业务庭审理,避免信用证纠纷案件在同一法院不同的业务庭审理而导致裁判尺度不一。

二、各级人民法院在根据当事人的申请作出中止支付信用证项下款项裁定的过程中,应当继续严格执行我院《关于审理信用证纠纷案件若干问题的规定》中的相关规定,特别是要严格把握关于裁定中止支付信用证项下款项应当具备的条件和作出相关裁定的期限。

三、《关于审理信用证纠纷案件若干问题的规定》第十条规定的目的在于保护善意第三人,根据该条第二项的规定,在存在信用证欺诈的情况下,即使开证行或者其指定人、授权人已经对信用证项下票据善意地作出了承兑,而如果没有善意第三人存在,亦不属于信用证欺诈例外的例外情形,人民法院在符合其他相关条件的情况下仍然可以裁定中止支付信用证项下款项。

四、当事人对人民法院作出的中止支付信用证项下款项的有关裁定申请再审,人民法院应不予受理。

五、开证行或者其指定人、授权人通过 SWIFT 系统发出的承兑电文,构成有效的信用证项下承兑。

(2)最高人民法院《全国法院民商事审判工作会议纪要》(法〔2019〕254号,20191108)

54.【独立担保】从属性是担保的基本属性,但由银行或者非银行金融机构开立的独立保函除外。独立保函纠纷案件依据《最高人民法院关于审理独立保函纠纷案件若干问题的规定》处理。需要进一步明确的是:凡是由银行或者非银行金融机构开立的符合该司法解释第1条、第3条规定情形的保函,无论是用于国际商事交易还是用于国内商事交易,均不影响保函的效力。银行或者非银行金融机构之外的当事人开立的独立保函,以及当事人有关排除担保从属性的约定,应当认定无效。但是,根据"无效法律行为的转换"原理,在否定其独立担保效力的同时,应当将其认定为从属性担保。此时,如果主合同有效,则担保合同有效,担保人与主债务人承担连带保证责任。主合同无效,则该所谓的独立担保也随之无效,担保人无过错的,不承担责任;担保人有过错的,其承担民事责任的部分,不应超过债务人不能清偿部分的三分之一。

(3)《最高人民法院关于依法妥善审理涉新冠肺炎疫情民事案件若干问题的指导意见(三)》(法发〔2020〕20号,20200608)

8. 在审理信用证纠纷案件时,人民法院应当遵循信用证的独立抽象性原则与严格相符原则。准确区分恶意不交付货物与因疫情或者疫情防控措施导致不能交付货物的情形,严格依据《最高人民法院关于审理信用证纠纷案件若干问题的规定》第十一条的规定,审查当事人以存在信用证欺诈为由,提出中止支付信用证项下款项的申请应否得到支持。

适用国际商会《跟单信用证统一惯例》(UCP600)的,人民法院要正确适用该惯例第 36 条关于银行不再进行承付或者议付的具体规定。当事人主张因疫情或者疫情防控措施导致银行营业中断的,人民法院应当依法对是否构成该条规定的不可抗力作出认定。当事人关于不可抗力及其责任另有约定的除外。

9. 在审理独立保函纠纷案件时,人民法院应当遵循保函独立性原则与严格相符原则。依据《最高人民法院关于审理独立保函纠纷案件若干问题的规定》第十二条的规定,严格认定构成独立保函欺诈的情形,并依据该司法解释第十四条的规定,审查当事人以独立保函欺诈为由,提出中止支付独立保函项下款项的申请应否得到支持。

独立保函载明适用国际商会《见索即付保函统一规则》(URDG758)的,人民法院要正确适用该规则第 26 条因不可抗力导致独立保函或者反担保函项下的交单或者付款无法履行的规定以及相应的展期制度的规定。当事人主张因疫情或者疫情防控措施导致相关营业中断的,人民法院应当依法对是否构成该条规定的不可抗力作出认定。当事人关于不可抗力及其责任另有约定的除外。

【适用要点】

为担保海事债权的实现而产生的独立保函和信用证,独立于基础交易合同,不具有民法典所规定的具有从属性特征的担保,在目前的案由体系下,应当纳入海事担保合同纠纷。涉及独立保函、信用证纠纷的海事债权主要包括海上运输、船舶买卖、船舶工程、港口生产经营相关债权以及海洋及通海可航水域工程建设、海洋开发利用等海上生产经营相关债权。审理为担保海事债权实现而发生的独立保函、信用证纠纷,应当适用《最高人民法院关于审理独立保函纠纷案件若干问题的规定》《最高人民法院关于审理信用证纠纷案件若干问题的规定》的相关规定。

三十五、航道、港口疏浚合同纠纷;船坞、码头建造合同纠纷

1. 案由释义

航道、港口疏浚合同,是指作为发包人的航道、港口的产权人或受托行使管理权的人,为开发、疏通、扩宽或挖深航道、港口水域,与作为承包人的疏浚人订立的由疏浚人用人力或机械进行水下土石方开挖、清理,航道、港口的产权人或管理人支付报酬和费用的合同。广义的疏浚还包括用水下爆破法进行的炸礁、炸滩等。双方因合同的订立、履行、变更和终止而产生的纠纷即为航道、港口疏浚合同纠纷。

船坞、码头建造合同,是指承包人对船坞、码头进行工程建设,作为发包人的船坞、码头的产权人或受托行使管理权的人支付价款的合同。对船坞、码头进行勘察、设计和施工的合同均属于船坞、码头建造合同。双方因合同的订立、履行、变更和终止而产生的纠纷即为船坞、码头建造合同纠纷。

2. 诉讼程序规范

【相关立法】

《中华人民共和国民事诉讼法》(19910409;20220101)

第三十四条 下列案件,由本条规定的人民法院专属管辖:

(一)因不动产纠纷提起的诉讼,由不动产所在地人民法院管辖;

……

【司法解释】

(1)《最高人民法院关于海事法院受理案件范围的规定》(法释〔2016〕4号,20160301)

55. 海洋、通海可航水域工程建设(含水下疏浚、围海造地、电缆或者管

道敷设以及码头、船坞、钻井平台、人工岛、隧道、大桥等建设)纠纷案件;

(2)《最高人民法院关于适用〈中华人民共和国民事诉讼法〉的解释》
(法释〔2015〕5 号,20150204;经法释〔2022〕11 号修正,20220410)

第二十八条　民事诉讼法第三十四条第一项规定的不动产纠纷是指因不动产的权利确认、分割、相邻关系等引起的物权纠纷。

农村土地承包经营合同纠纷、房屋租赁合同纠纷、建设工程施工合同纠纷、政策性房屋买卖合同纠纷,按照不动产纠纷确定管辖。

不动产已登记的,以不动产登记簿记载的所在地为不动产所在地;不动产未登记的,以不动产实际所在地为不动产所在地。

(3)《最高人民法院关于审理建设工程施工合同纠纷案件适用法律问题的解释(一)》(法释〔2020〕25 号,20210101)

第十五条　因建设工程质量发生争议的,发包人可以以总承包人、分包人和实际施工人为共同被告提起诉讼。

第十六条　发包人在承包人提起的建设工程施工合同纠纷案件中,以建设工程质量不符合合同约定或者法律规定为由,就承包人支付违约金或者赔偿修理、返工、改建的合理费用等损失提出反诉的,人民法院可以合并审理。

第二十八条　当事人约定按照固定价结算工程价款,一方当事人请求对建设工程造价进行鉴定的,人民法院不予支持。

第二十九条　当事人在诉讼前已经对建设工程价款结算达成协议,诉讼中一方当事人申请对工程造价进行鉴定的,人民法院不予准许。

第三十条　当事人在诉讼前共同委托有关机构、人员对建设工程造价出具咨询意见,诉讼中一方当事人不认可该咨询意见申请鉴定的,人民法院应予准许,但双方当事人明确表示受该咨询意见约束的除外。

第三十一条　当事人对部分案件事实有争议的,仅对有争议的事实进行鉴定,但争议事实范围不能确定,或者双方当事人请求对全部事实鉴定的除外。

第三十二条　当事人对工程造价、质量、修复费用等专门性问题有争议,人民法院认为需要鉴定的,应当向负有举证责任的当事人释明。当事人经释明未申请鉴定,虽申请鉴定但未支付鉴定费用或者拒不提供相关材料的,应当承担举证不能的法律后果。

一审诉讼中负有举证责任的当事人未申请鉴定,虽申请鉴定但未支付鉴定费用或者拒不提供相关材料,二审诉讼中申请鉴定,人民法院认为确有必要的,应当依照民事诉讼法第一百七十条第一款第三项的规定处理。

　　第三十三条　人民法院准许当事人的鉴定申请后,应当根据当事人申请及查明案件事实的需要,确定委托鉴定的事项、范围、鉴定期限等,并组织当事人对争议的鉴定材料进行质证。

　　第三十四条　人民法院应当组织当事人对鉴定意见进行质证。鉴定人将当事人有争议且未经质证的材料作为鉴定依据的,人民法院应当组织当事人就该部分材料进行质证。经质证认为不能作为鉴定依据的,根据该材料作出的鉴定意见不得作为认定案件事实的依据。

　　第四十三条　实际施工人以转包人、违法分包人为被告起诉的,人民法院应当依法受理。

　　实际施工人以发包人为被告主张权利的,人民法院应当追加转包人或者违法分包人为本案第三人,在查明发包人欠付转包人或者违法分包人建设工程价款的数额后,判决发包人在欠付建设工程价款范围内对实际施工人承担责任。

【适用要点】

　　航道、港口疏浚合同与船坞、码头建造合同在法律性质上均属建设工程合同,航道、港口疏浚合同纠纷及船坞、码头建造合同纠纷应当按照不动产纠纷确定管辖,由不动产所在地的海事法院专门管辖。

3. 航道、港口疏浚合同及船坞、码头建造合同的订立

【相关立法】

　　(1)《中华人民共和国民法典》(20210101)

　　第七百八十八条　建设工程合同是承包人进行工程建设,发包人支付价款的合同。

　　建设工程合同包括工程勘察、设计、施工合同。

　　第七百八十九条　建设工程合同应当采用书面形式。

　　第七百九十一条　发包人可以与总承包人订立建设工程合同,也可以分别与勘察人、设计人、施工人订立勘察、设计、施工承包合同。发包人不得将应当由一个承包人完成的建设工程支解成若干部分发包给数个承包人。

　　总承包人或者勘察、设计、施工承包人经发包人同意,可以将自己承包的部分工作交由第三人完成。第三人就其完成的工作成果与总承包人或者勘察、设计、施工承包人向发包人承担连带责任。承包人不得将其承包的全部

建设工程转包给第三人或者将其承包的全部建设工程支解以后以分包的名义分别转包给第三人。

禁止承包人将工程分包给不具备相应资质条件的单位。禁止分包单位将其承包的工程再分包。建设工程主体结构的施工必须由承包人自行完成。

第七百九十二条　国家重大建设工程合同，应当按照国家规定的程序和国家批准的投资计划、可行性研究报告等文件订立。

第七百九十四条　勘察、设计合同的内容一般包括提交有关基础资料和概预算等文件的期限、质量要求、费用以及其他协作条件等条款。

第七百九十五条　施工合同的内容一般包括工程范围、建设工期、中间交工工程的开工和竣工时间、工程质量、工程造价、技术资料交付时间、材料和设备供应责任、拨款和结算、竣工验收、质量保修范围和质量保证期、相互协作等条款。

第七百九十六条　建设工程实行监理的，发包人应当与监理人采用书面形式订立委托监理合同。发包人与监理人的权利和义务以及法律责任，应当依照本编委托合同以及其他有关法律、行政法规的规定。

第八百零八条　本章没有规定的，适用承揽合同的有关规定。

(2)《中华人民共和国招标投标法》（20000101；20171228）

第三条　在中华人民共和国境内进行下列工程建设项目包括项目的勘察、设计、施工、监理以及与工程建设有关的重要设备、材料等的采购，必须进行招标：

（一）大型基础设施、公用事业等关系社会公共利益、公众安全的项目；

（二）全部或者部分使用国有资金投资或者国家融资的项目；

（三）使用国际组织或者外国政府贷款、援助资金的项目。

前款所列项目的具体范围和规模标准，由国务院发展计划部门会同国务院有关部门制订，报国务院批准。

法律或者国务院对必须进行招标的其他项目的范围有规定的，依照其规定。

第四条　任何单位和个人不得将依法必须进行招标的项目化整为零或者以其他任何方式规避招标。

第五条　招标投标活动应当遵循公开、公平、公正和诚实信用的原则。

第六条　依法必须进行招标的项目，其招标投标活动不受地区或者部门的限制。任何单位和个人不得违法限制或者排斥本地区、本系统以外的法人或者其他组织参加投标，不得以任何方式非法干涉招标投标活动。

(3)《中华人民共和国航道法》（20150301；20160702）

第二条 本法所称航道，是指中华人民共和国领域内的江河、湖泊等内陆水域中可以供船舶通航的通道，以及内海、领海中经建设、养护可以供船舶通航的通道。航道包括通航建筑物、航道整治建筑物和航标等航道设施。

第十条 新建航道以及为改善航道通航条件而进行的航道工程建设，应当遵守法律、行政法规关于建设工程质量管理、安全管理和生态环境保护的规定，符合航道规划，执行有关的国家标准、行业标准和技术规范，依法办理相关手续。

第十一条 航道建设单位应当根据航道建设工程的技术要求，依法通过招标等方式选择具有相应资质的勘察、设计、施工和监理单位进行工程建设，对工程质量和安全进行监督检查，并对工程质量和安全负责。

从事航道工程建设的勘察、设计、施工和监理单位，应当依照法律、行政法规的规定取得相应的资质，并在其资质等级许可的范围内从事航道工程建设活动，依法对勘察、设计、施工、监理的质量和安全负责。

第十二条 有关县级以上人民政府交通运输主管部门应当加强对航道建设工程质量和安全的监督检查，保障航道建设工程的质量和安全。

第十三条 航道建设工程竣工后，应当按照国家有关规定组织竣工验收，经验收合格方可正式投入使用。

航道建设单位应当自航道建设工程竣工验收合格之日起六十日内，将竣工测量图报送负责航道管理的部门。沿海航道的竣工测量图还应当报送海军航海保证部门。

第十四条 进行航道工程建设应当维护河势稳定，符合防洪要求，不得危及依法建设的其他工程或者设施的安全。因航道工程建设损坏依法建设的其他工程或者设施的，航道建设单位应当予以修复或者依法赔偿。

第十九条 负责航道管理的部门应当合理安排航道养护作业，避免限制通航的集中作业和在通航高峰期作业。

负责航道管理的部门进行航道疏浚、清障等影响通航的航道养护活动，或者确需限制通航的养护作业的，应当设置明显的作业标志，采取必要的安全措施，并提前通报海事管理机构，保证过往船舶通行以及依法建设的工程设施的安全。养护作业结束后，应当及时清除影响航道通航条件的作业标志及其他残留物，恢复正常通航。

第二十条 进行航道养护作业可能造成航道堵塞的，有关负责航道管理的部门应当会同海事管理机构事先通报相关区域负责航道管理的部门和海事管理机构，共同制定船舶疏导方案，并向社会公告。

第二十一条　因自然灾害、事故灾难等突发事件造成航道损坏、阻塞的，负责航道管理的部门应当按照突发事件应急预案尽快修复抢通；必要时由县级以上人民政府组织尽快修复抢通。

船舶、设施或者其他物体在航道水域中沉没，影响航道畅通和通航安全的，其所有人或者经营人应当立即报告负责航道管理的部门和海事管理机构，按照规定自行或者委托负责航道管理的部门或者海事管理机构代为设置标志，并应当在海事管理机构限定的时间内打捞清除。

第二十二条　航标的设置、养护、保护和管理，依照有关法律、行政法规和国家标准或者行业标准的规定执行。

(4)《中华人民共和国港口法》(20040101;20181229)

第三条　本法所称港口，是指具有船舶进出、停泊、靠泊，旅客上下，货物装卸、驳运、储存等功能，具有相应的码头设施，由一定范围的水域和陆域组成的区域。

港口可以由一个或者多个港区组成。

第十四条　港口建设应当符合港口规划。不得违反港口规划建设任何港口设施。

第十五条　按照国家规定须经有关机关批准的港口建设项目，应当按照国家有关规定办理审批手续，并符合国家有关标准和技术规范。

建设港口工程项目，应当依法进行环境影响评价。

港口建设项目的安全设施和环境保护设施，必须与主体工程同时设计、同时施工、同时投入使用。

第十六条　港口建设使用土地和水域，应当依照有关土地管理、海域使用管理、河道管理、航道管理、军事设施保护管理的法律、行政法规以及其他有关法律、行政法规的规定办理。

第十七条　港口的危险货物作业场所、实施卫生除害处理的专用场所，应当符合港口总体规划和国家有关安全生产、消防、检验检疫和环境保护的要求，其与人口密集区和港口客运设施的距离应当符合国务院有关部门的规定；经依法办理有关手续后，方可建设。

第十八条　航标设施以及其他辅助性设施，应当与港口同步建设，并保证按期投入使用。

港口内有关行政管理机构办公设施的建设应当符合港口总体规划，建设费用不得向港口经营人摊派。

第十九条　港口设施建设项目竣工后，应当按照国家有关规定经验收合格,方可投入使用。

港口设施的所有权,依照有关法律规定确定。

【行政法规】

《中华人民共和国航道管理条例》(19871001;20090101)

第十一条 建设航道及其设施,必须遵守国家基本建设程序的规定。工程竣工经验收合格后,方能交付使用。

第十二条 建设航道及其设施,不得危及水利水电工程、跨河建筑物和其他设施的安全。

因建设航道及其设施损坏水利水电工程、跨河建筑物和其他设施的,建设单位应当给予赔偿或者修复。

在行洪河道上建设航道,必须符合行洪安全的要求。

第十三条 航道和航道设施受国家保护,任何单位和个人均不得侵占或者破坏。交通部门应当加强对航道的养护,保证航道畅通。

第十四条 修建与通航有关的设施或者治理河道、引水灌溉,必须符合国家规定的通航标准和技术要求,并应当事先征求交通主管部门的意见。

违反前款规定,中断或者恶化通航条件的,由建设单位或者个人赔偿损失,并在规定期限内负责恢复通航。

第十五条 在通航河流上建设永久性拦河闸坝,建设单位必须按照设计和施工方案,同时建设适当规模的过船、过木、过鱼建筑物,并解决施工期间的船舶、排筏通航问题。过船、过木、过鱼建筑物的建设费用,由建设单位承担。

在不通航河流或者人工渠道上建设闸坝后可以通航的,建设单位应当同时建设适当规模的过船建筑物;不能同时建设的,应当预留建设过船建筑物的位置。过船建筑物的建设费用,除国家另有规定外,应当由交通部门承担。

过船、过木、过鱼建筑物的设计任务书、设计文件和施工方案,必须取得交通、林业、渔业主管部门的同意。

第十六条 因紧急抗旱需要,在通航河流上建临时闸坝,必须经县级以上人民政府批准。旱情解除后,建闸坝单位必须及时拆除闸坝,恢复通航条件。

第十七条 对通航河流上碍航的闸、桥梁和其他建筑物以及由建筑物所造成的航道淤积,由地方人民政府按照"谁造成碍航谁恢复通航"的原则,责成有关部门改建碍航建筑物或者限期补建过船、过木、过鱼建筑物,清除淤积,恢复通航。

第十八条 在通航河段或其上游兴建水利工程控制或引走水源,建设单位应当保证航道和船闸所需的通航流量。在特殊情况下,由于控制水源或大量引水影响通航时,建设单位应当采取相应的工程措施,地方人民政府应当组织有关部门协商,合理分配水量。

第三十条 本条例下列用语的含义是:

"航道"是指中华人民共和国沿海、江河、湖泊、运河内船舶、排筏可以通航的水域。

"国家航道"是指:(一)构成国家航道网、可以通航五百吨级以上船舶的内河干线航道;(二)跨省、自治区、直辖市,可以常年通航三百吨级以上船舶的内河干线航道;(三)沿海干线航道和主要海港航道;(四)国家指定的重要航道。

"专用航道"是指由军事、水利电力、林业、水产等部门以及其他企业事业单位自行建设、使用的航道。

"地方航道"是指国家航道和专用航道以外的航道。

"航道设施"是指航道的助航导航设施、整治建筑物、航运梯级、过船建筑物(包括过船闸坝)和其他航道工程设施。

"与通航有关的设施"是指对航道的通航条件有影响的闸坝、桥梁、码头、架空电线、水下电缆、管道等拦河、跨河、临河建筑物和其他工程设施。

【司法解释】

《最高人民法院关于审理建设工程施工合同纠纷案件适用法律问题的解释(一)》(法释〔2020〕25号,20210101)

第二条 招标人和中标人另行签订的建设工程施工合同约定的工程范围、建设工期、工程质量、工程价款等实质性内容,与中标合同不一致,一方当事人请求按照中标合同确定权利义务的,人民法院应予支持。

招标人和中标人在中标合同之外就明显高于市场价格购买承建房产、无偿建设住房配套设施、让利、向建设单位捐赠财物等另行签订合同,变相降低工程价款,一方当事人以该合同背离中标合同实质性内容为由请求确认无效的,人民法院应予支持。

【典型案例】

(1)承包人与共同完成工程的实际施工人之间的法律关系如何确定?

[亚太泵阀有限公司与唐余德、营口水产物资有限公司、青岛海防工程局航道疏浚合同纠纷案,(2020)最高法民申2850号]

2011年8月9日,亚太公司天津分公司与青岛海防工程局辽滨工程项目部签订案涉《工程施工合同》。唐余德并非该合同当事人,其与青岛海防工程局不存在法律关系。其后,由于工程量较大,需要大型挖泥船,亚太公司与唐余德等共同完成上述工程并签订2013年5月16日的结算协议。三方以各自所有或租用的船舶参与施工,对外以亚太公司名义签订施工合同和结算,对内则依据2013年5月16日的结算协议进行责任分摊和盈余分配,亚太公司与唐余德之间构成合伙法律关系。因此,唐余德无权要求青岛海防工程局和营口水产公司支付工程款。本案最终审查的法律关系应为唐余德与亚太公司之间,即合伙人内部之间追索工程款纠纷。

(2) 招投标程序对于建设工程施工合同的订立有何影响?[旅顺经济技术开发区管理委员会与中交烟台环保疏浚有限公司航道疏浚合同纠纷案,(2016)最高法民申310号]

涉案《港口工程施工合同》引言载明双方当事人根据招标投标文件订立合同,第七条列明组成该合同的文件包括中标通知书和招标文件、投标文件及其附件。合同专用条款还约定"合同价款调整方法:详见招标文件"。该合同文本本身已表明涉案工程在合同签订前已经经过招标投标程序。旅顺管委会提交的《建设工程施工招标中标通知书》上招标投标管理部门加盖备案专用章的落款日期为2012年9月4日,但通知书正文已经具体载明涉案工程招标投标后于2009年6月18日在大连市建设工程交易中心旅顺分部开标,中交疏浚公司被确定为中标人。根据该通知书,同样可以认定《港口工程施工合同》系在涉案工程招标投标后签订的。旅顺管委会主张《港口工程施工合同》没有经过招标投标程序签订而应认定无效,没有事实和法律依据。

(3) 代建项目公司作为工程项目发包人对外招标签订施工合同,委托人是否为施工合同的一方当事人?[上海大润港务建设集团有限公司与福安市溪尾镇人民政府、福安市鲜艳沃渔港开发有限公司码头建造合同纠纷案,(2018)闽72民初616号]

涉案工程所采用的建设管理模式是委托代建制,即由项目业主或出资人通过招标等方式委托有相应资质的代建单位对项目的前期筹划、勘察、设计、招投标、施工、监理等项目全过程进行运作和管理,并按照项目业主或投资人要求的工期和设计要求完成建设任务,直至项目竣工验收并交付项目业主或项目投资人的项目建设管理模式。目前我国没有关于建设工程委托代建制度的法律规定,实践对其法律关系的性质认识不一,本案溪尾政府委托渔港公司对鲜艳沃渔港工程项目进行申报、建设和经营,渔港公司作为发包人就鲜艳沃渔港工程对外公开招标并与大润公司签订施工合同,溪尾政府与渔港公司之间成立委托代建关系,渔港公司与大润公司成立工程施工合同关系。采取委托代建制组织形式的工程项目建设,委托代建合同与施工合同是两个独立的法律关系,委托人虽参与工程的前期筹备和项目申报工作,但工程项目的申报、建设和经营已委托项目公司负责代建。代建项目公司作为工程项目发包人对外招标签订施工合同,委托人不是施工合同的一方当事人,不享有合同权利,也不承担合同义务。

【适用要点】

航道、港口疏浚合同与船坞、码头建造合同在法律性质上均属建设工程合同,由于一项工程的建设需要经过勘查、设计、施工等几个阶段才能完成,故其包括勘查合同、设计合同、施工合同。审理此类合同纠纷案件,均应适用民法典合同编第十八章关于建设工程合同的规定及《最高人民法院关于审理建设工程施工合同纠纷案件适用法律问题的解释(一)》的规定。依照民法典的有关规定,航道、港口疏浚合同与船坞、码头建造合同的订立主要有以下特殊程序:(1)一般应采用招标投标方式订立;(2)按照国家规定的程序订立;(3)可以采取总承包和分别承包的方式订立。

4. 航道、港口疏浚合同及船坞、码头建造合同的效力

【相关立法】

(1)《中华人民共和国民法典》(20210101)

第七百九十三条　建设工程施工合同无效,但是建设工程经验收合格的,可以参照合同关于工程价款的约定折价补偿承包人。

建设工程施工合同无效,且建设工程经验收不合格的,按照以下情形处理:

(一)修复后的建设工程经验收合格的,发包人可以请求承包人承担修复费用;

(二)修复后的建设工程经验收不合格的,承包人无权请求参照合同关于工程价款的约定折价补偿。

发包人对因建设工程不合格造成的损失有过错的,应当承担相应的责任。

(2)《中华人民共和国招标投标法》(20000101;20171228)

第四十一条 中标人的投标应当符合下列条件之一:

(一)能够最大限度地满足招标文件中规定的各项综合评价标准;

(二)能够满足招标文件的实质性要求,并且经评审的投标价格最低;但是投标价格低于成本的除外。

第四十八条 中标人应当按照合同约定履行义务,完成中标项目。中标人不得向他人转让中标项目,也不得将中标项目肢解后分别向他人转让。

中标人按照合同约定或者经招标人同意,可以将中标项目的部分非主体、非关键性工作分包给他人完成。接受分包的人应当具备相应的资格条件,并不得再次分包。

中标人应当就分包项目向招标人负责,接受分包的人就分包项目承担连带责任。

【司法解释】

《最高人民法院关于审理建设工程施工合同纠纷案件适用法律问题的解释(一)》(法释〔2020〕25号,20210101)

第一条 建设工程施工合同具有下列情形之一的,应当依据民法典第一百五十三条第一款的规定,认定无效:

(一)承包人未取得建筑业企业资质或者超越资质等级的;

(二)没有资质的实际施工人借用有资质的建筑施工企业名义的;

(三)建设工程必须进行招标而未招标或者中标无效的。

承包人因转包、违法分包建设工程与他人签订的建设工程施工合同,应当依据民法典第一百五十三条第一款及第七百九十一条第二款、第三款的规定,认定无效。

第二条 招标人和中标人另行签订的建设工程施工合同约定的工程范围、建设工期、工程质量、工程价款等实质性内容,与中标合同不一致,一方当事人请求按照中标合同确定权利义务的,人民法院应予支持。

招标人和中标人在中标合同之外就明显高于市场价格购买承建房产、无偿建设住房配套设施、让利、向建设单位捐赠财物等另行签订合同,变相降低工程价款,一方当事人以该合同背离中标合同实质性内容为由请求确认无效的,人民法院应予支持。

第三条 当事人以发包人未取得建设工程规划许可证等规划审批手续为由,请求确认建设工程施工合同无效的,人民法院应予支持,但发包人在起诉前取得建设工程规划许可证等规划审批手续的除外。

发包人能够办理审批手续而未办理,并以未办理审批手续为由请求确认建设工程施工合同无效的,人民法院不予支持。

第四条 承包人超越资质等级许可的业务范围签订建设工程施工合同,在建设工程竣工前取得相应资质等级,当事人请求按照无效合同处理的,人民法院不予支持。

第五条 具有劳务作业法定资质的承包人与总承包人、分包人签订的劳务分包合同,当事人请求确认无效的,人民法院依法不予支持。

第六条第一款 建设工程施工合同无效,一方当事人请求对方赔偿损失的,应当就对方过错、损失大小、过错与损失之间的因果关系承担举证责任。

第七条 缺乏资质的单位或者个人借用有资质的建筑施工企业名义签订建设工程施工合同,发包人请求出借方与借用方对建设工程质量不合格等因出借资质造成的损失承担连带赔偿责任的,人民法院应予支持。

第二十四条 当事人就同一建设工程订立的数份建设工程施工合同均无效,但建设工程质量合格,一方当事人请求参照实际履行的合同关于工程价款的约定折价补偿承包人的,人民法院应予支持。

实际履行的合同难以确定,当事人请求参照最后签订的合同关于工程价款的约定折价补偿承包人的,人民法院应予支持。

第四十三条 实际施工人以转包人、违法分包人为被告起诉的,人民法院应当依法受理。

实际施工人以发包人为被告主张权利的,人民法院应当追加转包人或者违法分包人为本案第三人,在查明发包人欠付转包人或者违法分包人建设工程价款的数额后,判决发包人在欠付建设工程价款范围内对实际施工人承担责任。

第四十四条 实际施工人依据民法典第五百三十五条规定,以转包人或者违法分包人怠于向发包人行使到期债权或者与该债权有关的从权利,影响其到期债权实现,提起代位权诉讼的,人民法院应予支持。

【典型案例】

(1)合同无效后,转包人、分包人对实际施工如何承担责任?〔浙江建隆船务有限公司与黄立新、黄剑、秦皇岛海之兴港口工程有限公司、中海工程建设总局大连工程建设局港口疏浚合同纠纷案,(2015)辽民三终字第300号〕

实际施工人具备施工资质,而分包人资质无法查明时,转包人与分包人之间,以及分包人与实际施工人之间所签订合同效力的判定,必须查清分包人是否具备相关施工资质。若分包人具备施工资质,则施工合同有效,否则应为无效。《最高人民法院关于审理建设工程施工合同纠纷案件适用法律问题的解释》①第二十六条规定了发包人在欠付工程价款范围内,对实际施工人的赔偿责任。本条规定突破了合同相对性,对实现实际施工人权利提供了合同请求权之外的法律保障。但在司法实践中,对于符合本条规定发包人的范围却没有明确的规定。类似本案的港口建设工程中,建设单位、总承包人多为国有大型企业,而且分包、转包的情况普遍存在,层层拖欠工程款的现象更是多见。诉讼中,是否将所有未支付工程款的上几手分包人、转包人、甚至是总承包人、建设单位均作为发包人纳入本条司法解释的调整范围,如何准确认定承担赔偿责任的发包人是本条解释适用过程中应当切实注意的问题。本案在认定承担赔偿责任的发包人系从实际施工人的施工内容,与该施工内容有关联的分包、转包关系,已付工程款项目及未付工程款的范围等事实方面为衡量因素,认定本案各被告对于实际施工人即原告而言,在工程分包、转包、工程款给付等与工程施工内容方面均有直接的关联,且欠付相应的工程款,因此均应认定为相对于实际施工人的发包人,在欠付工程款的范围内对实际施工人未受偿的工程款承担连带给付责任。

(2)违法分包合同的效力如何,各责任主体应如何承担责任? [浙江鸿霖船舶工程有限公司与天津宏德盛禹港口工程有限公司等航道、港口疏浚合同纠纷案,(2012)津高民四终字第140号]

本案审理重点主要在于认定违法分包无效合同的责任。本案共有3份施工合同和1份担保合同。其中南港开发公司与长江航道局系有效发包合同,长江航道局与宏德公司及宏德公司与鸿霖公司均为非法分包合同,系无效合同。武汉航道局担保合同因主合同无效,亦为无效担保。对于非法分包合同的责任承担,《最高人民法院关于审理建设工程施工合同纠纷案件适用法律问题的解释》②第二十六条规定,实际施工人以发包人为被告主张权利的,人民法院应当追加转包人或者违法分包人为本案第三人,在查明发包人欠付转包人或者违法分包人建设工程价款的数额后,判决发包人在欠付建设工程价款范围内对实际施工人承担责任。该司法解释突破了合同相对性,扩大了责任主体范围,但未对违法分包人承担的责任进行具体规定,应综合分析个案中合同主体的履行情况。施工合同往往涉案金额巨大,如对已经依约履行合同的发包人、承包人等,均加以连带责任,则可能导致施工资金安排困难,

---

① 经法释〔2020〕16号废止。
② 经法释〔2020〕16号废止。

影响整个工程进度,甚至造成工程停滞,产生连锁反应,会出现大量工程价款拖欠,直接影响实际施工人利益。所以应对主体身份和履行情况加以区分,发包人在欠付价款范围承担责任;部分履行合同的施工主体仅就未履行部分承担责任;导致非法分包,并影响实际施工人合法利益的,承担完全责任。

【适用要点】

航道、港口疏浚合同与船坞、码头建造合同的效力是关系诉讼时效、工程价款结算原则、违约责任、质量保证等与承、发包双方当事人利益密切相关的重大问题,是法院在审理航道、港口疏浚合同与船坞、码头建造合同纠纷案件中必须审查的问题,无论当事人在诉讼中是否对效力提出主张或抗辩,人民法院都应当主动审查。

《最高人民法院关于审理建设工程施工合同纠纷案件适用法律问题的解释(一)》列举了建设工程施工合同无效的情形,包括以下几种:(1)因违反建筑领域资质管理规定而无效。具体为:①承包人未取得建筑施工企业资质或者超越资质等级的,但是超越资质等级的承包人在工程竣工前取得相应资质等级的除外;②没有资质的实际施工人借用有资质的建筑施工企业名义的,即通常所说的"挂靠"。(2)因违反招标投标领域法律、行政法规导致合同无效。具体为:①建设工程属于依法必须进行招标投标的项目,未进行招标的;②必须进行招标而中标无效的。(3)因非法转包或支解发包、违法分包而无效。具体为:①承包人承揽工程后非法转包工程的;②承包人承揽工程后违法分包工程的。(4)因违反工程建设审批手续而无效。即未取得建设工程规划审批手续而签订的建设工程施工合同无效,但是发包人在起诉前取得的除外。

除了上述司法解释规定的建设工程施工合同无效的情形,审判实践中还要注意两种合同无效的情形:一是根据招标投标法第四十一条第(二)项规定,中标价低于建设工程成本的中标合同无效。二是根据《第八次全国法院民事商事审判工作会议(民事部分)纪要》第三十条的规定,当事人违反工程建设强制性标准,任意压缩合理工期、降低工程质量标准的,应认定为无效。

5. 发包人的权利及责任

【相关立法】

《中华人民共和国民法典》(20210101)

第七百九十七条 发包人在不妨碍承包人正常作业的情况下,可以随时对作业进度、质量进行检查。

第七百九十八条　隐蔽工程在隐蔽以前,承包人应当通知发包人检查。发包人没有及时检查的,承包人可以顺延工程日期,并有权请求赔偿停工、窝工等损失。

第七百九十九条　建设工程竣工后,发包人应当根据施工图纸及说明书、国家颁发的施工验收规范和质量检验标准及时进行验收。验收合格的,发包人应当按照约定支付价款,并接收该建设工程。

建设工程竣工经验收合格后,方可交付使用;未经验收或者验收不合格的,不得交付使用。

第八百零三条　发包人未按照约定的时间和要求提供原材料、设备、场地、资金、技术资料的,承包人可以顺延工程日期,并有权请求赔偿停工、窝工等损失。

第八百零四条　因发包人的原因致使工程中途停建、缓建的,发包人应当采取措施弥补或者减少损失,赔偿承包人因此造成的停工、窝工、倒运、机械设备调迁、材料和构件积压等损失和实际费用。

第八百零五条　因发包人变更计划,提供的资料不准确,或者未按照期限提供必需的勘察、设计工作条件而造成勘察、设计的返工、停工或者修改设计,发包人应当按照勘察人、设计人实际消耗的工作量增付费用。

第八百零七条　发包人未按照约定支付价款的,承包人可以催告发包人在合理期限内支付价款。发包人逾期不支付的,除根据建设工程的性质不宜折价、拍卖外,承包人可以与发包人协议将该工程折价,也可以请求人民法院将该工程依法拍卖。建设工程的价款就该工程折价或者拍卖的价款优先受偿。

【司法解释】

《最高人民法院关于审理建设工程施工合同纠纷案件适用法律问题的解释(一)》(法释〔2020〕25号,20210101)

第十二条　因承包人的原因造成建设工程质量不符合约定,承包人拒绝修理、返工或者改建,发包人请求减少支付工程价款的,人民法院应予支持。

第十三条　发包人具有下列情形之一,造成建设工程质量缺陷,应当承担过错责任:

(一)提供的设计有缺陷;

(二)提供或者指定购买的建筑材料、建筑构配件、设备不符合强制性标准;

（三）直接指定分包人分包专业工程。

承包人有过错的，也应当承担相应的过错责任。

第十四条 建设工程未经竣工验收，发包人擅自使用后，又以使用部分质量不符合约定为由主张权利的，人民法院不予支持；但是承包人应当在建设工程的合理使用寿命内对地基基础工程和主体结构质量承担民事责任。

第十七条 有下列情形之一，承包人请求发包人返还工程质量保证金的，人民法院应予支持：

（一）当事人约定的工程质量保证金返还期限届满；

（二）当事人未约定工程质量保证金返还期限的，自建设工程通过竣工验收之日起满二年；

（三）因发包人原因建设工程未按约定期限进行竣工验收的，自承包人提交工程竣工验收报告九十日后当事人约定的工程质量保证金返还期限届满；当事人未约定工程质量保证金返还期限的，自承包人提交工程竣工验收报告九十日后起满二年。

发包人返还工程质量保证金后，不影响承包人根据合同约定或者法律规定履行工程保修义务。

第十八条 因保修人未及时履行保修义务，导致建筑物毁损或者造成人身损害、财产损失的，保修人应当承担赔偿责任。

保修人与建筑物所有人或者发包人对建筑物毁损均有过错的，各自承担相应的责任。

【适用要点】

发包人通常又称发包单位、建设单位、业主或者项目法人。民法典及《最高人民法院关于审理建设工程施工合同纠纷案件适用法律问题的解释（一）》规定的发包人应特指建设单位。

6. 承包人的义务及责任

【相关立法】

《中华人民共和国民法典》（20210101）

第八百零一条 因施工人的原因致使建设工程质量不符合约定的，发包人有权请求施工人在合理期限内无偿修理或者返工、改建。经过修理或者返工、改建后，造成逾期交付的，施工人应当承担违约责任。

第八百零二条 因承包人的原因致使建设工程在合理使用期限内造成

人身损害和财产损失的,承包人应当承担赔偿责任。

【司法解释】

《最高人民法院关于审理建设工程施工合同纠纷案件适用法律问题的解释(一)》(法释〔2020〕25号,20210101)

第三十五条 与发包人订立建设工程施工合同的承包人,依据民法典第八百零七条的规定请求其承建工程的价款就工程折价或者拍卖的价款优先受偿的,人民法院应予支持。

第三十六条 承包人根据民法典第八百零七条规定享有的建设工程价款优先受偿权优于抵押权和其他债权。

第三十七条 装饰装修工程具备折价或者拍卖条件,装饰装修工程的承包人请求工程价款就该装饰装修工程折价或者拍卖的价款优先受偿的,人民法院应予支持。

第三十八条 建设工程质量合格,承包人请求其承建工程的价款就工程折价或者拍卖的价款优先受偿的,人民法院应予支持。

第三十九条 未竣工的建设工程质量合格,承包人请求其承建工程的价款就其承建工程部分折价或者拍卖的价款优先受偿的,人民法院应予支持。

第四十条 承包人建设工程价款优先受偿的范围依照国务院有关行政主管部门关于建设工程价款范围的规定确定。

承包人就逾期支付建设工程价款的利息、违约金、损害赔偿金等主张优先受偿的,人民法院不予支持。

第四十一条 承包人应当在合理期限内行使建设工程价款优先受偿权,但最长不得超过十八个月,自发包人应当给付建设工程价款之日起算。

第四十二条 发包人与承包人约定放弃或者限制建设工程价款优先受偿权,损害建筑工人利益,发包人根据该约定主张承包人不享有建设工程价款优先受偿权的,人民法院不予支持。

【适用要点】

对于承包人而言,主要合同义务是进行施工,即指根据工程的设计文件和施工图纸的要求,通过施工作业最终形成建设工程实体的建设。施工义务包括:(1)施工人根据合同的约定开工、竣工,不得逾期竣工;(2)根据设计图纸的内容施工,不得擅自变更设计,保证施工质量;(3)承担保修期内的保修义务。

7. 勘察人、设计人的责任

【相关立法】

《中华人民共和国民法典》(20210101)

第八百条 勘察、设计的质量不符合要求或者未按照期限提交勘察、设计文件拖延工期,造成发包人损失的,勘察人、设计人应当继续完善勘察、设计,减收或者免收勘察、设计费并赔偿损失。

【适用要点】

建设工程勘察,是指根据建设工程的要求,查明、分析、评价建设场地的地质地理环境特征和岩土工程条件,编制建设工程勘察文件的活动。建设工程设计,是指根据建设工程的要求,对建设工程所需的技术、经济、资源、环境等条件进行综合分析、论证,编制建设工程设计文件的活动。在建设工程勘察合同中,勘察人的主要义务是根据建设工程的要求,查明、分析、评价建设场地的地质地理环境特征和岩土工程条件,编制建设工程勘察文件。在建设工程设计合同中,设计人的义务是根据建设工程的要求,对建设工程所需的技术、经济、资源、环境等条件进行综合分析、论证,编制建设工程设计文件。

8. 航道、港口疏浚合同及船坞、码头建造合同的履行

【司法解释】

《最高人民法院关于审理建设工程施工合同纠纷案件适用法律问题的解释(一)》(法释〔2020〕25号,20210101)

第八条 当事人对建设工程开工日期有争议的,人民法院应当分别按照以下情形予以认定:

(一)开工日期为发包人或者监理人发出的开工通知载明的开工日期;开工通知发出后,尚不具备开工条件的,以开工条件具备的时间为开工日期;因承包人原因导致开工时间推迟的,以开工通知载明的时间为开工日期。

(二)承包人经发包人同意已经实际进场施工的,以实际进场施工时间为开工日期。

(三)发包人或者监理人未发出开工通知,亦无相关证据证明实际开工日期的,应当综合考虑开工报告、合同、施工许可证、竣工验收报告或者竣工验收备案表等载明的时间,并结合是否具备开工条件的事实,认定开工日期。

第九条 当事人对建设工程实际竣工日期有争议的,人民法院应当分别

按照以下情形予以认定:

(一)建设工程经竣工验收合格的,以竣工验收合格之日为竣工日期;

(二)承包人已经提交竣工验收报告,发包人拖延验收的,以承包人提交验收报告之日为竣工日期;

(三)建设工程未经竣工验收,发包人擅自使用的,以转移占有建设工程之日为竣工日期。

第十条　当事人约定顺延工期应当经发包人或者监理人签证等方式确认,承包人虽未取得工期顺延的确认,但能够证明在合同约定的期限内向发包人或者监理人申请过工期顺延且顺延事由符合合同约定,承包人以此为由主张工期顺延的,人民法院应予支持。

当事人约定承包人未在约定期限内提出工期顺延申请视为工期不顺延的,按照约定处理,但发包人在约定期限后同意工期顺延或者承包人提出合理抗辩的除外。

第十一条　建设工程竣工前,当事人对工程质量发生争议,工程质量经鉴定合格的,鉴定期间为顺延工期期间。

第十九条　当事人对建设工程的计价标准或者计价方法有约定的,按照约定结算工程价款。

因设计变更导致建设工程的工程量或者质量标准发生变化,当事人对该部分工程价款不能协商一致的,可以参照签订建设工程施工合同时当地建设行政主管部门发布的计价方法或者计价标准结算工程价款。

建设工程施工合同有效,但建设工程经竣工验收不合格的,依照民法典第五百七十七条规定处理。

第二十条　当事人对工程量有争议的,按照施工过程中形成的签证等书面文件确认。承包人能够证明发包人同意其施工,但未能提供签证文件证明工程量发生的,可以按照当事人提供的其他证据确认实际发生的工程量。

第二十一条　当事人约定,发包人收到竣工结算文件后,在约定期限内不予答复,视为认可竣工结算文件的,按照约定处理。承包人请求按照竣工结算文件结算工程价款的,人民法院应予支持。

第二十二条　当事人签订的建设工程施工合同与招标文件、投标文件、中标通知书载明的工程范围、建设工期、工程质量、工程价款不一致,一方当事人请求将招标文件、投标文件、中标通知书作为结算工程价款的依据的,人民法院应予支持。

第二十三条　发包人将依法不属于必须招标的建设工程进行招标后,与承包人另行订立的建设工程施工合同背离中标合同的实质性内容,当事人请求以中标合同作为结算建设工程价款依据的,人民法院应予支持,但发包人与承包人因客观情况发生了在招标投标时难以预见的变化而另行订立建设工程施工合同的除外。

第二十四条 当事人就同一建设工程订立的数份建设工程施工合同均无效,但建设工程质量合格,一方当事人请求参照实际履行的合同关于工程价款的约定折价补偿承包人的,人民法院应予支持。

实际履行的合同难以确定,当事人请求参照最后签订的合同关于工程价款的约定折价补偿承包人的,人民法院应予支持。

第二十五条 当事人对垫资和垫资利息有约定,承包人请求按照约定返还垫资及其利息的,人民法院应予支持,但是约定的利息计算标准高于垫资时的同类贷款利率或者同期贷款市场报价利率的部分除外。

当事人对垫资没有约定的,按照工程欠款处理。

当事人对垫资利息没有约定,承包人请求支付利息的,人民法院不予支持。

第二十六条 当事人对欠付工程价款利息计付标准有约定的,按照约定处理。没有约定的,按照同期同类贷款利率或者同期贷款市场报价利率计息。

第二十七条 利息从应付工程价款之日开始计付。当事人对付款时间没有约定或者约定不明的,下列时间视为应付款时间:

(一)建设工程已实际交付的,为交付之日;

(二)建设工程没有交付的,为提交竣工结算文件之日;

(三)建设工程未交付,工程价款也未结算的,为当事人起诉之日。

【典型案例】

(1)当事人对工程量有争议又无签证文件等证据时,如何认定工程量?
[南通港口建设工程有限责任公司与中海工程建设总局、中海工程建设总局大连工程建设局码头建造合同纠纷案,(2017)辽民终1086号]

当事人对工程量存在争议,虽没有签证等书面文件,其他试图证明工程量的证据,在经过庭审举证、质证等程序,并经法院审核足以证明具有真实性、合法性和关联性后,可以作为计算工程量的依据。本案中,南通公司停工后,南通公司和中海总局、中海大连局均未通过勘验评估的方式确定工作量,中海总局、中海大连局又与其他施工人签订合同,完成了吹填工程,使得诉讼过程中已无法通过勘验评估的方式确定工程量,只能通过其他途径推算、推定。案涉建设工程施工合同履行周期长,施工过程复杂。中海总局和中海大连局与其他施工人确定的是挖泥工程量,工程整体竣工后确定的是吹填总量,吹填总量既非挖泥总量,亦不能换算成挖泥总量,故无法用总的工程量减去其他施工人完成的工程量来推算南通公司的工程量。法院只能参照南通公司与实际施工人的结算单确定工程量。

(2)当事人对建设工程的计价方式未达成一致意见时,可否采用定额计价方式确定工程款?[中建港务建设有限公司与江苏苏南建设集团有限公司船坞建造合同纠纷案,(2013)沪高民四(海)终字第90号]

本案争议的关键问题在于双方当事人对于系争工程的计价方式即固定单价或工程量是否有明确约定或达成合意。依照《最高人民法院关于审理建设工程施工合同纠纷案件适用法律问题的解释》①第十六条第一款规定,当事人对建设工程的计价标准或者计价方法有约定的,按照约定结算工程价款。中建港务认为其所主张的工程量清单为双方当事人约定的工程量清单,双方实际对系争工程的计价方式达成了约定。从在案证据来看,并不能证明双方当事人签订涉案分包合同时对计价方式有明确约定,也无法证明双方当事人在施工过程中对此也达成了合意。双方当事人往来邮件等结算材料也显示,在工程结束后直至苏南建设起诉时,对涉案工程款的计算双方虽多次协商,但一直未能达成一致意见,故中建港务主张双方当事人在结算过程中就系争工程单价金额和工程量达成一致的理由,与事实不符。中建港务认为采用定额计价方式计算工程款违反了法律规定。鉴于双方当事人对于系争工程是否约定计价方式存在争议,在双方当事人对于系争工程计价标准或计价方法未达成一致的情况下,法院对涉案工程造价委托司法鉴定,并采纳四海公司依据当事人确认的工程量,按照上海市现行定额计价(《上海市建筑工程计价定额》—2000)方式计算出的金额为本案系争工程的价款。

(3)审计报告对当事人协议确定的工程结算结案有何影响?[唐山津航疏浚工程有限责任公司与曹妃甸港集团股份有限公司航道疏浚合同纠纷案,(2016)津72民初17号]

国家审计机关对于建设工程进行审计是一种行政监督行为,审计人与被审计人之间因审计而形成的法律关系与建设工程合同当事人之间的民事法律关系性质不同,不能武断地将审计结论作为建设工程竣工结算的依据。在合同约定不明等情况下,审计报告是证明工程价款、支付日期等事实的重要

---

① 经法释〔2020〕16号废止。

证据,当事人亦可通过明确约定的方式将审计结论作为确定工程价款的依据,但是,在当事人已经通过协议确认了工程结算价款的情况下,审计报告不应影响双方结算协议的效力。

【适用要点】

实务中,航道、港口疏浚合同及船坞、码头建造合同的履行产生的主要争议是工程价款结算争议。所谓工程价款结算,是指对建设工程施工合同中的价款进行约定和依据合同约定进行工程预付款、工程进度款、工程竣工价款结算的活动。根据不同的阶段,可分为期中结算、终止结算和竣工结算。按照合同约定结算工程价款,这是工程结算的首要标准。施工中当事人就工程量或者工程价款变更达成的洽商记录,像签证、会谈纪要、工程联系单等意思表示明确的,应当认定其性质为合同变更的情形,不违反法律强制性规定的,应当认定洽商记录有效。因设计变更导致建设工程的工程量或者质量标准发生变化,当事人对该部分工程价款不能协商一致的,可以参照签订建设工程施工合同时当地建设行政主管部门发布的计价方法或者计价标准结算工程价款。有的发包人收到承包人提交的工程结算文件后迟迟不予答复或者根本不予答复,以达到拖欠或者不支付工程价款的目的,这种行为严重侵害了承包人的合法权益。为了制止这种不法行为,《最高人民法院关于审理建设工程施工合同纠纷案件适用法律问题的解释(一)》第二十一条明确规定,当事人约定,发包人收到竣工结算文件后,在约定期限内不予答复,视为认可竣工结算文件的,按照约定处理。承包人请求按照竣工结算文件结算工程价款的,人民法院应予支持。对于专业性较强的工程款造价问题产生争议的,还应通过委托双方当事人认可的鉴定机构对工程造价进行鉴定,力求作出符合客观实际的判断。

9. 航道、港口疏浚合同及船坞、码头建造合同的解除

【相关立法】

《中华人民共和国民法典》(20210101)

第八百零六条 承包人将建设工程转包、违法分包的,发包人可以解除合同。

发包人提供的主要建筑材料、建筑构配件和设备不符合强制性标准或者不履行协助义务,致使承包人无法施工,经催告后在合理期限内仍未履行相应义务的,承包人可以解除合同。

合同解除后,已经完成的建设工程质量合格的,发包人应当按照约定支付相应的工程价款;已经完成的建设工程质量不合格的,参照本法第七百九十三条的规定处理。

【典型案例】

如何认定承包人是否享有合同解除权,如何判断承包人提前撤离工程的行为是否构成违约? [烟台顺航港湾工程有限公司与中建筑港集团有限公司港口疏浚合同纠纷案,(2016)最高法民申 521 号]

本案争议的主要焦点为承包人顺航公司在合同履行期限届满前撤离涉案工程,终止履行合同,是否构成违约,顺航公司请求判令筑港公司支付船舶调遣费、工程款等费用是否应予支持。从案件事实看,在筑港公司正在协调并明确让顺航公司等候,且停工时间仅有 5 天的情形下,并无证据显示本案讼争合同已经不能继续履行,致使合同目的不能实现,且大润公司在未办理倾倒许可证的情况下完成后续工程的事实,亦证明停工事宜最终得以协调解决,顺航公司单方解除合同的法定条件并未成就,顺航公司不享有合同解除权。如果因筑港公司未及时办理倾倒许可证导致工期延误,顺航公司可以就此主张相应的损失赔偿。而且,《工程劳务分包合同书》第二条第五项约定,"形象进度及阶段工期要求:按照甲方(筑港公司)施工进度计划进行,乙方船机按甲方要求进退场,不得随意离开。"基于上述事实及当事人合同约定,法院认定顺航公司构成违约。

【适用要点】

航道、港口疏浚与船坞、码头建造工程施工对承包人的资质要求高,转包和违法分包不仅会拉长利益链条、层层剥利,导致实践用于工程建设的工程款低于航道、港口疏浚合同与船坞、码头建造合同约定的工程款,而且会导致由不具有建筑施工资质的施工人进行工程施工,既损害建筑市场秩序,又影响建设工程质量安全,损害发包人的利益。因此,多部法律、行政法规和部门规章都禁止承包人转包和违法分包。因此,在承包人将建设工程转包、违法分包的情况下,发包人亦享有解除建设工程施工合同的权利。

航道、港口疏浚合同与船坞、码头建造合同中,发包人的主要义务是支付工程价款。如果发包人迟延履行支付工程进度款的主要义务,不仅损害承包人利益,而且会导致承包人无法继续履行合同。此外,航道、港口疏浚合同与船坞、码头建造合同的特点是履行期限长、涉及事项多、影响因素多,发包人和承包人均应承担相应的各种义务。对发包人而言,在合同履行的不同阶段,都应承担相应的协助义务,以便于承包人顺利完成建设工程施工任务。实践中,发包人的协助义务主要包括提供施工图纸、办理相应审批手续、提供适于施工的施工场地、防止承包人施工受到干扰等义务。发包人提供的主要建筑材料、建筑构配件和设备不符合强制性标准或者不履行协助义务,致使承包人无法施工,经催告后在合理期限内仍未履行相应义务的,承包人可以解除合同。

三十六、船舶检验合同纠纷

1. 案由释义

船舶检验合同,是指为了保证船舶、海上设施和船运货物集装箱具备安全航行、安全作业的技术条件,保障生命财产安全和防止水域环境污染,船舶检验机构与船舶的所有人或经营人签订的,由船舶检验机构对船舶进行技术检验,船舶的所有人或经营人支付相关报酬或费用的合同。该合同当事人因合同的订立、履行、变更和终止而产生的纠纷,即为船舶检验合同纠纷。根据交通运输部《船舶检验管理规定》第二条第二款的规定,对水上设施、船用产品和船运货物集装箱的检验也属于船舶检验范畴。

2. 诉讼程序规范

【相关立法】

(1)《中华人民共和国民事诉讼法》(19910409;20220101)

第二十四条　因合同纠纷提起的诉讼,由被告住所地或者合同履行地人民法院管辖。

(2)《中华人民共和国海事诉讼特别程序法》(19991225)

第八十六条　船舶检验、估价应当由国家授权或者其他具有专业资格的机构或者个人承担。非经国家授权或者未取得专业资格的机构或者个人所作的检验或者估价结论,海事法院不予采纳。

【司法解释】

《最高人民法院关于海事法院受理案件范围的规定》（法释〔2016〕4号，20160301）

15. 船舶检验合同纠纷案件；

【适用要点】

船舶检验合同纠纷属于海事法院受案范围，由海事法院专门管辖。船舶检验是指对船舶、水上设施、船用产品和船运货物集装箱的检验。关于军用船舶、体育运动船艇、渔业船舶以及从事石油天然气生产的设施的检验，不适用该案由。因船舶检验合同纠纷提起的诉讼，一般应当由被告住所地或者合同履行地的海事法院管辖。该类案件属于当事人可以协议选择管辖法院的案件，当事人可以就被告住所地、合同履行地、合同签订地、原告住所地、标的物所在地书面协议选择有管辖权的海事法院管辖。

3. 船舶检验合同

【相关立法】

(1)《中华人民共和国海商法》（19930701）

第一百四十五条　光船租赁合同的内容，主要包括出租人和承租人的名称、船名、船籍、船级、吨位、容积、航区、用途、租船期间、交船和还船的时间和地点以及条件、船舶检验、船舶的保养维修、租金及其支付、船舶保险、合同解除的时间和条件，以及其他有关事项。

(2)《中华人民共和国民法典》（20210101）

第四百六十七条　本法或者其他法律没有明文规定的合同，适用本编通则的规定，并可以参照适用本编或者其他法律最相类似合同的规定。

在中华人民共和国境内履行的中外合资经营企业合同、中外合作经营企业合同、中外合作勘探开发自然资源合同，适用中华人民共和国法律。

第四百六十三条至第五百九十四条(略)

【司法解释】

《最高人民法院关于审理行政协议案件若干问题的规定》(法释〔2019〕17号,20200101)

第一条　行政机关为了实现行政管理或者公共服务目标,与公民、法人或者其他组织协商订立的具有行政法上权利义务内容的协议,属于行政诉讼法第十二条第一款第十一项规定的行政协议。

第二条　公民、法人或者其他组织就下列行政协议提起行政诉讼的,人民法院应当依法受理:

(一)政府特许经营协议;

(二)土地、房屋等征收征用补偿协议;

(三)矿业权等国有自然资源使用权出让协议;

(四)政府投资的保障性住房的租赁、买卖等协议;

(五)符合本规定第一条规定的政府与社会资本合作协议;

(六)其他行政协议。

【典型案例】

(1)当事人之间约定,委托检验方在收到案外人款项后,向受托方支付费用,在案外人未付款的情况下,受托方能否要求委托检验方履行付款义务?

[上海船舶工程质量检测有限公司与上海居正金属材料检测技术有限公司船舶检验合同纠纷案,(2021)沪民终258号]

当事人之间约定,委托检验方在收到案外人款项后,向受托方支付费用,属于双方就费用支付的期限附加了条件,该约定不违反法律,亦不违反公序良俗,应属有效。居正公司给予船检公司履行支付义务以宽限期,因所附条件无法成就导致约定的支付方式不能再适用,但船检公司应当全额支付检测费这一合同主要义务并不受影响。涉案《技术服务合同》合法有效,船检公司与居正公司在履行过程中均应遵循诚信原则,秉持诚实,恪守承诺。居正公司已依约完成合同义务,并就涉案合同项下剩余检测费的支付给予船检公司足够的合理的宽限期,在船检公司确认无法从案外人熔盛公司处收回剩余检测费的情况下,若还要求居正公司无限期地"等待",有悖诚信、显失公平。居正公司主张船检公司应立即支付尚欠的检测费,系依法行使合同权利之举,船检公司亦应履行合同项下的付款义务。

(2)委托检验方在完工确认单盖章确认,能否认定当事人之间成立船舶检验合同? [天津开发区船安海事服务有限公司与天津天丰昱成石油有限公司船舶检验合同纠纷案,(2019)津 72 民初 1181 号]

受托方以完工确认单主张双方成立船舶检验合同纠纷,结合完成确认单上注明的内容、委托方的盖章签字,以及受托方检验完成情况、是否交付检验报告的事实,来证明双方之间是否成立船舶检验合同。本案中,受天丰公司委托,船安公司实际履行了"昱成"轮和"昱鸿"轮的救生筏、灭火器等消防救生设备的检验事项,天丰公司在完工确认单上盖章确认,船安公司向天丰公司出具相关的检验报告,船安公司实际履行了船舶检验合同中检验人的义务,因此认定船安公司和天丰公司之间成立船舶检验合同关系。天丰公司拖欠检验费的行为构成违约,应承担相应的违约责任。

(3)在船舶检测之前,委托检验方主张解除合同,受托方能否向其主张检验费用及其他损失? [青岛华远国际船舶工程有限公司与 DST 航运公司船舶检验合同纠纷案,(2015)大海商初字第 461 号]

受托方在检测之前,无故解除船舶检验合同的,受托方未提供检测服务,不能向委托方主张检测费用。为履行涉案船舶检验合同,产生的误工费、交通费、差旅费等实际损失,受托方可以向委托方主张。

受托人华远公司按照约定的时间派遣潜水员等 5 人携带设备从青岛前往大连后,DST 公司作为委托人解除该合同,其应当就该解除合同行为给华远公司造成的损失向华远公司承担赔偿责任。就主张的损失,华远公司没有实际提供船舶检验服务,也未举证双方对解除合同的后果有约定,即没有证明 DST 公司订立合同时预见到或者应当预见到其在华远公司提供服务之前解除合同仍需支付船舶检测服务费,故华远公司不应要求 DST 公司给付约定的船舶检测服务费 1850 美元。但是潜水员等 5 人于 5 月 23 日傍晚出发,5 月 25 日 9 时往回返,为履行涉案合同误工 2 天,DST 公司应向华远公司支付潜水员等 5 人 2 天的误工费。

【适用要点】

船舶检验合同属于非典型合同,适用民法典合同编通则的规定,并可以参照适用合同编或者其他法律最相类似合同的规定。关于合同的成立、生效问题应适用民法典及相关司法解释的规定。

船舶检验合同纠纷中,案件最多体现在船舶检验合同履行完毕后,委托方未按照合同的约定支付检验费用引发的纠纷。该类案件处理中,需要结合双方合同的约定及履行情况,明晰当事人的权利义务,按照合同编通则内容作出判定。涉及船舶检验合同解除及损害赔偿责任认定的案件,可以参照合同编委托合同中合同解除、赔偿责任的相关规定处理。

如果案件争议涉及的是法定检验,根据《最高人民法院关于审理行政协议案件若干问题的规定》第一条关于行政协议的规定,该类船舶检验合同应属于行政机关为了实现行政管理或者公共服务目标,与公民、法人或者其他组织协商订立的具有行政法上权利义务内容的协议,属于不平等主体之间的行政协议,应适用《最高人民法院关于审理行政协议案件若干问题的规定》的规定或相关规定。需要注意的是,入级检验一般是基于船舶、水上设施的所有人和经营人与相关入级检验机构的自愿,船舶、水上设施的所有人和经营人与船级社系平等主体,双方缔约过程中平等协商的因素更为明显。但如果船级社开展的检验项目系受海事局授权进行的法定检验,双方如果订立有相关协议,则协议仍具有行政协议的性质。①

4. 船舶检验的范围与类型

【相关立法】

(1)《中华人民共和国海上交通安全法》(19840101;20210901)

第九条 中国籍船舶、在中华人民共和国管辖海域设置的海上设施、船运集装箱,以及国家海事管理机构确定的关系海上交通安全的重要船用设备、部件和材料,应当符合有关法律、行政法规、规章以及强制性标准和技术规范的要求,经船舶检验机构检验合格,取得相应证书、文书。证书、文书的清单由国家海事管理机构制定并公布。

设立船舶检验机构应当经国家海事管理机构许可。船舶检验机构设立条件、程序及其管理等依照有关船舶检验的法律、行政法规的规定执行。

持有相关证书、文书的单位应当按照规定的用途使用船舶、海上设施、船运集装箱以及重要船用设备、部件和材料,并应当依法定期进行安全技术检验。

第三十五条 船舶应当在其船舶检验证书载明的航区内航行、停泊、作业。

船舶航行、停泊、作业时,应当遵守相关航行规则,按照有关规定显示信

---

① 最高人民法院研究室编著:《最高人民法院新民事案件案由规定理解与适用》,人民法院出版社2021年版,第672页。

号、悬挂标志,保持足够的富余水深。

第四十五条 船舶载运或者拖带超长、超高、超宽、半潜的船舶、海上设施或者其他物体航行,应当采取拖拽部位加强、护航等特殊的安全保障措施,在开航前向海事管理机构报告航行计划,并按有关规定显示信号、悬挂标志;拖带移动式平台、浮船坞等大型海上设施的,还应当依法交验船舶检验机构出具的拖航检验证书。

第五十七条 除进行抢险或者生命救助外,客船应当按照船舶检验证书核定的载客定额载运乘客,货船载运货物应当符合船舶检验证书核定的载重线和载货种类,不得载运乘客。

(2)《中华人民共和国大气污染防治法》(19880601;20181026)

第六十二条 船舶检验机构对船舶发动机及有关设备进行排放检验。经检验符合国家排放标准的,船舶方可运营。

(3)《中华人民共和国渔业法》(19860701;20131228)

第二十六条 制造、更新改造、购置、进口的从事捕捞作业的船舶必须经渔业船舶检验部门检验合格后,方可下水作业。具体管理办法由国务院规定。

【行政法规】

(1)《中华人民共和国渔港水域交通安全管理条例》(19890801;20190302)

第十三条 渔业船舶必须经船舶检验部门检验合格,取得船舶技术证书,方可从事渔业生产。

(2)《中华人民共和国内河交通安全管理条例》(20020801;20190302)

第六条 船舶具备下列条件,方可航行:

(一)经海事管理机构认可的船舶检验机构依法检验并持有合格的船舶检验证书;

(二)经海事管理机构依法登记并持有船舶登记证书;

(三)配备符合国务院交通主管部门规定的船员;

(四)配备必要的航行资料。

第七条 浮动设施具备下列条件,方可从事有关活动:

(一)经海事管理机构认可的船舶检验机构依法检验并持有合格的检验

证书；

（二）经海事管理机构依法登记并持有登记证书；

（三）配备符合国务院交通主管部门规定的掌握水上交通安全技能的船员。

第三十一条 载运危险货物的船舶，必须持有经海事管理机构认可的船舶检验机构依法检验并颁发的危险货物适装证书，并按照国家有关危险货物运输的规定和安全技术规范进行配载和运输。

第三十八条 渡口工作人员应当经培训、考试合格，并取得渡口所在地县级人民政府指定的部门颁发的合格证书。

渡口船舶应当持有合格的船舶检验证书和船舶登记证书。

(3)《中华人民共和国船舶和海上设施检验条例》（19930214；20190302）

第二条 本条例适用于：

（一）在中华人民共和国登记或者将在中华人民共和国登记的船舶（以下简称中国籍船舶）；

（二）根据本条例或者国家有关规定申请检验的外国籍船舶；

（三）在中华人民共和国沿海水域内设置或者将在中华人民共和国沿海水域内设置的海上设施（以下简称海上设施）；

（四）在中华人民共和国登记的企业法人所拥有的船运货物集装箱（以下简称集装箱）。

第三条 中华人民共和国船舶检验局（以下简称船检局）是依照本条例规定实施各项检验工作的主管机构。

经国务院交通主管部门批准，船检局可以在主要港口和工业区设置船舶检验机构。

经国务院交通主管部门和省、自治区、直辖市人民政府批准，省、自治区、直辖市人民政府交通主管部门可以在所辖港口设置地方船舶检验机构。

第四条 中国船级社是社会团体性质的船舶检验机构，承办国内外船舶、海上设施和集装箱的入级检验、鉴证检验和公证检验业务；经船检局授权，可以代行法定检验。

第五条 实施本条例规定的各项检验，应当贯彻安全第一、质量第一的原则，鼓励新技术的开发和应用。

第六条 船舶检验分别由下列机构实施：

（一）船检局设置的船舶检验机构；

（二）省、自治区、直辖市人民政府交通主管部门设置的地方船舶检验机构；

（三）船检局委托、指定或者认可的检验机构。

前款所列机构，以下统称船舶检验机构。

第七条　中国籍船舶的所有人或者经营人，必须向船舶检验机构申请下列检验：

（一）建造或者改建船舶时，申请建造检验；

（二）营运中的船舶，申请定期检验；

（三）由外国籍船舶改为中国籍船舶的，申请初次检验。

第八条　中国籍船舶所使用的有关海上交通安全的和防止水域环境污染的重要设备、部件和材料，须经船舶检验机构按照有关规定检验。

第九条　中国籍船舶须由船舶检验机构测定总吨位和净吨位，核定载重线和乘客定额。

第十条　在中国沿海水域从事钻探、开发作业的外国籍钻井船、移动式平台的所有人或者经营人，必须向船检局设置或者指定的船舶检验机构申请下列检验：

（一）作业前检验；

（二）作业期间的定期检验。

第十一条　中国沿海水域内的移动式平台、浮船坞和其他大型设施进行拖带航行，起拖前必须向船检局设置的或者指定的船舶检验机构申请拖航检验。

第十二条　中国籍船舶有下列情形之一的，船舶所有人或者经营人必须向船舶检验机构申请临时检验：

（一）因发生事故，影响船舶适航性能的；

（二）改变船舶证书所限定的用途或者航区的；

（三）船舶检验机构签发的证书失效的；

（四）海上交通安全或者环境保护主管机关责成检验的。

在中国港口内的外国籍船舶，有前款（一）、（四）项所列情形之一的，必须向船检局设置或者指定的船舶检验机构申请临时检验。

第十三条　下列中国籍船舶，必须向中国船级社申请入级检验：

（一）从事国际航行的船舶；

（二）在海上航行的乘客定额一百人以上的客船；

（三）载重量一千吨以上的油船；

（四）滚装船、液化气体运输船和散装化学品运输船；

（五）船舶所有人或者经营人要求入级的其他船舶。

第十四条　船舶经检验合格后,船舶检验机构应当按照规定签发相应的检验证书。

第十五条　海上设施的所有人或者经营人,必须向船检局设置或者指定的船舶检验机构申请下列检验,但是本条例第三十一条规定的除外:

(一)建造或者改建海上设施时,申请建造检验;

(二)使用中的海上设施,申请定期检验;

(三)因发生事故影响海上设施安全性能的,申请临时检验;

(四)海上交通安全或者环境保护主管机关责成检验的,申请临时检验。

第十六条　海上设施经检验合格后,船舶检验机构应当按照规定签发相应的检验证书。

第十七条　集装箱的所有人或者经营人,必须向船检局设置或者指定的船舶检验机构申请下列检验:

(一)制造集装箱时,申请制造检验;

(二)使用中的集装箱,申请定期检验。

第十八条　集装箱经检验合格后,船舶检验机构应当按照规定签发相应的检验证书。

第十九条　船舶、海上设施、集装箱的检验制度和技术规范,除本条例第三十一条规定的外,由船检局制订,经国务院交通主管部门批准后公布施行。

第二十条　船舶检验机构的检验人员,必须具备相应的专业知识和检验技能,并经考核合格。

第二十一条　检验人员执行检验任务或者对事故进行技术分析调查时,有关单位应当提供必要的条件。

第二十二条　船舶检验机构实施检验,按照规定收取费用。收费办法由国务院交通主管部门会同国务院物价主管部门、国务院财政主管部门制定。

第二十三条　当事人对船舶检验机构的检验结论有异议的,可以向上一级检验机构申请复验;对复验结论仍有异议的,可以向船检局提出再复验,由船检局组织技术专家组进行检验、评议,作出最终结论。

第二十四条　任何单位和个人不得涂改、伪造检验证书,不得擅自更改船舶检验机构勘划的船舶载重线。

第二十五条　关于外国船舶检验机构在中国境内设置常驻代表机构或者派驻检验人员的管理办法,由国务院交通主管部门制定。

(4)《中华人民共和国渔业船舶检验条例》(20030801)

第二条　在中华人民共和国登记和将要登记的渔业船舶(以下简称渔

业船舶)的检验,适用本条例。从事国际航运的渔业辅助船舶除外。

第三条　国务院渔业行政主管部门主管全国渔业船舶检验及其监督管理工作。

中华人民共和国渔业船舶检验局(以下简称国家渔业船舶检验机构)行使渔业船舶检验及其监督管理职能。

地方渔业船舶检验机构依照本条例规定,负责有关的渔业船舶检验工作。

各级公安边防、质量监督和工商行政管理等部门,应当在各自的职责范围内对渔业船舶检验和监督管理工作予以协助。

第四条　国家对渔业船舶实行强制检验制度。强制检验分为初次检验、营运检验和临时检验。

第五条　渔业船舶检验,应当遵循安全第一、保证质量和方便渔民的原则。

第六条　渔业船舶的初次检验,是指渔业船舶检验机构在渔业船舶投入营运前对其所实施的全面检验。

第七条　下列渔业船舶的所有者或者经营者应当申报初次检验:

(一)制造的渔业船舶;

(二)改造的渔业船舶(包括非渔业船舶改为渔业船舶、国内作业的渔业船舶改为远洋作业的渔业船舶);

(三)进口的渔业船舶。

第八条　制造、改造的渔业船舶,其设计图纸、技术文件应当经渔业船舶检验机构审查批准,并在开工制造、改造前申报初次检验。渔业船舶检验机构应当自收到设计图纸、技术文件之日起20个工作日内作出审查决定,并书面通知当事人。

设计、制造、改造渔业船舶的单位应当符合国家规定的条件,并遵守国家渔业船舶技术规则。

第九条　制造、改造的渔业船舶的初次检验,应当与渔业船舶的制造、改造同时进行。

用于制造、改造渔业船舶的有关航行、作业和人身财产安全以及防止污染环境的重要设备、部件和材料,在使用前应当经渔业船舶检验机构检验,检验合格的方可使用。

前款规定必须检验的重要设备、部件和材料的目录,由国务院渔业行政主管部门制定。

第十条　进口的渔业船舶,其设计图纸、技术文件应当经渔业船舶检验机构审查确认,并在投入营运前申报初次检验。进口旧渔业船舶,进口前还应当取得国家渔业船舶检验机构出具的旧渔业船舶技术评定证书。

第十一条　渔业船舶检验机构对检验合格的渔业船舶,应当自检验完毕之日起 5 个工作日内签发渔业船舶检验证书;经检验不合格的,应当书面通知当事人,并说明理由。

经检验合格的渔业船舶,任何单位和个人不得擅自改变其吨位、载重线、主机功率、人员定额和适航区域;不得擅自拆除其有关航行、作业和人身财产安全以及防止污染环境的重要设备、部件。确需改变或者拆除的,应当经原渔业船舶检验机构核准。

第十二条　进口的渔业船舶和远洋渔业船舶的初次检验,由国家渔业船舶检验机构统一组织实施。其他渔业船舶的初次检验,由船籍港渔业船舶检验机构负责实施;渔业船舶的制造地或者改造地与船籍港不一致的,初次检验由制造地或者改造地渔业船舶检验机构实施;该渔业船舶检验机构应当自检验完毕之日起 5 个工作日内,将检验报告、检验记录等技术资料移交船籍港渔业船舶检验机构。

第十三条　渔业船舶的营运检验,是指渔业船舶检验机构对营运中的渔业船舶所实施的常规性检验。

第十四条　营运中的渔业船舶的所有者或者经营者应当按照国务院渔业行政主管部门规定的时间申报营运检验。

渔业船舶检验机构应当按照国务院渔业行政主管部门的规定,根据渔业船舶运行年限和安全要求对下列项目实施检验:

(一)渔业船舶的结构和机电设备;

(二)与渔业船舶安全有关的设备、部件;

(三)与防止污染环境有关的设备、部件;

(四)国务院渔业行政主管部门规定的其他检验项目。

第十五条　渔业船舶检验机构应当自申报营运检验的渔业船舶到达受检地之日起 3 个工作日内实施检验。经检验合格的,应当自检验完毕之日起 5 个工作日内在渔业船舶检验证书上签署意见或者签发渔业船舶检验证书;签发境外受检的远洋渔业船舶的检验证书,可以延长至 15 个工作日。经检验不合格的,应当书面通知当事人,并说明理由。

第十六条　渔业船舶经检验需要维修的,该船舶的所有者或者经营者应当选择符合国家规定条件的维修单位。维修渔业船舶应当遵守国家渔业船舶技术规则。

用于维修渔业船舶的有关航行、作业和人身财产安全以及防止污染环境的重要设备、部件和材料,在使用前应当经渔业船舶检验机构检验,检验合格的方可使用。

第十七条　营运中的渔业船舶需要更换有关航行、作业和人身财产安全以及防止污染环境的重要设备、部件和材料的,该船舶的所有者或者经营者应当遵守本条例第十六条第二款的规定。

第十八条　远洋渔业船舶的营运检验,由国家渔业船舶检验机构统一组织实施。其他渔业船舶的营运检验,由船籍港渔业船舶检验机构负责实施;因故不能回船籍港进行营运检验的渔业船舶,由船籍港渔业船舶检验机构委托船舶的营运地或者维修地渔业船舶检验机构实施检验;实施检验的渔业船舶检验机构应当自检验完毕之日起5个工作日内将检验报告、检验记录等技术资料移交船籍港渔业船舶检验机构。

第十九条　渔业船舶的临时检验,是指渔业船舶检验机构对营运中的渔业船舶出现特定情形时所实施的非常规性检验。

第二十条　有下列情形之一的渔业船舶,其所有者或者经营者应当申报临时检验:

(一)因检验证书失效而无法及时回船籍港的;

(二)因不符合水上交通安全或者环境保护法律、法规的有关要求被责令检验的;

(三)具有国务院渔业行政主管部门规定的其他特定情形的。

第二十一条　渔业船舶检验机构应当自申报临时检验的渔业船舶到达受检地之日起2个工作日内实施检验。经检验合格的,应当自检验完毕之日起3个工作日内在渔业船舶检验证书上签署意见或者签发渔业船舶检验证书;经检验不合格的,应当书面通知当事人,并说明理由。

第二十二条　渔业船舶临时检验的管辖权限划分,依照本条例第十八条关于营运检验管辖权限的规定执行。

第二十三条　有下列情形之一的渔业船舶,渔业船舶检验机构不得受理检验:

(一)设计图纸、技术文件未经渔业船舶检验机构审查批准或者确认的;

(二)违反本条例第八条第二款和第九条第二款规定制造、改造的;

(三)违反本条例第十六条、第十七条规定维修的;

(四)按照国家有关规定应当报废的。

第二十四条　地方渔业船舶检验机构应当在国家渔业船舶检验机构核定的范围内开展检验业务。

第二十五条　从事渔业船舶检验的人员应当经国家渔业船舶检验机构

考核合格后,方可从事相应的渔业船舶检验工作。

第二十六条　渔业船舶检验机构及其检验人员应当严格遵守渔业船舶检验规则,实施现场检验,并对检验结论负责。

渔业船舶检验规则由国家渔业船舶检验机构制定,经国务院渔业行政主管部门批准后公布实施。

对具有新颖性的渔业船舶或者船用产品,国家尚未制定相应的检验规则的,可以适用国家渔业船舶检验机构认可的检验规则。

第二十七条　当事人对地方渔业船舶检验机构的检验结论有异议的,可以按照国务院渔业行政主管部门的规定申请复验。

第二十八条　渔业船舶的检验收费,按照国务院价格主管部门、财政部门规定的收费标准执行。

第二十九条　渔业船舶的检验证书、检验记录、检验报告的式样和检验业务印章,由国家渔业船舶检验机构统一规定。

第三十条　渔业船舶检验人员依法履行职能时,有权对渔业船舶的检验证书和技术状况进行检查,有关单位和个人应当给予配合。

重大渔业船舶海损事故的调查处理,应当有渔业船舶检验机构的检验人员参加。

第三十一条　有下列情形之一的渔业船舶,其所有者或者经营者应当在渔业船舶报废、改籍、改造之日前7个工作日内或者自渔业船舶灭失之日起20个工作日内,向渔业船舶检验机构申请注销其渔业船舶检验证书;逾期不申请的,渔业船舶检验证书自渔业船舶改籍、改造完毕之日起或者渔业船舶报废、灭失之日起失效,并由渔业船舶检验机构注销渔业船舶检验证书:

(一)按照国家有关规定报废的;

(二)中国籍改为外国籍的;

(三)渔业船舶改为非渔业船舶的;

(四)因沉没等原因灭失的。

【部门规章】

(1)《船舶检验管理规定》(交通运输部令2016年第2号,20160501)

第二条　船舶检验活动及从事船舶检验活动的机构和人员的管理适用于本规定。

本规定所称船舶检验是指对船舶、水上设施、船用产品和船运货物集装箱的检验。

军用船舶、体育运动船艇、渔业船舶以及从事石油天然气生产的设施的检验,不适用本规定。

第三条 交通运输部主管全国船舶检验管理。

交通运输部海事局负责对船舶检验工作实施统一监督管理。

各级海事管理机构依据各自职责权限开展船舶检验监督工作。

第四条 船舶检验机构是指实施船舶检验的机构,包括交通运输部和省、自治区、直辖市人民政府设置的船舶检验机构(以下简称国内船舶检验机构)和外国船舶检验机构在中华人民共和国境内设立的验船公司(以下简称外国验船公司)。

交通运输部和省、自治区、直辖市人民政府依法审批国内船舶检验机构或者外国验船公司时,应当依据《中华人民共和国海事行政许可条件规定》规定的验船机构审批条件作出是否予以审批的决定。予以审批的,同时应当明确国内船舶检验机构和外国验船公司的检验业务范围。

交通运输部海事局应当向社会公布船舶检验机构的检验业务范围。

第五条 国内船舶检验机构按照 A、B、C、D 四类从事船舶法定检验:

(一)A 类船舶检验机构,可以从事包括国际航行船舶、国内航行船舶、水上设施、船运货物集装箱和相关船用产品的法定检验;

(二)B 类船舶检验机构,可以从事国内航行船舶的法定检验和相关船用产品的法定检验;

(三)C 类船舶检验机构,可以从事内河船舶的法定检验;

(四)D 类船舶检验机构,可以从事内河小型船舶,以及封闭水域内船长不超过 30 米、主机功率不超过 50 千瓦的货船和船长不超过 30 米、主机功率不超过 50 千瓦的客船的法定检验。

第六条 外国验船公司的业务范围包括:

(一)依据船旗国政府授权,对悬挂该国国旗及拟悬挂该国国旗的船舶、海上设施实施法定检验和入级检验;

(二)对本款第(一)项规定的船舶、海上设施所使用的有关重要设备、部件和材料等船用产品实施检验;

(三)对外国企业所拥有的船运货物集装箱实施检验;

(四)经交通运输部海事局认可,在逐步开放的范围内对自由贸易区登记的中国籍国际航行船舶实施入级检验。

第七条 船舶检验机构应当在批准的业务范围内从事船舶检验活动。

第八条 船舶检验机构应当向交通运输部海事局报告年度船舶检验工作情况,包括质量体系运行、检验业务量、检验人员变化等情况。

第九条 船舶检验人员应当具备相应的专业知识和检验技能,满足国家有关船舶检验人员资质的要求。

交通运输部海事局负责统一组织船舶检验人员考试,并按照国家有关规定发放船舶检验人员资格证书。

第十条 国内船舶检验机构应当对船舶检验人员进行岗前培训和不定期持续知识更新培训。

第十一条 法定检验是指船旗国政府或者其认可的船舶检验机构按照法律、行政法规、规章和法定检验技术规范,对船舶、水上设施、船用产品和船运货物集装箱的安全技术状况实施的强制性检验。

法定检验主要包括建造检验、定期检验、初次检验、临时检验、拖航检验、试航检验等。

第十二条 在中华人民共和国登记或者拟在中华人民共和国登记的船舶、水上设施的所有人或者经营人,有下列情形之一的,应当向国内船舶检验机构申请建造检验:

(一)建造船舶、水上设施的;

(二)改变船舶主尺度、船舶类型、分舱水平、承载能力、乘客居住处所、主推进系统、影响船舶稳性等涉及船舶主要性能及安全的重大改建,或者涉及水上设施安全重大改建的。

船舶、水上设施建造或者重大改建,应当向建造或者改建地船舶检验机构申请检验。

第十三条 营运中的中国籍船舶、水上设施的所有人或者经营人,应当向签发船舶检验证书的国内船舶检验机构申请定期检验。

定期检验可以委托营运地国内船舶检验机构代为进行。

第十四条 中国籍船舶、水上设施的所有人或者经营人,有下列情形之一的,应当向国内船舶检验机构申请初次检验:

(一)外国籍船舶、水上设施改为中国籍船舶、水上设施;

(二)体育运动船艇、渔业船舶改为本规定适用的船舶;

(三)营运船舶检验证书失效时间超过一个换证检验周期的;

(四)老旧营运运输船舶检验证书失效时间超过一个特别定期检验周期的。

有前款第(三)、(四)项所列情形之一的,新的检验周期按照原证书检验周期计算。

第十五条 中国籍船舶、水上设施的所有人或者经营人,有下列情形之一的,应当向国内船舶检验机构申请临时检验:

(一)因发生事故,影响船舶适航性能;

（二）改变证书所限定的航区或者用途；

（三）船舶检验机构签发的证书失效时间不超过一个换证周期；

（四）涉及船舶安全的修理或者改装，但重大改建除外；

（五）变更船舶检验机构；

（六）变更船名、船籍港；

（七）存在重大安全缺陷影响航行和环境安全，海事管理机构责成检验的。

对于前款第（三）项所列情形，船舶、水上设施申请检验时，国内船舶检验机构须对失效期内应当进行的所有检验项目进行检验，检验周期按照原证书检验周期计算。

在中华人民共和国管辖水域内的外国籍船舶，有第一款第（一）、（七）项所列情形之一的，应当向原签发检验证书的船舶检验机构申请临时检验。外国籍船舶的发证机构未在中华人民共和国境内设立验船公司的，应当向交通运输部海事局指定的船舶检验机构申请临时检验。

第十六条　中华人民共和国管辖水域内对移动式平台、浮船坞及其他大型船舶、水上设施进行拖带航行，起拖前应当申请拖航检验。

第十七条　船舶试航前，船舶所有人或者经营人应当向国内船舶检验机构申请试航检验，并取得试航检验证书。

国内船舶检验机构在签发试航检验证书前，应当按照相关技术检验要求进行检验，并确认船舶试航状态符合实施船舶图纸审查、建造检验的船舶检验机构批准的船舶配载及稳性状态。

第十八条　在中华人民共和国管辖水域内从事钻探、开发作业的外国籍钻井船、移动式平台的所有人或者经营人，应当向交通运输部海事局授权的船舶检验机构申请下列检验：

（一）作业前检验；

（二）作业期间的定期检验。

第十九条　中国籍船舶、水上设施所使用的有关水上交通安全和防止水域环境污染的重要设备、部件和材料应当进行船用产品检验。

应当进行法定检验的船用产品范围由交通运输部海事局公布。

第二十条　船舶检验机构应当按照船用产品法定检验技术要求，对纳入法定检验范围内的船用产品开展工厂认可、型式认可、产品检验。

第二十一条　船运货物集装箱的制造厂商或者所有人、经营人应当向船舶检验机构申请下列检验：

（一）船运货物集装箱制造时，申请工厂认可、定型设计认可和制造

检验;

(二)使用中的船运货物集装箱,申请营运检验,采用定期检验或者按照经检验机构进行技术审核的连续检验计划进行检验。

第二十二条　国内船舶检验机构应当将船用产品和船运货物集装箱工厂认可、型式认可或者定型设计认可及单件产品的检验结果录入国家船舶检验数据库并对外公布。

第二十三条　中国籍国内航行船舶和水上设施、船用产品和船运货物集装箱经检验符合相关的法定检验技术要求后,国内船舶检验机构应当使用国家船舶法定检验发证系统签发相应的检验证书或者技术文件。

中国籍国际航行船舶经检验符合相关的法定检验技术要求后,国内船舶检验机构应当使用经交通运输部海事局认可的法定检验发证系统签发相应的检验证书或者技术文件,并由海事管理机构进行监督管理。

法定检验证书和国内航行船舶的检验报告和记录格式由交通运输部海事局统一制定并公布。

第二十四条　船舶检验机构应当建立和严格执行保证检验发证质量的控制程序和管理制度。

第二十五条　国内船舶检验机构根据船舶法定检验技术规范,对中国籍船舶、水上设施的法定检验要求实施等效、免除的,应当达到海事国际公约或者船舶法定检验技术规范要求的同等效能及安全水平,并向交通运输部海事局报告,船舶法定检验技术规范另有规定的除外。

第二十六条　入级检验是指应船舶、水上设施的所有人和经营人自愿申请,按照拟入级的船舶检验机构的入级检验技术规范,对船舶、水上设施进行的检验,并取得入级船舶检验机构的入级标识。

第二十七条　除本规定第六条第(四)项规定的情形外,中国籍国际航行船舶加入船级的,应当向中国船级社申请入级检验。

第二十八条　下列中国籍国内航行船舶加入船级的,应当向中国船级社申请入级检验:

(一)在海上航行的乘客定额100人以上的客船;

(二)载重量1000吨以上的油船;

(三)滚装船、液化气体运输船和散装化学品运输船;

(四)船舶所有人或者经营人申请入级的其他船舶。

第二十九条　中国籍船舶、水上设施经入级检验符合相关的检验技术规范要求并取得法定检验证书的,船舶检验机构方可签发入级检验证书或者技术文件。

第三十条 从事中国籍船舶、水上设施入级检验业务的船舶检验机构应当将其入级检验技术规范和证书格式报交通运输部海事局备案。

第三十一条 船舶法定检验技术规范包括与船舶、水上设施、船用产品、船运货物集装箱相关的涉及航运安全及水域环境保护的检验制度、安全标准、检验规程等。

第三十二条 船舶法定检验技术规范,由交通运输部海事局组织制定,经交通运输部批准后公布施行。

限于省、自治区、直辖市内航行的下列船舶的法定检验技术规范,可由省、自治区、直辖市交通运输主管部门制定,并报交通运输部海事局备案;省、自治区、直辖市交通运输主管部门未制定的,参照交通运输部海事局制定的小型船舶法定检验技术规则检验发证:

(一)船长 15 米及以下的内河渡船;

(二)船长 20 米以下的普通货船;

(三)12 人及以下的载客船舶。

第三十三条 有下列情形之一的,船舶法定检验技术规范的制定机构应当组织开展船舶法定检验技术规范后评估:

(一)实施满 5 年的;

(二)上位法或者相关国际公约有重大修改或者调整的;

(三)水上交通安全管理环境发生重大变化,影响船舶法定检验技术规范适宜性的;

(四)其他应当进行后评估的情形。

第三十四条 船舶检验机构开展检验活动应当遵守中华人民共和国法律、法规、规章和相关国际公约的规定。

船舶检验机构应当严格按照检验业务范围开展检验工作,不得拒绝满足法定检验受理条件的申请。

船舶检验人员应当严格按照相关的法律、法规和检验技术规范的要求开展检验工作,恪守职业道德和执业纪律。

第三十五条 有下列情形之一的,船舶检验机构不得检验:

(一)船舶和水上设施的设计、建造与修造单位未建立质量自检制度;

(二)按照国家有关规定应当报废的船舶、水上设施;

(三)未提供真实技术资料;

(四)未按照规定取得新增运力审批的建造船舶;

(五)未能为船舶检验人员提供安全保障。

第三十六条 船舶检验机构应当在船舶、水上设施的建造或者重大改建开工前,对开工条件进行检查,经检查合格后,方可开展检验。

第三十七条　在中华人民共和国登记或者拟在中华人民共和国登记的船舶、水上设施未取得海事管理机构授予的船舶识别号的,船舶检验机构不得签发法定证书。

第三十八条　船舶和水上设施的所有人或者经营人,船用产品和船运货物集装箱制造厂商,船舶和水上设施的设计、建造与修造单位应当按照规定如实提交检验相关资料。

第三十九条　中国籍船舶、水上设施报废的,其所有人或者经营人应当报告国内船舶检验机构,国内船舶检验机构应当注销检验证书。

第四十条　中国籍船舶、水上设施变更船舶检验机构,新接受的船舶检验机构在发放检验证书时应当收回存档原检验证书。

按照省、自治区、直辖市交通运输主管部门制定的法定检验技术规范检验的船舶,船舶检验机构变更为其他省、自治区、直辖市的船舶检验机构的,新接受的船舶检验机构可以按照交通运输部海事局或者所在省、自治区、直辖市交通运输主管部门制定的法定检验技术规范重新进行检验。

第四十一条　外国籍船舶、水上设施因存在重大缺陷被强制取消船级的,新接受的境内设立的外国验船公司应当验证缺陷已改正后,方可受理检验。

第四十二条　有下列情形之一的,船舶检验机构应当停止检验或者撤销相关检验证书:

(一)违规建造、违规重大改建;

(二)提供虚假证明材料;

(三)未通过检验。

有前款第(一)项情形的还应当报告交通运输部海事局。

涂改检验证书或者以欺骗行为取得检验证书,船舶检验机构未撤销检验证书的,海事管理机构应当责令船舶检验机构撤销检验证书。

第四十三条　船舶检验机构应当建立船用产品法定检验质量监督机制,发现法定船用产品存在重大质量问题的,撤销检验证书或者禁止装船使用。

第四十四条　船舶检验机构应当对为其提供服务的检修、检测服务机构进行安全质量、技术条件的控制和监督。

第四十五条　船舶检验机构应当建立档案管理制度,妥善保管有关检验档案资料。

中国籍船舶、水上设施变更船舶检验机构的,原船舶检验机构应当将包含图纸的全部技术档案转交变更后的船舶检验机构。

第四十六条　交通运输部海事局应当组织对船舶检验机构检验能力和条件进行核查,对船舶检验机构检验质量进行监督。

第四十七条　海事管理机构发现涉及船舶检验重大质量问题或者有第十五条第一款第(一)、(七)项所列情形之一的,应当通报相关船舶检验机构。

涉及船舶检验重大质量问题的,应当报告交通运输部海事局组织调查处理。

相关船舶检验机构应当对检验质量问题进行分析整改,并将整改情况通报海事管理机构。

第四十八条　船舶检验机构应当配合海事管理机构开展船舶检验质量监督和调查。船舶检验机构对海事管理机构的监督和调查行为有异议的,可以向交通运输部海事局报告。

第四十九条　申请检验的单位或者个人对检验结论持有异议,可以向上一级船舶检验机构申请复验,接到复验申请的机构应当在7个工作日内作出是否予以复验的答复。

对复验结论仍有异议的,可以向交通运输部海事局提出再复验,由交通运输部海事局组织技术专家组进行检验、评议并作出最终结论。交通运输部海事局应当在接到再复验申请之日起15个工作日内作出是否予以再复验的答复。

(2)《渔业船舶检验管理规定》(交通运输部令2019年第28号,20200101)

第二条　渔业船舶检验活动及从事渔业船舶检验活动的机构和人员的管理适用本规定。

前款所称渔业船舶检验,是指对渔业船舶和船用产品的强制检验。

第三条　交通运输部主管全国渔业船舶检验和监督管理工作。

交通运输部海事局负责渔业船舶检验监督管理和行业指导工作。

县级以上地方人民政府承担渔业船舶检验监管职责的部门,负责本行政区域国内渔业船舶检验的监督管理。

渔业船舶检验机构依照本规定负责有关渔业船舶检验工作。

第四条　渔业船舶检验机构是实施渔业船舶检验的机构,包括交通运输部设置的船舶检验机构和省级、市级、县级地方渔业船舶检验机构。

第五条　渔业船舶检验机构应当在交通运输部海事局核定的业务范围内开展检验业务。

渔业船舶检验机构的业务范围应当向社会公布。

第六条 渔业船舶检验人员应当具备相应的专业知识和检验技能,满足国家有关检验人员管理的要求,经交通运输部海事局考核合格,方可从事相应的渔业船舶检验工作。

交通运输部海事局负责统一组织渔业船舶检验人员考试,并按照国家有关规定发放检验人员证书。

第七条 渔业船舶检验机构应当配备与核定的业务范围相适应符合相关要求的检验人员。渔业船舶检验机构应当组织对检验人员进行岗前培训和不定期持续知识更新培训。

第八条 渔业船舶检验机构和检验人员应当按照法律、法规、规章以及渔业船舶检验技术规范的要求开展检验工作,并对检验结论负责。

渔业船舶检验人员开展检验工作应当恪守职业道德和执业纪律。

第九条 交通运输部设置的船舶检验机构负责远洋渔业船舶及船用产品的检验业务,地方渔业船舶检验机构负责本行政区域国内渔业船舶及船用产品的检验业务。

第十条 渔业船舶检验机构按照 A、B、C、D 四类从事渔业船舶检验:

(一)A 类检验机构,可以从事远洋渔业船舶及船用产品的检验;

(二)B 类检验机构,可以从事国内渔业船舶及相关船用产品的检验;

(三)C 类检验机构,可以从事内河渔业船舶的检验;

(四)D 类检验机构,可以从事内河 12 米以下渔业船舶的检验。

第十一条 交通运输部海事局根据技术条件对渔业船舶检验机构的业务范围进行核定。省级地方渔业船舶检验机构申请业务范围核定前,应当初步划分本行政区域内下级地方渔业船舶检验机构业务范围,统一向交通运输部海事局申请业务范围核定。

第十二条 渔业船舶检验机构业务范围变更的,应当向交通运输部海事局申请重新核定。

第十三条 渔业船舶强制检验是渔业船舶检验机构根据法律、法规、规章和渔业船舶检验技术规范,对渔业船舶和船用产品的安全技术状况实施的技术监督服务活动。

渔业船舶强制检验包括初次检验、营运检验、临时检验。

第十四条 渔业船舶检验机构应当根据法律、法规、规章和检验技术规范开展检验,确保检验完成时,图纸符合检验技术规范要求、船舶与图纸相符、证书与实船相符。

渔业船舶检验机构开展强制检验应当通过核查、审查、检查(包括抽查、详细检查、检测或试验等)方式对有关检验项目的技术状况进行确认。

第十五条 进口的渔业船舶和远洋渔业船舶的初次检验、远洋渔业船舶的营运检验和临时检验,由交通运输部设置的船舶检验机构统一组织实施。其他渔业船舶的初次检验、营运检验和临时检验,由船籍港渔业船舶检验机构负责实施。

渔业船舶的制造地或者改造地与船籍港不一致的,初次检验由制造地或者改造地渔业船舶检验机构实施;因故不能回船籍港进行营运检验、临时检验的渔业船舶,由船籍港渔业船舶检验机构委托船舶的营运地或者维修地渔业船舶检验机构实施检验,并提供相应的信息支持。船舶的营运地或者维修地渔业船舶检验机构不得拒绝接受委托。

第十六条 下列渔业船舶的所有者或者经营者应当申报初次检验:

(一)制造的渔业船舶;

(二)改造的渔业船舶(包括非渔业船舶改为渔业船舶、国内作业的渔业船舶改为远洋作业的渔业船舶);

(三)进口的渔业船舶。

第十七条 营运中的渔业船舶的所有者或者经营者应当按照交通运输部规定的时间申报营运检验。

渔业船舶检验机构应当按照交通运输部的规定,根据渔业船舶运行年限和安全要求对下列项目实施检验:

(一)渔业船舶的结构和机电设备;

(二)与渔业船舶安全有关的设备、部件;

(三)与防止污染环境有关的设备、部件;

(四)交通运输部规定的其他检验项目。

第十八条 有下列情形之一的渔业船舶,其所有者或者经营者应当申报临时检验:

(一)因检验证书失效无法及时回船籍港的;

(二)因不符合水上交通安全或者环境保护法律、法规的有关要求被责令检验的;

(三)因发生事故而影响船舶安全航行、作业技术条件的;

(四)改变证书所限定的航区或者用途的;

(五)检验证书失效的;

(六)涉及渔业船舶安全的修理或者改装,但重大改建的除外;

(七)变更渔业船舶检验机构、船名、船籍港的;

(八)具有交通运输部规定的其他特定情形的。

第十九条　渔业船舶制造、改造、维修中使用的与航行、作业和人身财产安全以及防止污染环境有关的重要设备、部件和材料,应当进行船用产品检验。

前款规定应当检验的重要设备、部件和材料的目录,由交通运输部公布。

渔业船舶检验机构应当按照检验技术规范,对纳入检验范围内的船用产品开展工厂认可、型式认可、设计认可、产品检验。

第二十条　进行渔业船舶和船用产品强制检验,应当按照交通运输部海事局的有关规定向渔业船舶检验机构提交相关申请材料。

渔业船舶检验机构不得增加或者变相增加有关申请材料或者设置前置条件。

第二十一条　国内渔业船舶和船用产品经检验符合相关的渔业船舶检验技术要求的,渔业船舶检验机构应当使用国家船舶检验发证系统签发相应的检验证书或者技术文件。

远洋渔业船舶经检验符合相关检验技术要求的,交通运输部设置的船舶检验机构应当使用经交通运输部海事局认可的检验发证系统签发相应的检验证书或者技术文件。

渔业船舶和船用产品的检验证书、检验记录、检验报告的式样和检验业务印章,由交通运输部海事局统一规定。

第二十二条　渔业船舶检验技术规范由交通运输部海事局组织制定,经交通运输部批准后公布施行。

前款所称渔业船舶检验技术规范,是指与渔业船舶和船用产品相关的,涉及航行安全、作业安全及环境保护的检验制度、安全标准和检验规程等。

第二十三条　省级地方人民政府承担渔业船舶检验监管职责的部门,对船长小于 12 米的渔业船舶,可以制定符合本地实际情况的渔业船舶检验技术规范,明确相应的检验制度和技术要求,并报交通运输部海事局备案。

第二十四条　有下列情形之一的,渔业船舶检验技术规范的制定机构应当组织开展检验技术规范后评估:

(一)实施满 5 年的;

(二)上位法或者相关国际公约有重大修改或者调整的;

(三)渔业船舶的航行、作业环境发生重大变化,影响渔业船舶检验技术规范适宜性的;

(四)其他应当进行后评估的情形。

第二十五条　交通运输部海事局应当对渔业船舶检验机构和检验活动进行监督。

县级以上地方人民政府承担渔业船舶检验监管职责的部门应当对本行政区域内地方渔业船舶检验机构和检验活动进行监督。

第二十六条 交通运输部海事局应当建立渔业船舶检验工作报告制度。渔业船舶检验机构应当建立船舶检验业务管理制度和档案管理制度。

第二十七条 渔业船舶检验机构应当建立渔业船舶船用产品强制检验质量监督机制,发现船用产品存在重大质量问题的,应当撤销检验证书或者禁止装船使用。

第二十八条 渔业船舶检验机构在渔业船舶制造、改造开工前,应当对开工条件进行检查,检查合格后方可开展检验。

第二十九条 渔业船舶检验机构应当对为其提供服务的检修、检测、图纸评审机构进行安全质量、技术条件的控制和监督。

第三十条 渔业船舶的所有者、经营者,渔业船舶设计、制造、改造单位,渔业船舶船用产品制造厂商应当按照规定如实向渔业船舶检验机构提交检查、检测、试验报告等相关材料,并对其真实性负责。

第三十一条 为渔业船舶提供服务的检修、检测机构应当对其出具的检修、检测结果负责。

第三十二条 有下列情形之一的渔业船舶,渔业船舶检验机构不得受理检验:

(一)设计图纸、技术文件未经渔业船舶检验机构审查批准或者确认的;

(二)设计、制造、改造渔业船舶的单位不符合国家规定条件,或者不遵守渔业船舶技术规范的;

(三)渔业船舶所有者或者经营者未选择符合国家规定条件的维修单位对渔业船舶进行维修的;

(四)用于维修、更换渔业船舶的有关航行、作业和人身财产安全以及防止污染环境的重要设备、部件和材料,在使用前未经渔业船舶检验机构检验合格的;

(五)按照国家有关规定应当报废的。

第三十三条 有下列情形之一的,渔业船舶检验机构应当停止检验或者撤销相关检验证书:

(一)违规制造、改造渔业船舶的;

(二)提供虚假证明材料的。

第三十四条 有下列情形之一的渔业船舶,其所有者或者经营者应当在渔业船舶报废、改籍、改造之日前7个工作日内或者自渔业船舶灭失之日起20个工作日内,向渔业船舶检验机构申请注销其渔业船舶检验证书;逾期不申请的,渔业船舶检验证书自渔业船舶改籍、改造完毕之日起或者渔业船舶报废、灭失之日起失效,并由渔业船舶检验机构注销渔业船舶检验证书:

(一)按照国家有关规定报废的;

(二)中国籍改为外国籍的;

(三)渔业船舶改为非渔业船舶的;

(四)因沉没等原因灭失的。

第三十五条　申请检验的单位或者个人对检验结论持有异议,可以向上一级渔业船舶检验机构申请复验,接到复验申请的检验机构应当在7个工作日内作出是否予以复验的答复。

对复验结论仍有异议的,可以向交通运输部海事局提出再复验。交通运输部海事局应当在接到再复验申请之日起15个工作日内作出是否予以再复验的答复。予以再复验的,交通运输部海事局应当组织技术专家组进行检验、评议并作出最终结论。

【适用要点】

船舶检验是指对船舶、水上设施、船用产品和船运货物集装箱的检验。船舶检验是船舶所有人或经营人的法定义务。上述有关船舶检验的法律、行政法规、部门规章中的规定是判断船舶检验合同约定内容是否合法的重要依据。

船舶检验分为法定检验和入级检验。法定检验是指船旗国政府或者其认可的船舶检验机构按照法律、行政法规、规章和法定检验技术规范,对船舶、水上设施、船用产品和船运货物集装箱的安全技术状况实施的强制性检验。法定检验主要包括建造检验、定期检验、初次检验、临时检验、拖航检验、试航检验等。入级检验是指船舶、水上设施的所有人和经营人自愿申请,按照拟入级的船舶检验机构的入级检验技术规范,对船舶、水上设施进行的检验,并取得入级船舶检验机构的入级标识。下列中国籍船舶,必须向中国船级社(CCS)申请入级检验:从事国际航行的船舶;在海上航行的乘客定额一百人以上的客船;载重量一千吨以上的油船;滚装船、液化气体运输船和散装化学品运输船;船舶所有人或者经营人要求入级的其他船舶。交通运输部主管全国船舶检验管理,交通运输部海事局负责对船舶检验工作实施统一监督管理。各级海事管理机构依据各自职责权限开展船舶检验监督工作。中国船级社是社会团体性质的船舶检验机构,承办国内外船舶、海上设施和集装箱的入级检验、鉴证检验和公证检验业务;经船检局授权,可以代行法定检验。

第三章 其他海事海商纠纷

三十七、港口作业纠纷

1. 案由释义

港口作业,通常是指港口接受作业委托人的委托,对运抵或运离港口的各类货物进行装卸、驳运、仓储或保管、装拆集装箱等操作。因此而发生的纠纷为港口作业纠纷。港口作业纠纷可以分为两类:一类是在港口对货物进行装卸、驳运、仓储或保管、装拆集装箱等作业过程中,港口经营人或作业委托人因违反港口作业合同而发生的违约纠纷;另一类是相关人员在操作港口作业机械、设备过程中造成港口设施损坏或者给他人人身、财产损害发生的损害赔偿纠纷。

2. 诉讼程序规范

【相关立法】

(1)《中华人民共和国民事诉讼法》(19910409;20220101)

第三十四条　下列案件,由本条规定的人民法院专属管辖:

……

(二)因港口作业中发生纠纷提起的诉讼,由港口所在地人民法院管辖;

……

(2)《中华人民共和国海事诉讼特别程序法》(20000701)

第七条　下列海事诉讼,由本条规定的海事法院专属管辖:

(一)因沿海港口作业纠纷提起的诉讼,由港口所在地海事法院管辖;

……

【司法解释】

《最高人民法院关于海事法院受理案件范围的规定》(法释〔2016〕4号,20160301)

75. 港口作业纠纷案件;

【适用要点】

因沿海港口作业纠纷提起的诉讼,应当由港口所在地海事法院管辖。如果港口作业纠纷发生在长江沿岸港口或其他通海水域的港口,则应根据最高人民法院关于各海事法院管辖区分划分的相关规定,确定由相对应的海事法院管辖。港口作业纠纷案件的管辖,属专属管辖,不属于民事诉讼法第三十五条所规定的可以协议管辖的范畴。当事人无论选择的是海事法院还是其他法院,因其选择违背了案件专属管辖的规定而应归于无效。在确定案由时应当注意区分工程建设、疏浚、打捞、救助、水上水下施工等事实是否发生在港区内,否则不宜以港口作业纠纷确定案由。

3. 港口经营人的义务及责任

【相关立法】

《中华人民共和国港口法》(20040101;20181229)

第二十二条　从事港口经营,应当向港口行政管理部门书面申请取得港口经营许可,并依法办理工商登记。

港口行政管理部门实施港口经营许可,应当遵循公开、公正、公平的原则。

港口经营包括码头和其他港口设施的经营,港口旅客运输服务经营,在港区内从事货物的装卸、驳运、仓储的经营和港口拖轮经营等。

第二十三条　取得港口经营许可,应当有固定的经营场所,有与经营业务相适应的设施、设备、专业技术人员和管理人员,并应当具备法律、法规规定的其他条件。

第二十六条　港口经营人从事经营活动,必须遵守有关法律、法规,遵守国务院交通主管部门有关港口作业规则的规定,依法履行合同约定的义务,为客户提供公平、良好的服务。

从事港口旅客运输服务的经营人,应当采取保证旅客安全的有效措施,向旅客提供快捷、便利的服务,保持良好的候船环境。

港口经营人应当依照有关环境保护的法律、法规的规定,采取有效措施,防治对环境的污染和危害。

第二十七条 港口经营人应当优先安排抢险物资、救灾物资和国防建设急需物资的作业。

第三十二条 港口经营人必须依照《中华人民共和国安全生产法》等有关法律、法规和国务院交通主管部门有关港口安全作业规则的规定,加强安全生产管理,建立健全安全生产责任制等规章制度,完善安全生产条件,采取保障安全生产的有效措施,确保安全生产。

港口经营人应当依法制定本单位的危险货物事故应急预案、重大生产安全事故的旅客紧急疏散和救援预案以及预防自然灾害预案,保障组织实施。

第三十五条 在港口内进行危险货物的装卸、过驳作业,应当按照国务院交通主管部门的规定将危险货物的名称、特性、包装和作业的时间、地点报告港口行政管理部门。港口行政管理部门接到报告后,应当在国务院交通主管部门规定的时间内作出是否同意的决定,通知报告人,并通报海事管理机构。

第三十七条 禁止在港口水域内从事养殖、种植活动。

不得在港口进行可能危及港口安全的采掘、爆破等活动;因工程建设等确需进行的,必须采取相应的安全保护措施,并报经港口行政管理部门批准。港口行政管理部门应当将审批情况及时通报海事管理机构,海事管理机构不再依照有关水上交通安全的法律、行政法规的规定进行审批。

禁止向港口水域倾倒泥土、砂石以及违反有关环境保护的法律、法规的规定排放超过规定标准的有毒、有害物质。

【部门规章】

(1)《港口经营管理规定》(交通运输部令 2020 年第 21 号,20210201)

第三条 本规定下列用语的含义是:

(一)港口经营,是指港口经营人在港口区域内为船舶、旅客和货物提供港口设施或者服务的活动,主要包括下列各项:

1. 为船舶提供码头、过驳锚地、浮筒等设施;

2. 为旅客提供候船和上下船舶设施和服务;

3. 从事货物装卸(含过驳)、仓储、港区内驳运;

4. 为船舶进出港、靠离码头、移泊提供顶推、拖带等服务。

(二)港口经营人,是指依法取得经营资格从事港口经营活动的组织和个人。

(三)港口理货业务经营人,是指为委托人提供货物交接过程中的点数和检查货物表面状况的理货服务的组织和个人。

(四)港口设施,是指为从事港口经营而建造和设置的建(构)筑物。

第十七条 港口理货业务经营人不得兼营港口货物装卸经营业务和仓储经营业务。

第十八条 港口行政管理部门及相关部门应当保证港口公用基础设施的完好、畅通。

港口经营人、港口理货业务经营人以及从事船舶港口服务、港口设施设备和机械租赁维修的经营人应当按照核定的功能使用和维护港口经营设施、设备,并使其保持正常状态。

为国际航线船舶服务的码头(包括过驳锚地、浮筒),应当具备对外开放资格。

第十九条 港口经营人应当落实船舶污染物接收设施配置责任,按照国家有关规定加强港口接收设施与城市公共转运、处置设施的衔接,不得拒绝接收船舶送交的垃圾、生活污水、含油污水。

鼓励港口经营人优先使用清洁能源或者新能源的设施设备,并采取有效措施,防止港口作业过程造成污染。

第二十条 港口经营人变更或者改造码头、客运站、堆场、仓库、储罐、岸电和污水预处理设施等固定经营设施,应当依照有关法律、法规和规章的规定履行相应手续。依照有关规定无需经港口行政管理部门审批的,港口经营人应当向港口行政管理部门备案。

第二十一条 港口经营人、港口理货业务经营人应当建立健全安全生产责任制和安全生产规章制度,推进安全生产标准化建设,依法提取和使用安全生产费用,完善安全生产条件,建立实施安全风险分级管控和隐患排查治理制度,并严格落实治理措施;对从业人员进行安全生产教育、培训并如实记录相关情况,确保安全生产。

港口经营人应当按照国家有关规定落实港口大型机械防阵风防台风措施。

第二十二条 港口经营人应当按照码头竣工验收确定的泊位性质和功能接靠船舶,不得超过码头靠泊等级接靠船舶,但按照交通运输部的规定接靠满足相关条件的减载船舶除外。

第二十三条 港口经营人不得安排超过船舶载(乘)客定额数量的旅客上船。

港口经营人不得装载超过最大营运总质量的集装箱,不得超出船舶、车辆载货定额装载货物。沿海港口经营人不得为超出航区的内河船舶提供货物装卸服务。港口经营人应当配合海事管理机构做好恶劣天气条件下船舶靠离泊管理。

第二十四条 港口作业委托人应当向港口经营人如实提供其身份信息以及货物和集装箱信息,不得在委托作业的普通货物中夹带危险货物和禁止运输的物品,不得匿报、谎报危险货物和禁止运输的物品。未提供上述信息的,港口经营人不得接受港口作业委托。

港口经营人收到实名举报或者相关证据证明港口作业委托人涉嫌在普通货物中夹带危险货物或者将危险货物匿报、谎报为普通货物的,应当对相关货物进行检查。港口经营人发现存在上述情形或者港口作业委托人不接受检查的,应当拒绝提供港口服务,并按照规定及时将核实情况向海事管理机构、港口行政管理部门及有关部门报告。

危险货物装卸作业前,船舶应当向危险货物港口经营人提供船舶适装证书;对于不符合船舶适装证书所明确的危险货物范围的,港口经营人不得安排装卸作业。

第二十五条 从事港口旅客运输服务的经营人,应当按照国家有关规定设置安全、消防、救生以及反恐防范设施设备,配备安全检查人员和必要的安全检查设施设备,对登船旅客及其携带或者托运的行李、物品以及滚装车辆进行安全检查,落实旅客实名制相关要求,保证旅客基本生活用品的供应,保持安全、快捷、良好的候船条件和环境。

旅客或者滚装车辆拒绝接受安全检查或者携带国家规定禁止上船物品的,不得上船。

在港区内从事水上船员接送服务的,应当使用符合相关要求的船舶。

第二十六条 港口经营人应当优先安排突发事件处置、关系国计民生紧急运输和国防建设急需物资及人员的港口作业。

政府在紧急情况下征收征用港口设施,港口经营人应当服从指挥。港口经营人因此而产生费用或者遭受损失的,下达征收征用任务的机关应当依法给予相应的经济补偿。

第三十条 港口经营人、港口理货业务经营人以及从事船舶港口服务、港口设施设备和机械租赁维修的经营人从事港口经营和理货等业务,应当遵守有关法律、法规、规章以及相关服务标准和规范的规定,依法履行合同约定的义务,公正、准确地办理港口经营和理货等业务,为客户提供公平、良好的服务。

第三十一条 港口经营人、港口理货业务经营人以及从事船舶港口服务的经营人应当遵守国家有关港口经营价格和收费的规定,应当在其经营场所公布经营服务收费项目和收费标准,并通过多种渠道公开,使用国家规定的港口经营票据。

第三十二条 港口经营人、港口理货业务经营人以及从事船舶港口服务、港口设施设备和机械租赁维修的经营人不得采取不正当手段,排挤竞争对手,限制或者妨碍公平竞争;不得对具有同等条件的服务对象实行歧视;不得以任何手段强迫他人接受其提供的港口服务。

第三十三条 从事港口拖轮业务的经营人,应当公布所经营拖轮的实时状态,供船舶运输经营人自主选择。

第三十四条 港口经营人、港口理货业务经营人以及从事船舶港口服务、港口设施设备和机械租赁维修的经营人的合法权益受法律保护。任何单位和个人不得向港口经营人、港口理货业务经营人以及从事船舶港口服务、港口设施设备和机械租赁维修的经营人摊派或者违法收取费用。

港口经营人、港口理货业务经营人以及从事船舶港口服务、港口设施设备和机械租赁维修的经营人有权拒绝违反规定收取或者摊派的各种费用。

(2)《港口危险货物安全管理规定》(交通运输部令 2019 年第 34 号,20191128)

第二条 在中华人民共和国境内,新建、改建、扩建储存、装卸危险货物的港口建设项目和进行危险货物港口作业,适用本规定。

前款所称危险货物港口作业包括在港区内装卸、过驳、仓储危险货物等行为。

第二十一条 从事危险货物港口作业的经营人(以下简称危险货物港口经营人)除满足《港口经营管理规定》规定的经营许可条件外,还应当具备以下条件:

(一)设有安全生产管理机构或者配备专职安全生产管理人员;

(二)具有健全的安全管理制度、岗位安全责任制度和操作规程;

(三)有符合国家规定的危险货物港口作业设施设备;

(四)有符合国家规定且经专家审查通过的事故应急预案和应急设施设备;

(五)从事危险化学品作业的,还应当具有取得从业资格证书的装卸管理人员。

第三十条 危险货物港口经营人应当根据《港口危险货物作业附证》上载明的危险货物品名,依据其危险特性,在作业场所设置相应的监测、监控、通风、防晒、调温、防火、灭火、防爆、泄压、防毒、中和、防潮、防雷、防静电、防腐、防泄漏以及防护围堤或者隔离操作等安全设施、设备，并保持正常、正确使用。

第三十一条　危险货物港口经营人应当按照国家标准、行业标准对其危险货物作业场所的安全设施、设备进行经常性维护、保养，并定期进行检测、检验，及时更新不合格的设施、设备，保证正常运转。维护、保养、检测、检验应当做好记录，并由有关人员签字。

第三十二条　危险货物港口经营人应当在其作业场所和安全设施、设备上设置明显的安全警示标志；同时还应当在其作业场所设置通信、报警装置，并保证其处于适用状态。

第三十三条　危险货物专用库场、储罐应当符合国家标准和行业标准，设置明显标志，并依据相关标准定期安全检测维护。

第三十四条　危险货物港口作业使用特种设备的，应当符合国家特种设备管理的有关规定，并按要求进行检验。

第三十五条　危险货物港口经营人使用管道输送危险货物的，应当建立输送管道安全技术档案，具备管道分布图，并对输送管道定期进行检查、检测，设置明显标志。

在港区内进行可能危及危险货物输送管道安全的施工作业，施工单位应当在开工的7日前书面通知管道所属单位，并与管道所属单位共同制定应急预案，采取相应的安全防护措施。管道所属单位应当指派专门人员到现场进行管道安全保护指导。

第三十六条　危险货物港口作业委托人应当向危险货物港口经营人提供委托人身份信息和完整准确的危险货物品名、联合国编号、危险性分类、包装、数量、应急措施及安全技术说明书等资料；危险性质不明的危险货物，应当提供具有相应资质的专业机构出具的危险货物危险特性鉴定技术报告。法律、行政法规规定必须办理有关手续后方可进行水路运输的危险货物，还应当办理相关手续，并向港口经营人提供相关证明材料。

危险货物港口作业委托人不得在委托作业的普通货物中夹带危险货物，不得匿报、谎报危险货物。

第三十七条　危险货物港口经营人不得装卸、储存未按本规定第三十六条规定提交相关资料的危险货物。对涉嫌在普通货物中夹带危险货物，或者将危险货物匿报或者谎报为普通货物的，所在地港口行政管理部门或者海事管理机构可以依法开拆查验，危险货物港口经营人应当予以配合。港口行政管理部门和海事管理机构应当将查验情况相互通报，避免重复开拆。

第三十八条 发生下列情形之一的,危险货物港口经营人应当及时处理并报告所在地港口行政管理部门:

(一)发现未申报或者申报不实、申报有误的危险货物;

(二)在普通货物或者集装箱中发现夹带危险货物;

(三)在危险货物中发现性质相抵触的危险货物,且不满足国家标准及行业标准中有关积载、隔离、堆码要求。

对涉及船舶航行、作业安全的相关信息,港口行政管理部门应当及时通报所在地海事管理机构。

第三十九条 在港口作业的包装危险货物应当妥善包装,并在外包装上设置相应的标志。包装物、容器的材质以及包装的型式、规格、方法应当与所包装的货物性质、运输装卸要求相适应。材质、型式、规格、方法以及包装标志应当符合我国加入并已生效的有关国际条约、国家标准和相关规定的要求。

第四十条 危险货物港口经营人应当对危险货物包装和标志进行检查,发现包装和标志不符合国家有关规定的,不得予以作业,并应当及时通知或者退回作业委托人处理。

第四十一条 船舶载运危险货物进出港口,应当按照有关规定向海事管理机构办理申报手续。海事管理机构应当及时将有关申报信息通报所在地港口行政管理部门。

第四十二条 船舶危险货物装卸作业前,危险货物港口经营人应当与作业船舶按照有关规定进行安全检查,确认作业的安全状况和应急措施。

第四十三条 不得在港口装卸国家禁止通过水路运输的危险货物。

第四十四条 在港口内从事危险货物添加抑制剂或者稳定剂作业的单位,作业前应当将有关情况告知相关危险货物港口经营人和作业船舶。

第四十五条 危险货物港口经营人在危险货物港口装卸、过驳作业开始24小时前,应当将作业委托人以及危险货物品名、数量、理化性质、作业地点和时间、安全防范措施等事项向所在地港口行政管理部门报告。所在地港口行政管理部门应当在接到报告后24小时内作出是否同意作业的决定,通知报告人,并及时将有关信息通报海事管理机构。报告人在取得作业批准后72小时内未开始作业的,应当重新报告。未经所在地港口行政管理部门批准的,不得进行危险货物港口作业。

时间、内容和方式固定的危险货物港口装卸、过驳作业,经所在地港口行政管理部门同意,可以实行定期申报。

第四十六条 危险货物港口作业应当符合有关安全作业标准、规程和制度,并在具有从业资格的装卸管理人员现场指挥或者监控下进行。

第四十七条 两个以上危险货物港口经营人在同一港口作业区内进行危险货物港口作业,可能危及对方生产安全的,应当签订安全生产管理协议,明确各自的安全生产管理职责和应当采取的安全措施,并指定专职安全生产管理人员进行安全检查与协调。

第四十八条 危险货物港口经营人进行爆炸品、气体、易燃液体、易燃固体、易于自燃的物质、遇水放出易燃气体的物质、氧化性物质、有机过氧化物、毒性物质、感染性物质、放射性物质、腐蚀性物质的港口作业,应当划定作业区域,明确责任人并实行封闭式管理。作业区域应当设置明显标志,禁止无关人员进入和无关船舶停靠。

第四十九条 危险货物应当储存在港区专用的库场、储罐,并由专人负责管理;剧毒化学品以及储存数量构成重大危险源的其他危险货物,应当单独存放,并实行双人收发、双人保管制度。

危险货物的储存方式、方法以及储存数量,包括危险货物集装箱直装直取和限时限量存放,应当符合国家标准、行业标准或者国家有关规定。

第五十条 危险货物港口经营人经营仓储业务的,应当建立危险货物出入库核查、登记制度。

对储存剧毒化学品以及储存数量构成重大危险源的其他危险货物的,危险货物港口经营人应当将其储存数量、储存地点以及管理措施、管理人员等情况,依法报所在地港口行政管理部门和相关部门备案。

第五十一条 危险货物港口经营人应当建立危险货物作业信息系统,实时记录危险货物作业基础数据,包括作业的危险货物种类及数量、储存地点、理化特性、货主信息、安全和应急措施等,并在作业场所外异地备份。有关危险货物作业信息应当按要求及时准确提供相关管理部门。

第五十二条 危险货物港口经营人应当建立安全生产风险预防控制体系,开展安全生产风险辨识、评估,针对不同风险,制定具体的管控措施,落实管控责任。

第五十三条 危险货物港口经营人应当根据有关规定,进行重大危险源辨识,确定重大危险源级别,实施分级管理,并登记建档。危险货物港口经营人应当建立健全重大危险源安全管理规章制度,制定实施危险货物重大危险源安全管理与监控方案,制定应急预案,告知相关人员在紧急情况下应当采取的应急措施,定期对重大危险源进行安全评估。

第五十四条 危险货物港口经营人应当将本单位的重大危险源及有关安全措施、应急措施依法报送所在地港口行政管理部门和相关部门备案。

第五十五条　危险货物港口经营人在重大危险源出现本规定第二十九条规定的情形之一,可能影响重大危险源级别和风险程度的,应当对重大危险源重新进行辨识、分级、安全评估、修改档案,并及时报送所在地港口行政管理部门和相关部门重新备案。

第五十六条　危险货物港口经营人应当制定事故隐患排查制度,定期开展事故隐患排查,及时消除隐患,事故隐患排查治理情况应当如实记录,并向从业人员通报。

危险货物港口经营人应当将重大事故隐患的排查和处理情况及时向所在地港口行政管理部门备案。

【典型案例】

(1) 如何定义港口经营人,如何认定港口经营人应承担的法律责任? [中国人民财产保险股份有限公司泉州分公司与营口港务集团有限公司、营口港务股份有限公司港口作业纠纷案,(2018)辽民终 257 号]

港口经营人没有明确统一的概念,根据《1991 年联合国国际贸易运输港站经营人赔偿责任公约》及港口法相关规定,可概括出港口经营人的定义。港口经营人为:依法获得港口行政管理部门许可设立,以自己特有的设施、机械、场地和人员,提供相应的技术和人力,从事提供港口设施的服务、为运送货物提供的服务、为旅客上下船提供的服务的以营利为目的的组织和个人。2019 年修订的《港口经营管理规定》第三条规定,港口经营人的业务范围主要包括:a. 为船舶提供码头、过驳锚地、浮筒等设施;b. 为旅客提供候船和上下船舶设施和服务;c. 从事货物装卸(含过驳)、仓储、港区内驳运;d. 为船舶进出港、靠离码头、移泊提供顶推、拖带等服务。基于港口货物作业不是运输环节的认知,港口经营人即使受承运人委托,也不是实际承运人,而是独立的民事主体。港口经营人以不同身份与委托人发生的法律关系,其承担的义务不同,应结合港口经营人的业务范围和合同约定来确定港口经营人应承担的具体义务。

(2) 港口经营人是否可以援引海商法中的免责事由和限制赔偿责任的规定? [阳光财产保险股份有限公司与大丰海港港口有限责任公司港口作业纠纷案,(2017)沪民终 99 号]

港口经营人主张强降雨免责,不应援引海商法中的免责事由和限制赔偿责任规定,而应当依照民法上关于不可抗力的一般规定,将事实涵摄于法律规范,以判断具体事实是否符合不可抗力的法定构成要件。在强降雨已经预知,且采取合理措施可以避免损害后果的情形下,港口经营人无权主张免责。

(3)"原来、原转、原交"规则如何适用? [山东鑫海科技股份有限公司与广州港股份有限公司等港口作业纠纷案,(2013)粤高法民四终字第 22 号]

"原来、原转、原交"规则适用于承运人或港口经营人没有法定计量手段对委托作业的大宗散装货物进行计重的情况,在"原来、原转、原交"的作业规则下,港口经营人不承担在任何环节对其受委托作业的货物进行称重的义务,因而对受委托作业的货物重量也不承担责任。涉案货物存在称重计量作业的情况下,在港口作业期间发生短少,港口经营人违反"妥善保管和照料作业货物"义务的,应当向作业委托人承担货物短少的赔偿责任。

【适用要点】

港口经营人的责任承担,应当考察港口经营人是以何种身份与委托人发生的法律关系,结合港口经营人的业务范围和合同约定来确定港口经营人应承担的具体义务。港口经营人对港口作业合同履行过程中货物的损坏、灭失或者迟延交付应当承担损害赔偿责任,但如果港口经营人能够证明货物的损坏、灭失或者迟延交付不可归责于己方,则无须承担赔偿责任,主要包括以下情形:不可抗力;货物的自然属性和潜在缺陷;货物的自然减量和合理损耗;包装不符合要求;包装完好但货物与港口经营人签发的收据记载内容不符;作业委托人申报的货物重量不准确;普通货物中夹带危险、流质、易腐货物;作业委托人、货物接收人的其他过错。

4. 港口作业合同

【相关立法】

《中华人民共和国民法典》(20210101)

第四百六十七条 本法或者其他法律没有明文规定的合同,适用本编通则的规定,并可以参照适用本编或者其他法律最相类似合同的规定。

在中华人民共和国境内履行的中外合资经营企业合同、中外合作经营企业合同、中外合作勘探开发自然资源合同,适用中华人民共和国法律。

第四百六十三条至第五百九十四条(略)

第八百八十八条至第九百三十六条(略)

【适用要点】

港口对货物进行装卸、驳运、仓储或保管、装拆集装箱等作业前,通常会与委托方订立港口作业合同。港口作业合同的双方为港口经营人和作业委托人。在作业合同中,作业委托人有时还指定从港口经营人处接收货物的货物接收人。作业合同的主要条款包括:作业委托人、港口经营人和货物接收人的名称;作业项目;货物名称、件数、重量、体积;作业费用及结算方式;货物交接的时间和地点;包装方式、识别方式;船名、航次;起运港、到达港;违约责任和争议解决办法等。当事人以港口经营人违反作业合同约定对货物造成损失请求港口经营人承担违约责任,以及港口经营人以作业委托人违反约定不依约支付作业费用的,属于港口作业合同纠纷。港口作业合同从内容上说,主要是委托合同,还可能涉及保管合同、仓储合同等内容,因此审理港口作业合同纠纷案件,应适用民法典合同编通则以及委托合同、保管合同、仓储合同等章节的内容。

5. 港口作业损害赔偿

【相关立法】

《中华人民共和国民法典》(20210101)
第一千一百六十四条至第一千一百八十七条(略)

【适用要点】

相关人员在港口作业过程中造成港口设施损坏或者给他人人身、财产造成损害发生的纠纷,则属于港口作业过程中发生的侵权纠纷,是港口作业纠纷的另一个类型,应当适用民法典侵权责任编的相关规定。如果造成的他人人身、财产损害构成重大责任事故,则构成港口作业重大责任事故责任纠纷。

三十八、共同海损纠纷

1. 案由释义

共同海损纠纷,是指在同一海上航程中,船舶、货物和其他财产遭遇共同危险,为了共同安全,因有意地合理地采取措施所直接造成的特殊牺牲、支付的特殊费用所产生的纠纷。共同海损是一项古老的海商法律特有制度,问世以来从航运习惯逐步转化为法律制度,并不断充实、修改、完善,对公平分摊海上风险与损失具有积极意义。

2. 诉讼程序规范

【相关立法】

(1)《中华人民共和国民事诉讼法》(19910409;20220101)

第三十三条 因共同海损提起的诉讼,由船舶最先到达地、共同海损理算地或者航程终止地的人民法院管辖。

(2)《中华人民共和国海事诉讼特别程序法》(20000701)

第九十条 当事人可以不受因同一海损事故提起的共同海损诉讼程序的影响,就非共同海损损失向责任人提起诉讼。

第九十一条 当事人就同一海损事故向受理共同海损案件的海事法院提起非共同海损的诉讼,以及对共同海损分摊向责任人提起追偿诉讼的,海事法院可以合并审理。

第九十二条 海事法院审理共同海损案件,应当在立案后一年内审结。有特殊情况需要延长的,由本院院长批准。

【司法解释】

(1)《最高人民法院关于海事法院受理案件范围的规定》(法释〔2016〕4号,20160301)

74. 共同海损纠纷案件;

(2)《最高人民法院关于适用〈中华人民共和国海事诉讼特别程序法〉若干问题的解释》(法释〔2003〕3 号,20030201;经法释〔2008〕18 号修正,20081231)

第六十四条 因与共同海损纠纷有关的非共同海损损失向责任人提起的诉讼,适用海事诉讼特别程序法第九十二条规定的审限。

【适用要点】

共同海损纠纷案件属于海事法院受案范围,应当由海事法院专门管辖。因共同海损提起的诉讼,由船舶最先到达地、共同海损理算地或者航程终止地的海事法院管辖。该类案件属于当事人可以协议选择管辖法院的案件,当事人可以就被告住所地、合同履行地、合同签订地、原告住所地、标的物所在地、船舶最先到达地、共同海损理算地或者航程终止地书面协议选择有管辖权的海事法院。当事人就同一海损事故向受理共同海损案件的海事法院提起非共同海损的诉讼,以及对共同海损分摊向责任人提起追偿诉讼的,海事法院可以合并审理。海事法院审理共同海损案件的审理期限为一年,有特殊情况需要延长的,由本院院长批准。

3. 共同海损的构成要件

【相关立法】

《中华人民共和国海商法》(19930701)

第一百九十三条 共同海损,是指在同一海上航程中,船舶、货物和其他财产遭遇共同危险,为了共同安全,有意地合理地采取措施所直接造成的特殊牺牲、支付的特殊费用。

无论在航程中或者在航程结束后发生的船舶或者货物因迟延所造成的损失,包括船期损失和行市损失以及其他间接损失,均不得列入共同海损。

第一百九十四条 船舶因发生意外、牺牲或者其他特殊情况而损坏时,为了安全完成本航程,驶入避难港口、避难地点或者驶回装货港口、装货地点进行必要的修理,在该港口或者地点额外停留期间所支付的港口费,船员工资、给养、船舶所消耗的燃料、物料,为修理而卸载、贮存、重装或者搬移船上货物、燃料、物料以及其他财产所造成的损失、支付的费用,应当列入共同海损。

第一百九十五条　为代替可以列为共同海损的特殊费用而支付的额外费用,可以作为代替费用列入共同海损;但是,列入共同海损的代替费用的金额,不得超过被代替的共同海损的特殊费用。

第一百九十八条　船舶、货物和运费的共同海损牺牲的金额,依照下列规定确定:

(一)船舶共同海损牺牲的金额,按照实际支付的修理费,减除合理的以新换旧的扣减额计算。船舶尚未修理的,按照牺牲造成的合理贬值计算,但是不得超过估计的修理费。

船舶发生实际全损或者修理费用超过修复后的船舶价值的,共同海损牺牲金额按照该船在完好状态下的估计价值,减除不属于共同海损损坏的估计的修理费和该船舶受损后的价值余额计算。

(二)货物共同海损牺牲的金额,货物灭失的,按照货物在装船时的价值加保险费加运费,减除由于牺牲无需支付的运费计算。货物损坏,在就损坏程度达成协议前售出的,按照货物在装船时的价值加保险费加运费,与出售货物净得的差额计算。

(三)运费共同海损牺牲的金额,按照货物遭受牺牲造成的运费的损失金额,减除为取得这笔运费本应支付,但是由于牺牲无需支付的营运费用计算。

第一百九十九条　共同海损应当由受益方按照各自的分摊价值的比例分摊。

船舶、货物和运费的共同海损分摊价值,分别依照下列规定确定:

(一)船舶共同海损分摊价值,按照船舶在航程终止时的完好价值,减除不属于共同海损的损失金额计算,或者按照船舶在航程终止时的实际价值,加上共同海损牺牲的金额计算。

(二)货物共同海损分摊价值,按照货物在装船时的价值加保险费加运费,减除不属于共同海损的损失金额和承运人承担风险的运费计算。货物在抵达目的港以前售出的,按照出售净得金额,加上共同海损牺牲的金额计算。

旅客的行李和私人物品,不分摊共同海损。

(三)运费分摊价值,按照承运人承担风险并于航程终止时有权收取的运费,减除为取得该项运费而在共同海损事故发生后,为完成本航程所支付的营运费用,加上共同海损牺牲的金额计算。

第二百条 未申报的货物或者谎报的货物,应当参加共同海损分摊;其遭受的特殊牺牲,不得列入共同海损。

不正当地以低于货物实际价值作为申报价值的,按照实际价值分摊共同海损;在发生共同海损牺牲时,按照申报价值计算牺牲金额。

第二百零一条 对共同海损特殊牺牲和垫付的共同海损特殊费用,应当计算利息。对垫付的共同海损特殊费用,除船员工资、给养和船舶消耗的燃料、物料外,应当计算手续费。

第二百零二条 经利益关系人要求,各分摊方应当提供共同海损担保。

以提供保证金方式进行共同海损担保的,保证金应当交由海损理算师以保管人名义存入银行。

保证金的提供、使用或者退还,不影响各方最终的分摊责任。

【典型案例】

(1)哪些费用可以列入共同海损? [弗伦特萨加公司与中化石油有限公司等共同海损纠纷案,(2015)沪海法商初字第 1336 号]

涉案船舶与"长航先锋"轮发生碰撞,涉案船舶船货等遭遇共同风险,弗伦特萨加公司作为涉案船舶所有人主张,其为船舶、货物和其他财产的共同安全采取措施而发生了费用,应由中化石油公司、平安保险北京分公司分摊。

关于船锚相关的费用,法院认为,海商法第一百九十三条第一款规定,共同海损,是指在同一海上航程中,船舶、货物和其他财产遭遇共同危险,为了共同安全,有意地合理地采取措施所直接造成的特殊牺牲、支付的特殊费用。该条对共同危险的产生或形成的原因未作限定。第一,碰撞危险属于同一海上航程中船舶、货物和其他财产面临的共同危险。涉案事故中,抛锚是船方在紧迫局面下为避免碰撞而有意采取的措施,该行为的合理性应以船舶当时面临的紧迫局面来判断。据此,不应认定本案中船方在紧迫局面下的抛锚避碰措施不合理。船方抛锚措施本身所直接造成的特殊牺牲、支付的特殊费用应当属于共同海损。船舶锚机所在位置并非船舶碰撞受损位置,可以推定船舶锚机爪损坏并非因碰撞原因所致,而系上述抛锚措施所造成,因此与船舶锚机相关的费用应当被列入共同海损。第二,碰撞事故发生后,为使船舶被拖带至安全锚地,割断右锚和锚链系为共同安全而有意地合理地采取的措施。之后产生的沉锚打捞费,新锚、锚链、锚机配件费用,锚机离合器制作、运送费用等均属于因该措施发生的费用,中化石油公司、平安保险北京分公司未提供证据证明上述费用的支付不合理,故上述费用均应当列入共同海损。

关于应急抢险作业费用,法院认为,涉案船舶为装载散装持久性货油的油轮,碰撞事故的发生不仅使船舶、船上货物及其他财产处于危险之中,而且面临漏油而造成油污损害的威胁。海事主管机关和其他相关方在船舶碰撞事故发生后直至9月23日货物过驳减载前(包括搁浅、自动起浮、被拖航至虾峙门南锚地锚泊等阶段)采取的相关应急抢险作业具有救助遇险船舶、其他财产和防止、减轻油污损害的双重目的。海难救助作业与油染预防措施是两种不同性质的行为,分别属于海难救助与油污损害赔偿两种不同法律规范的调整范畴……关于应急抢险作业费用是否应当列入共同海损,第一,海商法第十章未就救助费用是否应当列入共同海损作出具体和明确的规定。但根据海商法第一百九十三条规定,船舶、货物和其他财产遭遇共同危险,为了共同安全,有意地合理地采取救助措施所直接造成的特殊牺牲、支付的特殊费用,应当认定为共同海损。另外,海商法第十章关于共同海损的规定是参照《1974年约克-安特卫普规则》(以下简称《74规则》)而制定的。《74规则》规则六(a)规定,航程中有关各方所支付的救助费用,不论救助是否根据契约进行,都应当认入共同海损,但以使在同一航次中的财产脱离危险而进行的救助为限;《94规则》规则六(a)也作出了相同的规定。这也印证了在海商法下,救助费用通常构成共同海损。因此,在海商法第十章规定下并参照相关《约克-安特卫普规则》,为使同一航程中的财产脱离危险而发生的救助费用应当列入共同海损……第二,海商法第十章也未就防止、减轻油污损害的预防措施费用是否应当列入共同海损作出规定。《74规则》和《94规则》亦未规定防止、减轻油污损害的预防措施费用可以列入共同海损。并且,本案中为防止油污损害采取措施而发生的费用,不属于依照《1989年国际救助公约》第十二条、第十三条规定的救助报酬(包括《1989年国际救助公约》第十三条第一款(b)规定的考虑到救助人在防止或减轻环境损害中的技艺和努力而付给救助人的任何救助报酬)及海商法第一百七十九条、第一百八十条所规定的救助报酬。上海海事法院认为,为防止油污损害采取措施的直接目的并非为船货共同安全,除非弗伦特萨加公司能够提供证据证明为防止油污损害的相关作业客观上同时有利于船货的共同安全,否则相关费用不应当被认作共同海损。

关于与过驳减载船上货物相关的费用,法院认为,宁波港是涉案航次的目的港,涉案船舶在宁波港虾峙门南锚地过驳卸空船上货物后直接被拖带离港前往北海船厂修理,上述过驳卸载货物与事故发生前在宁波港锚地以过驳方式卸载部分货物均属于弗伦特萨加公司履行在目的港交货义务的行为。涉案船舶在宁波港虾峙门南锚地过驳减载货物时,船舶并非处于搁浅状态,过驳减载货物相关的费用不属于因减载搁浅船舶所引起的费用;宁波港是事故航次的目的港,过驳减载货物相关的费用不属于因减载搁浅船舶所引起的费用;宁波港是事故航次的目的港,过驳减载货物相关得到费用也不属于为共同安全所需在避难港口搬移或卸下货物发生的费用。

关于其他费用,弗伦特萨加公司主张列入共同海损的 TITAN 公司服务费、ABS 公司服务费、船员工资和给养、京泰公司船舶代理服务费、弗伦特萨加公司机务代表费用、威宝律师事务所律师费、上海瀛泰律师事务所的律师费、悦之公司的公估费、人保公司的担保费等费用,弗伦特萨加公司未能就相关费用与涉案航程中的船舶、货物和其他财产脱离共同危险的关联性作出充分合理说明,中化石油公司、平安保险北京分公司提出的这些费用不应列入或不应全部列入共同海损异议成立。

虑到理算机构作为各方当事人协议约定的理算机构出具了理算报告,法院酌定本案中应当列入共同海损的合理理算费用为 50000 美元。

(2) 内河船舶在内河中造成的货物损失能否适用共同海损? ﹝广西壮族自治区柳州市都源运输有限公司与中国人民财产保险股份有限公司梧州市蝶山支公司财产保险合同纠纷案,(2011)海商初字第 4 号﹞

涉案船舶行驶至西江黄进水道梧州段上游的广西象州县古柴滩时触礁,事故发生后,都源公司立即通知该船承保人人保蝶山支公司,人保蝶山支公司委托案外人到现场进行查勘,共同查勘后一致决定对涉案船舶进行救助,将船载货物全部抛弃到西江,以解除危险。抛弃全部船载货物入西江后,涉案船舶解除危险。都源公司向人保蝶山支公司提起诉讼请求赔偿损失,人保蝶山支公司抗辩认为应按共同海损的规定由受益方分摊损失。法院认为,依照海商法第一百九十三条的规定,共同海损虽然应当适用于沿海内河货物运输的法律关系,但发生共同海损纠纷的船舶仅限于海商法规定的船舶,而海商法第三条对船舶作出法律规定,但涉案船舶根据适航证书的记载为内河船,不是海商法规定共同海损所指的海船,故对该项抗辩不予支持。

【适用要点】

依照海商法第一百九十三条等法律条文规定,共同海损的构成要件主要有以下几项:

第一,船舶、货物和其他财产处于同一海上航程中。由于海商法第十章规定并未限定适用范围,故我国沿海运输和航行作业中也应认定为"海上航程",从而可适用共同海损的相关法律规定。但是,就内河船舶在内河运输和航行作业情形,则无共同海损的适用。

第二,船舶、货物和其他财产遭遇共同危险。此种危险要求真实存在、必然发生且所有财产均共同面临。危险并不必然要求紧迫要件,如果某种危险虽不会即刻发生,但如不采取有意、合理措施则其来临不可避免,也应认定为"遭遇危险"。由"共同"性决定,下列情形不符合共同海损构成要件:空载航行船舶所作出的牺牲、为某一方单独利益作出的牺牲以及救助他船所作出的牺牲。

第三,为了共同安全,采取的措施必须有意且合理。"共同安全"指保护处于共同危险中几方或全部利益方在航的财产。"有意"指明知或预见到所采取的措施将造成船舶、货物和其他财产产生牺牲、费用,为了使得船舶、货物和其他财产避免共同危险,仍然采取相应措施。对预见程度不需加以苛求,仅要求在当时特定条件下做出客观及合理预见。"合理",则指以最小牺牲换取船舶、货物和其他财产最大安全为原则采取相应措施。对此,可参考《2016年约克-安特卫普规则》首要规则"牺牲或费用,除合理作出或支付者外,不得受到补偿"。关于"合理"的判断标准,有的观点认为应依据当时的客观情况,从所采取的措施是否在性质上符合当时的客观情况、在程度上是否在合理的限度以内加以判断①。有的观点则认为应当从外部条件、方案的可行性、客观效果三方面加以考虑②。

第四,采取的措施直接造成了特殊的财产牺牲或者费用支出。牺牲是指船舶、货物和其他财产遭受全部或者部分损失,一般包括抛弃货物损失,扑灭船上火灾损失,切除船舶部件损失,有意搁浅损失,机器锅炉损失,起浮搁浅船舶损失,当作燃料使用的货物、常用材料或者物料损失,货物、燃料或者物料在搬移、卸载等过程中遭受的损失,运费牺牲。费用支出指由于采取共同海损措施产生了额外开支,依照海商法第一百九十四条、第一百九十五条,包括船舶因发生意外、牺牲或者其他特殊情况而损坏时,为了安全完成本航程,驶入避难港口、避难地点或者驶回装货港口、装货地点进行必要的修理,在该港口或者地点额外停留期间所支付的港口费,船员工资、给养,船舶所消耗的燃料、物料,为修理而卸载、贮存、重装或者搬移船上货物、燃料、物料以及其他财产所造成的损失、支付的费用;为代替可以列为共同海损的特殊费用而支付的额外费用(代替费用,但不得超过被代替的共同海损的特殊费用)。此外,共同海损费用一般还包括救助报酬、搁浅船舶减载费用及因此受到的

① 胡正良主编:《海事法》(第3版),北京大学出版社2016年版,第288页。
② 傅廷中:《海商法》(第2版),法律出版社2017年版,第292页。

损害、为筹措共同海损费用而变卖货物所受资金损失、共同海损垫款的保险费、理算费用等。值得注意的是,依照海商法第二百零一条规定,对共同海损特殊牺牲和垫付的共同海损特殊费用,应当计算利息。对垫付的共同海损特殊费用,除船员工资、给养和船舶消耗的燃料、物料外,应当计算手续费。所谓手续费,指垫付共同海损费用的一方在垫付过程中所产生的各项杂费,包括通讯设备、交通费用、银行手续费及工作人员的劳动报酬等,之所以排除船员工资、给养和船舶消耗的燃料、物料,是因为上述费用属于常备性开支,无须作特殊努力①。

4. 共同海损的举证责任

【相关立法】

《中华人民共和国海商法》(19930701)

第一百九十六条　提出共同海损分摊请求的一方应当负举证责任,证明其损失应当列入共同海损。

【司法解释】

《最高人民法院关于适用〈中华人民共和国民事诉讼法〉的解释》(法释〔2015〕5号,20150204;经法释〔2022〕11号修正,20220410)

第九十条　当事人对自己提出的诉讼请求所依据的事实或者反驳对方诉讼请求所依据的事实,应当提供证据加以证明,但法律另有规定的除外。

在作出判决前,当事人未能提供证据或者证据不足以证明其事实主张的,由负有举证证明责任的当事人承担不利的后果。

【典型案例】

对于共同海损分摊请求如何分配举证责任? [上海凯润船务有限公司、武汉均泰物流有限公司、黄石市盛兴海运有限公司与大连国润船舶代理有限公司、本溪钢铁(集团)国贸腾达有限公司共同海损纠纷案,(2016)沪民终38号]

查明共同海损发生的原因,是正确认定凯润公司、均泰公司与盛兴公司对于涉案共同海损是否可以免责,进而判定其是否有权要求国润公司与腾达公司分摊共同海损的关键所在。依照海商法第一百九十六条的规定:"提出

---

① 傅旭梅主编:《中华人民共和国海商法诠释》,人民法院出版社1995年版,第369页。

共同海损分摊请求的一方应当负举证责任,证明其损失应当列入共同海损。"凯润公司、均泰公司与盛兴公司坚称涉案船舶舵效失灵,系船舶由丹东港驶往上海港的途中,船舶舵叶与水下不明物体碰撞致脱落。但是,根据凯润公司、均泰公司与盛兴公司提交的海事声明、航海日志及海损理算报告等证据材料,对事故原因的记载均为"推测可能为舵叶丢失或舵杆断裂造成舵效失灵"。相反,国润公司与腾达公司提交的立新船厂(系凯润公司、均泰公司与盛兴公司委托修理涉案船舶的相关方)出具的关于涉案船舶遗失的舵与原有图纸和实际尺寸严重不符的证明,并结合凯润公司、均泰公司与盛兴公司在二审中提交的两份质量证明和试验测量记录有关舵轴系测量记录数据存在明显差异。在国润公司与腾达公司提出上述抗辩理由,而凯润公司、均泰公司与盛兴公司未能提供相应、有效证据证明发生涉案共同海损的直接原因。凯润公司、均泰公司与盛兴公司未能完成船舵脱落原因的举证责任,故应当承担举证不能的法律后果。

【适用要点】

依照海商法第一百九十六条规定,应由提出共同海损分摊请求的一方就其损失应当列入共同海损负举证责任。该条规定与《2016年约克-安特卫普规则》规则E1"要求共同海损补偿的一方应负举证责任,证明要求补偿的损失或费用应作为共同海损受偿"基本一致。提出共同海损分摊请求的一方应当举证证明下列事实:第一,存在共同海损行为。第二,作为上述行为的直接后果,遭受了共同海损损失(即造成了特殊牺牲、支付了特殊费用)。第三,遭受共同海损的金额。在该主体提交证据不足以证明其事实主张情形下,则应由其承担不利的后果。

5. 共同海损的分摊与过失

【相关立法】

《中华人民共和国海商法》(19930701)

第一百九十七条 引起共同海损特殊牺牲、特殊费用的事故,可能是由航程中一方的过失造成的,不影响该方要求分摊共同海损的权利;但是,非过失方或者过失方可以就此项过失提出赔偿请求或者进行抗辩。

【典型案例】

（1）沿海运输中承运人对共同海损的发生有过失的,能否要求其他受益方分担海损损失? [黄进水、中国人民财产保险股份有限公司钦州市港口支公司与尤可标、宁海县第三航运公司共同海损纠纷案,(2011)粤高法民四终第90号]

涉案船舶在碰撞后货舱进水,导致该船和货物受到共同威胁,为了船、货共同的安全,船长采取抢滩、抛货等措施,是为了船、货共同安全而有意地合理地采取措施所致的货物损失,故本案损失构成共同海损。引起本案共同海损的碰撞事故发生后,碰撞双方已达成的赔偿责任协议表明碰撞中双方均有过错,即涉案船舶的过错也是确定的。而装载涉案货物白糖的涉案船舶从广西钦州港运往福建泉州市,属于沿海运输。按照我国相关法律规定,沿海运输采取的是完全过失责任的制度,船方不存在航行过失免责的问题。因此,本案共同海损发生之后,由于涉案船舶本身是有过错的,故其不能要求其他受益方分摊。在这种情况下,由无过错的货方提出共同海损,是符合本案的实际情况的。海商法第一百九十六条的规定,表明海商法并未限制货方提出共同海损的请求,本案货方提出共同海损由涉案船舶船方分摊符合法律规定。共同海损的处理一般遵循共同海损理算和分摊分开进行的原则,即在没有确定引起共同海损特殊牺牲、特殊费用的事故,是否由航程中一方过失,以及是由可免责过失还是不可免责过失引起的时候,可以先推定航程中各方都没有过失的情况下,进行共同海损的理算,随后再决定共同海损的分摊。分摊实际上是对其他方的损失负赔偿责任的意思,既然具有共同海损理算资质的专业机构中国国际贸易促进委员会海损理算处编制的理算报告,已经确认船方应该分摊的金额,船方应当向货方支付上述款项。

（2）承运人因不可免责过失致共同海损的,损失如何承担? [海南华联轮船公司与广西国际合作经贸公司、中国人民保险公司广西壮族自治区分公司共同海损分摊纠纷案,(2000)海商初字第54号]

共同海损的构成条件包括:船货面临共同危险;措施须有意、合理和有效果;牺牲和费用须为共损措施的直接合理后果,且是正常情况下不会发生的特殊牺牲和费用。共同海损成立时可不考虑对引发共同海损的直接原因的法律定性。当进入共同海损分摊阶段时,暂不能确定是意外事故还是承运人可免责或不可免责过失导致共同海损,则受益人须先分摊共同海损的牺牲和费用,待查清系承运人不可免责过失致共同海损后,再就分摊金额向承运人追偿;业已查清共同海损系承运人不可免责过失所致的,有关损失理当由承运人自行承担,受益人可以拒绝分摊这种损失。承运人虽不能从受益人处获得分摊,其宣布共同海损并进行理算还是有实际意义的,即承运人对拒绝分摊的部分可向船东保赔协会要求赔偿。

【适用要点】

共同海损可能产生自雷击、风暴等自然灾害、意外事件,但也可能系由于航程中一方过失造成。对于后一情形而言,则产生共同海损是否成立及共同海损分摊权利是否受影响的问题。目前国际公认的规则是,为避免影响相关主体采取避险措施的积极性和及时性,同时为避免无过失方向所有受益方请求共同海损分摊的权利受到损害,共同海损成立的判断不应考虑危险起因。换言之,过失不影响共同海损的成立。但是,基于公平原则,如果引起共同海损特殊牺牲、特殊费用的事故起因于航程中一方的过失,则非过失方就该项过失可以向过失方提出赔偿请求,同时,非过失方就过失方要求承担共同海损分摊,也可以基于对方的过失提出抗辩。故此,海商法第一百九十七条虽然规定"引起共同海损特殊牺牲、特殊费用的事故,可能是由航程中一方的过失造成的,不影响该方要求分摊共同海损的权利",但一旦非过失方的赔偿请求或者抗辩成功,则过失方享有的"分摊共同海损的权利"仅具形式意义。

关于过失,应区分可免责过失与不可免责过失。如共同海损"海上航程"系发生于国际海上运输和航行作业中,就承运人而言,依照海商法第四章第五十一条等相关规定,其承担不完全过失责任制。在船长、船员、引航员或者承运人的其他受雇人在驾驶船舶或管理船舶中的过失等情形下,即便承运人具有过失,亦可免责,即其的过失系可免责过失。相反,在因承运人本人的过失造成的火灾等情形下,承运人的过失系不可免责过失。就托运人而言,依照海商法第四章第七十条规定,托运人对承运人、实际承运人所遭受的损失或者船舶所遭受的损坏,在系由于托运人或者托运人的受雇人、代理人的过失造成情形下,负有赔偿责任,即其承担完全过失责任制,不存在可免责过失。如共同海损"海上航程"系发生于沿海运输和航行作业中,则无论是承运人还是托运人,除法律另有规定外,其过失均系不可免责过失。综上,在国际海上运输和航行作业中因承运人不可免责过失、托运人过失,在沿海运输和航行作业因承运人、托运人过失,从而造成共同海损事故时,实质上上述主体不能真正享有分摊共同海损的权利。此外,由于可免责过失的存在,必然推论为:海商法第一百九十七条规定也允许可免责的过失方可以就此项过失进行抗辩。

此外需要注意的是,海商法第一百九十七条规定与《2016年约克-安特卫普规则》规则 D 有所不同。海商法第一百九十七条所规定不受影响的主体仅为"过失方"。而从《2016年约克-安特卫普规则》规则 D"即使引起牺牲或产生费用的事故,可能是由于航程中一方的过失所造成的,也不影响要求分摊共同海损的权利……"的表述来看,其未限定不受影响的主体的范围。解释上,无论是基于制定来源,还是"举重明轻"规则,均应认定非过失方的权利不因海商法第一百九十七条的规定"缺失"而被排除,换言之,引起共同海损特殊牺牲、特殊费用的事故,可能是由航程中一方的过失造成的,非过失方要求分摊共同海损的权利亦不受影响①。由于确定共同海损起因通常不可能即刻确定,而理算工作又不能搁置,故此,依照海商法第一百九十七条规定,实际上确立了"先理算,后分摊""先分摊,后追偿"原则,以避免共同海损各当事方争执导致损失扩大,防止处理耽搁和迟延②。

6. 共同海损的诉讼与理算

【相关立法】

(1)《中华人民共和国海商法》(19930701)

第二百零三条　共同海损理算,适用合同约定的理算规则;合同未约定的,适用本章的规定。

第二百六十三条　有关共同海损分摊的请求权,时效期间为一年,自理算结束之日起计算。

(2)《中华人民共和国海事诉讼特别程序法》(20000701)

第八十八条　当事人就共同海损的纠纷,可以协议委托理算机构理算,也可以直接向海事法院提起诉讼。海事法院受理未经理算的共同海损纠纷,可以委托理算机构理算。

第八十九条　理算机构作出的共同海损理算报告,当事人没有提出异议的,可以作为分摊责任的依据;当事人提出异议的,由海事法院决定是否采纳。

---

① 司玉琢、张永坚、蒋跃川编著:《中国海商法注释》,北京大学出版社 2019 年版,第308 页。

② 傅旭梅主编:《中华人民共和国海商法诠释》,人民法院出版社 1995 年版,第357 页。

【司法解释】

《最高人民法院关于适用〈中华人民共和国海事诉讼特别程序法〉若干问题的解释》(法释〔2003〕3 号,20030201;经法释〔2008〕18 号修正,20081231)

第六十二条 未经理算的共同海损纠纷诉至海事法院的,海事法院应责令当事人自行委托共同海损理算。确有必要由海事法院委托理算的,由当事人提出申请,委托理算的费用由主张共同海损的当事人垫付。

第六十三条 当事人对共同海损理算报告提出异议,经海事法院审查异议成立,需要补充理算或者重新理算的,应当由原委托人通知理算人进行理算。原委托人不通知理算的,海事法院可以通知理算人重新理算,有关费用由异议人垫付;异议人拒绝垫付费用的,视为撤销异议。

【典型案例】

在已经协议委托理算机构进行理算,尚未完成理算报告的情况下,可否直接向海事法院提起诉讼? 〔中国人寿财产保险股份有限公司新乡市中心支公司与太平船务有限公司共同海损纠纷案,(2016)津民终 85 号〕

首先,无论共同海损纠纷的当事人选择海事诉讼特别程序法第八十八条的何种方式,均应以理算机构的理算报告为依据。本案事故发生后,太平船务公司选择了查尔斯理算公司作为共同海损理算机构,并通知了人寿保险新乡支公司签署共同海损协议书和共同海损担保。在理算过程中,人寿保险新乡支公司也与理算机构进行联系表达对理算的意见,应当认定人寿保险新乡支公司对于协议理算和理算机构的选择作出了明确的遵守和认可。人寿保险新乡支公司在已经协议委托理算机构进行理算,尚未完成理算报告的情况下,又直接向海事法院提起诉讼,不仅违反了理算协议,亦不符合海事诉讼特别程序法第八十八条"协议委托理算机构理算"的规定。

其次,依照上述法律规定,无论是协议委托、自行委托还是法院委托,均是由理算机构对共同海损进行理算。共同海损理算系具有一定专业水平的机构和人员,按照理算规则,对共同海损损失的费用和金额进行确定,对各受益方应分摊的价值以及各受益方应分摊的共同海损金额进行审核和计算工作。由法院直接认定某种损失属于共同海损牺牲或者对共同海损的数额进行裁判,均没有明确的法律依据。并且,依照海事诉讼特别程序法第八十九条"理算机构作出的共同海损理算报告,当事人没有提出异议的,可以作为分摊责任的依据;当事人提出异议的,由海事法院决定是否采纳"以及《最高人民法院关于适用〈中华人民共和国海事诉讼特别程序法〉若干问题的解释》第六十三条"当事人对共同海损理算报告提出异议,经海事法院审查异议成立,需要补充理算或者重新理算的,应当由原委托人通知理算人进行理算。原委托人不通知理算的,海事法院可以通知理算人重新理算,有关费用由异议人垫付;异议人拒绝垫付费用的,视为撤销异议"的规定,即使当事人对理算报告提出异议,海事法院认定异议成立的,也不能径行裁判,而是应通知理算机构补充理算或者重新理算。

最后,共同海损理算涉及众多利害关系人,且可能分散于不同国家,理算机构要通盘掌握全部当事人的损失和获救财产价值以及有关共同海损事故的全部材料,并在独立、公允的情况下进行理算工作,任何一方当事人在理算工作完成前诉至法院要求直接对某种损失、费用是否属于共同海损作出认定,均会影响理算工作的独立性,进而对共同海损理算造成不利影响,损害众多利害关系人的合法权益。本案中查尔斯理算公司于2013年10月29日出具书面声明,对涉案货物损失是否列入共同海损牺牲并无明确论,表明"对该事宜,会保持一种开放的态度",故理算机构并未正式将涉案22个集装箱的货损完全排除出共同海损牺牲。因此,人寿保险新乡支公司可以采取适当的途径和理算机构进行沟通,就其损失应当被列入共同海损牺牲阐明观点、提供依据,以便在理算机构处寻求救济。

综上,在理算报告出具之前,暂不宜对涉案货损是否构成共同海损作出认定,更不宜作出共同海损分摊的裁判。

【适用要点】

由于共同海损涉及不同利益主体、损失及费用项目,既涉及海商法律知识,也涉及海运实务,一般应由专业理算机构进行"共同海损理算",即由有资质的理算人根据收集的文件和单证,经过对案情的调查研究,按照应当适用的共同海损理算规则,对海损损失及相关费用按其性质进行划分、剔留和计算,最后通过编制共同海损理算书,确认有关各方的牺牲金额、分摊价值、分摊金额和受偿金额。理算对共同海损纠纷具有重要意义,这体现在:第一,作为诉讼时效计算的依据。依照海商法第二百六十三条规定,自理算结束之日起,计算有关共同海损分摊的请求权(时效期间一年)。第二,作为诉讼必经程序。依照海事诉讼特别程序法第八十八条,当事人就共同海损纠纷虽可直接提起诉讼,但依照《最高人民法院关于适用〈中华人民共和国海事诉讼特别程序法〉若干问题的解释》第六十二条,此种未经理算的共同海损纠纷诉至海事法院,海事法院仍应责令当事人自行委托共同海损理算。确有必要由海事法院委托理算的,由当事人提出申请,委托理算的费用由主张共同海损的当事人垫付。在理算已开展情形下,实践中曾有当事人向人民法院提起诉讼要求对若干货损构成共同海损进行司法认定,并对共同海损分摊作出裁判,对此,目前的裁判规则仍然坚持理算的必经程序地位,认为在理算报告出具之前,暂不宜对涉案货损是否构成共同海损作出认定,更不宜作出共同海损分摊的裁判。第三,作为诉讼证据。依照海事诉讼特别程序法第八十九条规定,理算机构作出的共同海损理算报告,当事人没有提出异议的,可以作为分摊责任的依据;当事人提出异议的,由海事法院决定是否采纳。因共同海损理算报告已经对各方遭受的共同海损损失金额、各财产受益方的分摊价值以及各方应分摊的金额进行理算并得出了结论,故除非该共同海损理算报告存在明显错误,否则应当认可其证明力。依照《最高人民法院关于适用〈中华人民共和国海事诉讼特别程序法〉若干问题的解释》第六十三条规定,当事人对共同海损理算报告提出异议,且经海事法院审查异议成立,需要补充理算或者重新理算的,应当由原委托人通知理算人进行理算。原委托人不通知理算的,海事法院可以通知理算人重新理算,有关费用由异议人垫付;异议人拒绝垫付费用的,视为撤销异议。在司法实践中,也存在人民法院自行认定相关费用的案例,因理算机构未能全面搜集相关材料,依据的基础事实存在重大瑕疵,理算报告存在理算规则适用不准确、遗漏大额费用等重大差错等诸多瑕疵,法院对理算结果未予径行认可,而是依照法律、司法解释对与船锚相关的费用等费用进行了认定。关于共同海损理算的理算规则,优先适用合同约定的理算规则;合同未约定的,适用海商法第十章的规定。

三十九、海洋开发利用纠纷

1. 案由释义

海洋开发利用纠纷,是指因对海洋、通海可航水域的自然资源进行开发和利用而引起的纠纷。主要包括海洋、通海可航水域能源和矿产资源勘探、开发、输送纠纷案件,海水淡化和综合利用纠纷案件,以及海岸带开发利用相关纠纷案件。

2. 诉讼程序规范

【司法解释】

《最高人民法院关于海事法院受理案件范围的规定》(法释〔2016〕4 号,20160301)

53. 海洋、通海可航水域能源和矿产资源勘探、开发、输送纠纷案件;

54. 海水淡化和综合利用纠纷案件;

56. 海岸带开发利用相关纠纷案件;

【典型案例】

海水淡化工程纠纷案件如何确定管辖?〔中国五冶集团有限公司天津分公司与睢县新生建设劳务有限公司海洋开发利用纠纷管辖权异议案,(2021)津民辖终 37 号〕

本案中涉案工程系海水淡化土建新增零星工程,属于海水淡化工程的组成部分,依照《最高人民法院关于海事法院受理案件范围的规定》第三条第五十五项规定,该案系海洋开发利用纠纷,故应由海事法院专门管辖,本案案由确定为海洋开发利用纠纷。

【适用要点】

《最高人民法院关于海事法院受理案件范围的规定》将除海上货物贸易、交通运输及相关的担保、金融等民商事纠纷案件(即传统海事海商纠纷案件)外,所有海洋及通海可航水域开发利用活动所引起的其他合同、侵权等民商事纠纷案件单列为第三大类海事案件,即"海洋及通海可航水域开发利用与环境保护相关纠纷案件"。具体罗列十五项案件类型,其中五项(第五十三至五十七项)系沿袭 2001 年《最高人民法院关于海事法院受理案件范围的若干规定》第三十六项"海洋开发利用纠纷案件"的规定具体分解细化而成;另外十项均是新增案件类型,主要是渔业经营、海域使用、环境生态保护以及相关金融、担保方面的纠纷案件类型。最高人民法院研究室编著的《最高人民法院新民事案件案由规定理解与适用》一书,将海洋开发利用纠纷案件的范围限定在《最高人民法院关于海事法院受理案件范围的规定》第五十三条、第五十四条、第五十六条①,而将第五十五条规定的"海洋、通海可航水域工程建设纠纷案件",以及第五十七条规定的"海洋科学考察相关纠纷案件"排除在外。但是,各地法院在案由的使用上,将第五十五条、第五十七条规定的案件类型纳入海洋开发利用纠纷案由的情况较为常见。本书以《最高人民法院新民事案件案由规定理解与适用》一书的内容为依据,海洋开发利用纠纷的案件类型仅限于《最高人民法院关于海事法院受理案件范围的规定》第五十三条、第五十四条、第五十六条规定的情形。而对于涉及围海造地、电缆或者管道敷设以及钻井平台、人工岛、隧道、大桥等建设,应当根据个案的特点,合理地确定相应的案由。有的可确定为本案由即海事海商纠纷,有的可确定为建设工程合同纠纷,有的可确定为承揽合同纠纷或委托合同纠纷等。②

关于海洋开发利用纠纷案件的地域管辖问题,该案由项下案件类型多种多样,既可能是合同纠纷,也可能是侵权纠纷;既可能符合一般地域管辖的特点,也可能具有特殊地域管辖的特征。有些争议当事人可依据民事诉讼法第三十五条的规定,约定有管辖权的海事法院,但有些纠纷可能不属于可约定的范畴。具体情况应依据个案事实、当事人的诉讼请求等予以确定。

---

① 最高人民法院研究室编著:《最高人民法院新民事案件案由规定理解与适用》,人民法院出版社 2021 年版,第 689 页。

② 最高人民法院研究室编著:《最高人民法院新民事案件案由规定理解与适用》,人民法院出版社 2021 年版,第 668 页。

3. 海洋及通海可航水域的范围

【相关立法】

(1)《中华人民共和国领海及毗连区法》(19920225)

第二条 中华人民共和国领海为邻接中华人民共和国陆地领土和内水的一带海域。

中华人民共和国的陆地领土包括中华人民共和国大陆及其沿海岛屿、台湾及其包括钓鱼岛在内的附属各岛、澎湖列岛、东沙群岛、西沙群岛、中沙群岛、南沙群岛以及其他一切属于中华人民共和国的岛屿。

中华人民共和国领海基线向陆地一侧的水域为中华人民共和国的内水。

第三条 中华人民共和国领海的宽度从领海基线量起为十二海里。

中华人民共和国领海基线采用直线基线法划定,由各相邻基点之间的直线连线组成。

中华人民共和国领海的外部界限为一条其每一点与领海基线的最近点距离等于十二海里的线。

第四条 中华人民共和国毗连区为领海以外邻接领海的一带海域。毗连区的宽度为十二海里。

中华人民共和国毗连区的外部界限为一条其每一点与领海基线的最近点距离等于二十四海里的线。

第五条 中华人民共和国对领海的主权及于领海上空、领海的海床及底土。

(2)《中华人民共和国专属经济区和大陆架法》(19980626)

第二条 中华人民共和国的专属经济区,为中华人民共和国领海以外并邻接领海的区域,从测算领海宽度的基线量起延至二百海里。

中华人民共和国的大陆架,为中华人民共和国领海以外依本国陆地领土的全部自然延伸,扩展到大陆边外缘的海底区域的海床和底土;如果从测算领海宽度的基线量起至大陆边外缘的距离不足二百海里,则扩展至二百海里。

中华人民共和国与海岸相邻或者相向国家关于专属经济区和大陆架的主张重叠的,在国际法的基础上按照公平原则以协议划定界限。

第三条 中华人民共和国在专属经济区为勘查、开发、养护和管理海床上覆水域、海床及其底土的自然资源,以及进行其他经济性开发和勘查,如利用海水、海流和风力生产能等活动,行使主权权利。

中华人民共和国对专属经济区的人工岛屿、设施和结构的建造、使用和海洋科学研究、海洋环境的保护和保全,行使管辖权。

本法所称专属经济区的自然资源,包括生物资源和非生物资源。

第四条　中华人民共和国为勘查大陆架和开发大陆架的自然资源,对大陆架行使主权权利。

中华人民共和国对大陆架的人工岛屿、设施和结构的建造、使用和海洋科学研究、海洋环境的保护和保全,行使管辖权。

中华人民共和国拥有授权和管理为一切目的在大陆架上进行钻探的专属权利。

本法所称大陆架的自然资源,包括海床和底土的矿物和其他非生物资源,以及属于定居种的生物,即在可捕捞阶段在海床上或者海床下不能移动或者其躯体须与海床或者底土保持接触才能移动的生物。

第六条　中华人民共和国主管机关有权对专属经济区的跨界种群、高度洄游鱼种、海洋哺乳动物、源自中华人民共和国河流的溯河产卵种群、在中华人民共和国水域内度过大部分生命周期的降河产卵鱼种,进行养护和管理。

中华人民共和国对源自本国河流的溯河产卵种群,享有主要利益。

第八条　中华人民共和国在专属经济区和大陆架有专属权利建造并授权和管理建造、操作和使用人工岛屿、设施和结构。

中华人民共和国对专属经济区和大陆架的人工岛屿、设施和结构行使专属管辖权,包括有关海关、财政、卫生、安全和出境入境的法律和法规方面的管辖权。

中华人民共和国主管机关有权在专属经济区和大陆架的人工岛屿、设施和结构周围设置安全地带,并可以在该地带采取适当措施,确保航行安全以及人工岛屿、设施和结构的安全。

(3)《中华人民共和国海洋环境保护法》(19830301;20171105)

第二条　本法适用于中华人民共和国内水、领海、毗连区、专属经济区、大陆架以及中华人民共和国管辖的其他海域。

在中华人民共和国管辖海域内从事航行、勘探、开发、生产、旅游、科学研究及其他活动,或者在沿海陆域内从事影响海洋环境活动的任何单位和个人,都必须遵守本法。

在中华人民共和国管辖海域以外,造成中华人民共和国管辖海域污染的,也适用本法。

第二十条 国务院和沿海地方各级人民政府应当采取有效措施,保护红树林、珊瑚礁、滨海湿地、海岛、海湾、入海河口、重要渔业水域等具有典型性、代表性的海洋生态系统,珍稀、濒危海洋生物的天然集中分布区,具有重要经济价值的海洋生物生存区域及有重大科学文化价值的海洋自然历史遗迹和自然景观。

对具有重要经济、社会价值的已遭到破坏的海洋生态,应当进行整治和恢复。

第九十四条 本法中下列用语的含义是:

(一)海洋环境污染损害,是指直接或者间接地把物质或者能量引入海洋环境,产生损害海洋生物资源、危害人体健康、妨害渔业和海上其他合法活动、损害海水使用素质和减损环境质量等有害影响。

(二)内水,是指我国领海基线向内陆一侧的所有海域。

(三)滨海湿地,是指低潮时水深浅于六米的水域及其沿岸浸湿地带,包括水深不超过六米的永久性水域、潮间带(或洪泛地带)和沿海低地等。

(四)海洋功能区划,是指依据海洋自然属性和社会属性,以及自然资源和环境特定条件,界定海洋利用的主导功能和使用范畴。

(五)渔业水域,是指鱼虾类的产卵场、索饵场、越冬场、洄游通道和鱼虾贝藻类的养殖场。

(六)油类,是指任何类型的油及其炼制品。

(七)油性混合物,是指任何含有油份的混合物。

(八)排放,是指把污染物排入海洋的行为,包括泵出、溢出、泄出、喷出和倒出。

(九)陆地污染源(简称陆源),是指从陆地向海域排放污染物,造成或者可能造成海洋环境污染的场所、设施等。

(十)陆源污染物,是指由陆地污染源排放的污染物。

(十一)倾倒,是指通过船舶、航空器、平台或者其他载运工具,向海洋处置废弃物和其他有害物质的行为,包括弃置船舶、航空器、平台及其辅助设施和其他浮动工具的行为。

(十二)沿海陆域,是指与海岸相连,或者通过管道、沟渠、设施,直接或者间接向海洋排放污染物及其相关活动的一带区域。

(十三)海上焚烧,是指以热摧毁为目的,在海上焚烧设施上,故意焚烧废弃物或者其他物质的行为,但船舶、平台或者其他人工构造物正常操作中,所附带发生的行为除外。

(4)《中华人民共和国海域使用管理法》(20020101)

第二条 本法所称海域,是指中华人民共和国内水、领海的水面、水体、海床和底土。

本法所称内水,是指中华人民共和国领海基线向陆地一侧至海岸线的海域。

在中华人民共和国内水、领海持续使用特定海域三个月以上的排他性用海活动,适用本法。

第三条 海域属于国家所有,国务院代表国家行使海域所有权。任何单位或者个人不得侵占、买卖或者以其他形式非法转让海域。

单位和个人使用海域,必须依法取得海域使用权。

(5)《中华人民共和国渔业法》(19860701;20131228)

第二条 在中华人民共和国的内水、滩涂、领海、专属经济区以及中华人民共和国管辖的一切其他海域从事养殖和捕捞水生动物、水生植物等渔业生产活动,都必须遵守本法。

【典型案例】

潮间带是否属于海洋及通海可航水域的范围? [唐山市邱氏通达实业有限公司绿色生态分公司、唐山市邱氏通达实业有限公司与郝丽芬、白广明、齐永利海洋开发利用纠纷管辖权异议案,(2020)津民辖终92号]

本案中,根据涉案《承包合同》约定的内容,当事人约定的承包范围包括虾池地块和潮间带。首先,根据涉案《责令停止违法行为通知书》《履行义务催告书》《海域使用申请书》等证据,涉案潮间带应当认定属于海域;其次,依照海洋环境保护法第二十条、第九十四条第(三)项的规定,潮间带系海洋环境保护法保护范围的滨海湿地的组成部分。因涉案《承包合同》涉及潮间带,故因此产生的开发利用纠纷属于《最高人民法院关于海事法院受理案件范围的规定》规定的海洋及通海可航水域开发利用纠纷案件。

【适用要点】

界定海洋及通海可航水域的范围是判断是否属于海洋开发利用纠纷案件的关键,《最高人民法院关于海事法院受理案件范围的规定》未就海洋、通海可航水域以及海岸带等概念作出明确界定。实践中,可以结合案件具体情况,依照海洋环境保护法、海域使用管理法、渔业法等相关法律法规、部门规章作出具体认定。

4. 海洋、通海可航水域能源和矿产资源勘探、开发、输送纠纷

【相关立法】

(1)《中华人民共和国领海及毗连区法》(19920225)

第十一条 任何国际组织、外国的组织或者个人,在中华人民共和国领海内进行科学研究、海洋作业等活动,须经中华人民共和国政府或者其有关主管部门批准,遵守中华人民共和国法律、法规。

违反前款规定,非法进入中华人民共和国领海进行科学研究、海洋作业等活动的,由中华人民共和国有关机关依法处理。

(2)《中华人民共和国专属经济区和大陆架法》(19980626)

第七条 任何国际组织、外国的组织或者个人对中华人民共和国的专属经济区和大陆架的自然资源进行勘查、开发活动或者在中华人民共和国的大陆架上为任何目的进行钻探,必须经中华人民共和国主管机关批准,并遵守中华人民共和国的法律、法规。

第九条 任何国际组织、外国的组织或者个人在中华人民共和国的专属经济区和大陆架进行海洋科学研究,必须经中华人民共和国主管机关批准,并遵守中华人民共和国的法律、法规。

第十条 中华人民共和国主管机关有权采取必要的措施,防止、减少和控制海洋环境的污染,保护和保全专属经济区和大陆架的海洋环境。

第十一条 任何国家在遵守国际法和中华人民共和国的法律、法规的前提下,在中华人民共和国的专属经济区享有航行、飞越的自由,在中华人民共和国的专属经济区和大陆架享有铺设海底电缆和管道的自由,以及与上述自由有关的其他合法使用海洋的便利。铺设海底电缆和管道的路线,必须经中华人民共和国主管机关同意。

第十二条 中华人民共和国在行使勘查、开发、养护和管理专属经济区的生物资源的主权权利时,为确保中华人民共和国的法律、法规得到遵守,可以采取登临、检查、逮捕、扣留和进行司法程序等必要的措施。

中华人民共和国对在专属经济区和大陆架违反中华人民共和国法律、法规的行为,有权采取必要措施,依法追究法律责任,并可以行使紧追权。

(3)《中华人民共和国海洋环境保护法》(19830301;20171105)

第二十四条 国家建立健全海洋生态保护补偿制度。

开发利用海洋资源,应当根据海洋功能区划合理布局,严格遵守生态保护红线,不得造成海洋生态环境破坏。

第二十六条 开发海岛及周围海域的资源,应当采取严格的生态保护措施,不得造成海岛地形、岸滩、植被以及海岛周围海域生态环境的破坏。

第三十二条 排放陆源污染物的单位,必须向环境保护行政主管部门申报拥有的陆源污染物排放设施、处理设施和在正常作业条件下排放陆源污染物的种类、数量和浓度,并提供防治海洋环境污染方面的有关技术和资料。

排放陆源污染物的种类、数量和浓度有重大改变的,必须及时申报。

第三十三条 禁止向海域排放油类、酸液、碱液、剧毒废液和高、中水平放射性废水。

严格限制向海域排放低水平放射性废水;确需排放的,必须严格执行国家辐射防护规定。

严格控制向海域排放含有不易降解的有机物和重金属的废水。

第三十四条 含病原体的医疗污水、生活污水和工业废水必须经过处理,符合国家有关排放标准后,方能排入海域。

第三十五条 含有机物和营养物质的工业废水、生活污水,应当严格控制向海湾、半封闭海及其他自净能力较差的海域排放。

第三十六条 向海域排放含热废水,必须采取有效措施,保证邻近渔业水域的水温符合国家海洋环境质量标准,避免热污染对水产资源的危害。

第四十二条 新建、改建、扩建海岸工程建设项目,必须遵守国家有关建设项目环境保护管理的规定,并把防治污染所需资金纳入建设项目投资计划。

在依法划定的海洋自然保护区、海滨风景名胜区、重要渔业水域及其他需要特别保护的区域,不得从事污染环境、破坏景观的海岸工程项目建设或者其他活动。

第四十三条 海岸工程建设项目单位,必须对海洋环境进行科学调查,根据自然条件和社会条件,合理选址,编制环境影响报告书(表)。在建设项目开工前,将环境影响报告书(表)报环境保护行政主管部门审查批准。

环境保护行政主管部门在批准环境影响报告书(表)之前,必须征求海洋、海事、渔业行政主管部门和军队环境保护部门的意见。

第四十四条 海岸工程建设项目的环境保护设施,必须与主体工程同时设计、同时施工、同时投产使用。环境保护设施应当符合经批准的环境影响评价报告书(表)的要求。

第四十五条 禁止在沿海陆域内新建不具备有效治理措施的化学制浆

造纸、化工、印染、制革、电镀、酿造、炼油、岸边冲滩拆船以及其他严重污染海洋环境的工业生产项目。

第四十六条 兴建海岸工程建设项目,必须采取有效措施,保护国家和地方重点保护的野生动植物及其生存环境和海洋水产资源。

严格限制在海岸采挖砂石。露天开采海滨砂矿和从岸上打井开采海底矿产资源,必须采取有效措施,防止污染海洋环境。

第四十七条 海洋工程建设项目必须符合全国海洋主体功能区规划、海洋功能区划、海洋环境保护规划和国家有关环境保护标准。海洋工程建设项目单位应当对海洋环境进行科学调查,编制海洋环境影响报告书(表),并在建设项目开工前,报海洋行政主管部门审查批准。

海洋行政主管部门在批准海洋环境影响报告书(表)之前,必须征求海事、渔业行政主管部门和军队环境保护部门的意见。

第四十八条 海洋工程建设项目的环境保护设施,必须与主体工程同时设计、同时施工、同时投产使用。环境保护设施未经海洋行政主管部门验收,或者经验收不合格的,建设项目不得投入生产或者使用。

拆除或者闲置环境保护设施,必须事先征得海洋行政主管部门的同意。

第四十九条 海洋工程建设项目,不得使用含超标准放射性物质或者易溶出有毒有害物质的材料。

第五十条 海洋工程建设项目需要爆破作业时,必须采取有效措施,保护海洋资源。

海洋石油勘探开发及输油过程中,必须采取有效措施,避免溢油事故的发生。

第五十一条 海洋石油钻井船、钻井平台和采油平台的含油污水和油性混合物,必须经过处理达标后排放;残油、废油必须予以回收,不得排放入海。经回收处理后排放的,其含油量不得超过国家规定的标准。

钻井所使用的油基泥浆和其他有毒复合泥浆不得排放入海。水基泥浆和无毒复合泥浆及钻屑的排放,必须符合国家有关规定。

第五十二条 海洋石油钻井船、钻井平台和采油平台及其有关海上设施,不得向海域处置含油的工业垃圾。处置其他工业垃圾,不得造成海洋环境污染。

第五十三条 海上试油时,应当确保油气充分燃烧,油和油性混合物不得排放入海。

第五十四条 勘探开发海洋石油,必须按有关规定编制溢油应急计划,报国家海洋行政主管部门的海区派出机构备案。

第五十五条　任何单位未经国家海洋行政主管部门批准,不得向中华人民共和国管辖海域倾倒任何废弃物。

需要倾倒废弃物的单位,必须向国家海洋行政主管部门提出书面申请,经国家海洋行政主管部门审查批准,发给许可证后,方可倾倒。

禁止中华人民共和国境外的废弃物在中华人民共和国管辖海域倾倒。

第五十六条　国家海洋行政主管部门根据废弃物的毒性、有毒物质含量和对海洋环境影响程度,制定海洋倾倒废弃物评价程序和标准。

向海洋倾倒废弃物,应当按照废弃物的类别和数量实行分级管理。

可以向海洋倾倒的废弃物名录,由国家海洋行政主管部门拟定,经国务院环境保护行政主管部门提出审核意见后,报国务院批准。

第五十七条　国家海洋行政主管部门按照科学、合理、经济、安全的原则选划海洋倾倒区,经国务院环境保护行政主管部门提出审核意见后,报国务院批准。

临时性海洋倾倒区由国家海洋行政主管部门批准,并报国务院环境保护行政主管部门备案。

国家海洋行政主管部门在选划海洋倾倒区和批准临时性海洋倾倒区之前,必须征求国家海事、渔业行政主管部门的意见。

第五十八条　国家海洋行政主管部门监督管理倾倒区的使用,组织倾倒区的环境监测。对经确认不宜继续使用的倾倒区,国家海洋行政主管部门应当予以封闭,终止在该倾倒区的一切倾倒活动,并报国务院备案。

第五十九条　获准倾倒废弃物的单位,必须按照许可证注明的期限及条件,到指定的区域进行倾倒。废弃物装载之后,批准部门应当予以核实。

第六十条　获准倾倒废弃物的单位,应当详细记录倾倒的情况,并在倾倒后向批准部门作出书面报告。倾倒废弃物的船舶必须向驶出港的海事行政主管部门作出书面报告。

第六十一条　禁止在海上焚烧废弃物。

禁止在海上处置放射性废弃物或者其他放射性物质。废弃物中的放射性物质的豁免浓度由国务院制定。

第六十二条　在中华人民共和国管辖海域,任何船舶及相关作业不得违反本法规定向海洋排放污染物、废弃物和压载水、船舶垃圾及其他有害物质。

从事船舶污染物、废弃物、船舶垃圾接收、船舶清舱、洗舱作业活动的,必须具备相应的接收处理能力。

第六十三条　船舶必须按照有关规定持有防止海洋环境污染的证书与文书,在进行涉及污染物排放及操作时,应当如实记录。

第六十四条 船舶必须配置相应的防污设备和器材。

载运具有污染危害性货物的船舶,其结构与设备应当能够防止或者减轻所载货物对海洋环境的污染。

第六十五条 船舶应当遵守海上交通安全法律、法规的规定,防止因碰撞、触礁、搁浅、火灾或者爆炸等引起的海难事故,造成海洋环境的污染。

第六十六条 国家完善并实施船舶油污损害民事赔偿责任制度;按照船舶油污损害赔偿责任由船东和货主共同承担风险的原则,建立船舶油污保险、油污损害赔偿基金制度。

实施船舶油污保险、油污损害赔偿基金制度的具体办法由国务院规定。

第六十七条 载运具有污染危害性货物进出港口的船舶,其承运人、货物所有人或者代理人,必须事先向海事行政主管部门申报。经批准后,方可进出港口、过境停留或者装卸作业。

第六十八条 交付船舶装运污染危害性货物的单证、包装、标志、数量限制等,必须符合对所装货物的有关规定。

需要船舶装运污染危害性不明的货物,应当按照有关规定事先进行评估。

装卸油类及有毒有害货物的作业,船岸双方必须遵守安全防污操作规程。

第六十九条 港口、码头、装卸站和船舶修造厂必须按照有关规定备有足够的用于处理船舶污染物、废弃物的接收设施,并使该设施处于良好状态。

装卸油类的港口、码头、装卸站和船舶必须编制溢油污染应急计划,并配备相应的溢油污染应急设备和器材。

第七十条 船舶及有关作业活动应当遵守有关法律法规和标准,采取有效措施,防止造成海洋环境污染。海事行政主管部门等有关部门应当加强对船舶及有关作业活动的监督管理。

船舶进行散装液体污染危害性货物的过驳作业,应当事先按照有关规定报经海事行政主管部门批准。

第七十一条 船舶发生海难事故,造成或者可能造成海洋环境重大污染损害的,国家海事行政主管部门有权强制采取避免或者减少污染损害的措施。

对在公海上因发生海难事故,造成中华人民共和国管辖海域重大污染损害后果或者具有污染威胁的船舶、海上设施,国家海事行政主管部门有权采取与实际的或者可能发生的损害相称的必要措施。

第七十二条 所有船舶均有监视海上污染的义务,在发现海上污染事故或者违反本法规定的行为时,必须立即向就近的依照本法规定行使海洋环境监督管理权的部门报告。

民用航空器发现海上排污或者污染事件,必须及时向就近的民用航空空中交通管制单位报告。接到报告的单位,应当立即向依照本法规定行使海洋环境监督管理权的部门通报。

第九十一条 完全属于下列情形之一,经过及时采取合理措施,仍然不能避免对海洋环境造成污染损害的,造成污染损害的有关责任者免予承担责任:

(一)战争;

(二)不可抗拒的自然灾害;

(三)负责灯塔或者其他助航设备的主管部门,在执行职责时的疏忽,或者其他过失行为。

(4)《中华人民共和国环境保护法》(19891226;20150101)

第三十四条 国务院和沿海地方各级人民政府应当加强对海洋环境的保护。向海洋排放污染物、倾倒废弃物,进行海岸工程和海洋工程建设,应当符合法律法规规定和有关标准,防止和减少对海洋环境的污染损害。

(5)《中华人民共和国深海海底区域资源勘探开发法》(20160501)

第二条 中华人民共和国的公民、法人或者其他组织从事深海海底区域资源勘探、开发和相关环境保护、科学技术研究、资源调查活动,适用本法。

本法所称深海海底区域,是指中华人民共和国和其他国家管辖范围以外的海床、洋底及其底土。

第三条 深海海底区域资源勘探、开发活动应当坚持和平利用、合作共享、保护环境、维护人类共同利益的原则。

国家保护从事深海海底区域资源勘探、开发和资源调查活动的中华人民共和国公民、法人或者其他组织的正当权益。

第六条 国家鼓励和支持在深海海底区域资源勘探、开发和相关环境保护、资源调查、科学技术研究和教育培训等方面,开展国际合作。

第七条 中华人民共和国的公民、法人或者其他组织在向国际海底管理局申请从事深海海底区域资源勘探、开发活动前,应当向国务院海洋主管部门提出申请,并提交下列材料:

(一)申请者基本情况;

(二)拟勘探、开发区域位置、面积、矿产种类等说明;

（三）财务状况、投资能力证明和技术能力说明；

（四）勘探、开发工作计划，包括勘探、开发活动可能对海洋环境造成影响的相关资料，海洋环境严重损害等的应急预案；

（五）国务院海洋主管部门规定的其他材料。

第八条　国务院海洋主管部门应当对申请者提交的材料进行审查，对于符合国家利益并具备资金、技术、装备等能力条件的，应当在六十个工作日内予以许可，并出具相关文件。

获得许可的申请者在与国际海底管理局签订勘探、开发合同成为承包者后，方可从事勘探、开发活动。

承包者应当自勘探、开发合同签订之日起三十日内，将合同副本报国务院海洋主管部门备案。

国务院海洋主管部门应当将承包者及其勘探、开发的区域位置、面积等信息通报有关机关。

第九条　承包者对勘探、开发合同区域内特定资源享有相应的专属勘探、开发权。

承包者应当履行勘探、开发合同义务，保障从事勘探、开发作业人员的人身安全，保护海洋环境。

承包者从事勘探、开发作业应当保护作业区域内的文物、铺设物等。

承包者从事勘探、开发作业还应当遵守中华人民共和国有关安全生产、劳动保护方面的法律、行政法规。

第十条　承包者在转让勘探、开发合同的权利、义务前，或者在对勘探、开发合同作出重大变更前，应当报经国务院海洋主管部门同意。

承包者应当自勘探、开发合同转让、变更或者终止之日起三十日内，报国务院海洋主管部门备案。

国务院海洋主管部门应当及时将勘探、开发合同转让、变更或者终止的信息通报有关机关。

第十一条　发生或者可能发生严重损害海洋环境等事故，承包者应当立即启动应急预案，并采取下列措施：

（一）立即发出警报；

（二）立即报告国务院海洋主管部门，国务院海洋主管部门应当及时通报有关机关；

（三）采取一切实际可行与合理的措施，防止、减少、控制对人身、财产、海洋环境的损害。

第十二条　承包者应当在合理、可行的范围内，利用可获得的先进技术，采取必要措施,防止、减少、控制勘探、开发区域内的活动对海洋环境造成的污染和其他危害。

第十三条　承包者应当按照勘探、开发合同的约定和要求、国务院海洋主管部门规定,调查研究勘探、开发区域的海洋状况,确定环境基线,评估勘探、开发活动可能对海洋环境的影响;制定和执行环境监测方案,监测勘探、开发活动对勘探、开发区域海洋环境的影响,并保证监测设备正常运行,保存原始监测记录。

第十四条　承包者从事勘探、开发活动应当采取必要措施,保护和保全稀有或者脆弱的生态系统,以及衰竭、受威胁或者有灭绝危险的物种和其他海洋生物的生存环境,保护海洋生物多样性,维护海洋资源的可持续利用。

第十八条　从事深海海底区域资源调查活动的公民、法人或者其他组织,应当按照有关规定将有关资料副本、实物样本或者目录汇交国务院海洋主管部门和其他相关部门。负责接受汇交的部门应当对汇交的资料和实物样本进行登记、保管,并按照有关规定向社会提供利用。

承包者从事深海海底区域资源勘探、开发活动取得的有关资料、实物样本等的汇交,适用前款规定。

第二十条　承包者应当定期向国务院海洋主管部门报告下列履行勘探、开发合同的事项:

(一)勘探、开发活动情况;

(二)环境监测情况;

(三)年度投资情况;

(四)国务院海洋主管部门要求的其他事项。

第二十二条　承包者应当对国务院海洋主管部门的监督检查予以协助、配合。

第二十三条　违反本法第七条、第九条第二款、第十条第一款规定,有下列行为之一的,国务院海洋主管部门可以撤销许可并撤回相关文件:

(一)提交虚假材料取得许可的;

(二)不履行勘探、开发合同义务或者履行合同义务不符合约定的;

(三)未经同意,转让勘探、开发合同的权利、义务或者对勘探、开发合同作出重大变更的。

承包者有前款第二项行为的,还应当承担相应的赔偿责任。

第二十七条　本法下列用语的含义:

(一)勘探,是指在深海海底区域探寻资源,分析资源,使用和测试资源采集系统和设备、加工设施及运输系统,以及对开发时应当考虑的环境、技术、经济、商业和其他有关因素的研究。

（二）开发，是指在深海海底区域为商业目的收回并选取资源，包括建造和操作为生产和销售资源服务的采集、加工和运输系统。

（三）资源调查，是指在深海海底区域搜寻资源，包括估计资源成分、多少和分布情况及经济价值。

(6)《中华人民共和国矿产资源法》(19861001;20090827)

第二条　在中华人民共和国领域及管辖海域勘查、开采矿产资源，必须遵守本法。

第三条　矿产资源属于国家所有，由国务院行使国家对矿产资源的所有权。地表或者地下的矿产资源的国家所有权，不因其所依附的土地的所有权或者使用权的不同而改变。

国家保障矿产资源的合理开发利用。禁止任何组织或者个人用任何手段侵占或者破坏矿产资源。各级人民政府必须加强矿产资源的保护工作。

勘查、开采矿产资源，必须依法分别申请、经批准取得探矿权、采矿权，并办理登记；但是，已经依法申请取得采矿权的矿山企业在划定的矿区范围内为本企业的生产而进行的勘查除外。国家保护探矿权和采矿权不受侵犯，保障矿区和勘查作业区的生产秩序、工作秩序不受影响和破坏。

从事矿产资源勘查和开采的，必须符合规定的资质条件。

第五条　国家实行探矿权、采矿权有偿取得的制度；但是，国家对探矿权、采矿权有偿取得的费用，可以根据不同情况规定予以减缴、免缴。具体办法和实施步骤由国务院规定。

开采矿产资源，必须按照国家有关规定缴纳资源税和资源补偿费。

第六条　除按下列规定可以转让外，探矿权、采矿权不得转让：

（一）探矿权人有权在划定的勘查作业区内进行规定的勘查作业，有权优先取得勘查作业区内矿产资源的采矿权。探矿权人在完成规定的最低勘查投入后，经依法批准，可以将探矿权转让他人。

（二）已取得采矿权的矿山企业，因企业合并、分立，与他人合资、合作经营，或者因企业资产出售以及有其他变更企业资产产权的情形而需要变更采矿权主体的，经依法批准可以将采矿权转让他人采矿。

前款规定的具体办法和实施步骤由国务院规定。

禁止将探矿权、采矿权倒卖牟利。

第十六条　开采下列矿产资源的，由国务院地质矿产主管部门审批，并颁发采矿许可证：

（一）国家规划矿区和对国民经济具有重要价值的矿区内的矿产资源；

（二）前项规定区域以外可供开采的矿产储量规模在大型以上的矿产资源；

（三）国家规定实行保护性开采的特定矿种；

（四）领海及中国管辖的其他海域的矿产资源；

（五）国务院规定的其他矿产资源。

开采石油、天然气、放射性矿产等特定矿种的，可以由国务院授权的有关主管部门审批，并颁发采矿许可证。

开采第一款、第二款规定以外的矿产资源，其可供开采的矿产的储量规模为中型的，由省、自治区、直辖市人民政府地质矿产主管部门审批和颁发采矿许可证。

开采第一款、第二款和第三款规定以外的矿产资源的管理办法，由省、自治区、直辖市人民代表大会常务委员会依法制定。

依照第三款、第四款的规定审批和颁发采矿许可证的，由省、自治区、直辖市人民政府地质矿产主管部门汇总向国务院地质矿产主管部门备案。

矿产储量规模的大型、中型的划分标准，由国务院矿产储量审批机构规定。

第十七条　国家对国家规划矿区、对国民经济具有重要价值的矿区和国家规定实行保护性开采的特定矿种，实行有计划的开采；未经国务院有关主管部门批准，任何单位和个人不得开采。

第十八条　国家规划矿区的范围、对国民经济具有重要价值的矿区的范围、矿山企业矿区的范围依法划定后，由划定矿区范围的主管机关通知有关县级人民政府予以公告。

矿山企业变更矿区范围，必须报请原审批机关批准，并报请原颁发采矿许可证的机关重新核发采矿许可证。

第十九条　地方各级人民政府应当采取措施，维护本行政区域内的国有矿山企业和其他矿山企业矿区范围内的正常秩序。

禁止任何单位和个人进入他人依法设立的国有矿山企业和其他矿山企业矿区范围内采矿。

第二十条　非经国务院授权的有关主管部门同意，不得在下列地区开采矿产资源：

（一）港口、机场、国防工程设施圈定地区以内；

（二）重要工业区、大型水利工程设施、城镇市政工程设施附近一定距离以内；

（三）铁路、重要公路两侧一定距离以内；

（四）重要河流、堤坝两侧一定距离以内；

（五）国家规定的自然保护区、重要风景区，国家重点保护的不能移动的历史文物和名胜古迹所在地；

（六）国家规定不得开采矿产资源的其他地区。

第二十二条　勘查、开采矿产资源时，发现具有重大科学文化价值的罕见地质现象以及文化古迹，应当加以保护并及时报告有关部门。

第二十五条　矿床勘探必须对矿区内具有工业价值的共生和伴生矿产进行综合评价，并计算其储量。未作综合评价的勘探报告不予批准。但是，国务院计划部门另有规定的矿床勘探项目除外。

第二十六条　普查、勘探易损坏的特种非金属矿产、流体矿产、易燃易爆易溶矿产和含有放射性元素的矿产，必须采用省级以上人民政府有关主管部门规定的普查、勘探方法，并有必要的技术装备和安全措施。

第二十七条　矿产资源勘查的原始地质编录和图件，岩矿心、测试样品和其他实物标本资料，各种勘查标志，应当按照有关规定保护和保存。

第二十九条　开采矿产资源，必须采取合理的开采顺序、开采方法和选矿工艺。矿山企业的开采回采率、采矿贫化率和选矿回收率应当达到设计要求。

第三十条　在开采主要矿产的同时，对具有工业价值的共生和伴生矿产应当统一规划，综合开采，综合利用，防止浪费；对暂时不能综合开采或者必须同时采出而暂时还不能综合利用的矿产以及含有有用组分的尾矿，应当采取有效的保护措施，防止损失破坏。

第三十一条　开采矿产资源，必须遵守国家劳动安全卫生规定，具备保障安全生产的必要条件。

第三十二条　开采矿产资源，必须遵守有关环境保护的法律规定，防止污染环境。

开采矿产资源，应当节约用地。耕地、草原、林地因采矿受到破坏的，矿山企业应当因地制宜地采取复垦利用、植树种草或者其他利用措施。

开采矿产资源给他人生产、生活造成损失的，应当负责赔偿，并采取必要的补救措施。

第三十三条　在建设铁路、工厂、水库、输油管道、输电线路和各种大型建筑物或者建筑群之前，建设单位必须向所在省、自治区、直辖市地质矿产主管部门了解拟建工程所在地区的矿产资源分布和开采情况。非经国务院授权的部门批准，不得压覆重要矿床。

第三十四条　国务院规定由指定的单位统一收购的矿产品,任何其他单位或者个人不得收购;开采者不得向非指定单位销售。

第三十七条　集体矿山企业和个体采矿应当提高技术水平,提高矿产资源回收率。禁止乱挖滥采,破坏矿产资源。

集体矿山企业必须测绘井上、井下工程对照图。

第五十条　外商投资勘查、开采矿产资源,法律、行政法规另有规定的,从其规定。

(7)《中华人民共和国外商投资法》(20200101)

第二十八条　外商投资准入负面清单规定禁止投资的领域,外国投资者不得投资。

外商投资准入负面清单规定限制投资的领域,外国投资者进行投资应当符合负面清单规定的条件。

外商投资准入负面清单以外的领域,按照内外资一致的原则实施管理。

第二十九条　外商投资需要办理投资项目核准、备案的,按照国家有关规定执行。

第三十条　外国投资者在依法需要取得许可的行业、领域进行投资的,应当依法办理相关许可手续。

有关主管部门应当按照与内资一致的条件和程序,审核外国投资者的许可申请,法律、行政法规另有规定的除外。

【行政法规】

(1)《中华人民共和国海洋石油勘探开发环境保护管理条例》(19831229)

第二条　本条例适用于在中华人民共和国管辖海域从事石油勘探开发的企业、事业单位、作业者和个人,以及他们所使用的固定式和移动式平台及其他有关设施。

第四条　企业或作业者在编制油(气)田总体开发方案的同时,必须编制海洋环境影响报告书,报中华人民共和国城乡建设环境保护部。城乡建设环境保护部会同国家海洋局和石油工业部,按照国家基本建设项目环境保护管理的规定组织审批。

第五条　海洋环境影响报告书应包括以下内容:

(一)油田名称、地理位置、规模;

(二)油田所处海域的自然环境和海洋资源状况;

(三)油田开发中需要排放的废弃物种类、成分、数量、处理方式;

（四）对海洋环境影响的评价：海洋石油开发对周围海域自然环境、海洋资源可能产生的影响；对海洋渔业、航运、其他海上活动可能产生的影响；为避免、减轻各种有害影响，拟采取的环境保护措施；

（五）最终不可避免的影响、影响程度及原因；

（六）防范重大油污染事故的措施：防范组织，人员配备，技术装备，通信联络等。

第六条 企业、事业单位、作业者应具备防治油污染事故的应急能力，制定应急计划，配备与其所从事的海洋石油勘探开发规模相适应的油收回设施和围油、消油器材。

配备化学消油剂，应将其牌号、成分报告主管部门核准。

第七条 固定式和移动式平台的防污设备的要求：

（一）应设置油水分离设备；

（二）采油平台应设置含油污水处理设备，该设备处理后的污水含油量应达到国家排放标准；

（三）应设置排油监控装置；

（四）应设置残油、废油回收设施；

（五）应设置垃圾粉碎设备；

（六）上述设备应经中华人民共和国船舶检验机关检验合格，并获得有效证书。

第十一条 固定式和移动式平台的含油污水，不得直接或稀释排放。经过处理后排放的污水，含油量必须符合国家有关含油污水排放标准。

第十二条 对其他废弃物的管理要求：

（一）残油、废油、油基泥浆、含油垃圾和其他有毒残液残渣，必须回收，不得排放或弃置入海；

（二）大量工业垃圾的弃置，按照海洋倾废的规定管理；零星工业垃圾，不得投弃于渔业水域和航道；

（三）生活垃圾，需要在距最近陆地十二海里以内投弃的，应经粉碎处理，粒径应小于二十五毫米。

第十三条 海洋石油勘探开发需要在重要渔业水域进行炸药爆破或其他对渔业资源有损害的作业时，应采取有效措施，避开主要经济鱼虾类的产卵、繁殖和捕捞季节，作业前报告主管部门，作业时并应有明显的标志、信号。

主管部门接到报告后，应及时将作业地点、时间等通告有关单位。

第十四条 海上储油设施、输油管线应符合防渗、防漏、防腐蚀的要求，并应经常检查，保持良好状态，防止发生漏油事故。

第十五条 海上试油应使油气通过燃烧器充分燃烧。对试油中落海的油类和油性混合物,应采取有效措施处理,并如实记录。

第十六条 企业、事业单位及作业者在作业中发生溢油、漏油等污染事故,应迅速采取围油、回收油的措施,控制、减轻和消除污染。

发生大量溢油、漏油和井喷等重大油污染事故,应立即报告主管部门,并采取有效措施,控制和消除油污染,接受主管部门的调查处理。

第十七条 化学消油剂要控制使用:

(一)在发生油污染事故时,应采取回收措施,对少量确实无法回收的油,准许使用少量的化学消油剂。

(二)一次性使用化学消油剂的数量(包括溶剂在内),应根据不同海域等情况,由主管部门另做具体规定。作业者应按规定向主管部门报告,经准许后方可使用。

(三)在海洋浮油可能发生火灾或者严重危及人命和财产安全,又无法使用回收方法处理,而使用化学消油剂可以减轻污染和避免扩大事故后果的紧急情况下,使用化学消油剂的数量和报告程序可不受本条(二)项规定限制。但事后,应将事故情况和使用化学消油剂情况详细报告主管部门。

(四)必须使用经主管部门核准的化学消油剂。

第十八条 作业者应将下列情况详细地、如实地记载于平台防污记录簿:

(一)防污设备、设施的运行情况;

(二)含油污水处理和排放情况;

(三)其他废弃物的处理、排放和投弃情况;

(四)发生溢油、漏油、井喷等油污染事故及处理情况;

(五)进行爆破作业情况;

(六)使用化学消油剂的情况;

(七)主管部门规定的其他事项。

第十九条 企业和作业者在每季度末后十五日内,应按主管部门批准的格式,向主管部门综合报告该季度防污染情况及污染事故的情况。

固定式平台和移动式平台的位置,应及时通知主管部门。

第二十二条 受到海洋石油勘探开发污染损害,要求赔偿的单位和个人,应按照《中华人民共和国环境保护法》①第三十二条的规定及《中华人民

---

① 此处的环境保护法是指 1979 年 9 月 13 日第五届全国人大常委会第十一次会议原则通过,经全国人大常委会令第二号发布的《中华人民共和国环境保护法(试行)》。

共和国海洋环境保护法》第四十二条①的规定,申请主管部门处理,要求造成污染损害的一方赔偿损失。受损害一方应提交污染损害索赔报告书,报告书应包括以下内容:

（一）受石油勘探开发污染损害的时间、地点、范围、对象;

（二）受污染损害的损失清单,包括品名、数量、单位、计算方法,以及养殖或自然等情况;

（三）有关科研部门鉴定或公证机关对损害情况的签证;

（四）尽可能提供受污染损害的原始单证,有关情况的照片,其他有关索赔的证明单据、材料。

第二十三条　因清除海洋石油勘探开发污染物,需要索取清除污染物费用的单位和个人(有商业合同者除外),在申请主管部门处理时,应向主管部门提交索取清除费用报告书。该报告书应包括以下内容:

（一）清除污染物的时间、地点、对象;

（二）投入的人力、机具、船只、清除材料的数量、单价、计算方法;

（三）组织清除的管理费、交通费及其他有关费用;

（四）清除效果及情况;

（五）其他有关的证据和证明材料。

第二十四条　由于不可抗力发生污染损害事故的企业、事业单位、作业者,要求免于承担赔偿责任的,应向主管部门提交报告。该报告应能证实污染损害确实属于《中华人民共和国海洋环境保护法》第四十三条②所列的情况之一,并经过及时采取合理措施仍不能避免的。

第二十六条　主管部门对违反《中华人民共和国海洋环境保护法》和本条例的企业、事业单位、作业者,可以责令其限期治理,支付消除污染费用,赔偿国家损失;超过标准排放污染物的,可以责令其交纳排污费。

第三十条　本条例中下列用语的含义是:

（一）"固定式和移动式平台",即《中华人民共和国海洋环境保护法》中

---

① 1982年海洋环境保护法第四十二条规定:"因海洋环境污染受到损害的单位和个人,有权要求造成污染的一方赔偿损失。赔偿责任和赔偿金额纠纷,可以由有关主管部门处理,当事人不服的,依照《中华人民共和国民事诉讼法(试行)》规定的程序解决;也可以直接向人民法院起诉。"

② 1982年海洋环境保护法第四十三条规定:"完全属于下列情形之一,经过及时采取合理措施仍然不能避免对海洋环境造成污染损害的,免予承担赔偿责任:(1)战争行为;(2)不可抗拒的自然灾害;(3)负责灯塔或者其他助航设备的主管部门在执行职责时的疏忽或者其他过失行为。完全是由于第三者的故意或者过失造成污染损害海洋环境的, 由第三者承担赔偿责任。"

所称的钻井船、钻井平台和采油平台,并包括其他平台。

(二)"海洋石油勘探开发",是指海洋石油勘探、开发、生产储存和管线输送等作业活动。

(三)"作业者",是指实施海洋石油勘探开发作业的实体。

(2)《中华人民共和国矿产资源法实施细则》(19940326)

第三条 矿产资源属于国家所有,地表或者地下的矿产资源的国家所有权,不因其所依附的土地的所有权或者使用权的不同而改变。

国务院代表国家行使矿产资源的所有权。国务院授权国务院地质矿产主管部门对全国矿产资源分配实施统一管理。

第四条 在中华人民共和国领域及管辖的其他海域勘查、开采矿产资源,必须遵守《中华人民共和国矿产资源法》(以下简称《矿产资源法》)和本细则。

第五条 国家对矿产资源的勘查、开采实行许可证制度。勘查矿产资源,必须依法申请登记,领取勘查许可证,取得探矿权;开采矿产资源,必须依法申请登记,领取采矿许可证,取得采矿权。

矿产资源勘查工作区范围和开采矿区范围,以经纬度划分的区块为基本单位。具体办法由国务院地质矿产主管部门制定。

第六条 《矿产资源法》及本细则中下列用语的含义:

探矿权,是指在依法取得的勘查许可证规定的范围内,勘查矿产资源的权利。取得勘查许可证的单位或者个人称为探矿权人。

采矿权,是指在依法取得的采矿许可证规定的范围内,开采矿产资源和获得所开采的矿产品的权利。取得采矿许可证的单位或者个人称为采矿权人。

国家规定实行保护性开采的特定矿种,是指国务院根据国民经济建设和高科技发展的需要,以及资源稀缺、贵重程度确定的,由国务院有关主管部门按照国家计划批准开采的矿种。

国家规划矿区,是指国家根据建设规划和矿产资源规划,为建设大、中型矿山划定的矿产资源分布区域。

对国民经济具有重要价值的矿区,是指国家根据国民经济发展需要划定的,尚未列入国家建设规划的,储量大、质量好、具有开发前景的矿产资源保护区域。

第七条 国家允许外国的公司、企业和其他经济组织以及个人依照中华人民共和国有关法律、行政法规的规定,在中华人民共和国领域及管辖的其他海域投资勘查、开采矿产资源。

第九条　勘查矿产资源,应当按照国务院关于矿产资源勘查登记管理的规定,办理申请、审批和勘查登记。

勘查特定矿种,应当按照国务院有关规定办理申请、审批和勘查登记。

第十条　国有矿山企业开采矿产资源,应当按照国务院关于采矿登记管理的规定,办理申请、审批和采矿登记。开采国家规划矿区、对国民经济具有重要价值矿区的矿产和国家规定实行保护性开采的特定矿种,办理申请、审批和采矿登记时,应当持有国务院有关主管部门批准的文件。

开采特定矿种,应当按照国务院有关规定办理申请、审批和采矿登记。

第十六条　探矿权人享有下列权利:

(一)按照勘查许可证规定的区域、期限、工作对象进行勘查;

(二)在勘查作业区及相邻区域架设供电、供水、通讯管线,但是不得影响或者损害原有的供电、供水设施和通讯管线;

(三)在勘查作业区及相邻区域通行;

(四)根据工程需要临时使用土地;

(五)优先取得勘查作业区内新发现矿种的探矿权;

(六)优先取得勘查作业区内矿产资源的采矿权;

(七)自行销售勘查中按照批准的工程设计施工回收的矿产品,但是国务院规定由指定单位统一收购的矿产品除外。

探矿权人行使前款所列权利时,有关法律、法规规定应当经过批准或者履行其他手续的,应当遵守有关法律、法规的规定。

第十七条　探矿权人应当履行下列义务:

(一)在规定的期限内开始施工,并在勘查许可证规定的期限内完成勘查工作;

(二)向勘查登记管理机关报告开工等情况;

(三)按照探矿工程设计施工,不得擅自进行采矿活动;

(四)在查明主要矿种的同时,对共生、伴生矿产资源进行综合勘查、综合评价;

(五)编写矿产资源勘查报告,提交有关部门审批;

(六)按照国务院有关规定汇交矿产资源勘查成果档案资料;

(七)遵守有关法律、法规关于劳动安全、土地复垦和环境保护的规定;

(八)勘查作业完毕,及时封、填探矿作业遗留的井、硐或者采取其他措施,消除安全隐患。

第十八条　探矿权人可以对符合国家边探边采规定要求的复杂类型矿

床进行开采;但是,应当向原颁发勘查许可证的机关、矿产储量审批机构和勘查项目主管部门提交论证材料,经审核同意后,按照国务院关于采矿登记管理法规的规定,办理采矿登记。

第二十二条 探矿权人在没有农作物和其他附着物的荒岭、荒坡、荒地、荒漠、沙滩、河滩、湖滩、海滩上进行勘查的,不予补偿;但是,勘查作业不得阻碍或者损害航运、灌溉、防洪等活动或者设施,勘查作业结束后应当采取措施,防止水土流失,保护生态环境。

第二十九条 单位或者个人开采矿产资源前,应当委托持有相应矿山设计证书的单位进行可行性研究和设计。开采零星分散矿产资源和用作建筑材料的砂、石、粘土的,可以不进行可行性研究和设计,但是应当有开采方案和环境保护措施。

矿山设计必须依据设计任务书,采用合理的开采顺序、开采方法和选矿工艺。

矿山设计必须按照国家有关规定审批;未经批准,不得施工。

第三十条 采矿权人享有下列权利:

(一)按照采矿许可证规定的开采范围和期限从事开采活动;

(二)自行销售矿产品,但是国务院规定由指定的单位统一收购的矿产品除外;

(三)在矿区范围内建设采矿所需的生产和生活设施;

(四)根据生产建设的需要依法取得土地使用权;

(五)法律、法规规定的其他权利。

采矿权人行使前款所列权利时,法律、法规规定应当经过批准或者履行其他手续的,依照有关法律、法规的规定办理。

第三十一条 采矿权人应当履行下列义务:

(一)在批准的期限内进行矿山建设或者开采;

(二)有效保护、合理开采、综合利用矿产资源;

(三)依法缴纳资源税和矿产资源补偿费;

(四)遵守国家有关劳动安全、水土保持、土地复垦和环境保护的法律、法规;

(五)接受地质矿产主管部门和有关主管部门的监督管理,按照规定填报矿产储量表和矿产资源开发利用情况统计报告。

第三十二条 采矿权人在采矿许可证有效期满或者在有效期内,停办矿山而矿产资源尚未采完的,必须采取措施将资源保持在能够继续开采的状态,并事先完成下列工作:

（一）编制矿山开采现状报告及实测图件；

（二）按照有关规定报销所消耗的储量；

（三）按照原设计实际完成相应的有关劳动安全、水土保持、土地复垦和环境保护工作，或者缴清土地复垦和环境保护的有关费用。

采矿权人停办矿山的申请，须经原批准开办矿山的主管部门批准、原颁发采矿许可证的机关验收合格后，方可办理有关证、照注销手续。

第三十八条　集体所有制矿山企业可以开采下列矿产资源：

（一）不适于国家建设大、中型矿山的矿床及矿点；

（二）经国有矿山企业同意，并经其上级主管部门批准，在其矿区范围内划出的边缘零星矿产；

（三）矿山闭坑后，经原矿山企业主管部门确认可以安全开采并不会引起严重环境后果的残留矿体；

（四）国家规划可以由集体所有制矿山企业开采的其他矿产资源。

集体所有制矿山企业开采前款第（二）项所列矿产资源时，必须与国有矿山企业签定合理开发利用矿产资源和矿山安全协议，不得浪费和破坏矿产资源，并不得影响国有矿山企业的生产安全。

第三十九条　私营矿山企业开采矿产资源的范围参照本细则第三十八条的规定执行。

第四十条　个体采矿者可以采挖下列矿产资源：

（一）零星分散的小矿体或者矿点；

（二）只能用作普通建筑材料的砂、石、粘土。

【司法解释】

《最高人民法院关于适用〈中华人民共和国外商投资法〉若干问题的解释》（法释〔2019〕20号，20200101）

第三条　外国投资者投资外商投资准入负面清单规定禁止投资的领域，当事人主张投资合同无效的，人民法院应予支持。

第四条　外国投资者投资外商投资准入负面清单规定限制投资的领域，当事人以违反限制性准入特别管理措施为由，主张投资合同无效的，人民法院应予支持。

人民法院作出生效裁判前，当事人采取必要措施满足准入特别管理措施的要求，当事人主张前款规定的投资合同有效的，应予支持。

第五条　在生效裁判作出前，因外商投资准入负面清单调整，外国投资者投资不再属于禁止或者限制投资的领域，当事人主张投资合同有效的，人民法院应予支持。

【适用要点】

涉及海洋、通海可航水域能源和矿产资源勘探、开发、输送,行为人应当遵守我国环境保护及能源、矿产资源勘探、开发、输送方面的法律法规及部门规章等。

5. 海岸带开发利用相关纠纷

【其他规定】

《福建省海岸带保护与利用管理条例》(20180101)

第二条 在本省行政区域及毗邻海域从事海岸带保护、利用及其他活动的单位和个人,应当遵守本条例。

本条例所称海岸带,是指海洋与陆地交汇地带,包括海岸线向陆域侧延伸至临海乡镇、街道行政区划范围内的滨海陆地和向海域侧延伸至领海基线的近岸海域。海岸带具体界线范围由省人民政府批准并公布。

海岸线是指平均大潮高潮时水陆分界的痕迹线。

自然岸线是指由海陆相互作用形成的海岸线,包括砂质岸线、淤泥质岸线、基岩岸线、生物岸线等原生岸线。

第三条 海岸带的保护与利用遵循陆海统筹、以海定陆、保护优先、合理利用、科学管理、军民融合、可持续发展的原则。

第九条 编制海岸带保护与利用规划应当根据生态环境和资源承载力,结合各设区的市实际情况,将海岸带划分为严格保护区域、限制开发区域和优化利用区域,实行分类保护利用。

第十四条 在海岸带范围内,具有下列情形之一的区域,列为严格保护区域:

(一)各类自然保护区、风景名胜区的核心景区以及饮用水水源一级保护区;

(二)沙(泥)岸基干林带、红树林、造礁珊瑚等生态敏感区;

(三)生物物种高度丰富的区域,或者珍稀、濒危生物物种的天然集中分布区域,水产种质资源保护区的核心区;

(四)具有特殊保护价值的海域、海岸、入海河口和海湾,重要滨海湿地、典型地质地貌景观、优质沙滩等;

(五)具有重大科学文化价值的自然遗迹和文物保护单位保护范围;

（六）其他应当严格保护的区域。

第十五条 严格保护区域禁止从事与保护无关的各类建设活动。

省人民政府应当组织有关部门编制严格保护区域名录,明确保护范围的边界。沿海设区的市、县(市、区)人民政府应当根据严格保护区域名录设立保护标识,加强管理。严格保护区域名录应当在本条例施行后六个月内向社会公布。

第十六条 在海岸带范围内,具有下列情形之一的区域,列为限制开发区域:

（一）产卵场、索饵场、越冬场、洄游通道等重要渔业水域;

（二）除沙(泥)岸基干林带以外的重点生态公益林、文物遗址;

（三）滨海城市生态廊道;

（四）深水岸线;

（五）重要基岩岸线、一般砂质岸线和砂源保护岸带;

（六）海岸侵蚀岸段和生态脆弱自然岸段;

（七）其他应当限制开发的区域。

第十七条 限制开发区域的利用应当坚持保护为主,兼顾社会经济建设和军事需要,严禁从事下列行为:

（一）设立开发区、工业园区;

（二）排放污水,倾倒废弃物和垃圾,投放有毒有害物质;

（三）挖砂、取土、采石、开采矿产、炸礁;

（四）与海岸带保护无关的围堤建设以及其他围海填海行为;

（五）法律、法规规定的其他禁止行为。

第十八条 在海岸带范围内,开发利用程度较高、资源环境承载能力较强、发展潜力较大的区域,列为优化利用区域。

优化利用区域的开发利用,应当采取有效的保护措施,集约节约利用海岸带资源,保持海岸线的自然形态、长度和邻近海域底质类型的稳定。

第十九条 限制开发区域与优化利用区域应当合理设置建筑后退线。未建成区建筑后退线为沿平均大潮高潮线起向陆域延伸不少于 200 米,经省人民政府或者沿海设区的市人民政府认定,属于自然因素所造成的特殊情况除外;已建成区的建筑后退线由沿海各设区的市人民政府确定并公布。

建筑后退线范围内,除国家重点建设项目、规划范围内的港口项目以及防灾减灾项目建设需要外,不得新建、改建、扩建其他建筑物、构筑物。已有的建筑物、构筑物应当逐步优化调整至建筑后退线外。

临海建筑物的建设应当遵循低建筑容积率、低建筑密度、高绿化率的原则,严格控制高层建筑。

第二十一条 围海填海应当严格落实生态保护红线的管控要求。海岸带范围内纳入生态保护红线的区域禁止实施围海填海;生态脆弱敏感区、自净能力差的海域一般不实施围海填海。

围海填海项目应当符合国家产业结构调整指导目录和国防安全要求。禁止限制类、淘汰类和高污染项目用海;严格限制高耗能、高排放产业项目用海。

第二十四条 单位和个人开采海砂应当依法取得海砂采矿许可证和海域使用权证书,并在指定的区域开采,严禁超许可总量开采。省人民政府及沿海设区的市、县(市、区)人民政府及其国土资源、海洋与渔业等行政主管部门应当加强对海砂开采的监督管理。

第二十五条 任何单位和个人不得圈占沙滩,不得非法限制他人正常通行,不得在沙滩上堆放和排放污染物。临海度假区和房地产项目应当与沙滩保持合理距离,不得破坏沙滩自然环境。法律、法规另有规定的,从其规定。

在沙滩从事临时性的娱乐等活动的,应当及时清理废弃物,防止沙滩污染。

省人民政府及沿海设区的市、县(市、区)人民政府海洋与渔业行政主管部门应当会同同级国土资源、环境保护等行政主管部门加强对公共沙滩使用的监督管理。

【典型案例】

如何界定海岸带的范围? [蓝火枝与厦门市翔安区大嶝街道办事处海岸带开发利用纠纷管辖权异议案,(2016)闽民辖终437号]

本案是一起典型的海岸带开发利用纠纷。当事人双方争议的焦点是涉案《围垦海滩地合同书》约定的围垦区域是否属于海岸带。《最高人民法院关于海事法院受理案件范围的规定》明确将海岸带开发利用相关纠纷纳入海事法院专门管辖案件的范围,但并未就"海岸带"作出明确界定。法院依照海域使用管理法及《福建省海岸带保护与利用规划(2016—2020年)》,认定涉案围垦区域属于海岸带,本案系海岸带开发利用纠纷,应由海事法院专门管辖。本案的裁判,对于明确海岸带范围界定的具体标准和裁判依据提供了很好的思路。

【适用要点】

我国目前未就海岸带开发利用进行专门立法,关于海岸带开发利用的相关规定主要集中在有关国家部委就海岸带开发利用专项工作发布的意见通知，以及我国部分沿海省市如福建、海南、江苏、青岛等地制定的地方性法规。在审理海岸带开发利用纠纷案件中，可以结合案件实际情况，参考相关部门规章，适用当地地方性法规予以审查。

四十、船舶共有纠纷

1. 案由释义

　　船舶共有,是指两个或两个以上自然人、法人或者非法人组织对同一船舶或数艘船舶共同享有船舶物权,包括共同享有对船舶的所有权、对船舶的用益物权或者对船舶的担保物权的权益。其中最为典型的是对船舶所有权的共有,包括对船舶所有权的按份共有和共同共有。就纠纷类型而言,船舶共有纠纷可分为当事人对船舶共有权的确认纠纷,共有人对共有船舶的分割而引发的纠纷,以及共有人对共有船舶优先购买权的纠纷。

2. 诉讼程序规范

【相关立法】

《中华人民共和国海事诉讼特别程序法》(20000701)

　　第六条　海事诉讼的地域管辖,依照《中华人民共和国民事诉讼法》的有关规定。

　　下列海事诉讼的地域管辖,依照以下规定:

　　……

　　(六)因海事担保纠纷提起的诉讼,由担保物所在地、被告住所地海事法院管辖;因船舶抵押纠纷提起的诉讼,还可以由船籍港所在地海事法院管辖;

　　(七)因海船的船舶所有权、占有权、使用权、优先权纠纷提起的诉讼,由船舶所在地、船籍港所在地、被告住所地海事法院管辖。

【司法解释】

《最高人民法院关于海事法院受理案件范围的规定》（法释〔2016〕4号，20160301）

68. 船舶所有权、船舶优先权、船舶留置权、船舶抵押权等船舶物权纠纷案件；

【适用要点】

船舶共有纠纷属于《最高人民法院关于海事法院受理案件范围的规定》第六十八条规定的纠纷形式，船舶共有纠纷属于海事法院专门管辖的范畴。依据海事诉讼特别程序法第六条第二款第（七）项的规定，因海船的船舶所有权、占有权、使用权纠纷提起的诉讼，由船舶所在地、船籍港所在地、被告住所地海事法院管辖。如果共有纠纷涉及船舶抵押权的，依据海事诉讼特别程序法第六条第二款第（六）项的规定，还可以由船籍港所在地海事法院管辖。其中船舶所在地是指起诉时船舶的停泊地或者船舶被扣押地。

3. 共有船舶登记

【相关立法】

(1)《中华人民共和国海商法》（19930701）

第十条　船舶由两个以上的法人或者个人共有的，应当向船舶登记机关登记；未经登记的，不得对抗第三人。

(2)《中华人民共和国民法典》（20210101）

第二百二十四条　动产物权的设立和转让，自交付时发生效力，但是法律另有规定的除外。

第二百二十五条　船舶、航空器和机动车等的物权的设立、变更、转让和消灭，未经登记，不得对抗善意第三人。

【行政法规】

《中华人民共和国船舶登记条例》（19950101；20140729）

第五条　船舶所有权的取得、转让和消灭，应当向船舶登记机关登记；未经登记的，不得对抗第三人。

船舶由二个以上的法人或者个人共有的，应当向船舶登记机关登记；未经登记的,不得对抗第三人。

第八条 中华人民共和国港务监督机构是船舶登记主管机关。

各港的港务监督机构是具体实施船舶登记的机关(以下简称船舶登记机关),其管辖范围由中华人民共和国港务监督机构确定。

第十三条 船舶所有人申请船舶所有权登记,应当向船籍港船舶登记机关交验足以证明其合法身份的文件,并提供有关船舶技术资料和船舶所有权取得的证明文件的正文、副本。

就购买取得的船舶申请船舶所有权登记的,应当提供下列文件:

(一)购船发票或者船舶的买卖合同和交接文件;

(二)原船籍港船舶登记机关出具的船舶所有权登记注销证明书;

(三)未进行抵押的证明文件或者抵押权人同意被抵押船舶转让他人的文件。

就新造船舶申请船舶所有权登记的,应当提供船舶建造合同和交接文件。但是,就建造中的船舶申请船舶所有权登记的,仅需提供船舶建造合同;就自造自用船舶申请船舶所有权登记的,应当提供足以证明其所有权取得的文件。

就因继承、赠与、依法拍卖以及法院判决取得的船舶申请船舶所有权登记的,应当提供具有相应法律效力的船舶所有权取得的证明文件。

第十四条 船舶港船舶登记机关应当对船舶所有权登记申请进行审查核实;对符合本条例规定的,应当自收到申请之日起7日内向船舶所有人颁发船舶所在权登记证书,授予船舶登记号码,并在船舶登记簿中载明下列事项:

(一)船舶名称、船舶呼号;

(二)船籍港和登记号码、登记标志;

(三)船舶所有人的名称、地址及其法定代表人的姓名;

(四)船舶所有权的取得方式和取得日期;

(五)船舶所有权登记日期;

(六)船舶建造商名称、建造日期和建造地点;

(七)船舶价值、船体材料和船舶主要技术数据;

(八)船舶的曾用名、原船籍港以及原船舶登记的注销或者中止的日期;

(九)船舶为数人共有的,还应当载明船舶共有人的共有情况;

(十)船舶所有人不实际使用和控制船舶的,还应当载明光船承租人或者船舶经营人的名称、地址及其法定代表人的姓名;

(十一)船舶已设定抵押权的,还应当载明船舶抵押权的设定情况。

船舶登记机关对不符合本条例规定的,应当自收到申请之日起7日内书面通知船舶所有人。

第三十七条 船舶共有情况发生变更时,船舶所有人应当持船舶所有权登记证书和有关船舶共有情况变更的证明文件,到船籍港船舶登记机关办理有关变更登记。

【典型案例】

无船名船号、无船舶证书、无船籍港的"三无"船舶能否成为船舶共有关系标的物?[卢立春与金官龙船舶共有纠纷案,(2016)浙民终577号]

无船名船号、无船舶证书、无船籍证书的"三无"船舶无法办理船舶登记,不能成立合法的船舶共有关系。该类船舶用于水上运输从事经营活动的协议,因违反海上交通安全法、船舶登记条例等规定,影响到水路运输的安全,应依法认定为无效。对于"三无"船舶运营合伙体一方当事人向另一方当事人收取的合伙投资款原则上应予返还,合伙体存续期间取得的收益作为非法收入应予追缴,发生的支出与亏损不予保护,对于"三无"船舶原则上应予罚没和拆解。

【适用要点】

海商法与船舶登记条例都明确船舶属于多人共有的应当进行登记,否则不能对抗第三人。在船舶登记簿上,一般会载明船舶共有人的共有情况,以便对外产生公示效果。与一般物的共有关系相类似,船舶共有关系大多是通过合资造船或购船形成的,但此外还会因继承、家庭共有等产生。

4. 船舶共有类型

【相关立法】

《中华人民共和国民法典》(20210101)

第二百九十七条 不动产或者动产可以由两个以上组织、个人共有。共有包括按份共有和共同共有。

第二百九十八条 按份共有人对共有的不动产或者动产按照其份额享有所有权。

第二百九十九条 共同共有人对共有的不动产或者动产共同享有所有权。

第三百零八条 共有人对共有的不动产或者动产没有约定为按份共有

或者共同共有,或者约定不明确的,除共有人具有家庭关系等外,视为按份共有。

第三百零九条　按份共有人对共有的不动产或者动产享有的份额,没有约定或者约定不明确的,按照出资额确定;不能确定出资额的,视为等额享有。

【适用要点】

按照民法典的规定,共有包括共同共有和按份共有两种形式,海商法中并未对此进行区分,但是亦未予以否定。因此,共有船舶的共有形式应该也包含共同和按份两种类型,并应适用民法典及相关司法解释解决共有船舶按份共有及共同共有的相关问题。

5. 共有船舶的管理和处分

【相关立法】

《中华人民共和国民法典》(20210101)

第三百条　共有人按照约定管理共有的不动产或者动产;没有约定或者约定不明确的,各共有人都有管理的权利和义务。

第三百零一条　处分共有的不动产或者动产以及对共有的不动产或者动产作重大修缮、变更性质或者用途的,应当经占份额三分之二以上的按份共有人或者全体共同共有人同意,但是共有人之间另有约定的除外。

第三百零二条　共有人对共有物的管理费用以及其他负担,有约定的,按照其约定;没有约定或者约定不明确的,按份共有人按照其份额负担,共同共有人共同负担。

【典型案例】

擅自以共有船舶设定抵押损害实际共有人权益应当如何承担赔偿责任?
[蔡甫枢与三友控股集团海运有限公司、张小报等船舶共有纠纷案,(2017)浙民终84号]

物的全体共有权人对于共有物原则上均享有管理权以及与共有物管理事务有关的知情权,共有船舶也是如此。船舶作为一种具有较高经济与社会价值的特殊动产,其管理事务的计划与落实更应遵循民主协商、和衷共济的原则。实务中,个别船舶共有权人无视其他共有权人利益和意愿擅自对共有船舶实施抵押乃至转让等处分行为的情况比较普遍,此举不仅侵害了其他船舶共有权人的合法权益,也给自身乃至交易第三方带来了巨大的法律风险。涉案船舶登记所有权人暨共有人,在以涉案船舶为第三方申领银行贷款设定抵押担保之前,依法依理均应事先征询其他船舶共有人的意见,以保障全体船舶共有权人的知情权和参与船舶管理的权利,其擅自以涉案船舶为第三方债务设定抵押担保的行为明显侵害了其他船舶共有人的合法权益,对其他船舶共有人因上述船舶抵押担保行为最终导致涉案船舶被依法拍卖所遭受的银行抵押贷款本息损失应当承担相应的赔偿责任。

【适用要点】

船舶共有人对于共有船舶的管理和运营并最终按比例取得收益是存在船舶共有的目的,海商法虽未对此进行规定,但是实践中却大量存在因共有船舶的管理与运营所产生的纠纷,在海商法没有明确规定的情况下,应适用民法典及相关司法解释。按照一般理解,共有物管理是指共有人对共有物的保存、使用、简单改良与修缮等行为可以从约定或共同管理,而对于共有物的处分、重大修缮和变更性质或者用途行为等对共有人有重大利害关系的需要经大多数共有人同意。

6. 共有船舶的分割与转让

【相关立法】

《中华人民共和国民法典》(20210101)

第三百零三条 共有人约定不得分割共有的不动产或者动产,以维持共有关系的,应当按照约定,但是共有人有重大理由需要分割的,可以请求分割;没有约定或者约定不明确的,按份共有人可以随时请求分割,共同共有人在共有的基础丧失或者有重大理由需要分割时可以请求分割。因分割造成其他共有人损害的,应当给予赔偿。

第三百零四条 共有人可以协商确定分割方式。达不成协议,共有的不动产或者动产可以分割且不会因分割减损价值的,应当对实物予以分割;难以分割或者因分割会减损价值的,应当对折价或者拍卖、变卖取得的价款予以分割。

共有人分割所得的不动产或者动产有瑕疵的,其他共有人应当分担损失。

第三百零五条 按份共有人可以转让其享有的共有的不动产或者动产份额。其他共有人在同等条件下享有优先购买的权利。

第三百零六条　按份共有人转让其享有的共有的不动产或者动产份额的,应当将转让条件及时通知其他共有人。其他共有人应当在合理期限内行使优先购买权。

两个以上其他共有人主张行使优先购买权的,协商确定各自的购买比例;协商不成的,按照转让时各自的共有份额比例行使优先购买权。

【司法解释】

《最高人民法院关于适用〈中华人民共和国民法典〉物权编的解释(一)》(法释〔2020〕24号,20210101)

第九条　共有份额的权利主体因继承、遗赠等原因发生变化时,其他按份共有人主张优先购买的,不予支持,但按份共有人之间另有约定的除外。

第十条　民法典第三百零五条所称的“同等条件”,应当综合共有份额的转让价格、价款履行方式及期限等因素确定。

第十一条　优先购买权的行使期间,按份共有人之间有约定的,按照约定处理;没有约定或者约定不明的,按照下列情形确定:

(一)转让人向其他按份共有人发出的包含同等条件内容的通知中载明行使期间的,以该期间为准;

(二)通知中未载明行使期间,或者载明的期间短于通知送达之日起十五日的,为十五日;

(三)转让人未通知的,为其他按份共有人知道或者应当知道最终确定的同等条件之日起十五日;

(四)转让人未通知,且无法确定其他按份共有人知道或者应当知道最终确定的同等条件的,为共有份额权属转移之日起六个月。

第十二条　按份共有人向共有人之外的人转让其份额,其他按份共有人根据法律、司法解释规定,请求按照同等条件优先购买该共有份额的,应予支持。其他按份共有人的请求具有下列情形之一的,不予支持:

(一)未在本解释第十一条规定的期间内主张优先购买,或者虽主张优先购买,但提出减少转让价款、增加转让人负担等实质性变更要求;

(二)以其优先购买权受到侵害为由,仅请求撤销共有份额转让合同或者认定该合同无效。

第十三条　按份共有人之间转让共有份额,其他按份共有人主张依据民法典第三百零五条规定优先购买的,不予支持,但按份共有人之间另有约定的除外。

第十四条　受让人受让不动产或者动产时,不知道转让人无处分权,且无重大过失的,应当认定受让人为善意。

真实权利人主张受让人不构成善意的,应当承担举证证明责任。

【适用要点】

共有船舶作为一种共有物,在分割及转让中与一般的共有物的处理并无区别,因此在海商法对此未进行规定的情况下,应适用民法典及相关司法解释。对于共有船舶的分割应当注意是否可以分割以及如何分割的问题,在共有人有约定的情况下应当按照约定进行。在约定不能分割的情况下,并非绝对禁止分割,在有重大理由时共有人也可以主张分割,这种重大理由根据最高人民法院的一般理解应为为了生活中的急需,如支付教育、医疗费用等。

7. 因共有船舶产生的债权债务关系的对外、对内效力

【相关立法】

《中华人民共和国民法典》(20210101)

第三百零七条 因共有的不动产或者动产产生的债权债务,在对外关系上,共有人享有连带债权、承担连带债务,但是法律另有规定或者第三人知道共有人不具有连带债权债务关系的除外;在共有人内部关系上,除共有人另有约定外,按份共有人按照份额享有债权、承担债务,共同共有人共同享有债权、承担债务。偿还债务超过自己应当承担份额的按份共有人,有权向其他共有人追偿。

【适用要点】

海商法在对因共有船舶产生的债权债务关系的对外、对内效力问题未进行规定的情况下,应适用民法典及相关司法解释。要注重区分对内对外关系的不同立法目的,对外注重从保护第三人利益出发,对内注重当事人之间的意思自治。

四十一、船舶权属纠纷

1. 案由释义

船舶权属纠纷,是指与船舶物权有关的纠纷。具体而言,可以大致划分为如下几类:(1)涉及船舶物权确权的纠纷。包括对船舶所有权的确权纠纷;对船舶担保物权的确权纠纷。例如,对船舶抵押权、船舶留置权的确认和行使纠纷等;船舶优先权虽只是一种被赋予优先保护效力的特定的海事债权,并非严格意义上的船舶物权,但因其对特定海事债权的保护力度强于船舶所有权人的所有权、船舶担保物权人的担保物权,因此,在案由归类上,对于涉及船舶优先权确认的纠纷,依现行法也可归于船舶权属纠纷。(2)涉及船舶物权保护的纠纷。主要涉及船舶物权受到侵害时,权利人依据法律所提供的物权保护方法请求保护形成的纠纷,包括返还船舶纠纷,排除针对船舶的妨害、消除针对船舶的危险、对船舶恢复原状、因船舶受损而提起的损害赔偿纠纷。涉及船舶占有保护的纠纷也属此类。例如,依据船舶租用合同合法占有船舶,但其占有被侵害,承租人请求返还船舶、排除对其合法占有的妨害、消除对其合法占有的危险、承租人因船舶受损无法占有、使用船舶收益受损而形成的纠纷等。(3)涉及船舶物权登记的纠纷。例如,因申请人故意向船舶登记机关提供虚假材料,致使船舶登记机关的登记内容存在错误,给他人造成损失而引起的民事赔偿纠纷;船舶登记申请人与船舶登记机关工作人员恶意串通导致登记内容错误,造成他人损失的纠纷等。

2. 诉讼程序规范

【相关立法】

《中华人民共和国海事诉讼特别程序法》(20000701)

第六条 海事诉讼的地域管辖,依照《中华人民共和国民事诉讼法》的有关规定。

下列海事诉讼的地域管辖,依照以下规定:

······

(六)因海事担保纠纷提起的诉讼,由担保物所在地、被告住所地海事法院管辖;因船舶抵押纠纷提起的诉讼,还可以由船籍港所在地海事法院管辖;

(七)因海船的船舶所有权、占有权、使用权、优先权纠纷提起的诉讼,由船舶所在地、船籍港所在地、被告住所地海事法院管辖。

【司法解释】

《最高人民法院关于海事法院受理案件范围的规定》(法释〔2016〕4号,20160301)

68. 船舶所有权、船舶优先权、船舶留置权、船舶抵押权等船舶物权纠纷案件;

【适用要点】

船舶权属纠纷属于《最高人民法院关于海事法院受理案件范围的规定》第六十八条规定的纠纷形式,船舶权属纠纷属于海事法院专门管辖的范畴。因海事担保纠纷提起的诉讼,由担保物所在地、被告住所地海事法院管辖;因船舶抵押纠纷提起的诉讼,还可以由船籍港所在地海事法院管辖;因海船的船舶所有权、占有权、使用权、优先权纠纷提起的诉讼,由船舶所在地、船籍港所在地、被告住所地海事法院管辖。其中船舶所在地是指起诉时船舶的停泊地或者船舶被扣押地。

3. 船舶所有权的取得

【相关立法】

(1)《中华人民共和国海商法》(19930701)

第九条 船舶所有权的取得、转让和消灭,应当向船舶登记机关登记;未经登记的,不得对抗第三人。

船舶所有权的转让,应当签订书面合同。

第十条 船舶由两个以上的法人或者个人共有的,应当向船舶登记机关登记;未经登记的,不得对抗第三人。

(2)《中华人民共和国民法典》(20210101)

第二百二十五条　船舶、航空器和机动车等的物权的设立、变更、转让和消灭,未经登记,不得对抗善意第三人。

【司法指导文件】

最高人民法院民事审判第四庭《全国法院涉外商事海事审判工作座谈会会议纪要》[法(民四)明传(2021)60号,20211231]

78.【挂靠船舶的扣押】挂靠船舶登记所有人的一般债权人,不属于民法典第二百二十五条规定的"善意第三人",其债权请求权不能对抗挂靠船舶实际所有人的物权。一般债权人申请扣押挂靠船舶后,挂靠船舶实际所有人主张解除扣押的,人民法院应予支持。

对挂靠船舶享有抵押权、留置权和船舶优先权等担保物权的债权人申请扣押挂靠船舶,挂靠船舶实际所有人主张解除扣押的,人民法院不予支持,有证据证明债权人非善意第三人的除外。

【适用要点】

动产以占有作为所有权变动的方式,但船舶的特殊性导致各国法律都明确其采取登记方式进行公示。未经登记的,仅对合同双方发生拘束力,不得对抗第三人。此外,船舶所有权转让还必须通过书面合同的形式实现。

4. 船舶抵押权的取得

【相关立法】

(1)《中华人民共和国海商法》(19930701)

第十二条　船舶所有人或者船舶所有人授权的人可以设定船舶抵押权。船舶抵押权的设定,应当签订书面合同。

第十三条　设定船舶抵押权,由抵押权人和抵押人共同向船舶登记机关办理抵押权登记;未经登记的,不得对抗第三人。

船舶抵押权登记,包括下列主要项目:

(一)船舶抵押权人和抵押人的姓名或者名称、地址;

(二)被抵押船舶的名称、国籍、船舶所有权证书的颁发机关和证书号码;

(三)所担保的债权数额、利息率、受偿期限。船舶抵押权的登记状况,允许公众查询。

第十六条 船舶共有人就共有船舶设定抵押权,应当取得持有三分之二以上份额的共有人的同意,共有人之间另有约定的除外。

船舶共有人设定的抵押权,不因船舶的共有权的分割而受影响。

(2)《中华人民共和国民法典》(20210101)

第四百条 设立抵押权,当事人应当采用书面形式订立抵押合同。

抵押合同一般包括下列条款:

(一)被担保债权的种类和数额;

(二)债务人履行债务的期限;

(三)抵押财产的名称、数量等情况;

(四)担保的范围。

【适用要点】

海商法明确规定,船舶抵押权要进行登记,未经登记的,不得对抗第三人。存在船舶共有的情况下,原则上还应当取得持有三分之二以上份额的共有人的同意。涉及船舶抵押确权的相关案件可以参照船舶抵押纠纷的相关内容。

5. 船舶留置权的取得

【相关立法】

《中华人民共和国海商法》(19930701)

第二十五条 船舶优先权先于船舶留置权受偿,船舶抵押权后于船舶留置权受偿。

前款所称船舶留置权,是指造船人、修船人在合同另一方未履行合同时,可以留置所占有的船舶,以保证造船费用或者修船费用得以偿还的权利。船舶留置权在造船人、修船人不再占有所造或者所修的船舶时消灭。

【适用要点】

海商法第二十五条规定的船舶留置权是有明确的适用主体和适用范围的,仅可由造船人、修船人在合同另一方未履行合同时才能行使该权利,且留置船舶仅为基于合同建造或修船合同所占有的船舶。比如,船方有两条船舶分别签订修船合同在船厂进行维修,船方付清甲船维修费用,而未付乙船维修费用,那么船厂仅能对乙船行使船舶留置权。

6. 船舶优先权的取得

【相关立法】

《中华人民共和国海商法》(19930701)

第二十一条　船舶优先权,是指海事请求人依照本法第二十二条的规定,向船舶所有人、光船承租人、船舶经营人提出海事请求,对产生该海事请求的船舶具有优先受偿的权利。

第二十二条　下列各项海事请求具有船舶优先权:

(一)船长、船员和在船上工作的其他在编人员根据劳动法律、行政法规或者劳动合同所产生的工资、其他劳动报酬、船员遣返费用和社会保险费用的给付请求;

(二)在船舶营运中发生的人身伤亡的赔偿请求;

(三)船舶吨税、引航费、港务费和其他港口规费的缴付请求;

(四)海难救助的救助款项的给付请求;

(五)船舶在营运中因侵权行为产生的财产赔偿请求。

载运2000吨以上的散装货油的船舶,持有有效的证书,证明已经进行油污损害民事责任保险或者具有相应的财务保证的,对其造成的油污损害的赔偿请求,不属于前款第(五)项规定的范围。

【适用要点】

船舶优先权是一种特殊的法定的担保物权,且不要求须经过登记。其行使的方式是通过向法院申请扣押拍卖船舶。行使船舶优先权仅能针对海商法第二十二条规定的五类情形。

7. 善意取得

【相关立法】

(1)《中华人民共和国海商法》(19930701)

第九条　船舶所有权的取得、转让和消灭,应当向船舶登记机关登记;未经登记的,不得对抗第三人。

船舶所有权的转让,应当签订书面合同。

第十条　船舶由两个以上的法人或者个人共有的,应当向船舶登记机关登记;未经登记的,不得对抗第三人。

第十三条第一款　设定船舶抵押权,由抵押权人和抵押人共同向船舶登记机关办理抵押权登记;未经登记的,不得对抗第三人。

(2)《中华人民共和国民法典》(20210101)

第二百二十五条 船舶、航空器和机动车等的物权的设立、变更、转让和消灭,未经登记,不得对抗善意第三人。

第三百一十一条 无处分权人将不动产或者动产转让给受让人的,所有权人有权追回;除法律另有规定外,符合下列情形的,受让人取得该不动产或者动产的所有权:

(一)受让人受让该不动产或者动产时是善意;

(二)以合理的价格转让;

(三)转让的不动产或者动产依照法律规定应当登记的已经登记,不需要登记的已经交付给受让人。

受让人依据前款规定取得不动产或者动产的所有权的,原所有权人有权向无处分权人请求损害赔偿。

当事人善意取得其他物权的,参照适用前两款规定。

第三百一十三条 善意受让人取得动产后,该动产上的原有权利消灭。但是,善意受让人在受让时知道或者应当知道该权利的除外。

第三百二十二条 因加工、附合、混合而产生的物的归属,有约定的,按照约定;没有约定或者约定不明确的,依照法律规定;法律没有规定的,按照充分发挥物的效用以及保护无过错当事人的原则确定。因一方当事人的过错或者确定物的归属造成另一方当事人损害的,应当给予赔偿或者补偿。

【司法解释】

(1)《最高人民法院关于适用〈中华人民共和国民法典〉物权编的解释(一)》(法释〔2020〕24号,20210101)

第六条 转让人转让船舶、航空器和机动车等所有权,受让人已经支付合理价款并取得占有,虽未经登记,但转让人的债权人主张其为民法典第二百二十五条所称的"善意第三人"的,不予支持,法律另有规定的除外。

第十五条 具有下列情形之一的,应当认定不动产受让人知道转让人无处分权:

(一)登记簿上存在有效的异议登记;

(二)预告登记有效期内,未经预告登记的权利人同意;

(三)登记簿上已经记载司法机关或者行政机关依法裁定、决定查封或者以其他形式限制不动产权利的有关事项;

（四）受让人知道登记簿上记载的权利主体错误；

（五）受让人知道他人已经依法享有不动产物权。

真实权利人有证据证明不动产受让人应当知道转让人无处分权的，应当认定受让人具有重大过失。

第十六条　受让人受让动产时，交易的对象、场所或者时机等不符合交易习惯的，应当认定受让人具有重大过失。

第十七条　民法典第三百一十一条第一款第一项所称的"受让人受让该不动产或者动产时"，是指依法完成不动产物权转移登记或者动产交付之时。

当事人以民法典第二百二十六条规定的方式交付动产的，转让动产民事法律行为生效时为动产交付之时；当事人以民法典第二百二十七条规定的方式交付动产的，转让人与受让人之间有关转让返还原物请求权的协议生效时为动产交付之时。

法律对不动产、动产物权的设立另有规定的，应当按照法律规定的时间认定权利人是否为善意。

第十八条　民法典第三百一十一条第一款第二项所称"合理的价格"，应当根据转让标的物的性质、数量以及付款方式等具体情况，参考转让时交易地市场价格以及交易习惯等因素综合认定。

第十九条　转让人将民法典第二百二十五条规定的船舶、航空器和机动车等交付给受让人的，应当认定符合民法典第三百一十一条第一款第三项规定的善意取得的条件。

第二十条　具有下列情形之一，受让人主张依据民法典第三百一十一条规定取得所有权的，不予支持：

（一）转让合同被认定无效；

（二）转让合同被撤销。

（2）《最高人民法院关于适用〈中华人民共和国民法典〉有关担保制度的解释》（法释〔2020〕28号，20210101）

第三十七条　当事人以所有权、使用权不明或者有争议的财产抵押，经审查构成无权处分的，人民法院应当依照民法典第三百一十一条的规定处理。

当事人以依法被查封或者扣押的财产抵押，抵押权人请求行使抵押权，经审查查封或者扣押措施已经解除的，人民法院应予支持。抵押人以抵押权设立时财产被查封或者扣押为由主张抵押合同无效的，人民法院不予支持。

以依法被监管的财产抵押的,适用前款规定。

第四十一条　抵押权依法设立后,抵押财产被添附,添附物归第三人所有,抵押权人主张抵押权效力及于补偿金的,人民法院应予支持。

抵押权依法设立后,抵押财产被添附,抵押人对添附物享有所有权,抵押权人主张抵押权的效力及于添附物的,人民法院应予支持,但是添附导致抵押财产价值增加的,抵押权的效力不及于增加的价值部分。

抵押权依法设立后,抵押人与第三人因添附成为添附物的共有人,抵押权人主张抵押权的效力及于抵押人对共有物享有的份额的,人民法院应予支持。

本条所称添附,包括附合、混合与加工。

【司法指导文件】

最高人民法院《全国海事法院院长座谈会纪要》(20010911)

二、关于船舶所有权、抵押权未经登记不得对抗第三人的问题

在审理有关海事案件中,涉及船舶所有权或者抵押权未经登记的,应当根据不同情况依法处理:

1. 对根据船舶建造合同、船舶买卖合同、船舶租购合同等合法方式接受船舶,但没有依法进行所有权登记的委托建造方或者买受方,其与合同对方之间的权利义务关系依据合同约定和法律规定予以保护;但其对合同之外的第三人提出的船舶所有权主张(包括以船舶所有人名义向他人请求船舶损害赔偿等)或者抗辩,法院依法不应支持和保护。

2. 未经船舶所有权登记的船舶买受人不能以其不是船舶登记所有人为由主张免除对他人应当承担的民事责任或者义务,即当该船舶没有其他登记所有人时,买受人应当独立承担船舶对第三人的侵权民事责任和义务;当该船舶有其他登记所有人时,由登记所有人承担对第三人的侵权民事责任和义务。买受人对在接受或掌管该船舶之后发生的对第三人的侵权民事责任亦有过错的,承担连带责任。

3. 对设定船舶抵押权但没有依法进行抵押权登记的抵押权人,可以根据与船舶所有人之间设定的船舶抵押权到期债权,请求拍卖该船舶清偿债务;但是,其提出的针对第三人的抵押权主张或者抗辩,法院依法不应支持和保护,即在其他债权人参加对拍卖船舶所得价款清偿时,未经登记的船舶抵押权不能优先于已登记的船舶抵押权和其他海事债权受偿。

【适用要点】

海商法并未明确规定善意取得的相关制度,但船舶作为物的一种,在其权属流转、设立过程中必然存在着善意取得的问题。而基于船舶所产生的善意取得问题,原则上与一般的善意取得并无二致,因此船舶权属发生争议存在善意取得问题时,应适用民法典及相关司法解释的规定。

四十二、海运欺诈纠纷

1. 案由释义

海运欺诈除相关事实多具有航运背景这一特殊情形外,其他构成要件与民法上的欺诈并无本质区别,即均存在欺诈方具有欺诈的故意并实施了欺诈行为,被欺诈方因陷入错误认识而作出违背其真意的意思表示的情形。海运欺诈纠纷,是指从事海上货物运输及国际贸易等活动的相关方因实施欺诈行为造成他方损失形成的纠纷。

海运欺诈的主要情形包括单证欺诈,即欺诈者利用海事和国际贸易程序中的单证所进行的欺诈,包括预借提单、倒签提单,以及伪造跟单信用证所要求的提单、保险单、卖方发票、装箱单、厂家证书等;海上保险方面的欺诈;其他诸如非提单持有人凭担保函骗取货物,船方明知货物质量、数量有问题,却凭发货人的担保函签发清洁提单等。

2. 诉讼程序规范

【相关立法】

(1)《中华人民共和国民事诉讼法》(19910409;20220101)

第二十九条 因侵权行为提起的诉讼,由侵权行为地或者被告住所地人民法院管辖。

(2)《中华人民共和国海事诉讼特别程序法》(20000701)

第六条 海事诉讼的地域管辖,依照《中华人民共和国民事诉讼法》的有关规定。

下列海事诉讼的地域管辖,依照以下规定:

(一)因海事侵权行为提起的诉讼,除依照《中华人民共和国民事诉讼法》第

二十九条至第三十一条①的规定以外,还可以由船籍港所在地海事法院管辖;

......

【司法解释】

《最高人民法院关于海事法院受理案件范围的规定》(法释〔2016〕4 号,20160301)

77. 海运欺诈纠纷案件;

【适用要点】

海运欺诈纠纷案件属于典型的海事案件,应由海事法院专门管辖。海运欺诈属于侵权行为,因海事侵权行为提起的诉讼,应当依照民事诉讼法第二十九条的规定,由侵权行为地或者被告住所地人民法院管辖,还应当依照海事诉讼特别程序法第六条第二款第(一)项的规定,由船籍港所在地海事法院管辖。海运欺诈纠纷属于当事人可以协议选择管辖法院的案件,当事人可以根据相关管辖连接点,就被告住所地、合同履行地、合同签订地、原告住所地、标的物所在地书面协议选择有管辖权的海事法院管辖。

海运欺诈的类型较多,需要注意一些海事欺诈类型可以被其他案由吸收的问题。如果以存在无单放货、不合理绕航、货物毁损或短少等具体情形为由,诉请判令承运人因违反海上、通海水域货物运输合同而承担违约责任,案由应确定为海上、通海水域货物运输合同纠纷。

3. 欺诈的认定及责任承担

【相关立法】

(1)《中华人民共和国海商法》(19930701)

第一百八十七条 由于救助方的过失致使救助作业成为必需或者更加困难的,或者救助方有欺诈或者其他不诚实行为的,应当取消或者减少向救助方支付的救助款项。

(2)《中华人民共和国民法典》(20210101)

第一百四十八条 一方以欺诈手段,使对方在违背真实意思的情况下实施的民事法律行为,受欺诈方有权请求人民法院或者仲裁机构予以撤销。

---

① 2021 年修正后的民事诉讼法第二十九条至第三十一条。

第一百四十九条 第三人实施欺诈行为,使一方在违背真实意思的情况下实施的民事法律行为,对方知道或者应当知道该欺诈行为的,受欺诈方有权请求人民法院或者仲裁机构予以撤销。

第一百五十条 一方或者第三人以胁迫手段,使对方在违背真实意思的情况下实施的民事法律行为,受胁迫方有权请求人民法院或者仲裁机构予以撤销。

第一百五十一条 一方利用对方处于危困状态、缺乏判断能力等情形,致使民事法律行为成立时显失公平的,受损害方有权请求人民法院或者仲裁机构予以撤销。

第一百五十二条 有下列情形之一的,撤销权消灭:

(一)当事人自知道或者应当知道撤销事由之日起一年内、重大误解的当事人自知道或者应当知道撤销事由之日起九十日内没有行使撤销权;

(二)当事人受胁迫,自胁迫行为终止之日起一年内没有行使撤销权;

(三)当事人知道撤销事由后明确表示或者以自己的行为表明放弃撤销权。

当事人自民事法律行为发生之日起五年内没有行使撤销权的,撤销权消灭。

第一百五十三条 违反法律、行政法规的强制性规定的民事法律行为无效。但是,该强制性规定不导致该民事法律行为无效的除外。

违背公序良俗的民事法律行为无效。

第一百五十四条 行为人与相对人恶意串通,损害他人合法权益的民事法律行为无效。

第一百五十五条 无效的或者被撤销的民事法律行为自始没有法律约束力。

第一百五十六条 民事法律行为部分无效,不影响其他部分效力的,其他部分仍然有效。

第一百五十七条 民事法律行为无效、被撤销或者确定不发生效力后,行为人因该行为取得的财产,应当予以返还;不能返还或者没有必要返还的,应当折价补偿。有过错的一方应当赔偿对方由此所受到的损失;各方都有过错的,应当各自承担相应的责任。法律另有规定的,依照其规定。

第一千一百六十四条至第一千一百八十七条(略)

【适用要点】

海运欺诈主要有制造虚假海运单证、鬼船、非法绕航、沉船等手段。海运欺诈的主要类型有:(1)贸易商自谋的海运欺诈,主要采用在贸易结算中(特别是跟单信用证项下)制造假文件和单证(包括提单)等手段;(2)贸易商(卖方)和船东共谋的海运欺诈;(3)船东自谋的海运欺诈,包括船东把属于自己责任范围的行为归咎为免责,船东利用鬼船进行诈骗,船东故意损坏船舶借以索取保险赔款,以及船东敲竹杠或倒闭等情况;(4)租船人所谋的海运欺诈,如租船人骗取租金的情况。① 海运欺诈除具有航运背景外,其构成要件与民法上的欺诈并无本质区别,因此,在审理海运欺诈纠纷案件时,对于欺诈的认定应当适用民法典总则编关于欺诈的规定,对于认定欺诈后当事人的责任承担问题应适用民法典侵权责任编的有关规定。

4. 海上保险欺诈的认定

【相关立法】

《中华人民共和国保险法》(19951001;20150424)

第二十七条 未发生保险事故,被保险人或者受益人谎称发生了保险事故,向保险人提出赔偿或者给付保险金请求的,保险人有权解除合同,并不退还保险费。

投保人、被保险人故意制造保险事故的,保险人有权解除合同,不承担赔偿或者给付保险金的责任;除本法第四十三条规定外,不退还保险费。

保险事故发生后,投保人、被保险人或者受益人以伪造、变造的有关证明、资料或者其他证据,编造虚假的事故原因或者夸大损失程度的,保险人对其虚报的部分不承担赔偿或者给付保险金的责任。

投保人、被保险人或者受益人有前三款规定行为之一,致使保险人支付保险金或者支出费用的,应当退回或者赔偿。

【司法解释】

《最高人民法院关于审理海上保险纠纷案件若干问题的规定》(法释〔2006〕10号,20070101;经法释〔2020〕18号修正,20210101)

第一条 审理海上保险合同纠纷案件,适用海商法的规定;海商法没有规定的,适用保险法的有关规定;海商法、保险法均没有规定的,适用民法典等其他相关法律的规定。

---

① 人民法院出版社编著:《最高人民法院民事案件案由适用要点与请求权规范指引》(第二版)上册,人民法院出版社2020年版,第677页。

【典型案例】

保险欺诈行为应当如何判断？［广州市建功船务有限公司、陈清标与中国人民财产保险股份有限公司广州市分公司海上保险合同纠纷案，（2020）粤民终 2235 号］

根据保险法第二十七条第三款"保险事故发生后，投保人、被保险人或者受益人以伪造、变造的有关证明、资料或者其他证据，编造虚假的事故原因或者夸大损失程度的，保险人对其虚报的部分不承担赔偿或者给付保险金的责任"的规定，如果投保人确实存在编造虚假事故原因企图骗取保险金的行为，保险人可以免除赔偿责任。但需要明确的是，前述条款中"编造行为"应属于相关保险利益主体主观恶意为之，与保险事故原因不明时根据个体常识作出的误判有明显差异。涉案集装箱落水事故发生后，投保人确实以"建功228 轮"触碰不明物体造成事故为由报险，但根据查明事实，涉案集装箱落水事件发生于"建功 228"轮遭遇三个大浪之后，在无法确定事故真实原因之时，投保人作出涉案集装箱落水系因船舶触碰不明物体所致的判断有一定客观事实基础，并不存在主观恶意的编造或欺诈。海事部门作出事故调查结论后，两原告也未有其他伪造、变造有关证明等行为。故保险人关于投保人保险欺诈的抗辩，没有事实和法律依据，不予支持。

【适用要点】

对于保险欺诈行为的认定，保险法仅列举几种保险欺诈行为的情形，在审理该类型案件时，不仅要认定行为人在客观上是否存在欺诈行为，还要确定行为人在主观上是否存在欺诈的故意，主观故意相较于客观行为认定难度更大，所以在案件中更要结合具体事实来认定。行为人的主观认识常常会影响到主观故意的认定，不能因为行为人对客观事实判断有误，提出理赔请求，而轻率地认为行为人具有欺诈的故意，即要区分行为人主观是故意还是过失。在故意的程度上，保险法和一般法的界定是不同的，民法学者对于故意的认定是"行为人预见自己行为的结果，仍然希望或放任其发生的主观心理状态"，既包含直接故意又包含间接故意。而两大法系将保险领域的故意多限于直接故意，所以为了投保人保障的利益，海上保险中的"欺诈故意"应当是以骗取保险金为目的的直接故意。

5. 凭保函签发清洁提单欺诈的认定

【相关立法】

《中华人民共和国海商法》（19930701）

第七十五条　承运人或者代其签发提单的人,知道或者有合理的根据怀疑提单记载的货物的品名、标志、包数或者件数、重量或者体积与实际接收的货物不符,在签发已装船提单的情况下怀疑与已装船的货物不符,或者没有适当的方法核对提单记载的,可以在提单上批注,说明不符之处、怀疑的根据或者说明无法核对。

第七十六条　承运人或者代其签发提单的人未在提单上批注货物表面状况的,视为货物的表面状况良好。

【典型案例】

承运人凭保函签发清洁提单是否构成欺诈？［美国迈克斯蒂尔国际有限公司与中波轮船股份公司等海上财产损害责任纠纷申请案,（2013）民申字第35号］

承运人通常根据大副收据中关于货物表面状况的记载在提单中进行批注,反映货物交接时的外观状态,明确船货双方的责任。但承运人基于其专业知识,合理谨慎地判断大副收据记载的货物表面情况不足以影响货物品质,有权决定不依据大副收据作出批注,不能仅凭其收取保函的行为推定其具有与托运人合谋欺诈的故意。

【适用要点】

在大副对装船货物做了瑕疵记录,但承运人却凭保函签发清洁提单时,并不必然可以认定承运人具有欺诈的故意。仍要判断承运人在提单中对大副收据记载情况不做如实记载的合理性以及其他情况来综合判断。当然这也并不意味着承运人在签发提单时就可以随心所欲,需审慎为之。

6. 倒签提单欺诈的认定

【相关立法】

《中华人民共和国海商法》（19930701）

第七十四条　货物装船前,承运人已经应托运人的要求签发收货待运提单或者其他单证的,货物装船完毕,托运人可以将收货待运提单或者其他单证退还承运人,以换取已装船提单;承运人也可以在收货待运提单上加注承运船舶的船名和装船日期,加注后的收货待运提单视为已装船提单。

第七十五条 承运人或者代其签发提单的人,知道或者有合理的根据怀疑提单记载的货物的品名、标志、包数或者件数、重量或者体积与实际接收的货物不符,在签发已装船提单的情况下怀疑与已装船的货物不符,或者没有适当的方法核对提单记载的,可以在提单上批注,说明不符之处、怀疑的根据或者说明无法核对。

【典型案例】

倒签提单可否构成欺诈? [山东省对外贸易集团有限公司与辽宁省轮船总公司海运欺诈纠纷案,(2004)民四提字第 2 号]

山东外贸在得知轮船公司倒签并签发虚假提单后,有权以提单持有人的身份对轮船公司提起诉讼,保护自己的合法权益。轮船公司作为实际承运人明知装船日期和所载货物与实际不符,却倒签和签发虚假提单,违反了有关法律规定和航运惯例,主观上有过错。轮船公司倒签提单和签发虚假清洁提单,导致山东外贸赎得与事实不符的提单,丧失了对外拒绝付款的机会,构成了对山东外贸的欺诈,依法追究其侵权责任,判令其赔偿山东外贸的经济损失。

【适用要点】

承运人在接收货物后应当对托运人提交的货物进行核查,如果货物的数量、品质等与提单相符,承运人就应该按照实际的装船日期以及货物的真实情况签发提单,如果承运人未尽到上述核查义务或者明知其所接收的货物与提单不符而签发清洁提单或者倒签提单,应当追究承运人相应的责任。

四十三、海事债权确权纠纷

1. 案由释义

申请海事债权确权,是指海事法院发布强制拍卖船舶公告、发布设立海事赔偿责任限制基金的公告后,债权人在公告期间向海事法院提交书面申请,并提供相关债权证据,包括判决书、裁定书、调解书、仲裁裁决书或者公证债权文书,以及其他证明具有海事请求的证据材料等,向发布公告的海事法院申请债权登记。对提供债权证据的,海事法院裁定准予登记;对不提供债权证据的,海事法院裁定驳回申请。海事法院对债权人提供的债权证据的真实合法性进行审查后,裁定予以确认或不予确认。如果在申请债权登记时,债权人提供的是其他海事请求证据,则该债权人应当在办理债权登记后,向海事法院提起确权诉讼。当事人之间有仲裁协议的,应当及时申请仲裁。海事法院对确权诉讼作出的判决、裁定具有法律效力,当事人不得提起上诉。对外国法院、国外仲裁机构或者公证机构作出的司法文书、仲裁裁决或者公证债权文书,是否承认其效力,依照我国与相关国家缔结的司法协助国际条约、共同参加的国际公约或者互惠原则处理。海事法院认为承认和执行该裁判文书或者公证债权文书违背我国社会公共利益的,则裁定不予承认和执行。

2. 管辖

【相关立法】

《中华人民共和国海事诉讼特别程序法》(20000701)

第一百零二条 当事人在起诉前申请设立海事赔偿责任限制基金的,应当向事故发生地、合同履行地或者船舶扣押地海事法院提出。

第一百零三条 设立海事赔偿责任限制基金,不受当事人之间关于诉讼管辖协议或者仲裁协议的约束。

【司法解释】

（1）《最高人民法院关于海事法院受理案件范围的规定》（法释〔2016〕4
号，20160301）

100. 与拍卖船舶或者设立海事赔偿责任限制基金（含油污损害赔偿责
任限制基金）相关的债权登记与受偿案件；

108. 申请执行与海事纠纷有关的公证债权文书案件。

**（2）《最高人民法院关于适用〈中华人民共和国海事诉讼特别程序法〉若
干问题的解释》**（法释〔2003〕3 号，20030201；经法释〔2008〕18 号修正，
20081231）

第八十九条　在债权登记前，债权人已向受理债权登记的海事法院以外
的海事法院起诉的，受理案件的海事法院应当将案件移送至登记债权的海事
法院一并审理，但案件已经进入二审的除外。

【适用要点】

海事债权确权纠纷是具有鲜明的程序性特征的海事案件，根据《最高人
民法院关于海事法院受理案件范围的规定》第一百条的规定，即与拍卖船舶
或者设立海事赔偿责任限制基金（含油污损害赔偿责任限制基金）相关的债
权登记与受偿案件，以及第一百零八条规定的申请执行与海事纠纷有关的公
证债权文书案件，均应由海事法院专门管辖。

3. 债权人申请债权确权的时间

【相关立法】

《中华人民共和国海事诉讼特别程序法》（20000701）

第一百一十一条　海事法院裁定强制拍卖船舶的公告发布后，债权人应
当在公告期间，就与被拍卖船舶有关的债权申请登记。公告期间届满不登记
的，视为放弃在本次拍卖船舶价款中受偿的权利。

第一百一十二条　海事法院受理设立海事赔偿责任限制基金的公告发
布后，债权人应当在公告期间就与特定场合发生的海事事故有关的债权申请
登记。公告期间届满不登记的，视为放弃债权。

【司法解释】

(1)《最高人民法院关于适用〈中华人民共和国海事诉讼特别程序法〉若干问题的解释》(法释〔2003〕3 号,20030201;经法释〔2008〕18 号修正,20081231)

第八十七条　海事诉讼特别程序法第一百一十一条规定的与被拍卖船舶有关的债权指与被拍卖船舶有关的海事债权。

(2)《最高人民法院关于审理海事赔偿责任限制相关纠纷案件的若干规定》(法释〔2010〕11 号,20100915;经法释〔2020〕18 号修正,20210101)

第六条　海事诉讼特别程序法第一百一十二条规定的申请债权登记期间的届满之日,为海事法院受理设立海事赔偿责任限制基金申请的最后一次公告发布之次日起第六十日。

(3)《最高人民法院关于扣押与拍卖船舶适用法律若干问题的规定》(法释〔2015〕6 号,20150301)

第十六条　海事诉讼特别程序法第一百一十一条规定的申请债权登记期间的届满之日,为拍卖船舶公告最后一次发布之日起第六十日。

前款所指公告为第一次拍卖时的拍卖船舶公告。

【批复、答复】

在申请海事赔偿责任限制基金案件中如何认定利害关系人申请债权登记期限?

《最高人民法院关于在申请海事赔偿责任限制基金案件中如何认定利害关系人申请债权登记期限的请示的复函》(〔2010〕民四他字第 36 号,20100726)

湖北省高级人民法院:

你院鄂高法〔2010〕106 号《关于在申请海事赔偿责任限制基金案件中如何认定利害关系人申请债权登记期限的请示》收悉。经研究,答复如下:

根据海事诉讼特别程序法第一百一十二条规定:"海事法院受理设立海事赔偿责任限制基金的公告发布后,债权人应当在公告期间就与特定场合发生的海事事故有关的债权申请登记。公告期间届满不登记的,视为放弃债权。"本条中的债权人,包括设立海事赔偿责任限制基金程序中的已知利害关系人和未知利害关系人,以及债权登记和受偿程序中的已知债权人和未知债权人。根据海事诉讼特别程序法第一百零六条规定,利害关系人应当在收到异议通知之日起七日内以书面形式向海事法院提出异议申请,一审法院裁定驳回的,可以提起上诉。因此,作为海事债权登记与受偿程序中的债权人,应当根据法律规定并按照一审法院的公告或者通知要求申请债权登记,提起确权诉讼。

经审查,新韩公司、海王星公司属于本案利害关系人,在债权登记与受偿程序中作为债权人依法享有申请债权登记和提起确权诉讼的权利。2009年5月19日,武汉海事法院裁定驳回新韩公司、海王星公司异议申请之后,新韩公司、海王星公司向你院提起上诉。2009年9月8日,你院维持武汉海事法院一审裁定,驳回其上诉。2009年9月25日,在你院作出驳回异议终审裁定后,新韩公司、海王星公司向武汉海事法院申请债权登记,提起确权诉讼。新韩公司、海王星公司申请债权登记,提起确权诉讼并没有超出法律规定的期限。

新韩公司、海王星公司在你院作出驳回异议裁定之后申请债权登记,提起确权诉讼,并按照武汉海事法院通知要求交纳相关费用,其申请债权登记的期限符合法律规定,应予准许。

此复。

【典型案例】

当海事法院受理设立海事赔偿责任限制基金的公告发布后,债权人未能在公告期间登记债权应如何处理? [中国人民财产保险股份有限公司湘潭市岳塘支公司与马雷等船舶碰撞损害责任纠纷案,(2014)甬海法事初字第98号]

当海事法院受理设立海事赔偿责任限制基金的公告发布后,债权人未能在公告期间登记债权,即不能在基金中进行受偿。债权人可以就债权受偿权利的落空向责任人提起侵权赔偿之诉,但负有证明责任人存在过错的举证责任。

海事赔偿责任限制制度是一项传统的海事法律制度,体现的是法律对航运业的适当保护,适当限制海运经营风险。当发生海损事故后,责任人依法可以将其赔偿责任限制在一定范围内。同时,在基金设立和受偿的程序法设置上,法律也作了除权的规定。海事诉讼特别程序法第一百一十二条规定:"海事法院受理设立海事赔偿责任限制基金的公告发布后,债权人应当在公告期间就与特定场合发生的海事事故有关的债权申请登记。公告期间届满不登记的,视为放弃债权。"该规定目的在于保证海事赔偿责任限制基金的正常分配,避免因等待不明债权申报而无明确预期地推迟或拖延基金分配。视为放弃债权的除权效果及于债权人"与特定场合发生的海事事故有关的全部限制性债权",债权人既无权参与基金分配,也无权再依原有的法律关系向债务人在基金外另行主张债权,实际上是丧失了实体权利。这与该法第一百一十一条"海事法院裁定强制拍卖船舶的公告发布后,债权人应当在公告期间,就与被拍卖船舶有关的债权申请登记。公告期间届满不登记的,视为放弃在本次拍卖船舶价款中受偿的权利"的规定不同,在第一百一十一条规定的情况下,债权人并不丧失债权,仍可以另行主张。

【适用要点】

债权人办理债权登记后,凭债权登记裁定,在规定时间内向受案海事法院提起确权诉讼。

债权人启动确权诉讼程序的目的,是在确权判决后进行受偿分配,因此法律明确对申请确权的时间作出明确规定,以保证后续相关程序的顺利推进。

4. 对海事请求证据的审查

【相关立法】

《中华人民共和国海事诉讼特别程序法》(20000701)

第一百一十三条 债权人向海事法院申请登记债权的,应当提交书面申请,并提供有关债权证据。

债权证据,包括证明债权的具有法律效力的判决书、裁定书、调解书、仲裁裁决书和公证债权文书,以及其他证明具有海事请求的证据材料。

第一百一十四条 海事法院应当对债权人的申请进行审查,对提供债权证据的,裁定准予登记;对不提供债权证据的,裁定驳回申请。

第一百一十五条 债权人提供证明债权的判决书、裁定书、调解书、仲裁裁决书或者公证债权文书的,海事法院经审查认定上述文书真实合法的,裁定予以确认。

第一百一十六条 债权人提供其他海事请求证据的,应当在办理债权登记以后,在受理债权登记的海事法院提起确权诉讼。当事人之间有仲裁协议的,应当及时申请仲裁。

海事法院对确权诉讼作出的判决、裁定具有法律效力,当事人不得提起上诉。

【司法解释】

(1)《最高人民法院关于适用〈中华人民共和国海事诉讼特别程序法〉若干问题的解释》（法释〔2003〕3号,20030201;经法释〔2008〕18号修正,20081231）

第八十八条　海事诉讼特别程序法第一百一十五条规定的判决书、裁定书、调解书和仲裁裁决书指我国国内的判决书、裁定书、调解书和仲裁裁决书。对于债权人提供的国外的判决书、裁定书、调解书和仲裁裁决书,适用民事诉讼法第二百六十六条和第二百六十七条规定的程序审查。

第九十条　债权人依据海事诉讼特别程序法第一百一十六条规定向受理债权登记的海事法院提起确权诉讼的,应当在办理债权登记后七日内提起。

(2)《最高人民法院关于审理海事赔偿责任限制相关纠纷案件的若干规定》（法释〔2010〕11号,20100915;经法释〔2020〕18号修正,20210101）

第七条　债权人申请登记债权,符合有关规定的,海事法院应当在海事赔偿责任限制基金设立后,依照海事诉讼特别程序法第一百一十四条的规定作出裁定;海事赔偿责任限制基金未依法设立的,海事法院应当裁定终结债权登记程序。债权人已经交纳的申请费由申请设立海事赔偿责任限制基金的人负担。

(3)《最高人民法院关于扣押与拍卖船舶适用法律若干问题的规定》（法释〔2015〕6号,20150301）

第十七条　海事法院受理债权登记申请后,应当在船舶被拍卖、变卖成交后,依照海事诉讼特别程序法第一百一十四条的规定作出是否准予的裁定。

第二十条　当事人在债权登记前已经就有关债权提起诉讼的,不适用海事诉讼特别程序法第一百一十六条第二款的规定,当事人对海事法院作出的判决、裁定可以依法提起上诉。

第二十一条　债权人依照海事诉讼特别程序法第一百一十六条第一款的规定提起确权诉讼后,需要判定碰撞船舶过失程度比例的,当事人对海事法院作出的判决、裁定可以依法提起上诉。

【适用要点】

确权诉讼直接涉及当事人之间的债权债务,存在原告、被告甚至第三人。海事诉讼特别程序法规定确权诉讼实行一审终审,意图是尽快以诉讼方式确定债权,及时清偿分配。一审终审是确权诉讼与其他诉讼的最大区别。

确权诉讼既不同于当事人就债权债务关系提起的给付之诉,又与一般确认之诉相异,而海事诉讼特别程序法又未对审理程序作出规定,有必要加以规范和统一。确权诉讼的审理,可参照民事诉讼法规定的一审程序,审理的重点应集中在债权是否存在,是否与被拍卖的船舶或特定场合发生的海事事故有关,债权之数额、债权之性质(是否优先性债权)以及债权能否参与价款或基金的分配。海事诉讼特别程序法第一百一十六条仅规定判决和裁定两种方式。确权诉讼中一般不允许以个案调解结案,但也有例外。例外情形是,将全部确权诉讼与价款或基金分配一并调解。

5. 召开债权人会议

【相关立法】

《中华人民共和国海事诉讼特别程序法》(20000701)

第一百一十七条 海事法院审理并确认债权后,应当向债权人发出债权人会议通知书,组织召开债权人会议。

第一百一十八条 债权人会议可以协商提出船舶价款或者海事赔偿责任限制基金的分配方案,签订受偿协议。

受偿协议经海事法院裁定认可,具有法律效力。

债权人会议协商不成的,由海事法院依照《中华人民共和国海商法》以及其他有关法律规定的受偿顺序,裁定船舶价款或者海事赔偿责任限制基金的分配方案。

6. 债权分配

【相关立法】

《中华人民共和国海事诉讼特别程序法》(20000701)

第一百一十九条 拍卖船舶所得价款及其利息,或者海事赔偿责任限制基金及其利息,应当一并予以分配。

分配船舶价款时,应当由责任人承担的诉讼费用,为保存、拍卖船舶和分配船舶价款产生的费用,以及为债权人的共同利益支付的其他费用,应当从船舶价款中先行拨付。

清偿债务后的余款,应当退还船舶原所有人或者海事赔偿责任限制基金设立人。

【司法解释】

(1)《最高人民法院关于适用〈中华人民共和国海事诉讼特别程序法〉若干问题的解释》(法释〔2003〕3 号,20030201;经法释〔2008〕18 号修正,20081231)

第九十一条 海事诉讼特别程序法第一百一十九条第二款规定的三项费用按顺序拨付。

(2)《最高人民法院关于扣押与拍卖船舶适用法律若干问题的规定》(法释〔2015〕6 号,20150301)

第十八条 申请拍卖船舶的海事请求人未经债权登记,直接要求参与拍卖船舶价款分配的,海事法院应予准许。

第十九条 海事法院裁定终止拍卖船舶的,应当同时裁定终结债权登记受偿程序,当事人已经缴纳的债权登记申请费予以退还。

第二十二条 海事法院拍卖、变卖船舶所得价款及其利息,先行拨付海事诉讼特别程序法第一百一十九条第二款规定的费用后,依法按照下列顺序进行分配:

(一)具有船舶优先权的海事请求;

(二)由船舶留置权担保的海事请求;

(三)由船舶抵押权担保的海事请求;

(四)与被拍卖、变卖船舶有关的其他海事请求。

依据海事诉讼特别程序法第二十三条第二款的规定申请扣押船舶的海事请求人申请拍卖船舶的,在前款规定海事请求清偿后,参与船舶价款的分配。

依照前款规定分配后的余款,按照民事诉讼法及相关司法解释的规定执行。

【典型案例】

海事债权确权纠纷中船舶优先权与海事赔偿责任限制之间的冲突如何解决?[上海神源企业集团有限公司与厦门兴航宇船务有限公司海事债权确权纠纷案,(2011)甬海法温权字第 1 号]

请求人的海事请求虽具有船舶优先权,但在被请求人享受海事赔偿责任限制下,对请求人的船舶优先权主张不再予以认定。船舶碰撞损害所产生的债权,既享有船舶优先权,又属限制性债权。船舶优先权清偿顺序与海事赔偿责任限制的限额或基金分配顺序的不同。在海事赔偿责任限制下,如果同时认定了船舶优先权,则将与责任限额或赔偿基金的分配发生矛盾和冲突。例如,根据船舶优先权的清偿排序,船舶在营运中因侵权行为产生的所有财产赔偿请求,不分先后,同时受偿,不足以受偿的,按比例受偿。但根据海事赔偿责任限额的清偿排序,船舶在营运中因侵权行为产生的财产赔偿请求,就港口工程、港池、航道和助航设施的损害提出的赔偿请求,较其他赔偿请求优先受偿。根据海商法第三十条的规定,船舶优先权清偿顺序不影响海事赔偿责任限制赔偿限额或赔偿基金清偿顺序的实施。也就是说,当船舶优先权和海事赔偿责任限制同时适用于同一案件时,应优先适用海事赔偿责任限制的规定,不再适用与其相冲突的船舶优先权的规定。

第四章　海事诉讼特别程序案件

四十四、申请海事请求保全

(1)申请扣押船舶

(2)申请拍卖扣押船舶

(3)申请扣押船载货物

(4)申请拍卖扣押船载货物

(5)申请扣押船用燃油及船用物料

(6)申请拍卖扣押船用燃油及船用物料

1. 案由释义

申请海事请求保全,是指海事法院根据海事请求人的申请,为保障其海事请求的实现,对被请求人的财产所采取的强制措施。海事请求人因情况紧急,不立即申请海事请求保全将会使其合法权益受到难以弥补的损害,因此,其可以在诉讼或仲裁之前或之中向海事法院提出海事请求保全的申请。海事请求保全的措施包括:申请扣押船舶、申请拍卖扣押船舶、申请扣押船载货物、申请拍卖扣押船载货物、申请扣押船用燃油及船用物料、申请拍卖扣押船用燃油及船用物料。

扣押船舶是指司法机关在诉讼或仲裁之前或之中依法强制滞留船舶。

拍卖扣押船舶是指海事法院扣船后,实体案件审结之前,为避免因长期扣押造成保管费用或船舶毁损等经济损失,根据扣船申请人的申请,依照法定程序对被扣船舶实行强制出售,所得价款作为对海事请求的保全,以备偿付债权人债权的制度。

扣押船载货物是指海事法院依据海事请求人的申请,在诉前、诉中、裁前、裁中滞留船舶运载的货物(包括货物收益)的保全措施。

拍卖扣押船载货物是指海事法院对船载货物,依一定的程序,以出售方式,强制转移其所有权,即对货物实行强制处分。

扣押船用燃油及船用物料是指海事法院依据海事请求人的申请,在诉前、诉中、裁前、裁中滞留船舶船用燃油及船用物料的保全措施。

拍卖扣押船用燃油及船用物料的法律效果等同于拍卖船舶,适用海事诉讼特别程序法关于扣船的规定。

2. 管辖

【相关立法】

《中华人民共和国海事诉讼特别程序法》(20000701)

第十二条 海事请求保全是指海事法院根据海事请求人的申请,为保障其海事请求的实现,对被请求人的财产所采取的强制措施。

第十三条 当事人在起诉前申请海事请求保全,应当向被保全的财产所在地海事法院提出。

第十四条 海事请求保全不受当事人之间关于该海事请求的诉讼管辖协议或者仲裁协议的约束。

第十九条 海事请求保全执行后,有关海事纠纷未进入诉讼或者仲裁程序的,当事人就该海事请求,可以向采取海事请求保全的海事法院或者其他有管辖权的海事法院提起诉讼,但当事人之间订有诉讼管辖协议或者仲裁协议的除外。

【司法解释】

《最高人民法院关于适用〈中华人民共和国海事诉讼特别程序法〉若干问题的解释》(法释〔2003〕3 号,20030201;经法释〔2008〕18 号修正,20081231)

第十五条 除海事法院及其上级人民法院外,地方人民法院对当事人提出的船舶保全申请应不予受理;地方人民法院为执行生效法律文书需要扣押和拍卖船舶的,应当委托船籍港所在地或者船舶所在地的海事法院执行。

第十八条 海事诉讼特别程序法第十二条规定的被请求人的财产包括船舶、船载货物、船用燃油以及船用物料。对其他财产的海事请求保全适用民事诉讼法有关财产保全的规定。

第二十条 海事诉讼特别程序法第十三条规定的被保全的财产所在地指船舶的所在地或者货物的所在地。当事人在诉讼前对已经卸载但在承运人掌管之下的货物申请海事请求保全,如果货物所在地不在海事法院管辖区域的,可以向卸货港所在地的海事法院提出,也可以向货物所在地的地方人民法院提出。

第二十一条　诉讼或者仲裁前申请海事请求保全适用海事诉讼特别程序法第十四条的规定。

外国法院已受理相关海事案件或者有关纠纷已经提交仲裁,但涉案财产在中华人民共和国领域内,当事人向财产所在地的海事法院提出海事请求保全申请的,海事法院应当受理。

【司法指导文件】

最高人民法院民事审判第四庭《涉外商事海事审判实务问题解答(一)》
(20040408)

103. 地方人民法院是否可以对船舶采取保全措施?

答:无论在诉讼前还是在诉讼中,地方人民法院都不能对船舶采取保全措施。为执行生效判决或者其他生效法律文书需要对船舶实施扣押或者拍卖的,也应当委托船籍港所在地或者船舶所在地的海事法院执行。

105. 当事人就错误申请扣押船舶提起赔偿诉讼的案件如何确定管辖的法院?

答:当事人以申请扣押船舶错误为由对海事请求人提起诉讼的,应当由实施扣押船舶的海事法院行使管辖权。

【典型案例】

(1)海事仲裁中财产保全如何申请?〔江苏省南京中港船业有限公司与福建源远船务有限公司财产保全案,(2016)闽72民初第565号〕

海事仲裁中,未提出仲裁请求的一方当事人申请财产保全,应直接向法院申请;已提出仲裁请求包括反请求的当事人申请财产保全,应向仲裁机构提出,由仲裁机构转交法院审查。实务中,海事法院应根据案件具体情况,遵循宽严适度、确保执行的原则,灵活确定海事财产保全的担保数额。仲裁裁决驳回保全申请人的仲裁请求后,其提起的撤销仲裁裁决诉讼,不影响海事财产保全的解除。关于仲裁中错误申请财产保全应否承担损害赔偿责任的问题,应考察错误申请保全行为与造成相对人损害之间是否有直接因果关系。当存有其他在先且能独立造成相对人损害的原因时,基于错误申请财产保全的损害赔偿责任不成立。

(2)船舶所在地的海事法院在司法实践中如何认定? [丹麦供油有限公司与"星耀"轮船舶所有权人或光船承租人诉前海事请求保全扣押船舶案,(2013)广海法保字第12-2号]

申请人丹麦供油有限公司(A/SDan-BunkeringLtd.)于2012年12月12日在香港海域为被申请人所属的巴拿马籍"星耀"(XingYao)轮提供485.1820公吨Fol80Cst及158.5280公吨Gas-Oil的船用油,费用为461238.21美元。被申请人仅支付人民币1000000元(折合美元为158730美元),仍欠302508美元。后该轮驶入广东汕头水域,被申请人已联系好买家正准备向新的船东交船,情况较为紧急。海事请求权人提供了轮船已驶离香港海域进入内地海域抛锚的证据,应由内地该船舶所在地的海事法院依法行使海事司法管辖权扣船。

3. 申请海事请求保全申请费

【行政法规】

《诉讼费用交纳办法》(20070401)

第十条 当事人依法向人民法院申请下列事项,应当交纳申请费:

......

(二)申请保全措施;

......

第十四条 申请费分别按照下列标准交纳:

......

(二)申请保全措施的,根据实际保全的财产数额按照下列标准交纳:

财产数额不超过1000元或者不涉及财产数额的,每件交纳30元;超过1000元至10万元的部分,按照1%交纳;超过10万元的部分,按照0.5%交纳。但是,当事人申请保全措施交纳的费用最多不超过5000元。

......

第三十九条 海事案件中的有关诉讼费用依照下列规定负担:

(一)诉前申请海事请求保全、海事强制令的,申请费由申请人负担;申请人就有关海事请求提起诉讼的,可将上述费用列入诉讼请求;

......

(三)诉讼中拍卖、变卖被扣押船舶、船载货物、船用燃油、船用物料发生的合理费用,由申请人预付,从拍卖、变卖价款中先行扣除,退还申请人;

......

4. 海事请求保全的申请

【相关立法】

《中华人民共和国海事诉讼特别程序法》(20000701)

第十五条　海事请求人申请海事请求保全,应当向海事法院提交书面申请。申请书应当载明海事请求事项、申请理由、保全的标的物以及要求提供担保的数额,并附有关证据。

第十六条　海事法院受理海事请求保全申请,可以责令海事请求人提供担保。海事请求人不提供的,驳回其申请。

5. 法院对海事请求保全申请的处理

【相关立法】

《中华人民共和国海事诉讼特别程序法》(20000701)

第十七条　海事法院接受申请后,应当在四十八小时内作出裁定。裁定采取海事请求保全措施的,应当立即执行;对不符合海事请求保全条件的,裁定驳回其申请。

当事人对裁定不服的,可以在收到裁定书之日起五日内申请复议一次。海事法院应当在收到复议申请之日起五日内作出复议决定。复议期间不停止裁定的执行。

利害关系人对海事请求保全提出异议,海事法院经审查,认为理由成立的,应当解除对其财产的保全。

第十八条　被请求人提供担保,或者当事人有正当理由申请解除海事请求保全的,海事法院应当及时解除保全。

海事请求人在本法规定的期间内,未提起诉讼或者未按照仲裁协议申请仲裁的,海事法院应当及时解除保全或者返还担保。

【司法解释】

(1)《最高人民法院关于适用〈中华人民共和国海事诉讼特别程序法〉若干问题的解释》(法释〔2003〕3 号,20030201;经法释〔2008〕18 号修正,20081231)

第二十二条　利害关系人对海事法院作出的海事请求保全裁定提出异议,经审查认为理由不成立的,应当书面通知利害关系人。

(2)《最高人民法院关于审理海事赔偿责任限制相关纠纷案件的若干规定》(法释〔2010〕11 号,20100915;经法释〔2020〕18 号修正,20210101)

第八条 海事赔偿责任限制基金设立后,海事请求人基于责任人依法不能援引海事赔偿责任限制抗辩的海事赔偿请求,可以对责任人的财产申请保全。

【司法指导文件】

最高人民法院民事审判第四庭《涉外商事海事审判实务问题解答(一)》(20040408)

104. 哪些人为《海事诉讼特别程序法》第 17 条第 3 款规定的利害关系人?

答:《海事诉讼特别程序法》第 17 条 3 款中的"利害关系人"是指海事请求保全申请人和被申请人以外的对保全的财产主张权利的人,包括财产所有人。

106. 海事请求人申请海事请求保全时应当提供什么样的担保?

答:海事请求人申请海事请求保全提供的担保应当是充分可靠的担保,如现金担保、银行和其他金融机构提供的担保等。若海事请求人提供的是国外担保,必要时可要求由国内的金融机构加保。海事法院应当尽量避免接受海事请求人提供的保证形式的担保。

6. 申请海事请求保全后未进入诉讼、仲裁程序及保全错误的处理

【相关立法】

《中华人民共和国海事诉讼特别程序法》(20000701)

第十八条 被请求人提供担保,或者当事人有正当理由申请解除海事请求保全的,海事法院应当及时解除保全。

海事请求人在本法规定的期间内,未提起诉讼或者未按照仲裁协议申请仲裁的,海事法院应当及时解除保全或者返还担保。

第十九条 海事请求保全执行后,有关海事纠纷未进入诉讼或者仲裁程序的,当事人就该海事请求,可以向采取海事请求保全的海事法院或者其他有管辖权的海事法院提起诉讼,但当事人之间订有诉讼管辖协议或者仲裁协议的除外。

第二十条 海事请求人申请海事请求保全错误的,应当赔偿被请求人或者利害关系人因此所遭受的损失。

第二十八条 海事请求保全扣押船舶的期限为三十日。

海事请求人在三十日内提起诉讼或者申请仲裁以及在诉讼或者仲裁过程中申请扣押船舶的,扣押船舶不受前款规定期限的限制。

【司法解释】

《最高人民法院关于适用〈中华人民共和国海事诉讼特别程序法〉若干问题的解释》(法释〔2003〕3 号,20030201;经法释〔2008〕18 号修正,20081231)

第二十一条 诉讼或者仲裁前申请海事请求保全适用海事诉讼特别程序法第十四条的规定。

外国法院已受理相关海事案件或者有关纠纷已经提交仲裁,但涉案财产在中华人民共和国领域内,当事人向财产所在地的海事法院提出海事请求保全申请的,海事法院应当受理。

第二十三条 被请求人或者利害关系人依据海事诉讼特别程序法第二十条的规定要求海事请求人赔偿损失,向采取海事请求保全措施的海事法院提起诉讼的,海事法院应当受理。

【司法指导文件】

最高人民法院民事审判第四庭《涉外商事海事审判实务问题解答(一)》(20040408)

108. 海事请求人提供的担保如何处理?

答:相关海事纠纷的实体裁判生效后的一定期间内(可以掌握为 30日),被申请人未就海事请求人申请海事请求保全错误提起诉讼的,海事请求人提供的担保解除。

【典型案例】

(1)申请海事请求保全损害责任纠纷的归责原则如何?[舟山外代货运有限公司与大连丰海远洋渔业有限公司申请海事请求保全损害责任纠纷案,(2018)最高法民申 6289 号]

因申请保全错误致被申请人遭受损失属于侵权行为的范畴,法律并未专门规定适用过错推定或者无过错责任原则,因此该行为属于一般侵权行为,应当适用过错责任原则。依据谁主张谁举证之举证责任分配规则,保全损害赔偿请求人应就申请保全行为具备以上要件进行充分举证。若当事人基于合理的认识,为了维护其自身合法权益申请法院保全,已尽到了一般人应尽到的合理、谨慎的注意义务,无故意或重大过失,则不应该认为当事人申请保全存在错误。对保全申请人主观过错程度的裁量标准不应过于严苛,仅应在其存在故意或者重大过失的情况,才能认定申请保全存在过错。

(2)扣船错误的构成要件? [洋浦中兴运船务有限公司与张学峰、邹斯庚申请海事请求保全错误损害赔偿纠纷案,(2012)鲁民四终字第76号]

错误扣船是指不符合"扣船的实质要件"而申请扣押船舶的行为,申请人应该对被申请人因其船舶被扣押而遭受的损失承担相应的经济赔偿责任。所谓"扣船的实质要件"是指诉前申请扣船的条件,即申请人应当具有海事请求,被申请人应当对该海事请求负有责任,被扣押船舶属于可扣押的范围。

7. 船舶扣押

【相关立法】

《中华人民共和国海事诉讼特别程序法》(20000701)

第二十一条 下列海事请求,可以申请扣押船舶:

(一)船舶营运造成的财产灭失或者损坏;

(二)与船舶营运直接有关的人身伤亡;

(三)海难救助;

(四)船舶对环境、海岸或者有关利益方造成的损害或者损害威胁;为预防、减少或者消除此种损害而采取的措施;为此种损害而支付的赔偿;为恢复环境而实际采取或者准备采取的合理措施的费用;第三方因此种损害而蒙受或者可能蒙受的损失;以及与本项所指的性质类似的损害、费用或者损失;

(五)与起浮、清除、回收或者摧毁沉船、残骸、搁浅船、被弃船或者使其无害有关的费用,包括与起浮、清除、回收或者摧毁仍在或者曾在该船上的物件或者使其无害的费用,以及与维护放弃的船舶和维持其船员有关的费用;

(六)船舶的使用或者租用的协议;

(七)货物运输或者旅客运输的协议;

(八)船载货物(包括行李)或者与其有关的灭失或者损坏;

(九)共同海损;

(十)拖航;

(十一)引航;

(十二)为船舶营运、管理、维护、维修提供物资或者服务;

(十三)船舶的建造、改建、修理、改装或者装备;

(十四)港口、运河、码头、港湾以及其他水道规费和费用;

（十五）船员的工资和其他款项,包括应当为船员支付的遣返费和社会保险费;

（十六）为船舶或者船舶所有人支付的费用;

（十七）船舶所有人或者光船承租人应当支付或者他人为其支付的船舶保险费(包括互保会费);

（十八）船舶所有人或者光船承租人应当支付的或者他人为其支付的与船舶有关的佣金、经纪费或者代理费;

（十九）有关船舶所有权或者占有的纠纷;

（二十）船舶共有人之间有关船舶的使用或者收益的纠纷;

（二十一）船舶抵押权或者同样性质的权利;

（二十二）因船舶买卖合同产生的纠纷。

第二十二条　非因本法第二十一条规定的海事请求不得申请扣押船舶,但为执行判决、仲裁裁决以及其他法律文书的除外。

第二十三条　有下列情形之一的,海事法院可以扣押当事船舶:

（一）船舶所有人对海事请求负有责任,并且在实施扣押时是该船的所有人;

（二）船舶的光船承租人对海事请求负有责任,并且在实施扣押时是该船的光船承租人或者所有人;

（三）具有船舶抵押权或者同样性质的权利的海事请求;

（四）有关船舶所有权或者占有的海事请求;

（五）具有船舶优先权的海事请求。

海事法院可以扣押对海事请求负有责任的船舶所有人、光船承租人、定期租船人或者航次租船人在实施扣押时所有的其他船舶,但与船舶所有权或者占有有关的请求除外。

从事军事、政府公务的船舶不得被扣押。

第二十四条　海事请求人不得因同一海事请求申请扣押已被扣押过的船舶,但有下列情形之一的除外:

（一）被请求人未提供充分的担保;

（二）担保人有可能不能全部或者部分履行担保义务;

（三）海事请求人因合理的原因同意释放被扣押的船舶或者返还已提供的担保;或者不能通过合理措施阻止释放被扣押的船舶或者返还已提供的担保。

第二十五条　海事请求人申请扣押当事船舶,不能立即查明被请求人名称的,不影响申请的提出。

第二十六条　海事法院在发布或者解除扣押船舶命令的同时,可以向有关部门发出协助执行通知书,通知书应当载明协助执行的范围和内容,有关部门有义务协助执行。海事法院认为必要,可以直接派员登轮监护。

第二十七条 海事法院裁定对船舶实施保全后,经海事请求人同意,可以采取限制船舶处分或者抵押等方式允许该船舶继续营运。

第二十八条 海事请求保全扣押船舶的期限为三十日。

海事请求人在三十日内提起诉讼或者申请仲裁以及在诉讼或者仲裁过程中申请扣押船舶的,扣押船舶不受前款规定期限的限制。

第二十九条 船舶扣押期间届满,被请求人不提供担保,而且船舶不宜继续扣押的,海事请求人可以在提起诉讼或者申请仲裁后,向扣押船舶的海事法院申请拍卖船舶。

【司法解释】

(1)《最高人民法院关于适用〈中华人民共和国海事诉讼特别程序法〉若干问题的解释》(法释〔2003〕3号,20030201;经法释〔2008〕18号修正,20081231)

第二十四条 申请扣押船舶错误造成的损失,包括因船舶被扣押在停泊期间产生的各项维持费用与支出、船舶被扣押造成的船期损失和被申请人为使船舶解除扣押而提供担保所支出的费用。

第二十五条 海事请求保全扣押船舶超过三十日、扣押货物或者其他财产超过十五日,海事请求人未提起诉讼或者未按照仲裁协议申请仲裁的,海事法院应当及时解除保全或者返还担保。

海事请求人未在期限内提起诉讼或者申请仲裁,但海事请求人和被请求人协议进行和解或者协议约定了担保期限的,海事法院可以根据海事请求人的申请,裁定认可该协议。

第二十六条 申请人为申请扣押船舶提供限额担保,在扣押船舶期限届满时,未按照海事法院的通知追加担保的,海事法院可以解除扣押。

第二十七条 海事诉讼特别程序法第十八条第二款、第七十四条规定的提供给海事请求人的担保,除被请求人和海事请求人有约定的外,海事请求人应当返还;海事请求人不返还担保的,该担保至海事请求保全期间届满之次日失效。

第二十八条 船舶被扣押期间产生的各项维持费用和支出,应当作为为债权人共同利益支出的费用,从拍卖船舶的价款中优先拨付。

第二十九条 海事法院根据海事诉讼特别程序法第二十七条的规定准许已经实施保全的船舶继续营运的,一般仅限于航行于国内航线上的船舶完成本航次。

(2)《最高人民法院关于扣押与拍卖船舶适用法律若干问题的规定》(法释〔2015〕6号,20150301)

第一条 海事请求人申请对船舶采取限制处分或者抵押等保全措施的,海事法院可以依照民事诉讼法的有关规定,裁定准许并通知船舶登记机关协助执行。

前款规定的保全措施不影响其他海事请求人申请扣押船舶。

第二条 海事法院应不同海事请求人的申请,可以对本院或其他海事法院已经扣押的船舶采取扣押措施。

先申请扣押船舶的海事请求人未申请拍卖船舶的,后申请扣押船舶的海事请求人可以依据海事诉讼特别程序法第二十九条的规定,向准许其扣押申请的海事法院申请拍卖船舶。

第三条 船舶因光船承租人对海事请求负有责任而被扣押的,海事请求人依据海事诉讼特别程序法第二十九条的规定,申请拍卖船舶用于清偿光船承租人经营该船舶产生的相关债务的,海事法院应予准许。

第四条 海事请求人申请扣押船舶的,海事法院应当责令其提供担保。但因船员劳务合同、海上及通海水域人身损害赔偿纠纷申请扣押船舶,且事实清楚、权利义务关系明确的,可以不要求提供担保。

第五条 海事诉讼特别程序法第七十六条第二款规定的海事请求人提供担保的具体数额,应当相当于船舶扣押期间可能产生的各项维持费用与支出、因扣押造成的船期损失和被请求人为使船舶解除扣押而提供担保所支出的费用。

船舶扣押后,海事请求人提供的担保不足以赔偿可能给被请求人造成损失的,海事法院应责令其追加担保。

第六条 案件终审后,海事请求人申请返还其所提供担保的,海事法院应将该申请告知被请求人,被请求人在三十日内未提起相关索赔诉讼的,海事法院可以准许海事请求人返还担保的申请。

被请求人同意返还,或生效法律文书认定被请求人负有责任,且赔偿或给付金额与海事请求人要求被请求人提供担保的数额基本相当的,海事法院可以直接准许海事请求人返还担保的申请。

第七条 船舶扣押期间由船舶所有人或光船承租人负责管理。

船舶所有人或光船承租人不履行船舶管理职责的,海事法院可委托第三人或者海事请求人代为管理,由此产生的费用由船舶所有人或光船承租人承担,或在拍卖船舶价款中优先拨付。

第八条 船舶扣押后,海事请求人依据海事诉讼特别程序法第十九条的规定,向其他有管辖权的海事法院提起诉讼的,可以由扣押船舶的海事法院继续实施保全措施。

第九条 扣押船舶裁定执行前,海事请求人撤回扣押船舶申请的,海事法院应当裁定予以准许,并终结扣押船舶裁定的执行。

扣押船舶裁定作出后因客观原因无法执行的,海事法院应当裁定终结执行。

【批复、答复】

土耳其船东复议申请释放所扣押船舶应否获得支持?

《最高人民法院关于是否支持土耳其船东复议申请释放所扣押船舶的请示的复函》(〔2003〕民四他字第17号,20030815)

天津市高级人民法院:

你院津高法〔03〕84号请示收悉。经研究,答复如下:

天津海事法院作出的扣押土耳其籍"Hidir Selek"轮以及拍卖该轮的民事裁定符合《中华人民共和国海事诉讼特别程序法》的规定。因HSH NORD-BANK AG已经向天津海事法院提起诉讼,天津海事法院未要求其追加担保并不违反我院《关于适用〈中华人民共和国海事诉讼特别程序法〉若干问题的解释》的规定。至于ETA PETROL AKAPYAKIT TICARETI VE NAKLIYATI A. S. 提出的土耳其伊斯坦布尔第六基本商务法庭2003/836裁决的承认与执行问题,应当依照中土两国之间司法协助协定规定的程序办理。ETA PETROL AKARYAKIT TICARETI VE NAKLIYATI A. S. 对天津海事法院拍卖船舶的民事裁定提出的复议申请理由不充分,应予驳回。

此复。

【司法指导文件】

(1)最高人民法院民事审判第四庭《全国法院涉外商事海事审判工作座谈会会议纪要》[法(民四)明传(2021)60号,20211231]

87.【光船承租人因经营光租船舶产生债务在光船承租人或者船舶所有人破产时的受偿问题】因光船承租人而非船舶所有人应负责任的海事请求,对光租船舶申请扣押、拍卖,如果光船承租人进入破产程序,虽然该海事请求属于破产债权,但光租船舶并非光船承租人的财产,不属于破产财产,债权人可以通过海事诉讼程序而非破产程序清偿债务。

因光船承租人应负责任的海事请求而对光租船舶申请扣押、拍卖,且该海事请求具有船舶优先权、抵押权、留置权时,如果船舶所有人进入破产程序,请求人在破产程序开始后可直接向破产管理人请求从船舶价款中行使优先受偿权,并在无担保的破产债权人按照破产财产方案受偿之前进行清偿。

88.【船舶所有人破产程序对船舶扣押与拍卖的影响】海事法院无论基于海事请求保全还是执行生效裁判文书等原因扣押、拍卖船舶,均应当在知悉针对船舶所有人的破产申请被受理后及时解除扣押、中止拍卖程序。

破产程序之前当事人已经申请扣押船舶,后又基于破产程序而解除扣押的,有关船舶优先权已经行使的法律效果不受影响。船舶所有人进入破产程序后,当事人不能申请扣押船舶,属于法定不能通过扣押行使船舶优先权的情形,该类期间可以不计入法定行使船舶优先权的一年期间内。船舶优先权人在船舶所有人进入破产程序后直接申报要求从产生优先权船舶的拍卖价款中优先受偿,且该申报没有超过法定行使船舶优先权一年期间的,该船舶优先权所担保的债权应当在一般破产债权之前优先清偿。

因扣押、拍卖船舶产生的评估、看管费用等支出,根据法发〔2017〕2号《最高人民法院关于执行案件移送破产审查若干问题的指导意见》第15条的规定,可以从债务人财产中随时清偿。

(2)最高人民法院民事审判第四庭《涉外商事海事审判实务问题解答(一)》(20040408)

102. 哪些海事请求可以申请扣押船舶?

答:申请人只有具有《海事诉讼特别程序法》第21条规定的22项海事请求时,才可以向海事法院提出扣押船舶的海事请求保全申请。《海事诉讼特别程序法》规定的22项海事请求以外的请求,不能作为申请海事请求保全的理由。

107. 已经被扣押的船舶能否再次被扣押?

答:船舶被扣押后,其他海事请求人向海事法院提出海事请求保全申请扣押同一艘船舶的,海事法院可以作出扣押船舶的裁定,但是该扣押船舶的命令应在前一个扣押命令被解除时立即开始执行。

110. 被扣押船舶可否正常进行装卸作业?

答:船舶被扣押期间,不影响正常装卸作业的进行;未经扣船法院的准许,被扣押船舶不能离开指定的扣押地点。

111. 在何种情况下,海事法院可以采取"活扣"的保全形式?

答:海事法院根据《海事诉讼特别程序法》的规定采取"活扣"的形式对船舶采取保全措施的,需经海事请求人同意,并且仅限定为国内航线上的船舶完成本航次。

112.《海事诉讼特别程序法》第 23 条规定的"当事船舶"的含义是什么?

答:《海事诉讼特别程序法》规定的"当事船舶"是指引起海事请求的船舶。

(3)《最高人民法院民事审判第四庭、中国海事局关于规范海上交通事故调查与海事案件审理工作的指导意见》(法民四〔2006〕第 1 号,20060119)

二、船舶扣押与船舶拍卖

(一)海事法院裁定扣押船舶,应向海事局发出协助执行通知书,请求海事局提供协助。海事局根据裁定书载明的事项依照法律规定提供协助。协助执行中发生的有关费用,由海事局与海事法院结算。

(二)海事法院请求海事局协助不予办理船舶所有权变更、船舶转让等手续,或者对已经拍卖、变卖船舶的需要办理变更手续,应当出具协助执行通知书和有关裁判文书。

(三)被扣押船舶应当配备足够的在船值班的适任船员,保证船舶的安全。海事局对存在安全隐患的被扣押船舶可以采取强制措施配备船员,或者责令被扣押船舶移泊。涉及被扣押船舶的安全监管、船舶动向等有关事项,海事局与海事法院应当互相通报信息,给予必要的工作配合。

(四)为方便工作,海事法院请求海事局分支机构协助执行扣押船舶的,海事局分支机构向上级海事局报告后,协助办理船舶扣押手续。

【典型案例】

(1)船舶扣押后是否允许船舶继续经营?〔天际国际集团公司(Skyline International Corp.)申请扣押"尼莉莎"轮(M/V NERISSA)案,(2019)鲁 72 财保 108 号〕

海事法院裁定对船舶实施保全后,经海事请求人同意,可以采取限制船舶处分或者抵押等方式允许该船舶继续营运。在扣押外轮后准许船舶继续营运,有利于依法保护外国当事人和利害关系人合法权益。

(2)诉前海事请求保全是否可以对船舶采取"活扣押"方式?〔高吓龙申请诉前海事请求保全案,(2005)厦海法保字第 37 号〕

海事案件中,可依当事人的申请对船舶以活扣押的方式进行诉前财产保全。"活扣押"可以放宽为在海事请求保全期间,基于申请人的申请或同意,以禁止处分船舶、设定船舶抵押权、光船出租船舶等方式对船舶进行保全,但允许船舶继续营运(不限于最后航次)。

8. 船舶拍卖

【相关立法】

《中华人民共和国海事诉讼特别程序法》(20000701)

第三十条 海事法院收到拍卖船舶的申请后,应当进行审查,作出准予或者不准予拍卖船舶的裁定。

当事人对裁定不服的,可以在收到裁定书之日起五日内申请复议一次。海事法院应当在收到复议申请之日起五日内作出复议决定。复议期间停止裁定的执行。

第三十一条 海事请求人提交拍卖船舶申请后,又申请终止拍卖的,是否准许由海事法院裁定。海事法院裁定终止拍卖船舶的,为准备拍卖船舶所发生的费用由海事请求人承担。

第三十二条 海事法院裁定拍卖船舶,应当通过报纸或者其他新闻媒体发布公告。拍卖外籍船舶的,应当通过对外发行的报纸或者其他新闻媒体发布公告。

公告包括以下内容:

(一)被拍卖船舶的名称和国籍;

(二)拍卖船舶的理由和依据;

(三)拍卖船舶委员会的组成;

(四)拍卖船舶的时间和地点;

(五)被拍卖船舶的展示时间和地点;

(六)参加竞买应当办理的手续;

(七)办理债权登记事项;

(八)需要公告的其他事项。

拍卖船舶的公告期间不少于三十日。

第三十三条 海事法院应当在拍卖船舶三十日前,向被拍卖船舶登记国的登记机关和已知的船舶优先权人、抵押权人和船舶所有人发出通知。

通知内容包括被拍卖船舶的名称、拍卖船舶的时间和地点、拍卖船舶的理由和依据以及债权登记等。

通知方式包括书面方式和能够确认收悉的其他适当方式。

第三十四条 拍卖船舶由拍卖船舶委员会实施。拍卖船舶委员会由海事法院指定的本院执行人员和聘请的拍卖师、验船师三人或者五人组成。

拍卖船舶委员会组织对船舶鉴定、估价;组织和主持拍卖;与竞买人签订拍卖成交确认书;办理船舶移交手续。

拍卖船舶委员会对海事法院负责,受海事法院监督。

第三十五条 竞买人应当在规定的期限内向拍卖船舶委员会登记。登记时应当交验本人、企业法定代表人或者其他组织负责人身份证明和委托代理人的授权委托书,并交纳一定数额的买船保证金。

第三十六条 拍卖船舶委员会应当在拍卖船舶前,展示被拍卖船舶,并提供察看被拍卖船舶的条件和有关资料。

第三十七条 买受人在签署拍卖成交确认书后,应当立即交付不低于百分之二十的船舶价款,其余价款在成交之日起七日内付清,但拍卖船舶委员会与买受人另有约定的除外。

第三十八条 买受人付清全部价款后,原船舶所有人应当在指定的期限内于船舶停泊地以船舶现状向买受人移交船舶。拍卖船舶委员会组织和监督船舶的移交,并在船舶移交后与买受人签署船舶移交完毕确认书。

移交船舶完毕,海事法院发布解除扣押船舶命令。

第三十九条 船舶移交后,海事法院应当通过报纸或者其他新闻媒体发布公告,公布船舶已经公开拍卖并移交给买受人。

第四十条 买受人接收船舶后,应当持拍卖成交确认书和有关材料,向船舶登记机关办理船舶所有权登记手续。原船舶所有人应当向原船舶登记机关办理船舶所有权注销登记。原船舶所有人不办理船舶所有权注销登记的,不影响船舶所有权的转让。

第四十一条 竞买人之间恶意串通的,拍卖无效。参与恶意串通的竞买人应当承担拍卖船舶费用并赔偿有关损失。海事法院可以对参与恶意串通的竞买人处最高应价百分之十以上百分之三十以下的罚款。

第四十二条 除本节规定的以外,拍卖适用《中华人民共和国拍卖法》的有关规定。

第四十三条 执行程序中拍卖被扣押船舶清偿债务的,可以参照本节有关规定。

【司法解释】

(1)《最高人民法院关于适用〈中华人民共和国海事诉讼特别程序法〉若干问题的解释》(法释〔2003〕3号,20030201;经法释〔2008〕18号修正,20081231)

第三十条 申请扣押船舶的海事请求人在提起诉讼或者申请仲裁后,不申请拍卖被扣押船舶的,海事法院可以根据被申请人的申请拍卖船舶。拍卖所得价款由海事法院提存。

第三十一条 海事法院裁定拍卖船舶,应当通过报纸或者其他新闻媒体连续公告三日。

第三十二条 利害关系人请求终止拍卖被扣押船舶的,是否准许,海事法院应当作出裁定;海事法院裁定终止拍卖船舶的,为准备拍卖船舶所发生的费用由利害关系人承担。

第三十三条 拍卖船舶申请人或者利害关系人申请终止拍卖船舶的,应当在公告确定的拍卖船舶日期届满七日前提出。

第三十四条 海事请求人和被请求人应当按照海事法院的要求提供海事诉讼特别程序法第三十三条规定的已知的船舶优先权人、抵押权人和船舶所有人的有关确切情况。

第三十五条 海事诉讼特别程序法第三十八条规定的船舶现状指船舶展示时的状况。船舶交接时的状况与船舶展示时的状况经评估确有明显差别的,船舶价款应当作适当的扣减,但属于正常损耗或者消耗的燃油不在此限。

(2)《最高人民法院关于扣押与拍卖船舶适用法律若干问题的规定》(法释〔2015〕6号,20150301)

第十条 船舶拍卖未能成交,需要再次拍卖的,适用拍卖法第四十五条关于拍卖日七日前发布拍卖公告的规定。

第十一条 拍卖船舶由拍卖船舶委员会实施,海事法院不另行委托拍卖机构进行拍卖。

第十二条 海事法院拍卖船舶应当依据评估价确定保留价。保留价不得公开。

第一次拍卖时,保留价不得低于评估价的百分之八十;因流拍需要再行拍卖的,可以酌情降低保留价,但降低的数额不得超过前次保留价的百分之二十。

第十三条 对经过两次拍卖仍然流拍的船舶,可以进行变卖。变卖价格不得低于评估价的百分之五十。

第十四条 依照本规定第十三条变卖仍未成交的,经已受理登记债权三分之二以上份额的债权人同意,可以低于评估价的百分之五十进行变卖处理。仍未成交的,海事法院可以解除船舶扣押。

第十五条 船舶经海事法院拍卖、变卖后,对该船舶已采取的其他保全措施效力消灭。

第十六条 海事诉讼特别程序法第一百一十一条规定的申请债权登记期间的届满之日,为拍卖船舶公告最后一次发布之日起第六十日。

前款所指公告为第一次拍卖时的拍卖船舶公告。

第十七条 海事法院受理债权登记申请后,应当在船舶被拍卖、变卖成交后,依照海事诉讼特别程序法第一百一十四条的规定作出是否准予的裁定。

第十八条 申请拍卖船舶的海事请求人未经债权登记,直接要求参与拍卖船舶价款分配的,海事法院应予准许。

第十九条 海事法院裁定终止拍卖船舶的,应当同时裁定终结债权登记受偿程序,当事人已经缴纳的债权登记申请费予以退还。

第二十条 当事人在债权登记前已经就有关债权提起诉讼的,不适用海事诉讼特别程序法第一百一十六条第二款的规定,当事人对海事法院作出的判决、裁定可以依法提起上诉。

第二十一条 债权人依照海事诉讼特别程序法第一百一十六条第一款的规定提起确权诉讼后,需要判定碰撞船舶过失程度比例的,当事人对海事法院作出的判决、裁定可以依法提起上诉。

第二十二条 海事法院拍卖、变卖船舶所得价款及其利息,先行拨付海事诉讼特别程序法第一百一十九条第二款规定的费用后,依法按照下列顺序进行分配:

(一)具有船舶优先权的海事请求;

(二)由船舶留置权担保的海事请求;

(三)由船舶抵押权担保的海事请求;

(四)与被拍卖、变卖船舶有关的其他海事请求。

依据海事诉讼特别程序法第二十三条第二款的规定申请扣押船舶的海事请求人申请拍卖船舶的,在前款规定海事请求清偿后,参与船舶价款的分配。

依照前款规定分配后的余款,按照民事诉讼法及相关司法解释的规定执行。

第二十三条 当事人依照民事诉讼法第十五章第七节的规定,申请拍卖船舶实现船舶担保物权的,由船舶所在地或船籍港所在地的海事法院管辖,按照海事诉讼特别程序法以及本规定关于船舶拍卖受偿程序的规定处理。

第二十四条 海事法院的上级人民法院扣押与拍卖船舶的,适用本规定。

执行程序中拍卖被扣押船舶清偿债务的,适用本规定。

第二十五条 本规定施行前已经实施的船舶扣押与拍卖,本规定施行后当事人申请复议的,不适用本规定。

【批复、答复】

地方人民法院可否对属于被执行人财产的船舶进行扣押、拍卖?

《最高人民法院民事审判第四庭关于广州海事法院拍卖"新双运机 13"等船舶后价款分配问题的请示的答复》(〔2005〕民四他字第 42 号,20051124)

广东省高级人民法院:

你院〔2005〕粤高法民四他字第 18 号"关于广州海事法院拍卖'新双运机 13' 等船舶后价款分配问题的请示"报告收悉。经研究,答复如下:

依照我院《关于海事法院受理案件范围的若干规定》,江门市新会区人民法院审理的三件船舶抵押贷款纠纷案件,属于海事法院专门管辖的海事纠纷案件。新会区人民法院违反规定受理海事案件显属不当,应予纠正。鉴于该院已经审结三案,并进入执行程序,对该三案可不进入审判监督程序,但你院应当向该院明确指出其在受理案件程序上的错误。

根据我院《关于适用〈中华人民共和国海事诉讼特别程序法〉若干问题的解释》的规定,地方人民法院为执行生效法律文书对属于被执行人财产的船舶进行扣押、拍卖的,应当委托船籍港所在地或者船舶所在地的海事法院执行,包括对船舶扣押、拍卖以及债权分配,以保护与船舶相关的特殊债权人的利益,新会区人民法院应将三执行案件移送广州海事法院执行。

广州海事法院应当依照《中华人民共和国海事诉讼特别程序法》以及《中华人民共和国海商法》的有关规定,对船舶价款予以清偿。中国银行新会支行作为债权人,可以依据新会区人民法院发生法律效力的判决书确认的债权申请债权登记,参加对船舶价款的清偿。鉴于中国银行新会支行的债权属于船舶抵押权,且已经向新会区人民法院申请强制执行,新会区人民法院也已经委托广州海事法院扣押、拍卖船舶,在中国银行新会支行没有申请债权登记的情况下,可将该行依据新会区人民法院三份判决确认的债权,在船舶价款中依照法定的顺序予以清偿。

【司法指导文件】

《最高人民法院民事审判第四庭、中国海事局关于规范海上交通事故调查与海事案件审理工作的指导意见》(法民四〔2006〕第 1 号,20060119)

二、船舶扣押与船舶拍卖

(五)海事法院作出船舶拍卖裁定后,应当及时通知协助扣押船舶的海事局。船舶拍卖公告发布后,海事局可以通知已公告拍卖船舶的登记抵押权人在海事法院办理海事债权登记。

9. 船载货物、船用燃油及船用物料的扣押

【相关立法】

《中华人民共和国海事诉讼特别程序法》(20000701)

第四十四条 海事请求人为保障其海事请求的实现,可以申请扣押船载货物。

申请扣押的船载货物,应当属于被请求人所有。

第四十五条 海事请求人申请扣押船载货物的价值,应当与其债权数额相当。

第四十六条 海事请求保全扣押船载货物的期限为十五日。

海事请求人在十五日内提起诉讼或者申请仲裁以及在诉讼或者仲裁过程中申请扣押船载货物的,扣押船载货物不受前款规定期限的限制。

第四十七条 船载货物扣押期间届满,被请求人不提供担保,而且货物不宜继续扣押的,海事请求人可以在提起诉讼或者申请仲裁后,向扣押船载货物的海事法院申请拍卖货物。

对无法保管、不易保管或者保管费用可能超过其价值的物品,海事请求人可以申请提前拍卖。

【司法解释】

《最高人民法院关于适用〈中华人民共和国海事诉讼特别程序法〉若干问题的解释》(法释〔2003〕3号,20030201;经法释〔2008〕18号修正,20081231)

第十九条 海事诉讼特别程序法规定的船载货物指处于承运人掌管之下,尚未装船或者已经装载于船上以及已经卸载的货物。

第三十六条 海事请求人申请扣押船载货物的价值应当与其请求的债权数额相当,但船载货物为不可分割的财产除外。

第三十七条 拍卖的船舶移交后,海事法院应当及时通知相关的船舶登记机关。

第三十八条 海事请求人申请扣押船用燃油、物料的,除适用海事诉讼特别程序法第五十条的规定外,还可以适用海事诉讼特别程序法第三章第一节的规定。

第三十九条　二十总吨以下小型船艇的扣押和拍卖,可以依照民事诉讼法规定的扣押和拍卖程序进行。

10. 船载货物、船用燃油及船用物料的拍卖

【相关立法】

《中华人民共和国海事诉讼特别程序法》(20000701)

第四十八条　海事法院收到拍卖船载货物的申请后,应当进行审查,在七日内作出准予或者不准予拍卖船载货物的裁定。

当事人对裁定不服的,可以在收到裁定书之日起五日内申请复议一次。海事法院应当在收到复议申请之日起五日内作出复议决定。复议期间停止裁定的执行。

第四十九条　拍卖船载货物由海事法院指定的本院执行人员和聘请的拍卖师组成的拍卖组织实施,或者由海事法院委托的机构实施。

拍卖船载货物,本节没有规定的,参照本章第二节拍卖船舶的有关规定。

第五十条　海事请求人对与海事请求有关的船用燃油、船用物料申请海事请求保全,适用本节规定。

【司法解释】

《最高人民法院关于适用〈中华人民共和国海事诉讼特别程序法〉若干问题的解释》(法释〔2003〕3 号,20030201;经法释〔2008〕18 号修正,20081231)

第四十条　申请人依据《中华人民共和国海商法》第八十八条规定申请拍卖留置的货物的,参照海事诉讼特别程序法关于拍卖船载货物的规定执行。

四十五、申请海事支付令

1. 案由释义

海事支付令,是指海事法院根据债权人基于海事事由的请求,责令债务人给付金钱或者有价证券的命令。根据民事诉讼法的规定,申请支付令应当按照督促程序办理。督促程序,即人民法院催促债务人向债权人履行债务的程序。按照该程序规定,对于特定的请求,人民法院可以不经开庭审理,仅依债权人的主张径行向债务人发出附条件的支付令,责令其在一定期限内或为履行,或提异议。如果债务人不在规定的期间内提出异议,该支付令即取得与确定判决同等的法律效力,人民法院可以强制执行。

2. 管辖

【相关立法】

《中华人民共和国海事诉讼特别程序法》(20000701)

第九十九条 债权人基于海事事由请求债务人给付金钱或者有价证券,符合《中华人民共和国民事诉讼法》有关规定的,可以向有管辖权的海事法院申请支付令。

债务人是外国人、无国籍人、外国企业或者组织,但在中华人民共和国领域内有住所、代表机构或者分支机构并能够送达支付令的,债权人可以向有管辖权的海事法院申请支付令。

【司法解释】

《最高人民法院关于适用〈中华人民共和国民事诉讼法〉的解释》(法释〔2015〕5号,20150204;经法释〔2022〕11号修正,20220410)

第二十三条 债权人申请支付令,适用民事诉讼法第二十二条规定,由债务人住所地基层人民法院管辖。

第四百二十六条　人民法院收到债权人的支付令申请书后,认为申请书不符合要求的,可以通知债权人限期补正。人民法院应当自收到补正材料之日起五日内通知债权人是否受理。

3. 申请海事支付令申请费

【行政法规】

《诉讼费用交纳办法》(20070401)

第十条　当事人依法向人民法院申请下列事项,应当交纳申请费:

……

(三)申请支付令;

……

第十四条　申请费分别按照下列标准交纳:

……

(三)依法申请支付令的,比照财产案件受理费标准的1/3交纳。

……

4. 海事支付令的申请

【相关立法】

《中华人民共和国民事诉讼法》(19910409;20220101)

第二百二十一条　债权人请求债务人给付金钱、有价证券,符合下列条件的,可以向有管辖权的基层人民法院申请支付令:

(一)债权人与债务人没有其他债务纠纷的;

(二)支付令能够送达债务人的。

申请书应当写明请求给付金钱或者有价证券的数量和所根据的事实、证据。

【司法解释】

《最高人民法院关于适用〈中华人民共和国民事诉讼法〉的解释》(法释〔2015〕5号,20150204;经法释〔2022〕11号修正,20220410)

第四百二十六条　人民法院收到债权人的支付令申请书后,认为申请书不符合要求的,可以通知债权人限期补正。人民法院应当自收到补正材料之日起五日内通知债权人是否受理。

5. 申请海事支付令的受理

【相关立法】

《中华人民共和国民事诉讼法》(19910409;20220101)

第二百二十二条　债权人提出申请后,人民法院应当在五日内通知债权人是否受理。

【司法解释】

《最高人民法院关于适用〈中华人民共和国民事诉讼法〉的解释》(法释〔2015〕5 号,20150204;经法释〔2022〕11 号修正,20220410)

第四百二十七条　债权人申请支付令,符合下列条件的,基层人民法院应当受理,并在收到支付令申请书后五日内通知债权人:

(一)请求给付金钱或者汇票、本票、支票、股票、债券、国库券、可转让的存款单等有价证券;

(二)请求给付的金钱或者有价证券已到期且数额确定,并写明了请求所根据的事实、证据;

(三)债权人没有对待给付义务;

(四)债务人在我国境内且未下落不明;

(五)支付令能够送达债务人;

(六)收到申请书的人民法院有管辖权;

(七)债权人未向人民法院申请诉前保全。

不符合前款规定的,人民法院应当在收到支付令申请书后五日内通知债权人不予受理。

基层人民法院受理申请支付令案件,不受债权金额的限制。

6. 海事支付令的审查

【相关立法】

《中华人民共和国民事诉讼法》(19910409;20220101)

第二百二十三条　人民法院受理申请后,经审查债权人提供的事实、证据,对债权债务关系明确、合法的,应当在受理之日起十五日内向债务人发出支付令;申请不成立的,裁定予以驳回。

债务人应当自收到支付令之日起十五日内清偿债务,或者向人民法院提出书面异议。

债务人在前款规定的期间不提出异议又不履行支付令的,债权人可以向人民法院申请执行。

【司法解释】

《最高人民法院关于适用〈中华人民共和国民事诉讼法〉的解释》(法释〔2015〕5 号,20150204;经法释〔2022〕11 号修正,20220410)

第四百二十八条 人民法院受理申请后,由审判员一人进行审查。经审查,有下列情形之一的,裁定驳回申请:

(一)申请人不具备当事人资格的;

(二)给付金钱或者有价证券的证明文件没有约定逾期给付利息或者违约金、赔偿金,债权人坚持要求给付利息或者违约金、赔偿金的;

(三)要求给付的金钱或者有价证券属于违法所得的;

(四)要求给付的金钱或者有价证券尚未到期或者数额不确定的。

人民法院受理支付令申请后,发现不符合本解释规定的受理条件的,应当在受理之日起十五日内裁定驳回申请。

【典型案例】

海事支付令法院审查标准? 〔江西中外运有限公司申请支付令案,(2014)武海法督字第 00001 号〕

法院对支付令的申请只进行形式审查,不做实质性判断,只要债权人的申请符合法定形式要件,法院即可受理;督促程序仅适用于债权人与债务人对他们之间权利义务关系没有争议的情况,如果债权人对债务人负有对等给付义务,或者双方之间尚存在其他债务纠纷的,则不应提出督促程序,而应提起普通程序。

7. 对海事支付令的异议审查

【相关立法】

《中华人民共和国民事诉讼法》(19910409;20220101)

第二百二十四条 人民法院收到债务人提出的书面异议后,经审查,异议成立的,应当裁定终结督促程序,支付令自行失效。

支付令失效的,转入诉讼程序,但申请支付令的一方当事人不同意提起诉讼的除外。

【司法解释】

《最高人民法院关于适用〈中华人民共和国民事诉讼法〉的解释》（法释〔2015〕5 号,20150204;经法释〔2022〕11 号修正,20220410）

第四百三十一条　债务人在收到支付令后,未在法定期间提出书面异议,而向其他人民法院起诉的,不影响支付令的效力。

债务人超过法定期间提出异议的,视为未提出异议。

第四百三十二条　债权人基于同一债权债务关系,在同一支付令申请中向债务人提出多项支付请求,债务人仅就其中一项或者几项请求提出异议的,不影响其他各项请求的效力。

第四百三十三条　债权人基于同一债权债务关系,就可分之债向多个债务人提出支付请求,多个债务人中的一人或者几人提出异议的,不影响其他请求的效力。

第四百三十五条　经形式审查,债务人提出的书面异议有下列情形之一的,应当认定异议成立,裁定终结督促程序,支付令自行失效:

(一)本解释规定的不予受理申请情形的;

(二)本解释规定的裁定驳回申请情形的;

(三)本解释规定的应当裁定终结督促程序情形的;

(四)人民法院对是否符合发出支付令条件产生合理怀疑的。

第四百三十六条　债务人对债务本身没有异议,只是提出缺乏清偿能力、延缓债务清偿期限、变更债务清偿方式等异议的,不影响支付令的效力。

人民法院经审查认为异议不成立的,裁定驳回。

债务人的口头异议无效。

第四百三十七条　人民法院作出终结督促程序或者驳回异议裁定前,债务人请求撤回异议的,应当裁定准许。

债务人对撤回异议反悔的,人民法院不予支持。

8. 海事支付令的失效及处理

【相关立法】

《中华人民共和国民事诉讼法》（19910409;20220101）

第二百二十四条　人民法院收到债务人提出的书面异议后,经审查,异议成立的,应当裁定终结督促程序,支付令自行失效。

支付令失效的,转入诉讼程序,但申请支付令的一方当事人不同意提起诉讼的除外。

【司法解释】

《最高人民法院关于适用〈中华人民共和国民事诉讼法〉的解释》（法释
〔2015〕5 号，20150204；经法释〔2022〕11 号修正，20220410）

第四百三十条　有下列情形之一的，人民法院应当裁定终结督促程序，
已发出支付令的，支付令自行失效：

（一）人民法院受理支付令申请后，债权人就同一债权债务关系又提起
诉讼的；

（二）人民法院发出支付令之日起三十日内无法送达债务人的；

（三）债务人收到支付令前，债权人撤回申请的。

第四百三十四条　对设有担保的债务的主债务人发出的支付令，对担保
人没有拘束力。

债权人就担保关系单独提起诉讼的，支付令自人民法院受理案件之日起
失效。

第四百三十五条　经形式审查，债务人提出的书面异议有下列情形之一
的，应当认定异议成立，裁定终结督促程序，支付令自行失效：

（一）本解释规定的不予受理申请情形的；

（二）本解释规定的裁定驳回申请情形的；

（三）本解释规定的应当裁定终结督促程序情形的；

（四）人民法院对是否符合发出支付令条件产生合理怀疑的。

第四百三十八条　支付令失效后，申请支付令的一方当事人不同意提起
诉讼的，应当自收到终结督促程序裁定之日起七日内向受理申请的人民法院
提出。

申请支付令的一方当事人不同意提起诉讼的，不影响其向其他有管辖权
的人民法院提起诉讼。

第四百三十九条　支付令失效后，申请支付令的一方当事人自收到终结
督促程序裁定之日起七日内未向受理申请的人民法院表明不同意提起诉讼
的，视为向受理申请的人民法院起诉。

债权人提出支付令申请的时间，即为向人民法院起诉的时间。

9. 关于海事支付令的送达、期间及撤销的特殊规定

【司法解释】

《最高人民法院关于适用〈中华人民共和国民事诉讼法〉的解释》（法释
〔2015〕5 号，20150204；经法释〔2022〕11 号修正，20220410）

第四百二十九条　向债务人本人送达支付令，债务人拒绝接收的，人民
法院可以留置送达。

第四百四十条　债权人向人民法院申请执行支付令的期间，适用民事诉
讼法第二百四十六条的规定。

第四百四十一条　人民法院院长发现本院已经发生法律效力的支付令
确有错误，认为需要撤销的，应当提交本院审判委员会讨论决定后，裁定撤销
支付令，驳回债权人的申请。

四十六、申请海事强制令

1. 案由释义

申请海事强制令,是指海事法院根据海事请求人的申请,为使其合法权益免受侵害,采取责令被请求人作为或者不作为的强制措施,该强制措施又被称为"海事行为保全"。海事强制令既可以在起诉前向海事纠纷发生地的海事法院提出,也可以在进入实体诉讼后向受诉的海事法院提出。

2. 管辖

【相关立法】

《中华人民共和国海事诉讼特别程序法》(20000701)

第五十一条 海事强制令是指海事法院根据海事请求人的申请,为使其合法权益免受侵害,责令被请求人作为或者不作为的强制措施。

第五十二条 当事人在起诉前申请海事强制令,应当向海事纠纷发生地海事法院提出。

第五十三条 海事强制令不受当事人之间关于该海事请求的诉讼管辖协议或者仲裁协议的约束。

第六十一条 海事强制令执行后,有关海事纠纷未进入诉讼或者仲裁程序的,当事人就该海事请求,可以向作出海事强制令的海事法院或者其他有管辖权的海事法院提起诉讼,但当事人之间订有诉讼管辖协议或者仲裁协议的除外。

【司法解释】

《最高人民法院关于适用〈中华人民共和国海事诉讼特别程序法〉若干问题的解释》（法释〔2003〕3 号，20030201；经法释〔2008〕18 号修正，20081231）

第四十一条 诉讼或者仲裁前申请海事强制令的，适用海事诉讼特别程序法第五十三条的规定。

外国法院已受理相关海事案件或者有关纠纷已经提交仲裁的，当事人向中华人民共和国的海事法院提出海事强制令申请，并向法院提供可以执行海事强制令的相关证据的，海事法院应当受理。

第四十六条 被请求人依据海事诉讼特别程序法第六十条的规定要求海事请求人赔偿损失的，由发布海事强制令的海事法院受理。

3. 申请海事强制令申请费

【行政法规】

《诉讼费用交纳办法》（20070401）

第十条 当事人依法向人民法院申请下列事项，应当交纳申请费：

……

（七）申请海事强制令、共同海损理算、设立海事赔偿责任限制基金、海事债权登记、船舶优先权催告；

……

第十四条 申请费分别按照下列标准交纳：

……

（七）海事案件的申请费按照下列标准交纳：

……

2. 申请海事强制令的，每件交纳 1000 元至 5000 元；

……

第三十九条 海事案件中的有关诉讼费用依照下列规定负担：

（一）诉前申请海事请求保全、海事强制令的，申请费由申请人负担；申请人就有关海事请求提起诉讼的，可将上述费用列入诉讼请求；

……

4. 海事强制令的申请

【相关立法】

《中华人民共和国海事诉讼特别程序法》（20000701）

第五十四条　海事请求人申请海事强制令，应当向海事法院提交书面申请。申请书应当载明申请理由，并附有关证据。

【典型案例】

为纠正合同违约行为可否申请海事强制令？［浙江石油化工有限公司与宁波新诺亚供应链管理有限公司申请海事强制令纠纷案，(2019)浙72行保6号］

合同履行过程中，在双方当事人争议金额明显低于涉案货物价值、损失金额情况下，且双方合同不存在有碍于请求人申请海事强制令的条款的前提下，请求人在符合海事诉讼特别程序法规定条件情况下，可以向海事法院申请海事强制令，纠正被请求人的违约行为。

5. 申请海事强制令的担保

【相关立法】

《中华人民共和国海事诉讼特别程序法》（20000701）

第五十五条　海事法院受理海事强制令申请，可以责令海事请求人提供担保。海事请求人不提供的，驳回其申请。

【典型案例】

申请人提供担保在司法实践中如何运用？［大连凯洋食品有限公司等申请海事强制令案，(2021)辽72行保16号］

2020年底，因大连市突发境外输入型新冠肺炎疫情，凯洋公司通过马士基公司海运进口的10个集装箱冷冻海产品，滞留大连港数月，超过了马士基公司提供的集装箱免费使用期。凯洋公司在办妥各项手续主张提货时，马士基公司要求其支付滞箱费189万余元，否则拒绝交货。凯洋公司向大连海事法院申请海事强制令，请求责令马士基公司立即向其交付货物。大连海事法院审查认为，凯洋公司提交了人民币200万元的现金担保，海事强制令申请符合法律规定。裁定准许海事强制令申请，责令马士基公司立即向凯洋公司交付案涉集装箱货物。法院灵活运用海事强制令，打破僵局，加速了滞港集装箱及所载货物的流转,将船货双方的损失降至最低,并通过要求申请人提供担保保护了航运公司的合法权益。

6. 海事强制令的审查及处理

【相关立法】

《中华人民共和国海事诉讼特别程序法》(20000701)

第五十六条 作出海事强制令,应当具备下列条件:

(一)请求人有具体的海事请求;

(二)需要纠正被请求人违反法律规定或者合同约定的行为;

(三)情况紧急,不立即作出海事强制令将造成损害或者使损害扩大。

第五十七条 海事法院接受申请后,应当在四十八小时内作出裁定。裁定作出海事强制令的,应当立即执行;对不符合海事强制令条件的,裁定驳回其申请。

【司法解释】

《最高人民法院关于适用〈中华人民共和国海事诉讼特别程序法〉若干问题的解释》(法释〔2003〕3 号,20030201;经法释〔2008〕18 号修正,20081231)

第四十二条 海事法院根据海事诉讼特别程序法第五十七条规定,准予申请人海事强制令申请的,应当制作民事裁定书并发布海事强制令。

【典型案例】

(1)"保护当事人合法权益、避免损失扩大的制度功能"在司法实践中如何体现?[联盟多式联运有限合伙公司与深圳运达物流供应链服务有限公司海事强制令案,(2017)沪72行保4号]

承运人无正当理由,拒绝将货物交付托运人,违反合同约定及相关法律规定。货物已在港口滞留半年,为避免损失进一步扩大,托运人向相关的海事法院申请海事强制令,符合相关法律规定。本案的处理充分体现了海事强制令制度保护当事人合法权益、避免损失扩大的制度功能。涉案货物是保障哈萨克斯坦共和国居民供电及冬季取暖的重要设备,在连云港滞留近半年,如不能及时运输出境,将按照海关规定被处以罚款、强制退运甚至罚没。上海海事法院及时作出海事强制令,使"一带一路"沿线国家企业与人民的合法权益得到中国法院的及时救济。

（2）在 FOB 买卖下,交货托运人是否可以通过海事强制令要求货运代理人交付提单?〔深圳市燕加隆实业发展有限公司申请海事强制令案,（2013）甬海法强字第 9 号〕

根据海商法的规定,燕加隆公司作为交货托运人,有权要求承运人签发提单。货运代理人拒绝向交货托运人交付提单,交货托运人将因为无法占有提单而丧失对货物的控制权。故作出民事裁定书,并据此发布海事强制令,命令被请求人广东华光国际货运代理有限公司立即向请求人深圳市燕加隆实业发展有限公司交付集装箱货物的全套正本提单。同时,因实体问题必须通过案件审理或仲裁方式才能查明,告知货运代理人或其他利害关系人可以通过提起诉讼或者申请仲裁的方式,维护自己的权益。

7. 海事强制令的复议及异议程序

【相关立法】

《中华人民共和国海事诉讼特别程序法》（20000701）

第五十八条　当事人对裁定不服的,可以在收到裁定书之日起五日内申请复议一次。海事法院应当在收到复议申请之日起五日内作出复议决定。复议期间不停止裁定的执行。

利害关系人对海事强制令提出异议,海事法院经审查,认为理由成立的,应当裁定撤销海事强制令。

【司法解释】

《最高人民法院关于适用〈中华人民共和国海事诉讼特别程序法〉若干问题的解释》（法释〔2003〕3 号,20030201;经法释〔2008〕18 号修正,20081231）

第四十四条　利害关系人对海事法院作出海事强制令的民事裁定提出异议,海事法院经审查认为理由不成立的,应当书面通知利害关系人。

第四十五条　海事强制令发布后十五日内,被请求人未提出异议,也未就相关的海事纠纷提起诉讼或者申请仲裁的,海事法院可以应申请人的请求,返还其提供的担保。

8. 拒不执行海事强制令的后果

【相关立法】

《中华人民共和国海事诉讼特别程序法》(20000701)

第五十九条 被请求人拒不执行海事强制令的,海事法院可以根据情节轻重处以罚款、拘留;构成犯罪的,依法追究刑事责任。

对个人的罚款金额,为一千元以上三万元以下。对单位的罚款金额,为三万元以上十万元以下。

拘留的期限,为十五日以下。

【司法解释】

《最高人民法院关于适用〈中华人民共和国海事诉讼特别程序法〉若干问题的解释》(法释〔2003〕3 号,20030201;经法释〔2008〕18 号修正,20081231)

第四十三条 海事强制令由海事法院执行。被申请人、其他相关单位或者个人不履行海事强制令的,海事法院应当依据民事诉讼法的有关规定强制执行。

9. 海事强制令错误的处理

【相关立法】

《中华人民共和国海事诉讼特别程序法》(20000701)

第六十条 海事请求人申请海事强制令错误的,应当赔偿被请求人或者利害关系人因此所遭受的损失。

【典型案例】

基于正本提单申请海事强制令是否构成侵权责任?[赛奥尔航运有限公司与唐山港陆钢铁有限公司错误申请海事强制令损害赔偿纠纷案,(2014)津高民再字第0005 号]

基于正本提单申请海事强制令提取货物的行为不具有客观违法性和主观过错性,不能构成侵权责任。

四十七、申请海事证据保全

1. 案由释义

海事证据保全,是指海事法院根据海事请求人的申请,依法对有关海事请求的证据予以提取、保存或者封存的强制措施。海事证据保全是一个独立的程序。申请人可以在诉前、诉中或仲裁前后随时申请海事证据保全。

2. 管辖

【相关立法】

《中华人民共和国海事诉讼特别程序法》(20000701)

第六十二条　海事证据保全是指海事法院根据海事请求人的申请,对有关海事请求的证据予以提取、保存或者封存的强制措施。

第六十三条　当事人在起诉前申请海事证据保全,应当向被保全的证据所在地海事法院提出。

第六十四条　海事证据保全不受当事人之间关于该海事请求的诉讼管辖协议或者仲裁协议的约束。

第七十二条　海事证据保全后,有关海事纠纷未进入诉讼或者仲裁程序的,当事人就该海事请求,可以向采取证据保全的海事法院或者其他有管辖权的海事法院提起诉讼,但当事人之间订有诉讼管辖协议或者仲裁协议的除外。

【司法解释】

(1)《最高人民法院关于适用〈中华人民共和国海事诉讼特别程序法〉若干问题的解释》(法释〔2003〕3号,20030201;经法释〔2008〕18号修正,20081231)

第四十七条　诉讼前申请海事证据保全,适用海事诉讼特别程序法第六十四条的规定。

外国法院已受理相关海事案件或者有关纠纷已经提交仲裁,当事人向中华人民共和国的海事法院提出海事证据保全申请,并提供被保全的证据在中华人民共和国领域内的相关证据的,海事法院应当受理。

第五十一条 被请求人依据海事诉讼特别程序法第七十一条的规定要求海事请求人赔偿损失的,由采取海事证据保全的海事法院受理。

(2)《最高人民法院关于审理船舶油污损害赔偿纠纷案件若干问题的规定》(法释〔2011〕14 号,20110701;经法释〔2020〕18 号修正,20210101)

第二条 当事人就油轮装载持久性油类造成的油污损害提起诉讼、申请设立油污损害赔偿责任限制基金,由船舶油污事故发生地海事法院管辖。

油轮装载持久性油类引起的船舶油污事故,发生在中华人民共和国领域和管辖的其他海域外,对中华人民共和国领域和管辖的其他海域造成油污损害或者形成油污损害威胁,当事人就船舶油污事故造成的损害提起诉讼、申请设立油污损害赔偿责任限制基金,由油污损害结果地或者采取预防油污措施地海事法院管辖。

3. 申请海事证据保全申请费

【行政法规】

《诉讼费用交纳办法》(20070401)

第十条 当事人依法向人民法院申请下列事项,应当交纳申请费:

……

(二)申请保全措施;

……

第十四条 申请费分别按照下列标准交纳:

……

(二)申请保全措施的,根据实际保全的财产数额按照下列标准交纳:

财产数额不超过 1000 元或者不涉及财产数额的,每件交纳 30 元;超过 1000 元至 10 万元的部分,按照 1% 交纳;超过 10 万元的部分,按照 0.5% 交纳。但是,当事人申请保全措施交纳的费用最多不超过 5000 元。

……

第三十九条 海事案件中的有关诉讼费用依照下列规定负担:

……

（二）诉前申请海事证据保全的,申请费由申请人负担;

……

4. 海事证据保全的申请

【相关立法】

《中华人民共和国海事诉讼特别程序法》(20000701)

第六十五条 海事请求人申请海事证据保全,应当向海事法院提交书面申请。申请书应当载明请求保全的证据、该证据与海事请求的联系、申请理由。

【司法解释】

《最高人民法院关于适用〈中华人民共和国海事诉讼特别程序法〉若干问题的解释》(法释〔2003〕3号,20030201;经法释〔2008〕18号修正,20081231)

第四十八条 海事请求人申请海事证据保全,申请书除应当依照海事诉讼特别程序法第六十五条的规定载明相应内容外,还应当载明证据收集、调取的有关线索。

5. 申请海事证据保全的担保

【相关立法】

《中华人民共和国海事诉讼特别程序法》(20000701)

第六十六条 海事法院受理海事证据保全申请,可以责令海事请求人提供担保。海事请求人不提供的,驳回其申请。

6. 海事证据保全的审查

【相关立法】

《中华人民共和国海事诉讼特别程序法》(20000701)

第六十七条 采取海事证据保全,应当具备下列条件:

（一）请求人是海事请求的当事人;

（二）请求保全的证据对该海事请求具有证明作用;

（三）被请求人是与请求保全的证据有关的人;

（四）情况紧急,不立即采取证据保全就会使该海事请求的证据灭失或者难以取得。

第六十八条　海事法院接受申请后,应当在四十八小时内作出裁定。裁定采取海事证据保全措施的,应当立即执行;对不符合海事证据保全条件的,裁定驳回其申请。

7. 海事证据保全的复议及异议程序

【相关立法】

《中华人民共和国海事诉讼特别程序法》(20000701)

第六十九条　当事人对裁定不服的,可以在收到裁定书之日起五日内申请复议一次。海事法院应当在收到复议申请之日起五日内作出复议决定。复议期间不停止裁定的执行。被请求人申请复议的理由成立的,应当将保全的证据返还被请求人。

利害关系人对海事证据保全提出异议,海事法院经审查,认为理由成立的,应当裁定撤销海事证据保全;已经执行的,应当将与利害关系人有关的证据返还利害关系人。

【司法解释】

《最高人民法院关于适用〈中华人民共和国海事诉讼特别程序法〉若干问题的解释》(法释〔2003〕3号,20030201;经法释〔2008〕18号修正,20081231)

第五十条　利害关系人对海事法院作出的海事证据保全裁定提出异议,海事法院经审查认为理由不成立的,应当书面通知利害关系人。

【典型案例】

海事证据保全审查的标准是什么?［温州市八达船务有限公司申请诉前海事证据保全案,(2001)甬海温保字第2号］

海事证据保全案件仅作表面性和程序性审查;海事证据保全裁定在实施过程中发现客观上不能执行的,应当终结执行。

8. 海事证据保全的措施

【相关立法】

《中华人民共和国海事诉讼特别程序法》(20000701)

第七十条　海事法院进行海事证据保全,根据具体情况,可以对证据予以封存,也可以提取复制件、副本,或者进行拍照、录相,制作节录本、调查笔录等。确有必要的,也可以提取证据原件。

9. 海事证据保全错误的处理

【相关立法】

《中华人民共和国海事诉讼特别程序法》(20000701)

第七十一条 海事请求人申请海事证据保全错误的,应当赔偿被请求人或者利害关系人因此所遭受的损失。

10. 已保全的海事证据的使用

【司法解释】

《最高人民法院关于适用〈中华人民共和国海事诉讼特别程序法〉若干问题的解释》(法释〔2003〕3 号,20030201;经法释〔2008〕18 号修正,20081231)

第四十九条 海事请求人在采取海事证据保全的海事法院提起诉讼后,可以申请复制保全的证据材料;相关海事纠纷在中华人民共和国领域内的其他海事法院或者仲裁机构受理的,受诉法院或者仲裁机构应海事请求人的申请可以申请复制保全的证据材料。

【适用要点】

相关海事纠纷约定在国外进行诉讼或仲裁,保全证据的使用应符合法律规定,不宜直接交给保全申请人,对于相关海事请求在国外进行诉讼或仲裁的诉前海事证据保全案件,如需使用保全证据,应通过国际司法协助取得。

四十八、申请设立海事赔偿责任限制基金

1. 案由释义

海事赔偿责任限制,是指在发生重大海损事故时,责任人根据法律的规定,将自己的赔偿责任限制在一定范围内的法律制度,也被称作"综合(责任)限制"。海事赔偿责任限制基金,是指依法享有赔偿责任限制的责任人向有管辖权的法院申请设立的,用以保证其承担有限赔偿责任,且不可撤销的专用款项,其数额为海事赔偿责任限额和自事故发生之日起至基金设立之日止的利息。申请设立海事赔偿责任限制基金,是指船舶所有人、承租人、经营人、救助人、保险人在发生海事事故后,可依法向海事法院申请设立海事赔偿责任限制基金。海事赔偿责任人设立责任限制基金的目的是,在法院作出判决或裁定对基金予以分配后,不论其涉及的每一项本航次限制性债权是否均已登记,或者能否得到满足,该债权都由于债权人因法律规定不得再行起诉而消灭,从而使责任人利益得到进一步保护。

2. 管辖

【相关立法】

《中华人民共和国海事诉讼特别程序法》(20000701)

第一百零二条　当事人在起诉前申请设立海事赔偿责任限制基金的,应当向事故发生地、合同履行地或者船舶扣押地海事法院提出。

第一百零三条　设立海事赔偿责任限制基金,不受当事人之间关于诉讼管辖协议或者仲裁协议的约束。

第一百零九条　设立海事赔偿责任限制基金以后,当事人就有关海事纠纷应当向设立海事赔偿责任限制基金的海事法院提起诉讼,但当事人之间订有诉讼管辖协议或者仲裁协议的除外。

【司法解释】

(1)《最高人民法院关于适用〈中华人民共和国海事诉讼特别程序法〉若干问题的解释》（法释〔2003〕3 号,20030201;经法释〔2008〕18 号修正,20081231）

第八十条　海事事故发生在中华人民共和国领域外的,船舶发生事故后进入中华人民共和国领域内的第一到达港视为海事诉讼特别程序法第一百零二条规定的事故发生地。

第八十一条　当事人在诉讼中申请设立海事赔偿责任限制基金的,应当向受理相关海事纠纷案件的海事法院提出,但当事人之间订有有效诉讼管辖协议或者仲裁协议的除外。

(2)《最高人民法院关于审理海事赔偿责任限制相关纠纷案件的若干规定》（法释〔2010〕11 号,20100915;经法释〔2020〕18 号修正,20210101）

第二条　同一海事事故中,不同的责任人在起诉前依据海事诉讼特别程序法第一百零二条的规定向不同的海事法院申请设立海事赔偿责任限制基金的,后立案的海事法院应当依照民事诉讼法的规定,将案件移送先立案的海事法院管辖。

第三条　责任人在诉讼中申请设立海事赔偿责任限制基金的,应当向受理相关海事纠纷案件的海事法院提出。

相关海事纠纷由不同海事法院受理,责任人申请设立海事赔偿责任限制基金的,应当依据诉讼管辖协议向最先立案的海事法院提出;当事人之间未订立诉讼管辖协议的,向最先立案的海事法院提出。

第四条　海事赔偿责任限制基金设立后,设立基金的海事法院对海事请求人就与海事事故相关纠纷向责任人提起的诉讼具有管辖权。

海事请求人向其他海事法院提起诉讼的,受理案件的海事法院应当依照民事诉讼法的规定,将案件移送设立海事赔偿责任限制基金的海事法院,但当事人之间订有诉讼管辖协议的除外。

3. 申请设立海事赔偿责任限制基金申请费

【行政法规】

《诉讼费用交纳办法》（20070401）

第十条　当事人依法向人民法院申请下列事项,应当交纳申请费:

......

(七)申请海事强制令、共同海损理算、设立海事赔偿责任限制基金、海事债权登记、船舶优先权催告;

第十四条 申请费分别按照下列标准交纳:

......

(七)海事案件的申请费按照下列标准交纳:

1.申请设立海事赔偿责任限制基金的,每件交纳1000元至1万元;

......

第三十九条 海事案件中的有关诉讼费用依照下列规定负担:

......

(四)申请设立海事赔偿责任限制基金、申请债权登记与受偿、申请船舶优先权催告案件的申请费,由申请人负担;

(五)设立海事赔偿责任限制基金、船舶优先权催告程序中的公告费用由申请人负担。

4. 设立海事赔偿责任限制基金的申请

【相关立法】

(1)《中华人民共和国海商法》(19930701)

第二百零四条 船舶所有人、救助人,对本法第二百零七条所列海事赔偿请求,可以依照本章规定限制赔偿责任。

前款所称的船舶所有人,包括船舶承租人和船舶经营人。

第二百零五条 本法第二百零七条所列海事赔偿请求,不是向船舶所有人、救助人本人提出,而是向他们对其行为、过失负有责任的人员提出的,这些人员可以依照本章规定限制赔偿责任。

第二百零六条 被保险人依照本章规定可以限制赔偿责任的,对该海事赔偿请求承担责任的保险人,有权依照本章规定享受相同的赔偿责任限制。

(2)《中华人民共和国海事诉讼特别程序法》(20000701)

第一百零一条 船舶所有人、承租人、经营人、救助人、保险人在发生海事事故后,依法申请责任限制的,可以向海事法院申请设立海事赔偿责任限制基金。

船舶造成油污损害的,船舶所有人及其责任保险人或者提供财务保证的其他人为取得法律规定的责任限制的权利,应当向海事法院设立油污损害的海事赔偿责任限制基金。

设立责任限制基金的申请可以在起诉前或者诉讼中提出,但最迟应当在一审判决作出前提出。

第一百零四条　申请人向海事法院申请设立海事赔偿责任限制基金,应当提交书面申请。申请书应当载明申请设立海事赔偿责任限制基金的数额、理由,以及已知的利害关系人的名称、地址和通讯方法,并附有关证据。

【司法解释】

(1)《最高人民法院关于适用〈中华人民共和国海事诉讼特别程序法〉若干问题的解释》(法释〔2003〕3 号,20030201;经法释〔2008〕18 号修正,20081231)

第七十九条　海事诉讼特别程序法第一百零一条规定的船舶所有人指有关船舶证书上载明的船舶所有人。

(2)《最高人民法院关于审理海事赔偿责任限制相关纠纷案件的若干规定》(法释〔2010〕11 号,20100915;经法释〔2020〕18 号修正,20210101)

第十二条　海商法第二百零四条规定的船舶经营人是指登记的船舶经营人,或者接受船舶所有人委托实际使用和控制船舶并应当承担船舶责任的人,但不包括无船承运业务经营者。

第十七条　海商法第二百零七条规定的可以限制赔偿责任的海事赔偿请求不包括因沉没、遇难、搁浅或者被弃船舶的起浮、清除、拆毁或者使之无害提起的索赔,或者因船上货物的清除、拆毁或者使之无害提起的索赔。

由于船舶碰撞致使责任人遭受前款规定的索赔,责任人就因此产生的损失向对方船舶追偿时,被请求人主张依据海商法第二百零七条的规定限制赔偿责任的,人民法院应予支持。

第十八条　海商法第二百零九条规定的"责任人"是指海事事故的责任人本人。

(3)《最高人民法院关于审理船舶碰撞纠纷案件若干问题的规定》(法释〔2008〕7 号,20080523;经法释〔2020〕18 号修正,20210101)

第九条　因起浮、清除、拆毁由船舶碰撞造成的沉没、遇难、搁浅或被弃船舶及船上货物或者使其无害的费用提出的赔偿请求,责任人不能依照海商法第十一章的规定享受海事赔偿责任限制。

（4）《最高人民法院关于审理船舶碰撞和触碰案件财产损害赔偿的规定》（法发〔1995〕17 号，19950818；经法释〔2020〕18 号修正，20210101）

十五、本规定不包括对船舶碰撞或者触碰责任的确定，不影响船舶所有人或者承运人依法享受免责和责任限制的权利。

【批复、答复】

运输合同承运人是否具有申请限制赔偿责任的主体资格？

《最高人民法院关于招远市玲珑电池有限公司与烟台集洋集装箱货运有限责任公司海事赔偿责任限制申请一案请示的复函》（〔2002〕民四他字第38 号，20030609）

山东省高级人民法院：

你院鲁高法函〔2002〕49 号《关于招远市玲珑电池有限公司与烟台集洋集装箱货运有限责任公司海事赔偿责任限制申请一案请示》收悉。经研究，答复如下：

根据我国《海商法》和《海事诉讼特别程序法》规定，申请建立海事赔偿责任限制基金可以在诉讼中或诉讼前提出；海事赔偿责任限制属于当事人的抗辩权，申请限制海事赔偿责任，应当以海事请求人在诉讼中向责任人提出的海事请求为前提，不能构成独立的诉讼请求。

烟台集洋集装箱货运有限公司（以下简称集洋公司）虽是涉案运输合同承运人，但不是船舶经营人，不具有申请限制赔偿责任的主体资格。

同意你院关于案件处理的倾向性意见。对集洋公司的申请，应当裁定驳回起诉。

此复。

【司法指导文件】

最高人民法院《第二次全国涉外商事海事审判工作会议纪要》（法发〔2005〕26 号，20051226）

139. 就沉船沉物强制打捞清除费用提出的请求为海事赔偿请求，责任人不能依照《中华人民共和国海商法》第十一章的规定享受海事赔偿责任限制。

5. 设立海事赔偿责任限制基金的公告

【相关立法】

《中华人民共和国海事诉讼特别程序法》(20000701)

第一百零五条　海事法院受理设立海事赔偿责任限制基金申请后,应当在七日内向已知的利害关系人发出通知,同时通过报纸或者其他新闻媒体发布公告。

通知和公告包括下列内容:

(一)申请人的名称;

(二)申请的事实和理由;

(三)设立海事赔偿责任限制基金事项;

(四)办理债权登记事项;

(五)需要告知的其他事项。

第一百一十二条　海事法院受理设立海事赔偿责任限制基金的公告发布后,债权人应当在公告期间就与特定场合发生的海事事故有关的债权申请登记。公告期间届满不登记的,视为放弃债权。

【司法解释】

(1)《最高人民法院关于适用〈中华人民共和国海事诉讼特别程序法〉若干问题的解释》(法释〔2003〕3号,20030201;经法释〔2008〕18号修正,20081231)

第八十二条　设立海事赔偿责任限制基金应当通过报纸或者其他新闻媒体连续公告三日。如果涉及的船舶是可以航行于国际航线的,应当通过对外发行的报纸或者其他新闻媒体发布公告。

(2)《最高人民法院关于审理海事赔偿责任限制相关纠纷案件的若干规定》(法释〔2010〕11号,20100915;经法释〔2020〕18号修正,20210101)

第六条　海事诉讼特别程序法第一百一十二条规定的申请债权登记期间的届满之日,为海事法院受理设立海事赔偿责任限制基金申请的最后一次公告发布之次日起第六十日。

【批复、答复】

在申请海事赔偿责任限制基金案件中如何认定利害关系人申请债权登记期限？

《最高人民法院关于在申请海事赔偿责任限制基金案件中如何认定利害关系人申请债权登记期限的请示的复函》（〔2010〕民四他字第 36 号，20100726）

湖北省高级人民法院：

你院鄂高法〔2010〕106 号《关于在申请海事赔偿责任限制基金案件中如何认定利害关系人申请债权登记期限的请示》收悉。经研究，答复如下：

根据海事诉讼特别程序法第一百一十二条规定："海事法院受理设立海事赔偿责任限制基金的公告发布后，债权人应当在公告期间就与特定场合发生的海事事故有关的债权申请登记。公告期间届满不登记的，视为放弃债权。"本条中的债权人，包括设立海事赔偿责任限制基金程序中的已知利害关系人和未知利害关系人，以及债权登记和受偿程序中的已知债权人和未知债权人。根据海事诉讼特别程序法第一百零六条规定，利害关系人应当在收到异议通知之日起七日内以书面形式向海事法院提出异议申请，一审法院裁定驳回的，可以提起上诉。因此，作为海事债权登记与受偿程序中的债权人，应当根据法律规定并按照一审法院的公告或者通知要求申请债权登记，提起确权诉讼。

经审查，新韩公司、海王星公司属于本案利害关系人，在债权登记与受偿程序中作为债权人依法享有申请债权登记和提起确权诉讼的权利。2009 年 5 月 19 日，武汉海事法院裁定驳回新韩公司、海王星公司异议申请之后，新韩公司、海王星公司向你院提起上诉。2009 年 9 月 8 日，你院维持武汉海事法院一审裁定，驳回其上诉。2009 年 9 月 25 日，在你院作出驳回异议终审裁定后，新韩公司、海王星公司向武汉海事法院申请债权登记，提起确权诉讼。新韩公司、海王星公司申请债权登记，提起确权诉讼并没有超出法律规定的期限。

新韩公司、海王星公司在你院作出驳回异议裁定之后申请债权登记，提起确权诉讼，并按照武汉海事法院通知要求交纳相关费用，其申请债权登记的期限符合法律规定，应予准许。

此复。

【典型案例】

(1)债权人未在公告期登记债权的后果如何?［中国人民财产保险股份有限公司湘潭市岳塘支公司与马雷等船舶碰撞损害责任纠纷案,(2014)甬海法事初字第98号］

当海事法院受理设立海事赔偿责任限制基金的公告发布后,债权人未能在公告期间登记债权,即不能在基金中进行受偿。债权人可以就债权受偿权利的落空向责任人提起侵权赔偿之诉,但负有证明责任人存在过错的举证责任。

(2)公告期满导致未登记债权视为放弃债权的规则是否适用于已知利害关系人?［海口南青集装箱班轮公司与宝供物流企业集团有限公司等水路货物运输合同纠纷案,(2009)粤高法民四终字第263号］

海事诉讼特别程序法第一百一十二条关于公告期间届满不进行债权登记的,视为放弃债权的法律后果,只能适用于未知的利害关系人,而不适用于法院未书面通知其进行债权登记的已知利害关系人。

6. 设立海事赔偿责任限制基金的利害关系人异议

【相关立法】

《中华人民共和国海事诉讼特别程序法》(20000701)

第一百零六条　利害关系人对申请人申请设立海事赔偿责任限制基金有异议的,应当在收到通知之日起七日内或者未收到通知的在公告之日起三十日内,以书面形式向海事法院提出。

海事法院收到利害关系人提出的书面异议后,应当进行审查,在十五日内作出裁定。异议成立的,裁定驳回申请人的申请;异议不成立的,裁定准予申请人设立海事赔偿责任限制基金。

当事人对裁定不服的,可以在收到裁定书之日起七日内提起上诉。第二审人民法院应当在收到上诉状之日起十五日内作出裁定。

【司法解释】

(1)《最高人民法院关于适用〈中华人民共和国海事诉讼特别程序法〉若干问题的解释》(法释〔2003〕3号,20030201;经法释〔2008〕18号修正,20081231)

第八十三条　利害关系人依据海事诉讼特别程序法第一百零六条的规

定对申请人设立海事赔偿责任限制基金提出异议的,海事法院应当对设立基金申请人的主体资格、事故所涉及的债权性质和申请设立基金的数额进行审查。

(2)《最高人民法院关于审理海事赔偿责任限制相关纠纷案件的若干规定》(法释〔2010〕11 号,20100915;经法释〔2020〕18 号修正,20210101)

第五条　海事诉讼特别程序法第一百零六条第二款规定的海事法院在十五日内作出裁定的期间,自海事法院受理设立海事赔偿责任限制基金申请的最后一次公告发布之次日起第三十日开始计算。

第十条　债权人提起确权诉讼时,依据海商法第二百零九条的规定主张责任人无权限制赔偿责任的,应当以书面形式提出。案件的审理不适用海事诉讼特别程序法规定的确权诉讼程序,当事人对海事法院作出的判决、裁定可以依法提起上诉。

两个以上债权人主张责任人无权限制赔偿责任的,海事法院可以将相关案件合并审理。

【司法指导文件】

最高人民法院民事审判第四庭《全国法院涉外商事海事审判工作座谈会会议纪要》[法(民四)明传(2021)60 号,20211231]

86.【基金设立程序中的管辖权异议】利害关系人对受理设立海事赔偿责任限制基金申请法院的管辖权有异议的,应当适用海事诉讼特别程序法第一百零六条有关期间的规定。

7. 海事赔偿责任限制基金的设立

【相关立法】

(1)《中华人民共和国海商法》(19930701)

第二百一十条　除本法第二百一十一条另有规定外,海事赔偿责任限制,依照下列规定计算赔偿限额:

(一)关于人身伤亡的赔偿请求

1. 总吨位 300 吨至 500 吨的船舶,赔偿限额为 333000 计算单位;

2. 总吨位超过 500 吨的船舶,500 吨以下部分适用本项第 1 目的规定,500 吨以上的部分,应当增加下列数额:

501 吨至 3000 吨的部分,每吨增加 500 计算单位;

3001 吨至 30000 吨的部分,每吨增加 333 计算单位;

30001 吨至 70000 吨的部分,每吨增加 250 计算单位;

超过 70000 吨的部分,每吨增加 167 计算单位。

(二)关于非人身伤亡的赔偿请求

1. 总吨位 300 吨至 500 吨的船舶,赔偿限额为 167000 计算单位;

2. 总吨位超过 500 吨的船舶,500 吨以下部分适用本项第 1 目的规定,500 吨以上的部分,应当增加下列数额:

501 吨至 30000 吨的部分,每吨增加 167 计算单位;

30001 吨至 70000 吨的部分,每吨增加 125 计算单位;

超过 70000 吨的部分,每吨增加 83 计算单位。

(三)依照第(一)项规定的限额,不足以支付全部人身伤亡的赔偿请求的,其差额应当与非人身伤亡的赔偿请求并列,从第(二)项数额中按照比例受偿。

(四)在不影响第(三)项关于人身伤亡赔偿请求的情况下,就港口工程、港池、航道和助航设施的损害提出的赔偿请求,应当较第(二)项中的其他赔偿请求优先受偿。

(五)不以船舶进行救助作业或者在被救船舶上进行救助作业的救助人,其责任限额按照总吨位为 1500 吨的船舶计算。

总吨位不满 300 吨的船舶,从事中华人民共和国港口之间的运输的船舶,以及从事沿海作业的船舶,其赔偿限额由国务院交通主管部门制定,报国务院批准后施行。

第二百一十一条　海上旅客运输的旅客人身伤亡赔偿责任限制,按照 46666 计算单位乘以船舶证书规定的载客定额计算赔偿限额,但是最高不超过 25000000 计算单位。

中华人民共和国港口之间海上旅客运输的旅客人身伤亡,赔偿限额由国务院交通主管部门制定,报国务院批准后施行。

第二百一十二条　本法第二百一十条和第二百一十一条规定的赔偿限额,适用于特定场合发生的事故引起的,向船舶所有人、救助人本人和他们对其行为、过失负有责任的人员提出的请求的总额。

第二百一十三条　责任人要求依照本法规定限制赔偿责任的,可以在有管辖权的法院设立责任限制基金。基金数额分别为本法第二百一十条、第二百一十一条规定的限额,加上自责任产生之日起至基金设立之日止的相应利息。

第二百一十四条　责任人设立责任限制基金后,向责任人提出请求的任何人,不得对责任人的任何财产行使任何权利;已设立责任限制基金的责任人的船舶或者其他财产已经被扣押,或者基金设立人已经提交抵押物的,法院应当及时下令释放或者责令退还。

第二百一十五条　享受本章规定的责任限制的人,就同一事故向请求人提出反请求的,双方的请求金额应当相互抵销,本章规定的赔偿限额仅适用于两个请求金额之间的差额。

(2)《中华人民共和国海事诉讼特别程序法》(20000701)

第一百零七条　利害关系人在规定的期间内没有提出异议的,海事法院裁定准予申请人设立海事赔偿责任限制基金。

第一百零八条　准予申请人设立海事赔偿责任限制基金的裁定生效后,申请人应当在海事法院设立海事赔偿责任限制基金。

设立海事赔偿责任限制基金可以提供现金,也可以提供经海事法院认可的担保。

海事赔偿责任限制基金的数额,为海事赔偿责任限额和自事故发生之日起至基金设立之日止的利息。以担保方式设立基金的,担保数额为基金数额及其在基金设立期间的利息。

以现金设立基金的,基金到达海事法院指定账户之日为基金设立之日。以担保设立基金的,海事法院接受担保之日为基金设立之日。

【行政法规】

(1)《中华人民共和国港口间海上旅客运输赔偿责任限额规定》(19940101)

第一条　根据《中华人民共和国海商法》第一百一十七条、第二百一十一条的规定,制定本规定。

第二条　本规定适用于中华人民共和国港口之间海上旅客运输。

第三条　承运人在每次海上旅客运输中的赔偿责任限额,按照下列规定执行:

(一)旅客人身伤亡的,每名旅客不超过4万元人民币;

(二)旅客自带行李灭失或者损坏的,每名旅客不超过800元人民币;

(三)旅客车辆包括该车辆所载行李灭失或者损坏的,每一车辆不超过3200元人民币;

(四)本款第(二)项、第(三)项以外的旅客其他行李灭失或者损坏的,每千克不超过20元人民币。

承运人和旅客可以书面约定高于本条第一款规定的赔偿责任限额。

第四条　海上旅客运输的旅客人身伤亡赔偿责任限制,按照4万元人民币乘以船舶证书规定的载客定额计算赔偿限额,但是最高不超过2100万元人民币。

第五条 向外籍旅客、华侨和港、澳、台胞旅客给付的赔偿金,可以兑换成该外国或者地区的货币。其汇率按照赔偿金给付之日中华人民共和国外汇管理部门公布的外汇牌价确定。

(2)《关于不满300总吨船舶及沿海运输、沿海作业船舶海事赔偿限额的规定》(19940101)

第一条 根据《中华人民共和国海商法》第二百一十条规定,制定本规定。

第二条 本规定适用于超过20总吨、不满300总吨的船舶及300总吨以上从事中华人民共和国港口之间货物运输或者沿海作业的船舶。

第三条 除本规定第四条另有规定外,不满300总吨船舶的海事赔偿责任限制,依照下列规定计算赔偿限额:

(一)关于人身伤亡的赔偿请求;

1. 超过20总吨、21总吨以下的船舶,赔偿限额为54000计算单位;

2. 超过21总吨的船舶,超过部分每吨增加1000计算单位。

(二)关于非人身伤亡的赔偿请求:

1. 超过20总吨、21总吨以下的船舶,赔偿限额为27500计算单位;

2. 超过21总吨的船舶,超过部分每吨增加500计算单位。

第四条 从事中华人民共和国港口之间货物运输或者沿海作业的船舶,不满300总吨的,其海事赔偿限额依照本规定第三条规定的赔偿限额的50%计算;300总吨以上的,其海事赔偿限额依照《中华人民共和国海商法》第二百一十条第一款规定的赔偿限额的50%计算。

第五条 同一事故中的当事船舶的海事赔偿限额,有适用《中华人民共和国海商法》第二百一十条或者本规定第三条规定的,其他当事船舶的海事赔偿限额应当同样适用。

【司法解释】

(1)《最高人民法院关于适用〈中华人民共和国海事诉讼特别程序法〉若干问题的解释》(法释〔2003〕3号,20030201;经法释〔2008〕18号修正,20081231)

第八十四条 准予申请人设立海事赔偿责任限制基金的裁定生效后,申请人应当在三日内在海事法院设立海事赔偿责任限制基金。申请人逾期未设立基金的,按自动撤回申请处理。

第八十五条　海事诉讼特别程序法第一百零八条规定的担保指中华人民共和国境内的银行或者其他金融机构所出具的担保。

第八十六条　设立海事赔偿责任限制基金后,向基金提出请求的任何人,不得就该项索赔对设立或以其名义设立基金的人的任何其他财产,行使任何权利。

(2)《最高人民法院关于审理海事赔偿责任限制相关纠纷案件的若干规定》(法释〔2010〕11 号,20100915;经法释〔2020〕18 号修正,20210101)

第十九条　海事请求人以发生海事事故的船舶不适航为由主张责任人无权限制赔偿责任,但不能证明引起赔偿请求的损失是由于责任人本人的故意或者明知可能造成损失而轻率地作为或者不作为造成的,人民法院不予支持。

第二十条　海事赔偿责任限制基金应当以人民币设立,其数额按法院准予设立基金的裁定生效之日的特别提款权对人民币的换算办法计算。

第二十一条　海商法第二百一十三条规定的利息,自海事事故发生之日起至基金设立之日止,按同期全国银行间同业拆借中心公布的贷款市场报价利率计算。

以担保方式设立海事赔偿责任限制基金的,基金设立期间的利息按同期全国银行间同业拆借中心公布的贷款市场报价利率计算。

【批复、答复】

责任人享受海事赔偿责任限制的权利是否因责任人未设立责任限制基金或者提供相应的担保而丧失?

《最高人民法院关于宁波市外海航运公司申请海事赔偿责任限制设立基金有关问题的复函》(法函〔1995〕160 号,19951207)

浙江省高级人民法院:

你院〔1995〕浙法经字 92 号,关于宁波市外海航运公司申请海事赔偿责任限制设立基金有关问题的请示收悉。经研究,答复如下:

责任人申请海事赔偿责任限制,未提供资金设立海事赔偿责任限制基金,可以采取提供充分担保的形式。宁波市外海航运公司是在诉讼过程中申请享受海事赔偿责任限制权利的,法院可以撤销令其设立海事赔偿责任限制基金的裁定。但在本案实体审理中,如果没有充分证据证明"引起赔偿请求的损失是由于责任人的故意或者明知可能造成损失而轻率地作为或者不作为造成的",责任人有权享受海事赔偿责任限制,且这种权利不因责任人未设立责任限制基金或者提供相应的担保而丧失。

【指导性案例】

(1)指导案例 112 号:阿斯特克有限公司申请设立海事赔偿责任限制基金案(20190225)

关键词　民事　海事赔偿责任限制基金　事故原则　一次事故　多次事故

裁判要点

海商法第二百一十二条确立海事赔偿责任限制实行"一次事故,一个限额,多次事故,多个限额"的原则。判断一次事故还是多次事故的关键是分析事故之间是否因同一原因所致。如果因同一原因发生多个事故,且原因链没有中断的,应认定为一次事故。如果原因链中断并再次发生事故,则应认定为形成新的独立事故。

相关法条

《中华人民共和国海商法》第 212 条

基本案情

阿斯特克有限公司向天津海事法院提出申请称,其所属的"艾侬"轮收到养殖损害索赔请求。对于该次事故所造成的非人身伤亡损失,阿斯特克有限公司作为该轮的船舶所有人申请设立海事赔偿责任限制基金,责任限额为 422510 特别提款权及该款项自 2014 年 6 月 5 日起至基金设立之日止的利息。

众多养殖户作为利害关系人提出异议,认为阿斯特克有限公司应当分别设立限制基金,而不能就整个航次设立一个限制基金。

法院查明:涉案船舶韩国籍"艾侬"轮的所有人为阿斯特克有限公司,船舶总吨位为 2030 吨。2014 年 6 月 5 日,"艾侬"轮自秦皇岛开往天津港装货途中,在河北省昌黎县、乐亭县海域驶入养殖区域,造成了相关养殖户的养殖损失。

另查明,"艾侬"轮在本案损害事故发生时使用英版 1249 号海图,该海图已标明本案损害事故发生的海域设置了养殖区,并划定了养殖区范围。涉案船舶为执行涉案航次所预先设定的航线穿越该养殖区。

再查明,郭金武与刘海忠的养殖区相距约 500 米左右,涉案船舶航行时间约 2 分钟;刘海忠与李卫国等人的养殖区相距约 9000 米左右,涉案船舶航行时间约 30 分钟。

裁判结果

天津海事法院于 2014 年 11 月 10 日作出（2014）津海法限字第 1 号民事裁定：一、准许阿斯特克有限公司提出的设立海事赔偿责任限制基金的申请。二、海事赔偿责任限制基金数额为 422510 特别提款权及利息（利息自 2014 年 6 月 5 日起至基金设立之日止，按中国人民银行确定的金融机构同期一年期贷款基准利率计算）。三、阿斯特克有限公司应在裁定生效之日起三日内以人民币或法院认可的担保设立海事赔偿责任限制基金（基金的人民币数额按本裁定生效之日的特别提款权对人民币的换算办法计算）。逾期不设立基金的，按自动撤回申请处理。郭金武、刘海忠不服一审裁定，向天津市高级人民法院提起上诉。天津市高级人民法院于 2015 年 1 月 19 日作出（2015）津高民四终字第 10 号民事裁定：驳回上诉，维持原裁定。郭金武、刘海忠、李卫国、赵来军、齐永平、李建永、齐秀奎不服二审裁定，申请再审。最高人民法院于 2015 年 8 月 10 日作出（2015）民申字第 853 号民事裁定，提审本案，并于 2015 年 9 月 29 日作出（2015）民提字第 151 号民事裁定：一、撤销天津市高级人民法院（2015）津高民四终字第 10 号民事裁定。二、撤销天津海事法院（2014）津海法限字第 1 号民事裁定。三、驳回阿斯特克有限公司提出的设立海事赔偿责任限制基金的申请。

裁判理由

最高人民法院认为，海商法第二百一十二条确立海事赔偿责任限制实行事故原则，即"一次事故，一个限额，多次事故，多个限额"。判断一次还是多次事故的关键是分析两次事故之间是否因同一原因所致。如果因同一原因发生多个事故，但原因链没有中断，则应认定为一个事故。如果原因链中断，有新的原因介入，则新的原因与新的事故构成新的因果关系，形成新的独立事故。就本案而言，涉案"艾侬"轮所使用的英版海图明确标注了养殖区范围，但船员却将航线设定到养殖区，本身存在重大过错。涉案船舶在预知所经临的海域可能存在大面积养殖区的情形下，应加强瞭望义务，保证航行安全，避免冲撞养殖区造成损失。根据涉案船舶航行轨迹，涉案船舶实际驶入了郭金武经营的养殖区。鉴于损害事故发生于中午时分，并无夜间的视觉障碍，如船员谨慎履行瞭望和驾驶义务，应能注意到海面上悬挂养殖物浮球的存在。在昌黎县海洋局出具证据证明郭金武遭受实际损害的情形下，可以推定船员未履行谨慎瞭望义务，导致第一次侵权行为发生。依据航行轨迹，船舶随后进入刘海忠的养殖区，由于郭金武与刘海忠的养殖区毗邻，相距约 500 米，基于船舶运动的惯性及船舶驾驶规律，涉案船舶在当时情形下无法采取合理措施避让刘海忠的养殖区，致使第二次侵权行为发生。从原因上分析,两次损害行为均因船舶驶入郭金武养殖区之前,船员疏于瞭望的过失所致,属同一原因,且原因链并未中断,故应将两次侵权行为认定为一次事故。船舶驶离刘海忠的养殖区进入开阔海域,航行约 9000 米,时长约半小时后进入李卫国等人的养殖区再次造成损害事故。在进入李卫国等人的养殖区之前,船员应有较为充裕的时间调整驾驶疏忽的心理状态,且在预知航行前方还有养殖区存在的情形下,更应加强瞭望义务,避免再次造成损害。涉案船舶显然未尽到谨慎驾驶的义务,致使第二次损害事故的发生。两次事故之间无论从时间关系还是从主观状态均无关联性,第二次事故的发生并非第一次事故自然延续所致,两次事故之间并无因果关系。阿斯特克有限公司主张在整个事故发生过程中船员错误驶入的心理状态没有变化,原因链没有中断的理由不能成立。虽然两次事故的发生均因"同一性质的原因",即船员疏忽驾驶所致,但并非基于"同一原因",引起两次事故。依据"一次事故,一次限额"的原则,涉案船舶应分别针对两次事故设立不同的责任限制基金。一、二审法院未能全面考察养殖区的位置、两次事故之间的因果关系及当事人的主观状态,作出涉案船舶仅造成一次事故,允许涉案船舶设立一个基金的认定错误,依法应予纠正。

(2) 指导案例 16 号:中海发展股份有限公司货轮公司申请设立海事赔偿责任限制基金案(20130131)

关键词　海事诉讼　海事赔偿责任限制基金　海事赔偿责任限额计算

裁判要点

1. 对于申请设立海事赔偿责任限制基金的,法院仅就申请人主体资格、事故所涉及的债权性质和申请设立基金的数额进行程序性审查。有关申请人实体上应否享有海事赔偿责任限制,以及事故所涉债权除限制性债权外是否同时存在其他非限制性债权等问题,不影响法院依法作出准予设立海事赔偿责任限制基金的裁定。

2.《中华人民共和国海商法》第二百一十条第二款规定的"从事中华人民共和国港口之间的运输的船舶",应理解为发生海事事故航次正在从事中华人民共和国港口之间运输的船舶。

相关法条

1.《中华人民共和国海事诉讼特别程序法》第一百零六条第二款

2.《中华人民共和国海商法》第二百一十条第二款

基本案情

中海发展股份有限公司货轮公司(以下简称货轮公司)所属的"宁安 11"

轮,于 2008 年 5 月 23 日从秦皇岛运载电煤前往上海外高桥码头,5 月 26 日在靠泊码头过程中触碰码头的 2 号卸船机,造成码头和机器受损。货轮公司遂于 2009 年 3 月 9 日向上海海事法院申请设立海事赔偿责任限制基金。货轮公司申请设立非人身伤亡海事赔偿责任限制基金,数额为 2242643 计算单位(折合人民币 25442784. 84 元)和自事故发生之日起至基金设立之日止的利息。

上海外高桥发电有限责任公司、上海外高桥第二发电有限责任公司作为第一异议人,中国人民财产保险股份有限公司上海市分公司、中国大地财产保险股份有限公司上海分公司、中国平安财产保险股份有限公司上海分公司、安诚财产保险股份有限公司上海分公司、中国太平洋财产保险股份有限公司上海分公司、中国大地财产保险股份有限公司营业部、永诚财产保险股份有限公司上海分公司等 7 位异议人作为第二异议人,分别针对货轮公司的上述申请,向上海海事法院提出了书面异议。上海海事法院于 2009 年 5 月 27 日就此项申请和异议召开了听证会。

第一异议人称:"宁安 11"轮系因船长的错误操作行为导致了事故发生,应对本次事故负全部责任,故申请人无权享受海事赔偿责任限制。"宁安 11"轮是一艘可以从事国际远洋运输的船舶,不属于从事中国港口之间货物运输的船舶,不适用交通部《关于不满 300 总吨船舶及沿海运输、沿海作业船舶海事赔偿限额的规定》(以下简称《船舶赔偿限额规定》)第四条规定的限额,而应适用《中华人民共和国海商法》(以下简称《海商法》)第二百一十条第一款第(二)项规定的限额。

第二异议人称:事故所涉及的债权性质虽然大部分属于限制性债权,但其中清理残骸费用应当属于非限制性债权,申请人无权就此项费用申请限制赔偿责任。其他异议意见和理由同第一异议人。

上海海事法院经审理查明:申请人系"宁安 11"轮登记的船舶所有人。涉案船舶触碰事故所造成的码头和机器损坏,属于与船舶营运直接相关的财产损失。另,"宁安 11"轮总吨位为 26358 吨,营业运输证载明的核定经营范围为"国内沿海及长江中下游各港间普通货物运输"。

裁判结果

上海海事法院于 2009 年 6 月 10 日作出(2009)沪海法限字第 1 号民事裁定,驳回异议人的异议,准许申请人设立海事赔偿责任限制基金,基金数额为人民币 25442784. 84 元和该款自 2008 年 5 月 26 日起至基金设立之日止的银行利息。宣判后,异议人中国人民财产保险股份有限公司上海市分公司提出上诉。上海市高级人民法院于 2009 年 7 月 27 日作出(2009)沪高民四(海)限字第 1 号民事裁定,驳回上诉,维持原裁定。

裁判理由

法院生效裁判认为:根据《最高人民法院关于适用〈中华人民共和国海事诉讼特别程序法〉若干问题的解释》第八十三条的规定,申请设立海事赔偿责任限制基金,应当对申请人的主体资格、事故所涉及的债权性质和申请设立基金的数额进行审查。

货轮公司是"宁安11"轮的船舶登记所有人,属于《海商法》第二百零四条和《中华人民共和国海事诉讼特别程序法》第一百零一条第一款规定的可以申请设立海事赔偿责任限制基金的主体。异议人提出的申请人所属船舶应当对事故负全责,其无权享受责任限制的意见,因涉及对申请人是否享有赔偿责任限制实体权利的判定,而该问题应在案件的实体审理中解决,故对第一异议人的该异议不作处理。

鉴于涉案船舶触碰事故所造成的码头和机器损坏,属于与船舶营运直接相关的财产损失,依据《海商法》第二百零七条的规定,责任人可以限制赔偿责任。因此,第二异议人提出的清理残骸费用属于非限制性债权,申请人无权享有该项赔偿责任限制的意见,不影响法院准予申请人就所涉限制性债权事项提出的设立海事赔偿责任限制基金申请。

关于"宁安11"轮是否属于《海商法》第二百一十条第二款规定的"从事中华人民共和国港口之间的运输的船舶",进而应按照何种标准计算赔偿限额的问题。鉴于"宁安11"轮营业运输证载明的核定经营范围为"国内沿海及长江中下游各港间普通货物运输",涉案事故发生时其所从事的也正是从秦皇岛港至上海港航次的运营。因此,该船舶应认定为"从事中华人民共和国港口之间的运输的船舶",而不宜以船舶适航证书上记载的船舶可航区域或者船舶有能力航行的区域来确定。为此,异议人提出的"宁安11"轮所准予航行的区域为近海,是一艘可以从事国际远洋运输船舶的意见不予采纳。申请人据此申请适用《海商法》第二百一十条第二款和《船舶赔偿限额规定》第四条规定的标准计算涉案限制基金的数额并无不当。异议人有关适用《海商法》第二百一十条第一款第(二)项规定计算涉案基金数额的主张及理由,依据不足,不予采纳。

鉴于事故发生之日国际货币基金组织未公布特别提款权与人民币之间的换算比率,申请人根据次日公布的比率1:11.345计算,异议人并无异议,涉案船舶的总吨位为26358吨,因此,涉案海事赔偿责任限额为[(26358-500)×167+167000]×50% = 2242643特别提款权,折合人民币25442784.84元,基金数额应为人民币25442784.84元和该款自事故发生之日起至基金设立之日止按中国人民银行同期活期存款利率计算的利息。

【典型案例】

(1) 海事赔偿责任限制基金设立后，与所涉船舶碰撞事故有关的债权是否还能行使船舶优先权？〔中国人民财产保险股份有限公司海南分公司与湛江市沧海船务有限公司等船舶碰撞损害赔偿确权案,(2003)广海法终字第 84—2 号〕

设立海事赔偿责任限制基金的,与本案所涉船舶碰撞事故有关的债权,只能在该基金中受偿,不能对基金之外的任何财产行使任何权利,也不能再通过扣押船舶行使船舶优先权。

(2) "同一事故中当事船舶适用同一规定"规则应如何理解？〔中燃航运(大连)有限责任公司申请设立海事赔偿责任限制基金案,(2017)辽 72 民特104 号〕

同一事故中的当事船舶应适用同一海事赔偿限额的规定,且以较高的限额规定为准。同一事故中当事船舶的海事赔偿限额有应当适用海商法第二百一十条规定情形的,其他当事船舶的海事赔偿限额也同样适用海商法第二百一十条的规定,而不考虑权利人是否实际申请设立海事赔偿责任限制基金。

(3) 拖航运输中承拖方与被拖方在发生海事事故后,申请设立海事赔偿责任限制基金时,以何标准设立基金？〔天津轮驳有限公司申请设立海事赔偿责任限制基金案,(2020)辽 72 民特 114 号(2021)辽民他 280 号〕

"津港轮 35" 轮和"德浮 15002" 轮分属不同企业所有,轮驳公司无权对驳船是否申请设立海事赔偿限制基金等事宜作出处分,亦无义务为他人的船舶设立海事赔偿责任限制基金。华锐公司以拖轮及驳船的总吨位计算海事赔偿责任基金的异议缺乏法律依据。裁定准许轮驳公司按"津港轮 35" 轮总吨位计算数额设立海事赔偿责任限制基金。拖航运输是海上运输的重要形式之一,特别是在海洋工程设备等超限大件货物的运输中,发挥着不可替代的作用。本案明确了设立海事赔偿责任限制基金是法律规定的相关主体享有的权利,在拖轮与驳船并非同一船舶所有人,相关责任并未确定时,以拖轮及驳船的总吨位计算海事赔偿责任限制基金,缺乏法律依据。

(4) 内河船舶性质及准予航行航区是否因该船实际航行区域而改变？〔韩建铭申请设立海事赔偿责任限制基金案,(2018)最高法民再 453 号〕

"湘张家界货 3003" 轮所有人为韩建铭,总吨 2071 吨,该轮持有长江中下游及其支流省际普通货船运输许可证、内河船舶适航证书,准予航行 A 级航区,作自卸砂船用。2016 年 5 月 9 日,"湘张家界货 3003"轮在闽江口 D9 浮返航进港途中,与"恩基 1"轮发生碰撞,造成"恩基 1"轮及船载货物受损。韩建铭向法院申请设立海事赔偿责任限制基金。最高人民法院再审认为,"湘张家界货 3003"轮持有长江中下游及其支流省际普通货船运输许可证、内河船舶适航证书,准予航行 A 级航区,为内河船舶。涉案船舶碰撞事故发生在福建闽江口,并非"湘张家界货 3003"轮准予航行的航区。"湘张家界货 3003"轮的船舶性质及准予航行航区不因该船实际航行区域而改变。"湘张家界货 3003"轮作为内河船舶,不属于《责任限额规定》适用的船舶范围。海商法第三条规定的船舶仅限于海船,关于内河船舶在海上航行是否适用海事赔偿责任限制制度,司法实践中存在争议。国务院批准施行的《责任限额规定》源于海商法第二百一十条的授权,其规定的"从事中华人民共和国港口之间货物运输或者沿海作业的船舶"仍应限定为海船。受利益驱动,近年来内河船舶非法从事海上运输的问题非常突出,严重威胁着人员、财产和环境的安全。最高人民法院在该案中进一步明确,内河船舶性质及准予航行航区不因该船实际航行区域而改变,对于规范航运秩序、统一类似案件裁判尺度具有积极意义。

(5)船员无证驾驶导致船舶碰撞,如为次要责任是否还将导致海事赔偿责任限制权利的丧失?[蒋三六与林宁追船舶碰撞损害责任纠纷案,(2019)浙 72 民初 1036 号]

林宁追作为船舶所有人,未尽到船舶经营安全管理义务,配备船员不足且船员不适任,其对船员不适任等可能发生的危险和造成的危害理应预见,构成"明知可能造成损失而轻率地作为或者不作为",无权享受海事赔偿责任限制。一审判决林宁追赔偿蒋三六船舶损失 177.2 万元。双方均未上诉,林宁追已主动履行判决。

8. 海事赔偿责任限制基金的设立错误

【相关立法】

《中华人民共和国海事诉讼特别程序法》(20000701)

第一百一十条 申请人申请设立海事赔偿责任限制基金错误的,应当赔偿利害关系人因此所遭受的损失。

9. 船舶油污损害责任限制的特殊规定

【司法解释】

《最高人民法院关于审理船舶油污损害赔偿纠纷案件若干问题的规定》（法释〔2011〕14号，20110701；经法释〔2020〕18号修正，20210101）

第五条 油轮装载的持久性油类造成油污损害的，应依照《防治船舶污染海洋环境管理条例》《1992年国际油污损害民事责任公约》的规定确定赔偿限额。

油轮装载的非持久性燃油或者非油轮装载的燃油造成油污损害的，应依照海商法关于海事赔偿责任限制的规定确定赔偿限额。

第六条 经证明油污损害是由于船舶所有人的故意或者明知可能造成此种损害而轻率地作为或者不作为造成的，船舶所有人主张限制赔偿责任，人民法院不予支持。

第十九条 对油轮装载的非持久性燃油、非油轮装载的燃油造成油污损害的赔偿请求，适用海商法关于海事赔偿责任限制的规定。

同一海事事故造成前款规定的油污损害和海商法第二百零七条规定的可以限制赔偿责任的其他损害，船舶所有人依照海商法第十一章的规定主张在同一赔偿限额内限制赔偿责任的，人民法院应予支持。

第二十条 为避免油轮装载的非持久性燃油、非油轮装载的燃油造成油污损害，对沉没、搁浅、遇难船舶采取起浮、清除或者使之无害措施，船舶所有人对由此发生的费用主张依照海商法第十一章的规定限制赔偿责任的，人民法院不予支持。

第二十一条 对油轮装载持久性油类造成的油污损害，船舶所有人，或者船舶油污责任保险人、财务保证人主张责任限制的，应当设立油污损害赔偿责任限制基金。

油污损害赔偿责任限制基金以现金方式设立的，基金数额为《防治船舶污染海洋环境管理条例》《1992年国际油污损害民事责任公约》规定的赔偿限额。以担保方式设立基金的，担保数额为基金数额及其在基金设立期间的利息。

第二十二条 船舶所有人、船舶油污损害责任保险人或者财务保证人申请设立油污损害赔偿责任限制基金，利害关系人对船舶所有人主张限制赔偿责任有异议的，应当在海事诉讼特别程序法第一百零六条第一款规定的异议期内以书面形式提出，但提出该异议不影响基金的设立。

第二十三条　对油轮装载持久性油类造成的油污损害,利害关系人没有在异议期内对船舶所有人主张限制赔偿责任提出异议,油污损害赔偿责任限制基金设立后,海事法院应当解除对船舶所有人的财产采取的保全措施或者发还为解除保全措施而提供的担保。

第二十四条　对油轮装载持久性油类造成的油污损害,利害关系人在异议期内对船舶所有人主张限制赔偿责任提出异议的,人民法院在认定船舶所有人有权限制赔偿责任的裁决生效后,应当解除对船舶所有人的财产采取的保全措施或者发还为解除保全措施而提供的担保。

第二十五条　对油轮装载持久性油类造成的油污损害,受损害人提起诉讼时主张船舶所有人无权限制赔偿责任的,海事法院对船舶所有人是否有权限制赔偿责任的争议,可以先行审理并作出判决。

第二十六条　对油轮装载持久性油类造成的油污损害,受损害人没有在规定的债权登记期间申请债权登记的,视为放弃在油污损害赔偿责任限制基金中受偿的权利。

第二十七条　油污损害赔偿责任限制基金不足以清偿有关油污损害的,应根据确认的赔偿数额依法按比例分配。

第二十八条　对油轮装载持久性油类造成的油污损害,船舶所有人、船舶油污损害责任保险人或者财务保证人申请设立油污损害赔偿责任限制基金,受损害人申请债权登记与受偿,本规定没有规定的,适用海事诉讼特别程序法及相关司法解释的规定。

第二十九条　在油污损害赔偿责任限制基金分配以前,船舶所有人、船舶油污损害责任保险人或者财务保证人,已先行赔付油污损害的,可以书面申请从基金中代位受偿。代位受偿应限于赔付的范围,并不超过接受赔付的人依法可获得的赔偿数额。

海事法院受理代位受偿申请后,应书面通知所有对油污损害赔偿责任限制基金提出主张的利害关系人。利害关系人对申请人主张代位受偿的权利有异议的,应在收到通知之日起十五日内书面提出。

海事法院经审查认定申请人代位受偿权利成立,应裁定予以确认;申请人主张代位受偿的权利缺乏事实或者法律依据的,裁定驳回其申请。当事人对裁定不服的,可以在收到裁定书之日起十日内提起上诉。

第三十条　船舶所有人为主动防止、减轻油污损害而支出的合理费用或者所作的合理牺牲,请求参与油污损害赔偿责任限制基金分配的,人民法院应予支持,比照本规定第二十九条第二款、第三款的规定处理。

【批复、答复】

非航行国际航线的我国船舶在我国海域造成油污损害的损害赔偿应如何适用法律？

《最高人民法院关于非航行国际航线的我国船舶在我国海域造成油污损害的民事赔偿责任适用法律问题的请示的答复》（〔2008〕民四他字第 20号,20080703）

山东省高级人民法院：

你院《关于非航行国际航线的我国船舶在我国海域造成油污损害的民事赔偿责任适用法律问题的请示》收悉。经研究,答复如下：

本案申请人锦州中信船务有限公司系中国法人,其所属的"恒冠 36"轮系在我国登记的非航行国际航线的船舶,其在威海海域与中国籍"辽长渔6005"轮碰撞导致漏油发生污染,故本案不具有涉外因素,不适用我国加入的《1902 年国际油污损害民事责任公约》。

同意你院的倾向性意见,即本案应适用《中华人民共和国海商法》、《中华人民共和国海洋环境保护法》以及相关行政法规的规定确定当事人的责任,油污责任人可以依据《中华人民共和国海商法》第十一章的规定享有海事赔偿责任限制。

此复。

【司法指导文件】

最高人民法院《第二次全国涉外商事海事审判工作会议纪要》（法发〔2005〕26 号,20051226）

142. 对于不受 1992 年油污公约调整的船舶油污损害赔偿纠纷,适用《中华人民共和国海商法》、《中华人民共和国海洋环境保护法》以及相关行政法规的规定确定当事人的责任;油污责任人亦可以依据《中华人民共和国海商法》第十一章的规定享有海事赔偿责任限制。

143. 对于受 1992 年油污公约调整的船舶油污损害赔偿纠纷,船舶所有人及其责任保险人或者提供财务保证的其他人为取得公约规定的责任限制的权利,向海事法院申请设立油污损害赔偿责任限制基金的,适用《中华人民共和国海事诉讼特别程序法》第九章的规定。

【典型案例】

油污损害赔偿责任限制基金设立有什么特殊性?［主权荣誉公司申请设立海事赔偿责任限制基金案,(2019)浙72民特212号］

申请人因船舶碰撞事故泄漏大量持久性货油对中国海洋环境造成巨大损害,根据《1992年国际油污损害民事责任公约》的规定,向我国海事法院申请设立油污损害赔偿责任限制基金,只要其申请符合国际公约和我国法律的规定,海事法院必须依法准予设立。

四十九、申请船舶优先权催告

1. 案由释义

申请船舶优先权催告,是指船舶转让时,受让人向海事法院申请船舶优先权催告,催促船舶优先权人及时主张权利,以便消灭该船舶附有的船舶优先权。

2. 管辖

【相关立法】

《中华人民共和国海事诉讼特别程序法》(20000701)

第一百二十一条 受让人申请船舶优先权催告的,应当向转让船舶交付地或者受让人住所地海事法院提出。

3. 申请船舶优先权催告申请费

【行政法规】

《诉讼费用交纳办法》(20070401)

第十条 当事人依法向人民法院申请下列事项,应当交纳申请费:

......

(七)申请海事强制令、共同海损理算、设立海事赔偿责任限制基金、海事债权登记、船舶优先权催告;

......

第十四条 申请费分别按照下列标准交纳:

......

(七)海事案件的申请费按照下列标准交纳:

......

3. 申请船舶优先权催告的,每件交纳 1000 元至 5000 元;

......

第三十九条　海事案件中的有关诉讼费用依照下列规定负担:

......

(四)申请设立海事赔偿责任限制基金、申请债权登记与受偿、申请船舶优先权催告案件的申请费,由申请人负担;

(五)设立海事赔偿责任限制基金、船舶优先权催告程序中的公告费用由申请人负担。

4. 船舶优先权催告的申请

【相关立法】

《中华人民共和国海事诉讼特别程序法》(20000701)

第一百二十条　船舶转让时,受让人可以向海事法院申请船舶优先权催告,催促船舶优先权人及时主张权利,消灭该船舶附有的船舶优先权。

第一百二十二条　申请船舶优先权催告,应当向海事法院提交申请书、船舶转让合同、船舶技术资料等文件。申请书应当载明船舶的名称、申请船舶优先权催告的事实和理由。

【司法解释】

(1)《最高人民法院关于适用〈中华人民共和国海事诉讼特别程序法〉若干问题的解释》(法释〔2003〕3 号,20030201;经法释〔2008〕18 号修正,20081231)

第九十二条　船舶转让合同订立后船舶实际交付前,受让人即可申请船舶优先权催告。

受让人不能提供原船舶证书的,不影响船舶优先权催告申请的提出。

第九十三条　海事诉讼特别程序法第一百二十条规定的受让人指船舶转让中的买方和有买船意向的人,但受让人申请海事法院作出除权判决时,必须提交其已经实际受让船舶的证据。

(2)《最高人民法院关于审理涉船员纠纷案件若干问题的规定》(法释〔2020〕11 号,20200929)

第七条　具有船舶优先权的海事请求,船员未申请限制船舶继续营运,仅申请对船舶采取限制处分、限制抵押等保全措施的，应予支持。船员主张该保全措施构成《中华人民共和国海商法》第二十八条规定的船舶扣押的，不予支持。

5. 船舶优先权催告的审查及复议

【相关立法】

《中华人民共和国海事诉讼特别程序法》(20000701)

第一百二十三条 海事法院在收到申请书以及有关文件后，应当进行审查，在七日内作出准予或者不准予申请的裁定。

受让人对裁定不服的，可以申请复议一次。

【司法解释】

(1)《最高人民法院关于适用〈中华人民共和国海事诉讼特别程序法〉若干问题的解释》(法释〔2003〕3 号,20030201;经法释〔2008〕18 号修正,20081231)

第九十四条 船舶受让人对不准予船舶优先权催告申请的裁定提出复议的，海事法院应当在七日内作出复议决定。

(2)《最高人民法院关于审理海事赔偿责任限制相关纠纷案件的若干规定》(法释〔2010〕11 号,20100915;经法释〔2020〕18 号修正,20210101)

第九条 海事赔偿责任限制基金设立后，海事请求人就同一海事事故产生的属于海商法第二百零七条规定的可以限制赔偿责任的海事赔偿请求，以行使船舶优先权为由申请扣押船舶的，人民法院不予支持。

6. 船舶优先权催告的公示

【相关立法】

《中华人民共和国海事诉讼特别程序法》(20000701)

第一百二十四条 海事法院在准予申请的裁定生效后，应当通过报纸或者其他新闻媒体发布公告，催促船舶优先权人在催告期间主张船舶优先权。

船舶优先权催告期间为六十日。

【司法解释】

《最高人民法院关于适用〈中华人民共和国海事诉讼特别程序法〉若干问题的解释》（法释〔2003〕3 号，20030201；经法释〔2008〕18 号修正，20081231）

第九十五条　海事法院准予船舶优先权催告申请的裁定生效后，应当通过报纸或者其他新闻媒体连续公告三日。优先权催告的船舶为可以航行于国际航线的，应当通过对外发行的报纸或者其他新闻媒体发布公告。

7. 船舶优先权催告的处理

【相关立法】

《中华人民共和国海事诉讼特别程序法》（20000701）

第一百二十五条　船舶优先权催告期间，船舶优先权人主张权利的，应当在海事法院办理登记；不主张权利的，视为放弃船舶优先权。

第一百二十六条　船舶优先权催告期间届满，无人主张船舶优先权的，海事法院应当根据当事人的申请作出判决，宣告该转让船舶不附有船舶优先权。判决内容应当公告。

【司法解释】

《最高人民法院关于适用〈中华人民共和国海事诉讼特别程序法〉若干问题的解释》（法释〔2003〕3 号，20030201；经法释〔2008〕18 号修正，20081231）

第九十六条　利害关系人在船舶优先权催告期间提出优先权主张的，海事法院应当裁定优先权催告程序终结。

五十、申请海事债权登记与受偿

1. 案由释义

申请海事债权登记与受偿,是指海事法院强制拍卖船舶或者设立海事赔偿责任限制基金的,债权人依法定程序向海事法院申请,将与被拍卖船舶有关的债权或者与特定场合发生的海事事故有关的债权进行登记,海事法院按照海商法或者其他有关法律规定,裁定债权人按照一定顺序受偿的制度。

2. 管辖

【司法解释】

《最高人民法院关于适用〈中华人民共和国海事诉讼特别程序法〉若干问题的解释》(法释〔2003〕3 号,20030201;经法释〔2008〕18 号修正,20081231)

第八十九条 在债权登记前,债权人已向受理债权登记的海事法院以外的海事法院起诉的,受理案件的海事法院应当将案件移送至登记债权的海事法院一并审理,但案件已经进入二审的除外。

3. 申请海事债权登记与受偿申请费

【行政法规】

《诉讼费用交纳办法》(20070401)

第十条 当事人依法向人民法院申请下列事项,应当交纳申请费:

......

(七)申请海事强制令、共同海损理算、设立海事赔偿责任限制基金、海事债权登记、船舶优先权催告;

......

第十四条 申请费分别按照下列标准交纳：

......

（七）海事案件的申请费按照下列标准交纳：

......

4. 申请海事债权登记的，每件交纳1000元；

......

第三十九条 海事案件中的有关诉讼费用依照下列规定负担：

......

（四）申请设立海事赔偿责任限制基金、申请债权登记与受偿、申请船舶优先权催告案件的申请费，由申请人负担；

......

4. 申请海事债权登记的公告程序

【相关立法】

《中华人民共和国海事诉讼特别程序法》（20000701）

第一百一十一条 海事法院裁定强制拍卖船舶的公告发布后，债权人应当在公告期间，就与被拍卖船舶有关的债权申请登记。公告期间届满不登记的，视为放弃在本次拍卖船舶价款中受偿的权利。

【司法解释】

《最高人民法院关于适用〈中华人民共和国海事诉讼特别程序法〉若干问题的解释》（法释〔2003〕3号，20030201；经法释〔2008〕18号修正，20081231）

第八十七条 海事诉讼特别程序法第一百一十一条规定的与被拍卖船舶有关的债权指与被拍卖船舶有关的海事债权。

5. 海事债权登记的申请

【相关立法】

《中华人民共和国海事诉讼特别程序法》（20000701）

第一百一十三条 债权人向海事法院申请登记债权的，应当提交书面申请，并提供有关债权证据。

债权证据，包括证明债权的具有法律效力的判决书、裁定书、调解书、仲裁裁决书和公证债权文书,以及其他证明具有海事请求的证据材料。

6. 海事债权登记的审查及处理

【相关立法】

《中华人民共和国海事诉讼特别程序法》(20000701)

第一百一十四条 海事法院应当对债权人的申请进行审查,对提供债权证据的,裁定准予登记;对不提供债权证据的,裁定驳回申请。

第一百一十五条 债权人提供证明债权的判决书、裁定书、调解书、仲裁裁决书或者公证债权文书的,海事法院经审查认定上述文书真实合法的,裁定予以确认。

第一百一十六条 债权人提供其他海事请求证据的,应当在办理债权登记以后,在受理债权登记的海事法院提起确权诉讼。当事人之间有仲裁协议的,应当及时申请仲裁。

海事法院对确权诉讼作出的判决、裁定具有法律效力,当事人不得提起上诉。

【司法解释】

(1)《最高人民法院关于适用〈中华人民共和国海事诉讼特别程序法〉若干问题的解释》(法释〔2003〕3 号,20030201;经法释〔2008〕18 号修正,20081231)

第八十八条 海事诉讼特别程序法第一百一十五条规定的判决书、裁定书、调解书和仲裁裁决书指我国国内的判决书、裁定书、调解书和仲裁裁决书。对于债权人提供的国外的判决书、裁定书、调解书和仲裁裁决书,适用民事诉讼法第二百六十六条和第二百六十七条①规定的程序审查。

第九十条 债权人依据海事诉讼特别程序法第一百一十六条规定向受理债权登记的海事法院提起确权诉讼的,应当在办理债权登记后七日内提起。

(2)《最高人民法院关于审理海事赔偿责任限制相关纠纷案件的若干规定》(法释〔2010〕11 号,20100915;经法释〔2020〕18 号修正,20210101)

第七条 债权人申请登记债权,符合有关规定的,海事法院应当在海事

---

① 2021 年修正后的民事诉讼法第二百八十七条和第二百八十八条。

赔偿责任限制基金设立后,依照海事诉讼特别程序法第一百一十四条的规定作出裁定;海事赔偿责任限制基金未依法设立的,海事法院应当裁定终结债权登记程序。债权人已经交纳的申请费由申请设立海事赔偿责任限制基金的人负担。

第十一条 债权人依据海事诉讼特别程序法第一百一十六条第一款的规定提起确权诉讼后,需要判定碰撞船舶过失程度比例的,案件的审理不适用海事诉讼特别程序法规定的确权诉讼程序,当事人对海事法院作出的判决、裁定可以依法提起上诉。

7. 债权人会议

【相关立法】

《中华人民共和国海事诉讼特别程序法》(20000701)

第一百一十七条 海事法院审理并确认债权后,应当向债权人发出债权人会议通知书,组织召开债权人会议。

第一百一十八条 债权人会议可以协商提出船舶价款或者海事赔偿责任限制基金的分配方案,签订受偿协议。

受偿协议经海事法院裁定认可,具有法律效力。

债权人会议协商不成的,由海事法院依照《中华人民共和国海商法》以及其他有关法律规定的受偿顺序,裁定船舶价款或者海事赔偿责任限制基金的分配方案。

8. 债权分配

【相关立法】

《中华人民共和国海事诉讼特别程序法》(20000701)

第一百一十九条 拍卖船舶所得价款及其利息,或者海事赔偿责任限制基金及其利息,应当一并予以分配。

分配船舶价款时,应当由责任人承担的诉讼费用,为保存、拍卖船舶和分配船舶价款产生的费用,以及为债权人的共同利益支付的其他费用,应当从船舶价款中先行拨付。

清偿债务后的余款,应当退还船舶原所有人或者海事赔偿责任限制基金设立人。

【司法解释】

《最高人民法院关于适用〈中华人民共和国海事诉讼特别程序法〉若干问题的解释》（法释〔2003〕3号，20030201；经法释〔2008〕18号修正，20081231）

第九十一条 海事诉讼特别程序法第一百一十九条第二款规定的三项费用按顺序拨付。

附录一　船舶优先权

【释义】

　　船舶优先权,是指船舶优先权人对于依法设定的基于船舶产生的特定债权,不论该船舶所有权的登记或船旗是否发生变更,都可以通过一定的司法程序享有优先受偿的权利。作为一种权利,它是海商法赋予某些应当给予特殊保护的海事债权人的一种特权。海事债权人在法律规定的期限内,通过海事司法程序提出海事请求,对当事船舶优先受偿。船舶优先权是海商法中特有的一种担保物权,这一权利不以协议、登记或占有为先决条件,也不因当事船舶所有权的转移而消灭,并随着海事请求权的转移而转移。

【相关立法】

　　(1)《中华人民共和国海商法》(19930701)

　　第二十一条　船舶优先权,是指海事请求人依照本法第二十二条的规定,向船舶所有人、光船承租人、船舶经营人提出海事请求,对产生该海事请求的船舶具有优先受偿的权利。

　　第二十二条　下列各项海事请求具有船舶优先权:

　　(一)船长、船员和在船上工作的其他在编人员根据劳动法律、行政法规或者劳动合同所产生的工资、其他劳动报酬、船员遣返费用和社会保险费用的给付请求;

　　(二)在船舶营运中发生的人身伤亡的赔偿请求;

　　(三)船舶吨税、引航费、港务费和其他港口规费的缴付请求;

　　(四)海难救助的救助款项的给付请求;

　　(五)船舶在营运中因侵权行为产生的财产赔偿请求。

　　载运2000吨以上的散装货油的船舶,持有有效的证书,证明已经进行油污损害民事责任保险或者具有相应的财务保证的,对其造成的油污损害的赔偿请求,不属于前款第(五)项规定的范围。

第二十三条 本法第二十二条第一款所列各项海事请求,依照顺序受偿。但是,第(四)项海事请求,后于第(一)项至第(三)项发生的,应当先于第(一)项至第(三)项受偿。

本法第二十二条第一款第(一)、(二)、(三)、(五)项中有两个以上海事请求的,不分先后,同时受偿;不足受偿的,按照比例受偿。第(四)项中有两个以上海事请求的,后发生的先受偿。

第二十四条 因行使船舶优先权产生的诉讼费用,保存、拍卖船舶和分配船舶价款产生的费用,以及为海事请求人的共同利益而支付的其他费用,应当从船舶拍卖所得价款中先行拨付。

第二十五条 船舶优先权先于船舶留置权受偿,船舶抵押权后于船舶留置权受偿。

前款所称船舶留置权,是指造船人、修船人在合同另一方未履行合同时,可以留置所占有的船舶,以保证造船费用或者修船费用得以偿还的权利。船舶留置权在造船人、修船人不再占有所造或者所修的船舶时消灭。

第二十六条 船舶优先权不因船舶所有权的转让而消灭。但是,船舶转让时,船舶优先权自法院应受让人申请予以公告之日起满六十日不行使的除外。

第二十七条 本法第二十二条规定的海事请求权转移的,其船舶优先权随之转移。

第二十八条 船舶优先权应当通过法院扣押产生优先权的船舶行使。

第二十九条 船舶优先权,除本法第二十六条规定的外,因下列原因之一而消灭:

(一)具有船舶优先权的海事请求,自优先权产生之日起满一年不行使;

(二)船舶经法院强制出售;

(三)船舶灭失。

前款第(一)项的一年期限,不得中止或者中断。

第三十条 本节规定不影响本法第十一章关于海事赔偿责任限制规定的实施。

第二百七十二条 船舶优先权,适用受理案件的法院所在地法律。

(2)《中华人民共和国海事诉讼特别程序法》(20000701)

第一百二十条 船舶转让时,受让人可以向海事法院申请船舶优先权催告,催促船舶优先权人及时主张权利,消灭该船舶附有的船舶优先权。

第一百二十一条　受让人申请船舶优先权催告的,应当向转让船舶交付地或者受让人住所地海事法院提出。

第一百二十二条　申请船舶优先权催告,应当向海事法院提交申请书、船舶转让合同、船舶技术资料等文件。申请书应当载明船舶的名称、申请船舶优先权催告的事实和理由。

第一百二十三条　海事法院在收到申请书以及有关文件后,应当进行审查,在七日内作出准予或者不准予申请的裁定。

受让人对裁定不服的,可以申请复议一次。

第一百二十四条　海事法院在准予申请的裁定生效后,应当通过报纸或者其他新闻媒体发布公告,催促船舶优先权人在催告期间主张船舶优先权。

船舶优先权催告期间为六十日。

第一百二十五条　船舶优先权催告期间,船舶优先权人主张权利的,应当在海事法院办理登记;不主张权利的,视为放弃船舶优先权。

第一百二十六条　船舶优先权催告期间届满,无人主张船舶优先权的,海事法院应当根据当事人的申请作出判决,宣告该转让船舶不附有船舶优先权。判决内容应当公告。

【司法解释】

(1)《最高人民法院关于适用〈中华人民共和国海事诉讼特别程序法〉若干问题的解释》(法释〔2003〕3 号,20030201;经法释〔2008〕18 号修正,20081231)

第十条　与船舶担保或者船舶优先权有关的借款合同纠纷,由被告住所地、合同履行地、船舶的船籍港、船舶所在地的海事法院管辖。

第三十四条　海事请求人和被请求人应当按照海事法院的要求提供海事诉讼特别程序法第三十三条规定的已知的船舶优先权人、抵押权人和船舶所有人的有关确切情况。

第九十二条　船舶转让合同订立后船舶实际交付前,受让人即可申请船舶优先权催告。

受让人不能提供原船舶证书的,不影响船舶优先权催告申请的提出。

第九十三条　海事诉讼特别程序法第一百二十条规定的受让人指船舶转让中的买方和有买船意向的人,但受让人申请海事法院作出除权判决时,必须提交其已经实际受让船舶的证据。

第九十四条　船舶受让人对不准予船舶优先权催告申请的裁定提出复议的,海事法院应当在七日内作出复议决定。

第九十五条 海事法院准予船舶优先权催告申请的裁定生效后,应当通过报纸或者其他新闻媒体连续公告三日。优先权催告的船舶为可以航行于国际航线的,应当通过对外发行的报纸或者其他新闻媒体发布公告。

第九十六条 利害关系人在船舶优先权催告期间提出优先权主张的,海事法院应当裁定优先权催告程序终结。

(2)《最高人民法院关于审理海事赔偿责任限制相关纠纷案件的若干规定》(法释〔2010〕11号,20100915;经法释〔2020〕18号修正,20210101)

第九条 海事赔偿责任限制基金设立后,海事请求人就同一海事事故产生的属于海商法第二百零七条规定的可以限制赔偿责任的海事赔偿请求,以行使船舶优先权为由申请扣押船舶的,人民法院不予支持。

(3)《最高人民法院关于审理船舶油污损害赔偿纠纷案件若干问题的规定》(法释〔2011〕14号,20110701;经法释〔2020〕18号修正,20210101)

第十八条 船舶取得有效的油污损害民事责任保险或者具有相应财务保证的,油污受损害人主张船舶优先权的,人民法院不予支持。

(4)《最高人民法院关于审理涉船员纠纷案件若干问题的规定》(法释〔2020〕11号,20200929)

第六条 具有船舶优先权的海事请求,船员未依照《中华人民共和国海商法》第二十八条的规定请求扣押产生船舶优先权的船舶,仅请求确认其在一定期限内对该产生船舶优先权的船舶享有优先权的,应予支持。

前款规定的期限自优先权产生之日起以一年为限。

第七条 具有船舶优先权的海事请求,船员未申请限制船舶继续营运,仅申请对船舶采取限制处分、限制抵押等保全措施的,应予支持。船员主张该保全措施构成《中华人民共和国海商法》第二十八条规定的船舶扣押的,不予支持。

第八条 因登船、在船工作、离船遣返产生的下列工资、其他劳动报酬,船员主张船舶优先权的,应予支持:

(一)正常工作时间的报酬或基本工资;

(二)延长工作时间的加班工资,休息日、法定休假日加班工资;

(三)在船服务期间的奖金、相关津贴和补贴,以及特殊情况下支付的工资等;

(四)未按期支付上述款项产生的孳息。

《中华人民共和国劳动法》和《中华人民共和国劳动合同法》中规定的相关经济补偿金、赔偿金,未依据《中华人民共和国劳动合同法》第八十二条之规定签订书面劳动合同而应支付的双倍工资,以及因未按期支付本款规定的前述费用而产生的孳息,船员主张船舶优先权的,不予支持。

第九条 船员因登船、在船工作、离船遣返而产生的工资、其他劳动报酬、船员遣返费用、社会保险费用,船舶所有人未依约支付,第三方向船员垫付全部或部分费用,船员将相应的海事请求权转让给第三方,第三方就受让的海事请求权请求确认或行使船舶优先权的,应予支持。

(5)《最高人民法院关于扣押与拍卖船舶适用法律若干问题的规定》(法释〔2015〕6号,20150301)

第二十二条 海事法院拍卖、变卖船舶所得价款及其利息,先行拨付海事诉讼特别程序法第一百一十九条第二款规定的费用后,依法按照下列顺序进行分配:

(一)具有船舶优先权的海事请求;

(二)由船舶留置权担保的海事请求;

(三)由船舶抵押权担保的海事请求;

(四)与被拍卖、变卖船舶有关的其他海事请求。

依据海事诉讼特别程序法第二十三条第二款的规定申请扣押船舶的海事请求人申请拍卖船舶的,在前款规定海事请求清偿后,参与船舶价款的分配。

依照前款规定分配后的余款,按照民事诉讼法及相关司法解释的规定执行。

【司法指导文件】

(1)最高人民法院民事审判第四庭《全国法院涉外商事海事审判工作座谈会会议纪要》〔法(民四)明传(2021)60号,20211231〕

76.【就海上货物运输合同产生的财产损失主张船舶优先权的法律适用】承运人履行海上货物运输合同过程中,造成货物灭失或者损坏的,船载货物权利人对本船提起的财产赔偿请求不具有船舶优先权。碰撞船舶互有过失造成船载货物灭失或者损坏的,船载货物权利人可以根据海商法第二十二条第一款第五项的规定向对方船舶主张船舶优先权。

77.【就海上旅客运输合同产生的财产损失主张船舶优先权的法律适用】承运人履行海上旅客运输合同过程中,造成旅客行李灭失或者损坏的,旅客对本船提起的财产赔偿请求不具有船舶优先权。碰撞船舶互有过失造成旅客行李灭失或者损坏的,旅客可以根据海商法第二十二条第一款第五项的规定向对方船舶主张船舶优先权。

78.【挂靠船舶的扣押】挂靠船舶登记所有人的一般债权人,不属于民法典第二百二十五条规定的"善意第三人",其债权请求权不能对抗挂靠船舶实际所有人的物权。一般债权人申请扣押挂靠船舶后,挂靠船舶实际所有人主张解除扣押的,人民法院应予支持。

对挂靠船舶享有抵押权、留置权和船舶优先权等担保物权的债权人申请扣押挂靠船舶,挂靠船舶实际所有人主张解除扣押的,人民法院不予支持,有证据证明债权人非善意第三人的除外。

87.【光船承租人因经营光租船舶产生债务在光船承租人或者船舶所有人破产时的受偿问题】因光船承租人而非船舶所有人应负责任的海事请求,对光租船舶申请扣押、拍卖,如果光船承租人进入破产程序,虽然该海事请求属于破产债权,但光租船舶并非光船承租人的财产,不属于破产财产,债权人可以通过海事诉讼程序而非破产程序清偿债务。

因光船承租人应负责任的海事请求而对光租船舶申请扣押、拍卖,且该海事请求具有船舶优先权、抵押权、留置权时,如果船舶所有人进入破产程序,请求人在破产程序开始后可直接向破产管理人请求从船舶价款中行使优先受偿权,并在无担保的破产债权人按照破产财产方案受偿之前进行清偿。

88.【船舶所有人破产程序对船舶扣押与拍卖的影响】海事法院无论基于海事请求保全还是执行生效裁判文书等原因扣押、拍卖船舶,均应当在知悉针对船舶所有人的破产申请被受理后及时解除扣押、中止拍卖程序。

破产程序之前当事人已经申请扣押船舶,后又基于破产程序而解除扣押的,有关船舶优先权已经行使的法律效果不受影响。船舶所有人进入破产程序后,当事人不能申请扣押船舶,属于法定不能通过扣押行使船舶优先权的情形,该类期间可以不计入法定行使船舶优先权的一年期间内。船舶优先权人在船舶所有人进入破产程序后直接申报要求从产生优先权船舶的拍卖价款中优先受偿,且该申报没有超过法定行使船舶优先权一年期间的,该船舶优先权所担保的债权应当在一般破产债权之前优先清偿。

因扣押、拍卖船舶产生的评估、看管费用等支出,根据法发〔2017〕2 号《最高人民法院关于执行案件移送破产审查若干问题的指导意见》第 15 条的规定,可以从债务人财产中随时清偿。

(2)最高人民法院《第二次全国涉外商事海事审判工作会议纪要》（法发〔2005〕26号，20051226）

140. 清除搁浅或者沉没船舶所产生的费用，可以在行使船舶优先权所拍卖船舶的价款中先行拨付。

(3)最高人民法院民事审判第四庭《涉外商事海事审判实务问题解答（一）》（20040408）

184. 20总吨以下船舶发生海损事故造成人身伤害，如何适用法律？受害方能否依照《海商法》的规定主张船舶优先权？

答：《海商法》调整的船舶不包括20总吨以下的小型船艇。20总吨以下的船舶发生海损事故造成人身伤害的，应当适用《民法通则》①的有关规定。因此受害方不能依照《海商法》的规定主张船舶优先权。

20总吨以下的船舶与海船发生碰撞造成人身伤亡的，受害人可以依据《海商法》的规定主张船舶优先权。

【典型案例】

(1)船员履行船员义务后，对船公司所欠租金是否享有船舶优先权？〔梁国民与钻石国际邮轮公司船员劳务合同纠纷案，(2019)沪72民初566号〕

船员与船东代理公司签订《船员雇佣协议书》，在"辉煌"轮上任职，与邮轮公司建立了船员劳务合同关系。现船员已履行了船员义务，而邮轮公司未支付劳动报酬，应承担赔偿损失的违约责任。依据海商法第二十二条第一款第(一)项的规定，船员在船期间所产生的工资、其他劳动报酬、船员遣返费用和社会保险费用的给付请求具有船舶优先权。故判令邮轮公司支付船员工资及其利息损失，并确认船员的请求享有船舶优先权。

(2)船东弃船后，船代出于人道主义垫付船员食宿费用是否可行使船舶优先权？〔科列斯尼克·亚罗斯拉夫(Kolesnyk Iaroslav)等13名乌克兰籍船员与阿若艾尼亚海运公司(Aroania Maritime S. A.)、奥维乐蒙娜斯航运公司(Avlemonas Shipping Co.)船员劳务合同纠纷案，(2018)浙72民初510-519、579-581号〕

船舶公司应支付船员工资、遣返费、食宿费及相应利息，船员就上述债权对所在船舶享有船舶优先权，有权在该轮拍卖款中优先受偿。对于船员遭船

---

① 民法典施行后，民法通则被废止，相关内容见民法典规定。

东"弃船"期间船舶代理机构等出于人道主义垫付的食宿费用,法院认可相应债权及其船舶优先权性质有利于鼓励相关单位垫付费用及时保障船员权益。

(3)航运企业进入破产重整程序,与船员的船舶优先权如何衔接?[窦某明与东莞市某海运有限公司船员劳务合同纠纷案,(2018)浙 72 民初 823 号]

船舶优先权担保的船员工资债权可以通过船舶拍卖优先受偿,顺位优先于船舶抵押权人和普通债权人,所以无论是否解除船舶扣押,都应当依法认定船员工资享有船舶优先权,确保该工资在破产程序中得到应有的从船舶拍卖款中优先受偿或者优先于抵押权人得到清偿。

(4)无船员服务簿记载具体上下船时间的情况下,船舶优先权的起始时间如何计算?[袁某进与舟山市某远洋渔业有限公司船员劳务合同纠纷案,(2017)浙 72 民初 1868 号]

远洋渔船船员无船员服务簿记载具体上下船时间的,法院以其在渔船就近港口国离境时间为下船时间,认定可主张船舶优先权的起始时间。

(5)船舶优先权人请求确认船舶优先权是否必须申请扣押当事船舶?[余松定与上海油汇船务有限公司船员劳务合同纠纷案,(2015)甬海法商初字第 578 号]

申请扣押当事船舶并非确认船舶优先权的前提条件,船舶优先权人请求确认船舶优先权时无须申请扣押当事船舶。但当事人行使船舶优先权,则必须自船舶优先权产生之日起一年内通过法院扣押当事船舶来行使。否则,船舶优先权消灭。

(6)船员劳务派遣单位接受船员债权转让后,劳务派遣单位是否可行使船舶优先权?[海隆公司与荣耀公司船舶优先权纠纷案,(2013)厦海法商初字第 201 号]

海隆公司作为船员外派公司,船员同意将劳务报酬、社会保险和遣返费用等海事请求权转移给该公司,因海事请求权转移,船舶优先权随之转移。海隆公司就上述债权行使船舶优先权符合法律规定。代理费是基于其与诺斯公司之间的合同产生,不属于优先权范围,海隆公司应向诺斯公司追索。荣耀公司系涉案船舶的所有权人,是船舶优先权诉讼的适格被告,应在船舶拍卖价款的范围内承担责任。

（7）被请求人享受海事赔偿责任限制下，请求人可否主张行使船舶优先权？[上海神源企业集团有限公司与厦门兴航宇船务有限公司海事赔偿责任纠纷案，(2011)甬海法温权字第1号]

由于在海事赔偿责任限制下认定船舶优先权会造成清偿顺序的矛盾和冲突，故根据海商法第三十条的规定，应优先适用海事赔偿责任限制所规定的清偿顺序。因本院另案生效判决已经确定两船碰撞责任比例，原告货物损失应按该责任比例确定被告应承担的赔偿数额。由于被告已经就"兴航168"轮与"霞运269"轮碰撞事故依法设立海事赔偿责任限制基金，原告亦已依法申请债权登记，因此，原告向被告主张的货物损失系船舶营运中产生的财产赔偿请求，属于限制性债权，应在基金中清偿，不再对"兴航168"轮具有船舶优先权。

（8）船舶在营运中因侵权行为产生的财产赔偿请求具有船舶优先权是否包括经营利润及利息损失？[中国人民财产保险股份有限公司深圳市分公司请求确认船舶优先权案，(2004)广海法监字第1号]

根据海商法第二十二条第一款第（五）项的规定，船舶在营运中因侵权行为产生的财产赔偿请求具有船舶优先权。该条款在赔偿请求前用"财产"予以限定，表明并非船舶在营运中因侵权行为所产生的所有赔偿请求都具有船舶优先权，只有侵权造成的财产有形灭失或损坏所引起的海事请求才具有船舶优先权。石龙公司应向深圳人保支付的利润损失及其利息以及扫海费损失及其利息均不属于财产的有形灭失或损坏，因此应不予确认深圳人保对石龙公司的上述债权具有船舶优先权。

【适用要点】

海事优先权是一项特殊的法定担保物权，其特殊性体现在以特别法规定，标的物为特定的当事船舶，由法定的特殊债权人主张，以特定法律程序实现，行使船舶优先权具有特殊的时限规定，此外该权利的产生并不以协议、登记或占有为成立要件。结合上述特点，在实践中应注意以下几点：

第一，船舶优先权是一种特殊的担保物权，其中民法典及相关司法解释如与海商法及相关司法解释存在冲突，应以海商法及相关司法解释为准。此外，存在涉案因素的船舶优先权案件应适用受理案件法院所在地法律，也就是在我国海事法院受理海事优先权案件都应适用我国法律审理。

第二，船舶优先权所针对的物仅为特定的物，仅为当事船舶，即"产生该海事请求的船舶"，而非被请求人所有的其他船舶。此外，还应注意到根据海商法第二十六条的规定,当事船舶一旦确定对于该船舶所存在的船舶优先权并不因船舶所有权的转让而消灭。

第三,船舶优先权优先于船舶留置权和船舶抵押权,因此对于行使船舶优先权必须进行限制。根据海商法第二十二条的规定,仅有五类海事请求具有船舶优先权,即:(一)船长、船员和在船上工作的其他在编人员根据劳动法律、行政法规或者劳动合同所产生的工资、其他劳动报酬、船员遣返费用和社会保险费用的给付请求;(二)在船舶营运中发生的人身伤亡的赔偿请求;(三)船舶吨税、引航费、港务费和其他港口规费的缴付请求;(四)海难救助的救助款项的给付请求;(五)船舶在营运中因侵权行为产生的财产赔偿请求。其中第五项需要注意,该项并非兜底条款而是具有明确范围,仅适用于营运中的侵权所造成的损害,非营运中或者基于合同产生的损害均不能行使船舶优先权。

第四,行使船舶优先权必须通过海事法院,以扣押船舶、拍卖船舶的方式实施,而不得以自行扣押船舶等方式实现权利。

第五,船舶优先权应当在产生优先权之日起一年内行使,该期间为除斥期间,不适用中止、中断以及延长的规定。

附录二　海事赔偿责任限制

【释义】

海事赔偿责任限制是海商法中特有的、区别于民法损害赔偿的一项特殊法律制度。海事赔偿责任限制,是指在发生重大海损事故时,作为责任主体的船舶所有人、救助人和责任保险人等根据法律的规定,将自己的赔偿责任限制在一定范围内的法律制度。海事赔偿责任限制基金,是指依法享有赔偿责任限制的责任人向有管辖权的法院申请设立的,用以保证其承担有限赔偿责任,且不可撤销的专用款项。海事赔偿责任人设立责任限制基金的目的是,在法院作出判决或裁定对基金予以分配后,不论其涉及的每一项本航次限制性债权是否均已登记,或者能否得到满足,该债权都由于债权人因法律规定不得再行起诉而消灭,从而使责任人利益得到进一步保护。海商法规定了海事赔偿责任限制制度,海事诉讼特别程序法第九章对于海事赔偿责任限制制度的程序问题作了具体规定。

【相关立法】

(1)《中华人民共和国海商法》(19930701)

第五十六条　承运人对货物的灭失或者损坏的赔偿限额,按照货物件数或者其他货运单位数计算,每件或者每个其他货运单位为 666.67 计算单位,或者按照货物毛重计算,每公斤为 2 计算单位,以二者中赔偿限额较高的为准。但是,托运人在货物装运前已经申报其性质和价值,并在提单中载明的,或者承运人与托运人已经另行约定高于本条规定的赔偿限额的除外。

货物用集装箱、货盘或者类似装运器具集装的,提单中载明装在此类装运器具中的货物件数或者其他货运单位数,视为前款所指的货物件数或者其他货运单位数;未载明的,每一装运器具视为一件或者一个单位。

装运器具不属于承运人所有或者非由承运人提供的,装运器具本身应当视为一件或者一个单位。

第五十七条　承运人对货物因迟延交付造成经济损失的赔偿限额，为所迟延交付的货物的运费数额。货物的灭失或者损坏和迟延交付同时发生的，承运人的赔偿责任限额适用本法第五十六条第一款规定的限额。

第五十八条　就海上货物运输合同所涉及的货物灭失、损坏或者迟延交付对承运人提起的任何诉讼，不论海事请求人是否合同的一方，也不论是根据合同或者是根据侵权行为提起的，均适用本章关于承运人的抗辩理由和限制赔偿责任的规定。

前款诉讼是对承运人的受雇人或者代理人提起的，经承运人的受雇人或者代理人证明，其行为是在受雇或者受委托的范围之内的，适用前款规定。

第五十九条　经证明，货物的灭失、损坏或者迟延交付是由于承运人的故意或者明知可能造成损失而轻率地作为或者不作为造成的，承运人不得援用本法第五十六条或者第五十七条限制赔偿责任的规定。

经证明，货物的灭失、损坏或者迟延交付是由于承运人的受雇人、代理人的故意或者明知可能造成损失而轻率地作为或者不作为造成的，承运人的受雇人或者代理人不得援用本法第五十六条或者第五十七条限制赔偿责任的规定。

第一百二十条　向承运人的受雇人、代理人提出的赔偿请求，受雇人或者代理人证明其行为是在受雇或者受委托的范围内的，有权援用本法第一百一十五条、第一百一十六条和第一百一十七条的抗辩理由和赔偿责任限制的规定。

第二百零四条　船舶所有人、救助人，对本法第二百零七条所列海事赔偿请求，可以依照本章规定限制赔偿责任。

前款所称的船舶所有人，包括船舶承租人和船舶经营人。

第二百零五条　本法第二百零七条所列海事赔偿请求，不是向船舶所有人、救助人本人提出，而是向他们对其行为、过失负有责任的人员提出的，这些人员可以依照本章规定限制赔偿责任。

第二百零六条　被保险人依照本章规定可以限制赔偿责任的，对该海事赔偿请求承担责任的保险人，有权依照本章规定享受相同的赔偿责任限制。

第二百零七条　下列海事赔偿请求，除本法第二百零八条和第二百零九条另有规定外，无论赔偿责任的基础有何不同，责任人均可以依照本章规定限制赔偿责任：

（一）在船上发生的或者与船舶营运、救助作业直接相关的人身伤亡或者财产的灭失、损坏，包括对港口工程、港池、航道和助航设施造成的损坏，以

及由此引起的相应损失的赔偿请求;

（二）海上货物运输因迟延交付或者旅客及其行李运输因迟延到达造成损失的赔偿请求;

（三）与船舶营运或者救助作业直接相关的,侵犯非合同权利的行为造成其他损失的赔偿请求;

（四）责任人以外的其他人,为避免或者减少责任人依照本章规定可以限制赔偿责任的损失而采取措施的赔偿请求,以及因此项措施造成进一步损失的赔偿请求。

前款所列赔偿请求,无论提出的方式有何不同,均可以限制赔偿责任。但是,第(四)项涉及责任人以合同约定支付的报酬,责任人的支付责任不得援用本条赔偿责任限制的规定。

第二百零八条　本章规定不适用于下列各项:

（一）对救助款项或者共同海损分摊的请求;

（二）中华人民共和国参加的国际油污损害民事责任公约规定的油污损害的赔偿请求;

（三）中华人民共和国参加的国际核能损害责任限制公约规定的核能损害的赔偿请求;

（四）核动力船舶造成的核能损害的赔偿请求;

（五）船舶所有人或者救助人提出的赔偿请求,根据调整劳务合同的法律,船舶所有人或者救助人对该类赔偿请求无权限制赔偿责任,或者该项法律作了高于本章规定的赔偿限额的规定。

第二百零九条　经证明,引起赔偿请求的损失是由于责任人的故意或者明知可能造成损失而轻率地作为或者不作为造成的,责任人无权依照本章规定限制赔偿责任。

第二百一十条　除本法第二百一十一条另有规定外,海事赔偿责任限制,依照下列规定计算赔偿限额:

（一）关于人身伤亡的赔偿请求

1. 总吨位 300 吨至 500 吨的船舶,赔偿限额为 333000 计算单位;

2. 总吨位超过 500 吨的船舶,500 吨以下部分适用本项第 1 目的规定,500 吨以上的部分,应当增加下列数额:

501 吨至 3000 吨的部分,每吨增加 500 计算单位;

3001 吨至 30000 吨的部分,每吨增加 333 计算单位;

30001 吨至 70000 吨的部分,每吨增加 250 计算单位;

超过 70000 吨的部分,每吨增加 167 计算单位。

（二）关于非人身伤亡的赔偿请求

1. 总吨位 300 吨至 500 吨的船舶，赔偿限额为 167000 计算单位；

2. 总吨位超过 500 吨的船舶，500 吨以下部分适用本项第 1 目的规定，500 吨以上的部分，应当增加下列数额：

501 吨至 30000 吨的部分，每吨增加 167 计算单位；

30001 吨至 70000 吨的部分，每吨增加 125 计算单位；

超过 70000 吨的部分，每吨增加 83 计算单位。

（三）依照第（一）项规定的限额，不足以支付全部人身伤亡的赔偿请求的，其差额应当与非人身伤亡的赔偿请求并列，从第（二）项数额中按照比例受偿。

（四）在不影响第（三）项关于人身伤亡赔偿请求的情况下，就港口工程、港池、航道和助航设施的损害提出的赔偿请求，应当较第（二）项中的其他赔偿请求优先受偿。

（五）不以船舶进行救助作业或者在被救船舶上进行救助作业的救助人，其责任限额按照总吨位为 1500 吨的船舶计算。

总吨位不满 300 吨的船舶，从事中华人民共和国港口之间的运输的船舶，以及从事沿海作业的船舶，其赔偿限额由国务院交通主管部门制定，报国务院批准后施行。

第二百一十一条　海上旅客运输的旅客人身伤亡赔偿责任限制，按照 46666 计算单位乘以船舶证书规定的载客定额计算赔偿限额，但是最高不超过 25000000 计算单位。

中华人民共和国港口之间海上旅客运输的旅客人身伤亡，赔偿限额由国务院交通主管部门制定，报国务院批准后施行。

第二百一十二条　本法第二百一十条和第二百一十一条规定的赔偿限额，适用于特定场合发生的事故引起的，向船舶所有人、救助人本人和他们对其行为、过失负有责任的人员提出的请求的总额。

第二百一十三条　责任人要求依照本法规定限制赔偿责任的，可以在有管辖权的法院设立责任限制基金。基金数额分别为本法第二百一十条、第二百一十一条规定的限额，加上自责任产生之日起至基金设立之日止的相应利息。

第二百一十四条　责任人设立责任限制基金后，向责任人提出请求的任何人，不得对责任人的任何财产行使任何权利；已设立责任限制基金的责任人的船舶或者其他财产已经被扣押，或者基金设立人已经提交抵押物的，法院应当及时下令释放或者责令退还。

第二百一十五条　享受本章规定的责任限制的人，就同一事故向请求人提出反请求的,双方的请求金额应当相互抵销,本章规定的赔偿限额仅适用于两个请求金额之间的差额。

第二百七十五条 海事赔偿责任限制,适用受理案件的法院所在地法律。

(2)《中华人民共和国海事诉讼特别程序法》(20000701)

第七十九条 设立海事赔偿责任限制基金和先予执行等程序所涉及的担保,可以参照本章规定。

第一百零一条 船舶所有人、承租人、经营人、救助人、保险人在发生海事事故后,依法申请责任限制的,可以向海事法院申请设立海事赔偿责任限制基金。

船舶造成油污损害的,船舶所有人及其责任保险人或者提供财务保证的其他人为取得法律规定的责任限制的权利,应当向海事法院设立油污损害的海事赔偿责任限制基金。

设立责任限制基金的申请可以在起诉前或者诉讼中提出,但最迟应当在一审判决作出前提出。

第一百零二条 当事人在起诉前申请设立海事赔偿责任限制基金的,应当向事故发生地、合同履行地或者船舶扣押地海事法院提出。

第一百零三条 设立海事赔偿责任限制基金,不受当事人之间关于诉讼管辖协议或者仲裁协议的约束。

第一百零四条 申请人向海事法院申请设立海事赔偿责任限制基金,应当提交书面申请。申请书应当载明申请设立海事赔偿责任限制基金的数额、理由,以及已知的利害关系人的名称、地址和通讯方法,并附有关证据。

第一百零五条 海事法院受理设立海事赔偿责任限制基金申请后,应当在七日内向已知的利害关系人发出通知,同时通过报纸或者其他新闻媒体发布公告。

通知和公告包括下列内容:

(一)申请人的名称;

(二)申请的事实和理由;

(三)设立海事赔偿责任限制基金事项;

(四)办理债权登记事项;

(五)需要告知的其他事项。

第一百零六条 利害关系人对申请人申请设立海事赔偿责任限制基金有异议的,应当在收到通知之日起七日内或者未收到通知的在公告之日起三十日内,以书面形式向海事法院提出。

海事法院收到利害关系人提出的书面异议后,应当进行审查,在十五日内作出裁定。异议成立的,裁定驳回申请人的申请;异议不成立的,裁定准予申请人设立海事赔偿责任限制基金。

当事人对裁定不服的,可以在收到裁定书之日起七日内提起上诉。第二审人民法院应当在收到上诉状之日起十五日内作出裁定。

第一百零七条 利害关系人在规定的期间内没有提出异议的,海事法院裁定准予申请人设立海事赔偿责任限制基金。

第一百零八条 准予申请人设立海事赔偿责任限制基金的裁定生效后,申请人应当在海事法院设立海事赔偿责任限制基金。

设立海事赔偿责任限制基金可以提供现金,也可以提供经海事法院认可的担保。

海事赔偿责任限制基金的数额,为海事赔偿责任限额和自事故发生之日起至基金设立之日止的利息。以担保方式设立基金的,担保数额为基金数额及其在基金设立期间的利息。

以现金设立基金的,基金到达海事法院指定账户之日为基金设立之日。以担保设立基金的,海事法院接受担保之日为基金设立之日。

第一百零九条 设立海事赔偿责任限制基金以后,当事人就有关海事纠纷应当向设立海事赔偿责任限制基金的海事法院提起诉讼,但当事人之间订有诉讼管辖协议或者仲裁协议的除外。

第一百一十条 申请人申请设立海事赔偿责任限制基金错误的,应当赔偿利害关系人因此所遭受的损失。

第一百一十二条 海事法院受理设立海事赔偿责任限制基金的公告发布后,债权人应当在公告期间就与特定场合发生的海事事故有关的债权申请登记。公告期间届满不登记的,视为放弃债权。

第一百一十八条 债权人会议可以协商提出船舶价款或者海事赔偿责任限制基金的分配方案,签订受偿协议。

受偿协议经海事法院裁定认可,具有法律效力。

债权人会议协商不成的,由海事法院依照《中华人民共和国海商法》以及其他有关法律规定的受偿顺序,裁定船舶价款或者海事赔偿责任限制基金的分配方案。

第一百一十九条 拍卖船舶所得价款及其利息,或者海事赔偿责任限制基金及其利息,应当一并予以分配。

分配船舶价款时,应当由责任人承担的诉讼费用,为保存、拍卖船舶和分配船舶价款产生的费用,以及为债权人的共同利益支付的其他费用,应当从船舶价款中先行拨付。

清偿债务后的余款,应当退还船舶原所有人或者海事赔偿责任限制基金设立人。

【行政法规】

(1)《防治船舶污染海洋环境管理条例》(20100301;20180319)

第五十条　船舶污染事故的赔偿限额依照《中华人民共和国海商法》关于海事赔偿责任限制的规定执行。但是,船舶载运的散装持久性油类物质造成中华人民共和国管辖海域污染的,赔偿限额依照中华人民共和国缔结或者参加的有关国际条约的规定执行。

前款所称持久性油类物质,是指任何持久性烃类矿物油。

(2)《中华人民共和国港口间海上旅客运输赔偿责任限额规定》(19940101)

第一条　根据《中华人民共和国海商法》第一百一十七条、第二百一十一条的规定,制定本规定。

第二条　本规定适用于中华人民共和国港口之间海上旅客运输。

第三条　承运人在每次海上旅客运输中的赔偿责任限额,按照下列规定执行:

(一)旅客人身伤亡的,每名旅客不超过4万元人民币;

(二)旅客自带行李灭失或者损坏的,每名旅客不超过800元人民币;

(三)旅客车辆包括该车辆所载行李灭失或者损坏的,每一车辆不超过3200元人民币;

(四)本款第(二)项、第(三)项以外的旅客其他行李灭失或者损坏的,每千克不超过20元人民币。

承运人和旅客可以书面约定高于本条第一款规定的赔偿责任限额。

第四条　海上旅客运输的旅客人身伤亡赔偿责任限制,按照4万元人民币乘以船舶证书规定的载客定额计算赔偿限额,但是最高不超过2100万元人民币。

第五条　向外籍旅客、华侨和港、澳、台胞旅客给付的赔偿金,可以兑换成该外国或者地区的货币。其汇率按照赔偿金给付之日中华人民共和国外汇管理部门公布的外汇牌价确定。

（3）《关于不满 300 总吨船舶及沿海运输、沿海作业船舶海事赔偿限额的规定》（19940101）

第一条　根据《中华人民共和国海商法》第二百一十条规定，制定本规定。

第二条　本规定适用于超过 20 总吨、不满 300 总吨的船舶及 300 总吨以上从事中华人民共和国港口之间货物运输或者沿海作业的船舶。

第三条　除本规定第四条另有规定外，不满 300 总吨船舶的海事赔偿责任限制，依照下列规定计算赔偿限额：

（一）关于人身伤亡的赔偿请求：

1. 超过 20 总吨、21 总吨以下的船舶，赔偿限额为 54000 计算单位；

2. 超过 21 总吨的船舶，超过部分每吨增加 1000 计算单位。

（二）关于非人身伤亡的赔偿请求：

1. 超过 20 总吨、21 总吨以下的船舶，赔偿限额为 27500 计算单位；

2. 超过 21 总吨的船舶，超过部分每吨增加 500 计算单位。

第四条　从事中华人民共和国港口之间货物运输或者沿海作业的船舶，不满 300 总吨的，其海事赔偿限额依照本规定第三条规定的赔偿限额的 50% 计算；300 总吨以上的，其海事赔偿限额依照《中华人民共和国海商法》第二百一十条第一款规定的赔偿限额的 50% 计算。

第五条　同一事故中的当事船舶的海事赔偿限额，有适用《中华人民共和国海商法》第二百一十条或者本规定第三条规定的，其他当事船舶的海事赔偿限额应当同样适用。

【司法解释】

（1）《最高人民法院关于适用〈中华人民共和国海事诉讼特别程序法〉若干问题的解释》（法释〔2003〕3 号，20030201；经法释〔2008〕18 号修正，20081231）

第七十九条　海事诉讼特别程序法第一百零一条规定的船舶所有人指有关船舶证书上载明的船舶所有人。

第八十条　海事事故发生在中华人民共和国领域外的，船舶发生事故后进入中华人民共和国领域内的第一到达港视为海事诉讼特别程序法第一百零二条规定的事故发生地。

第八十一条　当事人在诉讼中申请设立海事赔偿责任限制基金的，应当向受理相关海事纠纷案件的海事法院提出，但当事人之间订有有效诉讼管辖协议或者仲裁协议的除外。

第八十二条 设立海事赔偿责任限制基金应当通过报纸或者其他新闻媒体连续公告三日。如果涉及的船舶是可以航行于国际航线的,应当通过对外发行的报纸或者其他新闻媒体发布公告。

第八十三条 利害关系人依据海事诉讼特别程序法第一百零六条的规定对申请人设立海事赔偿责任限制基金提出异议的,海事法院应当对设立基金申请人的主体资格、事故所涉及的债权性质和申请设立基金的数额进行审查。

第八十四条 准予申请人设立海事赔偿责任限制基金的裁定生效后,申请人应当在三日内在海事法院设立海事赔偿责任限制基金。申请人逾期未设立基金的,按自动撤回申请处理。

第八十五条 海事诉讼特别程序法第一百零八条规定的担保指中华人民共和国境内的银行或者其他金融机构所出具的担保。

第八十六条 设立海事赔偿责任限制基金后,向基金提出请求的任何人,不得就该项索赔对设立或以其名义设立基金的人的任何其他财产,行使任何权利。

(2)《最高人民法院关于审理海事赔偿责任限制相关纠纷案件的若干规定》(法释〔2010〕11 号,20100915;经法释〔2020〕18 号修正,20210101)

第一条 审理海事赔偿责任限制相关纠纷案件,适用海事诉讼特别程序法、海商法的规定;海事诉讼特别程序法、海商法没有规定的,适用其他相关法律、行政法规的规定。

第二条 同一海事事故中,不同的责任人在起诉前依据海事诉讼特别程序法第一百零二条的规定向不同的海事法院申请设立海事赔偿责任限制基金的,后立案的海事法院应当依照民事诉讼法的规定,将案件移送先立案的海事法院管辖。

第三条 责任人在诉讼中申请设立海事赔偿责任限制基金的,应当向受理相关海事纠纷案件的海事法院提出。

相关海事纠纷由不同海事法院受理,责任人申请设立海事赔偿责任限制基金的,应当依据诉讼管辖协议向最先立案的海事法院提出;当事人之间未订立诉讼管辖协议的,向最先立案的海事法院提出。

第四条 海事赔偿责任限制基金设立后,设立基金的海事法院对海事请求人就与海事事故相关纠纷向责任人提起的诉讼具有管辖权。

海事请求人向其他海事法院提起诉讼的,受理案件的海事法院应当依照民事诉讼法的规定,将案件移送设立海事赔偿责任限制基金的海事法院,但当事人之间订有诉讼管辖协议的除外。

第五条　海事诉讼特别程序法第一百零六条第二款规定的海事法院在十五日内作出裁定的期间,自海事法院受理设立海事赔偿责任限制基金申请的最后一次公告发布之次日起第三十日开始计算。

第六条　海事诉讼特别程序法第一百一十二条规定的申请债权登记期间的届满之日,为海事法院受理设立海事赔偿责任限制基金申请的最后一次公告发布之次日起第六十日。

第七条　债权人申请登记债权,符合有关规定的,海事法院应当在海事赔偿责任限制基金设立后,依照海事诉讼特别程序法第一百一十四条的规定作出裁定;海事赔偿责任限制基金未依法设立的,海事法院应当裁定终结债权登记程序。债权人已经交纳的申请费由申请设立海事赔偿责任限制基金的人负担。

第八条　海事赔偿责任限制基金设立后,海事请求人基于责任人依法不能援引海事赔偿责任限制抗辩的海事赔偿请求,可以对责任人的财产申请保全。

第九条　海事赔偿责任限制基金设立后,海事请求人就同一海事事故产生的属于海商法第二百零七条规定的可以限制赔偿责任的海事赔偿请求,以行使船舶优先权为由申请扣押船舶的,人民法院不予支持。

第十条　债权人提起确权诉讼时,依据海商法第二百零九条的规定主张责任人无权限制赔偿责任的,应当以书面形式提出。案件的审理不适用海事诉讼特别程序法规定的确权诉讼程序,当事人对海事法院作出的判决、裁定可以依法提起上诉。

两个以上债权人主张责任人无权限制赔偿责任的,海事法院可以将相关案件合并审理。

第十一条　债权人依据海事诉讼特别程序法第一百一十六条第一款的规定提起确权诉讼后,需要判定碰撞船舶过失程度比例的,案件的审理不适用海事诉讼特别程序法规定的确权诉讼程序,当事人对海事法院作出的判决、裁定可以依法提起上诉。

第十二条　海商法第二百零四条规定的船舶经营人是指登记的船舶经营人,或者接受船舶所有人委托实际使用和控制船舶并应当承担船舶责任的人,但不包括无船承运业务经营者。

第十三条　责任人未申请设立海事赔偿责任限制基金,不影响其在诉讼中对海商法第二百零七条规定的海事请求提出海事赔偿责任限制抗辩。

第十四条　责任人未提出海事赔偿责任限制抗辩的,海事法院不应主动适用海商法关于海事赔偿责任限制的规定进行裁判。

第十五条 责任人在一审判决作出前未提出海事赔偿责任限制抗辩,在二审、再审期间提出的,人民法院不予支持。

第十六条 责任人对海商法第二百零七条规定的海事赔偿请求未提出海事赔偿责任限制抗辩,债权人依据有关生效裁判文书或者仲裁裁决书,申请执行责任人海事赔偿责任限制基金以外的财产的,人民法院应予支持,但债权人以上述文书作为债权证据申请登记债权并经海事法院裁定准予的除外。

第十七条 海商法第二百零七条规定的可以限制赔偿责任的海事赔偿请求不包括因沉没、遇难、搁浅或者被弃船舶的起浮、清除、拆毁或者使之无害提起的索赔,或者因船上货物的清除、拆毁或者使之无害提起的索赔。

由于船舶碰撞致使责任人遭受前款规定的索赔,责任人就因此产生的损失向对方船舶追偿时,被请求人主张依据海商法第二百零七条的规定限制赔偿责任的,人民法院应予支持。

第十八条 海商法第二百零九条规定的"责任人"是指海事事故的责任人本人。

第十九条 海事请求人以发生海事事故的船舶不适航为由主张责任人无权限制赔偿责任,但不能证明引起赔偿请求的损失是由于责任人本人的故意或者明知可能造成损失而轻率地作为或者不作为造成的,人民法院不予支持。

第二十条 海事赔偿责任限制基金应当以人民币设立,其数额按法院准予设立基金的裁定生效之日的特别提款权对人民币的换算办法计算。

第二十一条 海商法第二百一十三条规定的利息,自海事事故发生之日起至基金设立之日止,按同期全国银行间同业拆借中心公布的贷款市场报价利率计算。

以担保方式设立海事赔偿责任限制基金的,基金设立期间的利息按同期全国银行间同业拆借中心公布的贷款市场报价利率计算。

第二十二条 本规定施行前已经终审的案件,人民法院进行再审时,不适用本规定。

第二十三条 本规定施行前本院发布的司法解释与本规定不一致的,以本规定为准。

(3)《最高人民法院关于审理船舶油污损害赔偿纠纷案件若干问题的规定》(法释〔2011〕14号,20110701;经法释〔2020〕18号修正,20210101)

第十九条 对油轮装载的非持久性燃油、非油轮装载的燃油造成油污损害的赔偿请求,适用海商法关于海事赔偿责任限制的规定。

同一海事事故造成前款规定的油污损害和海商法第二百零七条规定的可以限制赔偿责任的其他损害,船舶所有人依照海商法第十一章的规定主张在同一赔偿限额内限制赔偿责任的,人民法院应予支持。

第二十条 为避免油轮装载的非持久性燃油、非油轮装载的燃油造成油污损害,对沉没、搁浅、遇难船舶采取起浮、清除或者使之无害措施,船舶所有人对由此发生的费用主张依照海商法第十一章的规定限制赔偿责任的,人民法院不予支持。

第二十一条 对油轮装载持久性油类造成的油污损害,船舶所有人,或者船舶油污责任保险人、财务保证人主张责任限制的,应当设立油污损害赔偿责任限制基金。

油污损害赔偿责任限制基金以现金方式设立的,基金数额为《防治船舶污染海洋环境管理条例》《1992年国际油污损害民事责任公约》规定的赔偿限额。以担保方式设立基金的,担保数额为基金数额及其在基金设立期间的利息。

第二十二条 船舶所有人、船舶油污损害责任保险人或者财务保证人申请设立油污损害赔偿责任限制基金,利害关系人对船舶所有人主张限制赔偿责任有异议的,应当在海事诉讼特别程序法第一百零六条第一款规定的异议期内以书面形式提出,但提出该异议不影响基金的设立。

第二十三条 对油轮装载持久性油类造成的油污损害,利害关系人没有在异议期内对船舶所有人主张限制赔偿责任提出异议,油污损害赔偿责任限制基金设立后,海事法院应当解除对船舶所有人的财产采取的保全措施或者发还为解除保全措施而提供的担保。

第二十四条 对油轮装载持久性油类造成的油污损害,利害关系人在异议期内对船舶所有人主张限制赔偿责任提出异议的,人民法院在认定船舶所有人有权限制赔偿责任的裁决生效后,应当解除对船舶所有人的财产采取的保全措施或者发还为解除保全措施而提供的担保。

第二十五条 对油轮装载持久性油类造成的油污损害,受损害人提起诉讼时主张船舶所有人无权限制赔偿责任的,海事法院对船舶所有人是否有权限制赔偿责任的争议,可以先行审理并作出判决。

第二十六条 对油轮装载持久性油类造成的油污损害,受损害人没有在规定的债权登记期间申请债权登记的,视为放弃在油污损害赔偿责任限制基金中受偿的权利。

第二十七条 油污损害赔偿责任限制基金不足以清偿有关油污损害的,

应根据确认的赔偿数额依法按比例分配。

第二十八条　对油轮装载持久性油类造成的油污损害，船舶所有人、船舶油污损害责任保险人或者财务保证人申请设立油污损害赔偿责任限制基金、受损害人申请债权登记与受偿，本规定没有规定的，适用海事诉讼特别程序法及相关司法解释的规定。

第二十九条　在油污损害赔偿责任限制基金分配以前，船舶所有人、船舶油污损害责任保险人或者财务保证人，已先行赔付油污损害的，可以书面申请从基金中代位受偿。代位受偿应限于赔付的范围，并不超过接受赔付的人依法可获得的赔偿数额。

海事法院受理代位受偿申请后，应书面通知所有对油污损害赔偿责任限制基金提出主张的利害关系人。利害关系人对申请人主张代位受偿的权利有异议的，应在收到通知之日起十五日内书面提出。

海事法院经审查认定申请人代位受偿权利成立，应裁定予以确认；申请人主张代位受偿的权利缺乏事实或者法律依据的，裁定驳回其申请。当事人对裁定不服的，可以在收到裁定书之日起十日内提起上诉。

第三十条　船舶所有人为主动防止、减轻油污损害而支出的合理费用或者所作的合理牺牲，请求参与油污损害赔偿责任限制基金分配的，人民法院应予支持，比照本规定第二十九条第二款、第三款的规定处理。

(4)《最高人民法院关于审理船舶碰撞纠纷案件若干问题的规定》（法释〔2008〕7号，20080523；经法释〔2020〕18号修正，20210101）

第九条　因起浮、清除、拆毁由船舶碰撞造成的沉没、遇难、搁浅或被弃船舶及船上货物或者使其无害的费用提出的赔偿请求，责任人不能依照海商法第十一章的规定享受海事赔偿责任限制。

(5)《最高人民法院关于审理船舶碰撞和触碰案件财产损害赔偿的规定》（法发〔1995〕17号，19950818；经法释〔2020〕18号修正，20210101）

十五、本规定不包括对船舶碰撞或者触碰责任的确定，不影响船舶所有人或者承运人依法享受免责和责任限制的权利。

(6)《最高人民法院关于审理无正本提单交付货物案件适用法律若干问题的规定》（法释〔2009〕1号，20090305；经法释〔2020〕18号修正，20210101）

第四条　承运人因无正本提单交付货物承担民事责任的，不适用海商法第五十六条关于限制赔偿责任的规定。

【批复、答复】

（1）在申请海事赔偿责任限制基金案件中如何认定利害关系人申请债权登记期限？

《最高人民法院关于在申请海事赔偿责任限制基金案件中如何认定利害关系人申请债权登记期限的请示的复函》（〔2010〕民四他字第 36 号，20100726）

湖北省高级人民法院：

你院鄂高法〔2010〕106 号《关于在申请海事赔偿责任限制基金案件中如何认定利害关系人申请债权登记期限的请示》收悉。经研究，答复如下：

根据海事诉讼特别程序法第一百一十二条规定："海事法院受理设立海事赔偿责任限制基金的公告发布后，债权人应当在公告期间就与特定场合发生的海事事故有关的债权申请登记。公告期间届满不登记的，视为放弃债权。"本条中的债权人，包括设立海事赔偿责任限制基金程序中的已知利害关系人和未知利害关系人，以及债权登记和受偿程序中的已知债权人和未知债权人。根据海事诉讼特别程序法第一百零六条规定，利害关系人应当在收到异议通知之日起七日内以书面形式向海事法院提出异议申请，一审法院裁定驳回的，可以提起上诉。因此，作为海事债权登记与受偿程序中的债权人，应当根据法律规定并按照一审法院的公告或者通知要求申请债权登记，提起确权诉讼。

经审查，新韩公司、海王星公司属于本案利害关系人，在债权登记与受偿程序中作为债权人依法享有申请债权登记和提起确权诉讼的权利。2009 年5 月 19 日，武汉海事法院裁定驳回新韩公司、海王星公司异议申请之后，新韩公司、海王星公司向你院提起上诉。2009 年 9 月 8 日，你院维持武汉海事法院一审裁定，驳回其上诉。2009 年 9 月 25 日，在你院作出驳回异议终审裁定后，新韩公司、海王星公司向武汉海事法院申请债权登记，提起确权诉讼。新韩公司、海王星公司申请债权登记，提起确权诉讼并没有超出法律规定的期限。

新韩公司、海王星公司在你院作出驳回异议裁定之后申请债权登记，提起确权诉讼，并按照武汉海事法院通知要求交纳相关费用，其申请债权登记的期限符合法律规定，应予准许。

此复。

（2）非航行国际航线的我国船舶在我国海域造成油污损害赔偿责任如何适用法律？

《最高人民法院关于非航行国际航线的我国船舶在我国海域造成油污损害的民事赔偿责任适用法律问题的请示的答复》（〔2008〕民四他字第20号，20080703）

山东省高级人民法院：

你院《关于非航行国际航线的我国船舶在我国海域造成油污损害的民事赔偿责任适用法律问题的请示》收悉。经研究，答复如下：

本案申请人锦州中信船务有限公司系中国法人，其所属的"恒冠36"轮系在我国登记的非航行国际航线的船舶，其在威海海域与中国籍"辽长渔6005"轮碰撞导致漏油发生污染，故本案不具有涉外因素，不适用我国加入的《1902年国际油污损害民事责任公约》。

同意你院的倾向性意见，即本案应适用《中华人民共和国海商法》、《中华人民共和国海洋环境保护法》以及相关行政法规的规定确定当事人的责任，油污责任人可以依据《中华人民共和国海商法》第十一章的规定享有海事赔偿责任限制。

（3）涉案运输合同承运人是否具有申请限制赔偿责任的主体资格？

《最高人民法院关于招远市玲珑电池有限公司与烟台集洋集装箱货运有限责任公司海事赔偿责任限制申请一案请示的复函》（〔2002〕民四他字第38号，20030609）

山东省高级人民法院：

你院鲁高法函〔2002〕49号《关于招远市玲珑电池有限公司与烟台集洋集装箱货运有限责任公司海事赔偿责任限制申请一案请示》收悉。经研究，答复如下：

根据我国《海商法》和《海事诉讼特别程序法》规定，申请建立海事赔偿责任限制基金可以在诉讼中或诉讼前提出；海事赔偿责任限制属于当事人的抗辩权，申请限制海事赔偿责任，应当以海事请求人在诉讼中向责任人提出的海事请求为前提，不能构成独立的诉讼请求。

烟台集洋集装箱货运有限责任公司（以下简称集洋公司）虽是涉案运输合同承运人，但不是船舶经营人，不具有申请限制赔偿责任的主体资格。

同意你院关于案件处理的倾向性意见。对集洋公司的申请，应当裁定驳回起诉。

此复。

（4）责任人申请海事赔偿责任限制,但未提供资金设立海事赔偿责任限制基金,可否采取提供充分担保的形式?

《最高人民法院关于宁波市外海航运公司申请海事赔偿责任限制设立基金有关问题的复函》（法函〔1995〕160号,19951207）

浙江省高级人民法院:

你院〔1995〕浙法经字92号,关于宁波市外海航运公司申请海事赔偿责任限制设立基金有关问题的请示收悉。经研究,答复如下:

责任人申请海事赔偿责任限制,未提供资金设立海事赔偿责任限制基金,可以采取提供充分担保的形式。宁波市外海航运公司是在诉讼过程中申请享受海事赔偿责任限制权利的,法院可以撤销令其设立海事赔偿责任限制基金的裁定。但在本案实体审理中,如果没有充分证据证明"引起赔偿请求的损失是由于责任人的故意或者明知可能造成损失而轻率地作为或者不作为造成的",责任人有权享受海事赔偿责任限制,且这种权利不因责任人未设立责任限制基金或者提供相应的担保而丧失。

此复。

【司法指导文件】

（1）最高人民法院民事审判第四庭《全国法院涉外商事海事审判工作座谈会会议纪要》〔法（民四）明传（2021）60号,20211231〕

67.【港口经营人不能主张承运人的免责或者责任限制抗辩】根据海商法第五十八条、第六十一条的规定,就海上货物运输合同所涉及的货物灭失、损坏或者迟延交付提起的诉讼,有权适用关于承运人的抗辩理由和限制赔偿责任规定的为承运人、实际承运人、承运人和实际承运人的受雇人或者代理人。在现有法律规定下,港口经营人并不属于上述范围,其在港口作业中造成货物损失,托运人或者收货人直接以侵权起诉港口经营人,港口经营人援用海商法第五十八条、第六十一条的规定主张免责或者限制赔偿责任的,人民法院不予支持。

71.【内河船舶不得享受海事赔偿责任限制】海商法第十一章关于海事赔偿责任限制规定适用的船舶应当为海商法第三条规定的海船,不适用于内河船舶。海船的认定应当根据船舶检验证书记载的航行能力和准予航行航区予以确认,内河船舶的船舶性质及其准予航行航区不因船舶实际航行区域而改变。

79.【同一事故中当事船舶适用同一赔偿限额】同一事故中的当事船舶的海事赔偿限额,有适用海商法第二百一十条第一款规定的,无论其是否申请设立海事赔偿责任限制基金或者主张海事赔偿责任限制,其他从事中华人民共和国港口之间货物运输或者沿海作业的当事船舶的海事赔偿责任限额也应适用该条规定。

80.【单一责任限制制度的适用规则】海商法第二百一十五条关于"先抵销,后限制"的规定适用于同类海事请求。若双方存在非人身伤亡和人身伤亡的两类赔偿请求,不同性质的赔偿请求应当分别抵销,分别限制。

86.【基金设立程序中的管辖权异议】利害关系人对受理设立海事赔偿责任限制基金申请法院的管辖权有异议的,应当适用海事诉讼特别程序法第一百零六条有关期间的规定。

(2)最高人民法院《第二次全国涉外商事海事审判工作会议纪要》(法发〔2005〕26号,20051226)

102. 承运人承担无正本提单放货责任,不得援引《中华人民共和国海商法》第五十六条关于限制赔偿责任的规定。

139. 就沉船沉物强制打捞清除费用提出的请求为海事赔偿请求,责任人不能依照《中华人民共和国海商法》第十一章的规定享受海事赔偿责任限制。

142. 对于不受1992年油污公约调整的船舶油污损害赔偿纠纷,适用《中华人民共和国海商法》、《中华人民共和国海洋环境保护法》以及相关行政法规的规定确定当事人的责任;油污责任人亦可以依据《中华人民共和国海商法》第十一章的规定享有海事赔偿责任限制。

143. 对于受1992年油污公约调整的船舶油污损害赔偿纠纷,船舶所有人及其责任保险人或者提供财务保证的其他人为取得公约规定的责任限制的权利,向海事法院申请设立油污损害赔偿责任限制基金的,适用《中华人民共和国海事诉讼特别程序法》第九章的规定。

(3)最高人民法院民事审判第四庭《涉外商事海事审判实务问题解答(一)》(20040408)

119. 当事人仅申请海事赔偿责任限制而不设立海事赔偿责任限制基金的,是否适用公告程序?

答:海事法院受理海事赔偿责任限制基金申请后,应当依照《海事诉讼特别程序法》的有关规定发布公告。当事人未申请设立海事赔偿责任限制基金,仅在诉讼中申请海事赔偿责任限制的,不适用《海事诉讼特别程序法》规定的公告程序。

140. 预借提单与倒签提单情况下,承运人可否享受海事赔偿责任限制权利?

答:承运人预借提单或者倒签提单的情况下,引起提单持有人或者收货人提起赔偿请求,承运人不得援引《海商法》关于海事赔偿责任限制的规定限制其赔偿责任。除非承运人能证明提单不是其本人签发。

152. 如何理解《海商法》规定的船舶碰撞纠纷中的限制性债权和非限制性债权?

答:《海商法》第207条规定了责任人可以依照《海商法》的规定限制赔偿责任的海事请求。其中未将沉船沉物清除的赔偿请求列为限制性债权,故此类债权应列为非限制性债权。因此,包括因船舶碰撞造成的沉没、遇难、搁浅或被弃船舶的打捞等产生的债权应当属于责任人不可以享受海事赔偿责任限制的债权。

181. 如何理解《海商法》第212条规定的"特定场合发生的事故"?

答:《海商法》第212条规定的"特定场合发生的事故"是指在特定的时间和特定的地点因同一原因而发生的事故。同一航次中,基于不同的原因而发生的或者相互之间没有因果关系的数个事故,即使时间上相隔很短,也属于两个特定场合发生的事故,责任人须承担相当于两个责任限额的赔偿责任。

182. 哪些船舶可以适用海事赔偿责任限制的规定?

答:除军事船舶、政府公务船和未满20总吨的小型船艇外,海船和其他海上移动式装置属于可以享受海事赔偿责任限制的船舶;

20总吨以上不满300总吨从事我国港口之间货物运输或者沿海作业的船舶,属于责任限制船舶,但其责任限额根据国务院批准交通部发布的"关于不满300总吨船舶及沿海运输、沿海作业船舶海事赔偿责任限额的规定"。

187. 计算海上人身伤亡赔偿责任限额的依据和方法是什么?

答:计算海上人身伤亡赔偿责任限额,适用我国《海商法》第210条第1款第1、2、3项的规定,按一次事故一个限额,船舶吨位分五档并以计算单位来计算。譬如,总吨位300吨至500吨的船舶,赔偿限额为333,000计算单位。若要计算成人民币,可先将计算单位(即特别提款权)折算成国际流通货币,然后再按我国外汇主管机关公布的外汇与人民币的汇率进行折算。人身伤亡赔偿数额特别巨大,依照该法第1款第1项规定限额不足以支付全部赔偿请求的,其差额应当与非人身伤亡的赔偿请求并列,从非人身伤亡的赔偿请求数额中按照比例受偿。

总吨位不满300吨的船舶,从事我国港口之间运输的船舶,以及从事沿海作业的船舶,其赔偿限额的计算适用国务院批准的《关于不满 300 吨船舶及沿海运输、沿海作业船舶海事赔偿限额的规定》第 3 条第 1 项和第 4 条的规定。

【指导性案例】

(1)指导案例 112 号:阿斯特克有限公司申请设立海事赔偿责任限制基金案(20190225)

关键词　民事　海事赔偿责任限制基金　事故原则　一次事故　多次事故

裁判要点

海商法第二百一十二条确立海事赔偿责任限制实行"一次事故,一个限额,多次事故,多个限额"的原则。判断一次事故还是多次事故的关键是分析事故之间是否因同一原因所致。如果因同一原因发生多个事故,且原因链没有中断的,应认定为一次事故。如果原因链中断并再次发生事故,则应认定为形成新的独立事故。

相关法条

《中华人民共和国海商法》第 212 条

基本案情

阿斯特克有限公司向天津海事法院提出申请称,其所属的"艾侬"轮收到养殖损害索赔请求。对于该次事故所造成的非人身伤亡损失,阿斯特克有限公司作为该轮的船舶所有人申请设立海事赔偿责任限制基金,责任限额为422510 特别提款权及该款项自 2014 年 6 月 5 日起至基金设立之日止的利息。

众多养殖户作为利害关系人提出异议,认为阿斯特克有限公司应当分别设立限制基金,而不能就整个航次设立一个限制基金。

法院查明:涉案船舶韩国籍"艾侬"轮的所有人为阿斯特克有限公司,船舶总吨位为 2030 吨。2014 年 6 月 5 日,"艾侬"轮自秦皇岛开往天津港装货途中,在河北省昌黎县、乐亭县海域驶入养殖区域,造成了相关养殖户的养殖损失。

另查明,"艾侬"轮在本案损害事故发生时使用英版 1249 号海图,该海图已标明本案损害事故发生的海域设置了养殖区,并划定了养殖区范围。涉案船舶为执行涉案航次所预先设定的航线穿越该养殖区。

再查明,郭金武与刘海忠的养殖区相距约 500 米左右,涉案船舶航行时间约 2 分钟;刘海忠与李卫国等人的养殖区相距约 9000 米左右,涉案船舶航行时间约 30 分钟。

裁判结果

天津海事法院于 2014 年 11 月 10 日作出 (2014) 津海法限字第 1 号民事裁定:一、准许阿斯特克有限公司提出的设立海事赔偿责任限制基金的申请。二、海事赔偿责任限制基金数额为 422510 特别提款权及利息(利息自 2014 年 6 月 5 日起至基金设立之日止,按中国人民银行确定的金融机构同期一年期贷款基准利率计算)。三、阿斯特克有限公司应在裁定生效之日起三日内以人民币或法院认可的担保设立海事赔偿责任限制基金(基金的人民币数额按本裁定生效之日的特别提款权对人民币的换算办法计算)。逾期不设立基金的,按自动撤回申请处理。郭金武、刘海忠不服一审裁定,向天津市高级人民法院提起上诉。天津市高级人民法院于 2015 年 1 月 19 日作出 (2015) 津高民四终字第 10 号民事裁定:驳回上诉,维持原裁定。郭金武、刘海忠、李卫国、赵来军、齐永平、李建永、齐秀奎不服二审裁定,申请再审。最高人民法院于 2015 年 8 月 10 日作出 (2015) 民申字第 853 号民事裁定,提审本案,并于 2015 年 9 月 29 日作出 (2015) 民提字第 151 号民事裁定:一、撤销天津市高级人民法院 (2015) 津高民四终字第 10 号民事裁定。二、撤销天津海事法院 (2014) 津海法限字第 1 号民事裁定。三、驳回阿斯特克有限公司提出的设立海事赔偿责任限制基金的申请。

裁判理由

最高人民法院认为,海商法第二百一十二条确立海事赔偿责任限制实行事故原则,即"一次事故,一个限额,多次事故,多个限额"。判断一次还是多次事故的关键是分析两次事故之间是否因同一原因所致。如果因同一原因发生多个事故,但原因链没有中断,则应认定为一个事故。如果原因链中断,有新的原因介入,则新的原因与新的事故构成新的因果关系,形成新的独立事故。就本案而言,涉案"艾侬"轮所使用的英版海图明确标注了养殖区范围,但船员却将航线设定到养殖区,本身存在重大过错。涉案船舶在预知所经临的海域可能存在大面积养殖区的情形下,应加强瞭望义务,保证航行安全,避免冲撞养殖区造成损失。根据涉案船舶航行轨迹,涉案船舶实际驶入了郭金武经营的养殖区。鉴于损害事故发生于中午时分,并无夜间的视觉障碍,如船员谨慎履行瞭望和驾驶义务,应能注意到海面上悬挂养殖物浮球的存在。在昌黎县海洋局出具证据证明郭金武遭受实际损害的情形下,可以推定船员未履行谨慎瞭望义务,导致第一次侵权行为发生。依据航行轨迹,船舶随后进入刘海忠的养殖区,由于郭金武与刘海忠的养殖区毗邻,相距约 500 米,基于船舶运动的惯性及船舶驾驶规律,涉案船舶在当时情形下无法采取合理措施避让刘海忠的养殖区,致使第二次侵权行为发生。从原因上分析,两次损害行为均因船舶驶入郭金武养殖区之前,船员疏于瞭望的过失所致,属同一原因,且原因链并未中断,故应将两次侵权行为认定为一次事故。船舶驶离刘海忠的养殖区进入开阔海域,航行约9000米,时长约半小时后进入李卫国等人的养殖区再次造成损害事故。在进入李卫国等人的养殖区之前,船员应有较为充裕的时间调整驾驶疏忽的心理状态,且在预知航行前方还有养殖区存在的情形下,更应加强瞭望义务,避免再次造成损害。涉案船舶显然未尽到谨慎驾驶的义务,致使第二次损害事故的发生。两次事故之间无论从时间关系还是从主观状态均无关联性,第二次事故的发生并非第一次事故自然延续所致,两次事故之间并无因果关系。阿斯特克有限公司主张在整个事故发生过程中船员错误驶入的心理状态没有变化,原因链没有中断的理由不能成立。虽然两次事故的发生均因“同一性质的原因”,即船员疏忽驾驶所致,但并非基于“同一原因”,引起两次事故。依据“一次事故,一次限额”的原则,涉案船舶应分别针对两次事故设立不同的责任限制基金。一、二审法院未能全面考察养殖区的位置、两次事故之间的因果关系及当事人的主观状态,作出涉案船舶仅造成一次事故,允许涉案船舶设立一个基金的认定错误,依法应予纠正。

(2) 指导案例 16 号:中海发展股份有限公司货轮公司申请设立海事赔偿责任限制基金案(20130131)

关键词　海事诉讼　海事赔偿责任限制基金　海事赔偿责任限额计算

裁判要点

1. 对于申请设立海事赔偿责任限制基金的,法院仅就申请人主体资格、事故所涉及的债权性质和申请设立基金的数额进行程序性审查。有关申请人实体上是否享有海事赔偿责任限制,以及事故所涉债权除限制性债权外是否同时存在其他非限制性债权等问题,不影响法院依法作出准予设立海事赔偿责任限制基金的裁定。

2.《中华人民共和国海商法》第二百一十条第二款规定的“从事中华人民共和国港口之间的运输的船舶”,应理解为发生海事事故航次正在从事中华人民共和国港口之间运输的船舶。

相关法条

1.《中华人民共和国海事诉讼特别程序法》第一百零六条第二款

2.《中华人民共和国海商法》第二百一十条第二款

基本案情

中海发展股份有限公司货轮公司(以下简称货轮公司)所属的“宁安11”

轮,于2008年5月23日从秦皇岛运载电煤前往上海外高桥码头,5月26日在靠泊码头过程中触碰码头的2号卸船机,造成码头和机器受损。货轮公司遂于2009年3月9日向上海海事法院申请设立海事赔偿责任限制基金。货轮公司申请设立非人身伤亡海事赔偿责任限制基金,数额为2242643计算单位(折合人民币25442784.84元)和自事故发生之日起至基金设立之日止的利息。

上海外高桥发电有限责任公司、上海外高桥第二发电有限责任公司作为第一异议人,中国人民财产保险股份有限公司上海市分公司、中国大地财产保险股份有限公司上海分公司、中国平安财产保险股份有限公司上海分公司、安诚财产保险股份有限公司上海分公司、中国太平洋财产保险股份有限公司上海分公司、中国大地财产保险股份有限公司营业部、永诚财产保险股份有限公司上海分公司等7位异议人作为第二异议人,分别针对货轮公司的上述申请,向上海海事法院提出了书面异议。上海海事法院于2009年5月27日就此项申请和异议召开了听证会。

第一异议人称:"宁安11"轮系因船长的错误操作行为导致了事故发生,应对本次事故负全部责任,故申请人无权享受海事赔偿责任限制。"宁安11"轮是一艘可以从事国际远洋运输的船舶,不属于从事中国港口之间货物运输的船舶,不适用交通部《关于不满300总吨船舶及沿海运输、沿海作业船舶海事赔偿限额的规定》(以下简称《船舶赔偿限额规定》)第四条规定的限额,而应适用《中华人民共和国海商法》(以下简称《海商法》)第二百一十条第一款第(二)项规定的限额。

第二异议人称:事故所涉及的债权性质虽然大部分属于限制性债权,但其中清理残骸费用应当属于非限制性债权,申请人无权就此项费用申请限制赔偿责任。其他异议意见和理由同第一异议人。

上海海事法院经审理查明:申请人系"宁安11"轮登记的船舶所有人。涉案船舶触碰事故所造成的码头和机器损坏,属于与船舶营运直接相关的财产损失。另,"宁安11"轮总吨位为26358吨,营业运输证载明的核定经营范围为"国内沿海及长江中下游各港间普通货物运输"。

裁判结果

上海海事法院于2009年6月10日作出(2009)沪海法限字第1号民事裁定,驳回异议人的异议,准许申请人设立海事赔偿责任限制基金,基金数额为人民币25442784.84元和该款自2008年5月26日起至基金设立之日止的银行利息。宣判后,异议人中国人民财产保险股份有限公司上海市分公司提出上诉。上海市高级人民法院于2009年7月27日作出(2009)沪高民四(海)限字第1号民事裁定,驳回上诉,维持原裁定。

裁判理由

法院生效裁判认为:根据《最高人民法院关于适用〈中华人民共和国海事诉讼特别程序法〉若干问题的解释》第八十三条的规定,申请设立海事赔偿责任限制基金,应当对申请人的主体资格、事故所涉及的债权性质和申请设立基金的数额进行审查。

货轮公司是"宁安11"轮的船舶登记所有人,属于《海商法》第二百零四条和《中华人民共和国海事诉讼特别程序法》第一百零一条第一款规定的可以申请设立海事赔偿责任限制基金的主体。异议人提出的申请人所属船舶应当对事故负全责,其无权享受责任限制的意见,因涉及对申请人是否享有赔偿责任限制实体权利的判定,而该问题应在案件的实体审理中解决,故对第一异议人的该异议不作处理。

鉴于涉案船舶触碰事故所造成的码头和机器损坏,属于与船舶营运直接相关的财产损失,依据《海商法》第二百零七条的规定,责任人可以限制赔偿责任。因此,第二异议人提出的清理残骸费用属于非限制性债权,申请人无权享有该项赔偿责任限制的意见,不影响法院准予申请人就所涉限制性债权事项提出的设立海事赔偿责任限制基金申请。

关于"宁安11"轮是否属于《海商法》第二百一十条第二款规定的"从事中华人民共和国港口之间的运输的船舶",进而应按照何种标准计算赔偿限额的问题。鉴于"宁安11"轮营业运输证载明的核定经营范围为"国内沿海及长江中下游各港间普通货物运输",涉案事故发生时其所从事的也正是从秦皇岛港至上海港航次的运营。因此,该船舶应认定为"从事中华人民共和国港口之间的运输的船舶",而不宜以船舶适航证书上记载的船舶可航区域或者船舶有能力航行的区域来确定。为此,异议人提出的"宁安11"轮所准予航行的区域为近海,是一艘可以从事国际远洋运输船舶的意见不予采纳。申请人据此申请适用《海商法》第二百一十条第二款和《船舶赔偿限额规定》第四条规定的标准计算涉案限制基金的数额并无不当。异议人有关适用《海商法》第二百一十条第一款第(二)项规定计算涉案基金数额的主张及理由,依据不足,不予采纳。

鉴于事故发生之日国际货币基金组织未公布特别提款权与人民币之间的换算比率,申请人根据次日公布的比率 1:11.345 计算,异议人并无异议,涉案船舶的总吨位为 26358 吨,因此,涉案海事赔偿责任限额为[(26358-500)×167+167000]×50% = 2242643 特别提款权,折合人民币 25442784.84 元,基金数额应为人民币 25442784.84 元和该款自事故发生之日起至基金设立之日止按中国人民银行同期活期存款利率计算的利息。

【典型案例】

（1）司法实践中如何认定丧失海事赔偿责任限制权利？［毛雪波与陈伟、嵊泗县江山海运有限公司船舶碰撞损害赔偿责任纠纷案，（2016）最高法民申 1487 号］

判断海事赔偿责任限制权利是否丧失，应综合考量船舶所有人等责任人本人是否对损害结果的发生具有故意，或者明知可能造成损失而轻率地作为或者不作为。但诸多严重违法航行行为（如无证航行、超航区航行、不办理签证航行、肇事后擅自驶离现场等）的集合和长期、屡次或反复实施，可能足以推定船舶所有人等责任人本身具有重大主观过错。因此，对于严重违法航行的，应当综合行为的内容、性质及违法的严重程度等因素，综合认定责任人是否丧失海事赔偿责任限制权利。

（2）沉船所有人向碰撞事故的对方当事人追偿打捞清除费用的索赔请求是否属于限制性债权？［南京顺锦航运有限责任公司、浙江龙宇船务有限公司与南京顺锦航运有限责任公司、浙江龙宇船务有限公司船舶碰撞损害责任纠纷，（2014）民申字第 2132 号］

根据海事赔偿责任限制规定第十七条第一款规定，沉船打捞费用不属于海商法第二百零七条规定的限制性债权，故沉船所有人对打捞公司请求的打捞费用不得限制赔偿责任。该条第二款规定，沉船所有人向碰撞事故的对方当事人追偿打捞清除费用的，该索赔请求属于限制性债权，对方当事人有权主张海事赔偿责任限制。因司法实践中界定"带有强制性质的打捞清除决定"较为困难，故该条款并未区分强制打捞和商业打捞，而是统一规定为，责任人就打捞费用向对方船舶追偿的，对方船舶可以限制赔偿责任。据此，本案中南京顺锦向浙江龙宇追偿的强制打捞费用属于限制性债权，浙江龙宇对该项请求可依法限制其赔偿责任。案涉三方签订的协议书明确约定，如打捞救助费用属于限制性债权，应从浙江龙宇设立的海事赔偿责任限制基金统一受偿。

（3）船长、船员的故意或轻率行为造成损害后果的，船舶所有人是否丧失赔偿责任限制的权利？［镇江市自来水公司与韩国开发银行投资有限公司（KDBCAPITALCO.，LTD）水污染损害赔偿纠纷案，（2015）鄂民四终字第00060 号］

海商法和《最高人民法院关于审理海事赔偿责任限制相关纠纷案件的

若干规定》对船舶所有人的行为后果与其雇佣人员或代理人的行为后果予以区分,故船舶所有人不因其雇佣的船长、船员的故意或轻率行为而丧失赔偿责任限制的权利。

(4)海事赔偿责任限制中人身伤亡赔偿请求和非人身伤亡赔偿请求能否合并抵销?[瑞克麦斯热那亚航运公司、瑞克麦斯轮船公司与CS海运株式会社水上运输损害责任纠纷案,(2009)沪高民四(海)终字第239,241号]

海商法第二百一十五条规定,同一海事事故双方互有请求时,海事赔偿责任限制的赔偿限额仅适用于两个请求之间的差额,此即一般意义上的"先抵销,后限制"。当同一事故中同时存在人身伤亡和非人身伤亡的赔偿请求时,由于两类请求的性质不同,赔偿限额计算方式也有所区别,故人身伤亡赔偿请求和非人身伤亡赔偿请求应先分别抵销,再分别计算责任限额,而不能将两类损失合并起来进行抵销。

(5)无船承运人是否可以行使海事赔偿责任限制权利?[中国人民财产保险股份有限公司厦门市分公司与本溪钢铁(集团)腾达股份有限公司等通海水域货物运输合同纠纷案,(2009)沪高民四(海)终字第57号]

海事赔偿责任限制,是海商法所特有的一项法律制度,指在发生重大海难事故并导致严重的人身伤亡和财产损害时,将责任人的赔偿责任限制在一定范围和程度内的法律制度。由于无船承运人"无船"的特征,其对船舶并无实质的占有或控制权,对船舶不具有实际利益,因此无法享受海事赔偿责任限制权利。在船舶所有人或船舶经营人设立海事赔偿责任限制基金时,其应遵守基本的勤勉义务,代表货主或督促货主申请债权登记,以维护实际货主的最大利益,完成契约运输合同的附随义务。

(6)海事赔偿责任限制基金设立后,与所涉船舶碰撞事故有关的债权是否还能行使船舶优先权?[中国人民财产保险股份有限公司海南分公司与湛江市沧海船务有限公司等船舶碰撞损害赔偿确权案,(2003)广海法终字第84—2号]

设立海事赔偿责任限制基金的,与本案所涉船舶碰撞事故有关的债权,只能在该基金中受偿,不能对基金之外的任何财产行使任何权利,也不能再通过扣押船舶行使船舶优先权。

(7)"同一事故中当事船舶适用同一规定"规则应如何理解?［中燃航运(大连)有限责任公司申请设立海事赔偿责任限制基金案,(2017)辽 72 民特 104 号］

同一事故中的当事船舶应适用同一海事赔偿限额的规定,且以较高的限额规定为准。同一事故中当事船舶的海事赔偿限额有应当适用海商法第二百一十条规定情形的,其他当事船舶的海事赔偿限额也同样适用海商法第二百一十条的规定,而不考虑权利人是否实际申请设立海事赔偿责任限制基金。

(8)海商法第五十六条中单位责任限额如何适用?［阳光财产保险股份有限公司上海市分公司与马士基(中国)航运有限公司、马士基(中国)航运有限公司深圳分公司海上货物运输合同纠纷案,(2013)广海法初字第 316 号］

单位责任限额制度的基础理念,是"超过限额者免责",而非"统一按限额赔偿",即基于每个单位货物的实际损失额与责任限额的比较结果进行判断,只有单位货物的损失额超过了责任限额的,才可以按责任限额赔偿,并对超出责任限额部分免责,至于单位货物损失额尚未达到责任限额者,则按其实际损失额赔偿,而非按责任限额赔偿。

(9)在建船舶试航期间发生事故责任人能否享受海事赔偿责任限制?［中海工业(江苏)有限公司与中国太平洋财产保险股份有限公司扬州中心支公司等海上保险合同纠纷案,(2011)沪海法商初字第 1308 号］

在建船舶因尚未通过各项技术检验和办理正式登记手续,难以构成海商法意义上的船舶,更不具备从事船舶营运活动的资格。因此,在建船舶的试航作业只是与"船舶建造"有关的活动,而非海商法第二百零七条第一款第(三)项所列的与"船舶营运"直接相关的活动,由此产生的损害赔偿请求不属于限制性债权,故在建船舶试航期间发生事故造成他人人身、财产损失的,责任人不能享受海事赔偿责任限制。

【适用要点】

我国现行海商法所规定的海事赔偿责任限制制度来源于《1976 年海事赔偿责任限制公约》,是在发生重大海损事故时,依法限定责任主体赔偿总额的一种特殊法律制度。在适用该制度时应注意以下几个方面:

第一,海事责任限制是责任主体的一项法定权利,而非法定义务。基于此,在海损事故发生前后,允许责任主体明确放弃责任限制制度的适用。

第二,从行使海事赔偿责任限制权利的时间节点来看,责任人既可以在诉讼前也可以在诉讼中,诉讼前一般以向法院申请设立海事赔偿责任限制基金方式实现,诉讼中则是责任人以对承担责任进行抗辩的方式行使。

第三,可以适用责任限制的海事请求是法律明确规定的限制性海事请求,除此以外的其他海事请求均不可适用责任限制的规定,而这一范围就是海商法第二百零九条所规定四类海事请求。因此,司法解释规定对"沉没、遇难、搁浅或者被弃船舶的起浮、清除、拆毁或者使之无害提起的索赔,或者因船上货物的清除、拆毁或者使之无害提起的索赔"不适用海事赔偿责任限制制度。

第四,涉及船舶油污损害的海事请求,并非不存在责任限制,而是不能适用海商法第八章的规定,应当依照《防治船舶污染海洋环境管理条例》《1992年国际油污损害民事责任公约》的规定确定赔偿限额。

附录三　诉讼时效

【释义】

诉讼时效,又称消灭时效,是指权利人在一定期间内不行使权利,即在某种程度上丧失请求利益的法律制度。诉讼时效是能够引起民事法律关系发生变化的法律事实。设立诉讼时效制度的主要目的,是促进法律关系安定,及时结束权利义务关系的不确定状态,稳定法律秩序,降低交易成本。诉讼时效制度属于强制性的法律规范,不允许当事人自由限制、修改或排除其适用,当事人之间在法律规定之外关于缩短或延长时效以及事先放弃时效利益的约定都是无效的。

【相关立法】

《中华人民共和国海商法》(19930701)

第二百五十七条　就海上货物运输向承运人要求赔偿的请求权,时效期间为一年,自承运人交付或者应当交付货物之日起计算;在时效期间内或者时效期间届满后,被认定为负有责任的人向第三人提起追偿请求的,时效期间为九十日,自追偿请求人解决原赔偿请求之日起或者收到受理对其本人提起诉讼的法院的起诉状副本之日起计算。

有关航次租船合同的请求权,时效期间为二年,自知道或者应当知道权利被侵害之日起计算。

第二百五十八条　就海上旅客运输向承运人要求赔偿的请求权,时效期间为二年,分别依照下列规定计算:

(一)有关旅客人身伤害的请求权,自旅客离船或者应当离船之日起计算;

(二)有关旅客死亡的请求权,发生在运送期间的,自旅客应当离船之日起计算;因运送期间内的伤害而导致旅客离船后死亡的,自旅客死亡之日起

计算,但是此期限自离船之日起不得超过三年;

(三)有关行李灭失或者损坏的请求权,自旅客离船或者应当离船之日起计算。

第二百五十九条　有关船舶租用合同的请求权,时效期间为二年,自知道或者应当知道权利被侵害之日起计算。

第二百六十条　有关海上拖航合同的请求权,时效期间为一年,自知道或者应当知道权利被侵害之日起计算。

第二百六十一条　有关船舶碰撞的请求权,时效期间为二年,自碰撞事故发生之日起计算;本法第一百六十九条第三款规定的追偿请求权,时效期间为一年,自当事人连带支付损害赔偿之日起计算。

第二百六十二条　有关海难救助的请求权,时效期间为二年,自救助作业终止之日起计算。

第二百六十三条　有关共同海损分摊的请求权,时效期间为一年,自理算结束之日起计算。

第二百六十四条　根据海上保险合同向保险人要求保险赔偿的请求权,时效期间为二年,自保险事故发生之日起计算。

第二百六十五条　有关船舶发生油污损害的请求权,时效期间为三年,自损害发生之日起计算;但是,在任何情况下时效期间不得超过从造成损害的事故发生之日起六年。

第二百六十六条　在时效期间的最后六个月内,因不可抗力或者其他障碍不能行使请求权的,时效中止。自中止时效的原因消除之日起,时效期间继续计算。

第二百六十七条　时效因请求人提起诉讼、提交仲裁或者被请求人同意履行义务而中断。但是,请求人撤回起诉、撤回仲裁或者起诉被裁定驳回的,时效不中断。

请求人申请扣船的,时效自申请扣船之日起中断。

自中断时起,时效期间重新计算。

【司法解释】

(1)《最高人民法院关于审理无正本提单交付货物案件适用法律若干问题的规定》(法释〔2009〕1号,20090305;经法释〔2020〕18号修正,20210101)

第十四条　正本提单持有人以承运人无正本提单交付货物为由提起的诉讼,适用海商法第二百五十七条的规定,时效期间为一年,自承运人应当交付货物之日起计算。

正本提单持有人以承运人与无正本提单提取货物的人共同实施无正本提单交付货物行为为由提起的侵权诉讼,诉讼时效适用本条前款规定。

【重点解读】

《规定》①明确规定,正本提单持有人以承运人无正本提单交付货物为由提起的诉讼,时效期间为1年,自承运人应当交付货物之日起计算。以正本提单持有人以承运人与无正本提单提取货物的人共同实施无正本提单交付货物行为为由提起的侵权诉讼,诉讼时效为1年。承运人无正本提单交付货物的案件,应当优先适用海商法关于诉讼时效的专门规定。根据民法通则②的规定,侵权索赔时效期间为2年,但由于海上货物运输的特点,参照国际公约以及国际海事司法的通常做法,对涉及海上货物运输纠纷的索赔时效均规定为1年,我国海商法对此也有明确的规定。因此,提单持有人无论以违约之诉还是侵权之诉要求承运人承担民事责任的,时效期间均为1年。无正本提单交付货物的诉讼时效和起算日期与向承运人要求货物赔偿损失的时效和起算日期的规定相一致,自承运人应当交付货物之日起计算。正本提单持有人向承运人与第三人提起的共同侵权诉讼,时效期间相同,自承运人应当交付货物之日起计算。③

第十五条 正本提单持有人以承运人无正本提单交付货物为由提起的诉讼,时效中断适用海商法第二百六十七条的规定。

正本提单持有人以承运人与无正本提单提取货物的人共同实施无正本提单交付货物行为为由提起的侵权诉讼,时效中断适用本条前款规定。

【重点解读】

关于诉讼时效中断如何计算的问题,《规定》也作出了具体规定,即无论是正本提单持有人以承运人无正本提单交付货物为由提起的诉讼,还是正本提单持有人以承运人与无正本提单提取货物的人共同实施无正本提单交付货物行为为由提起的侵权诉讼,时效的中断均适用海商法第二百六十七条的规定,这是关于无正本提单交付货物诉讼时效中断的规定。涉及无正本提单交付货物诉讼时效以及诉讼时效中断,均优先适用海商法的规定。海商法规定,诉讼时效因请求人提起诉讼、提交仲裁或者被请求人同意履行义务而中

---

① 此处全称为《最高人民法院关于审理无正本提单交付货物案件适用法律若干问题的规定》,本小节以下相关"重点解读"简称为《规定》。

② 民法典施行后,民法通则、合同法、侵权责任法被废止,"重点解读"中所涉相关内容见民法典规定。

③ 刘寿杰:《〈关于审理无正本提单交付货物案件适用法律若干问题的规定〉的理解与适用》,载《人民司法》2009年第9期。

断。民法通则规定,诉讼时效因提起诉讼、当事人一方提出要求或者同意履行义务而中断,应当说,在诉讼时效中断的构成条件上,海商法严于民法通则。由于无正本提单交付货物属于海上货物运输合同履行中发生的纠纷,诉讼时效中断应当优先适用海商法的规定。①

(2)《最高人民法院关于审理海上保险纠纷案件若干问题的规定》(法释〔2006〕10号,20070101;经法释〔2020〕18号修正,20210101)

第十五条　保险人取得代位请求赔偿权利后,以被保险人向第三人提起诉讼、提交仲裁、申请扣押船舶或者第三人同意履行义务为由主张诉讼时效中断的,人民法院应予支持。

【批复、答复】

(1)如何确定承运人就海上货物运输向托运人、收货人或提单持有人要求赔偿的请求权时效期间?

《最高人民法院关于承运人就海上货物运输向托运人、收货人或提单持有人要求赔偿的请求权时效期间的批复》(法释〔1997〕3号,19970807)

山东省高级人民法院:

你院鲁法经(1996)74号《关于赔偿请求权时效期间的请示》收悉。经研究,答复如下:

承运人就海上货物运输向托运人、收货人或提单持有人要求赔偿的请求权,在有关法律未予以规定前,比照适用《中华人民共和国海商法》第二百五十七条第一款的规定,时效期间为一年,自权利人知道或者应当知道权利被侵害之日起计算。

此复。

【重点解读】

(1)本批复所称时效即诉讼时效。时效是一项民事法律制度,指一定的事实状态持续存在一定时间后即发生一定的法律后果。这里一定的事实状态持续存在的一定时间即时效期间。时效期间是一种法律事实,但时效期间由法律直接规定而不能由当事人约定,因而时效期间为法定期间。时效分取得时效和消灭时效,前者是指占有他人财产的事实状态持续存在一定期间后即取得该财产的所有权的时效,后者是指因不行使权利的事实状态持续存在

① 刘寿杰:《〈关于审理无正本提单交付货物案件适用法律若干问题的规定〉的理解与适用》,载《人民司法》2009年第9期。

一定期间后即发生丧失权利的法律后果的时效。我国法律没有取得时效和消灭时效的概念,民法通则仅规定了诉讼时效。诉讼时效是指权利人在一定期间内不行使请求人民法院保护其民事权利的请求权,就丧失该请求权的法律制度。民法通则规定一般诉讼时效期间为两年。本批复所称时效即诉讼时效。

(2)承运人对托运人、收货人和提单持有人依法损害赔偿请求权。货物运输合同是指承运人将托运人交付运送的货物运送到约定的地点,而由托运人或者收货人支付运费的合同。货物运输合同由托运人和承运人签订,但收货人往往是承、托双方以外的第三人。货物运输分公路货物运输、水路货物运输和铁路、航空、管道货物运输等,其中水路货物运输应包括沿海、内河货物运输和海上货物运输等。所谓海上运输,按照海商法第二条第一款的规定,海上运输是指海上货物运输和海上旅客运输,包括海江之间、江海之间的直达运输,而且按照海商法的规定,该法第四章"海上货物运输合同"的规定不适用于中华人民共和国港口之间的海上运输。海商法的规定不适用我国沿海、内河货物运输关系。本批复规定的承运人就海上货物运输向托运人、收货人或提单持有人要求赔偿的请求权,是损害赔偿请求权。海商法第四章第三节、第四节和第五节分别规定了承运人有权向托运人、提单持有人和收货人请求赔偿的权利。例如,海商法第六十六条第一款规定了托运人对托运的货物有妥善包装并提供货物品名、标志、包数或者件数、重量或者体积的正确资料,如果包装不良或者提供的上述资料不正确,对承运人造成损失的,托运人应当负赔偿责任。又如,海商法第八十六条规定:"在卸货港无人提取货物或者收货人迟延、拒绝提取货物的,船长可以将货物卸在仓库或者其他适当场所,由此产生的费用和风险由收货人承担。"根据这一规定,承运人可以向收货人追偿相关仓储费用。

(3)承运人向托运人、收货人和提单持有人赔偿请求权的时效期间。海商法虽然规定了承运人就海上货物运输中的特定情形享有向托运人、收货人和提单持有人的赔偿请求权,但没有明确这种行使权利的时效期间。如果按照民法通则的规定,则财产损害赔偿请求权的诉讼时效期间为两年。但海商法第二百五十七条第一款规定,就海上货物运输向承运人要求赔偿的请求权,时效期间为一年,自承运人交付或者应当交付货物之日起计算。为体现公平原则,本批复根据司法实践,比照海商法第二百五十七条第一款的规定,将承运人因海上货物运输向托运人、收货人和提单持有人的赔偿请求权的诉讼时效期间定为一年。

(4)本批复与海商法第二百五十七条第一款的关系。海商法第二百五十七条第一款规定:"就海上货物运输向承运人要求赔偿的请求权,时效期间为一年,自承运人交付或者应当交付货物之日起计算;在时效期间内或者时效期间届满后,被认定为负有责任的人向第三人提起追偿请求的,时效期间为九十日,自追偿请求人解决原赔偿请求之日起或者收到受理对其本人提起诉讼的法院的起诉状副本之日起计算。"这里的"被认定为负有责任的人"为承运人,"第三人"应当包括托运人、收货人和提单持有人。因此,如果承运人就海上货物运输向他人承担赔偿责任后,依法可以向托运人、收货人和提单持有人追偿时,他能否援引本批复的规定,主张较长的诉讼时效期间,值得研究。

(5)诉讼时效期间应由法律规定,司法解释只是临时解决措施。本批复明确了承运人因海上货物运输向托运人、收货人和提单持有人的赔偿请求权的诉讼时效期间,有利于承运人在诉讼时效期间内及时行使海事请求权,以利于国际海上运输秩序的稳定;有利于海事法院对于海事诉讼案件及时审理,避免因时过境迁难以取证,给审判工作带来不便。①

(2)《海商法》第二百五十七条规定的追偿时效起算点如何计算?
《最高人民法院关于大连港务局与大连中远国际货运有限公司海上货物运输货损赔偿追偿纠纷一案的请示的复函》(〔2002〕民四他字第21号,20031112)
辽宁省高级人民法院:

你院〔2002〕辽民四终字第11号《关于大连港务局与大连中远国际货运有限公司海上货物运输货损赔偿追偿纠纷一案的请示报告》收悉。经研究。答复如下:

《中华人民共和国海商法》第二百五十七条第一款规定:"就海上货物运输向承运人要求赔偿的请求权,时效期间为一年,自承运人交付或者应当交付货物之日起计算;在时效期间内或者时效期间届满后,被认定为负有责任的人向第三人提起追偿请求的,时效期间为九十日,自追偿请求人解决原赔偿请求之日起或者收到受理对其本人提起诉讼的法院的起诉状副本之日起计算。"根据《海商法》和我国《民事诉讼法》的有关规定,原赔偿请求若是通过法院诉讼解决的,则追偿请求人向第三人追偿时效的起算点应当自追偿请

---

① 汪治平:《解读〈关于承运人就海上货物运输向托运人、收货人或提单持有人要求赔偿的请求权时效期间的批复〉》,载《解读最高人民法院司法解释、指导性案例·商事卷(下)》,人民法院出版社2016年版,第670~671页。

求人收到法院认定其承担赔偿责任的生效判决之日起计算。

(3) 如何确定沿海、内河货物运输赔偿请求权的时效期间?

《最高人民法院关于如何确定沿海、内河货物运输赔偿请求权时效期间问题的批复》(法释〔2001〕18 号,20010531)

浙江省高级人民法院:

你院浙高法〔2000〕267 号《关于沿海、内河货物运输赔偿请求权诉讼时效期间如何计算的请示》收悉。经研究,答复如下:

根据《中华人民共和国海商法》第二百五十七条第一款规定的精神,结合审判实践,托运人、收货人就沿海、内河货物运输合同向承运人要求赔偿的请求权,或者承运人就沿海、内河货物运输向托运人、收货人要求赔偿的请求权,时效期间为一年,自承运人交付或者应当交付货物之日起计算。

此复。

【重点解读】

货物运输合同,是指承运人将托运人交付运送的货物运送到约定的地点,而由托运人或者收货人支付运费的合同。货物运输合同由托运人和承运人签订,但收货人往往是承、托双方以外的第三人。货物运输分公路货物运输、水路货物运输和铁路、航空、管道货物运输等,其中水路货物运输应包括沿海、内河货物运输和海上货物运输等。国务院 1997 年修订的水路运输管理条例将水路运输限定为沿海、江河、湖泊及其他通航水域内的运输,不包括海商法上所指海上货物运输。关于水路货物运输索赔时效问题,1986 年 12 月经国务院批准、由交通部发布的《水路货物运输合同实施细则》①第三十一条规定:“承运人与托运人或收货人彼此之间要求赔偿的时效,从货运记录交给托运人或收货人的次日起算不超过一百八十日。赔偿要求应以书面形式提出,对方应在收到书面赔偿要求的次日起六十日内处理。承、托运双方相互索取各项违约金、滞纳金、速遣奖金或滞期费的时效,按有关规定办理。”1995 年交通部修订的《水路货物运输规则》第九十条仍然有类似的规定。但是,《水路货物运输合同实施细则》是根据经济合同法制定的,1999 年的合同法生效后,该细则当然失效。《水路货物运输规则》是交通部发布的行政规章,规定时效问题与立法法的规定不符,且该规则已被 2001 年 1 月 1 日起实施的《国内水路货物运输规则》所替代,后一规则没有诉讼时效的规定。海商法第二条规定:“本法所称海上运输,是指海上货物运输和海上旅

---

① 已废止,下同。

客运输,包括海江之间、江海之间的直达运输。本法第四章海上货物运输合同的规定,不适用于中华人民共和国港口之间的海上货物运输。"海商法的规定不适用我国沿海、内河货物运输关系。这样,经济合同法失效以后,在审判实践中,沿海、内河货物运输赔偿请求权的诉讼时效期间存在三种情形:仍然参照《水路货物运输合同实施细则》的规定将时效期间确定为180天;参照海商法第二百五十七条第一款的规定将时效期间定为一年;依据民法通则的规定将时效期间定为两年。因而,有必要对这一问题予以明确。

本批复将沿海、内河货物运输合同纠纷的诉讼时效期间定为一年,主要是基于如下考虑:

第一,海商法规定的诉讼时效不适用于沿海、内河货物运输。根据海商法第二条的规定,海商法所调整的海上运输关系不包括沿海和内河运输关系。海商法对海上货物运输合同的规定也不适用沿海和内河货物运输合同。海商法第二百五十七条第一款所规定的一年诉讼时效期间仅适用于国际海上货物运输合同。但考虑到如果比照适用一年的诉讼时效期间,既可以保护托运人或收货人行使诉权,又可以督促其及时行使权利,尽早解决纠纷。对承运人而言,一年的诉讼时效期间在一定程度上可以减轻其责任,有利于国内航运业的发展。

第二,参照了1997年8月7日最高人民法院向山东省高级人民法院作出的《关于承运人就海上货物运输向托运人、收货人或提单持有人要求赔偿的请求权时效期间的批复》。该批复规定:"承运人就海上货物运输向托运人、收货人或提单持有人要求赔偿的请求权,在有关法律未予以规定前,比照适用《海商法》第二百五十七条第一款的规定,时效期间为一年。"

第三,相比较原先适用的180日的诉讼时效期间,一年期间更为合理些。有人认为既然沿海、内河运输也属于合同法所规定的运输合同的一种,可以直接适用民法通则规定的两年诉讼时效期间,但与原先适用的180日时效期间反差过大,而且相对大大加重了承运人的责任。

第四,国内水路货物运输与国际货物运输的诉讼时效统一,便于实践中的操作,也有利于中国加入世界贸易组织后,与国际规则的接轨。

时效制度应由法律规定。国务院根据经济合同法制定的公路、铁路、水路和航空货物运输合同细则中规定因运输合同引起的索赔时效均为180日。经济合同法失效后,以之为依据的各种条例或细则均失效,因而时效期间为180日的规定均应废止。如果没有特殊规定,各种合同的诉讼时效期间均应适用民法通则的规定,如海商法规定海上货物运输合同的诉讼时效期间为一年,民用航空法规定航空运输合同的诉讼时效期间为两年。但是,《铁路旅客运输规程》(铁道部 1992 年 12 月 1 日发布)规定,承运人与旅客、托运人、收货人因合同纠纷产生索赔或相互间要求办理退补费用的有效期为一年。①

(4)沿海货物运输合同能否适用《海商法》关于货物运输诉讼时效 1 年的规定?

《最高人民法院关于青岛口岸船务公司与青岛运通船务公司水路货物运输合同纠纷一案中赔偿请求权诉讼时效期间如何计算的请示的复函》(〔2002〕民四他字第 13 号,20020625)

山东省高级人民法院:

你院鲁高法函〔2002〕23 号请示报告收悉。经研究,我们认为:沿海货物运输合同不适用于《中华人民共和国海商法》第四章关于海上货物运输合同的规定,但可适用该法其他章节的规定。因此,你院请示的青岛口岸船务公司与青岛运通船务公司水路货物运输合同纠纷一案应当适用《海商法》关于货物运输诉讼时效为 1 年的规定。

此复。

(5)海上保险合同的保险人行使代位请求赔偿权利的诉讼时效期间如何起算?

《最高人民法院关于海上保险合同的保险人行使代位请求赔偿权利的诉讼时效期间起算日的批复》(法释〔2014〕15 号,20141226)

上海市高级人民法院:

你院《关于海事诉讼中保险人代位求偿的诉讼时效期间起算日相关法律问题的请示》(沪高法〔2014〕89 号)收悉。经研究,批复如下:

依照《中华人民共和国海商法》及《最高人民法院关于审理海上保险纠纷案件若干问题的规定》关于保险人行使代位请求赔偿权利的相关规定,结合海事审判实践,海上保险合同的保险人行使代位请求赔偿权利的诉讼时效期间起算日,应按照《中华人民共和国海商法》第十三章规定的相关请求权之诉讼时效起算时间确定。

此复。

---

① 汪治平:《解读〈关于如何确定沿海、内河货物运输赔偿请求权时效期间问题的批复〉》,载《解读最高人民法院司法解释、指导性案例·商事卷(下)》,人民法院出版社 2016 年版,第 672~674 页。

【重点解读】

(1)海商法及相关司法解释关于海上保险合同的规定为特殊规定,应优先适用,且相关规定足以保障保险人行使代位求偿权

由于海上保险合同所承保的风险具有不同于一般陆上风险的特点,海商法针对海上保险合同作出特别规定,构造了一套特殊的保险法律体系。海商法中关于海上保险与保险法的规定,属于特别法与一般法的关系。根据法律适用的一般原则,保险法第一百八十四条明确规定,海上保险适用海商法的有关规定;海商法未规定的,适用保险法的有关规定。

《最高人民法院关于审理海上保险纠纷案件若干问题的规定》(简称海上保险司法解释)第十五条规定:"保险人取得代位请求赔偿权利后,以被保险人向第三人提起诉讼、提交仲裁、申请扣押船舶或者第三人同意履行义务为由主张诉讼时效中断的,人民法院应予支持。"依据此条规定,海上保险合同的保险人取得代位求偿权后将承继被保险人的诉讼时效中断利益,代位求偿权本身并无独立的诉讼时效期间及起算点。而《最高人民法院关于适用〈中华人民共和国保险法〉若干问题的解释(二)》[简称保险法解释(二)]第十六条第二款却赋予保险人代位求偿权独立的起算时间,与海上保险司法解释确定的原则不同。

虽然海商法第二百五十二条及海上保险司法解释第十五条并未就海上保险代位求偿权的诉讼时效起算时间直接作出规定,且最高人民法院2000年作出的《关于中国上海抽纱进出口公司与中国太平洋保险公司上海分公司海上货物运输保险合同纠纷请示的复函》系个案答复,但上述规定及复函所确定的原则符合海商法的立法本意、契合海上保险司法解释规定的精神,亦与海事司法实践的通常做法相吻合,作为特别规定,应优先保险法解释(二)第十六条第二款的规定,适用于海上保险代位求偿权纠纷案件的审理。

同时,现行法律的规定,无论从实体上还是程序上,均足以保障保险人行使代位求偿权。海商法第二百五十三条规定,因被保险人过失导致保险人不能行使追偿权利的,保险人可以相应扣减保险赔偿,该规定在实体法上督促被保险人及时向第三人提起诉讼,保护诉讼时效。海事诉讼特别程序法第九十五条规定,被保险人已向第三人提起诉讼的,保险人取得代位求偿权后可以向法院申请变更当事人,参加诉讼。此规定则在程序法上为保险人行使代位求偿权提供保障,其可以有效地承继被保险人的诉讼利益。海上保险司法解释第十五条规定,保险人取得代位求偿权后,有权承继被保险人的时效利益;第十六条规定,保险人取得代位求偿权后,有承继被保险人因申请扣押船舶取得的担保权利。上述法律及司法解释的规定为海上保险人代位求偿权

的行使提供充分的保护,对保险人而言,并不存在不公平的情形。

为此,最高人民法院审判委员会在充分考虑海商法律制度特殊性的基础上,依照现行海事海商实体性和程序性规定,结合海事司法实践,确定海上保险合同的保险人行使代位请求赔偿权利的诉讼时效期间起算日,应按照造成保险事故的第三人与被保险人之间的法律关系中被保险人诉讼时效期间的起算日予以确定。

(2)海上保险代位求偿权涉及的被保险人与第三人的法律关系限于海商法调整的范围

保险法解释(二)第十六条第二款已对保险人行使代位求偿权的诉讼时效起算日作出明确规定,如前述分析,《批复》系基于海商法律制度特殊性的考虑从而对海上保险代位求偿权的诉讼时效起算时间作出不同规定,故其适用范围仅限于特定的海事请求权。海商法第四章至第十二章分别就国际海上货物运输、旅客运输、租船运输、船舶碰撞、共同海损等各类特定法律关系进行调整,第十三章就上述海事请求权的诉讼时效分别作出了特别规定,故《批复》明确,适用于《批复》规定的海事请求权应限于第十三章规定的范围。若非基于此范围内的请求权引发的保险代位求偿权诉讼,即便属于海事法院专门管辖,因被保险人与第三人之间的法律关系并不适用海商法,而是适用合同法、侵权责任法等一般规定,在此情形下,保险人的代位求偿权诉讼时效起算时间应适用保险法解释(二)的规定。例如,内河船舶在内河水域发生的碰撞纠纷属于海事案件,由海事法院管辖,但因涉案船舶并非海商法调整的船舶,故不适用于海商法第八章船舶碰撞的规定以及第二百六十一条关于船舶碰撞请求权时效的规定。故船舶保险人在赔付船舶所有人行使代位求偿权时,应依据保险法解释(二)第十六条第二款的规定确定诉讼时效起算日。鉴于《批复》实施后,关于保险人行使代位求偿权诉讼时效起算问题形成了两种不同的起算方式,作为海上保险合同的保险人在处理保险纠纷时应特别注意被保险人与第三人之间的纠纷是否属于海商法调整的范围,以便及时采取必要措施保护其请求权,避免因诉讼时效届满而丧失胜诉权。①

---

① 傅晓强:《解读〈关于海上保险合同的保险人行使代位请求赔偿权利的诉讼时效期间起算日的批复〉》,载《解读最高人民法院司法解释、指导性案例·商事卷(下)》,人民法院出版社2016年版,第758~764页。

（6）向保险人主张共同海损分摊费用赔偿请求能否适用《海商法》第二百六十四条的规定？

《最高人民法院关于汽船互保协会（百慕大）与中国人民财产保险股份有限公司厦门分公司海上保险合同纠纷一案时效法律适用问题的请示的复函》（〔2012〕民四他字第17号，20120801）

天津市高级人民法院：

你院〔2012〕津高民四他字第0001号《关于汽船互保协会（百慕大）与中国人民财产保险股份有限公司厦门分公司海上保险合同纠纷一案时效法律适用问题的请示》收悉。经研究，答复如下：

1. 本案系汽船互保协会（百慕大）依据船舶保险合同向保险人中国人民财产保险股份有限公司厦门分公司主张共同海损分摊费用赔偿请求，属于海上保险合同纠纷，应当适用《中华人民共和国海商法》第二百六十四条的规定确定本案的诉讼时效。

2. 《中华人民共和国海商法》第二百六十四条规定，根据海上保险合同向保险人要求保险赔偿的请求权，时效期间为二年，自保险事故发生之日起计算。第二百六十六条规定，在时效期间的最后六个月内，因不可抗力或者其他障碍不能行使请求权的，时效中止。自中止时效的原因消除之日起，时效期间继续计算。《最高人民法院关于审理民事案件适用诉讼时效制度若干问题的规定》第二十条第（四）项①规定，其他导致权利人不能主张权利的客观情形，应当认定为民法通则第一百三十九条②规定的"其他障碍"，诉讼时效中止。该司法解释也同样适用于《中华人民共和国海商法》第二百六十六条关于"其他障碍"的规定。本案涉及海上保险合同共同海损分摊，被保险人在事故发生之后，已经向中国国际贸易委员会海损理算处申请进行共同海损理算。但是在诉讼时效期间的最后六个月内，因理算报告尚未作出，被保险人无法向保险人主张权利，属于被保险人主观意志不能控制的客观情形，可以认定构成诉讼时效中止。中止时效的原因消除之日，即理算报告作出之日起，时效期间继续计算。因此，本案诉讼时效期间应当自理算报告作出之日起六个月届满。请你院依照相关法律规定准确确定本案诉讼时效期间。

此复。

---

① 此条经法释〔2020〕17号修正时删除。
② 民法典施行后，民法通则被废止，相关内容见民法典第一百九十四条。

【司法指导文件】

（1）最高人民法院民事审判第四庭《全国法院涉外商事海事审判工作座谈会会议纪要》[法（民四）明传（2021）60号，20211231]

64.【无单放货诉讼时效的起算点】根据《最高人民法院关于审理无正本提单交付货物案件适用法律若干问题的规定》第十四条第一款的规定，正本提单持有人以无单放货为由向承运人提起的诉讼，时效期间为一年，从承运人应当向提单持有人交付之日起计算，即从该航次将货物运抵目的港并具备交付条件的合理日期起算。

66.【请求集装箱超期使用费的诉讼时效】承运人在履行海上货物运输合同过程中将集装箱作为运输工具提供给货方使用的，应当根据海上货物运输合同法律关系确定诉讼时效；承运人请求集装箱超期使用费的诉讼时效期间为一年，自集装箱免费使用期届满次日起开始计算。

68.【涉外多式联运合同经营人的"网状责任制"】具有涉外因素的多式联运合同，当事人可以协议选择多式联运合同适用的法律；当事人没有选择的，适用最密切联系原则确定适用法律。

当事人就多式联运合同协议选择适用或者根据最密切联系原则适用中华人民共和国法律，但货物灭失或者损坏发生在国外某一运输区段的，人民法院应当根据海商法第一百零五条的规定，适用该国调整该区段运输方式的有关法律规定，确定多式联运经营人的赔偿责任和责任限额，不能直接根据中华人民共和国有关调整该区段运输方式的法律予以确定；有关诉讼时效的认定，仍应当适用中华人民共和国相关法律规定。

74.【与共同海损分摊相关的海上保险赔偿请求权的诉讼时效】因分摊共同海损而遭受损失的被保险人依据保险合同向保险人请求赔偿的诉讼时效，应当适用海商法第二百六十四条的规定，诉讼时效的起算点为保险事故（共同海损事故）发生之日。

涉及海上保险合同的共同海损分摊，被保险人已经申请进行共同海损理算，但是在诉讼时效期间的最后六个月内，因理算报告尚未作出，被保险人无法向保险人主张权利，属于被保险人主观意志不能控制的客观情形，可以认定构成诉讼时效中止。中止时效的原因消除之日，即理算报告作出之日起，时效期间继续计算。

75.【沿海、内河保险合同保险人代位求偿权诉讼时效起算点】沿海、内河保险合同保险人代位求偿权的诉讼时效起算日应当根据法释（2001）18号《最高人民法院关于如何确定沿海、内河货物运输赔偿请求权时效期间问题的批复》规定的诉讼时效起算时间确定。

(2)《最高人民法院关于国内水路货物运输纠纷案件法律问题的指导意见》(法发〔2012〕28号,20121224)

13. 最高人民法院《关于如何确定沿海、内河货物运输赔偿请求权时效期间问题的批复》(法释〔2001〕18号)对国内水路货物运输赔偿请求权诉讼时效期间的中止、中断并没有作出特别规定,人民法院应当适用民法通则有关诉讼时效中止、中断的规定。

(3)最高人民法院《第二次全国涉外商事海事审判工作会议纪要》(法发〔2005〕26号,20051226)

112. 根据《中华人民共和国海商法》第二百五十七条的规定,正本提单持有人以无正本提单放货为由向承运人提起的诉讼,时效期间为一年,从承运人应当交付货物之日起计算。

113. 根据《中华人民共和国民法通则》第九十二条、第一百三十五条①的规定,正本提单持有人以提货人无正本提单提货或者其他责任人无正本提单放货为由提起侵权诉讼的,时效期间为二年,从正本提单持有人知道或者应当知道货物被提取或者权利被侵害之日起计算。

114. 正本提单持有人向承运人主张权利的,诉讼时效期间中断适用《中华人民共和国海商法》第二百六十七条的规定;正本提单持有人向无正本提单提货人或者承运人以外的其他责任人主张权利的,诉讼时效期间中断适用《中华人民共和国民法通则》第一百四十②的规定。

126. 保险人向被保险人支付保险赔偿前,被保险人向第三者提起诉讼、提交仲裁或者第三者同意履行义务导致诉讼时效中断时,效力及于保险人。

(4)最高人民法院民事审判第四庭《涉外商事海事审判实务问题解答(一)》(20040408)

167. 水路货物运输合同纠纷案件的诉讼时效如何确定?

答:水路货物运输合同不适用《海商法》第四章关于海上货物运输合同的规定,但可适用该法其他章节的规定。当事人因水路货物运输合同纠纷提起的诉讼应当适用该法关于货物运输诉讼时效为一年的规定。

---

① 民法典施行后,民法通则被废止,相关内容见民法典规定。
② 民法典施行后,民法通则被废止,相关内容见民法典第一百九十五条。

168.《海商法》第 257 条规定的诉讼时效是否仅限于运输合同法律关系？

答：《海商法》规定的就海上货物运输向承运人要求赔偿的请求权，无论当事人以合同还是侵权何种诉因提出，时效期间均为一年。

169. 承运人就海上货物运输向托运人、收货人或者提单持有人要求赔偿（包括索取运费）权利的时效期间如何确定？

答：依照最高人民法院法释〔1997〕3 号文的规定，承运人就海上货物运输向托运人、收货人或者提单持有人要求赔偿的请求权，比照《海商法》的规定，时效期间为一年。在该司法解释生效（1997 年 8 月 7 日）之前，承运人向托运人、收货人或者提单持有人要求赔偿（包括索取运费）的时效期间应当适用《民法通则》①的有关规定。

170.《海商法》第 257 条规定的追偿时效的起算点如何确定？

答：《海商法》第 257 条第 1 款规定：就海上货物运输向承运人要求赔偿的请求权，时效期间为一年，自承运人交付或者应当交付货物之日起计算；在时效期间内或者时效期间届满后，被认定为负有责任的人向第三人提起追偿请求的，时效期间为九十日，自追偿请求人解决原赔偿请求之日起或者收到受理对其本人提起诉讼的法院的起诉状副本之日起计算。根据《海商法》和我国民事诉讼法的有关规定，原赔偿请求若是通过法院诉讼解决的，追偿请求人向第三人追偿时效的起算点自追偿请求人收到法院认定其承担赔偿责任的生效判决之日起计算。

171. 沿海航次租船合同的时效期间如何确定？

答：《海商法》关于航次租船合同的请求权时效期间为二年的规定，适用于沿海航次租船合同。

172. 当事人延长诉讼时效的协议是否有效？

答：依据《海商法》的规定，诉讼时效是在法定期间内不行使权利的权利人丧失胜诉权的法律制度。诉讼时效的设立，属于强制性规定，当事人协议延长诉讼时效的，不受法律的保护；

当事人之间有效约定适用某一国际公约或者某一国法律，该国际公约或者该外国法律规定当事人可以通过协议延长诉讼时效的，从其规定。

173. 依据《海商法》的规定，义务人仅同意协商赔偿事宜但未就具体赔偿达成协议的，是否构成时效中断？

答：义务人同意与权利人协商赔偿事宜，但未能就具体赔偿额达成协议，不能视为义务人同意履行义务，故不构成诉讼时效中断的理由。

---

① 民法典施行后，民法通则被废止，相关内容见民法典规定。

174. 海事诉讼时效期间届满,义务人向权利人作出"同意承担根据法律应负责任和义务"的承诺是否应受法律保护?

答:海事诉讼时效期间届满,义务人向权利人作出"同意承担根据法律应负责任和义务"的承诺,应予保护。

175. 托运人向商检局申请验残是否作为诉讼时效中止的事由?

答:托运人以向商检局申请验残检验作为时效中止的理由不符合《海商法》规定的时效中止的法定事由,不能作为时效中止的理由。

176. 保险人行使代位请求权的时效如何计算?

答:海上货物运输保险合同的保险人依法取得代位请求权后,其与责任人之间仍为海上货物运输的法律关系,其行使代位请求赔偿权利的诉讼时效也依海上货物运输法律关系所适用的法律所确定。

177. 因船舶碰撞造成第三人人身伤亡请求权的诉讼时效期间的起算点如何确定?

答:因船舶碰撞事故造成第三人人身伤亡的请求权,适用《海商法》第261条规定的诉讼时效。但是伤害当时未曾发现,后经检查确诊并能证明其所受伤害是由船舶碰撞侵害引起的,时效期间从伤害确诊之日起算。

(5)最高人民法院《全国海事法院院长座谈会纪要》(20010911)

五、关于诉讼时效

海商法关于诉讼时效的规定是一套完整的制度。海商法与民法通则规定的时效中断的事由是不同的,在审理海事案件中要注意准确理解海商法的规定。在适用海商法审理海事纠纷时,如果债务人仅同意与债权人协商赔偿事宜但未就具体赔偿达成协议的,或者海事请求人撤回诉前海事请求保全申请、海事强制令、海事证据保全申请或者上述申请被海事法院裁定驳回的,不构成时效中断。

海商法中对承运人的时效规定同样适用于实际承运人。

【公报案例】

起诉在目的港交付货物的承运人的代理人和报关代理人以及提货担保人无单放货,是否使用《海商法》第二百五十七条规定的诉讼时效? [晓星香港有限公司与中国船务代理公司防城港公司等提单侵权纠纷案(2003-2)]

《海商法》第二百五十七条规定:就海上货物运输要求赔偿的请求权,其时效期间为一年,自承运人交付或者应当交付货物之日起计算。但是本案晓星公司起诉的并非承运人,而是起诉在目的港交付货物的承运人的代理人防城外代和报关代理人广西外运以及提货担保人梧州农行无单放货。防城外代主张应当适用《海商法》的规定确定本案诉讼时效为一年,但是并未证明其无单放货是在承运人授权范围内,故其请求不能支持。晓星公司向提货担保人梧州农行以及报关人广西外运主张权利的时效亦不能适用《海商法》的规定。本案诉讼时效应当适用《民法通则》①的规定确定。根据《民法通则》第一百三十五条和第一百三十七条②的规定,向人民法院请求保护民事权利的诉讼时效期间为二年,从知道或者应当知道权利被侵害时起计算。本案货物到港是在 1997 年 4 月 3 日,最迟在 7 月 21 日三方协议签订,晓星公司应当知道部分货物被六分公司提取。因此本案诉讼时效应当自 1997 年 7 月 21 日起算至 1999 年 7 月 21 日止。1999 年 6 月 1 日,晓星公司和智得公司以防城外代、梧州农行、广西外运、防城港进出口贸易公司等为被告,诉至南宁市中级人民法院,请求法院判令被告赔偿因违约或者侵权造成的提单项下 9000 吨货物的货款损失等。根据《民法通则》第一百四十条③的规定,诉讼时效因提起诉讼、当事人一方提出要求或者同意履行义务而中断。因此,本案诉讼时效因晓星公司向南宁市中级人民法院提起诉讼而中断。晓星公司主张权利的诉讼时效未超过法律规定的期间。

【典型案例】

(1) 包括内河运输、沿海运输和陆路运输的多式联运,且货损具体发生在哪一个运输区段无法判断,应如何适用诉讼时效的有关规定? ［中外运湖北有限责任公司与武汉中远海运集装箱运输有限公司海上、通海水域货物运输合同纠纷案,(2018) 最高法民再 457 号］

案涉货物经过武汉阳逻港至上海港的内河运输、上海港至深圳蛇口港的沿海运输再通过陆路运输的方式到达海口,当事人之间为多式联运合同关系。负责陆路运输区段的新大陆公司运输案涉集装箱的拖车运输途中在海口当地与限高架曾经发生碰撞,导致货物一角洞穿集装箱地板。在发现货损后,民太安公估公司经查勘后认为:损失原因是车辆颠簸导致货物碰撞、挤压受损,但不排除水路运输、水路转运环节所造成的损失,事故属于保险责任。按常理分析,因发生车辆与限高架发生碰撞的事实,货损发生在海口境内陆路运输区段的可能性较大,但根据公估公司的结论,对于货损具体发生在哪

---

① 民法典施行后,民法通则被废止,相关内容见民法典规定。
② 民法典施行后,民法通则被废止,此处两条相关内容见民法典第一百八十八条。
③ 民法典施行后,民法通则被废止,相关内容见民法典第一百九十五条。

个运输区段不能做出准确认定。对于货损发生的具体区段，当事人亦不能提供充分的证据予以证明。因此，根据本案现有证据，无法判断货损发生在多式联运的哪一个具体区段。合同法第三百二十一条①规定："货物的毁损、灭失发生于多式联运的某一区段的，多式联运经营人的赔偿责任和责任限额，适用调整该区段运输方式的有关规定。货物毁损、灭失发生的运输区段不能确定的，依照本章规定承担损害赔偿责任。"海商法第二条第二款规定："本法所称海上运输，是指海上货物运输和海上旅客运输，包括海江之间、江海之间的直达运输。本法第四章海上货物运输合同的规定，不适用中华人民共和国港口之间的海上货物运输。"第二百五十七条第一款规定："就海上货物运输向承运人要求赔偿的请求权，时效期间为一年，自承运人交付或者应当交付货物之日起计算；在时效期间内或者时效期间届满后，被认定为负有责任的人向第三人提起追偿请求的，时效期间为九十日，自追偿请求人解决原赔偿请求之日起或者收到受理对其本人提起诉讼的法院的起诉状副本之日起计算。"时效批复规定，根据海商法第二百五十七条第一款规定的精神，结合审判实践，托运人、收货人就沿海、内河货物运输合同向承运人要求赔偿的请求权，时效期间为一年，自承运人交付或者应当交付货物之日起计算。而时效批复所调整的货物运输的范围仅包含沿海和内河两种货物运输方式，并未对涉及到陆运的多式联运货物运输方式赔偿请求权时效期间作出明确规定。本案是包括内河运输、沿海运输和陆路运输的多式联运，并非单纯的海上、水上运输，且货损具体发生在哪一个运输区段无法判断，因此在诉讼时效问题上不应直接适用海商法的相关规定，应适用民法通则普通诉讼时效规定。民法通则第一百三十五条②规定："向人民法院请求保护民事权利的诉讼时效期间为二年，法律另有规定的除外。"本案系湖北外运向保险公司赔偿后，向武汉中远行使追偿权而提起的诉讼。湖北外运于 2017 年 6 月 1 日向武汉人保赔付 12 万元，应当视为湖北外运已知自身权利受到损害，其于 2017 年 9 月 26 日提起本案诉讼，并未超过民法通则规定的二年诉讼时效期间。《最高人民法院关于适用〈中华人民共和国民法总则〉诉讼时效制度若干问题的解释》③第二条规定："民法总则施行之日，诉讼时效期间尚未满民法通则规定的两年或者一年，当事人主张适用民法总则关于三年诉讼时效期间规定的，人民法院应予支持。"湖北外运起诉时民法总则尚未施行，且其已经提起诉

---

① 民法典施行后，合同法被废止，相关内容见民法典规定。
② 民法典施行后，民法通则被废止，相关内容见民法典第一百八十八条。
③ 经法释〔2020〕16 号废止。

讼,故不应也无须适用民法总则关于三年诉讼时效的规定。

(2) 如何认定"应当交付货物之日"? [港捷国际货运有限公司与山西杏花村国际贸易公司海上货物运输合同纠纷案,(2013)民提字第 5 号]

根据海商法第二百五十七条的规定,就海上货物运输向承运人要求赔偿的请求权,时效期间为一年,自承运人交付或者应当交付货物之日起计算。其中"应当交付货物之日"的规定适用于货物没有实际交付给提单持有人的情况,是指承运人在正常航次中,将货物运抵目的港,具备交付条件,提单持有人可以提到货物的合理日期。"应当交付货物之日"是按照运输合同正常履行情况推定出来的日期,其中的正常情况既包括船舶运输环节的正常,也应包括交付环节的正常,即提单持有人正常提货,承运人正常交付的情况。提单持有人未在合理期限内提货,不影响诉讼时效的起算。否则提单持有人迟迟不提货,该时效就无法起算,这不符合法律规定时效制度的目的。承运人向收货人交付货物不同于收货人完成通关提到货物,不能将收货人完成通关提到货物的时间认定为承运人应当交付货物的时间。提单持有人何时要求提货,收货人何时完成通关提到货物等情节,都不影响对"应当交付货物之日"的认定。

(3) 海上货物运输中集装箱超期使用托运人构成违约,承运人请求赔偿超期使用费如何适用诉讼时效的规定? [A. P. 穆勒-马士基有限公司与上海蝉联携运物流有限公司深圳分公司、上海蝉联携运物流有限公司海上货物运输合同集装箱超期使用费纠纷案,(2012)民申字第 1242 号]

货物运抵目的港后,因托运人指定的收货人没有提取货物,导致承运人为履行运输合同提供的集装箱被长期占用而无法投入正常周转,构成违约。承运人有权根据海上货物运输合同关系就迟延履行归还集装箱的义务所造成的违约损失向托运人提出集装箱超期使用费的赔偿请求。依照《最高人民法院关于承运人就海上货物运输向托运人、收货人或提单持有人要求赔偿的请求权时效期间的批复》的规定,该请求的诉讼时效期间为一年,应从承运人知道或者应当知道其权利被侵害之日起算。

(4) 因水路货物运输合同发生纠纷,诉讼时效应当从承运人交付或者应当交付之日起算? [深圳市三企工贸有限公司与深圳市中远国际货运有限公司水路货物运输合同纠纷案,(2007)民四提字第 2 号]

诉讼时效是指民事权利受到侵害的权利人在法定的期间内不行使权利,

当期间届满,人民法院对权利人的权利不再进行保护的制度。诉讼时效限制了当事人的胜诉权,如果当事人向法院提起诉讼,法院仍应当受理,但应判决驳回其诉讼请求。因水路货物运输合同发生纠纷的,根据《最高人民法院关于如何确定沿海、内河货物运输赔偿请求权时效期间问题的批复》,托运人就水路运输合同向承运人赔偿的请求权,诉讼时效为一年,起算点即自承运人交付或者应当交付货物之日起计算,该司法解释已经明确规定了此类纠纷诉讼时效的起算点,就不能适用民法通则第一百三十七条①规定的笼统起算点,即"知道或者应该在知道权利被侵害之日"。因此,此类纠纷的诉讼时效应自承运人交付或者应当交付货物之日起计算,一年内无中止、中断、延长事由的,诉讼时效即届满,请求权人丧失胜诉权。

沿海内河货物运输合同纠纷时效期间自承运人交付或者应当交付货物之日起计算,《国内水路货物运输规则》第三十四条关于承运人逾期 60 日未交付货物,推定货物已经灭失的规定不影响诉讼时效期间的起算。

(5)托运人为取得清洁提单出具保函,因该保函引起的索赔应否适用海商法关于海上货物运输合同诉讼时效的规定?〔德运船务集团有限公司与杭萧钢构(河北)建设有限公司其他海事海商纠纷案,(2021)津民终 925 号〕

杭萧公司自愿提供保函以请求签发清洁提单,保函中详细列明了提单号、货物状况以及出具保函的原因和保证的内容,意思表示清晰和明确,属于正式的要约;德运公司接受保函后向杭萧公司签发清洁提单即为承诺,双方形成保函合同关系。该保函是就可能发生的因签发清洁提单而产生的损失和费用保证补偿的书面声明,是一种责任保证和附条件的给付合同。德运公司依据杭萧公司出具的保函主张权利的,而该保函的出具对象涉及"'大繁荣'轮的船东、转租船东、代理人、管理人、经营人、船长,德运公司及其代理或受雇人"。杭萧公司出具该份保函的目的是为了使得承运人能够签发清洁提单,同时承诺保函抬头所涵盖的主体在因签发清洁提单而遭受损失时,杭萧公司会依据保函承担相应的赔偿责任。该保函是案涉提单所证明的海上货物运输合同项下签发形成,因该保函所引起的索赔仍属于该海上货物运输合同项下的索赔,应当适用海商法关于海上货物运输合同诉讼时效的规定。

---

① 民法典施行后,民法通则被废止,相关内容见民法典第一百八十八条。

（6）海商法虽规定了请求人提起诉讼方能中断诉讼时效,但并未明确规定"提起诉讼"的具体情形,此时应否适用一般民事法律规定予以界定?［江门市浩银贸易有限公司与联泰物流(Union Logistics, Inc)海上货物运输合同纠纷案,(2016)粤72民初311号］

海商法作为民法的特别法,规定了有别于一般民事法律的特殊诉讼时效制度。在涉及海商法调整的权利义务关系时,应优先适用海商法的相关规定。在海商法没有明确规定时,应适用民法通则①等一般民事法律规定。海商法第二百六十七条第一款虽然规定了请求人提起诉讼方能中断诉讼时效,但该法并未明确规定"提起诉讼"的具体情形,此时应适用民法通则等法律及相关司法解释予以界定。根据《最高人民法院关于审理民事案件适用诉讼时效制度若干问题的规定》第十三条以及《最高人民法院关于贯彻执行〈中华人民共和国民法通则〉若干问题的意见(试行)》②第一百七十三条第二款"权利人向债务保证人、债务人的代理人或者财产代管人主张权利的,可以认定诉讼时效中断"的规定,浩银公司于2015年10月21日以升扬公司为被告提起诉讼的行为可以认定为与提起诉讼具有同等诉讼时效中断效力的事项,该行为应被视为海商法第二百六十七条第一款规定的"提起诉讼",即本案诉讼时效期间于2015年10月21日构成中断并重新开始计算。

【适用要点】

就海上货物运输向承运人要求赔偿的请求权的诉讼时效期间为一年,自承运人交付或者应当交付货物之日起计算。正本提单持有人以承运人无正本提单交付货物为由提起的诉讼,适用海商法第二百五十七条的规定,时效期间为一年,自承运人应当交付货物之日起计算。承运人就海上货物运输向托运人、收货人或提单持有人要求赔偿的请求权,在有关法律未予以规定前,比照适用海商法第二百五十七条第一款的规定,时效期间为一年,自权利人知道或者应当知道权利被侵害之日起计算。海上货物运输中的追偿时效期间为九十日,自追偿请求人解决原赔偿请求之日起或者收到受理对其本人提起诉讼的法院的起诉状副本之日起计算。

水路货物运输合同不适用海商法第四章关于海上货物运输合同的规定,但可适用该法其他章节的规定。当事人因水路货物运输合同纠纷提起的诉讼应当适用海商法关于货物运输时效期间的规定。托运人、收货人就水路货

---

① 民法典施行后,民法通则被废止,相关内容见民法典规定。
② 经法释〔2020〕16号废止。

物运输合同向承运人要求赔偿的请求权,或者承运人就水路货物运输向托运人、收货人要求赔偿的请求权,时效期间为一年,自承运人交付或者应当交付货物之日起计算。

对于海上保险下保险人代位求偿权的诉讼时效起算问题,此前曾存在争议,但随着 2014 年最高人民法院作出的批复,此问题不再困扰实践,即保险人代位求偿权的诉讼时效的起算,应当和被保险人对第三人的诉讼时效一起起算。这与受转让的权利不应大于前手权利的理念相符。同时,保险人代位求偿权的诉讼时效期间,也应与被保险人的诉讼时效期间一致。此外,对于被保险人已经申请进行共同海损理算,但是在诉讼时效期间的最后六个月内,因理算报告尚未作出,被保险人无法向保险人主张权利的情形,最高人民法院认为属于被保险人主观意志不能控制的客观情形,可以认定构成诉讼时效中止。该中止的效果也应当及于保险人的代位求偿权。

在海商法调整的法律关系中,诉讼时效中断的事由仅为提起诉讼或者仲裁,以及被请求人同意履行债务两种情形,权利人向义务人提出履行请求并不构成诉讼时效中断,且如果提起诉讼或者仲裁后,请求人撤回起诉、撤回仲裁或者起诉被裁定驳回的,诉讼时效不中断。与此同时,在海商法没有规定的情况下,相关权利适用民法典规定的二十年最长保护期间,有特殊情况的可以延长,但不适用中止、中断的规定。

图书在版编目（CIP）数据

海事海商法律适用注释书／李超主编. -- 北京：
中国民主法制出版社，2022.9
（中华人民共和国法律注释书系列）
ISBN 978-7-5162-2919-4

Ⅰ.①海… Ⅱ.①李… Ⅲ.①海事法规-法律解释-
中国②海商法-法律解释-中国 Ⅳ.①D993.5
②D922.294.5

中国版本图书馆 CIP 数据核字（2022）第 170898 号

图书出品人：刘海涛
图书策划：麦　读
责任编辑：陈　曦　庞贺鑫　孙振宇

书名／**海事海商法律适用注释书**
作者／李超　主编

出版·发行／中国民主法制出版社
地址／北京市丰台区右安门外玉林里 7 号 （100069）
电话／（010）63055259（总编室）　63058068　63057714（营销中心）
传真／（010）63055259
http：//www.npcpub.com
E-mail：mzfz@npcpub.com
经销／新华书店
开本／32 开　850 毫米×1168 毫米
印张／33.5　字数／1192 千字
版本／2022 年 10 月第 1 版　2022 年 10 月第 1 次印刷
印刷／北京天宇万达印刷有限公司

书号／ISBN 978-7-5162-2919-4
定价／129.00 元